Kapitalaufbringung, Kapitalerhaltung und Existenzschutz bei konzernweiten Cash-Pooling-Systemen

Europäische Hochschulschriften

Publications Universitaires Européennes
European University Studies

Reihe II
Rechtswissenschaft

Série II Series II
Droit
Law

Bd./Vol. 4696

PETER LANG
Frankfurt am Main · Berlin · Bern · Bruxelles · New York · Oxford · Wien

Ralf Hangebrauck

Kapitalaufbringung, Kapitalerhaltung und Existenzschutz bei konzernweiten Cash-Pooling-Systemen

PETER LANG
Internationaler Verlag der Wissenschaften

Bibliografische Information der Deutschen Nationalbibliothek
Die Deutsche Nationalbibliothek verzeichnet diese Publikation in der Deutschen Nationalbibliografie; detaillierte bibliografische Daten sind im Internet über <http://www.d-nb.de> abrufbar.

Zugl.: Hamburg, Univ., Diss., 2007

D 18
ISSN 0531-7312
ISBN 978-3-631-57589-5

www.peterlang.de

Meinen Eltern,
meinem Bruder
und Ann-Christine

Vorwort

Die vorliegende Arbeit wurde im Sommersemester 2007 von der Rechtswissenschaftlichen Fakultät der Universität Hamburg als Dissertation angenommen. Rechtsprechung und Literatur konnten bis Januar 2008 berücksichtigt werden. Der RegE-MoMiG und die „Trihotel"-Entscheidung des BGH konnten in Randbereichen noch eingearbeitet werden.

Die Anregung zu dem Thema Cash Pooling resultiert aus einer praktischen Tätigkeit während des Studiums in der Rechtsanwaltskanzlei Schnebbe Heuser & Partner, Hamburg. Für die auch im Rahmen der Doktorarbeit fortwährende Diskussionsbereitschaft zu diesem Thema bedanke ich mich bei den dortigen Rechtsanwälten. Gedankt sei auch den Herren Dr. Peter Hemeling, Dr. Adrian Glaesner, (beide Allianz SE, München), Martin Mildner, (Heuking Kühn Lüer Wojtek, Hamburg) sowie Burkhard Zaubel (Dresdner Bank, Hamburg) für ihre Gesprächsbereitschaft zu diesem Thema.

Danken möchte ich herzlich meinem Doktorvater Herrn Prof. Dr. Robert Freitag, der mir bei der Erstellung der Doktorarbeit den erforderlichen Freiraum gab. Dank schulde ich ferner Herrn Prof. Dr. Hans-Joachim Priester für die zügige Erstellung des Zweitgutachtens.

Nicht unerwähnt bleiben dürfen schließlich meine juristischen Mitstreiter, namentlich Jan Christian Maack, Philipp Wennholz und Jan Bischoff, die die nicht immer einfache Last des Korrekturlesens der Arbeit auf sich genommen haben. Auch ihnen gilt mein Dank.

Dem Arbeitskreis Wirtschaft und Recht im Stifterverband für die Deutsche Wissenschaft danke ich für die finanzielle Förderung in der Endphase der Dissertation.

Gewidmet ist diese Arbeit meinen Eltern, meinem Bruder Arne Hangebrauck sowie meiner Lebenspartnerin Ann-Christine Ott als unzureichender Dank für die von ihnen in jeder Lebenslage gewährte Unterstützung.

Hamburg im Februar 2008

Ralf Hangebrauck

Inhaltsübersicht

Inhaltsverzeichnis

Abkürzungsverzeichnis

ABl.	Amtsblatt
AcP	Archiv für die civilistische Praxis
AG	Aktiengesellschaft, auch: Die Aktiengesellschaft, Zeitschrift
AJP	Aktuelle Juristische Praxis
AktG	Aktiengesetz
BAG	Bundesarbeitsgericht
BB	Betriebsberater
BC	Bilanzbuchhalter und Controller
BDI	Bundesverband der Deutschen Industrie
BGB	Bürgerliches Gesetzbuch
BGBl.	Bundesgesetzblatt
BGH	Bundesgerichtshof
BGHSt	Entscheidungen des Bundesgerichtshofs in Strafsachen
BGHZ	Entscheidungen des Bundesgerichtshofs in Zivilsachen
BKR	Zeitschrift für Bank- und Kapitalmarktrecht
BMJ	Bundesministerium der Justiz
BörsG	Börsengesetz
BT-Drucks.	Bundestags-Drucksache
DAI-JAT	Deutsches Anwaltsinstitut - Jahresarbeitstagung
DAV	Deutscher Anwaltsverein
DB	Der Betrieb
Diss.	Dissertation
DJT	Deutscher Juristentag
DK	Der Konzern
DNotZ	Deutsche Notarzeitschrift
DStR	Deutsches Steuerrecht
DStZ	Deutsche Steuer-Zeitung
DZWiR	Deutsche Zeitschrift für Wirtschafts- und Insolvenzrecht
EFG	Entscheidungssammlung der Finanzgerichte
EU	Europäische Union
EuGH	Europäischer Gerichtshof
EWiR	Entscheidungssammlung zum Wirtschaftsrecht
EWS	Europäische Zeitschrift für Wirtschaftsrecht
FAZ	Frankfurter Allgemeine Zeitung
FB	Finanz-Betrieb
FG	Finanzgericht, Freundesgabe
FR	Finanz-Rundschau
FS	Festschrift
FTD	Financial Times Deutschland

GesR	Gesellschaftsrecht
GK	Großkommentar
GLJ	German Law Journal
GmbH	Gesellschaft mit beschränkter Haftung
GmbHG	Gesetz betreffend die Gesellschaften mit beschränkter Haftung
GmbHR	GmbH-Rundschau
GmbHSTB	GmbH-Steuerberater
GmbH-Stpr	GmbH-Steuerpraxis
GS	Gedenkschrift
Habil.	Habilitation
HFA	Hauptfachausschuss
HGB	Handelsgesetzbuch
Hndb	Handbuch
HRA	Handelsrechtsausschuss
IDW	Institut der Wirtschaftsprüfer
IHK	Industrie- und Handelskammer
INF	Die Information für Steuerberater
InsO	Insolvenzordnung
JFfSt	Jahrbuch der Fachanwälte für Steuerrecht
JR	Juristische Rundschau
JuS	Juristische Schulung
JZ	Juristenzeitung
KfH	Kammer für Handelssachen
KG	Kommanditgesellschaft
KGaA	Kommanditgesellschaft auf Aktien
KK	Kölner Kommentar
KSI	Krisen-, Sanierungs- und Insolvenzberatung
KStG	Körperschaftssteuergesetz
KTS	Konkurs, Treuhand, Sanierung
KWG	Kreditwesengesetz
LAG	Landesarbeitsgericht
LG	Landgericht
LMK	Lindenmaier-Möhring
MDR	Monatsschrift für deutsches Recht
MittRhNotK	Mitteilungen der Rheinischen Notarkammer
MK	Münchener Kommentar
MoMiG	Gesetz zur Modernisierung des GmbH-Rechts und zur Bekämpfung von Missbräuchen
NJ	Neue Justiz
NJW	Neue Juristische Wochenschrift
NJW-RR	NJW-Rechtsprechungs-Report

NotBZ	Zeitschrift für die notarielle Beratungs- und Beurkundungspraxis
NStZ	Neue Zeitschrift für Strafrecht
NVwZ	Neue Zeitschrift für Verwaltungsrecht
NZG	Neue Zeitschrift für Gesellschaftsrecht
NZI	Neue Zeitschrift für Insolvenzrecht
NZZ	Neue Zürcher Zeitung
oHG	offene Handelsgesellschaft
OLG	Oberlandesgericht
PR	Praxisreport
RBerG	Rechtsberatungsgesetz
RefE	Referentenentwurf
RGZ	Entscheidungen des Reichsgerichts in Zivilsachen
RIW	Recht der Internationalen Wirtschaft
RNotZ	Rheinische Notar-Zeitschrift
SE	Societas Europea
Slg.	Sammlung
S:R	Status: Recht
StC	SteuerConsultant
StGB	Strafgesetzbuch
US	United States
VGR	Gesellschaftsrechtliche Vereinigung
WiB	Wirtschaftsrechtliche Beratung
WiRO	Zeitschrift für Wirtschaft und Recht in Osteuropa
wistra	Zeitschrift für Wirtschafts- und Steuerstrafrecht
WM	Wertpapiermitteilungen
WP	Wirtschaftsprüfer
WpG	Die Wirtschaftsprüfung
WpÜG	Wertpapiererwerbs- und Übernahmegesetz
WuB	Entscheidungssammlung zum Wirtschafts- und Bankrecht
ZBB	Zeitschrift für Bankrecht und Bankwirtschaft
ZGR	Zeitschrift für Gesellschafts- und Unternehmensrecht
ZHR	Zeitschrift für das gesamte Handelsrecht und Wirtschaftsrecht
ZInsO	Zeitschrift für das ganze Insolvenzrecht
ZIP	Zeitschrift für Wirtschaftsrecht
ZPO	Zivilprozessordnung
ZR	Zivilrechtlicher Senat
ZRP	Zeitschrift für Rechtspolitik
ZvglRWiss	Zeitschrift für vergleichende Rechtswissenschaft

1. Teil: Allgemeine Grundlagen

§ 1 Einleitung

A. Problemstellung

„CASH POOL – Baden verboten!“[1], „Todesstoß für das konzerweite Cash Pooling?“[2] oder „Kreditgewährung an Gesellschafter: Ende des konzernweiten Cash-Managements?“[3], diese und ähnliche plakativen Äußerungen waren in jüngerer Zeit fast inflationär in wissenschaftlicher Literatur und Wirtschaftspresse zu lesen. Doch was hat es damit auf sich?

Das Cash Pooling[4] ist eine Erscheinungsform der im Unternehmensbereich immer häufiger anzutreffenden Cash-Management-Systeme. Unter Cash Management ist ein unternehmensweites Finanzmanagement zu verstehen, welches im Weg eines strukturierten Gesamtplans dafür sorgt, dass das Unternehmen jederzeit über die notwendige Liquidität verfügt und überschüssige Liquidität gewinnbringend angelegt wird.[5] Cash-Management-Systeme gehören heute als Teil einer zentralisierten Finanzwirtschaft zu den wesentlichen Bestandteilen eines aktiven Finanzmanagements von verbundenen Unternehmen.[6] Beim Cash Pooling wird überschüssige Liquidität der Gesellschaften im Konzernverbund gebündelt, um sie anderen Konzerngesellschaften bei Bedarf zu Verfügung zu stellen.

Aufgrund der damit verbundenen ökonomischen Vorteile wurden die aus dem Betrieb eines Cash Pools resultierenden rechtlichen Risiken in der Vergangenheit oftmals nicht genügend deutlich gesehen oder zumindest in ihrer Bedeutung unterschätzt. Nur langsam werden sie – nicht zuletzt aufgrund verschiedener Urteile des BGH[7] – einer breiteren Öffentlichkeit bewusst. Insbesondere die

---

[1] *Autschbach*, Finance 11/2004, 48, 48.

[2] *Schäfer*, GmbHR 2005, 133, 133.

[3] *Fuhrmann*, NZG 2004, 552, 552.

[4] Die Bezeichnung ist in Literatur und Rechtsprechung nicht vereinheitlicht. Dem englischen Sprachgebrauch folgend ist nachfolgend von dem Cash Pool die Rede, wenn es um die Einrichtung selbst geht, während die Tätigkeit als Cash Pooling bezeichnet wird.

[5] HoldingHndb-*Theisen*, § 11 Rdn 32; *Vetter/Stadler*, Rdn 2; *Deckart*, S. 5; *Korts*, S. 1.

[6] *Morsch*, NZG 2003, 97, 97; *Jäger*, DStR 2000, 1653, 1653.

[7] Der BGH hatte sich in jüngerer Vergangenheit sowohl in zivilrechtlicher (BGHZ 149, 10 ff. zu „Bremer Vulkan“; BGHZ 162, 276 ff.; BGH, ZIP 2006, 957 ff. jeweils zu insolvenzrechtlichen Problematiken; BGHZ 166, 8 ff.; NZG 2006, 344 sowie jeweils zur Kapitalaufbringung; ferner hierzu Nichtannahmebeschlüsse vom 12.01.1998 – Az: II ZR 10/97, und vom 12.07.1999 – Az: II ZR 111/98; in den Revisionsverfahren vom 28.06.2004 – Az: II ZR 207/02, und vom 14.02.2005 – Az: II ZR 290/03, wurde das Rechtsmittel jeweils zurückgenommen; in der Entscheidung vom 26.03.2007 – Az: II ZR 307/05, erging ein Anerkenntnisurteil; zuvor schon BGHZ 138, 291 ff., zur Sicherheitenbestellung im Rahmen einer zentralen Konzernfinanzierung) als auch in strafrechtlicher Hinsicht (BGHSt 49,

Risiken, die sich aus der Tatsache ergeben, dass beim Cash Pooling regelmäßig größere Geldbeträge – durchaus auch zu Lasten einzelner Gesellschaften und deren Gläubiger – im Konzern aufgrund der engen Vernetzung im Finanzbereich über die Grenzen der gesellschaftsrechtlich selbständigen Unternehmen hinweg verschoben werden, geraten stärker in den Blickpunkt. Die verstärkte Beschäftigung des BGH und insbesondere auch der Literatur[8] mit konzernweiten Cash-Pooling-Systemen darf indes nicht zu dem Trugschluss verleiten, Cash Pooling sei per se gefährlich und daher möglichst zu unterbinden.[9] Die Rechtsprechung befasst sich aufgrund ihrer Aufgabenstellung regelmäßig mit „pathologischen" Fällen, in denen die Grenzen des Cash Poolings teilweise bewusst überschritten wurden. Der Großteil der Cash-Pooling-Systeme dürfte hingegen im Rahmen des rechtlich Zulässigen geführt werden.

B. Gang der Darstellung

Die aktuelle Diskussion um dieses Konzernfinanzierungsmodell bietet hinreichenden Anlass zu einer grundlegenden rechtlichen Untersuchung der Vorgänge im Cash Pool. Die Betrachtung der gesellschafts- und konzernrechtlichen Probleme des Cash Poolings wird zeigen, dass sich der Widerstreit zwischen wirtschaftlicher Attraktivität der Durchführung eines Cash Poolings einerseits und den rechtlichen Risiken andererseits als „roter Faden" durch diese Konzernfinanzierungsform zieht: Die Beteiligten sind bestrebt, die mit dem Cash Pooling verbundenen Vorteile möglichst weitgehend auszuschöpfen. Je intensiver ein konzernweites Cash-Pooling-System aber durchgeführt wird, desto größer wird das Risiko eines Verstoßes gegen geltendes Recht. Es besteht daher ein Spannungsverhältnis zwischen Konzernfinanzierungsfreiheit auf der einen und den einzuhaltenden rechtlichen Grenzen auf der anderen Seite.[10] Besondere Bedeutung kommt beim Cash Pooling insofern der exakten Ausbalancierung der damit verbundenen wirtschaftlichen Vorteile mit den rechtlichen Grenzen zu. Mit der vorliegenden Arbeit soll der Versuch einer solchen Ausbalancierung unternommen werden: Es stellt sich dabei die Frage, inwiefern das Cash Pooling mit den

---

147 ff. zu „Bremer Vulkan") mit Fällen auseinandersetzen müssen, in denen es um Cash-Pooling-Systeme ging. Zu nennen sind außerdem die Entscheidungen BGHZ 157, 72 ff., und BGHZ 168, 285 ff., die sich zwar nicht auf Cash-Pooling-Sachverhalte bezogen, gleichwohl regelmäßig in diesem Zusammenhang Bedeutung erlangen können.

8 Nicht nur die „Bremer Vulkan"-Urteile des BGH, sondern insbesondere die Entscheidung BGHZ 157, 72 ff., haben ein beträchtliches Echo in der juristischen Literatur nach sich gezogen (das enorme literarische Echo herausst. auch *Bayer/Lieder*, GmbHR 2006, 1121, 1121; *Mildner*, GmbHR 2006, R 161, 161), was auf die enorme praktische Bedeutung dieser Entscheidung für Cash-Pooling-Systeme schließen lässt.

9 So auch *Vetter/Schwandtner*, DK 2006, 407, 408.

10 *v. Gerkan/Hommelhoff*, Rdn 11.47; *Schäfer*, BB 2006, Beil. 7, 5, 5.

rechtlichen Rahmenbedingungen in Einklang zu bringen ist.[11] Die vorliegende Arbeit setzt sich dabei mit den für das Cash Pooling wesentlichen Fragen der Kapitalaufbringung, Kapitalerhaltung und des Existenzschutzes auseinander und berücksichtigt jeweils die Auswirkungen der im Referentenentwurf vom 29.05.2006 eines Gesetzes zur Modernisierung des GmbH-Rechts und zur Bekämpfung von Missbräuchen (RefE-MoMiG) sowie der im entsprechenden Regierungsentwurf vom 23.05.2007 (RegE-MoMiG)[12] vorgesehenen gesetzlichen Regelung des Cash Poolings. Die Frage, inwieweit Cash-Pooling-Systeme mit dem geltenden Recht in Einklang zu bringen sind, setzt bereits bei der Rechtsnatur der Zahlungsströme im Cash Pool an und macht deutlich, dass keine andere Rechtsbeziehung eine solche Vielzahl an gesellschafts- und konzernrechtlichen Fragestellungen berühren dürfte, wie das Cash Pooling.[13] Schon aus diesem Grund erscheint eine Betrachtung lohnend.

C. Geschichte des Cash Poolings

Cash Pooling ist eine Entwicklung aus dem anglo-amerikanischen Wirtschaftsraum.[14] In Europa war das Cash Pooling aufgrund der damit verbundenen Währungsrisiken bei grenzüberschreitenden Transaktionen lange Zeit wirtschaftlich in den meisten Fällen unattraktiv. In den 60er und 70er Jahren des letzten Jahrhunderts kam die verstärkte Zusammenfassung der Liquidität auch bei in Deutschland ansässigen Unternehmen auf.[15] Durch den Einsatz der EDV wurde das Cash Pooling in den 80er Jahren bei zahlreichen Großunternehmen eingeführt und zunehmend durch Banken und Finanzsoftwareunternehmen angeboten.[16] Günstige Bedingungen wie Datenvernetzungen sowie der Abbau von staatlichen Restriktionen im Kapitalverkehr und nicht zuletzt die Globalisierung der Weltwirtschaft in den 90er Jahren sorgten dann für eine Internationalisierung des Cash Poolings.[17] Den endgültigen Durchbruch hatte das Cash Pooling in Deutschland und in Europa dann mit der Einführung des Euro im Jahre 2002 als einheitlicher europäischer Währung, da mit der Vereinheitlichung internationaler Rahmenbedingungen die Kosten der Liquiditätssteuerung im europäischen Raum erheblich reduziert wurden.[18] Aufgrund der neuen Impulse durch die

---

[11] Nach *K. Schmidt* bei Behrens, VGR 11, 51, 52, wäre es kein gutes Zeugnis für das deutsche Gesellschaftsrecht, wenn derartige Systeme mit ihm unvereinbar seien.

[12] Zum RegE-MoMiG ausführl. *Hangebrauck*, JA 2008, 125 ff.

[13] Vgl. *Vetter/Schwandtner*, DK 2006, 407, 408.

[14] Zur Geschichte des Cash-Poolings auch *Korts*, S. 4; *Jetter*, S. 1; *Deckart*, S. 10.

[15] HndbKonzernfinanz-*Wehlen*, § 23 Rdn 3; *Ammelung/Kaeser*, DStR 2003, 655, 655.

[16] Siehe *Abolins*, DB 1985, 64 ff.

[17] HndbKonzernfinanz-*Wehlen*, § 23 Rdn 5; *Vetter/Stadler*, Rdn 1; *Deckart*, S. 10; zum Einfluss der Internet-Technologie auf Cash-Management-Systeme *Giegerich/Hilb*, FB 2001, 541 ff.; *Bonn*, FB 2007, 73, 78 f.

[18] *Deckart*, S. 10; *Vetter*, VGR 6, 69, 70; *Oho/Eberbach*, DB 2001, 825, 825.

Vollendung des Euro-Raums haben einerseits zunehmend auch europaweit agierende Konzerne diese Möglichkeit der Unternehmensfinanzierung wahrgenommen.[19] Andererseits ist die Einführung von Cash-Pooling-Systemen seit der Euro-Einführung gerade nicht mehr multinational handelnden Unternehmen exklusiv vorbehalten, sondern aufgrund der europäischen Einheitswährung und den damit verbundenen Erleichterungen für den grenzüberschreitenden Handel gerade für den Mittelstand attraktiver, weil bezahlbar geworden.[20] Der Großteil der deutschen Konzerne dürfte heutzutage ein solches Cash-Pooling-System betreiben.[21]

D. Cash Management aus unternehmenswirtschaftlicher Sicht

Der durch die zunehmende Globalisierung bedingte Wettbewerb setzt die Unternehmen einem erhöhten Druck aus.[22] Die Überlebensfähigkeit der Unternehmen ist deswegen nur dann gewährleistet, wenn sie über ausreichende Liquidität verfügen.[23] Liquidität ist rechtliche und wirtschaftliche Voraussetzung jeglicher unternehmerischer Aktivität.[24] Daher ist es die Aufgabe des Cash Managements als Teil des Finanzmanagements, auf optimale Weise für eine ausreichende Liquiditätsversorgung zu sorgen.[25] Die Finanzierung innerhalb eines Konzerns kann bei richtiger Anwendung für alle beteiligten Gesellschaften eine wirtschaftlich sinnvolle Maßnahme sein und der Stabilität nicht nur des Konzerns insgesamt, sondern auch jeder einzelnen Gesellschaft in verschiedener Hinsicht zuträglich sein.[26]

---

19 *Vetter/Stadler*, Rdn 1; die Bedeutung von Cash-Management-Systemen für größere Konzerne herausst. *Müller*, FAZ v. 13.02.2002, S. 24.

20 Pentz/Sollanek-*Sollanek*, S. 76; *Nedvidek*, Handelsblatt Journal Mittelstand v. 11.04.2005, S. 3; auch einzelne mittelständische Unternehmen schließen sich mittlerweile zu Finanzierungspools zusammen, die wie Cash Pools organisiert sind. Zum Zusammenschluss mittelständischer Unternehmen außerhalb von Konzernlagen etwa *Müller-Bullinger*, S. 282 ff.; *Dentz*, Finance 02/2003, 72 f.

21 Einer Umfrage der Citibank Deutschland unter ihren Kunden zufolge setzten bereits 1990 37 % der Unternehmen Cash Pooling ein; 1993 betrug diese Quote dann schon 76 %, vgl. *Essmann*, S. 137; Pentz/Sollanek-*Sollanek*, S. 76, geht davon aus, dass nahezu allen börsennotierten, multinational tätigen Konzerne in irgendeiner Form ein Cash-Management-System betreiben; nach *Altmeppen*, ZIP 2006, 1025, 1025, wird „in aller Regel" in der Konzernpraxis ein solches System betrieben; zur Verbreitung dieses Systems siehe die Ergebnisse einer empirischen Untersuchung bei *Ekkenga/Weinbrenner/Schütz*, DK 2005, 261, 270 f.

22 *Essmann*, S. 86; *Herold*, S. 2; *Ammelung/Kaeser*, DStR 2003, 655, 655.

23 *Müller-Bullinger*, S. 1.

24 *Berndt*, Der Syndikus 32 (2003), 43, 43.

25 HoldingHndb-*Theisen*, § 11 Rdn 32; *Abolins*, DB 1985, 64, 64; *Wilken*, FAZ v. 19.09.2001, S. 30.

26 *Hentzen*, ZGR 2005, 480, 481.

E. Ziele des Cash Managements

Das Cash Management ist Teil einer umfassenden Liquiditätsplanung eines Konzerns und daher von großer praktischer Bedeutung. Cash Management und damit Cash Pooling als dessen Unterart bedeuten aus betriebswirtschaftlicher Sicht die Steuerung der liquiden Mittel des Unternehmens mit dem Ziel,[27] die benötigte Liquidität für jeden Bedarfsfall bereitzustellen (Liquiditätsplanung) und die Wertschöpfung des Unternehmens durch Anlagevorteile und Vermeidung von Kosten zu erhöhen (Rentabilitätsplanung) sowie die jederzeitige Zahlungsfähigkeit zu gewährleisten (Sicherheitsaspekt).[28] Liquiditäts-, Rentabilitäts- und Sicherheitsplanung stellen ihrerseits zentrale Elemente der Unternehmensführung dar.[29] Cash Management ist damit als ein Optimierungsproblem zwischen den primären finanzwirtschaftlichen Zielen der Liquidität, der Rentabilität und der Sicherheit zu verstehen. Die einzelnen Ziele stehen dabei in einem Zielkonflikt zueinander: Kapital in liquider Form wirft auf der einen Seite keine oder nur eine geringe Rendite ab; auf der anderen Seite nimmt mit steigender Rentabilität einer Finanzanlage regelmäßig das Verlustrisiko zu und der Sicherheitsaspekt mithin ab.[30]

---

[27] Zu den einzelnen Zielen des Cash Managements HndbKonzernfinanz-*Wehlen*, § 23 Rdn 6 ff.

[28] *Essmann*, S. 113; *Loyal*, S. 19; *Becker*, DStR 1998, 1528, 1528; *Jula/Breitbarth*, AG 1997, 256, 256; *Hüffer*, AG 2004, 416, 416; *Bonn*, FB 2007, 73, 73.

[29] *Becker*, DStR 1998, 1528, 1528; *Hüffer*, AG 2004, 416, 416; *Bonn*, FB 2007, 73, 73.

[30] *Pausenberger/Völker*, S. 57; *Herold*, S. 31 f.; *Essmann*, S. 114 f.; *Loyal*, S. 21.

§ 2 Durchführung eines konzernweiten Cash Poolings

Da der Ursprung des Cash Managements und damit des Cash Poolings betriebswirtschaftlich motiviert ist, sollte sich eine Untersuchung der damit verbunden Rechtsfragen der Kapitalaufbringung, Kapitalerhaltung und des Existenzschutzes zunächst eine betriebswirtschaftliche Perspektive zu Eigen machen. Daher sollen die Ziele und Arten des Cash Poolings sowie dessen Funktionsweise und organisationsrechtliche Gestaltung dargestellt werden, bevor auf die einzelnen rechtlichen Fragen eingegangen wird.

A. Arten des Cash Poolings

Die Bezeichnung Cash Management wird als Oberbegriff einer Reihe unterschiedlicher Maßnahmen zur Optimierung des Finanzverkehrs in Konzernen verwendet.[31] Neben dem im weiteren zu betrachtenden Cash Pooling sei hier nur eine andere gängige Methode des Cash Managements, das Netting – auch unter den Begriffen „Clearing" oder „Konzernclearing" bekannt – kurz dargestellt: Hierbei handelt es sich um ist ein Instrument zur Verringerung der konzerninternen Zahlungsflüsse,[32] bei dem konzerninterne Forderungen und Verbindlichkeiten innerhalb vorher definierter Zeiträume verrechnet werden.[33] Im Ergebnis wird daher nur der festgestellte Saldo ausgeglichen.[34] Es wird damit die Minimierung konzerninterner Zahlungen und die Senkung der Finanzierungskosten zu erreichen versucht.[35] Eingespart werden hier insbesondere die Transferkosten gegenüber Banken.

Ferner kommt es zu einer Minimierung des clearing floats,[36] denn hiermit werden die mit einer zeitweiligen Nicht-Verfügbarkeit von Zahlungsmit-

---

31 Zutr. *Schmelz*, NZG 2006, 456, 456: „Liquiditätsschulterschluss"; *Henze*, WM 2005, 717, 717; *Blöse*, GmbHR 2002, 675, 675; Die Begrifflichkeiten Cash Management und Cash Pool werden – zu Unrecht – allerdings nicht selten gleichgesetzt, z. B. bei *Hüffer*, § 57 Rdn 3 b; *Maier-Reimer*, VGR 10, 127, 127 f.; *Fuhrmann*, NZG 2004, 552, 552.

32 Es eignet sich insbesondere zur Abrechnung des konzerninternen Liefer- und Leistungsverkehrs, was das Vorhandensein eines Geflechts gegenseitiger Zahlungsverpflichtungen einzelner unternehmensinterner Teileinheiten voraussetzt, vgl. *Jetter*, S. 46; *Römermann/Schröder*, Corporate Governance, 113, 114; *Blöse*, GmbHR 2002, 675, 675.

33 Pentz/Sollanek-*Sollanek*, S. 79 f.; HndbKonzernfinanz-*Wehlen*, § 23 Rdn 38; *Vetter/Stadler*, Rdn 13; *Rittscher*, S. 28; *Loyal*, S. 51; *Büschgen*, WM 1995, 733, 736; *Blöse*, GmbHR 2002, 675, 675; *Bonn*, FB 2007, 73, 77.

34 *Jäger*, DStR 2000, 1653, 1653.

35 Pentz/Sollanek-*Sollanek*, S. 80; *Deckart*, S. 7; *Jetter*, S. 242; *Hormuth*, S. 63 f.; *Hellwig*, FS Peltzer, 163, 165; *Becker*, DStR 1998, 1528, 1528; *Ensthaler/Kreher*, BB 1996, 385, 388.

36 Unter einem Float sind die im Umlauf befindlichen, für das Unternehmen nicht verzinslichen Gelder zu verstehen, *Deckart*, S. 7. Durch einen verlängerten Float wiederum werden die Risiken von Währungs- und Zinsexposures vergrößert. Ein Exposure ist dabei der ab-

teln verbundenen Opportunitätskosten vermieden.[37] Somit wird eine bessere Planbarkeit der Zahlungen erreicht.[38]

Cash Pooling bezeichnet die Zusammenfassung verschiedener Bankkonten eines Unternehmens bzw. im Konzern von Konten unterschiedlicher Unternehmen.[39] Im Gegensatz zum Netting-Verfahren findet also keine Aufrechnung tatsächlich bestehender Forderungen und Verbindlichkeiten zwischen einzelnen Konzerngesellschaften statt, sondern eine davon unabhängige Zusammenführung der Kontostände aller am Cash Pooling beteiligten Unternehmen.[40] Bei einer Kombination der beiden genannten Verfahren werden im Wege einer Gesamtsaldierung die aus dem Cash Pooling resultierenden Salden mit den sich aus dem Netting ergebenden Salden verrechnet, so dass insgesamt zwischen dem das System führenden Unternehmen und dem einzelnen Teilnehmer nur jeweils eine Forderung oder eine Verbindlichkeit ausgewiesen wird.[41] Die einzelnen Zahlungsströme des Cash Poolings werden also im Wege des Nettings trotz fehlender Gegenseitigkeit[42] wieder miteinander verrechnet, damit es nicht zu einer Vielzahl von Einzelüberweisungen kommt.[43] Betrachtet wird im weiteren aber allein das Cash Pooling, wobei es nun gilt, verschiedene Arten dieses Konzernfinanzierungsmodells auseinanderzuhalten.

I. Physisches Cash Pooling

Bei diesem Verfahren[44] erfolgt ein tatsächlicher Ausgleich der Salden der Quellkonten (Ursprungskonten) der Konzerngesellschaften durch den Transfer der Haben-Salden der Quellkonten auf das Zielkonto des Cash-Pools[45]

---

solute Betrag der ausstehenden Forderungen oder Verbindlichkeiten, der Zins- oder Währungsschwankungen unterliegt, vgl. *Müller-Bullinger*, S. 1; *Herold*, S. 15.

37 *Deckart*, S. 7; *Loyal*, S. 52; *Ammelung/Kaeser*, DStR 2003, 655, 657.

38 *Schnetzer/Alexander*, FB 2001, 97, 98; HndbKonzernfinanz-*Wehlen*, § 23 Rdn 42, weist darauf hin, dass ein Großteil der mit dem Netting verbundenen Vorteile bereits durch eine gute Organisation des Zahlungsverkehrs erreicht werden kann. Den Automatismus des Nettings wird eine solche Organisation wohl aber nur in den seltensten Fällen erreichen.

39 HndbKonzernfinanz-*Wehlen*, § 23 Rdn 28; *Vetter/Stadler*, Rdn 5; *Korts*, S. 1; *Kollmann*, WM 1998, 1569, 1569; *Ammelung/Kaeser*, DStR 2003, 655, 657; *Niemann*, NZI 2004, 397, 398.

40 *Blöse*, EWiR § 43 GmbHG 1/02, 435, 436; *Früh*, GmbHR 2000, 105, 106.

41 *Blöse*, GmbHR 2002, 675, 675.

42 An der Gegenseitigkeit von Forderung und Gegenforderung fehlt es aus dem Grund, dass die einzelnen Tochtergesellschaften beim Cash Pooling dem Cash-Pool-Führer Liquidität überlassen und dieser diese Liquidität wiederum anderen Konzerngesellschaften gewährt, vgl. *Rendels*, ZIP 2003, 1583, 1583.

43 *Rendels*, ZIP 2003, 1583, 1584.

44 Das physische Cash Pooling wird teilw. auch als Cash Concentration bezeichnet, vgl. *Korts*, S. 9; andere gebräuchliche Bezeichnungen: effektives oder reales Cash Pooling oder Kontenübertragungsverfahren.

45 Auch als Master Account, Header Account, Konzentrations- oder Zentralkonto bezeichnet.

bzw. durch den Ausgleich der Soll-Salden auf den Quellkonten.[46] Cash Pooling im Sinne eines physischen Cash Pools kann in wiederum zwei Untermodellen, dem Zero Balancing und dem Target Balancing, durchgeführt werden: Beim Zero Balancing[47] wird das jeweilige Unterkonto zu einem vorher festgelegten Zeitpunkt[48] (meist werktäglich, aber es sind auch größere zeitliche Abstände möglich)[49] automatisch ohne Zutun des Cash-Pool-Führers auf den Saldo Null gebracht, was entweder durch Übertragung des positiven Saldos auf ein Oberkonto oder durch Ausgleich des negativen Saldos durch Buchung eines Ausgleichsbetrages von dem Master Account geschieht.[50] Beim Target Balancing, auch Conditional Balancing genannt, das als Mittelweg zwischen Zero Balancing und psychischem Cash Pooling angesehen werden kann,[51] werden hingegen bestimmte Werte vorgegeben, innerhalb derer sich das Cash Pooling bewegen soll, indem beispielsweise die zu erreichenden Salden vorgegeben werden.[52] Ferner kann der Umfang der mindestens zu übertragenden Salden oder Übertragungseinheiten festgelegt werden. Als eine Unterart des Target Balancing wird das Kreditlinien-Pooling angesehen, das unter Berücksichtigung interner oder externer Kreditlinien erfolgt. Erst beim Überschreiten dieser Kreditlinie kommt es dann zur Übertragung der Salden auf das Zentralkonto.[53]

II. Psychisches Cash Pooling

Demgegenüber erfolgt beim psychischen Cash Pooling (auch virtuelles, fiktives oder notional Cash Pooling genannt) lediglich eine virtuelle rechnerische Zusammenführung der Banksalden der Quellkonten auf einem gedachten Zielkonto, dessen fiktiver Saldo die Grundlage für die Bestimmung der jeweiligen Soll- und Habenzinsen bilden, während die Einzelsalden der gepoolten Quellkonten unverändert bestehen bleiben.[54] Indem die Bank ein Konzentrationskonto führt, auf dem über alle Salden hinweg die Zinsstaffel geführt wird, wird ein fiktiver

---

46 *Diers*, S. 7; *Joost*, VGR 11, 31, 33; *Primozic*, NZI 2005, 358, 360; *Seidel*, DStR 2004, 1130, 1132.

47 Teilw. auch als Sweeping Balancing oder Cash Concentrating bezeichnet.

48 Hierzu unten § 2 D. I. 3.

49 Siehe *Ammelung/Kaeser*, DStR 2003, 655, 657; *Reidenbach*, WM 2004, 1421, 1423; *Oho/Eberbach*, DB 2001, 825, 825; *Sieger/Hasselbach*, BB 1999, 645, 645.

50 *Korts*, S. 9; *Deckart*, S. 8; *Hormuth*, S. 58 f.; *Blum*, AJP 2005, 705, 705; *Oho/Eberbach*, DB 2001, 825, 825; *Jäger*, DStR 2000, 1653, 1653; *Ammelung/Kaeser*, DStR 2003, 655, 657.

51 *Ammelung/Kaeser*, DStR 2003, 655, 659.

52 *Deckart*, S. 8; *Essmann*, S. 137 f.; *Reidenbach*, WM 2004, 1421, 1423; *Oho/Eberbach*, DB 2001, 825, 825; *Henze*, WM 2005, 717, 718; *Bonn*, FB 2007, 73, 76.

53 *Korts*, S. 10; *Ammelung/Kaeser*, DStR 2003, 655, 657; *Krause*, JR 2006, 51, 56.

54 *Vetter/Stadler*, Rdn 10; *Korts*, S. 10; *Deckart*, S. 9; *Herbst*, GLJ 2004, 1217, 1230; *Reidenbach*, WM 2004, 1421, 1423; *Morsch*, NZG 2003, 97, 98; *Werner*, BKR 2006, 211, 211; *Suchanek/Herbst*, FR 2005, 665, 669 f.; *Schwerdtfeger*, FAZ v. 17.03.2000, S. 22.

einheitlicher Bankensaldo von der Bank erzeugt.[55] Verzinst wird also von der Bank nur das Ergebnis der Verrechnung, nicht die einzelnen Unternehmenskonten. Auf diese Weise wird ebenfalls der durch das Cash Pooling angestrebte Effekt der Verringerung der Zinsdifferenz erzielt.[56] Insofern dient dieses Modell der Zinsoptimierung. Wem die Zinsvorteile dabei verbleiben, hängt wiederum davon ab, ob ein Zinskompensationsverfahren[57] oder ein Zinsoptimierungsverfahren[58] vereinbart wurde. An einer solchen abgeschwächten Form des Cash Poolings ist sicher vorteilhaft, dass die aus der tatsächlichen Zusammenfassung der gesamten Liquidität resultierenden Schwierigkeiten, das Cash Pooling mit dem geltenden Recht in Einklang zu bringen, weitestgehend vermieden werden.[59] Als negativ einzustufen ist allerdings, dass die wirtschaftlichen Chancen einer umfassenden Liquiditätsbündelung eben nicht vollständig nutzbar gemacht werden können.[60] Wegen des beim virtuellen Cash Poolings fehlenden Ausgleichs der Positiv- und Negativsalden der einzelnen Konzerngesellschaften besteht ein höheres Kreditausfallrisiko der Bank, bei der der Cash Pool angelegt ist, da dieses in Höhe der Summe aller Sollsalden besteht und nicht saldiert ist.[61] Dies schlägt sich wiederum in niedrigeren Zinsvorteilen nieder. Der mit der Einrichtung eines Cash Pools bezweckte Zinsvorteil ist also nicht in vollem Umfang zu realisieren.[62] Wegen des erhöhten Ausfallrisikos wird das Kreditinstitut außerdem die Besicherung durch andere Konzerngesellschaften fordern.[63] Mangels Verteilung von Liquidität und des tatsächlichen Ausgleichs von Salden ist das psychische Cash Pooling darüber hinaus für eine konzernweite Liquiditätsver-

---

55 *Seidel*, DStR 2004, 1130, 1134; *Oho/Eberbach*, DB 2001, 825, 826; *Morsch*, NZG 2003, 97, 98; *Reidenbach*, WM 2004, 1421, 1423.

56 *Reidenbach*, WM 2004, 1421, 1423; *Oho/Eberbach*, DB 2001, 825, 826.

57 Bei diesem Verfahren partizipieren die Konzerneinheiten mit ihren Ursprungskonten nicht an den günstigeren Zinskonditionen. Den Ursprungskonteninhabern werden deren originäre Zinsen wie unter Außerachtlassung des psychischen Cash Poolings unmittelbar berechnet oder gutgeschrieben. Der Vorteilsausgleich in Form der Zinskompensation erfolgt ausschließlich bei der das psychische Cash Pooling initiierenden und damit das gedachte Masterkonto führenden Konzerngesellschaft.

58 Bei diesem Modell nehmen die Konzerneinheiten mit ihren Ursprungskonten unmittelbar an den günstigeren Zinskonditionen teil, indem die sich aus dem psychischen Cash Pool ergebenden Zinsvorteile an die einzelnen Gesellschaften durch Verzinsung ihres Saldos zu dem Zinssatz des Gesamtsaldos weitergegeben werden.

59 Zu steuerlichen Vorteilen *Korts*, S. 37; *Oho/Eberbach*, DB 2001, 825, 829 f.

60 Vgl. die ähnliche Einschätzung von *Deckart*, S. 9; *Burgard*, VGR 6, 45, 49.

61 *Wunderlich*, BKR 2005, 387, 389; *Krause*, JR 2006, 51, 56; *Autschbach*, Finance 11/2004, 48, 52; zu den Nachteilen siehe noch unten 3. Teil § 12 A. IX. 2.

62 *Deckart*, S. 149; *Seidel*, DStR 2004, 1130, 1135; *Hentzen*, ZGR 2005, 480, 525; *Autschbach*, Finance 11/2004, 48, 52; *Langner*, GmbHR 2005, 1017, 1022.

63 *Altmeppen*, ZIP 2006, 1025, 1034; *Hentzen*, ZGR 2005, 480, 525; *Grothaus/Halberkamp*, GmbHR 2005, 1317, 1323.

sorgung ungeeignet.[64] Aus den genannten Gründen hat es für die hier zu untersuchende Frage nach der Einhaltung der Grundsätze der Kapitalaufbringung und Kapitalerhaltung sowie des Existenzschutzes keine Bedeutung.

B. Funktionsweise des Cash Poolings

Über ein Cash Pooling werden die Salden der Konten der verschiedenen Konzerngesellschaften auf einem einzigen gesondert angelegten Konto, dem sog. Zielkonto zusammengefasst.[65]

I. Zielkonto

Die Konzerngesellschaften werden vertraglich verpflichtet, freie Liquidität auf ein Zentralkonto abzuführen und weder Barreserven noch Sichteinlagen zu halten.[66] Üblicherweise liegt die alleinige Verfügungsgewalt über dieses Ziel- oder Zentralkonto[67] bei der Konzernspitze. Für Konzerngesellschaften, die Nettozahler sind, ergibt sich damit bei Abführung von Liquidität ein Anspruch gegen die Konzernspitze.[68] Hingegen begründen diejenigen Gesellschaften, die per Saldo entnehmen, eine Verbindlichkeit gegenüber der Konzernspitze.[69] Es existieren dann keine eigenen Kreditlinien der einzelnen Konzerngesellschaften bei Banken mehr.[70] Stattdessen findet auf dem Zielkonto eine Verrechnung statt.[71] Die Durchführung des Saldenausgleichs erfolgt dabei automatisch durch die zielkontoführende Bank, für die einzig der Saldo auf dem Zielkonto maßgeblich ist,[72] ohne dass es einer Einzelanweisung des Cash-Pool-Führers an das übertragende Konzernunternehmen oder das Kreditinstitut zur Liquiditätsübertragung bedarf.[73]

---

[64] *Deckart*, S. 9 f.; *Langner*, GmbHR 2005, 1017, 1022; *Hentzen*, ZGR 2005, 480, 525.

[65] Das Cash Pooling wird vereinzelt mit einem genossenschaftlichen Bankensystem verglichen, bei dem die Mitglieder des Konzernverbundes bei der „Volksbank" (ihrer Muttergesellschaft) Geld einzahlen und dafür Zinsen erhalten (*Fuhrmann*, NZG 2004, 552, 552). Teilw. wird auf den Unterschied hingewiesen, dass die „Bank" beim Cash Pooling keiner Einlagensicherung unterliege (*Schäfer*, GmbHR 2005, 133, 134); die Unterscheidung zwischen einer Bank und einer Konzerngesellschaft, die den Cash Pool führt, wird im Folgenden noch Bedeutung haben.

[66] *Hormuth*, S. 57 f.; *Loyal*, S. 142; *Altmeppen*, ZIP 2006, 1025, 1025.

[67] So die Bezeichnung bei BGHZ 166, 8, 9; üblich sind auch die Bezeichnung als Konzentrationskonto (HndbKonzernfinanz-*Wehlen*, § 23 Rdn 28); „Verrechnungskonto" (*Ammelung/Kaeser*, DStR 2003, 655, 657); „Masterkonto" (*Oho/Eberbach*, DB 2001, 825, 825) oder als „Master Account (*Sieger/Hasselbach*, BB 1999, 645, 649).

[68] *Korts*, S. 1; *Ränsch*, FG Döser, 557, 558; *Fuhrmann*, NZG 2004, 552, 552.

[69] *Hormuth*, S. 57; *Cahn*, ZHR 166 (2002), 278, 280; *Büschgen*, WM 1995, 733, 736.

[70] *Berndt*, Der Syndikus 32 (2003), 43, 43 f.

[71] *Sonnenhol/Groß*, ZHR 159 (1995), 388, 393; dazu, wie einzelne Unternehmen in Deutschland ihr Cash Pooling organisiert haben, Handelsblatt v. 06.10.1999, S. 41.

[72] Vgl. *Altmeppen*, ZIP 2006, 1025, 1026.

[73] *Faßbender*, S. 27.

II. Konzerninterne Verrechnungskonten

Für die am Cash Pooling beteiligten Gesellschaften werden konzerninterne Verrechnungskonten eingerichtet.[74] Die Vorgänge auf diesen Konten sind streng von denjenigen auf dem Zielkonto zu unterscheiden. Die einzelnen Konzernunternehmen haben also zwar selbst ein Bankkonto, auf das Zahlungen geleistet werden können, jedoch handelt es sich bei diesen Konten nur um Durchlaufkonten, von denen alle eingehenden Zahlungen auf das Zentralkonto übertragen werden.[75] Diese Konten sind insofern fiktiv, als der Kontensaldo auf dem jeweiligen konzerninternen Verrechnungskonto nicht dem Saldo des Bankkontos der betroffenen Gesellschaft entspricht, sondern es sich um das Guthaben oder die Verbindlichkeiten der Konzerntöchter beim Cash-Pool-Führer handelt.[76] Allerdings sind sie insofern real, als die abhängige Gesellschaft in Höhe des Saldos einen Anspruch gegen den Cash-Pool-Führer hat und umgekehrt diesem bei Negativsalden ein entsprechender Anspruch gegen die einzelnen Gesellschaften zusteht.[77]

III. Betreibergesellschaft des Cash Pools

Die Zahlungen aus dem Cash Pool und in den Cash Pool erfolgen über das Hauptkonto, wobei eine Konzerngesellschaft – oftmals als Cash-Pool-Führer, Liquiditätsgesellschaft oder als Konzernbank bezeichnet[78] – für die Organisation der Zahlungsströme im Cash Pool zuständig ist.[79] Aufgabe des Cash-Pool-Führers ist es stets, sowohl die Zahlungsströme im Cash Pool zu koordinieren als auch die externe Kreditaufnahme zu steuern. Es sind hier verschiedene Ausgestaltungen denkbar: Inhaberin des Zielkontos kann zunächst die Konzernmutter selbst sein.[80] Mit den Cash-Pool-Aktivitäten kann auch ein eigens hierfür gegründete oder zudem mit anderen Führungsaufgaben betraute Holdinggesell-

---

[74] Ausf. zu den konzerninternen Verrechnungskonten *Müller-Bullinger*, S. 27 ff.; *Sieger/Hasselbach*, BB 1999, 645, 645; *Kiethe*, DStR 2005, 1573, 1576; gebräuchlich sind auch die Begriffe Unterkonten, Quellkonten und Ausgangskonten.

[75] HndbKonzernfinanz-*U.H. Schneider*, § 25 Rdn 6; *Faßbender*, S. 27; *Hellwig*, FS Peltzer, 163, 164.

[76] *Müller-Bullinger*, S. 27.

[77] *Müller-Bullinger*, S. 27.

[78] Die Bezeichnungen Betreibergesellschaft, Cash-Pool-Führer und Konzernbank werden im folgenden synonym verwendet, unabhängig davon, ob der Cash Pool von einer Mutter- oder Schwestergesellschaft verwaltet wird.

[79] Für die einzelnen Liquiditätsströme im Cash Pool greift das Konzernprivileg des § 2 Abs. 1 Nr. 7 KWG ein, so dass der Cash Pool-Führer keiner bankrechtlichen Erlaubnispflicht unterliegt; Boos/Fischer/Schlulte-Mattler-*Fülbier*, § 2 Rdn 27, und *Zerwas/Hanten*, ZBB 2000, 44, 50, bezeichnen das Cash Pooling als „Hauptanwendungsfall" des § 2 Abs. 1 Nr. 7 KWG.

[80] HndbKonzernfinanz-*U.H. Schneider*, § 25 Rdn 6; *Müller-Bullinger*, S. 85; *Zeidler*, S. 7; *Morsch*, NZG 2003, 97, 98; *Altmeppen*, ZIP 2006, 1025, 1025.

schaft betraut werden.[81] Durch die Holding-Struktur wird eine stärkere Dezentralisierung der Konzernleitung ermöglicht, was wiederum eine flexiblere Konzernführung und eine stärkere Konzentration der Konzernführung auf andere Aufgaben ermöglichen kann.[82] Bei der Zentralisierung der Zahlungsströme mittels des Cash Poolings werden häufig auch speziell hierfür gegründete Finanzierungsgesellschaften, in-house-bank oder treasury genannt, eingesetzt.[83] Hierbei handelt es sich um von der Muttergesellschaft beherrschte Gesellschaften. Möglich ist es dabei insbesondere bei internationalen Konzernen, regionale Konzernbanken einzurichten, die von einer weltweiten Konzernbank aus geleitet werden.[84] Zumindest vordergründig denkbar könnte schließlich auch eine Führung des Cash Pools durch ein beim konzernleitenden Unternehmen gegründetes Konzernorgan sein.[85] Teilweise wird in diesem Zusammenhang eine Konzernorganisation mittels besonderer Konzernorgane befürwortet.[86] Dieses Konzernorgan, das in der Satzung verankert wird, würde dazu führen, dass andere Organe entlastet werden könnten. Durch eine solche Organisation des Cash Poolings könnten einerseits die bisher zuständigen Organmitglieder entlastet werden sowie ein effektiveres Synergiemanagement eingeführt werden.[87] Andererseits sind die in AktG und GmbHG geregelten Organe insoweit abschließend geregelt. Besondere Konzernorgane sind gerade nicht vorgesehen, so dass die Möglichkeit eines Einsatzes derartiger Organe bei Durchführung eines Cash Poolings nicht besteht. Die Betrachtung hat allerdings verdeutlicht, dass die Betreibergesellschaft verschiedentlich verortet werden kann, wobei die Ausgestaltung vom konkreten Einzelfall abhängen muss.

C. Vor- und Nachteile des Cash Poolings

Die Einführung eines Cash-Pooling-Systems in einem Konzern ist für die Gesellschaften sowohl mit potentiellen Vorteilen als auch mit potentiellen Nachteilen verbunden, die es zu beleuchten gilt. Die einzelnen betriebswirtschaftlichen Vor- und Nachteile sind auch bei der rechtlichen Beurteilung der Kapitalaufbringung, der Kapitalerhaltung und dem Existenzschutz von erheblicher Bedeu-

---

[81] HndbKonzernfinanz-*U.H. Schneider*, § 25 Rdn 6; MK-BGB-*Berger*, Vorb. § 488 Rdn 38; *Boettger*, S. 107; *Früh*, GmbHR 2000, 105, 106; *Altmeppen*, ZIP 2006, 1025, 1025.

[82] *Jula*, S. 12 ff.; *Jula/Breitbarth*, AG 1997, 256, 257.

[83] Etwa bei OLG München, ZIP 2006, 25 ff.; Pentz/Sollanek-*Sollanek*, S. 82; *Boettger*, S. 107; *Zeidler*, S. 7; *Engert*, BB 2005, 1951, 1956; nach *Büschgen*, WM 1995, 733, 740, ist dies bei multinationalen Unternehmen die häufigste Organisationsform.

[84] Pentz/Sollanek-*Sollanek*, S. 82; *Boettger*, S. 107 ff.; *Seibold*, FB 2005, 77, 77.

[85] So *Jula/Breitbarth*, AG 1997, 256, 257.

[86] *Jula*, S. 30; *Jula/Breitbarth*, AG 1997, 256, 257.

[87] *Jula/Breitbarth*, AG 1997, 256, 257 f.

tung.[88] So ist eine rechtlich vertretbare Lösung für die praktische Durchführbarkeit eines Cash Poolings nicht möglich, wenn die mit dem Cash Pooling verbundenen Nachteile verstärkt und die mit dem Cash Pooling einhergehenden Vorteile weitestgehend eliminiert werden. Teilweise wird bei der Darstellung von Vor- und Nachteilen des Cash Poolings im Schrifttum allerdings der Eindruck vermittelt, die Vorteile bestünden lediglich bei der Konzernmutter, die Nachteile hingegen ausschließlich bei den Tochtergesellschaften.[89] Dies ist jedoch insoweit unrichtig, als bei der Konzernmutter entstehende Vorteile – jedenfalls im Grundsatz – an die Tochtergesellschaften weiterzuleiten sind.[90] Insofern werden die Tochtergesellschaften zumindest mittelbar an den Vorteilen des Cash Poolings teilhaben.

I. Vorteile

Zunächst gilt es, die Vorteile eines Cash Pools zu betrachten. Beim Cash Pooling ist zunächst gegenüber der Summe der Einzelreserven eine geringere zentrale Liquiditätsreserve erforderlich.[91] Bei der Liquiditätsplanung muss aufgrund der Unsicherheiten über die Höhe und den Zeitpunkt der eingehenden Zahlungen stets eine Reserve zum Schutz gegen Illiquidität vorgehalten werden. Für das gleiche Maß an Sicherheit ist bei einem Cash Pool, bei dem die liquiden Mittel aller Konzerngesellschaften zusammengefasst werden, eine geringere Liquiditätsreserve erforderlich, da sich Schwankungen in der Liquiditätsversorgung bei den einzelnen Gesellschaften im Pool gegenseitig ausgleichen.[92] Die Liquiditätsreserve ist daher nicht für jede einzelne Gesellschaft des Konzerns, sondern lediglich für den Gesamtkonzern anzusetzen und fällt folglich geringer aus. Ein Cash Pool sorgt außerdem dafür, dass die im Konzern vorhandene Liquidität optimal eingesetzt wird, indem der Liquiditätsbedarf aller Konzerngesellschaften im Grundsatz ohne Einschaltung eines Kreditinstitutes befriedigt wird.[93] Es wird ferner vermieden, dass einerseits Konzerngesellschaften Darlehen zum Sollzins aufnehmen und andererseits andere Gesellschaften überschüssige Liquidität zu einem niedrigeren Habenzins anlegen. Somit kann die am Geld- und Kapitalmarkt bestehende Differenz zwischen Soll- und Habenzinsen

---

[88] Die Begriffe Klumpenrisiko und Dominoeffekt etwa ziehen sich durch die gesamte rechtliche Betrachtung der Vorgänge im Cash Pool.

[89] Besonders deutl. bei *Burgard*, VGR 6, 45, 49.

[90] Hierzu im Rahmen der Interessenprüfung des Ausnahmetatbestandes unten 3. Teil § 8 E. II. 1.

[91] Pentz/Sollanek-*Pentz*, S. 12; *Herold*, S. 56; *Pausenberger/Völker*, S. 58; *Faßbender*, S. 29; *Loyal*, S. 58; *Götze*, WM 2005, 727, 728; *Altmeppen*, ZIP 2006, 1025, 1026.

[92] *Rittscher*, S. 24; *Hormuth*, S. 58; *Loyal*, S. 60 f.; *Cahn*, ZHR 166 (2002), 278, 280.

[93] Pentz/Sollanek-*Sollanek*, S. 74 ff.; *Böhnke*, S. 36; *Makowski*, S. 29; *Sonnenhol/Groß*, ZHR 159 (1995), 388, 391; *Fleischer*, NJW 2004, 2867, 2869; *Oechsler*, JA 2007, 67, 68; *Doll*, Handelsblatt v. 27.06.2007, S. 16.

eingespart werden.[94] Der damit erzielte Zinsvorteil kann in die Millionen gehen.[95] Außerdem werden durch den Ausgleich des Liquiditätsbedarfs mittels des Cash Pools jegliche bankseitigen, mit einer Kreditgewährung einhergehenden Kosten wie Abschlussgebühr, Bereitstellungs- und Vermittlungsprovision vermieden.

Infolge der Konzentration des Finanzbedarfs bei einer einzigen Stelle im Konzern vervielfachen sich zudem die dort gehandelten Geldbeträge. Es entstehen Volumeneffekte. So sind einige Anlagemöglichkeiten unter dem Gesichtspunkt der Rentabilität erst ab einer bestimmten Größenordnung denkbar.[96] Ferner kann durch die höheren Volumina ein direkter Zugang zu den Geldmärkten erreicht werden.[97] Durch die Bündelung der Fremdmittelaufnahme mittels der zentralen Aufnahme eines Kredits können zudem günstigere Finanzierungskonditionen erwartet werden,[98] falls auf der einen Seite trotz des Liquiditätsausgleichs bei einem konzernweiten Defizit an finanziellen Mitteln noch Kreditbedarf besteht[99] oder auf der anderen Seite Guthabenverzinsungen auszuhandeln sind.[100] Es werden also verbesserte Verhandlungspositionen gegenüber Dritten (Gläubigern und Kreditinstituten) geschaffen.[101] Daher gilt, dass es im Rahmen eines Cash Poolings umso vorteilhafter ist, je weniger Banken in die Organisation dieses Finanzierungsinstruments eingebunden werden müssen.[102] Die konzerninterne Finanzierung verbilligt – wie aufgezeigt wurde – die Refinanzierung des Konzerns insgesamt und erlaubt die Weitergabe dieses Vorteils an die Konzerngesellschaften. Ein daraus resultierender Aspekt, der in den letzten Jahren ständig an Bedeutung gewonnen hat, ist das bessere Kreditrating bei den Rating-

---

94 *Vetter/Stadler*, Rdn 8; *Rittscher*, S. 24; *Mayer*, DAI-JAT 2006, 128, 129; *H. Schmidt*, BKR 2007, 1, 5; *Schmelz*, NZG 2006, 456, 456; *Jäckle*, FB 2000, 82, 83; *Kiethe*, DStR 2005, 1573, 1573.

95 Nach *Niemeier*, bei Seulen, VGR 10, 159, 160, kann der Zinsvorteil bei einem im M-DAX notierten Konzern 10 Mio. Euro und mehr betragen,; siehe auch *Noack*, DB 2006, 1475, 1482; *Seibert*, ZIP 2006, 1157, 1163: „hohe zweistellige Millionenbeträge pro Jahr".; Stellungnahme von BDI und GDV zum RefE MoMiG, S. 15 (www.bdi-online.de): „im dreistelligen Millionenbereich".

96 *Rittscher*, S. 23 f.; *Hormuth*, S. 86; *Zeidler*, S. 13; *Cahn*, ZHR 166 (2002), 278, 280.

97 *Faßbender*, S. 29; *Ränsch*, FG Döser, 557, 557; *Büschgen*, WM 1995, 733, 736.

98 *Vetter/Stadler*, Rdn 8; *Hormuth*, S. 79 f.; *Loyal*, S. 176; *H. Schmidt*, BKR 2007, 1, 5; *Grothaus/Halberkamp*, GmbHR 2005, 1317, 1318; *Morsch*, NZG 2003, 97, 98.

99 *Cahn*, ZHR 166 (2002), 278, 280; nach *Büschgen*, WM 1995, 733, 736, erhalten Unternehmen höchster Bonität bei der Aufnahme von kurzfristigen Krediten Interbankensätze.

100 *Faßbender*, S. 29; *Burgard*, VGR 6, 45, 49; *Niedernhöfer*, Handelsblatt v. 24.08.2005, S. 33.

101 *Rittscher*, S. 24; *Götze*, WM 2005, 727, 727; *Römermann/Schröder*, GmbHR 2001, 1015, 1019; *Becker*, DStR 1998, 1528, 1528; *Jula/Breitbarth*, AG 1997, 256, 256; *Müller*, FAZ v. 13.02.2002, S. 24.

102 *Gehrlein*, MDR 2006, 789, 789; *Jäckle*, FB 2000, 82, 83.

Agenturen,[103] wenn nur die Konzernobergesellschaft Mittel am Kapitalmarkt aufnimmt. Dies beruht darauf, dass die Rating-Agenturen die eigenständige Kreditaufnahme von Konzerngesellschaften am Kapitalmarkt unter dem Stichwort der „structural subordination" kritisch sehen.[104] In diesem Fall wären die Kreditgeber der Konzernobergesellschaft mit ihren Rückzahlungsansprüchen wirtschaftlich nachrangig gegenüber den Gläubigern der operativen Tochtergesellschaften. Für die Forderungsrückforderung kommen nämlich insbesondere die Mittel in Betracht, die von den operativen Tochtergesellschaften ausgeschüttet werden können. Auf diese Mittel hätten aber die Gläubiger der operativen Tochtergesellschaften einen Erstzugriff. Aus der Sicht der externen Gläubiger der Obergesellschaft verbessert sich hingegen die Deckungsmasse, wenn die Konzerngesellschaften mit Liquiditätsüberschuss ihre Mittel bei der Obergesellschaft anlegen.[105] Die Konzerninnenfinanzierung durch das Cash Pooling erlaubt folglich ein geringeres Risikoprofil für den Kapitalmarkt.

Infolge der Zentralisierung der Aufgaben bei einem konzernweiten Cash Pool wird die Finanzführung des Konzerns zudem vereinheitlicht, so dass sämtliche Entscheidungen mit Blick auf die strategischen Konzernziele gefällt werden können.[106] Dadurch werden Schwierigkeiten, die ansonsten durch Abstimmung von Zielen einzelner Gesellschaften und dem Interesse des Konzerns entstehen könnten, vermieden. Letztlich kommt es also zu einer zentralen Risikokontrolle der Innenfinanzierung des Konzerns. Weiterhin kann durch die Konzentration der Außenfinanzierung beim Cash Pool und durch die größeren Geldbeträge, die bewegt werden, eine besondere Kompetenz bei der Obergesellschaft aufgebaut werden.[107] In einer Steuerungszentrale des Cash-Pooling-Systems können Finanzierungs- und Anlagespezialisten ihr Know-how umsetzen, das aufgrund des Synergieeffekts allen Tochtergesellschaften zugute kommt, während ein Rückgriff auf solche Spezialisten für jede einzelne Tochtergesellschaft erhebliche Kosten mit sich bringen würde. Es kommt also zu einer Straffung des Finanzmanagements.[108]

Infolge der zentralisierten Finanzposition, bei der alle Informationen über das Finanzwesen beim Cash-Pool-Führer zusammengetragen sind, erhalten zum einen die Banken neben einem umfassenden Einblick in die wirtschaftliche Si-

---

[103] Wie Standard & Poor's, Fitch und Moody's.

[104] *Hentzen*, ZGR 2005, 480, 483; vgl. Stellungnahme von BDI und GDV zum RefE MoMiG, S. 15 (www.bdi-online.de).

[105] *Hentzen*, ZGR 2005, 480, 483.

[106] *Liebscher*, Rdn 359; *Hormuth*, S. 88; *Burgard*, VGR 6, 45, 49; *Scheffler*, FS Goerdeler, 469, 473.

[107] HoldingHndb-*Theisen*, § 11 Rdn 15; *Pausenberger/Völker*, S. 59; *Loyal*, S. 59; *Hormuth*, S. 89; *Morsch*, NZG 2003, 97, 98.

[108] *Liebscher*, Rdn 359; *Herold*, S. 56; *Burgard*, VGR 6, 45, 49; *H. Schmidt*, BKR 2007, 1, 5.

tuation aller Konzerngesellschaften[109] auch den vereinfachten Zugriff auf liquide Mittel, zum Beispiel zur Rückforderung eines Finanzierungskredits.[110] Zum anderen verbessert die Transparenz der finanziellen Verhältnisse die Entscheidungsgrundlagen im Bereich des Cash Poolings, so dass Verzögerungen infolge von Informationsübertragungen finanzieller Art entfallen.[111] Daraus folgt wiederum eine frühzeitige Möglichkeit der Erkennung problematischer Liquiditätsversorgungen bei den einzelnen Gesellschaften und der Auswirkungen von Marktveränderungen, worauf schnell und flexibel reagiert werden kann.[112] Im Unterschied zu einer dezentralen Finanzverwaltung im Konzern ist die mit einem Cash Pooling verbundene Automatisierung der Abläufe als weiterer Vorteil des Systems zu nennen. Aufgrund der vertraglichen Grundlagen bedarf es für die tägliche Anlage und Aufnahme von Geldern nicht ständig neuer Vereinbarungen. Vielmehr vollzieht sich der Liquiditätsverkehr im Konzern automatisch.[113] Zuletzt ergeben sich aus der mit der tatsächlichen Zusammenführung der Liquidität verbundenen Bilanzverkürzung steuerliche Vorteile.[114] Die mit dem Cash Pooling verbundenen Vorteile sind – dies hat die Betrachtung gezeigt – damit vielfältig.

II. Nachteile

Jedoch bringt das Cash Pooling auch verschiedene – nicht zu unterschätzende[115] – Nachteile mit sich, die einer Betrachtung bedürfen. Obgleich das Cash Pooling in verschiedenen Konzernierungsformen praktiziert wird, können die damit verbundenen rechtlichen Nachteile hinreichend verallgemeinert dargestellt werden. Insbesondere dürfte die Risikolage etwa infolge des noch aufzuzeigenden Do-

---

[109] Dagegen geht *Hormuth*, S. 92, davon aus, dass sich für externe Fremdkapitalgeber durch ein Cash Management der Einblick in die Liquiditätssituation sowohl der einzelnen Gesellschaften als auch des Gesamtkonzerns verschlechtere.

[110] *Börner*, BGHReport 2004, 534, 535.

[111] *Burgard*, VGR 6, 45, 49.

[112] *Hormuth*, S. 88.

[113] *Maier-Reimer*, VGR 10, 127, 128 f.

[114] Gleichwohl sind auch die sich – hier nicht weiter behandelten – aus dem Cash Pooling ergebenden steuerlichen Auswirkungen wie etwa die Problematiken der verdeckten Gewinnausschüttung und der Dauerschulden nicht zu vernachlässigen; hierzu etwa *Vetter/Stadler*, Rdn 179 ff.; *Korts*, S. 35 ff.; *Oho/Eberbach*, DB 2001, 825, 826; *Ammelung/Ruhser*, DStR 2003, 1999, 2000.

[115] Dies haben in der jüngeren Vergangenheit die Fälle Bremer Vulkan und Babcock Borsig gezeigt (siehe bereits oben § 1 A. Fn 1); aus der entfernten Vergangenheit sind die Fälle IBH (hierzu *U.H. Schneider*, ZGR 1984, 497 ff.), Harpener AG (hierzu OLG Hamm, ZIP 2005, 1263 ff.) und AEG (hierzu *Kübler*, ZGR 1984, 560 ff.; *Wellensiek*, ZIP 1982, 1370 ff.; *ders.*, ZIP 1984, 541, 543), Korf (*Kübler* ZGR 1984, 560, 575 ff.), Hamburger Stahlwerke (BGHZ 105, 168 ff.) und Glöggler (*Immenga*, ZHR 140 (1976), 301, 301 f.) zu nennen.

minoeffekts unabhängig von der Größenordnung des Konzerns regelmäßig vergleichbar sein.[116]

Die liquiditätsabführenden Gesellschaften gehen aufgrund ihrer Teilnahme zunächst ein Risiko ein, welches anschaulich als Klumpenrisiko[117] zu bezeichnen ist: Die Gesellschaften bündeln alle Mittel an einer Stelle und verteilen sie nicht.[118] Einziger Schuldner ihrer Ansprüche ist die Betreibergesellschaft des Cash Pools, deren Ausfallrisiko nicht ausgeschlossen werden kann; eine Einlagesicherung wie bei Bankkonten wird nicht erreicht.[119] Erst die Anlagepolitik der Konzernobergesellschaft, die als „oberste Liquiditätsinstanz“[120] agiert, streut die Risiken. Fordern nun alle am Cash Pool beteiligten Untergesellschaften ihre Zahlungen in den Cash Pool von der Obergesellschaft zurück, besteht für die Obergesellschaft – und damit letztlich auch für die Tochtergesellschaften – ein erhebliches Insolvenzrisiko.[121] Cash-Pool-Verbindungen erhöhen zudem die Abhängigkeit der einzelnen Konzerngesellschaften von der zentralen Liquiditätsversorgung.[122] Ferner nimmt aufgrund der höheren Bürokratie die Flexibilität der Konzernunternehmen, auf Marktveränderungen reagieren zu können, ab.[123] Dadurch, dass die Liquiditätssteuerung und –verwaltung sowie die Versorgung der Konzernunternehmen mit Fremdkapital konzernintern mit weniger externen Schnittstellen (z. B. zu Banken oder dem Kapitalmarkt) gestaltet werden, verfügen die Tochtergesellschaften nicht über eigene Konten und eigenständige Dispositionsmöglichkeiten, sondern sind vollständig auf Mittelzuweisungen der Konzernspitze angewiesen.[124] Dies kann gerade in wirtschaftlich schwierigen

---

[116] Demgegenüber skeptisch hinsichtlich der Vergleichbarkeit zwischen Konzernen unterschiedlicher Größenordnung *Hentzen*, DStR 2006, 948, 948.

[117] Der Begriff stammt nach HndbKonzernfinanz-*U.H. Schneider*, § 25 Rdn 52, aus dem schweizerischen Bankenaufsichtsrecht; zum Klumpenrisiko beim Cash Pooling nach schweizerischer Rechtslage *Blum*, AJP 2005, 705, 714.

[118] HoldingHndb-*Vetter*, § 8 Rdn 4; *Vetter/Stadler*, Rdn 26; *Hentzen*, ZGR 2005, 480, 482; *Vetter*, VGR 6, 69, 73; plastisch HndbKonzernfinanz-*U.H. Schneider*, § 25 Rdn 51: „alle Eier in einem Korb“.

[119] Hierzu 2. Teil § 5 C. IV. 1. c) bb).

[120] So der zutr. von *Limmer*, S. 239, gewählte Begriff.

[121] Zum Klumpenrisiko HndbKonzernfinanz-*U.H. Schneider*, § 25 Rdn 52; HoldingHndb-*Vetter*, § 8 Rdn 4; *Rittscher*, S. 39; *Liebscher*, Rdn 359; *Burgard*, VGR 6, 45, 49; *Vetter*, VGR 6, 69, 73; *Langner*, GmbHR 2005, 1017, 1018.

[122] HndbKonzernfinanz-*U.H. Schneider*, § 25 Rdn 51; *Vetter/Stadler*, Rdn 27; *Deckart*, S. 12; *Hentzen*, ZGR 2005, 480, 482; *Piepenburg*, NZI 2004, 231, 233; *Thun*, Finance 7/8 2004, S. 72.

[123] *Jula/Breitbarth*, AG 1997, 256, 257; *Scheffler*, DB 1985, 2005, 2007.

[124] *Cahn*, S. 246; *Hormuth*, S. 90; *Jula/Breitbarth*, AG 1997, 256, 257; *Kiethe*, DStR 2005, 1573, 1578; *Götze*, WM 2005, 727, 727; *Adamek*, EFG 2005, 1501, 1501.

Zeiten zu einem Dominoeffekt[125] führen: Ist ein anderes Cash-Pool-Mitglied oder die Konzernmutter zahlungsunfähig oder überschuldet, kann dies aufgrund der engen Vernetzung der Vermögenssphären der Gesellschaften über den Cash Pool auch wirtschaftlich gesunde Konzerngesellschaften[126] mit in die Insolvenz ziehen, wenn ihre Forderungen gegen den Cash Pool nicht mehr werthaltig sind und sie nicht auf eigene Reserven zurückgreifen können, so dass sie sofort illiquide werden.[127] Hat die sich in der Krise befindliche Gesellschaft vorher – was nicht selten der Fall sein wird – in nicht unerheblichem Maße Liquidität aus dem Cash Pool abgezogen, steht diese nun nicht mehr anderen Konzerngesellschaften zur Verfügung. Auch können die Mittel nicht mehr an den Cash Pool zurückgezahlt werden. Außerdem muss die in der Krise befindliche Gesellschaft abgeführte Liquidität vom Cash Pool zurückfordern. Auch diese Liquidität steht nun anderen liquiditätsbedürftigen Gesellschaften nicht mehr zur Verfügung. Die enge Verknüpfung der einzelnen Gesellschaften im Finanzbereich miteinander führt daher dazu, dass die Krise einer Konzerngesellschaft schnell auch auf andere, profitabel arbeitende Gesellschaften ausstrahlen kann. Die liquiditätsabführende Gesellschaft übernimmt daher letztlich das Bonitätsrisiko des gesamten Konzerns.[128] Obgleich in der „Bremer Vulkan"-Entscheidung der Dominoeffekt auf einer Schieflage der Muttergesellschaft beruhte,[129] ist diese mit dem Cash Pooling verbundene Gefährdungslage keineswegs auf eine Krise der Muttergesellschaft beschränkt, sondern kann gerade auch bei einer Schieflage anderer Konzerngesellschaften eingreifen.[130]

Die Durchführung eines Cash Poolings erfordert zudem einen hohen organisatorischen Aufwand, bei dem alle für die Finanzdisposition relevanten Informationen in zentraler Form gesammelt und ausgewertet werden müssen. So muss beispielsweise der Liquiditätsbedarf festgestellt und die Verteilung der Liquidität organisiert werden. Der für die Zentralisierung des Cash Managements in Form eines Cash Pools erforderliche Verwaltungsaufwand kann die damit

---

[125] Von *Wellensiek*, ZIP 1984, 541, 543, als „Insolvenzstrudel", von Heckschen/Heidinger-*Heidinger*, § 9 Rdn 27, sowie *Engert*, BB 2005, 1951, 1957, als „Kartenhauseffekt" und von *Hilgard*, CH-D Wirtschaft 2/2006, 16, 17, als „Kettenreaktion" bezeichnet.

[126] So etwa beim Konkurs der AEG und ihrer bis dahin gesunden Tochtergesellschaften, *Kübler*, ZGR 1984, 560, 562 ff., und bei Babcock Borsig, *Piepenburg*, NZI 2004, 231, 234.

[127] Holding-Hndb-*Vetter*, § 8 Rdn 4; *Liebscher*, Rdn 1024; *Buth/Hermanns*, § 11 Rdn 5; *Hormuth*, S. 90 f.; *Ammelung/Kaeser*, DStR 2003, 655, 659; *Ulrich*, BGHReport 2006, 725, 725; *Thun*, Finance 7/8 2004, 72; hierzu auch *Grigoleit* S. 409 f.

[128] HoldingHndb-*Vetter*, § 8 Rdn 3; *Kiethe*, DStR 2005, 1573, 1578; *Primozic*, NZI 2005, 358, 360; *Adamek*, EFG 2005, 1501, 1501; zu einer Verstärkung des Dominoeffekts durch kapitalmäßige Verflechtungen HoldingHndb-*Vetter*, § 8 Rdn 4; *ders./Stadler*, Rdn 28; *Vetter*, VGR 6, 69, 81.

[129] Zum Sachverhalt BGHZ 149, 10 13 f.

[130] Bereits der Ausfall einer einzigen Konzerngesellschaft kann ausreichen, vgl. *Bormann*, DB 2006, 2616, 2621.

verbundenen Vorteile wie Flexibilität und Transparenz erheblich relativieren.[131] Im einzelnen muss die Konzernspitze entscheiden, ob sich ein Cash Pooling trotz dieser Bürokratisierung lohnt. Ab einem bestimmten Transaktionsvolumen wird der Aspekt des Verwaltungsaufwandes jedenfalls in den Hintergrund treten.

Bei der Finanzierung einer Gesellschaft handelt es sich um einen Kernbereich der Unternehmensführung. Durch die Implementierung eines Cash Pools werden die Entscheidungskompetenzen über die Finanzierung auf eine andere Gesellschaft oder ein anderes Organ verlagert, was zu einem erheblichen Verlust der Selbständigkeit der Tochtergesellschaften führt. Die Entscheidungen über die Liquiditätszuweisungen im Konzern werden von dem Cash-Pool-Führer getroffen, ohne dass die Geschäftsführungsorgane der Tochtergesellschaften eine Einflussmöglichkeit auf die Entscheidung haben.[132] Zusätzlich fehlte es den einzelnen Konzerngesellschaften an eigenen Bankverbindungen. Gerade in der Krise des Gesamtkonzerns kann all dies negative Folgen haben, wenn Liquidität kurzfristig benötigt wird.[133] Das OLG Dresden hatte darüber zu urteilen, ob sich ein Idealverein im Sinne des § 21 BGB zu einem Wirtschaftsverein gemäß § 22 BGB entwickelt und daher einer staatlichen Verleihung bedarf, wenn er über zwischengeschaltete Holdings eine wirtschaftliche Einheit mit erwerbswirtschaftlich auftretenden GmbHs bildet. Als wesentliches Merkmal für die wirtschaftliche Einheit, die zu einer Zurechnung der erwerbswirtschaftlichen Betätigungen der dem Verein nachgeordneten GmbHs und damit zu einem Missbrauch der Rechtsform des eingetragenen Vereins führt, sah das OLG Dresden die Durchführung eines Cash Managements an.[134] Das Cash Pooling unter der Führung des Vereins zeige die organisatorische Unselbständigkeit der einzelnen Gesellschaften auf, so dass die Verselbständigung der einzelnen Gesellschaften lediglich formal-juristisch vollzogen sei.[135] Durch das zentrale Cash Pooling seien die einzelnen Konzerngesellschaften ihrer Verfügungsbefugnis über die vorhandenen liquiden Mittel enthoben und allein die Konzernspitze habe über die Verteilung des für die Handlungsfähigkeit der einzelnen Konzerngesellschaften wesentlichen finanziellen Rahmens zu bestimmen gehabt.[136] Das Urteil bestätigt damit die in einem Cash Pool liegende Gefahr des Verlustes an Selbständigkeit der einzelnen Tochtergesellschaften.

---

[131] So auch *Hormuth*, S. 94 f.

[132] *Vetter/Stadler*, Rdn 9; *Hormuth*, S. 95.

[133] Pentz/Sollanek-*Pentz*, S. 14; *Vetter/Stadler*, Rdn 21; *Deckart*, S. 12.

[134] OLG Dresden, ZIP 2005, 1680, 1685 (hierzu ist das Revisionsurteil des BGH am 10.12.2007 – Az: II ZR 239/05 ergangen); gemeint war damit wohl ein Cash-Pooling-System; zur Unterscheidung der Begrifflichkeiten siehe oben § 2 A.

[135] OLG Dresden, ZIP 2005, 1680, 1686.

[136] OLG Dresden, ZIP 2005, 1680, 1685.

Gerade kleinere Konzerne, deren Kapazitäten für die Implementierung eines eigenen Cash-Pooling-Systems nicht ausreichend sind, sind auf die Bereitstellung eines Cash-Pooling-Systems durch einen externen Anbieter angewiesen. Ist der Anbieter ein Kreditinstitut, ist der Konzern in der Regel dazu gezwungen, seine finanziellen Aktivitäten dort zu konzentrieren. Dies kann zu einer Abhängigkeit von dem Kreditinstitut führen.[137] Auch auf der Liquiditätsbeschaffungsseite wird damit ein Klumpenrisiko eingegangen.[138] Da durch die Zusammenfassung sämtlicher finanzwirtschaftlicher Daten ein umfassender Überblick über die Solvenz des Konzerns gewährleistet ist, kann der Anbieter zudem die Kreditwürdigkeit des Konzerns vollständig überblicken und bei Verhandlungen ausnutzen. Die Betrachtung hat somit gezeigt, dass ein Cash-Pooling-System verschiedene Nachteile mit sich bringen kann.

III. Gesamtwürdigung der Vor- und Nachteile

Die einzelnen Vor- und Nachteile des Cash Poolings stehen sich teilweise spiegelbildlich gegenüber. Dennoch ist das Cash Pooling kein „Nullsummenspiel".[139] Zum einen werden sich aufgrund bestehender rechtlicher Grenzen nicht stets alle Vorteile in vollem Umfang realisieren lassen.[140] Umgekehrt werden auch die aufgezeigten Nachteile nur in seltenen Fällen kumulativ auftreten.[141] Als Ergebnis der Betrachtung des Cash Poolings aus unternehmenswirtschaftlicher Sicht lässt sich somit der grundsätzliche Befund herstellen, dass die Vorteile dieses Systems regelmäßig überwiegen werden, sofern der Konzern insgesamt wirtschaftlich gesund ist.[142] Gerät allerdings die Muttergesellschaft oder eine andere am Cash Pooling teilnehmende Gesellschaft in die wirtschaftliche Krise, kann dies für eine abhängige Gesellschaft einen existenzbedrohenden Ausfall mit ihren gesamten Forderungen bei der Betreibergesellschaft zur Folge haben.[143] Es handelt sich beim Cash Pooling somit um ein ambivalentes Phänomen.[144] Dem sollte auch die Rechtsordnung mit differenzierenden Lösungsan-

---

137 *Hormuth*, S. 97.

138 So *Vetter*, VGR 6, 69, 73.

139 So auch *Burgard*, VGR 6, 45, 50.

140 vgl. *Burgard*, VGR 6, 45, 50.

141 So wird beispielsweise nach Einschätzung von *Vetter*, VGR 6, 69, 106, der Dominoeffekt nicht durch jede kleinere Krise einer beteiligten Gesellschaft ausgelöst werden können.

142 So auch *Liebscher*, Rdn 359; *Faßbender*, S. 19; *Makowski*, S. 29; *Habersack/Schürnbrand*, NZG 2004, 689, 690; der generellen Aussage von *Altmeppen*, ZIP 2006, 1025, 1026, wonach regelmäßig die Bank einen negativen Saldo auszugleichen hätte und damit den Konzern versorgt und nur ausnahmsweise der Konzern die Bank finanziere, ist nicht zu folgen.

143 *Makowski*, S. 29 f.; anschaul. HoldingHndb-*U.H. Schneider*, § 25 Rdn 31: „Das Kartenhaus fällt".

144 *Deckart*, S. 3, 14; *Habersack/Schürnbrand*, NZG 2004, 689, 690; demgegenüber sieht *Hormuth*, S. 98, ein Überwiegen der Vorteile; ebenso *Liebscher*, Rdn 359; dem kann indes nicht gefolgt werden.

sätzen begegnen.[145] Jedenfalls verbieten sich „Schwarz-Weiß-Lösungen" wonach derartige Finanzierungsinstrumente entweder generell zu verbieten wären oder aber für unbedenklich erklärt würden.[146] Die Darstellung der Vor- und Nachteile des Cash Poolings zeigt vielmehr deutlich auf, dass die gegenläufigen Ziele der Haftungstrennung und der mit dem Cash Pooling verbundenen starken wirtschaftlichen Vernetzung in Einklang gebracht werden müssen.[147] Auf die einzelnen Vor- und Nachteile wird im Rahmen der nachfolgenden Kapitel regelmäßig bei der Abwägung zwischen rechtlichen Risiken und wirtschaftlicher Vorteilhaftigkeit einzugehen sein. Insofern kommt den mit dem Cash Pooling verbundenen Vor- und Nachteilen im Rahmen der rechtlichen Bewertung des Cash Poolings bei der Kapitalaufbringung und Kapitalerhaltung sowie dem Existenzschutz eine nicht unerhebliche Bedeutung zu.

D. Vertragsrechtliche Strukturen

An einem Cash-Pooling-System sind stets mindestens drei Parteien beteiligt: der Cash-Pool-Führer als Inhaber des Zielkontos, die einzelnen Konzerngesellschaften als Inhaber der Quellkonten und das kontoführende Kreditinstitut. Zuletzt können auch externe Dritte von einem Cash Pooling betroffen sein. Die einzelnen rechtlichen Beziehungen gilt es zu beleuchten.

Nicht ganz eindeutig geklärt ist dabei zunächst, zu welchem Zeitpunkt es typischerweise zu einer Implementierung eines Cash Pools kommt. Teilweise wird vertreten, die Einführung eines Cash-Pooling-Systems sei ein Ausdruck von Liquiditätsengpässen.[148] Andere wiederum gehen davon aus, dieses System werde vor allem in einer „Schönwetterperiode" angelegt, in der sich weder der Konzern noch die teilnehmenden Konzerngesellschaften in wirtschaftlichen Schwierigkeiten befänden.[149] Das Cash Pooling sei dann als ein Zeichen finanzieller Stärke des betreffenden Konzerns anzusehen, da es sich nur finanzstarke Konzerne erlauben könnten, eine externe Finanzierung durch Bankinstitute durch eine eigene, konzerninterne Finanzierung zu ersetzen.[150] Hierzu ist anzumerken: Der Cash Pool führt zu vielfältigen Kosteneinsparungen sowie zu einer besseren Verteilung vorhandener Liquidität im Gesamtkonzern und kann damit einerseits für Konzerne sinnvoll sein, die sich in Liquiditätsproblemen befinden.

---

[145] So auch die Forderung von *Habersack/Schürnbrand*, NZG 2004, 689, 690.

[146] *Liebscher*, Rdn 359; *Hentzen*, ZGR 2005, 480, 483 f.; *Goette*, DStR 2001, 1857, 1857, weist darauf hin, der BGH habe in seinem Urteil BGHZ 149, 10 ff. („Bremer Vulkan"), eine solche Lösung verworfen.

[147] Vgl. die Prämisse von *Hentzen*, DStR 2006, 948, 949.

[148] *Weyand*, INF 2005, 198, 198.

[149] HoldingHndb-*Vetter*, § 8 Rdn 34; *ders./Stadler*, Rdn 189; *Vetter*, VGR 6, 69, 98.

[150] So der klagende Geschäftsführer einer in das Cash Pooling einbezogenen Gesellschaft (den Sachverhalt „Bremer Vulkan" betreffend) in dem Fall FG Bremen, EFG 2005, 1497 ff., in dem dieser zur Lohnsteuerhaftung herangezogen wurde.

Ist jedoch bei den einzelnen Gesellschaft nur noch das Stammkapital vorhanden, ergibt die Einführung eines Cash Pools in dieser Situation – wie noch aufzuzeigen sein wird – aus rechtlichen Gründen keinen Sinn mehr. Andererseits dürfte es für finanzstarke Konzerne kaum weniger attraktiv sein, die Vorteile eine Cash Pools ausnutzen zu wollen. Ein typischer Zeitpunkt für die Implementierung eines Cash Pools kann daher nicht ausgemacht werden.

I. Rechtsverhältnis der einzelnen Konzerngesellschaften zum Cash-Pool-Führer

Im Innenverhältnis bedarf es beim physischen Cash Pooling eines Vertrages[151] zwischen dem Cash-Pool-Führer und den einzelnen Konzerngesellschaften zur Regelung ihrer Rechtsverhältnisse. Dieser betrifft den konzerninternen Liquiditätsausgleich zwischen dem Cash-Pool-Führer und den Konzerngesellschaften.[152] Die Konzerngesellschaften gehen die Verpflichtung zur Übertragung ihrer Guthaben auf das Zentralkonto ein und der Cash-Pool-Führer verpflichtet sich dazu, den benötigten Liquiditätsbedarf der teilnehmenden Konzernunternehmen zu decken.[153] Dabei ist klarzustellen, dass es für Cash-Pool-Vereinbarungen keinen Standard gibt. Die Vereinbarungen müssen vielmehr auf die Bedürfnisse der beteiligten Gesellschaften angepasst werden.

1. Schriftformerfordernis

Zunächst stellt sich die Frage, ob es überhaupt einer ausdrücklichen vertraglichen Fixierung in Schriftform bedarf.[154] Schließlich könnte man argumentieren, dass das Fehlen ausdrücklicher Vereinbarungen der Wirksamkeit des Cash Pools nicht im Wege stehe, da es mit der Teilnahme an einem Cash Pool zu einem konkludenten Vertragsschluss komme.[155] Da das geschäftsführende Organ die seiner Gesellschaft auferlegten Pflichten, die entstehenden Vorteile, die Konditionen und die Risiken abwägen muss, um anhand einer Gesamtbeurteilung zu entscheiden, ob die Teilnahme für die Gesellschaft vorteilhaft ist, ist es notwendig, dass die Bedingungen des Cash Poolings nicht im nachhinein in wesentli-

[151] Demgegenüber bedarf es beim psychischen Cash Pooling keines internen Vertrages der einbezogenen Konzerngesellschaften, weil wechselseitige Rechtsbeziehungen ja gerade nicht begründet werden. Lediglich eine Vereinbarung zwischen dem Inhaber des virtuellen Zielkontos und eines Kreditinstituts ist erforderlich, vgl. *Faßbender*, S. 28; *Ränsch*, FG Döser, 557, 575.

[152] HndbKonzernfinanz-*U.H. Schneider*, § 25 Rdn 11; *Morsch*, NZG 2003, 97, 98.

[153] HndbKonzernfinanz-*U.H. Schneider*, § 25 Rdn 11; *Ammelung/Kaeser*, DStR 2003, 655, 659; hierzu noch unten § 2 D. I. 4.

[154] Nach HndbKonzernfinanz-*U.H. Schneider*, § 25 Rdn 11 und *Sieger/Wirtz*, ZIP 2005, 2277, 2277, fehlt es in der Praxis bei mittelständischen Konzernen oft an ausdr. schriftlichen Vereinbarungen; so auch *Kropff und Burgard,* bei Schmolke, VGR 6, 109, 110.

[155] Auf die Möglichkeit eines konkludenten Vertragsschlusses hinw. HndbKonzernfinanz-*U.H. Schneider*, § 25 Rdn 11; *Ammelung/Kaeser*, DStR 2003, 655, 659.

chem Umfang einseitig geändert werden können.[156] Für eine schriftliche vertragliche Beziehung spricht ferner aus pragmatischen Gründen, dass sonst im Nachhinein die einzelnen Vereinbarungen nicht mehr festgestellt werden können. Dies kann gerade, wenn es um die Veränderung oder die Beendigung des Cash Pools geht, zu erheblichen Schwierigkeiten und zu einem großen Potential für Streitigkeiten führen. Angesichts der zahlreichen rechtlichen Probleme, die ein Cash Pooling mit sich bringen kann, ist es geradezu leichtsinnig, ein Cash Pooling nicht aufgrund einer systematischen Finanzstrukturierung durchzuführen, sondern nur aufgrund kurzfristiger Überlegungen Konzerngesellschaften die Liquidität anderer Konzerngesellschaften zur Verfügung zu stellen. Eine schriftliche Fixierung der vertraglichen Vereinbarungen ist daher dringend zu empfehlen.[157]

Es muss sogar die Frage aufgeworfen werden, ob es bereits eine Pflichtverletzung der betroffenen Organmitglieder darstellt, wenn sie den Cash Pool nicht auf eine bis in die Einzelheiten ausgearbeitete vertragliche Grundlage stellen, sondern etwa auf ein Konzernrundschreiben beschränken[158]. Das OLG München leitete im Sinne des § 43 Abs. 1 GmbHG aus der fehlenden schriftlichen Fixierung der vertragsrechtlichen Strukturen eine derartige Sorgfaltspflichtverletzung des Geschäftsführers einer Tochtergesellschaft her, die Darlehen an einen Cash Pool abgeführt hatte.[159] Das Gericht hält es für nicht mit der Sorgfalt eines ordentlichen Geschäftsmannes vereinbar, wenn sich die Handhabung des Cash Poolings mangels schriftlicher Fixierung auf einer derart unsicheren Grundlage bewegt, dass ein Vertrauen auf eine rechtzeitige Rückzahlung oder anderweitige finanzielle Unterstützung des Konzerns nicht gerechtfertigt erscheint.[160] Sofern aufgrund der fehlenden schriftlichen Fixierung der vertragsrechtlichen Strukturen weder erkennbar ist, wer für die Rückzahlung an den Cash Pool abgeführter Mittel verantwortlich ist, noch deutlich wird, wer zur Anforderung der Gelder befugt ist, könne der Geschäftsführer nicht darauf vertrauen, dass die Forderung der Tochtergesellschaft beglichen werden wird. Die schriftliche Fixierung ist damit als Vorkehrungsmaßnahme für die ordnungsge-

---

[156] HoldingHndb-*Vetter*,§ 8 Rdn 33.

[157] So auch MK-AktG-*Kropff*, § 311 Rdn 189; HoldingHndb-*Vetter*, § 8 Rdn 33; *Makowski*, S. 55; *Hüffer*, AG 2004, 416, 421; *Sieger/Hasselbach*, BB 1999, 645, 647; *Manz/Mayer*, INF 2006, 833, 836; *Semler*, bei *Schmolke*, VGR 6, 109, 113 f.

[158] So *Kropff*, bei Schmolke, VGR 6, 109, 110.

[159] OLG München, ZIP 2006, 25, 26; in dem der Entscheidung zugrundeliegenden Fallgestaltung kam es lediglich zu informellen Telefaxschreiben der Konzernmutter, in denen die Tochtergesellschaft einerseits die Abführung liquider Mittel an den Cash Pool verlangte und andererseits versicherte, den Konzerngesellschaften ausreichend Liquidität zur Verfügung zu stellen.

[160] OLG München, ZIP 2006, 25, 26; zust. *Schilmar*, DStR 2006, 568, 569, Fn 5; *Hentzen*, DStR 2006, 948, 953; *Spindler*, ZHR 171 (2007), 245, 263.

mäße Rückzahlung zu verstehen.[161] Im übrigen erscheinen Fälle, in denen sämtliche für das Cash Pooling relevanten Strukturen mündlich festgehalten werden könnten, kaum denkbar. Vor allem ist nicht erkennbar, auf welchem anderen Weg sichergestellt werden könnte, die Darlehenskonditionen bekannt zu machen und dieses auch nachzuweisen. Insofern wird bei einer fehlenden schriftlichen Fixierung der Schluss auf ein sorgfaltswidriges Verhalten des geschäftsführenden Organs der Untergesellschaft nicht schwer fallen. Entspechendes gilt aber auch für die jeweiligen Organe der Obergesellschaft. Eine andere Frage ist aber, ob im Zuge der Neuregelung des § 30 Abs. 1 S. 2 GmbHG RefE-MoMiG ein Schriftformerfordernis bezüglich konzernweiter Cash-Pooling-Systeme ausdrücklich geregelt werden sollte.[162] Gegenwärtig enthält die Neuregelung keine dahin gehenden Erfordernisse. Da das Schriftformerfordernis nach hier vertretener Auffassung schon Ausdruck des allgemeinen Sorgfaltsmaßstabes ist, bedarf es keiner ausdrücklichen gesetzlichen Regelung.[163]

2. Rechtsnatur der Zahlungen

Um auf die einzelnen Vertragsgestaltungen eingehen zu können, stellt sich zunächst die Frage, welche Rechtsnatur Zahlungen aus dem Cash Pool und in den Cash Pool aufweisen. Neben der Einordnung der Liquiditätsströme im Cash Pool als Darlehen gibt es Ansichten, die diese als unregelmäßige Verwahrung, als Auftrag oder als Vertrag sui generis ansehen.

a) Darlehen

Nach weit überwiegender Auffassung sind die konzerninternen Liquiditätsströme als Gelddarlehen im Sinne des § 488 Abs. 1 BGB einzustufen.[164] Danach sei die Übertragung des Eigentums am überlassenen Geld zur wirtschaftlichen Verwertung und Nutzung auf Zeit wesensbestimmend. Sowohl die Hingabe von Geldern durch Liquiditätsüberschüsse aufweisende Konzerngesellschaften an

---

[161] *Hentzen*, DStR 2006, 948, 953; *Goette*, DStR 2006, 767, 768.

[162] Abl. Stellungnahme von BDI und GDV zum RefE MoMiG, S. 16 (www.bdi-online.de).

[163] Abgesehen davon wäre eine derart kasuistische Regelung auch mit dem Gebot der Rechtsklarheit und -einfachheit nur schwer vereinbar. Zu diesen Kritikpunkten in Bezug auf die Regelung des § 30 Abs. 1 S. 2 GmbHG RefE-MoMiG siehe noch unten 3. Teil, § 8 F. II. 1.

[164] Aus dem Zeitraum vor BGHZ 157, 72 ff.: *Vetter/Stadler*, Rdn 38; *Müller-Bullinger*, S. 133; *Zeidler*, S. 11; *Hormuth*, S. 100; *Ernsthaler/Kreher*, BB 1996, 385, 387; *Wellensiek*, ZIP 1982, 1370, 1371; *U.H. Schneider*, FS Döllerer, 437, 438; aus dem Zeitraum nach BGHZ 157, 72 ff. etwa: MK-BGB-*Berger*, Vorb. § 488 Rdn 39; *Rittscher*, S. 31; *Deckart*, S. 17 f.; *Koch*, S. 97; *Joost*, VGR 11, 31, 33; *Schmelz*, NZG 2006, 456, 456; *Sieger/Wirtz*, ZIP 2005, 2277, 2277; *Schilmar*, DB 2004, 1411, 1413 f.; *Henze*, WM 2005, 717, 717; *Langner*, GmbHR 2005, 1017, 1018; *Priester*, ZIP 2006, 1557, 1557; *Altmeppen*, ZIP 2006, 1025, 1028 f.; *Pentz*, ZIP 2006, 781, 782; *Bayer/Lieder*, GmbHR 2006, 449, 450; *Oechsler*, JA 2007, 67, 68; *Hangebrauck*, WuB II C. § 19 GmbHG 2.06, 479, 480; ferner BFH, DStR 2007, 1202, 1202.

den Cash-Pool-Führer als auch die Ausreichung von Geldern aus dem Cash Pool an liquiditätsbedürftige Konzerngesellschaften stelle eine solche Überlassung zur wirtschaftlichen Verwertung und Nutzung auf Zeit dar. Der 5. Strafsenat des BGH äußerte sich in seiner zum „Bremer Vulkan" ergangenen Entscheidung dahingehend, dass die Einbeziehung von Vermögenswerten in ein Cash-Pooling-System „materiell die Gewährung eines Darlehens" bedeute.[165] Auch wenn bei der undifferenzierten Formulierung von „Vermögenswerten" eher von einer Vielzahl von Darlehensverträgen ausgegangen werden kann, es sich mithin nicht lediglich um einen einzigen Darlehensvertrag handeln würde, wird doch deutlich, dass der 5. Strafsenat sich der genannten Meinung anschließt. In den Entscheidungen vom 16.01.2006 zur Kapitalaufbringung bei einer in ein Cash-Pooling-System integrierten GmbH geht der II Zivilsenat des BGH nunmehr wie selbstverständlich vom Vorliegen von Darlehen aus.[166]

b) Unregelmäßige Verwahrung

Im Nachgang zu der genannten Entscheidung BGHZ 157, 72 ff. ist vereinzelt die Auffassung geäußert worden, es handele sich bei der Rechtsgrundlage für die Zahlungsströme im Cash Pool um einen unregelmäßigen Verwahrungsvertrag gemäß § 700 Abs. 1 BGB.[167] Begründet wird dies damit, dass im zentralistisch finanzierten Konzern die Rückzahlungsverpflichtung aufgrund der Disposition des Cash-Pool-Führers jederzeit fällig sein könne und die jederzeitige Rückgabeverpflichtung gerade Kennzeichen der unregelmäßigen Verwahrung sei (§ 700 Abs. 1 S. 3 iVm § 695 BGB), während die Rückzahlungsverpflichtung beim Darlehen ohne andere Abrede erst zu einem vereinbarten Zeitpunkt oder nach der Kündigung gemäß § 488 Abs. 3 BGB eintrete.[168] Die jederzeitige Verfügungsmöglichkeit der Kontoinhaber über ihr Guthaben sei aber Voraussetzung für die Zusammenfassung der Geldmittel im Cash Pool.[169] Bei wirtschaftlicher Betrachtungsweise handele es sich nicht um einen Kredit, sondern um ein gewöhnliches Kontokorrentverhältnis, mit dem für die Deckung des täglichen Liquiditätsbedarfs der Konzerngesellschaften gesorgt werde, nicht aber der Konzernmutter oder bestimmten Konzernunternehmen ein vorrangiger Liquidi-

---

[165] BGHSt 49, 147, 160.

[166] BGHZ 166, 8, 12; entgegen *Schäfer*, BB 2006, Beil. 7, 5, 5, hat der BGH die Frage der Rechtsnatur der Zahlungen im Cash Pool damit entschieden.

[167] *Ulmer*, ZHR 169 (2005), 1, 4 f.; *Schäfer*, GmbHR 2005, 133, 135; *ders.*, BB 2006, Beil. 7, 5, 5 f.; offenl. Scholz-*H.P. Westermann*, § 30 Rdn 55.

[168] *Schäfer*, GmbHR 2005, 133, 135; *ders.*, BB 2006, Beil. 7, 5, 5 f.; *Brinkmeier*, GmbHSTB 2005, 89, 89.

[169] *Ulmer*, ZHR 169 (2005), 1, 4; *Schäfer*, GmbHR 2005, 133, 135 f.; *ders.*, BB 2006, Beil. 7, 5, 5.

tätszugriff zu Lasten der übrigen nach Art eine Kreditlinie eingeräumt werden solle.[170]

c) Auftrag

Teilweise wird die schuldrechtliche Leistungsbeziehung zwischen Konzerngesellschaft und Cash-Pool-Führer mit der Beziehung eines Girokunden zu einer kontoführenden Bank verglichen; in dieser Beziehung bestünden lediglich auftrags- und keine darlehensrechtlichen Ansprüche.[171]

d) Vertrag sui generis

Vereinzelt wird zuletzt die Einordnung der konzerninternen Zahlungsströme als Darlehen mit der Begründung verworfen, diese seien der Tochter nicht – wie für ein Darlehen erforderlich – zur wirtschaftlichen Verwertung und Nutzung auf Zeit überlassen.[172] Dagegen spreche, dass der Zweck der zugewiesenen Mittel sich darin erschöpfe, den aktuellen Liquiditätsbedarf der Konzerngesellschaften zu decken und sie daher nicht zur artgleichen Rückerstattung bestimmt seien.[173] Auch diejenigen Gelder, die an die Konzernspitze fließen, dienten nicht etwa der Darlehenstilgung, sondern seien als wirtschaftlich und rechtlich eigenständige Mittel zu erfassen, die von der ausreichenden Konzerngesellschaft nicht oder an anderen Stellen des Konzerns dringender benötigt würden.[174] Da Rechtsgrundlage der einzelnen Zu- und Abflüsse die organisationsrechtlichen Vorgaben der Konzernspitze und nicht etwa Kreditlinien seien, welche sich die einzelnen Konzerngesellschaften gegenseitig eingeräumt hätten, verbiete sich die Annahme eines unregelmäßigen Verwahrungsvertrages.[175] Die Konzernspitze werde aber einen Saldo zu ihren Gunsten zumindest in einer möglichen Insolvenz einer Tochtergesellschaft fällig stellen, so dass die konzerninternen Zahlungsströme auf Forderungen beruhten, die realvertraglich zugunsten der einzelnen leistenden Konzerngesellschaft gemäß §§ 241 Abs. 1, 311 Abs. 1 BGB begründet würden.[176] Rechtsgrundlage seien damit die organisationsrechtlichen Vorgaben der Konzernspitze.[177]

---

[170] *Ulmer*, ZHR 169 (2005), 1, 5.

[171] *Liebscher*, Rdn 367.

[172] *Hommelhoff*, WM 1984, 1105, 1106, der dann aber die im Rahmen des Cash Poolings überlassenen Mittel den Vorschriften über eigenkapitalersetzende Gesellschafterdarlehen unterstellt; ebenso *v. Gerkan/Hommelhoff*, Rdn 11.46; *Becker*, DStR 1998, 1528, 1531; *Blöse*, GmbHR 2002, 675, 675 f.; *ders.*, GmbHR 2006, 146, 147; *ders.*, EWiR § 43 GmbHG 1/02, 435, 436.

[173] *Hommelhoff*, WM 1984, 1105, 1106; HndbKonzernfinanz-*ders./Kleindiek*, § 21 Rdn 4.

[174] *Hommelhoff*, WM 1984, 1105, 1106; HndbKonzernfinanz-*ders./Kleindiek*, § 21 Rdn 4.

[175] *Hommelhoff*, WM 1984, 1105, 1106.

[176] *Hommelhoff*, WM 1984, 1105, 1106; spätestens seit der Schuldrechtsreform 2002 ist der Begriff des Realvertrages abgeschafft, Palandt-*Heinrichs*, vor § 311 Rdn 9.

[177] *Hommelhoff*, WM 1984, 1105, 1106; HndbKonzernfinanz-*ders./Kleindiek*, § 21 Rdn 4.

e) Stellungnahme

Gegen die Einstufung der Zahlungsströme im Cash Pool als unregelmäßige Verwahrung ist folgendes einzuwenden: Maßgebliches Kriterium für die Abgrenzung zwischen unregelmäßiger Verwahrung und Darlehen, auf dessen Vorschriften § 700 Abs. 1 S. 2 BGB im übrigen verweist,[178] ist die Interessenlage des Geldgebers. So dient die unregelmäßige Verwahrung im Gegensatz zum Darlehen nicht überwiegend dem Interesse des Empfängers, sondern dem des Hinterlegenden an einer sicheren Verwahrung.[179] Im Cash Pool dienen die aufsteigenden Zahlungen der einzelnen Gesellschaft an den Cash-Pool-Führer vorrangig dessen Interesse an einer günstigen Konzernfinanzierung, insbesondere durch Vermeidung der Aufnahme von Krediten bei Dritten. Auch wenn nicht übersehen werden darf, dass die einzelne Gesellschaft davon profitiert,[180] ist der eigentliche Interessenschwerpunkt beim Cash-Pool-Führer auszumachen.[181] Dies gilt auch im umgekehrten Fall der absteigenden Darlehen vom Cash-Pool-Führer an die einzelne Konzerngesellschaft, da auch hier eine konzernexterne Kreditaufnahme unterbleiben kann. Da das Cash Pooling finanzwirtschaftlich motiviert ist – es basiert darauf, dass das Geld anderweitig Verwendung findet –, wohnt den konzerninternen Liquiditätsflüssen außerdem regelmäßig kein Interesse des Hinterlegers an einer möglichst sicheren Verwahrung inne.[182] Die Interessenlage im Cash Pool weicht also von der bei einer unregelmäßigen Verwahrung vorliegenden Interessenlage ab.

Auch sind die Zahlungsströme im Cash Pool nicht als Auftrag einzustufen. Zwar mag es auf den ersten Blick zutreffend erscheinen, das Verhältnis der Konzerngesellschaft zum Cash-Pool-Führer mit dem Verhältnis des Girokunden mit der kontoführenden Bank zu vergleichen und daher ein Auftragsverhältnis anzunehmen. Indes erscheint dieser Vergleich bei näherem Hinsehen nicht überzeugend. Die Beziehung zwischen Cash-Pool-Führer und Konzerngesellschaft ist viel intensiver ausgestaltet als diejenige zwischen Girokunde und Bank. Die

---

178 Zutr. *Maier-Reimer*, VGR 10, 127, 134; *Schilmar*, DStR 2006, 568, 569.

179 MK-BGB-*Hüffer*, § 700 Rdn 3; Erman-*Herrmann*, § 700 Rdn 1; Palandt-*Sprau*, § 700 Rdn 1; *Faßbender*, S. 32; *Müller-Bullinger*, S. 131; *Langner*, GmbHR 2005, 1017, 1019; daher kann der Hinterlegende seine Einlage nach § 695 BGB jederzeit zurückfordern.

180 Zu Recht weist *Schäfer*, GmbHR 2005, 133, 136, auf die konzernrechtliche Unzulässigkeit des Cash Poolings für den Fall hin, dass es den Tochtergesellschaftern nicht zumindest potentielle Vorteile bieten würde. Dass das Cash Pooling für die Tochtergesellschaften neutral oder sogar vorteilhaft ist, ergibt sich daraus, dass der Cash-Pool-Führer zur Ausgleichung eines negativen Saldos bei der Tochtergesellschaft verpflichtet ist, vgl. *Langner*, GmbHR 2005, 1017, 1019; zu der Interessenlage der Tochtergesellschaft noch unten 3. Teil § 8 E. II. 1.

181 So auch *Langner*, GmbHR 2005, 1017, 1019.

182 *Faßbender*, S. 32; *Müller-Bullinger*, S. 132; *Zeidler*, S. 11; *Eichholz*, S. 43; *Maier-Reimer*, VGR 10, 127, 134; *Schilmar*, DStR 2006, 568, 569.

Konzerngesellschaft gibt nicht nur sämtliche Liquidität an die Betreibergesellschaft ab, vielmehr hat diese eine Vielzahl gesellschaftsrechtlichen Schranken bei der Durchführung des Cash Poolings zu beachten. Der Vergleich mit dem „normalen" Giroverhältnis vermag also nicht zu überzeugen, da er Resultat einer verkürzten Sichtweise beim Cash Pooling wäre. Mögen im Verhältnis zwischen Konzerngesellschaft und Betreibergesellschaft auch auftragsähnliche Elemente enthalten sein, so verbietet sich doch, statt vom Vorliegen von Darlehensrecht von Auftragsrecht auszugehen.

Ferner handelt es sich auch nicht um einen Vertrag sui generis. Zugegebenermaßen weicht die Verfügung von Geldern bei einem Cash Pooling von der überkommenen Vorstellung von Darlehen insoweit ab, als die Ausreichung der Gelder regelmäßig nicht auf eine einzelvertraglichen Vereinbarung zwischen Gläubiger und Schuldner zurückgeführt werden kann.[183] So beantwortet sich die Frage, ob die am Cash Pooling teilnehmende Konzerngesellschaft Darlehensgeberin und der Cash-Pool-Führer Darlehensnehmer oder umgekehrt der Cash-Pool-Führer Darlehensgeber und die Konzerngesellschaft Darlehensnehmerin ist, danach, ob das Quellkonto der jeweiligen Gesellschaft einen positiven oder negativen Saldo aufweist und ist damit nicht klar zu beantworten. Dies steht allerdings einer Einordnung als Darlehen nicht entgegen. Zu bedenken ist, dass es auf den mit dem Darlehen zu erreichenden wirtschaftlichen Zweck nicht ankommt,[184] so dass auch die Tatsache, dass der Zweck der zugewiesenen Mittel sich in der Bedarfsdeckung der liquiditätsbedürftigen Unternehmen erschöpft und darüber hinaus die konkrete Zweckbestimmung durch den Cash-Pool-Führer vorgenommen wird, irrelevant ist.[185] Zudem erfordert der Darlehensvertrag nicht die Vereinbarung eines bestimmten Geldbetrages, sondern es kann auch ein nicht feststehender Betrag nach Abruf oder Inanspruchnahme vereinbart werden.[186] Dass die Höhe der ausgereichten Gelder zum Zeitpunkt der Einstellung in den Pool für das kapitalabführende Unternehmen nicht vorhersehbar ist, verbietet demzufolge nicht die Einordnung als Darlehen. Zudem ist beim Kontokorrentkreditvertrag anerkannt, dass dieser zustande kommt, indem der Kunde ohne ausreichendes Guthaben auf seinem Konto das Geld abhebt. Die Bedingungen dieser Verträge werden dabei im allgemeinen Bankvertrag geregelt. Die fehlende Individualvereinbarung kann damit nicht maßgebliches Kriterium für die Einordnung der Verträge sein.

---

[183] Hierzu noch unten § 2 D. I. 3.; auf die Tatsache, dass das Kapital nicht von außen dem Konzern zugeführt wird, kommt es – entgegen *Eichholz*, S. 42 – hingegen nicht an.

[184] Palandt-*Putzo*, Vorb v § 488 Rdn 9; RGRK-*Ballhaus*, vor § 607 Rdn 3; *Faßbender*, S. 33; *Müller-Bullinger*, S. 129; *Eichholz*, S. 42.

[185] Das OLG Stuttgart, Urteil v. 14.03.2007, Az: 14 U 25/06, führt ferner zutr. aus, dass in einem Cash Pool Rückzahlungsverpflichten keineswegs ausgeschlossen sind. Die Beklagte hatte hier entsprechend argumentiert.

[186] Palandt-*Putzo*, § 488 Rdn 6.

Gegen eine Einordnung als Darlehen kann aber das Argument sprechen, die Rückzahlung der zugeflossenen Gelder diene nicht der Darlehenstilgung, sondern es handele sich um rechtlich eigenständige Mittel, die von der rückzahlenden Konzerngesellschaft nicht oder an anderer Stelle im Konzern dringender benötigt würden. Auch wenn eine Konzerngesellschaft Liquidität an den Cash Pool vornehmlich aufgrund der getroffenen Poolingvereinbarung abführt, spricht dies nicht gegen die Einordnung der Rückzahlung als Tilgung, da nach der Theorie der realen Leistungsbewirkung kein subjektives Element erforderlich ist, vielmehr zum Bewirken der Erfüllung die alleinige Herbeiführung des Leistungserfolges ausreichend ist.[187] Zudem sind die einzelnen Konzerngesellschaften als rechtlich selbständige Einheiten einzustufen, auf die die allgemeinen bürgerlich-rechtlichen Institute anzuwenden sind.[188] Ein Rechtsinstitut der organisationsrechtlichen Kreditvergabe – auch wenn es in den Grenzen der Vertragsfreiheit möglich wäre – kennt das bürgerliche Recht aber gerade nicht. Infolge der Zahlungsbewegungen werden bei der liquiditätgewährenden Gesellschaft Forderungen und gegebenenfalls Zinserträge und bei der empfangenden Gesellschaft Verbindlichkeiten und Zinsaufwendungen verursacht. Der Ausgleich der Konten ist damit als Rückerstattung vorher empfangener Gelder und somit als Darlehenstilgung anzusehen. Da neben der Abführung einer überschüssigen Liquidität somit auch Tilgung geschuldet ist, ist eine Einordnung der Zahlungsströme im Cash Pool als Darlehen bereits aus diesem Grund naheliegend.[189]

f) Ergebnis

Es handelt sich somit bei den konzerninternen Liquiditätsströmen um Darlehen. Sowohl die aufsteigenden Zahlungen der einzelnen Gesellschaften an den Cash-Pool-Führer als auch die absteigenden Zahlungen an die einzelnen Gesellschaften durch den Cash-Pool-Führer sind daher jeweils als Gewährung bzw. Tilgung von Darlehen einzustufen. Für das konzernweite Cash-Pooling hat dieses Ergebnis folgende Bedeutung: Führt ein Konzernunternehmen überschüssige Liquidität an den Cash Pool ab, gewährt es der Obergesellschaft ein Darlehen oder vermindert eine ihr gegenüber bestehende Verbindlichkeit. Erhalten hingegen Konzernunternehmen umgekehrt Liquidität vom Zielkonto, liegt entweder eine

---

[187] Bamberger/Roth-*Dennhardt*, § 362 Rdn 2; Erman-*H.P. Westermann*, § 362 Rdn 2; MK BGB-*Wenzel*, § 362 Rdn 11 f.; Palandt-*Heinrichs*, § 362 Rdn 5 f.; *Faßbender*, S. 33.

[188] *Limmer*, S. 234.

[189] *Blöse*, GmbHR 2002, 675, 676, will die Liquiditätsströme im Cash Pool in Abgrenzung zu einem lediglich kurzfristigen Liquiditätsausgleich nur dann als Darlehen erfassen, wenn sie in Anlehnung an § 268 Abs. 5 HGB im Mittel länger als ein Jahr überlassen werden. Dies erscheint jedoch in mehrfacher Hinsicht angreifbar: Zunächst überzeugt eine zeitliche Einordnung nicht zur Bestimmung des Darlehensbegriffs. Ferner erscheint es bedenklich, zur Bestimmung des Darlehensbegriffs eine bilanzrechtliche Sondervorschrift fruchtbar zu machen, abl. auch *Vetter/Stadler*, Rdn 38, Fn 2.

Darlehensgewährung an diese oder die Verminderung von Darlehensrückzahlungsansprüchen vor, die dieser gegen die Muttergesellschaft zustehen.[190] Das Cash Pooling erweist sich mithin als ein System wechselseitiger Darlehensverträge.[191] Diese rechtliche Einordnung wird für die folgende Betrachtung eine grundlegende Bedeutung haben. Aus verschiedenen – noch aufzuzeigenden – Gründen kann es im weiteren Verlauf allerdings geboten sein, nicht isoliert auf die rechtliche Qualifizierung der Zahlungsströme als Darlehen, sondern auf die Gesamtheit der Teilnahme der Konzerngesellschaften am Cash Pooling abzustellen.[192]

3. Vertragsgestaltungen

In der Praxis erfolgt das Cash Pooling meist auf Grundlage eines zwischen den teilnehmenden Konzerngesellschaften und der Betreibergesellschaft abgeschlossenen Rahmenvertrages.[193] Darin wird festgelegt, dass der zentrale Liquiditätsausgleich aufgrund konzerninterner Darlehen stattfinden soll. Der Rahmenvertrag enthält Regelungen über die einzelnen Modalitäten und die Abwicklung der Darlehen. Im Unterschied zur Abwicklung des Cash Poolings mittels einzelner Darlehensverträge werden bei einem derartigen Verfahren keine einzelnen Darlehensverbindlichkeiten ausgewiesen.[194] Diejenigen Gesellschaften, die Liquidität abgeben, erhalten eine Gutschrift auf dem internen Verrechnungskonto beim Cash-Pool-Führer. Dabei wird der Saldo auf diesem Konto bei jeder weiteren Zahlung auf das Zielkonto fortgeschrieben. Umgekehrt wird den Konzerngesellschaften im Rahmenvertrag die Berechtigung eingeräumt, die benötige Liquidität bis zu einer festgelegten Höchstsumme zu Lasten des Verrechnungskontos beim Cash-Pool-Führer abzurufen.[195] Soweit die auf dem Zielkonto vorhandene Liquidität nicht für den Liquiditätsbedarf der Gesellschaft ausreicht, erfolgt eine Mittelaufnahme durch den Cash-Pool-Führer. Die Verrechnung der Liquiditätsströme findet regelmäßig auf der Grundlage eines echten Kontokorrents gemäß § 355 HGB statt.[196]

---

[190] Deutl. *Priester*, ZIP 2006, 1557, 1557; *Mayer*, FS Priester, 445, 448; *ders.*, DAI-JAT 2006, 128, 131 f.; *Bonn*, FB 2007, 73, 77.

[191] So auch *Mayer*, DAI-JAT 2006, 128, 131; *Sieger/Wirtz*, ZIP 2005, 2277, 2277; *Grothaus/Halberkamp*, GmbHR 2005, 1317, 1318; *Langner/Mentgen*, GmbHR 2004, 1121, 1123; *Seibt*, NJW-Spezial 2004, 219, 219; *Schilmar*, DB 2004, 1411, 1413 f.

[192] Siehe noch unten 3. Teil § 8 E. II. 1.

[193] Sog. Treasury Guideline.

[194] MK-BGB-*Berger*, Vorb. § 488 Rdn 39.

[195] *Rittscher*, S. 32; *Hormuth*, S. 103.

[196] *Müller-Bullinger*, S. 28; *Hellwig*, FS Peltzer, 163, 165; *Engert*, BB 2005, 1951, 1956; *Morsch*, NZG 2003, 97, 98; *Ulmer*, ZHR 169 (2005), 1, 5; *Primozic*, NZI 2005, 358, 360; zur Einordnung als Staffel- oder Periodenkontokorrent *Faßbender*, 38 f., wonach – zutr. – regelmäßig von einem Periodenkontokorrent auszugehen ist; offenl. *Hormuth*, S. 103.

4. Einzelne Vertragsinhalte

Durch den Vertrag verpflichtet sich die Betreibergesellschaft, das konzernweite Cash Pooling durchzuführen, insbesondere für die notwendigen Bankverbindungen zu sorgen, die Liquidität im Konzern zu kontrollieren, überschüssige Liquidität anzulegen und Darlehen zu möglichst günstigen Konditionen aufzunehmen, falls die im Konzern vorhandene Liquidität nicht ausreicht.[197] Die teilnehmenden einzelnen Konzerngesellschaften verpflichten sich ihrerseits zur Abführung überschüssiger Liquidität. Ferner sind sie dazu verpflichtet, keine eigenständige Kreditaufnahme bei Banken vorzunehmen.[198] Alles andere würde den Zwecken der zentralen Konzernfinanzierung zuwider laufen und insbesondere die Einsparungseffekte sowie die sonstigen mit der Zentralisierung verbundenen Vorteile erheblich vermindern. Allerdings werden die Konzerngesellschaften dazu berechtigt, bis zu einer vertraglich festgesetzten Höchstsumme von dem zentralen Konto kurzfristig liquide Mittel abzurufen.[199] Die zwischen dem Cash-Pool-Führer und den einzelnen Konzerngesellschaften abzuschließenden Verträge haben ferner folgenden grundsätzlichen Inhalt[200]: Soll- und Habenzinssätze, Laufzeit und Höchstsummen für die Inanspruchnahme oder Gewährung von Darlehen, Kreditlinien, Kündigungsfristen, Zahlungsmodalitäten, Valutierung.

Zumindest denkbar ist es auch eine Vereinbarung, dass die Tochter beim erstmaligen Beitritt zum Cash-Pooling-System als „Eintrittskarte" für die Teilnahme an diesem System das Zentralkonto bis zu einem bestimmten Betrag aufzufüllen hat.[201] Berücksichtigt man aber, dass der Cash Pool gerade auf einen konzernweiten Liquiditätsausgleich ausgerichtet sein soll, in dem liquide Gesellschaften ihre Liquidität an den Cash Pool abführen und illiquide Gesellschaften Liquidität über den Cash Pool abrufen, sollte bei einem funktionierenden Cash Pool ausreichend Liquidität vorhanden sein, so dass es einer derartigen Leistung für den Beitritt zum Cash Pool nicht bedarf.[202] Verlangt die Muttergesellschaft die Abführung einer solchen Zahlung an den Cash Pool anlässlich des Beitritts der Tochtergesellschaft und befindet sich der Konzern bereits in diesem Zeitpunkt in einer Krise, so stellt sich die Frage, ob nicht nur die Weisung der Muttergesellschaft an die Tochtergesellschaft zum Beitritt unzulässig ist, sondern auch, ob die Tochtergesellschaft in diesem Fall den Beitritt zu unterlassen hat.[203]

---

[197] HndbKonzernfinanz-*U.H. Schneider*, § 25 Rdn 14; *Faßbender*, S. 37; *Makowski*, S. 41; *Müller-Bullinger*, S. 83.

[198] Vgl. Pentz/Sollanek-*Pentz*, S. 12

[199] *Hormuth*, S. 103; *Makowski*, S. 41; *Maier-Reimer*, FS Rowedder, 245, 247.

[200] Zu den einzelnen Vertragsinhalten ausf. HndbKonzernfinanz-*U.H. Schneider*, § 25 Rdn 13 ff.; *Hormuth*, S. 101 ff.; *Sieger/Hasselbach*, BB 1999, 645 647.

[201] Vgl. OLG Köln, NJW-RR 2000, 1480, 1481; *Goette*, DStR 1999, 1451, 1451.

[202] Vgl. OLG Köln, NJW-RR 2000, 1480, 1481.

[203] Hierzu unten 4. Teil § 14 A. I.

Soll neben der Liquiditätsbündelung und -beschaffung auch der externe Zahlungsverkehr für die Konzernunternehmen durch den Cash-Pool-Führer erfolgen,[204] ist zwar nicht erforderlich, dass die Konzernunternehmen über eigene Liquidität verfügen.[205] Da es sich aber um eine Geschäftsbesorgung im Sinne des § 675 Abs. 1 BGB handelt, hat die Betreibergesellschaft insofern gegenüber der Tochtergesellschaft jeweils einen aus § 670 BGB folgenden Aufwendungserstattungsanspruch.[206] Derartige Vereinbarungen sind – insbesondere hinsichtlich der Höhe des Entgelts – in das Vertragswerk zu integrieren.[207] Entgeltvereinbarungen können aber auch dann getroffen werden, wenn es lediglich um die Liquiditätsbündelung und -beschaffung durch den Cash-Pool-Führer geht.[208] Beachtet werden muss zuletzt, dass aus Wirtschaftlichkeitsgründen nur solche Konten der einzelnen Konzerngesellschaften am Cash Pooling teilnehmen sollten, die nach Art und Umfang der erwartenden Zahlungen einen gewissen Mindestumsatz erwarten lassen.[209] So ist ein Konto, welches monatlich beispielsweise lediglich fünf Buchungen geringen Wertes ausweist, nicht in das Cash Pooling einzubeziehen.[210] Der Vertrag sollte daher regeln, ab welchen Umsatzgrößen eine Einbeziehung in den Cash Pool bzw. ein Ausschluss aus dem Cash Pool erfolgen soll.

II. Rechtsverhältnis der einzelnen Konzerngesellschaften zueinander

Bei einem Cash-Pooling-System haben die einzelnen Konzerngesellschaften weder Kenntnis davon, wohin ihre Liquidität vom Cash Pool aus fließt, noch davon, von welcher Konzerngesellschaft die durch den Cash-Pool-Führer zur Verfügung gestellte Liquidität stammt.[211] Auch wird nicht deutlich, welcher Kredit durch eine Rückzahlung in Form der Zentralisierung der Liquidität amortisiert werden soll. Es stellt sich daher die Frage, ob beim Cash Pooling zwischen den einzelnen Gesellschaften ein irgendwie geartetes Rechtsverhältnis besteht. Teilweise wird davon ausgegangen, zwischen den beteiligten Gesellschaften würden beim Cash Pooling Vereinbarungen in der Form getroffen, dass die Kapitalhingabe nur zwischen den „endgültigen Geber- und Empfängerge-

---

[204] Hierzu unten § 2 D. IV. 2.

[205] HndbKonzernfinanz-*U.H. Schneider*, § 25 Rdn 13; die Kosten werden dann jeweils vom internen Verrechnungskonto abgezogen.

[206] HndbKonzernfinanz-*U.H. Schneider*, § 25 Rdn 13; *Rittscher*, S. 32; *Faßbender*, S. 37; *Müller-Bullinger*, S. 118; *Makowski*, S. 51 f.; *Ammelung/Kaeser*, DStR 2003, 655, 660.

[207] So auch *Hormuth*, S. 103; *Ammelung/Kaeser*, DStR 2003, 655, 660.

[208] HndbKonzernfinanz-*U.H. Schneider*, § 25 Rdn 14; *Hormuth*, S. 103; zu sog. Konzernumlagen etwa BGHZ 141, 79, 85; HndKonzernfinanz-*Wiedemann/Fleischer*, § 29 Rdn 1 ff.; Emmerich/Habersack-*Habersack*, Kommentar, § 311 Rdn 49.

[209] *Loyal*, S. 191.

[210] *Loyal*, S. 191.

[211] *Müller-Bullinger*, S. 127.

sellschaften“ vorliegen sollte.[212] Dieses Argument, kann jedoch auch ins Gegenteil verkehrt werden, da das Kapital über den Cash-Pool-Führer fließt.[213] Somit kann aus der Hingabe und Entgegennahme der Valuta nicht auf den jeweiligen Vertragspartner geschlossen werden. Entscheidend ist zudem, dass die Konditionen der Kreditvergabe bzw. -entgegennahme zuerst ausschließlich zwischen dem Cash-Pool-Führer und der einzelnen Konzerngesellschaft vereinbart werden. Sodann werden hiervon getrennt die Bedingungen zwischen dem Cash-Pool-Führer und derjenigen Gesellschaft, die Liquidität benötigt, ausgehandelt. Daher ist bereits zweifelhaft, ob sich die teilnehmenden Gesellschaften dergestalt binden wollen, dass neben dem vertraglichen Verhältnis zum Cash-Pool-Führer auch horizontale Verpflichtungen zur Entstehung gebracht werden sollen. Ferner können bei einem Cash Pooling die Positionen zwischen Geldgeber und -empfänger bei jedem Liquiditätsausgleich wechseln und sich damit bei jedem Zentralisierungsvorgang die Guthabens- und Kreditpositionen verschieben. Aus diesem Grund erlaubt die Kenntnis des momentan Verpflichteten oder Berechtigten von vornherein keine erfolgreiche Rechtsdurchsetzung.[214] Zwischen den einzelnen Konzerngesellschaften bestehen demzufolge beim Cash Pooling keinerlei vertragliche Vereinbarungen.

III. Rechtsverhältnis der Konzernunternehmen zu Kreditinstituten

Zwischen dem Kreditinstitut und dem Cash-Pool-Führer wird ein Rahmenvertrag geschlossen, in dem die Bank beauftragt wird, alle Zahlungseingänge und Zahlungsausgänge von den Quellkonten auszubuchen und auf das Zielkonto zu übertragen. Dies hat zur Folge, dass die Quellkonten der einzelnen Gesellschaften arbeitstäglich auf Null gestellt werden und allein beim Zielkonto ein negativer oder positiver Saldo entsteht. Es handelt sich bei diesem Vertrag um eine entgeltliche Geschäftsbesorgung zur Erbringung einer Dienstleistung gemäß §§ 675, 611 BGB.[215] Dieser Rahmenvertrag beinhaltet regelmäßig einen Girovertrag, denn die Durchführung des Cash Poolings durch das Kreditinstitut schließt eine Kontoverwaltung für die Konzerngesellschaften ein.[216] Dem Ver-

---

[212] *Eichholz*, S. 42.

[213] Vgl. *Müller-Bullinger*, S. 127.

[214] *Müller-Bullinger*, S. 128; der Cash-Pool-Führer ist idR eine Kapitalgesellschaft; allenfalls denkbar ist, dass alle Teilnehmer des Cash Pools eine GbR bilden, in der der Cash-Pool-Führer alleingeschäftsführungs- und vertretungsberechtigt ist. Die Umsetzung und Steuerung des Cash Poolings obliegt jedoch allein dem Cash-Pool-Führer, ohne dass vertragliche Mitwirkungsmöglichkeiten der teilnehmenden Gesellschaften angenommen werden können. Beim Cash Pooling fehlt es damit an der grundsätzlichen Gleichordnung der teilnehmenden Gesellschaften, so dass die einzelnen Konzerngesellschaften keine GbR bilden, vgl. OLG Köln, NJW-RR 2000, 1480, 1481; *Makowski*, S. 52 f.

[215] *Faßbender*, S. 39; *Hormuth*, S. 114.

[216] *Faßbender*, S. 39; *Hormuth*, S. 114.

trag zwischen Cash-Pool-Führer und der ausführenden Pool-Bank treten entweder die Tochtergesellschaften bei oder der Cash-Pool-Führer hat bereits die Vollmacht, den Vertrag auch im Namen der jeweiligen Tochtergesellschaften abzuschließen.[217] Der Vertrag hat folgenden Inhalt[218]: Er umfasst einen Auftrag an das Kreditinstitut zur geschäftstäglichen Übertragung der Haben-Salden vom betreffenden Quellkonto auf das Zielkonto, bzw. den Ausgleich von Soll-Salden beim Quellkonto.[219] Darüber hinaus kann der Vertrag Regelungen über das Entgelt (Bankgebühr), Laufzeit, Kündigungsfristen und die Festlegung von Dispositionsgrenzen enthalten.[220] Zum einen sind dabei diejenigen Dispositionsgrenzen, die zwischen den teilnehmenden Konzernunternehmen vereinbart wurden, von dem Cash-Pool-Führer zu überwachen.[221] Zum anderen dienen diejenigen Dispositionsgrenzen, welche vom Kreditinstitut für die Quellkonten festgelegt wurden, diesem zur Orientierung. Weder die Konzernmutter noch die einzelnen Gesellschaften können sich darauf berufen, dass die Bank zum Handeln verpflichtet sei, wenn interne Dispositionsrahmen überschritten werden.[222] Weiterhin wird der Cash-Pool-Führer zur Sicherstellung verpflichtet, dass Verfügungen über die Quellkonten nur aus dem Guthaben oder innerhalb eines eingeräumten Kreditrahmens vorgenommen werden. Der Inhalt des Rahmenvertrages kann hinsichtlich der weiteren Absprachen im einzelnen an den individuellen Bedarf der Cash-Pool-Teilnehmer angepasst werden.

IV. Rechtsverhältnis der Konzernunternehmen zu Dritten

Je nach konkreter Ausgestaltung des Cash Poolings kann der gesamte Zahlungsverkehr der einzelnen Konzerngesellschaften mit konzernfremden Dritten über den Cash-Pool-Führer abgewickelt werden.

1. Inkassotätigkeit des Cash-Pool-Führers für Dritte

Der Cash-Pool-Führer kann zum einen über die technische Abwicklung des Zahlungsverkehrs hinaus für konzernfremde Gläubiger das Inkasso gegenüber den Konzerngesellschaften durchführen.[223] Einem solchen Inkassoverhältnis zwischen Drittem und dem Cash-Pool-Führer liegt ein Geschäftsbesorgungsvertrag nach §§ 675, 611 BGB zugrunde, in dem sich der Cash-Pool-Führer dazu verpflichtet, die vom Gläubiger gestellten Rechnungen bei der die Ware abnehmenden Konzerngesellschaft vorzulegen und für die Abführung des Erlöses an

---

217 *Korts*, S. 12; *Morsch*, NZG 2003, 97, 98.
218 Ein Grobraster eines solchen Vertrages findet sich bei *Korts*, S. 12 ff.
219 *Morsch*, NZG 2003, 97, 98.
220 *Hormuth*, S. 114; *Rittscher*, S. 33 f.; *Morsch*, NZG 2003, 97, 98.
221 *Faßbender*, S. 40; *Makowski*, S. 35; im Fall OLG Köln, NJW-RR 2000, 1480, 1481, hatte der Kreditrahmen für das Zentralkonto beispielsweise 3 Mio. DM betragen.
222 *Faßbender*, S. 40; *Makowski*, S. 35.
223 HndbKonzernfinanz-*U.H. Schneider*, § 25 Rdn 7; *Hormuth*, S. 113.

den Gläubiger zu sorgen.[224] Möglich ist ferner die Ausgestaltung des Vertrages mit einem konzernfremden Dritten zu einem unechten (ermächtigenden) Vertrag zugunsten des Cash-Pool-Führers, bei dem dieser zwar kein eigenes Forderungsrecht erhält, die einzelne Konzerngesellschaft (als Schuldnerin des konzernfremden Dritten) aber mit befreiender Wirkung an den Cash-Pool-Führer leisten kann.[225] Anhand von Konzernverrechnungsklauseln, die in diesen Vertrag zu integrieren sind, kann eine Verrechnung mit und gegen Forderungen des Dritten gegen andere Konzerngesellschaften erfolgen.

2. Zahlungen des Cash-Pool-Führers auf Forderungen Dritter

Der Cash-Pool-Führer, aber auch eine andere Konzerngesellschaft, kann zum anderen – je nach Ausgestaltung der Vereinbarung – Zahlungen auf Forderungen Dritter vornehmen, die diese gegen einzelne Konzerngesellschaften haben.[226] Insbesondere kann die Abrede getroffen werden, dass fällige Verbindlichkeiten gegenüber Dritten im Rahmen des Cash Pools jeweils von der Gesellschaft beglichen werden, die gerade über die erforderliche Liquidität verfügt.[227] Ob dies als Schuldübernahme, Schuldbeitritt oder Erfüllungsübernahme oder aber als Drittleistung im Sinne des § 267 Abs. 1 BGB einzuordnen ist, hängt vom Einzelfall ab. Es wird als typisches Konstrukt im Rahmen des Cash Poolings angesehen, dass Forderungen Dritter gegen die einzelnen Konzerngesellschaften entweder per Abruf des benötigten Finanzvolumens direkt beim Cash-Pool-Führer oder per Bereitstellung der benötigten Zahlungsmittel auf dem Konto der betreffenden Konzerngesellschaft abgewickelt werden.[228] Dementsprechend handelt es sich um die Zahlung eines Dritten, wenn die Forderung durch Abruf von dem beim Cash-Pool-Führer angesiedelten Zielkonto getilgt wird, dagegen um eine Leistung des tatsächlichen Schuldners, wenn die benötigten Zahlungsmittel auf dem Konto der betreffenden Konzerngesellschaft bereitgestellt werden und diese selbst von ihrem Konto auf die betreffende Forderung zahlt.[229] Eine vertragliche Ausgestaltung des Cash Poolings, wonach diejenige Gesellschaft die Verbindlichkeiten gegenüber konzernexternen Gläubigern

---

[224] So schließt die Metro-Handelsgruppe mit ihren Lieferanten Rahmenverträge mit dem Inhalt ab, dass eine spezielle Konzernfinanzierungsgesellschaft für die Lieferanten die Zentralregulierung und das Inkasso gegenüber allen Konzerngesellschaften übernimmt, vgl. *Hormuth*, S. 113.

[225] HndbKonzernfinanz-*U.H. Schneider*, § 25 Rdn 24.

[226] HndbKonzernfinanz-*U.H. Schneider*, § 25 Rdn 7; *Makowski*, S. 40; *Faßbender*, S. 27; *Maier-Reimer/Seulen*, FAZ v. 08.06.2005, S. 27.

[227] Vgl. die Sachverhalte in BGHZ 162, 276, 280; BGH, ZIP 2006, 957 ff.; siehe auch FG Bremen, EFG 2005, 1497 ff.

[228] *Morsch*, NZG 2003, 97, 98; *Kiethe*, DStR 2005, 1573, 1576; *Sieger/Hasselbach*, BB 1999, 645, 645.

[229] *Kiethe*, DStR 2005, 1573, 1576.

übernimmt, die gerade über die erforderliche Liquidität verfügt, mag zwar untypisch sein,[230] ist deswegen aber noch nicht unzulässig. Allerdings stellt sich insbesondere bei einer solchen Ausgestaltung im Falle einer Insolvenz der leistenden Gesellschaft das – hier nicht zu vertiefende – Problem, dass die Leistung dann möglicherweise als unentgeltliche Verfügung gemäß § 134 Abs. 1 InsO anfechtbar ist.[231]

E. Erfüllung des Konzernbegriffs

Das dieser Arbeit zugrunde liegende Phänomen des Poolings liquider Mittel durch Liquiditätsabzug und Liquiditätsverteilung tritt – von einigen Ausnahmen abgesehen[232] – regelmäßig nur bei konzernierten Gesellschaften auf.[233] Dem vorangestellt sei daher die regelmäßige Erfüllung des Konzernbegriffs des § 18 Abs. 1 S. 1 Halbs. 1 AktG beim Cash Pooling.[234] Der Konzernbegriff setzt das Vorliegen eines abhängigen und eines herrschenden Unternehmens sowie eine einheitliche Leitungsmacht voraus. Vom Vorliegen einer beteiligungsvermittelten Abhängigkeit im Sinne des § 17 Abs. 1, Abs. 2 AktG kann aufgrund der mit dem Cash Pooling verbundenen straffen Finanzführung im Regelfall ausgegangen werden.[235] Im übrigen ist herrschendes Unternehmen im Sinne des § 17 Abs. 1 AktG nach dem ganz herrschenden teleologischen Unternehmensbegriff jeder Gesellschafter, der neben seiner Beteiligung an der Gesellschaft anderweitige wirtschaftliche Interessenbindungen hat, die nach Art und Intensität die ernsthafte Sorge begründen, er könne wegen dieser Bindungen seinen aus der Mitgliedschaft folgenden Einfluss auf die Gesellschaft in nachteiliger Weise ausüben.[236] Die obige Aufzählung hat gezeigt, dass das herrschende Unterneh-

---

[230] So *Kiethe*, DStR 2005, 1573, 1577.

[231] Hierzu im Zusammenhang mit Cash-Pooling-Sachverhalten: BGHZ 162, 276, 280; BGH, ZIP 2006, 957, 958; *Kiethe*, DStR 2005, 1573, 1576; *Altmeppen*, ZIP 2006, 1025, 1033; *Gundlach/Frenzel/Schirrmeister*, DStR 2005, 1147, 1148.

[232] Hierzu oben § 1 C.

[233] So etwa Begr. RefE-MoMiG, S. 53; *Deckart*, S. 17; *Maier-Reimer*, VGR 10, 127, 130; *Engert*, BB 2005, 1951, 1956; *Altmeppen*, ZIP 2006, 1025, 1025: „Thema des Konzernrechts"; *Bayer/Lieder*, GmbHR 2006, 1121, 1121: „Grundfrage des modernen Konzernrechts"; ferner *Burgard*, AG 2006, 527, 532; vielfach wird ohne weiteres von Konzerntöchtern gesprochen, etwa *Wessels*, ZIP 2006, 1701, 1701.

[234] Die Vorschriften der §§ 15 ff. AktG haben eine rechtsformunabhängige Geltung, Baumbach/Hueck-*Zöllner*, SchlAnhKonzernR, Rdn 5; *Liebscher*, Rdn 49; Emmerich/Habersack-*Emmerich*, KonzernR § 2 I, S. 22; *Hüffer*, § 15 Rdn 4.

[235] *Makowski*, S. 64 f.; *Becker*, DStR 1998, 1528, 1529; *Wilken*, DB 2001, 2383, 2383; zur Situation des Vorhandenseins von Minderheitsgesellschaftern HoldingHndb-*Vetter*, § 8 Rdn 25 ff.

[236] BGHZ 69, 334, 337; 74, 359, 365; 85, 84, 90 f.; 95, 330, 337; 115, 186, 190; 135, 107, 113; 148, 123, 125; MK-AktG-*Bayer*, § 15 Rdn 13; KK-*Koppensteiner*, § 15 Rdn 9 ff.;

men mit der Durchführung eines Cash Poolings verschiedene Nachteile verbinden kann,[237] so dass dieses Finanzierungsinstrument zu Erfüllung der Begrifflichkeit des herrschenden Unternehmens ohne weiteres herangezogen werden kann.[238] Weiterhin bedarf es bei Vorliegen eines konzernweiten Cash-Pooling-Systems zur Feststellung der einheitlichen Leitungsmacht der Vermutungsregeln des § 18 Abs. 1 S. 2 und § 18 Abs. 1 S. 3 AktG nicht mehr. Vielmehr ist allgemein anerkannt, dass bei einer verbundweiten Finanzkoordination von einer einheitlichen Leitung im Sinne des § 18 Abs. 1 S. 1 AktG auszugehen ist.[239] Als Paradigma hierfür kann nun wiederum das Cash Pooling angesehen werden, das auf die einheitliche Planung im Finanzbereich gerichtet ist.[240] Der Konzernbegriff ist daher stets erfüllt. Aus diesem Grund ist bei Durchführung eines solchen Finanzierungssystems vom Vorliegen eines Konzerns gemäß § 18 Abs. 1 S. 1 Halbs. 1 AktG auszugehen.

MünchHndbGesR-AG-*Krieger*, § 68 Rdn 6 ff.; Emmerich/Habersack-*Emmerich*, KonzernR, § 2 II 1 a); *Liebscher*, Rdn 56 m. w. N. zu anderen Unternehmensbegriffen.

237 § 2 C. II.

238 Vgl. *Deckart*, S. 17.

239 Dies gilt unabhängig davon, ob man dem engen oder weiten Konzernbegriff folgt (hierzu etwa *Liebscher*, Rdn 120; Emmerich/Habersack-*Emmerich*, KonzernR, § 4 III 1 a); BGHZ 107, 7, 20; 115, 187, 191; KK-*Koppensteiner*, § 18 Rdn 22 ff.; Rowedder/Schmidt-Leithoff-*Koppensteiner*, Anh. Nach § 52 Rdn 18; MK-AktG-*Bayer*, § 18 Rdn 31; Emmerich/Habersack-*Emmerich*, KonzernR, § 4 III 1 a); *Liebscher*, Rdn 120.

240 Emmerich/Habersack-*Emmerich*, KonzernR, § 4 III 1 a); *Deckart*, S. 18; *Makowski*, S. 64.

2. Teil: Kapitalaufbringung

§ 3 Verstöße gegen die Kapitalaufbringungsregeln

A. Einleitung

Die ordnungsgemäße Aufbringung des Stammkapitals, gleich ob bei Gesellschaftsgründung oder bei Kapitalerhöhung, stellt eine für das Recht der GmbH und damit für eine Gesellschaftsform mit beschränktem Haftungsfonds wesentliche Voraussetzung dar. Nur wenn das dem Zugriff der Gesellschaftsgläubiger allein zur Verfügung stehende Vermögen vollständig und richtig aufgebracht ist, lässt es sich rechtfertigen, dass die Haftung der hinter der GmbH stehenden und sich ihrer für ihre wirtschaftliche Betätigung bedienenden Personen im Grundsatz ausgeschlossen wird.[241] Der Ausschluss der persönlichen Haftung rechtfertigt sich damit daraus, dass der GmbH bei der Gründung bzw. der insoweit vergleichbaren Kapitalerhöhung Kapital zugeführt und vor einem Rückfluss an die Gesellschafter geschützt wird. Dieses Kapital ist bei funktioneller Betrachtungsweise einerseits als Betriebskapital der GmbH anzusehen, andererseits soll es aber auch den Gläubigern als Haftungsmasse zur Verfügung stehen.[242] Zudem soll es verhindern, dass sich Verluste sofort auf die Lebensfähigkeit der Gesellschaft auswirken. Die Gesellschafter erkaufen sich somit gleichsam die Haftungsfreistellung durch die Kapitalaufbringung. Ferner dient die Kapitalaufbringung als Seriositätsnachweis.[243] Die Gründer sollen beweisen, dass sie in der Lage sind, einen bestimmten Betrag aufbringen zu können. Daher muss das Gesetz, da es eine persönliche Haftung der Gesellschafter aus diesem Grunde ausschließt, sicherstellen, dass das Kapital der Gesellschaft ordnungsgemäß aufgebracht wird. Die Haftungsbeschränkung bei der GmbH verlangt somit aus Gläubigerschutzgesichtspunkten als Korrelat nach einem Ausgleich durch die Bildung eines Haftungsfonds, der gegen Abflüsse an die Gesellschafter gesichert werden muss.[244]

---

[241] BGHZ 51, 157, 162; 113, 335, 351; 117, 323, 331; Roth/Altmeppen-*Roth*, § 5 Rdn 4; Hachenburg-*Ulmer*, § 19 Rdn 3; *K. Schmidt*, GesR, § 37 I 2; *Goette*, Kapitalaufbringung und Kapitalschutz in der GmbH, S. 31; Pentz/Sollanek-*Pentz*, S. 17; *Jäger*, DStR 2000, 1653, 1654; auf Ausnahmen wird noch einzugehen sein. Zu den einzelnen Funktionen des Grundkapitals bei der AG *Pentz/Priester/Schwanna*, ZGR-Sonderheft 17, 42, 45 ff.; hierzu noch unten 3. Teil § 12 E. II.

[242] Da es gerade Basis des Wirtschaftens ist, ist dies freilich nicht im Sinne eines unveränderlichen Deckungsstocks zu verstehen, siehe noch unten § 5 B. III. 2. a) bb).

[243] Scholz-*H.P. Westermann*, Einl. Rdn 182; *K. Schmidt*, GesR, § 18 II 4 a); *Schön*, DK 2004, 162, 166 f.; *Goette*, DStR 2005, 197, 198; *ders.*, DStR 2006, 106, 106; *Priester*, Die GmbH im europäischen Vergleich, 161, 167; *ders.*, VGR 11, 1, 5; *Drygala*, ZGR 2006, 587, 599 ff.; *Jungmann*, ZGR 2006, 638, 675.

[244] Roth/Altmeppen-*Roth*, § 5 Rdn 4; Baumbach/Hueck-*Hueck/Fastrich*, Einl Rdn 27; *Priester*, FS 100 Jahre GmbHG, 159, 159; *Bayer/Graff*, WuB II A. § 54 AktG 1.06, 271, 273.

Das Gebot der Kapitalaufbringung erfasst damit bei einer Bargründung oder Barkapitalerhöhung die Verpflichtung der Gesellschafter zur Leistung der Einlage durch Einzahlung des Nominalbetrages des Geschäftsanteils gemäß §§ 7 Abs. 2, 19 Abs. 1 und 2, 56 a, 57 Abs. 2 GmbHG. Ferner hat die Einlage nach §§ 8 Abs. 2 S. 1, 57 Abs. 2 S. 1 GmbHG zur freien Verfügung der Geschäftsführer zu erfolgen.[245] Die folgenden Ausführungen beziehen sich zwar entsprechend des Schwerpunktes in Literatur und Praxis auf die GmbH,[246] gelten der Sache nach aber ebenso für die AG. Auch hier besteht das Risiko, dass die strengen Vorschriften über die Sacheinlage gemäß § 27 AktG umgangen werden könnten. Ferner müssen die Einlagen auch hier zur freien Verfügung geleistet werden, §§ 36 a Abs. 2 S. 1, 188 Abs. 2 S. 1 AktG.

Das System der Kapitalaufbringung ist – fast ausschließlich in Bezug auf die GmbH und nur ganz vereinzelt hinsichtlich der AG – in letzter Zeit verstärkt in die Diskussion geraten. Nicht selten wird der Verzicht auf eine präventive Kapitalaufbringung und auf eine darauf bezogene Kontrolle propagiert.[247] Der Gesetzgeber ging auf diese Kritik mit Änderungen durch den RefE-MoMiG, insbesondere durch Herabsetzung des Mindestkapitals auf 10.000 Euro gemäß § 5 Abs. 1 GmbHG RefE-MoMiG, ein.[248] Der RegE-MoMiG geht neben dieser Absenkung des Mindestkapitals noch einen Schritt weiter: Nach § 5 a GmbHG RegE-MoMiG ist die Gründung einer Unternehmergesellschaft zulässig, die ohne zwingende Mindestkapitalaufbringung ins Leben gerufen werden kann; sie muss als Ausgleich für ein zu Anfang eingezahltes Kapital in Form einer „Kapitalaufholung"[249] ihr Kapital durch Rücklagenbildung aus einem Teil der Gewinne ansparen. Ob und wie es möglich ist, eine solche Unternehmergesellschaft in ein konzernweites Cash-Pooling-System zu integrieren, bei dem die Unternehmergesellschaft ja verpflichtet wäre, sämtliche Gewinne an den Cash Pool abzu-

---

245 Die für Alleingesellschafter geltenden Sondervorschriften der §§ 7 Abs. 2 S. 3, 8 Abs. 2 S. 2, 19 Abs. 4 GmbHG sollen durch das MoMiG gestrichen werden, Begr. RefE-MoMiG S. 43.

246 Auf Besonderheiten bei der AG wird nur am Rande eingegangen.

247 Etwa *Mülbert*, DK 2004, 151, 158 f.; *Schön*, DK 2004, 162, 164 ff.; *Eidenmüller*, ZGR 2007, 168, 189 f.; in Bezug auf das Cash Pooling *Bayer/Lieder*, GmbHR 2006, 449, 454; *dies.*, GmbHR 2006, 1121, 1129; *Vetter/Schwandtner*, DK 2006, 407, 412; für die AG *Pentz/Priester/Schwanna*, ZGR-Sonderheft 17, 42, 65 ff.

248 Krit., dass der Betrag die genannten Zielsetzungen der Kapitalaufbringung gewährleisten kann etwa *Gesmann-Nuissl*, WM 2006, 1756, 1757; *Büchel*, GmbHR 2007, 1065, 1066; insbesondere folgt der Gesetzgeber nicht denjenigen Stimmen, die für eine vollständige Abschaffung eines Mindestkapitals eintreten, etwa *Römermann*, GmbHR 2006, 673, 675; *Triebel/Otte*, ZIP 2006, 1321, 1321 f.; genau entgegengesetzt *Priester*, Die GmbH im europäischen Vergleich, 161, 168; *ders.*, VGR 11, 1, 7 f., der gar für eine Heraufsetzung des Mindestkapitals eintritt.

249 *Noack*, DB 2007, 1395, 1396; hierzu auch *Freitag/Riemenschneider*, ZIP 2007, 1485, 1487 f.; *Wilhelm*, DB 2007, 1510, 1511.

führen, ist eine interessante Fragestellung, die hier jedoch nicht weiter vertieft werden kann. Nur soviel: Da die vom Gesetz vorgesehene Rücklage zwingend gebildet werden muss, darf vorhandene Liquidität nicht gegen Darlehensrückzahlungsansprüche ausgetauscht werden.[250] Die geplante Neuregelung des § 30 Abs. 1 S. 2 GmbHG RegE-MoMiG dürfte hierfür also nicht gelten.

Die Grundsätze der Kapitalaufbringung werden im übrigen auch nach Inkrafttreten des RegE-MoMiG weitestgehend beibehalten. Aufgrund dessen ist die Einhaltung der Kapitalaufbringungsregeln im Rahmen des Cash Poolings – mit noch aufzuzeigenden Einschränkungen – nach wie vor von nicht unerheblicher Relevanz.

Bei einem Cash-Pooling-System erweist sich unter dem Gesichtspunkt der Kapitalaufbringung als problematisch, dass die Einlageleistungen zunächst durch die einzahlungspflichtige Muttergesellschaft erbracht werden, dann aber aufgrund der Ausgestaltung dieses Konzernfinanzierungssystems zwangsläufig wieder auf einem in der Verfügungsbefugnis des Cash-Pool-Führers unterstehenden zentralen Konto zusammengeführt und saldiert werden. Dieses Problem stellt sich nicht nur, wenn die Konzernmutter das Zielkonto selbst betreibt, sondern auch dann, wenn der Cash-Pool-Führer ein abhängiges Konzernunternehmen ist. Eine Rückzahlung der Einlageleistung an ein mit ihr verbundenes Unternehmen muss sich die Muttergesellschaft insoweit zurechnen lassen.[251] Damit ist die Frage aufgeworfen, inwiefern das Cash Pooling mit dem Grundsatz der Kapitalaufbringung kollidiert. Das Problem stellt sich dabei sowohl dann, wenn bei einer in ein Cash Pooling eingebundenen Tochtergesellschaft das Kapital im Wege der Barkapitalerhöhung erhöht werden soll als auch bei der Gründung einer Gesellschaft, die von Anfang an in ein Cash Pooling eingebunden werden soll. Die Betrachtung der möglichen Verstöße der Kapitalaufbringung oder -erhöhung bei einer in einen Cash Pool integrierten Gesellschaft hat zwischen einer verdeckten Sacheinlage und der Leistung zur freien Verfügung zu trennen.

B. Verdeckte Sacheinlage

Die Gesellschafter können bei der Gründung der GmbH oder einer späteren Kapitalerhöhung darüber entscheiden, ob sie das Kapital durch Geld oder durch die Einlage von Sachen aufbringen wollen. Die Sacheinlage ist allerdings an besondere Bestimmungen geknüpft, durch die eine effektive Kapitalaufbringung sichergestellt werden soll. So müssen bei der Gründung die Sacheinlagen in der Satzung festgesetzt werden. Außerdem muss ein Sachgründungsbericht erstattet

---

[250] *Noack*, DB 2007, 1395, 1396; vgl. auch *Gehrlein*, DK 2007, 771, 780 f.; *Joost*, ZIP 2007, 2242, 2247; undeutl. Begr. RegE-MoMiG S. 72, wonach man gegebenenfalls auch ausdrücklich auf die Kapitalerhaltung nach §§ 30, 31 GmbHG verweisen könne.

[251] BGHZ 153, 107, 110; OLG Hamm, BB 1997, 433, 433; Baumbach/Hueck-*Hueck/Fastrich*, § 19 Rdn 38; Scholz-*Winter/H.P. Westermann*, § 5 Rdn 80a; *Mayer*, DAI-JAT 2006, 128, 138 f.; siehe auch *Bormann*, GmbHR 2006, 984, 984.

werden, § 5 Abs. 4 GmbHG. Die Sacheinlagen sind außerdem bereits vor Anmeldung zum Handelsregister zu leisten, § 7 Abs. 3 GmbHG. Die Werthaltigkeit der Sacheinlagen wird vom Registergericht nachgeprüft und kann gemäß § 9 c Abs. 1 S. 2 GmbHG zur Ablehnung der Eintragung führen. Den betreffenden Gesellschafter kann bei mangelnder Werthaltigkeit eine Differenzhaftung nach § 9 GmbHG treffen. Außerdem führen schuldhafte Verstöße gegen diese Schutzvorschriften unter weiteren Voraussetzungen zur Schadensersatzansprüchen der Gesellschaft (§ 9 a GmbHG) und zur Strafbarkeit der Beteiligten (§ 82 GmbHG). § 19 Abs. 5 GmbHG besagt, dass eine Leistung, die nicht in Geld besteht oder die durch Aufrechnung einer für die Überlassung von Vermögensgegenständen zu gewährenden Vergütung bewirkt wird, den Gesellschafter von seiner Verpflichtung nur befreit, soweit sie in Ausführung einer nach § 5 Abs. 4 GmbHG getroffenen Bestimmung erfolgt. Gemäß § 5 Abs. 4 GmbHG sind, wenn die Einlageleistung in Form von Sacheinlagen erfolgt, der Gegenstand der Sacheinlage und der Betrag der Stammeinlage, auf die sich die Sacheinlage bezieht, im Gesellschaftsvertrag bzw. im Kapitalerhöhungsbeschluss und der Übernahmeerklärung festzusetzen. Dabei ist § 19 Abs. 5 GmbHG Ausdruck des dem Kapitalaufbringungsrecht zugrunde liegenden Grundsatzes der realen Kapitalaufbringung und des daraus folgenden Verbotes verdeckter Sacheinlagen. Die Vorschrift soll Umgehungen von § 5 Abs. 4 bzw. § 56 GmbHG verhindern: Könnten die Gesellschafter eine Bareinlage vereinbaren und auf andere Weise als durch Zahlung erbringen, würde § 5 Abs. 4 bzw. § 56 GmbHG leerlaufen.[252] Mit § 19 Abs. 5 GmbHG wird daher insbesondere eine Offenlegung der Kapitalgrundlagen einer Gesellschaft im Interesse der Meidung von Täuschungen im Geschäftsverkehr und der Gefährdung von Gläubigern bezweckt.[253] Da Tatbestand und Rechtsfolge des § 19 Abs. 5 GmbHG nur unvollständig geregelt sind, wendet der BGH die Regelung über ihren Wortlaut hinaus auch auf alle Handlungen an, die dem mit ihr verfolgten Zweck, nämlich, die auf Publizität und Wertdeckungskontrolle zielenden Sacheinlagevorschriften gegen Umgehungen abzusichern, widersprechen.[254] Damit sollen insbesondere Umgehungsversuche des § 19 Abs. 5 GmbHG erfasst werden. Das Verfahren der Sachgründung oder Sachkapitalerhöhung ist zudem mit einem höheren zeitlichen Aufwand verbunden als die Erbringung von Bareinlagen. Es müssen zusätzliche Unterlagen beigebracht und zum Handelsregister eingereicht werden. Die Prüfung durch den Registerrichter erweist sich als umfangreicher und auf-

---

[252] Rowedder/Schmidt-Leithoff-*Pentz*, § 19 Rdn 103; Scholz-*U.H. Schneider*/*H.P. Westermann*, § 19 Rdn 90; Hachenburg-*Ulmer*, § 19 Rdn 76; Achilles/Ensthaler/Schmidt-*Ensthaler*, § 19 Rdn 17.

[253] OLG Dresden, Urteile vom 10.03.2004 – Az: 18 U 1227/03 und 18 U 1314/03, jeweils S. 13 (Vorinstanz zu BGHZ 166, 8 ff.); Baumbach/Hueck-*Hueck/Fastrich*, § 19 Rdn 1; Scholz-*U.H. Schneider/H.P. Westermann*, § 19 Rdn 90.

[254] BGHZ 28, 314, 318; 113, 335, 340; 132, 133, 135.

wendiger. Zuletzt ist der Nachweis der Werthaltigkeit der Sacheinlage mit zusätzlichen Kosten verbunden, da oft ein Sachverständigengutachten eingeholt werden muss. Aufgrund dieser Eigenheiten, die eine Sacheinlage gegenüber einer Bareinlage besitzt, besteht die Gefahr, dass die strengeren Sacheinlagevorschriften umgangen werden.

Die für eine ordnungsgemäße Kapitalmaßnahme erforderlich effektive und endgültige Mittelzufuhr ist daher nicht in den Fällen gegeben, in denen eine verdeckte Sacheinlage erbracht wird. Diese liegt tatbestandlich vor, wenn die gesetzlichen Regeln über Sacheinlagen dadurch unterlaufen werden, dass zwar eine Bareinlage vereinbart wird, die Gesellschaft aber bei wirtschaftlicher Betrachtung von dem Einleger aufgrund einer im Zusammenhang mit der Übernahme der Einlage getroffenen Absprache[255] einen Sachwert erhalten soll.[256] Die Rechtsfigur der verdeckten Sacheinlage ist nicht nur hinsichtlich ihres Bestehens, sondern auch hinsichtlich ihrer Rechtsfolgen immer stärker werdender Kritik ausgesetzt.[257] Zwar hat der BGH in jüngeren Entscheidungen erkennen lassen, dass er an dieser Rechtsfigur trotz der Kritik festhält.[258] Der Gesetzgeber will mit dem RegE-MoMiG nunmehr zwar nicht den Tatbestand der verdeckten Sacheinlage,[259] wohl aber in § 19 Abs. 4 GmbHG RegE-MoMiG die zivilrechtliche Reaktion hierauf ändern, indem nach dem Vorbild der Rechtslage bei ordnungsgemäß vereinbarten und offengelegten Sacheinlagen eine Differenzhaftung vorgesehen ist. Hiermit soll sichergestellt werden, dass der Gesellschafter die Einlage wertmäßig nur einmal erbringen muss.[260]

---

[255] Eine solche Absprache wird bei einem engen zeitlichen und sachlichen Zusammenhang der Rückzahlung mit der Gründung bzw. Kapitalerhöhung vermutet; hierzu noch unten § 5 III. 1. a) bb).

[256] BGHZ 155, 329, 331; 166, 8, 12; BGH, NJW 2007, 765, 766; Baumbach/Hueck-*Hueck/Fastrich*, § 19 Rdn 38; *Priester*, VGR 11, 1, 18; *Gehrlein*, MDR 2006, 789, 790; *Sieger/Wirtz*, ZIP 2005, 2277, 2278; *Morsch*, NZG 2003, 97, 99; *Keil*, DZWiR 2004, 160, 160; *Bunnemann*, NZG 2005, 955, 955; *Kleinschmidt/Hoos*, EWiR § 56 GmbHG 2/05, 885, 886; *Lamb/Schluck-Amend*, DB 2006, 879, 879; *Becker*, RNotZ 2005, 569, 570; der BGH spricht plastisch von „einem geworfenen Ball, der an einem Gummiband hängt und wieder zurückschnellt", BGHZ 28, 314, 319 f.

[257] Überblick bei Scholz-*Winter/H.P. Westermann*, § 5 Rdn 76; *Priester*, VGR 11, 1, 18 ff.; ein Eingehen auf die Kritik an der Rechtsfigur der verdeckten Sacheinlage würde den Rahmen sprengen; krit. vor allem *Wilhelm*, Rdn 246 ff.; *ders.*, ZHR 152 (1988), 333, 346 ff.; *ders.*, ZHR 267 (2003), 520, 524; *ders.*, DB 2006, 2729, 2732; *Einsele*, NJW 1996, 2681, 2683 ff.; *Krolop*, GmbHR 2007, 117, 118; befürw. aber *Habersack*, ZHR 170 (2006), 607, 609.

[258] BGHZ 166, 8 ff.; 170, 47 ff.; BGH, GmbHR 2007, 433 ff.

[259] In § 19 Abs. 4 GmbHG RegE-MoMiG soll die verdeckte Sacheinlage lediglich legaldefiniert werden.

[260] Begr. RegE-MoMiG, S. 91; zust. *Bormann*, GmbHR 2007, 897, 900; *Noack*, DB 2007, 1395, 1397; *Schauenburg/Tillmann*, Börsen-Zeitung v. 06.06.2007, S. 2; hierzu *Hangebrauck*, JA 2008, 125, 127.

Eine verdeckte Sacheinlage kann insbesondere dann angenommen werden, wenn die Gesellschaft dem Gesellschafter die Mittel des Einlage- bzw. Kapitalerhöhungsbetrages wieder zurückgewährt, da der Gesellschaft in diesem Fall keine Barmittel zufließen, sondern – sofern zu ihren Gunsten ein negativer Saldo besteht[261] – sie lediglich von einer Verbindlichkeit befreit wird.[262] Da der Gesellschafter die ihm gegen die Gesellschaft zustehende Forderung ohne weiteres als Sacheinlage gemäß § 19 Abs. 5 GmbHG hätte einbringen können, liegt eine verdeckte Forderungseinbringung vor.[263] § 56 a Abs. 2 GmbHG verweist für die Kapitalerhöhung auf diese Vorschrift. Zu einem Rückfluss des Einlagebetrages an den Cash Pool kommt es aufgrund der dem Cash-Pooling-System zugrunde liegenden Abreden zwangsläufig zwar unabhängig davon, ob der Saldo der Tochtergesellschaft auf dem Unterkonto positiv oder negativ war.[264] Jedoch kann diese Unterscheidung für das Vorliegen der Tatbestandsmerkmale einer verdeckten Sacheinlage von Relevanz sein.

I. Bei positivem oder ausgeglichenem Saldo der Tochtergesellschaft

Bei einem Cash-Pooling-System wird zunächst die Bareinlage erbracht, jedoch hat die Gesellschaft, zahlt sie die Einlage aufgrund der Einbindung in das Cash-Pooling-System als Darlehen an den Cash-Pool-Führer zurück, für den Fall, dass im Zeitpunkt der Kapitalmaßnahme keine Darlehensverbindlichkeit gegenüber dem Cash Pool bestand, nur eine nicht bewertete und ungesicherte, hinsichtlich der Vollwertigkeit auch nicht vom Registergericht überprüfte Forderung gegen den Cash-Pool-Führer in der Hand.[265] Im wirtschaftlichen Ergebnis wird diese Forderung statt der Bareinlage eingebracht. Teilweise ist daher in diesen Fällen vertreten worden, es handele sich um eine verdeckte Sacheinlage.[266] Dem wird

---

[261] Zur Abgrenzung zwischen positivem und negativem Saldo sogleich.

[262] BGHZ 110, 47, 60 ff.; 125, 141, 144; 153, 107, 110; Baumbach/Hueck-*Hueck/Fastrich*, § 19 Rdn 38; ein negativer Saldo bei Gründung dürfte nur selten vorkommen, hierzu sogleich § 3 B. II; zum Hin- und Herzahlen, das sachlich richtiger der freien Verfügbarkeit zuzurechnen ist, unten § 3 C.

[263] Rowedder/Schmidt-Leithoff-*Pentz*, § 19 Rdn 143; *Gehrlein*, MDR 2006, 789, 790.

[264] Zu Recht hält das OLG Dresden, Urteile vom 10.03.2004 – Az: 18 U 1227/03 und 18 U 1314/03, jeweils S. 12, daher den Einwand der beklagten Gesellschafter, es wäre zu keinem Rückfluss des Einlagebetrages an den Cash Pool gekommen, hätte das Unterkonto der Gesellschaft einen Sollstand in Höhe des Einlagebetrages aufgewiesen, für unerheblich.

[265] *Römermann/Schröder*, Corporate Governance, 113, 117; *Hellwig*, FS Peltzer, 163, 167; *Morsch*, NZG 2003, 97, 100; *Jäger*, DStR 2000, 1653, 1656; *Sieger/Hasselbach*, BB 1999, 645, 646; *Brems/Tillmann*, Börsen-Zeitung v. 25.01.2006, S. 2.

[266] LG Flensburg, GmbHR 2001, 8861, 862; Rowedder/Schmidt-Leithoff-*Zimmermann*, § 56 a Rdn 4; *Römermann/Schröder*, Corporate Governance, 113, 117; *Hellwig*, FS Peltzer, 163, 167; *Goette*, DStR 1999, 1451, 1451; *Sieger/Hasselbach*, BB 1999, 645, 646; *Jäger*, DStR 2000, 1653, 1656, allerdings jeweils ohne weitere Begründung und Bezugnahme auf die fehlende Einlagefähigkeit der Forderung gegen den Gesellschafter; ausdr. für

von anderen widersprochen: Da die Forderung der Tochtergesellschaft gegen ihren Gesellschafter, also hier die Muttergesellschaft, nach ganz herrschender Ansicht kein tauglicher Einlagegegenstand einer Sacheinlage sei,[267] komme in diesen Fällen mangels Einlagefähigkeit der Forderung auch keine Umgehung der Sacheinlagevorschriften und damit keine verdeckte Sacheinlage in Betracht.[268] Dies gilt sowohl, wenn ein positiver Saldo zugunsten der Tochtergesellschaft besteht, als auch, wenn der Saldo ausgeglichen ist.[269] Dem ist zuzustimmen: Den beiden Fallgestaltungen ist gemein, dass lediglich eine Forderung der Tochtergesellschaft gegen die Muttergesellschaft vorliegt. Trotz der Gemeinsamkeiten ist aber eine Differenzierung notwendig: Eine verdeckte Sacheinlage liegt nur vor, wenn anstelle der versprochenen Bareinlage eine einlagefähige Sache an die GmbH geleistet wird und dieser Vorgang zur Umgehung der Sachgründungsvorschriften verdeckt erfolgt.[270] Anders formuliert kommt eine verdeckte Sacheinlage nicht in Betracht, wenn der verdeckt eingelegte Gegenstand, also hier die Begründung der Darlehensforderung gegen den Gesellschafter, überhaupt nicht in die Gesellschaft hätte eingelegt werden können.[271] In dieser Fallgestaltung fehlt es aber an einer sacheinlagefähigen Forderung, da die Darlehensabrede aufgrund der Umgehung der Kapitalaufbringungsvorschriften unwirksam ist, §§ 488 Abs. 1 S. 1, 134 BGB, § 19 Abs. 1 GmbHG.[272] Geht man

---

diesen Fall eine verdeckte Sacheinlage bejahend aber *Sieger/Wirtz* ZIP 2005 2277, 2278; für das Vorliegen einer verdeckten Sacheinlage bei Rückfluss der Einlage an den einlegenden Gesellschafter und daraus folgendem Anspruch der Gesellschaft gegen diesen, jedoch außerhalb von Cash-Pool-Gestaltungen: BGHZ 153, 107, 111; OLG Schleswig, GmbHR 2005, 357, 358; OLG Brandenburg, GmbHR 1998, 1033, 1033; *Bormann/Halaczinsky*, GmbHR 2000, 1022, 1023; *Boujong*, NZG 2003, 497, 498.

[267] BGHZ 153, 107, 111; 165, 113, 117; KG, GmbHR 2005, 929, 929; Scholz-*Winter/H.P. Westermann*, § 5 Rdn 44, 49; Roth/Altmeppen-*Roth*, § 5 Rdn 40; Hachenburg-*Ulmer*, § 5 Rdn 36, 41, 64; Baumbach/Hueck-*Hueck/Fastrich*, § 5 Rdn 24; Rowedder-*Schmidt-Leithoff*, § 5 Rdn 29; KK-*Lutter*, § 183 Rdn 26; Lutter/Hommelhoff-*Lutter/Bayer*, § 5 Rdn 14; *Hüffer*, § 27 Rdn 24; GK-AktG-*Röhricht*, § 27 Rdn 68 f.; *Vetter/Stadler*, Rdn 94; *Keil*, DZWiR 2003, 201, 202; *Bayer/Lieder*, GmbHR 2006, 449, 451; *Langner*, GmbHR 2006, 480, 481; *Mildner*, GmbHR 2006, R 161, R 162; *Hangebrauck*, WuB II C. § 19 GmbHG 2.06, 479, 480; a. A. aber *Cahn*, ZHR 166 (2002), 278, 289 ff.; *Hentzen*, DStR 2006, 948, 951; hierzu unten § 5 C. IV. 1.

[268] BGHZ 165, 113, 117; 165, 352, 356; Baumbach/Hueck-*Hueck/Fastrich*, § 19 Rdn 38; Roth/Altmeppen-*Roth*, § 19 Rdn 18; *Priester*, VGR 11, 1, 19; *Wessels*, ZIP 2006, 1701, 1701; *Schäfer*, BB 2006, Beil. 7, 5, 7; *Morsch*, NZG 2003, 97, 100; *Servatius*, DStR 2004, 1176, 1177; *Bayer*, GmbHR 2004, 445, 453; *Vetter/Schwandtner*, DK 2006, 407, 410; *Mildner*, GmbHR R 161, 162; *Hangebrauck*, WuB II C. § 19 GmbHG 2.06, 479, 480.

[269] Diff. auch *Mayer*, DAJ-JAT 2006, 128, 134 ff.

[270] BGHZ 165, 113, 117; *Bayer*, GmbHR 2004, 445, 451; *Keil*, DZWiR 2003, 201, 202.

[271] *Mayer*, DAI-JAT 2006, 128, 134 Fn 24; *Emde*, GmbHR 2006, 309, 310.

[272] BGHZ 165, 113, 116; Scholz-*Winter/H.P. Westermann*, § 5 Rdn 78; *Bayer/Graff*, WuB II A. § 54 AktG 1.06, 271, 274; *dies.*, WuB II C. § 55 GmbHG 1.07 17, 19.

außerdem davon aus, dass die Forderung gegen den Inferenten kein einlagefähiger Gegenstand ist,[273] was allerdings noch einer vertieften Untersuchung bedarf,[274] fehlt es zugleich an einer Umgehung der Sacheinlagevorschriften. In diesen Fällen ist der Tatbestand der verdeckten Sacheinlage daher nicht gegeben.[275] Für die Rechtslage im Cash Pool kann hier insofern nichts anderes gelten.[276] Auch für eine Kapitalmaßnahme bei einer in ein Cash-Pooling-System integrierten Gesellschaft bedeutet dies bei einem zu deren Gunsten bestehenden positivem oder aber ausgeglichenem Saldo, dass der Tatbestand der verdeckten Sacheinlage nicht erfüllt ist. Allerdings folgt aus dem argumentum a maiore ad minus, dass der Erfüllung der Bareinlageschuld mit einer Forderung, die nicht einlagefähig ist, in gleicher Weise – allerdings mit einer anderen Begründung[277] – die Wirksamkeit abgesprochen werden muss.[278]

II. Bei negativem Saldo der Tochtergesellschaft

Besteht hingegen zur Zeit der Kapitalmaßnahme ein negativer Saldo zulasten der Gesellschaft gegenüber dem Cash Pool – was regelmäßig nur bei einer Kapitalerhöhung der Fall sein wird, da bei der Gründung einer GmbH noch keine Forderungen aus dem Cash Pooling existieren[279] – fließt der Gesellschaft im wirtschaftlichen Ergebnis nicht der Barbetrag, sondern – bei unterstellter Wirksamkeit des Vorgangs – die (möglicherweise nur anteilige) Befreiung von den

---

[273] So die ganz h. M.: BGHZ 165, 113, 117; 165, 352, 356; OLG Jena, ZIP 2004, 2327, 2329; Scholz-*Winter/H.P. Westermann*, § 5 Rdn 44, 49; Michalski-*Zeidler*, § 5 Rdn 112; Hachenburg-*Ulmer*, § 5 Rdn 36, 41, 64, ausdr. für die Einräumung einer Darlehensforderung gegen den Einleger; Baumbach/Hueck-*Hueck/Fastrich*, § 5 Rdn 24; Rowedder-*Schmidt-Leithoff*, § 5 Rdn 28; KK-*Lutter*, § 183 Rdn 26; *Hüffer*, § 27 Rdn 24; GK-AktG-*Röhricht*, § 27 Rdn 68 f.; *Burgard*, AG 2006, 527, 533; *Vetter/Schwandtner*, DK 2006, 407, 410; *Bayer*, GmbHR 2004, 445, 451; a. A. *Cahn*, ZHR 166 (2002) 278, 289 ff.; *Hentzen*, DStR 2006, 948, 951; symphatisierend *Vetter/Stadler*, Rdn 93; *Vetter/Schwandtner*, DK 2006, 407, 413.

[274] Hierzu unten § 5 C. IV. 1.

[275] BGHZ 165, 113, 116 f.; *Bayer*, GmbHR 2004, 445, 451; *Keil*, DZWiR 2003, 201, 202; *Goette*, DStR 2006, 139, 145; *Werner*, GmbHR 2006, 45, 45; *Tillmann*, EWiR § 54 AktG 1/06, 33, 34; *Bayer/Lieder*, GmbHR 2006, 449, 451; *Bayer/Graff*, WuB II A. § 54 AktG 1.06, 271, 273.

[276] So ausdr. *Mayer*, FS Priester, 445, 450 f.; *ders* DAI-JAT 2006, 128, 134 ff.; dies gilt auch für den Fall, in dem ein ausgeglichener Saldo besteht, wie dies bei der Einlageleistung bei der erstmaligen Kapitalaufbringung regelmäßig der Fall ist; vgl. für diesen Fall *Mayer*, DAI-JAT 2006, 128, 134 ff.

[277] Scheitern kann die Wirksamkeit der Einlageleistung an der nicht gewährleisteten freien Verfügbarkeit, hierzu unten § 3 C.

[278] Ebenso BGHZ 165, 113, 117; *Mayer*, DAI-JAT 2006, 128, 134; *Bayer*, GmbHR 2005, 445, 451; *Keil*, DZWiR 2003, 201, 201; *Hangebrauck*, WuB II C. § 19 GmbHG 2.06, 479, 480.

[279] Hierzu noch unten § 5 C. I. 1.

gegenüber dem Cash-Pool-Führer im Rahmen des Cash-Pooling-Systems angehäuften Darlehensverbindlichkeiten zu.[280] Der Gesellschafter bringt also bei wirtschaftlicher Betrachtungsweise statt eines Geldbetrages eine Darlehensforderung ein.[281] Statt einer Bareinzahlung hätte gemäß § 9 Abs. 2 S. 2, Abs. 5 GmbHG aber die Einbringung der Forderung des Cash-Pool-Führers nach den oben dargestellten Maßstäben beschlossen werden müssen. Übereinstimmend wird daher in Rechtsprechung[282] und Literatur[283] davon ausgegangen, dass es sich bei einer derartigen Leistung der Bareinlage in Verbindung mit einem Cash-Pooling-System um eine verdeckte Sacheinlage handelt.

Dem ist aufgrund der bisherigen Ausführungen zuzustimmen, wobei noch zu ergänzen ist, dass es weder auf die Reihenfolge der einzelnen Zahlungsvorgänge noch auf den Rechtsgrund für die Rückzahlung ankommt.[284] Dieser wird zwar regelmäßig in der Darlehensgewährung aufgrund des Cash-Pooling-Systems liegen, jedoch ist es auch denkbar, dass der Einlagebetrag, geht es um den erstmaligen Beitritt der Tochtergesellschaft zu einem Cash-Pooling-System, quasi als „Eintrittskarte" in Form einer Einlageleistung auf das Zentralkonto für die Teilnahme an diesem System geleistet wurde.[285] In einem solchen Fall füllen die eintretenden Gesellschaften das Zentralkonto durch die Zahlung einmaliger Beträge auf und begründen so ebenfalls Darlehensforderungen gegen den Cash Pool. Das Ergebnis ist das Gleiche: Auch hier wird statt des geschuldeten

---

[280] Zu den Rechtsfolgen eines Verstoßes gegen die Kapitalaufbringungsvorschriften im einzelnen noch unten § 4 A; bei unterstellter Wirksamkeit würden die Darlehensverbindlichkeiten gemäß § 362 BGB getilgt.

[281] OLG Dresden, Urteile vom 10.03.2004 – Az: 18 U 1227/03 und 18 U 1314/03, jeweils S. 15; OLG Köln, NJW-RR 2000, 1480, 1481; *Mildner*, FAZ v. 25.01.2006, S. 23; *Wessels*, ZIP 2006, 1701, 1701; *Morsch*, NZG 2003, 97, 99 f.; *Sieger/Wirtz*, ZIP 2005, 2277, 2278.

[282] BGHZ 166, 8, 12 f. (auf die inhaltsgleiche Entscheidung BGH, NZG 2006, 344 wird nicht weiter eingegangen); BGH, Beschl. vom 12.07.1999 – Az: II ZR 111/98 (wiedergegeben bei *Goette*, DStR 1999, 1451, 1451 f.); OLG Dresden, Urteile vom 10.03.2004 – Az: 18 U 1227/03 und 18 U 1314/03, jeweils S. 15; OLG Köln, NJW-RR 2000, 1480, 1481; OLG Hamm, GmbHR 1997, 213, 214; OLG Düsseldorf, SchiedsVZ 2004, 262, 264 f.; vgl. OLG Frankfurt, SchiedsVZ 2004, 97, 97 f.; LG Flensburg, GmbHR 2001, 861, 862.

[283] Baumbach/Hueck-*Hueck/Fastrich*, § 19 Rdn 10; Lutter/Hommelhoff-*Lutter/Bayer*, § 5 Rdn 45; *Vetter/Stadler*, Rdn 88; *Römermann/Schröder*, Corporate Goverance, 113, 118; *Hellwig*, FS Peltzer, 163, 167; *Mayer*, DAI-JAT 2006, 128, 134; *Cahn*, ZHR 166 (2002), 278, 283; *Hüffer*, AG 2004, 416, 420; *Jäger*, DStR 2000, 1653, 1656; *Kiethe*, DStR 2005, 1573, 1574; *Sieger/Wirtz*, ZIP 2005, 2277, 2278; *Gabrysch*, FTD v. 24.01.2006, S. 17; *Flitsch/Schellenberger*, BB 2006, 850, 850; *Lamb/Schluck-Amend*, DB 2006, 879, 879; *Goette*, DStR 2006, 767, 768; *Bayer/Lieder*, GmbHR 2006, 1121, 1125; *Wessels*, ZIP 2006, 1701, 1701; *Hangebrauck*, WuB II C. § 19 GmbHG 2.06, 479, 480.

[284] So auch OLG Köln, NJW-RR 2000, 1480, 1481; OLG Hamm, GmbHR 1997, 213, 214; *Jäger*, § 45 Rdn 18; *ders.*, DStR 2000, 1653, 1656; *Goette*, DStR 1999, 1451, 1451.

[285] Hierzu schon oben § 2 D. I. 4.

Geldeinlagebetrags eine Forderung eingebracht.[286] Auch in dem Fall, in dem der Einlagebetrag zurückfließt, damit der der Muttergesellschaft zustehende Aufwendungsersatzanspruch für die Tätigkeit als Cash-Pool-Führerin vergütet wird,[287] liegt eine verdeckte Sacheinlage vor: Der Gesellschaft fließt auch hier im wirtschaftlichen Ergebnis nicht der Barbetrag, sondern die Befreiung von den gegenüber dem Cash-Pool-Führer entstandenen Verbindlichkeiten zu.

Entnimmt die Muttergesellschaft den für die Erbringung der Einlageleistung erforderlichen Betrag von einem Konto, das ebenfalls in den Cash Pool einbezogen ist – was nicht selten der Fall sein wird[288] –, kommt noch ein anderes Problem hinzu: Es ist aufgrund des dem Cash Pool zugrunde liegenden Transfersystems denkbar, dass die Muttergesellschaft genau diejenigen Mittel zur Einlageleistung bei der Tochtergesellschaft aus dem Cash Pool abzieht, die die Tochtergesellschaft zuvor an den Cash Pool abgegeben hatte, so dass es sich von vornherein um das Geld der Tochtergesellschaft gehandelt hat, das hin- und herfloss.[289] Allerdings ist bei dieser Argumentation zu beachten, dass zugunsten der Tochtergesellschaft, gibt sie Liquidität an den Cash Pool ab, regelmäßig Darlehensforderungen gegen den Cash-Pool-Führer begründet werden. Kommt es zur Einzahlung desjenigen Betrages, der zuvor von der Tochtergesellschaft abgezogen wurde, und wird dieser Betrag wieder abgezogen, wird zugunsten der Tochtergesellschaft eine weitere Darlehensforderung gegenüber dem Cash-Pool-Führer begründet. Man könnte daher argumentieren, der Tochtergesellschaft stünde es jederzeit frei, ihre Stammeinlage vom Zentralkonto zurückzufordern. Zu bedenken ist jedoch, dass die Tochtergesellschaft lediglich einen schuldrechtlichen Anspruch gehabt hätte, der mit der freien Verfügbarkeit über liquide Mittel, die sich im alleinigen Verfügungsbereich der Gemeinschuldnerin befinden, nicht gleich steht.[290] Aber auch wenn dies nicht der Fall ist, wird deutlich, dass es sich nur um ein „Geldkarussell" handelt. Die Muttergesellschaft bucht den Kapitalerhöhungsbetrag von ihrem Konto, das dadurch ins Debet gerät, auf das Konto der Tochtergesellschaft, auf dem ein positiver Saldo entsteht. Dieser verbleibt der Tochtergesellschaft aber nicht, sondern wird ebenso wie der Debetsaldo auf dem Konto der Muttergesellschaft am gleichen Tag umgebucht, so dass es durch die Verrechnung der beiden Salden wieder – lässt man weitere im Rahmen der Geschäftstätigkeit der Gesellschaften entstehende Kontobewegungen außen vor – zu den Ausgangsbeträgen Null auf beiden Unterkonten kommt.[291] Das Zentralkonto weist demgemäß nach dem Ausgleich denselben

---

[286] *Goette*, DStR 1999, 1451, 1451.
[287] Hierzu oben § 2 D. I. 4.
[288] Vgl. nur die Sachverhalte, die den Entscheidungen OLG Köln, NJW-RR 2000, 1480 f., und OLG Düsseldorf, SchiedsVZ 2004, 262 ff., zugrunde lagen.
[289] So OLG Köln, NJW-RR 2000, 1480, 1481.
[290] So auch OLG Düsseldorf, SchiedsVZ 2004, 262, 265; hierzu noch unten § 5 A. I.
[291] Vgl. OLG Köln, NJW-RR 2000, 1480, 1481; *Goette*, DStR 1999, 1451, 1451 f.

Stand auf, den es aufgewiesen hätte, wenn die Muttergesellschaft den Einlagebetrag nicht zunächst an die Tochtergesellschaft überwiesen hätte, sondern direkt von ihrem Unterkonto auf das Zentralkonto. Aus diesem Grund lässt sich daher auch nicht dergestalt argumentieren, dass es bei unterstelltem negativen Saldo zulasten der Tochtergesellschaft infolge der Einlageleistung zu einer – zumindest teilweisen – Tilgung des Kredits käme, wodurch die Tochtergesellschaft die Möglichkeit zur weiteren Ausschöpfung des Kreditrahmens und damit wirtschaftlichen Spielraum erhalten würde, sich also die Vermögenslage verbessere.[292]

Der Problematik kann auch nicht dadurch entgangen werden, dass die Führung des Cash Pools nicht der Konzernmuttergesellschaft, sondern einer eigenständigen, konzerninternen Finanzierungsgesellschaft überlassen bleibt. Auszahlungen an vom Gesellschafter der kapitalerhöhenden Gesellschaft beherrschte Gesellschaften führen ebenfalls zu einer Umqualifizierung in eine verdeckte Sacheinlage.[293] Die Zwischenschaltung einer weiteren juristischen Person ändert in diesem Fall nichts daran, dass die Bareinlage (mittelbar) wieder dem Vermögen des Gesellschafters zufließt. Für die Kapitalaufbringung gilt insofern nichts anderes als bei der Kapitalerhaltung, wo anerkannt ist, dass eine Auszahlung an ein verbundenes Unternehmen zu einem Verstoß gegen die Kapitalerhaltungsregeln führen kann.[294] Dies beruht darauf, dass die an die Zahlung der Stammeinlage zu stellenden Anforderungen aus dem Grund hoch sind, dass sie Ausdruck der Sicherung der Kapitalaufbringung sind, der ein hoher Stellenwert einzuräumen ist. Aus diesem Grund sind die Vorschriften des GmbH-Rechts, die die Kapitalaufbringung regeln, im Zweifel streng auszulegen und gegen Umgehung zu schützen. Eine Umgehung der Anforderungen durch mittelbare Begünstigungen eines Zahlungspflichtigen, wenn diese über eine dem Zahlungspflichtigen allein zuzuordnende Gesellschaft erfolgen, gilt es daher zu unterbinden.[295] Es findet insofern eine Überlagerung der rechtlichen Trennung der einzelnen Konzerngesellschaften durch deren wirtschaftlich-funktionale Einheit statt.[296] Dann kann es keinen Unterschied machen, wo der Cash Pool angesiedelt ist.

---

[292] So auch OLG Düsseldorf, SchiedsVZ 2004, 262, 264; OLG Köln, NJW-RR 2000, 1480, 1481.

[293] BGHZ 125, 141, 144; OLG Dresden, ZIP 1999, 2013, 2016; OLG Hamm, ZIP 1999, 1134, 1135; OLG Hamm, GmbHR 1997, 213, 214; Achilles/Ensthaler/Schmidt-*Ensthaler*, § 19 Rdn 23; *Vetter/Stadler*, Rdn 91; *Hellwig*, FS Peltzer, 163, 167; *Morsch*, NZG 2003, 97, 100; *Kiethe*, DStR 2005, 1573, 1574; *Sieger/Wirtz*, ZIP 2005, 2277, 2277.

[294] BGHZ 81, 311, 315; BGH, NJW 1999, 2822, 2822; NJW 2001, 1490, 1491; NZG 2005, 395, 395 f.; in diesem Sinne auch OLG Hamm, GmbHR 1997, 213, 214; *Vetter/Stadler*, Rdn 91; *Hellwig*, FS Peltzer, 163, 167; hierzu noch unten 3. Teil § 8 B. I.

[295] OLG Hamm, GmbHR 1997, 213, 214.

[296] *Kleinschmidt/Hoos*, EWiR § 56 GmbHG 2/05, 885, 886.

Maßgebend ist allein, ob die Leistung der Gesellschaft auf Kosten ihres Stammkapitals geht.[297]

Eine verdeckte Sacheinlage ist außerdem in den Fällen anzunehmen, in denen zwischen einer Tochtergesellschaft und einer Muttergesellschaft ein Treuhandvertrag bezüglich der Geschäftsanteile einer weiteren Gesellschaft, also insbesondere einer Enkelgesellschaft, abgeschlossen wurde, nach dessen Bestimmungen sich die Tochtergesellschaft unter anderem zur Teilnahme an einer Barkapitalerhöhung bei der Enkelgesellschaft verpflichtet hatte, und mit dem Betrag der Bareinlage vereinbarungsgemäß ein Darlehen der Muttergesellschaft gegenüber der Enkelgesellschaft getilgt wurde.[298] Dies gilt auch, wenn sich eine Tochtergesellschaft lediglich auf Weisung der Muttergesellschaft an einer Kapitalerhöhung bei der Enkelgesellschaft beteiligt und die Darlehensrückzahlung anschließend zwischen der Enkelgesellschaft und der Muttergesellschaft erfolgt.[299] Diese Konstellation ist insbesondere für diejenigen Fälle von Bedeutung, in denen bei einer mehrstufigen Konzernierung der Cash Pool bei der Konzernmutter angesiedelt ist und sie nicht nur Entscheidungen über die Eigenkapitalausstattung der Konzerngesellschaften trifft, sondern auch Adressatin des Mittelrückflusses ist.[300]

III. Mischfall

Denkbar sind selbstverständlich auch Mischfälle, in denen die Tochtergesellschaft einen negativen Saldo hatte, der durch die Einlageleistung zunächst vermeintlich reduziert wurde, sie infolge der Rückgewährung aufgrund des Cash-Pooling-Systems aber nur einen schuldrechtlichen Anspruch gegen die Betreibergesellschaft erhält. Geht der Einlagebetrag über den negativen Saldo hinaus, gewährt die Tochtergesellschaft der Betreibergesellschaft zugleich mit dem das Debet übersteigenden Betrag die Einlage als Darlehen zurück.[301] Nach dem bisher Gesagten ist es unzweifelhaft, dass der Tatbestand der verdeckten Sacheinlage nur soweit erfüllt ist, wie es um den negativen Saldo geht.[302] Dieser Umstand kann sich nicht auf den Teil der Einlagenrückgewähr beziehen, der auf die Darlehensgewährung im Rahmen des Cash Poolings zielt. Der einheitliche Vorgang der Einlagenrückgewähr aufgrund des Cash-Pooling-Systems muss also bei einem solchen Mischfall hinsichtlich der Wirksamkeit der Einlageleistung getrennt behandelt werden. Bezüglich der Rückgewähr der Einlage, die sich auf

---

[297] *Kiethe*, DStR 2005, 1573, 1574; *Sieger/Hasselbach*, BB 1999, 645, 650.

[298] BGHZ 110, 47, 67.

[299] Rowedder/Schmidt-Leithoff-*Pentz*, § 19 Rdn 153.

[300] *Morsch*, NZG 2003, 97, 101.

[301] Eine solche Fallgestaltung lag auch – allerdings außerhalb eines Cash Pools – der Enscheidung BGHZ 165, 113 ff., zugrunde.

[302] So auch *Mayer*, FS Priester, 445, 451; *ders.*, DAI-JAT 2006, 128, 134 f.; *Langner*, GmbHR 2006, 480, 481; vgl. *Hentzen*, DStR 2006, 948, 950.

die Darlehensgewährung bezieht, ist also nach einem anderen Lösungsweg zu suchen.[303]

IV. Keine Umgehungsabsicht

Nach heute allgemeiner Ansicht in Rechtsprechung und Literatur ist es für das Vorliegen des die Regelung des § 19 Abs. 5 GmbHG ergänzenden Umgehungsschutzes der verdeckten Sacheinlage keine Voraussetzung, dass eine Umgehungsabsicht vorliegt.[304] Dass es durch die Rückzahlung des Einlagebetrag auf das Zentralkonto zu einer (wenn auch nur anteiligen) Tilgung der Verbindlichkeiten gegenüber dem Cash-Pool-Führer kommt, muss daher von der den Einlagebetrag einzahlenden Muttergesellschaft nicht beabsichtigt gewesen sein. Nach einer Ansicht soll vielmehr der nur objektive Zeit- und Sachzusammenhang zwischen Bareinlage und Gegengeschäft ausreichen, um eine verdeckte Sacheinlage annehmen zu können.[305] Demgegenüber verlangt eine als herrschend zu bezeichnende Auffassung eine – wenn auch unwirksame – Abrede unter den Gesellschaftern oder zwischen den Gesellschaftern und der Gesellschaft. Die Abrede müsse den wirtschaftlichen Erfolg einer Sacheinlage – nämlich, dass die Bareinlage im wirtschaftlichen Ergebnis durch eine andere Leistung als in Geld erbracht werden soll – umfassen.[306]

Eine tatsächliche Vermutung für das Vorliegen derartiger Abreden und damit eine Beweislastumkehr zu Lasten des Einlegers begründe dann allerdings der objektive sachliche und zeitliche Zusammenhang zwischen der Begründung oder Erfüllung der Bareinlagepflicht und dem gegenläufigen Verkehrsgeschäft.[307] Dass ein subjektiver Zusammenhang zwischen der Kapitalaufbringung

---

[303] Zum Erfordernis der freien Verfügbarkeit siehe unten § 3 C.

[304] BGHZ, 110, 47, 64 f.; OLG Hamburg, ZIP 1988, 372, 373; OLG Karlsruhe, GmbHR 1992, 113, 115; OLG Dresden, Urteile vom 10.03.2004 - Az: 18 U 1227/03 und 18 U 1314/03, jeweils S. 28; Baumbach/Hueck-*Hueck/Fastrich*, § 19 Rdn 39; Scholz-*Winter/H.P. Westermann*, § 5 Rdn 77; *Vetter/Schwandtner*, DK 2006, 407, 410.

[305] OLG Hamburg, ZIP 1988, 372, 373; OLG Brandenburg, ZIP 1998, 1838, 1839; *Lutter*, FS Stiefel, 505, 511 ff.

[306] BGHZ 132, 133, 139; 152, 37, 42; 153 107, 100; Baumbach/Hueck-*Hueck/Fastrich*, § 19 Rdn 39; Lutter/Hommelhoff-*Lutter/Bayer*, § 5 Rdn 43; Hachenburg-*Ulmer*, § 5 Rdn 146; Scholz-*Winter/H.P. Westermann*, § 5 Rdn 77 ff.; *Ulmer*, ZHR 154 (1990), 128, 139; *Henze*, ZHR 154 (1990), 105, 114; *Mülbert*, ZHR 154 (1990), 145, 187 ff.; *Priester*, ZIP 1991, 345, 351 f.

[307] BGHZ 125, 141, 143 f.; 132, 133,139; 153, 107, 110; OLG Köln, NZG 2000, 489, 490; Achilles/Ensthaler/Schmidt-*Ensthaler*, § 19 Rdn 27; Baumbach/Hueck-*Hueck/Fastrich*, § 19 Rdn 39; Hachenburg-*Ulmer*, § 5 Rdn 147a; Scholz-*Winter/H.P. Westermann*, § 5 Rdn 80; *Ulmer*, ZHR 154 (1990), 128, 141 f.; *Henze*, ZHR 154 (1990), 105, 114; *Priester*, ZIP 1991, 345, 352; *Jäger*, DStR 2000, 1653, 1655; *Geißler*, GmbHR 2004, 1181, 1186; *Bunnemann*, NZG 2005, 955, 955; *Pentz*, ZIP 2003, 2093, 2095; zum zeitlichen Zusammenhang noch § 5 III. 1. a) bb).

bzw. Kapitalerhöhung einerseits und dem Rückfluss an den Inferenten andererseits zu fordern ist, ist bereits aus dem voluntativen Element in §§ 5 Abs. 4 S. 1, 56 Abs. 1 S. 1 GmbHG abzuleiten, wo es heißt „sollen Sacheinlagen geleistet werden“. Hinzu kommt, dass die Umgehungshandlung den Tatbestandsmerkmalen der umgangenen Norm zu entsprechen hat.[308] Da deren Inhalt darin zu erblicken ist, dass die Sacheinlage an die Stelle einer Bareinlage treten soll, muss auch das Umgehungsverhalten eine derartige Voraussetzung haben. Diese ist daher in einer den wirtschaftlichen Erfolg einer Sacheinlage umfassenden Abrede zu sehen.[309] Ohne ein solches Element wäre es zudem nahezu ausgeschlossen, ein zulässiges Verkehrsgeschäft mit der Gesellschaft von einer Umgehung der Sacheinlagevorschriften zu trennen.[310]

Bei einem automatisierten Cash-Pooling-System fehlt es an einer ausdrücklichen Vereinbarung dahingehend, dass der Einlagebetrag auf das Zentralkonto zurücküberwiesen werden soll. Auch ist eine Abrede, dass die Rückübertragung der Einlage zu einer Verringerung der Verbindlichkeiten gegenüber dem Cash-Pool-Führer kommen soll, nicht gegeben. Damit kann bei einem Cash Pooling allein die Billigung dieses Verfahrens, das zwangsläufig zu einem Rückfluss des Einlagebetrages an den Inferenten führt, einer solchen Abrede gleichzustellen sein.[311] Dafür spricht zunächst, dass zur Begründung des Umgehungstatbestandes eine einvernehmliche Verrechnung ausreichend sein kann.[312] Die Vereinbarung eines Cash-Pooling-Systems hat – wie dargestellt – zwangsläufig die Einbeziehung des Einlagebetrages auf das Zentralkonto zur Folge, so dass die den Tatbestand der verdeckten Sacheinlage begründende Verknüpfung zwischen Einzahlung und Rückfluss aufgrund des Automatismus des Cash-Pooling-Systems bereits vor der Kapitalmaßnahme angelegt ist. Da der Erfolg einer verdeckten Sacheinlage somit absehbar ist und den Beteiligten all dies bewusst ist, kommt es auf eine ausdrückliche dahingehende Abrede damit nicht an.[313]

C. Freie Verfügbarkeit

Erforderlich ist bei der Kapitalaufbringung bzw. Kapitalerhöhung ferner, dass die geleistete Einlage gemäß §§ 7 Abs. 3, 8 Abs. 2 GmbHG endgültig zur freien Verfügung der Geschäftsführer erfolgt. Bei der Kapitalerhöhung sind diese Vor-

---

308 BGHZ 132, 133, 138 f.

309 BGHZ 132, 133, 139.

310 Scholz-*Winter/H.P. Westermann*, § 5 Rdn 77; *Bayer*, ZIP 1998, 1985, 1988; *Mülbert*, ZHR 154 (1990), 145, 187.

311 In diesem Sinne OLG Dresden, Urteile v. 10.03.2004 – Az: 18 U 1227/03 und 18 U 1314/03, jeweils S. 31.

312 BGHZ 152, 37, 43.

313 OLG Dresden, Urteile v. 10.03.2004 – Az: 18 U 1227/03 und 18 U 1314/03, jeweils S. 36 f.

schriften gemäß §§ 56 a, 57 Abs. 2 S. 2 GmbHG anwendbar. Voraussetzung ist somit, dass sich die Gesellschafter jeder Verfügungsmöglichkeit entäußert haben, die Leistungen also – ohne noch Zugriffen Dritter ausgesetzt zu sein – endgültig in die Vermögenssphäre der Geschäftsführer gelangt sind.[314]

Fließt die Einlage aufgrund von Absprachen zwischen der Gesellschaft und dem Einleger in zeitlichem und sachlichem Zusammenhang direkt oder indirekt an den Einleger zurück, ist der Gesellschaft der gezahlte Betrag nur vorübergehend bis zu dem Zeitpunkt des Rückflusses an den Einleger und damit nicht zur endgültigen freien Verfügung des geschäftsführenden Organs zur Verfügung gestellt worden.[315] Dies kann insbesondere bei Rückführung des Einlagebetrages an den Einleger in Form eines Darlehens angenommen werden.[316]

Im Rahmen des Cash Poolings werden die Bareinlagen zwar zunächst geleistet, aufgrund der regelmäßigen Glattstellung zugunsten des Zielkontos kommt es aber zu einem Rückfluss an den Cash-Pool-Führer und damit mittelbar oder unmittelbar zur Inferentin, der Konzernmutter. Aus diesem Grund lehnen Literatur[317] und Rechtsprechung[318] eine Leistung zur freien Verfügbarkeit

---

[314] OLG Dresden, GmbHR 2000, 38, 38 f,; OLG Hamburg, ZIP 2007, 580, 581; Lutter/Hommelhoff-*Lutter/Bayer*, § 7 Rdn 14; Scholz-*Winter/Veil*, § 7 Rdn 34; Rowedder/Schmidt-Leithoff-*Schmidt-Leithoff*, § 7 Rdn 25; *Geißler*, GmbHR 2004, 1181, 1182; *Bayer*, GmbHR 2004, 445, 447; *Hentzen*, DStR 2006, 948, 951.

[315] BGHZ 113, 335, 340; *Mayer*, FS Priester, 445, 449 f.; *ders.*, DAI-JAT 2006, 128, 133; *Jäger*, DStR 2000, 1653, 1655; *Morsch*, NZG 2003, 97, 100.

[316] BGHZ 153, 107, 109; OLG Dresden, GmbHR 2000, 34, 36; OLG Schleswig, GmbHR 2000, 1045, 1046; NZG 2001, 84, 84 f.; OLG Rostock, NZG 2001, 945, 946; Baumbach/Hueck-*Hueck/Fastrich*, § 7 Rdn 8; *Morsch*, NZG 2003, 97, 100; *Servatius*, DStR 2004, 1176, 1176 f.; *Döser*, LMK 2003, 64, 64; *Wachter*, GmbHR 2004, 1249, 1250.

[317] Scholz-*Winter/Veil*, § 7 Rdn 32; Baumbach/Hueck-*Hueck/Fastrich*, § 7 Rdn 8; § 19 Rdn 10, 38; Baumbach/Hueck-*Zöllner*, § 56 a Rdn 7; § 57 Rdn 12; Rowedder/Schmidt-Leithoff-*Zimmermann*, § 57 Rdn 7; *Jäger*, § 45 Rdn 15 f.; *Vetter/Stadler*, Rdn 88; *Römermann/Schröder*, Corporate Goverance, 113, 116; *Hellwig*, FS Peltzer, 163, 167 f.; *Mayer*, DAI-JAT 2006, 128, 133; *Cahn*, ZHR 166 (2002), 278, 283; *Hasselbach*, EWiR 1999, 1123, 1124; *Goette*, DStR 1999, 1451, 1451 f.; *ders.*, DStR 2005, 206, 206 f.; *ders.*, DStR 2007, 773, 774; *Hüffer*, AG 2004, 416, 420; *Morsch*, NZG 2003, 97, 100; *Lamb/Schluck-Amend*, DB 2006, 879, 880; *Bayer/Lieder*, GmbHR 2006, 449, 451 f.; *dies.*, GmbHR 2006, 1121, 1125; *Müller*, FAZ v. 13.02.2002, S. 24; siehe bereits *U.H. Schneider*, ZGR 1984, 497, 526 f.

[318] BGHZ 166, 8, 13; OLG Düsseldorf, SchiedsVZ 2004, 262, 265; OLG Hamm, GmbHR 1997, 213, 214 (bestätigt durch den Nichtannahmebeschluss des BGH vom 12.01.1998 – Az: II ZR 10/97); OLG Köln, NJW-RR 2000, 1480, 1481 (bestätigt durch den Nichtannahmebeschluss des BGH vom 12.07.1999 – Az: II ZR 111/98); LG Flensburg, GmbHR 2001, 861, 862 und 863, 864; in der Entscheidung BGHZ 160, 127 ff., musste der BGH auf die materiellrechtlichen Fragen nicht eingehen, weil schon die Einrede der Zuständigkeit des Schiedsgerichts begründet war und zur Unzulässigkeit der vor den ordentlichen Gerichten erhobenen Klage führte; zur Übertragung dieser Rechtsprechung auf Mediationsverfahren *Heckschen*, DAI-JAT 2006, 192, 286; demgegenüber wurde in dem gleichzeiti-

bei Einbindung in ein Cash-Pooling-System fast einhellig ab, so dass es aufgrund eines bloßen Hin- und Herzahlens zu keiner Erfüllungswirkung zugunsten der Muttergesellschaft kommt.[319] Dies gilt – anders als bei den Voraussetzungen der verdeckten Sacheinlage – unabhängig davon, ob ein positiver oder negativer Saldo bei der Tochtergesellschaft bestand.[320]

Kritische Stimmen finden sich nur vereinzelt: *Glahs*[321] weist in diesem Zusammenhang auf eine Entscheidung des BGH hin, wonach die freie Verfügbarkeit der Einlagezahlung zu bejahen sei, wenn die Bareinlage bis zur Anmeldung ernstlich und ohne Verwendungsbeschränkung erbracht wird und nach Anmeldung der Gesellschaft zum Handelsregister ein Darlehensvertrag zwischen der Gesellschaft und dem Gesellschafter bzw. einem mit ihm verbundenen Unternehmen geschlossen wird.[322] Auch wenn danach ein enger zeitlicher Zusammenhang zwischen Einzahlung und Rückzahlung allein die freie Verfügbarkeit nicht hindert, muss beachtet werden, dass es an der freien Verfügbarkeit zumindest dann fehlt, wenn der Geschäftsführer aufgrund schuldrechtlicher Abreden zur unmittelbaren oder mittelbaren Rückführung der Einlage an den einzahlenden Gesellschafter oder ein mit ihm verbundenes Unternehmen verpflich-

---

gen Parallelverfahren (BGH, 28.06.2004 – Az: II ZR 207/02) diese Einrede nicht erhoben. Der BGH ließ nach *Goette* (DStR 2005, 206, 206 f.; ZIP 2005, 1481, 1484) im Rahmen der Erörterung in der mündlichen Verhandlung erkennen, dass er nicht von einer Zahlung zur endgültig freien Verfügung der Geschäftsführung ausgeht. Der BGH hatte mit Beschluss vom 14.02.2005 – Az: II ZR 290/03, auf eine Nichtzulassungsbeschwerde die Revision in einem Fall zugelassen, weil er der Frage der Zulässigkeit eines Cash-Pool-Verfahrens im Rahmen der Kapitalaufbringung grundsätzliche Bedeutung zumaß. Das Rechtsmittel wurde jedoch wieder zurückgenommen (vgl. *Goette*, ZIP 2005, 1481, 1484). Zum ersten mal in Urteilsform hat der BGH dann in den Parallelentscheidungen vom 16.01.2006 – Az: II ZR 75/04, II ZR 76/04 (BGHZ 166, 8 ff.) über die Wirksamkeit der Kapitalaufbringung bei der GmbH im Rahmen eines Cash Pools entschieden; die Entscheidung vom 26.03.2007 – Az: II ZR 307/05, erging in Form eines Anerkenntnisurteils, also nach § 313 b Abs. 1 ZPO ohne Tatbestand und Entscheidungsgründe; *Goette*, DStR 2007, 773, 775, spekuliert, dass es dem Beklagten angesichts weiterer anhängiger Verfahren in diesem Verfahren darum ging, ein mit Entscheidungsgründen versehenes Urteil des II. Zivilsenats zu vermeiden.

[319] Die Begrifflichkeit Hin- und Herzahlen ist gemäß der jüngsten – zutr. – Rechtsprechung des BGH (BGHZ 165, 113, 116 f.; 165, 352, 356 f.; BGH, GmbHR 2006, 982, 983; ferner OLG Hamm, GmbHR 2007, 201, 202) der freien Verfügbarkeit zuzuordnen, OLG Hamburg, ZIP 2007, 580, 581; *Goette*, DStR 2006, 106, 106; *ders.*, DStR 2006, 139, 145; *ders.*, ZInsO 2007, 1177, 1178; *Bayer/Lieder*, GmbHR 2006, 449, 451; *Gehrlein*, MDR 2006, 789, 789; *Mülbert*, WM 2006, 1977, 1983; hierzu noch unten § 4 B. II.

[320] Vgl. BGHZ 165, 113, 117; Baumbach/Hueck-*Hueck/Fastrich*, § 19 Rdn 38.

[321] *Glahs*, WiB 1997, 643, 643.

[322] BGH, WM 1990, 157, 160.

tet ist.[323] Dies ist aber bei einer Einbindung der Tochtergesellschaft in das Cash Pooling stets der Fall.[324]

Auch *Hentzen* zweifelt an der generellen These der fehlenden freien Verfügbarkeit bei Mitteln, die im Cash Pool angelegt seien: Habe die Tochtergesellschaft im Cash Pool eine jederzeit fällige Forderung gegen die Mutter und sei diese guter Bonität, müsse man unterstellen, dass die Muttergesellschaft die Tochtergesellschaft hindern müsse, diesen Anspruch geltend zu machen, um die freie Verfügbarkeit abzulehnen.[325] Diese Argumentation ist freilich angreifbar: Die Möglichkeit der Geltendmachung des Anspruchs kann im Cash Pool gerade nicht ohne weiteres bejaht werden. Sie ist vielmehr von mehreren Umständen abhängig, auf die weder die Tochter- noch die Muttergesellschaft zwingend Einfluss haben. So kommt es vor allem darauf an, wieviel Liquidität andere Konzerngesellschaften aus dem Cash Pool in Anspruch nehmen. Eine Hinderung der Inanspruchnahme durch die Muttergesellschaft ist danach überhaupt nicht entscheidend. In Übereinstimmung mit Rechtsprechung und herrschender Literaturauffassung ist damit das Erfordernis der freien Verfügbarkeit des Betrages bei einer Bareinlageleistung an eine in ein Cash-Pooling-System integrierte Gesellschaft nicht erfüllt.

D. Ergebnis

Die Betrachtung hat gezeigt, dass eine Einlageleistung bei einer in ein Cash-Pooling-System integrierten Gesellschaft nicht durch einfache Einzahlung des Einlagebetrages erfolgen kann, da es aufgrund der vertraglichen Verpflichtungen zu einem automatischen Rückfluss des Betrages an den Cash Pool kommt. Dies führt dazu, dass keine freie Verfügbarkeit über den Einlagebetrag gegeben ist. Lag zudem ein negativer Saldo zulasten der Tochtergesellschaft vor, ist überdies noch eine verdeckte Sacheinlage gegeben. Bei einem positiven Saldo ist letzteres nach hier vertretener Auffassung hingegen nicht der Fall. In jedem Fall fehlt es wegen Verstoßes gegen die Kapitalaufbringungs- oder erhöhungsvorschriften an einer wirksamen Kapitalmaßnahme.

---

[323] Hierzu unten § 5 D. V.

[324] Zur Frage, ob es insoweit auf die Wirksamkeit der Abrede ankommt, unten § 5 B. III 1. a) aa).

[325] *Hentzen*, DStR 2006, 948, 951.

§ 4 Rechtsfolgen bei Verstößen gegen die Kapitalaufbringungsvorschriften

Damit stellt sich die Frage, welche Rechtsfolgen ein Verstoß gegen die Kapitalaufbringungsvorschriften zeitigt.

A. Nochmalige Einlageleistung

Im Fall eines Verstoßes gegen die Vorschriften über die Kapitalaufbringung ist die Rechtsfolge nach bisheriger Rechtslage drakonisch[326]: Die Konzernmutter bleibt mangels Erfüllungswirkung der von ihr im Zuge der Gründung oder der Barkapitalerhöhung an die Konzerngesellschaft gezahlten Beträge aufgrund ihrer gegenüber dieser Konzerngesellschaft bestehenden Einlageverpflichtung weiterhin zur Leistung der Bareinlage an die Konzerngesellschaft verpflichtet.[327] Dies hat vor allem Auswirkungen in der Insolvenz der Tochtergesellschaft, da sich die Konzernspitze dann mit Ansprüchen des Insolvenzverwalters aus den §§ 3 Abs. 1 Nr. 4, 19 Abs. 1 GmbHG in Verbindung mit der bei der Gründung abgegebenen Beitrittserklärung bzw. aus § 55 Abs. 1 GmbHG in Verbindung mit der anlässlich der Kapitalerhöhung abgegebenen Übernahmeerklärung konfrontiert sieht.[328]

I. Reichweite des § 27 Abs. 3 S. 1 AktG analog

Überdies sind in analoger Anwendung des § 27 Abs. 3 S. 1 AktG sowohl die schuldrechtliche Einlageverpflichtung als auch das dingliche Erfüllungsgeschäft unwirksam.[329] Die Analogie ist damit zu begründen, dass § 5 b Abs. 2 RegE zur GmbH-Novelle 1980 "wegen der gleichen Interessenlage" eine im wesentlichen

---

[326] Siehe auch *Brandner*, FS Boujong, 36, 42 („Rechtsfolgenkatastrophe"); *Lutter*, FS Stiefel, 505, 517 („ganz und gar katastrophal"); *Werner*, GmbHR 2006, 45, 45 („fatale Konsequenz").

[327] BGHZ 125, 141, 149; 113, 335, 347 f.; OLG Hamburg, ZIP 1988, 372, 373; Baumbach/Hueck-*Hueck/Fastrich*, § 19 Rdn 41; *Langner*, GmbHR 2006, 480, 481; *Sieger/Wirtz*, ZIP 2005, 2277, 2279; *Wessels*, ZIP 2006, 1701, 1701; *Geißler*, GmbHR 2004, 1181, 1186; *Stein*, DZWiR 2006, 251, 252; *Bayer*, ZIP 1998, 1985, 1990; *Keil*, DZWiR 2004, 160, 160; für eine bloße Differenzhaftung hingegen *Grunewald*, FS Rowedder, 111, 114; *dies.*, WM 2006, 2333, 2335; *Einsele*, NJW 1996, 2681, 2688; *Brandner*, FS Boujong, 36, 44; dagegen wiederum *Bayer*, ZGR 2007, 220, 230; zur Frage der Verjährung nach § 19 Abs. 6 GmbHG *Becker*, RNotZ 2005, 569, 574 .

[328] Nach *Goette*, DStR 2006, 767, 767, und *Hentzen*, DStR 2006, 948, 948, wird eine Geltendmachung durch den Insolvenzverwalter die Regel sein, da es ohne ein Ausfallszenario am Rechtsschutzinteresse fehle.

[329] BGHZ 155, 329, 338; 166, 8, 15; zust. Baumbach/Hueck-*Hueck/Fastrich*, § 19 Rdn 42; Achilles/Ensthaler/Schmidt-*Ensthaler*, § 19 Rdn 28; *Gehrlein*, GmbH-Recht in der Praxis, S. 323; *Mülbert*, ZHR 154 (1990), 145, 178; *Döser*, LMK 2003, 188, 188 f.; *Wertenbruch*, NZG 2003, 1107, 1107; *Langner*, GmbHR 2004, 298, 299; *Bunnemann*, NZG 2005, 955, 955; *Mülbert/Tauber*, WuB II C. § 19 GmbHG 1.04, 109, 111; *Langenbucher*, DStR 2003, 1838, 1840; *Pentz*, ZIP 2003, 2093, 2100.

unveränderte Übernahme des § 27 Abs. 3 AktG in das GmbHG vorsah.[330] Die vorgeschlagene Regelung wurde dann nur deshalb nicht in das Gesetz aufgenommen, weil der Reformgesetzgeber davon ausging, sie entspreche inhaltlich weitgehend geltendem Recht, so dass ein Regelungsbedürfnis nicht bestehe.[331] Die Ansicht, die lediglich das schuldrechtliche Verpflichtungsgeschäft für unwirksam, das dingliche Verfügungsgeschäft hingegen für wirksam ansah,[332] ist daher überholt.[333]

Fraglich ist die Reichweite des § 27 Abs. 3 AktG analog aber in der Fallgruppe, in der bei einem negativen Saldo eine bestehende Verbindlichkeit vermeintlich anteilig getilgt wird. Ob der Vorgang wirksam ist, hat insbesondere Bedeutung bei der Frage des richtigen Einlagegegenstandes bei einer möglichen Heilung einer fehlgeschlagenen Kapitalmaßnahme durch Umwandlung der Bar- in eine Sacheinlage. Ausgangspunkt der Untersuchung ist dabei die Frage nach der Reichweite der Nichtigkeitsregelung des § 27 Abs. 3 S. 1 AktG analog. Teilweise wird der Norm ein weites Verständnis entgegengebracht, so dass die Mittel der Bareinlage auch bereits bestehende Darlehensverbindlichkeiten der Tochtergesellschaft, die im Rahmen des Cash Poolings angehäuft wurden, nicht tilgen würden.[334] Auch bei einer Verrechnung der Bareinlage mit der Darlehensforderung der Muttergesellschaft soll es sich um eine Rechtshandlung im Sinne des § 27 Abs. 3 S. 1 AktG analog handeln, deren Ausführung der Tochtergesellschaft gegenüber unwirksam sein soll. In Bezug auf eine spätere Heilung durch Umwandlung der Bar- in eine Sacheinlage soll daher maßgeblicher Einbringungsgegenstand die ursprüngliche Darlehensforderung der Muttergesellschaft gegen die Tochtergesellschaft aus dem Cash Pooling sein.[335] Demgegenüber wird die Auffassung vertreten, mit den Mitteln aus der Bareinlage würden bei einem negativen Saldo der Tochtergesellschaft die bereits bestehenden Darle-

---

[330] BT-Drucks. 8/1347, S. 4, 30.

[331] Bericht des BT-Rechtsausschusses BT-Drucks. 8/3908, S. 69 f.

[332] OLG Köln, WM 1995, 488, 489; OLG Oldenburg, NZG 2000, 316, 316; Hachenburg-*Ulmer*, § 19 Rdn 113 f.; *Henze*, ZHR 154 (1990), 104, 118; *Butzke*, ZHR 154 (1990), 357, 364; *Bayer*, ZIP 1998, 1985, 1990; der BGH hatte bis zu der Entscheidung BGHZ 155, 329 ff. offen gelassen, ob bei der verdeckten Sacheinlage im GmbH-Recht weitergehend außer dem Verpflichtungsgeschäft zugleich das Erfüllungsgeschäft unwirksam ist, vgl. WM 1998, 925, 926.

[333] Für Unwirksamkeit nur des schuldrechtlichen Geschäfts allerdings weiterhin *Witt*, JZ 2004, 202, 204; *Priester*, VGR 11, 1, 20 f.; *ders.*, 7 EWiR § 5 GmbHG 1/03, 1243, 1244.

[334] *Mayer*, FS Priester, 445, 455; *ders.*, DAI-JAT 2006, 128, 140 f.; *Bayer/Lieder*, GmbHR 2006, 449, 453; keinesfalls würde die Nichtigkeitsfolge allerdings die bisherigen Darlehensverträge erfassen, da diese nicht in Zusammenhang mit der Kapitalmaßnahme stehen und daher nicht Teil des Umgehungsgeschäfts sind.

[335] *Mayer*, FS Priester, 445, 462; *ders.*, DAI-JAT 2006, 128, 144 ; *Bayer/Lieder*, GmbHR 2006, 449, 453; *Langner*, GmbHR 2006, 480, 481.

hensverbindlichkeiten gemäß § 362 BGB wirksam getilgt.[336] Als Sacheinlage könne die Muttergesellschaft bei einer Heilung daher nur ihren Bereicherungsanspruch auf Rückzahlung der fehlgeschlagenen Bareinlage einbringen.[337]

Zwar ist der letztgenannten Ansicht zuzugeben, dass die Erfüllungswirkung in dieser Konstellation nicht an §§ 19 Abs. 5, 56 Abs. 2 GmbHG scheitert, da diese Vorschriften lediglich Bestimmungen über die Voraussetzungen der Erfüllung einer Sachleistung treffen.[338] Folgt man bezüglich der Erfüllung der herrschenden Theorie der realen Leistungsbewirkung, dürfte die Erfüllung auch nicht an § 134 BGB scheitern,[339] da diese Norm bereits ihrem Wortlaut nach nur in Bezug auf Rechtsgeschäfte anzuwenden ist, es sich bei der Erfüllungshandlung nach der genannten Theorie der realen Leistungsbewirkung aber gerade nicht um ein solches handelt.[340] Entscheidend ist aber, wie die Reichweite des § 27 Abs. 3 S. 1 AktG zu verstehen ist. Zweck der Vorschrift ist es, zugunsten der Gläubiger und der Aktionäre Sicherungen gegen die Umgehung der Sacheinlagevorschriften und damit drohende unzureichende Kapitalaufbringung zu schaffen.[341] Bereits dieser Schutzzweck spricht für eine weite Auslegung der Norm. Zudem ist für die erstgenannte Ansicht anzuführen, dass bei der Heilung verdeckter Sacheinlagen in „Verrechnungsfällen" als maßgeblicher Einbringungsgegenstand die Altforderung angesehen wird.[342] Dann ist aber Voraussetzung, dass die entsprechende Forderung des Gesellschafters nicht durch Erfüllung erloschen ist. Zugunsten ersterer Ansicht ist zuletzt auch eine Formulierung des BGH in den Entscheidungen vom 16.01.2006 heranzuziehen. Dort heißt es, dass die Tochtergesellschaft – „die Wirksamkeit des Vorgangs unterstellt" – die anteilige Befreiung von im Rahmen des Cash Poolings angehäuften Darlehensverbindlichkeit erhalten hätte.[343] Im Umkehrschluss folgt hieraus, dass bei fehlender Wirksamkeit die Forderung der Muttergesellschaft nicht durch Erfüllung erlischt. Festzuhalten ist daher im Ergebnis, dass Einbringungsgegenstand bei einer Heilung die aus dem Cash Pooling resultierende Darlehensforderung der Muttergesellschaft gegen die Tochtergesellschaft ist. Für die nachfolgende Betrachtung ist außerdem relevant, dass die ursprüngliche Darlehensverbindlichkeit nach hier vertretener Auffassung nur vermeintlich getilgt wird.

---

336 *Sieger/Wirtz*, ZIP 2005, 2277, 2279.

337 *Sieger/Wirtz*, ZIP 2005, 2277, 2281; *Morsch*, NZG 2003, 97, 101; insoweit abl. *Vetter/Schwandtner*, DK 2006, 407, 418; *Bayer/Lieder*, GmbHR 449, 454.

338 Hachenburg-*Ulmer*, § 19 Rdn 113.

339 Insoweit zutr. *Sieger/Wirtz*, ZIP 2005, 2277, 2279.

340 Bamberger/Roth-*Dennhardt*, § 362 Rdn 2; Palandt-*Heinrichs*, § 362 Rdn 5; hierzu schon oben § 2 D. I. 2. e)

341 MK-AktG-*Pentz*, § 27 Rdn 6, GK-AktG-*Röhricht*, § 27 Rdn 3; *Hüffer*, § 27 Rdn 1.

342 Bereits BGHZ 132, 141, 155; Baumbach/Hueck-*Hueck/Fastrich*, § 19 Rdn 46.

343 BGHZ 166, 8, 12.

II. Rechtslage nach dem RegE-MoMiG

Der RegE-MoMiG sieht eine Erleichterung der Rechtsfolgen bei Verstoß gegen die Kapitalaufbringungsvorschriften vor: Nach § 19 Abs. 4 GmbHG RegE-MoMiG sollen verdeckte Sacheinlagen einer Differenzhaftung unterstellt werden. Erreicht der Wert der verdeckten Sacheinlage zum Zeitpunkt der Anmeldung der Gesellschaft bzw. zum Zeitpunkt ihrer effektiven Überlassung an die Gesellschaft, wenn diese zeitlich später erfolgt, den Betrag der übernommenen Einlage, ist die Einlagepflicht vollständig erfüllt. Bei fehlender Vollwertigkeit liegt dann eine Teilerfüllung vor, wobei die Differenz in bar zu erbringen ist.[344]

Die geplante Neuregelung bringt mit sich, dass sowohl das schuldrechtliche als auch das dingliche Rechtsgeschäft wirksam wären. § 27 Abs. 3 S. 1 AktG würde keine analoge Anwendung mehr finden.[345] Kritisch an dieser Regelung ist, dass letztlich die Differenzierung zwischen Bar- und Sacheinlage aufgehoben wird. Bei derart geringen Konsequenzen verdeckter Sacheinlagen werden die Gründer in zunehmendem Maße bewusst von verdeckten Sacheinlagen Gebrauch machen – mit allen erdenklichen Konsequenzen.[346]

B. Bestehende Ansprüche

Die Betrachtung der bei einer verdeckten Sacheinlage und fehlenden freier Verfügbarkeit im Falle von Darlehenszahlungen bestehenden Rechtslage hat durch die Urteile des BGH vom 21.11.2005[347] und vom 09.01.2006[348] hinsichtlich der Ansprüche von Gesellschaft und Gesellschafter erhebliche Veränderungen erfahren und ist durch ein weiteres Urteil vom 12.06.2006[349] bestätigt worden. Dies kann auch für Cash-Pooling-Systeme nicht unberücksichtigt bleiben.

I. Bisherige Einzelbetrachtung

Zunächst ist allerdings die Rechtslage nach der bisherigen Einzelbetrachtung in Erinnerung zu rufen. Die Tochtergesellschaft erlangte einen gegen die Muttergesellschaft gerichteten Bereicherungsanspruch aus § 812 Abs. 1 S. 1 Alt. 1

---

[344] Begr. RegE-MoMiG, S. 91.

[345] *Veil*, ZIP 2007, 1241, 1143.

[346] Krit. zur geplanten Regelung auch *Goette*, DRiZ 2007, 313, 314; *Büchel*, GmbHR 2007, 1065, 1069 f.; *Veil*, ZIP 2007, 1241, 1143; *Bormann*, GmbHR 2007, 897, 900; *Wirsch*, GmbHR 2007, 736, 739 f.; *Priester*, ZIP 2008, 55, 56; *Ulmer*, ZIP 2008, 45, 51 f.; die Regelung des § 19 Abs. 4 GmbHG RegE-MoMiG soll der des § 8 Abs. 2 S. 2 GmbHG RegE-MoMiG vorgehen; dass dies zu Abgrenzungsschwierigkeiten führen wird, prognostiziert *A. Schmidt*, ZInsO 2007, 975, 976; ferner *Kallmeyer*, DB 2007, 2755, 2756; *Gehrlein*, DK 2007, 771, 782; diff. *Gesell*, BB 2007, 2241, 2246 f.

[347] BGHZ 165, 113 ff.

[348] BGHZ 165, 352 ff.

[349] BGH, GmbHR 2006, 982 ff.

BGB.[350] Die Muttergesellschaft konnte sich demnach auf den Entreicherungseinwand des § 818 Abs. 3 BGB berufen. Offen blieb zudem jeweils auch die ursprüngliche Einlageforderung.

Im Gegenzug stand der Konzernmutter ein bereicherungsrechtlicher Anspruch auf Rückerstattung der fehlgeschlagenen Einlage wegen Fehlgehens des mit der Leistung bezweckten Erfolgs – der Tilgung der Einlageforderung – nach § 812 Abs. 1 S. 2 Alt. 2 BGB zu.[351] Die Aufrechnung dieses Anspruchs gegen den Anspruch der Konzerngesellschaft auf nochmalige Einlageleistung war jedoch wegen § 19 Abs. 2 GmbHG nicht möglich.[352] Das Aufrechnungsverbot gewährleistet, dass der Gesellschaft die geschuldete Bareinlage zufließt und nicht lediglich der Wert einer gegen die Gesellschaft gerichteten Forderung, die durch eine Aufrechnung erlöschen würde.[353] Aufrechnungsmöglichkeiten bestanden jedoch unter folgenden Gesichtspunkten: Mit ihrem Bereicherungsanspruch konnte die Konzernmutter gegen den Bereicherungsanspruch, der der Tochter wegen der Rückübertragung der fehlgeschlagenen Einlageleistung auf das Zielkonto zusteht, aufrechnen.[354] Diese Aufrechnungsmöglichkeit bestand gemäß § 94 InsO auch in der Insolvenz der Tochtergesellschaft. Auch die Rechtsfolge der analogen Anwendung des § 27 Abs. 3 AktG brachte für die Muttergesellschaft Vorteile mit sich: Ursprünglich war sie bei Insolvenz der Tochtergesellschaft auf die Insolvenzquote auf den Bereicherungsanspruch angewiesen.[355] Da gemäß § 27 Abs. 3 AktG analog aber keine wirksame dingliche

[350] *Mayer*, DAI-JAT 2006, 128, 140; *Vetter/Schwandtner*, DK 2006, 407, 411; *Sieger/Wirtz*, ZIP 2005, 2277, 2279; *Tettinger*, EWiR § 19 GmbHG 1/04, 757, 758; bei einem positiven oder ausgeglichenen Saldo beruhte dies darauf, dass der Darlehensvertrag, aufgrund dessen die Tochtergesellschaft der Muttergesellschaft mit den Mitteln der Bareinlage ein Darlehen gewährt hat, wegen des Verstoßes gegen die Kapitalaufbringungsregeln nichtig ist (BGHZ 155, 329, 338; BGH, ZIP 1998, 780, 783; Lutter/Hommelhoff-*Lutter/Bayer*, § 5 Rdn 51; *Mayer*, DAI-JAT 2006, 128, 140; *Sieger/Wirtz*, ZIP 2005, 2277, 2279), bei einem negativen Saldo darauf, dass die Tochtergesellschaft nicht wirksam von den bestehenden Darlehensrückzahlungsansprüchen der Muttergesellschaft befreit wird.

[351] BGH, ZIP 1998, 780, 783; Michalski-*Ebbing*, § 19 Rdn 41; Baumbach/Hueck-*Hueck/Fastrich*, § 19 Rdn 41; *Mayer*, DAI-JAT 2006, 128, 139 f.; *Sieger/Wirtz*, ZIP 2005, 2277, 2279; *Tettinger*, EWiR § 19 GmbHG 1/04, 757, 758; *Morsch*, NZG 2003, 97, 101; *Ettinger/Reiff*, GmbHR 2005, 324, 325; *Kurth*, NJW 2003, 3180, 3180; *Lamb/Schluck-Amend*, DB 2006, 879, 880; *Bayer*, ZIP 1998, 185, 1990; *Becker*, RNotZ 2005, 569, 578.

[352] *Cahn*, ZHR 166 (2002), 278, 284; *Mayer*, DAI-JAT 2006, 128, 140; *Sieger/Wirtz*, ZIP 2005, 2277, 2279; *Tettinger*, EWiR § 19 GmbHG 1/04, 757, 758; *Vetter/Schwandtner*, DK 2006, 407, 411; *Geißler*, GmbHR 2004, 1181, 1186.

[353] *Tettinger*, EWiR § 19 GmbHG 1/04, 757, 758.

[354] *Cahn*, ZHR 166 (2002), 278, 284; *Hägele*, GmbHR 2005, 91, 93; *Wertenbruch*, NZG 2003, 1107, 1108.

[355] *Grunewald*, 2.C.27; *Cahn*, ZHR 166 (2002), 278, 284; *Keil*, DZWiR 2004, 160, 161.

Übereignung vorliegt, stand der Muttergesellschaft nunmehr aber auch ein Aussonderungsrecht nach § 47 InsO zu.[356]

II. Neue Gesamtbetrachtung

Der BGH hat einer Aufgliederung in einzelne Rechtsansprüche nach einer Einzelbetrachtung bezogen auf die Konstellation, in der ein positiver Saldo zugunsten der Tochtergesellschaft besteht und keine verdeckte Sacheinlage gegeben ist, eine Absage erteilt und sieht das Hin- und Herzahlen aufgrund einer wirtschaftlichen Betrachtung des Gesamtgeschehens als einheitlichen, sich selbst neutralisierenden Vorgang an, bei dem der Inferent nichts leiste, sondern den Einlagebetrag in seinem Vermögen behalten habe.[357] Kapitalaufbringungsrechtlich sei nichts geschehen. Unter dem Gesichtspunkt der Kapitalaufbringung seien überhaupt keine Zahlungen hin- und hergegangen. Der Zahlungsvorgang stelle sich damit aus kapitalaufbringungsrechtlicher Sicht als ein „Nullum" dar.[358] Weder die Gesellschaft noch der Inferent seien daher ungerechtfertigt bereichert.[359]

Bei Aufgliederung der Vorgänge unter tatsächlichen Gesichtspunkten liegen zwar wechselseitige Bereicherungsansprüche vor. Das hat die formale Einzelbetrachtung des Vorgangs gezeigt. In tatsächlicher Hinsicht ist die bisherige Einzelbetrachtung daher aufgrund ihrer Erfassung der Zahlungsströme wenig angreifbar, da diese erschöpfend gewürdigt werden.[360] Dennoch erscheint die Gesamtbetrachtung des BGH, also eine wirtschaftliche Betrachtung des gesamten Geschehens, statt einer rein tatsächlichen Betrachtungsweise, stringent und auch vorteilhaft: Zunächst ist zu bedenken, dass eine isolierte Einzelbetrachtung der Vorgänge mit einer Verdoppelung von Ansprüchen gegen den Inferenten, nämlich sowohl aus dem ursprünglichen Einlageversprechen als auch aus dem bereicherungsrechtlichen Anspruch, einher ginge und dieser damit ein „Straf-

---

[356] Baumbach/Hueck-*Hueck/Fastrich*, § 19 Rdn 42; *Römermann/Schröder*, Corporate Governance, 113, 119; *Keil*, DZWiR 2004, 160, 161; *Mülbert/Tauber*, WuB II C. § 19 GmbHG 1.04, 109, 111; *Becker*, RNotZ 2005, 569, 577.

[357] BGHZ 165, 113, 117; 165, 352, 357; BGH, GmbHR 2006, 982, 983; sich dem anschl. OLG Frankfurt, Urteil v. 23.08.2007 – Az: 3 U 37/06.

[358] *Goette*, KTS 2006, 217, 222; *ders.*, DStR 2006, 767, 768; *ders.*, ZInsO 2007, 1177, 1178; *ders.*, DRiZ 2007, 313, 314; vgl. Scholz-*Winter/H.P. Westermann*, § 5 Rdn 78.

[359] BGHZ 165, 113, 117; 165, 352, 357; BGH, GmbHR 2006, 982, 983; aus letzterer Entscheidung wird deutl., dass es unerheblich ist, ob die Tochtergesellschaft das Darlehen vor oder nach der Kapitalmaßnahme gewährt; OLG München, DB 2006, 1720, 1721; zust. etwa: *Bayer/Lieder*, GmbHR 2006, 449, 454; *Bormann*, GmbHR 2006, 984, 984; *Naraschewski*, EWiR 2006, § 19 GmbHG 1/06, 307, 308; *Bayer/Graff*, WuB II C. § 55 GmbHG 1.07, 17, 20.

[360] *Timme*, MDR 2006, 665, 666.

charakter" anhaften würde.[361] Dem Zivilrecht wohnt jedoch kein solcher Strafcharakter inne.[362] Nur eine Gesamtbetrachtung wird daher auch dem Gesamtgeschehen gerecht. Auf eine Einzelbetrachtung trifft dies hingegen nicht zu. Sie führt wegen der drohenden Doppelzahlung zu wenig sachgerechten Ergebnissen.

Bei Betrachtung der Zahlungsvorgänge als wirtschaftliche Einheit fehlt es an einer Mehrung fremden Vermögens, da sich der Einlagebetrag infolge der automatischen Rückzahlung durch den Cash-Pool-Automatismus wieder im Vermögen des Inferenten befindet. Der Einlagebetrag wird der Tochtergesellschaft also nicht tatsächlich zur Verfügung gestellt.[363] Dogmatisch überzeugend erscheint aus zivilrechtlicher Sicht aufgrund dessen, in diesen Fällen eine Ausnahme vom Leistungsbegriff zu machen.[364] Unter einer Leistung im Sinne des Bereicherungsrechts ist nach herrschender Meinung jede bewusste und zweckgerichtete Mehrung fremden Vermögens zu verstehen.[365] Erfolgt aber eine Einlageleistung lediglich zu dem Zweck, den Vermögenszuwachs beim Empfänger umgehend durch eine Rückzahlung rückgängig zu machen, wie es beim Hin- und Herzahlen der Fall ist, entstehen wegen der fehlenden Vermögensmehrung beim Empfänger keinerlei Bereicherungsansprüche. Infolgedessen ist bei einem positiven Saldo nach wie vor lediglich die Einlageverpflichtung des Gesellschafters gegeben.[366] Den Ausführungen des BGH ist daher zuzustimmen. Neben dem Anspruch auf Einlageleistung sollen daher keine Bereicherungsansprüche bestehen. Dies erweist sich als sachgerecht.

Die dergestalt durch den BGH veränderte Rechtslage bringt freilich auch für die Ansprüche in Bezug auf eine fehlgeschlagene Einlageleistung an eine in ein Cash-Pooling-System integrierte GmbH Änderungen mit sich. Die Situation der Muttergesellschaft verbessert sich durch die Einheitsbetrachtung im Vergleich zur bisherigen Rechtslage erheblich[367]: Zunächst ist sie nicht darauf angewiesen, die von ihr auf den nichtigen Darlehensvertrag erbrachten Zahlun-

---

[361] Freilich ist auch nach dieser neuen Gesamtbetrachtung der Darlehensvertrag, aufgrund dessen die Tochter- an die Muttergesellschaft ein Darlehen gewährt, wegen Verstoßes gegen die Kapitalaufbringungsregeln als Umgehungsgeschäft nichtig, BGHZ 165, 113, 117; GmbHR 2006, 982, 983; *Goette*, DStR 2006, 139, 145; *ders.*, DStR 2006, 106, 106; *Mayer*, DAI-JAT 2006, 128, 140; *Sieger/Wirtz*, ZIP 2005, 2277, 2279; siehe noch unten § 6 A.

[362] BGHZ 18, 149, 155; 118, 312, 338; 160, 298, 302; in diesem Zusammenhang auch *Timme*, MDR 2006, 665, 666.

[363] *Gehrlein*, NZG 2006, 374, 375.

[364] Vgl. *Bayer/Graff*, WuB II A. § 54 AktG 1.06, 271, 275; *dies.*, WuB II C. § 55 GmbHG 1.07, 17, 20; demgegenüber krit. gegenüber einer solchen Einheitsbetrachtung *Diers*, S. 148; *Vetter/Schwandtner*, DK 2006, 407, 412.

[365] Palandt-*Sprau*, § 812 Rdn 3; Staudinger-*Lorenz* § 812 Rdn 4; abl. etwa MK-BGB-*Lieb* § 812 Rdn 26 ff; zum Verständnis der Leistung beim Hin- und Herzahlen näher *Bayer/Graff*, WuB II A. § 54 AktG 1.06, 271, 275.

[366] BGHZ 165, 113, 117; 165, 352, 357.

[367] Vgl. *Vetter/Schwandtner*, DK 2006, 407, 412.

gen zurückzufordern, was sich gerade in der Insolvenz der Gesellschaft als aussichtslos herausstellen konnte. Ferner ist die Muttergesellschaft nicht mehr dem Risiko ausgesetzt, dass sie in der Insolvenz der Gesellschaft ungeachtet der ihr gemäß § 94 InsO bestehenden Aufrechnungsmöglichkeit unter Umständen zur doppelten Zahlung verpflichtet ist, nämlich einmal auf die noch offene Einlageschuld und zudem auf den Bereicherungsanspruch der Gesellschaft, sofern sie mit keinen eigenen Ansprüchen aufrechnen konnte.[368] Dass es geradezu das Ziel des BGH war, einer Vervielfachung der Zahlungspflichten des Inferenten entgegenzuwirken hat der Vorsitzende des zuständigen II. Zivilsenats, *Goette*, ausdrücklich deutlich gemacht.[369] Angesichts der ansonsten bestehenden Nachteile erscheint diese Sichtweise auch bei Cash-Pooling-Systemen überzeugend. In dieser Situation ist damit lediglich die Einlageschuld offen, während Bereicherungsansprüche nach dieser neuen Gesamtbetrachtung nicht bestehen.

Anders ist die Lage allerdings vordergründig in der Konstellation, in der ein negativer Saldo zu Lasten der Tochtergesellschaft vorliegt. Zwar gelangt auch hier der Einlagebetrag auf das Zentralkonto zurück. Anders als bei einem positiven Saldo soll der Zahlungsvorgang in dieser Konstellation indes nicht ergebnisneutral sein.[370] Vielmehr kommt es hier infolge der Abrechnung über das Zentralkonto zu einer zumindest anteiligen Reduzierung der Verbindlichkeiten der Tochtergesellschaft gegenüber der Muttergesellschaft, so dass überdies noch eine verdeckte Sacheinlage vorliegt.[371] Berücksichtigt man hingegen, dass auch in Fällen der verdeckten Sacheinlage zusätzlich ein Hin- und Herzahlen vorliegt, das der BGH als Nichtleistung der Einlage aufgrund fehlender freier Verfügbarkeit betrachtet,[372] stellt sich die Frage, ob in der zumindest anteiligen Tilgung von Verbindlichkeiten tatsächlich der entscheidende Unterschied zu sehen sein soll. Beachtet man nämlich, dass tatsächlich auch in dieser Konstellation die Altforderung des Inferenten keineswegs erloschen ist, sondern vielmehr durch Umwandlung der Bar- in eine Sacheinlage als Einlagegegenstand in Betracht kommt, spricht nichts dagegen, auch die Fälle, in denen zusätzlich eine verdeckte Sacheinlage vorliegt, genauso wie diejenigen zu behandeln, in denen lediglich ein unzulässiges Hin- und Herzahlen gegeben ist.[373] In beiden Fällen ist der Ablauf aus wirtschaftlicher Sichtweise einheitlich zu betrachten. Der Tochterge-

---

368 Hierzu *Cahn*, ZHR 166 (2002) 278, 284.

369 *Goette*, DStR 2006, 106, 106; *ders.*, DStR 2006, 139, 145; demgegenüber für einen „Strafcharakter" der Doppelzahlung *Bormann/Halaczinsky*, GmbHR 2000, 1022, 1028.

370 *Gehrlein*, MDR 2006, 789, 790; abl. hierzu *Mülbert*, WM 2006, 1977, 1983.

371 *Goette*, KTS 2006, 217, 223 f.; *ders.*, DStR 2006, 767, 767.

372 BGHZ 165, 113, 116 f.; 165, 352, 356 f.; BGH, GmbHR 2006, 982, 983; ferner OLG Hamm, GmbHR 2007, 201, 202; deutl. *Goette*, DStR 2006, 106, 106; *ders.*, DStR 2006, 139, 145.

373 In diese Richtung auch *Hentzen*, DStR 2006, 948, 954; deutl. *Vetter/Schwandtner*, DK 2006, 407, 418; *Krolop/Pleister*, AG 2006, 650, 657 f.; *Emde*, GmbHR 2006, 309, 310.

sellschaft ist nichts zugeflossen.[374] Es wurden zwar vermeintlich bestehende Verbindlichkeiten der Tochtergesellschaft gegenüber der Inferentin reduziert. Dieser Vorgang der vermeintlichen Darlehenstilgung ist jedoch gerade unwirksam.[375] Die ursprüngliche Einlageleistung ist nach wie vor offen. Als Anspruch besteht in der Konstellation der verdeckten Sacheinlage zusätzlich die ursprüngliche Darlehensrückzahlungsforderung des Inferenten gegen die Tochtergesellschaft, die zwar nicht als Bareinlage, wohl aber als Sacheinlage eingebracht werden kann.

III. Ergebnis

Im Ergebnis ist damit festzuhalten, dass in beiden Fallkonstellationen keinerlei Bereicherungsansprüche bestehen.[376] Lediglich die Einlageschuld der Muttergesellschaft ist noch offen. Diese Einheitsbetrachtung wird noch Bedeutung haben, wenn es um die Frage der Heilung einer fehlerhaften Einlageleistung geht.

C. Haftungen

Aus einer fehlerhaften Kapitalmaßnahme können verschiedene Haftungsszenarien resultieren: Die Organe der Konzerngesellschaft haften nach §§ 9 a, 43 Abs. 2, 57 Abs. 4 GmbHG bei Falschangaben über die freie Verfügbarkeit der Einlagen im Rahmen der entsprechenden Handelsregisteranmeldung. Da sich die in § 8 Abs. 2 S. 1 GmbHG verlangte Versicherung, dass die in § 7 Abs. 2 GmbHG bezeichneten Leistungen auf die Stammeinlage bewirkt sind, weder nach ihrem Wortlaut noch nach ihrem Sinn und Zweck auf eine bestimmte Geldleistung, sondern ausschließlich auf die Erfüllung der Bareinlagepflicht auswirkt, ist bei Vorliegen der Tatbestandsvoraussetzungen einer verdeckten Sacheinlage die Versicherung, die Bareinlage sei bewirkt, ebenso unrichtig wie auch diejenige, sie stehe zur freien Verfügung der Geschäftsführer.[377] Die Konzernspitze und die Geschäftsführer der Tochtergesellschaft haben dann dieser als Gesamtschuldner die fehlenden Einzahlungen zu leisten und einen sonst entstehenden Schaden zu ersetzen. Auf den Befreiungstatbestand des § 9 a Abs. 3 GmbHG können sie sich nicht berufen, da sie die die Ersatzpflicht begründenden Tatsachen aufgrund der Einbindung in den Cash Pool zumindest bei An-

---

[374] *Wessels*, ZIP 2006, 1701, 1701.

[375] Siehe oben § 4 A; zur Klarstellung: die ursprüngliche Darlehensgewährung der Mutter- an die Tochtergesellschaft bleibt in dieser Konstellation des negativen Saldos wirksam, da sie selbst nicht in Zusammenhang mit der Kapitalmaßnahme steht (siehe oben § 4 A); anders ist dies nur im umgekehrten Fall des positiven Saldos, in dem der Darlehensvertrag als Umgehungsgeschäft unwirksam ist.

[376] Dies ist – entgegen *Hentzen*, DStR 2006, 948, 954 – nicht nur „zweifelhaft“, weswegen die dort angestellten Überlegungen nicht überzeugen können.

[377] BGHZ 113, 335, 349; *Jäger*, § 45 Rdn 20; *ders.*, DStR 2000, 1653, 1656; *Mayer*, FS Priester, 445, 455; *ders.*, DAI-JAT 2006, 128, 141.

wendung der Sorgfalt eines ordentlichen Geschäftsmannes hätten kennen müssen.[378] Zudem können derartige Falschangaben strafrechtliche Konsequenzen nach § 82 GmbHG mit sich bringen. Im Fall der Kapitalerhöhung ist die zivilrechtliche und die strafrechtliche Verantwortlichkeit allerdings gemäß §§ 57 Abs. 4, 82 Abs. 1 Nr. 3 GmbHG auf die anmeldenden Geschäftsführer beschränkt. Zu bedenken ist noch, dass sich zwar das zivilrechtliche Haftungsrisiko – wie noch aufzuzeigen ist – möglicherweise durch eine Heilung der Einlageleistung vermindern lässt, die strafrechtliche Verantwortlichkeit aufgrund der Anmeldung als Bargründung, obwohl der Sache nach eine Sachgründung vorlag, lässt die Heilung jedoch unberührt.[379] Den Erwerber eines Geschäftsanteils kann gemäß § 16 Abs. 2 GmbHG RefE-MoMiG eine Haftung auf Zahlung der rückständigen Stammeinlage treffen.[380] Zuletzt muss auch ein Haftungsrisiko für die kontoführende Bank des Cash Pools im Rahmen einer analogen Anwendung des § 37 Abs. 1 S. 4 AktG (bei einer Kapitalerhöhung in Verbindung mit § 188 Abs. 2 S. 1 AktG) bedacht werden.[381] Eine solche Haftung droht, wenn die Bank in Kenntnis der Tatsache, dass die angebliche Bareinlage demnächst absprachegemäß an den Einleger zurücküberwiesen werden wird, den Geschäftsführern der Tochter-GmbH eine Bestätigung zur Vorlage beim Handelsregister ausstellt, wonach die Bareinlage geleistet sei und zur freien Verfügung der Geschäftsführer stehe.[382] Eine Haftung der Bank scheidet mithin nur dann aus, wenn sie weder positiv weiß noch sich blauäugig der Kenntnis verschließt, ob und wie die Tochtergesellschaft die Einlage in einem engen zeitlichen Zusammenhang dem

---

[378] *Mayer*, DAI-JAT 2006, 128, 141 f.; *Jäger*, § 45 Rdn 20; *Sieger/Wirtz*, ZIP 2005, 2277, 2279.

[379] *Johlke/Bormann*, ZInsO 2000, 486, 488.

[380] In § 16 Abs. 2 GmbHG RefE-MoMiG wird die bisherige Regelung des § 16 Abs. 3 GmbHG aufgegriffen. Allerdings ist zeitlicher Anknüpfungspunkt entsprechend § 16 Abs. 1 GmbHG RefE-MoMiG nicht mehr die Anmeldung des Erwerbs bei der Gesellschaft, sondern der Zeitpunkt der Einreichung der aktualisierten Gesellschafterliste zum Handelsregister. Die Erwerberhaftung kann nach einer zum Cash Pooling ergangenen Entscheidung des LG Flensburg dadurch umgangen werden, dass die Übertragung des Geschäftsanteils im Sinne einer aufschiebenden Bedingung gemäß § 158 Abs. 1 BGB von der wirksamen Einbringung der Stammeinlage abhängig gemacht wird, LG Flensburg, GmbHR 2001, 863, 863; krit. *Barz*, GmbHR 2001, 864, 865; siehe in diesem Zusammenhang zu einem weiteren Cash-Pooling-Sachverhalt OLG Düsseldorf, SchiedsVZ 2004, 262, 265.

[381] Baumbach/Hueck-*Zöllner*, § 57 Rdn 37 ff.; *Jäger*, § 45 Rdn 21; *Römermann/Schröder*, Corporate Goverance, 113, 119; *Wunderlich*, BKR 2005, 387, 390; *Jäger*, DStR 2000, 1653, 1656; Eine solche Haftung hat der BGH in BGHZ 113, 335, 351 ff., erstmalig anerkannt und in BGHZ 119, 177, 180 f.; NJW 1997 945, 945 f. (darauf abst., ob das Registergericht nur nach der Einzahlung des Betrages gefragt habe) bestätigt; OLG Stuttgart, AG 1995, 516, 516 f.

[382] Baumbach/Hueck-*Zöllner*, § 57 Rdn 39; *Jäger*, § 45 Rdn 20; *ders.*, DStR 2000, 1653, 1656; *Wunderlich*, BKR 2005, 387, 390; *Spindler*, ZGR 1997, 537, 545.

Cash Pool durch Überweisung zur Verfügung stellen wird.[383] Von der erforderlichen Kenntnis der Bank hinsichtlich des Cash-Pool-Vertrages ist angesichts der technischen Abwicklung des Cash Poolings durch die Banken regelmäßig auszugehen.[384] Diese Haftung ist weder gesamtschuldnerisch noch subsidiär, sondern tritt neben etwaige Zahlungspflichten der Gesellschafter und Organe.[385] Da die Abgabe einer Bestätigung durch die Bank im GmbH-Recht freiwillig ist, ist zu empfehlen, dass die Banken – um den drohenden Haftungsgefahren zu entgehen – auf eine derartige Erklärung bei einer in ein Cash-Pooling-System integrierten GmbH verzichten.[386]

D. „Sonderrecht" für Cash-Pooling-Systeme bei der Kapitalaufbringung

I. De lege lata?

Wie dargestellt wurde, ist eine Kapitalaufbringung oder -erhöhung durch Zahlung eines Bareinlagebetrages an die Tochtergesellschaft, die in ein Cash-Pooling-System einbezogen ist, nicht ohne Verstoß gegen die Kapitalaufbringungsvorschriften möglich, da der Einlagebetrag aufgrund des automatischen Cash-Pooling-Kreislaufes wieder an das Zentralkonto zurückfließt. Ein solcher Verstoß zieht – wie aufgezeigt – verschiedene, schwerwiegende Rechtsfolgen nach sich. Nach der Darstellung der betriebswirtschaftlichen Vorteile des konzernweiten Cash Poolings dürfte aus Sicht derjenigen Konzerne, die einen solchen Cash Pool betreiben, aber trotz dieser Problematik ein praktisches Bedürfnis bestehen, einem solchen Finanzierungsinstrument größtmögliche Freiheiten zuzugestehen. Es kollidiert hier also das Interesse an einer möglichst einfachen Ausgestaltung der Konzernfinanzierung mit dem geltenden Kapitalaufbringungsrecht, das dem Gläubigerschutz dient. Aus diesem Grund stellt sich zunächst die Frage, ob in Bezug auf derartige Systeme auf der Grundlage des geltenden Rechts der Kapitalaufbringung ein „Sonderrecht" zu rechtfertigen wäre. Genau entgegengesetzt kann aber auch danach gefragt werden, ob es aufgrund der besonderen Gefahren und Risiken, die ein Cash-Pooling-System in sich trägt, in diesem Bereich nicht gar einer strengeren Auslegung der geltenden Kapitalaufbringungsregeln bedarf, also ein „Sonderrecht" negativer Art erforderlich ist.

---

[383] *Wunderlich*, BKR 2005, 387, 390.

[384] Vgl. Baumbach/Hueck-*Zöllner*, § 57 Rdn 39; *Vetter/Stadler*, Rdn 11; *Römermann/Schröder*, Corporate Goverance, 113, 119.

[385] BGHZ 113, 335, 355; *Jäger*, § 45 Rdn 21; *ders.*, DStR 2000, 1653, 1657; *Wunderlich*, BKR 2005, 387, 390.

[386] *Jäger*, DStR 2000, 1653, 1658, allerdings nur für den Fall, in dem der Umbuchungsautomatismus des Cash Pools bereits am Tag der Einzahlung eingreifen soll.

1. Positives „Sonderrecht“

Zunächst stellt sich die Frage nach einem positiven „Sonderrecht“ für Cash-Pooling-Systeme bei der Kapitalaufbringung. Im Kern geht es um die Frage, ob übergeordnete Interessen von Konzernen ein solches „Sonderrecht“ positiver Art nach gegenwärtiger Rechtslage begründen können. Denkbare Möglichkeit eines „Sonderrechts“ wäre etwa ein ungeschriebenes „Nichtanwendungsgesetz“,[387] nach dem die Kapitalaufbringungsvorschriften für die Kapitalaufbringung im Rahmen eines Cash Pools suspendiert sind. Hiermit würde die Durchführung von Kapitalmaßnahmen bei den in Cash-Pooling-Systemen integrierten Gesellschaften fraglos erheblich erleichtert, da es keiner besonderer Vorkehrungen für die wirksame Kapitalaufbringung bedürfte.[388] Die Einlageleistung würde auf ein Konto der Gesellschaft eingezahlt und im Rahmen des täglichen Saldenausgleichs wieder an den Cash Pool zurückgeführt werden. Umstellungen des Cash Pools dergestalt, dass die Gesellschaft den Betrag dauerhaft zur Verfügung erhielte, wären nicht erforderlich. Von den ausländische Konzerne beratenden Anwälten sind immer wieder Äußerungen laut geworden, ihre Mandanten brächten für die Restriktionen bei der Durchführung von Cash-Pooling-Systemen in Deutschland kein Verständnis auf.[389] Entsprechenden Forderungen aus der Wirtschaft ist der II. Zivilsenat des BGH dennoch – und zwar den Äußerungen seines Vorsitzenden folgend bewusst[390] – entschieden entgegengetreten: Die Kapitalaufbringungsgrundsätze seien nicht suspendiert, wenn der Kapitalaufbringungsvorgang im Rahmen eines Cash-Pooling-Systems stattfinde.[391] Ohne dass ein „Sonderrecht“ für diese Art der Finanzierung anerkannt werden könnte, unterlägen auch die in ein Cash-Pooling-System einbezogenen Gesellschaften bei der Gründung und der Kapitalerhöhung den Kapitalaufbringungsvorschriften des GmbHG und den dazu von der höchstrichterlichen Rechtsprechung entwickelten Grundsätzen.[392]

Damit erteilt der BGH nicht nur allen Argumentationen, die die wirtschaftlichen Besonderheiten des Cash Pools hervorheben und ein praktisches Bedürfnis für Erleichterungen geltend machen, eine Absage,[393] sondern stellt implizit dar, dass er sich Einflüssen aus anderen Rechtskreisen, in denen kein vergleichbar strenges Kapitalaufbringungsrecht besteht, widersetzt. Gerade im

---

[387] So die Bezeichnung von *Goette*, DStR 2006, 767, 767; *ders.*, KTS 2006, 217, 224.

[388] Vgl. *Priester*, ZIP 2006, 1557, 1560.

[389] Vgl. *Goette*, ZIP 2005, 1481, 1484, Fn 43; *ders.*, DStR 2006, 767, 767; *ders.*, DStR 2005, 206, 206; *ders.*, KTS 2006, 217, 224.

[390] Ausdr. *Goette*, KTS 2006, 217, 224; von *Priester*, ZIP 2006, 1557, 1558, wird die Ablehnung eines derartigen Sonderrechts als „entscheidende Aussage“ des Urteils gesehen.

[391] BGHZ 166, 8, 15 f., in Bezug auf die Kapitalerhaltung zuvor schon OLG München, ZIP 2006, 25, 26.

[392] BGHZ 166, 8, 15 f.; bestätigt durch BGH, BB 2008, 181, 183.

[393] Dies bedauernd *Werner*, BKR 2006, 211, 214.

Bereich der Kapitalaufbringung findet eine europarechtliche Entwicklung statt, die im Zuge einer Vereinheitlichung des Gesellschaftsrechts eher in Richtung einer Herabsetzung der Anforderungen an die Kapitalaufbringung strebt.[394] Die strenge Verteidigung der Kapitalaufbringungsgrundsätze auch im Rahmen von wirtschaftlich vorteilhaften Cash-Pooling-Systemen durch den BGH wird daher teilweise auch kritisiert.[395] Worum es dem BGH bei der Verteidigung der Kapitalaufbringungsvorschriften im Rahmen des Cash Pools indes geht, wird vom Vorsitzenden des II. Zivilsenats, *Goette*, deutlich gemacht: Er hebt den Schutz der meist nicht anderweitig gesicherten, kleinen und mittleren Gläubiger einer GmbH hervor, der bei Etablierung eines Sonderrechts „auf der Strecke" bleiben würde.[396] Diese Rechtsprechung muss aufgrund der allgemeinen Begründung unabhängig davon gelten, ob ein Konstellation vorliegt, in der Verbindlichkeiten der GmbH gegenüber der Muttergesellschaft vermindert werden, also ein negativer Saldo zulasten der Tochtergesellschaft besteht, oder ob eine Forderung der GmbH gegen diese begründet oder erhöht wird, also ein positiver Saldo gegeben ist.[397]

Dem BGH ist in seiner ablehnenden Haltung gegenüber einem „Sonderrecht" positiver Art zuzustimmen: Letztlich lässt sich eine Erleichterung der Kapitalaufbringung durch die Etablierung eines „Sonderrechts" für Cash-Pooling-Systeme auf Grundlage des geltenden Rechts nicht rechtfertigen: Insbesondere wäre eine Bevorzugung vor anderen Konzernfinanzierungsmodellen nicht vertretbar, so dass Sonderregelungen auch hierfür gelten müssten.[398] Dann wäre aber das Kapitalaufbringungsrecht über kurz oder lang in seiner Gesamtheit hinfällig. Wie aber bereits aufgezeigt wurde, dient das Kapitalaufbringungsrecht der Herstellung eines bestimmten Haftungsstocks, der gerade die Rechtfertigung für das Haftungsprivileg des § 13 Abs. 2 GmbHG darstellt.[399] Auf das Stammkapital sollen die Gläubiger der GmbH im Zweifel Zugriff haben können. Wird aber das Stammkapital wieder auf das Zentralkonto zurückgebucht, steht kein solches reales Stammkapital zur Verfügung. Der Gläubigerschutz würde damit bei Zulassung eines „Sonderrechts" positiver Natur weitgehend aus seinen Angeln gehoben werden. Schon in der Vergangenheit haben gerade die zahlreichen Versuche von Umgehungen dieser strengen Vorschriften zu einer Fülle an Rechtsprechung geführt. Gerade die Kapitalaufbringung ist Umgehungsversuchen in besonderem Maße ausgesetzt. Vor diesem Hintergrund darf es bei

---

[394] Hierzu oben § 3 A. sowie unten 3. Teil § 12 E. II.

[395] *Flitsch/Schellenberger*, BB 2006, 850, 850, die auf die „Invasion" von Limiteds im deutschen Wirtschaftsraum verweisen und danach fragen, ob der BGH nicht etwa „auf verlorenem Posten" kämpfe.

[396] *Goette*, DStR 2006, 767, 767; *ders.*, DStR 2007, 773, 775.

[397] *Priester*, ZIP 2006, 1557, 1558; *Sieger/Wirtz*, ZIP 2005, 2277, 2278.

[398] Treff. *Gehrlein*, MDR 2006, 789, 789.

[399] Oben § 3 A.

diesem sensiblen Bereich des GmbH-Rechts nicht zu einem „Sonderrecht" kommen, andernfalls Umgehungen auf dieser Grundlage Tür und Tor geöffnet werden würde. Daher muss es bei dem allgemeingültigen Rechtssatz bleiben, dass alle rechtlichen Regelungen, also auch das Kapitalaufbringungsrecht einer einheitlichen Anwendung zuzuführen sind.[400]

Anzudenken wäre zwar, die Kapitalaufbringungsvorschriften bei einer Gesellschaft, die in ein Cash-Pooling-System integriert ist, teleologisch zu reduzieren.[401] Eine solche teleologische Reduktion würde allerdings voraussetzen, dass eine nach dem Wortsinn zu weit gefasste Vorschrift nach Sinn und Zweck eingeschränkt werden müsste.[402] Es ließe sich argumentieren, die von den Kapitalaufbringungsvorschriften geschützten Gläubigerinteressen könnten bei Cash-Pooling-Systemen durch den automatischen Liquiditätsausgleich, aufgrund dessen die Tochtergesellschaften stets im Rahmen der vorgesehenen Kreditlinien Liquidität abrufen können, kompensiert werden. Bei genauerer Betrachtung werden die Gläubigerinteressen durch solche Möglichkeiten der Inanspruchnahme von Liquidität aber nicht in einem vergleichbaren Maße geschützt. Ein der Höhe nach dem Rückfluss der Einlage entsprechender Anspruch der Tochtergesellschaft auf eine Darlehensgewährung gegen den Cash-Pool-Führer aus dem Cash-Pooling-Vertrag steht weder der geschuldeten Bareinlage gleich noch kann damit der primäre Einlageanspruch der Tochtergesellschaft ersetzt werden[403]: Sowohl dessen Unverzichtbarkeit nach § 19 Abs. 2 S. 1 GmbHG als auch die zwingende Verzinsungspflicht gemäß § 20 GmbHG würden umgangen werden.[404] Die Gläubigerinteressen einer Gesellschaft, die in ein Cash-Pooling-System integriert ist, sind also keinesfalls in geringerem Maße schutzwürdig als die Interessen von Gläubigern einer Gesellschaft, die sich nicht in einem solchen Konzernfinanzierungssystem befindet.[405] Auch dem GmbH- und Aktienrecht lassen sich keinerlei Anhaltspunkte für ein „Sonderrecht" positiver Art für Cash-Pooling-Systeme entnehmen.[406] Ein „Sonderrecht" positiver Art in Bezug auf das Cash Pooling, das Erleichterungen für die Kapitalaufbringung mit sich bringt, ist damit nicht anzuerkennen.[407] Dem geltenden Recht, das dem Gläubi-

---

[400] Vgl. *Gehrlein*, MDR 2006, 789, 789.

[401] Vgl. *Bayer/Lieder*, GmbHR 2006, 1121, 1122.

[402] *Larenz/Canaris*, S. 210 f.; *Pawlowski*, 493 ff.; *Schmalz*, Rdn 402 ff.

[403] Ein solcher Anspruch besteht freilich nur im Rahmen der bestehenden Dispositionsgrenzen; hierzu im einzelnen unten § 5 A. I.

[404] BGHZ 166, 8, 16; OLG Dresden, Urteile vom 10.03.2004 – Az: 18 U 1227/03 und 18 U 1314/03, jeweils S. 16.

[405] Ebenso *Bayer/Lieder*, GmbHR 2006, 1121, 1122.

[406] *Bayer/Lieder*, GmbHR 2006, 449, 451; *dies.*, GmbHR 2006, 1121, 1122; auch eine gewohnheitsrechtliche Anerkennung ist fernliegend.

[407] Dem BGH hierin zust. auch *Altmeppen*, ZIP 2006, 1025, 1030; *Werner*, BKR 2006, 212, 213; *Lamb/Schluck-Amend*, DB 2006, 879, 880; *Gehrlein*, MDR 2006, 789, 789; *Bayer/Lieder*, GmbHR 2006, 449, 454; *dies.*, GmbHR 2006, 1121, 1122; *Langner*, GmbHR

gerschutz dient, ist ein Vorrang vor Besonderheiten der Konzernfinanzierung und damit zusammenhängenden Bedürfnissen nach einer Erleichterung der Kapitalaufbringung sowie Zweckmäßigkeits- und Wirtschaftlichkeitsüberlegungen einzuräumen. Ein „Sonderrecht" positiver Art wäre mit dem geltenden Kapitalaufbringungsrecht schlichtweg nicht in Einklang zu bringen.

Die Beibehaltung der Kapitalaufbringungsregeln auch beim Cash Pooling ist auch zu verschmerzen[408]: Einmal erscheint es naheliegend, dass eine Kapitalaufbringung oder -erhöhung auch bei einer Gesellschaft, die in einen Cash Pool eingebunden ist, auch ohne ein „Sonderrecht" positiver Art möglich sein muss.[409] Zwar hat die bisherige Betrachtung gezeigt, dass nicht ohne weiteres die Leistung einer Bareinlage eine wirksame Kapitalmaßnahme bewirkt, da der Einlagebetrag wegen des Cash-Pooling-Kreislaufes automatisch zurückfließt. Dennoch sind verschiedene Möglichkeiten einer ordnungsgemäßen Kapitalmaßnahme denkbar. Auch wenn mit solchen Maßnahmen ein gewisser Aufwand verbunden sein mag, ist dies zum einen aus den aufgezeigten Gläubigerschutzgesichtspunkten hinzunehmen und den Beteiligten zum anderen wegen der Seltenheit der Maßnahmen auch zumutbar.[410] Substanz- und Gläubigerschutz genießen somit Vorrang vor den Bedürfnissen nach Erleichterungen bei der Konzernfinanzierung.

2. Negatives „Sonderrecht"

In umgekehrter Richtung zu einem positiven „Sonderrecht" ist sogar die Frage aufzuwerfen, ob die geltenden Regelungen der Kapitalaufbringung im Cash Pool nicht einer noch schärferen Kontrolle unterliegen müssten, als sie im GmbH-Recht ohnehin bestehen.[411] Zur Begründung eines solchen „Sonderrechts" negativer Art ließen sich die mit dem Cash Pooling verbundenen besonderen Gefahren und Risiken anführen. So wird beispielsweise durch das Absaugen jeglicher Liquidität der Konzerngesellschaft faktisch die Möglichkeit genommen, die eigene wirtschaftliche Leistungsfähigkeit durch die Bildung von Finanzreserven aufrechtzuerhalten. Die Gesellschaft ist in einer Krise auf das Wohl und Wehe des gesamten Konzernverbundes angewiesen.[412] Unter Zugrundelegung einer derartigen kritischen Betrachtung des Cash Poolings wäre daher etwa daran zu

---

2006, 480, 480 f.; *Pentz*, bei Lieder DNotZ 2007, 312, 415; *Hoos/Kleinschmidt*, EWiR § 5 GmbHG 1/06, 523, 524; *Bäcker*, GmbH-Stpr 2006, 201, 203; gegen eine Erleichterung der Kapitalaufbringung beim Cash Pooling bereits *Hüffer*, AG 2004, 416, 420.

[408] So auch *Priester*, ZIP 2006, 1557, 1560.

[409] Zu Lösungsmöglichkeiten unten § 5.

[410] Vgl. *Priester*, ZIP 2006, 1557, 1560; *Heckschen*, NotBZ 2006, 381, 386; ähnl. mit der Seltenheit der Kapitalmaßnahmen im Rahmen eines Aufrechnungsverbotes bei § 302 AktG argumentierend *Reuter*, DB 2005, 2339, 2342; hierzu unten § 11 B. I.

[411] In diese Richtung *Mildner*, FAZ v. 25.01.2006, S. 23; *ders.*, Finance 4/2006, S. 36, 37.

[412] *Mildner*, FAZ v. 25.01.2006, S. 23; *ders.*, Finance 4/2006, S. 36, 37; siehe oben § 2 C. II.

denken, die Durchführung einer Kapitalaufbringung oder -erhöhung bei einer in ein Cash-Pooling-System integrierten GmbH im Wege einer teleologischen Extension des geltenden Rechts[413] nur unter der Voraussetzung für zulässig zu erachten, dass der Einlagebetrag oder dessen Surrogat auf keinem Wege in den Cash Pool einfließen darf, sondern dauerhaft bei der Tochtergesellschaft verbleiben muss. Zudem könnte man daran denken, die Tochtergesellschaft wegen der mit dem Cash Pooling verbundenen Risiken mit einem erhöhten Stammkapital auszustatten. Dagegen ist aber einzuwenden, dass auch diese Sichtweise ebenso wie ein bevorzugendes „Sonderrecht" des Cash Pools die gesetzlichen Regelungen ihrer Autorität entheben würde. Es spricht daher nichts dagegen, die gesetzlichen Vorschriften stringent auch auf das Cash Pooling anzuwenden. Dabei ist es durchaus möglich, dass das Cash Pooling aufgrund seiner Besonderheiten spezielle Probleme aufwirft. Hierin ist – entgegen anderslautender Stimmen[414] – aber kein verschärftes „Sonderrecht" für Cash-Pool-Gestaltungen zu sehen, sondern es geht um eine Reaktion auf die gesetzlichen Vorgaben. Dies ist auch einzig sachgerecht: Weder eine Bevorzugung noch eine Benachteiligung des konzernweiten Cash Poolings auf Grundlage des geltenden Rechts erscheinen angebracht. Vielmehr beansprucht das geltende Recht allgemeine Geltung.

3. Ergebnis

Weder ein „Sonderrecht" positiver noch negativer Art ist de lege lata für Cash-Pooling-Systeme bei der Kapitalaufbringung oder -erhöhung anzuerkennen. Es bestehen keine durchgreifenden Gründe, die ein solches „Sonderrecht" rechtfertigen könnten. Das mit dem geltenden Recht intendierte Schutzsystem genießt Vorrang vor Besonderheiten der Konzernfinanzierung.

II. Positives „Sonderrecht" durch RefE-MoMiG?

Ein „Sonderrecht" positiver Art könnte für die Kapitalaufbringung bei einer in ein Cash-Pooling-System integrierten GmbH allerdings durch den Gesetzgeber etabliert werden. Am 29.05.2006 ist der RefE-MoMiG vorgelegt worden. Zwar ist im RefE-MoMiG keine ausdrückliche gesetzliche Regelung zur Kapitalaufbringung bei einer in ein Cash-Pooling-System integrierten GmbH vorgesehen. In der Begründung zum RefE-MoMiG heißt es im Zusammenhang mit der Neuregelung des § 30 Abs. 1 S. 2 GmbHG RefE-MoMiG aber, dass der Entwurf keine parallele Interessenprüfung im Rahmen der Kapitalaufbringung vorsehe,

---

[413] Die teleologische Extension erlaubt eine über den Wortlaut von Normen hinausgehende Auslegung und somit eine Abweichung vom geltenden Recht, *Larenz/Canaris*, S. 216 f.; *Pawlowski*, Rdn 497.

[414] Beispielhaft *Vetter/Schwandtner*, DK 2006, 407, 419, zur Heilungsmöglichkeit einer fehlgeschlagenen Kapitalaufbringung durch nachfolgende Zahlungen an die Tochtergesellschaft aus dem Cash Pool; hierzu unten § 6 A. II.

da davon auszugehen sei, „dass die in §§ 30 GmbHG, 57 AktG geregelten Maßstäbe ohne weiteres auch dorthin übertragen werden könnten".[415] Nach § 30 Abs. 1 S. 2 GmbHG RefE-MoMiG gilt das Verbot des § 30 Abs. 1 S. 1 GmbHG nicht, wenn das Stammkapital durch eine Vorleistung aufgrund eines Vertrages mit einem Gesellschafter angegriffen wird, wenn die Leistung im Interesse der Gesellschaft liegt. Eine solche Übertragung der Prüfung des Gesellschaftsinteresses, das § 30 Abs. 1 S. 2 GmbHG RefE-MoMiG vorsieht, auf die Kapitalaufbringung erscheint jedoch in verschiedener Hinsicht äußerst bedenklich. Zunächst ist zu fragen, ob eine auf die Kapitalerhaltung zugeschnittene Interessenprüfung auf die Kapitalaufbringung passt. Sodann stellt sich die Frage, wie eine derartige Interessenprüfung zum geltenden Kapitalaufbringungsrecht steht.

1. Interessenprüfung

Die Kapitalaufbringungsvorschriften werden durch den RefE-MoMiG nicht entscheidend erleichtert, so dass die strengen Vorgaben hinsichtlich der Kapitalaufbringung Bestand haben.[416] Wie dann aber die Einschränkung von § 30 Abs. 1 S. 2 GmbHG RefE-MoMiG auf die Kapitalaufbringung „ausstrahlen" soll,[417] ist nicht erkennbar. Insbesondere ist nicht ersichtlich, wie eine Interessenprüfung in die Kapitalaufbringung oder -erhöhung einfließen kann.[418] Die GmbH wird regelmäßig darauf bedacht sein, über den Einlagebetrag zumindest so frei verfügen zu können, dass dieser nicht sofort wieder ohne ein weiteres Zutun ihrer Geschäftsführer noch am gleichen Tag an den Cash Pool zurückfließt. Dass das Zurückfließen dieses Betrages an den Cash Pool daher in ihrem Interesse steht, ist äußerst zweifelhaft.[419] Stellt man allerdings auf die gesamte Teilnahme am konzernweiten Cash Pooling ab, könnte man wiederum ein Gesellschaftsinteresse annehmen, da das Cash Pooling im Grundsatz für die teilnehmenden Gesellschaften vorteilhaft ist.[420] Der Referentenentwurf dürfte aber – dies zeigt eine vertiefende Untersuchung[421] – ein Interesse an der jeweiligen Darlehensgewährung und nicht an der gesamten Teilnahme am Cash Pooling nahe legen. Nicht geklärt ist weiter, wie die einzelnen Kriterien des Gesellschaftsinteresses, die der RefE-MoMiG nennt, in die Interessenprüfung bei der

---

[415] Begr. RefE-MoMiG, S. 55; ob die Gerichte an eine solche Feststellung in der Begründung gebunden wären, lässt *Priester*, ZIP 2006, 1557, 1559 offen; krit *Wessels*, ZIP 2006, 1701, 1703.

[416] Ausdr. *Teichmann*, NJW 2006, 2444, 2450.

[417] So *Seibert*, ZIP 2006, 1157, 1163.

[418] Für eine ausdr. gesetzliche Interessenprüfung aber Stellungnahme von BDI und GDV zum RefE-MoMiG, S. 21 (www.bdi-online.de).

[419] *Bayer/Lieder*, GmbHR 2006, 1121, 1128; *Priester*, ZIP 2006, 1557, 1559.

[420] Vgl. hierzu bei der Kapitalerhaltung im Rahmen des Ausnahmetatbestandes vom Auszahlungsverbot des § 30 Abs. 1 GmbHG unten 3. Teil § 8 E. II. 1.

[421] Hierzu unten 3. Teil § 8 F. II. 2. c) aa) (1).

Kapitalaufbringung einfließen sollen. Wie noch darzulegen sein wird, will § 30 Abs. 1 S. 2 GmbHG RefE-MoMiG erreichen, dass der „normale" Geschäftsverkehr zwischen GmbH und den Gesellschaftern keinen Beschränkungen unterliegt.[422] Hierbei knüpft der RefE-MoMiG an allgemeine Grundsätze an und nennt verschiedene Kriterien. Diese passen aber erkennbar nicht bei der Kapitalaufbringung und -erhöhung. Das Interesse der Gesellschaft an der Erbringung eines Darlehens mit den Mitteln aus überschüssiger Liquidität mag mit diesen Kriterien bejaht werden können, aber nicht bei einer Erbringung eines Darlehens an den Cash Pool mit Mitteln aus der Einlageleistung: Eine Darlehensgewährung mit den Mitteln einer Bareinlage darf nicht so behandelt werden wie eine herkömmliche aufsteigende Darlehensgewährung. Eine unterschiedliche Betrachtungsweise ist notwendig, da es sich bei einer Kapitalaufbringung oder -erhöhung anders als im Rahmen der Auszahlung an Gesellschafter im Sinne des § 30 Abs. 1 GmbHG gerade nicht um derartige gewöhnliche Geschäftsbeziehungen, sondern um seltene Maßnahmen handelt.[423] Aus diesem Grund lassen sich Kapitalaufbringung und -erhaltung hier nicht auf ein identisches Grundproblem, etwa die sichere Verfügbarkeit der in den Cash Pool eingestellten Mittel, zurückführen.[424] Der Einlagebetrag selbst darf nämlich von vornherein nicht in den Cash-Pool-Kreislauf gelangen. Folglich passen auch die im RefE-MoMiG genannten Kriterien, die erkennbar auf eine Sicherung der verfügbaren Mittel abzielen, nicht.[425] Eine Interessenprüfung im Rahmen der Kapitalaufbringung mit den auf die Kapitalerhaltung zugeschnittenen Kriterien ist nicht durchführbar.[426] Es müssten, will man an einer Interessenprüfung festhalten, insoweit besondere Kriterien für die Kapitalaufbringung statuiert werden. Welche Kriterien aber einen unmittelbaren Rückfluss des Einlagebetrages an den Cash Pool erkennen lassen können, ist nicht ersichtlich. Auch dies zeigt, dass eine Interessenprüfung der Problematik der Kapitalaufbringung bei einer in ein Cash-Pooling-System integrierten Gesellschaft nicht gerecht wird.

2. Vereinbarkeit mit den geltenden Kapitalaufbringungsregeln

Es stellt sich unabhängig von der Problematik der Interessenprüfung selbst die Frage, ob es auf eine derartige Interessenprüfung überhaupt ankommen kann. Wie dargestellt wurde, fehlt es bei einer Kapitalaufbringung oder -erhöhung bei einer in ein Cash-Pooling-System eingegliederten Gesellschaft an einer ord-

---

422 Hierzu unten 3. Teil § 8 F. II. 1.

423 *Priester*, ZIP 2006, 1557, 1559 f.; vgl. zur Kapitalerhaltung *Stimpel*, FS 100 Jahre GmbHG, 335, 337.

424 So aber *Schäfer*, BB 2006, Beil. 7, 5, 9; *ders.*, DStR 2006, 2085, 2089 f.

425 A. A. *Schäfer*, BB 2006, Beil. 7, 5, 9, allerdings von einem grundlegend anderen Verständnis der Kapitalaufbringung im Cash Pool ausgehend; für eine Interessenprüfung auch *Mülbert*, WM 2006, 1977, 1984 f.

426 Ebenso *Diers*, S. 171.

nungsgemäßen Kapitalmaßnahme, da – einen negativen Saldo vorausgesetzt – eine verdeckte Sacheinlage vorliegt oder es bei einem positiven Saldo zumindest an der freien Verfügbarkeit fehlt, wenn im Rahmen des täglichen Kontenausgleichs der Einlagebetrag wieder an den Cash Pool zurückfließt. Nach der Begründung zum RefE-MoMiG soll es darauf offenbar nicht ankommen, wenn ein Gesellschaftsinteresse an der Darlehensgewährung zu bejahen ist. Würde das Vorliegen eines Gesellschaftsinteresses allerdings genügen können, um eine wirksame Einlageleistung anzunehmen, gelangte man in einen Widerspruch zum geltenden Kapitalaufbringungsrecht, das durch das MoMiG diesbezüglich – um es noch einmal deutlich zu machen – gerade keine Änderungen erfährt.

Die strengen Anforderungen an die Einlageleistung bleiben bestehen: Die Kapitalaufbringung ist mit einer zwingenden Wertkontrolle verbunden. Werden statt einer Bareinlage Sacheinlagen geleistet, sind sie offen zu legen. Ferner muss ihr Wert nachgewiesen werden und für etwaige Minderwert muss der Einleger haften, §§ 5 Abs. 4 S. 1, 8 Abs. 1 Nr. 5; 9 GmbHG. Wird nun in der Konstellation des negativen Saldos statt der Bareinlage mit der Forderung gegen die Muttergesellschaft eine Sacheinlage geleistet, kommt es nach der Begründung des RefE-MoMiG nicht auf die Überprüfung der Werthaltigkeit der eingebrachten Forderung, sondern lediglich auf das Gesellschaftsinteresse an. Nach dem geltenden GmbHG besteht aber ein Vorrang der zwingenden Erfordernisse der Kapitalaufbringung.[427] Hiermit ist eine derartige Übertragung unverträglich. § 30 Abs. 1 S. 2 GmbHG RefE-MoMiG ist darüber hinaus zwingend als eng auszulegende Ausnahmevorschrift vom Auszahlungsverbot des § 30 Abs. 1 S. 1 GmbHG zu betrachten.[428] Damit verträgt sich schon im Ansatz keine – nur in einer Entwurfsbegründung enthaltene – diffuse „Ausstrahlungswirkung".[429] Das Gesellschaftsinteresse ändert insbesondere nichts daran, dass keine Leistung zur freien Verfügung vorliegt, wenn die Einlagemittel unmittelbar wieder an den Cash Pool zurückfließen.[430]

Bei Übertragung der in §§ 30 GmbHG, 57 AktG geltenden Maßstäbe auf die Kapitalaufbringung nach der Begr. RefE-MoMiG würde das Gesetz auch Vorleistungen des Gesellschafters als Einlageleistung im Rahmen der Kapitalaufbringung gestatten. Bei einer Interessenprüfung würde die Gesellschaft die Bareinlage erhalten, sie aber im Wege der Darlehensgewährung ohne weiteres an den Cash Pool abführen. Im wirtschaftlichen Ergebnis würde dadurch die Einlageforderung durch eine Darlehensforderung gegen den Cash Pool ersetzt werden. Die Einlagefähigkeit von Forderungen gegen den Inferenten wird je-

---

[427] Ebenso *Bayer/Lieder*, GmbHR 2006, 1121, 1128; *Priester*, ZIP 2006, 1557, 1559; *Heckschen*, NotBZ 2006, 381, 387.

[428] Hierzu unten 3. Teil § 8 F. II. 2.

[429] Vgl. *Bayer*, ZGR 2007, 220, 233: „fast schon naiv klingende Feststellung"; *ders./Lieder*, GmbHR 2006, 1121, 1128.

[430] Ebenso *Noack/Maul/Pentz*, S:R-Pilot 2006, 12, 13.

doch von einer ganz herrschenden Auffassung abgelehnt.[431] Angesichts der Regelung in der Begründung des RefE-MoMiG ist zwar die Ansicht geäußert worden, wegen dieser Formulierung, die zu einer Einbringung einer Forderung gegen den Gesellschafter führe, sei die Sacheinlagefähigkeit von Forderungen gegen den Gesellschafter generell anzuerkennen.[432] Aufgrund der fehlenden Abstimmung mit dem geltenden Kapitalaufbringungsrecht kann die Formulierung in der Begründung zum RefE-MoMiG aber keinesfalls dazu führen, Forderungen der Gesellschaft gegen ihren Gesellschafter künftig als sacheinlagefähig anzusehen.[433]

Aus alldem folgt, dass eine Übertragung der Interessenprüfung von § 30 Abs. 1 S. 2 GmbHG RefE-MoMiG nicht mit den geltenden Kapitalaufbringungsvorschriften in Einklang zu bringen ist. Wenn der Gesetzgeber eine Erleichterung für die Kapitalaufbringung bei Gesellschaften, die in einen Cash Pool eingegliedert sind, in Form eines positiven „Sonderrechts" durchsetzen will, müsste er daher die betreffenden Vorschriften ändern.[434] Mit dem vorliegenden Entwurf stiftet er – jedenfalls in Bezug auf die Kapitalaufbringung bei Cash-Pool-Gestaltungen – eher Verwirrung und bringt das Gefüge des geltenden GmbHG durcheinander.[435] Es bleibt daher bei dem Grundsatz, dass die im Rahmen der Kapitalerhaltung herausgearbeiteten Regelungen nicht ohne weiteres auf die Kapitalaufbringung übertragen werden können.[436]

3. Ergebnis

Die Einführung einer Interessenprüfung im Rahmen der Kapitalaufbringung wird den tatsächlichen Gegebenheiten nicht gerecht. Wegen der fehlenden Abstimmung der Formulierung in der Begründung zum RefE-MoMiG mit dem geltenden Kapitalaufbringungsrecht ist das Abstellen auf eine Interessenprüfung im Rahmen der Kapitalaufbringung zudem nicht mit dem geltenden Recht in Einklang zu bringen. Daher bleibt es bei den bestehenden Grundsätzen der Kapitalaufbringung auch dann, wenn es um eine in ein Cash-Pooling-System integrierte Gesellschaft geht. Ein positives „Sonderrecht" für Cash-Pooling-Systeme auf

---

[431] Hierzu noch unten § 5 C. IV. 1.

[432] *Bormann*, GmbHR 2006, 984, 985; vgl. auch *ders.*, GmbHR 2006, 1021, 1025.

[433] So aber *Bormann*, GmbHR 2006, 984, 985.

[434] Ebenso Scholz-*H.P. Westermann*, § 30 Rdn 75; *Heckschen*, NotBZ 2006, 381, 387; *Priester*, ZIP 2006, 1557, 1559; *Bayer*, ZGR 2007, 220, 233 ff.; *ders./Lieder*, GmbHR 2006, 1121, 1127; *Seulen*, Finance 7/8 2006, 38, 39.

[435] Krit. gegenüber der Formulierung in der Begr. zum RefE-MoMiG auch *Noack/Maul/Pentz*, S:R-Pilot 2006, 12, 13; *Bayer*, ZGR 2007, 220, 233 f.; *ders./Lieder*, GmbHR 2006, 1121, 1127; *Wirsch*, GmbHR 2007, 736, 738; *Priester*, ZIP 2006, 1557, 1559; *Wessels*, ZIP 2006, 1701, 1703, der aber aus ihr herleiten will, der Gesetzgeber wolle die Kapitalaufbringung im Cash Pool nicht über Gebühr erschweren.

[436] Deutl. *Bayer/Lieder*, GmbHR 2006, 449, 452; gleiches gilt selbstredend auch in die andere Richtung; siehe unten § 7 C.

Grundlage des RefE-MoMiG ist folglich abzulehnen. Auf Grundlage der bisher massiv geäußerten Kritik an der Formulierung in der Begründung zum RefE-MoMiG ist damit zu rechnen, dass der Gesetzgeber andere Lösungsmöglichkeiten in Erwägung ziehen wird.[437] Daher gilt es weitere Regelungsmöglichkeiten zu beleuchten.

III. Weitere Regelungsmöglichkeiten

Angesichts der gravierenden Rechtsfolgen verdeckter Sacheinlagen und der – gerade in Bezug auf Cash-Pooling-Sachverhalte – entstehenden Probleme bei der Heilung einer verdeckten Sacheinlage[438] sind auch diesbezügliche Änderungsvorschläge in Erwägung zu ziehen. Zugrundegelegt werden kann dabei eine Betrachtung dahingehend, dass der Gesellschaft ein realer Wert zugeflossen ist, von dem diese Gebrauch machen konnte. *Heidenhain* erwägt auf dieser Grundlage eine Neufassung des § 19 Abs. 5 GmbHG dergestalt, dass „eine verdeckte Sacheinlage den Gesellschafter von der Leistung einer Bareinlage befreit, soweit der Wert der verdeckten Sacheinlage zum Zeitpunkt ihrer Leistung den Betrag der Bareinlage erreicht."[439] Eine solche allgemeingültige Regelung würde sich zunächst nicht dem Vorwurf aussetzen, in Bezug auf Cash-Pooling-Systeme ein „Sonderrecht" zu etablieren. Auch würde die Notwendigkeit einer Heilung entfallen. Sollte der Einleger nämlich nicht beweisen können, dass die Sacheinlage werthaltig ist, wäre er zur Bareinzahlung der Differenz verpflichtet.[440] Bezogen auf die Einlageleistung an eine GmbH, die in ein Cash-Pooling-System integriert ist, würde diese Neuregelung bedeuten, dass die Muttergesellschaft die Werthaltigkeit der Forderung aus dem Cash Pool zum Zeitpunkt der Weiterleitung der Einlage auf das Zentralkonto nachweisen müsste. Würde man allein die Werthaltigkeit einer Forderung gegen den Inferenten ausreichen lassen, würde man die Anforderungen an die Einlageleistung erheblich verwässern.[441] Auch eine Neuregelung des § 19 Abs. 5 GmbHG, die den Nachweis der Werthaltigkeit der Forderung ausreichen ließe, vermag daher nicht zu überzeugen. Aus diesem Grund ließe sich an eine Regelung des § 19 Abs. 5 GmbHG gänzlich ohne einen Werthaltigkeitsnachweis denken, wonach Einlagezahlungen auf ein Gesellschaftskonto auch dann befreiende Wirkung zeitigen würden, wenn das Konto in einen Cash Pool einbezogen wäre.[442] Der Gesetzgeber würde

---

437 Vgl. *Gesellensetter*, Handelsblatt v. 22.11.2006, S. 16.

438 Hierzu noch unten § 6.

439 *Heidenhain*, GmbHR 2006, 455, 458; vgl. *Teichmann*, NJW 2006, 2444, 2450; ferner bereits *Grunewald*, FS Rowedder, 111, 115 ff.; *Einsele*, NJW 1996, 2681, 2688 f.; zu den geplanten Neuregelungen im Rahmen des RegE-MoMiG siehe oben § 3 B und § 4 A II.

440 *Heidenhain*, GmbHR 2006, 455, 458.

441 Ebenso *Priester*, VGR 11, 1, 21.

442 So *Priester*, ZIP 2006, 1557, 1560, der allerdings ausdr. offenl., ob er eine derartige Regelung für empfehlenswert hält.

damit allerdings ein „Sonderrecht" positiver Art schaffen. Nach dem oben Gesagten sind aber keine Gründe dafür ersichtlich, Cash-Pooling-Systeme derart weitgehend vom geltenden Kapitalaufbringungsrecht auszunehmen. Aus den genannten Gründen abzulehnen sind auch solche Vorschläge an den Gesetzgeber, die Gewährung von Kredit an den Gesellschafter oder eine ihm nahestehende Person nicht als Rückzahlung anzusehen, wenn dies der Sorgfalt eines ordentlichen Kaufmanns entspricht.[443] Derartige Vorschläge stehen im Widerspruch zum geltenden Recht der Kapitalaufbringung und sind daher abzulehnen.

IV. Positives Sonderrecht durch RegE-MoMiG

Der RegE-MoMiG hat sich offenbar der Kritik an dem RefE-MoMiG angenommen und will das Cash Pooling auch bei der Kapitalaufbringung durch eine ausdrückliche gesetzliche Regelung erleichtern. Nach § 8 Abs. 2 S. 2 GmbHG RegE-MoMiG soll die eingelegten Mittel als Darlehen sogleich wieder an den Gesellschafter ausgezahlt werden können, sofern dafür ein vollwertiger Gegenleistungs- oder Rückgewähranspruch besteht. Damit knüpft der Gesetzgeber – wie auch bei der Kapitalerhaltung – an eine bilanzielle Betrachtung des Vorgangs an.[444]

Die geplante Regelung überzeugt nicht[445]: Wie dieses Hin- und Herzahlen mit den nach wie vor gültigen Grundsätzen der freien Verfügbarkeit in Einklang zu bringen sein soll, ist nicht ersichtlich.[446] Dem Gläubigerschutz ist ferner wenig damit gedient, wenn die Gesellschaft den Stammeinlagebetrag sofort gegen eine Darlehensforderung weggibt.[447] Auch die Grundannahme, dass eine Forderung gegen den Gesellschafter nicht einlagefähig ist,[448] wird verwässert.[449] Da

---

[443] Vorschlag von *Vossius/Wachter* im Rahmen eines Entwurfs eines GmbH-Reformgesetzes, § 18 Abs. 2 Nr. 2 GmbHG (www.gmbhr.de/volltext.htm).

[444] Begr. RegE-MoMiG, S. 78, 94; zu den Folgen für die bisherige Rechtsprechung des BGH *A. Schmidt*, ZInsO 2007, 975, 976.

[445] Krit. auch *Büchel*, GmbHR 2007, 1065, 1067 f.; *Joost*, ZIP 2007, 2242, 2244 f.; *Veil*, ZIP 2007, 1241, 1247; *Goette*, ZInsO 2007, 1177, 1178; *Pentz*, S:R 7/2007, 239, 239; *Hangebrauck*, JA 2008, 125, 127; expl. für Verzicht *Priester*, ZIP 2008, 55, 56; *Ulmer*, ZIP 2008, 45, 54.

[446] *Hangebrauck*, JA 2008, 125, 127; a. A. *Noack*, DB 2007, 1395, 1397.

[447] Die Neuregelung begrüßend demgegenüber Stellungnahme des BDI zum RegE-MoMiG, S. 13 (www.bdi-online.de); *Noack*, DB 2007, 1395, 1397; für eine noch weitergehende Auflösung der Kapitalaufbringungsvorschriften zugunsten der Einführung eines „KG-Modells" *Noack*, DB 2007, 1395, 1397; *Drygala*, ZIP 2006, 179, 1803; *ders./Kremer*, ZIP 2007, 1289, 1291.

[448] Hierzu § 5 C. IV. 1.

[449] Für eine Regelung der Einlagefähigkeit einer solchen Forderung statt der Regelung des § 8 Abs. 2 S. 2 GmbHG RegE-MoMiG bereits *Drygala*, NZG 2007, 561, 564; *ders./Kremer*, ZIP 2007, 1289, 1294; *Bormann*, GmbHR 2007, 894, 903; *Wirsch*, GmbHR 2007, 736, 741; *Gehrlein*, DK 2007, 771, 782.

kleinere Gesellschaften, deren Gesellschafter Mühe haben, das notwendige Mindestkapital aufzubringen und bei denen die Vollwertigkeit des Gegenanspruchs nicht gegeben ist, nicht von der Erleichterung profitieren, bedeutet die geplante Neuregelung, worauf *Goette* hingewiesen hat,[450] zudem im Grunde nichts anderes als ein positives Sonderrecht für Konzerne, bei denen die Vollwertigkeit des Gegenanspruchs gewährleistet ist – ein Ergebnis das nach den oben herausgearbeiteten Grundsätzen, wonach ein solches Sonderrecht unberechtigt wäre, nicht tragbar ist.

V. Ergebnis

Weder ein „Sonderrecht" positiver noch negativer Art lässt sich de lege lata bei konzernweiten Cash-Pooling-Systemen in Bezug auf die Kapitalaufbringung ausmachen. Die geplante Neuregelung des § 30 Abs. 1 S. 2 GmbHG RefE-MoMiG kann entgegen der Begründung zu diesem Entwurf nicht auf die Kapitalaufbringung übertragen werden. Auch der RefE-MoMiG bietet somit keine gesetzeskonforme Lösung an. Auch die Lösung des RegE-MoMiG ist abzulehnen. Weiter besitzen Vorschläge, die Anforderungen an die Einlageleistung auf einen Nachweis der Werthaltigkeit der Sacheinlage zu beschränken, keine Überzeugungskraft. Die Kapitalaufbringung und -erhöhung bei einer Gesellschaft, die an einen Cash Pool angeschlossen ist, hat daher den allgemeinen Regeln zu folgen. Da aber wegen der Besonderheiten des Cash-Pooling-Systems eine Kapitalmaßnahme wegen des nachfolgenden automatischen Rückflusses nicht durch bloße Zahlung eines Bareinlagebetrages möglich ist, ist nach anderen Lösungswegen für eine ordnungsgemäße Kapitalaufbringung zu suchen.

---

450 DRiZ 2007, 313, 314; Handelsblatt v. 08.06.2007, S. 5.

§ 5 Lösungswege zur ordnungsgemäßen Kapitalaufbringung

Da das Cash Pooling aufgrund der Tatsache, dass der Einlagebetrag an das Zentralkonto abgeführt werden muss, zwangsläufig zur Folge hat, dass keine ordnungsgemäße Einlageleistung erfolgt, schließt sich die Frage nach Lösungsmöglichkeiten zur Gewährleistung einer ordnungsgemäßen Kapitalaufbringung unmittelbar an. In der Literatur wurden und werden eine Vielzahl an verschiedenen Lösungswegen vertreten, darunter auch Kombinationen mehrerer Ansätze. Von vornherein muss klargestellt werden, dass nur eine solche Lösung zu überzeugen vermag, die sowohl dem Risiko einer verdeckten Sacheinlage entgeht als auch die freie Verfügbarkeit der Einlageleistung gewährleistet. Wegen des ständigen Liquiditätsausgleichs kann sich der Saldo der Tochtergesellschaften täglich ändern, so dass dann je nach Saldenstand neben der fehlenden freien Verfügbarkeit auch eine verdeckte Sacheinlage gegeben sein kann.[451] Daher sind solche Lösungswege von vornherein zum Scheitern verurteilt, mit denen nur einer dieser Verstöße gegen die ordnungsgemäße Kapitalaufbringung verhindert werden kann. Auch müssen bei einem Gestaltungselement die betriebswirtschaftlichen Vorteile des Cash Poolings möglichst vollständig aufrecht erhalten bleiben. Obgleich den zu erörternden Lösungsmodellen bisher weitgehend der Rückhalt in der Rechtsprechung fehlt, leuchtet doch ohne weiteres ein, dass es einer entsprechenden Lösung der Problematik bedarf.[452] Insbesondere wäre es unvorstellbar, dass die Zuführung von Bareinlagen oder Kapitalerhöhungsbeträgen an eine in einen Cash Pool eingegliederte Gesellschaft nicht möglich sein sollte.[453] Da gegenwärtig keine anderen gesetzlichen Regelungen bestehen, die das Problem lösen, stellen die hier zu diskutierenden Maßnahmen daher keineswegs nur „Notlösungen" dar.[454] Bedauerlicherweise hat auch der BGH in seinen Entscheidungen zur Kapitalerhöhung bei einer in ein Cash Pooling integrierten Gesellschaft lediglich die Wirksamkeit der Einlageleistung verneint, jedoch keine Aussage darüber getroffen, wie eine Kapitalaufbringung bei einer in ein Cash-Pooling-System eingebundenen Gesellschaft im Einzelfall ordnungsgemäß erfolgen kann.[455] Die Frage nach den Lösungsmöglichkeiten ist daher ungeachtet der Entscheidungen des BGH sowie – wie eben dargelegt wurde – des RefE-

---

451 Hierzu schon oben § 3 C.

452 Vgl. insoweit auch *Vetter/Stadler*, Rdn 90; *Werner*, BKR 2006, 211, 213; *Hentzen*, DStR 2006, 948, 949; *Mildner*, GmbHR 2006, R 161, 162.

453 Wesentlich skeptischer dagegen *Burgard*, AG 2006, 527, 533; *Gehrlein*, MDR 2006, 789, 790.

454 Vgl. aber Stellungnahme von BDI und GDV zum RefE MoMiG, S. 21 (www.bdi-online.de).

455 Dies heraust. *Flitsch/Schellenberger*, BB 2006, 850, 850; *Langner*, GmbHR 2006, 480, 480; *Hangebrauck*, WuB II C. § 19 GmbHG 2.06, 479, 480; *Hoos/Kleinschmidt*, EWiR § 5 GmbHG 1/06, 523, 524; *Brems/Tillmann*, Börsen-Zeitung v. 25.01.2006, S. 2; für „im Ansatz zutr." hat der BGH allerdings eine Sonderkontenlösung gehalten, BGHZ 166, 8, 16.

MoMiG weiterhin aktuell. Erweist sich eine Kapitalmaßnahme schon unter dem geltenden Recht als durchführbar, wäre einer gesetzlichen Regelung für das Cash Pooling von vornherein die Notwendigkeit abzusprechen.[456]

A. Nutzung der Besonderheiten des Cash Poolings

Es ist zunächst daran zu denken, die mit dem Cash Pooling verbundenen Besonderheiten der Liquiditätszu- und abflüsse in verschiedener Hinsicht zur Ermöglichung einer ordnungsgemäßen Kapitalaufbringung oder -erhöhung auszunutzen.

I. Verursachen eines Debets

Es wäre zuerst zu überlegen, durch eine Inanspruchnahme von Darlehen künstlich einen negativen Saldo in Höhe der Stammeinlage bei der Tochtergesellschaft herbeizuführen, der dann nach den Regeln des Cash Poolings ausgeglichen wird.[457] Möglicherweise könnte dies dazu führen, dass wirtschaftlich die auf das Zentralkonto bewirkte Rückführung des Einlagebetrages wieder egalisiert werden könnte. Dennoch ist diese Möglichkeit zur Lösung abzulehnen: Weder kommt es durch die Inanspruchnahme eines ohnehin rückzahlungspflichtigen Kredits zu einer freien Verfügbarkeit des Einlagebetrags noch ist ein solches Vorgehen praktisch denkbar, da die einzelnen Gesellschaften auch danach regelmäßig über keinerlei eigene Liquidität verfügen dürfen und das Finanzverhalten vom Cash-Pool-Führer überwacht wird.[458] Zwar kann es durch die Verursachung eines vom Master Account auszugleichenden Debetsaldos auf dem Quellkonto der Tochtergesellschaft bei wirtschaftlicher Betrachtungsweise zu einer Verrechnung mit dem Guthaben der Tochtergesellschaft bei der Muttergesellschaft kommen. Allerdings kommt es damit allenfalls zu einer mittelbaren Zugriffsmöglichkeit auf den Wert des Zielkontos, das der Muttergesellschaft zuzuordnen ist.

Das künstliche Hervorrufen wird ferner regelmäßig nur schwer mit der Überwachung der Inanspruchnahme der Liquidität durch die Betreibergesellschaft vereinbar sein. Zudem ist zu berücksichtigen, dass die Tochtergesellschaft stets nur einen bestimmten Kreditrahmen in Anspruch nehmen kann. Ist dieser schon vor der fraglichen Inanspruchnahme erschöpft, findet kein Ausgleich des negativen Saldos auf dem Nebenkonto der Tochtergesellschaft mehr statt. Auch wäre es aus Sicht der Tochtergesellschaft wenig einsichtig, den eingeräumten Kreditrahmen mit einem Betrag in Höhe der Einlage zu belasten. Zudem kann

---

[456] Vgl. insoweit *Priester*, ZIP 2006, 1557, 1561.

[457] So der Einwand der beklagten einzahlenden Gesellschaft im Fall OLG Düsseldorf, SchiedsVZ 2004, 262, 265, und bei BGHZ 166, 8, 16; ähnl. *Schäfer*, BB 2006, Beil. 7, 5, 7, der es ausreichen lassen will, wenn die Gesellschaft über den Cash Pool Kredit mindestens in Höhe des Einlagebetrages erhält.

[458] So auch OLG Düsseldorf, SchiedsVZ 2004, 262, 265; *Jäger*, § 45 Rdn 22; *Gehrlein*, MDR 2006, 789, 790.

eine solche nur schuldrechtlich eingeräumte mittelbare Möglichkeit des Zugriffs nicht mit der alleinigen dinglichen Verfügungsmacht über die auf einem eigenen Bankkonto der Tochtergesellschaft befindliche Einlage gleichgesetzt werden, die für eine wirksame Kapitalaufbringung erforderlich wäre. Dies hat der BGH in seinen Entscheidungen vom 16.01.2006 ausdrücklich klargestellt[459] Hier klingt insofern die Argumentation an, die der BGH schon in seiner zu § 30 Abs. 1 GmbHG ergangenen Entscheidung BGHZ 157, 72 ff. ausgeführt hatte.[460] Danach verlangt der Schutz der Gesellschaftsgläubiger, dass der Gesellschaft vom Gesellschafter kein zum Erhalt des Stammkapitals notwendiges Vermögen dadurch entzogen wird, dass liquide Mittel in rein schuldrechtliche Ansprüche gegen den Gesellschafter ausgetauscht werden.[461] Ferner ist es mit einer solchen Zugriffsmöglichkeit nicht gewährleistet, dass die Tochtergesellschaft über eine uneingeschränkte und insbesondere von der Muttergesellschaft losgelöste Verfügungsmacht über die Bareinlage verfügt.[462] Ein derartiger Lösungsweg übersieht zudem, dass diese mittelbare Zugriffsmöglichkeit nicht vor Zugriffen anderer Tochtergesellschaften oder der Muttergesellschaft selbst auf den Master Account schützt.[463] Auch ist zu bedenken, dass diese Zugriffsmöglichkeit leer läuft, wenn entweder eine Tochtergesellschaft das Zielkonto bereits leer geräumt hat, mag dies auch missbräuchlich geschehen sein, oder aber, wenn der Konzern sich in einer Krisensituation befindet. Im Ergebnis muss diese Möglichkeit aus den genannten Gründen ausscheiden.

II. Direkte Umbuchungen auf andere Unterkonten

Erwägenswert ist es, die Umbuchung des Einlagebetrages von dem Unterkonto der Gesellschaft, bei der die Kapitalmaßnahme durchgeführt wurde, nicht auf das beim Cash-Pool-Führer angelegte Zentralkonto durchzuführen, sondern bei Liquiditätsbedarf einer anderen Tochtergesellschaft eine Umbuchung direkt auf deren Unterkonto ohne Einbeziehung des Zentralkontos vorzunehmen.[464] Abgesehen davon, dass eine solche Ausklammerung eine Umbuchung aus dem Cash Pool erhebliche praktische Probleme mit sich bringt,[465] spricht hiergegen schon

---

459 BGHZ 166, 8, 16; *Kurzwelly*, DAI-JAT 2006, 2, 13; *Lamb/Schluck-Amend*, DB 2006, 879, 879; *Gehrlein*, MDR 2006, 789, 790.

460 Vgl. *Lamb/Schluck-Amend*, DB 2006, 879, 879; *Bayer/Lieder*, GmbHR 2006, 449, 452; *Werner*, BKR 2006, 211, 213; Gehrlein, MDR 2006, 789, 790; hierzu ausführl. unten § 8 B. II. 2.

461 Substanzschutzargument, BGHZ 157, 72, 75 f.; siehe ausführl. unten § 8 B. II. 2. a).

462 BGHZ 166, 8, 16; *Kurzwelly*, DAI-JAT 2006, 2, 13; dies gilt unabhängig davon, ob die Verfügungsbefugnis als Darlehen ausgestaltet ist, vgl. *Gehrlein*, MDR 2006, 789, 790.

463 *Kurzwelly*, DAI-JAT 2006, 2, 13.

464 Vgl. OLG Hamm, GmbHR 1997, 213, 214; *Jäger*, § 45 Rdn 22; *ders.*, DStR 2000, 1653, 1657.

465 Zwar ist der Cash-Pool-Führer in der Lage, den täglichen Vorschlag der Bank, die die Tagessalden der einzelnen Konten computergestützt auswertet, zur Umbuchung und Verrech-

der bereits oben aufgestellte Satz, dass eine verdeckte Sacheinlage nicht nur dann vorliegt, wenn die Bareinlage unmittelbar an den Gesellschafter erfolgte, sondern eine Zurechnung auch bei Leistungen an Dritte erfolgt, die mit dem Einleger im Sinne der §§ 15 ff. AktG verbunden sind.[466] Wird eine Bareinlage also an eine andere von dem Einleger beherrschte Gesellschaft abgeführt, muss sich der Einleger dies zurechnen lassen. Eine solche Situation ist bei einem Cash Pooling regelmäßig gegeben. Daher scheidet auch diese Möglichkeit aus.

III. Einfluss- und Steuerungsmöglichkeiten der Konzerntochter

Die Vereinbarkeit mit den Kapitalerhaltungsvorschriften lässt sich möglicherweise aber dadurch erreichen, dass den in das Cash Pooling einbezogenen Konzerngesellschaften durch die entsprechende Gestaltung der Cash-Pooling-Verträge umfassende Einfluss- und Steuerungsmöglichkeiten – ohne ein Dazwischentreten des Cash-Pool-Führers – auf den Cash Pool eingeräumt werden.[467] Dadurch wird der ungehinderte und automatische Zugriff des Cash Pools auf die liquiden Finanzmittel der einzelnen Konzerngesellschaften begrenzt und zudem die Verfügungsmacht der geschäftsführenden Organe der Konzerngesellschaften über die geleisteten Einlagen der Gesellschafter gewährleistet.[468] Als Beispiel wird hier eine vertragliche Regelung genannt, die es der Tochtergesellschaft ermöglicht, der Übertragung des Guthabens auf das Zentralkonto zu widersprechen.[469] Diese Ansicht beruht auf der Erwägung, dass sich die Einstellung der Bareinlage in einen Cash Pool in der Sache nicht von der Einzahlung auf ein Konto bei einem Kreditinstitut unterscheide, so dass die Einstellung einer Bareinlage in den Cash Pool nicht als verdeckte Sacheinlage anzusehen sei, wenn sich aus dem Cash-Pool-Vertrag mit hinreichender Deutlichkeit ergebe, dass es sich nicht um ein Umgehungsgeschäft, sondern um eine wirtschaftliche Geldan-

---

nung der Salden im Rahmen einer „aktiven Disposition“ innerhalb einer bestimmten Frist zu ändern (hierzu *Wunderlich*, BKR 2005, 387, 387), jedoch soll dabei selbstverständlich nicht über die Ausklammerung einer Forderung aus dem Cash-Pooling-System entschieden werden. Vielmehr geht es im Rahmen der „aktiven Disposition“ nur um das „Wie“, nicht aber um das „Ob“ der konzernweiten Liquiditätsverteilung im Rahmen des Cash Pools.

466 Hierzu oben § 3 B.

467 So OLG Dresden, Urteile vom 10.03.2004 – Az: 18 U 1227/03 und 18 U 1314/03, jeweils S. 23; LG Flensburg, GmbHR 2001, 861, 862 f.; Rowedder/Schmidt-Leithoff-*Zimmermann*, § 56 a Rdn 4 und § 57 Rdn 7; *K. Schmidt*, GesR, § 29 II 1 a; *Jäger*, § 45 Rdn 22; *Hasselbach*, EWiR § 19 GmbHG 3/99, 1123, 1124; *Sieger/Hasselbach*, BB 1999, 645, 648; *Goette*, DStR 1999, 1451, 1452; *Mülbert*, WM 2006, 1977, 1984; offenl. *Kummer*, jurisPR-BGHZivilR 27/2006, Anm. 4.

468 GK-GmbHG-*Ulmer*, § 19 Rdn 129; *Jäger*, § 45 Rdn 22; *Römermann/Schröder*, Corporate Goverance, 113, 116; *Hasselbach*, EWiR § 19 GmbHG 3/99, 1123, 1124; *Sieger/Hasselbach*, BB 1999, 645, 648.

469 OLG Dresden, Urteile vom 10.03.2004 – Az: 18 U 1227/03 und 18 U 1314/03, jeweils S. 23, 34 f.

lage handele.[470] Dieser Ansicht zufolge muss die einzelne Konzerngesellschaft demnach aufgrund einer ausdrücklichen vertraglichen Regelung frei darüber entscheiden können, ob sie einen Liquiditätsüberschuss auf das Zielkonto überträgt oder ihr muss zumindest eine Mitverfügungsmacht über das Zielkonto in einer Weise eingeräumt werden, dass sie ohne Mitwirkung der Betreibergesellschaft zugreifen kann.[471] Vereinzelt wird als Lösung auch eine jederzeitige Kündigungsmöglichkeit erwogen.[472] Die Geschäftsführung einer Tochtergesellschaft muss demnach in einer wirtschaftlich nachvollziehbaren Entscheidungsfindung über die Mittelverwendung beschließen. Eine solche Entscheidung kann danach auch die Anlage der Mittel im Cash Pool darstellen.[473]

Auch einer derartigen Lösung muss aus mehreren Gründen eine Absage erteilt werden: Gegen sie spricht zum einen, dass aufgrund der weitgehenden Mitwirkungs- und Mitspracherechte der einzelnen Konzerngesellschaften die Liquiditätssteuerung durch den Cash-Pool-Führer in nicht unerheblichem Umfang beschränkt wird.[474] Dies bedroht sowohl die Funktionalität als auch die Effizienz des gesamten Cash-Pooling-Systems und schränkt damit die wirtschaftlichen Ziele des Cash Poolings ganz erheblich ein.[475] Das Cash Pooling ist gerade auf eine zentrale Finanzierung gerichtet, in der die Betreibergesellschaft die Mittelverwendung organisiert. Jede Einfluss- und Steuerungsmöglichkeit einer Konzerngesellschaft würde diese Funktion, die zur Effektivität des Cash Poolings beiträgt, schwächen. Zwar würde dieses Argument das vorgeschlagene Vorgehen noch nicht rechtswidrig, sondern nur ökonomisch unattraktiv machen, jedoch bleibt es nicht allein dabei:

Die Verfügungsbefugnis der Konzerngesellschaften wird nämlich von der Rechtsprechung als nicht gegeben angesehen, wenn sich die Verfügungsmacht der Konzerngesellschaften nur auf einen bestimmten Dispositionsrahmen auf dem Zielkonto erstreckt und lediglich in Form eines schuldrechtlichen Anspruchs gegen die Konzernmutter besteht.[476] Eine lediglich schuldrechtliche Abrede zwischen den Konzerngesellschaften und der Konzernmutter, aus der die Konzerngesellschaften einen Anspruch gegen die Konzernmutter auf Zulassung einer Belastung des Zielkontos haben, räumt den einzelnen Konzerngesellschaf-

---

[470] *Römermann/Schröder*, Corporate Goverance 113, 116, 118; *Sieger/Hasselbach*, BB 1999, 645, 648; vgl. Pentz/Sollanek-*Pentz*, S. 20.

[471] *Römermann/Schröder*, Corporate Goverance, 113, 116, 118; *Goette*, DStR 1999, 1451, 1452; *Hasselbach*, EWiR § 19 GmbHG 3/99, 1123, 1124; wohl auch *Mülbert*, WM 2006, 1977, 1984 f., mit gesetzlichem Regelungsvorschlag.

[472] *Sieger/Hasselbach*, BB 1999, 645, 648.

[473] So ausdr. *Hentzen*, DStR 2006, 948, 951, im Ergebnis aber abl.

[474] So auch *Vetter/Stadler*, Rdn 95; *Hellwig*, FS Peltzer, 163, 171; *Morsch*, NZG 2003, 97, 102.

[475] *Jäger*, § 45 Rdn 22; *Hellwig*, FS Peltzer, 163, 171; *Jäger*, DStR 2000, 1653, 1657.

[476] OLG Köln, NJW-RR 2000, 1480, 1481.

ten außerdem noch keine Verfügungsbefugnis über das Zielkonto ein, da dieses dinglich weiterhin der Konzernmutter zuzuordnen ist.[477] Bei einer nur schuldrechtlich eingeräumten Zugriffsmöglichkeit wäre es der Muttergesellschaft jederzeit möglich, einen Abruf der Mittel zu verhindern. Auch hier gilt im übrigen, dass das Vorliegen einer Abrede hinsichtlich des Rückflusses vermutet wird, wenn ein enger sachlicher und zeitlicher Zusammenhang zwischen den einzelnen Zahlungen besteht. Dieser Zusammenhang kann durch bloße Einfluss- und Steuerungsmöglichkeiten nicht ausgehebelt werden.[478] Die Tochtergesellschaft, bei der die Kapitalmaßnahme durchgeführt wird, wäre außerdem nicht vor einem Verlust ihrer Mittel geschützt. Während die Gesellschaft nämlich über ein ihr zugeordnetes Bankkonto tatsächlich ausschließlich selbst verfügungsberechtigt wäre, besteht bei diesem Lösungsweg die Gefahr, dass andere im Rahmen des Cash Poolings ebenfalls zugriffsberechtigte Unternehmen auf die im Pool eingelegten Mittel Zugriff nehmen, so dass sie für die Tochtergesellschaft nicht zur Verfügung stehen.[479]

Daher wären ein eigener ungehinderter Zugriff der einzelnen Konzerngesellschaften in Form einer dinglichen Verfügungsbefugnis auf das Zielkonto und ein eigener Anspruch der Konzerngesellschaften gegenüber der Bank auf Kontoausgleich zu Lasten des Zielkontos erforderlich. Dabei muss der Anspruch auf Kontoausgleich so sicher sein wie die Bareinlage selbst, was nach Ansicht der Rechtsprechung durch eine dingliche Absicherung der Ansprüche der Konzerngesellschaft sichergestellt werden könne.[480] Einen dinglichen Zugriff hat die Tochtergesellschaft insbesondere in dem Fall, in dem das Zentralkonto auch auf ihren Namen geführt wird.[481] Selbst eine direkte Zugriffsmöglichkeit der Tochtergesellschaft auf das Konto der Muttergesellschaft ist jedoch nicht dazu geeignet, alle Probleme zu lösen. Zuerst muss dann das Finanzierungsverhalten der Tochtergesellschaften gesteuert werden. Ferner hilft auch die rechtliche Zugriffsmöglichkeit der Tochtergesellschaft auf das Zielkonto dann nicht, wenn dieses Konto kein hinreichendes Guthaben aufweist oder das Kreditinstitut eine weitere Kontoüberziehung untersagt hat. In solchen Fällen geht die rechtliche Zugriffsmöglichkeit ins Leere.[482] Gerade dies ist aber der kritische Fall, der die Zulässigkeit des Cash Poolings in Frage stellen kann. Die rechtliche Zugriffsmöglichkeit würde also insbesondere bei einem Missbrauch des Cash Poolings

[477] *Wessels*, ZIP 2006, 1701, 1702; *Schmelz*, NZG 2006, 456, 458; *Vetter/Schwandtner*, DK 2006, 407, 414; *Langner*, GmbHR 2006, 480, 482, unter Hinweis auf das die Kapitalerhaltung betreffende Urteil BGHZ 157, 72 ff.; *Bayer/Lieder*, GmbHR 2006, 449, 452.

[478] *Vetter/Schwandtner*, DK 2006, 407, 414.

[479] Pentz/Sollanek-*Pentz*, S. 20.

[480] LG Flensburg, GmbHR 2001, 861, 863.

[481] *Wessels*, ZIP 2006, 1701, 1702, sog. Oder-Konto.

[482] Ebenso *Vetter/Stadler*, Rdn 95; *Hellwig*, FS Peltzer, 163, 171; *Vetter/Schwandtner*, DK 2006, 407, 414.

durch die Muttergesellschaft faktisch leerlaufen.[483] Außerdem müsste die Tochtergesellschaft dinglich allein, also ohne ein dazwischentreten der Finanzierungsgesellschaft über das Konto verfügen können, da ansonsten die Bareinlage den Herrschaftsbereich des Inferenten – dem das Verhalten der Betreibergesellschaft zuzurechnen ist – nicht verlässt.[484] Überdies bestünde für die Betreibergesellschaft ansonsten die Möglichkeit, die Zugriffsmöglichkeit der Konzerngesellschaft durch eigene Verfügungen zu vereiteln.[485] Auch eine dingliche Besicherung des Zugriffsrechts der Tochtergesellschaft sowie eine Verzinsung der Geldanlage würden nicht dazu führen, dass die Geschäftsführer der Tochtergesellschaft die Geldmittel uneingeschränkt für die Tochtergesellschaft verwenden könnten.[486] Hinzu kommt noch, dass derartige Zugriffsmöglichkeiten der Tochtergesellschaften auf das Zentralkonto lediglich deren Rückzahlungsanspruch bezüglich des an den Cash Pool geflossenen Einlagebetrages sichern soll. Den Tochtergesellschaften soll dadurch keine über den an den Cash Pool gezahlten Betrag hinausgehende Liquidität verschafft werden. Das Zugriffsrecht der Tochtergesellschaften auf das Zielkonto müsste daher von vornherein auf den an den Cash Pool gezahlten Betrag beschränkt sein.[487] Dies müsste durch entsprechende Abreden abgesichert sein.

Auch die Tatsache, dass eine Verfügung der Tochtergesellschaft über das jeweilige Guthaben auf ihrem Unterkonto hinaus nach dem Cash-Pool-Vertrag regelmäßig zulasten des Zielkontos bis auf einen vollen Ausgleich des Negativsaldos auf dem Unterkonto auszugleichen ist, verschafft der Tochtergesellschaft keine Verfügungsbefugnis über das Zielkonto.[488] Vielmehr ist die Belastung oftmals nicht nur allein aufgrund der Zustimmung der Muttergesellschaft zulässig, sondern wird auf das Guthaben auf dem Zielkonto oder einen auf diesem Konto eingeräumten Kredit beschränkt sein.[489] Die Tochtergesellschaft hat bei einem Cash Pooling jedoch keinen weitergehenden, eigenen Anspruch auf den Kontenausgleich zu Lasten des Zielkontos gegen die das Zielkonto führende Bank. Allein in solchen Fällen, in denen ausschließlich die Tochtergesellschaft auf Dauer und allein über das Zentralkonto verfügungsberechtigt, mag man von einer freien Verfügbarkeit ausgehen. Bei einem Cash-Pooling-System, bei dem zumindest auch der Cash-Pool-Führer verfügungsbefugt sein muss, ist dies aber schon systembedingt nicht möglich.[490]

---

[483] *Vetter/Schwandtner*, DK 2006, 407, 414.
[484] *Bayer/Lieder*, GmbHR 2006, 449, 453.
[485] *Bayer/Lieder*, GmbHR 2006, 449, 453; vgl. *Vetter/Schwandtner*, DK 2006, 407, 414.
[486] *Bayer/Lieder*, GmbHR 2006, 449, 453.
[487] *Morsch*, NZG 2003, 97, 102.
[488] OLG Hamm, GmbHR 1997, 213, 214.
[489] Vgl. OLG Dresden, Urteile v. 10.03.2004 – Az: 18 U 1227/03 und 18 U 1314/03, jeweils S. 24; *Morsch*, NZG 2003, 97, 101.
[490] So auch OLG Düsseldorf, SchiedsVZ 2004, 262, 265.

Auch eine gemeinschaftliche Zeichnungsbefugnis der Geschäftsführer der Tochtergesellschaft zusammen mit Dritten für den Master Account vermag zuletzt die geäußerten Bedenken nicht zu widerlegen. Eine solche durch Bankvollmacht des Kontoinhabers eingeräumte Mitzeichnungsbefugnis ist nicht ausreichend, um die wirksame Einlageleistung zu gewährleisten,[491] da eine solche Vollmacht regelmäßig frei widerruflich ist. Sofern sie nicht in der Cash-Pool-Vereinbarung ausgeschlossen ist, besteht kein rechtlich abgesicherter Schutz gegen ein Dazwischentreten der Muttergesellschaft als Inhaberin des Zielkontos.[492] Der Ausschluss der Widerruflichkeit wird aber keineswegs im Interesse der Muttergesellschaft sein, bestünden damit doch erhebliche Gefahren, dass die Geschäftsführer der Tochtergesellschaften sich an dem Zentralkonto bedienen, selbst wenn regelmäßig eine Obergrenze in Höhe des Einlagebetrags vereinbart werden würde. Ein solcher Ausschluss der Widerruflichkeit würde dabei auch alle anderen am Cash Pool beteiligten Gesellschaften benachteiligen. Insbesondere könnten sich andere Konzerngesellschaften aufgrund eines mit der Einräumung einer Zugriffsmöglichkeit für eine Tochtergesellschaft einhergehenden Risikos für die auf dem Zentralkonto zur Verfügung stehende Liquidität zur Kündigung der Cash-Pool-Vereinbarung gezwungen sehen. Da durch diese Gestaltung also allenfalls das Risiko der verdeckten Sacheinlage vermieden werden kann, nicht aber die freie Verfügbarkeit gewährleistet wird, erweist sich das Konzept für die Bewältigung der Problemlage als untauglich.

IV. Sicherung der Werthaltigkeit der erworbenen Darlehensforderung

Weiter könnte eine ordnungsgemäße Barkapitalmaßnahme möglich sein, wenn durch die Gestaltung des Cash-Pool-Vertrages kenntlich gemacht wird, dass es sich beim Cash Pooling nicht um eine verdeckte Rückzahlung von Einlagebeträgen, sondern wirtschaftlich um eine Geldanlage vergleichbar der Anlage bei einem Kreditinstitut handelt.[493] Um dies zu bewerkstelligen, müsste der schriftliche Cash-Pooling-Vertrag eine marktübliche Verzinsung der von der Konzerngesellschaft abgeführten Mittel sowie angemessene Überwachungsrechte und außerordentliche Kündigungsrechte der Tochtergesellschaft bei risikoreichen Geschäften vorsehen.[494] Zudem müsste die Werthaltigkeit der durch den Rückfluss des Einlagebetrages erworbenen Darlehensforderung gesichert werden. Dies wiederum könnte im Wege einer Überprüfung der Werthaltigkeit durch einen unabhängigen Wirtschaftsprüfer, einen Vorrang der auf die Einlage entfallenden Anteile der Darlehensforderung gegen die Betreibergesellschaft bezüglich der Befriedigung aus dem Cash Pool sowie eine schuldrechtliche oder ding-

---

491 Ebenso *Kurzwelly*, DAI-JAT 2006, 2, 13.

492 *Kurzwelly*, DAI-JAT 2006, 2, 13.

493 *Sieger/Hasselbach*, BB 1999, 645, 648; *Servatius*, DStR 2004, 1176, 1182.

494 OLG Dresden, Urteile vom 10.03.2004 – Az: 18 U 1227/03 und 18 U 1314/03, jeweils S. 18 f.; *Stein*, DZWiR 2004, 493, 497; *Sieger/Hasselbach*, BB 1999, 645, 648.

liche Sicherung des Darlehensrückgewähranspruchs für einen bestimmten Zeitraum möglich sein.[495] Mehrere Gründe lassen diesen Lösungsweg aber zweifelhaft erscheinen: Selbst bei Durchführung einer Werthaltigkeitsprüfung ist zu bedenken, dass sich die wirtschaftliche Sicherung der Position der Konzerngesellschaft als Darlehensgeberin schon allein aufgrund der fehlenden Kreditsicherungsinstrumente[496] nicht in dem Umfang sicherstellen lässt, wie dies bei der Anlage von Mitteln bei einem Kreditinstitut der Fall wäre.[497] Zudem fehlt es auch bei einer entsprechenden Sicherung an der umfassenden Verfügungsbefugnis über die Bareinlagemittel.[498] Der Vorschlag ist ferner ohnehin nur dann von Bedeutung, wenn das interne Kontokorrent am Beurkundungstag einen positiven Saldo der Tochtergesellschaft aufweist und überhaupt eine Darlehensforderung entstehen kann, nicht hingegen bei einer Saldoforderung der Muttergesellschaft, die durch die Rückführung der Einlage (anteilig) getilgt wird. Die Kapitalmaßnahme müsste demnach also je nach Richtung der Saldoforderung im Zeitpunkt der Beurkundung unterschiedlich strukturiert werden, was kaum praktikabel wäre.[499] Zuletzt liegt nach wie vor ein Hin- und Herzahlen von Mitteln vor, ohne dass eine Offenlegung erfolgt.

Sofern auf die dingliche Sicherung für einen bestimmten Zeitraum abgestellt wird, soll derjenige Zeitraum maßgeblich sein, der für den engen zeitlichen Zusammenhang zwischen Einlage und Rückzahlung maßgeblich ist.[500] Abgesehen davon, dass es ein solcher maßgeblicher Zeitraum aber nicht zweifelsfrei besteht,[501] kann es hierauf überhaupt nicht ankommen, wenn das Vorliegen einer Abrede festgestellt werden kann. Gerade dies ist bei einem Cash Pooling aufgrund dahingehender Vertragsinhalte aber regelmäßig der Fall. Die Stellung von Sicherheiten läuft zudem der konzernweiten Einsparung von Finanzierungskosten, die mit dem Cash Pooling bezweckt wird, entgegen und ist aus wirtschaftlicher Sicht nicht sinnvoll.[502] Zudem besteht zumindest in den Fällen, in denen aufgrund der finanziellen Leistungsfähigkeit der Muttergesellschaft und der Laufzeit und Höhe des gewährten Darlehens die Rückzahlung nicht zweifelhaft

---

495 OLG Dresden, Urteile vom 10.03.2004 – Az: 18 U 1227/03 und 18 U 1314/03, jeweils S. 18 f.; *Stein*, DZWiR 2004, 493, 497; *Sieger/Hasselbach*, BB 1999, 645, 648.

496 Hierzu unten § 5 C. IV. 1. c) bb).

497 *Hellwig*, FS Peltzer, 163, 170; jedenfalls die öffentlich-rechtlichen Sicherungen fehlen bei einer konzerninternen Anlage, worauf *Vetter/Stadler*, Rdn 97, und *Vetter/Schwandtner*, DK 2006, 407, 413, in diesem Zusammenhang zutr. hinweisen.

498 *Bayer/Lieder*, GmbHR 2006, 449, 453.

499 Ebenso *Hellwig*, FS Peltzer, 163, 171.

500 *Sieger/Hasselbach*, BB 1999, 645, 648.

501 Hierzu unten § 5 B. III. 1. a) bb).

502 *Vetter/Stadler*, Rdn 94; *Cahn*, ZHR 166 (2002), 278, 306; *Vetter/Schwandtner*, DK 2006, 407, 413; zur Problematik der Wirtschaftlichkeit der Sicherheitenbestellung bei der Kapitalerhaltung siehe noch 3. Teil § 8 E. II. 4.

ist, von vornherein kein Bedürfnis an einer Besicherung.[503] Auch dieser Lösungsweg muss daher ausscheiden.

V. Umstellung des Cash Poolings

Mangels tatsächlichen Liquiditätsausgleichs kommt es im Rahmen eines virtuellen Cash Poolings zu keinem Rückfluss des Einlagebetrages auf den Master-Account. Aus diesem Grund könnte eine Umstellung der Konzernfinanzierung auf ein virtuellen Cash Pooling weiterführend sein.[504] Eine wirkliche Alternative zum physischen Cash Pooling stellt das virtuelle Cash Pooling aus wirtschaftlicher Sicht aber aufgrund der geringeren Zinsvorteile und der aufgrund des erhöhten Ausfallrisikos von der Bank regelmäßig geforderten Sicherung aber nicht dar.[505] Im Ergebnis ist auch dieser Lösungsweg abzulehnen.

VI. Ergebnis

Im Ergebnis ist festzuhalten, dass die mit dem Cash Pooling verbundenen Besonderheiten nicht sinnvoll dafür genutzt werden können, eine ordnungsgemäße Kapitalaufbringung oder -erhöhung durchzuführen.

B. Kapitalmaßnahme außerhalb des Cash Pools

In einem nächsten Schritt ist daran zu denken, die Kapitalmaßnahme außerhalb des Cash Pools durchzuführen. Hierfür sind verschiedene Möglichkeiten in Erwägung zu ziehen.

I. Ausscheiden der Gesellschaft aus dem Cash Pool

In Betracht kommt zunächst ein Ausscheiden derjenigen Gesellschaft aus dem Cash Pool, bei der die Kapitalmaßnahme durchgeführt werden soll, womit ein automatischer Rückfluss des Einlagebetrages verhindert werden würde. In Frage steht dann allerdings, für welchen Zeitraum die Gesellschaft aus dem Cash Pool ausscheiden soll.

1. Dauerhaftes Ausscheiden

Zunächst kommt – bezogen auf eine Kapitalerhöhung – ein dauerhaftes Ausscheiden der Gesellschaft aus dem Cash Pool in Betracht. Bezogen auf eine erstmalige Kapitalaufbringung wäre es hingegen erforderlich, die Tochtergesellschaft von vornherein nicht dem Cash Pool zu unterstellen. Dass eine solche „Radikallösung“ zwar rechtlich möglich, wirtschaftlich aber denkbar ungeeignet ist, liegt auf der Hand: Es könnte keine Kapitalmaßnahme mehr durchgeführt werden, ohne die betreffende Gesellschaft aus dem Cash Pool herauszunehmen.

---

[503] *Cahn*, ZHR 166 (2002), 278, 306.

[504] *Mayer*, FS Priester, 445, 464; *ders.*, DAI-JAT 2006, 128, 157 f.; *Schmelz*, NZG 2006, 456, 458.

[505] Hierzu oben 1. Teil § 2 A. II.

Die Muttergesellschaft wäre also – um die Gesellschaft im Cash Pool zu halten – gezwungen, keine Kapitalmaßnahmen durchzuführen. Neu gegründete Gesellschaften könnten von vornherein nicht am Cash Pool teilnehmen. Eine solche stringente Lösung würde aber dem Konzern keinen Nutzen bringen. Die bei Einführung des Cash Poolings vorhandene Situation wäre also in alle Zeiten „versteinert". Werden dennoch Kapitalmaßnahmen bei bereits bestehenden Gesellschaften durchgeführt, hätte das das Ausscheiden der betreffenden Gesellschaft zur Folge. Ein konzernweites Cash Pooling ist aber im Grundsatz gerade darauf angelegt, dass möglichst viele Gesellschaften am Pool teilnehmen, um ausreichend Liquidität zur Verfügung zu haben und die Risiken für die einzelnen Konzerngesellschaften dadurch gering zu halten. Kapitalschwache und kapitalstarke Tochtergesellschaften sollen für einen Ausgleich sorgen. Dieses Gleichgewicht könnte aber empfindlich gestört werden, wenn nunmehr Gesellschaften anlässlich einer Kapitalmaßnahme aus dem Cash Pool auf Dauer ausscheiden müssen. Eine solche Lösung ist daher nach der oben genannten Prämisse, die wirtschaftlichen Vorteile des Cash Poolings möglichst umfangreich zu erhalten, kaum geeignet.

2. Vorübergehendes Ausscheiden

Das – wenn auch nur kurzfristige – Ausscheiden der Tochtergesellschaft, an die der Einlagebetrag gezahlt wird, aus dem konzernweiten Cash Pool stellt eine weitere Möglichkeit der ordnungsgemäßen Kapitalaufbringung dar.[506] Dies würde zwar für die Dauer des Ausscheidens dazu führen, dass es zu keinem Rückfluss auf das Zentralkonto käme und dadurch weder eine verdeckte Sacheinlage vorläge noch ein Verstoß gegen die freie Verfügbarkeit zu befürchten wäre. Auch eine solche Lösung würde allerdings einer wirtschaftlich sinnvollen Mittelverwendung im Konzern nicht entsprechen.[507] Da durch den Cash Pool kurzfristiger Liquiditätsbedarf von Konzerngesellschaften schnell befriedigt werden soll, ist die Einbindung möglichst aller (operierenden) Konzerngesellschaften in den Cash Pool erforderlich.[508] Man stelle sich nur folgendes Szenario vor: Die Muttergesellschaft erwägt die Kapitalerhöhung bei einer Vielzahl von Tochtergesellschaften. Jede dieser Konzerngesellschaften müsste für eine wirksame Einlageleistung zumindest für einen gewissen Zeitraum aus dem Cash Pool ausscheiden. Dieser wäre bei einer entsprechenden Zahl an ausscheidenden Konzerngesellschaften im Ergebnis lahmgelegt. In dem Maße, in dem die Ge-

---

[506] So das resignierende Ergebnis von *Bayer/Lieder*, GmbHR 2006, 449, 454 (bezogen auf Heilungsmaßnahmen); *dies.*, GmbHR 2006, 1121, 1125; *Mildner*, FAZ v. 25.01. 2006, S. 23, der sich in bestimmten Fallkonstellationen für eine dauerhafte Herausnahme der Konzerngesellschaft aus dem Cash Pool ausspricht, ohne näher auf die einzelnen Fallkonstellationen einzugehen.

[507] *Langner*, GmbHR 2006, 480, 481.

[508] So auch *Brems/Tillmann*, Börsen-Zeitung v. 25.01.2006, S. 2.

sellschaft vorhandene positive Salden aufgrund ihres Ausscheidens nicht mehr an den Cash Pool abführt, können diese Mittel nicht mehr zur Verringerung von Fremdverbindlichkeiten und zur Optimierung des Zinsertrages genutzt werden.[509] Die einzelnen Konzerngesellschaften wären darüber hinaus auch von der Liquiditätsversorgung durch den Cash Pool abgeschnitten. Bei einer nur vorübergehenden Herausnahme der Konzerngesellschaft aus dem Cash Pool stellt sich zudem die Frage, für welchen Zeitraum dies erfolgen muss. Hier bestehen insofern die gleichen Probleme wie bei dem Verbleiben des Einlagebetrages auf einem Sonderkonto außerhalb des Cash Pools.[510] Auch ein nur kurzfristiges Ausscheiden aus dem Cash Pool ist daher abzulehnen.

3. Teilweises Ausscheiden

Vorgeschlagen wird zuletzt ein teilweises Ausscheiden der Konzerngesellschaft dergestalt, dass aufgrund entsprechender Klauseln in den Vertragswerken nur noch solche Salden an den Cash Pool abgeführt werden, die den Einlagebetrag übersteigen.[511] Auch wenn dies zur Folge hätte, dass die Konzerngesellschaft im Vergleich zum vollständigen Ausscheiden noch am konzernweiten Cash Pooling teilnehmen könnte, stellt sich hier das Problem, dass ein solches Ausscheiden einerseits zeitlich begrenzt sein muss und die zeitlichen Grenzen andererseits nicht klar erkennbar sind,[512] so dass nach wie vor das Risiko einer nicht ordnungsgemäßen Kapitalaufbringung bestehen würde.[513] Selbst wenn die Mittel aus der Kapitalaufbringung durch eine solche Abrede von der Abführungspflicht ausgenommen sind, ist zudem nicht gewährleistet, dass die Leistung tatsächlich zur freien Verfügung der Geschäftsführer erfolgt ist: Verfügt nämlich die Tochtergesellschaft nur über Konten, die an den Cash Pool angeschlossen sind, fließt die Einlage – sofern die Gesellschaft sich nicht im Soll befindet – durch das automatische Verfahren ungeachtet schuldrechtlicher Auskehrungsbeschränkungen in den Cash Pool ab.[514] Zumindest für sich allein genommen vermag auch dieser Lösungsweg daher nicht zu überzeugen. Bei einer Kombination dieses Ansatzes mit einem Sonderkonto außerhalb des Cash Pools, auf das der Einlagebetrag bezahlt wird, um einen Rückfluss zu verhindern, stellen sich – wie gesagt – die Probleme des Zeitraums des Verbleibens auf dem Sonderkonto bzw. der Drittgläubigerbefriedigung. Auch diese Möglichkeit vermag damit keine wirksame Kapitalmaßnahme sicherzustellen und ist daher abzulehnen.

---

509 Zutr. *Sieger/Wirtz*, ZIP 2005, 2277, 2281.

510 Hierzu noch unten § 5 B. III. 1. a) bb).

511 So *Sieger/Wirtz*, ZIP 2005, 2277, 2280; *Stein*, DZWiR 2006, 251, 251; *Brems/Tillmann*, Börsen-Zeitung v. 25.01.2006, S 2.

512 Hierzu unten § 5 B. III. 1. a) bb).

513 *Langner*, GmbHR 2006, 480, 481.

514 Zutr. *Hentzen*, DStR 2006, 948, 951.

II. Einbeziehung in den Cash Pool erst nach Mittelverwendung

Von der Prämisse ausgehend, eine Einlageschuld könne innerhalb eines Cash-Pooling-Systems nicht getilgt werden, tritt *Gehrlein* für eine Beteiligung einer Gesellschaft an einem Cash Pooling erst nach wirksamer Gründung ein, sofern die Einlage zur freien Verfügung erbracht wurde und die GmbH mit der Einlage etwa zum Kauf von Anlagegütern gewirtschaftet hat.[515] Vordergründig erscheint eine solche Lösung plausibel. Es kommt zu keinem Rückfluss des Einlagebetrages auf das Zentralkonto. Der Beitritt zum Cash Pooling dürfte sich problemlos unter die aufschiebende Bedingung des „Verbrauchs" der Einlagemittel stellen lassen. Keine Antwort bietet diese Lösung aber zur Frage der Kapitalerhöhung einer bereits zuvor in ein Cash-Pooling-System integrierten GmbH.[516] In diesem Fall wäre, verfolgt man diese Ansicht konsequent, ebenfalls ein Ausscheiden der GmbH zum Zwecke der Kapitalerhöhung erforderlich, bis der Kapitalerhöhungsbetrag ebenfalls „verbraucht" wurde. Gegen eine derartige Lösung sprechen allerdings die bereits angesprochenen Argumente hinsichtlich des Ausscheidens der Gesellschaft aus dem Cash Pool zum Zwecke einer ordnungsgemäßen Kapitalaufbringung.

III. Sonderkontenlösung

In Betracht kommt allerdings, die Kapitalmaßnahme zur Gewährleistung der ordnungsgemäßen Kapitalaufbringung oder -erhöhung mittels Zahlung des Einlage- oder Kapitalerhöhungsbetrages auf einem Sonderkonto außerhalb des Cash Pools vorzunehmen.[517] Der BGH hat dies zwar als „im Ansatz zutreffend" erachtet, sah bei einer Einspeisung des Einlagebetrages von dem eingerichteten Sonderkonto in den Cash Pool nach 30 Tagen die Anforderungen an eine wirksame Kapitalaufbringung aber nicht als erfüllt an.[518] Bei Gründung oder bei ei-

---

[515] *Gehrlein*, DK 2007, 1, 5; *ders.*, MDR 2006, 789, 790, mit dem Hinweis, auch in dem BGHZ 166, 8 ff. zugrunde liegenden Fall sei die Gesellschaft erst nach Abschluss des Gründungsvorgangs in den Cash Pool einbezogen worden.

[516] Vgl. *Gehrlein*, MDR 2006, 789, 790: „Unzulässig war nur die nach Einführung des Cash Pools darüber abgewickelte Kapitalerhöhung."

[517] Baumbach/Hueck-*Zöllner*, § 56 a Rdn 7; Scholz-*Priester*, § 56 a Rdn 13; *Hüffer*, § 188 Rdn 6a; *Jäger*, § 45 Rdn 22 f.; *Vetter/Stadler*, Rdn 100; *Mayer*, DAI-JAT 2006, 128, 157; *Hellwig*, FS Peltzer, 163, 178; *Hüffer*, AG 2004, 416, 420; *Schäfer*, BB 2006, Beil. 7, 5, 7; *Vetter/Schwandtner*, DK 2006, 407, 416; *Mülbert*, WM 2006, 1977, 1984; *Kiethe*, DStR 2005, 1573, 1574; *Wunderlich*, BKR 2005, 387, 390; *Jäger*, DStR 2000, 1653, 1657 f.; *Hasselbach*, EWiR § 19 GmbHG 3/99, 1123, 1124; *Sieger/Hasselbach*, BB 1999, 645, 649; *Goette*, DStR 1999, 1451, 1452; *ders.*, DStR 2006, 767, 767 f.; *Priester*, ZIP 2006, 1557, 1560; *Wessels*, ZIP 2006, 1701, 1702; *Stephan*, BB 2006, 626, 627; *Hentzen*, DStR 2006, 948, 956; *Hilgard*, DH-D Wirtschaft 2/2006, 16, 17; *Müller*, FAZ vom 13.02.2002, S. 24.

[518] BGHZ 166, 8, 16.

ner Kapitalerhöhung soll demnach die Einlage auf einem Sonderkonto[519] der betroffenen Konzerngesellschaft außerhalb des Cash Pools belassen werden. Andere Stimmen wollen die Muttergesellschaft die entsprechenden Gelder selbst verwalten lassen.[520] Vielfach wird in diesem Zusammenhang gefordert, dass das Sonderkonto nicht bei der den Cash Pool verwaltenden Bank, sondern bei anderen Bank geführt werden müsse, da ansonsten das Risiko bestünde, die Bank würde ihrerseits Verrechnungen von dem Konto aus vornehmen.[521] Ist der Status des Sonderkontos gegenüber dem Kreditinstitut aber deutlich gemacht worden, kann das Risiko des Zugriffs auf das Sonderkonto minimiert werden.[522] Das Sonderkonto müsste daher nach hier vertretener Auffassung nicht zwingend bei einem anderen Kreditinstitut geführt werden.[523]

Ganz grundsätzlich spricht gegen eine Sonderkontenlösung aus wirtschaftlicher Sichtweise allerdings die Funktionsweise des Cash Poolings. Mit diesem Konzernfinanzierungsinstrument soll eine einheitliche Finanzführung erfolgen, bei der die Tochtergesellschaften ihre Liquidität vollumfänglich an die Betreibergesellschaft abzuführen verpflichtet sind. Das Unterkonto ist an den Cash Pool angeschlossen. Dem widerspricht es, wenn nun ein Sonderkonto außerhalb des Cash Pools zu Zwecken von Kapitalmaßnahmen etabliert werden soll. Allerdings müssen derartige wirtschaftliche Erwägungen möglicherweise gegenüber rechtlichen Gesichtspunkten zurückstehen. Im Ergebnis kommt es darauf aber nicht an, denn diese Ansicht kann bereits aus anderen Gründen nicht überzeugen.

1. Haltefristen außerhalb des Cash Pools

Zunächst stellt sich die Frage, für welchen Zeitraum der Einlagebetrag auf dem Sonderkonto verbleiben soll, bevor er an den Cash Pool fließt. Hierüber gehen die Auffassungen weit auseinander: Vorgeschlagen wird als Minimum eine Verweildauer von zumindest einem vollen Bankarbeitstag nach der Anmeldung

---

519 Dieses – von *Hentzen*, DStR 2006, 948, 954, als „zweiten Topf" bezeichnete – Konto könne sowohl ein anwaltliches oder notarielles Treuhandkonto als auch ein spezielles Konto der betreffenden Finanzierungsgesellschaft sein, über das der Cash Pool seine allgemeinen Geldanlagegeschäfte abwickelt, *Sieger/Hasselbach*, BB 1999, 645, 649.

520 *Römermann/Schröder*, Corporate Goverance, 113, 118 f.

521 *Eilmann*, LMK 2006, 178884; *Goette*, DStR 2006, 767, 767 f.; *ders.*, KTS 2006, 217, 224; *Mülbert*, WM 2006, 1977, 1984; dies war in dem den Entscheidungen des BGH vom 16.01.2006 (BGHZ 166, 8 ff.) zugrunde liegenden Sachverhalt der Fall.

522 In diese Richtung *Priester*, ZIP 2006, 1557, 1560; selbstverständlich müsste ferner mit der Muttergesellschaft vertraglich vereinbart werden, dass die Tochtergesellschaft nicht zur Abführung der Salden von dem Sonderkonto an den Cash Pool verpflichtet ist.

523 Sofern man eine Gläubigerbefriedigung von diesem Sonderkonto vornehmen will, ist darauf zu achten, dass dieses Konto einen entsprechenden Zahlungsverkehr zulässt; vgl. OLG Dresden, Urteile vom 10.03.2004 – Az: 18 U 1227/03 und 18 U 1314/03, jeweils S. 6, 13, 34, wonach sich kein verzinsliches Festgeldkonto, sondern eine Girokonto anbieten würde.

oder Eintragung der Kapitalerhöhung oder Einlage zum Handelsregister, bis der Saldo auf das Zielkonto übertragen wird.[524] Für den Eintragungszeitpunkt als Orientierungsmaßstab spreche die Tatsache, dass der BGH[525] die Geltung des Unversehrtheitsgrundsatzes hieran anknüpfe.[526] *Sieger/Hasselbach* stellen demgegenüber auf den Zeitpunkt der Anmeldung der Kapitalerhöhung oder Einlage ab, da der BGH lediglich von einer Prüfungspflicht des Registergerichts bezüglich der Erklärung zur freien Verfügbarkeit spreche, was sich auch lediglich auf den Zeitpunkt der Registeranmeldung beziehen könne.[527] Bereits hiermit sei dem Erfordernis der freien Verfügbarkeit entsprochen, da sich die Erklärung bzw. Versicherung der freien Verfügbarkeit gemäß §§ 8 Abs. 2, 57 Abs. 2 GmbHG lediglich auf die endgültig freie Verfügbarkeit der Einlage zum Zeitpunkt der Handelsregisteranmeldung und nicht der Eintragung beziehe.[528] Von anderen wird ein Belassen der Mittel auf dem Sonderkonto bis zum Zeitpunkt der Eintragung der Kapitalerhöhung für ausreichend erachtet, bzw. vorgeschlagen, die erstmalige Aufnahme einer neu gegründeten Tochter-GmbH in den Cash Pool solle nicht vor der Handelsregistereintragung der Gesellschaft erfolgen.[529] Wiederum andere orientieren sich an demjenigen Zeitraum, innerhalb dessen eine Rückzahlung von Mitteln typischerweise als verdeckte Sacheinlage einzustufen ist.[530]

Falls keine Absprache hinsichtlich der verdeckten Sacheinlage besteht, wird eine solche vermutet, wenn die Verrechnung in einem engen zeitlichen Zusammenhang mit der Einlageleistung bzw. dem Kapitalerhöhungsbeschluss vorgenommen wird.[531] Als Richtwert wird hier oftmals eine Frist von sechs Monaten genannt.[532] Allerdings ist dieser Stand alles andere als gesichert.[533] Genannt

---

[524] *Hüffer*, § 188 Rdn 6a; *Vetter/Stadler*, Rdn 100; *Hellwig*, FS Peltzer, 163, 178; *Jäger*, DStR 2000, 1653, 1657 f.; *Hasselbach*, EWiR § 19 GmbHG 3/99, 1123, 1124; *Sieger/ Hasselbach*, BB 1999, 645, 649; *Goette*, DStR 2006, 767, 767, bezeichnet die in dem der Entscheidung BGHZ 166, 8 ff. zugrundeliegende Eintragungszeit von 30 Tagen dagegen als „Schamfrist".

[525] BGHZ 68, 191, 195; 80, 129, 136.

[526] *Jäger*, § 45 Rdn 23; *ders.*, DStR 2000, 1653, 1657.

[527] *Sieger/Hasselbach*, BB 1999, 645, 649; auf die Anmeldung als maßgeblichen Zeitpunkt für Erklärungen abst. auch OLG Köln, GmbHR 1988, 227, 227; BayObLG, GmbHR 1992, 109, 110; LG Gießen, GmbHR 2003, 543, 543; Baumbach/Hueck-*Hueck/Fastrich*, § 8 Rdn 14; Scholz-*Winter/Veil*, § 8 Rdn 21.

[528] *Hellwig*, FS Peltzer, 163, 179; *Sieger/Hasselbach*, BB 1999, 645, 649.

[529] *Jäger*, § 45 Rdn 23; *ders.*, DStR 2000, 1653, 1657 f.

[530] Etwa *Hentzen*, DStR 2006, 948, 956.

[531] BGHZ 132, 133, 139; Achilles/Ensthaler/Schmidt-*Ensthaler*, § 19 Rdn 27; *Sieger/Wirtz*, ZIP 2005, 2277, 2278.

[532] BGHZ 132, 133, 139; 152, 37, 45; OLG Köln, ZIP 1999, 399, 400; OLG Brandenburg, GmbHR 1998, 1033, 1034; Hachenburg-*Ulmer*, § 5 Rdn 147a; Baumbach/Hueck-*Hueck/*

werden auch Fristen von einem Jahr,[534] teilweise aber auch von zwei Jahren.[535] Der BGH sieht den zeitlichen Zusammenhang bei einem Zeitabstand von mehr als acht Monaten nicht mehr als gegeben an.[536] Andere wiederum lehnen eine zeitliche Begrenzung von vornherein ab.[537] Daher müsse zu fordern sein, die Mittel dauerhaft auf dem Sonderkonto zu belassen und dem Cash Pool überhaupt nicht zur Verfügung zu stellen.[538]

a) Stellungnahme

Eine zeitliche Begrenzung des Heraushaltens des Einlagebetrages aus dem Cash Pool ist aus verschiedenen Gründen abzulehnen:

aa) Kurzzeitiges Belassen auf dem Sonderkonto

Gegen das nur kurzfristige Belassen der Mittel auf dem Sonderkonto ist einzuwenden, dass von keiner freien Verfügbarkeit über die Einlage ausgegangen werden kann, wenn eine Vereinbarung vorliegt, nach der der Betrag der Einlage an den Gesellschafter als Darlehen zurückgezahlt werden soll.[539] Letztlich wird die Einbeziehung in den Cash Pool durch eine derartige Ausgestaltung nur symbolisch ausgeschlossen. Soweit von vornherein feststeht, dass der Einlagebetrag auf das Zentralkonto fließen wird, kann es aus wirtschaftlicher Sicht keinen Unterschied machen, ob der Betrag unmittelbar an den Cash-Pool-Führer überwiesen wird und damit dem Inferenten unmittelbar oder mittelbar wieder zufließt, oder ob dieser Ablauf infolge eines befristeten Anlegung des Betrages auf einem Sonderkonto zeitlich verzögert wird.[540] Auch kann das Argument, die Geschäftsführer hätten die Möglichkeit gehabt, eine Entscheidung dahingehend zu treffen,

---

Fastrich, § 19 Rdn 39; *Gehrlein*, GmbH-Recht in der Praxis, S. 319; *Ulmer*, ZHR 154 (1990), 128, 140; *Priester*, ZIP 1991, 345, 350.

[533] Zusammenfassend OLG Hamburg, ZIP 2007, 580, 582.

[534] *Autenrieth*, DStZ 1988, 252, 253.

[535] *Knobbe-Keuk*, ZIP 1986, 885, 890; *Mayer*, NJW 1990, 2593, 2598.

[536] BGHZ 152, 37, 45.

[537] *Henze*, ZHR 154 (1990), 105, 113 f.; krit. auch Roth/Altmeppen-*Roth*, § 19 Rdn 55; schon fast resignierend *Becker*, RNotZ 2005, 569, 571, der empfiehlt, wegen der praktischen Schwierigkeiten bei der Feststellung des Vorliegens einer verdeckten Sacheinlage aus notarieller Sicht unter dem Gesichtspunkt des sichersten Weges im Zweifel vom Vorliegen einer verdeckten Sacheinlage auszugehen.

[538] *Kiethe*, DStR 2005, 1573, 1574; *Cahn*, ZHR 166 (2002), 278, 287; *Morsch*, NZG 2003, 97, 103.

[539] BGH, NZG 2002, 524, 526; NJW 1991, 226, 227; OLG Dresden, GmbHR 2000, 34, 36; *Vetter/Schwandtner*, DK 2006, 407, 416; *Morsch*, NZG 2003, 97, 103; *Mildner*, FAZ v. 25.01.2006, S. 23; diesen Vorschlag abl., allerdings ohne hinsichtlich der Dauer der Aussonderung zu differenzieren *Korts*, S. 34; *Brems/Tillmann*, Börsen-Zeitung v. 25.012006, S 2.

[540] OLG Dresden, Urteile v. 10.03.2004 – Az: 18 U 1227/03 und 18 U 1314/03, jeweils S. 35.

ob die Einlage in den Cash Pool fließen soll oder nicht,[541] schon aufgrund der Cash-Pool-Vereinbarungen, die regelmäßig zum Abfluss der Mittel an den Cash-Pool-Führer verpflichten, nicht überzeugen.[542]

Vertreten wird ein Modell, wonach der Betrag auf einem Sonderkonto außerhalb des Cash Pools für einen Bankarbeitstag zur Gewährleistung der freien Verfügbarkeit in Verbindung mit der Offenlegung der Mittelverwendung nach den Grundsätzen des „Schütt-aus-Hol-zurück"-Verfahrens zu belassen sei.[543] Sei dem Risiko der verdeckten Sacheinlage durch Vornahme einer Sacheinlage oder zumindest der Beachtung der dafür geltende Maßnahmen unter Offenlegung des Verwendungszwecks begegnet worden, schränke das Erfordernis der freien Verfügbarkeit die Handlungsalternativen der Gesellschafter nicht weiter ein, sofern der Einlagegegenstand dinglich wirksam auf die Gesellschafter übertragen werde.[544] Um einer falschen Versicherung von vornherein aus dem Wege zu gehen, solle vorsichtshalber in der Erklärung über die freie Verfügbarkeit auf den Kapitalerhöhungsbeschluss Bezug genommen werden.[545] Dagegen ist aber bereits einzuwenden, dass es an der freien Verfügbarkeit fehlt, wenn keine effektive und endgültige Überführung der versprochenen Barzahlung in das Gesellschaftsvermögen vorliegt.[546] Gerade dies ist indes bei einer kurzzeitigen Belassung auf einem Sonderkonto außerhalb des Cash Pools der Fall. Auf den Umstand, dass sich die Versicherung der freien Verfügbarkeit nicht auf die rechtliche Qualifikation als Bar- oder Sacheinlage bezieht,[547] kommt es damit nicht an. Soweit argumentiert wird, eine freie Verfügbarkeit sei hier anzunehmen, da die Geschäftsführung der Tochtergesellschaft die Möglichkeit habe zu entscheiden, ob sie die Bareinlage durch bewusste Einzelüberweisung in den Cash Pool einstellt oder nicht,[548] kann nur nochmals darauf hingewiesen werden, dass diese Möglichkeit einer freien Verfügbarkeit nicht gleichzustellen ist.

Ferner ist die bloße faktische, der Cash-Pooling-Vereinbarung zuwider laufende Zugriffsmöglichkeit der Gesellschaft auf den Einlagebetrag auf dem Sonderkonto bis zum Zeitpunkt der automatischen Abbuchung auf das Zentralkonto noch nicht ausreichend, um eine freie Verfügbarkeit zu gewährleisten. Selbst wenn man hier eine solche abredewidrige Verfügungsmöglichkeit ausrei-

---

[541] So *Hüffer*, § 188 Rdn 6a.

[542] *Rehm*, FS Säcker, 305, 313; *Vetter/Schwandtner*, DK 2006, 407, 416.

[543] *Vetter/Stadler*, Rdn 100; *Hellwig*, FS Peltzer, 163, 176; *Vetter/Schwandtner*, DK 2006, 407, 415.

[544] *Vetter/Stadler*, Rdn 100; *Vetter/Schwandtner*, DK 2006, 407, 415.

[545] *Vetter/Stadler*, Rdn 100; *Vetter/Schwandtner*, DK 2006, 407, 415; ebenso *Hellwig*, FS Peltzer, 163, 178.

[546] *K. Schmidt*, AG 1986, 106, 112; *Jäger*, DStR 2000, 1653, 1655.

[547] *Hellwig*, FS Peltzer, 163, 177; *Maier-Reimer*, FS Nirk, 639, 653.

[548] *Hellwig*, FS Peltzer, 163, 179.

chen ließe,[549] ist dem Erfordernis der freien Verfügung nicht genüge getan, wenn der Betrag nur bis zum Zeitpunkt der Abbuchung faktisch zur Verfügung stehen würde, da es hier an einer endgültigen Überlassung der Mittel fehlt.[550] Die – im Zweifel nur einige Stunden lang – bestehende faktische Verfügungsmöglichkeit ist für eine endgültige Überlassung der Mittel im Sinne einer freien Verfügung nicht ausreichend.[551] Die Muttergesellschaft hat sich gerade nicht jeder Verfügungsmöglichkeit entäußert,[552] wenn der Betrag, sofern er in dem kurzen Zeitraum vor der Buchung auf das Zentralkonto von den Geschäftsführern der Tochtergesellschaft nicht verwendet wird, automatisch abgezogen wird. Auch die Unwirksamkeit der Cash-Pooling-Abrede wegen Verstoßes gegen die Sacheinlagevorschriften[553] würde nichts an der fehlenden freien Verfügbarkeit ändern. Es ist weitgehend anerkannt, dass es auf die Rechtswirksamkeit einer Abrede, in der der Rückfluss an den Einleger vereinbart ist, nicht ankommt.[554] Nur *Ebbing* will die freie Verfügbarkeit durch eine Abrede, deren Durchführung von den Geschäftsführern verweigert werden müsse, nicht in Frage stellen.[555] Entscheidend ist aber lediglich, dass mit der Verwirklichung des Inhalts normalerweise gerechnet werden kann oder dass die Rückzahlung tatsächlich erfolgt ist.[556] Gerade dies ist aber bei einer Einbindung einer Gesellschaft in ein konzernweites Cash-Pooling-System ohnehin regelmäßig der Fall.

Im übrigen erscheint eine Lösung nach den Grundsätzen des „Schütt-aus-Hol-zurück"-Verfahrens aus noch aufzuzeigenden Gründen als zweifelhaft.[557]

bb) Längerfristiges Belassen auf dem Sonderkonto

Auch ein längerfristiges Belassen der Einlage auf dem vom Cash Pooling nicht erfassten Konto vermag dieses Ergebnis nicht zu ändern. Abgesehen davon, dass es nach gegenwärtiger Rechtslage keinen festen Zeitpunkt nach der Gründung oder Erhöhung des Grundkapitals der Gesellschaft gibt, ab dem das Vorliegen des Tatbestandes der verdeckten Sacheinlage mit Sicherheit verneint werden

---

[549] Demgegenüber die rechtliche Verfügungsmöglichkeit betonend etwa Scholz-*Veil*, § 7 Rdn 34; *Hüffer*, § 27 Rdn 24; *K. Schmidt*, AG 1986, 106, 109; *Hentzen*, DStR 2006, 948, 951; *Sieger/Wirtz*, ZIP 2005, 2277, 2278.

[550] A. A. *Hentzen*, DStR 2006, 948, 955.

[551] Ausdr. *Goette*, DStR 2007, 773, 774.

[552] Plastisch BGHZ 113, 335, 349; zu diesem Erfordernis schon oben § 3 C.

[553] Hierzu oben § 3 B. I.

[554] BGHZ 113, 335, 349; 165, 113, 117; OLG Hamm, BB 1997, 433, 434; OLG Köln, GmbHR 1994, 470, 471; Scholz-*Veil*, § 7 Rdn 36; Hachenburg-*Ulmer*, § 7 Rdn 54; MünchHndbGesR-GmbH-*Heinrich*, § 7 Rdn 13; *Gehrlein*, GmbH-Recht in der Praxis, S. 319; *K. Schmidt*, AG 1986, 106, 110 f.; hierzu oben § 3 B. IV.

[555] *Ebbing*, WuB II. C. § 30 GmbHG 2.02, 247, 249.

[556] Scholz-*Veil*, § 7 Rdn 36; MünchHndbGesR-GmbH-*Heinrich*, § 7 Rdn 13; *K. Schmidt*, AG 1986, 106, 110 f.

[557] Siehe hierzu unten § 5 C. III.

kann[558] und bezeichnenderweise auch der RegE-MoMiG eine Normierung der Frist für den zeitlichen Zusammenhang unterlässt,[559] ändert der längere Zeitraum nichts an dem Umstand, dass der Rückfluss auch hier geplant ist. Da somit gerade aufgrund der Absprache, dass der Betrag auf ein eigens dafür eingerichtetes Konto überwiesen werden soll, eine auf den wirtschaftlichen Erfolg gerichtete (Vor-) Abrede vorliegt, bedarf es einer Vermutungsregel, für die die oben genannten Zeitabstände relevant sein könnten, überhaupt nicht mehr. Selbst wenn die vorgeschlagenen Zeitspannen überschritten sind, ist der Umgehungstatbestand auch dann verwirklicht, wenn positiv festgestellt wird, dass eine Vorabsprache getroffen wurde.[560] Dies ist beim Cash Pooling stets der Fall. Allein ein bestimmter Zeitablauf ändert mithin nichts an der getroffenen Absprache. Liegt eine Abrede vor, kommt es auf entsprechende, zudem noch unsichere Zeiträume überhaupt nicht an. Um es deutlich zu sagen: Ist eine Verwendungsabrede getroffen, darf schon aufgrund dieser Verwendungsabrede der Betrag zu keinem Zeitpunkt in den Cash Pool einfließen. Die vielfach vertretene zeitliche Begrenzung stellt lediglich eine Vermutung für das Vorliegen einer Abrede dar. Ist eine Abrede aber tatsächlich getroffen, bedarf es derartiger Vermutungsregeln überhaupt nicht. Die Zeiträume, für die der Betrag auf einem Sonderkonto „geparkt“ wird, sind also beim Cash Pooling entgegen vielfach vertretener Ansicht vollkommen irrelevant.

Mit der Einrichtung eines Sonderkontos, auf das der Einlagebetrag eingezahlt werden soll, ist aber bereits eine entsprechende Verwendungsabrede getroffen, die sämtliche zeitlichen Schranken unerheblich werden lässt. Dass man ohne eine Abrede ein Sonderkonto eröffnen würde, ist aber wiederum ebenfalls nicht denkbar. Eine stillschweigende Billigung des der Gesellschafterversammlung der Tochtergesellschaft bekannt gegebenen Vorgehens der Geschäftsführung soll dabei nach der Rechtsprechung des BGH einer Verabredung sogar gleich stehen.[561] Da bei einem lediglich auf kurze Frist angelegten Konto außerhalb des Cash Pools die Verknüpfung zwischen Einzahlung und Rückfluss des Einlagebetrages außerdem von vornherein vorgezeichnet ist, bedarf es keiner

---

[558] Auf die Unsicherheiten einer solchen Lösung hinw. *Langner*, GmbHR 2006, 480, 481; *Kummer*, jurisPR-BGHZivilR 27/2006, Anm. 4.

[559] Begr. RegE-MoMiG, S. 92 mit Gründen hierfür.

[560] BGHZ 132 141, 148; 166, 8, 14; BGH, NJW 2007, 765, 769; Lutter/Hommelhoff-*Lutter/Bayer*, § 5 Rdn 43; Pentz/Sollanek-*Pentz*, S. 20; Rowedder/Schmidt-Leithoff-*Pentz*, § 19 Rdn 124; *Mayer*, DAI-JAT 2006, 128, 138; *Spindler*, ZHR 171 (2007), 245, 275; *Hentzen*, DStR 2006, 948, 951; *Wessels*, ZIP 2006, 1701, 1702; *Bayer*, GmbHR 2004, 445, 448; *Lamb/Schluck-Amend*, DB 2006, 879, 880; *Reiff*, EWiR § 27 AktG 1/05, 411, 412; *Bayer/Lieder*, GmbHR 2006, 449, 451.

[561] BGHZ 166, 8, 13 f.

weitergehenden ausdrücklichen Absprachen, die auf das Ziel der Übertragung des Einlagebetrages in den Cash Pool gerichtet wären.[562]

Zudem sind in die Bewertung des Vorgangs die Gesamtumstände einzustellen. Gewichtige Indizien für das Vorliegen eines Umgehungstatbestandes sind etwa die Übereinstimmung der Beträge der Einlageschuld und der Darlehensgewährung sowie das Fehlen eines plausiblen Anlasses, das Geschäft auch mit einem Dritten abzuschließen.[563] Zwar kann dieser Anlass in der Durchführung eines konzerninternen Cash Pools gesehen werden, der konzernexternen Dritten verschlossen bleibt,[564] als Indiz kommt jedoch der regelmäßig gleich lautende Betrag zwischen Einlageleitung und an den Cash Pool gewährtem Darlehen in Betracht. Auch bei einer längerfristigen Belassung der Mittel auf dem Sonderkonto kann das Vorliegen einer verdeckten Sacheinlage damit nicht wirksam ausgeschlossen werden.

Bei der Frage des für den Tatbestand der verdeckten Sacheinlage maßgeblichen Hin- und Herzahlens ist ferner nicht die konkrete Einlageleistung („Nämlichkeit der Mittel") maßgeblich, sondern der Betrag der Einlage.[565] Aus diesem Grund kann ein Rückfluss der Mittel auch dann angenommen werden, wenn die Einlageleistung durch Einzahlung auf ein Sonderkonto zwar dem Cash Pool entzogen wird, jedoch der Betrag der Einlageleistung durch einen Mittelabfluss vom regulären Geschäftskonto im Rahmen des Cash Poolings an die Konzernmutter fließt.[566] Soweit in diesem Zusammenhang die permanente Überwachung der entsprechend ausgestalteten Cash-Pooling-Verträge gefordert wird, die entsprechende Rückflüsse des Gesellschaftsvermögens an die Gesellschafter verbieten sollen,[567] stellt sich vor allem die Frage nach der praktischen Durchführbarkeit. Bei einer längerfristigen Aussonderung der Einlageleistung aus dem Cash Pool ist zudem zu bedenken, dass es hinsichtlich der besonderen Finanzierungs- und Geldanlagefunktion, die mit dem Cash Pooling bezweckt wird, wenig sinnvoll ist, wenn liquide Mittel auf Dauer außerhalb des Cash Pools ange-

---

[562] BGHZ 166, 8, 14; *Rehm*, FS Säcker, 305, 313; *Mayer*, FS Priester, 445, 454; *ders.*, DAI-JAT 2006, 128, 138.

[563] Scholz-*Priester*, § 56 Rdn 26; *Raiser/Veil*, § 26 Rdn 9; *Geißler*, GmbHR 2004, 1181, 1186; *Becker*, RNotZ 2005, 569, 571.

[564] Zu einem Zusammenschluss zu einem Cash Pool außerhalb eines Konzernverhältnisses siehe aber auch 1. Teil § 1 C.

[565] Dies beruht auf der Erwägung, dass ein Fall des Hin- und Herzahlens auch dann gegeben ist, wenn die Einlageleistung an einen Dritten zurückfließt und dem Einlageschuldner nur mittelbar zugute kommt, vgl. BGHZ 132, 133, 135; Scholz-*Winter/ H.P. Westermann*, § 5 Rdn 80a.

[566] So auch KK-*Lutter*, § 66 Rdn 43; *Jäger*, § 45 Rdn 23; *Vetter/Stadler*, Rdn 92; *Morsch*, NZG 2003, 97, 103.

[567] *Jäger*, § 45 Rdn 23.

legt würden.[568] Dies gilt insbesondere für die Fälle, in denen die GmbH ein hohes Stammkapital aufweist. Die Errichtung von Sonderkonten außerhalb des Cash Pools, auf dem der Einlagebetrag verbleibt, dürfte sich hier als undurchführbar erweisen.[569]

Hinzu kommt noch, dass die Muttergesellschaft ihren Einlagebetrag außerhalb des Cash Pools anlegen würde, während der Liquiditätsbedarf anderer Konzernunternehmen infolge der geringeren im Cash Pool verfügbaren Liquidität durch externe Kredite, insbesondere durch Kreditlinien, die für das Zentralkonto eingeräumt wurden, gedeckt werden müsste. Dies würde dazu führen, dass dem Konzern ein Verlust in Höhe der Differenz von Soll- und Habenzinssatz für den Einlagebetrag entstehen würde.[570] Bei dauerhafter Aussonderung der Mittel aus dem Cash Pool würde zudem Liquidität dauerhaft unbrauchbar gehalten werden. Werden im Laufe der Zeit mehrere Kapitalerhöhungen durchgeführt, würden möglicherweise mehrere Sonderkonten mit der entsprechenden Liquidität nebeneinander erforderlich. Der Aufwand, der bei dauerhaften Sonderkonten zu betreiben ist, verringert die mit dem Cash Pooling verbundenen Vorteile in erheblichem Ausmaß. Die Geschäftsführung kann bei dieser Lösung lediglich über das „Wann“ der Einbeziehung in den Cash Pool entscheiden, nicht jedoch über das „Ob“. Dies ist für eine Leistung zur freien Verfügbarkeit indes gerade nicht ausreichend.

b) Ergebnis

Wie dargelegt wurde, führt der Rückfluss des Einlagebetrages vom Sonderkonto an den Cash Pool – gleich zu welchem Zeitpunkt – stets zu einem Fehlschlagen der Einlageleistung. Letztlich haben die Ausführungen verdeutlicht, dass der Einlagebetrag selbst zu keinem Zeitpunkt in den Cash Pool einfließen darf.[571] Allein über die zeitliche Schiene lässt sich eine ordnungsgemäße Kapitalaufbringung also nicht bewerkstelligen, da auch der spätere Rücklauf des Einlagebetrages an den Cash Pool dazu führt, dass keine ordnungsgemäße Kapitalmaßnahme stattfindet.

2. Gläubigerbefriedigung

Denkbar wäre es allerdings, dass der Einlagebetrag auf ein Sonderkonto außerhalb des Cash Pools fließt und dass mittels einer von diesem Konto aus auf den Tag der Überweisung des Einlagebetrags bezogenen „Steuerung“ die gegen die

---

568 So auch *Vetter/Stadler*, Rdn 92; *Hellwig*, FS Peltzer, 163, 169; *Cahn*, ZHR 166 (2002), 278, 287; *Vetter/Schwandtner*, DK 2006, 407, 415; *Stein*, DZWiR 2004, 493, 497; *Sieger/Hasselbach*, BB 1999, 645, 649; *Hentzen*, DStR 2006, 948, 955.

569 So auch *Stein*, DZWiR 2004, 493, 497.

570 *Cahn*, ZHR 166 (2002), 278, 287.

571 So auch *Priester*, ZIP 2006, 1557, 1560; *Eilmann*, LMK 2006, 178884; *Werner*, BKR 2006, 211, 214; *Mülbert*, WM 2006, 1977, 1984.

Tochtergesellschaft gerichteten Forderungen sowohl gesellschaftsfremder Dritter als auch anderer Konzerngesellschaften beglichen werden können.[572] Der Einlagebetrag selbst gelangt also zu keiner Zeit in den Cash Pool. Nach einem Urteil des OLG Dresden soll für eine solche Lösung aber nicht allein die rein theoretische Möglichkeit der Gläubigerbefriedigung ausreichen,[573] was darauf hindeutet, dass es tatsächlich zu einer Berichtigung von Forderungen von Drittgläubigern kommen muss, damit kein Rückfluss an den Inferenten anzunehmen ist.[574] Dass diese Forderung, die mit den Einlagemitteln beglichen werden soll, schon zum Zeitpunkt der Kapitalmaßnahme bestehen oder fällig sein muss, ist hingegen nicht vorauszusetzen.

Bei wirtschaftlicher Betrachtung kann sich eine Drittgläubigerbefriedigung von einem Sonderkonto aus mit den Mitteln der Einlageleistung als vorteilhaft erweisen: Die Tochtergesellschaft verzichtet zwar auf einen Habenzins bei einer Bank, bei der das Sonderkonto eingerichtet ist, für die im Rahmen der Einlage geleisteten Mittel, vermeidet aber über den Umweg des Ausgleichs von Verbindlichkeiten gegenüber Dritten mit den Mitteln der Einlage eine Mittelaufnahme und damit Sollzinsen im Cash Pool. Da die Sollzinsen regelmäßig höher als die Habezinsen sind, ist es für die Tochtergesellschaft somit vorteilhafter, wenn sie Dritte mit den auf einem Sonderkonto eingezahlten Einlagemitteln als mit den Mitteln eines über den Cash Pool aufgenommenen Darlehens begleicht.[575] Nach dem ordnungsgemäßen Verbrauch der eingezahlten Mittel kann das Sonderkonto dann geschlossen werden.[576] Neben diesen wirtschaftlichen

---

[572] Allg. GK-AktG-*Röhricht*, § 36 Rdn 81; Hachenburg-*Ulmer*, § 7 Rdn 51; In Bezug auf das Cash Pooling: OLG Dresden, Urteile v. 10.03.2004 – Az: 18 U 1227/03 und 18 U 1314/03, jeweils S. 12, 34 f.; *Mayer*, DAI-JAT 2006, 128, 157; *Rehm*, FS Säcker, 305, 314; *Cahn*, ZHR 166 (2002), 278, 287, Fn 34; *Sieger/Hasselbach*, BB 1999, 645, 649; *Vetter/Schwandtner*, DK 2006, 407, 417; *Schäfer*, BB 2006, Beil. 7, 5, 7 f.; *Goette*, KTS 2006, 217, 224; *ders.*, DStR 2006, 767, 767; *ders.*, DStR 2007, 773, 775; *ders.*, ZInsO 2007, 1177, 1178; *Lamb/Schluck-Amend*, DB 2006, 879, 880; *Eilmann*, LMK 2006, 178884; *Hentzen*, DStR 2006, 948, 954; *Gehrlein*, MDR 2006, 789, 790; *Priester*, ZIP 2006, 1557, 1560; *Stephan*, BB 2006, 626, 627; *Wessels*, ZIP 2006, 1701, 1702; vgl. zu einem ähnl. Gedanken im Rahmen der Lohnsteuerhaftung *Hey*, EWiR § 69 AO 1/05, 851, 852; zweif. *Brems/Tillmann*, Börsen-Zeitung v. 25.01.2006, S. 2.

[573] OLG Dresden, Urteile v. 10.03.2004 – Az: 18 U 1227/03 und 18 U 1314/03, jeweils S. 12, 34 f.

[574] Hieran fehlt es etwa in Manipulationsfällen; zu den damit verbundenen praktischen Schwierigkeiten, die sich etwa aus einer Umstellung der IT-Systeme ergeben *Hentzen*, DStR 2006, 948, 954.

[575] Ökonomisch zutr. *Hentzen*, DStR 2006, 948, 954; offen bleibt freilich, ab welchem Zeitpunkt eine solche Gläubigerbefriedigung stattfinden soll; da es bei Vorliegen einer Abrede auf die von der Rechtsprechung zur Vermeidung einer verdeckten Sacheinlage aufgestellten Fristen nicht ankommt, dürften diese Fristen auch hier irrelevant sein.

[576] *Priester*, ZIP 2006, 1557, 1560, hält den damit verbundenen Aufwand für die Gesellschaft für zumutbar; ähnl. *Werner*, BKR 2006, 211, 214.

Vorteilen würde gegen diese Lösung auch nicht das regelmäßige Vorliegen einer Verwendungsabsprache zur Verwendung der Mittel zur Gläubigerbefriedigung sprechen. Eine Verwendungsabsprache ist nur dann schädlich, wenn sie dahin geht, die eingezahlten Mittel gerade wieder dem Einleger zukommen zu lassen.[577]

a) Stellungnahme

Zu beachten ist in diesem Zusammenhang zunächst, dass das Unterkonto der Gesellschaft im Cash Pool durch die Gläubigerbefriedigung mit Mitteln, die auf dem Sonderkonto zur Verfügung stehen,[578] mittelbar entlastet und die um die betreffenden Beträge erhöhten Salden auf dem Unterkonto auf das Zielkonto im Rahmen des täglichen Ausgleichs übertragen werden. Zur Verdeutlichung folgendes fiktives Beispiel: Der Einlagebetrag wird in Höhe von 50.000 Euro auf ein Sonderkonto außerhalb des Cash Pools einbezahlt. Mit diesem Betrag befriedigt die Tochtergesellschaft nun ihre Gläubiger. Ohne diese Möglichkeit hätte die Tochtergesellschaft die Gläubigerbefriedigung von ihrem Unterkonto aus vorgenommen. Auf diesem Konto ist im Ergebnis daher ein erhöhter Saldo in Höhe des ersparten Betrages von 50.000 Euro vorhanden, der nun automatisch an den Cash Pool abgeführt wird.[579]

aa) Wirtschaftliche Betrachtungsweise des Vorgangs

Bei Zugrundelegung einer wirtschaftlichen Betrachtung der Vorgänge wird der Kapitalerhöhungsbetrag bzw. die Einlageleistung dadurch auf indirektem Wege nach und nach in den Cash Pool einbezogen und damit indirekt an die Inferentin zurückgezahlt. Dann stellt sich die Frage, ob die Annahme der Gefahr berechtigt ist, dass hierin eine indirekte Rückzahlung an den Inferenten zu sehen ist. Dies ist aus verschiedenen Gründen zu bejahen:[580] Aus Gläubigerschutzgesichtspunkten ist es unerheblich, ob die Tochtergesellschaft den Einlagebetrag unmittelbar verwendet, um damit ein vom Cash-Pool-Führer gewährtes Darlehen zurückzuführen und dabei ihre operativen Ausgaben durch operative Einnahmen bestritten werden oder aber, ob mit den operativen Einnahmen der Tochtergesellschaft

---

[577] BGHZ 153, 107, 110; BGH, GmbHR 2007, 433, 434; vgl. Scholz-*Winter/H.P. Westermann*, § 5 Rdn 77.

[578] Beispielsweise Zahlung von Gehältern und Mieten, Erwerb von Gegenständen des Anlage- oder Umlaufvermögens, vgl. *Priester*, ZIP 2006, 1557, 1560; *Wessels*, ZIP 2006, 1701, 1702.

[579] Bei diesem fiktiven Beispiel wird freilich außer acht gelassen, dass der Betrag auf dem Unterkonto durch anderweitige Abflüsse von diesem Konto verringert sein kann; das Beispiel besitzt insofern lediglich Modellcharakter.

[580] Abl. auch *Vetter/Stadler*, Rdn 92; *Sieger/Wirtz*, ZIP 2005, 2277, 2280; *Morsch*, NZG 2003, 97, 103; *Stein*, DZWiR 2006, 251, 251, Fn 9; *Wunderlich*, BKR 2005, 387, 389; *Hangebrauck*, WuB II C. § 19 GmbHG 2.06, 479, 480; teilw. *Bayer/Lieder*, GmbHR 2006, 449, 451; *Langner*, GmbHR 2006, 480, 482.

das Darlehen zurückgewährt wird und der Bareinlagebetrag für operative Ausgaben genutzt wird.[581] In beiden Fällen gelangt ein Betrag in Höhe der Einlage wieder an den Inferenten zurück, was einer wirksamen Kapitalmaßnahme entgegensteht.

Stellt man sich die Lage ohne den Cash Pool dar, wäre es zwar unproblematisch, dass die GmbH ihre Einlagemittel zur Schuldentilgung verwendet. Den Gläubigern der GmbH steht insoweit kein Anspruch darauf zu, dass der Einlagebetrag als unveränderlicher Haftungsstock in der GmbH verbleibt.[582] Den Gesellschaftern ist es allerdings wegen der auf der Grundlage ihres Einlageversprechens im Handelsregister verlautbarten Mindestkapitalausstattung versagt, Stammkapital in ihr Privatvermögen zu überführen.[583] Werden im Rahmen eines konzernweiten Cash Poolings aber gerade infolge der Schuldentilgung mit dem Einlagebetrag dadurch ersparte Mittel auf dem Unterkonto in den Cash Pool einbezogen, steht dies aufgrund des Rückflusses dieser Mittel in den Cash Pool einer wirksamen Kapitalmaßnahme entgegen.[584] Dass es zu einer Gläubigerbefriedigung mit den Mitteln der Einlage gekommen ist, ist unerheblich, da ein Betrag in Höhe der Einlage wieder an den Inferenten zurückgeflossen ist. Dem Gläubigerschutz ist damit nicht genüge getan. Im Cash Pool muss daher die Fallgruppe der Gläubigerbefriedigung mit den Mitteln des Einlagebetrages wegen des dadurch entstehenden Rückflusses der ersparten Mittel an das Zentralkonto mit der Fallgruppe des unmittelbaren Rückflusses der Einlagemittel an den Inferenten gleichgestellt werden. In beiden Fällen besteht nämlich im Ergebnis der gleiche Zustand, als wären die Mittel niemals eingezahlt worden.

Bildlich gesprochen müssen die Bareinlage einerseits und die durch die GmbH erwirtschafteten Einnahmen andererseits aufgrund des automatischen Ausgleichs im Rahmen des Cash Poolings als Einheit angesehen werden. Die Einbeziehung in den Cash Pool, die zu einer engen Verflechtung der Zahlungen im Finanzbereich führt, bringt es zwingend mit sich, dass beide „Töpfe“ als Einheit betrachtet werden müssen.[585] Eine Sphärenaufteilung ist gerade nicht durchführbar. Hierfür spricht bereits, dass es für das Vorliegen einer verdeckten Sacheinlage keineswegs auf die Nämlichkeit der an die Betreibergesellschaft abge-

---

[581] Treff. *Vetter/Stadler*, Rdn 92; *Sieger/Wirtz*, ZIP 2005, 2277, 2280; *Hentzen*, DStR 2006, 948, 955.

[582] *Gehrlein*, GmbH-Recht in der Praxis, S. 341; *Müller*, GmbHR 2001, 1115, 1116; hierzu sogleich § 5 B. III. 2. a) bb).

[583] Baumbach/Hueck-*Hueck/Fastrich*, § 30 Rdn 1; Roth/Altmeppen-*Altmeppen*, § 30 Rdn 6; Scholz-*H.P. Westermann*, § 30 Rdn 1; *Gehrlein*, GmbH-Recht in der Praxis, S. 341; *Müller*, GmbHR 2001, 1115, 1116.

[584] Die Besonderheiten im Cash Pool unberücksichtigt lassend *Lamb/Schluck-Amend*, DB 2006, 879, 880.

[585] Gegen eine solche Einheitsbetrachtung *Diers*, S. 155; *Vetter/Schwandtner*, DK 2006, 407, 416 f., mit Beispielsfällen.

führten Mittel ankommt. Dass also gerade die abgeführten Mittel an die Betreibergesellschaft abgeführt werden, ist für das Vorliegen einer verdeckten Sacheinlage nicht erforderlich.[586] Mit dieser weiten Auslegung sollen Umgehungsbemühungen unterbunden werden. Unter Zugrundelegung dieser Prämisse kann es keinen Unterschied machen, ob die Muttergesellschaft einen Betrag in Höhe der Einlage von dem Konto, auf das sie die Bareinlage überwiesen hat, oder aber von einem anderen Konto zurückerhält. Kommt es infolge der Verwendung der Einlagemittel für die Gläubigerbefriedigung zu einer Entlastung des Unterkontos der Tochtergesellschaft, werden die dortigen erhöhten Salden an den Cash Pool abgeführt. Der Bareinlagebetrag wird also im Ergebnis mit den Mitteln von anderen Konten wieder dem Cash Pool gutgeschrieben. Bei der gebotenen wirtschaftlichen Betrachtungsweise der Vorgänge kommt der Einlagebetrag damit wieder bei der Inferentin an.[587]

Dass im Rahmen der Kapitalaufbringung eine ganzheitliche Betrachtungsweise des Gesamtvorgangs und nicht etwa eine isolierte Betrachtung der Einzelvorgänge stattzufinden hat, ist bereits festgestellt worden.[588] Bei einer wirtschaftlichen Betrachtung des Vorgangs kann aber eine indirekte Rückzahlung durch die Entlastungswirkung nicht anders gesehen werden als in dem Fall, in dem es zu einer Rückzahlung der konkreten Einlagemittel kommt. Ein Fall des unzulässigen Hin- und Herzahlens liegt überdies auch dann vor, wenn die Einlageleistung selbst an einen Dritten zurückfließt, dies aber mittelbar dem Einlageschuldner zugute kommt.[589] Gerade dies ist der Fall, wenn mit dem Einlagebetrag eine Gläubigerbefriedigung stattfindet und die infolgedessen freigewordenen Mittel wieder zum Inferenten zurückfließen. Die Muttergesellschaft wird durch die Leistung an die Gläubiger der Gesellschaft im wirtschaftlichen Ergebnis in gleicher Weise begünstigt wie durch eine unmittelbare Leistung.

Auch das Argument, ausreichender Schutz sei bei der Abführung der Zahlungsüberschüsse an den Cash Pool durch eine Anwendung des § 30 Abs. 1 GmbHG zu erreichen,[590] vermag nicht zu überzeugen. Die Kapitalerhaltungsregeln sind lediglich auf die Unterbilanzsituation bezogen und bieten ein geringeres Schutzniveau als die Kapitalaufbringungsregeln.[591] Mangels Leistung zur freien Verfügung ist die Einlageleistung nicht wirksam erfolgt, so dass die Kapitalerhaltungsregeln bei der Weiterleitung der freigewordenen Mittel an den

---

[586] KK-*Lutter*, § 66 Rdn 43; *Vetter/Stadler*, Rdn 92; *Morsch*, NZG 2003, 97, 103; *Sieger/Wirtz*, ZIP 2005, 2277, 2280; *Vetter/Schwandtner*, DK 2006, 407, 416; *Wessels*, ZIP 2006, 1701, 1702; hierzu schon oben § 5 B. III. 1 a) aa).

[587] *Sieger/Wirtz*, ZIP 2005, 2277, 2280.

[588] Hierzu oben § 5 B. III. 1. bb).

[589] BGHZ 125, 141, 144; 132, 133, 136; 153, 107, 110; Scholz-*Winter/H.P. Westermann*, § 5 Rdn 80a; Baumbach/Hueck-*Hueck/Fastrich*, § 19 Rdn 38; *Morsch*, NZG 2003, 97, 103.

[590] So *Diers*, S. 156; *Vetter/Schwandtner*, DK 2006, 407, 417.

[591] Hierzu unten § 7 C.

Cash Pool überdies nicht anwendbar sind.[592] Es bleibt das Kapitalaufbringungsregime anwendbar.

Ein weiteres – wenn auch eher praktisches – Argument gegen die Möglichkeit der Gläubigerbefriedigung ist auch, dass dies einen nicht unerheblichen Mehraufwand durch die Umgestaltung der automatisierten elektronischen Cash-Pooling-Systeme mit sich bringen würde.[593] Nicht unerheblich dürfte die Umstellung aber sein, wenn das System bislang so ausgerichtet war, dass die Drittgläubigerbefriedigung zentral durch den Cash-Pool-Führer vorgenommen wurde.[594] Eine solche Möglichkeit wird den Anforderungen der in diesem Zusammenhang vertretenen Befriedigung von Drittgläubigern durch die Gesellschaft selbst nicht gerecht, ja läuft dem Zwecke der ordnungsgemäßen Kapitalaufbringung gar zuwider, wenn man bedenkt, dass die vom Inferenten zumindest beherrschte Betreibergesellschaft letztendlich über die Mittelverwendung entscheidet; daher wäre eine Umstellung des Systems dergestalt erforderlich, dass die Gläubiger von den Gesellschaften stets selbst befriedigt werden müssten. Wie dargestellt wurde, kann die zentrale Drittgläubigerbefriedigung durch die Betreibergesellschaft für den Konzern aber durchaus vorteilhaft sein, so dass eine Umstellung in wirtschaftlicher Hinsicht nicht unproblematisch wäre. In jedem Fall wäre die Umstellung eines bewährten, umfassenden Cash-Pooling-Systems, bei dem eine Gläubigerbefriedigung zentral durch die Betreibergesellschaft gesteuert wird, nur anlässlich einer Kapitalmaßnahme unverhältnismäßig.

bb) Keine einschränkende Betrachtung

Auch eine Beschränkung der ablehnenden Haltung gegenüber der Möglichkeit der Drittgläubigerbefriedigung auf Missbrauchsfälle ist nicht angezeigt. Zwar konterkariert eine auf die Drittgläubigerbefriedigung gerichtete Verwendungsabsprache eine wirksame Kapitalmaßnahme gerade auch in den Fällen, in denen das Unterkonto der Tochtergesellschaft zur Zeit der Einlageleistung einen mindestens gleich hohen Liquiditätsüberschuss aufweist, der an die Betreibergesellschaft fließt.[595] Die Austauschbarkeit der Vorgänge des Ein- und Auszahlens erkennt *Wessels* insofern an.[596] Der Betrag auf dem Sonderkonto ist dann, da er von der Gesellschaft wegen der sonst drohenden Qualifizierung als verdeckte Sacheinlage nicht zur Gläubigerbefriedigung und damit zur wirtschaftlichen

---

[592] Zur Abgrenzung zwischen Kapitalaufbringung und -erhaltung siehe unten § 7 B.

[593] *Hentzen*, DStR 2006, 948, 954.

[594] Hierzu oben 1. Teil § 2 D. IV. 2.

[595] So *Wessels*, ZIP 2006, 1701, 1702, wonach sich – unter Verweis auf Hachenburg-*Ulmer*, § 5 Rdn 147a; *Lutter*, FS Stiefel, 505, 514 – nur in diesem Fall die externe Mittelverwendung einem abredegemäßen Mittelrückfluss gleichstellen lässt; abl. lediglich bei Missbrauchsfällen auch *Vetter/Schwandtner*, DK 2006, 407, 416 f.; *Priester*, ZIP 2006, 1557, 1560.

[596] *Wessels*, ZIP 2006, 1701, 1702.

Nutzung verwendet werden darf, buchstäblich „verloren". Dies aber widerspricht in eklatanter Weise dem Zweck der Einlage, die nicht als unveränderlicher Deckungsstock, sondern gerade als Basis zum Wirtschaften zu verstehen ist. Bedenkt man zudem, dass jederzeit ein Betrag auf dem Unterkonto im Zeitpunkt der Einlageleistung in Höhe der Einlage vorhanden sein kann, der Missbrauchsfall sich also nicht zuverlässig ausschließen lässt, dürfte nicht zuletzt gerade auch diese Fallgruppe für einen Ausschluss der Möglichkeit der Drittgläubigerbefriedigung sprechen.

Die Tilgung laufender Verbindlichkeiten oder sonstiger Verkehrsgeschäfte käme, wie gerade dargestellt, aufgrund der damit verbundenen mittelbaren Entlastungswirkung des Zentralkontos der Konzernmutter wieder zugute.[597] Dies gilt – entgegen teilweise vertretener Auffassung[598] – nicht nur bei einer Tilgung bestehender Verbindlichkeiten der Tochtergesellschaft gegenüber der Muttergesellschaft mit den auf dem Sonderkonto bereitgestellten Einlagebetrag, sondern auch bei der Begleichung von Ansprüchen Dritter. Zwar ist eine Umgehung bei Geschäften mit der Muttergesellschaft eher anzunehmen, doch kommt sie nach dem eben genannten Gesichtspunkt der mittelbaren Entlastungswirkung in gleicher Weise auch bei einer Befriedigung von Ansprüchen Dritter in Betracht.

Bedenken gegen diese Lösung der Drittgläubigerbefriedigung, die auf der damit verbundenen mittelbaren Entlastungswirkung des Zentralkontos des Cash Pools beruhen, können auch nicht durch die ausreichende Berücksichtigung von Gläubigerbelangen zerstreut werden. Zwar wird argumentiert, dem Gläubigerschutz sei hinreichend genüge getan, wenn mit der Einlage laufende Kosten des operativen Geschäfts bedient würden.[599] Damit würde aber übersehen, dass mit dieser Gläubigerbefriedigung einhergehend die Bareinlage über die mittelbare Entlastungswirkung des Unterkontos der Tochtergesellschaft der Muttergesellschaft doch wieder zugute kommt. Der Betrag in Höhe der Einlage gelangt wieder zu dem Inferenten. Aus Gläubigersicht wird daher nur vordergründig ein Haftungsstock aufgebaut.[600] Dass es aus Gläubigersicht keinen Unterschied machen kann, von welchem Konto es zur Forderungsbegleichung kommt, wenn damit mittelbar ein Rückfluss der Einlage an die Muttergesell-

---

[597] *Mayer*, FS Priester, 445, 464; *ders.*, DAI-JAT 2006, 128, 157, der dies aber so lange für unschädlich hält, wie die Geschäftsführung der Tochtergesellschaft in ihrer freien Verfügbarkeit über die Einlagemittel nicht beschränkt ist.

[598] *Priester*, ZIP 2006, 1557, 1560; *Bayer/Lieder*, GmbHR 2006, 449, 451; *Hentzen*, DStR 2006, 948, 955, der eine Verwendung der Mittel hier nur bei einer „plausiblen autonomen wirtschaftlichen Entscheidung der Gesellschaft" zulassen will; in diese Richtung auch Pentz/Sollanek-*Pentz*, S. 19.

[599] *Lamb/Schluck-Amend*, DB 2006, 879, 880; für einen ausreichenden Gläubigerschutz hierbei auch *Hentzen*, DStR 2006, 948, 955.

[600] Hierzu schon oben § 3 A.

schaft verbunden ist, wurde bereits erwähnt. Es ist eben nicht allein entscheidend, dass die Gesellschaft die Mittel zwar für ihren Geschäftsbetrieb verwenden kann, wenn gerade dadurch zugleich ein mittelbarer Rückfluss stattfindet.[601] Weiterhin ist zu berücksichtigen, dass eine Zulassung einer derartigen Drittgläubigerbefriedigung im Widerspruch zu der aus Gläubigerschutzgesichtspunkten gebotenen strengen Auslegung der Kapitalaufbringungsvorschriften stehen würde. Würde man eine Drittgläubigerbefriedigung zulassen, würde der Schutzzweck der Vorschriften über die Sachkapitalaufbringung möglicherweise umgangen werden. Geboten ist folglich eine extensive Auslegung. Erfasst wird daher auch jede andere Art der Umgehung der strengeren Sacheinlagevorschriften.[602] Zudem würden durch das Fernhalten des Betrages aus dem Cash Pool die betriebswirtschaftlichen Vorteile des Cash Poolings nicht genutzt werden können. In Betracht käme dieser Lösungsweg daher nur in den Situationen, in denen die Tochtergesellschaft dazu verpflichtet ist, kurzfristig größere Verbindlichkeiten gegenüber konzernexternen Dritten zu tilgen, so dass eine Übertragung des Einlagebetrages oder Kapitalerhöhungsbetrages auf den Cash Pool entweder von vornherein ausscheidet[603] oder aber – überzeugender – bloße Förmelei wäre.[604]

Demgegenüber würde, falls man diese Möglichkeit auch für den Fall der Tilgung von Gläubigerforderungen durch das Zentralkonto – auf das der Einlagebetrag vorher geflossen ist – überträgt, ferner übersehen werden, dass dies von den Tagessalden abhängen würde und damit die Erfüllungswirkung der Einlage vom Zufall abhängig wäre. Dies wäre mangels Sicherung der Tilgung mit der Drittgläubigerbefriedigung durch die Einlagemittel, die auf einem Sonderkonto außerhalb des Cash Pools zu Verfügung stünden, nicht vergleichbar.[605] Ebensowenig damit vergleichbar wäre es, wenn die Einlage direkt an einen Gesellschaftsgläubiger geleistet werden würde, da dadurch die Einwirkungsmöglichkeiten der geschäftsführenden Organe der Tochtergesellschaft ausgeschlossen werden würden.[606] Als Einwirkungsmöglichkeiten, die das Vorliegen der freien Verfügbarkeit gewährleisten, werden Zustimmungserfordernisse oder Vetorechte der Geschäftsführung für den Fall genannt, in dem die Forderung des Dritten, auf welche der Inferent leistet, nicht liquide, fällig und vollwertig ist

---

[601] Siehe oben § 5 B. III 2. a) aa); a. A. *Priester*, ZIP 2006, 1557, 1560.

[602] Baumbach/Hueck-*Hueck/Fastrich*, § 19 Rdn 38.

[603] *Morsch*, NZG 2003, 97, 103; *Sieger/Hasselbach*, BB 1999, 645, 649; warum hier aber eine – wenn auch kurzfristige – Übertragung des Betrages auf den Cash Pool von vornherein ausscheiden soll, wird aus den Ausführungen nicht deutl.

[604] Insoweit zutr. *Sieger/Hasselbach*, BB 1999, 645, 649; *Morsch*, NZG 2003, 97, 103.

[605] Vgl. OLG Dresden, Urteile v. 10.03.2004 – Az: 18 U 1227/03 und 18 U 1314/03, jeweils S. 38 f.

[606] BGHZ 119, 177, 188 f.; 150, 197, 200; Baumbach/Hueck-*Zöllner*, § 57 Rdn 12; *Mayer*, DAI-JAT 2006, 128, 157; *Sieger/Wirtz*, ZIP 2005, 2277, 2280; *Henze*, BB 2002, 955, 956; a.A. Hachenburg-*Ulmer*, § 56 a Rdn 17.

und zuletzt Auswahlrechte hinsichtlich des Gläubigers, dessen Forderung mit der Einlage des Inferenten erfüllt werden soll.[607] Das dies in Verbindung mit dem Cash Pooling aber praktikabel wäre, erscheint zweifelhaft.

b) Ergebnis

Im Ergebnis scheidet damit auch eine Drittgläubigerbefriedigung aus. Die Sonderkontenlösung ist daher auch bei Zugrundelegung dieser Möglichkeit zu verwerfen.

C. Heranziehen der Sacheinlagevorschriften

Da eine Kapitalaufbringung oder -erhöhung auch nicht durch die Durchführung der Maßnahme außerhalb des Cash Pools möglich ist, kann es weiterführend sein, die Sacheinlagevorschriften in verschiedener Hinsicht nutzbar zu machen.

I. Sacheinlageleistung

Die aufgezeigten Risiken der unwirksamen Kapitalaufbringung oder -erhöhung bei in einen Cash Pool einbezogenen Gesellschaften entspringen unter anderem aus der Umqualifizierung der Bar- in eine verdeckte Sacheinlage. Daher ist es naheliegend, die Kapitalmaßnahme im Wege einer Sacheinlage vorzunehmen.[608] Dabei stellt sich zunächst im Rahmen des Cash Poolings das grundsätzliche Problem, dass der Saldenstand und damit das Bestehen von Forderungen aufgrund des täglichen Liquiditätsausgleichs Änderungen unterworfen sind. Um diesem Problem gerecht zu werden, bieten sich zwei Möglichkeiten an: Entweder wird die konzerninterne Verrechnung angehalten oder aber es wird eine Forderung zum Zwecke der Einlage hierfür neu begründet.

1. „Anhalten" der konzerninternen Verrechnung

Die Anwendung der Sacheinlagevorschriften setzt voraus, dass ein tauglicher Einlagegegenstand ausfindig gemacht werden kann. Dies erweist sich als problematisch: So besteht bereits keine Forderung der Muttergesellschaft, die einen tauglichen Gegenstand einer Sacheinlage darstellen könnte, wenn der Saldo des internen Kontokorrents eine Forderung zugunsten der Tochtergesellschaft aufweist, bei der die Kapitalmaßnahme durchgeführt werden soll.[609] Sollte die Muttergesellschaft hingegen eine Forderung gegen ihre Tochtergesellschaft haben,

---

607 *Brauer/Manger*, GmbHR 2002, 548, 548.

608 So *Rehm*, FS Säcker, 305, 314; *Flitsch/Schellenberger*, BB 2006, 850, 851; *Werner*, BKR 2006, 211, 214; *Stein*, DZWiR 2006, 251, 251; *Priester*, ZIP 2006, 1557, 1560; *Hoos/Kleinschmidt*, EWiR § 5 GmbHG 1/06, 523, 524.

609 *Langner*, GmbHR 2006, 480, 482; *Hellwig*, FS Peltzer, 163, 168; *Hüffer*, AG 2004, 416, 420; zur Frage der Sacheinlagefähigkeit der Forderungen gegen den Inferenten unten § 5 C. IV.

was zumindest bei der Gründung nur selten der Fall sein dürfte,[610] wird vorgeschlagen, die konzerninterne Verrechnung anzuhalten, die entsprechende Forderung im Wege der offenen Sacheinlage zur Kapitalerhöhung zu verwenden und einen neuen Cash Pool mit einem neuen internen Kontokorrent zu eröffnen, wodurch sich der Saldo des alten Kontokorrents nicht mehr verändern kann.[611] Das Anhalten sei erforderlich, da die Höhe der Forderung sonst am Stichtag, der Anmeldung zum Handelsregister nicht feststeht, weil die Forderungen und Verbindlichkeiten aus dem Cash Pool täglich variieren können.

Eine solche Herangehensweise ist jedoch mit mehreren Problemen behaftet. Teilweise wird zwar vorgeschlagen, die auf der Cash-Pooling-Abrede bestehende, künftige Forderung der Muttergesellschaft gegen die Tochtergesellschaft zum Einlagegegenstand zu machen.[612] Abgesehen davon, dass sich das zukünftige Bestehen einer solchen Forderung als ungewiss erweisen wird, kann eine künftige Forderung bereits nach den allgemeinen Regeln kein tauglicher Einlagegegenstand sein,[613] es sei denn, sie entsteht bis zum Einbringungszeitpunkt im Sinne des § 7 Abs. 3 GmbHG.[614] Ferner wird es vom Zufall abhängen, ob die beispielsweise am Morgen des Beurkundungstages festgestellte Forderung auch am Abend des Beurkundungstages noch besteht. Sollte das Konto der Tochtergesellschaft am Abend des Beurkundungstages einen Haben-Saldo aufweisen, der auf das Zielkonto übertragen wird, kommt es, worauf *Hellwig* zutreffend hinweist, zu einer (anteiligen) Tilgung der Forderung der Muttergesellschaft gegenüber ihrer Tochtergesellschaft.[615] Dies führt dann dazu, dass die Einlage zumindest teilweise entfällt. In den Fällen, in denen ein positiver Saldo zugunsten der Konzernmutter zuverlässig erwartet werden kann, besteht wiederum das Risiko, dass es sich um defizitär arbeitende Tochtergesellschaften handeln könnte.[616] Dadurch entsteht das Problem der möglicherweise fehlenden Werthaltigkeit der Forderung.[617] Dies wiederum kann zu einem geringeren Erhöhungsvolumen oder zu einer baren Zuzahlung führen. Ist der Betrag der Kapitalerhöhung

---

[610] Vgl. *Priester*, ZIP 2006, 1557, 1560; Ansprüche kommen bei Gründung wegen § 7 Abs. 3 GmbHG nur gegen die Vorgesellschaft in Betracht, Michalski-*Zeidler*, § 5 Rdn 116; Baumbach/Hueck-*Hueck/Fastrich*, § 5 Rdn 28: siehe oben § 3 B. II.

[611] *Hellwig*, FS Peltzer, 163, 168 f.; *Hüffer*, AG 2004, 416, 420.

[612] *Sieger/Hasselbach*, BB 1999, 645, 648.

[613] Es fehlt in diesem Fall an einem gegenwärtig erfassbaren Vermögenswert, Baumbach/Hueck-*Hueck/Fastrich*, § 5 Rdn 23; Scholz-*Winter/H. P. Westermann*, § 5 Rdn 47.

[614] BGH, NJW 1979, 216, 216; Baumbach/Hueck-*Hueck/Fastrich*, § 5 Rdn 27; Hachenburg-*Ulmer*, § 5 Rdn 42; Scholz-*Winter/H.P. Westermann*, § 5 Rdn 47; *Hellwig*, FS Peltzer, 163, 169.

[615] *Hellwig*, FS Peltzer, 163, 168.

[616] Dass dies, wie *Hüffer*, AG 2004, 416, 420, meint, häufig der Fall sein soll, kann demgegenüber allein aufgrund der Tatsache, dass ein positiver Saldo zugunsten der Konzernmutter zuverlässig erwartet werden kann, nicht in dieser Allgemeinheit gesagt werden.

[617] Krit. *Hentzen*, DStR 2006, 948, 950 f.; hierzu sogleich unter § 4 B. C. I. 2.

nicht vollumfänglich von der Forderung der Muttergesellschaft erfasst, ist zudem nur eine offene Sacheinlage in Höhe der Forderung denkbar. Für den überschießenden Betrag ist hingegen eine Bareinlage erforderlich. Man kann also nur einen Betrag in der Höhe wählen, der mit Sicherheit am Stichtag zur Verfügung steht.[618] Dieser wird wegen der aufgezeigten Unsicherheiten oft nicht die Höhe der noch offenen Einlageschuld erreichen.

Angesichts der Zufälligkeit des Kontokorrentsaldos und der sich ständig weiterentwickelnden Kontenstände erweist sich der Weg über die offene Sacheinlage damit, selbst wenn man das bis dahin geltende Kontokorrent anhalten könnte, als nicht praktikabel. Insbesondere in den Fällen, in denen keine Forderung der Muttergesellschaft gegen die Tochtergesellschaft besteht, scheidet die Möglichkeit einer offenen Sacheinlage wegen des Fehlens eines tauglichen Einlagegegenstandes[619] von vornherein aus. Im übrigen stellt sich die Frage, wie es praktisch gelingen soll, das bisher geltende Kontokorrent zu stoppen und einen neuen Cash Pool mit einem neuen internen Kontokorrent zu eröffnen, damit sich der Saldo des alten Kontokorrents nicht mehr verändern kann. Abgesehen von dem großen organisatorischen Aufwand (Änderung der Verträge, etc.), der regelmäßig auch weitere Kosten verursachen wird, spricht gegen ein solches Vorgehen, dass ungewiss ist, wie sich der alte zu dem neuen Cash Pool verhalten soll. Offen ist insbesondere, was mit möglichen Forderungen anderer Konzerngesellschaften gegen den Cash-Pool-Führer und die einzelnen Konzerngesellschaften und umgekehrt geschehen soll. Gehen diese auf den neuen Cash Pool mit über? Müssen die Forderungen vor Gründung des neuen Cash Pools beglichen werden? Fallen die Forderungen weg? All diesen Fragen bleibt diese Ansicht Antworten schuldig und ist deshalb abzulehnen. Insbesondere sollte nicht ohne Not ein bestehender Cash Pool angehalten werden. Die daraus resultierenden Folgewirkungen erscheinen unverhältnismäßig. Aus den gennanten Gründen kann diesem Lösungsweg somit nicht gefolgt werden.

2. Einbringung einer zu diesem Zweck begründeten Darlehensrückzahlungsforderung

Das Risiko des Verstoßes gegen die Kapitalaufbringungsvorschriften im Fall des Rückflusses der Bareinlage könnte aber möglicherweise dadurch umgangen werden, dass die Kapitalerhöhung von Anfang an im Wege der Sacheinlage durchgeführt wird und eine zu diesem Zwecke begründete Forderung der Konzernmutter gegen die Konzerngesellschaft eingebracht wird.[620] Hierbei kommt

---

[618] *Priester*, ZIP 2006, 1557, 1560.

[619] Die Forderung der Tochtergesellschaft gegen die einlegende Muttergesellschaft ist nach weit überwiegender Auffassung kein tauglicher Einlagegegenstand; zur Überprüfung dieser Ansicht siehe unten § 5 C. IV. 1.

[620] Vertreten von *Happ*, Kap. 12.01 Rdn 31; *Vetter/Stadler*, Rdn 93 f.; *Cahn*, ZHR 166 (2002), 278, 306; *Mayer*, DAI-JAT 2006, 128, 156; *Burgard*, AG 2006, 527, 533; *Kiethe*,

als einzubringende Forderung zunächst ein Darlehensanspruch des Cash-Pool-Führers gegen die Tochtergesellschaft in Betracht. Dies setzt jedoch einen negativen Saldo zulasten der Tochtergesellschaft voraus. Eine Forderung des Gesellschafters gegen die Gesellschaft ist sacheinlagefähig[621]: Es stellt keinen Verstoß gegen das oben aufgestellte Erfordernis des realen Vermögenszuflusses dar, wenn der Gesellschaft der Abfluss liquider Mittel erspart bleibt; bei der gebotenen wirtschaftlichen Betrachtungsweise des Vorgangs besteht kein Unterschied zu einer realen Einbringung von neuen Mitteln.[622]

Problematisch ist dieses Vorgehen allerdings in den Fällen, in denen der Cash Pool einen positiven Saldo zugunsten der Tochtergesellschaft aufweist. Sofern es bei dieser Fallgestaltung zu einem Rückfluss des Einlagebetrages an den Cash Pool kommt, wird im wirtschaftlichen Ergebnis eine Forderung der Tochtergesellschaft gegen den Cash-Pool-Führer eingelegt. Die Forderung gegen den Inferenten stellt jedoch nach weit überwiegender Auffassung keinen tauglichen Gegenstand einer Sacheinlage dar.[623] Aufgrund dieser Problematik und der Tatsache, dass es oftmals vom Zufall abhängt, ob das interne Kontokorrent am Tag der Beurkundung des Kapitalerhöhungsbeschlusses auch tatsächlich einen entsprechenden Saldo zugunsten der Konzernmutter aufweist,[624] ist es – unabhängig von dem gegenwärtigen Saldenstand – naheliegend, dass die Muttergesellschaft als Inferentin der Konzerngesellschaft vorab[625] ein Darlehen in Höhe des in Aussicht genommenen Kapitalerhöhungsbetrages oder der übernommenen Einlage gewährt, um sodann den Rückzahlungsanspruch der Konzernmutter als Sacheinlage einzubringen.[626] Daraufhin kann der Betrag der Darlehensvaluta im Rahmen des Cash Pools auf das vom Cash-Pool-Führer geführte Zielkonto des Cash Pools übertragen und damit ein entsprechender Rückge-

---

DStR 2005, 1573, 1574; *Morsch*, NZG 2003, 97, 103 f.; *Sieger/Wirtz*, ZIP 2005, 2277, 2279; *Wessels*, ZIP 2006, 1701, 1702; *Bayer/Lieder*, GmbHR 2006, 449, 453; *Schmelz*, NZG 2006, 456, 457; *Hangebrauck*, JA 2008, 125, 127; *ders.*, WuB II C. § 19 GmbHG 2.06, 479, 480; *Gabrysch*, FTD v. 24.01.2006, S. 17; *Mildner*, FAZ v. 25.01.2006, S. 23; *ders.*, Finance 4/2006, 36.

[621] Zu den Erlöschensmöglichkeiten der Forderung unten § 5 C. I. 2. a).

[622] BGHZ 15, 52, 60; Hachenburg-*Ulmer*, § 5 Rdn 43; Michalski-*Zeidler*, § 5 Rdn 116.

[623] Hierzu sogleich § 5 C. IV.

[624] Hierauf hinw. *Vetter/Stadler*, Rdn 94; *Vetter/Schwandtner*, DK 2006, 407, 412; *Hellwig*, FS Peltzer, 163, 168 f.

[625] Die Auszahlung des Darlehens muss also zeitlich vor der Vornahme der Kapitalmaßnahme erfolgen; zur Maßgeblichkeit des Zeitraums vor der Kapitalmaßnahme siehe noch unten § 5 C. I. 2. a) bb).

[626] *Vetter/Stadler*, Rdn 94; *Cahn*, ZHR 166 (2002), 278, 306; *Morsch*, NZG 2003, 97, 103 f.; *Sieger/Wirtz*, ZIP 2005, 2277, 2279; *Schmelz*, NZG 2006, 456, 457; *Wessels*, ZIP 2006, 1701, 1702.

währanspruch der Tochtergesellschaft begründet werden.[627] Es fließt dann also nicht etwa der Gegenstand der Einlage selbst auf das Zielkonto zurück. Gegenstand der Einlage ist nämlich bei diesem Lösungsweg die Darlehensrückzahlungsforderung der Muttergesellschaft gegen die Tochtergesellschaft, nicht aber die Darlehensvaluta. Im Ergebnis fließt, wenn die Darlehensvaluta wieder auf das Zentralkonto gebucht wird, der Tochtergesellschaft die Befreiung von einer Verbindlichkeit gegen die Muttergesellschaft zu. Etwaige begleitende Absprachen zwischen Muttergesellschaft und Cash-Pool-Führer dahingehend, dass eine Forderung des Cash-Pool-Führers gegenüber der Tochtergesellschaft durch die Muttergesellschaft angekauft wird, sind dann hinfällig. Allenfalls bedarf es gesonderter Absprachen, wenn das Darlehen von der Betreibergesellschaft gewährt werden sollte.[628]

a) Stellungnahme

Diese Ansicht hat den Vorteil, dass sowohl die Problematik der verdeckten Sacheinlage umgangen wird, da die Sacheinlagevorschriften beachtet werden, als auch dem Gebot der endgültigen freien Verfügung des geschäftsführenden Organs genüge getan wird, da nicht der Gegenstand der Einlage selbst oder ein Surrogat auf das Zielkonto der Konzernmuttergesellschaft zurückfließen.[629] Insbesondere bei größeren Konzernstrukturen ist der Nachweis der Werthaltigkeit der Forderung im Rahmen der Überprüfung der Sacheinlage wohl relativ unproblematisch.[630] Zwar wird auch hierdurch ein Rückzahlungsanspruch der Tochtergesellschaft gegen den Cash-Pool-Führer begründet, wenn die Darlehensvaluta auf das Zielkonto übertragen wird.[631] Nicht dieser stellt jedoch die Einlageleistung dar, sondern der Rückgewähranspruch der Muttergesellschaft gegen den Cash Pool. Der Vorwurf, es werde eine Forderung gegen den Inferenten eingebracht, kann also nicht erhoben werden. Im Ergebnis erlischt die als Sacheinlage eingebrachte Forderung der Muttergesellschaft gegen die Tochtergesellschaft im Wege eines gegenseitigen Erlasses gemäß § 397 Abs. 1 BGB oder einer Abtretung der Forderung an die Gesellschaft nach §§ 398 ff. BGB mit der Folge der Konfusion.[632]

---

[627] *Vetter/Stadler*, Rdn 94; *Cahn*, ZHR 166 (2002), 278, 306; *Morsch*, NZG 2003, 97, 104; *Sieger/Wirtz*, ZIP 2005, 2277, 2279; *Schmelz*, NZG 2006, 456, 457.
[628] Krit. *Mildner*, FAZ v. 25.01.2006, S. 23; *ders.*, Finance 4/2006, 36.
[629] *Cahn*, ZHR 166 (2002), 278, 306; *Morsch*, NZG 2003, 97, 104.
[630] So auch *Römermann/Schröder*, Corporate Governance, 113, 118.
[631] *Cahn*, ZHR 166 (2002), 278, 306.
[632] Hierzu BGHZ 110, 47, 60; Michalski-*Zeidler*, § 5 Rdn 117; Hachenburg-*Ulmer*, § 5 Rdn 43; *Gehrlein*, MDR 2006, 789, 790.

aa) Berücksichtigung von Gläubigerschutzgesichtspunkten

Die Tochtergesellschaft erhält infolge der Übertragung der Darlehensvaluta an den Cash Pool im Ergebnis eine Darlehensrückzahlungsforderung gegen den Cash Pool. Dies könnte sich aus Gläubigerschutzgesichtspunkten als problematisch herausstellen, wenn man bedenkt, dass zwar eine gegen die Tochtergesellschaft gerichtete Forderung erlischt, es aber zu keinem realen Vermögenszufluss bei der Gesellschaft kommt. Aus diesem Grund könnte man dazu neigen, eine solche Möglichkeit nur in dem Fall zuzulassen, in dem tatsächlich eine Forderung der Muttergesellschaft aus dem bisherigen Cash Pooling resultierte, nicht aber in dem Fall, in dem eine Forderung erst „künstlich" zwecks Einlage zur Entstehung gebracht wird.[633] Allerdings hat die bisherige Betrachtung gezeigt, dass einerseits ein Verbleib der Einlagemittel außerhalb des Cash Pools nicht wirtschaftlich wäre und andererseits ein Verbrauch des Betrages zur Gläubigerbefriedigung zu einem mittelbaren Rückfluss des Einlagebetrages führen würde. Andere Lösungswege bestehen nach bisherigem Stand nicht. Damit ist zunächst diesem Lösungsweg zu folgen, da einzig er dem geltenden Kapitalaufbringungsrecht gerecht wird. Im übrigen würde ohne die Begründung einer Forderung der Inferentin gegen die Tochtergesellschaft eine solche Lösungsmöglichkeit im Stadium der Kapitalaufbringung ausscheiden, da zu diesem Zeitpunkt – wie bereits dargelegt wurde – oftmals noch keine Forderungen bestehen. Ansonsten würde sich dieser Lösungsweg nur bei einer Kapitalerhöhung anbieten. Nach oben dargestellter Prämisse sollen aber einheitliche Lösungen sowohl für die Kapitalaufbringung als auch -erhöhung gefunden werden. Es gilt hier auch zu bedenken, dass die Tochtergesellschaft aufgrund des Cash Pools im Rahmen von Kreditrahmen Liquidität in Anspruch nehmen kann, wenngleich nicht verkannt werden darf, dass damit – wie aufgezeigt wurde – keine Kompensation für die ursprüngliche Einlageleistung gegeben ist. Letztlich kann die Einbindung in den Cash Pool aber zumindest mittelbar auch dem Gläubigerschutz gerecht werden, wenn man bedenkt, dass hieraus jederzeit Liquidität in Anspruch genommen werden kann. Ob eine Forderung „künstlich" zur Einlage erzeugt wird oder aus dem bisherigen Cash Pooling tatsächlich resultiert, muss daher irrelevant sein, zumal die Werthaltigkeit der Forderungen einer Prüfung zu unterziehen ist.[634] Dieser Lösungsweg, der von den bisher Genannten damit am pragmatischsten erscheint, kann allerdings nur dann überzeugen, wenn eine ordnungsgemäße Kapitalmaßnahme damit tatsächlich gewährleistet werden kann.

bb) Vornahme der Darlehensgewährung

Zunächst stellt sich in diesem Zusammenhang die Frage, wie die Darlehensgewährung der Muttergesellschaft an die Tochtergesellschaft erfolgen soll. Tat-

---

633 Lediglich ersteren Fall anspr. etwa *Stein*, DZWiR 2006, 251, 251.

634 Hierzu vertieft noch sogleich § 5 C. I. 2. a) cc).

sächlich möglich ist die Darlehensgewährung sowohl innerhalb als auch außerhalb des Cash Pools. Nur vereinzelt wird verdeutlicht, dass die Darlehensgewährung vorab außerhalb des Cash Pools stattfinden soll.[635] Dann stellt sich jedoch die Frage, wie die Darlehensgewährung stattzufinden hat. Da das Unterkonto der Tochtergesellschaft bloßes Verrechnungskonto ist, das beim zero balancing täglich auf Null gestellt wird und die Tochtergesellschaft auf einen Liquiditätszufluss von außerhalb des Cash Pools nicht eingerichtet ist, da der Cash-Pool-Führer ja gerade als konzerninternes Bankhaus fungieren und den Liquiditätsbedarf der Tochtergesellschaften abdecken soll, würde sich hier die Einrichtung eines Sonderkontos anbieten.[636] Auf den ersten Blick scheinen gegen diese Lösung die oben genannten Argumente gegen ein solches Sonderkonto zu sprechen. Bei genauerer Betrachtung sind diese Argumente in diesem Zusammenhang aber nicht stichhaltig: Anders als bei der Sonderkontenlösung zum Heraushalten aus dem Cash Pool, bei dem die Frage, für welchen Zeitraum dies geschehen soll, nicht geklärt ist, ist diese Frage in dem hier interessierenden Zusammenhang eindeutig: Die Valuta kann nach der Eintragung der Sachkapitalmaßnahme im Handelsregister zunächst auf das Unterkonto und von dort auf das Zentralkonto überwiesen werden.[637] Die Frage, für welchen Zeitraum der Betrag auf dem Sonderkonto verbleiben muss, ist also geklärt. Außerdem stellen sich wegen der Überweisung auf das Unterkonto und von dort auf das Zentralkonto auch nicht die mit einer Gläubigerbefriedigung einhergehenden Probleme. Die oben aufgezeigten Probleme der Sonderkontenlösung bleiben hier also außen vor. Einzig problematisch ist hieran aus wirtschaftlicher Sicht, dass die Zahlung eben außerhalb des Cash Pools erfolgt, über den eigentlich die Liquiditätsströme laufen sollen.

Alternativ zu einer Sonderkontenlösung kann es sich daher anbieten, die vorgezogene Gewährung des Darlehens innerhalb des Cash Pools stattfinden zu lassen. Hiergegen könnten zunächst Bedenken bestehen, da der Liquiditätsausgleich in Form der Darlehensgewährung an die Tochtergesellschaft nur dann stattfinden soll, wenn auf Seiten der Tochtergesellschaft Liquiditätsbedarf besteht. Soll die Darlehensvaluta aber ohnehin an den Cash Pool zurückfließen, ist ein solcher Liquiditätsbedarf nicht anzunehmen. Zwar ist es denkbar, dass sich die Darlehensgewährung durch die Weisungsrechte der Muttergesellschaft begründen lässt, jedoch darf nicht übersehen werden, dass es anders als in den Fällen, in denen es zu einer Einlageleistung je nach dem Stand des internen Konto-

---

[635] *Vetter/Stadler*, Rdn 94; *Bayer/Lieder*, GmbHR 2006, 449, 453; vgl. auch *Vetter/Schwandtner*, DK 2006, 407, 413; *Hentzen*, DStR 2006, 948, 950, die diesem Lösungsweg aber krit. gegenüber stehen.

[636] *Bayer/Lieder*, GmbHR 2006, 449, 453.

[637] *Bayer/Lieder*, GmbHR 2006, 449, 453; vgl. *Cahn*, ZHR 166 (2002), 278, 306; *Morsch*, NZG 2003, 97, 103 f.; *Sieger/Wirtz*, ZIP 2005, 2277, 2279.

korrents kommt,[638] hier eine Forderung künstlich erzeugt wird, indem eine Darlehensgewährung stattfindet, obgleich seitens der Tochtergesellschaft womöglich kein aktueller Liquiditätsbedarf im Sinne des Abrufs von Liquidität aus dem Cash Pool besteht.[639] Eine Darlehensgewährung innerhalb des Cash Pools zum Zwecke der Einlage einer Forderung der Konzernmutter gegen die Tochtergesellschaft widerspricht also offenkundig dem Zweck des Cash Pools, den Tochtergesellschaften Liquidität nur bei einem tatsächlichen entsprechenden Bedarf zu gewähren. Dass der Tochtergesellschaft vorab ein Darlehen gewährt wird, dessen Valuta später wieder an den Cash Pool zurückfließt, setzt zudem voraus, dass die Tochtergesellschaft diesen Betrag nicht auf andere Weise verbraucht. Kommt es in dem Zeitraum zwischen Darlehensgewährung und geplantem Rückfluss der Valuta an den Cash Pool zu einem dringenden Liquiditätsbedarf der Tochtergesellschaft, so ist die Tochtergesellschaft zwar verpflichtet, diesen durch das Abrufen von Darlehen vom Zentralkonto abzudecken, jedoch besteht die Gefahr, dass dies mit derjenigen Liquidität geschieht, die vorab als Darlehen gewährt wurde, so dass der Betrag der Darlehensvaluta nicht auf das Zentralkonto geführt werden kann. Dies würde zwar nichts an der Möglichkeit der Einlageleistung der Forderung der Muttergesellschaft gegen die Tochtergesellschaft ändern und die Tochtergesellschaft „erspart“ sich dadurch, die Liquidität zunächst an den Cash Pool abzuführen und dann bei Liquiditätsbedarf den Betrag wieder abzurufen, jedoch wird auch hieran deutlich, dass die Darlehensgewährung innerhalb des Cash Pools zum Zwecke der Einlage des Darlehensrückforderungsanspruchs als Sacheinlage mit dem komplizierten Ausgleichssystem des Cash Pools nur schwer zu vereinbaren ist und die Funktionsweise dieses Systems beeinträchtigen kann. Aus diesen Gründen erscheint in diesem Zusammenhang die Sonderkontenlösung vorteilhafter und mit dem Cash Pooling leichter vereinbar zu sein.

cc) Anforderungen an die einzulegende Forderung

Zu bedenken ist aus praktischer Sicht natürlich, dass eine Sacheinlage aufwendig und zeit- und kostenintensiv ist.[640] Außerdem ist diese Möglichkeit an be-

---

[638] So bei der Offenlegung der Mittelverwendung nach Vorbild des „Schütt-aus-Hol-zurück“-Verfahrens, hierzu § 5 C. III.

[639] Freilich wird dies die Ausnahme sein, da eine Kapitalmaßnahme regelmäßig Ausdruck von Liquiditätsbedarf ist, hierzu sogleich; die Frage ist dann nur, zu welchem Zeitpunkt Liquidität tatsächlich benötigt wird. Im Cash Pool soll Liquidität nur dann von den Tochtergesellschaften in Anspruch genommen werden, wenn ein aktueller, nicht aber erst ein zukünftiger Liquiditätsbedarf besteht. Daraus ergibt sich allerdings noch nicht die Unzulässigkeit der Inanspruchnahme von Liquidität, zumal sie hier in Zusammenhang mit einer späteren Kapitalmaßnahme steht.

[640] Dies wird vielfach an einer Lösung im Wege der Sacheinlage kritisiert, etwa *Lamb/Schluck-Amend*, DB 2006, 879, 880; *Langner*, GmbHR 2006, 480, 482; *Flitsch/Schellen-*

stimmte Anforderungen gebunden: So muss etwa bei der Bewertung der eingebrachten Sacheinlage sichergestellt werden, dass die Forderung des Inferenten angesichts der Vermögenslage der darlehensnehmenden Tochtergesellschaft vollwertig, fällig und liquide ist.[641] Nur dann zeitigt die Einlageleistung befreiende Wirkung. Ist sie das wegen einer Krisensituation der Tochtergesellschaft nicht mehr, scheidet auch dieser Lösungsweg aus.

Gegen das Vollwertigkeitserfordernis sind allerdings schon vor einiger Zeit ablehnende Stimmen erhoben worden, die darauf abstellen, dass aufgrund der fehlenden tatsächlichen Zuführung eines Vermögensgegenstandes an die Gesellschaft dessen Bewertung bereits denklogisch nicht möglich sei, so dass auch nicht auf den Wert der Forderung gegen den Gesellschafter abzustellen sei.[642] Die Werthaltigkeit sei vielmehr allein aus Sicht der Gesellschaft zu beurteilen.[643] Würde dies tatsächlich der Fall sein und es auf die Vollwertigkeit nicht ankommen, könnte im Rahmen eines Cash Poolings eine Einlageleistung in Form einer Forderung des Inferenten leichter möglich sein. Vordergründig besticht an diesem Ansatz, dass auch ein Verzicht der Gesellschaft auf die Forderung zulässig wäre. Diese Stimmen haben allerdings keinen Anklang gefunden. Zu Recht: Auch ein solcher Verzicht wäre nur in dem Fall zulässig, in dem eine reale Vermögensmehrung der Gesellschaft dadurch erreicht wird, dass der Anspruch des Gesellschafters ohne die Verrechnung aufgrund seiner Vollwertigkeit bei der Gesellschaft einen tatsächlichen Vermögens- und Liquiditätsverlust in der gesamten Höhe der Forderung herbeigeführt hätte.[644] Nur in diesem Fall der gebotenen wirtschaftlichen Betrachtungsweise ist der Verzicht mit der Einbringung neuer Mittel gleichzusetzen. Abgesehen davon gebietet es der mit dem Regime der Kapitalaufbringung verbundene Gläubigerschutz, nicht von einem rein bilanziellen Verständnis des Werthaltigkeitsgebotes und der Kapitalaufbringung

---

berger, BB 2006, 850, 851; bedenkt man aber, dass es sich hierbei um seltene Maßnahmen handelt, dürfte der damit verbundene Aufwand zu verschmerzen sein (siehe oben § 4 D. I. 1.), zumal nach hier vertretener Auffassung eine Einlageleistung in Form der Bareinlage nach den bislang dargestellten Lösungswegen nicht in Betracht kommt.

[641] BGHZ 15, 52, 57; 42, 89, 93; 125, 141, 143; GK-GmbHG-*Ulmer*, § 5 Rdn 57; Michalski-*Zeidler*, § 5 Rdn 118; Baumbach/Hueck-*Hueck/Fastrich*, § 5 Rdn 28; *Bayer/Lieder*, GmbHR 2006, 449, 453; *Cahn*, ZHR 166 (2002), 278, 285.

[642] *Hannemann*, DB 1995, 2055, 2055 f.; *Hoffmann*, BB 1992, 575, 576 f.; *Meilicke*, DB 1989, 1067, 1074, 1119; *Reuter*, BB 1978, 1195, 1195 f.; *Priester*, DB 1976, 1801, 1802, will lediglich die Liquidität der Gesellschaft für maßgeblich halten.

[643] *Hannemann*, DB 1995, 2055, 2056; *Meilicke*, DB 1989, 1067, 1074; 1119; vgl. auch *Tesauro*, WM 1992, 1570, 1573, zu den Vorgaben der EG-Kapitalrichtlinie.

[644] LG Berlin, BB 1977, 213, 213; Michalski-*Zeidler*, § 6 Rdn 118; vgl. auch BGHZ 168, 285, 290, zur Werthaltigkeit einer Forderung bei Verrechnung mit dem Verlustausgleichsanspruch aus § 302 Abs. 1 AktG; hierzu unten 3. Teil § 11 B. I. 3.

auszugehen.[645] Vielmehr ist es erforderlich, dass es zu einer tatsächlichen Zuführung von Vermögensgegenständen kommt. Dann ist aber eine bloße Minderung des Passivvermögens in der Bilanz nicht ausreichend.[646] Somit erfordert es bereits der mit der Kapitalaufbringung verbundene Gläubigerschutz, die Werthaltigkeit von Forderungen nicht allein aus der Sicht der Gesellschaft zu beurteilen. An dem Erfordernis der Vollwertigkeit ist daher aus Gläubigerschutzgesichtspunkten festzuhalten. Dass eine rein bilanzielle Betrachtungsweise nicht immer ausreichend ist, sondern davon abzuweichen ist, wenn Gläubigerschutzgesichtspunkte dies erfordern, wird sich noch im Rahmen der Kapitalerhaltung nach § 30 Abs. 1 GmbHG, aber auch bei der Aufrechnung des Verlustausgleichsanspruchs gemäß § 302 Abs. 1 AktG mit Gegenforder-ungen zeigen.[647] Jede Erleichterung allein in Bezug auf die hier in Frage stehenden Cash-Pooling-Systeme würde sich zuletzt auch dem Vorwurf der Etablierung eines „Sonderrechts“ aussetzen. Im Ergebnis ist die Einbringung der Forderung der Muttergesellschaft damit in den Fällen problematisch, in denen sich die Konzerngesellschaft in einer wirtschaftlichen Krise befindet.

Als problematisch kann sich dieser Lösungsweg ferner in dem Fall erweisen, in dem die Forderung der Konzernmutter gegenüber der Tochtergesellschaft bereits eigenkapitalersetzend geworden ist.[648] Die Forderung stellt dann funktional bereits im Interesse des Gläubigerschutzes gebundenes Eigenkapital dar.[649] Da die Forderung somit bereits aufgrund ihrer Verhaftung als Eigenkapitalersatz nicht zurückgeführt werden könnte, da sie aus Gläubigerschutzgesichtspunkten funktional bereits Eigenkapital darstellt, kann sie erst recht nicht als werthaltiger Sacheinlagegegenstand eingebracht werden.[650] Dementsprechend ist nicht nur zu überprüfen, ob die Forderung bereits werthaltig ist, sondern auch, ob sie bereits eigenkapitalersetzend geworden ist. Aus diesen Gründen ist keine Erleichterung bei der Einbringung einer Forderung des Inferenten zuzulassen. In den Fällen, in denen sich die Tochtergesellschaft in der Krise befindet und sich die Forderung

---

645 Michalski-*Zeidler*, § 6 Rdn 118; zur Abkehr von einer bilanziellen Betrachtungsweise im Rahmen der Kapitalerhaltung aus Gläubigerschutzgesichtspunkten noch 3. Teil § 8 B. II. 2.

646 Michalski-*Zeidler*, § 6 Rdn 118.

647 Hierzu unten 3. Teil § 11 B. I. 3.

648 *Mildner*, GmbHR 2006, R 161, 162; *ders.*, Finance 4/2006, 36; *ders.*, FAZ v. 25.01.2006, S. 23.

649 Baumbach/Hueck-*Hueck/Fastrich*, § 5 Rdn 28.

650 BGHZ 90, 370, 374; 125, 141, 147; 95, 188, 191; OLG Schleswig, NZG 2001, 566, 568; Michalski-*Zeidler*, § 5 Rdn 120 f.; Baumbach/Hueck-*Hueck/Fastrich*, § 5 Rdn 28; *Mildner*, GmbHR 2006, R 161, 162; *ders.*, FAZ v. 25.01.2006, S. 23; *ders.*, Finance 4/2006, 36, diff. zwischen Fällen der §§ 32 a, 32 b GmbHG, bei denen die Sacheinlagefähigkeit zu bejahen sei, einerseits und den Rechtsprechungsregeln zu § 30 GmbHG, bei denen keine Sacheinlagefähigkeit bestehe, andererseits GK-GmbHG-*Ulmer*, § 5 Rdn 45; Scholz-*Winter/H.P. Westermann*, § 5 Rdn 48.

als nicht vollwertig oder eigenkapitalersetzend erweist, scheidet damit auch dieser Lösungsweg aus.

Nun lässt sich vordergründig argumentieren, Situationen, in denen Kapitalerhöhungen vorgenommen werden sollen, seien stets auf Krisensituationen der Tochtergesellschaft bezogen, in denen die Vollwertigkeit der Forderung nicht gegeben ist und sie sich womöglich als eigenkapitalersetzend darstellt. In der Tat wäre der Anwendungsbereich des hier vertretenen Ansatzes bei Zugrundelegung einer solchen Sichtweise stark eingeschränkt. An dieser Sichtweise ist zwar zutreffend, dass eine Kapitalerhöhung immer dann in Betracht kommt, wenn die Tochtergesellschaft Liquidität benötigt. Aus diesem Grund kann die Kapitalerhöhung zweifelsohne eine geeignete Maßnahme der Unternehmenssanierung darstellen.[651] In gleicher Weise kann sie aber auch Ausdruck der Finanzierung von Expansionen wirtschaftlich erfolgreicher Gesellschaften sein.[652] Kapitalerhöhungen kommen daher sowohl bei finanziell angeschlagenen, aber eben auch bei erfolgreichen Gesellschaften in Betracht. Ein Anwendungsbereich für die hier vertretene Ansicht ist daher zumindest in den Fällen gegeben, in denen die Forderung wegen der wirtschaftlichen Stabilität der Tochtergesellschaft nicht eigenkapitalersetzend und werthaltig ist. In Fällen der finanziellen Krise der Tochtergesellschaft stellt sich hingegen ohnehin die Frage, ob diese nicht aus dem Cash Pool herausgenommen werden sollte.[653]

Zu beleuchten ist in einem letzten Schritt auch hier die Problematik, dass eine Bareinlage nicht nur nicht in eine Sacheinlage getauscht werden darf, sondern auch die Sacheinlage nicht gegen eine andere Sacheinlage getauscht werden darf. Vor diesem Hintergrund sieht *Hentzen* es als problematisch an, wenn ursprünglich als Sacheinlage die Forderung der Muttergesellschaft gegen den Inferenten eingebracht wird, die Tochtergesellschaft im Endergebnis aufgrund der Abführung der Mittel an den Cash Pool aber eine Darlehensrückzahlungsforderung gegen die Muttergesellschaft in der Hand hält.[654] Diese Betrachtung ist aber nicht einsichtig: Einlagegegenstand ist und bleibt bei dieser Lösung nun einmal die Darlehensforderung der Muttergesellschaft gegen die Tochtergesellschaft; diese erlischt durch die Einbringung als Sacheinlage. Bedenkt man außerdem, dass eine Forderung der Gesellschaft gegen den Inferenten nach weit überwiegender Auffassung nicht als Sacheinlagegegenstand in Betracht kommt, kann das Argument, es werde eine Sacheinlage gegen eine andere ausgewech-

---

[651] Beck'schesHndb-GmbH-*Schwaiger*, § 7 Rdn 16; MünchHndbGesR-GmbH-*Wegmann*, § 54 Rdn 1; Baumbach/Hueck-*Zöllner*, § 55 Rdn 3; *K. Schmidt*, GesR, § 29 III 2. a); *Eisenhardt*, Rdn 497.

[652] Beck'schesHndb-GmbH-*Schwaiger*, § 7 Rdn 17; Baumbach/Hueck-*Zöllner*, § 55 Rdn 3; *K. Schmidt*, GesR, § 29 III 2. a); *Eisenhardt*, Rdn 497.

[653] Vgl. *Mildner*, FAZ v. 25.01.2006, S. 23; *Doll*, Handelsblatt v. 27.06.2007, S. 16; siehe unten 3. Teil § 12 A. I.

[654] *Hentzen*, DStR 2006, 948, 950 f.; vgl. auch *Diers*, S. 156.

selt, nicht überzeugen. Unter diesem Gesichtspunkt ist der hiergegen geäußerten Kritik nicht zu folgen. Nicht als Argument gegen die Auffassung angeführt werden kann überdies auch, dass von vornherein eine Abrede darüber getroffen wurde, dass die Einlage wertmäßig an den Gesellschafter zurückfließt. Es wird hier gerade nicht der Gegenstand der Sacheinlage, nämlich der Anspruch auf Darlehensrückzahlung, zurückgewährt. Vielmehr kommt es zu einer Rückgewähr von Barmitteln an den Gesellschafter.[655] Allein auf das Vorliegen einer Abrede abzustellen, ohne auf den jeweiligen Gegenstand Rücksicht zu nehmen, erscheint jedenfalls selbst bei strengem Verständnis der freien Verfügbarkeit als zu weitgehend.

b) Ergebnis

Gegenwärtig scheint dieser Lösungsweg der einzig mögliche zu sein: Diese Ansicht hat den Vorteil, dass nach hier vertretener Auffassung sowohl die Probleme der Sacheinlage umgangen werden, da die Sacheinlagevorschriften beachtet werden, als auch dem Gebot der endgültigen freien Verfügung des geschäftsführenden Organs genüge getan wird, da nicht der Gegenstand der Einlage selbst auf das Zielkonto der Konzernmuttergesellschaft zurückfließt. Trotz der genannten potentiellen Risiken ist dieser Weg daher bei einer Kapitalmaßnahme bei einer in einen Cash-Pooling-Kreislauf einbezogenen Gesellschaft als Lösungsmöglichkeit einzuschlagen. Es sind aber noch weitere Lösungswege denkbar:

II. Nutzungsrecht als Sacheinlage

So ist in Erwägung zu ziehen, dass die Muttergesellschaft der Tochtergesellschaft einen bestimmten Barbetrag als Darlehen zur Verfügung stellt und eine Sacheinlage in Form des gesondert festzustellenden Nutzungswerts des Kapitals, das etwa durch erzielbare Zinsen verkörpert ist, geleistet wird.[656] Immerhin erhielte die GmbH dadurch Liquidität, die dann aber nach Ablauf eines festgelegten Zeitraums zurückfließen müsste. Eine solche Einlageform ist zwar weitestgehend anerkannt.[657] Allerdings wird auch eine solche Lösung den Anforderungen an eine ordnungsgemäße Kapitalaufbringung nicht gerecht. Diese Lösung liefe auf eine Einlage von Zinsforderungen gegen die Muttergesellschaft hinaus. Dies ist jedoch mit der herrschenden Ansicht, die Forderungen gegen den Inferenten für nicht einlagefähig hält,[658] nicht vereinbar. Außerdem ist auch zweifelhaft, ob bei diesem Lösungsweg der Nutzungswert tatsächlich zur freien Verfü-

---

[655] Zweif. allerdings *Vetter/Schwandtner*, DK 2006, 407, 413.

[656] Pentz/Sollanek-*Pentz*, S. 23, im Ergebnis allerdings abl.

[657] Baumbach/Hueck-*Hueck/Fastrich*, § 5 Rdn 25; Hachenburg-*Ulmer*, § 5 Rdn 40; Scholz-*Winter/H.P. Westermann*, § 5 Rdn 46; Michalski-*Zeidler*, § 5 Rdn 134 f.; Lutter/Hommelhoff-*Lutter/Bayer*, § 5 Rdn 22; abl. *K. Schmidt*, GesR, § 30 II a) cc); *ders.*, ZHR 154 (1990), 251, 254 f.

[658] Hierzu unten § 5 C. IV. 1.

gung gestellt wird, wenn das Kapital über den Abzug über das Cash-Pooling-System wieder an den Cash-Pool-Führer zurückfließt. Dies ist abzulehnen. Es liegt keine freie Verfügbarkeit vor, wenn die erhaltene Liquidität abredegemäß in den Cash Pool eingestellt wird.

III. Anwendung der Grundsätze des „Schütt-aus-Hol-zurück-Verfahrens"

Ein Lösungsweg könnte darin bestehen, in Anlehnung an die Rechtsprechung bei einem „Schütt-aus-Hol-zurück-Verfahren", bei dem die Gewinnausschüttung der Gesellschaft an ihre Gesellschafter unmittelbar mit einer Kapitalerhöhung kombiniert wird,[659] zumindest Barkapitalerhöhungen mit dem Ziel der Einstellung der Bareinlage in den Cash Pool den Anforderungen einer Sachkapitalerhöhung zu unterwerfen.[660] In gleicher Weise wird in der Literatur für den Fall, dass eine Konzerngesellschaft, bei der eine Kapitalerhöhung durchgeführt werden soll, das Geld aus der Kapitalerhöhung für ein Kaufgeschäft mit einer Schwestergesellschaft zu verwenden beabsichtigt, eine verdeckte Sacheinlage verneint, sofern die kapitalerhöhende Konzerngesellschaft das angestrebte Geschäft sowohl offen legt als auch einer Werthaltigkeitsprüfung unterzieht.[661] Dies zeigt, dass eine Barkapitalerhöhung unter Einhaltung der Anforderungen einer Sachkapitalerhöhung durchgeführt werden kann.

Nach den durch die Rechtsprechung aufgestellten Voraussetzungen beim „Schütt-aus-Hol-zurück-Verfahren" ist demnach zum einen eine Werthaltigkeitsprüfung durchzuführen und dabei eine testierte Bilanz der Konzerngesellschaft vorzulegen, die nicht älter als acht Monate sein darf (§ 57 i Abs. 2 GmbHG).[662] Zum anderen ist die beabsichtigte Mittelverwendung des Kapitalerhöhungsbetrages, also die Einstellung in den Cash Pool, im Beschluss über die Kapitalerhöhung und damit in der Anmeldung der Kapitalerhöhung zur Eintragung in das Handelsregister offenzulegen, § 57 i Abs. 4 GmbHG analog.[663] Schließlich ist im Rahmen der Handelsregistereintragung nach § 57 i Abs. 1 S. 2 GmbHG analog die Erklärung abzugeben, dass seit dem letzten Bilanzstichtag

---

[659] BGHZ 135, 382, 383 ff.; BGH, ZIP 2000, 72, 73; zur – gesunkenen – Bedeutung dieses Verfahrens Baumbach/Hueck-*Hueck/Fastrich*, § 29 Rdn 65; Rowedder/Schmidt-Leithoff-*Zimmermann*, § 5 Rdn 60.

[660] *Diers*, S. 157; *Vetter/Stadler*, Rdn 98; *Hellwig*, FS Peltzer, 163, 171 ff.; *Wunderlich*, BKR 2005, 387, 390; *Jäger*, DStR 2000, 1653, 1658; *Sieger/Hasselbach*, BB 1999, 645, 651; *Hentzen*, DStR 2006, 948, 951; *Vetter/Schwandtner*, DK 2006, 407, 414; *Wirsch*, GmbHR 2007, 736, 741.

[661] *Lutter*, FS Stiefel, 505, 520 f.; *Maier-Reimer*, FS Nirk, 639, 647 f.; *Hellwig*, FS Peltzer, 163, 172.

[662] Zum Gegenstand der Werthaltigkeitsprüfung sogleich; auf den erheblichen Aufwand einer Werthaltigkeitsprüfung weisen in diesem Zusammenhang *Flitsch/Schellenberger*, BB 2006, 850, 851, hin.

[663] BGHZ 135, 381, 384; *Vetter/Stadler*, Rdn 98; *Vetter/Schwandtner*, DK 2006, 407, 414; *Sieger/Hasselbach*, GmbHR 1999, 205, 208.

keine Vermögensminderung eingetreten ist, die der Kapitalerhöhung entgegenstünde, wenn sie am Tag der Handelsregisteranmeldung beschlossen würde. Es läge keine verdeckte Sacheinlage vor, da der bei der Sacheinlage bezweckte Gläubigerschutz sowohl durch eine Werthaltigkeitsprüfung als auch eine Offenlegung im Rahmen einer Barkapitalerhöhung durch dieselben Mittel verwirklicht werde.[664]

Aus verschiedenen Gründen ist dieser Weg für die Durchführung einer Kapitalmaßnahme bei einer in ein Cash-Pooling-Sysem integrierten Gesellschaft allerdings abzulehnen: Als problematisch erweist sich zunächst, welcher Gegenstand für die dabei erforderliche Werthaltigkeitsprüfung zugrunde zu legen ist. Ist das interne Kontokorrent zwischen der Konzerngesellschaft und der Konzernmutter unmittelbar vor Einstellung des Einlagebetrages in den Cash Pool ausgeglichen oder weist es eine Forderung der Konzerngesellschaft gegen die Konzernmutter auf und wird diese durch den Betrag der Bareinlage vergrößert, bezieht sich die Werthaltigkeitsprüfung auf die Forderung der Konzerngesellschaft gegen die das Zielkonto führende Konzernmutter.[665] Weist das Kontokorrent zwischen der Konzerngesellschaft und der Konzernmutter dagegen unmittelbar vor Einstellung des Einlagebetrags in den Cash Pool eine Verbindlichkeit der Konzerngesellschaft auf, die durch den Betrag der Bareinlage zurückgeführt wird, ist Prüfungsgegenstand die getilgte Forderung.[666] Da der Gegenstand der Werthaltigkeitsprüfung somit oft erst im Zeitpunkt der Einstellung des Bareinlagebetrags in den Cash Pool feststeht, wird empfohlen, dass der Gesellschafterbeschluss offen formuliert wird und auf die verschiedenen denkbaren Alternativen eingeht.[667] Die Werthaltigkeitsprüfung selbst unterscheide sich dann nicht von der Prüfung bei einer offenen Sacheinlage. Forderungen und Verbindlichkeiten seien damit nicht mit ihrem Nennwert zu bewerten, sondern mit dem im Veräußerungsfall realisierbaren Erlös. Ein Unterschied bestehe nur insoweit, als dass im Zeitpunkt der Beschlussfassung unklar gewesen sei, welche Forderung zu begutachten wäre. Da die offene Formulierung des Kapitalerhöhungsbeschlusses bei der Einstellung der Einlage in den Cash Pool ausgefüllt werde, stehe dann fest, was zu bewerten und im Werthaltigkeitsgutachten darzustellen sei. Zusätzlich wäre danach sicherzustellen, dass die Gesellschaft in dem Fall, in dem die Begründung einer Forderung gegen die Betreibergesellschaft denkbar ist, keine Unterbilanz aufweist und sie, sofern die Tilgung einer Forderung der Betreiber-

---

[664] *Hellwig*, FS Peltzer, 163, 172.

[665] *Hellwig*, FS Peltzer, 163, 174 f.; *Morsch*, NZG 2003, 97, 102; auch hier stellt sich freilich schon die Frage der Einlagefähigkeit.

[666] *Hellwig*, FS Peltzer, 163, 174 f.; *Morsch*, NZG 2003, 97, 102.

[667] *Vetter/Stadler*, Rdn 98; *Hellwig*, FS Peltzer, 163, 174 f., mit Formulierungsvorschlägen; *Hentzen*, DStR 2006, 948, 952.

gesellschaft gegen die Konzerngesellschaft in Betracht komme, nicht kreditunwürdig sei.[668]

Der BGH stellte für die Zulässigkeit des „Schütt-aus-Hol-zurück"-Verfahrens entscheidend darauf ab, dass dieses der Kapitalerhöhung aus Gesellschaftsmitteln ähnlich sei und daher in den §§ 57 c ff. GmbHG eine normative Grundlage habe.[669] Ob seitens des BGH Bereitschaft besteht, diese Rechtsprechung auch auf die vorgeschlagene Lösung zu erweitern und die Einlageleistung bloß deshalb als Barkapitalerhöhung anzuerkennen, weil die Beteiligten die „Karten offengelegt" haben und das Registergericht eine Werthaltigkeitsprüfung durchführen lassen, ist derzeit noch völlig offen.[670] Angesichts der übrigen bestehenden Möglichkeiten der Einlageleistungen dürfte dies eher zweifelhaft sein.

Als Argument gegen die Übertragung der Grundsätze des „Schütt-aus-Hol-zurück"-Verfahrens auf Barkapitalerhöhungen bei einem Cash Pooling ist zudem anzuführen, dass die betroffene Konzerngesellschaft beim „Schütt-aus-Hol-zurück"-Verfahren die zunächst als Gewinn ausgeschütteten Mittel im Zuge der Kapitalerhöhung endgültig zurückerhält und damit ein Liquiditätszufluss stattfindet. Dies ist bei der Barkapitalerhöhung mit der Folge der Einstellung der Einlage in den Cash Pool genau entgegengesetzt, da der Konzerngesellschaft hierbei die kurzzeitig zugeflossene Einlage sofort wieder entzogen wird und ihr nur eine Forderung gegen die Konzernmutter verbleibt.[671] Der Gesellschaft bleibt hier also erheblich weniger, nämlich lediglich die Darlehensforderung gegen ihren Gesellschafter. Bei schlechtem Vermögensmanagement im Konzern ist die Werthaltigkeit dieser Forderung gefährdet. Wird die Muttergesellschaft zahlungsunfähig, kann das Darlehen nicht zurückgeführt werden. Das Risiko für die Gesellschaftsgläubiger erweist sich demnach gegenüber dem „Schütt-aus-Hol-zurück"-Verfahren als ungleich höher. Dass dieser Unterschied lediglich „formaler Natur" sei[672], ist demnach aufgrund der erheblich größeren Risiken für die Gesellschaftsgläubiger nicht überzeugend.

Gegen diese Lösung spricht zuletzt auch, dass damit zwar der Gefahr einer verdeckten Sacheinlage entgegengewirkt werden kann, nicht aber das Problem des Verstoßes gegen die freie Verfügbarkeit gelöst wird.[673] Höchst zweifelhaft ist überdies auch, ob nach der Rechtsprechung des BGH zum „Schütt-aus-Hol-zurück"-Verfahren jede Verrechnung schon dann zulässig sein soll,

---

668 *Vetter/Schwandtner*, DK 2006, 407, 414.
669 BGHZ 135, 381, 384.
670 Vgl. *Hüffer*, AG 2004, 416, 420; *Jäger*, DStR 2000, 1653, 1658; *Sieger/Hasselbach*, GmbHR 1999, 205, 208 f.
671 *Cahn*, ZHR 166 (2002), 278, 288; *Morsch*, NZG 2003, 97, 102; gegen diesen Lösungsweg auch *Hüffer* AG 2004 416, 421.
672 So *Vetter/Stadler*, Rdn 99; *Vetter/Schwandtner*, DK 2006, 407, 415.
673 So auch *Cahn*, ZHR 166 (2002), 278, 288; *Morsch*, NZG 2003, 97, 102.

wenn sie gegenüber dem Registergericht offen gelegt wird.[674] Zumindest für konzernweite Cash-Pooling-Systeme ist dies aufgrund der damit begründeten Besonderheiten nicht der Fall. Ganz abgesehen davon stellt sich noch das Problem des nach ganz herrschender Ansicht nicht einlagefähigen Anspruchs der Tochtergesellschaft gegen den Gesellschafter.[675] Nicht nur nebensächlich ist aus Bankensicht schließlich auch, dass das Kreditinstitut, um nicht in eine Haftung nach § 37 Abs. 1 S. 4 AktG analog zu geraten, auf die nachträgliche Kooperation der Gesellschaft, insbesondere auf deren inhaltlich zutreffende Handelsregisteranmeldung angewiesen wäre.[676] Das „Dickicht der Konzernfinanzierung"[677] im Rahmen der Kapitalaufbringung kann durch eine derartige Lösung damit nicht durchdrungen werden.

IV. Einbringung der Forderung gegen das Mutterunternehmen als Sacheinlage

Zumindest in dem Fall, in dem die Muttergesellschaft der Tochtergesellschaft über den Cash Pool Darlehen gewährt hat – was regelmäßig nur bei Kapitalerhöhungen der Fall sein wird –, liegt die Einbringung dieser Darlehensforderungen nahe. Ist aber umgekehrt der Saldo zugunsten der Tochtergesellschaft positiv, stellt sich die Frage, ob auch eine Darlehensforderung der Tochtergesellschaft gegen die Muttergesellschaft als tauglicher Einlagegegenstand in Betracht kommt.[678] Die Muttergesellschaft würde damit letztlich einen Anspruch gegen sich selbst als Sacheinlage einbringen. Einer solchen Lösung steht eine schon mehrfach erwähnte herrschende Auffassung gegenüber, wonach eine Forderung gegen den Inferenten selbst kein tauglicher Gegenstand einer Sacheinlage sei.[679]

---

[674] Krit. auch *Grunewald*, 2.F. 22; *Wilhelm*, Rdn 242, Fn 299; *Hüffer*, AG 2004, 416, 421.

[675] Vgl. Hentzen, DStR 2006, 948, 951; hierzu ausführl. unten § 5 C. IV. 1.

[676] Hierauf hinw. auch *Wunderlich*, BKR 2005, 387, 391.

[677] So *Hoos/Kleinschmidt*, EWiR § 5 GmbHG 1/06, 523, 524.

[678] Dafür *Cahn*, ZHR 166 (2002) 278, 289 ff.; *Hentzen*, DStR 2006, 948, 951; *Drygala*, ZGR 2006, 587, 624; nicht ausschließend *Vetter/Stadler*, Rdn 93; *Vetter/Schwandtner*, DK 2006, 407, 413; offenbar auch *Sieger/Wirtz*, ZIP 2005, 2277, 2278, wonach es sich für den Fall, dass im Zeitpunkt der Kapitalmaßnahme keine Darlehensverbindlichkeiten der Gesellschaft gegenüber dem Cash Pool bestanden, bei der eingebrachten Forderung um eine solche gegen die Betreibergesellschaft des Cash Pools handeln soll; Pentz/Sollanek-*Pentz*, S. 22, stellt demgegenüber auf einen Anspruch auf Liquiditätsabruf gegenüber der Muttergesellschaft ab.

[679] BGHZ 165, 113, 117; 165, 352, 356; OLG Jena, ZIP 2004, 2327, 2329; Scholz-*Winter/H.P. Westermann*, § 5 Rdn 44, 49; Scholz-*Priester*, § 56 Rdn 14; Roth/Altmeppen-*Roth*, § 5 Rdn 40; Michalski-*Zeidler*, § 5 Rdn 112; Hachenburg-*Ulmer*, § 5 Rdn 36, 41, 64, ausdr. für die Einräumung einer Darlehensforderung gegen den Einleger; Baumbach/Hueck-*Hueck/Fastrich*, § 5 Rdn 24; Rowedder-*Schmidt-Leithoff*, § 5 Rdn 28; KK-*Lutter*, § 183 Rdn 26; *Hüffer*, § 27 Rdn 24; GK-AktG-*Röhricht*, § 27 Rdn 68 f.; *Vetter/Stadler*, Rdn 94; *Burgard*, AG 2006, 527, 533; *Vetter/Schwandtner*, DK 2006, 407, 410; *Bayer*,

Die Frage der Einlagefähigkeit von Forderungen gegen den Inferenten hat in Bezug auf das Cash Pooling eine besondere Bedeutung, was sich schon daran zeigt, dass sich die Minderansicht, die von einer Einlagefähigkeit dieser Forderungen ausgeht, gerade in Bezug auf Cash-Pooling-Sachverhalte gebildet hat.[680] Aus diesem Grund erscheint es angebracht, die Argumentation der herrschenden Auffassung auf ihre Stichhaltigkeit zu überprüfen.[681] Würde auch die Forderung gegen das Mutterunternehmen als Sacheinlage in Betracht kommen, wäre die Einlageleistung – dies dürfte durch die bisherigen Ausführungen deutlich geworden sein – erheblich erleichtert.

1. Stichhaltigkeit der Argumentation der herrschenden Ansicht

Die herrschende Ansicht begründet ihre ablehnende Auffassung mit zwei Argumenten: Erkenne man einen Anspruch gegen den Inferenten selbst als taugliche Einlage an, werde die Einlageforderung lediglich durch ein anderes, im Vergleich zur Einlageforderung schwächeres Leistungsversprechen des Zeichners ersetzt, was mit dem Sinn und Zweck des § 19 Abs. 2 S. 1 GmbHG nicht zu vereinbaren sei.[682] Es widerspreche dem Grundsatz der realen Kapitalaufbringung, wenn in die Gesellschaft anstelle der geforderten liquiden Mittel eine nicht beglichene Verbindlichkeit eingebracht werde. Auf diese Weise werde die Einlageforderung lediglich gegen ein anderes inhaltsgleiches schuldrechtliches Versprechen ausgetauscht, das an deren Platz trete und dessen Erfüllung von der Leistungswilligkeit und -fähigkeit des Inferenten abhängig sei. Zudem fehle es an der für die Erfüllung eines Einlageversprechens notwendigen Aussonderung des Gegenstandes der Einlage aus dem Vermögen des Inferenten und seiner

GmbHR 2004, 445, 451; *Bayer/Graff*, WuB II A. § 54 AktG 1.06, 271, 274; *Hangebrauck*, WuB II C. § 19 GmbHG 2.06, 479, 480.

680 *Cahn*, ZHR 166 (2002) 278, 289 ff.; *Hentzen*, DStR 2006, 948, 951; *Vetter/Stadler*, Rdn 93 f.; *Vetter/Schwandtner*, DK 2006, 407, 413.

681 Bislang hat kaum eine Diskussion mit den Argumenten *Cahns* stattgefunden; nunmehr ansatzweise *Hentzen*, DStR 2006, 948, 951 und jüngst *Diers*, S. 149 f.; in BGHZ 166, 8 ff., war der Saldo zulasten der Konzerngesellschaft negativ, so dass keine Forderung gegen die Muttergesellschaft aus dem Cash Pooling zur Verfügung stand; ausdrückl. gegen eine Sacheinlagefähigkeit der Forderung gegen den Inferenten aber BGHZ 165, 113, 117; 165, 352, 356, allerdings ohne weitere Begründung.

682 BGHZ 153, 107, 110; 165, 113, 117; OLG Hamm, GmbHR 2007, 201, 202; GK-AktG-*Röhricht*, § 27 Rdn 68 f.; Michalski-*Zeidler*, § 5 Rdn 112; MK-AktG-*Pentz*, § 27 Rdn 26; Baumbach/Hueck-*Hueck/Fastrich*, § 5 Rdn 24; *Gesell*, BB 2007, 2241, 2244; in der Rechtsprechung geht es überwiegend um Fälle, in denen die Gesellschaft die empfangenen Leistungen dem Gesellschafter als Darlehen zurückgewährt. Bei einem solchen Vorgang soll die Einlageleistung als nicht erbracht angesehen werden, weil die „starke" Einlageforderung gegen einen „schwachen" Darlehensanspruch ausgetauscht werde, OLG Rostock, NZG 2001, 945, 947; OLG Hamm GmbHR 1992, 749, 750; GmbHR 2007, 201, 202.

Überführung in das Vermögen der Gesellschaft.[683] Diese Begründung gilt es kritisch zu hinterfragen.

a) Einlageforderung „stärker“ als sonstige schuldrechtliche Verbindlichkeit

Zunächst ist zu überprüfen, ob es sich bei einer Einlageforderung, wie von der herrschenden Ansicht vertreten, tatsächlich um eine „stärkere“ Forderung handelt als bei einer an deren Stelle tretende schuldrechtliche Verbindlichkeit gegen den Inferenten.[684] Verneinendenfalls wäre die These vertretbar, dass auch Forderungen gegen den Inferenten als Sacheinlage in Betracht kämen. Im Rahmen eines Vergleiches mit den gesetzlichen Vorschriften zur Barkapitalaufbringung zunächst zu berücksichtigen, dass sich das Gesetz dort teilweise mit bloßen Leistungsversprechen des Einlegers begnügt[685]: Im Aktienrecht ist für die Anmeldung einer AG und die Durchführung einer Kapitalerhöhung zur Eintragung ins Handelsregister gemäß §§ 36 a Abs. 1, 37, 188 Abs. 2 S. 1 AktG lediglich erforderlich, dass ein Viertel des geringsten Ausgabebetrages sowie ein etwaiges Agio zu leisten sind, so dass das Gesetz bezüglich der restlichen drei Viertel des geringsten Ausgabebetrages ein Leistungsversprechen des Aktionärs ausreichen lässt. Im GmbH-Recht ist nach §§ 7 Abs. 2, 8, 56 a, 57 Abs. 2 GmbHG lediglich die Einzahlung von einem Viertel des Nominalbetrages jeder Stammeinlage erforderlich, so dass ein Leistungsversprechen des Gesellschafters sowohl für die übrigen drei Viertel des Nominalbetrages als auch bezüglich eines etwaigen Aufgeldes ausreichend ist. Allerdings muss gemäß § 7 Abs. 2 S. 2 GmbHG auf das Stammkapital mindestens soviel eingezahlt werden, dass der Gesamtbetrag der eingezahlten Bareinlagen zuzüglich des Gesamtbetrages, für die Sacheinlagen zu leisten sind, die Hälfte des Mindeststammkapitals gemäß § 5 Abs. 1 GmbHG erreicht.[686] Angesichts dieser gesetzlich zulässigen Möglichkeit bloßer Leistungsversprechen stellt sich die Frage, ob schuldrechtliche Ansprüche gegen die Gesellschafter in gleicher Weise gesichert sind wie Ansprüche auf Einzahlung noch ausstehender Bareinlagen. Dagegen sind folgende Argumente einzuwenden:

aa) Sinn und Zweck von Mindesteinlageverpflichtungen

Wie eben dargelegt, bestehen für Bareinlageleistungen bestimmte Mindesteinzahlungsverpflichtungen, §§ 36 a Abs. 1 AktG, § 7 Abs. 2 S. 2 GmbHG. Sinn

---

[683] GK-AktG-*Röhricht*, § 27 Rdn 68 f.; MK-AktG-*Pentz*, § 27 Rdn 26; Hachenburg-*Ulmer*, § 5 Rdn 36, 41, 64; Scholz-*Winter/H.P. Westermann*, § 5 Rdn 44; KK-*Lutter*, § 183 Rdn 12; *Hüffer*, § 27 Rdn 24; *Henze*, DB 2001, 1469, 1471.

[684] Also in diesem Zusammenhang die Darlehensforderung aus dem Cash Pool.

[685] Hierauf abst. *Diers*, S. 150; *Cahn*, ZHR 166 (2002), 278, 290 f.; vgl. auch *ders*., DK 2004, 235, 240, im Rahmen der abl. Argumentation zu BGHZ 157, 72 ff.

[686] Da gemäß § 5 Abs. 1 GmbHG RefE-MoMiG das Mindeststammkapital auf 10.000 Euro abgesenkt werden soll, ist eine Einzahlung von zumindest 5.000 Euro erforderlich.

und Zweck derartiger Mindesteinzahlungsverpflichtungen ist es, den Geschäftsführern der Gesellschaft die Verfügung über einen Mindestfonds bei Entstehung der GmbH im Interesse sowohl der Gesellschaft als auch ihrer Gläubiger zu sichern.[687] Ferner ist damit die Sicherung der Kapitalaufbringung durch Nachweis eines gewissen Maßes an finanzieller Kraft der Gesellschafter gewährleistet.[688] Auch wenn sich das Gesetz damit teilweise mit bloßen Leistungsversprechen begnügt, besteht doch der entscheidende Unterschied zur Einlage von Forderungen gegen den Inferenten, die auf eine zukünftige Zahlung eines Geldbetrages gerichtet sind, darin, dass eine Mindesteinzahlung vorgeschrieben ist. Hierzu würde es schlechterdings bei einer Einlage einer auf erst zukünftige Zahlung gerichteten Forderung gegen den Gesellschafter nicht kommen. Die Forderung würde in Höhe des gesamten Einlagebetrages bestehen. Eine Mindesteinzahlung wie bei der Barkapitalaufbringung wäre nicht zwingend. Mit der Zulassung einer Forderung gegen den Inferenten als Sacheinlageleistung würden die Vorschriften über die Mindesteinzahlung damit schlichtweg umgangen werden.[689] Dies würde besonders im Rahmen des Cash Poolings deutlich werden: Die Darlehensansprüche, die der Tochtergesellschaft infolge aufstehender Darlehensgewährungen zustehen, werden im laufenden Cash Pool nicht erfüllt. Vielmehr kommt es zu Verrechnungen dieser Ansprüche, wenn die Tochtergesellschaft nun ihrerseits Liquidität in Anspruch nehmen muss. Aus diesem Grund ist eine tatsächliche Erfüllung der Darlehensansprüche der Tochtergesellschaft gegen den Inferenten geradezu fernliegend. Letztlich käme es auch dazu, dass das Risiko der Insolvenz des Gesellschafters auf die GmbH und auf deren Gläubiger übertragen werden würde.[690]

Der Vergleich mit den fehlenden Volleinzahlungen ist auch aus dem Grund nicht stichhaltig, dass an eine fehlende Volleinzahlung unterschiedliche Konsequenzen geknüpft werden. Ferner würden auch diejenigen Vorschriften, die Konsequenzen an eine fehlende Volleinzahlung knüpfen (§§ 20, 33, 46 Nr. 2 GmbHG; §§ 134 Abs. 2, 182 Abs. 4 AktG), leer laufen.[691] Es wäre fernliegend, diese Konsequenzen auch auf eine noch nicht erfüllte Forderung gegen den Inferenten anzuwenden. Letztlich droht bei der Zulassung einer Forderung gegen den Inferenten als Sacheinlage, dass die Schutzgarantie der Bar-

687 Hachenburg-*Ulmer*, § 7 Rdn 27.

688 Hachenburg-*Ulmer*, § 7 Rdn 27; Scholz-*Winter/Veil*, § 7 Rdn 2; *Hüffer*, § 36 a Rdn 1.

689 Krit. daher auch Michalski-*Zeidler*, § 5 Rdn 112; Hachenburg-*Ulmer*, § 5 Rdn 64; Roth/Altmeppen-*Roth*, § 5 Rdn 44; *Vetter/Stadler*, Rdn 93; *Vetter/Schwandtner*, DK 2006, 407, 413.

690 Vgl. *Habersack*, ZHR 170 (2006), 607, 608.

691 Ebenso *Vetter/Stadler*, Rdn 93; *Vetter/Schwandtner*, DK 2006, 407, 413.

einlage umgangen wird, was wiederum dazu führen würde, dass die Sicherung der Kapitalaufbringung erheblich beeinträchtigt werden würde.[692]

Ansprüche auf Einzahlung noch ausstehender Bareinlagen unterliegen ferner besonderen gesetzlichen Vorschriften, mit denen eine Information des Rechtsverkehrs und ein effektiver Zufluss der Mittel in das Gesellschaftsvermögen sichergestellt werden sollen: Gemäß § 272 Abs. 1 S. 2 HGB müssen ausstehende Einlagen auf das gezeichnete Kapital gesondert ausgewiesen werden. In der GmbH gilt für bislang nicht erbrachte Aufgeldzahlungen, dass die Forderung der Gesellschaft unter einem der Posten des § 266 Abs. 2 B II 2-4 HGB unter Kennzeichnung des § 42 Abs. 3 GmbHG aktiviert werden muss. Anhand des Jahresabschlusses können sich damit Gesellschaftsgläubiger über die Höhe der noch ausstehenden Leistungen informieren. Diesbezüglich ist schwerlich zu bestreiten, dass eine gewisse Publizitätswirkung auch bei einer Forderung gegen den Inferenten als Sacheinlage in Betracht käme, da der Gegenstand der Sacheinlage in der Satzung oder im Kapitalerhöhungsbeschluss festzusetzen wäre, §§ 27 Abs. 1 S. 1, 183 Abs. 1 S. 1 AktG; §§ 5 Abs. 4 S. 1, 56 Abs. 1 GmbHG.[693] Ferner wären Ansprüche gegen den Inferenten zumindest vor ihrer Erfüllung ebenso wie eine Forderung auf eine noch ausstehende Einlageleistung in der Bilanz der Gesellschaft auszuweisen. Ein entscheidender Unterschied dürfte aber darin liegen, dass vor Anmeldung bei Bareinlagen eben nur ein Viertel einzuzahlen ist, während Sacheinlagen vor der Anmeldung zumindest im GmbH-Recht ohnehin vollständig zu bewirken sind, § 7 Abs. 3 GmbHG.[694] Ein vergleichbarer Publizitätszweck dürfte aufgrund dessen nur schwerlich anzunehmen sein. Ferner ist die Publizitätswirkung, die eben nur bis zum Zeitpunkt vor der Erfüllung greifen kann, gegenüber derjenigen bei Bareinlage deutlich abgeschwächt. Ein stichhaltiges Argument für die Zulässigkeit von Forderungen gegen den Inferenten als Sacheinlage kann die Publizitätswirkung somit nicht liefern.

bb) Besondere Sicherung

Dafür, dass Ansprüche auf ausstehende Einlageleistung „stärker" sind als schuldrechtliche Ansprüche gegen den Inferenten, spricht zudem, dass Einlageansprüche besondere Sicherungen genießen.[695] So ist nach §§ 66 Abs. 1 AktG,

---

[692] Roth/Altmeppen-*Roth*, § 5 Rdn 44; Lutter/Hommelhoff-*Lutter/Bayer*, § 5 Rdn 54; *Bayer/Graff*, WuB II A. § 54 AktG 1.06, 271, 274; *dies.*, WuB II C. § 55 GmbHG 1.07, 17, 19; treff. Hachenburg-*Ulmer*, § 5 Rdn 36: „Umgehung der Vorschriften über die Kapitalaufbringung Tür und Tor geöffnet".

[693] In diesem Sinne *Cahn*, ZHR 166 (2002), 278, 291.

[694] Was freilich aufgrund der weiteren Argumente wiederum nicht für die Zulässigkeit der Sacheinlagefähigkeit spricht.

[695] Ähnl. Baumbach/Hueck-*Hueck/Fastrich*, § 19 Rdn 17, die den Ersatz des korporationsrechtlichen, besonders geschützten Einlageanspruchs durch einen rein schuldrechtlichen

19 Abs. 2 GmbHG sowohl die Befreiung von der Einlagepflicht als auch die Aufrechnung des Gesellschafters gegen den Einlageanspruch der Gesellschaft ausgeschlossen. Mit diesen Vorschriften soll die effektive Aufbringung des haftenden Vermögens sichergestellt werden.[696] Vor allem soll der Gefahr vorgebeugt werden, dass maßgeblich beteiligte Gesellschafter ihren Einfluss auf die Geschäftsleitung dahingehend ausüben, sich von ihrer Einlageverpflichtung freistellen zu lassen.[697] Vergleichbare gesetzliche Schutzmechanismen sind für schuldrechtliche Ansprüche gegen den Gesellschafter nicht ersichtlich. Zwar verstößt eine Zuwendung eines Vermögensvorteils an den Inferenten durch Befreiung von seiner gegenüber der Gesellschaft bestehenden Verbindlichkeiten im Aktienrecht gegen §§ 57, 62 AktG,[698] die gemäß § 66 Abs. 2 AktG wiederum durch das Aufrechnungs- und Befreiungsverbot des § 66 Abs. 1 AktG geschützt werden. Dies setzt allerdings voraus, dass bereits ein Übergang vom Stadium der Kapitalaufbringung in das der Kapitalerhaltung stattgefunden hat, was bei einer erstmaligen Kapitalaufbringung indes nicht der Fall ist.[699] Zudem ist bei der GmbH die Zuwendung eines Vermögensvorteils an den Gesellschafter durch eine Befreiung von dessen Verbindlichkeit gegenüber der GmbH nur innerhalb der Grenzen des Auszahlungsverbotes des § 30 Abs. 1 GmbHG unzulässig, also nur insoweit, als durch den Verzicht auf die Forderung der Gesellschaft ihr zur Erhaltung des Stammkapitals erforderliches Vermögen beeinträchtigt werden würde. Demgegenüber ist das Befreiungsverbot des § 19 Abs. 2 S. 1 GmbHG weitergehend.[700] Aus dem Schutzzweck der Norm heraus, die auf eine reale Aufbringung des Stammkapitals in umfassender und zwingender Weise gerichtet ist, kann es nicht ausreichen, den Gläubigerschutz durch zwingendes Kapitalaufbringungsrecht auf dasjenige Maß zu beschränken, auf das die aufgebrachten Mittel durch Kapitalerhaltungsregeln vor einer anschließenden Rückgewähr an die Gesellschafter gesichert werden.[701] Ein solcher Zusammenhang zwischen Kapitalaufbringung und -erhaltung würde das Befreiungsverbot des § 19 Abs. 2 S. 1 GmbHG in erheblichem Maße schwächen.

Anspruch gegen den Gesellschafter als nach § 19 Abs. 2 S. 1 GmbHG unzulässige Abschwächung des Anspruchs auf Einlageleistung ansehen; GK-AktG-*Röhricht*, § 27 Rdn 68; *Bormann*, GmbHR 2006, 1021, 1025.

[696] Rowedder/Schmidt-Leithoff-*Pentz*, § 19 Rdn 31; Roth/Altmeppen-*Roth*, § 19 Rdn 1; Scholz-*U. H. Schneider/H.P. Westermann*, § 19 Rdn 29; *Hüffer*, § 66 Rdn 1; *Cahn*, ZHR 166 (2002), 278, 291.

[697] Roth/Altmeppen-*Roth*, § 19 Rdn 28; Rowedder/Schmidt-Leithoff-*Pentz*, § 19 Rdn 31; Hachenburg-*Ulmer*, § 9 Rdn 54; *Cahn*, ZHR 166 (2002), 278, 291.

[698] *Cahn*, ZHR 166 (2002), 278, 292; Verzicht auf Ansprüche ist Verstoß gegen § 57 AktG, MK-AktG-*Bayer*, § 57 Rdn 74; KK-*Lutter*, § 57 Rdn 28.

[699] Hierzu noch unten § 7 A.

[700] Hierzu unten 3. Teil § 11 B. I. 2. b).

[701] So aber *Cahn*, ZHR 166 (2002), 278, 292.

Auch das in diesem Zusammenhang vorgebrachte Argument, das Befreiungsverbot des § 19 Abs. 2 GmbHG erfasse den Anspruch auf ein Agio nur, soweit durch eine Befreiung des Gesellschafters von dieser Verbindlichkeit das zur Erhaltung des Stammkapitals erforderliche Vermögen angegriffen werden würde,[702] vermag nicht zu überzeugen, denn diese Vorschrift darf nicht bloß formal betrachtet werden. Vielmehr ist auf den vernünftigen Sinn der Kapitalaufbringungsgarantie abzustellen.[703] Der Sinn und Zweck dieser Ausnahme vom Befreiungsverbot des § 19 Abs. 2 S. 1 GmbHG ist darin zu sehen, dass zwar auch ein Aufgeld im Ergebnis den dem Gläubigerzugriff unterliegenden Haftungsfonds mehrt, jedoch der darauf bezogene Anspruch nicht auf die effektive Aufbringung von Vermögen in Höhe des satzungsmäßigen Stammkapitals gerichtet ist.[704] Damit erklärt es sich auch, dass die Ausnahme vom Befreiungsverbot nur für das Agio, nicht aber für die Stammeinlagepflicht selbst gilt. Ein genereller Zusammenhang zwischen Kapitalaufbringung und -erhaltung, wonach auch das Befreiungsverbot des § 19 Abs. 2 S. 1 GmbHG nur in der Höhe bestehen soll, wie die aufgebrachten Mittel durch § 30 Abs. 1 GmbHG vor einer anschließenden Rückgewähr an die Gesellschafter gesichert sind, ist damit abzulehnen. Es ist daher festzuhalten, dass das Befreiungsverbot des § 19 Abs. 2 S. 1 GmbHG für offene Bareinlageansprüche stärker ist als die Befreiung von Ansprüchen gegen den Inferenten. Infolgedessen ist das Befreiungsverbot des Einlageanspruchs zumindest im GmbH-Recht stärker ausgestaltet als dasjenige eines Anspruchs gegen den Gesellschafter. Dies wiederum bietet eine erste Rechtfertigung dafür, Forderungen gegen den Inferenten von der Einlagefähigkeit auszunehmen.

Zu einem ähnlichen Ergebnis kommt man auch bei Betrachtung des Aufrechnungsverbots der § 66 Abs. 1 S. 2 AktG, § 19 Abs. 2 S. 2 GmbHG hinsichtlich ausstehender Bareinlagen. Der Sinn und Zweck dieser Regelung liegt darin, das Vermögen der Gesellschaft nicht durch Befreiung von Verbindlichkeiten, sondern durch versprochene Zahlungen herzustellen.[705] Damit wird letztlich die Herstellung der Liquidität der Gesellschaft geschützt. Die Aufrechnung gegenseitiger Ansprüche hat im Rahmen des Cash Poolings durch die Einstellung in ein Kontokorrent eine nicht unerhebliche Rolle. Die genannten Vorschriften gelten nur für den Einlageanspruch selbst, unabhängig davon, ob als Bar- oder

---

[702] *Cahn*, ZHR 166 (2002), 278, 292, mit Verweis auf Hachenburg-*Ulmer*, § 19 Rdn 35; Baumbach/Hueck-*Hueck/Fastrich*, § 19 Rdn 3; Rowedder/Schmidt-Leithoff-*Pentz*, § 19 Rdn 13; Lutter/Hommelhoff-*Lutter/Bayer*, § 19 Rdn 2, 3; Michalski-*Ebbing*, § 19 Rdn 7, 33; ferner ohne die Schranke des § 30 GmbHG Scholz-*U.H. Schneider/H.P. Westermann*, § 19 Rdn 29.

[703] *K. Schmidt*, GesR, § 37 II 1.

[704] Hachenburg-*Ulmer*, § 19 Rdn 35.

[705] MK-AktG-*Bayer*, § 66 Rdn 3; Scholz-*U.H. Schneider/Westermann*, § 19 Rdn 29; *Hüffer*, § 66 Rdn 5.

Sacheinlage geschuldet.[706] Bei Einbringung einer Forderung als Sacheinlage ist die Wirkung des Aufrechnungsverbots daher begrenzt: Es gilt nur für den Anspruch der Gesellschaft auf Einbringung der Forderung, nicht hingegen für die eingelegte Forderung. Dies wiederum bedeutet, dass der Schuldner des eingebrachten Anspruchs daher im Grundsatz mit ihm gegen die Gesellschaft oder gegen seinen früheren Gläubiger zustehenden Ansprüchen gemäß § 406 BGB aufrechnen kann.[707] Während bezüglich der Bareinlage also ein ausdrückliches gesetzliches Aufrechnungsverbot greift, ist dies hinsichtlich des Anspruchs gegen den Gesellschafter nicht der Fall. Entscheidend dürfte aber sein, dass mit den gesetzlichen Aufrechnungsverboten ausdrücklich diejenigen Probleme vermieden werden sollen, die mit der Feststellung der Vollwertigkeit von Ansprüchen verbunden sein können.[708] Ist Schutzzweck der gesetzlichen Aufrechnungsverbote also gerade die Umgehung der Vollwertigkeitsproblematik, verbietet sich die Argumentation, mit dem Abstellen auf die Vollwertigkeit eines Anspruchs könne ein mit den gesetzlichen Aufrechnungsverboten vergleichbarer Schutz hergestellt werden. Damit kann diesbezüglich folgendes Ergebnis festgehalten werden: Nur aufgrund der besonderen Sicherung begnügt sich das Gesetz bei Bareinlagen mit bloßen Zahlungsversprechen des Gesellschafters. Eine vergleichbare Sicherung ist aber bei sonstigen schuldrechtlichen Ansprüchen, die an die Stelle der ursprünglichen Einlageleistung treten sollen, nicht gegeben. Aufgrund dessen spricht die gesetzlich zugelassene Möglichkeit der Leistungsversprechen auf Bareinlagen nicht für eine Abkehr von der Lehre der Untauglichkeit der Einlageleistung in Form einer Forderung gegen den Inferenten.

b) Vereinbarkeit mit § 36 Abs. 2 S. 2 AktG, § 7 Abs. 3 GmbHG

Für die Zulassung einer Sacheinlage in Form einer Forderung gegen den Inferenten könnte folgende Erwägung sprechen: Gemäß § 36 a Abs. 2 S. 1 AktG sind Sacheinlagen im Aktienrecht vollständig zu leisten. Aus dem Zusammenhang mit §§ 37 Abs. 1 S. 1, 188 Abs. 2 S. 1 AktG, wonach bei Anmeldung der AG oder bei Durchführung einer Kapitalerhöhung zur Eintragung im Handelsregister zu erklären ist, dass die Voraussetzungen des § 36 a AktG erfüllt sind, ergibt sich, dass Sacheinlagen vor der Anmeldung vollständig erbracht werden müssen. Allerdings sieht § 36 a Abs. 2 S. 2 AktG vor, dass bei Bestehen einer Sacheinlage in der Verpflichtung, einen Vermögensgegenstand auf die Gesellschaft zu übertragen, diese Leistung innerhalb von fünf Jahren nach Eintragung der Gesellschaft bzw. nach Eintragung der Durchführung der Kapitalerhöhung zu bewirken ist. Nach herrschender Auffassung ergibt sich aus dieser Norm, die

---

[706] Baumbach/Hueck-*Hueck/Fastrich*, § 19 Rdn 3; *Hüffer*, § 66 Rdn 5, 2.

[707] Rowedder/Schmidt-Leithoff-*Pentz*, § 19 Rdn 65; MK-AktG-*Bayer*, § 66 Rdn 35; *Cahn*, ZHR 166 (2002), 278, 292 f.

[708] *Hüffer*, § 66 Rdn 5; diese Problematik erkennt auch *Hentzen*, DStR 2006, 948, 951, an.

auf Art. 9 der Kapitalrichtlinie zurückgeht,[709] in Verbindung mit der Regierungsbegründung[710], dass das Gesetz auf der Vorstellung beruhe, die Verpflichtung des Sacheinlegers könne auf Begründung eines schuldrechtlichen Anspruchs gerichtet sein, der wiederum die Verpflichtung zur Übertragung eines Vermögensgegenstandes zum Inhalt habe.[711] Bereits mit Begründung des Anspruchs sei das Sacheinlageversprechen erfüllt, während in der Übertragung des Gegenstandes lediglich die Erfüllung der eingelegten Verpflichtung zu sehen sei. Dabei ist in diesem Zusammenhang zu berücksichtigen, dass nach der herrschenden Auffassung § 36 a Abs. 2 S. 2 AktG nicht lediglich die Einbringung von Ansprüchen, die dem Inferenten gegen Dritte zustehen, regelt.[712] Da der Anspruch gegen einen Dritten selbst dann abgetreten werden könne, wenn er erst später fällig werde und damit eine normale Sacheinlage darstelle, bedürfte es der Regelung des § 36 a Abs. 2 S. 2 AktG bei einer Beschränkung auf Forderungen gegen Dritte nicht. Im Ergebnis sei der Gesetzgeber damit von der Einlagefähigkeit schuldrechtlicher Forderungen auch gegen den Inferenten ausgegangen.[713] Auch hiergegen bestehen Bedenken:

aa) Bedeutung von § 36 a Abs. 2 S. 2 AktG

Das Verständnis des § 36 a Abs. 2 S. 2 AktG ist nicht unumstritten: Es lässt sich mit guten Gründen auch die Minderansicht vertreten, wonach Sacheinlagen gemäß § 36 a Abs. 2 S. 1 AktG ohne Ausnahme stets vor Anmeldung zu leisten sind, also auch in dem Fall, in dem der Gegenstand der Sacheinlage ein schuldrechtlicher Anspruch auf Übertragung eines Vermögensgegenstandes ist.[714] Demnach muss der Anspruch vorher begründet werden, so dass § 36 a Abs. 2 S. 2 AktG lediglich regelt, dass der Gegenstand, auf den sich die Einlageverpflichtung bezieht, innerhalb von fünf Jahren zu übertragen ist. Weiterhin lässt sich auch argumentieren, § 36 a Abs. 2 S. 2 AktG sei dabei nur auf Forderungen gegen Dritte, nicht aber gegen den Inferenten zugeschnitten.[715] Letzterer habe gegen ihn gerichtete Forderungen vor der Anmeldung zu erfüllen. Sacheinlage-

---

[709] Zweite Richtlinie des Rates der Europäischen Gemeinschaften zur Koordinierung des Gesellschaftsrechts v. 13.12.1976 (77/191/EWG) ABl. Nr. L 26 v. 31.01.1977, S. 1 ff.

[710] BT-Drucks. 8/1678, S. 18.

[711] GK-AktG-*Röhricht*, § 36 a Rdn 6 ff.; MK-AktG-*Pentz*, § 36 a Rdn 15 f.; MünchHndb-GesR-AG-*Hoffmann-Becking*, § 4 Rdn 28; Heidel-*Terbrack*, § 36 a Rdn 7; *Hüffer*, § 36 a Rdn 4; *Frey*, S. 76 ff.; *Hüffer*, NJW 1979, 1065, 1067 f.; *Hoffmann-Becking*, ZIP 1995, 1, 2; *Ganske*, DB 1978, 2461, 2462; *Krebs/Wagner*, AG 1998, 467, 470; *Cahn*, ZHR 166 (2002), 278, 295; *Hentzen*, DStR 2006, 948, 951.

[712] *Frey*, S. 77 f.; *Cahn*, ZHR 166 (2002), 278, 295; *Hentzen*, DStR 2006, 948, 951.

[713] *Diers*, S. 150; *Cahn*, ZHR 166 (2002), 278, 295; *Hentzen*, DStR 2006, 948, 951.

[714] KK-*Kraft*, § 36 a Rdn 10 ff.; *K. Schmidt*, GesR, § 27 II 2. h) Fn 8; *Grunewald*, GesR, 2. C Rdn 24; *Kraft*, GS Schultz, 193, 203; *Mayer*, ZHR 154 (1990), 535, 542 ff.

[715] KK-*Lutter*, § 188 Rdn 28; KK-*Kraft*, § 36 a Rdn 10 ff.; *Mayer*, ZHR 154 (1990), 535, 538 ff.; *Kraft*, GS Schultz, 193, 201.

gegenstand ist hier der Gegenstand selbst, nicht die darauf gerichtete schuldrechtliche Forderung gegen den Inferenten.[716] Entgegen der genannten Auffassung ist § 36 a Abs. 2 S. 2 AktG nicht die Ausnahme von der Regel des § 36 a Abs. 2 S. 1 AktG,[717] sondern lediglich eine Bestimmung darüber, unter welchen Voraussetzungen der Anspruch gegen einen Dritten als Sacheinlage geeignet ist, nämlich in dem Fall, in dem der Anspruch innerhalb von fünf Jahren erfüllt werden kann, so dass die Erfüllung von als Sacheinlagen eingebrachten Forderungen nicht beliebig hinausgeschoben wird.[718]

§ 36 a Abs. 2 S. 1 AktG lässt sich in zwei Richtungen lesen: Zum einen folgt daraus, dass in rechtlicher Hinsicht vollständig geleistet worden sein muss. Muss der Inferent zum anderen aber auch rein tatsächlich vollständig vor der Anmeldung leisten, also die Übertragung auch dinglich vollziehen, kann es nicht genügen, die alte Forderung lediglich gegen eine neue zu ersetzen. Da sich die fehlende Einlagefähigkeit von Forderungen gegen den Inferenten somit aus allgemeinen Grundsätzen ergibt, bedurfte es keiner – insoweit ohnehin nur klarstellenden – Erläuterung in den Gesetzesmaterialien.[719] Die letztgenannte Ansicht erscheint demnach sogar überzeugender. Entscheidend dürfte außerdem sein, dass das Registergericht die Frist des § 36 a Abs. 2 S. 2 AktG nicht überwachen kann. Somit besteht bei Nichteinhaltung der Verpflichtung insoweit keine rechtliche Handhabe, so dass die Gläubigergefährdung nicht unerheblich ist; die AG kann nach Fristablauf lediglich auf Leistung klagen.[720] Ist aber die Durchsetzbarkeit der Verpflichtung solchermaßen beschränkt, wäre es widersprüchlich, wenn man zusätzlich zu dieser Problematik den Anwendungsbereich der Vorschrift ausdehnen und Forderungen gegen den Inferenten als Einlageleistung zulassen würde. Wortlaut und Sinn und Zweck des weithin für unverständlich gehaltenen § 36 a Abs. 2 S. 2 AktG sind demnach unergiebig für die Bejahung einer Einlagefähigkeit von Forderungen gegen den Inferenten. Ist die Norm auch einer anderen Auslegung zugänglich, ist die Zulassung einer Einlagefähigkeit nicht angezeigt.

bb) Kein Wertungswiderspruch

Bei unterstelltem Verständnis des § 36 a Abs. 2 S. 2 AktG im Sinne der herrschenden Auffassung soll im krassen Widerspruch hierzu die GmbH-rechtliche

---

[716] KK-*Lutter*, § 188 Rdn 28; KK-*Kraft*, § 36 a Rdn 13.

[717] Da aber § 36 a Abs. 2 S. 1 AktG bei diesem Verständnis nur noch Fälle von Gebrauchs- oder Nutzungsüberlassungen betrifft, wird hiernach faktisch § 36 a Abs. 2 S. 2 AktG zur Regel, MK-AktG-*Pentz*, § 36 a Rdn 16; *Hüffer*, § 36 a Rdn 4; *ders.*, NJW 1979 1065, 1068.

[718] KK-*Lutter*, § 188 Rdn 28; KK-*Kraft*, § 36 a Rdn 12; *ders.*, GS Schultz, 193, 201.

[719] Demgegenüber leiten *Frey*, S. 78, und *Cahn*, ZHR 166 (2002) 278, 294, hieraus die Auffassung ab, auch Ansprüche gegen den Inferenten seien erfasst.

[720] KK-*Kraft*, § 36 a Rdn 14; *Hüffer*, § 36 a Rdn 4; *Mayer*, ZHR 154 (1990), 535, 543.

Vorschrift des § 7 Abs. 3 GmbHG stehen. Unbestritten setzt diese Norm ohne Ausnahmen die Erfüllung des Einlageanspruchs vor der Anmeldung voraus.[721] In rechtssystematischer Hinsicht wäre es aber einer Auffassung nach widersprüchlich, wenn im prinzipiell liberaleren GmbH-Recht gemäß § 7 Abs. 3 GmbHG keine zukünftig zu erfüllende Forderung in Betracht käme, dies aber im grundsätzlich strenger ausgeprägten Aktienrecht nach § 36 a Abs. 2 S. 2 AktG möglich sei.[722] Der durch § 7 Abs. 3 GmbHG entstehende Wertungswiderspruch zwischen Aktien- und GmbH-Recht könne infolgedessen nur durch die Anerkennung von Forderungen gegen den Inferenten auf Übertragung von Vermögensgegenständen als Sacheinlage vermieden werden.[723]

Bei näherer Betrachtung ist ein von dieser Auffassung mehr behaupteter als nachgewiesener Wertungswiderspruch zwischen GmbH- und Aktienrecht aber nicht erkennbar: Es mag sein, dass das Aktienrecht im Grundsatz strengere Voraussetzungen des Kapitalschutzes aufweist als das GmbH-Recht.[724] Dennoch ist das GmbH-Recht in einigen Bereichen durchaus strenger als das Aktienrecht. Beispielsweise ist im Aktienvertragskonzern die strenge Vermögensbindung des § 57 AktG durch § 291 Abs. 3 AktG suspendiert. Ob dies auch für § 30 Abs. 1 GmbHG durch eine entsprechende Heranziehung des § 291 Abs. 3 AktG gilt, ist stark umstritten.[725] Verneinendenfalls würde das Stammkapital der vertraglich konzernierten GmbH damit einem stärkeren Schutz unterliegen als das der vertraglich konzernierten AG. Aber auch bei Bejahung der Suspendierungswirkung gilt: Im Gegensatz zum Aktienrecht kennt das GmbH-Recht die im Gesellschaftsvertrag zu vereinbarende Nachschusspflicht des § 26 Abs. 1 GmbHG. Zwar ist bei der AG die Ausschüttung an Gesellschafter auf den im Jahresabschluss ausgewiesenen Bilanzgewinn beschränkt (§§ 57 Abs. 3, 58 AktG), während in der GmbH nur das zur Erhaltung des Stammkapitals erforderliche Vermögen nicht ausgeschüttet werden darf.[726] Gleichwohl ist die Rückzahlungspflicht des § 31 GmbHG bei Verstoß gegen die Kapitalerhaltungsgrundsätze aufgrund des Aspektes der Ausfallhaftung wiederum schärfer als in § 62 AktG

---

[721] Hachenburg-*Ulmer*, § 7 Rdn 4, 24, 44; Baumbach/Hueck-*Hueck/Fastrich*, § 7 Rdn 12; Roth/Altmeppen-*Roth*, § 7 Rdn 32; Rowedder/Schmidt-Leithoff-*Schmidt-Leithoff*, § 7 Rdn 35 f.

[722] *Hoffmann-Becking*, ZIP 1995, 1, 2; *Krebs/Wagner*, AG 1998, 467, 472; *Cahn*, ZHR 166 (2002), 278, 297 f.; *Hentzen*, DStR 2006, 948, 951.

[723] *Cahn*, ZHR 166 (2002), 278, 298; *Hentzen*, DStR 2006, 948, 951.

[724] Im Überbl. vergl. Baumbach/Hueck-*Hueck/Fastrich*, Einl Rdn 24; GK-GmbHG-*Habersack*, § 30 Rdn 18; hierzu noch unten § 7 C.

[725] Hierzu unten 3. Teil § 11 A. II.

[726] Der aus § 29 GmbHG folgende Anspruch auf Gewinnauszahlung darf allerdings wiederum nicht gegen § 30 Abs. 1 GmbHG verstoßen; ganz h. M.: Baumbach/Hueck-*Hueck/Fastrich*, § 29 Rdn 56; Hachenburg-*Goerdeler/Müller*, § 29 Rdn 95; Scholz-*Emmerich*, § 29 Rdn 85; Michalski-*Salje*, § 29 Rdn 109; hierzu auch *Wilhelmi*, Der Grundsatz der Kapitalerhaltung, S. 153 f.

formuliert.[727] Es zeigt sich also, dass es durchaus Ausnahmen von dem Grundsatz des strengeren Kapitalschutzes in der AG gibt. Warum dies nicht auch für die hier vorliegende Frage der Einlagefähigkeit von Forderungen gegen den Inferenten gelten soll, ist nicht erkennbar. Die Argumentation der Gegenansicht, die auf eine generell liberalere Regelung des GmbH-Rechts abstellt, vermag vor diesem Hintergrund jedenfalls nicht zu überzeugen. Folgt man im Rahmen des § 36 Abs. 2 S. 2 AktG nicht der herrschenden Auffassung, sondern derjenigen Ansicht, die die sofortige Einlageleistung fordert, wofür die besseren Gründe sprechen, würde der vermeintliche, von der anderen Auffassung herausgestellte Widerspruch zwischen GmbH- und Aktienrecht zudem von vornherein nicht entstehen: Ist § 36 a Abs. 2 S. 2 AktG nämlich nicht auf die Einlagefähigkeit von Forderungen gegen den Inferenten ausgerichtet, kann auch nicht argumentiert werden, das Verständnis des § 7 Abs. 3 GmbHG müsse entsprechend angepasst werden. Im Ergebnis ist der Vergleich zwischen § 36 a Abs. 2 S. 2 AktG mit § 7 Abs. 3 GmbHG mithin für die Feststellung der Einlagefähigkeit von Forderungen gegen den Inferenten unergiebig. Es hat sich im Gegenteil sogar gezeigt, dass die Untersuchung die fehlende Sacheinlagefähigkeit derartiger Forderungen bestätigen kann.

c) Keine Leistung zur freien Verfügung der Gesellschaft

Zu untersuchen ist schließlich die Argumentation der herrschenden Meinung, wonach es bei Einlage einer Forderung gegen den Inferenten als Sacheinlage an der für die Erfüllung eines Einlageversprechens notwendigen Aussonderung des Einlagegegenstandes aus dem Vermögen des Inferenten und seiner Überführung in das Vermögen der Gesellschaft, also an der Leistung zur freien Verfügung, fehle. In Frage gestellt sein könnte diese Argumentation bei Heranziehung der bislang diskutierten Ausnahmen von der Untauglichkeit der Einlageleistung einer Forderung gegen den Inferenten:

aa) Anerkannte Ausnahmen

So soll bei Leistungen von Bareinlagen durch ein Kreditinstitut, welches sich als Gründer oder Zeichner von Aktien oder als Übernehmer einer neuen Stammeinlage an einer Kapitalerhöhung beteiligt, die Bank ihre Zahlungspflicht nach überwiegender Auffassung durch eine Gutschrift auf einem bei ihr selbst geführten Konto erfüllen können.[728] Bei Zugrundelegung einer wertenden Betrach-

---

[727] Vgl. GK-GmbHG-*Habersack*, § 30 Rdn 18; *Gehrlein*, GmbH-Recht in der Praxis, S. 345.

[728] H. M.: GK-AktG-*Röhricht*, § 36 Rdn 108; GK-AktG-*Henze*, § 54 Rdn 95 f.; MünchHndb-GesR-AG-*Krieger*, § 56 Rdn 108; Hachenburg-*Ulmer*, § 7 Rdn 34; Scholz-*Winter/Veil*, § 7 Rdn 29; Rowedder/Schmidt-Leithoff-*Schmidt-Leithoff*, § 7 Rdn 23; *Hüffer*, § 54 Rdn 17 f.; a. A.: KK-*Lutter*, § 54 Rdn 37; MK-AktG-*Pentz*, § 36 Rdn 69; Roth/Altmeppen-*Roth*, § 7 Rdn 26; *Frey*, S. 184 ff.; der abl. Ansicht nach fehlt es an der erforderlichen endgültigen Aussonderung der Einlage aus dem Vermögen des Gründers.

tungsweise hat in diesem Fall keine Aussonderung der Leistung aus dem Vermögen des Kreditinstituts stattgefunden. Zudem kann der Anspruch, über das Buchgeld zu verfügen, möglicherweise Einwendungen aus dem Verhältnis der Gesellschaft zum Kreditinstitut ausgesetzt sein, so dass die freie Verfügbarkeit der Gesellschaft über den eingebrachten Betrag in diesen Fällen zu bezweifeln wäre.[729] Dennoch wird eine Einlageleistung in Form der Begründung eines schuldrechtlichen Anspruchs gegen die Bank nach der herrschenden Auffassung zugelassen, da zum einen aus praktischer Sicht eingelegtes Bargeld ohnehin auf ein Konto der Gesellschaft eingezahlt und damit gegen eine Forderung gegen eine Bank ausgetauscht werden würde und zum anderen der Anspruch durch § 4 des Einlagensicherungs- und Anlegerentschädigungsgesetzes bis zu einem Betrag in Höhe von 20.000 Euro gegen Insolvenz des Kreditinstituts gesichert wird.[730] Nun lässt sich zwar argumentieren, dass die Beträge im Rahmen von Kapitalmaßnahmen regelmäßig über diese Beträge hinausgehen und daher kein ausreichender Schutz gewährleistet ist. Ein Großteil der deutschen Kreditinstitute ist allerdings Mitglied in einer der Sicherungseinrichtungen der Kreditwirtschaft, die regelmäßig über die Basissicherung des § 4 des Einlagensicherungs- und Anlegerentschädigungsgesetzes hinausgehende Entschädigungen vorsehen.[731] Auch § 54 Abs. 3 AktG deutet darauf hin, dass Bargeld mit einer Gutschrift auf dem Konto eines Kreditinstitut gleichzustellen ist, und zwar unabhängig davon, ob die Bank selbst an der Kapitalmaßnahme als Gründerin oder Zeichnerin von Anteilen beteiligt ist. Es kann nicht angenommen werden, dass die beteiligte Bank in einem höheren Maße insolvenzanfällig wäre als ein anderes Kreditinstitut.[732] Grund für die hier mit der herrschenden Ansicht anzunehmende Zulässigkeit der Einbringung einer Forderung gegen das Kreditinstitut ist damit die gesetzlich vorausgesetzte besondere Sicherheit von Forderungen gegen Banken. Die Zuwendung einer derartigen Forderung kann der Übertragung von Bargeld gleichgestellt werden.

Hierauf beruht auch eine weitere überwiegend anerkannte Ausnahme von der Unzulässigkeit der Einbringung einer Forderung gegen den Inferenten in dem Fall, in dem die Forderung dinglich gesichert ist, da die Gesellschaft hier einen gegenüber dem Einlegervermögen verselbständigten Vermögenswert er-

---

[729] *Sernetz/Haas*, Rdn 286; nach vielfach vertretener Auffassung wird das Problem dadurch gelöst, dass durch vertragliche Ausgestaltung des Kontos jeglicher Zugriff der Bank auf den gutgeschriebenen Betrag ausgeschlossen wird; GK-AktG-*Röhricht*, § 36 Rdn 108; GK-AktG-*Henze*, § 54 Rdn 113; *Hüffer*, § 54 Rdn 18; *Cahn*, ZHR 166 (2002), 278, 301.

[730] Zu Einlagensicherungssystemen siehe auch *Deckart*, S. 59.

[731] Im einzelnen *Cahn*, ZHR 166 (2002), 278, 299 f.

[732] GK-AktG-*Henze*, § 54 Rdn 95 f.; *Cahn*, ZHR 166 (2002), 278, 300 f.; *Geßler*, FS Möhring, 173, 176; *Heinsius*, FS Fleck, 89, 102.

halte.[733] Zwar ist eine Leistung aus dem Vermögen des Einlegers zur freien Verfügung nicht erkennbar,[734] jedoch ist auch hier Grund für die Ausnahme von der mangelnden Einlagefähigkeit schuldrechtlicher Ansprüche gegen den Gesellschafter die besondere Sicherung des Interesses an der Erfüllung des Leistungsversprechens. Zwar ist selbstredend keine mit einer Forderung gegen ein Kreditinstitut vergleichbare Sicherung gegeben. Dennoch ist ein hohes Maß an Sicherung anzunehmen, da der Anspruch hier als Sacheinlage eingebracht wird, die wiederum einer Werthaltigkeitsprüfung unterzogen werden muss, während die Forderung gegen ein Kreditinstitut als Bareinlage eingebracht wird. Gegenstand der Einlage ist im zweiten Ausnahmefall der gesicherte Anspruch gegen den Inferenten, während die Sicherheit lediglich bedeutsam wird, wenn dieser Anspruch nicht erfüllt und die geschuldete Leistung damit nicht erbracht wird. Die genannten Ausnahmefälle lassen den Schluss zu, dass eine Sacheinlage in Form einer Forderung gegen den Inferenten im Falle ihrer Besicherung trotz Zweifeln an der freien Verfügbarkeit zulässig ist.[735]

bb) Unzulässigkeit allgemeiner Folgerungen für das Cash Pooling

Dennoch ist eine allgemeine Folgerung in Bezug auf das Cash Pooling nicht zulässig. Zunächst kann die Betreibergesellschaft eines Cash Pools trotz ihrer Funktion als konzerninterne Bank nicht mit einem Kreditinstitut verglichen werden. Dies gilt insbesondere hinsichtlich der Einlagen. Diese sind nicht wie bei einem konzernexternen Kreditinstitut über die genannten Maßnahmen gesichert. Somit ist die Betreibergesellschaft nicht zuletzt aufgrund des genannten Dominoeffektes weitaus insolvenzanfälliger als ein Kreditinstitut.[736] Daher könnte man auch in diesem Zusammenhang an eine Besicherung des Darlehensgewährungsanspruchs denken, um auf diese Weise die Einbringung der Forderung gegen das Mutterunternehmen als Sacheinlage möglich zu machen. Eine derartige, zwar praktisch mögliche, dingliche Besicherung des Anspruchs der Gesellschaft gegen den Gesellschafter würde aber die wirtschaftlichen Vorteile des Cash Poolings, hier insbesondere die konzernweite Einsparung von Finanzierungskosten, weitgehend zunichte machen und wird von den Beteiligten, dies wird auch von *Cahn* eingestanden, beim Cash Pooling daher nicht ernstlich gewollt sein.[737] Ohne eine Sicherung wäre es im Umkehrschluss zu den genannten

---

[733] Michalski-*Zeidler*, § 5 Rdn 114; GK-GmbHG-*Ulmer*, § 5 Rdn 78; Hachenburg-*Ulmer*, § 5 Rdn 64; MK-AktG-*Pentz*, § 27 Rdn 26; GK-AktG-*Röhricht*, § 27 Rdn 64, 69; Scholz-*Winter/H.P. Westermann*, § 5 Rdn 49; *Vetter/Schwandtner*, DK 2006, 407, 413.

[734] Zutr. *Cahn*, ZHR 166 (2002), 278, 302.

[735] Ebenso *Vetter/Schwandtner*, DK 2006, 407, 413; *Cahn*, ZHR 166 (2002), 278, 306.

[736] Vgl. *Cahn*, ZHR 166 (2002), 278, 302.

[737] Pentz/Sollanek-*Pentz*, S. 22; *Vetter/Stadler*, Rdn 94; *Vetter/Schwandtner*, DK 2006, 407, 413; *Cahn*, ZHR 166 (2002), 278, 306; siehe auch unten 3. Teil § 8 E. II. 4.

Ausnahmen aber nicht gerechtfertigt, die Forderung gegen den Inferenten als Einlage zuzulassen.

Wird nun argumentiert, der Anspruch gegen den Gesellschafter werde anders als dieser Anspruch als Sacheinlage eingebracht und müsse daher ohnehin einer Werthaltigkeitsprüfung unterzogen werden, in deren Rahmen die Sicherheit berücksichtigt werden müsse, wird die oben von dieser Ansicht aufgestellte Prämisse der Zulassung der Einlagefähigkeit gegen den Inferenten bei ausreichender Sicherung gleich wieder in Frage gestellt. Richtigerweise kann es nicht auf den Unterschied zwischen Bar- und Sacheinlage ankommen. Stellt man im Rahmen der Sacheinlage auf die Möglichkeit der Werthaltigkeitsprüfung ab, wird das den weitgehend anerkannten Ausnahmefällen nicht gerecht. Da es sich bei den anerkannten Fallgruppen ohnehin um eng begrenzte Ausnahmefälle handelt, ist die Verallgemeinerung der Instituts der Sicherung ohnehin in Frage zu stellen. Auch aus diesem Grund muss die Einlagefähigkeit der Forderung gegen den Inferenten im Rahmen der Kapitalaufbringung oder -erhöhung bei an einen Cash Pool angeschlossenen Gesellschaften daher ausscheiden.

d) Gerechtfertigte Ungleichbehandlung zwischen Forderungen gegen Dritte und gegen Gesellschafter

Zur Begründung der Sacheinlagefähigkeit von Forderungen gegen den Gesellschafter wird der bei Nichtanerkennung der Einlagefähigkeit bestehende Widerspruch zu der allgemein anerkannten Einlagefähigkeit von Forderungen gegen Dritte angeführt. Es bestehe kein sachlicher Grund, Forderungen gegen Gesellschafter bei einer Bewertung für stärker gefährdet oder weniger verkehrsfähig zur halten als Ansprüche gegen außenstehende Dritte.[738] Dies kann jedoch nicht darüber hinwegtäuschen, dass das Verhältnis der Gesellschaft gegenüber dem Gesellschafter sensibler zu betrachten ist als dasjenige gegenüber Dritten[739]: Der BGH hat mehrfach gezeigt, dass er dem Verhältnis der Gesellschaft gegenüber dem Gesellschafter skeptischer gegenübersteht als dem gegenüber Dritten. In den neueren Entscheidungen vom 21.11.2005 und vom 09.01.2006 hat er die Frage der Einlagefähigkeit von Forderungen gegen Gesellschafter nicht einmal problematisiert, sondern ohne weiteres abgelehnt.[740] In den zum Cash Pooling ergangenen Entscheidungen vom 19.01.2006 hat der BGH ausdrücklich ausgeführt, ein schuldrechtlicher Anspruch auf Inanspruchnahme des Cash Pools stehe als nur schuldrechtlich eingeräumte Möglichkeit nicht der Verfügung über eine Einlageleistung gleich.[741] Das Gericht steht einem Austausch der Einlageleistung mit schuldrechtlichen Ansprüchen gegen die Muttergesellschaft oder

[738] *Frey*, S. 101; *Cahn*, ZHR 166 (2002), 278, 298.
[739] *Hentzen*, DStR 2006, 948, 952, gesteht dies ein.
[740] BGHZ 165, 113, 117; 165, 352, 356.
[741] BGHZ 166, 8, 16.

die von ihr beherrschte Betreibergesellschaft also ablehnend gegenüber.[742] Bereits diese Rechtsprechung spricht für die Ablehnung der Einlagetauglichkeit von Forderungen gegen den Inferenten. Sie ist inhaltlich überdies zutreffend:

Auch im Rahmen der Kapitalaufbringung bestehen bei Rechtsgeschäften mit dem Gesellschafter strukturelle Gefahren, die bei Rechtsgeschäften mit Dritten nicht bestehen. So ist stets die Gefahr gegeben, dass Wirtschaftsgüter unter Wert weggegeben oder über Wert erworben werden.[743] Eine solche Gefahrenlage besteht bei Rechtsgeschäften mit Dritten typischerweise nicht. Selbst wenn es nicht von vornherein ausgeschlossen erscheint, dass die bestehenden Gefahren durch die Beachtung der Sacheinlagevorschriften, insbesondere die Überprüfung der Werthaltigkeit der Forderung, in einem gewissen Maße beseitigt werden können,[744] sprechen nach wie vor gute Gründe dafür, das Verhältnis zwischen Gesellschaft und Gesellschafter im Rahmen der Kapitalaufbringung sensibler zu betrachten als dasjenige zwischen Gesellschaft und Drittem.[745]

e) Ausnahme bei Einlage einer Forderung gegen beherrschte Betreibergesellschaft?

Zu erwägen ist allerdings eine Ausnahme von dem Grundsatz der Untauglichkeit der Einlagefähigkeit von Forderungen gegen den Inferenten für den Fall, dass das Cash Pooling nicht vom Gesellschafter selbst betrieben wird. Man könne dann daran denken, als Sacheinlage einen Anspruch der Muttergesellschaft gegen einen Dritten, nämlich die Betreibergesellschaft, einzulegen.[746] Im Rahmen des Cash Pooling ist es möglich, dass auch die Muttergesellschaft, sofern sie zur Abgabe überschüssiger Liquidität verpflichtet ist, derartige Ansprüche gegen die Betreibergesellschaft hat. Dieser Ansicht wäre dann zuzustimmen, wenn die von der herrschenden Meinung angenommene Untauglichkeit von Ansprüchen gegen den Inferenten selbst nicht auch Ansprüche gegen mit dem Inferenten verbundene Unternehmen erfasst.[747] Auf den ersten Blick scheinen die Gründe, die gegen die Tauglichkeit der Forderungen gegen den Inferenten oder den Mitgesellschafter sprechen,[748] hier nicht einzugreifen. So lässt sich anführen, dass ein

---

[742] So auch die Deutung von *Bayer/Lieder*, GmbHR 2006, 449, 452 f.; *Gehrlein*, MDR 2006, 789, 790; *Schmelz*, NZG 2006, 456, 458.

[743] Vgl. *Hentzen*, DStR 2006, 948, 955.

[744] So *Vetter/Schwandtner*, DK 2006, 407, 413.

[745] Ob dies aber auch im Rahmen der Kapitalerhaltung gilt, bedarf noch einer eingehenden Untersuchung; hierzu unten 3. Teil § 8 B. II. 2. d) bb).

[746] So *Vetter/Stadler*, Rdn 94; *Vetter/Schwandtner*, DK 2006, 407, 413.

[747] Dafür aber *Bayer*, GmbHR 2004, 445, 451; *Keil*, DZWiR 2003, 201, 202.

[748] Die Frage der Einlagefähigkeit einer Forderung gegen den Mitgesellschafter ist str., (dafür: GK-AktG-*Röhricht*, § 27 Rdn 73; Scholz-*Winter/H.P. Westermann*, § 5 Rdn 47; Rowedder/Schmidt-Leithoff-*Schmidt-Leithoff*, § 5 Rdn 29; *Cahn*, ZHR 166 (2002), 278, 305; dagegen: MK-AktG-*Pentz*, § 27 Rdn 27; Baumbach/Hueck-*Hueck/Fastrich*, § 5 Rdn 24; KK-*Kraft*, § 27 Rdn 33; Hachenburg-*Ulmer*, § 5 Rdn 41; Roth/Altmeppen-*Roth*, § 5 Rdn 44;

Vermögenszufluss bei der Gesellschaft stattfindet, bei der die eingebrachte Forderung nicht lediglich die ohnehin bestehende Einlageverpflichtung des Gesellschafters oder die subsidiäre Haftung der Mitgesellschafter gemäß § 24 GmbHG ersetzt. Zudem scheint mit der Abtretung der Forderung gegen ein verbundenes Unternehmen an die Gesellschaft diese Forderung auch wirksam aus dem Vermögen des Sacheinlegers ausgesondert zu werden.

Gegen diese Auffassung spricht aber zunächst in praktischer Hinsicht, dass es von der Ausgestaltung des Cash Poolings abhängen würde, wie die Einlageleistung erfolgen könnte. Konzernmütter, die den Cash Pool bei einer Finanzierungsgesellschaft oder einem konzernexternen Cash-Pool-Führer angelegt haben, müssten die Kapitalerhöhung auf einem anderen Wege durchführen als diejenigen Konzerne, bei denen die Konzernmutter zugleich den Cash Pool führt. Letztlich könnte die oben festgestellte Untauglichkeit der Einlagefähigkeit von Forderungen gegen den Inferenten durch die Gestaltung des Cash Poolings umgangen werden können. Dass eine so erhebliche Frage wie die ordnungsgemäße Einlageleistung bei der Kapitalaufbringung bzw. -erhöhung von der formalen Ausgestaltung des Cash Poolings abhängig sein soll, vermag nicht einzuleuchten. Nicht stichhaltig ist die Argumentation der Befürworter der Einlagefähigkeit der Forderung gegen die Betreibergesellschaft, dass, hätte der Gesetzgeber die Einlagefähigkeit von Forderungen gegen verbundene Unternehmen ausschließen wollen, er die Möglichkeit hätte vorsehen müssen, dass das Registergericht derartige Konzernverbindungen im Zusammenhang mit der Prüfung des Kapitalerhöhungsvorgangs erkennen könne.[749] Ausdrücklich ausgeschlossen hat der Gesetzgeber den Ausschluss von Forderungen als Einlagegegenstand ohnehin nicht. Stattdessen koppelt er in diesem Fall die Möglichkeit der Einlageerbringung an die Einhaltung der Sacheinlagevorschriften. Man kann zwar argumentieren, dass das Registergericht eine Forderung gegen den Einleger bei der Prüfung des Vorgangs als solche erkennen kann. Zumindest im GmbH-Recht ist aber der Inhalt des Sachgründungsberichts im Sinne des § 5 Abs. 4 S. 2 GmbHG, der gemäß § 8 Abs. 1 Nr. 4 GmbHG bei der Anmeldung zur Eintragung in das Handelsregister vorzulegen ist, mit Ausnahme der Unternehmenseinbringung wegen der damit verbundenen Probleme im einzelnen nicht geregelt.[750] Es wäre daher systemwidrig, wenn der Gesetzgeber gerade bezogen auf Konzernverbindungen eine Sonderregelung vorgesehen hätte. Zu bedenken ist ferner, dass zumindest bei einer vertraglichen Konzernierung gemäß

Michalski-*Zeidler*, § 5 Rdn 115) wird aber zutr. mit dem Argument verneint, die eingebrachte Forderung ersetze die ohnehin bestehende subsidiäre Haftung der Mitgesellschafter gemäß § 24 GmbHG.

[749] *Vetter/Stadler*, Rdn 94.

[750] Anders im Aktienrecht, wo für den Gründungsbericht § 32 Abs. 2 AktG den Inhalt regelt; diese Vorschrift soll auch als Hinweis im GmbH-Recht dienen, ist dort aber nicht bindend, Baumbach/Hueck-*Hueck/Fastrich*, § 5 Rdn 55; Roth/Altmeppen-*Roth*, § 5 Rdn 60.

§ 294 Abs. 1 S. 1 AktG, der im GmbH-Recht analoge Anwendung findet,[751] die Art des Unternehmensvertrages sowie der Name des anderen Vertragsteils zur Eintragung in das Handelsregister einzutragen ist, so dass aufgrund der damit verbundenen Publizitätsprüfung die Möglichkeit der Erkennung derartiger konzernrechtlicher Verknüpfungen besteht.

Zudem können hiergegen auch die Gründe, die gegen die Zulassung der Sacheinlage eines Anspruchs gegen den Einlegenden selbst und diejenigen, die gegen die Einlagefähigkeit von Ansprüchen gegen Mitgesellschafter angeführt werden, ins Feld geführt werden. Tatsächlich kann es keinen Unterschied machen, ob die als Sacheinlage vorgesehene Forderung gegen den Inferenten selbst oder ein mit ihm verbundenes Unternehmen gerichtet ist: Zunächst könnte die Gefahr einer Gesetzesumgehung durch wechselseitiges Einbringen gegeneinander gerichteter Forderungen durch mehrere Einleger bestehen, was für die Gesellschaft auch hier lediglich einen Forderungstausch bedeuten würde.[752] Hinsichtlich der hier in Frage stehenden konzernweiten Cash-Pooling-Systeme darf außerdem die damit verbundene enge Verknüpfung der Liquiditätssituation der einzelnen Konzerngesellschaften nicht übersehen werden. Letztlich hängen die Bonität und damit die Werthaltigkeit einer im Rahmen der Werthaltigkeitsprüfung zu untersuchenden Forderung beim Cash Pooling nicht nur von der Liquiditätssituation der einzelnen Gesellschaft ab, gegen die die Forderung gerichtet ist. Vielmehr hat die Liquiditätssituation jeder einzelnen am Cash Pooling teilnehmenden Gesellschaft Einfluss auf die der anderen Gesellschaften. Aus diesem Grund erschiene es widersprüchlich, einerseits eine Forderung gegen die Muttergesellschaft abzulehnen, andererseits aber eine Forderung gegen eine mit der Muttergesellschaft verbundenen Gesellschaft, nämlich den Cash-Pool-Führer, als tauglichen Einlagegegenstand zuzulassen. Da mit dem Cash Pooling die einzelnen Gesellschaften hinsichtlich ihrer Liquidität sehr eng miteinander verbunden sind, ist eine funktionelle, weitreichende Betrachtungsweise angezeigt. Hiernach ist im Ergebnis eine Forderung gegen die Betreibergesellschaft im gleichen Umfang den Gefahren einer gegen die Muttergesellschaft gerichteten Forderung ausgesetzt. Die Gefahr der Umgehung der Kapitalaufbringungsvorschriften, die gerade eine effektive Kapitalaufbringung gewährleisten sollen, rechtfertigt es, den Kreis weit zu ziehen und auch Ansprüche gegen mit dem Gesellschafter verbundenen Unternehmen von der Einlagefähigkeit auszunehmen. Im Ergebnis kann es daher hinsichtlich der Untauglichkeit der Einlage von Forderungen keinen Unterschied machen, ob diese gegen die Muttergesellschaft oder aber gegen die Betreibergesellschaft gerichtet sind. Auch die Forderung der gegen die mit der einlagepflichtigen Muttergesellschaften verbundenen Betreibergesellschaft des Cash Pools erweist sich damit als nicht einlagefähig.

---

[751] *Liebscher*, Rdn 669.
[752] So MK-AktG-*Pentz*, § 27 Rdn 27.

2. Ergebnis

Dem Lösungsvorschlag, eine Forderung gegen die Muttergesellschaft als Sacheinlage zu nutzen, ist nicht zu folgen. Die von der herrschenden Ansicht aufgestellte Argumentation erweist sich als stichhaltig Eine solche Forderung gegen den Inferenten ist nicht einlagefähig. Im Ergebnis unterscheidet sich diese Ansicht zwar von der hier vertretenen Auffassung, eine Barkapitalerhöhung unter Beachtung der Sacheinlagevorschriften durchzuführen und eine Forderung gegen die Muttergesellschaft einzubringen, nur dadurch, dass bei der Vorabgewährung des Darlehens der Rückzahlungsanspruch der Konzernspitze gegen die Tochtergesellschaft Gegenstand der Werthaltigkeitsprüfung ist, während – folgt man der Auffassung *Cahns* – der Anspruch der Tochtergesellschaft gegen das Mutterunternehmen bewertet werden muss.[753] Gerade dieser Unterschied ist aber aufgrund der unterschiedlichen Gefahrenlage, die mit einer Forderung gegen den Einleger verbunden wäre, gerechtfertigt. Warum gerade im Hinblick auf einen Cash Pool eine Ausnahme von der Untauglichkeit der Einlageleistung einer Forderung gegen den Gesellschafter zu machen sein soll, ist schlussendlich nicht einzusehen. Aus diesem Grund ist auch die geplante Neuregelung des § 8 Abs. 2 S. 2 GmbHG RegE-MoMiG, die letztlich zu einer Einlage einer Forderung gegen den Gesellschafter führt,[754] abzulehnen.

D. Sonstige Lösungsvorschläge

Wie dargestellt, bietet sich somit zur Kapitalerhöhung oder -aufbringung die Anwendung der Sacheinlagevorschriften bei Einbringung einer Forderung gegen die Inferentin an. In Betracht kommen aber möglicherweise weitere Lösungsvorschläge, die ebenfalls eine ordnungsgemäße Kapitalaufbringung oder -erhöhung gewährleisten können.

I. Einstellung des Eigenkapitals in Rücklagen der Tochtergesellschaft

Zunächst ist daran zu denken, das zusätzliche Eigenkapital in die Rücklagen der Tochtergesellschaft gemäß § 272 Abs. 2 Nr. 4 HGB einzustellen, um es dann im nächstfolgenden Jahresabschluss durch den Abschlussprüfer bewerten zu lassen und schließlich im Wege einer Kapitalerhöhung aus Gesellschaftsmitteln in Stammkapital umzuwandeln.[755] Der Vorteil besteht darin, dass sich hierbei das Problem der verdeckten Sacheinlage naturgemäß von vornherein nicht stellen kann. Als nachteilig erweist sich allerdings zunächst die dafür erforderliche langfristige Planung. Zudem kann der in die Rücklagen eingestellte Betrag zwar theoretisch unmittelbar an den Cash Pool weitergeleitet werden. Allerdings ist

[753] Darauf weist auch *Cahn*, ZHR 166 (2002), 278, 306, hin.

[754] Siehe oben § 4 D. IV.

[755] *Mayer*, DAI-JAT 2006, 128, 156; *Sieger/Hasselbach*, BB 1999, 645, 649; *Morsch*, NZG 2003, 97, 104; wohl auch *Vetter/Schwandtner*, DK 2006, 407, 408.

die Durchführung der Kapitalerhöhung aus Gesellschaftsmitteln nur möglich, wenn bei Erstellung des nächstfolgenden Jahresabschlusses der Gesellschaft oder eines gesonderten Zwischenabschlusses der vormalig in die Rücklage eingestellte Betrag zumindest wertmäßig vorhanden ist und nicht durch Verluste der Gesellschaft aufgezehrt wurde.[756] Aufgrund der dadurch entstehenden Unsicherheiten ist diese Lösung zu verwerfen.

II. Einbeziehung Dritter in den Einlagevorgang

Da die Einlageleistung grundsätzlich nicht höchstpersönlich zu leisten ist, kann auch mit der Leistung eines Dritten nach § 267 BGB die noch offene Einlageverpflichtung getilgt werden.[757] Im Zusammenhang mit einer ordnungsgemäßen Kapitalmaßnahme stellt sich die Frage, ob die Einbeziehung Dritter in den Einlagevorgang Auswirkungen auf die rechtliche Beurteilung der Maßnahme hat. Sollte dies der Fall sein und die Einbeziehung von Dritten in den Einlagevorgang eine ordnungsgemäße Kapitalmaßnahme ermöglichen, wäre eine solche Gestaltung als Lösungsmöglichkeit in Erwägung zu ziehen.

1. Leistung einer beherrschten Betreibergesellschaft

Bezogen auf das Cash Pooling kann es vorkommen, dass die Muttergesellschaft die Einlage nicht selbst erbringt, sondern die Einlageleistung von einer von ihr beherrschten Gesellschaft vorgenommen wird, die den Cash Pool betreibt und auf deren Zentralkonto der Einlagebetrag wieder zurückfließt. In dem den Urteilen des BGH vom 16.01.2006 zugrundeliegenden Sachverhalt erfolgte die Einlageleistung dergestalt, dass die Betreibergesellschaft für zwei Gesellschafter, die natürliche Personen waren,[758] den Betrag an eine Konzerngesellschaft abführte. Die beiden Gesellschafter waren sowohl an der Betreibergesellschaft als auch an der Konzerngesellschaft im Sinne des § 17 AktG maßgeblich beteiligt. Da die Gesellschafter also nicht unmittelbar in den Kapitalaufbringungsvorgang eingebunden waren, stellt sich die Frage, ob den Gesellschaftern die Umgehung der Kapitalaufbringungsregeln zuzurechnen ist. Sollte dies nicht der Fall sein, käme eine entsprechende Gestaltung des Vorgangs durch eine solche Einbeziehung einer Gesellschaft als Lösungsmöglichkeit in Betracht. Maßgeblich für die Frage, ob auf einem solchen Wege eine Kapitalmaßnahme möglich ist, ist zunächst, dass eine solche Umgehung nicht die personelle Identität zwischen Infe-

---

[756] *Sieger/Hasselbach*, BB 1999, 645, 649.

[757] OLG Brandenburg, GmbHR 2000, 238, 239; Baumbach/Hueck-*Hueck/Fastrich*, § 7 Rdn 7; *Bayer*, GmbHR 2004, 445, 454; *ders./Graff*, WuB II A. § 54 AktG 1.06 271, 274.

[758] Insoweit ist der Fall atypisch, da die Gesellschafterin der einzelnen Konzerngesellschaften inklusive des Cash-Pool-Führers regelmäßig die Muttergesellschaft ist.

rent und Auszahlungsempfänger voraussetzt.[759] Vielmehr ist ausreichend, wenn die Inferenten durch die Leistung des Dritten mittelbar in gleicher Weise begünstigt werden wie durch eine unmittelbare Leistung.[760] Angenommen werden kann dies, wenn die Leistung an ein von dem Inferenten beherrschtes Unternehmen erfolgt.[761] Unter Zugrundelegung dieser Grundsätze wird man die Einlageleistung einer beherrschten Betreibergesellschaft an eine Tochtergesellschaft und den anschließenden Rückfluss den Gesellschaftern zurechnen müssen. Aus diesem Grund scheidet eine entsprechende Lösungsmöglichkeit aus.

Probleme können sich allerdings dann ergeben, wenn zwei Gesellschafter nicht bereits jeweils für sich genommen die Betreibergesellschaft im Sinne des § 17 AktG beherrschen. Der BGH nahm an, dies sei unerheblich, da die Gesellschafter die von ihnen jedenfalls gemeinsam beherrschte Betreibergesellschaft im gleichgerichteten Interesse übereinstimmend als Hilfsinstrument zum gemeinsamen Zweck der Aufbringung ihrer Einlageverbindlichkeiten gegenüber der Schuldnerin eingesetzt hätten und auch die Rückflüsse ihnen wiederum über die Betreibergesellschaft zugute kommen sollten.[762] Damit erweitert der BGH die Anforderungen an die Beherrschung des begünstigten Unternehmens, da keiner der Gesellschafter die Inhaberin des Zielkontos für sich alleine beherrschte. Angesichts der ansonsten drohenden Umgehung in Form der Aufteilung der Anteile auf mehrere Gesellschafter ist dieser Auffassung zuzustimmen.[763] Wird die Betreibergesellschaft des Cash Pools von den Gesellschaftern im gleichgerichteten Sinne zu einem identischen Zweck genutzt, würde es gekünstelt wirken, bei der Frage der Anwendung der Kapitalaufbringungsregeln zwischen den Gesellschaftern zu trennen. Dass es zu einer Zurechnung bei gleichartigen Interessen kommt, ist im übrigen nicht auf die Kapitalaufbringung beschränkt, sondern kann als ein allgemeiner Rechtsgrundsatz angesehen werden.[764] Abgesehen davon wird es beim Cash Pooling im Normalfall nicht an der Beherrschung fehlen. Das Cash Pooling ist auf einer straffen Führung im Finanzbereich durch ei-

---

[759] BGHZ 153, 107, 111; 166, 8, 15; BGH, NJW 2007, 765, 766; GmbHR 2007, 433, 434; *Görden*, GmbHSTB 2006, 129, 130; *Werner*, BKR 2006, 211, 212; *Bork*, NZG 2007, 375, 376.

[760] BGHZ 166, 8, 15; BGH, GmbHR 2007, 433, 434; Baumbach/Hueck-*Hueck/Fastrich*, § 19 Rdn 38; *Eilmann*, LMK 2006, 178884; *Vetter/Schwandtner*, DK 2006, 407, 409; *Bork*, NZG 2007, 375, 376.

[761] BGHZ 125, 141, 144; BGH, GmbHR 2007, 433, 434; OLG Hamm, GmbHR 1997, 213, 214; *Gehrlein*, MDR 2006, 789, 790; *Vetter/Schwandtner*, DK 2006, 407, 409; *Werner*, BKR 2006, 211, 213.

[762] BGHZ 166, 8, 15.

[763] So auch *Werner*, BKR 2006, 211, 213; *Gehrlein*, MDR 2006, 789, 790; *Eilmann*, LMK 2006, 178884; *Kummer*, jurisPR-BGHZivilR 27/2006, Anm. 4.

[764] Etwa beim acting in concert gemäß § 35 Abs. 1 i.V.m. § 30 Abs. 2 WpÜG; im Strafrecht ist an die Mittäterschaft gemäß § 25 Abs. 2 StGB zu denken.

ne Muttergesellschaft oder eine von ihr abhängige Tochtergesellschaft aufgebaut.[765]

2. Leistung außenstehender Dritter

Bezogen auf die Kapitalerhöhung ist allerdings die Besonderheit zu berücksichtigen, dass die Einlage durch einen nicht in den Konzernverbund einbezogenen Dritten unter Ausschluss des Bezugsrechts der Muttergesellschaft in analoger Anwendung von § 186 Abs. 3 AktG erfolgen kann.[766] Der Dritte hat dann vor Anmeldung der Durchführung der Kapitalerhöhung den eingeforderten Betrag auf das von der Geschäftsführung der kapitalerhöhenden Gesellschaft angegebene Konto einzuzahlen, § 57 Abs. 2 GmbHG. Im Rahmen des Cash-Pooling-Systems kommt es dann noch am selben Tag, an dem die Einzahlung erfolgt, zu einem Abzug dieses Betrages auf das der Muttergesellschaft zugeordnete Zentralkonto. Es stellt sich dann die Frage, ob in einem solchen Fall die Einlage wirksam erbracht wurde. Bezogen auf Cash-Pool-Fallgestaltungen wird dies teilweise unter Bezugnahme auf eine Meinung, die nicht von einem Rückfluss an den Einleger ausgeht,[767] bejaht.[768] Selbst eine Kenntnis des Einlegers von der geplanten Übertragung des Saldos des Kapitalerhöhungskontos im Rahmen des Cash Poolings auf das Zielkonto könne die Erfüllung der Bareinlagepflicht daher nicht in Frage stellen.[769] Bei Gestaltung des Einlagevorgangs auf diesem Wege würde damit die Wirksamkeit der Kapitalmaßnahme hergestellt werden können.

Eine wirksame Einlageleistung ist in diesen Fällen jedoch durchgreifenden Bedenken ausgesetzt. Es ist zu berücksichtigen, dass die Muttergesellschaft einen beherrschenden Einfluss auf ihre Tochtergesellschaft ausüben kann. Unter diesem Gesichtspunkt erscheint eine Gleichstellung dieser Fallgestaltung mit derjenigen angebracht, in der eine Zahlung auf ein debitorisches Konto erfolgt, über das die Geschäftsführung auch nach der Einzahlung nicht verfügen kann. Auch hier liegt keine freie Verfügungsmöglichkeit der Geschäftsführung der Tochtergesellschaft vor, so dass die Muttergesellschaft ihre Einlageverpflichtung nicht erfüllt hat.[770] Es ist daher erforderlich, von keiner wirksamen Einlageleistung auszugehen, wenn im Rahmen des Cash Pools ein solcher Vorgang erfolgt. Entscheidend ist, dass die Tochtergesellschaft nicht frei über die Mittel verfügen kann. Das von *Cahn* in diesem Zusammenhang herangezogene Argu-

---

[765] Hierzu schon oben 1. Teil § 2 B.

[766] Baumbach/Hueck-*Zöllner*, § 55 Rdn 25; Scholz-*Priester*, § 55 Rdn 59.

[767] GK-AG-*Röhricht*, § 36 Rdn 81 ff.; Lutter/Hommelhoff-*Lutter/Bayer*, § 7 Rdn 14; Hachenburg-*Ulmer*, § 7 Rdn 51.

[768] *Cahn*, ZHR 166 (2002), 278, 304 f.; *Mayer*, FS Priester, 445, 448; *ders.*, DAI-JAT 2006, 128, 139.

[769] *Cahn*, ZHR 166 (2002), 278, 304; *Mayer*, DAI-JAT 2006, 128, 139.

[770] BGHZ 119, 177, 189 f.; GK-AG-*Röhricht*, § 36 Rdn 104; Hachenburg-*Ulmer*, § 7 Rdn 53.

ment, die Geschäftsführung der Tochtergesellschaft sei zu keiner Zeit daran gehindert, am Tag der Einzahlung über den auf dem Konto gutgeschriebenen Betrag zu verfügen,[771] vermag demgegenüber nicht zu überzeugen. Eine solche kurzfristige hypothetische Zugriffsmöglichkeit ändert, wie bereits dargestellt wurde, nichts an der fehlenden freien Verfügbarkeit.

III. Vergleich mit der Zahlung auf ein debitorisches Bankkonto

In Betracht zu ziehen ist allerdings ein Vergleich der Situation im Cash Pool mit denjenigen Fällen, in denen der Bareinlage- oder erhöhungsbetrag auf ein debitorisches Bankkonto gezahlt wird. Eine Zahlung des Einlage- oder Erhöhungsbetrages auf ein debitorisches Bankkonto ist als schuldbefreiende Leistung zur freien Verfügung anzusehen, sofern es der Gesellschaft möglich ist, – auch auf einem anderen Konto – einen Kredit in Anspruch zu nehmen,[772] der den Einlagebetrag erreicht oder sogar übersteigt.[773] Daher könnte man argumentieren, dass diese Lage mit der vergleichbar ist, in der der Tochtergesellschaft in Höhe des in den Cash Pool eingeflossenen Einlagebetrages gegen den Cash-Pool-Führer ein aus dem Cash-Pooling-Vertrag resultierender Anspruch auf die Gewährung von Darlehen im Rahmen des Cash Poolings infolge der Einräumung einer Kreditlinie zustünde.[774] Damit könnte auch hier zumindest von einer freien Verfügbarkeit ausgegangen werden. Zusätzlich soll dieser Fall derjenigen Situation entsprechen, in dem sich die kontoführende Bank als Gesellschafter beteiligt und ihre Einlageleistung zugunsten eines bei ihr selbst geführten Kontos der Gesellschaft erbringt.[775] Wie bereits dargestellt wurde, wird überwiegend vertreten, es stehe einer wirksamen Einlageleistung nicht entgegen, wenn das Kreditinstitut zwar Gesellschafterin ist, sie als solche aber ihre Einlage durch die Gutschrift auf einem bei ihr selbst geführten Konto der Gesellschaft erbringt.[776]

Gegen einen Vergleich der Situation beim Cash Pooling mit der Situation der Zahlung auf ein debitorisches Bankkonto spricht jedoch, dass die Rückzah-

---

[771] *Cahn*, ZHR 166 (2002), 278, 304.

[772] Der Kreditrahmen muss dabei nicht förmlich eingeräumt worden sein. Vielmehr ist es ausreichend, wenn der Geschäftsführer infolge der Einzahlung in die Lage versetzt wird, erneut Kredit in Höhe des eingezahlten Betrages in Anspruch zu nehmen. Dies kann auch auf einer nur stillschweigenden Gestattung der Bank beruhen, BGH, NJW-RR 2005, 338, 339.

[773] BGH, NJW-RR 2005, 338, 339; NZG 2002, 524, 525; BayObLG, BB 1998, 1496,1496 f.; OLG Hamm, GmbHR 2005, 168, 168; Michalski-*Heyder*, § 7 Rdn 51; Achilles/Ensthaler/Schmidt-*Achilles*, § 7 Rdn 12; Baumbach/Hueck-*Hueck/Fastrich*, § 7 Rdn 8; *Hüffer*, § 54 Rdn 17; GK-AktG-*Röhricht*, § 36 Rdn 101; *Geißler*, GmbHR 2004, 1181, 1187.

[774] *Schäfer*, BB 2006, Beil. 7, 5, 7; *ders*., DStR 2006, 2085, 2089 f.; wohl auch *Spindler*, ZHR 171 (2007), 245, 275.

[775] *Schäfer*, BB 2006, Beil. 7, 5, 7; *ders*., DStR 2006, 2085, 2090.

[776] GK-AktG-*Röhricht*, § 36 Rdn 108; GK-GmbHG-*Ulmer*, § 7 Rdn 35; Lutter/Hommelhoff-*Lutter/Bayer*, § 7 Rdn 9; *Hüffer*, § 54 Rdn 17.

lung nicht an ein Kreditinstitut, sondern an den von der Muttergesellschaft abhängigen Cash-Pool-Führer erfolgt. Auch wenn es jedenfalls bei der Kapitalerhöhung für die Frage der wirksamen Einlageleistung ohne Bedeutung ist, ob der gezahlte Kapitalerhöhungsbetrag dadurch zu einer Vermögensmehrung führt, dass die Schulden zurückgeführt werden oder dass das Geld in der Kasse verbleibt oder wertgleich in Anlagegüter investiert wird,[777] ist nicht nur erforderlich, dass der Inferent sich der Einlagemittel endgültig zu Gunsten der Tochtergesellschaft entäußert, sondern auch, dass er sie sich nicht wieder zurückzahlen lässt.[778] Ferner fehlt es an der Vergleichbarkeit der Bereitstellung einer Kreditlinie durch die Konzernmutter (direkt oder indirekt durch den von ihr abhängigen Cash-Pool-Führer) im Rahmen eines Cash-Pooling-Systems mit den in der Rechtsprechung behandelten Fällen der Krediteinräumung durch eine Bank.[779] Auch wenn der Cash-Pool-Führer die Rolle eines „internen Kreditinstituts" innehat, darf nicht übersehen werden, dass das Insolvenzrisiko von den am Wirtschaftsleben teilnehmenden Konzernunternehmen ungleich höher ist als das von Kreditinstituten, die verschiedenen Kreditsicherungsmechanismen unterworfen sind.[780] Ferner ist zu bedenken, dass an den Cash Pool regelmäßig eine nicht unerhebliche Zahl weiterer Konzerngesellschaften angeschlossen ist. Die Frage, ob der Cash-Pool-Führer der Tochtergesellschaft die Bareinlage im Wege eines Darlehens wieder zurückerstatten kann, hängt daher auch davon ab, ob die anderen Konzerngesellschaften ihren Verpflichtungen aus dem Cash-Pool-Vertrag nachkommen. Befindet sich der Konzern in der Krise und haben die anderen Konzerngesellschaften den vom Kreditinstitut gewährten Kreditrahmen für das Zentralkonto ausgeschöpft, ist eine Rückzahlung der Bareinlage im Wege der Darlehensgewährung nicht möglich, wenn nicht die Konzernmutter auf andere Weise Finanzkraft gewährleistet.[781] Sowohl der Tochtergesellschaft zustehende Kündigungsregeln als auch außerordentliche Kündigungsrechte für das Kreditinstitut[782] bei Vermögensverschlechterung sichern die Tochtergesellschaft nicht

[777] Zur Abkehr des BGH vom Gebot wertgleicher Deckung bei der Kapitalerhöhung sogleich § 5 D. V.

[778] BGHZ 150, 197, 200; OLG Dresden, Urteile vom 10.03.2004 – Az: 18 U 1227/03 und 18 U 1314/03, jeweils S. 17; *Goette*, DStR 2003, 887, 891.

[779] So auch OLG Dresden, Urteile vom 10.03.2004 – Az: 18 U 1227/03 und 18 U 1314/03, jeweils S. 17; vgl. *Engert*, BB 2005, 1951, 1956.

[780] Hierzu oben § 5 IV. 1. c) aa).

[781] OLG Dresden, Urteile vom 10.03.2004 – Az: 18 U 1227/03 und 18 U 1314/03, jeweils S. 20 f.; den Urteilsgründen ist zu entnehmen, dass das Vorliegen einer verdeckten Sacheinlage möglicherweise verneint worden wäre, wenn nachgewiesen worden wäre, ob und durch welche Maßnahmen gewährleistet ist, dass der Kreditrahmen auf dem Zentralkonto in Höhe der in den Cash Pool eingeflossenen Einlage nicht in der Folgezeit durch die anderen an den Cash Pool angeschlossenen Gesellschaften mit der Folge der Gefährdung des Darlehensanspruchs der Tochtergesellschaft ausgeschöpft wird.

[782] Insbesondere Nr. 19 Abs. 3 AGB-Banken.

gegen eine anderweitige Ausschöpfung der Kreditlinie auf dem Zentralkonto durch die anderen am Cash Pool beteiligten Gesellschaften des Konzerns ab.[783]

IV. Alleiniges Abstellen auf die freie Verfügbarkeit

Entsprechend seinem Verständnis von § 8 Abs. 2 GmbHG, in dem die Prämisse, die Gesellschafter an ihrem Einlageversprechen festzuhalten am stärksten zum Ausdruck komme, will es *Servatius* zur ordnungsgemäßen Kapitalaufbringung ausreichen lassen, wenn der Gesellschafter bei einem Rückfluss der Einlagemittel durch eine Darlehensgewährung neben dem Vorhandensein einer marktüblichen Verzinsung nachweist, die Mittel seien überflüssig und daher zur Verwirklichung des satzungsmäßigen Gewinnziels gewinnbringend anzulegen.[784] Als Anwendungsfall seiner Überlegung, in dem die Kriterien zuträfen, erwähnt er den Fall des Cash Poolings.

Derartige Überlegungen sind jedoch allenfalls de lege ferenda erwägenswert, mit dem gegenwärtigen Kapitalerhaltungssystem hingegen nicht zu vereinbaren. Die Kapitalaufbringungsregeln sollen die reale Aufbringung des Stammkapitals sichern, damit den Geschäftsführern der GmbH ein Mindeststock für die Aufnahme von Geschäften zur Verfügung gestellt wird. Diesen Grundsätzen würde es zuwider laufen, wenn die Gesellschaft die Einlagemittel sofort als Darlehen an den Gesellschafter zurückführen würde. Es kann schon aufgrund dessen zumindest bei der Kapitalaufbringung auch nicht angenommen werden, die Mittel seien etwa überflüssig und könnten daher zur Verwirklichung des satzungsmäßigen Gewinnziels gewinnbringend anzulegen sein. Das Risiko des Vorliegens einer verdeckten Sacheinlage, die schon aufgrund der regelmäßig vorhandenen Absprache des Rückflusses gegeben ist, wird mit diesem Vorschlag nicht gelöst.[785] Die rechtliche Missbilligung des Vorgangs kann also nicht allein durch das Vorliegen dieser Kriterien aus dem Weg geräumt werden.[786] Durch das Erfüllen des Erfordernisses der freien Verfügbarkeit wird nicht automatisch auch das Risiko der verdeckten Sacheinlage vereitelt, so wie umgekehrt bei Ausräumung des Risikos der verdeckten Sacheinlage auch nicht automatisch die freie Verfügbarkeit angenommen werden kann.[787] Beide Kriterien sind streng voneinander zu trennen und jeweils einer Lösung zuzuführen.

---

[783] OLG Dresden, Urteile vom 10.03.2004 – Az: 18 U 1227/03 und 18 U 1314/03, jeweils S. 21.

[784] *Servatius*, DStR 2004, 1176, 1182.

[785] Nach *Servatius*, DStR 2004, 1176, 1182, soll es auf eine Absprache bei Vorliegen der von ihm genannten Kriterien nicht mehr ankommen.

[786] *Servatius*, DStR 2004, 1176, 1182, zufolge soll dann der Tatbestand der verdeckten „Finanzierung" nicht vorliegen.

[787] So aber *Vetter/Schwandtner*, DK 2006, 407, 411, 415.

V. Schuldrechtliche Verwendungsabsprache

Allenfalls der freien Verfügbarkeit der Einlageleistung könne einer weiteren Ansicht nach dadurch Rechnung getragen werden, dass man die im Cash-Pooling-Vertrag begründete Verpflichtung, den durch die Kapitalmaßnahme begründeten Kapitalüberschuss auf das Zielkonto wieder zurückfließen zu lassen, als zulässige schuldrechtliche Verwendungsabsprache ansieht.[788] Derartige Absprachen seien so lange als unbedenklich anzusehen, als sie allein der Umsetzung von Investitions- oder Anlageentscheidungen der Gesellschafter dienten.[789] Für diese Meinung lässt sich zumindest bei Barkapitalerhöhungen ins Feld führen, dass durch den Verzicht des BGH[790] auf den Vorbehalt der wertgleichen Deckung[791] des Einlagebetrages im Zeitpunkt der Eintragung der Kapitalerhöhung in das Handelsregister die Anforderungen an das Merkmal der freien Verfügbarkeit gemindert worden sind. Danach ist die Bareinlage schon dann zur freien Verfügung der Geschäftsführung geleistet worden, wenn sie in deren uneingeschränkten Verfügungsbereich gelangt und nicht mehr an den Einleger zurückgeflossen ist.[792] Der Vorbehalt wertgleicher Deckung komme nur dann in Betracht, wenn es der Gläubigerschutz gebiete. Dies sei zwar bei der Bargründung der Gesellschaft der Fall sei, wohingegen bei einer Barkapitalerhöhung die Einlage an eine bestehende Gesellschaft geleistet werde, die über Organe verfüge, welche mit den Einlagen wirtschaften könnten.[793] Während im Gründungsstadium mit dem Gebot wertgleicher Deckung gewährleistet werden müsse, dass im Zeitpunkt der Entstehung der Gesellschaft ein vollständiges Nennkapital bestehe, bedürfe es bei einer Barkapitalerhöhung keiner besonderen Maßnahmen, die die ordnungsgemäße Stammkapitalaufbringung sicherstellten.[794] Diese Rechtsentwicklung könnte dafür sprechen, dass mit dem Merkmal der freien

---

[788] Rowedder-*Schmidt-Leithoff*, § 7 Rdn 25, Fn 57; *Vetter/Stadler*, Rdn 100; *Sieger/Hasselbach*, BB 1999, 645, 649 f.

[789] BGHZ 153, 107, 110; BGH, GmbHR 2007, 433, 434; Scholz-*Priester*, § 56 a Rdn 14; Baumbach/Hueck-*Zöllner*, § 57 Rdn 12; Rowedder/Schmidt-Leithoff-*Zimmermann*, § 57 Rdn 9; *Sieger/Hasselbach*, BB 1999, 645, 650.

[790] BGHZ 132, 141, 152; 150, 197, 199 f.

[791] Der Grundsatz des Vorbehalts wertgleicher Deckung besagte, dass die Mittel so eingesetzt werden müssten, dass der Gesellschaft ein dem aufgewendeten Betrag entsprechendes Aktivum zufließt, BGHZ 119, 177, 188; auf das Gebot wertgleicher Deckung bei Bargründung hinw. *Mildner*, FAZ v. 23.01.2006, S. 23.

[792] OLG Dresden, Urteile v. 10.03.2004 – Az: 18 U 1227/03 und 18 U 1314/03, jeweils S. 11; *Siegler*, NZG 2003, 1143, 1144.

[793] Baumbach/Hueck-*Zöllner*, § 57 Rdn 12; Scholz-*Priester*, § 57 Rdn 11; *Kamanabrou*, NZG 2002, 702, 705; die Einlagen nehmen dann am allgemeinen unternehmerischen Risiko teil.

[794] *Roth*, ZHR 167 (2003), 89, 99; *Kamanabrou*, NZG 2002, 702, 705; *Henze*, BB 2002, 955, 956; *Brauer/Manger*, GmbHR 2002, 548, 548.

Verfügung lediglich der ordnungsgemäße Mittelzufluss, nicht hingegen die Mittelverwendung gemeint ist.[795]

Zu bedenken ist zunächst aber, dass die Aufgabe des Vorbehalts wertgleicher Deckung nichts daran geändert hat, dass das Verbot eines Hin- und Herzahlens weiterhin besteht.[796] Zudem sind Verwendungsabsprachen nur dann unbedenklich, wenn die gezahlten Einlagen nicht aufgrund dahingehender Absprachen alsbald unmittelbar oder mittelbar an den Einleger zurückfließen.[797] So steht etwa die Absprache, mit dem Einlagebetrag bestimmte Anschaffungen zu tätigen, der freien Verfügbarkeit nicht entgegen, da durch das Erfordernis der freien Verfügbarkeit nicht eine bestimmte Form der Mittelverwendung, sondern nur die Mittelaufbringung gewährleistet werden soll.[798] Zu einer Absprache, die dazu führt, dass die Einlage alsbald unmittelbar oder mittelbar an den Einleger zurückfließt und die zulässigen Grenzen überschritten sind, zählt es hingegen, wenn der Einlagebetrag sofort an den Gesellschafter als Darlehen zurückgezahlt wird, da die Gesellschaft die zugesagte Liquidität nicht erhält und es damit an einer ordnungsgemäßen Mittelaufbringung fehlt.[799] Das vom BGH aufgestellte Erfordernis, dass der angestrebte Leistungserfolg tatsächlich zu einem effektiven Liquiditätszufluss bei der Gesellschaft führen muss,[800] ist dann nicht erfüllt. Gerade dies ist jedoch bei einem Cash Pooling der Fall, so dass die vom BGH aufgestellten Voraussetzungen damit nicht erfüllt sind.[801] Zudem ändern derartige schuldrechtliche Absprachen nichts an der dinglichen Zuordnung des Zielkontos zur Konzernspitze.[802] Eine Umgehung ist auch nicht dadurch möglich, dass die Abwicklung des Cash Pools über eine Gesellschaft stattfindet, die nicht mit der Konzernmutter identisch ist. Sind Dritte in das Leistungsverhältnis von Gesellschaft und Gesellschafter einbezogen, findet eine Zurechnung statt, wenn wirtschaftlich ein Geschäft zwischen Gesellschafter und Gesellschaft gegeben ist.[803] Im Rahmen des Cash Poolings werden die Geschäfte des Cash-Pool-Führers auf

---

[795] So auch *Sieger/Wirtz*, ZIP 2005, 2277, 2278.

[796] BGHZ 150, 197, 200; OLG Dresden, Urteile v. 10.03.2004 – Az: 18 U 1227/03 und 18 U 1314/03, jeweils S. 11.

[797] BGHZ 150, 197, 200; GmbHR 2007, 433, 434; OLG München, DB 2006, 1720, 1721; OLG Dresden, GmbHR 2000, 34, 36; *Sieger/Wirtz*, ZIP 2005, 2277, 2278; Lutter/Hommelhoff-*Lutter/Bayer*, § 7 Rdn 14; *Sernetz/Haas*, Rdn 76, 192, 293; *Geißler*, GmbHR 2004, 1181, 1183.

[798] BGH, GmbHR 1992, 601, 603; *Geißler*, GmbHR 2004, 1181, 1183; *Sieger/Wirtz*, ZIP 2005, 2277, 2278.

[799] BGHZ 153, 107, 110; *Sernetz/Haas*, Rdn 295; *Sieger/Wirtz*, ZIP 2005, 2277, 2278; *Jäger*, DStR 2000, 1653, 1655.

[800] BGHZ 113, 335, 349.

[801] Ebenso OLG Dresden, Urteile v. 10.03.2004 – Az: 18 U 1227/03 und 18 U 1314/03, jeweils S. 11; *Jäger*, § 45 Rdn 19; *ders.*, DStR 2000, 1653, 1655.

[802] OLG Hamm, GmbHR 1997, 213, 214; *Jäger*, § 45 Rdn 22; *ders.*, DStR 2000, 1653, 1656.

[803] Siehe oben § 3 B.

Rechnung der Konzernmutter geführt und von ihr gesteuert, so dass die Zurechnung oder zumindest ein mittelbarer Rückfluss zu bejahen ist. Demzufolge kann die Annahme, dass die Zahlung auf eine Bareinlageverpflichtung im Cash Pool eine potentielle verdeckte Sacheinlage darstellt, nicht dadurch entkräftet werden, dass die Führung des Cash Pools einer eigenständigen, wenn auch konzerneigenen Finanzierungsgesellschaft überlassen bleibt.

VI. Umstellung der Konzernstruktur nach Maßgabe von BGH, GmbHR 2007, 433 ff.

Ausgehend von einer jüngeren Entscheidung des BGH vom 12.02.2007, wonach eine verdeckte Sacheinlage nicht vorliegt, wenn der von einer Konzerngesellschaft auf eine Barkapitalerhöhung bei ihrer Tochter geleistete Geldbetrag absprachegemäß durch die Tochter zum Erwerb des Unternehmens einer anderen Konzerngesellschaft verwendet wird, an der der Einleger bei Vornahme der Barkapitalerhöhung nicht beteiligt war,[804] könnte eine weitere Überlegung dahin gehen, die Konzernstruktur bei einem konzernweiten Cash-Pooling-System so auszugestalten, dass nach diesem Urteil des BGH der Tatbestand der verdeckten Sacheinlage nicht vorliegt. Eine verdeckte Sacheinlage liegt nach dieser Entscheidung nur in den Fällen vor, in denen der Einleger über den Sachwert direkt oder über eine von ihm kontrollierte Gesellschaft verfügen kann und die geleisteten Barmittel so wieder an den Einleger zurückfließen.[805] In dem der Entscheidung zugrunde liegenden Fall waren die Einlagemittel nicht an die Mutter-, sondern an eine Schwestergesellschaft der Inferentin weitergeflossen. Zwar sei ein unmittelbarer Rückfluss bei der Schwestergesellschaft des Inferenten zwangsläufig mit einem mittelbaren Mittelzufluss bei der Muttergesellschaft des Inferenten verbunden, ein solch nur mittelbarer Zufluß soll aber die Anwendbarkeit der verdeckten Sacheinlage nicht begründen.[806] Die Tatsache, dass die Umstrukturierung unter einem „Konzerndach" stattgefunden habe, führe nicht zur Anwendung der Grundsätze der verdeckten Sacheinlage. Ein Zwang zur Wahl einer Sach- anstelle einer Bareinlage bestehe auch in einem Konzern nicht, sofern die Einlage weder unmittelbar noch mittelbar an den Inferenten zurückfließe.[807]

Von diesen Grundsätzen ausgehend müsste die Konzernstruktur nach einem Vorschlag von *Bormann* bei einem konzernweiten Cash-Pooling-System so ausgestaltet werden, dass die Muttergesellschaft unmittelbare Tochtergesellschaften gründet, die die Anteile der operativen Gesellschaften halten.[808] Eine

---

804 BGH, GmbHR 2007, 433 ff. (anders die Vorinstanz OLG München, ZIP 2005, 1923 ff.)
805 BGH, GmbHR 2007, 433, 434.
806 BGH, GmbHR 2007, 433, 434.
807 BGH, GmbHR 2007, 433, 435.
808 *Bormann*, GmbHR 2007, 435, 436, der dieses Modell insb. für die Kapitalerhaltung nutzbar machen will.

weitere unmittelbare Tochtergesellschaft führt den Cash Pool. Nach Maßgabe des Urteils des BGH wäre ein Abfluss des Einlagebetrages an den Cash-Pool-Führer unschädlich: die unmittelbaren Tochtergesellschaften der einzelnen operativen Gesellschaften sind nicht an dem Cash-Pool-Führer beteiligt, so dass ihnen keine Mittel zufließen würden.

Schon das Urteil des BGH ist aber Bedenken ausgesetzt: Zunächst einmal steht es in Widerspruch zu den strengen Grundsätzen der verdeckten Sacheinlage.[809] Warum ein unmittelbarer Mittelzufluss bei der Schwestergesellschaft des Inferenten, der stets mit einem mittelbaren Mittelzufluss bei der Muttergesellschaft des Inferenten verbunden ist, nicht für eine Anwendung der Grundsätze der verdeckten Sacheinlage ausreicht, ist nicht ersichtlich. Die gebotene wirtschaftliche Betrachtungsweise der Vorgänge führt dazu, dass es keinen Unterschied machen kann, ob ein unmittelbarer oder nur mittelbarer Mittelzfluss stattfindet.[810] Entscheidend kommt es darauf an, dass die Vorgänge innerhalb eines Konzerns stattfinden und die Inferentin tatsächlich einen Sach- und keinen Barwert einlegt.[811]

Bezogen auf das Cash Pooling stellt sich ferner das Problem, dass eine derartige Konzernstruktur sicherlich nicht in jedem Fall praktikabel wäre. Zu denken ist nur an die mit einer solchen weitreichenden Umstellung einer bestehenden Konzernstruktur verbundenen Kosten. Im Ergebnis scheidet mithin auch dieser Vorschlag aus.

VII. Einsatz von Limiteds

In Erwägung zu ziehen ist zuletzt noch eine Lösungsmöglichkeit auf der Grundlage des Einsatzes von englischen Limiteds. Im Unterschied zur GmbH findet bei der englischen Limited keine Kapitalaufbringungskontrolle statt. Aus diesem Grund wäre daran zu denken, einen Cash Pool nur noch mit Gesellschaften in der Rechtsform der Limited durchzuführen. Eine Umwandlung einer GmbH in eine Limited nur zur Gewährleistung einer ordnungsgemäßen Kapitalaufbringung dürfte sich aber aufgrund des damit verbundenen Kosten- und Zeitaufwands als unverhältnismäßig herausstellen.[812] Aber auch bei der Neugründung einer Limited dürfen die mit dieser Rechtsform einhergehenden Risiken nicht unterschätzt werden.[813]

---

809 Dem BGH hingegen zust. *Bork*, NZG 2007, 375, 376; *Bödeker*, Handelsblatt v. 18.04.2007, S. 18; *Laufersweiler/Karzel*, BB 2007, 1408, 1408; wohl auch *Pentz*, BGHReport 2007, 456, 456; vgl. *Goette*, ZInsO 2007, 1177, 1178.

810 Vgl. *Bormann*, GmbHR 2007, 435, 436, der hieraus aber andere Schlüsse zieht.

811 OLG München, ZIP 2005, 1923, 1924; *Kleinschmidt/Hoos*, EWiR § 56 GmbHG 2/05, 885, 886, wonach die Kapitalaufbringungsregeln ansonsten zur Disposition der Konzernleitung stünden.

812 *Mayer*, FS Priester, 445, 465; *ders.*, DAI-JAT 2006, 128, 158.

813 Hierzu im einzelnen noch unten 3. Teil § 12 A. III.

E. Ergebnis zu den Lösungsmöglichkeiten

Eine Kapitalaufbringung oder -erhöhung ist nicht auf Grundlage der Besonderheiten des Cash Poolings zu bewerkstelligen. Auch ist eine Durchführung außerhalb des Cash Pools abzulehnen. Ein dauerhaftes Heraushalten des Einlagebetrages wäre wirtschaftlich nicht sinnvoll. Jede Art von – auch nur mittelbarer – Einbeziehung des Einlagebetrages in den Cash Pool verhindert aber eine wirksame Kapitalaufbringung und -erhöhung. Daher ist die Kapitalmaßnahme im Wege der Sacheinlage bei Einbringung einer Forderung gegen die Muttergesellschaft durchzuführen. Hiermit wird sowohl die freie Verfügbarkeit hergestellt als auch das Problem der verdeckten Sacheinlage umgangen. Da sich eine Forderung der Tochtergesellschaft gegen die Muttergesellschaft als nicht sacheinlagefähig erweist, muss die Muttergesellschaft der Tochtergesellschaft zur Gewährleistung einer ordnungsgemäßen Kapitalmaßnahme vorab ein Darlehen auf ein Sonderkonto außerhalb des Cash Pools gewähren. Daraufhin kann die Darlehensrückzahlungsforderung als Sacheinlage eingebracht werden.

Damit zeigt sich, dass ein Cash-Pooling-System bei der Kapitalaufbringung oder -erhöhung bei einer in ein solches System integrierten Gesellschaft zwar mit einigen Problemen behaftet ist. Eine Kapitalaufbringung oder -erhöhung bei einer Gesellschaft, die in ein solches Konzernfinanzierungssystem integriert ist, ist aber möglich. Vor diesem Hintergrund ist eine gesetzliche Regelung für das Cash Pooling, die zu einem „Sonderrecht" führen würde, bei der Kapitalaufbringung nicht erforderlich.[814]

---

[814] Ebenso *Heckschen*, NotBZ 2006, 381, 387; *Priester*, ZIP 2006, 1557, 1560.

§ 6 Heilungsmöglichkeiten bei fehlerhafter Kapitalaufbringung

Wird der vorgeschlagene Lösungsweg zur ordnungsgemäßen Erbringung der Einlageleistung nicht eingehalten und hat demnach keine ordnungsgemäße Kapitalaufbringung stattgefunden, stellt sich die Frage nach Heilungsmöglichkeiten. Nur auf den ersten Blick ist die Folge einer fehlgeschlagenen Einlageleistung aus Sicht der Muttergesellschaft nicht weiter „dramatisch", da sie nicht anders dasteht als bei wirksamer Einlageleistung ohne nachfolgenden Mittelrückfluss. Relevant wird das Vorliegen der verdeckten Sacheinlage aber spätestens bei Insolvenz der Tochtergesellschaft, bei der die Kapitalmaßnahme fehlgeschlagen ist.[815] Der Insolvenzverwalter wird in diesem Fall regelmäßig die erneute Einlageleistung verlangen.[816] Hat die insolvent gewordene Tochtergesellschaft in der Vergangenheit Darlehensverbindlichkeiten gegenüber dem Cash Pool angehäuft, was im Vorstadium der Insolvenz regelmäßig der Fall sein wird, ist die Verpflichtung zur erneuten Einlageleistung für die Muttergesellschaft misslich: Während sie zur nochmaligen Einlageleistung verpflichtet ist, erhält sie auf ihre offenen Ansprüche aus dem Cash Pool lediglich die Insolvenzquote.[817] Dieses ungünstige Ergebnis könnte die Muttergesellschaft dadurch vermeiden, dass sie eine fehlgeschlagene Kapitalaufbringung nachträglich heilt, was in der Insolvenz nicht mehr möglich wäre.[818] Abgesehen davon wird das Vorliegen der unwirksamen Kapitalaufbringung im normalen Geschäftsbetrieb der GmbH von den Beteiligten nicht aufgedeckt. Auch außerhalb der Insolvenz kann es aber bei „gesunden" Gesellschaften zu einer Aufdeckung kommen, wenn etwa im Rahmen eines Unternehmenskaufes eine due-diligence-Prüfung durchgeführt wird.[819] Es ist daher zu untersuchen, auf welchem Weg eine Heilung einer fehlerhaften Kapitalmaßnahme bei einer in ein Cash-Pooling-System integrierten Gesellschaft möglich ist. In der Begr. zum RegE-MoMiG ist klargestellt, dass der Entwurf einerseits zwar keine Heilungsmöglichkeiten in das Ge-

---

[815] Die mit der Heilung bei einer AG verbundenen Probleme, wie etwa die umstrittene Frage, auf welchem Weg eine Heilung vorzunehmen ist, werden hierbei ausgeblendet; hierzu etwa *Krolop/Pleister*, AG 2006, 650, 652 ff.

[816] Den Zusammenhang zwischen verdeckter Sacheinlage und Insolvenz bestätigen die Urteile des BGH, bei denen Insolvenzverwalter geklagt hatten, etwa BGHZ 110, 47 ff.; 118, 83 ff.; 132, 133 ff.; 135, 381 ff.; 152, 37 ff.; 153, 107 ff., aber in Bezug auf das Cash Pooling auch BGHZ 166, 8 ff.

[817] Vgl. *Mayer*, FS Priester, 445, 456; *ders.*, DAI-JAT 2006, 128, 142 f.

[818] *Heidenhain*, GmbHR 2006, 455, 457; freilich ist nicht zu übersehen, dass die Beteiligten regelmäßig von einer wirksamen Einlageleistung ausgehen; schon aufgrund der Urteile des BGH vom 16.01.2006, BGHZ 166, 8 ff. sollte aber eine krit. Prüfung der Kapitalmaßnahmen bei einer in einen Cash Pool integrierten Gesellschaft durchgeführt werden.

[819] *Priester*, VGR 11, 1, 23; *Goette*, KTS 2006, 217, 225; *Krolop/Pleister*, AG 2006, 650, 651 f.

setz aufnimmt, andererseits die bislang bestehenden Heilungsmöglichkeiten aber weder eingeschränkt noch abgeschafft werden sollen.[820]

A. Heilung durch Inanspruchnahme des Cash Pools

Zunächst ist die Heilung der fehlgeschlagenen Kapitalmaßnahme durch eine spätere Inanspruchnahme des Cash Pools durch die Tochtergesellschaft bei entsprechendem Kreditbedarf zu beleuchten. Eine solche Heilungsmöglichkeit wäre unbürokratisch ohne zusätzlichen Aufwand möglich und würde lediglich die Inanspruchnahme des Cash Pools durch die Tochtergesellschaft voraussetzen. Zunächst stellt sich bezogen auf die Situation, in der ein Saldo zugunsten der Tochtergesellschaft besteht, die Frage, ob die spätere Tilgung eines vermeintlichen Darlehensrückzahlungsanspruchs der Tochtergesellschaft durch die Muttergesellschaft im Wege der Inanspruchnahme des Cash Pools nicht die Tilgung der Einlageschuld bewirkt. Im Rahmen des Cash Poolings kann eine Darlehenstilgung möglicherweise darin gesehen werden, dass das Unterkonto durch das Zentralkonto im Rahmen des täglichen Kontenausgleichs in Höhe des Einlagebetrages ausgeglichen wird. Dies beruht auf folgender Erwägung: Hat die von der Kapitalmaßnahme betroffene Gesellschaft im Cash Pool einen positiven oder ausgeglichenen Saldo, werden der Betreibergesellschaft die Mittel aus der Bareinlage als Darlehen zur Verfügung gestellt.[821] Wegen Verstoßes gegen die Kapitalaufbringungsvorschriften ist dieser Darlehensvertrag – wie bereits aufgezeigt wurde – jedoch nichtig.[822] Nur eine Minderansicht geht von einer vollständigen Wirksamkeit des verdeckten Verkehrsgeschäfts aus, da allein entscheidend sei, ob die Parteien trotz der Unwirksamkeit der Einlageleistung den Erfolg des angekoppelten Geschäfts gewollt hätten, was im Zweifel anzunehmen sei.[823] Diese Ansicht hat durch die Rechtsprechung des BGH, wonach sowohl das schuldrechtliche als auch das dingliche Rechtsgeschäft unwirksam ist, jedoch vollends an Überzeugungskraft verloren.

I. Bedeutung der Zahlung auf eine vermeintliche Darlehensschuld

In Frage steht dann, ob die Zahlung der Muttergesellschaft auf die tatsächlich nicht bestehende Darlehensschuld durch die Gewährung von Liquidität an die Tochtergesellschaft im Rahmen des Cash Pools zur Tilgung der Einlageschuld führt. Die instanzgerichtliche Rechtsprechung beantwortet die Frage der Heilung der fehlgeschlagenen Kapitalmaßnahme durch Tilgung des vermeintlichen „Dar-

---

[820] Begr. RegE-MoMiG, S. 90.

[821] *Sieger/Wirtz*, ZIP 2005, 2277, 2279; *Vetter/Schwandtner*, DK 2006, 407, 419.

[822] BGHZ 165, 113, 117; 155, 329, 338; *Sieger/Wirtz*, ZIP 2005, 2277, 2279; *Bayer*, GmbHR 2004, 445, 452; *Goette*, DStR 2006, 139, 145; *ders.*, DStR 2006, 106, 106; hierzu schon oben § 4 B. II.

[823] *Knobbe-Keuk*, ZIP 1986, 885, 886 f.; *Priester*, DB 1990, 1753, 1755; *Crezelius*, DB 1990, 2458, 2459.

lehens“ uneinheitlich: Teilweise wird – insbesondere vom OLG Schleswig – vertreten, die Zahlung auf das vermeintliche Darlehen erfülle die Bareinlageschuld nicht.[824] Die Tilgungsbestimmung des Einzahlenden sei wörtlich zu nehmen. Nur wer eine Zahlung auf eine Bareinlage bekunde, tilge auch diese. Demgegenüber werde bei Zahlungen auf das Darlehen ein bereicherungsrechtlicher Anspruch der GmbH gegen den Inferenten getilgt.[825] Auch bezogen auf Cash-Pooling-Sachverhalte haben mehre Gerichte die Ansicht vertreten, die Zahlung auf das vermeintliche Darlehen erfülle die Bareinlageschuld nicht.[826] Dem folgen verschiedene Stimmen in der Literatur.[827] Andere Gerichte führen die Tilgungsbestimmung hingegen einer Auslegung zu, woraus folgt, dass der Einzahler die Bareinlage habe tilgen wollen, ihm nur die rechtlichen Verhältnisse nicht bewusst waren.[828] Dies entspricht der herrschenden Auffassung in der Literatur.[829] Dieser Auffassung hat sich der BGH in mehreren jüngeren Entscheidungen angeschlossen: In Fällen, in denen die Bareinlage im zeitlichen Anschluss an ihre Einzahlung als Darlehen der Gesellschaft an den Inferenten zurückfließe, tilge eine spätere Zahlung auf die vermeintliche Darlehensschuld die Einlageschuld.[830] Lediglich die Einlageschuld des Gesellschafters sei dann offen geblieben und durch die spätere Rückzahlung auf den vermeintlichen Darlehensanspruch getilgt worden. Auch die Tatsache, dass eine solche Rückzahlung aufgrund der Unwirksamkeit des Darlehensvertrages mit einer rechtlich falschen

[824] OLG Schleswig, GmbHR 2000, 1045, 1046; NZG 2001, 84, 85; GmbHR 2003, 1058, 1060; NZG 2004, 969, 970; GmbHR 2005, 357, 359; OLG München, NZG 2005, 311, 311.

[825] OLG Schleswig, GmbHR 2000, 1045, 1046; NZG 2001, 84, 85; GmbHR 2005, 357, 359; OLG Düsseldorf, SchiedsVZ 2004, 262, 265; OLG München, NZG 2005, 311, 311.

[826] OLG Düsseldorf, SchiedsVZ 2004, 262, 265, mit der Begründung, dass lediglich in dem Fall, in dem genau der Betrag der offenen Einlageschuld, der zuvor an ihn zurücküberwiesen worden war, später wieder an die Gesellschaft überwiesen wird, auf eine Zweckbestimmung verzichtet werden könne, was bei einem Cash Pooling nicht der Fall sei; auf die fehlende Zweckbestimmung bei einem Cash Pooling abst. auch OLG Hamm, GmbHR 1997, 213, 215; OLG Köln, NJW-RR 2000, 1480, 1481; LG Flensburg, GmbHR 2001, 861, 863.

[827] *Bormann/Halaczinsky*, GmbHR 2000, 1022, 1024; *Johlke/Bormann*, ZInsO 2000, 486, 487; *Ettinger/Reiff*, GmbHR 2005, 324, 327.

[828] Bereits BGHZ 153, 107, 112; OLG Hamburg, NZG 2005, 483, 485.

[829] GmbHHndb-*Kallmeyer*, Rdn I 267; *Simon/Leuering*, NJW-Spezial 2005, 219, 220; *Tettinger*, EWiR § 19 GmbHG 1/04, 757, 758; *Emde*, GmbHR 2000, 1193, 1194; *ders.*, GmbHR 2003, 1034, 1036; *ders.*, GmbHR 2005, 361, 361; *Bayer*, GmbHR 2004, 445, 452; *ders./Graff*, WuB II A. § 54 AktG 1.06, 271, 274 f.; *dies.*, WuB II C. § 55 GmbHG 1.07, 17, 19 f.; *Werner*, DStR 2005, 525, 526; *ders.*, GmbHR 2006, 45, 46; *ders.*, GmbHR 2005, 167, 168; *Gabrysch*, BGHReport 2006, 508, 509; *Tillmann*, EWiR § 54 AktG 1/06, 33, 34.

[830] BGHZ 165, 113, 117 f.; 165, 352, 357 f.; zur spiegelbildlichen Konstellation, in der vorab ein Darlehen gewährt worden war BGH, GmbHR 2006, 982, 983; zust. Scholz-*Winter/H.P. Westermann*, § 5 Rdn 78.

Tilgungsbestimmung versehen worden sei, ändere nichts daran, dass der Gesellschafter in der Insolvenz der Gesellschaft nicht schlechter stehen dürfe als wenn er seine Einlageleistung niemals erbracht hätte. Eine Verdoppelung der Zahlungsverpflichtung des Gesellschafters, nämlich einmal hinsichtlich der Einlageschuld und bezüglich der vermeintlichen Darlehensschuld, könne schon aus dem Grunde nicht eintreten, dass der Gesellschaft letztlich nur eine Forderung zustehe. Zwar beruhe diese zum einen auf dem vermeintlichen Darlehensrückzahlungsforderungsanspruch und zum anderen aus dem Anspruch auf Einlageleistung, sei aber auf dasselbe Leistungsinteresse gerichtet. Da die Tilgungsbestimmung aufgrund der Nichtigkeit des Darlehensvertrages gegenstandslos ist, sei sie dahingehend auszulegen, dass statt der vermeintlichen Darlehensschuld die Einlageschuld erfüllt werden sollte.[831] Vorteilhaft an dieser Heilungsmöglichkeit ist sicherlich, dass sie unbürokratisch möglich ist. Ob der Gläubigerschutz damit aber hinreichende Beachtung findet, ist zweifelhaft. Das geltende Kapitalschutzsystem will einen präventiven Kapitalschutz gewährleisten.[832] Die Gläubiger der GmbH sollen darauf vertrauen können, dass ein bestimmtes Kapital als Haftungsstock vorhanden ist.[833] Wird aber eine Heilung durch eine Tilgung der „vermeintlichen Darlehensschuld“ zugelassen, besteht die Gefahr, dass den Gesellschaftern die ordnungsgemäße Kapitalaufbringung zur freien Disposition gestellt wird. Tritt außerdem nach einer vermeintlichen Einlageleistung die Insolvenz der Gesellschaft ein, sind die Gläubiger auf eine Durchsetzung der Einlageforderung gegen den Gesellschafter durch den Insolvenzverwalter angewiesen. Nicht selten ist aber die Insolvenz der Gesellschaft mit einem Vermögensverfall des Gesellschafters verbunden.[834] Die Einlageforderung ist dann wertlos.

II. Besonderheiten beim Cash Pooling

Abgesehen von diesen allgemeinen Bedenken ist in Bezug auf das Cash Pooling folgendes zu beachten: Für die Ansicht, die hier zu einer wirksamen Einlageleistung kommt, ist ins Feld zu führen, dass die Tilgung einer Einlageschuld sogar ausnahmsweise ohne ausdrückliche Zweckbestimmung erfolgen kann.[835] Hier reicht es aus, dass im Falle mehrerer durch die Zahlung nicht vollständig gedeckter Verbindlichkeiten für den Empfänger ersichtlich ist, dass eine bestimmte

---

[831] BGHZ 165, 113, 117 f.; 165, 352, 357 f.
[832] *Mayer*, DAI-JAT 2006, 128, 151; siehe oben § 3 A.
[833] Hierzu oben § 5 B. III. 2. a) bb).
[834] *Mayer*, DAI-JAT 2006, 128, 152; *Goette*, ZIP 2005, 1481, 1482.
[835] OLG Düsseldorf, SchiedsVZ 2004, 262, 265; OLG München, DB 2006, 1720, 1721, an die Theorie der realen Leistungsbewirkung anknüpfend; vgl. auch *Gehrlein*, NZG 2006, 374, 375; *Müller*, GmbHR 2001, 1115, 1116.

Forderung nach dem Willen des Leistenden getilgt werden soll.[836] Voraussetzung hierfür ist jedoch, dass die Muttergesellschaft genau den Betrag der offenen Einlageschuld, der zuvor an das Zentralkonto zurücküberwiesen wird, später wieder an die Tochtergesellschaft überweist.[837] Nur dann kann die Leistung einem bestimmten Schuldverhältnis zugeordnet werden.[838] Dazu reicht es aus, dass die bewirkte Leistung die allein geschuldete ist und keine andere gleichartige Schuld besteht, auf welche die Leistung daneben oder stattdessen erbracht worden sein könnte und der Schuldner nicht selbst eine abweichende Bestimmung trifft. Dann wird deutlich, dass es sich dabei um die geschuldete Bareinlage handelt. Bei einem Cash-Pool-Verfahren, bei dem die Debetsalden täglich ausgeglichen werden, kann hiervon jedoch gerade nicht ausgegangen werden.[839] Die Besonderheit des Cash Poolings liegt gerade darin, dass sich der Darlehensanspruch der einzelnen Konzerngesellschaft infolge des Liquiditätsausgleichs täglich durch die konzerninternen Umbuchungen verändert, so dass eine Isolation der auf den einzelnen Konten erfolgten Zahlungen und der damit verbundenen Darlehensverträge nicht in der Form möglich ist, dass offene Einlageschuld und Rückzahlung auf die vermeintliche Darlehensschuld kongruent sind.[840] Eine Zuordnung zur noch ausstehenden Einlageschuld ist demzufolge nicht ohne weiteres möglich. Der BGH hat in diesem Sinne geurteilt bei einer Fallkonstellation, in der die Tochtergesellschaft von vornherein einen negativen Saldo aufwies und nach der fehlgeschlagenen Einlageleistung erneut das Zentralkonto darlehensweise in Anspruch genommen hatte.[841] Der BGH urteilte, dass der ständige Kontenausgleich im Rahmen des physischen Cash Poolings eine Zuordnung eines Darlehens zu der noch ausstehenden Einlageschuld nicht einmal ansatzweise erkennen lasse.[842] Dem ist zuzustimmen: Insbesondere ist eine Iso-

---

[836] BGH, NJW 2001, 3781, 3782; OLG Düsseldorf, SchiedsVZ 2004, 262, 265; MK-BGB-*Wenzel*, § 366 Rdn 10; Erman-*H.P. Westermann*, § 366 Rdn 2.

[837] BGH, NJW 2001, 3781, 3782; OLG Frankfurt, GmbHR 1991, 102, 103; OLG Düsseldorf, SchiedsVZ 2004, 262, 265; *Müller*, GmbHR 2001, 1115, 1116; *Ebbing*, WuB II. C. § 30 GmbHG 2.02, 247, 250.

[838] BGH, NJW 2001, 3781, 3782; OLG München, DB 2006, 1720, 1721; *Müller*, GmbHR 2001, 1115, 1116.

[839] BGHZ 166, 8, 17; OLG Hamm, GmbHR 1997, 213, 215; OLG Düsseldorf, SchiedsVZ 2004, 262, 265; LG Flensburg, GmbHR 2001, 862, 863, für Fälle, denen Cash-Pool-Gestaltungen zugrunde lagen; ferner *Goette*, DStR 2007, 773, 775, unter Bezugnahme auf BGH, Urteil vom 26.03.2007 - II ZR 307/05; *Kurzwelly*, DAI-JAT 2006, 2, 17; *Lamb/ Schluck-Amend*, DB 2006, 879, 880.

[840] *Mayer*, FS Priester, 445, 460; *ders.*, DAI-JAT 2006, 128, 152 f.; *Sieger/Wirtz*, ZIP 2005, 2277, 2280.

[841] BGHZ 166, 8, 17.

[842] BGHZ 166, 8, 17; im vom BGH entschiedenen Fall war zudem eine Absprache bereits im Zeitpunkt der Begründung der Einlageschuld abgesprochen; ferner war die Gesellschaft von einer wirksamen Zahlung ausgegangen, so dass es an einer Verrechnung fehlte.

lierung der auf den einzelnen Konten erfolgten Zahlungsströme und der damit verbundenen Darlehensbeträge nicht dergestalt möglich, dass von einer Kongruenz zwischen offener Einlageschuld und Rückzahlung auf die vermeintliche Darlehensschuld ausgegangen werden kann.[843] Das konzernweite Cash-Pooling-System ist einer solchen Lösung aufgrund der mit diesem System verbundenen Besonderheit des täglichen Liquiditätstransfers von vornherein entzogen. Dies muss selbst in dem Fall gelten, in dem die Muttergesellschaft gezielt versucht die Einlageschuld durch eine Zahlung an die Tochtergesellschaft im Rahmen des Cash Poolings zu tilgen.

Jedoch auch in dem Fall, in dem im Grundsatz der herrschenden Ansicht gefolgt werden sollte, bereitet eine Heilungsmöglichkeit durch Inanspruchnahme von Liquidität aus einem Cash Pool aufgrund der damit begründeten Eigenheiten Schwierigkeiten. Bei einem Cash-Pooling-System kann sich der Darlehensanspruch der Tochtergesellschaft nämlich – wie dargestellt – einerseits täglich durch konzerninterne Umbuchungen verändern und andererseits trifft die Tochtergesellschaft aufgrund der Abreden die fortwährende Verpflichtung, überschüssige Liquidität auf ihrem Unterkonto an den Cash-Pool-Führer abzugeben. Dies führt dazu, dass der Cash-Pool-Führer der Tochtergesellschaft das vermeintliche Darlehen zwar zunächst zurückzahlt, die Tochtergesellschaft jedoch bei einem entsprechenden positiven Saldo auf ihrem Unterkonto dem Cash Pool wiederum ein Darlehen in Höhe der davor zurückgezahlten Summe gewähren muss. Es ist dann zweifelhaft, ob es aufgrund der fortwährenden Verpflichtung der Tochtergesellschaft zur Abführung der überschüssigen Liquidität überhaupt zu einer Heilung der fehlgeschlagenen Kapitalmaßnahmen kommen kann. Dadurch, dass die Tochtergesellschaft aufgrund der vertraglichen Bindungen dazu verpflichtet ist, überschüssige Liquidität an den Cash Pool abzuführen, dürfte auch die Rückzahlung des vermeintlichen Darlehens durch die Muttergesellschaft nichts daran ändern, dass der Geschäftsführung der Tochtergesellschaft ein Geldbetrag in Höhe der Einlage zu keinem Zeitpunkt zur freien Verfügung steht.[844]

III. Lösung durch ausdrückliche Tilgungsbestimmung?

Um der genannten Problematik gerecht zu werden, kann folgender Weg weiterhelfen: Besteht ein positiver Saldo zugunsten der Tochtergesellschaft, entsteht durch die Gewährung eines Darlehens an den Cash Pool mit den Mitteln der Einlage eine Darlehensforderung der Tochtergesellschaft. Diese ist ebenso offen wie die ursprüngliche Einlageverpflichtung. Nimmt die Tochtergesellschaft nun ihrerseits nachfolgend Liquidität in Anspruch, empfiehlt sich die Etablierung einer Tilgungsbestimmung schon im Cash-Pooling-Vertrag dergestalt, dass Zah-

[843] *Mayer*, DAI-JAT 2006, 128, 153; *Ulrich*, BGHReport 2006, 725, 725.
[844] *Sieger/Wirtz*, ZIP 2005, 2277, 2280.

lungen der Mutter- an die Tochtergesellschaft unter dem Cash Pool vorrangig auf die offen stehende Einlageverpflichtung anzurechnen sind, um damit zu einer eindeutigen Zuordnung der Zahlungen zur Einlageschuld zu gelangen.[845] Besteht hingegen ein negativer Saldo zulasten der Tochtergesellschaft, ist nach dem Rückfluss des Einlagebetrages die Einlageschuld offen und die bestehenden Verbindlichkeiten wurden (vermeintlich) gemindert. Kommt es nun zu einer Liquiditätsinanspruchnahme der Tochtergesellschaft aus dem Cash Pool, entsteht eine Darlehensrückzahlungsforderung der Muttergesellschaft gegen die Tochtergesellschaft. Auch für diesen Fall wird eine Verrechnungsabrede schon im Cash-Pooling-Vertrag dergestalt vorgeschlagen, dass die Zahlungen der Mutter- an die Tochtergesellschaft zunächst auf die offene Einlageverpflichtung zu verrechnen sind.[846]

Dem ist aber zu widersprechen: Im Ergebnis kommt es in dieser Fallkonstellation zu einer Verrechnung der bestehen gebliebenen Einlageforderung mit der Neuforderung der Muttergesellschaft aus der Darlehensgewährung. Eine derartige Verrechnung des Einlageanspruchs mit Neuforderungen des Gesellschafters, die nach der Kapitalmaßnahme begründet wurden, ist nur in dem Fall zulässig, in dem die Neuforderung zum einen fällig, liquide und vollwertig ist und die nachfolgende Verrechnung zum anderen nicht bereits im Zeitpunkt der Begründung der ursprünglichen Einlageforderung abgesprochen worden war.[847] Enthält aber schon der Cash-Pooling-Vertrag eine Verrechnungsabrede, liegt eine solche Absprache gerade vor. In diesem Fall würde nur die nachträgliche Vereinbarung einer Verrechnung helfen. Dann stellt sich aber die Frage, ob der Cash Pool einer solchen nachträglichen Absprache wegen des mit ihm verbundenen täglichen Saldenausgleichs zugänglich ist. Nach den Maßgaben des BGH dürfte eine solche Verrechnungsabrede schon an der fehlenden Zuordnung zwischen Einlageschuld und Forderung im Cash Pool scheitern.[848] Im Ergebnis ist

---

845 Vgl. insoweit auch LG Flensburg, GmbHR 2001, 861, 863; *Wessels*, ZIP 2006, 1701, 1703; *Lamb/Schluck-Amend*, DB 2006, 879, 880; *Vetter/Schwandtner*, DK 2006, 407, 419; *Sieger/Wirtz*, ZIP 2005, 2277, 2280; allerdings stellt sich auch hier das Problem des Verpflichtung zur Abführung von Liquidität an den Cash Pool.

846 *Vetter/Schwandtner*, DK 2006, 407, 419; im Übrigen ist zweifelhaft, ob – wie *Vetter/Schwandtner*, DK 2006, 407, 419, Fn 87, ausführen – eine auf § 31 GmbHG bezogene Verrechnungsabrede ohne weiteres auch auf Einlageansprüche bezogen werden kann; zu den Unterschieden zwischen Kapitalaufbringung und -erhaltung unten § 7 C.

847 BGHZ 166, 8, 17; außerdem BGHZ 153, 107, 112; 152, 37, 43; Scholz- *U.H. Schneider/H.P. Westermann*, § 19 Rdn 61; Michalski-*Ebbing*, § 19 Rdn 136; Rowedder/Schmidt-Leithoff-*Pentz*, § 19 Rdn 109; Baumbach/Hueck-*Hueck/Fastrich*, § 19 Rdn 33 f.; *Gehrlein*, MDR 2006, 789, 790; *ders.*, GmbH-Recht in der Praxis, S. 320; *Krolop/Pleister*, AG 2006, 650, 654 f.; *Goette*, DStR 2007, 773, 775.

848 In BGHZ 166, 8, 17 f., waren die Beteiligten von der Wirksamkeit der ursprünglichen Zahlung ausgegangen, so dass es schon an einer späteren Verrechnung fehlte.

daher eine Tilgungsbestimmung nicht weiterführend, sofern ein negativer Saldo zulasten der Tochtergesellschaft besteht.

IV. Ergebnis

Im Ergebnis ist festzuhalten, dass eine unbürokratische Heilung durch Inanspruchnahme des Cash Pools – zumindest ohne ausdrückliche Tilgungsbestimmung – aufgrund der Besonderheiten dieses Konzernfinanzierungssystems nicht möglich ist.[849] Im übrigen führt diese Nichtdurchführbarkeit der Heilung durch nachfolgende Inanspruchnahme des Cash Pools nicht etwa zur Annahme eines negativen „Sonderrechts" bezüglich des Cash Poolings.[850] Zwar ist es der Muttergesellschaft abweichend von den oben aufgestellten Grundsätzen im Cash Pool nicht möglich, die Einlageforderung durch eine Rückzahlung zu tilgen. Es beruht jedoch auf den Besonderheiten des mit dem Cash Pooling verbundenen täglichen Kontenausgleichs, dass einer derartigen Heilungsmöglichkeit der Weg abgeschnitten ist. Dieses Ergebnis beruht auf einer Untersuchung der Vorgänge im Cash Pool; keineswegs wird damit ein negatives „Sonderrecht" hinsichtlich der Heilungsmöglichkeiten beim Cash Pooling begründet. Weder ein positives noch negatives „Sonderrecht" ist de lege lata bei der Kapitalaufbringung anzuerkennen.[851] Eine Tilgungsbestimmung ermöglicht eine Heilung nur dann, wenn ein positiver Saldo zugunsten der Tochtergesellschaft vorlag. Bei einem negativen Saldo hilft eine Tilgungsbestimmung nicht weiter.

B. Heilung durch Umwandlung der Bar- in eine Sacheinlage

In Betracht kommt weiterhin eine Heilung durch Umwidmung der Bar- in eine Sacheinlage.[852] Rechtsfolge wäre, dass eine Heilung mit Wirksamkeit ex nunc erfolgen würde.[853]

I. Bei negativem Saldo

Zunächst soll die Konstellation betrachtet werden, in der ein negativer Saldo zulasten der Tochtergesellschaft besteht und daher durch (anteilige) Tilgung einer Darlehensverbindlichkeit der Tatbestand einer verdeckten Sacheinlage vor-

---

[849] So auch *Ulrich*, BGHReport 2006, 725, 725; *Werner*, BKR 2006, 211, 213.

[850] In diese Richtung aber *Vetter/Schwandtner*, DK 2006, 407, 419.

[851] Hierzu oben § 4 D. I.

[852] Hierfür etwa *Mayer*, DAI-JAT 2006, 128, 142 ff.; *Sieger/Wirtz*, ZIP 2005, 2277, 2281 ff.; *Langner*, GmbHR 2006, 480, 481; *Bayer/Lieder*, GmbHR 2006, 449, 453; *dies.*, GmbHR 2006, 1121, 1125; *Mildner*, GmbHR 2006, R 161, 162; *Gabrysch*, FTD v. 24.01.2006, S. 17; *Stein*, DZWiR 2006, 251, 251; *Schmelz*, NZG 2006, 456, 457; krit. *Wessels*, ZIP 2006, 1701, 1702.

[853] Scholz-*Winter/H.P. Westermann*, § 5 Rdn 97a; Lutter/Hommelhoff-*Lutter/Bayer*, § 5 Rdn 57; *Mayer*, DAI-JAT 2006, 128, 149; *Sieger/Wirtz*, ZIP 2005, 2277, 2283.

liegt. Der BGH hat in seinem Urteil vom 04.03.1996[854] die einzelnen Schritte, die für eine Heilung durch Umwandlung der Bar- in eine Sacheinlage erforderlich sind, aufgezeigt. Die Heilung durch Umwandlung der Bar- in eine Sacheinlage hängt von einer Reihe von Voraussetzungen ab, die bei der Sachkapitalgründung bzw. -erhöhung zu beachten sind.[855] Hingewiesen sei hier auf folgende Besonderheiten in Bezug auf das Cash Pooling.

1. Einreden

Als problematisch kann sich bei der Werthaltigkeit der einzubringenden Forderung zunächst das Vorliegen von Einreden, insbesondere der Einrede der Verjährung, erweisen. Zwar schließt das Bestehen der Verjährungseinrede nicht die Einlagefähigkeit der betroffenen Forderung aus, muss aber bei der Bewertung der Forderung berücksichtigt werden.[856] Während die Ansprüche aus der Darlehensforderung der Muttergesellschaft beim Cash Pooling der regelmäßigen dreijährigen Verjährungsfrist der §§ 195, 199 BGB unterliegen, verjährt die Einlageforderung der Gesellschaft nach § 19 Abs. 6 S. 1 GmbHG erst zehn Jahre nach ihrer Entstehung. Hieraus ergibt sich das Problem, dass die einzulegende Forderung der Muttergesellschaft gegen die Tochtergesellschaft vor der Einlageforderung der Tochtergesellschaft verjähren kann. Will dann die Muttergesellschaft den verjährten Anspruch einbringen, muss sie in Kauf nehmen, dass der Wirtschaftsprüfer bei seiner Bewertung der Forderung entweder Abschläge vornimmt oder sogar die Forderung als wertlos ausweist. Eine Lösung dieses Problems würde in dem Verzicht der Tochtergesellschaft auf die Verjährungseinrede liegen. Dem steht jedoch § 19 Abs. 2 S. 1 GmbHG entgegen, wonach die Gesellschafter von der Verpflichtung zur Leistung der Einlagen nicht befreit werden können. Die Norm ist zur Gewährleistung eines effektiven Gläubigerschutzes weit auszulegen und verbietet jegliches Verhalten, aufgrund dessen der Gesellschafter von seiner Pflicht zur Erbringung der Einlage befreit wird.[857] Als Befreiung wird auch der Verzicht angesehen, da ein solcher Verzicht die Voraussetzungen für eine Heilungsmöglichkeit schaffen würde, deren Umsetzung den Gesellschafter von seiner Verpflichtung zur Erbringung der Stammeinlage befreien würde.[858] Für die Frage der Heilung ist damit festzuhalten, dass ein von

---

[854] BGHZ 132, 141 ff.

[855] Hierzu ausführl. in Bezug auf Cash-Pooling-Systeme *Mayer*, DAI-JAT 2006, 128, 142 ff.; *Sieger/Wirtz*, ZIP 2005, 2277, 2281 ff.; allg. Baumbach/Hueck-*Hueck/Fastrich*, § 19 Rdn 46; zur Frage des richtigen Einlagegegenstandes wurde bereits oben § 4 A. ausgeführt.

[856] Baumbach/Hueck-*Hueck/Fastrich*, § 5 Rdn 27; *Mayer*, DAI-JAT 2006, 128, 148; *Sieger/Wirtz*, ZIP 2005, 2277, 2282;

[857] Hachenburg-*Ulmer*, § 19 Rdn 41; Lutter/Hommelhoff-*Lutter/Bayer*, § 19 Rdn 14; *Sieger/Wirtz*, ZIP 2005, 2277, 2282.

[858] Baumbach/Hueck-*Hueck/Fastrich*, § 19 Rdn 16; *Sieger/Wirtz*, ZIP 2005, 2277, 2282.

der Tochtergesellschaft erklärter Verzicht auf die Einrede der Verjährung unwirksam und bei der Forderungsbewertung außer Betracht zu lassen ist.

Trotz der Vorschrift des § 19 Abs. 2 S. 1 GmbHG sind gerade in Bezug auf die Heilung von Cash-Pooling-Konstellationen Stimmen laut geworden, die einen Verzicht der Tochtergesellschaft auf die Verjährungseinrede bei Zustimmung aller Gesellschafter in dem Fall zulassen wollen, in dem die Einbringung der Forderung zu einer Erhöhung der freien Rücklage bei der Tochtergesellschaft führen würde.[859] Zur Begründung wird angeführt, solche Rücklagen könnten ohnehin nach der Erbringung der Stammeinlage durch entsprechende Entnahmehandlungen der Muttergesellschaft aufgelöst werden, was zu einer deutlich stärkeren Beeinträchtigung des Gläubigerschutzes führen würde als die Zulassung des Verzichts auf die Einrede der Verjährung bei einer Heilung der verdeckten Sacheinlage mit Zuführung zum gebundenen Kapital der GmbH.[860] Diese Ausführungen mögen zwar im wirtschaftlichen Ergebnis stimmen, sind aber aus dogmatischer Sichtweise bedenklich. § 19 Abs. 2 S. 1 GmbHG statuiert zweifelsfrei die Unzulässigkeit eines Verzichts. Ausnahmen hierfür sind schon vom Wortlaut her nicht angelegt. Zudem soll mit dieser Vorschrift die effektive Kapitalaufbringung gesichert werden. Ein Verzicht auf die Einlageforderung würde damit nicht in Einklang stehen. Dass Rücklagen durch spätere Entnahmehandlungen des Gesellschafters wieder aufgelöst werden könne, mag zwar zutreffend sein, hat aber in der in diesem Zusammenhang entscheidenden Frage der ordnungsgemäßen Kapitalaufbringung keine Bedeutung.

2. Heilungshindernde Wirkung von BGHZ 157, 72 ff.?

Nicht selten steht ein Verstoß gegen die Kapitalaufbringungsvorschriften wegen einer verdeckten Sacheinlage im Zusammenhang mit einer Darlehensauskehrung an den Inferenten oder an ein mit ihm verbundenes Unternehmen. Dies setzt freilich einen positiven Saldo zugunsten der Tochtergesellschaft voraus. Bei einem negativen Saldo kommt es hingegen zu einer (anteiligen) Befreiung von den Darlehensforderungen der Muttergesellschaft.[861] Insofern ist bei einem positiven Saldo, bei dem es zu einer aufsteigenden Darlehensgewährung kommt, die Frage aufzuwerfen, ob die Entscheidung BGHZ 157, 72 ff., die bei der Kapitalerhaltung ausführlich betrachtet wird, im Rahmen der Kapitalaufbringung eine heilungshindernde Wirkung haben kann. Nach dem Leitsatz der Entscheidung stellen an Gesellschafter der GmbH gewährte Darlehen, die nicht aus Rücklagen oder Gewinnvorträgen, sondern zulasten des gebundenen Vermögens der Gesellschaft bestritten werden, auch dann eine verbotene Auszahlung von Gesellschaftsvermögen im Sinne von § 30 Abs. 1 GmbHG dar, wenn der Rück-

---

[859] *Mayer*, DAI-JAT 2006, 128, 148; *Sieger/Wirtz*, ZIP 2005, 2277, 2282.
[860] *Mayer*, DAI-JAT 2006, 128, 148; *Sieger/Wirtz*, ZIP 2005, 2277, 2282.
[861] Siehe oben § 3 B. II.

zahlungsanspruch vollwertig sein sollte.[862] Eine heilungshindernde Wirkung könnte unter dem Gesichtspunkt in Betracht kommen, dass im Rahmen des Cash Poolings ein nach BGHZ 157, 72 ff. gegen § 30 Abs. 1 GmbHG verstoßendes Darlehen mit den Mitteln einer fehlgeschlagenen Bareinlage gewährt wurde. Jedoch ist bei der Betrachtung strikt zwischen Kapitalaufbringung und Kapitalerhaltung zu trennen.[863] Wird eine verdeckte Sacheinlage durch Umwandlung der Bar- in eine Sacheinlage nach den genannten Voraussetzungen geheilt, ist ab dem Eintritt der Heilung davon auszugehen, dass die Kapitalaufbringung durch die Sacheinlage ordnungsgemäß erfolgt ist.[864] Somit wird die Heilung nicht durch die Tatsache, dass der Muttergesellschaft zuvor aus den Mitteln der fehlgeschlagenen Bareinlage ein Darlehen gewährt wurde, beeinträchtigt. Insbesondere ist für die Heilung keine Rückzahlung des gewährten Darlehens gemäß § 31 Abs. 1 GmbHG erforderlich. Das Urteil des BGH hat damit keinerlei Auswirkungen auf die Heilung der fehlerhaften Kapitalaufbringung durch Umwidmung der Bar- in eine Sacheinlage.[865]

II. Bei positivem Saldo

Nach der hier vertretenen Ansicht scheidet eine Heilung der fehlerhaften Kapitalaufbringung durch eine Inanspruchnahme des Cash Pools ohne eine ausdrückliche Tilgungsbestimmung wegen der fehlenden Zuordnung zur Einlageschuld aus. Daher stellt sich die Frage, ob eine Heilung durch Umwidmung der Bar- in eine Sacheinlage nach den eben genannten Voraussetzungen möglich ist, in denen ein positiver Saldo zugunsten der Tochtergesellschaft besteht, mithin keine anteilige Tilgung von Darlehensverbindlichkeiten vorgenommen wird und daher auch keine verdeckte Sacheinlage gegeben ist. Dies ist zu bejahen. Entscheidend dürfte für die Möglichkeit der Heilung durch Umwidmung einer Bar- in eine Sacheinlage auch ohne das Vorliegen einer verdeckten Sacheinlage sein, dass kein Grund dafür vorliegt, der Muttergesellschaft eine Heilung der unwirksamen Kapitalaufbringung zu verweigern, wenn die Vorgaben des BGH zur Umwidmung der Bar- in eine Sacheinlage Beachtung finden.[866] Insbesondere wäre es nicht plausibel, wenn die Muttergesellschaft erst die Voraussetzungen für eine verdeckte Sacheinlage schaffen müsste, um eine Heilung auf diesem Wege zu bewirken.

Allerdings steht und fällt die Möglichkeit einer Heilung durch Umwidmung einer Bar- in eine Sacheinlage mit der Frage, ob überhaupt ein tauglicher

---

[862] BGHZ 157, 72, 72; hierzu noch unten 3. Teil § 8 B. III. 2.
[863] Hierzu unten § 7 C.
[864] *Hägele*, GmbHR 2005, 91, 94 f.; *Sieger/Wirtz*, ZIP 2005, 2277, 2283.
[865] So auch *Hägele*, GmbHR 2005, 91, 95; *Sieger/Wirtz*, ZIP 2005, 2277, 2283.
[866] LG Stuttgart, GmbHR 2004, 666, 667; Baumbach/Hueck-*Hueck/Fastrich*, § 5 Rdn 51; Scholz-*Winter/H.P. Westermann*, § 5 Rdn 106; *Oppenländer*, GmbHR 2004, 667, 668; *Mayer*, DAI-JAT 2006, 128, 153;

Einlagegegenstand vorliegt. Teilweise wird vertreten, als Einlagegegenstand komme im Rahmen der Umwidmung der Bar- in eine Sacheinlage der Bereicherungsanspruch der Muttergesellschaft auf Rückzahlung der fehlgeschlagenen Bareinlage in Betracht.[867] Die Einbringung der Bereicherungsforderung führe nach einer entsprechenden Eintragung der Umwidmung im Handelsregister zu einem Erlöschen der offenen Einlageverpflichtung und zu einem Erlöschen des vermeintlichen Darlehensanspruchs der Tochtergesellschaft gegenüber der Konzernmutter.[868] Dieser Auffassung ist aber die Gefolgschaft zu verweigern: Wie bereits dargestellt wurde, ist eine Einheitsbetrachtung vorzunehmen, bei der die Bareinlageleistung und anschließende Rückzahlung an den Cash Pool als ein einheitlicher, sich selbst neutralisierender Vorgang zu bewerten ist.[869] Daraus folgt, dass weder dem Gesellschafter noch der Gesellschafter aus dem Hin- und Herzahlen Bereicherungsansprüche entstehen. Einzig die Einlageforderung ist offen. Das Hin- und Herzahlen im Rahmen der Kapitalaufbringung muss aus wirtschaftlicher Sicht als ein einheitlicher, sich selbst neutralisierender Vorgang anzusehen sein.[870] Hierbei leistet der Inferent im Ergebnis nichts, sondern behält den Einlagebetrag in seinem Vermögen. Bei wirtschaftlicher Betrachtung führt das Hin- und Herzahlen damit letztlich zu keiner Vermögensmehrung beim Darlehensempfänger.[871] Hieraus folgt, dass außer der nach wie vor offenen Einlageschuld keine Ansprüche der Mutter- gegen die Tochtergesellschaft bestehen, die im Wege der Umwandlung der Bar- in eine Sacheinlage zur Heilung eingebracht werden könnten.[872] Im Ergebnis ist daher festzuhalten, dass eine Heilung durch Umwidmung der Bar- in eine Sacheinlage mangels Vorliegen eines tauglichen Einlagegegenstandes nicht möglich ist, sofern der Saldo positiv ist.[873]

C. Heilung durch Neuvornahme der Einlageleistung

Die Heilung kann – gleich ob der Tatbestand der verdeckten Sacheinlage erfüllt ist oder nicht – auch dadurch erfolgen, dass die offene Einlage vollständig durch

---

[867] *Mayer*, DAI-JAT 2006, 128, 154; *Sieger/Wirtz*, ZIP 2005, 2277, 2281.

[868] *Mayer*, FS Priester, 445, 462; *ders.*, DAI-JAT 2006, 128, 154.

[869] Siehe oben § 4 B. II.

[870] BGH, WM 2005, 2397, 2398; WM 2006, 438, 440; *Goette*, DStR 2006, 106, 106; *ders.*, DStR 2006, 139, 145; *Bayer/Lieder*, GmbHR 2006, 449, 454; *Hentzen*, DStR 2006, 948, 954; *Vetter/Schwandtner*, DK 2006, 407, 418; *Bayer/Graff*, WuB II A. § 54 AktG 1.06, 271, 275.

[871] BGH, WM 2005, 2397, 2398; WM 2006, 438, 440; *Goette*, DStR 2006, 106, 106; *ders.*, DStR 2006, 139, 145; *Bayer/Lieder*, GmbHR 2006, 449, 454; *Hentzen*, DStR 2006, 948, 954; *Bayer/Graff*, WuB II A. § 54 AktG 1.06, 271, 275.

[872] BGH, WM 2005, 2397, 2398; WM 2006, 438, 440; *Goette*, DStR 2006, 106, 106; *ders.*, DStR 2006, 139, 145; *Bayer/Lieder*, GmbHR 2006, 449, 454; *Hentzen*, DStR 2006, 948, 954; *Bayer/Graff*, WuB II A. § 54 AktG 1.06, 271, 275.

[873] So – auf Grundlage der Rechtsprechung des BGH – auch *Vetter/Schwandtner*, DK 2006, 407, 418 f.; *Bayer/Lieder*, GmbHR 2006, 449, 453 f.

nochmalige Zahlung bewirkt wird.[874] Wie oben dargelegt wurde, kann aber eine Bareinlage nicht einfach auf das in den Cash Pool eingebundene Konto der Tochtergesellschaft gezahlt werden, da damit keine wirksame Kapitalaufbringung stattfinden würde. Bei dieser Heilungsmöglichkeit sind daher die oben genannten Lösungswege für eine ordnungsgemäße Kapitalaufbringung zu berücksichtigen.[875] Es ist zum einen zu verhindern, dass der Tatbestand einer verdeckten Sacheinlage vorliegt als auch zum anderen sicherzustellen, dass eine Leistung zur freien Verfügung der Geschäftsführer der Tochtergesellschaft vorliegt. Nach hier vertretener Ansicht ist die Kapitalmaßnahme von Anfang an im Wege der Sacheinlage durchzuführen und eine Forderung der Konzernmutter gegen die Konzerngesellschaft einzubringen. Somit muss die Muttergesellschaft auch hier den Vorgang als Sacheinlage gestalten. Im Ergebnis kann sowohl die ursprüngliche Einlageleistung auch als die Heilung bei einer fehlgeschlagenen Einlageleistung ohne eine ausdrückliche Tilgungsbestimmung nur im Wege der Sacheinlage erfolgen. Einzulegen ist jeweils eine Forderung des Inferenten gegen die Tochtergesellschaft.

D. Heilung bei Mischfällen

Führt die fehlgeschlagene Einlageleistung dazu, dass mit diesen Mitteln sowohl teilweise eine bestehende Verbindlichkeit aus dem Cash Pooling getilgt wird, als auch eine Darlehensgewährung im Rahmen des Cash Poolings stattfindet, stellt sich die Frage, wie eine Heilung hier wirkungsvoll vorgenommen werden kann. *Mayer* will hier im Grundsatz als Einlagegegenstand bei der nachträglichen Umwidmung der fehlgeschlagenen Bareinlage in eine Sacheinlage die ursprüngliche Darlehensforderung der Muttergesellschaft sowie deren Bereicherungsanspruch aus § 812 Abs. 1 S. 2 Alt. 2 BGB auf Rückzahlung der fehlgeschlagenen Bareinlage einbringen.[876] Da sich der Darlehensanspruch der Muttergesellschaft beim Cash Pooling aber täglich durch die konzerninternen Umbuchungen verändere und es vom Zufall abhänge, welche Anspruchspositionen sich zum Zeitpunkt des Rückflusses der Bareinlage auf das Zielkonto entgegenstünden, erscheine es in diesem Fall sachgerecht, ausschließlich den Bereicherungsanspruch einzubringen, wenn die Beteiligten Vorkehrungen dafür getroffen hätten, dass die zum Zeitpunkt der Verrechnung bestehende Darlehensforderung als erloschen behandelt und damit im Cash Pool nicht mehr ausgewiesen werde.[877]

---

[874] BGHZ 166, 8, 17; Lutter/Hommelhoff-*Lutter/Bayer*, § 5 Rdn 59; Michalski-*Ebbing*, § 19 Rdn 151; *Bayer*, GmbHR 2004, 445, 453; *ders./Lieder*, GmbHR 2006, 449, 454; *dies.*, GmbHR 2006, 1121, 1125; *Becker*, RNotZ 2005, 569, 587; *Langner*, GmbHR 2006, 480, 481; *Wessels*, ZIP 2006, 1701, 1702.

[875] Klarst. *Wessels*, ZIP 2006, 1701, 1702; *Bayer/Lieder*, GmbHR 2006, 449, 454; *Langner*, GmbHR 2006, 480, 481.

[876] *Mayer*, FS Priester, 445, 463; *ders.*, DAI-JAT 2006, 128, 155.

[877] *Mayer*, FS Priester, 445, 463; *ders.*, DAI-JAT 2006, 128, 155.

Allerdings solle hilfsweise die Darlehensforderung, die zum Zeitpunkt der Verrechnung bestand, zusätzlich im Wege der Sacheinlage eingebracht werden.[878] Diesem Lösungsansatz muss aber eine Absage erteilt werden, da der Muttergesellschaft hier – wie bereits festgestellt wurde – gerade keine Bereicherungsansprüche auf Rückzahlung der fehlgeschlagenen Bareinlage zustehen. Vielmehr erscheint es zur Vereinfachung des Heilungsvorgangs sinnvoll, in einem Mischfall eine Heilung dergestalt durchzuführen, dass hinsichtlich des Einlagebetrages nicht ein Lösungsweg gewählt wird, bei dem hinsichtlich des Vorliegens einer verdeckten Sacheinlage differenziert werden müsste. Damit ist für diese Fallgestaltung die Heilung durch Neuvornahme der Bareinlage nach den oben genannten Grundsätzen denkbar. Nicht möglich ist demgegenüber eine Heilung durch Umwidmung der Bar- in eine Sacheinlage, da es an einem Einlagegegenstand in Höhe der gesamten Einlageforderung mangelt.

E. Ergebnis

Die Heilung einer fehlerhaften Kapitalmaßnahme bei einer in einen Cash Pool eingegliederten Gesellschaft unterliegt Besonderheiten. Abweichend von der herrschenden Auffassung, wonach die Einlageleistung durch die Tilgung einer vermeintlichen Darlehensschuld möglich ist, ist hiervon aufgrund der Eigenheiten des Cash Poolings eine Ausnahme zu machen. Dies gilt wegen der fehlenden Zuordnungsmöglichkeit zwischen Einlageleistung und Liquiditätsgewährung auch in dem Fall, in dem die Tochtergesellschaft bei einem negativen Saldo Liquidität vom Cash Pool in Anspruch nimmt. Im Falle eines negativen Saldos kommt als Heilungsmöglichkeit eine Umwandlung der Bar- in eine Sacheinlage in Betracht. Mangels tauglichen Einlagegegenstandes ist eine solche Heilungsmöglichkeit allerdings nicht in derjenigen Konstellation denkbar, in der ein positiver Saldo zugunsten der Tochtergesellschaft besteht. Hier – wie auch in der Konstellation des negativen Saldos – bleibt es der Muttergesellschaft jedenfalls möglich, eine Heilung durch eine Neuvornahme des Einlagevorgangs zu erreichen. Nach hier vertretener Ansicht ist eine Einlageleistung bei einer in ein Cash-Pooling-System integrierten Gesellschaft jedoch nur im Wege der Sacheinlage möglich. Damit kann als Resümee der Kapitalmaßnahmen im Cash Pool festgehalten werden, dass diese ohne Tilgungsbestimmung nur im Wege der Darstellung des Einlagevorgangs als Sacheinlage, nicht aber als Bareinlage erfolgen können.

---

[878] *Mayer*, FS Priester, 445, 463; *ders.*, DAI-JAT 2006, 128, 155 f.

§ 7 Übergang von der Kapitalaufbringung zur Kapitalerhaltung

Zu betrachten ist die Bedeutung des Übergangs von der Kapitalaufbringung auf die Kapitalerhaltung für das Cash Pooling.

A. Bedeutung für das Cash Pooling

Die bisherige Darstellung hat gezeigt, dass die Kapitalaufbringung bei einer in ein Cash-Pooling-System integrierten Gesellschaft mit Schwierigkeiten verbunden ist. Hinzu kommt noch, dass im Rahmen der Kapitalerhaltung das Verbot der aufsteigenden Darlehensvergabe der Konzerngesellschaft an die Betreibergesellschaft am Maßstab des § 30 Abs. 1 GmbHG zu messen, also auf eine Unterbilanzsituation gerichtet ist. Demgegenüber ist die Betrachtung der Vorgänge bei der Kapitalaufbringung von einer Unterbilanzsituation unabhängig.[879] Kommt es zu einem Rückfluss des Einlagebetrages an den Cash Pool, hat keine ordnungsgemäße Kapitalaufbringung stattgefunden. Für die Durchführung des Cash Poolings ist der Übergang von der Kapitalaufbringung zur Kapitalerhaltung daher vorteilhaft, ermöglichen die Kapitalerhaltungsvorschriften doch eine aufsteigende Darlehensgewährung in einem größeren Maße als die Kapitalaufbringungsvorschriften.[880] Die Kapitalerhaltungsregeln sind daher – zumindest diesbezüglich[881] – weniger streng als die Regeln der Kapitalaufbringung.[882] Gleiches gilt auch für die Frage der Verjährung: Während der kapitalerhaltungsrechtliche Rückzahlungsanspruch wegen Verstoßes gegen das Auszahlungsverbot des § 30 Abs. 1 GmbHG gemäß § 31 Abs. 5 S. 1 GmbHG in fünf Jahren verjährt, verhält es sich mit dem Einlageanspruch so, dass dieser gemäß § 19 Abs. 6 S. 1 GmbHG erst nach zehn Jahren verjährt. Auch aus diesem Grund ist der Übergang von der Kapitalaufbringung zur Kapitalerhaltung nicht ohne Bedeutung.

B. Freie Verfügbarkeit als „Trennlinie"

Voraussetzung für das Eingreifen der Kapitalerhaltungsregeln ist der Abschluss der Kapitalaufbringung. Als „Trennlinie" zwischen Kapitalaufbringung und Kapitalerhaltung wird daher zu Recht die freie Verfügbarkeit des Einlagebetrages angesehen.[883] Hat der Einleger die Verfügungsmacht endgültig und vorbehaltlos

---

[879] Trennend insofern auch *Hentzen*, DStR 2006, 948, 953; *Lamb/Schluck-Amend*, DB 2006, 879, 879.

[880] Vgl. *Vetter/Schwandtner*, DK 2006, 407, 410; *Hentzen*, DStR 2006, 948, 951; *Lange*, NJW 2002, 2293, 2295.

[881] Zu Ausnahmen siehe oben § 5 C. IV. 1. b) bb).

[882] Vgl. OLG Celle, NZG 2000, 147, 148; *Bayer/Lieder*, GmbHR 2006, 449, 452.

[883] BGH, NJW 2001, 3781, 3782; OLG Celle, NZG 2000, 147, 148; *Diers*, S. 146 f.; *Hellwig*, FS Peltzer, 163, 177; *Müller*, GmbHR 2001, 1115, 1116; *Hentzen*, DStR 2006, 948, 951; *Vetter/Schwandtner*, DK 2006, 407, 410; *K. Schmidt*, AG 1986, 106, 109; genau entgegengesetzt will *Servatius*, DStR 2004, 1176, 1181, Fn 56, de lege ferenda das Merkmal der

aufgegeben, ist die Einlage ordnungsgemäß erbracht. Diese „Trennlinie“ wird allerdings von der Rechtsprechung in vielerlei Hinsicht dadurch aufgehoben, dass die Vorschriften der Kapitalaufbringung auch für die Kapitalerhaltung Geltung beanspruchen sollen.[884] Teilweise wird gar vertreten, das Kriterium der freien Verfügbarkeit solle auch auf die Kapitalerhaltung angewandt werden.[885] In Bezug auf das Cash Pooling besteht dabei aber die Gefahr, dass der tägliche Liquiditätsfluss durch die Übertragung der strengeren Kapitalaufbringungsregeln auf die Kapitalerhaltung beeinträchtigt wird.[886] Auch im Rahmen der folgenden Betrachtung der Kapitalerhaltung ist damit die Abgrenzung zur Kapitalaufbringung nicht aus den Augen zu lassen. Keinesfalls dürfen die Kapitalaufbringungs und -erhaltungsregeln einer weitgehenden gemeinsamen Wertung unterworfen werden, mit der die bestehenden Unterschiede beider Regimes weitgehend übergangen werden würden.[887] Die Anwendung der Kapitalaufbringungsregeln auf die Kapitalerhaltung würde letztere erheblich erschweren, da erstere in vielerlei Hinsicht strenger ist. Der BGH hat die Kapitalaufbringungsvorschriften zudem lediglich im Einzelfall auf die Kapitalerhaltung angewandt. Hieraus zu schließen, die Kapitalaufbringung sei stets auf die Kapitalerhaltung anzuwenden, wäre verfehlt.

C. Unterschiede zwischen Kapitalaufbringung und -erhaltung

Kapitalaufbringung und -erhaltung haben zunächst zwar den Gläubigerschutz als gemeinsames Ziel.[888] In Bezug auf § 19 und § 31 Abs. 1 GmbHG hat der BGH die funktionale Vergleichbarkeit beider Normen mehrfach herausgestellt.[889] Ob die erstmalige Aufbringung des Stammkapitals oder die Wiederauffüllung nach einer verbotenen Auszahlung betroffen sei, sei unerheblich. Gleichwohl ist trotz dieser Unterschiede zu berücksichtigen, dass die Kapitalerhaltung nicht zu einer Entwertung der Kapitalaufbringung führen darf.[890] Insofern ist ein Zusammenhang zwischen Kapitalaufbringung und -erhaltung nicht zu verkennen. Beide

---

freienVerfügbarkeit zur generellen Gewährleistung der Zweckbindung des Gesellschaftsvermögens gegenüber den Gesellschaftern etablieren, unabhängig davon, ob die Kapitalaufbringung oder -erhaltung betroffen ist.

[884] Etwa BGHZ 144, 336, 340; BGHZ 146, 105, 107; BGH BB 2006, 1759, 1760; OLG Jena, DB 2005, 2347, 2348.

[885] Baumbach/Hueck-*Hueck/Fastrich*, § 30 Rdn 26; *Servatius*, DStR 2004, 1176, 1179; siehe noch unten 3. Teil § 8 B. II. 4.

[886] Treff. *Hentzen*, DStR 2006, 948, 949.

[887] Für eine weitgehende einheitliche Betrachtung aber Baumbach/Hueck-*Hueck/Fastrich*, § 30 Rdn 5, und vor allem *Servatius*, DStR 2004, 1176, 1181 f.

[888] *Priester*, ZIP 2006, 1557, 1559; *Lange*, NJW 2002, 2293, 2295; vgl. *Wilhelmi*, Der Grundsatz der Kapitalerhaltung, S. 97 f.

[889] Hierzu noch unten 3. Teil § 8 D. I. 4.

[890] Baumbach/Hueck-*Hueck/Fastrich*, § 30 Rdn 3; *Wilhelmi*, Der Grundsatz der Kapitalerhaltung, S. 98 f.; *Joost*, VGR 11, 31, 37.

Regimes ergänzen einander: Der Grundsatz der Kapitalaufbringung bedarf der Ergänzung durch das Gebot der Kapitalerhaltung, damit ein Rückfluss des Gesellschaftskapitals an die Gesellschafter verhindert wird.[891]

In dem vorliegenden Zusammenhang ist aber entscheidend, dass die Wertungen des einen Regimes nicht unbesehen auf das andere übertragen werden dürfen.[892] Nicht aus den Augen verloren werden dürfen zudem die zwischen beiden Systemen bestehenden Unterschiede[893]: Ein bedeutsamer Unterschied liegt in der Publizität und der Wertkontrolle bei Sacheinlagen. Werden statt einer Bareinlage nichtgeldliche Einlagen geleistet, sind sie offen zu legen, ihr Wert ist nachzuweisen und für etwaige unentdeckte Minderwerte wird der Einleger mit einer Differenzhaftung belastet. Im Rahmen der Kapitalerhaltung kann eine mittelbare Publizitätswirkung hingegen allenfalls über die Offenlegung der Rechnungslegung erreicht werden.[894] Dass sich Kapitalaufbringung und -erhaltung nicht unwesentlich unterscheiden, wird auch an einem anderen Beispiel deutlich. Die Ausfallhaftung für Mitgesellschafter wegen nicht erbrachter Einlageleistung im Sinne des § 24 GmbHG ist nach zwar umstrittener, aber zutreffender Auffassung unbeschränkt.[895] Demgegenüber ist die kapitalerhaltungsrechtliche Ausfallhaftung der Mitgesellschafter im Sinne des § 31 Abs. 3 GmbHG auf den Betrag der Stammkapitalziffer beschränkt.[896]

Nicht unberücksichtigt bleiben darf auch die unterschiedliche Situation zwischen Kapitalaufbringung und -erhaltung. Im Stadium der Kapitalaufbringung gehen die Gesellschafter davon aus, dass die GmbH profitabel wirtschaften wird. Sie sind von dem wirtschaftlichen Erfolg der GmbH überzeugt, da sie ihr Kapital ansonsten gegen angemessene Verzinsung angelegt hätten.[897] Aus diesem Grund halten die Kapitalaufbringungsvorschriften den Gesellschafter vor-

---

891 GK-GmbHG-*Habersack*, § 30 Rdn 9; Michalski-*Heidinger*, § 30 Rdn 1; *Gehrlein*, GmbH-Recht in der Praxis, S. 341; *Wilhelmi*, Der Grundsatz der Kapitalerhaltung, S. 97; *Lange*, NJW 2002, 2293, 2295.

892 Vgl. Hachenburg-*Goerdeler/Müller*, § 31 Rdn 3; *Lange*, NJW 2002, 2293, 2295.

893 Die Unterschiede herausst. etwa OLG Celle, NZG 2000, 147, 148; *Haas*, DStR 2006, 993, 996; *Wessels*, ZIP 2006, 1701, 1703; *Priester*, ZIP 2006, 1557, 1559; *Servatius*, GmbHR 2000, 1028, 1030.

894 *Priester*, ZIP 2006, 1557, 1559; *Hentzen*, DStR 2006, 948, 956.

895 Rowedder/Schmidt-Leithoff-*Pentz*, § 24 Rdn 24; Lutter/Hommelhoff-*Lutter/Bayer*, § 24 Rdn 6; *Wilhelm*, FS Flume, Bd II, 337, 361 f.; *Wessels*, ZIP 2006, 1701, 1703; demgegenüber eine Beschränkung auf Betrag der Stammeinlage des ausgefallenen Gesellschafters bzw. auf Höhe des Stammkapitals befürw. Baumbach/Hueck-*Hueck/Fastrich*, § 24 Rdn 7; Scholz-*Emmerich*, § 24 Rdn 3; Hachenburg-*Müller*, § 24 Rdn 22; *K. Schmidt*, GesR, § 37 II 5 d.

896 BGHZ 150, 61, 65; Michalski-*Heidinger*, § 31 Rdn 65 f.; Rowedder/Schmidt-Leithoff-*Pentz*, § 31 Rdn 38; krit. Baumbach/Hueck-*Hueck/Fastrich*, § 31 Rdn 24; hierzu noch unten 3. Teil § 8 D. I. 2.

897 *Deckart*, S. 52.

rangig an seiner privatautonomen Entscheidung der Einlageleistung fest und regeln lediglich sekundär die Folgen bei Verletzung des Einlageversprechens.[898] Davon weicht die Situation, in der die Kapitalerhaltungsregeln eingreifen, ab. Die GmbH hat hier ihre Geschäfte aufgenommen und würde durch die Auszahlung in eine Unterbilanzsituation im Sinne des § 30 Abs. 1 GmbHG geraten oder befindet sich gar schon in dieser.[899] Anders als im Rahmen der Kapitalaufbringung ist es somit in dieser Situation wahrscheinlicher, dass der Gesellschafter nicht mehr vom wirtschaftlichen Erfolg der GmbH überzeugt ist und daher das Risiko besteht, dass er der GmbH die Haftungsmasse zu seinen eigenen Gunsten entzieht.[900]

Aus ökonomischer Sicht haben die Gläubiger möglicherweise sogar ein Interesse daran, der Gesellschaft in diesem Stadium Liquidität zu entziehen: Zwar trägt jeder abgezogene Betrag zur Minderung des Unternehmenswertes bei, jedoch haben eine solche Wertminderung infolge eines höheren Kreditausfalls auch die Gesellschaftsgläubiger und nicht nur die Gesellschafter allein zu tragen. Der Verlust des Gesellschafters bei einer Entnahme ist also geringer als der Gewinn.[901] Anders als bei den Kapitalaufbringungsregeln, die auf eine Festsetzung der privatautonomen Verpflichtung der Einlageleistung gerichtet sind, wohnt den Kapitalerhaltungsvorschriften somit vorrangig ein Sanktionsgedanke inne, da verbotene Auszahlungen aus dem zur Erhaltung des Stammkapitals erforderlichen Vermögens im Sinne des § 30 Abs. 1 GmbHG nach § 31 Abs. 1 GmbHG zurückzugewähren sind.[902] Mit anderen Worten sanktioniert das Gesetz über die gesetzliche Haftung also verbotene Verhaltensweisen in Form von gegen § 30 Abs. 1 GmbHG verstoßenden Auszahlungen. Es wäre daher widersprüchlich, auch die Kapitalerhaltungsregeln als vom ursprünglichen Einlageversprechen erfasst anzusehen,[903] da die Einlagepflicht bei ordnungsgemäßer Erfüllung gerade erloschen ist.[904] An die unterschiedliche Motivation der Gesellschafter bei der Kapitalaufbringung einerseits und der Kapitalerhaltung andererseits knüpft das Gesetz damit unterschiedliche Regelungsinstrumente. Auch dies zeigt, dass zwischen Kapitalaufbringung und -erhaltung wesentliche Unter-

---

[898] *Servatius*, GmbHR 2000, 1028, 1030.

[899] Hierzu noch unten 3. Teil § 8 B. I.

[900] *Deckart*, S. 52.

[901] Ausf. zu einem solchen Deinvestitionsinteresse der Gesellschafter *Engert*, ZHR 170 (2006), 296, 302 f.

[902] Baumbach/Hueck-*Hueck/Fastrich*, § 31 Rdn 1; *Servatius*, GmbHR 2000, 1028, 1030; a. A. für eine Abschöpfung verbotener Auszahlungen statt einer Sanktion für unzulässiges Verhalten *Canaris*, FS Fischer, 31, 44.

[903] So aber Baumbach/Hueck-*Hueck/Fastrich*, § 31 Rdn 3; Scholz-*H.P. Westermann*, § 31 Rdn 3; Hachenburg-*Ulmer*, § 31 Rdn 1; Achilles/Ensthaler/Schmidt-*Ensthaler*, § 31 Rdn 1; Michalski-*Heidinger*, § 31 Rdn 2; *Wilhelmi*, Der Grundsatz der Kapitalerhaltung, S. 99, die allesamt von einem Wiederaufleben der Einlagepflicht ausgehen.

[904] Treff. *Servatius*, GmbHR 2000, 1028, 1030, Fn 29.

schiede bestehen, so dass die Übernahme einzelner Regelungen eines Regimes in das jeweils andere System keineswegs ohne weiteres möglich ist,[905] sondern einer besonderen Überprüfung bedarf. Dies wird für die folgende Betrachtung des Cash Poolings bei der Kapitalerhaltung noch verschiedentlich Bedeutung haben.

---

[905] Widerspr. etwa *Bormann*, GmbHR 2007, 435, 436.

§ 8 Abhängige GmbH im faktischen Konzern

Weitere Grenzen bei der Durchführung eines konzernweiten Cash Poolings können sich aus den Kapitalerhaltungsgrundsätzen ergeben. Dabei knüpft der Grundsatz der Kapitalerhaltung an die bereits bei der Kapitalaufbringung dargestellte Grundüberlegung an, dass der Ausschluss der persönlichen Haftung sich dadurch rechtfertigt, dass der AG oder GmbH ein bestimmtes Kapital zur endgültigen freien Verfügung zugeführt wird und nicht an die Gesellschafter zurückfließt.[906] Bevor die Rechtslage bei Cash-Pooling-Systemen in Vertragskonzernen untersucht wird, ist die Rechtslage im faktischen Konzern einer Betrachtung zu unterziehen. Die Darstellung beginnt mit einer Darlehensvergabe durch eine faktisch konzernierte GmbH.

A. Grenze des § 43 a GmbHG analog

Eine Grenze des Cash Poolings für eine faktisch konzernierte GmbH könnte durch die 1980 in das GmbHG eingefügte Vorschrift des § 43 a GmbHG festgelegt sein. Nach § 43 a S. 1 GmbHG darf den Geschäftsführern, anderen gesetzlichen Vertretern, Prokuristen oder zum gesamten Geschäftsbetrieb ermächtigten Handlungsbevollmächtigten Kredit nicht aus dem zur Erhaltung des Stammkapitals erforderlichen Vermögen der Gesellschaft gewährt werden. Das in § 43 a GmbHG enthaltene Verbot der Darlehensgewährung bei Unterbilanz beansprucht Gültigkeit unabhängig von der Vollwertigkeit des Rückzahlungsanspruchs, so dass es sich auch auf Kredite an kreditwürdige und solvente Geschäftsführer erstreckt oder sonst ausreichend besichert ist.[907] Rechtsfolge eines Verstoßes ist gemäß § 43 a S. 2 GmbHG ein Anspruch auf sofortige Rückgewähr der als Darlehen ausgereichten Beträge bis zu der Höhe des Betrages, der das Stammkapital angreift. Außerdem ist der Geschäftsführer nach § 43 Abs. 3 GmbHG zum Schadensersatz verpflichtet. Zuletzt soll es in Analogie zu § 31 Abs. 3 GmbHG auch zu einer Ausfallhaftung der Mitgesellschafter kommen.[908] Allerdings sagt diese Vorschrift zu einer Darlehensgewährung an Gesellschafter der GmbH nichts aus. Wäre diese Norm bei der Darlehensgewährung an Gesellschafter anwendbar, würde dies für Cash-Pooling-Systeme bedeu-

---

[906] Siehe 2. Teil § 3 A; zur Ergänzung der Kapitalaufbringung durch die Kapitalerhaltung schon oben 2. Teil § 7 C.

[907] BGHZ 157 72, 74; Baumbach/Hueck-*Zöllner/Noack*, § 43 a Rdn 1; Michalski-*Michalski*, § 43 a Rdn 2; *Gehrlein*, BB 2004, 2685, 2694; *Bayer/Lieder*, ZGR 2005, 133, 137; a.A. bei Besicherung des Kredits Scholz-*U.H. Schneider*, § 43 a Rdn 40 f.; *ders.*, GmbHR 1982, 197, 202; *Müller*, BB 1998, 1804, 1806, Fn 21.

[908] HndbKonzernfinanz-*U.H. Schneider*, § 25 Rdn 61; *Sotiropoulos*, S. 69 f.; *ders.*, GmbHR 1996, 653, 656; demgegenüber für eine analoge Anwendung des § 24 GmbHG *U.H. Schneider*, FS Döllerer, 537, 551.

ten, dass aufsteigende Darlehensgewährungen der Tochter- an die Muttergesellschaft nur aus offenen Rücklagen oder Gewinnvorträgen der Tochtergesellschaften zulässig wären. Eine Darlehensgewährung aus dem zur Erhaltung des Stammkapitals erforderlichen Vermögen wäre hingegen unzulässig. Damit stellt sich die Frage, ob § 43 a GmbHG auch auf die Darlehensgewährung an Gesellschafter anwendbar ist. Hierzu müssten die Voraussetzungen einer Analogiebildung gegeben sein. Dies sind die Planwidrigkeit einer Regelungslücke und die Vergleichbarkeit der Interessenlage.[909]

I. Voraussetzungen eines Analogieschlusses

Während der Gesetzgeber mit § 43 a GmbHG eine Regelung bezüglich der Darlehensgewährung an Geschäftsführer getroffen hat, besteht keine ausdrückliche gesetzliche Regelung hinsichtlich einer Darlehensgewährung an Gesellschafter. Das Vorliegen einer Regelungslücke lässt sich daher unter dem Gesichtspunkt des Wortlauts der Norm nicht bestreiten.[910] Dies müsste für eine Analogie auch hinsichtlich der Planwidrigkeit der Regelungslücke gelten. Ob die hier gegebene Regelungslücke planwidrig ist, war in der Literatur bereits vor der Entscheidung des BGHZ 157, 72 ff. Gegenstand eines Meinungsstreits: Die Vertreter der Mindermeinung hielten zum einen die Regelungslücke für planwidrig und sahen zum anderen die Voraussetzung der vergleichbaren Interessenlage als gegeben an.[911] Die planwidrige Regelungslücke ergebe sich daraus, dass der Grundsatz der Kapitalaufbringung für den laufenden Geschäftsbetrieb nicht entsprechend gesetzlich fortgeführt werde.[912] § 7 Abs. 2 GmbHG verlange Mindesteinzahlungen durch die Gesellschafter, worin zum Ausdruck komme, dass es nicht ausreiche, wenn die Gesellschafter lediglich zur Einzahlung verpflichtet seien. Vielmehr seien sie schon im Gründungsstadium zu Mindestleistungen verpflichtet. § 43 a GmbHG entwickle den Grundsatz der Risikotrennung[913] für die Nach-

---

[909] *Larenz/Canaris*, S. 373 f.

[910] Demgegenüber sieht *Müller*, BB 1998, 1805, 1807, den Fall der Darlehensgewährung an Gesellschafter aufgrund des Wortlautes nicht von § 43 a GmbHG, wohl aber als Form der Auszahlungen des Gesellschaftsvermögens als von § 30 Abs. 1 GmbHG erfasst an und verneint daher bereits das Vorliegen einer Regelungslücke (ähnl. auch *Vetter/Stadler*, Rdn 72; *Vetter*, VGR 6, 69, 77; *ders.*, BB 2004, 1509, 1510). Dabei übersieht er aber, dass aus methodischer Hinsicht jede Analogie die Wortlautgrenze überschreitet.

[911] Scholz-*U.H. Schneider*, § 43 a Rdn 62 f.; HndbKonzernfinanz-*ders.*, § 25 Rdn 60 f.; *ders.*, FS Döllerer, 537, 548 ff.; *ders.*, GmbHR 1982, 197, 201; *ders.*, ZGR 1984, 497, 527; *ders.*, ZGR 1985, 279, 293; *ders.*, JbFStR 1984/85, 497, 506 f.; *K. Schmidt*, GesR, § 37 II 6 b; *ders.*, Die GmbH in Krise, Sanierung und Insolvenz, Rdn 72; *Hormuth*, S. 205; *Sotiropoulos*, S. 66 f.; *ders.*, GmbHR 1996, 653, 655.

[912] Hierauf abst. *Hormuth*, S. 204 f.; *U.H. Schneider*, FS Döllerer, 537, 549; *Sotiropoulos*, S. 60.

[913] Dieser soll als die endgültige Trennung des Vermögens der Gesellschaft von dem des Gesellschafters sowie auch das Verbot jeder Risikoübernahme zulasten des Gesellschaftsver-

gründungsphase fort und baue ihn gesetzlich weiter aus, indem eine Gefährdung des Gesellschaftervermögens durch Kreditgewährung an die Geschäftsführer verhindert werde, solange eine Unterbilanz bestehe. Eine Vorschrift, die diesen Grundsatz der Risikotrennung auch im Verhältnis der Gesellschaft zu ihren Gläubigern festlege, fehle demgegenüber. Da die gesetzlichen Vorschriften der Kapitalaufbringung durch die Mindesteinzahlung vor der Eintragung der Gesellschaft und die Pflicht der Gesellschafter zur Resteinzahlung nach der Eintragung nur dann ihre volle gläubigerschützende Wirkung entfalteten, wenn sie nicht durch eine Darlehensgewährung an die Gesellschafter unterlaufen werden könnten, sei auch die vergleichbare Interessenlage gegeben. Demgegenüber lehnten die Vertreter der herrschenden Auffassung das Vorliegen der Planwidrigkeit der Regelungslücke ab.[914] Leistungen an die Gesellschafter hätten in § 30 Abs. 1 GmbHG eine abschließende Regelung erfahren. Aufgrund dessen habe der Gesetzgeber bewusst von einer besonderen Regelung für Darlehen an Gesellschafter abgesehen.[915] Der BGH schloss sich in BGHZ 157, 72 ff. dieser Auffassung an und begründete dies mit einem Hinweis auf die entsprechende Bundestagsdrucksache[916], in der der Gesetzgeber die Einbeziehung von Gesellschaftern in den Tatbestand der Vorschrift ausdrücklich abgelehnt habe.[917]

Der Auffassung des BGH ist mit der schon bislang herrschenden Ansicht zuzustimmen:[918] Hinsichtlich des Vorliegens der Planwidrigkeit der Regelungslücke ist zu berücksichtigen, dass es gerade die Absicht des Gesetzgebers war, die Gesellschafter vom Anwendungsbereich des § 43 a GmbHG auszunehmen,

---

mögens bzw. der Gesellschaftsgläubiger und zugunsten der Gesellschafter zu verstehen sein, *U.H. Schneider*, FS Döllerer, 537, 550; *Sotiropoulos*, S. 60 (allerdings mit dem Vorbehalt eines Konzernprivilegs bei Darlehensgewährungen im Vertragskonzern, S. 75 ff.).

914 MünchHndbGesR-GmbH-*Mayer/Fronhöfer*, § 51 Rdn 93; Baumbach/Hueck-*Zöllner/Noack*, § 43 a Rdn 3; Roth/Altmeppen-*Altmeppen*, § 30 Rdn 94; *Vetter/Stadler*, Rdn 72; *Cahn*, Kapitalerhaltung im Konzern, S. 261; *Zeidler*, S. 103; *Brockfeld*, S. 9 ff.; *Ehrike*, S. 301 ff.; *Kühbacher*, S. 46; *Wilhelmi*, Der Grundsatz der Kapitalerhaltung, S. 65 f.; *Peltzer*, FS Rowedder, 325, 336; *Bayer*, FS Lutter, 1011, 1022; *Koppensteiner*, ZHR 155 (1991), 97, 105; *Lutter/Wahlers*, AG 1989, 1, 14 f.; *Müller*, BB 1998, 1804, 1806 f.; *ders.*, FAZ v. 13.02.2002, S. 24; *Fleck*, JbFSt 1984/85, 543, 554; *Schön*, ZHR 159 (1995), 351, 360, Fn 36.

915 *Vetter/Stadler*, Rdn 72; *Makowski*, S. 122; *Zeidler*, S. 103.

916 BT-Drucks. 8/1347 S. 74.

917 BGHZ 157, 72, 74.

918 Zust. auch GK-GmbHG-*Habersack*, § 30 Rdn 13; *Rittscher*, S. 90; *Bayer/Lieder*, ZGR 2005, 133, 135 f.; *Bähr/Hoos*, GmbHR 2004, 304, 305; *Spindler*, ZHR 171 (2007), 245, 252; *Cahn*, DK 2004, 235, 237; *Hahn*, DK 2004, 641, 642; *Helmreich*, GmbHR 2004, 457, 461; *Herbst*, GLJ 2004, 1217, 1220; *Langner/Mentgen*, GmbHR 2004, 1121, 1122; *Lux*, MDR 2004, 342, 342; *Saenger/Koch*, NZG 2004, 271, 271 f.; *Schöne/Stolze*, EWiR § 30 Abs. 1 GmbHG 3/04, 911, 912; *Vetter*, BB 2004, 1509, 1510.

da er insoweit die Regelung des § 30 Abs. 1 GmbHG für ausreichend ansah.[919] Dass die Regelungslücke damit planwidrig ist, kann aufgrund dieser bewussten Entscheidung des Gesetzgebers nicht angenommen werden.[920] *Sotiropoulos* geht hier demgegenüber von einem Motivirrtum des Gesetzgebers aus, denn der von ihm erwünschte Schutz werde durch § 30 Abs. 1 GmbHG nicht erreicht.[921] Mit einer solchen Argumentation werden allerdings die Grenzen einer Analogie überschritten: Der Gesetzgeber hat sich bewusst entschieden, § 43 a GmbHG nicht auf Darlehensgewährungen an Gesellschafter zu erstrecken. Eine solche Entscheidung ist schon allein unter dem Gesichtspunkt der Rechtssicherheit und Gewaltenteilung zu respektieren und kann nicht mit Analogiewertungen ausgehebelt werden.[922] Zwar soll § 43 a GmbHG ebenso wie § 30 Abs. 1 GmbHG das zur Erhaltung des Stammkapitals erforderliche Gesellschaftsvermögen schützen.[923] Allerdings besteht der besondere Zweck des § 43 a GmbHG im Unterschied zu § 30 Abs. 1 GmbHG darin, das Stammkapital der GmbH gerade vor dem Zugriff der an der Geschäftsführung der GmbH beteiligten Personen zu sichern.[924] Die Vorschrift will der Gefahr begegnen, die darin begründet ist, dass bei der Vergabe von Krediten an die genannten Personen aufgrund der möglicherweise fehlenden Unbefangenheit bei der Darlehensgewährung an diese Personen entweder unangemessene Bedingungen vereinbart werden oder deren Kreditwürdigkeit nicht hinreichend geprüft wird, was dazu führen kann, dass die Rückzahlung nicht ausreichend sicher ist.[925] Zutreffend weisen *Bayer/Lieder*

---

919 Der Bundesrat hatte zunächst angeregt, eine Beschränkung der Kreditvergabe sowohl für Geschäftsführer als auch für Gesellschafter einzuführen (BT-Drucks. 8/1347 S. 67); Die Bundesregierung sprach sich in ihrer Gegenäußerung aber dafür aus, dass § 30 Abs. 1 GmbHG ausreichenden Schutz bei der Darlehensvergabe an Gesellschafter biete, so dass von einem gesetzlichen Verbot abgesehen werde (BT-Drucks. 8/1347 S. 74). Der Rechtsausschuss schloss sich diesen Ausführungen in seiner Beschlussempfehlung an (BT-Drucks. 8/3908, S. 75).

920 Die Planwidrigkeit der Regelungslücke in Abrede stellend auch Roth/Altmeppen-*Altmeppen*, § 43 a Rdn 7; *Bähr/Hoos*, GmbHR 2004 304, 305; *Hahn*, DK 2004, 641, 642; *Saenger/Koch*, NZG 2004, 271, 272.

921 *Sotiropoulos*, S. 67; *ders.*, GmbHR 1996, 653, 655.

922 In diese Richtung auch *Müller*, BB 1998, 1805, 1807, der darauf verweist, die Gegenansicht könne nicht eine Entscheidung des Gesetzgebers, die ihr nicht richtig erscheint, mit eigenen Vorstellungen korrigieren, vgl. *Bähr/Hoos*, GmbHR 2004, 304, 305.

923 Baumbach/Hueck-*Zöllner/Noack*, § 43 a Rdn 1; Michalski-*Michalski*, § 43 a Rdn 1; Lutter/Hommelhoff-*Hommelhoff/Kleindiek*, § 43 a Rdn 1; abw. davon wollen Rowedder/Schmidt-Leithoff-*Koppensteiner*, § 43 a Rdn 1; *K. Schmidt*, GesR, § 37 III 6 a), den Zugriff der Gläubiger auf die Liquidität des Unternehmens als vorrangigen Schutzzweck des § 43 a GmbHG anerkennen.

924 *Bayer/Lieder*, ZGR 2005, 133, 137.

925 Hachenburg-*Stein*, § 43 a Rdn 1; Michalski-*Michalski*, § 43 a Rdn 1; Scholz-*U.H. Schneider*, § 43 a Rdn 10; *Hormuth*, S. 203; *Cahn*, Kapitalerhaltung im Konzern, S. 257; *Bay-*

daher darauf hin, dass es § 43 a GmbHG vorrangig um die Lösung eines spezifischen, aus der Beteiligung an der Vertretung der GmbH resultierenden Interessenkonflikts geht.[926] An einem derartigen für die Anwendung des § 43 a GmbHG erforderlichen Interessenwiderstreit, der auf einer Vertretung der GmbH der betreffenden Personen beruht, mangelt es aber gerade bei den Gesellschaftern der GmbH, denen es in dieser Stellung an der Berechtigung zur Vertretung der GmbH fehlt. Unter diesem Gesichtspunkt erscheint auch die für eine Analogie erforderliche vergleichbare Interessenlage nicht ohne weiteres gegeben zu sein, wenn § 43 a GmbHG ersichtlich ein anderes Ziel verfolgt, als dasjenige, das mit einer analogen Anwendung des § 43 a GmbHG auf die Darlehensgewährung an Gesellschafter verfolgt werden soll.

II. Ergebnis

Eine analoge Anwendung des § 43 a GmbHG ist bei einer Darlehensgewährung an Gesellschafter und damit bei einer Darlehensgewährung der Tochtergesellschaft an ihre Muttergesellschaft im Rahmen eines Cash Poolings nicht angezeigt. Die Voraussetzungen eines Analogieschlusses liegen nicht vor. Daraus folgt zugleich, dass es widersprüchlich wäre, auch die Wertungen des § 43 a GmbHG auf die Rechtslage der Darlehensgewährung beim Cash Pooling zu übertragen. Insbesondere würde es sich mit der fehlenden analogen Anwendung des § 43 a GmbHG auf die Kreditgewährung an Gesellschafter nicht vertragen, den Begriff der Kreditgewährung auch bei § 30 Abs. 1 GmbHG ohne weiteres im Lichte des § 43 a GmbHG auszulegen.[927] Dies würde dann dazu führen, dass § 30 Abs. 1 GmbHG im Ergebnis § 43 a GmbHG entsprechen würde. Hierauf wird im weiteren noch in verschiedener Hinsicht zurückzukommen sein.

B. Grenze des § 30 Abs. 1 GmbHG

Damit ist zu untersuchen, inwieweit § 30 Abs. 1 GmbHG bei der aufsteigenden Darlehensgewährung einer an einen Cash Pool angeschlossenen GmbH an die Betreibergesellschaft Beachtung findet. Klarstellend sei darauf hingewiesen, dass im faktischen GmbH-Konzern kein Konzernprivileg besteht. Insbesondere

---

er/Lieder, ZGR 2005, 133, 137; *Helmreich*, GmbHR 2004, 457, 461; *Reiner/Brakemeier*, BB 2005, 1458, 1464.

926 *Bayer/Lieder*, ZGR 2005, 133, 137.

927 Ähnl. *Schäfer*, GmbHR 2005, 133, 136; demgegenüber für eine weite Auslegung entsprechend dem Verständnis bei § 43 a GmbHG *Liebscher*, Rdn 367; *Wilhelm*, DB 2006, 2729, 2732; zur Auslegung bei § 43 a GmbHG: Rowedder/Schmidt-Leithoff-*Koppensteiner*, § 43 a Rdn 5; Baumbach/Hueck-*Zöllner*, § 43 a Rdn 6; entsprechendes gilt bei § 89 AktG, hierzu *Hüffer*, § 89 Rdn 2; für eine Aufhebung des § 43 a GmbHG wegen des Gleichlaufs mit § 30 Abs. 1 GmbHG *Drygala/Kremer*, ZIP 2007, 1289, 1296; zu weiteren Überlegungen zu § 43 a nach dem RegE-MoMiG *K. Schmidt*, GmbHR 2007, 1072, 1076.

finden die §§ 311 ff. AktG keine analoge Anwendung auf die faktisch konzernierte GmbH.[928] Vielmehr sind die allgemeinen Regelungen des GmbHG, insbesondere auch § 30 Abs. 1 GmbHG, auf die faktisch konzernierte GmbH anwendbar.[929] Gegen die analoge Anwendung der §§ 311 ff. AktG sind vor allem folgende Argumente aufzuführen: Anders als die Aktionäre der AG unterliegen die Gesellschafter der GmbH einer Treuepflicht, die es verbietet, die Gesellschaft selbst gegen Kompensation der hierdurch verursachten Schäden zu schaden.[930] Ferner mangelt es an der Vergleichbarkeit zwischen dem Geschäftsführer einer GmbH, der gemäß § 37 Abs. 1 GmbHG den Weisungen der Gesellschafter unterworfen ist, und dem gemäß § 76 Abs. 1 AktG unabhängigen Vorstand einer AG.[931] Zahlreiche rechtsformspezifische Unterschiede verbieten damit eine Übertragbarkeit der §§ 311 ff. AktG auf die GmbH. Die Nichtanwendbarkeit ergibt sich nicht zuletzt auch aus der „Bremer Vulkan"-Entscheidung in BGHZ 149, 10 ff., in der das Gericht keinen Unterschied mehr zwischen faktischen und qualifiziert faktischen Konzernen macht und die Normen des Aktiengesetzes für nicht entsprechend anwendbar erklärt.[932]

I. Bedeutung des Auszahlungsverbots gemäß § 30 Abs. 1 GmbHG

Nach § 30 Abs. 1 GmbHG darf das zur Erhaltung des Stammkapitals erforderliche Vermögen an die Gesellschafter nicht ausgezahlt werden. Verboten sind also Auszahlungen, die das Gesellschaftsvermögen unter die nominelle Stammkapitalziffer absinken lassen, so dass es zu einer Unterbilanz kommt oder eine solche noch vertieft wird.[933] Eine Unterbilanz ist gegeben, wenn sich aus einer den Anforderungen des § 42 GmbHG gerecht werdenden, für den Zeitpunkt der Ent-

---

[928] H. M.: BGHZ 95, 330, 340; 149, 10, 16; OLG München, ZIP 2006, 25, 26; OLG Bremen, NZG 1999, 724, 725; Scholz-*Emmerich*, Anh § 13 Rdn 68; Scholz-*H.P. Westermann*, § 30 Rdn 52; Lutter/Hommelhoff-*Lutter/Hommelhoff*, Anh. § 13 Rdn 16; *Hüffer*, § 311 Rdn 51; *Liebscher*, Rdn 311; *Rittscher*, S. 100; Emmerich/Habersack-*Habersack*, KonzernR, § 29 III 2 a); *Bayer/Lieder*, GmbHR 2006, 1121, 1123 f.; *Haas/Oechsler*, NZG 2006, 806, 811; a. A. *Bälz*, AG 1992, 277, 303 f.; *Kropff*, FS Semler, 517, 536.

[929] *Maier-Reimer*, VGR 10, 127, 145; *Habersack/Schürnbrand*, NZG 2004, 689, 695; *Reidenbach*, WM 2004, 1421, 1425.

[930] Hachenburg-*Ulmer*, Anh. § 77 Rdn 56; MünchenerHndbGesR-GmbH-*Schießl*, § 32 Rdn 17; *Liebscher*, Rdn 312; Emmerich/Habersack-*Habersack*, KonzernR, § 29 III 2 a); *Wilhelmi*, Der Grundsatz der Kapitalerhaltung, S. 155.

[931] GK-GmbHG-*Habersack*, § 30 Rdn 87; Rowedder/Schmidt-Leithoff-*Koppensteiner*, Anh. § 52 Rdn 53; Baumbach/Hueck-*Zöllner*, SchlAnhKonzernR, Rdn 80; Emmerich/Habersack-*Habersack*, KonzernR, § 29 III 2 a); *Wilhelmi*, Der Grundsatz der Kapitalerhaltung, S. 156.

[932] So auch die Deutung von *Römermann/Schröder*, Corporate Governance, 113, 121; *Stein*, DZWiR 2004, 493, 497; *Habersack/Schürnbrand*, NZG 2004, 689, 695.

[933] GmbHHndb-*Kallmeyer*, Rdn 346; *Goette*, Kapitalaufbringung und Kapitalschutz in der GmbH, S. 68; *Sieger/Hasselbach*, BB 1999, 645, 651; *Müller*, BB 1998, 1894, 1895.

nahme aufzustellende Bilanz zu fortgeführten Buchwerten ergibt, dass die Aktiva nicht mehr die Summe aus den Verbindlichkeiten und dem Stammkapital decken.[934] Das Auszahlungsverbot des § 30 Abs. 1 GmbHG gilt auch für den Fall der Überschuldung, bei dem die echten Passiva die Aktiva selbst bei Ansatz von Verkehrs- bzw. Liquidationswerten übersteigen, das Eigenkapital also verbraucht ist.[935] Dass § 30 Abs. 1 GmbHG hier erst recht gelten muss, ist heute allgemein anerkannt.[936] Zahlungen, die unter Verstoß gegen diese Vorschrift geleistet wurden, sind der Gesellschaft nach § 31 Abs. 1 GmbHG zu erstatten. Das Auszahlungsverbot des § 30 Abs. 1 GmbHG, das ebenfalls auf eine Rechtfertigung der Haftungsbeschränkung der Gesellschafter gerichtet ist,[937] verfolgt den Schutz des Gesellschaftsvermögens in unterschiedlicher Hinsicht: Die Gesellschaft soll zunächst selbst dadurch geschützt werden, dass das zur Fortführung ihrer Unternehmung erforderliche Betriebsvermögen erhalten bleibt.[938] Ferner dient das Auszahlungsverbot auch den Gesellschaftern, denn auch ihnen kommt es zugute, wenn das Betriebsvermögen der Gesellschaft vor Entzug durch andere Gesellschafter bewahrt bleibt und die GmbH ihre Geschäfte führen kann.[939] Die Vorschrift dient allerdings vorrangig der Erhaltung des Gesellschaftsvermögens in der satzungsmäßig bestimmten Mindesthöhe zur Absicherung der Gesellschaftsgläubiger dadurch, dass eine willkürliche Verringerung durch Leistungen an Gesellschafter verhindert wird.[940] Damit ist § 30 Abs. 1 GmbHG, der für den Gläubigerschutz große Bedeutung hat, Ausdruck des Grundsatzes der Erhaltung des Stammkapitals und bildet mit dem in § 5

---

[934] Allg. Ansicht: Scholz-*H.P. Westermann*, § 30 Rdn 15; *Diem*, § 44 Rdn 20; *K. Schmidt*, GesR, § 37 III 1 d; *Deckart*, S. 22 f.; *Sieger/Hasselbach*, BB 1999, 645, 651; *Henze*, WM 2005, 717, 718; *Helmreich*, GmbHR 2004, 457, 458.

[935] Scholz-*H.P. Westermann*, § 30 Rdn 15; Baumbach/Hueck-*Hueck/Fastrich*, § 30 Rdn 13; Roth/Altmeppen-*Altmeppen*, § 30 Rdn 17.

[936] BGH, NJW 1990, 1730, 1732; OLG Nürnberg, NZG 2001, 943, 944; Scholz-*H.P. Westermann*, § 30 Rdn 18; Rowedder/Schmidt-Leithoff-*Pentz*, § 30 Rdn 13; Baumbach/Hueck-*Hueck/Fastrich*, § 30 Rdn 13; Roth/Altmeppen-*Altmeppen*, § 30 Rdn 17; anders noch BGHZ 60, 324, 331.

[937] *Wilhelmi*, Der Grundsatz der Kapitalerhaltung, S. 82 f.; *Zöllner*, FS Konzen, 999, 999; Scholz-*H.P. Westermann*, § 30 Rdn 1, will an diesem „Grundgedanken" auch nach der Abkehr von der bilanziellen Betrachtungsweise durch BGHZ 157, 72 ff. explizit festhalten.

[938] Scholz-*H.P. Westermann*, § 30 Rdn 1; Michalski-*Heidinger*, § 30Rdn 1; Baumbach/Hueck-*Hueck/Fastrich*, § 30 Rdn 1; *Deckart*, S. 19; *Wilhelmi*, Der Grundsatz der Kapitalerhaltung, S. 95; *Stimpel*, FS 100 Jahre GmbHG, 335, 349.

[939] Michalski-*Heidinger*, § 30 Rdn 1; *Deckart*, S. 20; *Stimpel*, FS 100 Jahre GmbHG, 335, 349; vgl. auch *Engert*, ZHR 170 (2006), 296, 302 f.; demgegenüber sieht *Wilhelmi*, Der Grundsatz der Kapitalerhaltung, S. 94 f., die Beschränkung der Gesellschafter im Vordergrund.

[940] Michalski-*Heidinger*, § 30 Rdn 1; Baumbach/Hueck-*Hueck/Fastrich*, § 30 Rdn 1; *Deckart*, S. 20; *Wilhelmi*, Der Grundsatz der Kapitalerhaltung, S. 96 f.; *Fleck*, FS 100 Jahre GmbHG, 391, 391 f.; *Sieger/Hasselbach*, BB 1999, 645, 650.

GmbHG niedergelegten Grundsatz der Kapitalaufbringung das „Rückgrat der Haftungsverfassung“ der GmbH.[941]

Die Beibehaltung des Kapitalerhaltungsrechts ist – ebenso wie das Regime der Kapitalaufbringung[942] – in jüngerer Zeit Gegenstand einer umfangreichen Reformdiskussion geworden. Nicht selten wird die Ersetzung des geltenden Systems durch einen solvency test nach englischem Vorbild propagiert.[943] Nach dieser Ausschüttungskontrolle ist vor einer Auszahlung an die Gesellschafter zu überprüfen, ob zukünftig die Verbindlichkeiten der Gesellschaft beglichen werden können.[944] Ob es tatsächlich vorteilhaft ist, das seit über Jahrzehnte gewachsene, geltende Recht der Kapitalerhaltung durch einen solvency test zu ersetzen, erscheint äußerst zweifelhaft.[945] Zum einen enthält eine solche Ausschüttungskontrolle stets eine Prognose, die mit Unsicherheiten belastet ist, was wiederum zu einem geringeren Gläubigerschutz führen kann.[946] Zum anderen stellt sich auch die Frage, ob ein Solvenztest tatsächlich leichter zu handhaben ist als die Prüfung, ob eine Auszahlung dem Verbot des § 30 Abs. 1 GmbHG unterfällt.[947] Bezogen auf das Cash Pooling muss daher ein großes Fragezeichen hinter die Erleichterung dieses Konzernfinanzierungsmodells durch die Etablierung eines solvency tests gemacht werden. De lege lata bleibt es ungeachtet der Reformbestrebungen ohnehin beim Auszahlungsverbot des § 30 Abs. 1 GmbHG; die geplante Neuregelung des § 30 Abs. 1 S. 2 GmbHG RefE-MoMiG wird noch gesondert untersucht.[948]

---

941 So die Bezeichnung von *K. Schmidt*, GesR, § 37 I 2; siehe auch *Grunewald*, 2.F. Rdn 115; *Korts*, S. 23; *Schöne/Stolze*, EWiR § 30 Abs. 1 GmbHG 3/04, 911, 912; *Helmreich*, GmbHR 2004, 457, 458; *Saenger/Koch*, NZG 2004, 271, 273; anders BGHZ 28, 77, 78: „Kernstück des GmbH-Rechts“; ebenso *Mayer*, DAI-JAT 2006, 128, 128; *Kiethe*, DStR 2005, 1573, 1574 f.: „Zentrale Norm des Kapitalerhaltungsrechts“; früher bereits RGZ 168, 292, 297 f.: „Grundpfeiler der Haftungsbeschränkung“.

942 Hierzu schon oben 2. Teil § 3.

943 *Engert*, ZHR 170 (2006), 296, 318 ff.; *Vetter*, ZGR 2005, 788, 802 f.; *Pellens/Jödicke/Richard*, DB 2005, 1393, 1401; *Eidenmüller/Engert*, AG 2005, 97, 108; *Triebel/Otte*, ZIP 2006, 311, 313; *Mülbert*, DK 2004, 151, 160; *Micheler*, ZGR 2004, 324, 340; zum Solvenztest etwa *Jungmann*, ZGR 2006, 638 ff.; *Marx*, DZWiR 2006, 401 ff.

944 *Joost*, VGR 11, 31, 46.

945 Skeptisch auch *Priester*, Die GmbH im europäischen Vergleich, 161, 169 f.; *ders.*, VGR 11, 1, 7; *K. Schmidt*, GmbHR 2007, 1, 4; *Kleindiek*, BB 2007, Beil. 5, 2, 5: „Zeit noch nicht reif“.

946 *Joost*, VGR 11, 31, 49; Zur Gläubigergefährdung durch Überwälzung des Prognoserisikos noch unten § 8 B. II. 2. a) aa) (1).

947 Ähnl. *Joost*, VGR 11, 31, 47 f.; *K. Schmidt*, GmbHR 2007, 1, 4.

948 Hierzu unten § 8 F. II.

II. Erfüllung des Auszahlungstatbestandes bei Kreditgewährungen im Rahmen des Cash Poolings

Es stellt sich die Frage, inwiefern der Auszahlungstatbestand des § 30 Abs. 1 GmbHG bei aufsteigenden Darlehensgewährungen erfüllt ist. Im Rahmen des konzernweiten Cash Poolings erfolgt die aufsteigende Darlehensgewährung durch die Tochtergesellschaft stets an die Betreibergesellschaft. Als solche kann die Muttergesellschaft selbst fungieren, aber es ist auch möglich, dass eine von der Muttergesellschaft abhängige Gesellschaft die Rolle des Cash-Pool-Führers übernimmt.[949] In diesem Fall stellt sich die Frage, ob eine Auszahlung im Sinne des § 30 Abs. 1 GmbHG auch bei einer Darlehensgewährung an die von der Konzernmutter abhängige Betreibergesellschaft gegeben sein kann. Zwar verbietet § 30 Abs. 1 GmbHG nach seinem Wortlaut nur Auszahlungen an direkte Gesellschafter. Unbestrittenermaßen ist die Vorschrift jedoch auch bei Leistungen an Dritte einschlägig, falls sich der Gesellschafter die Leistung wegen der Nähe des Dritten zu ihm als Auszahlung zurechnen lassen muss.[950] Insofern ist anerkannt, dass gemäß § 30 Abs. 1 GmbHG auch Zahlungen an ein mit dem Gesellschafter verbundenes Unternehmen untersagt sind.[951] Sowohl der mit der Auszahlung an den Gesellschafter bezweckte wirtschaftliche Erfolg als auch die damit verbundene Beeinträchtigung des Gesellschaftsvermögens der Tochtergesellschaft treten nämlich nicht nur bei Auszahlungen an die Muttergesellschaft selbst, sondern auch bei Zuwendungen an abhängige Tochtergesellschaften ein, wenn dem Gesellschafter dadurch der Vorteil in gleicher Weise zugute kommt.[952] Gerade dies ist bei einer Unternehmensverbindung anzunehmen. Da die Muttergesellschaft die Einrichtung des Cash Pools und somit auch die daraus folgenden Zahlungsströme veranlasst hat, müssen Auszahlungen an eine nicht mit der Muttergesellschaft identische Betreibergesellschaft so behandelt werden, als wenn sie der Muttergesellschaft zugeflossen und von dieser an den Cash-Pool-Führer weitergeleitet worden sind.[953] Unter Zugrundelegung einer wirtschaftlichen Betrachtungsweise wollen andere das herrschende Unternehmen allein deshalb als Gesellschafter behandeln, weil es gebundenes Risikokapital investiert habe, so dass die Einflussnahme auf die Auszahlung nicht entscheidend sei. Die Betreibergesellschaft sei als „Geheißperson" des herrschenden Un-

---

[949] Siehe oben 1. Teil § 2 B. III.

[950] BGHZ 31, 258, 276; 81 311, 318; Scholz-*H.P. Westermann*, § 30 Rdn 40; Lutter/Hommelhoff-*Lutter/Hommelhoff*, § 30 Rdn 25; *Seidel*, DStR 2004, 1130, 1130 f.

[951] Scholz-*H.P. Westermann*, § 30 Rdn 51; Michalski-*Heidinger*, § 30 Rdn 80; Baumbach/Hueck-*Hueck/Fastrich*, § 30 Rdn 18; Lutter/Hommelhoff-*Lutter/Hommelhoff*, § 30 Rdn 25; *Altmeppen*, FS Kropff, 641, 649; *Morsch*, NZG 2003, 97, 104; *Engert*, BB 2005, 1951, 1956; *Gesmann-Nuissl*, WM 2006, 1756, 1762; *Bäcker*, GmbH-Stpr 2006, 201, 203.

[952] *Morsch*, NZG 2003, 97, 104.

[953] BGHZ 81, 311, 315 ff.; 81 365, 368; *Vetter/Stadler*, Rdn 79; *Cahn*, DK 2004, 235, 236; *Sieger/Hasselbach*, BB 1999, 645, 650.

ternehmens anzusehen.[954] Für die aufsteigende Darlehensgewährung im Rahmen des Cash Poolings hat auch diese Auffassung zur Folge, dass eine Anwendung des § 30 Abs. 1 GmbHG in Betracht kommt, wenn der Cash Pool durch eine abhängige Tochtergesellschaft betrieben wird.[955] Alles andere würde hier den mit § 30 Abs. 1 GmbHG verfolgten Schutzzweck leer laufen lassen. Würde man die Darlehensgewährung durch die Tochtergesellschaft im Rahmen des Cash Pools an die Betreibergesellschaft nicht mit einer direkten Darlehensgewährung an die Muttergesellschaft gleichstellen, könnte nach § 30 Abs. 1 GmbHG gesperrtes Kapital an die Betreibergesellschaft ausgezahlt werden und diese könnte es sodann sanktionslos weiter an die Muttergesellschaft auszahlen.[956] Um diese Umgehungsmöglichkeit, die zu einer erheblichen Schwächung der Kapitalerhaltung führen würde, von vornherein auszuschalten, ist die Darlehensgewährung an ein verbundenes Unternehmen mit der Auszahlung im Sinne des § 30 Abs. 1 GmbHG gleichzusetzen.

Es stellt sich nunmehr Frage, ob eine Darlehensgewährung der Tochtergesellschaft an die Muttergesellschaft oder die von ihr abhängige Betreibergesellschaft des Cash Pools den Auszahlungstatbestand des § 30 Abs. 1 GmbHG erfüllt. Unter einer Auszahlung ist eine Leistung jeder Art zu verstehen, der keine vollwertige Gegenleistung gegenübersteht und die wirtschaftlich das zur Erhaltung des Stammkapitals erforderliche Gesellschaftsvermögen verringert.[957] Der Auszahlungsbegriff ist nach dessen Sinn und Zweck weit zu verstehen und erfasst daher offene und verdeckte, unmittelbare und mittelbare Zuwendungen an Gesellschafter sowie Umgehungsgeschäfte.[958]

1. Meinungsstand bei Darlehensgewährung vor BGHZ 157, 72 ff.

Zunächst stellt sich die Frage nach der Zulässigkeit einer aufsteigenden Darlehensgewährung nach Maßgabe des § 30 Abs. 1 GmbHG vor der Entscheidung BGHZ 157, 72 ff. Diese Frage war umstritten:

---

[954] Michalski-*Heidinger*, § 30 Rdn 124; Roth/Altmeppen-*Altmeppen*, § 30 Rdn 60; *ders.*, FS Kropff, 641, 650 f.; wohl auch *Burgard*, AG 2006, 527, 530.

[955] Dies entspricht auch bezogen auf die aufsteigende Darlehensgewährung im Cash Pool allg. Ansicht, OLG München, ZIP 2006, 25, 26; HoldingHndb-*Vetter*, § 8 Rdn 7; *ders./Stadler*, Rdn 66; *Jäger*, § 45 Rdn 12; *Korts*, S. 23; *Makowski*, S. 117 f.; *Vetter*, VGR 6, 69, 75; *Ränsch*, FG Döser, 557, 561; *Cahn*, DK 2004, 235, 236; *Grothaus/Halberkamp*, GmbHR 2005, 1317, 1318; *Jäger*, DStR 2000, 1736, 1736; *Keller/Rödl*, BB 2005, Beil. 3, 16, 17; *Kiethe*, DStR 2005, 1573, 1574; *Morsch*, NZG 2003, 97, 104; *Reidenbach*, WM 2004, 1421, 1423; *Römermann/Schröder*, Corporate Governance, 113, 121; *dies.*, GmbHR 2001, 1015, 1020; *Sieger/Hasselbach*, BB 1999, 645, 650; *Seibold*, FB 2005, 77, 82.

[956] Diese Gefahr sieht auch *Blöse*, EWiR § 43 GmbHG 1/02, 435, 436.

[957] BGHZ 31, 258, 276; Baumbach/Hueck-*Hueck/Fastrich*, § 30 Rdn 20; Scholz-*H.P. Westermann*, § 30 Rdn 1; *Diem*, § 44 Rdn 3.

[958] Baumbach/Hueck-*Hueck/Fastrich*, § 30 Rdn 20; Scholz-*H.P. Westermann*, § 30 Rdn 1; *Diem*, § 44 Rdn 4; *K. Schmidt*, GesR, § 37 III 1 c; siehe auch unten C. III. 4. b).

a) Bilanzielle Betrachtungsweise der damaligen herrschenden Ansicht

Nach weit überwiegender Auffassung war bislang für das Vorliegen des Auszahlungstatbestandes gemäß § 30 Abs. 1 GmbHG eine bilanzielle Betrachtungsweise maßgebend.[959] Begründet wurde dies mit der Überlegung, dass § 30 Abs. 1 GmbHG nicht die konkrete Zusammensetzung des Gesellschaftsvermögens schütze, sondern nur die Erhaltung des Vermögens dem Werte nach.[960] Für Darlehen einer Gesellschaft an ihre Gesellschafter bedeutete dies, dass eine Auszahlung nur vorlag, wenn der Bilanzansatz des Rückzahlungsanspruchs bei ordnungsgemäßer Bilanzierung nicht dem Betrag der Verminderung der Aktiva aufgrund der Auszahlung entsprach.[961] Dabei waren für die Bilanzierung des Rückzahlungsanspruchs die Bonität und die Zahlungswilligkeit des Gläubigers maßgebend.[962] Ein Verstoß gegen § 30 Abs. 1 GmbHG im Rahmen einer Darlehensgewährung war danach nur dann gegeben, wenn der Rückzahlungsanspruch gefährdet und daher nicht vollwertig war.[963] Bei Solvenz des Schuldners sei der Rückzahlungsanspruch hingegen vollwertig. In diesem Fall finde lediglich ein Aktivtausch statt, so dass sich die Darlehensauszahlung bilanziell überhaupt nicht niederschlage.[964] Schon das RG hatte, allerdings in einem anderen Zusammenhang, einen Verstoß gegen § 30 Abs. 1 GmbHG mit einer ähnlichen Argumentation verneint.[965] Allerdings sollte ein Verstoß gegen die Kapitalerhaltungsregeln nur dann verneint werden, wenn der Darlehensrückzahlungsanspruch zudem aufgrund einer marktüblichen Verzinsung[966] als vollwertig anzusehen sei.[967] Grundlage für diesen Drittvergleich war die Erwägung, dass

---

[959] HndbKonzernfinanz-*Maier-Reimer*, § 16 Rdn 30; *K. Schmidt*, GesR, § 37 III 1 c; *Vetter/Stadler*, Rdn 68; *Sotiropoulos*, S. 35; *Hormuth*, S. 202; *Cahn*, Kapitalerhaltung im Konzern, S. 254; *U.H. Schneider*, FS Döllerer, 537, 544; *Koppensteiner*, ZHR 155 (1991), 97, 104; *Vetter*, VGR 6, 69, 77; *Sotiropoulos*, S. 35 f.; *Ränsch*, FG Döser, 557, 561 f.

[960] *Vetter/Stadler*, Rdn 70; *Vetter*, VGR 6, 69, 77; *Cahn*, Kapitalerhaltung im Konzern, S. 250 f.; *Müller*, BB 1998, 1803, 1806.

[961] Rowedder/Schmidt-Leithoff-*Pentz*, § 30 Rdn 34; *Vetter/Stadler*, Rdn 68.

[962] *Vetter/Stadler*, Rdn 68.

[963] Rowedder/Schmidt-Leithoff-*Pentz*, § 30 Rdn 34; *Vetter/Stadler*, Rdn 68; *Hormuth*, S. 202 f.; *Cahn*, Kapitalerhaltung im Konzern S. 254; *Vetter*, VGR 6, 69, 77; *Sotiropoulos*, GmbHR 1996, 653, 654.

[964] *Hormuth*, S. 202; *Brandes*, FS Kellermann, 25, 34; *Koppensteiner*, ZHR 155 (1991), 97, 104; *Römermann/Schröder*, GmbHR 2001, 1015, 1020; zu den bilanziellen Maßstäben von Forderungen gegen eine in ein Cash-Pooling-System eingebundenen Gesellschaft *Blöse*, GmbHR 2002, 675, 677.

[965] RGZ 150, 28, 34 ff.

[966] Eine negative Zinsdifferenz wurde als verbotene Auszahlung angesehen, Rowedder/Schmidt-Leithoff-*Pentz*, § 30 Rdn 34; *K. Schmidt*, GesR, § 37 III 1 c; *Vetter/Stadler*, Rdn 73; *Vetter*, VGR 6, 69, 78.

[967] *Vetter/Stadler*, Rdn 71; *Makowski*, S. 114 f.; *Hormuth*, S. 202; *Becker*, DStR 1998, 1528, 1531; *Jula/Breitbarth*, AG 1997, 256, 264; *Morsch*, NZG 2003, 97, 104 f.; *Sieger/Hassel-*

§ 30 Abs. 1 GmbHG Leistungen an Gesellschafter verbiete, die ihre Grundlage im Gesellschaftsverhältnis hätten und in dieser Form nicht auch einem gesellschaftsfremden Dritten gewährt worden wären.[968] Als Auszahlung im Sinne des § 30 Abs. 1 GmbHG sollte dabei aber nur die Differenz zwischen marktüblicher und vereinbarter Verzinsung angesehen werden und nicht etwa die gesamte Darlehensvaluta.[969] Für das konzernweite Cash Pooling hatte diese Ansicht zur Folge, dass auch diejenige Liquidität abgezogen werden konnte, die zur Deckung des Stammkapitals erforderlich war, wenn nur der Darlehensrückzahlungsanspruch vollwertig und das Darlehen angemessen verzinst war.[970] In einem solchen Fall lag demnach keine Auszahlung im Sinne des § 30 Abs. 1 GmbHG vor.

b) Realer Substanzschutz der Minderansicht

Die Gegenansicht hatte hingegen ein weiteres Verständnis vom Auszahlungsbegriff des § 30 Abs. 1 GmbHG und stellte allein auf die Auszahlung der Darlehensvaluta ab, während sie den Rückzahlungsanspruch und dessen Werthaltigkeit nicht oder nur in geringem Maße mitberücksichtigte.[971] Demnach wurde schon dann gegen § 30 Abs. 1 GmbHG verstoßen, wenn die Darlehensgewährung an den Gesellschafter unter Außerachtlassung des Rückzahlungsanspruchs eine Unterbilanz herbeiführte oder vertiefe.[972] Diese Ansicht, die von einem Schutz der realen Vermögenssubstanz ausging, führte zur Begründung insbesondere an, ein nicht fälliger schuldrechtlicher Anspruch gegen den Gesellschafter stelle keinen gleichwertigen Ausgleich für die Auszahlung der Gesellschaft dar.[973] Nicht nur, dass die GmbH nur mit Geld, nicht aber mit Ansprüchen wirtschaften könne, vielmehr sei es auch für die Gläubiger ein erheblicher Unterschied, ob sie sich aus jederzeit verwertbaren Gegenständen des Gesellschaftsvermögens sofort befriedigen könnten oder stattdessen auf eine nicht fällige Forderung der Gesellschaft gegen ihren Gesellschafter verwiesen werden wür-

---

bach, BB 1999, 645, 651; *Jäger*, DStR 2000, 1736, 1736; *Bayer*, FS Lutter, 1011, 1022; *Müller*, BB 1998, 1804, 1805 f.; *ders.*, FAZ v. 13.02.2002, S. 24.

968 Rowedder/Schmidt-Leithoff-*Pentz*, § 30 Rdn 31.

969 *Vetter/Stadler*, Rdn 73; *Deckart*, S. 24; a. A. *Jula/Breitbarth*, AG 1997, 256, 264; *Becker*, DStR 1998, 1528, 1531 f.

970 HndbKonzernfinanz-*Maier-Reimer*, § 16 Rdn 30; *Hormuth*, S. 202; die jeweiligen Folgen der Ansichten beim Cash Pooling darst. *Vetter/Stadler*, Rdn 68 f.

971 Michalski-*Heidinger*, § 30 Rdn 49; HndbKonzernfinanz-*Hommelhoff/Kleindiek*, § 21 Rdn 42; *Fleck*, JbFSt 1984/85, 543, 554; *Brockfeld*, 50 ff.; *Kühbacher*, S. 34 f., 40 ff.; *Berg*, S. 98 ff.; *Wilhelmi*, Der Grundsatz der Kapitalerhaltung, S. 157 ff., 205 f.; *Joost*, ZHR 148 (1984), 27, 33, Fn 23; *Stimpel*, FS 100 Jahre GmbHG, 335, 349 f.; *Schön*, ZHR 159 (1995), 351, 362; *Reemann*, MittRhNotK 1996, 113, 120 f.; *Kleindiek*, NZG 2000, 479, 484 (bezogen auf die Sicherheitenbestellung).

972 *Stimpel*, FS 100 Jahre GmbHG, 335, 351 f.; *Fleck*, JbFSt 1984/85, 543, 554.

973 *Wilhelmi*, Der Grundsatz der Kapitalerhaltung, S. 205 f.; *Joost*, ZHR 148 (1984), 27, 33, Fn 23; *Fleck*, JbFSt 1984/85, 543, 554.

den.[974] Mit der Gewährung von Darlehen an Gesellschafter aus gebundenem Vermögen werde zudem die im Gesetz angelegte strukturelle Nachrangigkeit der Gläubiger des Gesellschafters gegenüber den Gesellschaftsgläubigern überspielt.[975] Während die Gläubiger des Gesellschafters nämlich vor der Darlehensgewährung nur im Wege der Verwertung seines Gesellschaftsanteils und damit im Rang nach den Gesellschaftsgläubigern auf die entsprechenden Mittel im Gesellschaftsvermögen hätten zugreifen können, würden sie durch die Auszahlung des Darlehens in die Lage versetzt, sich vorrangig aus der Valuta zu befriedigen. Demgegenüber hätten die Gesellschaftsgläubiger aufgrund der fehlenden Insolvenzfestigkeit des Rückgewähranspruchs der Gesellschaft aus § 31 Abs. 1 GmbHG ihre privilegierte Stellung bezüglich dieses Teils des Gesellschaftsvermögens verloren.[976] Folgte man dieser Ansicht, bedeutete dies für das konzernweite Cash Pooling eine Einschränkung bei der Abführung von Liquidität in Form aufsteigender Darlehen, da Darlehensgewährungen nur aus dem freien Vermögen zulässig waren.

2. Begründung eines realen Substanzschutzes durch BGHZ 157, 72 ff.

Mit Urteil vom 24.11.2003 hat sich der II. Zivilsenat des BGH gegen eine bilanzielle Betrachtungsweise entschieden und sich der bisherigen Minderansicht angeschlossen, indem er Kreditgewährungen an Gesellschafter, die nicht aus Rücklagen oder Gewinnvorträgen, sondern zulasten des gebundenen Vermögens der GmbH erfolgen, selbst dann für eine verbotene Auszahlung gemäß § 30 Abs. 1 GmbHG hält, wenn der Rückzahlungsanspruch gegen den Gesellschafter vollwertig ist.[977] In dem der Entscheidung zugrunde liegenden Sachverhalt gewährte die GmbH, die mit einem Stammkapital von 50.000 DM ausgestattet war, ihren Gesellschaftern ungesicherte Darlehen in Höhe von insgesamt 1 Million DM. Der BGH verurteilte die die Auszahlung veranlassende Ge-

---

[974] *Stimpel*, FS 100 Jahre GmbHG, 335, 349 f.
[975] *Schön*, ZHR 159 (1995), 351, 361.
[976] *Schön*, ZHR 159 (1995), 351, 361.
[977] BGHZ 157, 72 ff.; *Stein*, DZWiR 2004 493, 494, bezeichnet dies zutr. als „Kehrtwende im Kapitalschutzrecht"; die Vorinstanz OLG Nürnberg, NZG 2001, 943 ff., hatte zur finanziellen Lage der GmbH im Zeitpunkt der Kreditvergabe keine Feststellungen getroffen; nicht Stellung genommen wird zu den Fragen, welche Konsequenzen das Urteil im Kontext einer handelsbilanziellen Betrachtung und einer Berichterstattung im Rahmen der Jahresabschlussprüfung hat; hierzu insb. IDW HFA, FN-IDW 2004 746, 747 f.; ders., FN-IDW 2006, 545, 546; *Keller/Rödl*, BB 2005, Beil. 3, 16 ff.; *Binz*, DB 2004, 1273 ff.; gleiches gilt für Fragen der steuerlichen verdeckten Gewinnausschüttung; hierzu *Berg/Schmich*, FR 2005, 190 ff.; außen vor bleibt auch die Betrachtung der Rechtslage in der GmbH und Co. KG, hierzu: *Diers*, S. 179; *Janzen*, DB 2006, 2108 ff.; *Heidinger*, NotBZ 2004, 463, 466; *Wessels*, ZIP 2006, 1701, 1707; *Grothaus/Halberkamp*, GmbHR 2005 1317, 1319; *Wachter*, GmbHR 2004, 1249 ff.; die genannten Aspekte zeigen beispielhaft die enorme Bedeutung des Urteils auf.

schäftsführerin der GmbH daher auf Schadensersatz gemäß § 43 Abs. 2, 3 GmbHG, verwies die Sache allerdings zur weiteren Sachverhaltsaufklärung, insbesondere zu der Frage, ob die Vergabe im Stadium der Unterbilanz erfolgte, an das Berufungsgericht zurück.[978] Der BGH hat in seiner Entscheidungsbegründung drei Argumente für eine Abkehr von der bilanziellen Betrachtungsweise genannt: Substanzschutzargument, Rangargument und Umgehungsargument. Die Stichhaltigkeit dieser Argumente gilt es im folgenden einer kritischen Prüfung zu unterziehen. Dabei ist zunächst davon auszugehen, dass diese nicht etwa in einem Stufenverhältnis zueinander hinsichtlich ihrer Wichtigkeit stehen. Es sind keinerlei Anhaltspunkte dafür ersichtlich, dass der BGH ein Argument als wichtiger ansieht als ein anderes.[979]

a) Substanzschutzargument

Der BGH führt zunächst aus, der Vermögensschutz erschöpfe sich nicht in der Garantie einer bilanzmäßigen Rechnungsziffer, sondern gebiete die Erhaltung einer die Stammkapitalziffer deckenden Haftungsmasse.[980] Das Auszahlungsverbot des § 30 Abs. 1 GmbHG schütze dementsprechend nach seinem Sinn und Zweck das Gesellschaftsvermögen bis zur Stammkapitalziffer nicht nur seinem Wert nach, sondern vor jeglichem Zugriff der Gesellschafter, damit der GmbH ein ihren Bestandsschutz gewährleistendes Mindestbetriebsvermögen und ihren Gläubigern eine Befriedigungsreserve verbleibe.[981] Könnten die Gesellschafter der GmbH zulasten des gebundenen Gesellschaftsvermögens Kapital in Form von Darlehen entziehen, bliebe der GmbH im Austausch für das fortgegebene reale Vermögen außer etwaigen Zinsansprüchen nur ein zeitlich hinausgeschobener schuldrechtlicher Rückzahlungsanspruch.[982] Der Austausch liquider Haf-

---

[978] BGHZ 157, 72, 78 f.; ob der BGH sich hier angesichts der von seiner Rechtsprechung ausgehenden potentiellen Haftungsfolgen einem judikativen Rückwirkungsverbot hätte unterwerfen sollen, wie etwa in BGHZ 154, 370 ff., geschehen und von *Stein*, DZWiR 2004, 493, 494, gefordert, ist zweifelhaft. Anhaltspunkte für einen besonderen Vertrauensschutz sind hier nicht ersichtlich; a. A. *Deckart*, S. 108 f.; Im übrigen scheint der BGH mittlerweile selbst von diesem Rückwirkungsverbot wieder abzurücken, vgl. BGH NJW 2006, 765 ff.; gegen einen entsprechenden Vertrauensschutz vor dem Urteil BGHZ 157, 72 ff., explizit OLG München, ZIP 2006, 25, 26; dem zust. *Pentz*, ZIP 2006, 781, 784 f.; da – wie noch zu zeigen sein wird – das „Stehenlassen" von Darlehen beim Cash Pooling einer Neugewährung gleichgestellt wird, ist die Frage nach einem Rückwirkungsverbot in dem hier interessierenden Zusammenhang ohnehin bedeutungslos, was *Deckart*, S. 109, zutr. erkennt.

[979] Irreführend daher *Altmeppen*, ZIP 2006, 1025, 1026, der das Rangargument als „entscheidenden Gesichtspunkt" ansieht; in diesem Sinne auch *Seibert*, ZIP 2006, 1157, 1163, der dieses Argument als „Substanz der ganzen Sache" einstuft.

[980] BGHZ 157, 72, 75, unter Bezugnahme auf *Schön*, ZHR 159 (1995), 351, 362.

[981] BGHZ 157, 72, 75, unter Hinweis auf *Schön*, ZHR 159 (1995), 351, 362.

[982] BGHZ 157, 72, 76, unter Hinweis auf *Stimpel*, FS 100 Jahre GmbHG, 335, 349, 352.

tungsmasse gegen eine zeitlich hinausgeschobene schuldrechtliche Forderung verschlechtere die Vermögenslage der Gesellschaft und die Befriedigungsaussichten ihrer Gläubiger.[983] Bei Unterbilanz sei deshalb gegenüber den Gesellschaftern nicht nur der bilanzielle Wert des Gesellschaftsvermögens zu wahren, sondern auch dessen reale Substanz zusammenzuhalten und vor einer Aufspaltung in schuldrechtliche Ansprüche gegen die Gesellschafter zu schützen.[984] Da dem Kapitalabfluss eine nur rechnerische, aber nicht sofort realisierbare Forderung gegenüberstehe, sei schon aus diesen Gründen auch die Gewährung eines ordnungsgemäß verzinsten Darlehens an einen kreditwürdigen Gesellschafter nicht mit § 30 Abs. 1 GmbHG vereinbar.[985]

aa) Kritische Würdigung des Arguments

Gegen das Substanzschutzargument ist vielfach Kritik erhoben worden. Zahlreiche Stimmen sehen als vom Auszahlungsverbot des § 30 Abs. 1 GmbHG nicht das Stammkapital in seiner gegenständlichen Zusammensetzung erfasst an, sondern das bilanzielle Rein- oder Aktivvermögen der Gesellschaft, so dass es nur eine rechnerische Wertbindung bedeute.[986] Zudem forme das Substanzschutzargument das Auszahlungsverbot, das Gesellschaftsvermögen nur gegen Weggabe schütze, in einen Gefährdungstatbestand um, der die Gläubigerinteressen übermäßig berücksichtige.[987] Der BGH wandle den gesetzlichen Vermögensschutz damit durch eine Rechtsfortbildung in einen vom Gesetz nicht vorgesehenen Liquiditätsschutz um.[988] Die Kapitalerhaltungsvorschriften schützen den Wert der Substanz, nicht hingegen die Liquidität. Zwar werde auch die Liquidität beeinträchtigt, wenn die Gesellschaft ein Aktivum von dem Gesellschafter kaufen würde, jedoch läge eine Einlagenrückgewähr dann nicht vor, solange der Kauf-

---

[983] BGHZ 157, 72, 76, unter Bezugnahme auf BGHZ 81, 311, 320 f.

[984] BGHZ 157, 72, 76, unter Hinweis auf *Stimpel*, FS 100 Jahre GmbHG, 335, 352.

[985] BGHZ 157, 72, 76, unter Bezugnahme auf verschiedene Literaturstimmen; dass es hiernach auf die Solvenz des Darlehensnehmers und damit auf die Vollwertigkeit des Rückzahlungsanspruchs nicht mehr ankommt, ist müßig zu betonen.

[986] Begr. RegE-MoMiG, S. 94; *Matschernus*, S. 233; *Bähr/Hoos*, GmbHR 2004, 304, 305; *Cahn*, DK 2004, 235, 238; *Heidenhain*, LMK 2004, 68, 68; *Schilmar*, DB 2004, 1411, 1412; *Wessels*, ZIP 2004, 793, 795; *Schröder*, GmbHR 2005, 1489, 1490; so schon vor BGHZ 157, 72 ff.; *Müller*, BB 1998, 1804, 1806; *Sotiropoulos*, GmbHR 1996, 653, 654; *Joost*, ZHR 148 (1984), 27, 43.

[987] *Böcker*, ZGR 2006, 213, 215; *Wilhelm*, DB 2006, 2729, 2730; *Wessels*, ZIP 2004, 793, 795; *Langner/Mentgen*, GmbHR 2004, 1121, 1127; krit. auch *Suchanek/Herbst*, FR 2005, 665, 673; *Sinewe*, EWiR § 302 Abs. 1 AktG 1/05, 331, 332.

[988] *Römermann/Schröder*, Corporate Governance, 113, 122; *Grunewald*, WM 2006, 2333, 2333; *Drygala*, ZGR 2006, 587, 625; *Flesner*, NZG 2006, 641, 645; *Cahn*, DK 2004, 235, 239; *Helmreich*, GmbHR 2004, 457, 460; *Reidenbach*, WM 2004, 1421, 1422; *Schilmar*, DB 2004, 1411, 1411 f.; *Schröder*, GmbHR 2005, 1489, 1490; für einen Liquiditätsschutz in engen Grenzen *Schäfer*, DStR 2006, 2085, 2089.

preis nicht überhöht sei.[989] Ferner könne für die Gläubiger der Gesellschaft die Durchsetzung der gegen den Gesellschafter gerichteten Darlehensrückzahlungsforderung sogar leichter sein, als der Zugriff auf sonstige Vermögenswerte.[990] Andere Stimmen gehen allerdings mit dem Substanzschutzargument des BGH überein und halten eine rechnerische Interpretation des § 30 Abs. 1 GmbHG, die der bilanziellen Betrachtungsweise zugrunde liege, für unbrauchbar, da sie einseitig den Blick auf den bilanziellen Stammkapitalschutz verenge.[991] Dazu ist folgendes auszuführen:

(1) Keine Umwandlung in einen Gefährdungstatbestand

Zunächst vermag das gegen das Substanzschutzargument angeführte Gefährdungsargument nicht zu überzeugen. Gerade bei systematischen Gläubigerbenachteiligungen durch Darlehensvergaben an Gesellschafter mag man zwar strenggenommen nur von einer bloßen Gefährdung der Gläubiger sprechen, jedoch blieben diese ohne eine zweckgerichtete Auslegung des § 30 Abs. 1 GmbHG sanktionslos.[992] Ein wirksamer Schutz vor Aushöhlungen des § 30 Abs. 1 GmbHG wäre damit bei einer bilanziellen Betrachtungsweise nicht gewährleistet. Das Stammkapital kann nämlich nicht nur durch Auszahlungen vermindert, sondern gerade auch durch die Begründung von uneinbringlichen Forderungen gegen die Gesellschafter eine Aushöhlung erfahren.[993] Insofern besteht aus Gläubigerschutzgesichtspunkten ein Bedürfnis für diese Sichtweise. Das Auszahlungsverbot untersagt auch nach der Ansicht des BGH nicht jeglichen Leistungsaustausch zwischen der GmbH und ihren Gesellschaftern. Es sind sowohl die Weggabe von Vermögensgegenständen gegen Barmittel, als auch der Abfluss von Barmitteln oder die Weggabe gegen anderweitige Leistungen zulässig, sofern sie dem Drittvergleich standhalten oder sich oberhalb der Stammkapitalziffer bewegen. Allerdings sind nach dem richtigen Verständnis des Aus-

---

989 *Cahn*, DK 2004, 235, 238; *ders.*, Kapitalerhaltung im Konzern, S. 251 f.; vgl. *Maier-Reimer*, VGR 10, 127, 132; *Grunewald*, WM 2006, 2333, 2334.

990 *Grunewald*, WM 2006, 2333, 2334; *Drygala*, ZGR 2006, 587, 625, mit dem Hinweis, dass die Frage, ob der Gläubiger im Verwertungsfall leicht oder schwer verwertbare Vermögenswerte vorfinde, allein von der wirtschaftlichen Disposition der Gesellschaft abhänge.

991 LG Düsseldorf, ZIP 2006, 516, 521; Roth/Altmeppen-*Altmeppen*, § 30 Rdn 93; *Kübler/Assmann*, § 18 II c) bb); *Koch*, S. 83 f.; *Gehrlein*, GmbH-Recht in der Praxis, S. 349; *Joost*, VGR 11, 31, 35; *Bayer/Lieder*, ZGR 2005, 133, 141 ff.; *Barnert*, WuB II C. § 30 Abs. 1 GmbHG, 1.05 157, 158; *Engert*, BB 2005, 1951, 1954; *Herbst*, GLJ 2004, 1217, 1224; *Kerber*, ZGR 2005, 437, 448; *ders.*, ZIP 2006, 522, 523; *Saenger/Koch*, NZG 2004, 271, 272; *Bunke/Lommatzsch*, JuS 2006, 1097, 1103;

992 *Kerber*, ZGR 2005, 437, 441.

993 *Burgard*, AG 2006, 527, 528; der Kredit verlässt das Vermögen der Gesellschaft ohne bilanzielle Wirksamkeit und kommt dann erst wieder in einer erkennbaren Krise des Gesellschafters zum Vorschein; treff. daher das Bild von *Schön*, ZHR 159 (1995), 351, 358, als „bilanzrechtliches U-Boot“; vgl. auch *Engert*, BB 2005, 1951, 1955.

zahlungsverbotes des § 30 Abs. 1 GmbHG solche Rechtsgeschäfte der GmbH mit ihren Gesellschaftern nicht gestattet, die ihre Vermögenssituation verschlechtern. Eine solche Verschlechterung tritt aber bei der Darlehensgewährung ein, wenn das vorhandene Vermögen mit einem Anspruch auf künftige Rückzahlung gegenüber einem Gesellschafter getauscht wird.[994] Der Schutzzweck des § 30 Abs. 1 GmbHG erfordert das Eingreifen des Auszahlungstatbestandes daher in allen Fällen, in denen vorhandenes Vermögen durch die Gesellschaft in einen schuldrechtlichen Anspruch gegen Gesellschafter umgewandelt wird.[995] Selbst wenn man der Gegenansicht also konzedieren kann, dass es nicht Aufgabe des § 30 Abs. 1 GmbHG ist, bestimmte Gegenstände zu erhalten, sondern nur den Haftungsfonds, stellt sich der Tausch von Barmitteln gegen eine nicht fällige schuldrechtliche Forderung als eine Schmälerung des Haftungsfonds dar, denn die Barmittel stehen der Gesellschaft und damit ihrer Gläubiger für einen nicht unerheblichen Zeitraum nicht mehr zu Verfügung.[996] Hierin besteht auch der entscheidende Unterschied zu dem denkbaren Einwand, der Gesellschaft stehe auch der Einlagebetrag nur in Form eines Bankguthabens zur Verfügung. Abgesehen von der unterschiedlichen Sicherung zwischen der Liquidität beim Gesellschafter und bei einem Kreditinstitut spricht gegen den Vergleich schon die jederzeitige Verfügungsmöglichkeit über den Betrag auf dem Konto bei der Bank.[997]

Damit die Kapitalerhaltungsvorschriften ihrem Sinn und Zweck gerecht werden können, ist es erforderlich, dass sie nicht nur auf die Wahrung des bilanziellen Wertes, sondern auch auf den Schutz der realen Substanz des Gesellschaftsvermögens gerichtet sind. Das Stammkapital wird gefährdet, wenn Gesellschafter zu dessen Lasten Liquidität entziehen und die GmbH im Gegenzug für den realen Vermögensverlust lediglich eine künftige Darlehensforderung erhält. Der von *Stimpel* aufgestellten These, das Auszahlungsverbot des § 30 Abs. 1 GmbHG wolle das Stammkapital nicht nur seinem bilanziellen Wert nach, sondern auch in seiner realen Substanz vor dem Zugriff der Gesellschafter schützen,[998] ist daher zuzustimmen. Auch der Argumentation, alle vorhersehba-

---

[994] LG Düsseldorf, ZIP 2006, 516, 521; Roth/Altmeppen-*Altmeppen*, § 30 Rdn 93; *Joost*, VGR 11, 31, 35; *Bayer/Lieder*, ZGR 2005, 133, 141; *Habersack/Schürnbrand*, BB 2006, 288, 289; *Saenger/Koch*, NZG 2004, 271, 272; *Kerber*, ZIP 2006, 522, 523.

[995] Nach *Kerber*, ZGR 2005, 437, 448, habe der BGH damit dem Geltungsanspruch des § 30 Abs. 1 GmbHG Genüge getan; *Saenger/Koch*, NZG 2004, 271, 272, resümieren, der BGH verhelfe dem Kapitalerhaltungsgrundsatz zu „voller Geltungskraft".

[996] *Joost*, VGR 11, 31, 35; vgl. *Saenger/Koch*, NZG 2004, 271, 273.

[997] Ebenso *Joost*, VGR 11, 31, 35; zur Vergleichbarkeit schon oben 2. Teil § 5 C. IV. 1. c) bb).

[998] *Stimpel*, FS 100 Jahre GmbHG, 335, 352: „Der Spatz in der Hand ist zwar besser als die Taube auf dem Dach. Aber die GmbH soll eben ihre Taube gar nicht erst aufs Dachen fliegen lassen und nur mit dem Spatz in der Hand darauf warten dürfen, bis die Taube

ren Ausfallrisiken würden aufgrund des Vorsichtsprinzips des § 252 Abs. 1 Nr. 4 HGB bei der Bilanzierung berücksichtigt,[999] ermangelt es an Überzeugungskraft. Die bilanzielle Betrachtungsweise macht es stets erforderlich, dass der Geschäftsführer Prognosen für die Zukunft treffen muss, indem er beurteilen muss, ob der Gesellschafter zur künftigen Leistung an die GmbH fähig sein wird. Diese Prognose ist nur unter Inkaufnahme von Unsicherheiten zu beantworten. Das Risiko einer unvorhersehbaren Insolvenz des Gesellschafters trifft somit die GmbH und deren Gläubiger. Dies vermag aber gerade keinen wirksamen Gläubigerschutz zu gewährleisten. Vielmehr muss ein solcher Gläubigerschutz die Verlagerung des Insolvenzrisikos auf die Gesellschaft von vornherein verhindern.

(2) Liquiditätsschutz lediglich als Reflex

Keineswegs wird § 30 Abs. 1 GmbHG durch das Substanzschutzargument des BGH in einen Liquiditätsschutz umgewandelt. Zwar deuten einige Aussagen des Urteils möglicherweise darauf hin,[1000] bei richtigem Verständnis wird ein derartiger Liquiditätsschutz aber allenfalls durch den Schutz des Stammkapitals reflexartig mitbewirkt. Würde es tatsächlich um einen Liquiditätsschutz gehen, wäre der GmbH jeglicher Leistungsaustausch mit ihren Gesellschaftern versagt. Gerade dies ist jedoch – wie bereits ausgeführt wurde – nicht der Fall.[1001] Greift § 30 Abs. 1 GmbHG, dessen Schutz auf das Stammkapital der GmbH gerichtet ist, aber ein, führt diese Anwendung reflexartig dazu, dass auch die Liquidität der GmbH geschützt wird.[1002] Dass es zu einem solchen reflexartigen Schutz kommt, ist hinzunehmen, da andernfalls auch das Stammkapital nur unzureichend geschützt werden würde. Weder der BGH noch *Stimpel*, auf den das Gericht verweist, gehen von einem Liquiditätsschutz aus. Im Gegenteil betont *Stimpel* gar ausdrücklich, dass von § 30 Abs. 1 GmbHG nicht die Liquidität geschützt werde.[1003] Aus diesen Quellen daher abzuleiten, § 30 Abs. 1 GmbHG sei gezielt auf einen Liquiditätsschutz gerichtet, erscheint widersprüchlich. Weder Wortlaut noch Sinn und Zweck des § 30 Abs. 1 GmbHG legen es außerdem nahe, dass der Schutz der Liquidität der Gesellschaft von der Norm intendiert ist.[1004] Der Norm würde eine Bedeutung beigemessen, die ihr gerade nicht zu-

---

(hoffentlich) zurückgeflogen kommt."; vgl. zu diesem Bild ausf. *Wessels*, ZIP 2006, 1701, 1703 ff.

999 *Wessels*, ZIP 2004, 793, 795; zum Vorsichtsprinzip noch unten § 8 B. 5.

1000 Siehe BGHZ 157, 72, 75 f.; vgl. auch den Diskussionsbericht von *Bartholl*, ZHR 159 (1995), 418, 418.

1001 Vgl. auch *Rehm*, FS Säcker, 305, 307; *Bayer/Lieder*, ZGR 2005, 133, 141.

1002 *Burgard*, AG 2006, 527, 528; demgegenüber ausdr. für einen Liquiditätsschutz *Deckart*, S. 44 ff.; wohl auch *Barnert*, WuB II C. § 30 Abs. 1 GmbHG 1.05, 157, 158.

1003 *Stimpel*, FS 100 Jahre GmbHG, 335, 346.

1004 So aber *Deckart*, S. 46 ff.

kommen sollte. Vielmehr ist von einer funktionellen Betrachtungsweise des Vorgangs der Darlehensgewährung auszugehen.[1005]

(3) Heranziehung von BGHZ 81, 311 ff. („Helaba/Sonnenring")

Auch ist gegen das Substanzschutzargument eingewendet worden, die in diesem Zusammenhang angeführte Entscheidung „Helaba/Sonnenring"[1006] sei nicht mit einem Fall der Darlehensgewährung vergleichbar, so dass sich aus der Entscheidung nichts herleiten ließe.[1007] In dem dieser Entscheidung zugrunde liegenden Sachverhalt hatte eine GmbH ihren Grundbesitz zwecks Abdeckung eigenkapitalersetzender Gesellschafterdarlehen erfüllungshalber an den Gesellschafter übereignet. Nach einer Vertragsklausel sollte der Gesellschafter den Erlös aus der Veräußerung des Grundbesitzes der GmbH erst nach Verwertung aller eigenen Grundstücke der GmbH gutbringen. Der Gesellschafter konnte also eine nicht unbeträchtliche, der GmbH zustehende Summe, für einen bestimmten Zeitraum zinslos behalten. Während in diesem Fall also nach der bislang überwiegend vertretenen Ansicht der Drittvergleich wegen der Unausgeglichenheit der beiderseitigen Leistungen nicht gegeben gewesen sei, zieht der BGH dieses Urteil in BGHZ 157, 72 ff. heran, obwohl in dem dieser Entscheidung zugrunde liegenden Sachverhalt das gewährte Darlehen wegen einer marktgerechten Verzinsung einem Drittvergleich standgehalten hätte.[1008] Aus diesem Grund passe das Judikat nicht auf den BGHZ 157, 72 ff. zugrunde liegenden Fall. Bei Zugrundelegung eines anderen Verständnisses erscheint die Heranziehung der „Helaba/Sonnenring"-Entscheidung zur Untermauerung des Substanzschutzargumentes hingegen gerechtfertigt.[1009] Zunächst ist zu beachten, dass die Entscheidung vom BGH lediglich zur Untermauerung des Substanzschutzargumentes herangezogen wurde. Selbst ohne die Heranziehung dieser Entscheidung ist das Substanzschutzargument nach den bisherigen Ausführungen aber zutreffend. Zudem kommt es auf das Vorliegen des Drittvergleiches bei BGHZ 157, 72 ff. im Unterschied zu BGHZ 81, 311 ff. bei richtiger Lesart überhaupt nicht an. Beiden Entscheidungen lag die Gemeinsamkeit zugrunde, dass liquide Mittel gegen einen schuldrechtlich hinausgezögerten Anspruch ausgetauscht worden

---

[1005] *Rehm*, FS Säcker, 305, 307.

[1006] BGHZ 81, 311 ff.; jetzt auch vom LG Düsseldorf, ZIP 2006, 516, 521, herangezogen.

[1007] *Maier-Reimer*, VGR 10, 127, 131 Fn 19; *Cahn*, DK 2004, 235, 239 sowie bereits *ders.*, Kapitalerhaltung im Konzern, S. 250 f.; *Reiner/Brakemeier*, BB 2005, 1458, 1459; *Servatius*, DStR 2004, 1176, 1178.

[1008] *Reiner/Brakemeier*, BB 2005, 1458, 1459; *Servatius*, DStR 2004, 1176, 1178 f.; nach *Bähr/Hoos*, GmbHR 2004, 304, 305, hätte die BGHZ 157, 72 ff. zugrunde liegende Darlehensgewährung dem Drittvergleich hingegen nicht standgehalten.

[1009] Dem BGH in seinem Rückgriff auf BGHZ 81, 311 ff., zust.: *Deckart*, S. 60 f.; *Börner*, BGHReport 2004, 534, 535; *Bayer/Lieder*, ZGR 2005, 133, 140 f.; *Kerber*, ZGR 2005, 437, 439; *Langner*, GmbHR 2005, 1017, 1017, Fn 2.

waren. Genau auf diesen Zusammenhang scheint es dem BGH nunmehr anzukommen. Es ist daher zumindest unschädlich, dass der BGH im Zusammenhang mit dem Substanzschutzargument auf die „Helaba/Sonnenring"-Entscheidung verweist, da auch dieser Entscheidung der Gedankengang der Verschlechterung der Vermögenslage durch Austausch liquider Mittel mit schuldrechtlichen, hinausgezögerten Ansprüchen zugrunde liegt. Der Hinweis auf weitere bestehende Unterschiede zwischen beiden Entscheidungen[1010] ist vor diesem Hintergrund unergiebig. Ob man nun angesichts der genannten Entscheidung „Helaba/ Sonnenring" und einer nachfolgenden Entscheidung[1011] mit einer Abkehr des BGH von einer bilanziellen Sichtweise rechnen konnte und durfte oder nicht, ist demgegenüber zweitrangig.[1012] Der BGH ist aufgrund seiner Aufgabenstellung in gewissen Grenzen zur Rechtsfortbildung berechtigt.[1013] Selbst ohne ein Vorbild in der bisherigen Rechtsprechung ist der BGH daher zur Abkehr von der bilanziellen Betrachtungsweise befugt, zumal die Grenzen richterlicher Rechtsfortbildung nicht überschritten wurden.

(4) Richtige Zweckdeutung des § 30 Abs. 1 GmbHG

Allerdings ist die im Zusammenhang mit dem Substanzschutzargument erstrebte Erhaltung des Stammkapitals als Haftungsmasse aus dem Grund von *Engert* in Zweifel gezogen worden, dass im Insolvenzfall, wenn die Haftungsmasse zur Gläubigerbefriedigung eingesetzt werden sollte, das Stammkapital ohnehin nicht mehr gedeckt sei, so dass die Kapitalerhaltung nicht zur Sicherung einer Haftungsmasse zugunsten der Gesellschaftsgläubiger als Vollstreckungsgegenstand geeignet sei.[1014] Allerdings ist zu beachten, dass der Zweck des Auszahlungsverbotes des § 30 Abs. 1 GmbHG keinesfalls dahin geht, die Insolvenz der GmbH abzuwenden.[1015] Vielmehr geht es darum, zu verhindern, dass im Stadium der Unterbilanz Vermögen der Gesellschaft auf die Gesellschafter übertragen wird. Damit soll die Erhaltung der Haftungsmasse für die Gesellschafts-

[1010] Nach *Servatius*, DStR 2004, 1176, 1178, war es in BGHZ 81, 311 ff., entscheidend, ob die GmbH die Mittel tatsächlich benötigte, während in BGHZ 157, 72 ff., nicht mehr darauf abgestellt wurde.

[1011] BGHZ 122, 333, 338 ff.

[1012] Nach *Langner*, GmbHR 2005, 1017, 1017, Fn 2; *Bayer/Lieder*, ZGR 2005, 133, 140; *Schilmar*, DB 2004, 1411, 1411 f.; *Saenger/Koch*, NZG 2004, 271, 272; *Börner*, BGHReport 2004, 534, 535, ist diese Abkehr nicht überraschend („bereits in BGHZ 81, 311 ff. angedeutet"), während andere überrascht scheinen, etwa *Vetter*, BB 2004, 1509, 1509, („...lässt die Praxis aufschrecken").

[1013] Insofern zutr. Scholz-*H.P. Westermann*, § 30 Rdn 21 Fn 2; *Deckart*, S. 60; *Kerber*, ZGR 2005, 437, 445.

[1014] *Engert*, BB 2005, 1951, 1951; *ders.*, ZHR 170 (2006), 296, 301, Fn 18; vgl. auch *Mülbert*, DK 2004, 151, 154.

[1015] Gegen eine solche Interpretation des § 30 Abs. 1 GmbHG auch *Joost*, VGR 11, 31, 33 f.; *Flesner*, NZG 2006, 641, 645.

gläubiger gesichert werden. § 30 Abs. 1 GmbHG hat also das vorrangige Ziel des Gläubigerschutzes,[1016] nicht aber der Insolvenzvermeidung. Dabei darf jedoch nicht verkannt werden, dass es der Sinn und Zweck der Kapitalerhaltung, die Substanz zu Gläubigerschutzzwecken zu sichern, wiederum mit sich bringt, dass es gar nicht zu einer Insolvenz kommen soll. Insofern ist § 30 Abs. 1 GmbHG durchaus auch eine insolvenzvermeidende Wirkung beizumessen.[1017] Diese Wirkung darf aber nicht mit dem vom Auszahlungsverbot des § 30 Abs. 1 GmbHG vorrangig verfolgten Schutz des Gesellschaftsvermögens zugunsten der Gläubiger der Gesellschaft verwechselt werden. Die Zweifel *Engerts* sind daher unberechtigt.

(5) Darlehensrückzahlungsanspruch kein Äquivalent für die Hergabe liquider Mittel

Das schuldrechtliche Ansprüche im übrigen kein Äquivalent für die Hergabe von liquiden Mitteln sein können, ergibt sich aus folgender Überlegung: Mit einem hinausgeschobenen schuldrechtlichen Anspruch kann die Gesellschaft nicht in der gleichen Weise wirtschaften, wie sie es mit liquiden Mitteln hätte tun können.[1018] Dies wird besonders bei einem akuten Liquiditätsbedarf der GmbH deutlich. Während sie in diesem Fall auf liquide Mittel direkt zugreifen könnte, muss die Gesellschaft beim Austausch liquider Mittel gegen einen Anspruch die Forderung entweder an einen Kreditgeber verkaufen oder sie ihm sicherungshalber übertragen, um an liquide Mittel zu gelangen.[1019] Bei einem Forderungsverkauf wird aber der Forderungskäufer die Forderung wegen der Übernahme des Bonitätsrisikos des Gesellschafters nur unter einem gewissen Abschlag ankaufen oder beleihen.[1020] Um die Fortführung der GmbH zu gewährleisten, ist es indessen in der Situation der Unterbilanz der Gesellschaft für diese erforderlich, alle Aktiva mit einem höchstmöglichen Wert einzusetzen.[1021] Gerade dies ist wiederum bei einem Austausch liquider Mittel gegen hinausgeschobene Mittel eben nicht der Fall. Der Substanzschutz erfordert somit, dass der Austausch liquider Mittel mit schuldrechtlichen Ansprüchen gegen Gesellschafter im Stadium der Unterbilanz unterbleibt. Führt dieses Erfordernis gleichzeitig dazu, dass die Gesellschaft angehalten ist, ihren Vermögensstock liquide zu halten und nicht in zeitlich hinausgeschobene schuldrechtliche Forderungen einzutauschen,[1022] kann daraus nicht hergeleitet werden, § 30 Abs. 1 GmbHG sei auf den

---

[1016] Hierzu bereits oben § 8 B. I.

[1017] Vgl. GK-GmbHG-*Habersack*, § 30 Rdn 2; *Deckart*, S. 20; *Joost*, VGR 11, 31, 34; *ders.*, ZIP 2007, 2242, 2244; krit. aber *Koch*, S. 20 f.; *Haas*, ZIP 2006, 1373, 1374.

[1018] *Deckart*, S. 40; *Stimpel*, FS 100 Jahre GmbHG, 335, 350.

[1019] *Deckart*, S. 40; *Stimpel*, FS 100 Jahre GmbHG, 335, 350.

[1020] Zum Factoring Palandt-*Heinrichs*, § 398 Rdn 35 ff.

[1021] *Deckart*, S. 40 f.

[1022] So *Deckart*, S. 51; *Servatius*, DStR 2004, 1176, 1179.

Schutz der Liquidität gerichtet. Der von dieser Norm beabsichtigte Schutz des Stammkapitals bringt es in dem vorliegenden Zusammenhang des Austausches liquider Mitte gegen schuldrechtliche Ansprüche lediglich mit sich, dass auch die Liquidität reflexartig mitgeschützt wird.[1023]

(6) Bestätigung durch BGHZ 166, 8 ff.

Ergänzend sei angeführt, dass das Substanzschutzargument auch durch die bereits bei der Kapitalaufbringung genannten Entscheidungen des BGH vom 16.01.2006 gestärkt worden sein dürfte. Auch dort argumentierte der BGH, dass eine nur schuldrechtlich eingeräumte Möglichkeit der Belastung des Zentralkontos nicht mit der Leistung der Einlage zur freien Verfügung gleichgestellt werden könne. Trotz der bestehenden Unterschiede zwischen Kapitalaufbringung und -erhaltung und der Tatsache, dass diese Rechtsprechung nicht auf eine Unterbilanzsituation beschränkt sein kann,[1024] zeigt sie doch die Tendenz auf, dass der BGH rein schuldrechtlichen Ansprüchen als Surrogat für gesellschaftsrechtliche Ansprüche oder gesellschaftsrechtliches Vermögen ablehnend gegenüber steht.[1025]

bb) Ergebnis

Dem Substanzschutzargument ist aus den genannten Gründen zu folgen. Die dagegen geübte Kritik vermag nicht zu überzeugen.

b) Rangargument

Weiterhin führt der BGH an, der Austausch von Kapital gegen bloß schuldrechtliche Ansprüche überspiele den strukturellen Nachrang der Gläubiger des Gesellschafters, da diese durch die Darlehenshingabe zum Nachteil der Gläubiger der Gesellschaft im Ergebnis einen vollstreckungs- und insolvenzrechtlich vorrangigen Zugriff auf die Vermögenswerte der Gesellschaft erhielten.[1026] Damit greift das ein zuvor in der Literatur entwickeltes Argument auf, wonach sich die Gläubiger des Gesellschafters gegenüber den Gläubigern der Gesellschaft in einem Nachrang befinden, da sie hinsichtlich der Gesellschaftsvermögens auf die Verwertung des in seinem Wert durch die bestehenden Passiva geminderten Geschäftsanteils verwiesen sind.[1027]

[1023] Siehe schon oben § 8 B. II. 2. a) aa) (2).

[1024] Hierzu schon oben 2. Teil § 7 C.

[1025] BGHZ 166, 8 ff.; wohl auch *Bayer/Lieder*, GmbHR 2006, 449, 452; *Werner*, BKR 2006, 211, 213; unzutr. in diesem Zusammenhang auf das Rangargument abst. *Lamb/Schluck-Amend*, DB 2006, 879, 879; zur Übertragung der Rechtsprechung der Kapitalaufbringung auf die Kapitalerhaltung auch *Joost*, VGR 11, 31, 37.

[1026] BGHZ 157, 72, 76, unter Hinweis auf *Schön*, ZHR 159 (1995), 351, 361.

[1027] *U.H. Schneider*, ZGR 1984, 497, 503; *Schön*, ZHR 159 (1995), 351, 357, 361; *Kühbacher*, S. 9 ff.; siehe oben § 8 B. II. 1. b).

aa) Kritische Würdigung

Auch dieses Argument hat in der Literatur ein geteiltes Echo gefunden. Teilweise ist es auf Zustimmung gestoßen.[1028] Allerdings wurde auch vielfach Kritik geübt. So wurde etwa darauf hingewiesen, dass der kapitalerhaltungsrechtlich unbedenkliche Erwerb eines Gegenstands des Anlagevermögens von einem Gesellschafter zu einem angemessenen Preis die Befriedigungsmöglichkeiten der Gesellschaftsgläubiger trotz der unmittelbaren Zugriffsmöglichkeit auf diesen Gegenstand tatsächlich erheblich stärker beeinträchtigen könne als die Gewährung eines angemessen verzinsten Darlehens an einen zahlungsfähigen Gesellschafter.[1029] Dazu ist folgendes zu bemerken:

(1) Kein Abstellen auf die Bonität des Schuldners

Die Kritik geht unter anderem dahin, dass die Argumentation aus der Verbesserung der Lage der Gläubiger des Gesellschafters hinfällig sei, wenn der Gesellschafter ohnehin von zweifelsfreier Bonität sei.[1030] Es sei jedenfalls dann nicht von einem strukturellen Nachrang auszugehen, wenn die Gesellschaft das Darlehen nicht durch Übergabe von Bargeld, sondern im Wege der Verfügung über eine Forderung gewähre, die ihr gegen einen Dritten (insbesondere gegen ein Kreditinstitut) zustehe.[1031] Vor der Darlehensvergabe könnten die Gesellschafter auf die Forderung der Gesellschaft gegen den Dritten zugreifen, danach auf die Forderung gegen den Gesellschafter. Vor der Darlehensgewährung hätten die Gläubiger des Dritten, danach die Gläubiger des Gesellschafters Zugriff auf die Valuta bzw. das Surrogat. Die Darlehensgewährung an den Gesellschafter habe daher nicht eine Verschlechterung des Zugriffsrangs, sondern nur eine Auswechslung des Schuldners zur Folge. Ob sich damit die Befriedigungsaussichten verschlechterten, hänge von der Bonität des Schuldners ab. Dem ist aber entgegenzuhalten: Auf die Bonität des Schuldners kann es richtigerweise nicht ankommen, da der Bonitätsvergleich regelmäßig negativ ausfallen würde. Alternativschuldner wäre nämlich stets ein Kreditinstitut, das besonderen Sicherungsmechanismen unterliegt.[1032] Aus diesem Grund verschlechtern sich bei der gebo-

---

[1028] GK-GmbHG-*Habersack*, § 30 Rdn 49; *Kindler*, § 15 Rdn 31; *Koch*, S. 79; *Diers*, S. 64; *Rittscher*, S. 91; *Habersack/Schürnbrand*, NZG 2004, 689, 696 („überzeugender Gedankengang"); *Schäfer*, GmbHR 2005, 133, 137 („Argument schwerlich zu bestreiten"); *Suchanek/Herbst*, FR 2005, 665, 673 („nicht von der Hand zu weisen"); *Servatius*, DStR 2004, 1176, 1178; *Bayer/Lieder*, GmbHR 2006, 449, 452; *Bunke/Lommatzsch*, JuS 2006, 1097, 1103.

[1029] *Cahn*, Kapitalerhaltung im Konzern, S. 253; *ders.*, DK 2004, 235, 241.

[1030] *Cahn*, Kapitalerhaltung im Konzern, S. 253; *ders.*, DK 2004, 235, 241; *Suchanek/Herbst*, FR 2005, 665, 673; *Drygala*, ZGR 2006, 587, 625 f.; *Maier-Reimer*, VGR 10, 127, 132.

[1031] *Vetter*, BB 2004, 1509, 1513; ebenso *Cahn*, Kapitalerhaltung im Konzern, S. 253; *ders.*, DK 2004, 235, 241.

[1032] Zu diesen Sicherungssystemen bereits oben 2. Teil § 5 C. IV. 1. c) aa).

tenen wirtschaftlichen Betrachtung der Vorgänge entgegen der anderen Auffassung die Befriedigungsaussichten der Gläubiger bei einem Austausch einer Guthabenforderung gegen eine Bank mit einer Forderung gegen einen Gesellschafter.[1033]

(2) Abstrakter Schutz

Allen diesen Einwänden ist zudem entgegenzuhalten, dass es dem BGH mit dem Rangargument um einen abstrakten Schutz geht, der von den Besonderheiten des Einzelfalls unabhängig ist. Eine Darlehensgewährung an Gesellschafter ist – wie bereits aufgezeigt wurde – für die Gesellschaft mit besonderen Gefahren verbunden. Der Vergleich mit anderen Rechtsgeschäften vermag daher nicht zu überzeugen. Ebenso ist das Abstellen auf die Bonität des Schuldners wenig ergiebig, will man dem Schutz des Stammkapitals gemäß § 30 Abs. 1 GmbHG zur vollen Geltung verhelfen und daher den Schutz abstrakt definieren. Wirksamer Schutz des Stammkapitals kann auch hier nur durch die Prävention vor künftigem Missbrauch in Form einer abstrakten Betrachtungsweise geleistet werden. Aus diesem Grund scheidet auch folgende Argumentation aus: Geltend gemacht wird die Hinfälligkeit des Rangarguments bei einer werthaltigen Besicherung. Die Insolvenzfestigkeit vorausgesetzt, sei der Anspruch aus dinglicher Sicherheit in der Insolvenz des Gesellschafters nicht dem vorrangigen Zugriff der Gläubiger des Gesellschafters zulasten der Gläubiger der GmbH ausgesetzt.[1034] Bei Besicherung durch einen Dritten sei die Realisierung der Sicherheit durch die Insolvenz des Gesellschafters erst recht nicht betroffen.[1035] Im übrigen werde das nicht vollends auszuschließende Insolvenzrisiko durch eine Vergütung in Form einer angemessenen Verzinsung, die den Haftungsfonds der Gläubiger erweitere, ausgeglichen.[1036] Die Gesellschaft und mittelbar ihre Gläubiger stünden daher bei wirtschaftlicher Betrachtungsweise nicht schlechter dar, als wenn die Gesellschaft die Darlehensvaluta nicht auszahle.[1037] Gegen dieses Besicherungsargument ist neben der gebotenen abstrakten Betrachtungsweise noch anzuführen, dass eine Besicherung eines aufsteigenden Darlehens der Tochter- an die Muttergesellschaft bislang unüblich war. Soweit in diesem Zusammenhang auf die werthaltige Besicherung im Rahmen des in BGHZ 157, 72 ff. genannten Ausnahmetatbestandes abgestellt wird,[1038] ist zwar zuzugestehen, dass damit der strukturelle Nachrang gerade nicht aufgehoben wird. Als generelles Argument

---

[1033] Zurückhaltender *Deckart*, S. 59.

[1034] *Langner/Mentgen*, GmbHR 2004, 1121, 1127.

[1035] *Vetter*, BB 2004, 1509, 1513; *Langner/Mentgen*, GmbHR 2004, 1121, 1127; ebenso *Cahn*, DK 2004, 235, 241.

[1036] *Cahn*, Kapitalerhaltung im Konzern, S. 253; *ders.*, DK 2004, 235, 240; *Vetter*, BB 2004, 1509, 1513.

[1037] *Vetter*, BB 2004, 1509, 1513.

[1038] Hierzu noch unten § 8 E. II. 4.

gegen das Rangargument kann der Ausnahmetatbestand indes schon seiner allgemeinen Bedeutung nach nicht angeführt werden.[1039]

(3) Aufhebung des Nachrangs

Durch die Darlehensgewährung wird der an sich bereits strukturell gegebene Nachrang der Gläubiger des Gesellschafters hinsichtlich der Vermögenswerte der Gesellschaft aufgehoben und in einen Nachrang der Gläubiger der Gesellschaft umgewandelt. Dies stellt sich wie folgt dar: Die Gläubiger des Gesellschafters hätten ohne die Darlehensgewährung auf die Mittel der Gesellschaft nur dadurch mittelbar zugreifen können, dass sie den Gesellschaftsanteil des Gesellschafters pfänden.[1040] Der strukturelle Nachrang ist also offenkundig. Aufgrund der Darlehensgewährung an den Gesellschafter können dessen Gläubiger nunmehr auf die diesem übertragene Darlehensvaluta unmittelbar zugreifen.[1041] Währenddessen steht der GmbH nur ein in der Zukunft fällig werdender Darlehensrückzahlungsanspruch zu. Auch bei Zugrundelegung einer fristlosen Kündigungsmöglichkeit bei einer Krise des Gesellschafters durch die Gesellschaft nach § 490 Abs. 1 BGB und einer entsprechenden Verpflichtung des Geschäftsführers zur Ausübung des Kündigungsrechts ist stets ein potentieller zeitlicher Vorrang der Gläubiger des Gesellschafters gegenüber der GmbH gegeben, die keine Gestaltungsrechte ausüben müssen, bevor sie auf das Vermögen des Gesellschafters zugreifen können.[1042] Die strukturelle Nachrangigkeit der Gläubiger des Gesellschafters vor denjenigen der Gesellschaft würde damit aufgehoben werden.[1043] Zudem ist es zwar zutreffend, dass eine Verschlechterung der Zugriffsmöglichkeiten der Gläubiger der GmbH immer dann erfolgt, wenn diese dingliche in schuldrechtliche Positionen tauscht. Gerade weil dies so ist, ist ein solcher Tausch aus Gläubigerschutzgesichtspunkten zumindest dann unzulässig, wenn eine Unterbilanz vorliegt. Dem kann auch nicht entgegnet werden, der Nachrang der Gläubiger der Gesellschaft bei einem Anspruch aus § 488 Abs. 1 S. 2 BGB ergebe sich aus dem Unterschied des Sachenrechts zum Schuldrecht und habe keinen spezifischen Bezug zum Kapitalerhaltungs-

---

[1039] Das obiter dictum des BGH geht von einem Regel-/Ausnahmeverhältnis aus, das durch eine solche Deutung aufgehoben werden würde.

[1040] Zutr. *Vetter*, BB 2004, 1509, 1516.

[1041] Dass dies nur möglich ist, wenn die Darlehensvaluta oder ein identifizierbares Surrogat bei dem Gesellschafter vorhanden ist, spricht nicht gegen dieses Argument (so hingegen *Maier-Reimer*, VGR 10, 127, 132). Das Argument geht vielmehr von dem Grundsatz aus, dass die Valuta oder ein Surrogat vorhanden ist. Dies dürfte auf die Mehrzahl der Fälle zutreffen.

[1042] Anders *Vetter*, BB 2004, 1509, 1516.

[1043] *Hentzen*, ZGR 2005, 480, 483, 486; *Vetter*, BB 2004, 1509, 1515 f., gehen demgegenüber von vornherein von einem Gleichrang aus; krit. gegenüber einer Herstellung einer Rangordnung auch Scholz-*H.P. Westermann*, § 30 Rdn 21.

recht.[1044] Dabei wird übersehen, dass mit § 30 Abs. 1 GmbHG ein besonderer Schutz des Stammkapitals etabliert ist, der durch den Tausch von liquiden Mitteln in eine Darlehensforderung verletzt wird. Dass die Benachteiligung auf dem Unterschied zwischen Sachen- und Schuldrecht beruht, ist demgegenüber irrelevant.[1045] Auch der Hinweis darauf, dass den Gläubigern der Gesellschaft kein allgemeines Recht des ersten Zugriffs auf deren Vermögenswerte zustehe und die Gesellschaft stets die Zugriffsmöglichkeiten ihrer Gläubiger verschlechtere, wenn sie dingliche in schuldrechtliche Positionen tausche,[1046] vermag vor diesem Hintergrund nicht zu überzeugen. Die Kritik übersieht in diesem Zusammenhang, dass zwischen einem strukturellen Nachrang der Gläubiger der Gesellschafter und einem „Recht" der Gläubiger der Gesellschaft auf den ersten Zugriff ein wesentlicher Unterschied besteht. Hinzu kommt noch, dass § 30 Abs. 1 GmbHG durch das Eintreten der Unterbilanz eine Schwelle festgelegt hat, ab der der GmbH ein besonderer Schutz zukommen soll. Aus diesem Grund kommt es nicht auf die allgemeine Betrachtung der Verschlechterung der Zugriffsmöglichkeiten der Gläubiger an. Außerhalb der Unterbilanz mag diese Verschlechterung nicht erheblich sein, bei Eintritt der Unterbilanz greift hingegen der besondere Schutz des § 30 Abs. 1 GmbHG. Das Argument gilt daher gerade nicht außerhalb der Unterbilanz.[1047]

bb) Ergebnis

Auch dem Rangargument ist aus den genannten Gründen zuzustimmen.

c) Umgehungsargument

Zuletzt wird auf den mit seinem Entstehen sofort fälligen Erstattungsanspruch hingewiesen, der dem Gesellschafter nicht erlassen werden könne (§ 31 Abs. 4 GmbHG).[1048] Ebenso wie die Einlageforderung dürfe der funktionell vergleichbare Erstattungsanspruch nicht gestundet werden.[1049] Aufgrund der Gefahr einer Umgehung des Stundungsverbots könne die Gewährung eines Darlehens nicht gebilligt werden, da andernfalls zu befürchten wäre, dass verbotene Zahlungen aus dem Stammkapital bilanzneutral als Darlehen verschleiert werden könnten.[1050]

[1044] So *Wessels*, ZIP 2004, 793, 794.

[1045] So auch *Deckart*, S. 56.

[1046] *Wessels*, ZIP 2004, 793, 794.

[1047] Dies gesteht *Cahn*, Kapitalerhaltung im Konzern, S. 252, ein; a. A. aber *Maier-Reimer*, VGR 10, 127, 132, sowie *Mülbert*, ZGR 1995, 578, 607.

[1048] BGHZ 157, 72, 77.

[1049] BGHZ 157, 72, 77, unter Hinweis auf die Literatur und die dort vertretenen Gegenstimmen.

[1050] BGHZ 157, 72, 77, unter Bezugnahme auf verschiedene Stimmen in der Literatur.

aa) Kritische Würdigung

Auch dieses letzte Argument des BGH ist von einem Teil der Literatur kritisch aufgenommen worden. Das Gesetz gestatte es in § 7 Abs. 2 GmbHG selbst, dass die Gesellschaft ihren Gesellschaftern im Rahmen der Barkapitalaufbringung den größten Teil ihrer Einlageforderung unbefristet, zinslos und ohne Sicherung stunde, so dass das Kapitalaufbringungsrecht sich auch mit zeitverschobenen Zahlungsansprüche begnüge und nicht etwa eine sofortige reale Leistungsbewirkung fordere.[1051] Über die Fälligkeit der im Zeitpunkt der Handelsregisteranmeldung noch nicht geleisteten Anteile der Bareinlagen könne die Gesellschafterversammlung nach § 46 Nr. 2 GmbHG eine eigene Entscheidung treffen, sofern die Fälligkeit nicht ohnehin im Gesellschaftsvertrag festgelegt ist.[1052] Zuletzt soll auch der rechtsgeschäftlich begründete Anspruch nicht mit der gesetzlichen Rechtsfolge eines unzulässigen Verhaltens gleichzusetzen sein. Die strukturelle Ähnlichkeit, dass in beiden Fällen ein Anspruch bestehe, führe nicht dazu, dass der rechtsgeschäftlich begründete Anspruch nicht hätte begründet werden dürfen und deshalb sofort fällig sein müsse.[1053] De lege lata könnten Maßnahmen, die keine Einlagenrückgewähr darstellen, von diesem Verbot nicht deswegen erfasst werden, weil die Beteiligten sonst einen Verstoß nachträglich in eine nicht unzulässige Darlehensgewährung umzumünzen versuchen könnten.[1054] Andere Stimmen gehen hingegen mit dieser Argumentation überein: Der BGH weise mit dem Umgehungsargument lediglich auf die bei einer bilanziellen Betrachtungsweise eintretenden Folgen hin.[1055] Da die Darlehensforderung der Gesellschaft nicht sofort zurückgezahlt wird, würde auch gegen § 31 GmbHG verstoßen werden.[1056] Weiterhin wird ausgeführt, es müsse dem Verdacht, dass ein Darlehen nur zum Schein abgeschlossen werde, um eine Entnahme zu verschleiern, wirksam begegnet werden.[1057] Dazu ist anzumerken:

[1051] GK-GmbHG-*Habersack*, § 30 Rdn 49; *Cahn*, DK 2004, 237, 240; *Reiner/Brakemeier*, BB 2005, 1458, 1463; *Grunewald*, WM 2006, 2333, 2333; *Schilmar*, DB 2004, 1411, 1412; *Vetter*, ZGR 2005, 788, 823; *Servatius*, DStR 2004, 1176, 1178; *Wessels*, ZIP 2004, 793, 795; *Henze*, WM 2005, 717, 719; *Pentz*, ZIP 2006, 781, 783; *Niemeier*, bei Seulen, VGR 10, 159, 161.

[1052] *Schilmar*, DB 2004, 1411, 1412; *Servatius*, DStR 2004, 1176, 1179; *Wessels*, ZIP 2004, 793, 795.

[1053] *Maier-Reimer*, VGR 10, 127, 133.

[1054] *Maier-Reimer*, VGR 10, 127, 133; *Drygala*, ZGR 2006, 587, 624.

[1055] GK-GmbHG-*Habersack*, § 30 Rdn 49; *Deckart*, S. 57; *Langner*, GmbHR 2005, 1017, 1020; *Vetter*, BB 2004, 1509, 1513.

[1056] *Langner*, GmbHR 2005, 1017, 1020.

[1057] *Reiner/Brakemeier*, BB 2005, 1458, 1459; *Vetter*, BB 2004, 1509, 1513; schon vor BGHZ 157, 72 ff., *Kühbacher*, 43 f.

(1) Vergleich mit Kapitalaufbringungsvorschriften

Ob das Stundungsverbot des § 19 Abs. 2 S. 2 GmbHG tatsächlich auf den Anspruch aus § 31 Abs. 1 GmbHG übertragbar ist, ist zwar nicht unumstritten und bedarf noch vertiefter Untersuchung.[1058] Geht man von der Übertragbarkeit in dem hier gegebenen Zusammenhang zunächst aus, ist die Begründung des BGH zutreffend: Sie beruht auf der Argumentation, dass auch das Gesetz in §§ 7 Abs. 2, 19 Abs. 3 und 31 Abs. 1 GmbHG einen gegen den Gesellschafter gerichteten Anspruch nicht dem gezahlten Kapital gleichstellt.[1059] Dürfe die Einlage nicht gestundet werden, sei auch eine Entnahme gegen Rückzahlungsverpflichtung unzulässig.[1060] Dieser Argumentation ermangelt es nicht an Überzeugungskraft. Zwar ist zu bedenken, dass als zulässige Sacheinlage im Sinne des § 5 Abs. 4 GmbHG auch eine werthaltige Forderung, insbesondere eine Darlehensrückzahlungsforderung denkbar ist, bei der es gemäß § 7 Abs. 3 GmbHG ausreicht, wenn sie rechtzeitig vor der Anmeldung auf die Gesellschaft übertragen wird, ohne dass sie bereits vor Anmeldung durch die Gesellschaft eingelöst worden sein muss.[1061] Bei dieser Argumentation geht es jedoch nicht speziell um eine Darlehensgewährung an Gesellschafter. Gerade bezüglich derartiger Forderungen ist aber zu berücksichtigen, dass Forderungen gegen Gesellschafter keinen tauglichen Einlagetatbestand darstellen.[1062] Dies folgt aus der Funktion der Sacheinlage, die nicht allein in der Begründung obligatorischer Rechte gegen den einlagepflichtigen Gesellschafter selbst besteht. Der Vergleich kann daher nicht gegen die Begründung des BGH herangeführt werden. Die vom BGH zitierten Normen sind zudem zumindest ihrem Telos nach auf eine strikte Kapitalaufbringung und -erhaltung gerichtet. Vor diesem Hintergrund stellt die zulässige Modifizierung der Einlageforderung durch die Gesellschafter gemäß § 46 Nr. 2 GmbHG nur eine Ausnahmeregelung dar und nicht etwa den Regelfall.[1063]

Auch der in diesem Zusammenhang vorgebrachte Vergleich mit den Kapitalaufbringungsvorschriften, wonach sich das GmbHG aufgrund der Möglichkeit der Teilleistungen bei Bareinlagen gemäß § 7 Abs. 2 GmbHG mit einer Stundung der Einlageforderung zufrieden gebe, kann nicht überzeugen. Die Übernahme des Regimes der Kapitalaufbringung auf die Kapitalerhaltung ist – wie mehrfach gezeigt wurde – nicht ohne weiteres möglich.[1064] Eine strengere Betrachtungsweise der Vorgänge im Rahmen der Kapitalerhaltung als bei der

---

[1058] Hierzu noch unten § 11 B. I. 2. b) cc).

[1059] *Saenger/Koch*, NZG 2004, 271, 273; *Stimpel*, FS 100 Jahre GmbHG, 335, 350.

[1060] *Saenger/Koch*, NZG 2004, 271, 273; *Stimpel*, FS 100 Jahre GmbHG, 335, 351.

[1061] *Reiner/Brakemeier*, BB 2005, 1458, 1463.

[1062] Siehe bereits oben 2. Teil § 5 C. IV. 1.

[1063] Zutr. *Kerber*, ZGR 2005, 437, 446.

[1064] *Bayer/Lieder*, GmbHR 2006, 1121, 1124; *Niemeier*, bei Seulen, VGR 10, 159, 161, regt demgegenüber eine Anpassung der Kapitalerhaltungsregeln an diese Vorschrift an.

Kapitalaufbringung ist aufgrund der bereits aufgezeigten unterschiedlichen Interessenlage gerechtfertigt.[1065] Aus diesem Grund stellt es auch keinen Widerspruch dar, dass die Gesellschafter bei der Kapitalaufbringung über den Zeitpunkt und die Höhe der Einforderung ohne dingliche Absicherung der Resteinlageforderung entscheiden können, während dies im Rahmen der Kapitalerhaltung nicht der Fall ist.[1066] Die Vorschrift des § 7 Abs. 2 GmbHG muss auf die Kapitalaufbringung beschränkt bleiben. Dies gilt umso mehr, wenn man sich den Zweck dieser Norm vor Augen führt, der unter anderem darin begründet ist, dass der Gründungsvorgang nicht dadurch beeinträchtigt werden soll, dass die Gesellschafter kurzfristig zur Aufbringung des Haftkapitals nicht in der Lage sind.[1067] Damit ist die Lage bei der Kapitalerhaltung von vornherein nicht vergleichbar. Hier ist die Gesellschaft gemäß § 31 Abs. 1 GmbHG zur sofortigen Rückforderung unter Verstoß gegen das Auszahlungsverbot des § 30 Abs. 1 GmbHG ausgegebener Mittel verpflichtet.

(2) Kein Zirkelschluss

Da das Stundungsverbot im Rahmen der Kapitalerhaltung nur auf der Rechtsfolgenseite, nämlich unter § 31 GmbHG gelte, wird vielfach vertreten, es könne nicht Begründung des Tatbestands des § 30 Abs. 1 GmbHG herangezogen werden.[1068] Es handle sich damit um einen Zirkelschluss (petitio principii).[1069] Dass die befürchtete Umgehung unzulässig wäre, ergebe sich aus der sofortigen Fälligkeit des Rückforderungsanspruchs gemäß § 31 GmbHG, lasse aber keine weiteren Rückschlüsse auf die vorrangig zu beantwortende Frage der Zulässigkeit einer Kapitalgewährung zulasten des gebundenen Vermögens zu.[1070] Dieses Argument vermag nicht zu überzeugen. Zutreffend ist zunächst, dass der BGH lediglich seine Besorgnis darüber äußert, dass durch die Zulassung von Darlehen an den Gesellschafter verbotene Zahlungen aus dem Stammkapital bilanzneutral

---

[1065] Ebenso *Deckart*, S. 52; *Bayer/Lieder*, GmbHR 2006, 1121, 1124; a. A. *Drygala*, ZGR 2006, 587, 629; siehe schon oben 2. Teil § 7 C.

[1066] Vgl. *Kerber*, ZGR 2005, 437, 445 f.; demgegenüber wird gerade dies als widerspr. angesehen von *Kurzwelly*, DAI-JAT 2006, 2, 29 f.; *Henze*, WM 2005, 717, 719; *Cahn*, DK 2004, 235, 240; *Wessels*, ZIP 2004, 793, 795; *Drygala*, ZGR 2006, 587, 629.

[1067] Vgl. Scholz-*Winter/Veil*, § 7 Rdn 2; *Bayer/Lieder*, GmbHR 2006, 1121, 1124.

[1068] Pentz/Sollanek-*Pentz*, S. 31; *Cahn*, DK 2004, 235, 240; *Helmreich*, GmbHR 2004, 457, 460; *Langner/Mentgen*, GmbHR 2004, 1121, 1127; *Reiner/Brakemeier*, BB 2005, 1458, 1459; *Schäfer*, GmbHR 2005, 133, 136; *ders.*, BB 2006, Beil. 7, 5, 7; *Schilmar*, DB 2004, 1411, 1412; *Wessels*, ZIP 2004, 793, 794; schon vor BGHZ 157, 72 ff.: *K. Schmidt*, GesR, § 37 III c; a. A. *Rittscher*, S. 95; *Koch*, S. 80.

[1069] *Servatius*, DStR 2004, 1176, 1178; *Schilmar*, DB 2004, 1411, 1412; *Schäfer*, GmbHR 2005, 133, 136; *Reidenbach*, WM 2004, 1421, 1422; sowie bereits *Cahn*, Kapitalerhaltung im Konzern, S. 251 f.

[1070] Pentz/Sollanek-*Pentz*, S. 31.

als Darlehen verschleiert werden.[1071] Bei einem Zirkelschluss wird die Aussage, die bewiesen werden soll, als Prämisse benutzt und somit gleichsam aus sich selbst bewiesen.[1072] Demnach hätte der BGH nicht nur einseitig vom Erstattungsanspruch nach § 31 GmbHG auf das Stundungsverbot, sondern zudem in die andere Richtung auch vom Stundungsverbot auf den Erstattungsanspruch gemäß § 31 GmbHG schließen müssen.[1073] Dies hat der BGH jedoch nicht getan, so dass der Vorwurf eines echten Zirkelschlusses nicht gerechtfertigt ist. Kann somit zur Begründung des realen Substanzschutzes auch auf Erwägungen, die § 31 GmbHG betreffen, abgestellt werden, ist aus tatsächlicher Sichtweise ein weiterer Nachteil erkennbar, wenn nicht jede Darlehensgewährung aus dem zur Erhaltung des Stammkapitals erforderlichen Vermögen an Gesellschafter als Auszahlung gewertet werden würde. Die Gesellschaft selbst oder ihr Insolvenzverwalter könnten in diesem Fall einen Erstattungsanspruch erst in dem Zeitpunkt geltend machen, in dem ein Kreditausfall konkret zu befürchten ist, weil der Gesellschafter selbst etwa in eine Krise geraten oder insolvent geworden ist.[1074] Ist es aber soweit gekommen, kann dem Gesellschafter der Vorteil, den er ohne weiteres durch die Darlehensgewährung auf Kosten des Stammkapitals ohne ausreichende Prüfung seiner Kreditwürdigkeit erlangt hat, nicht mehr genommen werden.[1075] Demgegenüber gewährt § 31 Abs. 1 GmbHG der Gesellschaft einen sofort fälligen Erstattungsanspruch. Dass dadurch, wie *Wessels*[1076] meint, das Kapitalschutzrecht vorauseilend Bereiche besetze, die der Insolvenz- und Gläubigeranfechtung vorbehalten seien, muss aufgrund eines effektiven Gläubigerschutzes hingenommen werden.[1077]

(3) Dokumentation und Verzinsung nicht ausreichend

Zuletzt ist auch dem Einwand zu begegnen, vom BGH befürchtete Umgehungsversuche könnten durch eine ordnungsgemäße Dokumentation der Darlehensgewährung einerseits und eine angemessene Verzinsung als Vergütung für Nachteile und Risiken andererseits verhindert werden.[1078] Im Gegenteil: Dagegen spricht schon, dass Umgehungsgefahren gerade nicht wirksam durch eine

---

1071 Ebenso *Deckart*, S. 58; *Vetter*, BB 2004, 1509, 1513.

1072 *Schmalz*, Rdn 177; *Hilgendorf*, NJW 1997, 758, 761 f.

1073 Dies konzedieren auch *Vetter*, BB 2004, 1509, 1513, und *Reiner/Brakemeier*, BB 2005, 1458, 1459 f., die die Argumentation des BGH dennoch nicht für überzeugend halten und dem BGH eine petitio principii bezüglich des Ausnahmetatbestandes vorwerfen.

1074 *Engert*, BB 2005, 1951, 1953.

1075 *Engert*, BB 2005, 1951, 1953.

1076 *Wessels*, ZIP 2004, 793, 795.

1077 Vgl. Scholz-*H.P. Westermann*, § 30 Rdn 21 f.; zu dem – hier nicht weiter behandelten – insolvenzrechtlichen Schutz auch *Mülbert*, WM 2006, 1977, 1983; *Thomas*, ZInsO 2007, 77, 78 f.; *Haas/Oechsler*, NZG 2006, 806, 811 f., mit einem entsprechenden Gesetzesvorschlag.

1078 So *Vetter*, BB 2004, 1509, 1513.

bloße Dokumentation abgewehrt werden können.[1079] Vielmehr werden Gesellschafter möglicherweise eine Dokumentation gerade so erstellen, dass eine Umgehung vertuscht wird. Auch eine Verzinsung kann eine Umgehung zudem selbst bei Annahme ihrer Angemessenheit nicht verhindern. Für die Gesellschaft wäre es ein schwacher Trost, wenn ihr Vermögen entzogen wird und sie mit einer Verzinsung als Kompensation für erlittene Nachteile und mögliche Risiken vertröstet wird. Eine Verzinsung wird zudem niemals den Abzug eines gesamten Darlehens kompensieren können.[1080]

(4) Ergebnis

Auch dem Umgehungsargument ist daher zuzustimmen. Alle vom BGH genannten Argumente sind also zutreffend. Ob der Auszahlungstatbestand des § 30 Abs. 1 GmbHG aber tatsächlich im Sinne des BGH zu verstehen ist, hängt davon ab, dass nicht andere Gründe dagegen sprechen.

d) Weitere Kritikpunkte

Auch außerhalb der Einwände bezüglich der einzelnen Argumente des BGH ist die Entscheidung BGHZ 157, 72 ff. aus darüber hinausgehenden Gründen vielfach kritisiert worden.

aa) Anwendung der Existenzvernichtung

Es stellt sich zunächst die Frage, ob das Urteil, das den Tatbestand des § 30 Abs. 1 GmbHG ohne Zweifel erweitert hat, auf andere Instrumente hätte gestützt werden können, „vielleicht sogar sollen".[1081] In Betracht kommt zunächst die Anwendung der Existenzvernichtungshaftung.[1082] Es finden sich Stimmen, die angesichts dieses zuvor in BGHZ 149, 10 ff. entwickelten Rechtsinstituts die Abkehr von der bilanziellen Betrachtungsweise in BGHZ 157, 72 ff. für nicht notwendig erachten, da der dem Urteil zugrunde liegende Fall auch auf die Haftung wegen existenzvernichtender Eingriffe hätte gestützt werden können.[1083] Diese Kritik geht aber an dem grundlegenden Verständnis des Verhältnisses zwischen § 30 Abs. 1 GmbHG zur Existenzvernichtungshaftung vorbei. Die Existenzvernichtungshaftung soll die Kapitalerhaltungsregeln der §§ 30, 31 GmbHG lediglich in den Fällen ergänzen, in denen diese aufgrund der Art des schädigenden Eingriffs nicht für den gebotenen Schutz der Gläubiger sorgen

---

[1079] So auch *Deckart*, S. 58.
[1080] *Deckart*, S. 58.
[1081] So *Seibert*, ZIP 2006, 1157, 1162.
[1082] Hierzu ausführl. 4. Teil.
[1083] *Flesner*, NZG 2006, 641, 645; *Grunewald*, WM 2006, 2333, 2334; *Schilmar*, DB 2004, 1411, 1413; *Vetter*, VGR 6, 69, 87; *Vetter*, BB 2004, 1509, 1516; *Vetter*, ZGR 2005, 788, 822; *Schäfer*, GmbHR 2005, 133, 137 f.; *Helmreich*, GmbHR 2004, 457, 460; wohl auch *Hahn*, DK 2004, 641, 643.

können.[1084] Insofern ist mit der Entscheidung BGHZ 157, 72 ff. ein darüber hinausgehender Schutz verbunden.[1085] Es besteht also ein Vorrang der Kapitalerhaltungsregeln vor der Existenzvernichtungshaftung.[1086] Soweit das gebundene Kapital betroffen ist, gewährleistet § 30 Abs. 1 GmbHG einen präventiven Schutz und greift damit auf einer anderen, nämlich vorgelagerten Stufe ein als die erst im Nachhinein eingreifenden und außerdem gegenüber dem Kapitalerhaltungsrecht subsidiäre Haftung wegen Existenzvernichtung.[1087] Auf der anderen Seite darf aber selbstredend nicht übersehen werden, dass sich die Existenzvernichtungshaftung selbst nicht am Auszahlungsverbot orientiert, sondern jeglichen Liquiditätsabzug erfasst, der den tatsächlichen finanziellen Bedürfnissen der GmbH nicht ausreichend Rechnung trägt und daher ihren Fortbestand gefährdet.[1088] Daraus folgt, dass die GmbH nicht generell zur Übertragung ihrer Liquidität an den Cash-Pool-Führer bis hin zur Grenze des § 30 Abs. 1 GmbHG verpflichtet werden darf. Insofern bleibt für die Existenzvernichtungshaftung ein eigenständiger Anwendungsbereich. Dass das Urteil also auf die subsidiäre Existenzvernichtungshaftung hätte erstreckt werden können,[1089] vermag als Argument gegen die Ausdehnung des § 30 Abs. 1 GmbHG in BGHZ 157, 72 ff. nicht zu überzeugen. Aus diesem Grund kann sich die Abkehr von der bilanziellen Betrachtungsweise angesichts des Rechtsinstituts der Existenzvernichtungshaftung auch nicht als unverhältnismäßig darstellen.[1090] Die Existenzvernichtung greift auf anderer, der Kapitalerhaltung gleichsam nachgeschalteter Stufe; es wäre daher widersprüchlich, einen Verstoß gegen § 30 Abs. 1 GmbHG mit einem erst nachrangig eingreifenden Schutz vor existenzvernichtenden Eingriffen zu verneinen.

bb) Ungleichbehandlung von Gesellschaftergeschäften

Ferner ist der Vorwurf erhoben worden, bei Zugrundelegung der Entscheidungsgründe aus BGHZ 157, 72 ff. würden Rechtsgeschäfte der GmbH mit ihren Gesellschaftern strenger beurteilt werden als Rechtsgeschäfte der GmbH mit

---

1084 Hierzu ausführl. 4. Teil § 13 VI. 1. c); schief daher *Eisner*, EWiR § 266 StGB 1/04, 723, 724.

1085 Ähnl. *Bayer/Lieder*, GmbHR 2006, 1121, 1123; *Reidenbach*, WM 2004, 1421, 1425; *Pentz*, ZIP 2006, 781, 783.

1086 A. A. jetzt BGH, GmbHR 2007, 927, 932.

1087 *Pentz*, ZIP 2006, 781, 783.

1088 *Habersack/Schürnbrand*, NZG 2004, 689, 695; *Beiner/Lanzius*, NZI 2004, 687, 689.

1089 Angesichts des Abzugs notwendiger Liquidität und der mangelnden Trennung der Vermögenssphären („Waschkorblage“) wären verschiedene Fallgruppen der Existenzvernichtungshaftung einschlägig gewesen, hierzu unten 4. Teil § 13 IV. 1. vgl. *Schilmar*, DB 2004, 1411, 1413; *Schäfer*, GmbHR 2005, 133, 137 f.; *Helmreich*, GmbHR 2004, 457, 460.

1090 So aber *Schäfer*, GmbHR 2005, 133, 137 f.

Dritten.[1091] Das Argument der strengeren Beurteilung von Geschäften mit Gesellschaftern als mit Dritten vermag bei näherer Betrachtung nicht zu überzeugen.[1092] Schließlich sind derartige Rechtsgeschäfte nicht vom Schutzzweck der Kapitalerhaltungsvorschriften erfasst, während dieser gerade beinhaltet, dass der Haftungsfond der GmbH nicht zugunsten der Gesellschafter und zulasten der Gläubiger wieder abgezogen wird. Anders als bei einer Darlehensgewährung an Gesellschafter würde die GmbH Darlehen an Dritte nur dann vergeben, wenn die Darlehensvergabe dem Drittvergleich standhält, sie also in ihrem Interesse liegt, die Darlehensbedingungen vor sie vorteilhaft sind und die Rückzahlung nicht zweifelhaft oder hinreichend besichert ist.[1093] Demgegenüber besteht bei Darlehensvergaben an Gesellschafter stets die Gefahr, dass vor Vergabe des Darlehens die Sicherung der Rückzahlung nicht in ausreichendem Maße geprüft wird.[1094] Vor diesem Hintergrund ist eine Differenzierung dergestalt, dass bei Rechtsverhältnissen mit Dritten eine bilanzielle Betrachtungsweise genügt, während dies bezüglich Darlehensgewährungen an Gesellschafter nicht ausreichend ist, zutreffend. Unter diesem Gesichtspunkt erweist sich eine Ungleichbehandlung als legitim. Rechtsgeschäfte der GmbH mit ihren Gesellschaftern sind aufgrund der damit verbundenen aufgezeigten Gefahrenlage grundsätzlich strenger zu beurteilen als solche mit Dritten.

e) Ergebnis

Nachdem auch keine anderen gegen die Auffassung des BGH geübten Kritikpunkte stichhaltig sind, ist der Auffassung des Gerichts zuzustimmen. Mit der zweckgerichteten Interpretation des § 30 Abs. 1 GmbHG, die aus Gläubigerschutzgesichtspunkten[1095] zu einem Präventivschutz bei der Darlehensgewährung an Gesellschafter führt,[1096] schützt der BGH zugleich die Geschäftsführer

---

[1091] *Grunewald*, WM 2006, 2333, 2333; *Drygala*, ZGR 2006, 587, 625 f.; *Hentzen*, ZGR 2005, 480, 491; *Reiner/Brakemeier*, BB 2005, 1458, 1459; *Heidenhain*, LMK 2004, 68, 68.

[1092] Ebenso *Wackerbarth*, FS Eisenhardt, 531, 543 ff.; *Bayer/Lieder*, ZGR 2005, 133, 143; *Servatius*, DStR 2004, 1176, 1179; *Bunke/Lommatzsch*, JuS 2006, 1097, 1103; vgl. auch Scholz-*H.P. Westermann*, § 30 Rdn 21.

[1093] *Burgard*, AG 2006, 527, 528; diese Voraussetzungen hat der BGH in seiner Entscheidung BGHZ 157, 72 ff., als obiter dictum aufgestellt.

[1094] Zu den Gründen hierfür sogleich.

[1095] Die Abkehr von der bilanziellen Betrachtungsweise erfolgt auch keineswegs unter dem „Deckmantel eines effektiven Gläubigerschutzes" (so *Sinewe*, EWiR § 302 Abs. 1 AktG 1/05, 33, 332; krit. auch *Flesner*, NZG 2006, 641, 645), sondern letzterer ist gerade Sinn und Zweck der Abkehr von der bilanziellen Betrachtungsweise. Insofern werden die Tatsachen auf den Kopf gestellt.

[1096] Deutl. *Hentzen*, ZGR 2005, 480, 487; *Ransiek*, wistra 2005, 121, 123; *Habersack/Schürnbrand*, BB 2006, 288, 289; *Kerber*, ZGR 2005, 437, 440 f.; *Bayer/Lieder*, ZGR 2005, 133, 142; *dies.*, GmbHR 2006, 1121, 1123.; *Bunke/Lommatzsch*, JuS 2006,

der GmbH, die sich in der Praxis wohl nur schwerlich verweigern konnten, wenn die Gesellschafter nach einem Kredit verlangten.[1097] Zudem sind die Geschäftsführer verpflichtet, die Kreditwürdigkeit des Darlehensnehmers zu überprüfen. Dabei müssen sie sich zwar einerseits auf die Angaben des Kreditnehmers verlassen, werden aber andererseits wegen möglicher Täuschungen versuchen, diese Informationen zu prüfen. Eine solche misstrauische Haltung kann von Geschäftsführern einer GmbH hingegen nicht erwartet werden, wenn ein Gesellschafter um einen Kredit nachsucht.[1098] Dies gilt verstärkt dann, wenn der Gesellschafter sogar selbst Geschäftsführer ist oder der Geschäftsführer zu ihm in einer persönlichen Näheposition steht.[1099] Die Geschäftsführer einer GmbH befinden sich bei dem Verlangen einer Darlehensgewährung an den Gesellschafter in einer juristischen Zwickmühle zwischen der drohenden Abberufung gemäß § 46 Nr. 5 GmbHG bei einer Verweigerung der Darlehensgewährung einerseits und der schwerwiegenden persönlichen Haftungsrisiken bei einer unzulässigen Darlehensgewährung andererseits.[1100] Es ist daher der Ansicht des BGH zu folgen, wonach eine Darlehensgewährung im Stadium der Unterbilanz unabhängig von der Werthaltigkeit des Darlehensrückzahlungsanspruchs gegen den Kapitalerhaltungsgrundsatz des § 30 Abs. 1 GmbHG verstößt.[1101] Freilich wird nicht verkannt, dass die Entscheidung, die zu einer strengen Handhabung des § 30 Abs. 1 GmbHG bei der Darlehensvergabe an Gesellschafter führt, in einem Gegensatz zu den gegenwärtigen Tendenzen nach einer Erleichterung oder gar Abschaffung der Kapitalerhaltungsregeln steht.[1102] Auf Grundlage des gegenwärtig geltenden Rechts ist sie indes stimmig.

Dass das Urteil des BGH in seiner Argumentation schlüssig ist, zeigt sich auch daran, dass es sachgerecht nur auf Darlehensgewährungen zwischen der

---

1097, 1103; vgl. zu Präventivschutzgedanken im Rahmen der Kapitalaufbringung auch eindringl. *Priester*, VGR 11, 1, 22 f.

[1097] *Deckart*, S. 99 f.; *Engert*, BB 2005, 1951, 1953; *Bayer/Lieder*, ZGR 2005, 133, 142; *dies.*, GmbHR 2006, 1121, 1123; die Gefahr der Abweichung von der üblichen Sorgfalt bei Kreditgewährungen an Gesellschafter sieht auch *Cahn*, DK 2004, 235, 241.

[1098] So auch die Einschätzung von GK-GmbHG-*Habersack*, § 30 Rdn 49; *Engert*, BB 2005, 1951, 1953.

[1099] Letzteres war der Fall in BGHZ 157, 72 ff.

[1100] Vgl. *Deckart*, S. 99, sowie bereits *Stimpel*, FS 100 Jahre GmbHG, 335, 346; siehe auch *Hauschka*, ZRP 2006, 258, 260.

[1101] Dem BGH zust. GK-GmbHG-*Habersack*, § 30 Rdn 48; *Bayer/Lieder*, ZGR 2005, 133, 141 ff.; *Kerber*, ZGR 2005, 437, 448; *Saenger/Koch*, NZG 2004, 271, 272; *Engert*, BB 2005, 1951, 1958; *Burgard*, AG 2006, 527, 528, *Hägele*, GmbHR 2005, 91, 94; *Römermann*, GmbHR 2006, 673, 679; zu dem beim Cash Pooling stets gegebenen Merkmal der Auszahlung causa societatis noch unten § 9 A. IV. 4. c); hierauf entscheidend abst. *Joost*, VGR 11, 31, 38, *Wilhelm*, DB 2006, 2729, 2731.

[1102] Hierzu schon oben § 8 B. I; zur geplanten Neuregelung des § 30 Abs. 1 S. 2 GmbHG RefE-MoMiG noch unten § 8 F. II.

Gesellschaft und den Gesellschaftern abstellt und entgegen anderer Auffassung[1103] nicht auf andere Verkehrsgeschäfte[1104] zwischen Gesellschaft und Gesellschafter Anwendung findet.[1105] Die vom BGH angeführten Argumente treffen regelmäßig nur auf Darlehensgewährungen an Gesellschafter zu. Zwar mag auch etwa bei Kaufgeschäften der GmbH Liquidität entzogen werden, jedoch gelangt hier sofort ein der Vermögensbindung unterliegender liquider Gegenwert in das Vermögen der Gesellschaft. Dieser unterliegt auch dem Zugriff der Gläubiger der Gesellschaft.[1106] Entscheidend dürfte es darauf ankommen, ob der Forderung gegen den Gesellschafter ein Darlehenselement zukommt, wie es etwa bei einer Stundung der Fall ist.[1107] Auf dieser Linie bewegt sich im übrigen auch die geplante Neuregelung des § 30 Abs. 1 S. 2 GmbHG RefE-MoMiG, die alle Verträge mit Gesellschaftern erfasst, die ein Kreditelement enthalten und somit eine Vorleistung darstellen.[1108] In gleicher Weise ist die Abkehr von der bilanziellen Betrachtungsweise nach einer Entscheidung des OLG München auch dann nicht vorzunehmen, wenn es um eine umgekehrte Darlehensgewährung von dem Gesellschafter zur Gesellschaft geht. In dem Maße, in dem Mittel an die Gesellschaft abfließen, erhöht sich dabei der Wert ihrer Beteiligung an der Gesellschaft.[1109] Hieraus aber wiederum den Schluss zu ziehen, auch bei einer Darlehensgewährung an Gesellschafter wieder zur bilanziellen Betrachtungsweise zurückzukehren,[1110] ist angesichts der Stichhaltigkeit der Argumente bei dieser ganz anders gelagerten Fallkonstellation nicht angezeigt.

3. Übertragbarkeit der Argumentation des BGH auf Cash-Pooling-Systeme

Mit der Zustimmung zur Abkehr von der bilanziellen Betrachtungsweise hin zu einem realen Substanzschutz des Gesellschaftsvermögens bei einer Darlehensgewährung an die Gesellschafter der GmbH ist noch kein Wort darüber verloren, ob eine derartige Betrachtungsweise auch im Rahmen eines konzernweiten Cash

---

1103 *Drygala*, ZGR 2006, 587, 630 f.; *Wachter* GmbHR 2004, 1249, 1253; *Schäfer*, BB 2006, Beil. 7, 5, 7; zuvor bereits *Sotiropoulos*, S. 35.

1104 Etwa Abfluss von Barmitteln durch Kauf vom Gesellschafter oder Weggabe von Vermögensgegenständen gegen Barmittel beim Verkauf an Gesellschafter.

1105 *Deckart*, S. 53 f.; *Rümker*, FS Huber, 919, 921; *Bayer/Lieder*, ZGR 2005, 133, 141; *Müller-Michaels*, KSI 2006, 100, 103.

1106 Vgl. das Beispiel von *Rümker*, FS Huber, 919, 921: Verkauf einer Immobilie an die Gesellschafter um aktuellen Verkehrswert gegen Barzahlung.

1107 Zutr. *Bayer/Lieder*, ZGR 2005, 133, 141; *Müller-Michaels*, KSI 2006, 100, 103, sowie bereits *Stimpel*, FS 100 Jahre GmbHG, 335, 352 f.

1108 Hierzu unten § 8 F. II.

1109 OLG München, GmbHR 2005, 1486, 1487; Scholz-*H.P. Westermann*, § 30 Rdn 55; auch dieser Entscheidung lag ein Cash-Pooling-System zugrunde, das für die Urteilsgründe aber keine Bedeutung erlangte; zust. *Schröder*, GmbHR 2005, 1489, 1490; *Schwetlik*, GmbHSTB 2005, 329, 329; *Weber*, WuB II C. § 30 Abs. 1 GmbHG 2.06, 143, 144.

1110 So *Schröder*, GmbHR 2005, 1489, 1490.

Poolings Geltung beansprucht. Insofern ist zu berücksichtigen, dass die Entscheidung BGHZ 157, 72 ff. auf einer Fallgestaltung außerhalb eines Cash-Pooling-Systems beruhte, in der die Geschäftsführerin einer kleinen GmbH an die beiden Gesellschafter, die natürliche Personen waren, Darlehen in Millionenhöhe ausgereicht hatte.[1111] Die Situation, die BGHZ 157, 72 ff. zugrunde lag, unterscheidet sich also von derjenigen der aufsteigenden Darlehensgewährung von Tochtergesellschaften an die Betreibergesellschaft im Cash Pool.[1112] Insofern erscheint es zunächst durchaus überraschend, dass der Entscheidung in Bezug auf das Cash Pooling eine so große Bedeutung zugemessen wird. Daher ist die Stichhaltigkeit der Argumentation auf das Cash Pooling zu untersuchen.

a) Substanzschutzargument

Mit dem Substanzschutzargument macht der BGH deutlich, dass der Austausch liquider Haftungsmasse gegen einen zeitlich hinausgeschobenen Rückzahlungsanspruch die Vermögenslage der Untergesellschaft verschlechtert.[1113]

aa) Bedeutung der täglichen Fälligkeit

Gegen die Übertragbarkeit dieses Arguments auf das Cash Pooling wird eingewandt, der Rückzahlungsanspruch der Untergesellschaft gegen die Obergesellschaft könne im Cash Pool von der Untergesellschaft sofort zurückgefordert werden.[1114] Es fehle demnach an einem Hinausschieben der Rückforderungsmöglichkeit.[1115] Tatsächlich würde es sich bei einer täglichen Fälligkeit nur um einen minimalen Aufschub handeln, mit dem die Liquidität nur für einen sehr kurzen Zeitraum beeinträchtigt wäre. Während *Schäfer* hierbei die Kündigungsrechte bei einer drohenden Existenzvernichtung durch die Muttergesellschaft im Auge hat,[1116] stellen andere auf die einem Cash Pool zugrunde liegende jederzeitige Verfügbarkeit der in den Cash Pool abgeführten Liquidität ab, so dass aufgrund der Zahlungsabwicklung zugleich fortlaufend Rückzahlungen der Darlehen durch die Obergesellschaft stattfänden.[1117] *Schäfer* übersieht indes, dass sich

---

[1111] Es ging also um einen krassen Fall der Ausplünderung der GmbH, etwa Scholz-*H.P. Westermann*, § 30 Rdn 20; *Altmeppen*, ZIP 2006, 1025, 1031.

[1112] Dies herausst. etwa *Goette*, KTS 2006, 217, 227; *ders.* DStR 2006, 767, 768; *Gesmann-Nuissl*, WM 2006, 1756, 1761.

[1113] Zu der Frage, ob dieses Argument Rückschlüsse auf die Vereinbarkeit einer schuldbefreienden Übernahme einer Cash-Pool-Verbindlichkeit der verkauften Tochter-AG mit deren Zustimmung durch den Käufer mit einer verbotenen Finanzierungshilfe der AG gemäß § 71 a AktG zulässt, siehe – verneinend – LG Düsseldorf, ZIP 2006, 516, 520 f.

[1114] *Maier-Reimer*, VGR 10, 127, 134; *Schäfer*, GmbHR 2005, 133, 137; *Hahn*, DK 2004, 641, 643; *Ulmer*, ZHR 169 (2005) 1, 5.

[1115] *Maier-Reimer*, VGR 10, 127, 134; *Schäfer*, GmbHR 2005, 133, 137; *Hahn*, DK 2004, 641, 643.

[1116] *Schäfer*, GmbHR 2005, 133, 137.

[1117] *Maier-Reimer*, VGR 10, 127, 135; *Hahn*, DK 2004, 641, 643 f.

ein Kündigungsrecht der Untergesellschaft bei Verschlechterung der Vermögensverhältnisse der Obergesellschaft bereits aus § 490 Abs. 1 BGB ergibt,[1118] so dass es des Umwegs über eine Kündigungsmöglichkeit aufgrund existenzvernichtender Eingriffe tatsächlich überhaupt nicht bedarf. Andere stellen offensichtlich auf die Funktion des Cash Poolings als System wechselseitiger Darlehensverträge ab und erkennen, dass das System nicht nur aufsteigende, sondern eben auch absteigende Darlehen des Cash-Pool-Führers an die Tochtergesellschaften erfasst. Gegen die weitere Begründung in Bezug auf die Unanwendbarkeit des Substanzschutzarguments ist aber einzuwenden, dass es im Rahmen des Cash Pools nicht ohne weiteres zu einer Tilgung der Darlehensrückzahlungsansprüche der Tochtergesellschaften kommt. Dies ist vielmehr nur der Fall, wenn die Tochtergesellschaft einen entsprechenden Liquiditätsbedarf hat. Selbst dann hängt es aber von verschiedenen Faktoren ab, ob eine Rückforderung tatsächlich stattfinden kann. Insbesondere können andere Konzerngesellschaften den gesamten Cash Pool in Anspruch nehmen, so dass andere Konzerngesellschaften letztlich leer ausgehen.[1119] Die bloße Möglichkeit eines zukünftigen Ausgleichs der Zahlungsströme im Rahmen des Cash Poolings ist auch aus dem Grund unerheblich, dass die Ausgleichszahlungen nicht nur von anderen Faktoren wie etwa dem Liquiditätsbedarf der übrigen an den Cash Pool angeschlossenen Gesellschaften abhängen, sondern vor allem, dass die Tochtergesellschaft nicht im geringsten Einfluss auf die Art und Weise der Ausgleichszahlungen durch den Cash-Pool-Führer hat.[1120] Unzutreffend ist daher der Hinweis darauf, eine nachteilige Minderung des Liquiditätsbedarfs erfolge stets aufgrund der Ausübung der Leitungsmacht durch die Konzernleitung und habe mit dem Cash Pooling nichts zu tun.[1121] Dass die einzelne Tochtergesellschaft die ihr zustehende Liquidität möglicherweise nicht aus dem Cash Pool erhält, hängt nicht zwingend von der Ausübung der Leitungsmacht ab, sondern kann – wie gezeigt wurde – auf ganz anderen Faktoren beruhen. Mit einer jederzeitigen Rückforderung, die einem Hinausschieben des Anspruchs möglicherweise entgegenstehen könnte, hängt all dies demnach nicht zusammen.

Die tägliche Fälligkeit sagt ferner nichts über die Bonität und Liquidität des Schuldners aus.[1122] Entscheidend ist vielmehr, dass auch im Cash Pool der Rückzahlungsanspruch der Untergesellschaft stets zeitlich hinausgeschoben ist und nicht etwa bedingungs- und fristlos, sondern nur unter bestimmten Umstän-

---

[1118] Freilich stellt sich die Frage, ob diese Kündigungsmöglichkeit immer ausreichend ist, hierzu unten § 12 A. IV.

[1119] Diesen Aspekt beleuchtet zutr. Pentz/Sollanek-*Pentz,* S. 34.

[1120] Pentz/Sollanek-*Pentz,* S. 34; *Korts*, S. 25; *Joost*, VGR 11, 31, 36; *Langner/Mentgen*, GmbHR 2004, 1121, 1123; vgl. *Schilmar*, DStR 2006, 568, 569.

[1121] So *Maier-Reimer*, VGR 10, 127, 135; in diese Richtung auch *K. Schmidt*, GmbHR 2007, 1072, 1076.

[1122] *Rittscher*, S. 91; *Hentzen*, DStR 2006, 948, 952.

den zurückgefordert werden kann.[1123] Keineswegs ist also eine jederzeitige Zugriffsmöglichkeit der Tochtergesellschaft auf die abgeführte Liquidität gegeben. Wenn auch nominell die einzelnen Darlehensrückzahlungsansprüche bankarbeitstäglich fällig sind,[1124] werden sie meist wesentlich länger im Cash Pool verbleiben.[1125] Sofern nämlich eine Konzerngesellschaft nach einer aufsteigenden Darlehensgewährung keinen Liquiditätsbedarf hat, den sie durch eine Inanspruchnahme des Cash Pools decken müsste, findet auch keine Rückzahlung des Darlehens statt.[1126] Zumindest bis zu einer Inanspruchnahme des Cash Pools kommt es daher zu einer durchaus faktisch längerfristigen Belassung der kurzfristig fälligen Mittel.[1127] Diesbezüglich ist die solchermaßen abgeführte Liquidität den mit dem Cash Pooling verbundenen Gefahren (insbesondere Klumpenrisiko und Dominoeffekt) nicht nur kurzfristig ausgesetzt.

Das Argument, es handele sich um einen zeitlich hinausgeschobenen Rückzahlungsanspruch, könnte zwar augenscheinlich durch eine tägliche Fälligkeit des Rückforderungsanspruchs, durch ein jederzeitiges, bedingungsloses Kündigungsrecht oder durch eine sofortige Fälligstellung bei einer Unterbilanz der Tochtergesellschaft durch den Liquiditätstransfer zu Fall gebracht werden.[1128] Jedoch sprechen mehrere Gründe dagegen. Zunächst würde bei einer sofortigen Fälligstellung bei einer Unterbilanz das gleiche Ergebnis erreicht, wie es § 31 Abs. 1 GmbHG ohnehin als Sanktion des § 30 Abs. 1 GmbHG anordnet: die Verpflichtung des Gesellschafters zur sofortigen Rückerstattung der gewährten Auszahlung. Jederzeitige bedingungslose Kündigungsrechte könnten überdies das konzernweite Cash Pooling jedenfalls dann in Gefahr bringen, wenn es zeitgleich zu einer Kündigung mehrerer Nettozahler kommt. Ferner würde dadurch jede langfristige Liquiditätsplanung des Konzerns, die mit einem Cash-Pooling-System einhergeht, unmöglich gemacht.

Allein entscheidend dürfte aber für alle Vorschläge sein, dass die Tochtergesellschaft auch damit im Tausch für jederzeit verfügbares reales Vermögen einen schuldrechtlichen Anspruch erhält. Ein solcher schuldrechtlicher Rückzahlungsanspruch ist mit unmittelbar zur Verfügung stehenden Geldmitteln keines-

---

[1123] *Langner*, GmbHR 2005, 1017, 1019; *Hentzen*, DStR 2006, 948, 952, auch zum „Stehenlassen“.

[1124] Auf die Kurzfristigkeit der Ausleihungen abst. auch Begr. RefE-MoMiG, S. 55.

[1125] Dies beobachtet zutr. *Deckart*, S. 66; ferner *Rittscher*, S. 113; *Burgard*, AG 2006, 527, 533; *Hentzen*, DStR 2006, 948, 952.

[1126] Zur Verrechung der Liquiditätsströme im Cash Pool auf bereits entstandene Darlehensrückzahlungsansprüche siehe oben 1. Teil § 2 D. I. 2. f).

[1127] Von *Deckart*, S. 66 zutr. als „Bodensatzbildung“ bezeichnet.

[1128] Vgl. die Vorschläge von *Langner*, GmbHR 2005, 1017, 1019; *ders./Mentgen*, GmbHR 2004, 1121, 1123; *Hahn*, DK 2004, 641, 644; wohl auch *Schilmar*, DStR 2006, 568, 569.

wegs vergleichbar,[1129] da die Obergesellschaft einerseits über ausreichend Vermögen verfügen muss, um den Rückforderungsanspruch erfüllen zu können und dies auch tatsächlich tun muss und andererseits die Tochtergesellschaft zur sofortigen Geltendmachung des Rückforderungsanspruchs berechtigt sein muss und eben dies auch tatsächlich tun muss.[1130] Im Unterschied zu liquiden Mitteln im Cash Pool ist die Konzerngesellschaft bei liquiden Mitteln auf einem Bankkonto durch spezielle Fonds bis zu einer bestimmten Höhe gegen Verlust geschützt.[1131] Abgesehen davon ist kein weiterer Grund für eine solche fälligkeitsorientierte Ausnahme ersichtlich.[1132]

bb) Unerheblichkeit der rechtlichen Einordnung der Liquiditätsströme

Die Zahlungsströme im Cash Pool sind als Darlehen zu qualifizieren.[1133] Aus diesem Grund scheidet die Anwendbarkeit des BGH-Urteils, das den Fall einer Darlehensgewährung behandelte, nicht aufgrund der zivilrechtlichen Qualifikation aus. Aber selbst unter Zugrundelegung eines anderen Verständnisses, nämlich, dass es sich bei den Zahlungsströmen um eine unregelmäßige Verwahrung oder um einen Vertrag sui generis handelt, ist das Ergebnis das gleiche: Da der Entzug gebundenen Kapitals im Wege der Fortgabe realen Vermögens im Austausch gegen einen zeitlich hinausgeschobenen schuldrechtlichen Rückzahlungsanspruch nicht mit dem Grundsatz der Kapitalerhaltung vereinbar ist, ist es unerheblich, welchen Hintergrund die Weggabe des Vermögens hatte.[1134] Entscheidend ist vielmehr, dass eine dingliche Position gegen eine rein schuldrechtliche ausgetauscht wird.[1135] Gerade dies ist aber bei einem konzernweiten Cash-Pooling-System der Fall. Während tatsächlich verfügbares Vermögen auf der einen Seite an den Cash Pool abgeführt wird, erhält die Tochtergesellschaft im Gegenzug dafür eine rein schuldrechtliche, zeitlich hinausgeschobene Position in Form einer Forderung gegen den Cash-Pool-Führer. Das Substanzschutzargument kann damit auf die Situation bei einem konzernweiten Cash Pooling übertragen werden.[1136] Beim Cash Pool ist noch ein weiteres Sonderproblem zu beachten: Die liquiditätsabführende Gesellschaft übernimmt nicht nur das Boni-

---

[1129] Gegen die Vergleichbarkeit insbes. Pentz/Sollanek-*Pentz,* S. 34; *Schilmar*, DStR 2006, 568, 572; *Langner*, GmbHR 2005, 1017, 1020; *Bayer/Lieder*, ZGR 2005, 133, 141.

[1130] Zutr. *Langner*, GmbHR 2005, 1017, 1020.

[1131] Pentz/Sollanek-*Pentz,* S. 34; siehe schon oben 2. Teil § 5 C. IV. 1. c) bb).

[1132] Abl. auch *Schilmar*, DStR 2006, 568, 570 f.

[1133] Siehe oben 1. Teil § 2 D. I. 2. f).

[1134] Zutr. GK-GmbHG-*Habersack*, § 30 Rdn 50; Pentz/Sollanek-*Pentz,* S. 33; *Spindler*, ZHR 171 (2007), 245, 260 f.; *Langner*, GmbHR 2005, 1017, 1019; *Habersack/Schürnbrand*, BB 2006, 288, 289; *Blöse*, GmbHR 2006, 146, 147; *Schilmar*, DStR 2006, 568, 569; *Pentz*, ZIP 2006, 781, 783.

[1135] *Habersack/Schürnbrand*, BB 2006, 288, 289; *Blöse*, GmbHR 2006, 146, 147.

[1136] So auch *Diers*, S. 139; *Schilmar*, DStR 2006, 568, 569; *Langner*, GmbHR 2005, 1017, 1019; *ders./Mentgen*, GmbHR 2004, 1121, 1123.

tätsrisiko des Gesellschafters, sondern aufgrund des Liquiditätsausgleichs zwischen allen beteiligten Gesellschaften letztlich auch das des gesamten Konzerns. Im Verhältnis zur Darlehensausreichung an einen Gesellschafter, wie es im Fall BGHZ 157, 72 ff. der Fall war, ist die Gefahrensituation hier also noch gesteigert. Ist das Substanzschutzargument aber bereits auf die Darlehensausreichung außerhalb eines Cash Pools anwendbar, muss dies aufgrund der gesteigerten Gefahrensituation im Cash Pool erst recht gelten.

b) Rangargument

Nach dem Rangargument des BGH erlangen die Gläubiger des Gesellschafters durch die Darlehenshingabe zum Nachteil der Gläubiger der Gesellschaft einen vollstreckungs- und insolvenzrechtlich vorrangigen Zugriff auf die Vermögenswerte der Gesellschaft. Ohne weiteres ließe sich dieses Argument auf den Cash Pool übertragen, wenn man bedenkt, dass auch hier die Untergesellschaft bei der Abgabe der Liquidität an den Cash Pool im Tausch mit einem schuldrechtlichen Anspruch mit dem Insolvenzrisiko der Obergesellschaft belastet und dadurch der Gläubigerzugriff auf die Untergesellschaft erschwert wird.[1137] *Schäfer* führt allerdings gegen dieses Argument wiederum die „Vulkan-Regeln“ des BGH zur Existenzvernichtung an, wonach die Gläubiger der Tochtergesellschaft bei einem Cash Pooling schon ausreichend durch das Kündigungsrecht der Tochtergesellschaft im Fall der drohenden Existenzvernichtung geschützt seien.[1138] Da die Tochtergesellschaft danach sofort ihre Mittel aus dem Cash Pool abziehen könne, bevor sich eine mögliche Insolvenz der Muttergesellschaft realisiere, würden die Gläubiger der Tochtergesellschaft nicht gefährdet werden. Der konkrete Schutz der Gläubiger der Gesellschaft aufgrund von Kündigungsregeln – gleich ob nach § 490 Abs. 1 BGB oder wegen drohender Existenzgefährdung – bleibt allerdings nicht unerheblich hinter dem abstrakten Schutz durch § 30 Abs. 1 GmbHG zurück.[1139] Während die Kündigungsrechte nicht ohne weiteres, sondern nur aufgrund besonderer Umstände greifen und insbesondere eine konkrete Liquiditätsgefahr voraussetzen, entweder in Form einer Existenzvernichtung oder einer wesentlichen Verschlechterung der Vermögenslage, erfasst § 30 Abs. 1 GmbHG bereits eine bloß abstrakte Gefährdung bei einer Auszahlung aus gebundenem Vermögen.[1140] Entgegen *Schäfer* ist diese Unterscheidung nicht als „viel zu gering“ anzusehen, um eine Einbeziehung von Cash-Pooling-Systemen in den Schutz des § 30 Abs. 1 GmbHG zu rechtfertigen,[1141] sondern kann für die Gläubiger im Ernstfall gerade den entscheidenden Unterschied ausmachen. Das Ausfallrisiko der Gesellschaftsgläubiger ist damit nach wie vor

---

1137 So *Langner/Mentgen*, GmbHR 2004, 1121, 1123, jedoch ohne Problematisierung.
1138 *Schäfer*, GmbHR 2005, 133, 137.
1139 GK-GmbHG-*Habersack*, § 30 Rdn 50.
1140 Siehe oben § 8 B. II. 2. a) aa) (1).
1141 *Schäfer*, GmbHR 2005, 133, 137.

virulent. Ein wirksamer Gläubigerschutz gebietet daher, dass die Gesellschaftsgläubiger der Untergesellschaft wirksam und umfassend vor dem Insolvenzrisiko der Obergesellschaft geschützt werden müssen. Daher ist auch das Rangargument auf den Cash Pool anwendbar.[1142]

c) Umgehungsargument

Nach dem Umgehungsargument kann die Gewährung eines Darlehens bei bestehender Unterbilanz wegen der Gefahr einer Umgehung des Stundungsverbots nicht gebilligt werden, da andernfalls verbotene Zahlungen aus dem Stammkapital bilanzneutral als Darlehen verschleiert werden könnten. Gegen dieses Argument ist im Wesentlichen der Vorwurf des Zirkelschlusses vorgetragen worden. Abgesehen von diesem – nicht stichhaltigen[1143] – Argument sind bislang keine Gründe genannt worden, das Umgehungsargument nicht auf Cash-Pooling-Systeme anzuwenden. In der Tat wäre es auch schwerlich vorstellbar, die vom BGH mit diesem Argument angedeutete Gefahr beim Cash Pooling von vornherein zu negieren. Zwar ist nicht davon auszugehen, dass die Darlehensverträge beim Cash Pooling als Umgehungsgeschäfte bezüglich zuvor erfolgter verbotener Auszahlungen aus dem Gesellschaftsvermögen anzusehen sind. Die Darlehensgewährungen stellen im Rahmen eines Cash Poolings also regelmäßig keine Verdeckungsgeschäfte dar. Schließlich ist das Cash Pooling von vornherein auf die Gewährung wechselseitiger Darlehen gerichtet. Zudem kann davon ausgegangen werden, dass bei einem konzernweiten Cash Pooling regelmäßig eine exakte Buchführung darüber erfolgt, welche Zahlungsflüsse im Rahmen des Systems stattgefunden haben.[1144] Vor diesem Hintergrund wäre eine Umgehung jedoch jedenfalls in dem Fall denkbar, in dem das Cash-Pooling-System dazu genutzt wird, verbotene Zahlungen als Darlehen zu tarnen. Gerade Cash-Pooling-Systeme, das hat die Erfahrung bei „Bremer Vulkan“ und Babcock Borsig gezeigt, können mit nicht unerheblicher krimineller Energie der Beteiligten verbunden sein.[1145] Angesichts derartiger Erfahrungen können Missbräuche des Cash Pools zumindest nicht von vornherein ausgeschlossen werden. Auch in Cash-Pooling-Systemen kann die Gefahr einer Umgehung des Stundungsverbots damit nicht von vornherein für alle erdenklichen Fälle ausscheiden. Dass in einem solchen Fall, in dem bilanzneutral verbotene Auszahlungen als Darlehen verschleiert werden, automatisch ein Zusammenbruch des Cash-Pooling-Systems stattfinde und alle Beteiligten wegen Vermögensvermischung und nicht

---

[1142] Ebenso *Langner*, GmbHR 2005, 1017, 1020; *ders./Mentgen*, GmbHR 2004, 1121, 1123.

[1143] Siehe oben § 8 B. II. 2. c) aa) (2).

[1144] Aus diesem Grund die Anwendbarkeit des Umgehungsarguments für das Cash Pooling abl. *Maier-Reimer*, VGR 10, 127, 135.

[1145] Damit soll allerdings keine allgemeine Pönalisierung des Cash Poolings einhergehen.

wegen einer Einzelrückzahlung haften müssten,[1146] kann ebenfalls nicht als Argument gegen die Übertragbarkeit herangezogen werden. Diese Betrachtungsweise bezieht weder die Qualität noch die Quantität der Umgehung mit in die Überlegungen ein. Sicherlich würde aber nicht jeder Verstoß gegen das Stundungsverbots derartige weitgreifende Rechtsfolgen mit sich bringen. Unabhängig davon besteht jedenfalls bei jedem Cash-Pooling-System die Gefahr der Umgehung des Stundungsverbots. Damit trifft das Umgehungsverbot auch auf Cash-Pooling-Systeme zu.[1147]

d) Weitere Besonderheiten beim Cash Pooling

Die einzelnen Argumente können auf Cash-Pooling-Systeme übertragen werden. Auch bezüglich der Übertragbarkeit auf dieses Konzernfinanzierungsinstrument dürfen aber keine außerhalb der einzelnen Argumente liegenden Gründe gegen eine Abkehr von der bilanziellen Betrachtungsweise sprechen. Außerhalb der Ablehnung der einzelnen Argumente des BGH ist hinsichtlich der Übertragbarkeit der Entscheidung auf Cash-Pooling-Systeme auf die damit verbundenen Besonderheiten aufmerksam gemacht worden. Daher gilt es zu überprüfen, ob etwaige spezielle Eigenheiten dieses Konzernfinanzierungsmodells eine Ausnahme von der Übertragbarkeit der Argumente des BGH rechtfertigen.

aa) Besondere Ausgestaltung des Cash Pools

Im Unterschied zu einer ausschließlich dem Gesellschafter nützenden Darlehensausreichung profitiere bei einem Cash Pooling auch die in den Pool einbezogene Gesellschaft von den einzelnen mit der Anlage der Mittel im Konzern verbundenen Vorteilen.[1148] Da das Cash Pooling also nicht einseitig dem Interesse der Muttergesellschaft diene, sondern auch zum Vorteil der Tochtergesellschaft erfolge, sei ein Vergleich der Darlehensgewährung im Rahmen des Cash Poolings nicht mit einem Abfluss von Liquidität in die private Sphäre eines Gesellschafters gleichzustellen.[1149] Diesen Bedenken gegen die Übertragbarkeit der Entscheidung auf Cash-Pooling-Systeme wäre nachzugeben, wenn es tatsächlich auf diese Umstände angekommen wäre. Indes ist dies nicht ersichtlich. Die Entscheidungsgründe des BGH sind vielmehr denkbar allgemein gehalten. Aufgrund dessen kommt es auf die Vergleichbarkeit der Darlehensgewährung an einen Gesellschafter mit der Einzahlung in ein Cash-Pooling-System überhaupt

---

[1146] *Maier-Reimer*, VGR 10, 127, 136, bezogen auf das Argument der minutiösen buchhalterischen Erfassung und dem Unterbleiben dieser Erfassung.

[1147] Ebenso *Langner*, GmbHR 2005, 1017, 1020; *ders./Mentgen*, GmbHR 2004, 1121, 1124, mit dem Hinweis, das Umgehungsargument könne nicht durch eine bestimmte Gestaltung des Cash-Pooling-Systems umgangen werden.

[1148] *Hahn*, DK 2004, 641, 644.

[1149] *Hahn*, DK 2004, 641, 644.

nicht an.[1150] Aber selbst wenn man sich auf eine solche Vergleichbarkeit einlässt, kann bei einer Darlehensgewährung im Rahmen eines konzernweiten Cash Poolings trotz der dadurch entstehenden Verbundvorteile nicht von einem geringeren kapitalschutzrechtlichen Risikopotential ausgegangen werden als bei einer Darlehensgewährung an einen natürlichen Gesellschafter.[1151] Insbesondere können aber die bei einer Darlehensgewährung bei bestehender Unterbilanz entstehenden geschilderten konkreten tatsächlichen Nachteile nicht mit dem Hinweis auf potentielle Vorteile des Cash Poolings ausgehebelt werden.

Demgegenüber stellt *Engert* den mit einem Cash Pooling bei realwirtschaftlich eng verflochtenen Konzerngesellschaften entstehenden Wertzuwachs heraus. Aufgrund der Einsparung von Finanzierungskosten des Gesamtkonzerns verringere sich die Insolvenzwahrscheinlichkeit nicht nur der Konzernspitze, sondern jeder einzelnen Gesellschaft, was schlussendlich auch den Gläubigern aller Konzerngesellschaften zugute komme.[1152] Daher sei die Entscheidung BGHZ 157, 72 ff. nicht auf Cash-Pooling-Systeme anwendbar, wenn die Tochtergesellschaft hinreichend an der für den Gesamtkonzern erzielten Zinsersparnis beteiligt werde, der Konzern kreditwürdig sei und eine angemessene Verzinsung der von der abhängigen GmbH gewährten Mittel stattfinde.[1153] Diese Auffassung führt wiederum zu nicht unerheblichen Unstimmigkeiten zu dem in BGHZ 157, 72 ff. in einem obiter dictum aufgestellten Ausnahmetatbestand. Es gleichen sich die von *Engert* aufgestellten Kriterien nämlich teilweise mit diesem Ausnahmetatbestand. So soll es exemplarisch sowohl nach *Engert* als auch nach dem BGH auf die Kreditwürdigkeit des Gesellschafters ankommen. In welchem Verhältnis die von *Engert* aufgestellten Kriterien aber zu dem vom BGH postulierten Ausnahmetatbestand stehen sollen, tritt nicht eindeutig hervor. Während *Engert* den Auszahlungsbegriff des § 30 Abs. 1 GmbHG schon nicht als erfüllt ansieht, liegt dem obiter dicta aufgestellten Ausnahmetatbestand ein anderes Verständnis zugrunde. Trotz Erfüllung der Tatbestandsvoraussetzungen des Auszahlungsverbotes soll eine Darlehensgewährung ausnahmsweise zulässig sein. Damit verträgt sich aber keine Herausnahme der Kreditgewährung im Rahmen des Cash Pools schon auf der Stufe des Auszahlungsbegriffs. Dies würde bedeuten, dass eine Darlehensgewährung im Rahmen dieses Konzernfinanzierungsinstruments von vornherein nicht unter § 30 Abs. 1 GmbHG fällt. Mit dem gebotenen Gläubigerschutz verträgt sich dies indes nicht. Vielmehr ist ein Regel-/Ausnahmeverhältnis zwischen gegen § 30 Abs. 1 GmbHG verstoßenden

---

[1150] Zutr. *Schilmar*, DStR 2006, 568, 570; demgegenüber bejaht *Blöse*, GmbHR 2006, 146, 148, diese Vergleichbarkeit ohne weiteres.

[1151] Bestes Beispiel hierfür ist die „Bremer Vulkan"-Entscheidung des BGH, worauf *Schilmar*, DStR 2006, 568, 572, zutr. hinw.

[1152] *Engert*, BB 2005, 1951, 1957, für die faktisch konzernierte GmbH mit Hinweis auf den ansonsten entstehenden Kartenhauseffekt.

[1153] *Engert*, BB 2005, 1951, 1957.

Auszahlungen und dennoch zulässiger Kreditgewährungen herzustellen. Dies wäre aber mit der Position *Engerts* nicht zu bewerkstelligen.

bb) Widerspruch zum GmbH-Vertragskonzern

Gegen die Übertragbarkeit der BGH-Entscheidung auf das Cash Pooling kann überdies vordergründig ein dadurch entstehender Widerspruch zum GmbH-Vertragskonzern sprechen.[1154] Während im faktischen GmbH-Konzern nach der Entscheidung aufsteigende Darlehensgewährungen aus dem gebundenen Vermögen im Rahmen des Cash Poolings danach nicht möglich wären, ist bei – unterstellter – Verdrängung des § 30 Abs. 1 GmbHG durch eine analoge Anwendung des § 291 Abs. 3 AktG eine Darlehensgewährung bei der vertraglich konzernierten GmbH auch bei bestehender Unterbilanz möglich. Es wäre aber auf den ersten Blick widersprüchlich, dass der schuldrechtliche Verlustausgleichsanspruch aus § 302 Abs. 1 AktG analog im Vertragskonzern zu einem Ausschluss von § 30 Abs. 1 GmbHG führen würde, während dies für den schuldrechtlichen Ausgleichsanspruch aus § 31 Abs. 1 GmbHG nicht gelten würde.[1155] Zur Vermeidung eines Wertungswiderspruchs und zur Herstellung einheitlicher Regelungen bei der Durchführung des Cash Poolings soll § 30 Abs. 1 GmbHG daher beim Cash Pooling offensichtlich unanwendbar sein.[1156] Abgesehen davon, dass die Verdrängungswirkung des § 291 Abs. 3 AktG im GmbH-Vertragskonzern keineswegs unumstritten ist,[1157] lassen zahlreiche Argumente einen solchen Widerspruch höchst fragwürdig erscheinen: Die unterschiedliche Behandlung von faktischem und vertraglichem Konzern lässt sich zunächst durch die zwingende Eintragung des Beherrschungsvertrages in das Handelsregister rechtfertigen. Die Gläubiger einer vertraglich konzernierten GmbH können durch einen Einblick in das Handelsregister erfahren, dass die Kapitalbindungsregeln nach § 291 Abs. 3 AktG analog aufgehoben sind und das herrschende Unternehmen Zugriff auf das Vermögen der abhängigen GmbH nehmen kann. Dies ist bei einer faktisch konzernierten GmbH aber gerade nicht der Fall. Dagegen lässt sich auch nicht von vornherein einwenden, der Gesetzgeber akzeptiere auch beim – nicht in das Handelsregister einzutragenden – faktischen Aktienkonzern gemäß § 311 Abs. 2 AktG einen zeitlich verzögerten Nachteilsausgleich.[1158] Ob es bei der faktisch konzernierten AG nämlich zu einer Verdrängung der strengen Vermögensbindung der §§ 57 ff. AktG durch § 311 Abs. 1 AktG kommt, ist eine Frage des Einzelfalls, die – gerade bezogen auf das konzernweite Cash Pooling – einer genauen Untersuchung bedarf.[1159] Dass die

---

[1154] *Schäfer*, GmbHR 2005, 133, 138.
[1155] *Schäfer*, GmbHR 2005, 133, 138; *ders.*, BB 2006, Beil. 7, 5, 6; abl. *Koch*, S. 81 f.
[1156] *Schäfer*, GmbHR 2005, 133, 138; *ders.*, BB 2006, Beil. 7, 5, 6.
[1157] Hierzu unten § 11 A. II.
[1158] So *Schäfer*, GmbHR 2005, 133, 138.
[1159] Hierzu ausführl. unten § 9 B. II.

Übertragung der Entscheidung BGHZ 157, 72 ff. auf den faktischen GmbH-Konzern also zu einer unterschiedlichen Rechtslage im Vergleich zur vertraglich konzernierten GmbH führt, spricht nicht gegen die Übertragung auf das Cash Pooling.[1160] Keineswegs kann von dieser unterschiedlichen Rechtslage im Hinblick auf die Gewährung einheitlicher Regelungen für die Durchführung des Cash Poolings eine Ausnahme gemacht werden.[1161] Damit würden nicht nur die gesetzlichen Regelungen über die Konzernierung, die gerade ein Konzernprivileg enthalten, übergangen, sondern es würde damit auch ein positives „Sonderrecht" für Cash-Pooling-Systeme geschaffen.

cc) Differenzierung zwischen kurz- und langfristiger Kreditierung?

Zu denken wäre hinsichtlich der Übertragbarkeit der Grundsätze von BGHZ 157, 72 ff. allerdings möglicherweise an eine Differenzierung zwischen kurz- und langfristiger Kreditierung im Cash Pool.[1162] Kommt es mit Gewissheit in näherer Zukunft zu einer Verrechnung mit Forderungen der Betreibergesellschaft, verlieren die Forderungen ihre rechtliche Eigenständigkeit. Der kontokorrentbedingten „Lähmung" käme dabei eine „Sicherungsfunktion" zu.[1163] Diese „Sicherungsfunktion" mache eine Übertragung der Rechtsprechungsgrundsätze auf das Cash Pooling entbehrlich.[1164] Allenfalls in dem Fall, in dem es mangels aufrechenbarer Gegenforderungen zu keiner Saldierung der Forderung der Konzerngesellschaft komme, sei von einer Kreditierung auszugehen, die von der Rechtsprechung in BGHZ 157, 72 ff. erfasst sei. Einer derartigen differenzierten Betrachtung muss indes die Gefolgschaft versagt werden. Nicht zufriedenstellend beantwortet werden kann schon die Frage, wann eine Kreditgewährung langfristig erfolgt und wann nicht. Das Kontokorrentverhältnis im Cash Pool ist auf einen täglichen Liquiditätsausgleich im Wege der Saldierung der Ansprüche gerichtet. Langfristig müsste die Kreditgewährung daher bereits dann sein, wenn es mangels aufrechenbarer Forderung der Betreibergesellschaft zu keiner Verrechnung am Tag der Kreditgewährung kommen kann. Auch das in diesem Zusammenhang für die Langfristigkeit der Kreditierung herangeführte Kriterium der Eigenschaft der Konzerngesellschaft als „Nettozahlerin" vermag nicht zu

---

[1160] *Langner*, GmbHR, 2005, 1017, 1022.

[1161] So aber *Schäfer*, BB 2006, Beil. 7, 5, 6.

[1162] Zu einem solchen Denkansatz auch *Schäfer*, DStR 2006, 2085, 2089; *Niemeier* bei Seulen, VGR 10, 159, 161, wonach die bilanzielle Betrachtungsweise bei kurzfristigen Darlehen (Laufzeit bis maximal zwei Jahren) beibehalten werden soll; dagegen aber *Noack*, DB 2006, 1475, 1482; eine Differenzierung zwischen kurz- und langfristigen Darlehen, allerdings hinsichtlich der Einbringung in den Cash Pool, vertreten auch HoldingHndb-*Vetter*, § 8 Rdn 44; *ders./Stadler*, Rdn 217; *Vetter*, VGR 6, 69, 100; hierzu noch unten § 12 B. V.

[1163] *Liebscher*, Rdn 367.

[1164] *Liebscher*, Rdn 367.

überzeugen. Eine solche Eigenschaft kann nämlich von vornherein nicht durchschlagen. Die Konzerngesellschaft deckt ihren gesamten Kreditbedarf über den Cash Pool ab. Benötigt sie – etwa für größere Anschaffungen – Liquidität, kann sie sich hierfür an die Betreibergesellschaft wenden. Die Eigenschaft als „Nettozahlerin" ist daher derartigen Schwankungen unterworfen, dass sie als Kriterium nicht praktikabel ist. Die Abgrenzung von kurz- und langfristiger Kreditierung kann nach alledem keine Relevanz für die Anwendung der Entscheidungsgrundsätze des BGH haben. Auch erscheint überhaupt die Heranziehung einer „Sicherungsfunktion" des Kontokorrentverhältnisses zweifelhaft. Dieses Argument geht in die Richtung, bei Kontokorrentverhältnissen keinen Liquiditätsentzug anzunehmen. Indessen ist die Rechtsprechung des BGH von vornherein nicht darauf ausgerichtet. Vielmehr kommt es auch bei einer Einstellung in ein Kontokorrentverhältnis insbesondere zu einem Nachrang der Gesellschaftsgläubiger.[1165] Auf die Dauer des Vermögensentzuges stellt § 30 Abs. 1 GmbHG zudem überhaupt nicht ab.[1166] Aus den genannten Gründen ist eine Differenzierung zwischen lang- und kurzfristiger Kreditierung insgesamt abzulehnen.

dd) Ergebnis

Es sind schlechterdings keine Anhaltspunkte dafür ersichtlich, außerhalb des vom BGH aufgestellten Ausnahmetatbestandes von dem der Kapitalerhaltung dienenden Verbot des § 30 Abs. 1 GmbHG ungeschriebene Ausnahmen zuzulassen. Angesichts der potentiellen Gefahrenlage besteht auch beim Cash Pooling ein Bedürfnis, die Darlehensvergabe an den Maßstäben von BGHZ 157, 72 ff. zu messen.[1167] Die Entscheidung des BGH ist somit auf konzernweite Cash-Pooling-Systeme anwendbar.[1168] Letztendlich würde die Nicht-

---

1165 Dies gesteht auch *Liebscher*, Rdn 367, ein, der das „Sicherungsargument" freilich nur für langfristige Kredite nicht gelten lassen will. Nicht herangezogen werden kann allerdings das Argument, auch bei § 43 a GmbHG beziehe sich das Verbot der Kreditgewährung auf Kontokorrentkredite (etwa Michalski-*Michalski*, § 43 a Rdn 26; Scholz-*U.H. Schneider*, § 43 a Rdn 36). Ist § 43 a GmbHG auf die Kreditgewährung an Gesellschafter wegen der abw. Interessenlage nicht analog anwendbar, wäre die Heranziehung der dortigen Wertungen widerspr.; hierzu schon oben § 8 A. II.

1166 Pentz/Sollanek-*Pentz*, S. 33.

1167 A. A. *Vetter*, BB 2004, 1509, 1516.

1168 Aus der Rechtsprechung OLG München, ZIP 2006 25, 26; so auch wegen der allgemeinen Formulierungen in BGHZ 157, 72 ff.: Pentz/Sollanek-*Pentz,* S. 33; *Stein*, DZWiR 2004, 493, 497; *Niemann*, NZI 2004, 397, 398; *Grothaus/Halberkamp*, GmbHR 2005, 1317, 1318; *Pentz*, ZIP 2006, 781, 782; ferner: GK-GmbHG-*Habersack*, § 30 Rdn 50; Scholz-*H.P. Westermann*, § 30 Rdn 72; *Koch*, S. 100; *Matschernus*, S. 233; *Römermann/Schröder*, Corporate Governance, 113, 121; *Burgard*, AG 2006, 527, 532; *Kiethe*, DStR 2005, 1573, 1574; *Keller/Rödl*, BB 2005, Beil. 3, 16, 17; *Beiner/Lanzius*, NZI 2004, 687, 689; *Heidinger*, NotBZ 2004, 463, 465; *Fuhrmann*, NZG 2004, 552, 553; *Seibt*, NJW-Spezial 2004, 219, 219; *Wunderlich*, BKR 2005, 387, 388; *Seidel*, DStR

anwendung dieser Entscheidung auf Cash-Pooling-Systeme nichts anderes als die Etablierung eines positiven „Sonderrechts" bedeuten, was wiederum einer besonderen Begründung bedürfte.[1169]

4. Alternativmodell: Abstellen auf die freie Verfügbarkeit

Alternativ zu der Konzeption des BGH wäre allenfalls ein Modell der Zulässigkeit der aufsteigenden Darlehensgewährung in Form der Einhaltung der Vorgaben der freien Verfügbarkeit zu erwägen: Von *Servatius* stammt der Vorschlag, die die ordnungsgemäße Kapitalaufbringung sicherstellende Vorschrift des § 8 Abs. 2 S. 1 GmbHG solle bei einer Darlehensgewährung im Stadium der Unterbilanz zur Feststellung, ob eine Auszahlung im Sinne des § 30 Abs. 1 GmbHG vorliegt, in analoger Anwendung herangezogen werden.[1170] Aus der darin zum Ausdruck kommenden strengen Zweckbindung des Stammkapitals, folge, dass Darlehen an Gesellschafter in der Unterbilanz im Hinblick auf die Vereinbarkeit mit den satzungsmäßigen Zielen und der Marktüblichkeit der Konditionen genauer zu untersuchen seien.[1171] Die Zulässigkeit der Darlehensgewährung sei dahingehend zu untersuchen, ob es sich um freies Kapital handelt, welches aktuell nicht zur Verwirklichung der satzungsmäßigen Ziele benötigt werde.[1172] Sei dies der Fall, stehe einer Darlehensgewährung ohne Verstoß gegen § 30 Abs. 1 GmbHG nichts im Wege. Diese Auffassung vermag aber schon im Ansatz nicht zu überzeugen: § 8 Abs. 2 GmbHG würde – analog auf die Kapitalerhaltung angewandt – eine Stellung einnehmen, die dieser Vorschrift nicht gebührt. Sie trifft allein Regelungen für die Kapitalaufbringung. Das in dieser Norm zum Ausdruck kommende Erfordernis der freien Verfügbarkeit der Einlageleistung stellt zudem gerade die Trennlinie zwischen Kapitalaufbringung

---

2004, 1130, 1132; *Witte/Mehrbrey*, MDR 2007, 7, 8; *Thomas*, ZInsO 2007, 77, 79; *Schilmar*, DB 2004, 1411, 1415; *Thun*, Finance 7,8/2004, 72, 72; *Herschlein/Seibold*, Börsen-Zeitung v. 22.09.2004, S. 2; *Biegel/Eilmann*, Börsen-Zeitung v. 03.08.2005, S. 2; *Müller*, FAZ v. 03.03.2004, S. 25; *Niedernhöfer*, Handelsblatt v. 24.08.2005, S. 33; *Autschbach*, Finance 11/2004, 48, 48 f.; *Erbacher/Thiele*, Finance 11/2004, 52, 53; noch abwartend hingegen: *Schöne/Stolz*, EWiR § 30 Abs. 1 GmbHG 3/04, 911, 912; *H.P. Westermann*, ZIP 2005, 1849, 1857.

1169 Hierzu unten § 8 F. I; dass eine bloße Bilanzverkürzung und keine verbotene Auszahlung vorliegt, wenn die Tochtergesellschaft bei Vorliegen einer Unterbilanz Verbindlichkeiten gegenüber der Muttergesellschaft begleicht, weil insoweit kein Aktivtausch, sondern eine bloße Bilanzverkürzung vorliegt (so OLG Celle, Urteil v. 01.11.2006 – Az: 9 U 55/06, unter Hinweis auf BGHZ 157, 72 ff.), ist beim Cash Pooling wenig aussagekräftig, da hier die Tochtergesellschaft gegenüber der Muttergesellschaft die Verbindlichkeiten in der Regel nicht tatsächlich zurückführt, sondern vielmehr eine Verrechnung stattfindet.

1170 *Servatius*, DStR 2004, 1176, 1181 f.

1171 *Servatius*, DStR 2004, 1176, 1181.

1172 *Servatius*, DStR 2004, 1176, 1182.

und Kapitalerhaltung dar.[1173] Es wäre daher widersprüchlich, dieses Erfordernis auch auf die Kapitalerhaltung anzuwenden. Um es deutlich zu sagen: Im Recht der Kapitalerhaltung existiert gerade kein Gebot der Leistung zur freien Verfügung.[1174] Neben diesen systematischen Erwägungen sind noch weitere Argumente gegen diese Ansicht anzuführen. Dass die für eine analoge Anwendung des § 8 Abs. 2 GmbHG erforderlichen Voraussetzungen einer planwidrigen Regelungslücke vorlägen, wird von *Servatius* nicht herausgearbeitet und ist überdies gerade nicht der Fall. Eine planwidrige Regelungslücke ist in Bezug auf die Kapitalerhaltung nicht zu erkennen. § 8 Abs. 2 GmbHG soll zudem schon seinem Wortlaut nach allein die wirksame Kapitalaufbringung sichern. Anhaltspunkte dafür, dass die dort getroffenen Bestimmungen auch für die Kapitalerhaltung gelten sollen, sind nicht ersichtlich. Mit der Übernahme des in dieser Norm enthaltenen Kriteriums auch auf die Kapitalerhaltung würden die Unterschiede zwischen diesem Regime und dem der Kapitalaufbringung weitgehend verschwimmen. Auch der Hinweis auf die funktionale Vergleichbarkeit zwischen Kapitalaufbringung und Kapitalerhaltung[1175] führt zu keiner höheren Überzeugungskraft der Argumentation. Der BGH hat die Übertragung der Kapitalaufbringungsregeln auf die Kapitalerhaltung eng auf bestimmte Sachverhaltskonstellationen beschränkt. Gerade die Norm des § 8 Abs. 2 GmbHG soll lediglich die ordnungsgemäße Kapitalaufbringung gewährleisten.

Außerdem gewährleistet die nach diesem Vorschlag zu erfolgende Prüfung keinen wirksamen Schutz gegen eine Verminderung des zur Erhaltung des Stammkapitals erforderlichen Vermögens. Ferner muss auch in Zweifel gezogen werden, ob die Kriterien, die nach diesem Vorschlag relevant sein sollen, bei einer Auszahlung im Sinne des § 30 Abs. 1 GmbHG für eine Darlehensgewährung in Betracht kommen. Bei einer Darlehensgewährung im Stadium der Unterbilanz werden die Kriterien jedenfalls schon aufgrund der Tatsache, dass mit der Unterbilanz regelmäßig eine Krisensituation der Gesellschaft gegeben ist, nur äußerst selten gegeben sein.[1176] Ein Abstellen auf diese Kriterien wäre also auch schlechterdings unpraktikabel. Zuletzt ist zu berücksichtigen, dass *Servatius* die Analogie zu § 8 Abs. 2 GmbHG fast ausschließlich auf das vom BGH angeführte Argument der Gläubigergefährdung durch Erschwerung der Vollstreckungschancen stützt.[1177] Der BGH hatte zur Begründung eines realen Substanzschutzes jedoch auch das Substanzschutz- und das Umgehungsargument

---

[1173] Siehe oben 2. Teil § 7 B.

[1174] Deutl. auch *Bayer/Lieder*, GmbHR 2006, 449, 452.

[1175] *Servatius*, DStR 2004, 1176, 1181.

[1176] Dies gesteht *Servatius*, DStR 2004, 1176, 1182, selbst ein, der es dann als Erfüllung der Kriterien bei einer Darlehensgewährung an Gesellschafter ansieht, wenn es sich um eine lukrative und kurzfristige Anlage freier Mittel handelt, deren Zinsertrag auch am Kapitalmarkt bei gleicher Sicherung nicht besser ausgefallen wäre.

[1177] *Servatius*, DStR 2004, 1176, 1181 f.

herangezogen. Dies scheint in der Argumentation, die eine Analogie zu § 8 Abs. 2 GmbHG fordert, unberücksichtigt zu bleiben. Insofern erweist sich die Argumentation wegen der unvollständigen Betrachtung der zu schützenden Interessen und Positionen als zu eng. Nicht zuletzt auch aufgrund dieser Unvollständigkeit ist eine Analogie zu § 8 Abs. 2 GmbHG bei der Bestimmung, ob eine verbotene Auszahlung im Sinne des § 30 Abs. 1 GmbHG gegeben ist, abzulehnen. Sicherlich darf die umfassender gesicherte Kapitalaufbringung durch etwaige Schwächen im System der Kapitalerhaltungsregeln nicht wieder entwertet werden.[1178] Dies führt aber nicht so weit, dass man für das Regime der Kapitalerhaltung das Erfordernis der freien Verfügbarkeit zu übernehmen gezwungen wäre. Effektiver Schutz des Stammkapitals kann auch mit den Kapitalerhaltungsvorschriften erreicht werden.

Möglicherweise ist aber folgender Ansatz weiterführend: Es stellt sich zunächst die Frage, wann bei einer aufsteigenden Darlehensgewährung an den Cash Pool durch eine GmbH das Auszahlungsverbot des § 30 Abs. 1 GmbHG greift. Der Begriff der verbotenen Auszahlung im Sinne des § 30 Abs. 1 GmbHG ist nach seinem Sinn und Zweck weit zu verstehen und erfasst Leistungen aller Art, die wirtschaftlich das Gesellschaftsvermögen verringern.[1179] Wie soeben dargelegt wurde, ist auch beim Cash Pooling trotz einer bilanziellen Neutralität die Darlehensgewährung an Gesellschafter aus dem zur Deckung des Stammkapitals erforderlichen Vermögens als ein Verstoß gegen § 30 Abs. 1 GmbHG zu werten, da durch den Austausch liquider Haftungsmasse gegen eine zeitlich hinausgeschobene schuldrechtliche Forderung die Zugriffschancen für die Gläubiger der Gesellschaft verschlechtert werden und eine Aushöhlung des Schutzes des gebundenen Kapitals zu besorgen ist. Bei Zugrundelegung einer weiten Auslegung des Auszahlungsbegriffs wollen *Hueck/Fastrich* unter Heranziehung der Rechtsprechung zur Kapitalaufbringung, wonach eine Einlage nicht erbracht ist, wenn der Gesellschafter noch verfügungsberechtigt ist und die Einlage von einem gemeinsamen Konto abziehen kann,[1180] bei der Einstellung von Guthaben der Gesellschaft in einen Cash Pool bereits in der Einräumung einer entsprechenden Verfügungsermächtigung eine Vermögensgefährdung erblicken, wenn sie nicht auf das freie Vermögen der Gesellschaft begrenzt ist, sondern den Zweck verfolgt, einem Gesellschafter oder ein von ihm abhängiges Unternehmen bei Bedarf Zugriff auch auf an sich geschützte Vermögenswerte der Gesellschaft einzuräumen.[1181] Ähnlich wie bei der Auszahlung durch Sicherheitenbestellung, bei der nach überwiegender Ansicht schon in der Bestellung der Sicherheit eine Auszahlung zu sehen ist,[1182] soll also nach dem Kriterium der feh-

---

[1178] Hierzu oben 2. Teil § 7 C.
[1179] Siehe oben § 8 B. II.
[1180] BGH, NJW 2001, 1647, 1648.
[1181] Baumbach/Hueck-*Hueck/Fastrich*, § 30 Rdn 26.
[1182] Zu dieser – nicht zutr. – Ansicht noch unten § 8 C. III. 4. a).

lenden freien Verfügbarkeit bereits in der Einräumung einer Verfügungsbefugnis über die auf dem Unterkonto vorhandene Liquidität eine verbotene Auszahlung liegen, sofern nicht die Verfügungsbefugnis auf das freie Vermögen der Gesellschaft beschränkt ist.[1183] Dagegen sind aber Bedenken angebracht: Das Kriterium der freien Verfügbarkeit dient – wie schon gegen die Auffassung von *Servatius* angeführt wurde – gerade zur Abgrenzung zwischen Kapitalaufbringung und -erhaltung. Aus diesem Grund ist es widersinnig, wenn es nun auch in die Reichweite der Kapitalerhaltungsregeln einfließen soll. Aus tatsächlicher Sichtweise ist es darüber hinaus auch zweifelhaft, ob die GmbH dem Cash-Pool-Führer überhaupt eine so verstandene Verfügungsbefugnis an die Hand gibt. Die GmbH verpflichtet sich dazu, überschüssige Liquidität an den Cash Pool abzuführen. Dies geschieht durch den automatischen Saldentransfer vom Unterkonto auf das Zentralkonto. Von dem Augenblick an, an dem das Guthaben auf dem Zentralkonto vorhanden ist, kann die Betreibergesellschaft darüber verfügen. Würde man eine Verfügungsbefugnis aber so verstehen, dass sie stets schon zugunsten des Betrages auf dem Unterkonto besteht, so würde man eine fehlende freie Verfügbarkeit und damit einen Verstoß gegen das Auszahlungsverbot des § 30 Abs. 1 GmbHG stets schon dann annehmen müssen, wenn die Verfügungsbefugnis nicht von vornherein auf das freie Vermögen beschränkt ist. Auch dies zeigt, dass ein Abstellen auf das Kriterium der freien Verfügbarkeit im Rahmen der Bestimmung des Auszahlungsbegriffs nicht stimmig ist. Abgesehen von dieser Problematik dürfte ferner entscheidend sein, dass es durch den bloßen Akt der Einräumung einer Verfügungsbefugnis allein auch noch zu keinem Abfluss liquider Mittel im Tausch mit schuldrechtlichen Ansprüchen kommen würde. Nur hierauf ist aber der Entscheidung BGHZ 157, 72 ff. zufolge abzustellen.[1184] Durch die bloße Einräumung einer Verfügungsbefugnis allein ist § 30 Abs. 1 GmbHG also nicht betroffen. Vielmehr kommt es für das Vorliegen eines Verstoßes gegen das Auszahlungsverbot des § 30 Abs. 1 GmbHG auf den tatsächlichen Abfluss überschüssiger Liquidität von der Tochter- an die Betreibergesellschaft, also die einzelne Kreditgewährung, an.[1185] Mit der Beeinträchtigung der freien Verfügbarkeit lässt sich das Vorliegen einer Auszahlung im Sinne des § 30 Ab. 1 GmbHG damit nicht bestimmen. Dieses Alternativmodell ist daher im vollen Umfang abzulehnen.

1183 Zu einer solchen Beschränkung siehe noch im Rahmen der Lösungsmöglichkeiten § 12 B. I.

1184 So auch LG Düsseldorf, ZIP 2006, 516, 519, bezogen auf einen Schuldnerwechsel; die Ansicht des LG Düsseldorf abl. aber *Kerber*, ZIP 2006, 522, 523.

1185 In diesem Sinne BGHZ 138, 291, 301 f.; LG Düsseldorf, ZIP 2006, 516, 521; *Goette*, ZIP 2005, 1481, 1484.

5. Auswirkungen von BGHZ 157, 72 ff. auf die Ermittlung der Unterbilanz?

Nachdem festgestellt wurde, dass die Entscheidung BGHZ 157, 72 ff. nicht nur allgemein auf die Darlehensvergabe zutrifft, sondern gerade auch auf das konzernweite Cash Pooling Anwendung findet, stellt sich die Frage, inwiefern die Entscheidung Auswirkungen auf die Ermittlung der Unterbilanz hat. Hierfür ist zu klären, wie die das Verbot der Kreditgewährung auslösende Unterbilanz ermittelbar ist. Nach der Rechtsprechung des BGH sind für die Ermittlung einer Unterbilanz die Ansätze und Bewertung nach allgemeinen Bilanzierungsgrundsätzen für die Jahresabschlussfeststellung maßgebend.[1186] Dabei ist allerdings strittig, ob lediglich die Daten der Finanzbuchhaltung heranzuziehen sind, oder ob auch die in den Vermögensgegenständen der Gesellschaften ruhenden stillen Reserven Berücksichtigung finden müssen.[1187] Bei Erstellung der Handelsbilanz ist das in § 252 Abs. 1 Nr. 4 HGB verankerte Vorsichtsprinzip zu berücksichtigen. Hiernach sind etwa Verluste und vorhersehbare Risiken bei der Bewertung zu berücksichtigen.[1188] Ferner werden Vermögensgegenstände des Anlagevermögens schneller abgeschrieben, als sie tatsächlich an Wert verlieren.[1189] Infolgedessen verfügt die Gesellschaft über stille Reserven, so dass die wirtschaftliche Vermögenslage der Gesellschaft durchaus vorteilhafter sein kann, als dies durch die Bilanz ausgedrückt wird. De facto werden die in der Handelsbilanz über das Stammkapital hinaus auch die nicht ausgewiesenen stillen Reserven durch das Auszahlungsverbot des § 30 Abs. 1 GmbHG erfasst. Der BGH hatte die Berücksichtigung stiller Reserven bei Ermittlung einer Unterbilanz bislang abgelehnt, es sei denn, deren Auflösung entspricht ordnungsgemäßer Bilanzierung.[1190] Für eine Berücksichtigung stiller Reserven bei Ermittlung der Unterbilanz könnte aber nunmehr die Abkehr von der bilanziellen Betrachtungsweise durch BGHZ 157, 72 ff. sprechen. Geht der BGH teilweise von dieser Betrachtungsweise ab, könnte es geboten sein, zur Ermittlung der Unterbilanz nicht an der bislang maßgeblichen Erstellung der Bilanz festzuhalten und nunmehr auch

---

[1186] BGHZ 109, 334, 337.

[1187] Für Berücksichtigung: *Berg*, 86 ff.; *Sonnenhol/Stützle*, DB 1979, 927 f.; *Meister*, WM 1980, 394; gegen Berücksichtigung die ganz h. M.: OLG Brandenburg, GmbHR 1999, 297, 299; Scholz-*H.P. Westermann*, § 30 Rdn 17; Michalski-*Heidinger*, § 30 Rdn 32; Baumbach/Hueck-*Hueck/Fastrich*, § 30 Rdn 11; *Gehrlein*, GmbH-Recht in der Praxis, S. 353; *Diers*, S. 15; *Koch*, S. 39; *Stimpel*, FS 100 Jahre GmbHG, 335, 337; *Schön*, ZHR 159, (1995), 351, 359 ff.; *Ränsch*, FG Döser, 557, 561 f.; *Krause*, JR 2006, 51, 56; *Helmreich*, GmbHR 2004, 457, 458; *Henze*, WM 2005, 717, 718; *Kallmeyer*, DB 2007, 2755, 2757.

[1188] Scholz-*H.P. Westermann*, § 30 Rdn 18; Beck'scherBilKomm-*Winkeljohann/Geißler*, § 252 Rdn 29 ff.; *Wiedmann*, § 252 Rdn 29; *Winnefeld*, E 70.

[1189] Beck'scherBilKomm-*Winkeljohann/Geißler*, § 252 Rdn 35 ff.

[1190] BGHZ 109, 337, 338; ebenso KG, NZG 2000, 1224, 1225; freilich dürfen im Stadium der Überschuldung stille Reserven aufgelöst werden, Scholz-*H.P. Westermann*, § 30 Rdn 29; GK-GmbHG-*Habersack*, § 30 Rdn 42.

stille Reserven zu berücksichtigen. Berücksichtigt man indes, dass sich der BGH zur Begründung seiner Auffassung in nicht unerheblichem Maße auf die Vorarbeiten von *Stimpel* und *Schön* beruft, welche sich gegen eine Berücksichtigung stiller Reserven bei Ermittlung der Unterbilanz aussprechen, ist mit guten Gründen zu bezweifeln, dass das Gericht nunmehr stille Reserven berücksichtigen will.[1191] Für die Durchführung des konzernweiten Cash Poolings würde die Berücksichtigung etwaiger stiller Reserven bei Feststellung einer Unterbilanz aus Sicht der Muttergesellschaft ohne Zweifel vorteilhaft sein: Bei einer Orientierung an den wahren Werten würde bei der Bemessung der Unterbilanz mehr Nettovermögen vorhanden sein, so dass das Stammkapital eher gedeckt ist, was wiederum zur Folge hätte, dass ein Cash Pooling stringenter durchgeführt werden könnte.[1192] Diesen praktischen Bedürfnissen stehen aber schwerwiegende Bedenken dogmatischer Art bei Zulassung der Berücksichtigung stiller Reserven bei Ermittlung der Unterbilanz entgegen. Mit der Bewertung stiller Reserven sind stets Unsicherheiten verbunden. Mit der Außerachtlassung stiller Reserven kann daher verhindert werden, dass infolge dieser Unsicherheiten Beträge an die Gesellschafter abgeführt werden, die tatsächlich zur Erhaltung des Stammkapitals erforderlich sind.[1193] Will man den in BGHZ 157, 72 ff. deutlich gewordenen Schutz des Stammkapitals aus Gläubigerschutzgesichtspunkten konsequent durchführen, muss man infolgedessen wegen der Gefahr, dass zur Erhaltung des Stammkapitals erforderliche Beträge ausgezahlt werden, auf die Berücksichtigung stiller Reserven verzichten,[1194] auch wenn damit die Durchführung des Cash Poolings in praktischer Hinsicht nicht erleichtert wird. Unter der Prämisse, dass stille Reserven nach gefestigter Rechtsprechung auch schon zuvor nicht zu berücksichtigen waren, tritt damit auch keine vorher nicht vorhandene Erschwerung des Cash Poolings ein. Stille Reserven sind daher bei Ermittlung der Unterbilanz nicht zu berücksichtigen. Vielmehr ist von fortgeführten Bilanzansätzen im Sinne von Buchwerten auszugehen. Insofern hat BGHZ 157, 72 ff. keine Bedeutungen auf die Art der Ermittlung der Unterbilanz selbst durch Berücksichtigung stiller Reserven.

[1191] Vgl. *Liebscher*, Rd 363; gegen Berücksichtigung weiterhin etwa GK-GmbHG-*Habersack*, § 30 Rdn 34; Scholz-*H.P. Westermann*, § 30 Rdn 17; Baumbach/Hueck-*Hueck/Fastrich*, § 30 Rdn 11; *Joost*, VGR 11, 31, 43; *Schulze-Osterloh*, FS Eisenhardt, 505, 506 f.; *Helmreich*, GmbHR 2004, 457, 458; *Henze*, WM 2005, 717, 718; *Engert*, BB 2005, 1951, 1952.

[1192] Ausdr. hinsichtlich der Erleichterung des Cash Poolings argumentierend schon *Sonnenhol/Stützle*, DB 1979, 925, 928 f.

[1193] BGHZ 109, 334, 337 f.; Michalski-*Heidinger*, § 30 Rdn 32; *Wilhelmi*, Der Grundsatz der Kapitalerhaltung, S. 127; *Henze*, WM 2005, 717, 718.

[1194] So jetzt auch BGH, DB 2006, 832, 833.

6. Ergebnis

Die Grenze des Auszahlungsverbots des § 30 Abs. 1 GmbHG hat beim Cash Pooling eine nicht zu unterschätzende Bedeutung. Die zutreffende Entscheidung BGHZ 157, 72 ff., die eine Abkehr von der bilanziellen Betrachtungsweise zum Inhalt hat, ist auch auf Cash-Pooling-Systeme anwendbar. Alternativmodelle, die auf die freie Verfügbarkeit abstellen, sind abzulehnen. Stille Reserven sind auch nach BGHZ 157, 72 ff. nicht bei Ermittlung der Unterbilanz zu berücksichtigen.

C. Auszahlungszeitpunkte

Noch nicht eindeutig geklärt ist die Frage, in welchen Situationen eine im Rahmen des Cash Poolings erfolgte Darlehensgewährung der Tochter- an die Muttergesellschaft einen Verstoß gegen das Auszahlungsverbot des § 30 Abs. 1 GmbHG zeitigt. Die Rechtsprechung hat bislang hierzu noch nicht Stellung genommen.[1195] Diese Grenzen des Auszahlungsverbots sollen anhand einer Fallgruppenbildung der möglichen Zeitpunkte von Darlehensgewährungen im Rahmen eines Cash Poolings dargestellt werden.

I. Darlehensvergabe bei bestehender Unterbilanz

Zunächst geht es um die Fallgruppe, in der sich die GmbH bereits im Zeitpunkt der Darlehensvergabe im Stadium der Unterbilanz befindet. Auf diese Fallgruppe bezog sich die Entscheidung BGHZ 157, 72 ff. Der BGH verwies die Sache im konkreten Fall zwar an das Berufungsgericht zurück, um zu klären, ob die Darlehensvergabe in der Zone der Unterdeckung der Stammkapitalziffer erfolgte.[1196] Allerdings wird aus den verschiedenen Formulierungen der Entscheidung deutlich, dass das Gericht sich hier auf die Unterbilanzsituation bezog.[1197] Für das konzernweite Cash Pooling folgt daraus, dass die Tochtergesellschaft bei einer bestehenden Unterbilanz unabhängig von der Vollwertigkeit des Rückzahlungsanspruchs und einer angemessenen Verzinsung keine Zahlungen an den Cash Pool vornehmen darf, da im Stadium der Unterbilanz jede Kreditvergabe an die Gesellschafter gemäß § 30 Abs. 1 GmbHG unzulässig ist.[1198]

[1195] Aus dem Urteil OLG München, ZIP 2006, 25 ff., erhellt sich nicht, ob sich die GmbH im Zeitpunkt der Darlehensgewährung bereits in einer Unterbilanzsituation befand; auch das OLG Jena, BB 2006, 1647, äußert sich nicht zu dieser Frage; offenl. hierzu auch *Wachter*, BB 2006, 1647, 1648.

[1196] BGHZ 157, 72, 78 f.

[1197] Hierzu noch unten § 8 C. III. 3. a).

[1198] Unstr. HoldingHndb-*Vetter*, § 8 Rdn 8; *Bayer/Lieder*, ZGR 2005, 133, 142; *Hentzen*, ZGR 2005, 480, 487; *Schilmar*, DStR 2006, 568, 572; *Engert*, BB 2005, 1951, 1955; *Heidinger*, NotBZ 2004, 43, 464; *Keller/Rödl*, BB 2005, Beil. 3, 16, 17.

II. Unterbilanz durch Darlehensvergabe

In einer weiteren Fallgestaltung befindet sich die GmbH im Zeitpunkt der Darlehensvergabe zwar noch nicht im Stadium der Unterbilanz, würde aber durch die Darlehensvergabe in dieses Stadium geraten. Dies wäre unter Zugrundelegung einer bilanziellen Betrachtungsweise denkbar, wenn der Darlehensrückzahlungsanspruch nicht werthaltig ist und daher nicht in Höhe des Nennwerts aktiviert werden kann oder unzureichend verzinst ist.[1199] Die Vollwertigkeit setzt voraus, dass das Gesellschaftsvermögen nach Höhe und Liquidität zur Befriedigung aller fälliger Gesellschaftsschulden einschließlich der in Frage stehenden Forderung sicher ausreicht.[1200] Die Anwendbarkeit der Entscheidung wäre erheblich eingeschränkt, wenn man ein Verbot der Darlehensgewährung erst dann eingreifen lassen würde, wenn bereits eine Unterbilanz bei der Gesellschaft besteht. Zwar hatte die Entscheidung des BGH diese Fallgestaltung nicht zum Gegenstand, jedoch wird aus den Entscheidungsgründen deutlich, dass die Darlehensvergabe auch in diesem Fall unzulässig ist.[1201] Schließlich kommt es auch in dieser Fallgruppe zu einer Auszahlung zulasten des Stammkapitals. Es kann also keinen Unterschied machen, ob durch eine Auszahlung eine Unterbilanz vertieft oder erst begründet wird. Dies entspricht im übrigen auch der allgemeinen Meinung in Bezug auf § 30 Abs. 1 GmbHG.[1202] Bezogen auf Cash-Pooling-Systeme stellt eine Auskehrung von liquiden Mitteln an die Betreibergesellschaft damit auch dann eine verbotene Auszahlung im Sinne des § 30 Abs. 1 GmbHG dar, wenn die GmbH durch die Darlehensvergabe aufgrund mangelnder Werthaltigkeit oder unangemessener Verzinsung des Darlehensrückzahlungsanspruchs erst in das Stadium der Unterbilanz gerät.[1203]

[1199] Klarst. *Hentzen*, ZGR 2005, 480, 487; *Grunewald*, WM 2006, 2333, 2334, Fn 16; *Haas/Oechsler*, NZG 2006, 806, 810; *Schilmar*, DStR 2006, 568, 572; *Habersack/Schürnbrand*, BB 2006, 288, 289; *Seibert*, ZIP 2006, 1157, 1163; vgl. IDW HFA, FN-IDW 2006, 545, 546; siehe auch schon *Vetter/Stadler*, Rdn 73; missverständlich Begr. RefE-MoMIG, S. 54, wonach eine Leistung in die Unterbilanz führt, wenn man zunächst die geschuldete, aber erst später zu bewirkende Gegenleistung bzw. den Rückzahlungsanspruch rechnerisch außer Ansatz lässt.

[1200] BGHZ 90, 370, 373; 125, 141, 145; 132, 13, 144; Baumbach/Hueck-*Hueck/Fastrich*, § 19 Rdn 22.

[1201] *Deckart*, S. 102 f.; *Bayer/Lieder*, ZGR 2005, 133, 142; *Hahn*, DK 2004, 641, 643; *Hentzen*, ZGR 2005, 480, 487; *Heidinger*, NotBZ 2004, 463, 464; *Schilmar*, DStR 2006, 568, 572; *Reidenbach*, WM 2004, 1421, 1424; *Winter*, NJW-Spezial 2006, 267, 267.

[1202] BGHZ 31, 276, 258; Baumbach/Hueck-*Hueck/Fastrich*, § 30 Rdn 12; Michalski-*Heidinger*, § 30 Rdn 13; Lutter/Hommelhoff-*Lutter/Hommelhoff*, § 30 Rdn 13; Roth/Altmeppen-*Altmeppen*, § 30 Rdn 17; *Müller-Michaels*, KSI 2006, 100, 103.

[1203] *Hentzen*, ZGR 2005, 480, 487; *Schilmar*, DStR 2006, 568, 572; *Keller/Rödl*, BB 2005, Beil. 3, 16, 17; *Reidenbach*, WM 2004, 1421, 1424; *Winter*, NJW-Spezial 2006, 267, 267.

III. Darlehensvergabe außerhalb der Unterbilanz

Die Entscheidung des BGH hat im Schrifttum die Frage aufgeworfen, inwieweit die Darlehensvergabe der GmbH an ihre Gesellschafter auch dann unzulässig ist, wenn nach einer bilanziellen Betrachtungsweise eine Unterbilanz weder bei der Darlehensvergabe vorliegt noch durch diese entstünde. Hierüber herrscht Uneinigkeit. Bei Licht betrachtet ist dies die Frage, aufgrund derer sich entscheidet, ob ein Cash Pooling auch nach der Entscheidung des BGH durchführbar ist oder nicht. Auch dürfte die diesbezüglich bestehende Uneinigkeit über die Reichweite der Entscheidung BGHZ 157, 72 ff. Hauptgrund für die Forderung der Wirtschaft nach einer gesetzlichen Regelung sein, der der Gesetzgeber nunmehr nachkommen will.[1204] Aus diesem Grund kommt dieser umstrittenen Frage für das Cash Pooling eine gar nicht hoch genug anzusetzende Bedeutung zu.[1205]

1. Darlehen nur aus ungebundenem Vermögen

Teile der Literatur legen der Entscheidung des BGH entsprechend der Formulierung des Leitsatzes[1206] ein Verständnis zugrunde, wonach eine Darlehensvergabe nur zulässig sei, wenn sie nicht aus dem gebundenen Vermögen der GmbH, also aus Rücklagen, Gewinnvortrag und laufendem Jahresergebnis, erfolge.[1207] Die Summe der Darlehen an die Gesellschafter dürfe daher die Summe der freien Rücklagen und Gewinnvorträge nicht überschreiten, da nur in diesem Fall das Stammkapital unangetastet bleibe, wenn man den Rückzahlungsanspruch der

---

1204 Hierzu unten § 8 F. II.

1205 Die gegenw. Unsicherheit heraus st. *Lamb/Schluck-Amend*, Börsen-Zeitung v. 14.01.2006, S. 10, die sich eine Klärung dieser Frage durch den BGH obiter dicta in den Entscheidungen vom 16.01.2006 (BGHZ 166, 8 ff.) zur Kapitalerhöhung erhofft hatten.

1206 Dort heißt es: „Kreditgewährungen an Gesellschafter, die nicht aus Rücklagen oder Gewinnvorträgen, sondern zulasten des gebundenen Vermögens der GmbH erfolgen (...)“, BGHZ 157, 72, 72; einseitig hierauf abst. *Rittscher*, S. 98.

1207 *Liebscher*, Rdn 364; IDW HFA, FN-IDW 2004, 746, 746 (anders jetzt ders., FN-IDW 2006, 545, 546, aufgrund der Stellungnahmen *Goettes*); *Diers*, S. 45; *Rittscher*, S. 97; *Maier-Reimer*, VGR 10, 127, 137; *Joost*, VGR 11, 31, 35 f.; *Wackerbarth*, FS Eisenhardt, 531, 536; *Rehm*, FS Säcker, 305, 309; *Schäffler*, BB 2006, Beil. 9, 1, 4; *Bayer/Lieder*, ZGR 2005, 133, 142; *dies*., GmbHR 2006, 1121, 1122 f.; *Grothaus/Halberkamp*, GmbHR 2005, 1317, 1318; *Müller-Michaels*, KSI 2006, 100, 102; *Seidel*, DStR 2004, 1130, 1130; *Cahn*, DK 2004, 235, 241; *Henze*, WM 2005, 717, 719; *Hahn*, DK 2004, 641, 643; *Heidinger*, NotBZ 2004, 463, 464; *Wessels*, ZIP 2004, 793, 794 (a. A. aber jetzt *ders*., ZIP 2006, 1701, 1704); *Habersack/Schürnbrand*, NZG 2004, 689, 695; *Engert*, BB 2005, 1951, 1955; *Seulen*, Finance 7/8 2006, 38, 38; wohl auch *Burgard*, AG 2006, 527, 529; *Fuhrmann*, NZG 2004, 552, 553; *Röhricht* bei Behrens, VGR 11, 51, 52; von *Winter*, NJW-Spezial 2006, 267, 267, „extensive Interpretation“ der Entscheidung genannt.

Tochtergesellschaft ungeachtet der Werthaltigkeit unbeachtet lassen müsste.[1208] Der Darlehensrückzahlungsanspruch soll danach selbst bei Vollwertigkeit stets außer Betracht bleiben. Zur Begründung dafür, alle Zahlungen dem § 30 Abs. 1 GmbHG zu unterstellen, die nicht mehr von den frei verfügbaren Rücklagen gedeckt sind, wird angeführt, ansonsten könnten auch sehr große Kredite nicht vom Auszahlungsverbot erfasst werden, selbst wenn das Stammkapital im Zeitpunkt der Gewährung nur gerade noch gedeckt sei.[1209] Die abhängige GmbH würde dann nicht darin beeinträchtigt werden, das zur Erhaltung des Stammkapitals erforderliche Vermögen in Form von Darlehen an die Gesellschafter abzugeben, sofern sie dies vor Eintritt der Unterbilanz tue.[1210]

Für das Cash Pooling würde diese Sichtweise zur Folge haben, dass auch dann, wenn keine Unterbilanz besteht oder durch den Abzug entstehen würde, Darlehensgewährungen nur zulässig wären, wenn die Mittel aus den freien Rücklagen oder den Gewinnvorträgen erfolgen. Der Rückzahlungsanspruch der Tochtergesellschaft gegenüber der Betreibergesellschaft das Cash Pools ist dabei ungeachtet seiner Werthaltigkeit auch außerhalb des Stadiums der Unterbilanz stets mit Null anzusetzen. Dies ist gerade beim Cash Pooling, das auf einem täglichen Liquiditätsausgleich durch Darlehen aufbaut, besonders bedeutsam: Jede Darlehensgewährung würde das Eigenkapital vermindern, ohne dass eine Unterbilanz entsteht. Obwohl das freie Vermögen nach wie vor in der Bilanz ausgewiesen ist, ist es möglicherweise durch zuvor gewährte Darlehen „verbraucht", so dass weitere Darlehen nur in Höhe des freien Vermögens abzüglich bereits früher gewährter und noch nicht zurückgezahlter Darlehen ausgereicht werden können.[1211] Mit anderen Worten sind vom freien Eigenkapital die bereits gewährten aufsteigenden Darlehen abzuziehen.[1212] Dass diese Sichtweise das Cash Pooling in seiner bisher praktizierten Art und Weise über kurz oder lang lahm legen würde, dürfte offensichtlich sein.

2. Darlehensgewährung bis zur Unterbilanz

Einer anderen in der Literatur vertretenen Auffassung nach müssen im Rahmen der Ermittlung einer Unterbilanz zu kapitalerhaltungsrechtlichen Zwecken werthaltige Forderungen gegen verbundene Unternehmen aktiviert werden, soweit nicht bereits vor der Vorteilsgewährung eine Unterbilanz besteht oder gerade

---

[1208] *Liebscher*, Rdn 364; IDW HFA, FN-IDW 2004, 746, 746; *Seidel*, DStR 2004, 1130, 1130; *Henze*, WM 2005, 717, 719; *Hahn*, DK 2004, 641, 643; *Engert*, BB 2005, 1951, 1955; *Habersack/Schürnbrand*, NZG 2004, 689, 695

[1209] *Rittscher*, S. 96 f.; *Schäffler*, BB 2006, Beil. 9, 1, 4; *Burgard*, AG 2006, 527, 529; *Engert*, BB 2005, 1951, 1955.

[1210] *Burgard*, AG 2006, 527, 529.

[1211] *Liebscher*, Rdn 364; *Müller-Michaels*, KSI 2006, 100, 102; *Winter*, NJW-Spezial 2006, 267, 268.

[1212] *Müller-Michaels*, KSI 2006, 100, 1012; *Schilmar*, DStR 2006, 568, 573.

durch die Vorteilsgewährung hervorgerufen werden würde.[1213] Hiernach soll die BGH-Entscheidung also unanwendbar sein, wenn nach bilanzieller Betrachtungsweise weder vor der Darlehensvergabe eine Unterbilanz bestand noch durch die Darlehensvergabe verursacht wird.[1214] Begründet wird dies damit, dass sich der Kapitalschutz der GmbH lediglich auf das Stammkapital beschränke.[1215]

In Bezug auf das Cash Pooling ist daher eine Darlehensgewährung nur dann wegen eines Verstoßes gegen das Auszahlungsverbot des § 30 Abs. 1 GmbHG unzulässig, wenn dadurch eine Unterbilanz vertieft oder hervorgerufen wird. Etwaige Darlehensrückzahlungsforderungen müssen in diesen Fällen entsprechend der Entscheidung des BGH mit Null angesetzt werden. Im übrigen müssen aber im Rahmen der Ermittlung der Unterbilanz nach einer bilanziellen Betrachtungsweise werthaltige Forderungen gegen die Betreibergesellschaft aktiviert werden. Bei einem das Stammkapital übersteigenden bilanziellen Eigenkapital bleibt es demnach bei allgemeinen Grundsätzen, so dass die Darlehensgewährung – einen vollwertigen Rückzahlungsanspruch vorausgesetzt – einen reinen Aktivtausch und damit keine Auszahlung nach § 30 Abs. 1 GmbHG darstellt.[1216] Die Darlehensvergabe im Rahmen des Cash Pooling selbst kann damit – die Werthaltigkeit der Rückzahlungsansprüche unterstellt – niemals zur Unterbilanz führen.[1217] Insbesondere wirkt sich bei Werthaltigkeit des Rückzahlungsanspruchs das im Rahmen des Cash Poolings gewährte Darlehen anders als bei der zuerst genannten Sichtweise auch nicht auf die Vergabe künftiger Darle-

---

[1213] GK-GmbHG-*Habersack*, § 30 Rdn 49; HoldingHndb-*Vetter*, § 8 Rdn 8; IDW HFA, FN-IDW 2006, 545, 546 (anders noch ders., FN-IDW 2004, 746, 746); *Koch*, S. 87 f.; *Kurzwelly*, DAI-JAT 2006, 2, 30; *Spindler*, ZHR 171 (2007), 245, 253; *Haas/Oechsler*, NZG 2006, 806, 810 f.; *Hentzen*, ZGR 2005, 480, 490 f.; *Habersack*, ZHR 170 (2006), 607, 610; *ders./Schürnbrand*, BB 2006, 288, 289; *Schilmar*, DB 2004, 1411, 1412; *ders.*, DStR 2006, 568, 572; *Vetter*, ZGR 2005, 788, 822 f.; *ders.*, BB 2004, 1509, 1516; *ders./Schwandtner*, DK 2006, 407, 420; *Helmreich*, GmbHR 2004, 457, 461; *K. Schmidt*, GmbHR 2007, 1072, 1076; *Goette*, ZIP 2005, 1481, 1484; *ders.*, DStR 2006, 767, 768; *ders.*, KTS 2006, 217, 227; *Janzen*, DB 2006, 2108, 2111; *Priester*, EWiR § 19 GmbHG 2/06, 497, 498; *Werner*, GmbHR 2007, 202, 203; *Altmeppen*, ZIP 2006, 1025, 1030 f.; *Heidinger*, NotBZ 2004, 43, 464; *Saenger/Koch*, NZG 2004, 271, 273; *Wessels*, ZIP 2006, 1701, 1703, unter Abw. seiner gegenteiligen Auffassung in ZIP 2004, 793, 794; *Lamb/Schluck-Amend*, Börsen-Zeitung v. 14.01.2006, S. 10; von *Winter*, NJW-Spezial 2006, 267, 267, „authentische Interpretation" der Entscheidung genannt.

[1214] *Deckart*, S. 105; *Kurzwelly*, DAI-JAT 2006, 2, 30; *Hentzen*, ZGR 2005, 480, 490 f.; *Habersack/Schürnbrand*, BB 2006, 288, 289; *Schilmar*, DB 2004, 1411, 1412; *ders.*, DStR 2006, 568, 572; *Vetter*, ZGR 2005, 788, 822 f.; *ders.*, BB 2004, 1509, 1516; *Bayer/Lieder*, ZGR 2005, 133, 142; *Reidenbach*, WM 2004, 1421, 1422; *Winter*, NJW-Spezial 2006, 267, 267.

[1215] *Hentzen*, ZGR 2005, 480, 491, wohl auch *Goette*, ZIP 2005, 1481, 1484.

[1216] *Deckart*, S. 105 f.; *Vetter*, ZGR 2005, 788, 821.

[1217] *Deckart*, S. 105 f.; *Schäfer*, BB 2006, Beil. 7, 4, 6.

hen aus.[1218] Das Cash Pooling wäre danach in erheblich weiterem Umfang zulässig als bei der generellen Außerachtlassung des Rückzahlungsanspruchs ohne Rücksicht auf die Werthaltigkeit.[1219]

3. Stellungnahme

Zu diesem Streitstand ist wie folgt Stellung zu nehmen.

a) Wortlaut der Entscheidung

Es bedarf zunächst einer strengen Trennung zwischen der vorgelagerten Frage, ob eine Unterbilanz vorliegt und der weiteren Frage, ob die konkrete Zuwendung an den Gesellschafter einen Verstoß gegen § 30 Abs. 1 GmbHG darstellt.[1220] Die Entscheidung des BGH, die eine Abkehr von der bilanziellen Betrachtungsweise zum Inhalt hat, bezieht sich lediglich auf die zweite Frage, nämlich nach der Zulässigkeit der einzelnen Auszahlung. Die erste Frage, ob überhaupt eine Unterbilanzsituation vorliegt, wird vom BGH hingegen nicht behandelt. Wörtlich heißt es in der Entscheidung: „*Bei Unterbilanz*[1221] der Gesellschaft ist (...) gegenüber den Gesellschaftern nicht nur der bilanzielle Wert des Gesellschaftsvermögens zu wahren, sondern auch dessen reale Substanz zusammenzuhalten und vor einer Aufspaltung in schuldrechtliche Ansprüche gegen die Gesellschafter zu schützen".[1222] Dies deutet darauf hin, dass der BGH einerseits von einer durch die Auszahlung vertieften oder verursachten Unterbilanz als Voraussetzung für das Eingreifen des Auszahlungsverbots des § 30 Abs. 1 GmbHG ausgeht, während er auf der anderen Seite zur Frage der Feststellung der Unterbilanzsituation selbst keine Stellung nimmt.[1223] An anderer Stelle fordert der BGH das Berufungsgericht auf, zu klären, ob die Vergabe der Darlehen „in der Zone der Unterdeckung der Stammkapitalziffer" stattfand.[1224] Auch diese Textpassage deutet damit darauf hin, dass eine Beschränkung der Unzulässigkeit von Darlehen auf das Stadium der Unterbilanz erfolgen

---

1218 *Haas/Oechsler*, NZG 2006, 806, 810; *Seulen*, Finance 7/8 2006, 38, 38.

1219 Dessen ungeachtet geht die Empfehlung zahlreicher Vertreter dieser Ansicht aufgrund der Uneinigkeit bei dieser Fragestellung zur Risikominimierung gegenwärtig – freilich wenig stringent – dahin, vorsichtshalber eine Kreditvergabe nur aus dem freien Vermögen der Gesellschaft, also aus freien Rücklagen und dem Bilanzgewinn, vorzunehmen, *Schilmar*, DStR 2006, 568, 573; *Hentzen*, ZGR 2005, 480, 492; *Langner*, GmbHR 2005, 1017, 1022.

1220 Diff. auch HoldingHndb-*Vetter*, § 8 Rdn 8; *Schilmar*, DStR 2006, 568, 572; *Vetter*, BB 2004, 1509, 1516.

1221 Hervorhebung des Verf.

1222 BGHZ 157, 72, 76.

1223 So auch die Deutung dieser Textpassage von *Deckart*, S. 102; HoldingHndb-*Vetter*, § 8 Rdn 8; *ders.*, BB 2004, 1509, 1514; *Spindler*, ZHR 171 (2007), 245, 252 f.; *Schilmar*, DStR 2006, 568, 572; *Hentzen*, ZGR 2005, 480, 489; *Dampf*, DK 2007, 157, 162.

1224 BGHZ 157, 72, 79.

soll.[1225] Bereits daraus wird eine klare Beschränkung der Position des BGH auf Fälle der Unterbilanz deutlich.[1226]

b) Bezugnahme auf die Äußerungen *Stimpels*

Die voneinander abweichenden Meinungen rühren auch von einem unterschiedlichen Verständnis der Äußerungen *Stimpels* her, auf die sich der BGH in BGHZ 157, 72 ff. bezieht. So ist vereinzelt die Ansicht geäußert worden, *Stimpel* behandle zwar schwerpunktmäßig das Verbot der Darlehensgewährung bei Unterbilanz, sage aber nicht, die Darlehensgewährung sei nur bei Unterbilanz verboten.[1227] Demgegenüber meinen zahlreiche Verfasser, *Stimpel* beschränke das Verbot der Darlehensvergabe ausdrücklich auf Fälle, in denen nach der fortgeführten Handelsbilanz bereits eine Unterbilanz vorliege.[1228] Tatsächlich beschränkt *Stimpel* an mehreren Stellen die Ausführungen zur Abkehr von einer bilanziellen Betrachtungsweise ausdrücklich auf die Situation der Unterbilanz.[1229] Außerhalb der Unterbilanzsituation soll nach seiner Auffassung die Zulässigkeit der Darlehensvergabe gerade nicht grundsätzlich ausgeschlossen sein, sondern von den Darlehenskonditionen abhängen.[1230] Es sei ferner „eindeutig" daran festzuhalten, dass die Handelsbilanz die Grenze bestimme, von der ab § 30 Abs. 1 GmbHG anzuwenden sei.[1231] An anderer Stelle heißt es, es sei „das freie von dem geschützten Gesellschaftsvermögen nach fortgeführten Werten der Handelsbilanz abzugrenzen. Die Antwort auf die Frage, was im geschützten Vermögensbereich, also bei Unterbilanz, aus GmbH-Vermögen an Gesellschafter ausgezahlt oder nicht ausgezahlt werden darf, ist aber konsequent vom handelsbilanziellen Denken zu befreien".[1232] Diese Ausführungen sind unzweifelhaft lediglich auf die Unterbilanzsituation bezogen. Eine andere Interpretation *Stimpels* ist aus diesen Gründen nicht überzeugend. Im übrigen würde außerhalb einer vertiefenden oder entstehenden Unterbilanz auch das von *Stimpel* herrührende Substanzschutzargument, auf das der BGH ausdrücklich Bezug nimmt, greifen.[1233] Das Substanzschutzargument besagt, dass das Auszahlungsverbot des § 30 Abs. 1 GmbHG nach seinem Sinn und Zweck das Gesellschaftsvermö-

---

1225 Das Urteil betraf einen klaren Ausplünderungsfall und war daher nach *Seibert*, ZIP 2006, 1157, 1162, „nur zu verständlich".

1226 Nicht überzeugend ist es daher, wenn argumentiert wird, der BGH beziehe sich bei diesen Formulierungen lediglich auf den zu entscheidenden Sachverhalt; so aber *Bayer/Lieder*, GmbHR 2006, 1121, 1123.

1227 *Seidel*, DStR 2004, 1130, 1130: *Drygala/Kremer*, ZIP 2007, 1289, 1290.

1228 HoldingHndb-*Vetter*, § 8 Rdn 8 Fn 2; *Kurzwelly*, DAI-JAT 2006, 2, 30; *Hentzen*, ZGR 2005, 480, 489; *Goette*, DStR 2006, 767, 768; *Dampf*, DK 2007, 157, 162.

1229 *Stimpel*, FS 100 Jahre GmbHG, 335, 351 f., 361.

1230 *Stimpel*, FS 100 Jahre GmbHG, 335, 351 f., 361.

1231 *Stimpel*, FS 100 Jahre GmbHG, 335, 349, 340.

1232 *Stimpel*, FS 100 Jahre GmbHG, 335, 349, 341.

1233 BGHZ 157, 72, 76, unter Hinweis auf *Stimpel*, FS 100 Jahre GmbHG, 335, 349, 352.

gen bis zur Stammkapitalziffer nicht nur seinem Wert nach, sondern vor jeglichem Zugriff der Gesellschafter schütze, damit der GmbH ein ihren Bestandsschutz gewährleistendes Mindestbetriebsvermögen und ihren Gläubigern eine Befriedigungsreserve verbleibe. Es wird also deutlich, dass das Substanzschutzargument nur bis zur Stammkapitalziffer, also im Rahmen einer Unterbilanzsituation, nicht aber darüber hinaus eingreifen kann. Gleiches gilt – wie bereits festgestellt wurde – im Übrigen auch für das Rangargument sowie das Umgehungsargument.[1234] Da der BGH sich die Äußerungen *Stimpels* in weitem Umfang zu eigen macht, muss davon ausgegangen werden, dass er sich insofern vollumfänglich dessen Ansicht anschließt.[1235]

c) Anwendung der Grundsätze des § 43 a GmbHG?

Gegen das einschränkende Verständnis der Abkehr von der bilanziellen Betrachtungsweise könnte allerdings die bei der Bestimmung der Grenze des § 43 a GmbHG vorherrschende Meinung sprechen.[1236] Nach dieser Norm ist die Kreditgewährung an Geschäftsführer der GmbH aus dem zur Erhaltung des Stammkapitals erforderlichen Vermögens untersagt. Vorwiegend wird, da die Darlehensgewährung selbst in aller Regel eigenkapitalneutral sei, vertreten, bei der Prüfungsrechnung müsse die Forderung gegen den Kreditnehmer außer Ansatz bleiben, um den erstrebten Schutz zu verwirklichen.[1237] Mit anderen Worten sei der Darlehensrückzahlungsanspruch zur Optimierung der Kapitalerhaltung bereits vom Gesetz als wertlos fingiert.[1238] Gegen eine Übertragung dieser Grundsätze spricht aber schon, dass eine analoge Anwendung des § 43 a GmbHG nach dem hier vertretenen Verständnis abzulehnen ist.[1239] Es wäre daher widersprüchlich, trotz Ablehnung der Anwendung des § 43 a GmbHG auf die Darlehensvergabe an den Gesellschafter die Wertungen dieser Norm auf diese Situation zu übertragen und § 43 a GmbHG darüber mittelbar doch zur Anwendung kommen zu lassen. Auch eine punktuelle Übernahme einzelner Aspekte des § 43 a GmbHG muss aus diesem Grund ausscheiden.

[1234] Hierzu oben § 8 B. II. 2. b) aa) (3).

[1235] A. A. *Bayer/Lieder*, GmbHR 2006, 1121, 1123, wonach sich der BGH nicht die Position *Stimpels* zu Eigen mache, sondern ein eigenständiges Konzept entwerfe; worin die Abweichung des BGH von den Aussagen *Stimpels* aber genau liegen soll, bleibt unklar.

[1236] Für eine Übernahme der bei § 43 a GmbHG herrschenden Ansicht auf das Auszahlungsverbot des § 30 Abs. 1 GmbHG *Engert*, BB 2005, 1951, 1955; *Bayer/Lieder*, GmbHR 2006, 1121, 1124; wohl auch *Joost*, VGR 11, 31, 36; *Liebscher*, Rdn 364.

[1237] Baumbach/Hueck-*Zöllner/Noack*, § 43 a Rdn 2; Hachenburg-*Stein*, § 43 a Rdn 21; Michalski-*Michalski*, § 43 a Rdn 32; Rowedder/Schmidt-Leithoff-*Koppensteiner*, § 43 a Rdn 6.

[1238] Baumbach/Hueck-*Zöllner/Noack*, § 43 a Rdn 2; Hachenburg-*Stein*, § 43 a Rdn 21; Michalski-*Michalski*, § 43 a Rdn 32.

[1239] Siehe oben § 8 A. II.

d) Grundsätzliche Maßgeblichkeit der Handelsbilanz

Hinzu kommt, dass der Gesetzgeber die Handelsbilanz gerade für die Ermittlung einer Unterbilanz vorgesehen hat.[1240] Insofern sind Kapitalschutz und Bilanzierung sehr eng miteinander verflochten. Das nach § 30 Abs. 1 GmbHG geschützte Stammkapital ist gemäß § 42 Abs. 1 GmbHG in der Bilanz als gezeichnetes Kapital auszuweisen. Anhand der Bilanz wird das zur Erhaltung des Stammkapitals erforderliche Vermögen der Gesellschaft ermittelt und das Stadium festgelegt, in dem jegliche Vermögensminderung zugunsten eines Gesellschafters unterbleiben muss. Aus diesem Grund ist eine bilanzielle Betrachtungsweise bei der Feststellung der Unterbilanz im Gesetz selbst angelegt. Eine Abkehr von dieser bilanziellen Betrachtungsweise würde daher ein hohes Maß an Rechtsunsicherheit mit sich bringen.[1241] Ohne Not ist somit nicht von der vertrauten Handelsbilanz abzuweichen.[1242] Schließlich würde die Nutzbarkeit von Buchführung und Bilanzierung zur Feststellung von Gefährdungen des Stammkapitals erheblich beeinträchtigt. Ist das Stammkapital zudem durch das Gesellschaftsvermögen voll gedeckt und verfügt die Tochtergesellschaft über ein Kontoguthaben, das sie an den Cash-Pool-Führer entsprechend der vertraglichen Verpflichtungen abführt, spricht nichts dagegen, den werthaltigen Anspruch der Tochtergesellschaft zu aktivieren und damit zum bilanziellen Ausgleich anderer Verbindlichkeiten der Tochter heranzuziehen.[1243] Es ist dann sowohl die bilanzmäßige Rechnungsziffer garantiert als auch die die Stammkapitalziffer deckende Haftungsmasse gegeben. Andernfalls bestünde die Gefahr, dass sowohl in gegenständlicher als auch in zeitlicher Hinsicht nicht nur Darlehensforderungen gegen die Betreibergesellschaft, sondern alle unter den Auszahlungsbegriff des § 30 Abs. 1 GmbHG zu fassenden bilanzneutralen, aber real vermögensmindernden Leistungen (etwa aufsteigende Kreditsicherheiten, Stundungen und Forderungsverzichte) bei der Ermittlung des frei verfügbaren Eigenkapitals Berücksichtigung finden müssten.[1244]

Eine andere Sichtweise würde – bezogen auf Cash-Pooling-Systeme – dazu führen, dass die Gesellschaften, sofern sie keine freien Rücklagen aufweisen,

---

[1240] So auch das Verständnis von *Deckart*, S. 103; *Vetter*, ZGR 2005, 788, 823; *ders.*, BB 2004, 1509, 1515; *Wessels*, ZIP 2006, 1701, 1703 f.; *Hentzen*, ZGR 2005, 480, 489; *Goette*, KTS 2006, 217, 227; zur Bilanzierung von Darlehensgewährungen nach BGHZ 157, 72 ff.: *Binz*, DB 2004, 1273, 1274.

[1241] So auch *Vetter*, ZGR 2005, 788, 822 f.; *Wessels*, ZIP 2006, 1701, 1703 f.; *Habersack/Schürnbrand*, BB 2006, 288, 289; a. A. *Bayer/Lieder*, GmbHR 2006, 1121, 1123

[1242] *Wessels*, ZIP 2006, 1701, 1704; ferner *Stimpel*, FS 100 Jahre GmbHG, 335, 337; vgl. auch *Hentzen*, ZGR 2005, 480, 489.

[1243] *Goette*, ZIP 2005, 1481, 1484; *Schilmar*, DStR 2006, 568, 572; *Hentzen*, DStR 2006, 948, 953.

[1244] *Schilmar*, DStR 2006, 568, 572 f.; *Habersack/Schürnbrand*, BB 2006, 288, 289; *Hentzen*, DStR 2006, 948, 953.

die den Betrag der Darlehensvaluta übersteigen, die verfügbare Liquidität nicht an die Betreibergesellschaft abführen dürfen. Der Tochtergesellschaft wäre es lediglich möglich, frei verfügbare Mittel konzernextern zu den dort geltenden Bedingungen anzulegen. Für das Cash Pooling wären solche Folgen verheerend: Die Möglichkeiten eines konzernweiten Cash Poolings würden durch eine solche Handhabung ohne Not erheblich eingeschränkt.[1245] Ohne Abstellen auf die bilanzielle Betrachtungsweise würden Ansprüche niemals mit ihrem wahren Wert unter Berücksichtigung der Insolvenzrisiken bewertet werden können. Auf die Eintrittswahrscheinlichkeit der Risiken würde es nicht ankommen, wenn man auch werthaltige Rückzahlungsansprüche pauschal ausscheiden lassen würde. Das wäre schon aus ökonomischer Perspektive nicht sinnvoll.[1246] Demgegenüber ist es sachgerecht, als maßgeblichen Zeitpunkt für einen Wechsel der Betrachtungsweise von der bilanziellen hin zur tatsächlichen Betrachtungsweise denjenigen der Unterbilanz zu statuieren, zumal damit oftmals zugleich der Eintritt eines Krisenfalls indiziert ist.[1247] Dass die Ermittlung der Unterbilanz durch die vertraute Handelsbilanz zu ermitteln ist, und nicht etwa in einer Nebenrechnung werthaltige Darlehensrückzahlungsansprüche ausgeblendet werden müssen, führt auch zu einer rechtssicheren Feststellung des Eingreifen des Auszahlungsverbotes des § 30 Abs. 1 GmbHG.[1248]

e) Entgegenstehende Gläubigerschutzgesichtspunkte?

Schließlich ist aus Gläubigerschutzgesichtspunkten eine Erforderlichkeit, die Gesellschaftsgläubiger nicht mit dem Risiko eines Ausfalls der Gesellschaft mit ihrer Forderung zu belasten, erst bei Eintritt in das Stadium der Unterbilanz gegeben.[1249] Außerhalb dieses Stadiums bestehen demgegenüber Friktionen, aus Gläubigerschutzgesichtspunkten eine Auszahlungssperre zu verhängen. Auch bei der erforderlichen weiten Auslegung des § 30 Abs. 1 GmbHG ist zu bedenken, dass der Gläubigerschutz auf das Stammkapital der GmbH beschränkt ist. Ist die wirtschaftliche Bewegungsfreiheit der GmbH nach der in der Literatur zahlreich vertretenen Auffassung bereits dann in fast unerträglichem Maße ein-

---

1245 So die einhellige Ansicht bei einem solchen Verständnis des BGH: *Vetter*, BB 2004, 1509, 1516; *Seidel*, DStR 2004, 1130, 1133; *Bayer/Lieder*, ZGR 2005, 133, 142 f.; *Gesmann-Nuissl*, WM 2006, 1756, 1761.

1246 Vgl. hierzu *Hentzen*, ZGR 2005, 480, 489; *ders*., DStR 2006, 948, 953.

1247 *Winter*, NJW-Spezial 2006, 267, 268.

1248 Ebenso *Wessels*, ZIP 2006, 1701, 1704; vgl. schon *Stimpel*, FS 100 Jahre GmbHG, 335, 337.

1249 Zutr. GK-GmbHG-*Habersack*, § 30 Rdn 49; *Deckart*, S. 104 f.; *Spindler*, ZHR 171 (2007), 245, 252 f.; *Habersack/Schürnbrand*, BB 2006, 288, 289; *Hentzen*, ZGR 2005, 480, 490; vgl. *Janzen*, DB 2006, 2108, 2113; a. A. *Rittscher*, S. 97; *Bayer/Lieder*, GmbHR 2006, 1121, 1123, die einen Gläubigerschutz auch bei Ermittlung der Unterbilanz bejahen.

geschränkt, wenn die bilanzielle Betrachtungsweise in den ersten beiden genannten Fallgruppen nicht anzuwenden ist, so muss man sich vor Augen führen, welche Folge eine Abkehr von dieser Betrachtungsweise auch in den Fällen hätte, in denen eine gesunde GmbH beispielsweise ein ihr gehörendes Grundstück zum den Verkehrswert unterschreitenden Buchwert nur noch verkaufen könnte, in denen der Differenzbetrag von den freien Rücklagen gedeckt ist.[1250] Die wirtschaftliche Bewegungsfreiheit der GmbH würde in einem solchen Fall ohne Notwendigkeit erheblich eingeschränkt und würde eine Konzerninnenfinanzierung mittels Cash Pooling jedenfalls ohne erhebliche zeit- und kostenintensive Umstellungen unmöglich machen.[1251] Es erscheint schlechterdings nicht erforderlich, dass Darlehen der kerngesunden GmbH, bei der das Eigenkapital das Stammkapital übersteigt, an einen ebenso kerngesunden Gesellschafter, dessen Bonität ohne Zweifel ist, nur in Höhe der frei verfügbaren Rücklagen zuzulassen. Dies würde ein durch nichts zu rechtfertigendes pauschalisiertes Misstrauen gegen die Gesellschafter zum Ausdruck bringen. Auch die Tatsache, dass Rechtsgeschäfte mit Gesellschaftern kritischer zu betrachten sind als mit Dritten, rechtfertigt keine so weitgehende Betrachtung.

Das von der gerade diesen Ansatz vertretenen Auffassung in diesem Zusammenhang angeführte Argument, andernfalls könnten auch große Kredite mit den für die Gesellschaft verbundenen Gefahren ausgekehrt werden, auch wenn das Stammkapital im Zeitpunkt der Gewährung lediglich gerade eben noch gedeckt ist,[1252] besitzt demgegenüber keine Überzeugungskraft, wird doch damit ein so weit vorgelagerter Schutz des Vermögens der Gesellschaft instrumentalisiert, der nicht nur der wirtschaftlichen Bewegungsfreiheit der GmbH zuwider läuft, sondern auch aus Gläubigerschutzgesichtspunkten nicht erforderlich ist.[1253] Den Gesellschaften würde ein enormer Handlungsspielraum genommen werden, nämlich der Verfügung über den das Stammkapital übersteigenden Teil des Vermögens, der ihnen – auch bei Berücksichtigung der Gläubigerinteressen – zusteht.[1254] Zugleich würde damit ein rechtssicher handhabbarer und systematisch stimmiger Ansatz für den Gläubigerschutz in Frage gestellt.[1255] Bei einem

---

1250 Vgl. das Beispiel von *Habersack/Schürnbrand*, BB 2006, 288, 289; *Hentzen*, DStR 2006, 948, 953.

1251 Vgl. *Hentzen*, ZGR 2005, 480, 491.

1252 Zugespitzt *Burgard*, AG 2006, 527, 529: „Millionenkredite (...), wenn auch nur ein Cent Überdeckung besteht"; *Rehm*, FS Säcker, 305, 309; *Engert*, BB 2005, 1951, 1955; *Joost* bei Behrens, VGR 11, 51, 52; vgl. auch *Wilhelm*, DB 2006, 2729, 2731, der allerdings von einem anderen Verständnis des zur Erhaltung des Stammkapitals „erforderlichen" Vermögens ausgeht.

1253 Mit dem Argument des fehlenden Gläubigerschutzbedürfnisses argumentierend auch *Vetter*, ZGR 2005, 788, 822 f.

1254 Ebenso *Vetter*, BB 2004, 1509, 1515.

1255 *Habersack/Schürnbrand*, BB 2006, 288, 289.

das Stammkapital übersteigenden bilanziellen Eigenkapital muss es außerhalb der bestehenden Unterbilanz bei allgemeinen Grundsätzen verbleiben, so dass die Darlehensgewährung – einen vollwertigen Rückzahlungsanspruch vorausgesetzt – einen reinen Aktivtausch und damit keine Auszahlung nach § 30 Abs. 1 GmbHG darstellt.[1256] Mit der Grenze der Vollwertigkeit als Abkehr von der bilanziellen Betrachtungsweise wird den Gläubigerschutzgesichtspunkten in ausreichendem Maße Rechnung getragen.

Dass diese Ansicht dazu führt, dass sich die Lage verändert, wenn das Reinvermögen das Stammkapital um einen Euro übersteigt und die Darlehensvergabe zulässig ist oder aber um einen Euro unterschreitet und die Darlehensvergabe dann unzulässig ist, ist als notwendige Folge des Wechsel der Betrachtungsweise anzusehen.[1257] Man könnte zwar daran denken, auch außerhalb der Unterbilanz einen „Sicherheitspuffer" vorzusehen, wonach eine Kreditgewährung nur möglich ist, wenn eine Überdeckung in einer bestimmten Höhe besteht.[1258] Nicht nur würde aber damit die Unterbilanz als Maßstab für das Auszahlungsverbot des § 30 Abs. 1 GmbHG entwertet werden,[1259] sondern auch die Bestimmung der maßgeblichen Höhe Schwierigkeiten bereiten, wenn nicht gar unmöglich sein. Andererseits so weit zu gehen, eine Darlehensgewährung generell nur aus ungebundenem Vermögen zuzulassen, wäre – wie aufgezeigt wurde – weder für den Gläubigerschutz erforderlich noch dogmatisch stimmig. Auch ist es der Rechtssicherheit abträglich, eine Abkehr von der bilanziellen Betrachtungsweise dann vorzunehmen, wenn im Stadium der Darlehensgewährung Verluste vorhersehbar sind, die dann nicht anders ausgeglichen werden könnten und zu einer Unterbilanz führen würden.[1260] Unter welchen Voraussetzungen dies rechtssicher festgestellt werden kann, ist nicht ersichtlich. Es stellt also eine notwendige Folge der hier vertretenen Sichtweise dar, dass größere Darlehensbeträge auch bei einer nur knappen Überdeckung möglich sind. Aus dogmatischer Sicht ist diese Folge zwingend.[1261] Zudem gewährt nur diese Auffassung ausreichende Rechtssicherheit. Auch ist dann hinzunehmen, dass die abhängige GmbH nicht gehindert ist, das zur Erhaltung des Stammkapitals er-

---

[1256] *Deckart*, S. 105 f.; *Vetter*, ZGR 2005, 788, 821.

[1257] So auch *Winter*, NJW-Spezial 2006, 267, 268: „kein Gegenargument"; *Altmeppen*, ZIP 2006, 1025, 1030; krit. *Schäfer*, BB 2006, Beil. 7, 5, 6; *Dampf*, DK 2007, 157, 163 f.; die Bezeichnung dieser Sichtweise als „ökonomischer Unsinn" von *Burgard*, AG 2006, 527, 529, bleibt vor diesem dogmatisch überzeugenden Hintergrund blass; krit. vor dem Hintergrund des Beurteilungszeitpunkts der Unterbilanz *Wilhelm*, DB 2006, 2729, 2731.

[1258] So *Wessels*, ZIP 2006, 1701, 1706.

[1259] *Wilhelm*, DB 2006, 2729, 2730 f.; *Grunewald*, WM 2006, 2333, 2333 f., sprechen der Unterbilanzsituation demgegenüber zu Unrecht die Maßgeblichkeit für den Wechsel der Betrachtungsweise ab.

[1260] So IDW HFA, FN-IDW 2006, 545, 546; krit. hingegen Stellungnahme von BDI und GDV zum RefE-MoMiG, S. 18 (www.bdi-online.de).

[1261] Ebenso *Altmeppen*, ZIP 2006, 1025, 1030; krit. *Schäfer*, BB 2006, Beil. 7, 5, 6.

forderliche Vermögen in Form der aufsteigenden Darlehensgewährung an die Gesellschafter abzugeben, sofern dies vor Eintritt der Unterbilanz geschieht.[1262] Dass aber eine bilanzielle Betrachtungsweise dann bei sich vertiefender Unterbilanz vorzunehmen ist, ist aus bilanzieller Sichtweise schlüssig und auch bei dogmatischer Betrachtung einzig korrekt, da hier eine Unterbilanz vorrangig infolge mangelnder Vollwertigkeit des Rückforderungsanspruchs, die dazu führt, dass dieser nicht in Höhe des Nennwerts zu aktivieren ist, entstehen kann.[1263]

Entgegen anderer Auffassung fordert auch die Sichtweise des BGH, mit der ein präventiver Schutzzweck des Auszahlungsverbotes des § 30 Abs. 1 GmbHG verbunden ist, keine andere Bewertung der Rechtslage.[1264] Es trifft zwar zu, dass bei einer bilanziellen Betrachtungsweise der Darlehensgewährung das damit verbundene Risiko von Unsicherheiten bei der Prognose die Gesellschaft trifft.[1265] Der Gläubigerschutz rechtfertigt bei zutreffendem Verständnis eine Abkehr von der bilanziellen Betrachtungsweise und damit keine Überbürdung des genannten Risikos auf die Gesellschaft nur im Stadium der Unterbilanz. Alles andere würde zu einer Reichweite des gesellschaftsrechtlich gewährleisteten Gläubigerschutzes führen, die nicht mehr gerechtfertigt werden kann. Der Gläubigerschutz genießt zweifelsohne einen hohen Rang, darf aber nicht dazu führen, dass er generell die Interessen der Gesellschaft und ihrer Gesellschafter verdrängt.[1266] Insofern werden mit der hier vertretenen Betrachtungsweise die jeweiligen Interessen zu einem angemessenen Ausgleich gebracht.

f) Unergiebigkeit des Urteils des OLG München, ZIP 2006, 25 ff.

Auch aus dem Urteil des OLG München ergibt sich nichts für eine andere Auffassung.[1267] Die dortige Textpassage „dies folgt aus der Rechtsprechung des BGH (...), wonach die Kreditvergabe aus gebundenem Vermögen an Gesellschafter einer GmbH auch bei Vollwertigkeit des Rückzahlungsanspruches ei-

---

1262 Aus diesem Grund aber abl. *Burgard*, AG 2006, 527, 529.

1263 Klarst. Begr. RefE-MoMiG, S. 54; *Deckart*, S. 102 f.; *Seibert*, ZIP 2006, 1157, 1163; *Altmeppen*, ZIP 2006, 1025, 1031; *Vetter/Schwandtner*, DK 2006, 407, 420 Fn 92; *Hentzen*, DStR 2006, 948, 952; *Habersack/Schürnbrand*, BB 2006; 288, 289; *Schilmar*, DStR 2006, 568, 573, der zutr. darauf hinweist, dass auch die Voraussetzungen des Ausnahmetatbestandes nicht erfüllt wären.

1264 So aber *Bayer/Lieder*, ZGR 2005, 133, 142; *dies.*, GmbHR 2006, 1121, 1123.

1265 Vgl. auch *Rittscher*, S. 96; *Joost*, VGR 11, 31, 36 f.

1266 Zu dieser Prämisse *Mülbert*, WM 2006, 1977, 1982; *Gehb/Heckelmann*, GmbHR 2006, R 349, 349; *Fastrich*, DStR 2006, 656, 659.

1267 A. A. offenbar *Seibert*, ZIP 2006, 1157, 1163, der aus der Entscheidung folgert, hiernach sei nur eine Leistung aus ungebundenem Vermögen zulässig, die Richtigkeit dieser Ansicht aber offen lässt; ebenso *Vetter/Schwandtner*, DK 2006, 407, 420; *Winter*, NJW-Spezial 2006, 267, 268.

nen Verstoß gegen das Kapitalerhaltungsgebot darstellt",[1268] gibt weder für die eine noch für die andere Auffassung etwas her. Tatsächlich ist der Entscheidung nämlich nicht zu entnehmen, ob sich die GmbH im Zeitpunkt der Darlehensgewährung an die US-Schwesterunternehmen schon in einer Untberbilanzsituation befand.[1269] Nicht ohne Grund wurde daher erwartet, dass der BGH das Urteil an das OLG München mit der Maßgabe zurückverweisen würde, um zu prüfen, ob zum Zeitpunkt der Darlehensgewährung bereits eine Unterbilanz bestanden hatte.[1270] Das in dieser Hinsicht daher unergiebige Urteil des OLG München ist inzwischen rechtskräftig geworden, da die beim BGH eingelegte Revision zurückgenommen wurde.[1271]

g) Änderung der Sichtweise durch § 30 Abs. 1 S. 2 GmbHG RefE-MoMiG?

Keine eindeutige Bestätigung hat die hier vertretene Sichtweise, dass eine Abkehr von der bilanziellen Betrachtungsweise nur bei entstehender oder sich vertiefender Unterbilanz vorzunehmen ist, durch § 30 Abs. 1 S. 2 GmbHG RefE-MoMiG erfahren. Dort heißt es nur „aus und im Rahmen freier Rücklagen" Danach ist die Darlehensgewährung nur noch einer besonderen Kontrolle unterworfen, wenn sie eine Unterbilanz der GmbH hervorruft oder verstärkt.[1272] Ist dies hingegen nicht der Fall, verbleibt es bei der bilanziellen Betrachtungsweise. Diese Regelung kann aber nicht als Klarstellung der hier vertretenden Sichtweise angesehen werden. An anderer Stelle heißt es unter dem Gesichtspunkt des Hineinführens in die Unterbilanz, eine Leistung, die in die Unterbilanz führt, liegt vor, wenn man zunächst die geschuldete, aber erst später zu bewirkende Gegenleistung bzw. den Rückzahlungsanspruch rechnerisch außer Ansatz lässt.[1273] Dies verträgt sich nicht mit den obigen Ausführungen, wonach die Darlehensgewährung eine Unterbilanz nur aufgrund einer fehlenden Werthaltigkeit hervorrufen kann,[1274] nicht aber dadurch, dass sie unabhängig von ihrer Werthaltigkeit außer acht gelassen wird. Insofern weist die Begr. RefE-MoMiG Ansätze der hier abgelehnten Ansicht auf, wobei wiederum zu bezweifeln ist, dass der Gesetzgeber den Streit entscheiden wollte.[1275] Sofern man eine gesetzliche Neu-

---

1268 OLG München, ZIP 2006, 25, 26, hierauf bezieht sich *Seibert*, ZIP 2006, 1157, 1163.

1269 Ebenso *Schilmar*, DStR 2006 568, 570; *Habersack/Schürnbrand*, BB 2006, 288, 288; *Hentzen*, DStR 2006, 948, 953, der kritisiert, dass das Gericht diesen Punkt offen gelassen habe.

1270 *Schäfer*, BB 2006, Beil. 7, 5, 6.

1271 Siehe Hinweis ZIP 2006, 2131.

1272 Begr. RefE-MoMiG, S. 53 f.

1273 Begr. RefE-MoMiG, S. 54.

1274 Siehe oben unter sowie *Schilmar*, DStR 2006, 568, 572.

1275 *Mülbert*, WM 2006, 1977, 1982; *Wessels*, ZIP 2006, 1701, 1705; *Haas/Oechsler*, NZG 2006, 806, 809, die zu Recht bezweifeln, dass der Gesetzgeber eine solche Regelung wolle; vgl. auch Stellungnahme des Zentralen Kreditausschusses zum RefE-MoMiG, S. 8 f. (www.bankenverband.de).

regelung überhaupt für notwendig hält,[1276] wäre insofern eine Klarstellung der hier vertretenen Auffassung erforderlich.[1277] Eine gesetzliche Manifestierung der anderen Ansicht würde einer ausdrücklich beabsichtigten Erleichterung des Cash-Poolings jedenfalls diametral entgegenstehen.[1278]

4. Ergebnis

Nach hier vertretener Auffassung ist der Rückzahlungsanspruch nicht schon bei Ermittlung der Unterbilanz, sondern erst bei Feststellung der verbotenen Auszahlung im Sinne des § 30 Abs. 1 GmbHG zu beachten. Damit kann die aufsteigende Darlehensgewährung im Rahmen des Cash Poolings bei Werthaltigkeit der Rückzahlungsansprüche nicht zur Unterbilanz führen. Auch vorausgehende Darlehensgewährungen schmälern das für nachfolgende Darlehensgewährungen zur Verfügung stehende Vermögen bei Werthaltigkeit der Rückzahlungsansprüche nicht. Die Durchführung des Cash Poolings ist damit in erheblich geringerem Umfang beeinträchtigt als dies nach der Auffassung, die Rückzahlungsansprüche generell bei Ermittlung der Unterbilanz unberücksichtigt lassen will, der Fall wäre.

a) Auswirkungen des Ergebnisses auf die Wirtschaftlichkeit des Cash Poolings

Die Auswirkungen der Anwendbarkeit der Entscheidung BGHZ 157, 72 ff. auf die Wirtschaftlichkeit konzernweiter Cash-Pooling-Systeme wurden und werden kontrovers diskutiert. Die geäußerten Befürchtungen waren im Detail unterschiedlich, gingen jedoch im Ergebnis dahin, die konzernweiten Cash-Pooling-Systeme würden durch die Entscheidung BGHZ 157, 72 ff. in ihrer Durchführbarkeit in einem solchen Maße beeinträchtigt werden, dass sie möglicherweise zum Erliegen kommen würden.[1279] Vereinzelt wird gar ein volkswirtschaftlicher Schaden befürchtet.[1280] Derart weitreichende Rechtsfolgen der Abkehr von der bilanziellen Betrachtungsweise für das Cash Pooling sind jedoch nicht feststellbar, wenn man sich mit der hier vertretenen Ansicht vor Augen führt, dass ein Cash Pooling nach den Vorgaben des BGH nur in dem Maße einen Verstoß gegen das Auszahlungsverbot des § 30 Abs. 1 GmbHG darstellt, wie durch die aufsteigende Darlehensgewährung eine Unterbilanz entstehen oder vertieft wür-

---

1276 Hierzu noch unten § 8 F. II.

1277 Vgl. insoweit den Regelungsvorschlag von *Haas/Oechsler*, NZG 2006, 806, 809 f.; ferner *Altmeppen*, ZIP 2006, 1025, 1035; *Witte/Mehrbrey*, MDR 2007, 7, 8; *Spindler*, ZHR 171 (2007), 245, 268 f.

1278 Vgl. *Habersack*, ZHR 170 (2006), 607, 610.

1279 Etwa *Keller/Rödl*, BB 2005, Beil. 3, 16, 17; *Grothaus/Halberkamp*, GmbHR 2005, 1317, 1318; *Fuhrmann*, NZG 2004, 552, 555; *Niemann*, NZI 2004 397, 399; *Reuter*, DB 2005, 2339, 2342; *Rodewald/Grothaus*, Finance-Sonderbeil. 2/2006, 17; *Biegel/Eilmann*, Börsen-Zeitung v. 03.08.2005, S. 2.

1280 *Cahn*, DK 2004, 235, 245.

de. Ob sich unter Heranziehung der „authentischen Betrachtungsweise die Problematik des Kapitalerhalts bei der Darlehensgewährung bei Cash-Pooling-Systemen tatsächlich „weitgehend erledigt“ hat[1281] oder zumindest „entschärft“ wird,[1282] steht zwar auf einem anderen Papier. Einzuhalten ist die Grenze des § 30 Abs. 1 GmbHG nach wie vor, sofern nicht ein „Sonderrecht“ für dieses Konzernfinanzierungsmodell besteht.[1283] Eine Darlehensgewährung ist im Rahmen des Cash Poolings aber jedenfalls solange zulässig, bis dadurch eine Unterbilanz herbeigeführt oder vertieft werden würde. Die Abkehr von der bilanziellen Betrachtungsweise hat erst in diesem Stadium zu erfolgen und nicht schon bei der Frage, ob überhaupt eine Unterbilanz vorliegt. Bereits ausgereichte Darlehen sind daher nicht pauschal mit Null in der Bilanz anzusetzen. BGHZ 157, 72 ff. greift damit nicht in die handelsbilanziellen Grundsätze ein. Eine andere Sichtweise, bei der die Darlehensrückzahlungsansprüche schon bei Ermittlung der Unterbilanz außer Betracht zu lassen wären, würde das vom BGH intendierte und nach dem bisher gesagten zutreffende Regel-/Ausnahmeverhältnis der Berücksichtigung von Darlehensrückzahlungsansprüchen umkehren.[1284] Nach der Entscheidung des BGH soll die Berücksichtigung werthaltiger Ansprüche die Regel sein, die nur im Stadium der Unterbilanz eine Ausnahme erfahren soll. Bei Außerachtlassung der Ansprüche schon bei Ermittlung der Unterbilanz würde diese als Ausnahmefall konzipierte Situation zum Regelfall werden.

Damit wird im Ergebnis deutlich, dass ein Cash Pooling nach wie vor im umfangreichen Maße durchgeführt werden kann. Die Unsicherheiten erscheinen daher bei näherer Betrachtung als gering. Es erscheint dann wiederum sachgerecht, dass wegen der mit dem Cash Pooling verbundenen Gefahren in den genannten Situationen aus Gläubigerschutzgesichtspunkten keine aufsteigende Darlehensgewährung stattfindet.[1285] Um mit Sicherheit feststellen zu können, ob eine Darlehensgewährung aus gebundenem Vermögen erfolgt oder dieses durch eine Darlehensgewährung angegriffen wird, haben die Geschäftsführer jeweils entsprechende tägliche Stichtagsbilanzen[1286] zu erstellen. Der damit verbundene Kosten- und Zeitaufwand ist angesichts der vom BGH aufgestellten Anforderungen aber hinzunehmen und dürfte über kurz oder lang zur Routine werden.[1287] In einem gesunden Konzern sind mit der Abkehr von der bilanziellen

---

[1281] So die Einschätzung von *Maier-Reimer*, VGR 10, 127, 135, der aber selbst nicht dieser Auffassung folgt.

[1282] *Bormann*, DB 2006, 2616, 2621; *Schäfer*, BB 2006, Beil. 7, 5, 6; *Winter*, NJW-Spezial 2006, 267, 268; *Janzen*, DB 2006, 2108, 2111; *Goette*, bei Seulen, VGR 10, 159, 160.

[1283] Hierzu unten § 8 F. I.

[1284] *Wessels*, ZIP 2006, 1701, 1704.

[1285] *Habersack/Schürnbrand*, BB 2006, 288, 289; *Goette*, DStR 2006, 767, 768.

[1286] *Müller-Michaels*, KSI 2006, 100, 102 f.; *Seibert*, ZIP 2006, 1157, 1163: „Bilanz im Kopf“.

[1287] Hierzu noch unten § 12 B. I.

Betrachtungsweise damit keine erheblichen Änderungen verbunden, die die Attraktivität des konzernweiten Cash Poolings in bedenklichem Maße schmälern würden.[1288] Im Ergebnis ist damit festzuhalten, dass BGHZ 157, 72 ff. auf der einen Seite zwar beim konzernweiten Cash Pooling nicht ignoriert werden kann, die Entscheidung auf der anderen Seite aber auch nicht dazu führt, das derartigen Konzernfinanzierungssystemen die Grundlage entzogen wird, so dass ein Cash Pooling nicht mehr durchgeführt werden kann.[1289] Dass demgegenüber die mit BGHZ 157, 72 ff. verbundene Stärkung des Gläubigerschutzes durch Stärkung des Stammkapitals in der Unterbilanzsituation zu einem verstärkten Anreiz potentieller Kreditgeber führt, der einzelnen Gesellschaft Kredite zu gewähren,[1290] dürfte zumindest für das Cash Pooling irrelevant sein, bei dem die Kreditaufnahme gerade zentral durch die Betreibergesellschaft des Cash Pools vorgenommen wird.

b) Auswirkungen des Ergebnisses auf die aufsteigende Sicherheitenbestellung beim Cash Pooling

Ergänzend sei noch darauf hingewiesen, dass durch die hier bestimmte Reichweite der Abkehr von der bilanziellen Betrachtungsweise in gleicher Weise auch die Entscheidung darüber gefallen ist, wie eine aufsteigende Sicherheitenbestellung unter Kapitalerhaltungsgesichtspunkten behandelt werden muss. Der Cash Pool soll die Funktion einer „In-house-Bank" erfüllen, die eine konzernexterne Kreditaufnahme überflüssig macht. Dennoch kann es vorkommen, dass der konzernweite Liquiditätsbedarf die im Konzern verfügbare Liquidität übersteigt. In diesem Fall ist eine externe Kreditaufnahme erforderlich. Dies erfolgt dergestalt, dass die Betreibergesellschaft des Cash Pools Kreditlinien bei konzernexternen Kreditinstituten in Anspruch nimmt. Die Kreditinstitute verlangen regelmäßig eine gesamtschuldnerische Mithaftung aller am Cash Pool angeschlossenen Konzerngesellschaften oder eine Sicherheitenbestellung durch diese, da die Bestellung von Kreditsicherheiten durch die Betreibergesellschaft allein die Ausfallrisiken der Bank nur in unzureichendem Maße sichern würde. Dies gilt namentlich dann, wenn die Muttergesellschaft nur als Holding fungiert oder die von ihr beherrschte Betreibergesellschaft selbst nicht über genügend Haftungsmasse verfügt.[1291] Zwar wäre es möglich, dass die Bestellung von Sicherheiten an den von der Muttergesellschaft gehaltenen Gesellschaftsanteilen oder an den

---

[1288] Vgl. *Hentzen*, ZGR 2005, 480, 506; *Goette*, DStR 2006, 767, 768.

[1289] Die von *Böcker*, ZGR 2006, 213, 221 f., aufgeführten Lösungsmöglichkeiten (Ignorierung von BGHZ 157, 72 ff. oder Abschaffung des Cash Poolings) sind daher als – praktisch nicht durchführbare – Extrempositionen aufzufassen.

[1290] So *Deckart*, S. 64 f.

[1291] *Herbst*, GLJ 2004, 1217, 1228 f.; *Habersack/Schürnbrand*, NZG 2004, 689, 695; *Früh*, GmbHR 2000, 105, 106; *Steinbeck*, WM 1999, 885, 887; *Wittig*, WuB I F 4. – 4.98, 873, 975.

infolge der Weiterleitung der Kreditmittel entstehenden Darlehensrückzahlungsforderungen erfolgt, jedoch wäre die Bank hier mit dem strukturellen Nachrang belastet, da in einer Konzernkrise die Gläubiger der Tochtergesellschaften vorrangig auf die Vermögenswerte der einzelnen Tochtergesellschaften Zugriff nehmen könnten.[1292] Die Kreditinstitute sind somit gezwungen, für ihre Kredite Sicherheiten von den einzelnen Tochtergesellschaften zu verlangen. Nicht selten kommt es daher vor, dass eine Tochtergesellschaft eine Sicherheit, auch als upstream-guarantee bezeichnet, für die Betreibergesellschaft bestellt.[1293] Auch eine derartige Sicherheit kann unter den Auszahlungstatbestand des § 30 Abs. 1 GmbHG fallen, da bei wirtschaftlicher Betrachtungsweise die GmbH eine Leistung aus ihrem Vermögen an den Gesellschafter erbringt.[1294] Weder aus praktischer noch aus rechtlicher Sicht kann es einen Unterschied machen, ob die Tochtergesellschaft direkt eine Leistung an ihren Gesellschafter erbringt oder ob sie Teile ihres Vermögens im Interesse und aufgrund des beherrschenden Einflusses ihres Gesellschafters an Dritte gibt.[1295] Es ist also völlig unerheblich, dass die Bank als Empfängerin der Sicherheit keine Gesellschafterin der Tochtergesellschaft, sondern Dritte ist. Von dem Begriff der Auszahlung werden nicht nur Geldleistungen erfasst, sondern weitergehend Leistungen aller Art, denen keine gleichwertige Leistung gegenübersteht und die wirtschaftlich das zur Erhaltung des Stammkapitals erforderliche Vermögen verringern.[1296]

Da sich eine Sicherheitenbestellung von anderen Leistungen der Gesellschaft an die Gesellschafter aber sowohl durch das Zeitelement als auch die Ungewissheit des tatsächlichen realen Abflusses von Gesellschaftsvermögen zur Erfüllung nicht unerheblich unterscheidet, stellt sich die Frage, zu welchem Zeitpunkt die Beurteilung, ob eine verbotene Auszahlung im Sinne des § 30 Abs. 1 GmbHG erfolgt ist, stattfinden soll. Wegen der nicht unerheblichen Zeiträume, die zwischen Bestellung und Verwertung der Sicherheit liegen können, ist diese Frage von besonderer Bedeutung, zumal sich die Vermögensver-

---

1292 *Wittig*, WuB I F 4. – 4.98, 873, 975.

1293 Vgl. Scholz-*H.P. Westermann*, § 30 Rdn 43; Roth/Altmeppen-*Altmeppen*, § 30 Rdn 106; HoldingHndb-*Vetter*, § 8 Rdn 11; *ders./Stadler*, Rdn 80; *Morsch*, NZG 2003 97, 106; *Altmeppen*, ZIP 2006, 1025, 1026; *Peltzer*, GmbHR 1995, 15, 19 f.; *Früh*, GmbHR 2000, 105, 106; *Dampf*, DK 2007, 157, 157.

1294 Allg. Ansicht: Scholz-*H.P. Westermann*, § 30 Rdn 43; OLG Düsseldorf, AG 1980, 273, 274; OLG Hamburg, AG 1980, 275, 279; OLG München, AG 1980, 272, 273; Baumbach/Hueck-*Hueck/Fastrich* § 30 Rdn 27; *Vetter/Stadler*, Rdn 80; *Weitnauer*, ZIP 2005, 790, 790; *Grothaus/Halberkamp*, GmbHR 2005, 1317, 1320; *Barth/Gelsen*, DB 1981, 2265, 2265; *Bayer/Lieder*, ZGR 2005, 133, 144; *Bayer*, FS Lutter, 1011, 1023; *Sonnenhol/Stützle*, WM 1983, 2, 2.

1295 Scholz-*H.P. Westermann*, § 30 Rdn 43; *Freitag*, WM 2003, 805, 806; *Barth/Gelsen*, DB 1981, 2265, 2265;

1296 BGHZ 31, 258, 276; Baumbach/Hueck-*Hueck/Fastrich*, § 30 Rdn 20; *Stein*, DZWiR 2004, 493, 497; *Dampf*, DK 2007, 157, 159; siehe oben § 8 B. II.

hältnisse der Gesellschaft stets ändern können. Diese Frage ist schon seit jeher umstritten: Nach einer Ansicht ist bereits auf den Zeitpunkt der schuldrechtlichen Verpflichtung zur Bestellung der Sicherheit gegenüber dem Sicherungsnehmer abzustellen.[1297] Innerhalb dieser Ansicht gibt es Auffassungen, die nur bei dinglichen Sicherheiten bereits auf die Eingehung der schuldrechtlichen Verpflichtung gegenüber dem Sicherungsnehmer abstellen wollen.[1298] Bereits die Verpflichtung der Gesellschaft zur Bestellung einer Sicherheit sei als Verbindlichkeit zu passivieren und mindere daher das zur Deckung des Stammkapitals rechnerisch zur Verfügung stehende Reinvermögen.[1299] Vielfach vertreten wird die Auffassung, eine Auszahlung sei bereits in der Bestellung einer Sicherheit zu sehen.[1300] Bereits in diesem Zeitpunkt ist demnach zu überprüfen, ob durch die Inanspruchnahme der Sicherheit das Gesellschaftsvermögen die Stammkapitalziffer unterschreiten würde. Ist dies der Fall, darf die Sicherheit nicht erbracht werden.[1301] Das Auszahlungsverbot des § 30 Abs. 1 GmbHG schütze bei Bestehen einer Unterbilanz vor jeder realen Vermögensminderung, die auch in der Eingehung einer bedingten Verbindlichkeit gegenüber einem Dritten, also auch in der Bestellung einer Sicherheit liegen könne. Ein möglicher Regressanspruch des Sicherungsgebers darf daher bei der nach § 30 Abs. 1 GmbHG anzustellenden Betrachtung nicht mehr aktiviert werden.[1302] Einer anderen Ansicht nach, die auf einer bilanziellen Betrachtungsweise beruht, ist die Bestellung der Sicherheit als bloße Gefährdung des Gesellschaftsvermögens noch nicht maßgebend, sondern erst die Inanspruchnahme der Sicherheit als effektive Auszahlung.[1303] Als Argument wird vorgetragen, die

---

[1297] Roth-Altmeppen-*Altmeppen*, § 30 Rdn 98; *Stimpel*, FS 100 Jahre GmbHG, 335, 357; *Kleindiek*, NZG 2000, 483, 484 f.; *Bender*, BB 2005, 1492, 1493; tendenziell *Bastuck*, WM 2000, 1091, 1094 f.; allg. *Joost*, ZHR 148 (1984), 27, 31.

[1298] *Bayer/Lieder*, ZGR 2005, 133, 146; *Kleindiek*, NZG 2000, 483, 484 f.

[1299] *Joost*, ZHR 148 (1984), 27, 31.

[1300] Rowedder/Schmidt-Leithoff-*Pentz*, § 30 Rdn 37; Baumbach/Hueck-*Hueck/Fastrich*, § 30 Rdn 28; *Kühbacher*, S. 37 ff.; *Bayer*, FS Lutter, 1011, 1024; *Schön*, ZHR 159 (1995) 351, 362; *Stimpel*, FS 100 Jahre GmbHG, 335, 357; nach BGHZ 157, 72 ff.: *Habersack/Schürnbrand*, NZG 2004, 689, 696; *Weitnauer*, ZIP 2005, 790, 792; *Bayer/Lieder*, ZGR 2005, 133, 146; offenl. hingegen *Böcker*, ZGR 2006, 213, 219 f.

[1301] *Bayer*, FS Lutter, 1011, 1024.

[1302] *Seibold*, FB 2005, 77, 81.

[1303] KG, NZG 2000, 479, 481; OLG München, NZG 1998, 855, 855; Hachenburg-*Goerdeler/Müller*, § 30 Rdn 66; *Sotiropoulos*, S. 97; *Sonnenhol/Stützle*, DB 1979, 925, 926; *Peltzer/Bell*, ZIP 1993, 1757, 1760 f.; *Messer* ZHR 159 (1995) 375, 376; *Sonnenhol/Groß*, ZHR 159 (1995), 388, 400; *Peltzer*, GmbHR 1995, 15, 18; *Steinbeck*, WM 1999, 885, 886 f.; *U.H. Schneider*, FS Döllerer, 537, 544; *Koppensteiner*, ZHR 155 (1991), 97, 105 f.; *Früh*, GmbHR 2000, 105, 108; *Oetker*, KTS 1991, 521, 529 f.; *Nölkel*, DStR 1994, 761, 765; *Wachter* GmbHR 2004, 1249, 1253; *Flesner*, NZG 2006, 641, 646 ; *Dampf*, DK 2007, 157, 167.

Anwendung von § 30 Abs. 1 GmbHG orientiere sich am Vorliegen oder Entstehen einer Unterbilanz, so dass sich das Sicherungsrecht aus bilanzieller Sicht erst bei einer Inanspruchnahme der Sicherheit auswirke. Hingegen sei im Zeitpunkt der Bestellung der Sicherheit die künftige Verwertungsreife noch ungewiss und die Bestellung der Sicherheit bilanziell neutral.[1304] Eine Auszahlung von Gesellschaftsvermögen schon bei Bestellung der Sicherheit soll hingegen nur vorliegen, wenn aufgrund der Wahrscheinlichkeit der Inanspruchnahme der Sicherheit gegenüber dem Gesellschafter eine Rückstellung auf der Passivseite der Bilanz einzustellen ist, vgl. §§ 251 S. 1, 268 Abs. 7, 285 Nr. 3 HGB zur Vermerk- und Anhangspflicht.[1305] Die Höhe der Rückstellung hänge vom Umfang der Sicherheit und vom Risiko ihrer Verwertung ab.[1306] Werde für die Sicherheitsleistung eine Rückstellung gebildet, müsse der Rückgriffsanspruch der Gesellschaft gegen den Gesellschafter, sofern er nicht ausgeschlossen werden solle, aktiviert werden.[1307] Andere halten die Sicherheitenbestellung auch in diesem Fall für zulässig, sofern der aktivierte Rückgriffsanspruch gegen den Gesellschafter aufgrund dessen Solvenz vollwertig ist, da es sich hier lediglich um einen bilanzneutralen Aktivtausch handeln soll.[1308] Da dem Darlehensnehmer die Darlehensmittel, um deren Besicherung es gehe, zugeflossen seien, könne für den Zeitpunkt der Bestellung der Sicherheit regelmäßig ein vollwertiger Aufwendungsersatzanspruch angenommen werden.[1309] In regelmäßigen Abständen sei dann zu prüfen, ob sich die Werthaltigkeit des Rückgriffsanspruchs verschlechtere. Erst sobald dies der Fall sei und die bilanzielle Veränderung zu einer Unterbilanz führe, sei ein Verstoß gegen § 30 Abs. 1 GmbHG gegeben.[1310] Nur wenn bereits bei Bestellung der Sicherheit eine Unterbilanz besteht oder eine Unterbilanz mangels Vollwertigkeit des Rückgriffsanspruchs durch die Bestellung der Sicherheit hervorgerufen wird, liegt auch dieser Ansicht nach be-

---

[1304] OLG München, NZG 1998, 855, 855; Hachenburg-*Goerdeler/Müller*, § 30 Rdn 66; *Flesner*, NZG 2006, 641, 646; *Groß/Sonnenhol*, GmbHR 1995 561, 563; *Sonnenhol/Stützle*, DB 1979, 925, 926; *Wenzel*, WiB 1996, 10, 11 f.

[1305] Lutter/Hommelhoff-*Lutter/Hommelhoff*, § 30 Rdn 35; *Schrell/Kirchner*, BB 2003, 1451, 1454; *Diem*, ZIP 2003, 1283, 1285 f.; *Messer* ZHR 159 (1995) 375, 376 f.; *Oetker*, KTS 1991, 521, 526; *Dampf*, DK 2007, 157, 167; *Drygala/Kremer*, ZIP 2007, 1289, 1295.

[1306] Michalski-*Heidinger*, § 30 Rdn 57; Lutter/Hommelhoff-*Lutter/Hommelhoff*, § 30 Rdn 31; *Peltzer/Bell*, ZIP 1993, 1757, 1761; *Steinbeck*, WM 1999, 885, 887.

[1307] Michalski-*Heidinger*, § 30 Rdn 57; Lutter/Hommelhoff-*Lutter/Hommelhoff*, § 30 Rdn 32.

[1308] Hachenburg-*Goerdeler/Müller*, § 30 Rdn 66; *Groß/Sonnenhol*, GmbHR 1995 561, 563; *U.H. Schneider*, FS Döllerer, 537, 545; *Wenzel*, WiB 1996, 10, 11 f.

[1309] *Wenzel*, WiB 1996, 10, 11; *Sonnenhol/Groß*, ZHR 159 (1995), 388, 400.

[1310] *Peltzer*, GmbHR 1995, 17, 18.

reits zu diesem Zeitpunkt ein Verstoß gegen das Auszahlungsverbot des § 30 Abs. 1 GmbHG vor.[1311]

Der Streit bezüglich des maßgeblichen Zeitpunktes für die Erfüllung des Auszahlungstatbestandes des § 30 Abs. 1 GmbHG hat sich nur vordergründig durch die Entscheidung des BGH vom 24.11.2003 entschieden[1312]: Da bei der Prüfung, ob durch die Sicherheitenbestellung eine Unterbilanz eintreten oder vertieft werden würde, dem Rückgriffsanspruch gegen die Muttergesellschaft im Unterbilanzstadium keine bilanzielle Bedeutung zukommt, soll eine Sicherheit aus dem Vermögen der GmbH nur dann zugunsten eines Dritten zu bestellen sein, wenn zu diesem Zeitpunkt eine fiktive Inanspruchnahme der Sicherheit aus dem freien Vermögen der GmbH möglich wäre.[1313] Da auch bei der Sicherheitenbestellung liquide Haftungsmasse durch einen bloßen schuldrechtlichen Rückgriffsanspruch gegen den begünstigen Gesellschafter ersetzt wird, seien die Wertungen der zur Darlehensgewährung ergangenen Entscheidung auf die Sicherheitenbestellung zu übertragen.[1314] Indes ist zu beachten, dass nach hier vertretener Auffassung nicht schon bei Feststellung der Unterbilanz, sondern erst bei der Frage, ob eine Darlehensgewährung gegen das Auszahlungsverbot des § 30 Abs. 1 GmbHG verstößt, eine Abkehr von der bilanziellen Betrachtungs-

---

[1311] Hachenburg-*Goerdeler/Müller*, § 30 Rdn 66; Michalski-*Heidinger*, § 30 Rdn 59; Lutter/Hommelhoff-*Lutter/Hommelhoff*, § 30 Rdn 35; *Vetter/Stadler*, Rdn 82; *Vetter*, VGR 6, 69, 79; *Just*, BKR 2004, 3, 5; *Peltzer*, GmbHR 1995, 17, 18.

[1312] So aber die Deutung von GK-GmbHG-*Habersack*, § 30 Rdn 54; Roth/Altmeppen-*Altmeppen*, § 30 Rdn 99; *Koch*, S. 93 f.; *Herbst*, GLJ 2004, 1217, 1229; *Schäffler*, BB 2006, Beil. 9, 1, 5; *Winter*, NJW-Spezial 2006, 267, 268; *Bayer/Lieder*, ZGR 2005, 133, 145; *Habersack/Schürnbrand*, NZG 2004, 689, 696; *Schilmar*, DB 2004, 1411, 1415; *Weitnauer*, ZIP 2005, 790, 793; *Barnert*, WuB II C. § 30 Abs. 1 GmbHG 1.05, 157, 160; vorsichtiger aber *Stein*, DZWiR 2004, 493, 497; *Henze*, WM 2005, 717, 722; *Seibold*, FB 2005, 77, 81; wohl auch *Rittscher*, S. 127; demgegenüber entnehmen *Seidel*, DStR 2004, 1130, 1135, und *Dampf*, DK 2007, 157, 163 f., dem Urteil eine solche Aussage nicht und halten die Darlehensvergabe für nicht mit der Sicherheitenbestellung vergleichbar; bezogen auf die Akquisitionsfinanzierung auch *Diem*, § 44 Rdn 48; Lutter/Hommelhoff-*Lutter/Hommelhoff*, § 30 Rdn 35a, kritisieren, dass der BGH in seiner Entscheidung ZIP 2002, 436 ff., bezogen auf die Sicherheitenbestellung noch seine bilanziellen Betrachtungsweise bestätigt hatte, übersehen dabei – abgesehen davon, dass in dieser Entscheidung die Vorschrift des § 30 Abs. 1 GmbHG durch die Sonderregelung § 25 Abs. 5, 6 DMBilG verdrängt wurde – aber, dass es in BGHZ 157, 72 ff., nicht um eine Sicherheitenbestellung ging. Der BGH ist zudem nicht daran gehindert, seine Auffassung zu ändern; nicht ohne Grund wird BGHZ 157, 72 ff., in der Literatur daher vielfach als Abkehr von einer bilanziellen Betrachtungsweise durch den BGH interpretiert; zul. offenl. BGH, NZG 2007, 704, 707.

[1313] *Bayer/Lieder*, ZGR 2005, 133, 146; *Wessels*, ZIP 2004, 793, 797; *Habersack/Schürnbrand*, NZG 2004, 689, 696; *Schilmar*, DB 2004, 1411, 1415.

[1314] GK-GmbHG-*Habersack*, § 30 Rdn 54; Roth/Altmeppen-*Altmeppen*, § 30 Rdn 99; *Wessels*, ZIP 2006, 1701, 1704; a. A. *Flesner*, NZG 2006, 641, 646.

weise vorzunehmen ist. Entsprechendes muss dann auch für die aufsteigende Sicherheitenbestellung gelten. Somit muss die Feststellung der Unterbilanz nach allgemeinen bilanziellen Grundsätzen erfolgen. Werthaltige Ansprüche sind also zu berücksichtigen.[1315] Dies bedeutet dann, dass sich im Zeitpunkt der Bestellung einer Sicherheit nichts an der bilanziellen Situation ändert, solange sich der gleichzeitig zu aktivierende Rückgriffsanspruch als werthaltig herausstellt. Es ist daher derjenigen Ansicht zu folgen, die auf die Inanspruchnahme der Sicherheit abstellt.[1316] Nur wenn bereits bei Bestellung der Sicherheit eine Unterbilanz besteht oder eine Unterbilanz mangels Vollwertigkeit des Rückgriffsanspruchs durch die Bestellung der Sicherheit hervorgerufen wird, liegt bereits zu diesem Zeitpunkt ein Verstoß gegen das Auszahlungsverbot des § 30 Abs. 1 GmbHG vor.[1317] Ein generelles Abstellen auf den Bestellungszeitpunkt ohne Berücksichtigung der Werthaltigkeit des Rückgriffsanspruchs würde indes die aufsteigende Sicherheitenbestellung in einem Maße beeinträchtigt werden, da auch aus Gläubigerschutzgesichtspunkten nicht geboten ist.

IV. „Stehenlassen" von Darlehen

Maßgebender Zeitpunkt für die Frage, ob die Untergesellschaft im Rahmen des Cash Poolings Darlehen an die Betreibergesellschaft unter Verstoß gegen § 30 Abs. 1 GmbHG gewährt, ist grundsätzlich derjenige der Darlehensauszahlung.[1318] Auch bezogen auf das Cash Pooling ist nicht etwa bereits der Abschluss des Cash-Pooling-Vertrages maßgeblich. Hiergegen spricht bereits, dass zu diesem Zeitpunkt noch nicht deutlich ist, in welcher Höhe ein Liquiditätsaustausch überhaupt stattfindet. Zudem würde man die Problematik des § 30 Abs. 1 GmbHG umgehen können, wenn man den Zeitpunkt für den Vertragsschluss abwarten würde, in dem sich die Tochtergesellschaft nicht in der Unterbilanz befinden würde. Alle nachfolgenden Zahlungen müssten dann für § 30 Abs. 1 GmbHG unberücksichtigt bleiben. Dies würde dem Kapitalerhaltungsgrundsatz des § 30 Abs. 1 GmbHG aber in keinster Weise gerecht werden. Daher muss im Grundsatz auch beim Cash Pooling auf die jeweilige einzelne Auszahlung abgestellt werden.[1319]

[1315] Scholz-*H.P. Westermann*, § 30 Rdn 45; diff. *Freitag*, WM 2007, 1681, 1685.

[1316] Scholz-*H.P. Westermann*, § 30 Rdn 46; *Flesner*, NZG 2006, 641, 646; *Greulich/Bunnemann*, NZG 2006, 681, 684; *Wessels*, ZIP 2006, 1701, 1706; vgl. *Dampf*, DK 2007, 157, 163; vor dem Hintergrund des RegE MoMiG auch *Winter*, DStR 2007, 1484, 1488.

[1317] Scholz-*H.P. Westermann*, § 30 Rdn 46.

[1318] Lutter/Hommelhoff-*Lutter/Hommelhoff*, § 30 Rdn 20; Hachenburg-*Goerdeler/Müller*, § 30 Rdn 63; Baumbach/Hueck-*Hueck/Fastrich*, § 30 Rdn 15; *Deckart*, S. 26; IDW HFA, FN-IDW 2004, 746, 746; *Grothaus/Halberkamp*, GmbHR 2005, 1317, 1320; *Stein*, DZWiR 2004, 493, 495.

[1319] So auch *Vetter/Stadler*, Rdn 78; *Deckart*, S. 26; *Rittscher*, S. 106.

1. Maßgeblicher Zeitpunkt

Es stellt sich daher die Frage, wie Darlehensgewährungen zu behandeln sind, wenn sich die Vermögens- und Finanzlage der Untergesellschaft erst nach der Gewährung des Darlehens dergestalt nachteilig verändert, dass die Gesellschaft nunmehr eine Unterbilanz aufweist. § 30 Abs. 1 GmbHG setzt für eine unzulässige Darlehensgewährung eine Auszahlung des zur Erhaltung des Stammkapitals erforderlichen Vermögens der Gesellschaft voraus. Soweit eine Untergesellschaft ein aufsteigendes Darlehens an den Cash-Pool-Führer aus freiem Vermögen gewährt, könnte es daher zweifelhaft erscheinen, ob eine nachträgliche Änderung der Vermögens- und Finanzlage der Untergesellschaft zu einer Umqualifizierung des gewährten Darlehens während der vereinbarten Darlehenslaufzeit führen kann. Zu bedenken gilt allerdings, dass die Untergesellschaften im Rahmen eines Cash-Pooling-Systems ihre Liquidität tagaktuell dem Cash Pool in Form von Darlehen zur Verfügung stellen. Denkbar ist daher eine entsprechende Anwendung derjenigen Grundsätze, die zu eigenkapitalersetzenden Darlehen entwickelt wurden. Nach diesen Regelungen gilt, dass ein Gesellschafterdarlehen, das in einer drohenden Krise nicht entweder in Eigenkapital umgewandelt oder zurückgefordert wird, entsprechend der Anwendung des § 32 a Abs. 1, 3 GmbHG als eigenkapitalersetzend einzustufen ist.[1320] Auch nach der geplanten Aufhebung dieser Vorschrift infolge des RefE-MoMiG wird das Stehenlassen für einen Eigenkapitalersatzcharakter zukünftig ausreichend sein; rechtstechnisch werden die Normen nur in die Insolvenzordnung verlagert.[1321] Tritt daher nach der Darlehensgewährung eine Unterbilanz bei der Tochtergesellschaft ein, ist ein „Stehenlassen" eines Darlehens einer Auszahlung im Sinne des § 30 Abs. 1 GmbHG beim Cash Pooling damit gleichzusetzen, wenn die Geschäftsführung der Untergesellschaft eine mögliche Rückforderung unterlässt.[1322] Be-

---

[1320] Ständige Rechtsprechung des BGH: BGHZ 75, 334, 337; 76, 326, 331; 109, 55, 60 f.; 127, 336, 340; Baumbach/Hueck-*Hueck/Fastrich*, § 32 a Rdn 37, 40; Scholz-*K. Schmidt*, §§ 32 a, 32 b Rdn 47.

[1321] Begr. RefE-MoMiG, S. 56; Stellungnahme Centrale für GmbH, GmbHR 2006, 978, 981; hierzu Scholz-*K. Schmidt*, §§ 32 a, 32 b Rdn 238 ff.

[1322] Scholz-*H.P. Westermann*, § 30 Rdn 22; GK-GmbHG-*Habersack*, § 30 Rdn 49; *Rittscher*, S. 106; *Deckart*, S. 26 f., 106; *Vetter/Stadler*, Rdn 78; *Koch*, S. 90 f.; *Makowski*, S. 118; *Vetter*, VGR 6, 69, 76; IDW HFA, FN-IDW 2006, 545, 546; *Spindler*, ZHR 171 (2007), 245, 254 f.; *Reidenbach*, WM 2004, 1421, 1423; *Vetter/Schwandtner*, DK 2006, 407, 420; *Seidel*, DStR 2004, 1130, 1131; *Böcker*, ZGR 2006, 213, 215; *Grothaus/Halberkamp*, GmbHR 2005, 1317, 1320; *Heidenhain*, LMK 2004, 68, 68; *Seibert*, ZIP 2006, 1157, 1163; *Hilgard*, CH-D Wirtschaft 2/2006, 16, 16; *Wessels*, ZIP 2004, 793, 795, der eine Ausweitung auch auf Darlehen vornimmt, die vor Erlass des Urteils des BGH vom 24.11.2003 ausgereicht wurden (jetzt aber a. A. *ders*., ZIP 2006, 1701, 1704 f.); ebenso eine Rückwirkung befürw. *Wachter*, GmbHR 2004, 1249, 1256; *Vetter*, BB 2004, 1509, 1516; vorsichtiger jedoch *ders*., ZGR 2005, 788, 822; abl. gegenüber dem Stehenlassen *Maier-Reimer*, VGR 10, 127, 138 f.; *Engert*, BB 2005, 1951, 1955; *Wessels*, ZIP 2006,

reits ausgereichte Darlehen sind also nachträglich in eine Stammkapitalrückgewähr umzuqualifizieren, wenn die Geschäftsführer der Tochtergesellschaft trotz Eintrittes einer Unterbilanz die Darlehen nicht zurückfordert. Die Rechtslage ist auch mit derjenigen im Eigenkapitalersatz vergleichbar. Zwar geht es dort um eine absteigende Darlehensgewährung und es ist von einer „Finanzierungsentscheidung" die Rede. Jedoch kann dies auf die Situation bei der aufsteigenden Darlehensgewährung entsprechend angewandt werden. Es liegt zwar keine „Finanzierungsentscheidung" in Bezug auf eine andere Gesellschaft vor, dennoch geht es hier insofern um eine vergleichbare Entscheidung, nämlich um die der Belassung der Mittel im Cash Pool. Auch hier ist damit eine Mittelanlage der Gesellschaft betroffen, mit der sie den Konzern in finanzieller Hinsicht unterstützt. Die Situation ist damit bei den aufsteigenden Darlehen im Rahmen des Cash Pools vergleichbar.

Als problematisch stellt sich allerdings heraus, dass der BGH in BGHZ 157, 72 ff. die Auszahlung im Sinne des § 30 Abs. 1 GmbHG in dem Moment der Darlehensgewährung verortet hat.[1323] Liegt aber in der Darlehensgewährung eine Auszahlung, so könnte man annehmen, eine Auszahlung könne schon rein begrifflich nicht in einer Belassung der Valuta beim Gesellschafter liegen.[1324] Ein Abstellen auf den reinen Wortlaut der Entscheidung ist aber wenig ergiebig. In dem der Entscheidung zugrunde liegenden Sachverhalt ging es nicht um ein „Stehenlassen" eines Darlehens, sondern um einen Fall, in dem die Gesellschaft möglicherweise bereits zum Zeitpunkt der Darlehensgewährung eine Unterbilanz aufwies. Die Ausführungen des BGH sind jedenfalls – wie bereits dargestellt[1325] – darauf bezogen. Der BGH stellt in seiner Entscheidung einen umfassenden Schutz des Vermögens der GmbH bei Darlehensgewährungen an Gesellschafter auf. Mit diesem Schutz wäre es unvereinbar, wenn die GmbH zwar bei zunächst fehlender Unterbilanz Darlehen ausreichen könnte, diese dann aber bei einem späteren Eintritt der Unterbilanz stehen lassen könnte. Wie bereits dargelegt wurde, ist der Zeitpunkt des Eintritts der Unterbilanz als maßgebender Zeitpunkt für eine Änderung der Betrachtungsweise anzusehen. Sobald eine Unterbilanzsituation entsteht, ist eine bilanzielle Betrachtungsweise nicht mehr angebracht. Dieses Abstellen auf den Zeitpunkt des Eintritts der Unterbilanz gemeinsam mit dem strengen Kapitalschutz bei aufsteigenden Darlehensgewährungen an die Gesellschafter führt zu dem Ergebnis, dass ein Stehenlassen einer Darlehensgewährung gleichzustellen ist. Nicht der Wortlaut, sondern der Sinn und Zweck der Entscheidung gibt damit den Ausschlag. Auch die Entscheidung

---

1701, 1704 f.; nunmehr auch Begr. RegE-MoMiG, S. 94, wonach allein auf eine Sorgfaltspflichtverletzung des Geschäftsführers abzustellen sein soll.

[1323] Im Leitsatz BGHZ 157, 72, 72, heißt es: „Kreditgewährungen (...) sind (...) als verbotene Auszahlung von Gesellschaftsvermögen zu bewerten (...)."

[1324] So *Maier-Reimer*, VGR 10, 127, 138 f.; ähnl. *Wessels*, ZIP 2006, 1701, 1704.

[1325] Siehe oben § 8 C. I.

des BGH steht einem Gleichsetzen des „Stehenlassens" eines Darlehns mit einer Darlehensauszahlung daher nicht entgegen, sondern bestätigt dieses Ergebnis eher noch.[1326]

Ungereimt ist das Ablehnen des Stehenlassens als Auszahlung zudem in Zusammenhang mit der Auffassung, eine Darlehensvergabe könne nur aus ungebundenem Vermögen erfolgen.[1327] Einerseits darf dann keine Darlehensvergabe mehr erfolgen, wenn das freie Vermögen bereits durch zuvor erfolgte Darlehensvergaben „erfolgt" ist, obgleich bei Zugrundelegung einer „authentischen Betrachtungsweise" überhaupt keine Unterbilanz vorliegt. Die Darlehensrückzahlungsansprüche sind nicht schon zur Feststellung der Unterbilanz, sondern erst bei Unterbilanz mit Null anzusetzen. Andererseits soll eine einstmals erfolgte Darlehensvergabe selbst dann noch zulässig bleiben, wenn nachfolgend doch eine Unterbilanzsituation entsteht. Für den Cash Pool hätte dies folgende Konsequenz: Kommt es infolge der Verrechnung zu einer Rückführung des gewährten Darlehns, ist eine spätere Darlehensgewährung nur zulässig, wenn das freie Vermögen nicht „verbraucht" ist. Verbleibt die Darlehensvaluta hingegen im Cash Pool, muss die GmbH die Mittel zu keinem Zeitpunkt zurückfordern. Es besteht daher bei Zugrundelegung dieser Ansicht im praktischen Ergebnis ein nicht unerheblicher Anreiz, die Mittel nicht an die darlehensgewährende Tochtergesellschaft zurückzugewähren. Es würde also aus Sicht der Tochtergesellschaft die Gefahr drohen, in finanzieller Hinsicht „ausgetrocknet" zu werden. Mit jeder Liquiditätsgewährung würde sich der gewährte Darlehensbetrag verringern. Abgeführt werden könnte überschüssige Liquidität anschließend aber nur in dem Maße, in dem noch ausreichend freies Vermögen zur Verfügung steht. Werden die liquiden Mittel hingegen im Cash Pool belassen und tritt dann zu einem späteren Zeitpunkt eine Unterbilanz ein, würde bei Zugrundelegung dieser Ansicht keine Verpflichtung bestehen, die Mittel an die Tochtergesellschaft zurückzugewähren. Auch dieser Umstand zeigt im Zusammenhang mit der – nicht zutreffenden – Auffassung, wonach werthaltige Darlehensrückzahlungsansprüche schon bei Feststellung der Unterbilanz ausgeblendet werden, dass ein „Stehenlassen" einer Auszahlung gleichgesetzt werden muss. Andernfalls würde ein „Aushungern" der liquiditätsgewährenden Tochtergesellschaft drohen.

Ein Wertungswiderspruch infolge der Gleichsetzung des Stehenlassens mit einer Auszahlung könnte sich allerdings auch bei dieser Ansicht ergeben, wenn man bedenkt, dass statt einer Gewährung eines Darlehens auch eine endgültige Ausschüttung zulässig gewesen wäre. Nach *Engert* müsste dies dann erst recht für eine Darlehensgewährung gelten, die das Gesellschaftsvermögen weni-

---

[1326] In diese Richtung auch *Grothaus/Halberkamp*, GmbHR 2005, 1317, 1320.

[1327] Siehe *Maier-Reimer*, VGR 10, 127, 138 ff., der allerdings zwischen Termindarlehen und Sichteinlagen differenziert.

ger stark beeinträchtigt als ein endgültiger Abfluss von Mitteln.[1328] Ferner ist der Gesellschafter stets mit der Möglichkeit einer Rückforderung und damit mit ständiger Unsicherheit konfrontiert. Diesen Wertungswiderspruch anzunehmen hieße aber zum einen, die Besonderheiten der Darlehensvergabe nicht zu berücksichtigen. Da das Insolvenzrisiko in unvertretbarer Weise auf die Gesellschaftsgläubiger übertragen werden würde, muss diese Ansicht bereits aus diesem Grund abgelehnt werden.[1329] Im Übrigen beruft sich *Engert* maßgeblich auf die entsprechende Rechtslage bei § 43 a GmbHG, wonach diese Vorschrift nicht eingreift, wenn das Stammkapital erst nach einer Kreditgewährung betroffen ist.[1330] Diese Ansicht ist bereits bei § 43 a GmbHG umstritten. So lässt sich mit guten Gründen argumentieren, aus Gründen des Gläubigerschutzes sei auch hier eine Rückführung der ausgereichten Valuta erforderlich.[1331] Außerdem ist die analoge Anwendung des § 43 a GmbHG auf Darlehensgewährungen an Gesellschafter – wie dargelegt – abzulehnen.[1332] Aus diesem Grund verbietet es sich, Wertungen aus dieser Vorschrift für die Reichweite des Auszahlungsverbots des § 30 Abs. 1 GmbHG zu ziehen, andernfalls § 43 a GmbHG doch mittelbar zur Anwendung kommen würde. Es sprechen damit keine Gründe dagegen, den Fall des Belassens eines Kredits beim Cash-Pool-Führer als Auszahlung im Sinne des § 30 Abs. 1 GmbHG anzusehen.

2. Kündigungsmöglichkeiten

Unter dem Gesichtspunkt des „Stehenlassens" von Darlehen gewinnen die den Tochtergesellschaften gegenüber dem Cash-Pool-Führer zustehenden Kündigungsmöglichkeiten an Bedeutung. Einen Vorwurf des „Stehenlassens" wird man der Gesellschaft nämlich nur dann machen können, wenn sie die Möglichkeit gehabt hätte, das mit einer bestimmten Laufzeit versehene Darlehen vor Fälligkeit zu kündigen und zurückzufordern.[1333] Allerdings wird man nicht so weit gehen können, die Frage des Stehenlassens einzig und allein der organschaftlichen Pflichtenbindung des Geschäftsführers zu unterstellen und sie für die Frage

---

[1328] So *Engert*, BB 2005, 1951, 1955.

[1329] Ähnl. gläubigerschützend argumentierend auch *Sotiropoulos*, S. 47.

[1330] *Engert*, BB 2005, 1951, 1955; Baumbach/Hueck-*Zöllner/Noack*, § 43 a Rdn 2; Roth/Altmeppen-*Altmeppen*, § 43 a Rdn 4; Hachenburg-*Stein*, § 43 a Rdn 23; Rowedder/Schmidt-Leithoff-*Koppensteiner*, § 43 a Rdn 7; Michalski-*Michalski*, § 43 a Rdn 34 f.; offenl. *Rittscher*, S. 106.

[1331] Scholz-*U.H. Schneider*, § 43 a Rdn 43; *K. Schmidt*, GesR, § 37 III 6 a); *K. Schmidt*, Die GmbH in Krise, Sanierung und Insolvenz Rdn 72; *Sotiropoulos*, S. 47 f.; *Peltzer*, FS Rowedder, 325, 341 f.; *U.H. Schneider*, GmbHR 1982, 197, 204.

[1332] Hierzu oben § 8 A. II.

[1333] *Liebscher*, Rdn 366, mit dem Hinweis, diese Möglichkeit bestehe typischerweise bei Cash-Pool-Verträgen; *Rittscher*, S. 107; *Vetter/Stadler*, Rdn 78; *Reidenbach*, WM 2004, 1421, 1423.

eines Verstoßes gegen das Auszahlungsverbot des § 30 Abs. 1 GmbHG außen vor zu lassen.[1334]

Einigkeit besteht darüber, dass die Geschäftsführung einer Untergesellschaft in ein Cash-Pooling-System eingezahlte Darlehen unter bestimmten Umständen zu kündigen hat.[1335] Uneinigkeit herrscht allerdings über die Art des Kündigungsrechts. Ein Teil hält das einfache Kündigungsrecht nach § 488 Abs. 3 BGB mit seiner dreimonatigen Kündigungsfrist für ausreichend, da schon dies die kurzfristige Darlehensrückforderung ermögliche.[1336] Demgegenüber wollen andere aufgrund der finanziellen Lage der Muttergesellschaft und der damit verbundenen konkreten Gefährdung des Darlehensrückzahlungsanspruchs der darlehensgewährenden Tochtergesellschaft durch die wesentliche Verschlechterung in den Vermögensverhältnissen der Muttergesellschaft ein außerordentliches Kündigungsrecht nach § 490 Abs. 1 BGB zugestehen.[1337] Die Tochtergesellschaft sei dann in der Lage, das Darlehen fristlos zu kündigen und fällig zu stellen.[1338] Andere halten es darüber hinausgehend für erforderlich, dass sich die Untergesellschaft im Rahmen des Cash-Pool-Vertrages ein außerordentliches Sonderkündigungsrecht für den Fall einräumen lassen müsse, dass bei ihr eine Unterbilanz entsteht, die durch die Rückzahlungen der Darlehen beseitigt werden müsse.[1339] Gegen die erste Ansicht spricht nicht nur, dass sie das gesetzlich verankerte außerordentliche Kündigungsrecht des § 490 Abs. 1 BGB völlig zu übersehen scheint, sondern auch, dass derartige Darlehen im Cash Pool in der Regel nicht auf unbestimmte Dauer erfolgen soll. Zuletzt ist auch der Argumentation, das Kündigungsrecht des § 488 Abs. 3 BGB ermögliche mit seiner dreimonatigen Kündigungsfrist die kurzfristige Rückforderung von Darlehen, entschieden entgegenzutreten. Die Tochtergesellschaft ist bei Eintritt der Unterbilanz daran gehalten, die Liquidität zurückzuerhalten. Eine Kündigungsfrist von drei Monaten würde dem nicht gerecht werden. Auf eine Planungssicherheit der Muttergesellschaft bei der Darlehensgewährung kann die Tochtergesellschaft in diesem Zusammenhang ebenfalls keine Rücksicht nehmen. Der Ansicht, die der Tochtergesellschaft ein außerordentliches Kündigungsrecht gemäß § 490 Abs. 1 BGB zugesteht, ist zwar im Ansatz zuzustimmen, dass die wesentliche Verschlechterung der Vermögensverhältnisse der Muttergesellschaft im Rahmen

---

[1334] So aber *Wessels*, ZIP 2006, 1701, 1704 f., unter Hinweis auf *Goette*, DStR 2006, 764, 768.

[1335] *Vetter/Stadler*, Rdn 78; *Grothaus/Halberkamp*, GmbHR 2005, 1317, 1320; *Reidenbach*, WM 2004, 1421, 1323; *Stein*, DZWiR 2004, 493, 495; *Seidel*, DStR 2004, 1130, 1131; *Vetter*, BB 2004, 1509, 1516; *Wessels*, ZIP 2004, 793, 795.

[1336] *Grothaus/Halberkamp*, GmbHR 2005, 1317, 1320;

[1337] *Stein*, DZWiR 2004, 493, 495; *Vetter*, BB 2004, 1509, 1516; vgl. auch *Makowski*, S. 165 f.

[1338] *Vetter*, BB 2004, 1509, 1516.

[1339] *Vetter/Stadler*, Rdn 78; *Wessels*, ZIP 2004, 793, 795; *Böcker*, ZGR 2006, 213, 215.

des Cash Poolings zu einer außerordentlichen Kündigung führen kann. Allerdings darf nicht unberücksichtigt bleiben, dass das Kündigungsrecht des § 490 Abs. 1 BGB wegen wesentlicher Verschlechterung der Vermögensverhältnisse von einer im Einzelfall nicht leicht zu beantwortenden Wertungsfrage abhängt. Die Tochtergesellschaft gerät in das Risiko, dass sie entweder von dem Kündigungsrecht des § 490 Abs. 1 BGB zu einem Zeitpunkt Gebrauch macht, zu der ihr dieses noch nicht zusteht, wenn sie mit einem hohen Maß an Vorsicht waltet oder aber, dass sie das Kündigungsrecht des § 490 Abs. 1 BGB erst zu spät ausübt, wenn sie die Verschlechterung der Vermögensverhältnisse zu eng auslegt.[1340] Damit die Wertungsunsicherheiten verringert werden, erscheint es gerechtfertigt, in den Cash-Pool-Vertrag einen Katalog aufzunehmen, unter welchen Voraussetzungen die Tochtergesellschaft zur sofortigen fristlosen Kündigung des gewährten Darlehens berechtigt sein soll. Mögliche wichtige Kündigungsgründe könnten etwa die Verschlechterung des Kreditratings auf Gesellschafterebene oder die Unterschreitung von Finanzkennziffern, sog. financial covenants, sein.[1341] Ob allerdings tatsächlich von vornherein eine Kündigung des Darlehens oder gar der gesamten Cash-Pooling-Vereinbarung in Betracht kommt, oder es nicht vielmehr eines abgestuften Systems bedarf, ist noch vertieft unter dem Gesichtspunkt der Einhaltung der Kapitalerhaltungsvorschriften durch Kündigungsrechte zu untersuchen.[1342]

V. Teilbarkeit der Darlehen?

Wird ein Darlehen gewährt, das teilweise zu Lasten des gebundenen Vermögens geht, teilweise aber auch aus dem freien Vermögen gewährt wird, stellt sich die Frage, ob ein Verstoß gegen § 30 Abs. 1 GmbHG nur hinsichtlich des zulasten des gebundenen Vermögens gewährten Teils des Darlehens oder in vollem Umfang vorliegt. Für die Teilbarkeit des Darlehens spricht der Wortlaut des § 30 Abs. 1 GmbHG, wonach das zur Erhaltung des Stammkapitals erforderliche Vermögen der Gesellschaft nicht an die Gesellschafter ausgezahlt werden darf. Das zur Erhaltung des Stammkapitals erforderliche Vermögen würde nur das gebundene Vermögen, nicht aber den übersteigenden Teil des Darlehens betreffen, so dass eine Teilbarkeit naheliegend wäre.[1343] Gegen die Teilbarkeit spricht hingegen, dass die Darlehensgewährung als ein einheitlicher Vorgang betrachtet werden muss, der insgesamt am Auszahlungsverbot zu messen ist, andernfalls der Sanktionscharakter der Kapitalerhaltungsvorschriften weitgehend leerlaufen würde.[1344] Der Darlehensbetrag ist vollumfänglich nach § 31

[1340] Zu den Nachteilen dieses Kündigungsrechts unten § 12 A. IV.

[1341] *Wessels*, ZIP 2004, 793, 795.

[1342] Hierzu unten § 12 IV.

[1343] Für die Teilbarkeit *Rittscher*, S. 100; *Spindler*, ZHR 171 (2007), 245, 254; *Seidel*, DStR 2004, 1130, 1130; wohl auch HoldingHndb-*Vetter* § 8 Rdn 8.

[1344] Zum Sanktionscharakter der Kapitalerhaltungsvorschriften oben 2. Teil § 7 C.

Abs. 1 GmbHG zurückzugewähren. Einer erneuten Darlehensgewährung in der zulässigen Höhe steht dann freilich nichts entgegen.

VI. Ergebnis

Als maßgebliche Zeitpunkte für eine gegen § 30 Abs. 1 GmbHG verstoßende Auszahlung kommen die bereits bestehende oder die durch nicht werthaltige Rückzahlungsansprüche entstehende Unterbilanz in Betracht. Außerhalb des Unterbilanzstadiums nicht werthaltige Ansprüche sind nach hier vertretener Auffassung nicht pauschal mit null anzusetzen. Cash Pooling ist daher nach wie vor in weitem Umfang möglich. Ein Verstoß gegen § 30 Abs. 1 GmbHG kommt auch bei einem „Stehenlassen" eines Darlehens bei Verschlechterung der Vermögenslage der Gesellschaft in Betracht, sofern von den der Gesellschaft zustehenden Kündigungsmöglichkeiten kein Gebrauch gemacht wird. Wird ein Darlehen nur teilweise aus gebundenem Vermögen gewährt, verstößt es mangels seiner Teilbarkeit in voller Höhe gegen das Auszahlungsverbot des § 30 Abs. 1 GmbHG.

D. Rechtsfolgen bei Verstoß gegen das Auszahlungsverbot des § 30 Abs. 1 GmbHG

Nach § 30 Abs. 1 GmbHG ist eine unter Verstoß gegen dieses Auszahlungsverbot erfolgende Darlehensgewährung der Tochtergesellschaft an die Betreibergesellschaft im Rahmen des konzernweiten Cash Poolings unzulässig. Hieraus ergeben sich verschiedene Rechtsfolgen.

I. Haftung gemäß § 31 Abs. 1 GmbHG

Der Anspruch der Gesellschaft gegen den Empfänger auf Rückgewähr der Leistung richtet sich nach § 31 Abs. 1 GmbHG.

1. Rückzahlungsschuldner

Im Rahmen des Cash Poolings stellt sich die Frage, wemgegenüber der Tochtergesellschaft, die Darlehen entgegen dem Auszahlungsverbot des § 30 Abs. 1 GmbHG an die Betreibergesellschaft ausgekehrt hat, der Anspruch auf Rückzahlung der Darlehensvaluta gemäß § 31 Abs. 1 GmbHG zusteht. Als Rückzahlungsschuldner des Anspruchs aus § 31 Abs. 1 GmbHG kommen die Muttergesellschaft und – sofern diese nicht mit der Muttergesellschaft identisch ist – die Betreibergesellschaft des Cash Pools in Betracht.[1345]

[1345] Offenl. *Seibold*, FB 2005, 77, 82; *Fuhrmann*, NZG 2004, 552, 553, behandelt lediglich den Fall, in dem die Muttergesellschaft selbst die Cash-Pool-Führerin ist; dass die Muttergesellschaft dann Schuldnerin des Anspruchs aus § 31 Abs. 1 GmbHG ist, versteht sich von selbst. Von besonderem Interesse ist aber die hier darzustellende Variante, in der Muttergesellschaft und Betreibergesellschaft nicht identisch sind; auch *Jäger*, § 45 Rdn

a) Muttergesellschaft

Zunächst ist die Muttergesellschaft, die den Cash Pool selbst führt, als Schuldnerin des Anspruchs aus § 31 Abs. 1 GmbHG zu beleuchten. Schuldner des Anspruchs aus § 31 Abs. 1 GmbHG ist derjenige Gesellschafter, der eine verbotene Auszahlung erhalten hat.[1346] Dies wäre der Fall, wenn die Muttergesellschaft selbst den Cash Pool führt. Eine Haftung der Muttergesellschaft als Normadressatin des § 31 Abs. 1 GmbHG kommt aber stets selbst dann in Betracht, wenn sie selbst die verbotene Auszahlung nie unmittelbar erhalten hat, also der Cash Pool von einer speziellen Betreibergesellschaft geführt wird. Es findet in diesem Fall eine Zurechnung der konzernrechtlich begründeten Auszahlung im Rahmen des konzernweiten Cash Poolings statt.[1347] § 31 Abs. 1 GmbHG findet nämlich auch dann Anwendung, wenn die Leistung der Tochtergesellschaft nicht unmittelbar der Muttergesellschaft, sondern einem im Sinne der §§ 15 ff. AktG verbundenen Unternehmen zugute kommt.[1348] Rechtsfolge ist, dass die Muttergesellschaft jeweils gemäß § 31 Abs. 1 GmbHG haftet, unabhängig davon, ob sie den Cash Pool selbst führt oder nicht. Alles andere wäre auch nicht sachgerecht, da die Muttergesellschaft sich ansonsten einer Haftung aus § 31 Abs. 1 GmbHG durch die Betrauung einer anderen Gesellschaft mit der Liquiditätsverteilung im Cash Pool entziehen könnte.

b) Betreibergesellschaft

Die Betreibergesellschaft des Cash Pools hat – gleich ob sie mit der Muttergesellschaft gleichzusetzen oder eine von ihr abhängige Gesellschaft ist – im Rahmen der konzerninternen Liquiditätsverteilung eine wichtige Stellung inne. Sie zieht einerseits Liquidität von den einzelnen Konzerngesellschaften in Form von Darlehen ab und gewährt andererseits anderen Konzerngesellschaften erforderliche Liquidität in Form von Darlehen. Daher stellt sich die Frage, inwiefern auch eine mit der Muttergesellschaft nicht gleichzusetzende Betreibergesellschaft eines Cash Pools als Gegnerin eines Anspruchs aus § 31 Abs. 1 GmbHG in Betracht kommt. Eine solche Haftung – so sie denn zu bejahen wäre – würde

---

13; *ders.*, DStR 2000, 1736, 1736, behandelt ohne weitere Differenzierung lediglich den Erstattungsanspruch gegen die „Konzernspitze".

1346 Etwa Baumbach/Hueck-*Hueck/Fastrich*, § 30 Rdn 8; Roth/Altmeppen-*Altmeppen*, § 31 Rdn 2; Lutter/Hommelhoff-*Lutter/Hommelhoff*, § 31 Rdn 5.

1347 Michalski-*Heidinger*, § 30 Rdn 123; Lutter/Hommelhoff-*Lutter/Hommelhoff*, § 31 Rdn 5; Roth/Altmeppen-*Altmeppen* § 30 Rdn 60 f.; *Vetter/Stadler*, Rdn 79; *Deckart*, S. 29; *Wunderlich*, BKR 2005, 387, 388.

1348 Baumbach/Hueck-*Hueck/Fastrich*, § 31 Rdn 13; *Diers*, S. 130; *Wunderlich*, BKR 2005, 387, 388; *Sieger/Hasselbach*, BB 1999, 645, 650; *Morsch*, NZG 2003, 97, 100 f.; *Sonnenhol/Stützle*, WM 1983, 2, 3.

gesamtschuldnerisch mit derjenigen der Muttergesellschaft bestehen.[1349] Allerdings beruht die Einrichtung des Cash Pools auf der Verantwortung der Muttergesellschaft, so dass letztlich diese im Innenverhältnis zur Erstattung verpflichtet wäre, würde die Betreibergesellschaft in Anspruch genommen.[1350]

Indes ist hier zunächst von dem Grundsatz auszugehen, dass eine Haftung Dritter gemäß § 31 Abs. 1 GmbHG ausscheidet, da sie nicht Adressaten des Auszahlungsverbots sind.[1351] Unabhängig davon ist eine Haftung der Betreibergesellschaft zwar für den Fall anzunehmen, in dem diese selbst an der darlehensgewährenden Gesellschaft beteiligt ist.[1352] Dem ist unter Berücksichtigung der angeführten allgemein anerkannten Voraussetzungen zwar zuzustimmen, jedoch gilt es zu bedenken, dass eine solche mittelbare Beteiligung bei einem konzernweiten Cash-Pooling-System eher selten anzutreffen sein dürfte. Der Cash-Pool-Führer und die einzelnen Konzerngesellschaften dürften regelmäßig nicht untereinander beteiligte Schwestergesellschaften darstellen, die lediglich in der Seitenlinie miteinander verbunden sind. Einige Stimmen nehmen auch in dieser Situation eine Haftung der Betreibergesellschaft gemäß § 31 Abs. 1 GmbHG an, indem sie Ausnahmen von dem oben genannten Grundsatz zulassen wollen. So soll eine Haftung nach § 31 Abs. 1 GmbHG etwa bei einer engen persönlichen oder rechtlichen Verbindung zu einem Gesellschafter in Betracht kommen.[1353] Anderer Auffassung nach soll auf Wissen und Wollen der Auszahlung abgestellt werden, so dass der Empfänger den Verstoß gegen das Auszahlungsverbot gemäß § 30 Abs. 1 GmbHG entweder kannte oder zumindest kennen musste.[1354] Von diesen Prämissen ausgehend wird eine Haftung der nicht mit der Muttergesellschaft gleichzusetzenden Betreibergesellschaft nach § 31 Abs. 1 GmbHG gegenüber der darlehensgewährenden Gesellschaft bejaht.[1355] Eine Haftung der Betreibergesellschaft aus § 31 Abs. 1 GmbHG neben derjenigen der Muttergesellschaft scheidet zutreffender Ansicht nach jedoch aus: Im Allgemeinen sprechen zahlreiche Gründe gegen die Haftung von Schwester-

---

1349 Rowedder/Schmidt-Leithoff-*Pentz*, § 31 Rdn 10; Baumbach/Hueck-*Hueck/Fastrich*, § 31 Rdn 12; HoldingHndb-*Vetter*, § 8 Rdn 12; *ders./Stadler*, Rdn 79; *Makowski*, S. 169; *Deckart*, S. 30.

1350 *Cahn*, Kapitalerhaltung im Konzern, S. 79; *Deckart*, S. 30.

1351 Baumbach/Hueck-*Hueck/Fastrich*, § 31 Rdn 9 f.; *Vetter/Stadler*, Rdn 84; *Diers*, S. 132; *Makowski*, S. 169; *Burgard*, AG 2006, 527, 530 f. Fn 33; *Reemann*, MittRhNotK 1996, 113, 128.

1352 Roth/Altmeppen-*Altmeppen*, § 30 Rdn 68; *Vetter/Stadler*, Rdn 79; vgl. *Burgard*, AG 2006, 527, 530 f., Fn 33.

1353 BGHZ 31, 258, 266 f.; 81, 311, 315 f.; Hachenburg-*Goerdeler/Müller*, § 31 Rdn 21; Rowedder/Schmidt-Leithoff-*Pentz*, § 31 Rdn 10.

1354 *Deckart*, S. 29; *Fleck*, FS 100 Jahre GmbHG, 391, 415 f.; *Peltzer/Bell*, ZIP 1993, 1757, 1764; *Peltzer*, GmbHR 1995, 15, 20 f.; *U.H. Schneider*, ZGR 1984, 497, 524 f.

1355 *Vetter/Stadler*, Rdn 79; *Makowski*, S. 169; *Deckart*, S. 29 f.; *Cahn*, Kapitalerhaltung im Konzern, S. 76 ff., *Burgard*, VGR 6, 45, 62.

oder Enkelgesellschaften. Eine Haftung aufgrund der allgemeinen Tatbestände der §§ 812 ff., 823 ff., 985 ff. BGB ist zwar erforderlich, aber ebenso auch ausreichend.[1356] Eine zusätzliche Haftung aus § 31 Abs. 1 GmbHG würde daher nur aus Billigkeitsgründen geschaffen werden. Ein gesellschaftsfremder Dritter kann nicht deshalb für die Erhaltung des Stammkapitals der Gesellschaft verantwortlich werden, weil er den Tatbestand einer Unterbilanz bei der Gesellschaft kennt oder grob fahrlässig nicht kennt.[1357] Auch in Bezug auf das Cash Pooling sind Bedenken angebracht: Allein die Übernahme von Finanzierungsaufgaben für die Muttergesellschaft kann nicht dazu führen, dass die Betreibergesellschaft mit dieser haftungstechnisch gleichzustellen ist.[1358] Dies gilt nicht nur aus dem Grund, dass die Betreibergesellschaft auf die Verhaltensweisen der Muttergesellschaft keinen Einfluss hat, sondern beruht auch darauf, dass die Kriterien, die für eine Einbeziehung in den Haftungskreis des § 31 Abs. 1 GmbHG heranzuziehen sind, als eng begrenzte Ausnahmen zu verstehen sind. Maßgeblich dürfte hier sein, dass die Auszahlung nicht von der Betreibergesellschaft, sondern von der Muttergesellschaft veranlasst wird und die Auszahlung der Betreibergesellschaft selbst nicht – weder mittelbar noch unmittelbar – zugute kommt.[1359] Mit Gläubigerschutzgesichtspunkten ließe sich diese Haftung zwar auf Dritte erweitern, jedoch sind diese nun einmal nicht Adressaten der Kapitalerhaltungsvorschriften.[1360] Eben dies muss auch für den Cash-Pool-Führer gelten. Damit bleibt es bei dem Grundsatz, dass ein Dritter als Zuwendungsempfänger nicht nach § 31 Abs. 1 GmbHG zur Rückzahlung verpflichtet sein kann, da ein Dritter nicht Gesellschafter und deshalb auch nicht Adressat der Kapitalerhaltungsregeln ist. Die von der Muttergesellschaft beherrschte Betreibergesellschaft kann nicht nach § 31 Abs. 1 GmbHG in Anspruch genommen werden.

2. Haftung der Mitgesellschafter

Ist die Erstattung vom Empfänger nicht zu erlangen, haften für den zu erstattenden Betrag, soweit er zur Befriedigung der Gesellschaftsgläubiger erforderlich ist, die übrigen Gesellschafter gemäß § 31 Abs. 3 GmbHG.[1361] Die Ausfallhaf-

---

[1356] Scholz-*H.P. Westermann*, § 30 Rdn 53; Michalski-*Heidinger*, § 30 Rdn 128; Roth/Altmeppen-*Altmeppen*, § 30 Rdn 62 ff.; *ders.*, FS Kropff, 641, 646 f., 648; 651 ff.; *Burgard*, AG 2006, 527, 530 f.; *Reemann*, MittRhNotK 1996, 113, 128.

[1357] BGHZ 138, 291, 300 ff.; *Diem*, § 44 Rdn 60; *Sonnenhol/Groß*, ZHR 159 (1995) 388, 407; *Oetker*, KTS 1991, 521, 534; *Wenzel*, WiB 1996, 10, 13.

[1358] Hierauf maßgeblich abst. *Vetter/Stadler*, Rdn 79.

[1359] Vgl. *Fleck*, JbFStR 1984/85, 543, 554; die Veranlassung zur Auszahlung erfolgt auf Grundlage des Vertragswerks zwischen Muttergesellschaft und den Tochtergesellschaften.

[1360] Insoweit zutr. Roth/Altmeppen-*Altmeppen*, § 30 Rdn 64; *Burgard*, AG 2006, 527, 530 f., Fn 33.

[1361] Zur sog. doppelten Subsidiarität *Binz*, DB 2004, 1273, 1273.

tung der übrigen Gesellschafter bezieht sich jedoch in Abweichung von § 31 Abs. 1 und 2 GmbHG nicht auf den gesamten nicht durch Eigenkapital gedeckten Betrag, sondern nur auf den Betrag des Stammkapitals. Insoweit ist eine Beschränkung der Haftung der Mitgesellschafter, die von der Auszahlung nicht profitieren, geboten.[1362] Liegt auf Seiten des Geschäftsführers schuldhaftes Verhalten vor, können die nach § 31 Abs. 3 GmbHG in Anspruch genommenen Mitgesellschafter bei diesem gemäß § 31 Abs. 6 GmbHG Rückgriff nehmen. Bei konzernweiten Cash-Pooling-Systemen dürfte eine Haftung eines Mitgesellschafters indes nur selten in Betracht kommen. Im Regelfall gibt es bei der einem konzernweiten Cash-Pooling-System keine Minderheitsgesellschafter, da die konzerninterne Liquiditätssteuerung regelmäßig ein ganz auf das herrschende Unternehmen zugeschnittenes Handlungsprogramm voraussetzt.[1363] Sollte es aber doch ausnahmsweise der Fall sein, dass Minderheitsgesellschafter vorhanden sind, kommt eine Haftung nach § 31 Abs. 3 GmbHG in Betracht.[1364]

3. Höhe der Inanspruchnahme

Der Erstattungsanspruch des § 31 Abs. 1 GmbHG ist auf die volle Rückgewähr der gegen § 30 Abs. 1 GmbHG verstoßenden Leistung gerichtet.[1365] Rechtsfolge der Qualifikation des im Rahmen des Cash Poolings gewährten Darlehens als verbotene Auszahlung gemäß § 30 Abs. 1 GmbHG ist demzufolge nach § 31 Abs. 1 GmbHG die Erstattung des gesamten Betrages. Dem wird aber verschiedentlich widersprochen: Das Gesellschaftsvermögen werde keineswegs in der gesamten Höhe des Darlehens beeinträchtigt, sondern nach der Ansicht des BGH dadurch, dass liquide Haftungsmasse gegen eine zeitlich hinausgeschobene schuldrechtliche Forderung ausgetauscht werde.[1366] Aus dieser Argumentation wird sodann abgeleitet, es müsse allein der Minderwert nach § 31 Abs. 1 GmbHG zurückbezahlt werden, der durch den der Gesellschaft entzogenen Nutzungswert des Darlehensbetrages entstanden sei.[1367] Bei einer ausreichenden Verzinsung werde dieser Minderwert der zeitlich verzögerten Rückzahlung aber kompensiert, so dass kein Minderwert gegeben sei, der nach § 31 Abs. 1 GmbHG zu erstatten sei.[1368] Diese Argumentation steht indes in einem Widerspruch zu den Ausführungen des BGH. Das Gericht stellte bei der Qualifizie-

---

[1362] BGHZ 150, 61, 64 f.; zust. *Vetter/Stadler*, Rdn 79; *Morsch*, NZG 2003, 97, 105.
[1363] Siehe schon oben 1. Teil § 2 E.
[1364] Vgl. *Maier-Reimer*, VGR 10, 127, 133; *Heidenhain*, LMK 2004, 68, 68.
[1365] Baumbach/Hueck-*Hueck/Fastrich*, § 31 Rdn 16.
[1366] *Reiner/Brakemeier*, BB 2005, 1458, 1461; *Helmreich*, GmbHR 2004, 457, 462 (zu § 43 Abs. 3 GmbHG) unter Verweis auf BGHZ 157, 72, 76.
[1367] *Reiner/Brakemeier*, BB 2005, 1458, 1461; *Helmreich*, GmbHR 2004, 457, 462 (zu § 43 Abs. 3 GmbHG).
[1368] *Reiner/Brakemeier*, BB 2005, 1458, 1461; *Helmreich*, GmbHR 2004, 457, 462 (zu § 43 Abs. 3 GmbHG).

rung der Darlehensgewährung als verbotene Auszahlung nicht auf die Verzinsung ab. Auch kam es dem Gericht bei der Beeinträchtigung des Stammkapitals durch den Tausch der Darlehensvaluta mit dem schuldrechtlichen Rückzahlungsanspruch nicht auf den Verlust des Zeitwertes des Geldes an. Dies zu Recht: Der BGH führt zwar das von der Gegenansicht in Bezug genommene Substanzschutzargument an, um zu einem Verstoß gegen § 30 Abs. 1 GmbHG zu gelangen, jedoch können hieraus keine Folgen für die Höhe der Inanspruchnahme nach § 31 Abs. 1 GmbHG hergeleitet werden. Dagegen spricht schon, dass der BGH zur Begründung seiner Sichtweise auf weitere Argumente abstellt, die von vornherein nichts mit einer Beschränkung auf einen Minderwert zu tun haben können. Schließlich geht es weder beim Rang- noch beim Umgehungsargument um eine zeitliche Komponente, in der die Darlehensvaluta gegen eine schuldrechtliche Forderung ausgetauscht wird. Lediglich das Substanzschutzargument zur Begründung einer Beschränkung des § 31 Abs. 1 GmbHG anzuführen, hieße damit, sowohl das Rang- als auch das Umgehungsargument außen vor zu lassen, welche gerade keinen Raum für eine Einschränkung der Inanspruchnahme auf Erstattung der verbotenen Auszahlung in voller Höhe lassen.[1369] Auch bestehen keinerlei Anhaltspunkte dafür, dass der BGH dem Substanzschutzargument eine höhere Bedeutung zumisst als den übrigen beiden Argumenten. Das Abstellen auf das Substanzschutzargument bietet damit keine ausreichenden Anhaltspunkte für eine Beschränkung der Inanspruchnahme nach § 31 Abs. 1 GmbHG.

4. Erlöschen des Anspruchs aus § 31 Abs. 1 GmbHG durch Inanspruchnahme von Liquidität aus dem Cash Pool

Es stellt sich daran anschließend die Frage, ob die spätere Inanspruchnahme von Liquidität aus dem Cash Pool durch die Tochtergesellschaft nicht den Anspruch aus § 31 Abs. 1 GmbHG zum Erlöschen bringt. Geklärt ist zwar, ob der Anspruch auf Rückforderung der unzulässigen Auszahlung gemäß § 31 Abs. 1 GmbHG bei einer zwischenzeitlichen anderweitigen Auffüllung des gebundenen Vermögens erlischt. Eine Ähnlichkeit zu der Frage, ob die Inanspruchnahme von Liquidität aus dem Cash Pool zu einem Erlöschen der Einlageverpflichtung im Rahmen der Kapitalaufbringung führt, ist daher nicht zu verkennen. Die frühere Rechtsprechung hatte noch unter dem Aspekt der Zweckerreichung angenommen, die Verpflichtung des Gesellschafters zum Ausgleich gemäß § 31 Abs. 1 GmbHG entfalle, sobald und soweit das angegriffene Gesellschaftskapital bis zur Höhe des Stammkapitals zeitlich nach der Auszahlung auf andere Weise nachhaltig wiederhergestellt werde.[1370] Inzwischen hat in der Rechtsprechung aber ein Richtungswechsel stattgefunden: Danach entfällt ein einmal we-

---

[1369] Zum Verhältnis der einzelnen Argumente zueinander oben § 8 B. 2.
[1370] BGH, NJW 1988, 139, 140.

gen Verstoßes gegen § 30 Abs. 1 GmbHG entstandener Erstattungsanspruch nach § 31 Abs. 1 GmbHG nicht, wenn das Gesellschaftskapital zwischenzeitlich anderweitig bis zur Höhe der Stammkapitalziffer nachhaltig wiederhergestellt ist.[1371] § 31 Abs. 1 GmbHG ist danach ein durch den Verstoß gegen das Auszahlungsverbot des § 30 Abs. 1 GmbHG endgültig entstehender gesellschaftsrechtlicher Anspruch, der ebensowenig wie der Einlageanspruch durch eine auf andere Weise zustandegekommene Kapitaldeckung automatisch erlöschen kann, sondern Bestandteil des Gesellschaftsvermögens ist. Für das Cash Pooling würde dies bedeuten, dass Zahlungen aus einer möglicherweise zwischenzeitlich überwundenen Krise zurückzugewähren sind, was natürlich die Liquidität des Cash Pools beeinträchtigen würde.[1372] Würde allerdings die Inanspruchnahme von Liquidität aus dem Cash Pool gezielt auf die Erfüllung von Ansprüchen aus § 31 Abs. 1 GmbHG gerichtet sein, würde nichts gegen eine Erfüllungswirkung des Anspruchs aus § 31 Abs. 1 GmbHG durch eine Inanspruchnahme von Cash-Pool-Liquidität sprechen.[1373] Um zu einer derartigen Erfüllungswirkung zu gelangen, stellt sich aber die Frage, welche Ansprüche tatsächlich bestehen. Anders als bei einem Verstoß gegen die Kapitalaufbringungsvorschriften[1374] ist der Darlehensvertrag bei einem Verstoß gegen § 30 Abs. 1 GmbHG als wirksam zu behandeln.[1375] Dies soll dazu führen, dass sowohl der Anspruch aus § 31 Abs. 1 GmbHG als auch aus § 488 Abs. 1 S. 2 BGB nebeneinander bestehen.[1376] Anhaltspunkte dafür, dass ein Anspruch vorrangig wäre und den anderen verdrängen würde, bestehen nicht.

Ein solches Verständnis geht indes an den realen Gegebenheiten des Geschehens im Cash Pool vorbei: Der Darlehensrückgewähranspruch aus § 488 Abs. 1 S. 2 BGB entsteht nur unter der Voraussetzung, dass der Darlehensgeber seine Hauptleistungspflicht erfüllt hat, indem er dem Darlehensnehmer den Geldbetrag zur Verfügung stellt hat, so dass dieser ihn vertragsgemäß für die Laufzeit des Darlehensvertrages nutzen kann.[1377] Eine derartige Erfüllung der Hauptleistungspflicht der Tochtergesellschaft tritt aber gerade nicht ein, wenn der abgeführte Betrag gemäß § 31 Abs. 1 GmbHG sofort zurückzugewähren

---

[1371] BGHZ 144, 336, 340 f.; BGH, NZG 2000, 888, 888; ZIP 2000, 1256, 1256 f.; zul. BGH, NZG 2007, 704, 706.

[1372] *Deckart*, S. 31; *Vetter/Stadler*, Rdn 60; *Börner*, BGHReport 2004, 534, 535; a. A. aber *Heidenhain*, LMK 2004, 68, 68, der an den früheren Rechtsprechungsgrundsätzen festhalten möchte.

[1373] Vgl. die Differenzierung bei BGHZ 165, 113, 118.

[1374] Hierzu oben 2. Teil § 4 A.

[1375] BGHZ 136, 125, 130; Scholz-*H.P. Westermann*, § 30 Rdn 11 f.; Baumbach/Hueck-*Hueck/Fastrich*, § 30 Rdn 32; *Reiner/Brakemeier*, BB 2005, 1458, 1461; *Servatius*, GmbHR 2000, 1028, 1033; *Benecke*, ZIP 2000, 1969, 1972.

[1376] *Heidinger*, NotBZ 2004, 463, 464; *Reiner/Brakemeier*, BB 2005, 1458, 1461

[1377] Palandt-*Putzo*, § 488 Rdn 12.

ist.[1378] Eine vertragsgemäße Nutzung ist dann eben nicht möglich. Dem entspricht es, dass nach überwiegender und zutreffender Ansicht eine mit der Rückerstattungspflicht aus § 31 Abs. 1 GmbHG behaftete Leistung keine Erfüllungswirkung zeitigt.[1379] Es wäre geradezu lebensfremd, eine Erfüllung anzunehmen, wenn das Geleistete sofort wieder herauszugeben ist. Folglich entsteht mangels Erfüllung der Hauptleistungspflicht auch kein Darlehensrückgewähranspruch der Tochtergesellschaft. Vielmehr bleibt es bei dem alleinigen Anspruch aus § 31 Abs. 1 GmbHG.[1380]

Erfolgt nun eine Liquiditätsgewährung aus dem Cash Pool und ist sie ausdrücklich mit einer Tilgungsbestimmung hinsichtlich des Anspruchs aus § 31 Abs. 1 GmbHG versehen, spricht zunächst nichts dagegen, dass eine solchermaßen erfolgte Inanspruchnahme von Liquidität aus dem Cash Pool zu einer Erfüllungswirkung des Anspruchs aus § 31 Abs. 1 GmbHG führt. Weiterhin stellt sich allerdings die Frage, welche Wirkungen Liquiditätsgewährungen haben, die auf eine Rückgewähr des Darlehens gezielt sind und damit mangels bestehender Rückerstattungspflicht ins Leere gehen. Hierfür lassen sich möglicherweise die obiter dicta ausgeführten Erläuterungen des BGH in einer Entscheidung zur Kapitalaufbringung fruchtbar machen. Danach führt eine vermeintliche Darlehensrückzahlung nicht nur zur Erfüllung des Einlageanspruchs sondern auch zur Erfüllung des Erstattungsanspruchs aus § 31 Abs. 1 GmbHG.[1381] Ganz entsprechend ließe sich auch argumentieren, eine Tilgung des Anspruchs aus § 31 Abs. 1 GmbHG sei im Cash Pool bei Erfüllung eines vermeintlichen Darlehensrückgewähranspruchs möglich.[1382] Wie schon im Rahmen der entsprechenden Diskussion bei der Heilung einer fehlerhaften Kapitalaufbringung ausgeführt, ist aber die Zuordnung einer vermeintlichen Darlehensrückzahlung zu einer offenen Einlageschuld aufgrund des täglichen Liquiditätsausgleichs im Rahmen des Cash Pools nicht möglich. Dies hat der BGH ausdrücklich erkannt und insofern seine zuvor ergangene Rechtsprechung zu den Heilungsmöglichkeiten für das Cash Pooling relativiert.[1383] Dies muss aber auch für die hier in Frage stehende Erfüllung einer vermeintlichen Darlehensrückzahlung mit einem offenen Anspruch aus § 31 Abs. 1 GmbHG gelten. In Bezug auf die Zuordnung einer ver-

---

[1378] *Pentz*, ZIP 2006, 781, 783.

[1379] Baumbach/Hueck-*Hueck/Fastrich*, § 31 Rdn 17; Scholz-*H.P. Westermann*, § 31 Rdn 7; *Kort*, ZGR 2001, 615, 633; *Benecke*, ZIP 2000, 1969, 1972; *Servatius*, GmbHR 2000, 1028, 1033; *Ulmer*, FS 100 Jahre GmbHG, 363, 385 f.; a. A. Hachenburg-*Goerdeler/Müller*, § 31 Rdn 25.

[1380] Ebenso *Pentz*, ZIP 2006, 781, 788.

[1381] BGHZ 165, 113, 118; vgl. auch BGHZ 165, 352, 358; BGH, GmbHR 2006, 982, 983.

[1382] So *Joost*, VGR 11, 31, 39; *Pentz*, ZIP 2006, 781, 788; vgl. *Maier-Reimer*, VGR 10, 127, 138; *Weitnauer*, NZG 2006, 298, 300; *Simon*, LMK 2006, 164950 *Heidinger*, NotBZ 2004, 463, 465.

[1383] BGHZ 166, 8, 17.

meintlichen Darlehensgewährung im Cash Pool besteht insofern kein Unterschied zwischen einem Anspruch auf Leistung der Einlageschuld und wegen verbotener Auszahlung. Ohne ausdrückliche Tilgungsbestimmung kann der Anspruch aus § 31 Abs. 1 GmbHG mithin nicht durch Inanspruchnahme von Liquidität aus dem Cash Pool getilgt werden. Abgesehen davon ist auch zweifelhaft, ob die Ansprüche aus § 31 Abs. 1 GmbHG und aus § 488 Abs. 1 S. 2 BGB ohne weiteres auf ein „identisches Leistungsinteresse" gerichtet sind.[1384] Insofern dürfte bei wirtschaftlicher Betrachtungsweise ein erheblicher Unterschied zwischen einer Darlehensrückgewähr und einer Sanktionsnorm für Verstöße gegen das Auszahlungsverbot des § 30 Abs. 1 GmbHG bestehen.[1385] Die Betrachtung macht damit – wie schon im Rahmen der Kapitalaufbringung aufgezeigt – einmal mehr deutlich, dass eine ausdrückliche Tilgungsbestimmung bei Zahlungen im Rahmen des Cash Pools von nicht zu unterschätzender Bedeutung ist.

II. Haftung der Geschäftsführer, § 43 Abs. 2, 3 S. 1, § 30 Abs. 1 GmbHG

Neben die Haftung gemäß § 31 Abs. 1 GmbHG tritt eine indisponible Schadensersatzpflicht des Geschäftsführers der kreditgewährenden Tochtergesellschaft gemäß § 43 Abs. 2, 3 S. 1, § 30 Abs. 1 GmbHG.[1386] Eine solche Haftung trifft dabei nicht nur diejenigen Geschäftsführer, die die Zahlungen an die Muttergesellschaft veranlasst haben. Vielmehr kommt eine Haftung des Geschäftsführers darüber hinaus in Betracht, wenn dieser schuldhaft geeignete Maßnahmen zur Kontrolle seines Mitgeschäftsführers nicht trifft, wodurch ein geschäftsschädigendes Verhalten hätte unterbunden werden können.[1387] Will der Geschäftsführer diese Haftung vermeiden, muss er prüfen, ob bei einer aufsteigenden Darlehensgewährung an den Cash Pool das Auszahlungsverbot des § 30 Abs. 1 GmbHG nach den oben genannten Grundsätzen betroffen ist und bejahendenfalls eine Abführung der Liquidität unterlassen. Selbst bei Unwirksamkeit einer entsprechenden Gesellschafterweisung dürfte sich der Geschäftsführer allerdings regelmäßig in einer tatsächlichen Konfliktsituation befinden, wenn es in naher Zukunft etwa um eine Verlängerung seines Geschäftsführervertrages geht.[1388] Die Loyalität zum Gesamtkonzern kann dann von erheblicher Relevanz sein. Solch faktische Bedenken gegen die Folgen der BGH-Entscheidung, die immer wieder in der Praxis geäußert werden, ändern aber nichts daran, dass sich der Geschäftsführer der Tochtergesellschaft an die gesetzlichen Gegebenheiten hal-

---

[1384] So *Joost*, VGR 11, 31, 39; zu diesem Begriff im Rahmen der Kapitalaufbringung oben 2. Teil § 6 A. I.

[1385] Insofern auch *Reiner/Brakemeier*, BB 2005, 1459, 1461.

[1386] Sowohl bei BGHZ 157, 72 ff., als auch bei OLG München, ZIP 2006, 25 ff., war eine derartige Geschäftsführerhaftung einschlägig gewesen.

[1387] BGH, GmbHR 1986, 302, 303; *Lux*, MDR 2004, 342, 342; *Gehrlein*, BB 2004, 2585, 2592, die Bedeutung von BGHZ 157, 72 ff., für die Geschäftsführerhaftung herausst.

[1388] Siehe schon oben § 8 B. II. 2. e).

ten muss, mag dies für ihn persönlich mit nicht unerheblichen Unannehmlichkeiten verbunden sein.

Wie schon bei der Höhe der Inanspruchnahme des Gesellschafters nach § 31 Abs. 1 GmbHG stellt sich auch hier die Frage nach der Ermittlung der Schadenshöhe. *Helmreich* will, da der BGH die Vermögensverschlechterung bei der Gesellschaft mit dem zeitlich begrenzten Entzug der Darlehensvaluta begründe, bei der Ermittlung der Schadenshöhe bei § 43 Abs. 3 GmbHG lediglich dieses zeitliche Moment in Ansatz bringen.[1389] Bei einer Vollwertigkeit des Rückzahlungsanspruchs und marktüblicher Verzinsung des Darlehens lasse sich daher kein Schaden bei der Gesellschaft feststellen, weil damit der der Gesellschaft entzogene Nutzungswert des Darlehens kompensiert werde.[1390] Diese Argumentation, die lediglich auf das Substanzschutzargument abstellt, besitzt jedoch keine Überzeugungskraft, da sie die übrigen vom BGH angeführten Argumente, die zu keiner Einschränkung führen, außen vor lässt. Da der nach § 43 Abs. 3 GmbHG zu ersetzende Schaden damit dem der erbrachten Leistung entspricht, ist der Schaden in Höhe der gesamten ausgereichten Darlehensvaluta zu ersetzen.[1391] Es handelt sich hier also um eine unbeschränkte Haftung in Höhe der gesamten ausgereichten Darlehensvaluta. Die Haftungshöhe ist keineswegs auf den Teil des Darlehens beschränkt, der eine verbotene Auszahlung im Sinne des § 30 Abs. 1 GmbHG darstellt.[1392] Dies kann gerade bei größeren Summen, die in Form von Darlehen an den Cash Pool abgeführt werden, schnell zu einer enormen Belastung für den Geschäftsführer werden. Der Geschäftsführer einer Tochtergesellschaft ist daher gut beraten, bei einer Abführung von Darlehen im Rahmen des Cash Poolings einen Verstoß gegen § 30 Abs. 1 GmbHG gründlich zu prüfen und im Falle des ansonsten gegebenen Verstoßes eine Abführung von liquiden Mitteln an den Cash Pool zu verweigern. Im übrigen gilt, dass eine Haftung der Geschäftsführer der Tochtergesellschaft nicht aus dem Grund ausscheidet, dass das Darlehen aufgrund einer Weisung der Muttergesellschaft gewährt wurde. Weisungen, die dazu führen, dass der Tochtergesellschaft Vermögen unter Verstoß gegen § 30 Abs. 1 GmbHG entzogen wird, sind treuwidrig und dürfen daher von den Geschäftsführern nicht beachtet werden.[1393] Die Weisung befreit die Geschäftsführer nach § 43 Abs. 3 S. 3 GmbHG daher nicht von einer Haftung für zulasten des Stammkapitals gehende Zahlungen entgegen § 30 Abs. 1 GmbHG, soweit die Ersatzleistung zur Befriedigung der Gesellschaftsgläubiger erforderlich ist.

1389 *Helmreich*, GmbHR 2004, 457, 462 unter Verweis auf BGHZ 157, 72, 76.

1390 *Helmreich*, GmbHR 2004, 457, 462.

1391 So ausdr. BGHZ 157, 72, 78, unter Hinweis auf BGH, WM 1986, 789.

1392 *Seibold*, FB 2005, 77, 78.

1393 BGHZ 157, 72, 78; Baumbach/Hueck-*Zöllner/Noack*, § 43 Rdn 34; *Seibold*, FB 2005, 77, 78.

E. Ausnahmetatbestand vom Kreditvergabeverbot des § 30 Abs. 1 GmbHG

Der BGH hat in der Entscheidung BGHZ 157, 72 ff. in einem obiter dictum einen Ausnahmetatbestand vom Auszahlungsverbot des § 30 Abs. 1 GmbHG statuiert.[1394] Danach ist die Gewährung eines Darlehens aus gebundenem Vermögen ausnahmsweise zulässig, wenn die Darlehensvergabe im Interesse der Gesellschaft liegt, die Darlehensbedingungen dem Drittvergleich standhalten und die Kreditwürdigkeit des Gesellschafters selbst bei Anlegung strengster Maßstäbe außerhalb jedes vernünftigen Zweifels steht oder die Rückzahlung des Darlehens durch werthaltige Sicherheiten voll gewährleistet ist.[1395]

I. Bedeutung des Ausnahmetatbestandes

Welche Bedeutung der Ausnahmetatbestand im allgemeinen und für das Cash Pooling im besonderen hat, ist nach gegenwärtigem Stand noch weitgehend ungeklärt.

1. Allgemeine Bedeutung

Schon die Beurteilung der allgemeinen Bedeutung des Ausnahmetatbestandes ist uneinheitlich: Gegen die einzelnen Voraussetzungen des Ausnahmetatbestandes wird eingewandt, nur die Darlehensvergabe im Gesellschaftsinteresse bleibe als Ausnahmekriterium übrig, da der BGH zuvor klargestellt habe, dass es für die Beurteilung weder auf die Vollwertigkeit des Rückzahlungsanspruchs noch darauf ankomme, ob das Darlehen ordnungsgemäß verzinst sei.[1396] Es sei widersprüchlich, wenn der BGH einerseits die Vollwertigkeit des Rückzahlungsanspruchs bei der Betrachtung außer acht lasse, dann aber bei der Beurteilung der Zulässigkeit der Darlehensgewährung zulasten des zur Erhaltung des Stammkapitals erforderlichen Vermögens doch heranziehe.[1397] Sofern eine „einfache“ Vollwertigkeit nicht ausreiche, könne es auch auf eine „besondere“ Vollwertigkeit nicht ankommen.[1398] Dem ist aber entgegenzuhalten, dass die Ausnahmekriterien sehrwohl im Einklang mit den übrigen Ausführungen des BGH stehen. Gerade das Kriterium des Drittvergleichs war schon bislang bei der Frage der Darlehensgewährung an Gesellschafter als Verstoß gegen § 30 Abs. 1 GmbHG

[1394] Teilw. auch als „Erlaubnistatbestand“ (*Fuhrmann*, NZG 2004, 552, 553) oder als „salvatorische Klausel“ (*Röhricht*, bei Seulen, VGR 10, 159, 161) bezeichnet.

[1395] BGHZ 157, 72, 77; die letzten beiden Voraussetzungen hatte *Cahn*, ZHR 166 (2002), 278, 298, bereits im Rahmen der Kapitalaufbringung bei Cash-Pooling-Systemen genannt; ob der BGH bewusst auf die dortigen Äußerungen zurückgegriffen hat, ist nicht erkennbar.

[1396] Pentz/Sollanek-*Pentz*, S. 32, 34; *ders.*, ZIP 2006, 781, 783; *Wilhelm*, DB 2006, 2729, 2730; *Reiner/Brakemeier*, BB 2005, 1459, 1460; *Böcker*, ZGR 2006, 213, 223.

[1397] Pentz/Sollanek-*Pentz*, S. 32, 34; *ders.*, ZIP 2006, 781, 783; *Wilhelm*, DB 2006, 2729, 2730; *Schäfer*, BB 2006, Beil. 7, 5, 6; vgl. auch *Ransiek*, wistra 2005, 121, 122 f.

[1398] Pentz/Sollanek-*Pentz*, S. 32, 34; *ders.*, ZIP 2006, 781, 783; *Böcker*, ZGR 2006, 213, 223.

ein Negativkriterium.[1399] Der Ausnahmetatbestand ist vielmehr so zu verstehen, dass er verdeutlicht, dass die Vollwertigkeit des Rückzahlungsanspruchs und eine angemessene Verzinsung allein für eine Zulässigkeit der Darlehensvergabe noch nicht ausreichend sind.[1400] Sinn des Ausnahmetatbestandes dürfte vor allem sein, dass die Gläubiger der Muttergesellschaft bei Vorliegen der Voraussetzungen durch die Darlehensvergabe nicht zum Nachteil der Gläubiger der Tochtergesellschaft einen vollstreckungs- und insolvenzrechtlich vorrangigen Zugriff auf die Vermögenswerte der Tochtergesellschaft erhalten.[1401]

Anhand des Ausnahmetatbestandes wird allerdings deutlich, dass der BGH nur solche Kreditgewährungen an Gesellschafter aus dem gebundenen Vermögen zulassen will, deren Realisierung für die Gesellschaft ähnlich sicher ist wie die eingebrachte Einlageleistung.[1402] Aus diesem Grund sind die einzelnen Kriterien des Ausnahmetatbestandes äußerst streng zu handhaben; nur damit kann dem Vorliegen einer Ausnahme vom Auszahlungsverbot des § 30 Abs. 1 GmbHG Rechnung getragen werden.[1403] Den kritischen Stimmen lässt sich außerdem erwidern, dass es immerhin eine Ausnahme gibt. Demgegenüber wollte *Stimpel*, auf den der BGH in der Begründung seiner Entscheidung verweist, ein Verbot von Darlehen an Gesellschafter ausdrücklich uneingeschränkt, also gerade ohne die Anerkennung von Ausnahmen, etablieren.[1404] Aus diesem Grund kann den Kritikern der hohen Anforderungen des Ausnahmetatbestandes nur entgegnet werden: lieber eine Ausnahme mit hohen Anforderungen als gar keine Ausnahme. Mit dem obiter dictum hat der BGH daher einen Mittelweg eingeschlagen zwischen denjenigen Stimmen, die keine Ausnahme vom Auszahlungsverbot des § 30 Abs. 1 GmbHG bei einer Darlehensgewährung an Gesellschafter zulassen wollen und denjenigen Stimmen, die eine solche Darlehensgewährung als bloßen Aktivatausch ansehen.

Es wurden Stimmen laut, die den Ausnahmetatbestand aufgrund der damit gestellten hohen Anforderungen allenfalls von „theoretischem Interesse" hal-

---

1399 Hierauf hinw. *Langner/Mentgen*, GmbHR 2004, 1121, 1124.

1400 Zutr. *Vetter*, BB 2004, 1509, 1516; vgl. zum Verständnis der Vollwertigkeit aber auch *Pentz*, ZIP 2006, 781, 784.

1401 So *Heidinger*, NotBZ 2004, 463, 464; *Bayer/Lieder*, ZGR 2005, 133, 143; *Börner*, BGHReport 2004, 534, 535; *Kurzwelly*, DAI-JAT 2006, 2, 29.

1402 Ebenso *Rehm*, FS Säcker, 305, 307; *Kurzwelly*, DAI-JAT 2006, 2, 29; *Henze*, WM 2005, 717, 719.

1403 Zweif., ob eine Ausnahme von § 30 Abs. 1 GmbHG eine strenge Handhabung der Kriterien erfordert *Pentz*, ZIP 2006, 781, 784.

1404 *Stimpel*, FS 100 Jahre GmbHG, 335, 354, insb. das Kriterium des Drittvergleichs als Maßstab abl.; den vom BGH statuierten Ausnahmetatbestand abl. auch *Altmeppen*, ZIP 2006, 1025, 1031.

ten.[1405] Dem ist entgegenzutreten.[1406] Selbst bei hohen Anforderungen können die Voraussetzungen erfüllt sein. Zwar sollte sich der Geschäftsführer, um dem Sorgfaltsmaßstab des § 43 Abs. 1 GmbHG gerecht zu werden, an einem grundsätzlichen Verbot der Darlehensgewährung an die Gesellschafter bei Unterbilanz orientieren.[1407] Gleichwohl kann, sofern die Ausnahmen vorliegen, eine Darlehensgewährung im Stadium der Unterbilanz zulässig sein. Die Voraussetzungen des BGH zur Darlehensgewährung im Stadium der Unterbilanz werden – entsprechend dem vom Gericht gewählten Wortlaut[1408] – weitgehend als Ausnahmekriterien verstanden.[1409] Im Grundsatz ist danach eine Darlehensgewährung im Stadium der Unterbilanz verboten und nur bei Erfüllung der einzelnen Kriterien erlaubt. Allerdings stellt sich die Frage, ob ein solches Verständnis der einzelnen Kriterien dem Sinn und Zweck des Kapitalerhaltungsgrundsatzes gerecht wird. Vereinzelt wird dem obiter dictum ein weiteres Verständnis dergestalt entnommen, dieses statuiere eine Grundregel, wonach auch bei Unterbilanz eine Darlehensgewährung unter bestimmten Voraussetzungen zulässig sei.[1410] Spätestens die strengen Anforderungen der einzelnen Elemente des obiter dictums dürften dieses aber zu einem Ausnahmetatbestand machen. Dies ist aus Gläubigerschutzgesichtspunkten nach den obigen Prämissen auch sachgerecht: Wenn es eine Ausnahme im Stadium der Unterbilanz von § 30 Abs. 1 GmbHG geben soll, dann muss diese an hohen, dem Gläubigerschutz gerecht werdenden Voraussetzungen gemessen werden. Es bleibt damit schon aufgrund dieser Vorgaben bei einem Regel-/Ausnahmeverhältnis.[1411] Ob es sich damit verträgt, das der Gesetzgeber nun im Rahmen der Neuregelung des § 30 Abs. 1 S. 2 GmbHG RefE-MoMiG die Kriterien des Ausnahmetatbestandes für eine Interessenprüfung an einer Darlehensgewährung fruchtbar machen will, wird noch zu untersuchen

---

1405 Pentz/Sollanek-*Pentz,* S. 34; *Schäfer*, BB 2006, Beil. 7, 5, 8; *Helmreich*, GmbHR 2004, 457, 462; *Herbst*, GLJ 2004, 1217, 1226; *Wessels*, ZIP 2004, 793, 794; *Janzen*, DB 2006, 2108, 2111; krit. auch *Werner*, DStR 2005, 525, 526.

1406 Für eine erhebliche Bedeutung auch *Langner/Mentgen*, GmbHR 2004, 1121, 1127.

1407 Zutr. *Deckart*, S. 85; *Seidel*, DStR 2004, 1130, 1131.

1408 BGHZ 157, 72, 77: „ausnahmsweise zulässig".

1409 Vielfach ohne weitere Diskussion über das Verständnis der Voraussetzungen *Heidinger*, NotBZ 2004, 463, 463; *Grothaus/Halberkamp*, GmbHR 2005, 1317, 1322; *Schilmar*, DStR 2006, 568, 570; *Blöse*, GmbHR 2006, 147, 147; *Böcker*, ZGR 2006, 213, 222; *Habersack/Schürnbrand*, NZG 2004, 689, 695; *Bayer/Lieder*, ZGR 2005, 133, 143 f.; *dies*., GmbHR 2006, 1121, 1123; *Kerber*, ZGR 2005, 437, 448 f.; *Hahn*, DK 2004 641, 644; *Müller-Michaels*, KSI 2006, 100, 101; *Cahn*, DK 2004, 235, 242; *Wessels*, ZIP 2006, 1701, 1705; *Langner/Mentgen*, GmbHR 2004, 1121, 1124; *Seidel*, DStR 20054 1130, 1131.

1410 *Pentz*, ZIP 2006, 781, 784; *Hentzen*, ZGR 2005, 480, 503 ff., die derartige Modelle vertreten.

1411 Ähnl. *Bayer/Lieder*, GmbHR 2006, 1121, 1125.

sein.[1412] Schon hier sei aber erwähnt, dass damit eine Umkehrung des Regel-/Ausnahmeverhältnisses droht.

Im übrigen ist nochmals daran zu erinnern, dass der Ausnahmetatbestand lediglich in Form eines obiter dictums ergangen ist. Die Existenz des Ausnahmetatbestandes hat der BGH damit offen gelassen, so dass es zunächst nicht eindeutig erscheint, ob der Ausnahmetatbestand einer nicht durch freie Vermögenswerte gedeckten Darlehensvergabe an Gesellschafter überhaupt Raum greifen wird.[1413] Da bei Vorliegen aller Voraussetzungen aber keine Gefahren für den mit § 30 Abs. 1 GmbHG bezweckten Schutz des Stammkapitals zu befürchten sind, ist dies zu bejahen.[1414]

2. Bedeutung für das Cash Pooling

Teilweise wird der Ausnahmetatbestand dahingehend gedeutet, der BGH habe diesen mit Blick auf ein konzernweites Cash Pooling aufgestellt und wolle in einer zukünftigen Entscheidung damit die Voraussetzungen eines Cash Poolings präzisieren.[1415] Wenn dann aber andererseits argumentiert wird, der BGH habe das konzernweite Cash Pooling bei seiner Entscheidung (möglicherweise) nicht „vor Augen" gehabt,[1416] erscheint diese Argumentation widersprüchlich. Mit keinem Wort spricht der BGH die Konzerninnenfinanzierung durch Cash Pooling an.[1417] Weder scheint es daher plausibel, dass der BGH diesen Ausnahmetatbestand speziell für das Cash Pooling geschaffen hat, noch, dass er gerade die Voraussetzungen dieses Finanzierungsinstruments verschärfen wollte. Auf das Cash Pooling ist der Ausnahmetatbestand daher, ebenso wie auf andere Fallgestaltungen, anwendbar. Möglicherweise wird der Ausnahmesituation auch gerade für Cash-Pooling-Systeme relevant. Die Bedeutung des Ausnahmetatbestandes für das Cash Pooling hängt aber im einzelnen davon ab, inwiefern dessen Voraussetzungen beim Cash Pooling überhaupt erfüllt werden können.

II. Voraussetzungen des Ausnahmetatbestandes

Hinsichtlich der einzelnen Voraussetzungen des Ausnahmetatbestandes stellt sich zunächst die Frage, ob die einzelnen Voraussetzungen alternativ oder ku-

---

1412 Siehe unten § 8 F. II.

1413 Ebenso *Langner/Mentgen*, GmbHR 2004, 1121, 1127; *Seidel*, DStR 2004, 1130, 1131; *Grothaus/Halberkamp*, GmbHR 2005, 1317, 1322.

1414 Etwa Baumbach/Hueck-*Hueck/Fastrich*, § 30 Rdn 26; *Liebscher*, Rdn 365; *Maier-Reimer*, VGR 10, 127, 155; *Engert*, BB 2005, 1951, 1954; *Habersack/Schürnbrand*, NZG 2004, 689, 695; *Bayer/Lieder*, ZGR 2005, 133, 144; *Reidenbach*, WM 2004, 1421, 1424; *Langner/Mentgen*, GmbHR 2004, 1121, 1124.

1415 *Bayer/Lieder*, ZGR 2005, 133, 144; *Mettenheim*, jurisPR-BGHZivilR 6/2004, Anm. 6.

1416 *Niemann*, NZI 2004, 397, 398; *Fuhrmann*, NZG 2004, 552, 553; *Langner*, GmbHR 2005, 1017, 1023.

1417 Vgl. aber auch *Röhricht* bei Behrens, VGR 11, 51, 51.

mulativ vorliegen müssen. Aus der Aufzählung des BGH wird nicht ohne weiteres das Verhältnis deutlich. So ist unklar, ob die Kriterien kumulativ vorliegen müssen und nur die beiden letzten Kriterien im Alternativverhältnis zueinander stehen oder ob das letztgenannte Kriterium schon für sich genommen die Zulässigkeit eines Darlehens an den Gesellschafter auch bei Unterbilanz rechtfertigen kann. Für das Erfordernis eines kumulativen Vorliegens spricht schon, dass mit der Entscheidung des BGH eine Stärkung des Kapitalerhaltungsgrundsatzes einhergehen soll, so dass ein strenger, am Kapitalschutz orientierter Maßstab anzulegen ist.[1418] Keineswegs ist die Formulierung „oder" bezüglich der Sicherheitenbestellung also so zu verstehen, dass sie eine Alternative zu den ersten drei Voraussetzungen wäre. Mit der Sicherheitenbestellung wäre nur der Rückzahlungsanspruch gesichert. Würde man den Drittvergleich außer Acht lassen, wären die Voraussetzungen im Vergleich zur bisher herrschenden bilanziellen Betrachtungsweise gelockert. Dies steht aber nicht mit den strengen Anforderungen, die der Ausnahmetatbestand an die Darlehensgewährung bei Unterbilanz stellt, in Einklang.[1419]

Der Ausnahmetatbestand setzt sich damit aus mehreren, kumulativ zu erfüllenden Voraussetzungen zusammen und unterscheidet sich nur in der letzten. Dass die letzte Voraussetzung, entweder Bonität der Muttergesellschaft oder Sicherheitengewährung, aber in einem Alternativverhältnis zueinander stehen, wird nicht nur durch die Formulierung „oder" deutlich, sondern erklärt sich auch daraus, dass beide Kriterien der Absicherung des Ausfallsrisikos bei der Darlehensgewährung dienen.[1420] Die einzelnen Voraussetzungen des Ausnahmetatbestandes stehen überdies keineswegs in ihrer Wichtigkeit in einem Stufenverhältnis zueinander.[1421] Auch wenn ein Kriterium leichter zu erfüllen sein mag als ein anderes, sind alle Kriterien für die Erfüllung des Ausnahmetatbestandes gleich wichtig. Allerdings kann die Nichterfüllung einzelner Ausnahmekriterien unterschiedlich weitreichende Folgen hinsichtlich der Erfüllung des Auszahlungsverbotes nach § 30 Abs. 1 GmbHG haben.[1422] Wird ein Kredit nicht angemessen weil zu niedrig verzinst, werden die übrigen Kriterien aber eingehalten, dürfte

---

[1418] Ebenso für ein kumulatives Vorliegen Scholz-*H.P. Westermann*, § 30 Rdn 23; Baumbach/Hueck-*Hueck/Fastrich*, § 30 Rdn 26; *Diers*, S. 46; *Maier-Reimer*, VGR 10, 127, 149; *Joost*, VGR 11, 31, 38; IDW HFA, FN-IDW 2004, 746, 747; *Bormann*, DB 2006, 2616, 2620; *Wessels*, ZIP 2006, 1701, 1705; *Keller/Rödl*, BB 2005, Beil. 3, 16, 17; *Seibert*, ZIP 2006, 1157, 1163; *Bayer/Lieder*, ZGR 2005, 133, 149; *Langner/Mentgen*, GmbHR 2004, 1121, 1124; *Reidenbach*, WM 2004, 1421, 1424; *Schilmar*, DB 2004, 1411, 1414; *Stein*, DZWiR 2004, 493, 494; *Goette*, ZIP 2005, 1481, 1484; offenl. *Wattenberg*, StV 2005, 523, 525.

[1419] Vgl. *Deckart*, S. 73.

[1420] *Tielmann*, Liber amicorum Happ, 311, 316.

[1421] Anders *Saenger/Koch*, NZG 2004, 271, 273, die das Kriterium des Interesses der Gesellschaft als herausragend wichtig ansehen.

[1422] *Wessels*, ZIP 2006, 1701, 1705.

die Auszahlung lediglich im Zinsnachteil liegen.[1423] Fehlt es hingegen an einer Besicherung und ist die Muttergesellschaft nicht von über allen Zweifeln erhabener Bonität, ist davon auszugehen, dass die verbotene Auszahlung den gesamten Kreditbetrag erfasst. Auf die Wichtigkeit der Einhaltung der im obiter dictum genannten Anforderungen hat dies freilich keine Wirkung. Allenfalls könnten die Gesellschafter versucht sein, auf die angemessene Verzinsung weniger Wert zu legen.

1. Interesse der Gesellschaft

Nach der ersten Voraussetzung des Ausnahmetatbestandes muss die Darlehensgewährung im Interesse der Gesellschaft liegen. Es stellt sich die Frage, was hierunter zu verstehen ist. Der Begriff des Gesellschaftsinteresses ist seit langem stark umstritten. Er spielt im Aktienrecht beispielsweise eine bedeutende Rolle, sofern es um die Rechtfertigung eines Bezugsrechtsausschlusses im Sinne des § 186 Abs. 3 S. 1 AktG geht.[1424] Außerdem kann ein Beschluss, der in die Mitgliedschaft eingreift, anfechtbar sein, wenn dieser Eingriff nicht durch das Gesellschaftsinteresse sachlich gerechtfertigt ist oder wenn er sich bei Abwägung der Gesellschaftsinteressen und der Interessen der Minderheitsaktionäre als unverhältnismäßig belastend für die Minderheit erweist. Ferner soll das Unternehmensinteresse Verhaltensmaxime für Vorstand und Aufsichtsrat sein, wobei der genaue Inhalt nicht unumstritten ist.[1425] Im GmbH-Recht stellt sich die Frage, ob eine Haftung des herrschenden Unternehmens für eine von ihm veranlasste nachteilige Maßnahme wegen einer Verletzung des Gesellschaftsinteresses gegenüber einer abhängigen Einmann-GmbH in Betracht kommt, obschon in Ermangelung des Vorhandenseins einer konzernfreien Minderheit eine Haftung ausschließlich Gläubigerinteressen dient.[1426] Insgesamt ist der Begriff des Gesellschaftsinteresses in der Literatur bislang noch weitgehend offen und unpräzise.[1427] Aus diesem Grund könnte man zunächst den Vorwurf erheben, dass der BGH gerade auf den Begriff des Gesellschaftsinteresses abstellt. Aus dem konkreten Zusammenhang, in dem die Voraussetzung des Gesellschaftsinteresses

---

[1423] Siehe schon oben § 8 B. II. 1. a).

[1424] In diesem Zusammenhang etwa BGHZ 125, 239, 241; *Hüffer*, § 186 Rdn 26; *Martens*, ZIP 1992, 1677, 1692 ff.

[1425] MK-AktG-*Hefermehl/Spindler*, § 76 Rdn 56 f.; GK-AktG-*Kraft*, § 76 Rdn 46 ff.; *Hüffer*, § 76 Rdn 15.

[1426] Hierzu abl. Baumbach/Hueck-*Zöllner*, SchlAnhKonzernR Rdn 112; Lutter/Hommelhoff-*Lutter/Hommelhoff*, Anh § 13 Rdn 28; befürw. Scholz-*Emmerich*, Anh § 44 Rdn 229; *Ulmer*, ZHR 148 (1984) 391, 418; *ders.*, AG 1986, 127 f.; *ders.*, ZGR 1985, 598, 607.

[1427] *Fleischer*, DB 2006, 542, 542, zählt die Lehre vom Gesellschaftsinteresse „zu den dunkelsten und verworrensten Kapiteln des Aktienrechts"; *Noack*, DB 2006, 1475, 1482, bezeichnet das Gesellschaftsinteresse als „schwarzen Kasten"; vgl. *Heckschen*, NotBZ 2006, 381, 386.

gesetzt wird, nämlich an einer Darlehensgewährung, ergibt sich aber, dass es eines allgemeinen Rückgriffs auf die Frage nach dem Gesellschaftsinteresse nicht bedarf, dieses Kriterium vielmehr einer hinreichenden Präzisierung zugänglich ist.

Zunächst stellt sich daher die Frage, wie diese Voraussetzung zu verstehen ist.[1428] Angedacht werden könnte ein Verständnis dieser Voraussetzung, wonach die Gesellschaft überhaupt ein Interesse daran haben muss, überschüssige Mittel verzinslich anzulegen. Dann wäre die Darlehensgewährung bereits im Interesse der Gesellschaft, wenn sie die angelegte Liquidität während der Laufzeit des Darlehens nicht benötigt. Indes sprechen die Urteilsgründe des BGH, die eine grundsätzliche Ablehnung der Gesellschaftsdarlehen aus gebundenem Vermögen an Gesellschafter beinhalten, dafür, dass das Interesse der Gesellschaft darauf bezogen sein muss, gerade dem Gesellschafter ein Darlehen zu gewähren.[1429] Demgemäß müsste auch bei einem Cash Pooling die einzelne aufsteigende Darlehensgewährung der Tochtergesellschaft in ihrem Interesse sein.[1430] Auch diese Betrachtungsweise greift aber bei einem Cash Pooling noch zu kurz. Das Abstellen auf die einzelne Darlehensgewährung würde außer Acht lassen, dass sie letztlich nur aufgrund der Einbindung in ein konzernweites Cash-Pooling-System erfolgt.[1431] Die einzelne Darlehensgewährung ist nur ein Bestandteil des Gesamtsystems Cash Pool. Daher ist es erforderlich, bei der Frage des Interesses der Gesellschaft auf die gesamte Teilnahme Cash Pool abzustellen.[1432] Diese und nicht etwa die einzelne Darlehensgewährung muss im Interesse der Gesellschaft erfolgen. Grundsätzlich profitieren alle Gesellschaften des Konzerns aufgrund der betriebswirtschaftlichen Vorteile vom Cash Pooling.[1433] So beziehen sie vom Zentralkonto günstig Liquidität und können durch

---

[1428] *Joost* VGR 11, 31, 38, bemängelt, dass § 30 Abs. 1 GmbHG kein Anhaltspunkt dafür zu entnehmen sei, dass die Vermögensbindung nicht gelten solle, wenn dies im Interesse der Gesellschaft liege; zumindest durch § 30 Abs. 1 S. 2 GmbHG RefE-MoMiG dürfte dieser Einwand aber entkräftet sein. Abgesehen davon ist bei Vorliegen aller Voraussetzungen des Ausnahmetatbestandes kein Schutzzweck des § 30 Abs. 1 GmbHG betroffen. Insofern steht der Ausnahmetatbestand mit § 30 Abs. 1 GmbHG in Einklang; krit. *Spindler*, ZHR 171 (2007), 245, 258.

[1429] *Deckart*, S. 84 f.; *Tielmann*, Liber amicorum Happ, 311, 315; *Langner/Mentgen*, GmbHR 2004, 1121, 1124; *Cahn*, DK 2004, 235, 243.

[1430] So *Joost*, VGR 11, 31, 38, der darauf abstellt, § 30 Abs. 1 GmbHG betreffe gerade Einzelhandlungen und von dieser Prämisse ausgehend die Erfüllbarkeit dieses Kriterium im Rahmen eines Cash Poolings verneint.

[1431] In diesem Sinne auch *Deckart*, S. 85.

[1432] Klarst. *Deckart*, S. 85; *Maier-Reimer*, VGR 10, 127, 150; *Wunderlich*, BKR 2005, 387, 388; sowie *Weber* bei Behrens, VGR 11, 51, 53; konkl. auch *Cahn*, DK 2004, 235, 243; wohl auch *Rittscher*, S. 102.

[1433] Pentz/Sollanek-*Pentz*, S. 35; *Korts*, S. 27; *Rehm*, FS Säcker, 305, 308; *Blöse*, GmbHR 2006, 146, 147; *Böcker*, ZGR 2006, 213, 223; *Reidenbach*, WM 2004, 1421, 1425;

eine zentrale Liquiditätsverwaltung beim Cash-Pool-Führer Verwaltungskosten einsparen. Diese Vorteile gleichen die betriebswirtschaftlichen Nachteile, die ebenfalls mit der Teilnahme verbunden sein können, in jedem Fall dann aus, wenn die Vorteile von der Muttergesellschaft an die einzelnen Konzerngesellschaften weitergegeben werden.[1434] Dies kann dadurch erreicht werden, dass einerseits die kreditgewährenden Gesellschaften bei einer Anlage im Konzern einen Zinsertrag erhalten, der höher ist als er von Banken gewährt wird und andererseits bei kreditnehmenden Gesellschaften die Zinsaufwendungen für Kredite geringer angesetzt werden als bei einer Fremdfinanzierung durch Banken, mithin mit der Weitergabe der konzernweiten Einsparung von Finanzierungskosten an die einzelnen Gesellschaften.[1435] Aber selbst das Einbehalten der aus dem Cash Pooling fließenden Vorteile muss nicht zwingend ein Interesse der Tochtergesellschaft an der Darlehensgewährung ausscheiden. Schließlich kommt eine Stärkung der Finanzkraft der Muttergesellschaft in der Realität auch abhängigen Unternehmen zugute.[1436] Insbesondere Konzernunternehmen, deren Tätigkeit auf die der Muttergesellschaft ausgerichtet ist oder die auf andere Art und Weise vom Erfolg des Gesamtkonzerns abhängig sind, profitieren – zumindest mittelbar – von der Stärkung der Finanzen des Gesamtkonzerns.[1437] Da die wirtschaftlichen Verhältnisse der Muttergesellschaft somit auch für die einzelnen Tochtergesellschaften von Bedeutung sein können, ist ein Interesse an der Kreditgewährung nicht zwingend ausgeschlossen, wenn die aus dem Cash Pooling fließenden Vorteile bei der Muttergesellschaft verbleiben sollten.[1438] Dieses Ergebnis wird jedoch für den Fall angezweifelt, in dem der Betreibergesellschaft die Entscheidungsbefugnis über die Verwendung des Liquiditätsüberschusses eingeräumt

Fuhrmann, NZG 2004, 552, 554; auch auf die angemessene Verzinsung kann es nicht ankommen, denn darum geht es erst beim zweiten Kriterium, *Maier-Reimer*, VGR 10, 127, 149 f.; *Langner/Mentgen*, GmbHR 2004, 1121, 1124.

1434 *Korts*, S. 27; *Rehm*, FS Säcker, 305, 308; *Hentzen*, ZGR 2005, 480, 495 f.; *Fuhrmann*, NZG 2004, 552, 554, Fn 18; *Habersack/Schürnbrand*, NZG 2004, 689, 695; auf diesen Fall beschränkt *Langner/Mentgen*, GmbHR 2004, 1121, 1125; *Seibt*, NJW-Spezial 2004, 219, 220; *Biegel/Eilmann*, Börsen-Zeitung v. 03.08.2005, S. 2; *Niedernhöfer*, Handelsblatt v. 24.08.2005, S. 33.

1435 *Tielmann*, Liber amicorum Happ, 311, 315; *Maier-Reimer*, VGR 10, 127, 150; *Hentzen*, ZGR 2005, 480, 495 f.; *Erbacher/Thiele*, Finance 11/2004, 52, 54.

1436 In diesem Sinne auch *Keller/Rödl*, BB 2005, Beil. 3, 16, 17; *Cahn*, DK 2004, 235, 243; *Habersack/Schürnbrand*, NZG 2004, 689, 695; *Reidenbach*, WM 2004, 1421, 1425; als „problematisch" sieht dies hingegen *Deckart*, S. 86, an.

1437 *Keller/Rödl*, BB 2005, Beil. 3, 16, 17; *Reidenbach*, WM 2004, 1421, 1425; *Cahn*, DK 2004, 235, 243.

1438 *Keller/Rödl*, BB 2005, Beil. 3, 16, 17; *Cahn*, DK 2004, 235, 243; für diesen Fall abl. hingegen *Rittscher*, S. 102; *Rümker*, FS Huber, 919, 922 f.; *Langner/Mentgen*, GmbHR 2004, 1121, 1125; *Reidenbach*, WM 2004, 1421, 1425; *Thun*, Finance 7/8 2004, S. 72.

wird.[1439] Dem ist zu widersprechen: Die Lenkung des Einsatzes der frei verfügbaren Liquidität im Konzern durch den Cash-Pool-Führer ist konstitutiv für das Cash Pooling. Gerade durch die zentrale Steuerung der Liquidität an die Stelle, an der sie im Konzern benötigt wird, werden die externen Finanzierungskosten gesenkt. Aus diesem Grund spricht die – regelmäßig gegebene – Entscheidungsbefugnis der Betreibergesellschaft nicht gegen das Vorliegen des Interesses der Tochtergesellschaft an der Darlehensgewährung beim Cash Pooling.[1440] Zweifelhaft ist allerdings, ob ohne eine Weiterreichung der Vorteile durch entsprechende Zinsvergünstigungen der Voraussetzung des Drittvergleichs standhalten wird.[1441]

Teilweise wird die pauschale Aussage getroffen, das Cash Pooling liege stets im Interesse der einzelnen Konzerngesellschaften.[1442] In dieser Allgemeinheit kann dem aufgrund der mit dem Cash Pooling verbundenen Nachteile nicht zugestimmt werden.[1443] Zwar mag das Cash Pooling im Grundsatz ökonomisch für den Gesamtkonzern sinnvoll sein.[1444] Dennoch hängt diese Voraussetzung von den Umständen des konkreten Einzelfalls ab.[1445] So kann es an einem Interesse der Tochtergesellschaft fehlen, wenn dieses etwa die „cash cow" des Konzerns ist und ständig lediglich Einzahlungen in den Cash Pool vornimmt und so fortwährend nicht unerhebliche Darlehensrückzahlungsforderungen erwirbt.[1446] Es dürfte daher entscheidend sein, ob die Tochtergesellschaft auch in die Situation kommt oder in der Vergangenheit kam, Darlehen aus dem Cash Pool in Anspruch zu nehmen. Ein fehlendes Interesse dürfte auch dann vorliegen, wenn das Cash Pooling nicht gewährleistet, dass der Liquiditätsbedarf der Gesellschaft

---

[1439] *Schilmar*, DB 2004, 1411, 1414.

[1440] Ebenso *Hahn*, DK 2004, 641, 644.

[1441] Hierzu sogleich.

[1442] Begr. RefE-MoMiG S. 53, 55: „regelmäßig"; *Rümker*, FS Huber, 919, 922; *Grothaus/Halberkamp*, GmbHR 2005, 1317, 1322; *Schilmar*, DStR 2006, 568, 570; *Seibt*, NJW-Spezial 2004, 219, 220; *Seulen*, Finance 7/8 2006, 38, 39; *Gesell/Seulen*, Börsen-Zeitung v. 13.06.2006, S. 2; *Rodewald/Grothaus*, Finance-Sonderbeil. 2/2006, 17.

[1443] Ebenso *Korts*, S. 27; *Deckart*, S. 87; *Burgard*, AG 2006, 527, 532.

[1444] In diesem Zusammenhang *Seibert*, ZIP 2006, 1157, 1162; siehe schon oben 1. Teil § 2 C. I.

[1445] In diesem Sinne auch OLG München, ZIP 2006, 25, 26; *Rehm*, FS Säcker, 305, 308 f.; *Langner/Mentgen*, GmbHR 2004, 1121, 1125; *Burgard*, AG 2006, 527, 532; *Bayer/Lieder*, GmbHR 2006, 1121, 1127.

[1446] Zutr. für diesen Fall das Interesse verneinend *Blöse*, GmbHR 2006, 146, 147; vgl. auch *Deckart*, S. 87; *Rehm*, FS Säcker, 305, 309; *Langner*, GmbHR 2005, 1017, 1022; zur Situation einer Gesellschaft als cash cow auch HoldingHndb-*Vetter*, § 8 Rdn 25, wonach das Cash Pooling aus betriebswirtschaftlicher Sichtweise gerade dann Sinn machen soll, wenn eine Tochtergesellschaft als cash cow zugunsten anderer Gesellschaften benachteiligt wird.

gesichert ist.[1447] Außerdem ist die Teilnahme am Cash Pooling mit Sicherheit nicht im Interesse der Tochtergesellschaft, wenn sie bei einer Krise des Gesamtkonzerns oder anderer Cash-Pooling-Teilnehmer aufgrund des Dominoeffekts unmittelbar mit den Insolvenzrisiken der anderen Konzerngesellschaften bedroht wird.[1448] Die Vorteile des Cash Poolings für die einzelne Tochtergesellschaft liegen also keineswegs immer „auf der Hand".[1449]

Die erste Voraussetzung wird allerdings vereinzelt dergestalt in dem Sinne missverstanden, dass das Interesse der Gesellschaft den Interessen der Gläubiger, die durch § 30 Abs. 1 GmbHG geschützt würden, vorgehen müsse.[1450] Anhaltspunkte für eine solche Auslegung sind indessen nicht ersichtlich. Ähnlich wollen andere Stimmen im Stadium der Unterbilanz das Gesellschaftsinteresse mit dem Interesse der Gläubiger der Gesellschaft am Erhalt der Haftungsmasse gleichsetzen.[1451] Daher sei das so verstandene Gesellschaftsinteresse grundsätzlich nicht erfüllbar. Dagegen spricht indes schon das Abstellen auf die Bewertung der gesamten Teilnahme am Cash Pool beim Gesellschaftsinteresse und nicht auf die einzelne Darlehensausreichung. Dass mit diesem Konzernfinanzierungsinstrument auch die Finanzkraft der einzelnen Konzerngesellschaften gestärkt und darüber zumindest mittelbar auch Gläubigerinteressen geschützt werden können, wurde bereits erwähnt. Das pauschale Ablehnen des Gesellschaftsinteresses mit dem Hinweis auf den Gläubigerschutz ist daher nicht angezeigt. Bei Bejahung dieses Kriteriums nach den bislang genannten strengen Voraussetzungen ist dem Gläubigerschutz in ausreichendem Maße genüge getan.

Auch *Mildner* will das Kriterium als ein überwiegendes Interesse der Tochtergesellschaft an der Darlehensvergabe einordnen und kommt zu dem Ergebnis, dass ein solches überwiegendes Interesse aufgrund der mit dem Cash Pooling verbundenen Nachteile wie etwa der Abhängigkeit von der Versorgung durch die Betreibergesellschaft nicht bestünde.[1452] Da diese Voraussetzung ein solches überwiegendes Interesse aber gerade nicht verlangt, kann dieser Ansicht nicht gefolgt werden. Damit ist indes noch nicht die Frage beantwortet, wie sich Nachteile, die ebenfalls mit dem Cash Pooling verbunden sein können,[1453] auf die Frage des Interesses der Tochtergesellschaft an der Teilnahme am Cash Pooling auswirken können. Man könnte trotz bestehender Vorteile das Auftreten von Nachteilen als Warnzeichen ansehen, dass die Darlehensgewährung nicht

---

[1447] *Maier-Reimer*, VGR 10, 127, 150.

[1448] Ausführl. *Bayer/Lieder*, GmbHR 2006, 1121, 1127; vgl. *Liebscher*, Rdn 360.

[1449] So aber plakativ *Rodewald/Grothaus*, Finance-Sonderbeil. 2/2006, 17.

[1450] *Heidenhain*, LMK 2004, 68, 69; vgl. Scholz-*H.P. Westermann*, § 30 Rdn 22.

[1451] *Joost*, VGR 11, 31, 38; *Wessels*, ZIP 2006, 1701, 1706.

[1452] *Mildner*, GmbHR 2006, R 161, 161; *ders.*, FAZ v. 25.01.2006, S. 23; *ders.* Finance 4/2006, S. 36.

[1453] Hierzu ausf. oben 2. Teil C. II.

mehr im Interesse der Gesellschaft liegt. Diesen Weg schlägt *Deckart* ein, der das Interesse der Tochtergesellschaft bereits bei Warnsignalen hinsichtlich der Finanzverfassung des Unternehmensverbundes ablehnt.[1454] Sobald alternative Kapitalquellen fehlten, ein Haftungsverbund entstehe oder keine effektive Überwachung gegeben sei, scheide aufgrund dieser Warnsignale wegen der damit gegebenen Nachteiligkeit ein Interesse der kreditgewährenden Gesellschaft an der Teilnahme am Cash Pool aus.[1455] Dem ist jedoch zu widersprechen: Jeder der genannten Aspekte kann zwar einen nicht unerheblichen Nachteil darstellen. Jedoch kann erst festgestellt werden, ob ein solcher Nachteil wirklich dazu führt, dass die Teilnahme am Cash Pool nicht mehr im Interesse der Tochtergesellschaft liegt, wenn dieser Nachteil mit den Vorteilen, die ein Cash-Pooling-System mit sich bringt, aus der Sicht der Tochtergesellschaft verglichen und abgewogen wurde.[1456] Dabei bietet es sich an, einen strengen Maßstab anzulegen, bei dem die konkreten Nachteile durch die konkreten Vorteile zumindest kompensiert werden müssen. Aufgrund der strengen Vorgaben, die der BGH aufgestellt hat, wird man aber so weit gehen müssen, dass die Vorteile die Nachteile der Teilnahme am Cash Pooling überwiegen müssen.[1457] Nur dann kann nämlich ein Interesse der Tochtergesellschaft an der Teilnahme am Cash Pool gegeben sein. Allein aufgrund gegebener Nachteile der Teilnahme am Cash Pooling das Interesse von vornherein abzulehnen, ohne die Vorteile in die Betrachtung mit einzubeziehen, ist demgegenüber nicht angezeigt. Ob mit einer solchen Gewichtung der bestehenden Vor- und Nachteile ein ausreichend sicher handhabbares Kriterium zur Feststellung der Darlehensgewährung gegeben ist, steht auf einem anderen Blatt Papier. Vom Verständnis des Ausnahmetatbestandes ausgehend führt jedenfalls kein Weg daran vorbei. Aufgabe des Gesetzgebers sollte es aber sein, rechtssicher handhabbare Kriterien zu schaffen. Damit wäre es nur schwer vereinbar, wenn es auch nach dem neuen § 30 Abs. 1 S. 2 GmbHG RefE-MoMiG auf eine Interessenabwägung ankommen würde.[1458] Ein Mehr an Rechtssicherheit im Verhältnis zum Ausnahmetatbestand, dessen rechtsunsichere Handhabung oftmals kritisiert wurde, wäre dann nicht geschaffen. Insgesamt ist dieses Kriterium des Ausnahmetatbestandes beim Cash Pooling aber grundsätzlich erfüllbar.

[1454] *Deckart*, S. 92 f.

[1455] *Deckart*, S. 92 f.

[1456] So auch *Keller/Rödl*, BB 2005, Beil. 3, 16, 17; *Langner/Mentgen*, GmbHR 2004, 1121, 1124 f., die von einer Gesamtschau der Vor- und Nachteile sprechen; ferner *Böcker*, ZGR 2006, 213, 223.

[1457] Für eine bloße Kompensation hingegen *Korts*, S. 27.

[1458] Hierzu unten § 8 F. II. 2. c).

2. Drittvergleich

Als weitere Voraussetzung des Ausnahmetatbestandes müssen die Darlehensbedingungen einem Drittvergleich standhalten können. Danach darf die Darlehenshingabe nicht zu besseren Bedingungen erfolgen, als sie unter kaufmännischen Gesichtspunkten einem fremden Dritten in einer vergleichbaren Situation gewährt werden würde.[1459] Werden – was normalerweise der Fall sein wird – keine Darlehen an Dritte ausgereicht, dürfen die Konditionen für die Tochtergesellschaft nicht ungünstiger als Marktkonditionen sein.[1460] Zutreffend stellt der BGH also nicht darauf ab, ob die Darlehensvergabe dem Drittvergleich standhält. Dies wäre bei einem konzernweiten Cash-Pooling-System auch nicht denkbar, denn der konzernexterne Dritte einerseits hätte aufgrund der mit dem Cash Pooling verbundenen Risiken und Nachteile kein Interesse an einer Darlehensgewährung und die Betreibergesellschaft andererseits will kein Bankgeschäft mit Dritten betreiben, sondern lediglich konzernintern die vorhandene Liquidität verteilen.[1461] Der Drittvergleich bezieht sich somit nicht auf die Darlehensgewährung an sich, sondern auf deren Konditionen. Für den Drittvergleich ist daher die Verzinsung des Darlehens heranzuziehen.[1462] Die Konditionen der Verzinsung müssen üblich und marktangemessen sein.[1463] Ob die Zinsen dem Drittvergleich standhalten, hängt im einzelnen von der vereinbarten Laufzeit, der Zinsbindung und der Kreditwürdigkeit des Darlehensnehmers ab.[1464] Der Vergleich soll sich dabei an einer kurzfristigen Anlage der Mittel bei einem Kreditinstitut ausrichten, da dies das wahrscheinlichste Alternativverhalten zu einer Gewährung von Darlehen im Rahmen des Cash Poolings sei.[1465] Das ist zutreffend, wenn man bedenkt, dass die Tochtergesellschaft außerhalb eines Cash Poolings den banktäglich entstehenden Habensaldo nicht etwa als Kredit ausge-

---

1459 BGH, BB 1996, 128, 128 f.; OLG Düsseldorf, DB 1989, 1963, 1963; Lutter/Hommelhoff-*Lutter/Hommelhoff*, § 30 Rdn 27; *Korts*, S. 27; *Cahn*, DK 2004, 235, 242 f.; krit. gegenüber dem Kriterium des Drittvergleichs *Rittscher*, S. 101 f.; *Engert*, BB 2005, 1951, 1952; sog. armth length´s-Prinzip.

1460 *Tielmann*, Liber amicorum Happ, 311, 315 f.; *Rümker*, FS Huber, 919, 923; *Hentzen*, ZGR 2005, 480, 496; *Bayer/Lieder*, GmbHR 2006, 1121, 1125; *Cahn*, DK 2004, 235, 243; *Keller/Rödl*, BB 2005, Beil, 3, 16, 17 .

1461 Gegen die Vergleichbarkeit auch *Maier-Reimer*, VGR 10, 127, 150, 155; *Joost*, VGR 11, 31, 34; *Engert*, BB 2005, 1951, 1956.

1462 *Rümker*, FS Huber, 919, 923; *Bayer/Lieder*, ZGR 2005, 133, 150; *Hentzen*, ZGR 2005, 480, 496; *Blöse*, GmbHR 2006, 146, 147.

1463 Pentz/Sollanek-*Pentz*, S. 34; *Maier-Reimer*, VGR 10, 127, 150 f.; *Hahn*, DK 2004, 641, 644.

1464 *Maier-Reimer*, VGR 10, 127, 151; ferner ist auch eine Sicherung des Darlehens möglich, *Hahn*, DK 2004, 641, 644; *Bayer/Lieder*, ZGR 2005, 133, 150.

1465 *Deckart*, S. 71; *Böcker*, ZGR 2006, 213, 223; *Hentzen*, ZGR 2005, 480, 496; *Langner/Mentgen*, GmbHR 2004, 1121, 1125.

reicht, sondern allenfalls als kurzfristige Geldanlage bei einem Kreditinstitut angelegt hätte.[1466]

Allerdings besteht keine Einigkeit darüber, wie der Maßstab des „Dritten" zu bestimmen ist. Teilweise wird vertreten, Maßstab sei der marktübliche Zinssatz, den die Tochtergesellschaft bei der Anlage des entsprechenden Geldbetrages bei einem Kreditinstitut erzielen könne, da bei wirtschaftlicher Betrachtungsweise die Betreibergesellschaft des Cash Pools einen Großteil der Funktionen eines Bankhauses übernehme.[1467] Diesen Vergleich hält eine andere Auffassung für problematisch, da die Bonität der Betreibergesellschaft unterhalb derjenigen eines Bankhauses anzusiedeln sei.[1468] Daher müsse der Zins, der regelmäßig eine Risikoprämie enthalte, die das schuldnerspezifische Ausfallrisiko der Forderung enthalte, das Bonitätsrisiko der Betreibergesellschaft abbilden. Hierzu sei bei der Betrachtung des Drittvergleichs auf den Zinssatz diejenige Risikoprämie hinzuzurechnen, mit der die Betreibergesellschaft Fremdmittel aufnehmen könnte.[1469] Keine der Ansichten vermag restlos zu überzeugen: Gegen die erste Ansicht spricht, dass aus der Funktion der Betreibergesellschaft als konzerninternes Bankhaus nicht automatisch auch deren Stellung als Kreditinstitut hinsichtlich der Bonität folgen kann. Wie schon mehrfach dargestellt, sind die Ausfallrisiken höher als bei einer Anlage bei einem Kreditinstitut, das besonderen Kreditsicherungsmechanismen unterliegt.[1470] Allerdings ist nicht zu vernachlässigen, dass einigen Betreibergesellschaften von Cash Pools aufgrund ihrer Bonität bankeninterne Konditionen gewährt werden. Zumindest in diesen Fällen ist dann im Einzelfall ein Vergleich mit einem Bankinstitut auch hinsichtlich der Bonität angebracht. Zutreffend erscheint es daher, den Vergleich von der Bonität der Betreibergesellschaft abhängig zu machen.[1471] Ist die Bonität mit derjenigen einer Bank vergleichbar, erscheint ein Vergleich mit einer Bankanlage angebracht. Ist die Bonität hingegen nicht mit derjenigen eines Kreditinstituts vergleichbar, muss eine Risikoprämie zum Zinssatz nach den oben genannten Grundsätzen zugerechnet werden. Allerdings ist unter diesen Voraussetzungen kein Zweifel daran angebracht, dass die Darlehensverträge im Rahmen eines Cash Poolings einen Drittvergleich zugänglich sein können.[1472] Dies gilt auch für den – regelmäßig vorliegenden Fall – in dem die Betreibergesellschaft die Entscheidungsbefugnis über die Liquiditätsverteilung im Konzern hat.[1473] Kei-

---

[1466] *Langner/Mentgen*, GmbHR 2004, 1121, 1125

[1467] *Korts*, S. 27; *Langner/Mentgen*, GmbHR 2004, 1121, 1125.

[1468] *Deckart*, S. 71.

[1469] *Deckart*, S. 71.

[1470] Hierzu oben 2. Teil § 5 C. IV. 1. c) aa).

[1471] In diesem Zusammenhang auf die Bonität abst. auch *Hentzen*, ZGR 2005, 480, 497.

[1472] So auch *Hentzen*, ZGR 2005, 480, 497; *Hahn*, DK 2004, 641, 644 f.; zweif. dagegen *Schilmar*, DB 2004, 1411, 1414.

[1473] Zweif. wiederum *Schilmar*, DB 2004, 1411, 1414.

nesfalls ist das Kriterium des Drittvergleichs bei einer Darlehensgewährung im Rahmen des Cash Poolings entbehrlich. Der zentrale wirtschaftliche Reiz eines Cash Poolings besteht unter anderem gerade darin, dass die Darlehensbedingungen nicht marktüblich sind, insbesondere die Verzinsung fehlt oder sehr gering ist und einem Drittvergleich damit nicht standhält.[1474] Allerdings war das Kriterium des Drittvergleichs schon vor der Abkehr des BGH von der bilanziellen Betrachtungsweise bei einer Darlehensgewährung an Gesellschafter heranzuziehen.[1475] Aus diesem Grund beinhaltet dieses Kriterium keine neuen Anforderungen an die Darlehensgewährung und dürfte daher beim Cash Pooling erfüllbar sein.[1476]

Es ist noch die Frage aufzuwerfen, ob die aufsteigende Darlehensgewährung im Rahmen eines Cash Poolings auch dann einem Drittvergleich standhalten kann, wenn keine Verzinsung stattfindet.[1477] Hierfür könnte zwar sprechen, dass sich bei einer ausgeglichenen Kreditvergabe und Kreditinanspruchnahme einer an einen Cash Pool angeschlossenen Gesellschaft die Soll- und Habezinsen in einem bestimmten Maß ausgleichen. Die Anforderungen, die an einen Drittvergleich gestellt werden müssen, sind damit aber nicht erfüllt.[1478] Mit einem Dritten wäre ein solches Model, in dem mangels Verzinsung das Bonitätsrisiko des Kreditnehmers unberücksichtigt bleiben würde, nicht möglich.[1479] Ferner kann nicht von vornherein angenommen werden, dass eine Tochtergesellschaft in einer bestimmten Periode genausoviel Liquidität an den Cash Pool abführt wie sie von ihm in Anspruch nimmt.[1480] Zuletzt würden solche hypothetischen Betrachtungen den hohen Anforderungen, die mit dem Ausnahmetatbestand verbunden sind, nicht in ausreichendem Maße gerecht werden. Damit ist daran festzuhalten, dass eine Zinszahlung im Rahmen des Cash Poolings zwingend erforderlich ist, um dem Kriterium des Drittvergleichs gerecht zu werden. Während es für das Kriterium des Interesses der Darlehensgewährung nicht notwendig ist, dass die Vorteile in Form einer Zinsgewährung an die Tochtergesellschaft weitergeleitet werden, bedarf es dieser Weiterleitung der Vorteile damit, um dem Kriterium des Drittvergleichs gerecht werden zu können.

1474 So auch OLG München, ZIP 2006, 25, 26; *Schilmar*, DStR 2006, 568, 570; *Blöse*, GmbHR 2006, 146, 147; *Keller/Rödl*, BB 2005, Beil, 3, 16, 17.

1475 Zutr. *Habersack/Schürnbrand*, NZG 2004, 689, 695; *Hentzen*, ZGR 2005, 480, 496; zur alten Rechtslage siehe oben § 8 B. II. 1.

1476 So auch *Habersack/Schürnbrand*, NZG 2004, 689, 695; *Reidenbach*, WM 2004, 1421, 1424; *Seibt*, NJW-Spezial 2004, 219, 220; *Biegel/Eilmann*, Börsen-Zeitung v. 03.08.2005, S. 2; *Erbacher/Thiele*, Finance 11/2004, 52, 54.

1477 In diese Richtung tendierend *Makowski*, S. 115 sowie *Rittscher*, S. 102, der das Kriterium des Drittvergleichs für überflüssig hält.

1478 *Deckart*, S. 70; *Reidenbach*, WM 2004, 1421, 1424

1479 *Deckart*, S. 70.

1480 *Deckart*, S. 70; *Reidenbach*, WM 2004, 1421, 1424; zweif. auch *Makowski*, S. 115.

3. Rückzahlung außerhalb vernünftigen Zweifels

Nach dieser Voraussetzung des Ausnahmetatbestandes muss die Kreditwürdigkeit des Gesellschafters selbst bei Anlegung strengster Maßstäbe außerhalb jedes vernünftigen Zweifels stehen. Bezogen auf das Cash Pooling müsste sich diese Kreditwürdigkeit daher im Grundsatz auf die Muttergesellschaft beziehen. Ob aber auch ein Abstellen auf die Bonität der das Cash-Pooling-System führende Gesellschaft, die von der Muttergesellschaft beherrscht wird, in Betracht kommt, ist noch zu untersuchen.

a) Feststellungsmaßstab

Offen ist zunächst, anhand welcher Parameter die Kreditwürdigkeit der Muttergesellschaft bzw. der von ihr abhängigen Betreibergesellschaft zu bestimmen ist. Der vom BGH in diesem Zusammenhang gewählte Bonitätsbegriff ist in hohem Maße auslegungsbedürftig.[1481] Hierzu sind mehrere Möglichkeiten denkbar. Vorangestellt werden muss aber, dass die bloße Kreditwürdigkeit der Muttergesellschaft nicht ausreicht, da der BGH eine Darlehensgewährung aus dem Stammkapital bei einem „kreditwürdigen Gesellschafter" nicht zugelassen hat.[1482] Dies deutet darauf hin, dass ein strengerer Maßstab anzusetzen ist.[1483]

aa) Kreditrating

Vielfach wird auf die Bewertungen von Rating-Agenturen[1484] zurückgegriffen,[1485] da ein externes Rating sowohl die Kapital- als auch die Liquiditätsgrundlage berücksichtige.[1486] Bei welchem Rating dann allerdings eine „außerhalb jeden Zweifels liegende Kreditwürdigkeit" vorliegen soll, ist nicht geklärt. Teilweise wird ein AAA-Rating für erforderlich gehalten.[1487] Andere fordern ein

---

1481 Krit. daher *Schilmar*, DStR 2006, 568, 570.

1482 BGHZ 157, 72, 76.

1483 So auch *Cahn*, DK 2004, 235, 243; *Hentzen*, ZGR 2005, 480, 499; *Börner*, BGHReport 2004, 534, 535.

1484 Zu nennen sind hier die großen Credit Rating Agenturen wie Moody´s, Standard & Poor´s sowie Fitch.

1485 Die höchste Klasse wird mit AAA, die niedrigste mit D geratet. Anhand mathematisch statistischer Verfahren werden Ausfallwahrscheinlichkeiten anhand von Ausfallmerkmalen errechnet und dann entsprechend bewertet (vgl. auch die vergleichbaren Einteilungen bei www.fitchratings.com und www.moodys.com).

1486 Etwa *Korts*, S. 27; *Fuhrmann*, NZG 2004, 552, 554; *Engert*, BB 2005, 1951, 1954; *Hahn*, DK 2004, 641, 645; *Hentzen*, ZGR 2005, 480, 500; *Schilmar*, DB 2004, 1411, 1414; *Keller/Rödl*, BB 2005, Beil. 3, 16, 17; instruktiv zum Kreditrating *Habersack*, ZHR 169 (2005), 185 ff.; *Sturz-Happe*, WM 2004, 115 ff.

1487 *Fuhrmann*, NZG 2004, 552, 554 f., mit dem zusätzlichen Erfordernis, Gesamtverschuldung der Gruppe, Höhe des Gesellschafterdarlehens und Ertragskraft der Muttergesellschaft müssten in einem angemessenen Verhältnis zueinander stehen; offenl. *Bayer/Lieder*, ZGR 2005, 133, 144.

„Rating im A-Bereich",[1488] ein „Best-Rating"[1489] oder Investment-Grade Rating, also BBB oder besser.[1490] Vorteilhaft an einem externen Rating wäre zweifelsohne, dass die Tochtergesellschaften nicht selbst die Bonität der Betreibergesellschaft beurteilen müssten.[1491] Für ein Höchstrating könnte die Wendung des BGH sprechen, wonach die Kreditwürdigkeit des Gesellschafters selbst unter Zugrundelegung „strengster Maßstäbe" außerhalb vernünftiger Zweifel stehen müsse.[1492] Es muss dann aber wiederum der Schluss gezogen werden, dass realistischerweise nur der Staat oder bestenfalls zugelassene Steuerbürgen ein Rating aufweisen, das den Anforderungen an eine über jeden Zweifel erhabene Kreditwürdigkeit im Sinne eines Höchstratings gerecht wird, während diese Rating-Einstufung Wirtschaftsunternehmen verwehrt ist.[1493] Zumindest ein AAA-Rating kann daher nicht gefordert werden, da selbst Kreditinstitute diese Stufe der Kreditwürdigkeit meist nicht aufweisen.[1494] Daher müsste eine geringere Rating-Stufe ausreichen. Welche dies sein soll, kann aber anhand der Vorgaben des BGH nicht zweifelsfrei beurteilt werden. Lässt man ein zu geringes Rating ausreichen, läuft man Gefahr, den hohen Anforderungen des BGH nicht mehr gerecht zu werden. Gegen die Heranziehung eines solchen Kreditratings bei der Frage nach der Kreditwürdigkeit der Muttergesellschaft beim Cash Pooling sind neben diesen Unsicherheiten auch grundsätzliche Bedenken angebracht: Dies beginnt damit, dass es zahlreiche Unternehmen gibt, die kein Rating aufweisen. Hier müsste für die Darlehensvergabe eine Rating-Agentur beauftragt werden, was mit zusätzlichen Kosten verbunden wäre. Ohne die Durchführung eines Ratings könnte die Betreibergesellschaft daher ungeachtet ihrer tatsächlichen Bonität keine Liquidität mehr abziehen.[1495] Ferner kann ein externes Rating nur ein erstes Kriterium zur Feststellung der Kreditwürdigkeit im Sinne der Anforderungen des BGH sein kann.[1496] Die Frage nach der Kreditwürdigkeit ist keiner abstrakten Betrachtungsweise zugänglich, sondern hängt von weiteren Einzel-

---

[1488] *Diers*, S. 47; *Engert*, BB 2005, 1951, 1954, der zusätzlich fordert, dass die Gesellschaft darüber hinaus einen Ausfall verkraften können muss, ohne selbst insolvent zu werden.

[1489] *Hahn*, DK 2004, 641, 645.

[1490] *Maier-Reimer*, VGR 10, 127, 152; *Hentzen*, ZGR 2005, 480, 500.

[1491] Zutr. *Schilmar*, DB 2004, 1411, 1414.

[1492] BGHZ 157, 72, 77.

[1493] Einhellig Scholz-*H.P. Westermann*, § 30 Rdn 23; *Rümker*, FS Huber, 919, 923; *Korts*, S. 27 f.; *Drygala*, ZGR 2006, 587, 625, Fn 176; *Grothaus/Halberkamp*, GmbHR 2005, 1317, 1322; *Hahn*, DK 2004, 641, 645; *Reidenbach*, WM 2004, 1421, 1424; *Schilmar*, DB 2004, 1411, 1414; *Wessels*, ZIP 2004, 793, 794; *Seibt*, NJW-Spezial 2004, 219, 220; *Herschlein/Seibold*, Börsen-Zeitung v. 22.09.2004, S. 2.

[1494] Dagegen auch *Deckart*, S. 75; *Tielmann*, Liber amicorum Happ, 311, 316 Fn 18; *Cahn*, DK 2004, 235, 243; *Engert*, BB 2005, 1951, 1954; *Hentzen*, ZGR 2005, 480, 499; *Biegel/Eilmann*, Börsen-Zeitung v. 03.08.2005, S. 2.

[1495] *Deckart*, S. 75 f.; *Cahn*, DK 2004, 235, 243; *Hentzen*, ZGR 2005, 480, 499.

[1496] *Hentzen*, ZGR 2005, 480, 500; vgl. *Maier-Reimer*, VGR 10, 127, 151.

fallfaktoren wie etwa der Größenordnung des von der GmbH in den Cash Pool eingestellten Betrages ab.[1497] Zuletzt muss auch bedacht werden, dass die Rating-Agenturen bei Veränderungen das Rating ändern müssen. Ob dies vor einer Kreditvergabe im Rahmen des Cash Pools immer rechtzeitig geschieht, ist zweifelhaft. All dies spricht gegen die Berücksichtigung eines externen Kreditratings für die Feststellung der Kreditwürdigkeit nach den Maßstäben des BGH.

bb) Darlehensvergabe ohne Risikoaufschlag

Erwägenswert erscheint es, die zweifelsfreie Kreditwürdigkeit dann anzunehmen, wenn der Betreibergesellschaft ungesicherte Darlehen durch außenstehende Dritte ohne Risikoaufschlag gewährt werden würden.[1498] Nach § 18 KWG sind Kreditinstitute verpflichtet, die Vermögensverhältnisse des Kreditnehmers vor Kreditgewährungen und während der Laufzeit umfassend und sorgfältig zu überprüfen. Die Gewährung eines „Blankokredits", also ohne besondere Sicherheiten, kann daher als Ausdruck von Vertrauen des Dritten gewertet werden, dass der Kreditnehmer jederzeit zur Rückzahlung des Darlehens in der Lage ist.[1499] Gerade bei größeren Konzernen, die die Liquidität einer Vielzahl an Konzerngesellschaften zentral bündeln, ist dies nicht ausgeschlossen.[1500] Steht ein Ausfall der darlehensgewährenden Gesellschaft damit also außerhalb jedes vernünftigen Zweifels, sind die Anforderungen erfüllt. Das dagegen angeführte Argument, die Erfüllung dieses Kriteriums sei den meisten deutschen Unternehmen möglich und das Kriterium dadurch entwertet,[1501] ist in dieser Pauschalität nicht nur unzutreffend, sondern entbehrt zusätzlich jeder Substanz. Im übrigen würde das hier genannte Kriterium auch etwa einem Rating im Investment-Grade-Bereich entsprechen.[1502] Vorteilhaft an dieser Ermittlungsweise der Bonität im Vergleich zu einem externen Rating ist zunächst, dass hierdurch quasi ein Rating ohne zusätzliche Kosten durchgeführt wird. Nur bei einem entsprechend hohen Rating der kreditnehmenden Gesellschaft wird eine Darlehensvergabe durch Dritte ohne Risikoaufschlag möglich sein.

Allerdings ist zweifelhaft, ob aufgrund der bestehenden Risiken, die mit dem Haftungsverband des Cash Poolings verbunden sind,[1503] eine solche Boni-

---

[1497] *Maier-Reimer*, VGR 10, 127, 151.

[1498] Ebenso *Liebscher*, Rdn 365; *Deckart*, S. 78; *Rümker*, FS Huber, 919, 923; *Cahn*, DK 2004, 235, 243; *Burgard*, AG 2006, 527, 529; *Biegel/Eilmann*, Börsen-Zeitung v. 03.08.2005, S. 2; ähnl. *Hahn*, DK 2004, 641, 645, der auf die Einschätzung der finanzierenden Banken abst. will.

[1499] *Rümker*, FS Huber, 919, 923.

[1500] *Cahn*, DK 2004, 235, 243; *Reidenbach*, WM 2004, 1421, 1424.

[1501] *Engert*, BB 2005, 1951, 1954; genau entgegengesetzt *Biegel/Eilmann*, Börsen-Zeitung v. 03.08.2005, S. 2.

[1502] *Biegel/Eilmann*, Börsen-Zeitung v. 03.08.2005, S. 2.

[1503] Als Stichwort sei hier der Dominoeffekt genannt.

tätsfeststellung bezüglich des Gesamtkonzerns erfolgen muss.[1504] Ob sich eine solche Betrachtung durchführen lässt ist fraglich. Der Gesamtkonzern ist nicht rechtsfähig und könnte daher nicht selbst ein Darlehen aufnehmen, gleich ob mit oder ohne Risikoaufschlag. Letztlich muss daher die Bonität jeder einzelnen Konzerngesellschaft dergestalt geprüft werden, dass eine Darlehensvergabe ohne Risikoaufschlag möglich ist. Da eine hypothetische Betrachtung bei der Darlehensvergabe ohne Risikozuschlag durch Dritte ausscheidet, müsste jede Konzerngesellschaft ihre gegenwärtigen Darlehensbedingungen bei einem Kreditinstitut erfragen lassen. Dies ist problematisch, da die einzelnen Konzerngesellschaften wegen der zentralen Finanzierungsfunktion der Betreibergesellschaft regelmäßig keine oder nur sehr schwach ausgeprägte eigenständige Bankkontakte haben. Zudem führen Sie ihre überschüssige Liquidität regelmäßig an den Cash Pool ab. Dass ein Kreditinstitut diesen Konzerngesellschaften ein Darlehen ohne Risikoaufschlag gewähren würde, ist jedenfalls äußerst zweifelhaft. Mangels Teilnahme am externen Finanzverkehr der einzelnen Konzerngesellschaften erweist sich dieser Feststellungsmaßstab diesbezüglich beim Cash Pooling als unpraktikabel.

Erforderlich, aber auch ausreichend erscheint es daher, lediglich auf die Bonität der Betreibergesellschaft abzustellen. Dies entspricht nicht nur den tatsächlichen Gegebenheiten beim Cash Pooling, da lediglich die Betreibergesellschaft für die Feststellung ausreichende externe Bankverbindungen unterhält. Letztlich ist auch nicht zu übersehen, dass sich eine Krise eine Konzerngesellschaft über das Cash Pooling über kurz oder lang auch auf die Betreibergesellschaft auswirken wird, so dass dann eine Darlehensvergabe ohne Risikoaufschlag nicht mehr möglich sein wird. Damit bildet die Betreibergesellschaft die Finanzlage im Konzern hinreichend ab, so dass es keiner Feststellung der Bonität der einzelnen Konzerngesellschaften bedarf. Dies steht auch nicht im Widerspruch zu den Anforderungen des BGH, wenn man bedenkt, dass der Sinn dieses Kriteriums in der Sicherung des Rückzahlungsanspruchs liegt. Eine Modifizierung dieser Anforderungen auf den Gesamtkonzern erscheint unter diesen Umständen daher nicht angebracht. Aus den genannten Gründen erscheint eine derartige Feststellung der Kreditwürdigkeit insgesamt vorzugswürdig.

cc) Begleitende Informationspflichten

Unabhängig davon, welchem Feststellungsmaßstab man hier folgt, ist es zur Absicherung der Feststellung der Kreditwürdigkeit erforderlich, dass ein Informationsaustausch über die finanzielle Situation des jeweiligen Darlehensnehmers, der Betreibergesellschaft, der Muttergesellschaft, sofern diese nicht den Cash

---

[1504] So *Deckart*, S. 78; dagegen beschränkt auf eine Bonitätsfeststellung der Muttergesellschaft *Biegel/Eilmann*, Börsen-Zeitung v. 03.08.2005, S. 2; wohl auch *Cahn*, DK 2004, 235, 243.

Pool selbst betreibt, sowie des Gesamtkonzerns stattfindet.[1505] Damit soll die liquiditätsabführende Gesellschaft selbst in die Lage versetzt werden, sich über die finanzielle Situation zu informieren. Um diesem Erfordernis gerecht zu werden, sind der kreditgewährenden Tochtergesellschaft die entsprechenden, für die Beurteilung der Finanzkraft erforderlichen Informationen zur Verfügung zu stellen. Hierunter zu fassen sind vor allem die aktuellen Finanzkennzahlen. Natürlich stellt sich bei Informationspflichten stets die Frage der Berücksichtigung der gegenseitigen Interessen.[1506] Regelmäßig wird in gewissem Maße ein Geheimhaltungsinteresse der Muttergesellschaft bestehen, das dem Informationsinteresse der Tochtergesellschaft gegenübersteht. Die Interessen sind stets zu einem gerechten Ausgleich zueinander zu bringen. Ob daher Informationen wie etwa die Ausweitung des Cash-Pooling-Systems durch Einbeziehung weiterer Konzerngesellschaften für die hier maßgebliche Beurteilung der Finanzkraft tatsächlich erforderlich sind, wie von *Hentzen* vorgeschlagen,[1507] ist zweifelhaft. Hierfür soll die Tochtergesellschaft auf das Risiko-Monitoring der den Konzern finanzierenden Banken zugreifen können.[1508] Ob die Bank allerdings ohne weiteres Einblick in diese Daten gewährt, erscheint eher zweifelhaft. Sofern sich eine vertragliche Regelung nicht in das entsprechende Vertragswerk implementieren lässt, müsste die Tochtergesellschaft mit Monats- oder Quartalszahlen der einzelnen Gesellschaften und des Gesamtkonzerns vorlieb nehmen.[1509] Mit den zur Verfügung gestellten Informationen hat die kreditgewährende Tochtergesellschaft zu überprüfen, ob die Rückzahlung der gewährten Darlehen nach dem oben genannten Feststellungsmaßstab ungefährdet ist. Alternativ ist die vertragliche Verpflichtung zur Meldung bestimmter Kennzahlen durch die Betreibergesellschaft und/oder die einzelnen Konzerngesellschaften möglich.[1510] In dem Vertragswerk müssten dann Rechtsfolgen für die Nichteinhaltung dieser Meldepflichten, etwa automatisches Ausscheiden der die Meldungen unterlassenen GmbH und Kündigungsrechte der anderen Gesellschaften etabliert werden.[1511]

[1505] *Deckart*, S. 76 f.; *Koch*, S. 103; *Maier-Reimer*, VGR 10, 127, 154; *Hentzen*, ZGR 2005, 480, 500 ff., mit zusätzlichen Ausführungen für den Fall, in dem eine Zwischengesellschaft eingeschaltet wird; *Hahn*, DK 2004, 641, 644; zu der Verbindung mit einem Informationssystem auch *Niedernhöfer*, Handelsblatt v. 24.08.2005, S. 33; *Autschbach*, Finance 11/2004, 48, 50; *Erbacher/Thiele*, Finance 11/2004, 52, 54; bereits vor BGHZ 157, 72 ff.: *Bayer*, FS Lutter, 1011, 1019; *Cahn*, ZHR 166 (2002), 278, 282.

[1506] Hierzu ausf. unten § 12 A. IV. 2.

[1507] *Hentzen*, ZGR 2005, 480, 501.

[1508] *Deckart*, S. 77; *Hahn*, DK 2004, 641, 644; vgl. *Wessels*, ZIP 2006, 1701, 1709.

[1509] Vgl. *Deckart*, S. 77.

[1510] *Maier-Reimer*, VGR 10, 127, 154 f., der in diesem Zusammenhang eine zentrale Meldestelle im Konzern einrichten will, die die Meldungen sammelt und weiterreicht.

[1511] Hierzu *Maier-Reimer*, VGR 10, 127, 154.

Inwiefern derartige Informationsrechte beim Cash Pooling etabliert werden müssen, ist noch vertieft zu untersuchen.[1512]

dd) Maßgeblicher Zeitpunkt

Abgesehen von der Problematik der Feststellung der Kreditwürdigkeit stellt sich die Frage, zu welchem Zeitpunkt die Kreditwürdigkeit vorliegen muss. In Betracht kommen sowohl der Zeitpunkt des Vertrages über die Einbeziehung der Tochtergesellschaft in den Cash Pool als zugrundeliegendes Verpflichtungsgeschäft[1513] als auch die jeweilige Ausreichung des Darlehens an den Cash Pool durch die Tochtergesellschaft. Maßgeblich ist nicht der Zeitpunkt des Vertragsabschlusses, sondern derjenige des tatsächlichen Abflusses der Liquidität in den Cash Pool.[1514] Dies folgt aus dem Sinn und Zweck des § 30 Abs. 1 GmbHG, der Auszahlung von Stammkapital an die Gesellschafter verhindern will. Spätestens zum Zeitpunkt des Abflusses muss daher die Kreditwürdigkeit der Betreibergesellschaft des Cash Pools gegeben sein. Ob die Betreibergesellschaft zu einem früheren Zeitpunkt diese Kreditwürdigkeit besessen hatte, ist demgegenüber irrelevant. Allerdings ist nicht zu verkennen, dass die hohen Anforderungen, die der BGH hier an die Kreditwürdigkeit stellt, die außerhalb vernünftigen Zweifels sein muss, nicht nur eine Betrachtung für die Gegenwart, sondern auch für die Zukunft verlangen. Deshalb muss die Kreditwürdigkeit der Betreibergesellschaft außerhalb vernünftiger Zweifel für die gesamte Laufzeit des Darlehens[1515] vorliegen.[1516] Dies wiederum zwingt zu einer Prognose über die zukünftige Kreditwürdigkeit der Betreibergesellschaft. Da diese jedoch nicht nur von der eigenen Finanzsituation, sondern von derjenigen jeder einzelnen Konzerngesellschaft abhängen kann, ist eine solche Prognose selbst bei Einräumung eines gewissen Prognoseermessens einem hohen Maß an Unsicherheit ausgesetzt.[1517] Zudem können auch moderne Controlling-Systeme nur einen Einblick in die aktuelle Finanzlage des Konzerns gewährleisten, aber keine zuverlässige Prognose liefern.[1518] Dem kann auch nicht entgegengehalten werden, dass die For-

---

[1512] Hierzu unten § 12 A. IV. 2.

[1513] Sofern keine Einzelverträge, sondern ein Rahmenvertrag vereinbart wurde.

[1514] *Korts*, S. 28; *Deckart*, S. 74; *Tielmann*, Liber amicorum Happ, 311, 316; *Langner/Mentgen*, GmbHR 2004, 1121, 1125.

[1515] Zu weitgehend daher *Grothaus/Halberkamp*, GmbHR 2005, 1317, 1322: „Kreditwürdigkeit (...) mit Blick in die Unendlichkeit“.

[1516] *Korts*, S. 28; *Tielmann*, Liber amicorum Happ, 311, 316; *Hentzen*, ZGR 2005, 480, 501; *Langner/Mentgen*, GmbHR 2004, 1121, 1125.

[1517] Treff. *Langner/Mentgen*, GmbHR 2004, 1121, 1125; wegen dieser Besonderheiten der Berücksichtigung der Liquiditätslage des Gesamtkonzerns kann dem auch nur entgegengehalten werden, jede Prognoseentscheidung sei Unsicherheiten ausgesetzt, so aber *Deckart*, S. 74; *Hentzen*, ZGR 2005, 480, 501; die Berücksichtigung des Prognoseermessens herausst. Scholz-*H.P. Westermann* § 30 Rdn 23; *Rittscher*, S. 96.

[1518] A. A. *Rümker*, FS Huber, 919, 924.

derungen im Cash Pool täglich fällig sind und die Darlehenslaufzeit wegen des täglichen Ausgleichs auf einen Bankarbeitstag beschränkt ist, so dass sich bei einem Cash Pooling die Risiken, die sich aus der Prognose ergeben, in Grenzen halten würden.[1519] Gerade größere Beträge werden, wie bereits aufgezeigt wurde, oftmals für längere Zeit im Cash Pool belassen.[1520] Wegen der hohen Anforderungen, die der BGH an dieses Merkmal stellt, dürfte die ausreichende Kreditwürdigkeit aufgrund ihres Prognosecharakters oftmals nicht hinreichend sicher feststellbar sein, sofern es sich nicht um einen wirtschaftlich gesunden Gesamtkonzern handelt.[1521]

b) Ergebnis

Die Untersuchung hat gezeigt, dass die Erfüllung dieses Kriteriums möglich ist. Gleichwohl sind Zweifel an der rechtssicheren Handhabbarkeit dieses Kriteriums nicht von der Hand zu weisen. Vor allem hängt die Kreditwürdigkeit nicht nur von der eigenen finanziellen Situation der Betreibergesellschaft ab, sondern unterliegt in nicht unerheblichem Ausmaß der finanziellen Entwicklung der einzelnen Tochtergesellschaften.[1522] Ob es aus diesem Grund aber zu einer Aufgabe dieses Merkmals durch den BGH kommen soll,[1523] ist zweifelhaft. Rechtssicherheit könnte auch dadurch erreicht werden, dass der BGH die Voraussetzung ausreichend präzisiert. Abgesehen davon sind aber durchaus auch Fälle denkbar, in denen das Kriterium erfüllbar erscheint, wobei insbesondere an einen wirtschaftlich gesunden Konzern zu denken ist.

4. Werthaltige Besicherung

Alternativ zu der außerhalb jedes vernünftigen Zweifels stehenden Bonität ist es zur Erfüllung der Voraussetzungen des Ausnahmetatbestandes möglich, dass die Rückzahlung des Darlehens durch werthaltige Sicherheiten gewährleistet ist.[1524] Aus dieser Alternative erhellt sich unmittelbar, dass der BGH nicht generell eine Besicherung der im Rahmen eines Cash Pools gewährten Darlehen verlangt.

[1519] So *Deckart*, S. 75.

[1520] Siehe schon oben § 8 B. 3. a) aa).

[1521] So die Einschätzung von *Korts*, S. 28; *Langner/Mentgen*, GmbHR 2004, 1121, 1125; krit. auch *Seibert*, ZIP 2006, 1157, 1163.

[1522] Abl. gegenüber dieser Variante daher IDW HFA, FN-IDW 2004, 746, 747; *Bayer/Lieder*, ZGR 2005, 133, 144; *Böcker*, ZGR 2006, 213, 223; *Wunderlich*, BKR 2005, 387, 388; *Langner/Mentgen*, GmbHR 2004, 1121, 1125; *Reidenbach*, WM 2004, 1421, 1424; *Schilmar*, DB 2004, 1411, 1414; *Keller/Rödl*, BB 2005, Beil. 3, 16, 17; *Rodewald/Grothaus*, Finance-Sonderbeil. 2/2006, 17; auch *Goette* ZIP 2005, 1481, 1484 f., warnt vor großen Hoffnungen, einen Verstoß gegen die Kapitalerhaltung zu verneinen, wenn die Kreditwürdigkeit bejaht wird.

[1523] So die Forderung von *Böcker*, ZGR 2006, 213, 223; krit. auch *Saenger/Koch*, NZG 2004, 271, 273.

[1524] BGHZ 157, 72, 77.

Vielmehr wird das Besicherungserfordernis als Alternative zur hinreichenden Kreditwürdigkeit gesetzt. Da der BGH sich nicht zu der Art der werthaltigen Besicherung geäußert hat, sind sowohl Personalsicherheiten als auch dingliche Sicherungsmittel in Betracht zu ziehen. Entscheidend ist jeweils bei der Frage, ob eine Sicherheit für die vom BGH aufgestellte Voraussetzung in Betracht kommt, ob der Wert der Sicherheit von der Vermögens- und Liquiditätslage des Konzerns unabhängig ist.[1525] Zudem muss die Sicherheit auch im Insolvenzfall des Sicherungsgebers noch realisiert werden können.[1526] Nur dann ist die Sicherheit werthaltig und nur dadurch kann auch dem Rangargument des BGH, wonach der vorrangige Zugriff der Gläubiger der Gesellschafter zulasten der Gläubiger der Gesellschaft zu verhindern ist, Rechnung getragen werden.[1527]

a) Personalsicherheit

Zunächst ist die Rechtslage bei der Stellung einer Personalsicherheit zu betrachten. In Betracht kommen als Personalsicherheit etwa Bürgschaft, Garantie, und Schuldbeitritt.[1528]

aa) Durch Muttergesellschaft

Wird eine Personalsicherheit durch die Muttergesellschaft gestellt, so wirft dies das Problem auf, dass es sich bei dieser Sicherheit um eine schuldrechtliche Vereinbarung handelt, die lediglich zu einer Verdoppelung des bereits bestehenden schuldrechtlichen Darlehensrückzahlungsanspruchs führen würde.[1529] Würde der Darlehensnehmer insolvent werden, wäre der Anspruch aus der Personalsicherheit im gleichen Maße gefährdet wie der besicherte Anspruch auf Rückzahlung des Darlehens gemäß § 488 Abs. 1 S. 2 BGB. Dies würde den Anforderungen, die der BGH in der Entscheidung BGHZ 157, 72 ff. aufgestellt hat, – insbesondere der jederzeitigen Zugriffsmöglichkeit – nicht gerecht werden.[1530] All dies gilt unabhängig davon, ob die Muttergesellschaft selbst den Cash Pool betreibt, denn die Leistungen an die nicht an der auszahlenden Gesellschaft beteiligten Betreibergesellschaft des Cash Pools ist der Muttergesellschaft zuzurechnen.[1531]

[1525] *Habersack/Schürnbrand*, NZG 2004, 689, 695; *Wessels*, ZIP 2006, 1701, 1705.

[1526] *Hahn*, DK 2004, 641, 645; *Langner/Mentgen*, GmbHR 2004, 1121, 1126; *Wessels*, ZIP 2006, 1701, 1705.

[1527] *Langner/Mentgen*, GmbHR 2004, 1121, 1127; *Börner*, BGHReport 2004, 534, 535.

[1528] *Langner/Mentgen*, GmbHR 2004, 1121, 1126.

[1529] *Korts*, S. 28; vgl. *Morsch*, NZG 2003, 97, 106.

[1530] Ebenso *Deckart*, S. 81; *Rümker*, FS Huber, 919, 926; *Grothaus/Halberkamp*, GmbHR 2005, 1317, 1322; *Beiner/Lanzius*, NZI 2004, 687, 689; *Schilmar*, DStR 2006, 568, 571; *ders.*, DB 2004, 1411, 1414; *Engert*, BB 2005, 1951, 1954; *Seibt*, NJW-Spezial 2004, 219, 220.

[1531] *Schilmar*, DStR 2006, 568, 571; hierzu bereits oben § 8 D. I. 1. b).

bb) Durch Schwestergesellschaften

Auch bei einer Personalsicherheit, die durch eine andere Konzerngesellschaft gestellt wird, wäre es zweifelhaft, ob diese einer Verpflichtung etwa aus einer Bürgschaft ohne weiteres nachkommen könnte, wenn etwa eine Finanzkrise des Gesamtkonzerns vorliegt. Regelmäßig wird die Schwestergesellschaft in einem solchen Fall ihre Bürgschaftsverpflichtung nicht erfüllen können.[1532] Dies gilt unabhängig davon, ob die andere Konzerngesellschaft in das Cash-Pooling-System eingebunden ist. Insofern gilt nichts anderes als bei einer Sicherheitenbestellung durch die Muttergesellschaft: auch hier ist bei einer Krise des Gesamtkonzerns der Anspruch aus der Personalsicherheit in gleicher Weise gefährdet wie der besicherte Darlehensanspruch. Letztlich kommt es nur zu einer Verdoppelung des bereits bestehenden Darlehensrückzahlungsanspruchs, was zu keiner ausreichenden Sicherung führen kann. Zudem wäre eine Sicherheitenbestellung durch eine Konzerngesellschaft ebenfalls am Auszahlungsverbot des § 30 Abs. 1 GmbHG zu messen.[1533] Sofern eine Konzerngesellschaft einen Kreditvertrag mit einem Dritten abgeschlossen hat – was bei einem Cash Pooling, das auf Zentralisierung der Liquiditätssteuerung ausgelegt ist, aber unwahrscheinlich ist – sprechen auch in einem solchen Vertrag regelmäßig enthaltende „negative pledge-Vereinbarungen", durch die sich der Darlehens-nehmer gegenüber dem Kreditgeber verpflichtet, vorhandene Vermögenswerte weder zu veräußern noch zugunsten Dritter zu belasten, um die Gleichrangigkeit der Gläubiger zu sichern.[1534]

cc) Durch konzernexterne Dritte

Letztlich ist es daher nur vorstellbar, dass eine Personalsicherheit durch einen unbeteiligten, konzernexternen Dritten, etwa ein Kreditinstitut, bei dem der Cash Pool angesiedelt ist, gestellt wird.[1535] Auch hier stellt sich aber das grundsätzliche Problem, dass die Sicherheit einen jederzeitigen Zugriff der Tochtergesellschaft auf die Liquidität sichern soll. Vorgeschlagen wird als Personalsicherheit

---

[1532] Abl. auch *Zeidler*, S. 68; *Korts*, S. 28; *Schilmar*, DStR 2006, 568, 571; *ders.*, DB 2004, 1411, 1414.

[1533] Siehe oben § 8 B. II.

[1534] *Diem*, § 22 Rdn 47; *Mucke*, WM 2006, 1804, 1805; *Hentzen*, ZGR 2005, 480, 498.

[1535] Etwa *Deckart*, S. 81; IDW HFA, FN-IDW 2004, 746, 747; *Beiner/Lanzius*, NZI 2004, 687, 689; *Habersack/Schürnbrand*, NZG 2004, 689, 695; *Hahn*, DK 2004, 641, 645; *Wunderlich*, BKR 2005, 387, 388; *Langner/Mentgen*, GmbHR 2004, 1121, 1126; *Seibt*, NJW-Spezial 2004, 219, 220; *Hüffer*, AG 2004, 416, 419; vorsichtiger *Schilmar*, DB 2004 1411, 1415, der „insbesondere" Banken als Bürgen heranziehen will; krit. *H.P. Westermann*, ZIP 2005, 1849, 1857; a. A. *Goette*, Kapitalaufbringung und Kapitalschutz in der GmbH, S. 74, der „von dem Gesellschafter gewährte vollwertige Sicherheiten" verlangt.

daher vorranging eine Bürgschaft auf erstes Anfordern.[1536] Dem ist zuzustimmen: Bei einer solchen Bürgschaft verpflichtet sich der Bürge, ohne weitere Prüfung des Bestandes, der Fälligkeit, der Durchsetzbarkeit oder der Höhe der gesicherten Forderung den vereinbarten Bürgschaftsbetrag auf erstes Anfordern des Gläubigers sofort zu bezahlen, sofern das Bestehen der gesicherten Forderung schlüssig dargetan wird und die Anforderung den in der Bürgschaftsurkunde niedergelegten formalen Vorgaben entspricht.[1537] Die materielle Berechtigung kann erst Gegenstand eines Nachverfahrens sein. Für eine Liquiditätssicherung der Tochtergesellschaft beim Cash Pooling bietet sich eine Bürgschaft auf erstes Anfordern daher in besonderem Maße an. Zwar handelt es sich auch hierbei um eine schuldrechtliche Absicherung, jedoch steht dies mit den Anforderungen, die der BGH aufgestellt hat, in Einklang, da dieser primär eine Aufspaltung des Vermögens der Gesellschaft in schuldrechtliche Ansprüche gegen die Gesellschafter, nicht aber gegen konzernexterne Dritte verhindern will.[1538] Ferner wäre die Realisierung des Anspruchs gegen den Dritten nicht von der Insolvenz der Betreibergesellschaft betroffen.

Insbesondere wird sich ein konzernfremder Dritter vor Stellung einer Bürgschaftsverpflichtung entsprechend absichern und die Zahlung auf erstes Anfordern wird die Regel sein, da sich der Bürge ansonsten möglichen Schadensersatzpflichten aussetzen würde.[1539] Als Sicherungsgeber kommen aber tatsächlich nur Banken und Versicherungen in Betracht, da nur sie über eine ausreichende Bonität verfügen und daher die Inanspruchnahme auch bei Insolvenz der Mutter- oder Betreibergesellschaft unberührt bleibt. Allerdings muss die Bankbürgschaft so ausgestaltet sein, dass die Bank bei einer Inanspruchnahme ihrerseits wiederum Rückgriff bei der kreditgewährenden Tochtergesellschaft nehmen kann.[1540] Nachteilig an einer solchen Art der Sicherung ist ferner, dass konzernexterne Dritte nur gegen Zahlung eines entsprechenden Entgelts zur Bestellung von Sicherheiten bereit sind. Bei einer Bankbürgschaft wäre etwa eine Avalprovision zu zahlen. Diese Zahlungen würden aber den mit dem Cash Pooling verfolgten Finanzierungsvorteil in nicht unerheblichem Umfang verrin-

---

[1536] *Deckart*, S. 82; *Korts*, S. 28; *Wessels*, ZIP 2006, 1701, 1705; *Schilmar*, DStR 2006, 568, 571. *Langner/Mentgen*, GmbHR 2004, 1121, 1126; *Börner*, BGHReport 2004, 534, 535; *Wattenberg*, StV 2005, 523, 525.

[1537] Palandt-*Sprau*, Einf v § 765 Rdn 14 m. w. N.

[1538] *Korts*, S. 28; *Langner/Mentgen*, GmbHR 2004, 1121, 1126, die zudem anmerken, mit einer selbstschuldnerischen Bürgschaft auf erstes Anfordern werde dem Zeitargument des BGH begegnet. Ist aber bereits der Anwendungsbereich mangels Aufspaltung in schuldrechtliche Ansprüche gegen die Gesellschafter nicht gegeben, kann es auf die Erfüllung des Zeitarguments nicht mehr ankommen.

[1539] Zutr. *Zeidler*, S. 68.

[1540] *Tielmann*, Liber amicorum Happ, 311, 317; *Seibold*, FB 2005, 77, 83.

gern.[1541] Aus ökonomischer Sichtweise ist eine derartige Sicherung mithin nicht unbedingt vorteilhaft. Ferner ist davon auszugehen, dass eine umfassende Bankbürgschaft für die einzelnen aufsteigenden Darlehen nur in wenigen Fällen gewährt wird.[1542] In den Fällen, in denen eine solche Sicherung tatsächlich erfolgt, wird die Bonität der Muttergesellschaft daher besonders gut sein. Dann aber fragt sich, welcher Unterschied noch zu der alternativen Voraussetzung der über jeden Zweifel erhabenen Kreditwürdigkeit der Muttergesellschaft bestehen soll.

b) Dingliche Sicherungsmittel

Nicht selten wird vorgeschlagen, hinsichtlich der Frage der Sicherungsarten auf die Regelung des § 303 AktG zurückzugreifen, die eine werthaltige Sicherung der Gläubiger vorschreibt, so dass unter Hinweis auf § 232 Abs. 1 BGB dingliche Sicherheiten zu erbringen seien.[1543] In Betracht kommen etwa eine Hypothek oder eine Grundschuld.[1544] Ungeeignet sind hingegen die Hinterlegung von Geld oder Wertpapieren oder die Verpfändung von Forderungen gegen die öffentliche Hand. Bereits aus dem Umstand, dass die Betreibergesellschaft überschüssige Liquidität im Rahmen des Cash Poolings optimal zu verteilen versucht, ergibt sich, dass derartige Sicherungsmittel nur selten zur Verfügung stehen werden.[1545] Nur im Ausnahmefall in Frage kämen auch eine Verpfändung beweglicher Sachen oder die Bestellung von Schiffspfandrechten. Denkbar ist auch eine Sicherungsabtretung von Forderungen.[1546] Sofern zwischen Mutter- und Tochtergesellschaft Lieferbeziehungen bestehen, steht auch einer Besicherung des Darlehensrückzahlungsanspruchs durch Sicherungsübereignung der gelieferten Waren zugunsten der Tochtergesellschaft nichts im Wege.[1547] Die dingliche Sicherheit muss aber so beschaffen sein, dass nur die Tochtergesellschaft ein Zugriffsrecht auf diese hat und nicht etwa die Gläubiger der Muttergesellschaft, da dies dem Zweck der Sicherheitenbestellung zuwider laufen würde.[1548] Eine dingliche Sicherung ist dabei grundsätzlich sowohl durch die Muttergesellschaft oder durch mit ihr verbundene Gesellschaften als auch durch

---

[1541] Zutr. *Langner*, GmbHR 2005, 1017, 1022; *Grothaus/Halberkamp*, GmbHR 2005, 1317, 1322; *Schilmar*, DStR 2006, 568, 571; *ders.*, DB 2004, 1411, 1415; *Hentzen*, ZGR 2005, 480, 498; *Hüffer*, AG 2004, 416, 419; gegen eine Sicherung durch konzernexterne Dritte daher generell *Maier-Reimer*, VGR 10, 127, 152.

[1542] *Schilmar*, DStR 2006, 568, 571.

[1543] *Korts*, S. 28; *Schilmar*, DB 2004, 1411, 1414; darüber hinausgehend aber *Deckart*, S. 79.

[1544] *Tielmann*, Liber amicorum Happ, 311, 317; *Maier-Reimer*, VGR 10, 127, 152; *Langner/Mentgen*, GmbHR 2004, 1121, 1126; *Hüffer*, AG 2004, 416, 420; *Habersack/Schürnbrand*, NZG 2004, 689, 695.

[1545] Zutr. die Einschätzung bei *Deckart*, S. 79.

[1546] *Habersack/Schürnbrand*, NZG 2004, 689, 695; *Beiner/Lanzius*, NZI 2004, 687, 689.

[1547] *Rümker*, FS Huber, 919, 926.

[1548] *Korts*, S. 28; *Beiner/Lanzius*, NZI 2004, 687, 689.

konzernexterne Dritte möglich.[1549] Eine Ausnahme wird man aber bei einer Sicherungsabtretung machen müssen. Hier erscheint es angebracht, eine Abtretung von Forderungen nur soweit zuzulassen, wie sich nicht gegen andere Konzernunternehmen bestehen.[1550] Gleiches gilt auch hinsichtlich der Verpfändung von Anteilen der Muttergesellschaft oder einer anderen Konzerngesellschaft.[1551] Allerdings kann es auch Probleme mit sich bringen, wenn etwa den einzelnen Tochtergesellschaften als Sicherung ein Zugriff auf eine ungezogene Kreditlinie der Muttergesellschaft zu deren Lasten gewährt wird. Sobald die Muttergesellschaft in die Krise gerät, würde die Bank die Kreditlinie ihr gegenüber kündigen, so dass die Tochtergesellschaft ins Leere greifen würde. Auch die Einräumung eines Zugriffsrechts auf eine ungezogene Kreditlinie vermag vor diesem Hintergrund nicht zu überzeugen.[1552]

Als problematisch könnte sich bei einer dinglichen Sicherung zudem das vom BGH aufgestellte Erfordernis der jederzeitigen Zugriffsmöglichkeit der Gesellschaft auf den liquiden Gegenwert des der Muttergesellschaft zur Verfügung gestellten Vermögens erweisen.[1553] Bei einer dinglichen Besicherung durch die Muttergesellschaft ist der Anspruch aus dinglicher Sicherheit aufgrund des Zeitbedarfs der Verwertung ebenfalls zeitlich hinausgeschoben. Teilweise wird daraus geschlossen, in diesem Zeitraum stehe der Tochtergesellschaft die Liquidität nicht zur fristgerechten Bedienung ihrer Verbindlichkeiten zur Verfügung, so dass selbst eine werthaltige dingliche Sicherheit aufgrund der hinausgeschobenen Fälligkeit für die Gesellschaft nicht mit der ursprünglich weggegebenen Liquidität vergleichbar sei.[1554] Jedoch bezieht der BGH den zeitlichen Aspekt ausdrücklich lediglich auf den im unmittelbaren Austausch gegen das hingegebene Darlehen erworbenen schuldrechtlichen Darlehensrückzahlungsanspruch.[1555] Daher kann auch das Argument, ungeschriebenes Merkmal des Ausnahmetatbestandes sei die tägliche Fälligkeit des Darlehensrückzahlungsanspruchs,[1556] nicht zur Begründung herangeführt werden. Es ist zudem zweifel-

---

1549 Etwa *Tielmann*, Liber amicorum Happ, 311, 317; *Erbacher/Thiele*, Finance 11/2004, 52, 54; a. A. mit Beschränkung auf Sicherheitenbestellung durch Dritte *Keller/Rödl*, BB 2005, Beil. 3, 16, 18; zur Beschränkung aufgrund „negative pledge-Vereinbarungen" siehe oben § 8 B. 4. a) bb).

1550 Ebenso *Habersack/Schürnbrand*, NZG 2004, 689, 695; *Hüffer*, AG 2004, 416, 420; *Beiner/Lanzius*, NZI 2004, 687, 689.

1551 *Habersack/Schürnbrand*, NZG 2004, 689, 695; *Hüffer*, AG 2004, 416, 420; *Beiner/Lanzius*, NZI 2004, 687, 689.

1552 Abl. auch *Hentzen*, ZGR 2005, 480, 499.

1553 *Schilmar*, DB 2004, 1411, 1414, bezeichnet die jederzeitige Zugriffsmöglichkeit als „oberstes Gebot" der BGH-Rechtsprechung.

1554 *Deckart*, S. 80; krit. wegen des Zeitfaktors auch *Wattenberg*, StV 2005, 523, 525.

1555 Zutr. *Langner/Mentgen*, GmbHR 2004, 1121, 1126.

1556 So *Deckart*, S. 80, mit Verweis auf *Fuhrmann*, NZG 2004, 552, 554; zur Frage, ob diese Voraussetzung tatsächlich gegeben sein muss, siehe sogleich.

haft, ob sich die Argumentation des BGH auch auf eine Sicherheit oder ihre Verwertung übertragen lässt. Als Argument hierfür ist vorgebracht worden, nur auf diesem Weg könnten die Kapitalerhaltungsregeln ihrer Funktion gerecht werden und ein den Bestand schützendes Mindestbetriebsvermögen und eine Befriedigungsreserve für die Gläubiger der Gesellschaft sichern.[1557] Die Argumentation des BGH sei, um dem Sinn und Zweck des § 30 Abs. 1 GmbHG gerecht zu werden, auch im Rahmen des Ausnahmetatbestandes zu berücksichtigen.[1558] Die hier bestehende Unsicherheit über die Reichweite der Argumentation des BGH auch hinsichtlich des Ausnahmetatbestandes ähnelt derjenigen, die bezüglich der ersten beiden Voraussetzungen besteht. Indes kann auch diese Unsicherheit beseitigt werden: Tatsächlich widerspricht die Stellung einer dinglichen Sicherheit nicht den Anforderungen, die der BGH aufgestellt hat. Dem Gericht ging es darum, dass das Vermögen der GmbH nicht in zeitlich hinausgeschobene schuldrechtliche Rückzahlungsansprüche aufgeteilt werden soll. Dies ist aber bei einer dinglichen Sicherheit nicht der Fall, denn sie ist gerade nicht mit einem schuldrechtlichen Rückzahlungsanspruch, bei dem zudem das Rangargument und das Umgehungsargument eingreifen, vergleichbar. Aufgrund der Unabhängigkeit von dem Schicksal der einzelnen Konzerngesellschaften oder des Gesamtkonzerns tritt kein Insolvenzrisiko bei der Verwertung ein. Hinter diesen Aspekten tritt der zeitliche Umstand der Verwertung zurück, wobei die generelle Aussage, eine Verwertung dinglicher Sicherheiten sei zeitaufwendig,[1559] in dieser Allgemeinheit ohnehin nicht zu überzeugen vermag. Es ist nicht einzusehen, warum eine solche dingliche Sicherung nicht den Anforderungen des BGH genügen soll. Allein auf das Vollstreckungsprocedere zu verweisen, erscheint jedenfalls nicht ausreichend, um die Möglichkeit einer dinglichen Besicherung abzulehnen. In dem hier gegebenen Zusammenhang kann zuletzt auch nicht unberücksichtigt bleiben, dass die Fälligkeit des Darlehens nicht wie bei einem Tagesgeldkonto gegeben sein muss. Die tägliche Fälligkeit des Darlehensanspruchs ist also keine ungeschriebene Voraussetzung des Ausnahmetatbestandes. Anhaltspunkte für ein solches Erfordernis sind nicht gegeben. Insbesondere sind die übrigen Anforderungen des vom BGH aufgestellten Ausnahmetatbestandes so hoch, dass dieses Erfordernis nicht notwendig erscheint. Zumindest in dem Fall, in dem eine dingliche Sicherung durch konzernexterne Dritte erfolgt, kann auch die Argumentation bezüglich der Aufspaltung in zeitlich hinausgeschobene Ansprüche gegen Gesellschafter nicht mehr eingreifen. Greift man allerdings auf eine dingliche Besicherung durch andere Konzerngesellschaften zurück, so würde diese konzerninterne Bindung den Gestaltungsspiel-

---

[1557] *Deckart*, S. 80.
[1558] *Deckart*, S. 80 f.
[1559] *Deckart*, S. 80.

raum der Außenfinanzierung der einzelnen Konzerngesellschaften einengen.[1560] Die Argumentation des BGH, wonach das Vermögen der Gesellschaft vor einer Aufspaltung in zeitlich hinausgeschobene schuldrechtliche Ansprüche gegen die Gesellschafter zu schützen sei, spricht jedenfalls nicht gegen die dingliche Sicherung, sei es durch die Muttergesellschaft, durch sonstige Konzerngesellschaften oder durch konzernexterne Dritte.

Ganz unabhängig davon liegt ein genereller Nachteil einer dinglichen Sicherung durch die Muttergesellschaft darin, dass sich die kreditgebende Bank aufgrund vertraglicher Regelungen[1561] dazu veranlasst sehen könnte, nun ebenfalls Sicherheiten zu verlangen oder die Besicherung im Widerspruch zu abgegebenen Negativerklärungen stehen könnte.[1562]

c) Alternative Sicherungsmöglichkeiten

Alternativ zu den geschilderten Personal- und dinglichen Sicherheiten, die jeweils mit die Attraktivität des Cash Poolings mindernden Nachteilen verbunden sind, ist im Rahmen des Cash Poolings an weitere Sicherungsmöglichkeiten des Darlehensrückzahlungsanspruchs zu denken, mit denen die geschilderten Nachteile möglicherweise reduziert oder gar ausgeräumt werden können.

aa) Besonderes Poolmodell: Sicherungsübertragung des Umlaufvermögens der kreditaufnehmenden Gesellschaft

Als Alternative zu dinglichen und Personalsicherheiten kann bei einem Cash Pooling ein weiteres Besicherungsmodell in Erwägung gezogen werden: Alle in das Cash Pooling einbezogenen Gesellschaften stellen dem Cash-Pool-Führer ihr gesamtes Umlaufvermögen zur Besicherung ihrer eigenen Kreditaufnahme bei diesem zur Verfügung.[1563] Ziel dieses Modells ist also die Sicherung der einzelnen kreditgewährenden Gesellschaften durch das Umlaufvermögen der anderen Gesellschaften. Ein solches Modell sieht sich allerdings nicht unerheblichen Schwächen ausgesetzt. Zwar werden die Tochtergesellschaften das Umlaufvermögen regelmäßig nicht für eigene Kredite benötigen, da mit dem Cash Pooling die Kreditaufnahme ja gerade zentralisiert durch die Betreibergesellschaft geschehen soll.[1564] Eine erste Schwachstelle liegt aber darin begründet, dass eine Sicherung der Leistungsfähigkeit der Betreibergesellschaft nur so lange gewähr-

---

[1560] *Schilmar*, DStR 2006, 568, 571.

[1561] Sog. Gleichstellungsverpflichtung, aufgrund derer die Muttergesellschaft verpflichtet wird, zugunsten des Darlehensgebers auf Anforderung (weitere) Sicherheiten zu bestellen, sofern auch Dritten Sicherheiten gewährt werden sollen, wodurch eine Gläubigerbevorzugung vermieden werden soll; vgl. *Mucke*, WM 2006, 1804, 1805.

[1562] *Rümker*, FS Huber, 919, 926.

[1563] So *Maier-Reimer*, VGR 10, 127, 152 f.; vgl. zu einem ähnlichen Modell schon *Vetter/Stadler*, Rdn 224; *Makowski*, S. 235.

[1564] Vgl. *Maier-Reimer*, VGR 10, 127, 153.

leistet ist, wie die gewährten Sicherheiten die von den Konzerngesellschaften im Rahmen des Cash Poolings gewährten Kredite abdecken. Sollte dies aber nicht der Fall sein, ist die Kreditwürdigkeit nicht mehr gegeben und eine aufsteigende Darlehensgewährung würde an den strengen Vorgaben des obiter dictums scheitern. Dieses Modell setzt ferner zwingend voraus, dass der Cash Pool nicht von der Muttergesellschaft, sondern von einer gesonderten Betreibergesellschaft geführt wird, da nur mit dieser Konstruktion vermieden wird, dass andere Konzerngläubiger auf die Forderungen gegen die kreditaufnehmenden Gesellschaften Zugriff haben können.[1565] Die Betreibergesellschaft darf kein operatives Geschäft und daher keine konzernexternen Gläubiger haben. Lediglich die kreditgewährenden Gesellschaften sind ihre Gläubiger. Nur in diesem Fall findet eine ausreichende Sicherung statt. Damit ist eine weitere Schwäche dieses Modells, dass es bei solchen Konstruktionen von vornherein ausscheidet, bei denen die Muttergesellschaft den Cash Pool selbst betreibt. Eine Umstellung des Cash-Pooling-Systems auf eine separate Betreibergesellschaft ist dann nicht nur kostenaufwendig, sondern kann sich von vornherein als für den Konzern nicht geeignet erweisen.

Das Umlaufvermögen wird von denjenigen Wirtschaftsgütern gebildet, die gewöhnlich innerhalb einer kürzeren Zeitspanne umgeformt oder umgesetzt werden, worunter nach § 266 Abs. 2 B. IV. HGB unter anderem Guthaben bei Kreditinstituten fallen.[1566] Nach dem Poolmodell müssten alle am Cash Pooling teilnehmenden Gesellschaften das Umlaufvermögen zur Besicherung ihrer eigenen Kreditaufnahme bei der Betreibergesellschaft übertragen. Zur Übertragung der überschüssigen Liquidität, also auch bestehender Guthaben, an den Cash Pool ist jede Gesellschaft aber schon aufgrund der Cash-Pooling-Vereinbarung verpflichtet. Dann stellt sich die Frage, wie sich diese Pflicht zu der Übertragung des gesamten Umlaufvermögens zu Sicherungszwecken verhalten soll. Wäre die Übertragung zur Besicherung vorrangig, könnten die Gesellschaften keine Liquidität mehr an den Pool abführen, wäre die Abführung vorrangig, stünde die Leistungsfähigkeit der Betreibergesellschaft in Frage, wenn die dadurch geringer ausfallenden Sicherheiten nicht mehr die von den Gesellschaften gewährten Krediten abdecken würden. Die Übertragung des Umlaufvermögens wirft also ungeklärte Fragen hinsichtlich der Funktionalität des Cash Poolings auf. In jedem Fall würde es die Vorteile des Cash Pooling schmälern, wenn nicht möglichst vollumfänglich liquide Mittel an den Cash Pool abgeführt werden.

Als zusätzliche Sicherung der Kreditwürdigkeit der Betreibergesellschaft vergleichbar einem Niveau der Muttergesellschaft soll letztere gegenüber allen

---

[1565] *Maier-Reimer*, VGR 10, 127, 153; von *Vetter/Stadler*, Rdn 224, wird die Verwaltung des von ihnen vorgeschlagenen Sicherheitenpools durch eine konzernexterne Bank lediglich empfohlen.

[1566] In der Praxis wird die Bezeichnung „flüssige Mittel" verwendet; näher BilanzHndb-*Ellrott/Krämer*, § 266 Rdn 150 ff.

Konzerngesellschaften eine Bürgschaft für die Verpflichtungen der Betreibergesellschaft übernehmen.[1567] In einem Cash Pool können derartige Verpflichtungen gerade in einer konzernweiten Liquiditätskrise sehr schnell hohe Millionenbeträge einnehmen. Dann stellt sich die Frage, ob eine Bürgschaft durch die Muttergesellschaft in Höhe der gesamten Verpflichtungen der Betreibergesellschaft überhaupt praktikabel, geschweige denn realistisch ist. Im Ergebnis soll mit diesem Modell eine Sicherung erfolgen, die einer Bank gleichgesetzt wird.[1568] Diese Sicherung durch Ausstattung der Betreibergesellschaft mit ausreichender Solvenz soll allerdings vorrangig durch die anderen Konzerngesellschaften – und erst nachrangig durch die zusätzlich Stellung von Bürgschaften durch die Muttergesellschaft – erfolgen. Die einzelnen Gesellschaften werden durch die Übertragung des gesamten Umlaufvermögens noch stärker an die Betreibergesellschaft gebunden, als dies beim Cash Pooling ohnehin schon der Fall ist. Die Abhängigkeit von der Liquidität der Betreibergesellschaft wird dadurch ebenso vergrößert wie das Risiko des Dominoeffekts. Im Hinblick auf die Sicherung eines Mindestmaßes an Eigenständigkeit der einzelnen Konzerngesellschaften ist dieses Sicherungsmodell daher ebenfalls kritisch zu bewerten. Es stellt sich daher die Frage, ob für die einzelnen Konzerngesellschaften durch diese Modell wirklich eine Sicherung eintritt, die den im obiter dictum des BGH aufgestellten Anforderungen genügt.[1569] Im Ergebnis überwiegen die mit einem solchem Sicherungssystem verbundenen Nachteile deren Vorteile bei weitem. Ein besonderes Poolmodell ist daher zu verwerfen.

bb) Aufrechnungsmöglichkeiten

Einem weiteren Sicherungsmodell nach soll die Tochtergesellschaft vor einem Ausfall mit ihren Forderungen durch insolvenzfeste Aufrechnungsmöglichkeiten geschützt sein.[1570] Sie kann ihre fälligen Forderungen aus einer aufsteigenden Darlehensgewährung durch eine Aufrechnung mit etwaigen Verbindlichkeiten gegenüber der Muttergesellschaft aufrechnen, ist also nicht auf ein Rückzahlung in bar angewiesen. Dem ist insoweit zuzustimmen, als dass der Aufrechnung gerade eine Sicherungs- und Vollstreckungsfunktion innewohnt, was insbesondere bei einer Insolvenz des Aufrechnungsgegners von Bedeutung ist.[1571] Ferner entfallen die dem Schutz der Gesellschaft dienenden Aufrechnungsbeschränkungen im Falle der schlechten wirtschaftlichen Lage des Gesellschafters.[1572] Dies beruht darauf, dass der mit diesen Vorschriften beabsichtigte Schutz der

[1567] *Maier-Reimer*, VGR 10, 127, 153.

[1568] Vgl. den Diskussionsbericht von *Seulen*, VGR 10, 159, 164 f.

[1569] Krit. auch *K. Schmidt*, bei Seulen, VGR 10, 159, 164 f.

[1570] *Wessels*, ZIP 2006, 1701, 1705; der dort gewählte Begriff „Supersicherheit" dürfte eher verwirrend sein; vgl. *Spindler*, ZHR 171 (2007), 245, 257.

[1571] Palandt-*Heinrichs*, § 387 Rdn 1.

[1572] Baumbach/Hueck-*Hueck/Fastrich*, § 19 Rdn 22; *Wessels*, ZIP 2006, 1701, 1705.

Gesellschaft umgekehrt werden würde, wenn die Gesellschaft mit der Insolvenzquote vorlieb nehmen müsste statt im Aufrechnungswege wirtschaftlich voll befriedigt zu werden.[1573] All diese Argumente ändern freilich nichts daran, dass eine Aufrechnungssituation zwischen Mutter- und Tochtergesellschaft keineswegs in einer solchen Häufigkeit gegeben sein dürfte, dass man hierauf eine Sicherung im Sinne des Ausnahmetatbestandes stützen könnte. Allenfalls beim tatsächlichen Vorliegen einer Aufrechnungssituation wäre daher an eine solche Sicherung zu denken. Da im übrigen aber auf andere Sicherungsmodelle ausgewichen werden müsste, dürfte sich ein alleiniges Abstellen auf insolvenzfeste Aufrechnungsmöglichkeiten als nicht praktikabel erweisen.

cc) Liquiditätszusagen

Als einer Sicherheit ähnlich wurde früher eine jederzeit durchsetzbare Liquiditätszusage durch das herrschende Unternehmen als Sicherungsmöglichkeit des Rückzahlungsanspruchs in Erwägung gezogen.[1574] Hierunter sind rechtlich bindende Erklärungen der Muttergesellschaft gegenüber der Tochtergesellschaft zu verstehen, sie in jedem Fall in einem solchen Umfang mit Mittel auszustatten, dass die vollständige Befriedigung aller Gläubiger gesichert ist.[1575] Anders als bei einer Patronatserklärung mag der Gesellschaft ein eigenes Forderungsrecht gegenüber der Muttergesellschaft zustehen. Dies ändert indes nichts an der Tatsache, dass es sich auch hier um eine bloße Verdoppelung der gegen das herrschende Unternehmen gerichteten Ansprüche handelt, was nach dem oben gesagten nicht ausreichend sein kann.

dd) Ergebnis

Die alternativen Sicherungsmodelle weisen allesamt Schwächen auf, die nicht mit den an den Ausnahmetatbestand zu stellenden Anforderungen vereinbar sind. Aus diesem Grund sind sie abzulehnen. Es ist daher bei der Sicherung auf die konventionellen Personalsicherheiten oder dinglichen Sicherheiten zurückzugreifen. Hierzu müssen allerdings noch weitere Fragen beantwortet werden.

d) Höhe der Sicherung

Nach hier vertretener Sichtweise ist die Entscheidung BGHZ 157, 72 ff. so zu verstehen, dass die Darlehensgewährung an Gesellschafter nur bei entstehender oder sich vertiefender Unterbilanz verhindert werden soll.[1576] Daraus folgt unmittelbar, dass die Sicherheit nicht etwa in der gesamten Höhe der in Form von

---

1573 BGHZ 15, 52, 59; Baumbach/Hueck-*Hueck/Fastrich*, § 19 Rdn 22; *Wessels*, ZIP 2006, 1701, 1705.

1574 *Makowski*, S. 235.

1575 HoldingHndb-*Lutter/Trölitzsch*, § 7 Rdn 20; Emmerich/Habersack-*Emmerich*, KonzernR, § 20 IV 2 b.

1576 Hierzu bereits oben § 8 C. III. 4. a).

Darlehen an den Cash Pool abgeflossenen Liquidität entsprechen muss, sondern lediglich in Höhe der Unterbilanz.[1577] Jede andere Sicherungshöhe, etwa in Höhe der gesamten ausgereichten Darlehen oder in Höhe der Stammkapitalziffer, wäre demgegenüber nicht mit den Anforderungen des BGH in Einklang zu bringen. Insbesondere verlangt der BGH keine Absicherung in Höhe der gesamten Darlehensvaluta, sondern gerade nur für die Situation der Unterbilanz.[1578] Der Kapitalerhaltungsgrundsatz des § 30 Abs. 1 GmbHG stellt allein auf die Erhaltung einer Haftungsmasse in Höhe der Stammkapitalziffer ab. Eine solche Betrachtungsweise ist für einen ausreichenden Schutz des Gesellschaftsvermögens vor Eingriffen der Gesellschafter nicht erforderlich. Überdies sind auch Bedenken gegen eine solch weitgehende Sicherung angebracht, da – wie bereits aufgezeigt wurde – eine Sicherung mit negativen Folgen für das konzernweite Cash Pooling verbunden ist. Eine Besicherung in Höhe der gesamten Darlehensvaluta ist demzufolge nicht erforderlich. Es genügt, wenn eine Besicherung in Höhe der Unterbilanz erfolgt.

e) Maßgeblicher Zeitpunkt

Da der BGH den Schutz des Stammkapitals bei der Darlehensgewährung auf die Situation der be- oder entstehenden Unterbilanz beschränkt, muss auch nur zum Zeitpunkt des Eintritts oder der Vertiefung der Unterbilanz eine Sicherung in der jeweiligen Höhe erfolgen.[1579] Keineswegs ist also etwa eine Sicherung bereits im Zeitpunkt der Verpflichtung zum Abfluss vorhandener Liquidität durch die Tochtergesellschaft erforderlich. Vielmehr hat die Sicherung gleichzeitig mit der Begründung des Rückzahlungsanspruchs stattzufinden, sofern durch die Darlehensgewährung an die Betreibergesellschaft eine Unterbilanz hervorgerufen oder vertieft wird.[1580] Dies ist allerdings mit praktischen Schwierigkeiten verbunden: Der konzernweite Liquiditätsausgleich mittels Cash Pooling führt dazu, dass es nicht nur zu aufsteigenden Darlehen, sondern umgekehrt auch zu absteigende Darlehen der Betreibergesellschaft an die Tochtergesellschaft kommen kann. Der Zustand der Unterbilanz kann daher täglichen Schwankungen unterliegen. Je nach Veränderung des Saldos infolge des täglichen Liquiditätsausgleichs müssten Sicherheiten bestellt und wieder freigegeben werden.[1581] Um diesem Problem gerecht zu werden, hat die Vereinbarung zur Bestellung von Sicherheiten daher eine entsprechende variable Höhe der Sicherheit vor-

1577 *Korts*, S. 29; *Rehm*, FS Säcker, 305, 310; *Langner/Mentgen*, GmbHR 2004, 1121, 1126.

1578 A. A. *Deckart*, S. 82 f., *Tielmann*, Liber amicorum Happ, 311, 317, die eine Sicherung in Höhe der gesamten Darlehensvaluta fordern.

1579 *Langner/Mentgen*, GmbHR 2004, 1121, 1126.

1580 *Langner/Mentgen*, GmbHR 2004, 1121, 1126.

1581 *Makowski*, S. 234 f., die aus diesem Grund eine Sicherheitenbestellung beim Cash Pooling für kaum möglich hält.

zugeben.[1582] Dies bedeutet zwar einen administrativen Mehraufwand. Um aber das Risiko einer Über- oder Untersicherung des Kredits zu vermeiden,[1583] erscheint eine kurzfristige Anpassung der gestellten Sicherheiten auf die jeweilige Darlehenshöhe notwendig zu sein.

Um den vielfältigen Problemen, die sich bei einer Sicherheitenbestellung ergeben können, gerecht zu werden, sollte zur Umgehung des Problems des maßgeblichen Zeitpunktes der Sicherheitenbestellung die Aufnahme der Sicherheitenbestellung mittels einer vertraglichen Regelung in dem Rahmenvertrag (bei Sicherheitenbestellung durch die Muttergesellschaft) oder in dem Vertrag mit der den Cash Pool führenden Bank (sofern diese die Sicherheit leistet) unter die aufschiebende Bedingung des Eintritts der Unterbilanz gestellt werden.[1584] Eine solche Bedingung wäre mit keinem unverhältnismäßigen Aufwand verbunden, da insbesondere die Besicherung nicht fortlaufend an die jeweilige Darlehensvaluta angepasst werden müsste.[1585]

f) Verhältnis dieses Kriteriums zum Kriterium Kreditwürdigkeit

Das Verhältnis der praktischen Erfüllbarkeit der beiden alternativen Möglichkeiten der Sicherheitenbestellung und der Kreditwürdigkeit zueinander ist unklar. Während einerseits der Sicherheitenbestellung eine leichtere Erfüllbarkeit zugewährt wird,[1586] halten andererseits andere das Kriterium der über alle Zweifel erhabenen Kreditwürdigkeit für leichter erfüllbar und damit für praktisch relevant.[1587] Richtigerweise sind aber keine generellen Aussagen möglich. Die Betrachtung hat vielmehr gezeigt, dass beide Kriterien hohe Voraussetzungen haben, die es zu erfüllen gilt. Dabei erscheint es im Einzelfall durchaus möglich, dass das Kriterium der zweifelsfreien Bonität erfüllt werden kann. Gleiches gilt aber auch für eine Sicherheitenbestellung nach den oben genannten Grundsätzen. Welchem Kriterium also der Vorzug zu geben ist, ist eine Frage des Einzelfalls. Generelle Aussagen lassen sich nicht machen.

Allerdings ist in praktischer Hinsicht nicht zu verkennen, dass sich das Kriterium der über alle Zweifel erhabenen Kreditwürdigkeit von selbst ergibt und nach hier vertretener Auffassung bei Einschätzung der Kreditwürdigkeit durch Dritte keine zusätzlichen Kosten verursacht, während die Muttergesellschaft für die Sicherheitenbestellung tätig werden muss und die Sicherung zu-

---

[1582] *Deckart*, S. 83; *Korts*, S. 29; *Langner/Mentgen*, GmbHR 2004, 1121, 1126

[1583] Vgl. *Rittscher*, S. 103; *Makowski*, S. 234; *Wulfetange*, BB 2006, Beil. 7, 19, 23; allg. zur Übersicherung Palandt-*Heinrichs*, § 138 Rdn 97.

[1584] *Korts*, S. 29; *Langner/Mentgen*, GmbHR 2004, 1121, 1126.

[1585] So aber *Hentzen*, ZGR 2005, 480, 498.

[1586] *Langner/Mentgen*, GmbHR 2004, 1121, 1126; *Reidenbach*, WM 2004, 1421, 1424 f.; *Bayer/Lieder*, ZGR 2005, 133, 144; *Seidel*, DStR 2004, 1130, 1131; *Schilmar*, DB 2004, 1311,1414.

[1587] *Liebscher*, Rdn 365 Fn 92; *Deckart*, S. 83 f.; *Hentzen*, ZGR 2005, 480, 499.

sätzliche Kosten verursacht. Aus diesem Grund erscheint es zutreffend, zunächst zu überprüfen, ob das Kriterium der ausreichenden Bonität der Muttergesellschaft vorliegt. Nur sofern dies nicht der Fall ist oder das Kriterium nicht hinreichend rechtssicher feststellbar ist, muss eine Sicherheitenbestellung erfolgen.[1588] Insofern stellt sich das Kriterium der ausreichenden Bonität der Muttergesellschaft als vorrangig dar. Es wäre jedenfalls nicht gerechtfertigt, eine – die Vorteile des Cash Poolings stets vermindernde – Sicherheitenbestellung vorzunehmen, obgleich die Muttergesellschaft ohnehin eine über jeden Zweifel erhabene Bonität besitzt.

g) Ergebnis

Auch das Merkmal der Sicherheitenbestellung ist daher beim Cash Pooling erfüllbar und sollte nicht zwingend vom BGH aufgegeben werden.[1589] Nicht verkannt werden darf allerdings, dass eine Sicherheitenbestellung mit einem erheblichen Aufwand verbunden ist, der die Vorteile des Cash Poolings teilweise aufhebt und zusätzlich die – im Grundsatz allerdings nicht erforderliche[1590] – parallele Außenfinanzierung erschwert wäre, da die Sicherheiten, auf die die abhängige GmbH hierfür angewiesen ist, nunmehr auch für die Sicherung der konzerninternen Darlehensgewährung erforderlich ist.[1591] Aber auch die Vermögenswerte der Obergesellschaft dienen ihr vielfach als Kreditunterlage für eigene Bankkredite, wenn nicht auch sie ihre Finanzierung ausschließlich über konzerninternes Cash Pooling durchführt.[1592] Zudem konterkariert jede Besicherungsform durch außenstehende Dritte, die mit zusätzlichen Kosten verbunden ist, die Interessen der Gesellschaften an einer finanziell vorteilhaften Konzerninnenfinanzierung. Bislang war Sicherheitenbestellung beim konzernweiten Cash Pooling unüblich. Daher ist eine Änderung des bislang praktizierten Cash Poolings erforderlich. Im Ergebnis stehen die Gesellschaften vor der Wahl eine Sicherung zu verlangen oder auf einen vollständigen Abzug auch des Stammkapitals zu verzichten. Aus betriebswirtschaftlicher Sicht muss im Einzelfall festgestellt werden, welcher Weg die geringeren Kosten verursachen wird.

Nicht verkannt werden darf zuletzt auch die Problematik, dass die Kriterien des Ausnahmetatbestandes dann, wenn das Auszahlungsverbot einschlägig

---

[1588] *Tielmann*, Liber amicorum Happ, 311, 316 f.

[1589] A. A. *Böcker*, ZGR 2006, 213, 223.

[1590] Hierzu noch unten 4. Teil § 14 A. IX.

[1591] Krit. auch *Rittscher*, S. 48; *Matschernus*, S. 235; *Rümker*, FS Huber, 919, 926; *Wunderlich*, BKR 2005, 387, 388; *Wulfetange*, BB 2006, Beil. 7, 19, 23; *Keller/Rödl*, BB 2005, Beil. 3, 16, 18; *Cahn*, DK 2004, 235, 241; *Wattenberg*, StV 2005, 523, 525; *Fuhrmann*, NZG 2004, 552, 555; *Wessels*, ZIP 2006, 1701, 1705; *Hentzen*, ZGR 2005, 480, 498; *Schilmar*, DB 2004, 1411, 1415; *Rodewald/Grothaus*, Finance-Sonderbeil. 2/2006, 17.

[1592] *Rümker*, FS Huber, 919, 926.

ist, nämlich im Vorfeldstadium einer Insolvenz, im Regelfall nicht zu erfüllen sein dürften.[1593] Dies beruht darauf, dass bei einem Cash Pooling die Unterbilanzsituation einer Tochtergesellschaft aufgrund des Dominoeffekts nicht selten mit einer parallelen Krise des Gesamtkonzerns einher geht. In einem solchen Fall der Krise des Konzerns liegt die Darlehensgewährung im Stadium der Unterbilanz regelmäßig schon nicht im Interesse der GmbH. Weder ist die Kreditwürdigkeit der Muttergesellschaft außer Zweifel noch dürfte sie über ausreichende Sicherheiten verfügen. Gerade in einem Krisenfall des Konzerns kann die Muttergesellschaft also nicht auf den Ausnahmetatbestand zurückgreifen. Im Umkehrschluss folgt daraus, dass der Ausnahmetatbestand nur für „gesunde" Konzerne überhaupt eine Möglichkeit der Darlehensgewährung im Stadium der Unterbilanz darstellt.

5. Beweislast für die Voraussetzungen des Ausnahmetatbestandes

Nach der allgemeinen Regel, wonach jede Partei die Behauptungs- und beweislast für den Tatbestand der ihr günstigen Rechtsnorm trägt,[1594] ist beweisbelastet für die Voraussetzungen dieses Ausnahmetatbestandes der Anspruchsgegner des jeweiligen Anspruchs.[1595] Dies kann nach den oben genannten Haftungsadressaten sowohl die darlehensnehmende Muttergesellschaft als auch der Geschäftsführer der darlehensgewährenden Gesellschaft sein.[1596] Mit dieser Beweislastverteilung schließt sich der Kreis: Wie oben dargestellt wurde, ist das Problem bei der Darlehensgewährung an Gesellschafter gerade, dass die Kreditwürdigkeit der Gesellschafter nur unzureichend geprüft wird, wie dies bei einer Darlehensgewährung an Dritte der Fall wäre.[1597] Jetzt muss bei Ansprüchen aus § 31 Abs. 1 GmbHG die darlehensnehmende Muttergesellschaft oder bei Ansprüchen aus § 43 Abs. 2, 3, § 30 Abs. 1 GmbHG der Geschäftsführer der darlehensgewährenden Gesellschaft die Einzelheiten der zulässigen Darlehensgewährung bei bestehender Unterbilanz darlegen und beweisen. Der oben dargestellten Gefahr, dass die Kreditwürdigkeit nur unzureichend geprüft wird, kann damit wirksam begegnet werden: Bei einem Anspruch aus § 31 GmbHG muss die darlehensnehmende Gesellschaft die strengen Voraussetzungen des Ausnahmetatbestandes darlegen und beweisen, bei einem Anspruch aus § 43 Abs. 2 und 3

[1593] So auch die Einschätzung von *Müller-Michaels*, KSI 2006, 100, 101; vgl. *Krause*, JR 2006, 51, 56 f.

[1594] Thomas/Putzo-*Reichold*, Vorbem § 284 Rdn 23.

[1595] Ausdr. BGHZ 157, 72, 77; vgl. OLG Stuttgart, ZIP 2007, 275, 278; *Wachter* GmbHR 2004, 1249, 1253, geht davon aus, dass ein Nachweis in praxi nicht zu erbringen ist; derartige pauschale Betrachtungen sind aber – wie die Frage der Erfüllung der Voraussetzungen des Ausnahmetatbestandes gezeigt hat – nicht angebracht.

[1596] *Maier-Reimer*, VGR 10, 127, 149; *Bayer/Lieder*, ZGR 2005, 133, 134; *Burgard*, AG 2006, 527, 528.

[1597] So oben § 8 B. II. 2. e).

GmbHG der Geschäftsführer der darlehensgewährenden GmbH. Der Beweislast kommt für das Verständnis und die Bedeutung des Ausnahmetatbestandes daher eine nicht unerhebliche Bedeutung zu.[1598]

III. Ergebnis zum Ausnahmetatbestand

Auch bei be- oder entstehender Unterbilanz kann ein Cash-Pooling-System ohne Verstoß gegen den Kapitalerhaltungsgrundsatz des § 30 Abs. 1 GmbHG durchgeführt werden. Das Interesse der kreditgewährenden Gesellschaft an der Teilnahme am Cash Pool kann im Einzelfall ebenso vorliegen wie der erforderliche Drittvergleich. Besonders Problematisch ist allerdings die jeweils letzte Voraussetzung, entweder eine außerhalb jeden Zweifels liegende Kreditwürdigkeit oder eine werthaltige Besicherung. Wann die Rückzahlung außerhalb jedes vernünftigen Zweifels steht, kann nach gegenwärtigem Stand nicht mit letzter Sicherheit festgestellt werden. Bei einer alternativ möglichen Sicherung wird das Stammkapital entsprechend den Anforderungen des vom BGH aufgestellten Substanzschutzarguments nicht in weniger sichere schuldrechtliche Ansprüche gegen die Gesellschafter aufgespalten. Mit der jeweiligen Sicherheit wird vielmehr entweder ein zusätzlicher dinglicher Anspruch gegen die Muttergesellschaft oder ein schuldrechtlicher oder dinglicher Anspruch gegen einen Dritten geschaffen.

Cash-Pooling-Systeme können den Anforderungen des Ausnahmetatbestandes gerecht werden. Allzu pauschale Ablehnungen der Einhaltung der Voraussetzungen[1599] sind deshalb nicht angebracht. Aufgrund der hohen Anforderungen wären sie aber bei Einhaltung aller Voraussetzungen, insbesondere der werthaltigen Besicherung, ihrer wirtschaftlichen Attraktivität sehr weit enthoben.[1600] Konzerne, die ein konzernweites Cash-Pooling-System betreiben, müssen sich daher im Ergebnis zwischen zwei Möglichkeiten entscheiden: Entweder sie sorgen dafür, dass die hohen Voraussetzungen des Ausnahmetatbestandes erfüllt sind, damit eine aufsteigende Darlehensgewährung auch im Stadium der Unterbilanz möglich ist oder sie treffen dafür Vorsorge, dass bei be- oder entstehender Unterbilanz keine Darlehensgewährung erfolgt.

Im Ergebnis muss die Muttergesellschaft, sofern sie nicht von zweifelhafter Bonität ist, in wirtschaftlicher Hinsicht abwägen, ob es für sie sinnvoller ist, zu einer Sicherheitenbestellung überzugehen oder aber auf den Abzug von Liquidität bei den einzelnen Konzerngesellschaften auch im Stadium derer jeweiligen Unterbilanz zu verzichten.[1601] Letztlich bedarf es hierfür aus betriebswirtschaftlicher Sicht eines Vergleiches der Verluste, die dadurch entstehen, dass den Anforderungen des vom BGH aufgestellten Ausnahmetatbestandes Rech-

---

[1598] *Burgard*, AG 2006, 527, 528; vgl. auch *Rittscher*, S. 98.

[1599] Etwa *Wachter*, GmbHR 2004, 1249, 1253; *Schäfer*, DStR 2006, 2085, 2088.

[1600] Pentz/Sollanek-*Pentz*, S. 35; *Schilmar*, DB 2004, 1411, 1414.

[1601] *Reidenbach*, WM 2004, 1421, 1424; zu einer solchen Möglichkeit siehe noch § 12 B. I.

nung getragen werden muss, mit den Gewinnen, die durch ein konzernweites Cash Pooling im Stadium der Unterbilanz bestehen würden. Eines ist am Ende klarzustellen: Eine Rückkehr zur bilanziellen Betrachtungsweise wie vor dem Urteil des BGH kann mit den strengen Voraussetzungen des obiter dictums mit Sicherheit nicht erreicht werden.[1602]

F. „Sonderrecht" für Cash-Pooling-Systeme bei der Kapitalerhaltung

I. De lege lata?

Nachdem der BGH für die Bereiche der Kapitalaufbringung und -erhöhung ein „Sonderrecht" für Gesellschaften, die in Cash-Pooling-Systeme eingegliedert sind, nicht zugelassen hat und in diesem Bereich – wie die Untersuchung gezeigt hat[1603] – kein „Sonderrecht" positiver noch negativer Art begründet werden kann, stellt sich die Frage, ein derartiges „Sonderrecht" für das Cash Pooling bei der Kapitalerhaltung in Betracht kommt. Ein derartiges „Sonderrecht" positiver Art könnte die Kapitalerhaltungsgrundsätze beim Cash Pooling außer Kraft setzen und würde dem herrschenden Unternehmen große Freiräume für die Durchführung eines solchen Systems bieten. *Böcker* hält eine „systembedingte, institutionelle Bereichsausnahme" beim Cash Pooling zumindest von BGHZ 157, 72 ff. für möglich.[1604] Ähnlich wollen auch *Schäfer* und *Engert* schon de lege lata Liquiditätsverlagerungen im Rahmen des Cash Poolings vom Auszahlungsverbot des § 30 Abs. 1 GmbHG ausnehmen.[1605] Auf der einen Seite lässt sich natürlich argumentieren, im wirtschaftlich gesunden Konzern würde die Einbindung einer Gesellschaft in ein Cash-Pooling-System aufgrund der Einsparung der Finanzierungskosten nicht nur die Insolvenzwahrscheinlichkeit der Konzernspitze, sondern auch die aller beteiligten Gesellschaften mindern und daher auch den Gläubigern aller Konzerngesellschaften zugute kommen.[1606] Dies rechtfertigt allerdings noch keine Freistellung vom gesetzlichen Auszahlungsverbot des § 30 Abs. 1 GmbHG, wird doch damit einseitig der Blick auf die Vorteile des Cash Poolings beschränkt. Genau umgekehrt lässt sich argumentieren, dass angesichts der mit dem Cash Pooling für die abhängige GmbH verbundenen Gefahrenlage die Etablierung eines positiven „Sonderrechts" gegenwärtig ohne ge-

---

[1602] Vgl. *Röhricht*, bei Seulen, VGR 10, 159, 161; für eine Rückkehr aber *Grunewald*, WM 2006, 2333, 2334; *Drygala*, ZGR 2006, 587, 631.

[1603] Siehe oben 2. Teil § 3 D. I.

[1604] *Böcker*, ZGR 2006, 213, 224.

[1605] *Schäfer*, BB 2006, Beil. 7, 5, 6 f. *ders.*, DStR 2006, 2085, 2089; wegen der Liquidität der Rückzahlungsansprüche beim Cash Pooling; *Engert*, BB 2005, 1951, 1957, wegen des Interesses der Gläubiger der GmbH an der Stabilität des Gesamtkonzerns; in diese Richtung auch *Rittscher*, S. 104.

[1606] So *Engert*, BB 2005, 1951, 1957.

setzliche Grundlage nicht möglich ist.[1607] Stichwortartig seien hier die Begriffe Klumpenrisiko und Dominoeffekt genannt. Ferner kann die Abhängigkeit von der Liquidität der Betreibergesellschaft für die abhängige GmbH Gefahren mit sich bringen. Warum daher gerade für das Cash Pooling eine Ausnahme gemacht werden soll, für andere Formen der Darlehensgewährung hingegen nicht, erscheint angesichts der Gefahrenlage nicht schlüssig erklärbar zu sein.[1608] Angesichts der bestehenden Gefahrensituation erscheint es nicht gerechtfertigt, aufsteigende Darlehensgewährungen im Rahmen von Cash-Pooling-Systemen pauschal vom Auszahlungsverbot des § 30 Abs. 1 GmbHG auszunehmen. Keineswegs wird damit das Cash-Pooling-System von vornherein als gefahrengeneigt eingestuft. Die bestehenden potentiellen Gefahren bieten aber hinreichenden Anlass dafür, beim Cash Pooling keine allgemeine Ausnahme vom Auszahlungsverbot des § 30 Abs. 1 GmbHG zuzulassen.

Die Ablehnung eines „Sonderrechts" im Rahmen der Kapitalerhaltung wird zudem vielfach mit der Übertragung der entsprechenden Aussage des BGH in den Entscheidungen des BGH vom 16.01.2006[1609] begründet. Diese Aussage beanspruche wegen des „engen methodischen Zusammenhangs" auch für die Kapitalerhaltung Geltung.[1610] Was damit aber gemeint ist, bleibt offen. Wie bereits aufgezeigt wurde, folgen die Kapitalaufbringung und -erhaltung getrennten Regelungen und müssen daher auch getrennt voneinander behandelt werden.[1611] Richtigerweise hat die Aussage des BGH aber aus einem anderen Grund auch bei der Kapitalerhaltung Geltung. Das Gericht trifft die Aussage zwar in Bezug auf die Kapitalaufbringung und -erhöhung, erkennt ein „Sonderrecht" aber ganz allgemein „für diese Art der Finanzierung" nicht an.[1612] Nicht der „enge methodische Zusammenhang", sondern die Allgemeinheit der Aussage lässt daher darauf schließen, dass der BGH ein „Sonderrecht" auch in Bezug auf die Kapitalerhaltung nicht anerkennt.[1613] Alles andere als ein diesbezüglicher Gleichlauf zwischen Kapitalaufbringung und -erhaltung würde – trotz der bestehenden Unterschiede – dazu führen, dass das bei der Kapitalerhaltung im Vergleich zur Kapitalaufbringung ohnehin schon niedrigere Schutzniveau noch weiter verringert

---

[1607] Ähnl. *Wackerbarth*, FS Eisenhardt, 531, 537 f.; *Spindler*, ZHR 171 (2007), 245, 250; *Burgard*, AG 2006, 527, 532; *Goette*, ZIP 2005, 1481, 1484.

[1608] *Rehm*, FS Säcker, 305, 308 f.; vgl. die Argumentation bezüglich des „Sonderrechts" bei der Kapitalaufbringung oben 2. Teil § 3 D. I.

[1609] BGHZ 166, 8 ff.

[1610] *Brems/Tillmann*, Börsen-Zeitung v. 25.01.2006, S. 2.

[1611] Siehe oben 2. Teil § 7 C.

[1612] BGHZ 166, 8, 15 f.

[1613] Zutr. *Lamb/Schluck-Amend*, DB 2006, 879, 880; *Bayer/Lieder*, GmbHR 2006, 1121, 1121 f.; wohl auch *Rittscher*, S. 91; *Joost*, VGR 11, 31, 39; *Stein*, DZWiR 2006, 251, 251, kann der Entscheidung dagegen keine neuen Erkenntnisse für die Kapitalerhaltung entnehmen; ob damit auch der Bereich des abgelehnten „Sonderrechts" gemeint ist, bleibt indes offen.

werden würde. Wird ein „Sonderrecht" für die Kapitalaufbringung und -erhöhung abgelehnt, muss dies zwingend auch für die Kapitalerhaltung gelten, andernfalls die Kapitalaufbringung entwertet werden würde.[1614] Dies ist auch sachgerecht: Zwar können mit dem Cash Pooling verschiedene Einsparungen und Vorteile erreicht werden, jedoch haben die Konzerne keinen Anspruch auf die Ermöglichung der optimalen Nutzung der Vorteile dieses Konzernfinanzierungsinstruments.[1615]

Gleiches gilt im umgekehrten Sinne auch für ein „Sonderrecht" negativer Art.[1616] Zwar wäre etwa daran zu denken, § 30 Abs. 1 GmbHG beim Cash Pooling von vornherein auf das Schutzniveau des strengeren § 57 Abs. 1 S. 1 AktG anzupassen.[1617] Trotz der mit dem Cash Pooling verbundenen Risiken liefe eine Verschärfung der Kapitalaufbringung beim Cash Pooling aber den wirtschaftlichen Bedürfnissen erheblich zuwider. Zur Klarstellung ist noch anzuführen, dass auch keineswegs in der Entscheidung BGHZ 157, 72 ff. ein negatives „Sonderrecht" für das Cash Pooling zu erblicken ist. Eine solche Sichtweise verbietet sich schon aus dem Grund, dass die Entscheidung keinen Cash-Pooling-Sachverhalt betraf und es bezweifelt werden muss, dass der BGH die Reichweite der Entscheidungsgründe für das Cash Pooling bedacht hat. Nach der gegenwärtigen Gesetzeslage besteht damit – ebenso wie bei der Kapitalaufbringung – kein „Sonderrecht" für Cash-Pool-Verfahren bei der Kapitalerhaltung.[1618] Es bleibt daher bei der Kapitalerhaltung bei den oben aufgestellten Grundsätzen für die faktisch konzernierte GmbH.

II. Positives „Sonderrecht" durch § 30 Abs. 1 S. 2 GmbHG RefE-MoMiG?

Die Kapitalerhaltung bei einer GmbH, die an einen Cash Pool angeschlossen ist, soll allerdings in § 30 Abs. 1 S. 2 GmbHG RefE-MoMiG eine Sonderregelung erfolgen, indem es in noch aufzugeigenden Grenzen vom Ausschüttungsverbot ausgenommen werden soll. § 30 Abs. 1 S. 2 GmbHG RefE-MoMiG ist zwar allgemein für alle Leistungen der Gesellschaft an den Gesellschafter formuliert, die

---

[1614] *Kurzwelly*, DAI-JAT 2006, 2, 30; *Joost*, VGR 11, 31, 39; *Altmeppen*, ZIP 2006, 1025, 1030; *Schmelz*, NZG 2006, 456, 457.

[1615] Ähnl. *Goette*, ZIP 2005, 1481, 1484: „kein grundgesetzlich geschützter Anspruch".

[1616] *Mildner* FAZ v. 25.01.2006, S. 23; *ders.* Finance 4/2006, S. 36, 37, fordert demgegenüber eine Verschärfung der Kapitalerhaltung beim Cash Pooling, ohne aber näher darauf einzugehen, wie eine solche Verschärfung aussehen soll.

[1617] Nach *Böcker*, ZGR 2006, 213, 215 f. ist dies durch BGHZ 157, 72 ff., bereits geschehen.

[1618] Ebenso OLG München, ZIP 2006, 25, 26; *Spindler*, ZHR 171 (2007), 245, 248; *Burgard*, AG 2006, 527, 532; *Vetter/Schwandtner*, DK 2006, 407, 420; *Schmelz*, NZG 2006, 456, 457; *Witte/Mehrbrey*, MDR 2007, 7, 8; *Brems/Tillmann*, Börsen-Zeitung v. 25.01.2006, S. 2.

ein Kreditinstitut beinhalten, soll aber ausweislich der Begründung zum RefE-MoMiG gerade für konzernweite Cash-Pooling-Systeme anwendbar sein.[1619]

1. Bedürfnis für eine gesetzliche Regelung?

Die gesetzliche Neuregelung zollt den in der Literatur aufgekommenden Unsicherheiten über die Reichweite der Zulässigkeit des Cash Pooling Rechnung. Verschiedentlich wurde eine Erleichterung des Cash Pooling durch den Gesetzgeber gefordert.[1620] Legt man allerdings die oben herausgearbeitete Begrenzung der Sichtweise des BGH auf eine bereits bestehende oder sich vertiefende Bilanz zugrunde, wird das Erfordernis einer gesetzlichen Neuregelung zweifelhaft.[1621] Wie aufgezeigt wurde, ist die Durchführung eines konzernweiten Cash Poolings bei dieser Sichtweise ohne weiteres möglich. Nun lässt sich zwar einwenden, dass diese Sichtweise keineswegs unumstritten ist. Ob es aus diesem Grund aber tatsächlich einer gesetzlichen Regelung bedarf, ist zweifelhaft. Insofern wäre möglicherweise auch eine Klarstellung bezüglich der Reichweite des Auszahlungsverbots und der Voraussetzungen des Ausnahmetatbestandes – durchaus auch in einem obiter dictum – durch den BGH, der die Diskussion insoweit auch „ins Rollen" gebracht hat, ausreichend.[1622] Eine kasuistische gesetzliche Rege-

---

1619 Begr. RefE-MoMiG S. 55.

1620 Vgl. die Schreiben des BDI vom 12.04. 2005 und 22.09.2005 an das BMJ, (www.bdi-online.de), sowie Handelsblatt v. 07.11.2005, S. 6; Bundesjustizministerin *Zypries* äußerte sich erstmals in einer Rede bei der IHK Gießen-Friedberg am 28.11.2005 wohlwollend über eine gesetzliche Regelung des Cash Poolings (www.bmj.bund.de).

1621 Gegen das Erfordernis einer gesetzlichen Regelung auf Grundlage der auch hier vertretenen Sichtweise der Einschränkung der Abkehr von der bilanziellen Betrachtung auf eine entstehende oder vertiefende Unterbilanz etwa *Pentz*, ZIP 2006, 781, 784; *Habersack/Schürnbrand*, BB 2006, 288, 289; skeptisch auch *Werner*, BKR 2006, 211, 214; *Altmeppen*, bei Lieder, DNotZ 2007, 412, 414 f.; demgegenüber rufen *Wand*, BB 2005, 1017, 1018, und *Cahn*, DK 2005, 235, 245, aufgrund der „Fehlentwicklung" in BGHZ 157, 72 ff. gerade nach dem Gesetzgeber; *Reuter*, DB 2005, 2339, 2342, und *Sassenrath*, FS Huber, 931, 946, Fn 79, beklagen die fehlende gesetzliche Grundlage für eine Loslösung der §§ 30, 31 GmbHG von einer bilanziellen Betrachtungsweise; für eine Regelung des Konzerninsolvenzrechts *Börner*, BGHReport 2004, 534, 535; einer neuen Regelung wohlwollend gegenüberstehend Scholz-*H.P. Westermann*, § 30 Rdn 72 f., wonach die geplante Neuregelung nicht die aufsteigende Sicherheitengewährung betreffen soll; außerdem *Mülbert*, WM 2006, 1977, 1983; *Haas/Oechsler*, NZG 2006, 806, 810; *Wulfetange*, BB 2006, Beil. 7, 19, 22; *Schäfer*, BB 2006, Beil. 7, 5, 8; *ders.*, DStR 2006, 2085, 2089; *Priester*, ZIP 2006, 1557, 1558; *Drygala/Kremer*, ZIP 2007, 1289, 1290; vgl. auch den Beschluss E. III. 14. des 66. DJT vom 21.09.2006 in Stuttgart (ww.djt.de).

1622 Vgl. für eine gerichtliche Klärung *Ulmer*, ZHR 169 (2005) 1, 5; *Grothaus/Halberkamp*, GmbHR 2005, 1317, 1323; *Hahn*, DK 2004, 641, 646; *Schilmar*, DB 2004, 1411, 1416; *Biegel/Eilmann*, Börsen-Zeitung v. 03.08.2005, S. 2; *Lamb/Schluck-Amend*, Börsen-Zeitung v. 14.01.2006, S. 10; allerdings ist insofern *Noack*, DB 2007, 1395, 1397, zuzugeben, dass der Gesetzgeber von alleine initiativ werden kann, während der BGH auf

lung, die ausdrücklich auf den Bereich der Konzernfinanzierung durch Cash Pooling zugeschnitten ist, steht zudem in eklatantem Widerspruch zu dem Grundsatz einfacher Gesetzesfassung.[1623] Dagegen lässt sich auch nicht einwenden, die Regelung gehe über die Darlehensgewährung hinaus. Sie ist ausweislich der Entwurfsbegründung gerade auf das Cash Pooling zugeschnitten.[1624] Daher ist es bedenklich, dass der Gesetzgeber einzelne Fallgruppen des allgemeinen Auszahlungsverbots des § 30 Abs. 1 GmbHG mit einer Sonderregelung in Form eines Ausnahmetatbestandes versieht.[1625]

Dies ist auch vor einem anderen Hintergrund bedenklich: Wie bereits dargestellt wurde, hat der BGH ein „Sonderrecht" für die Kapitalaufbringung bei Cash-Pooling-Systeme in seinen Entscheidungen vom 16.01.2006 eine Absage erteilt.[1626] Anlass dafür, dies bei der Kapitalerhaltung anders zu sehen, besteht nicht.[1627] Damit verträgt es sich aber nicht, wenn der Gesetzgeber nunmehr eine kasuistische Regelung für die Erleichterung des Cash Pooling schafft.[1628] Dies ist nichts anders als ein – vom BGH ausdrücklich abgelehntes – „Sonderrecht" für das Cash Pooling. Der Gesetzgeber ist zwar nicht daran gehindert, durch ausdrückliche Regelungen ein „Sonderrecht" zu schaffen, stellt sich damit aber

---

geeignete Fälle zur Stellungnahme warten muss; zuletzt hätte der BGH anlässlich der Entscheidung BGH, NZG 2007, 704 ff. Gelegenheit zur Stellungnahme im Rahmen eines obiter dictum gehabt, hat hiervon laut *Goette*, DStR 2007, 1878, 1878, *ders.*, ZInsO 2007, 1177, 1178, aber bewusst keinen Gebrauch gemacht.

[1623] Krit. daher *Noack*, DB 2006, 1475, 1482; *ders./Maul/Pentz*, S:R-Pilot 2006, 12, 13; *Habersack*, ZHR 170 (2006), 607, 610; nach *Gehrlein*, DK 2007, 1, 5 f. steht die Vorschrift zudem in Widerspruch zu Art. 3 Abs. 1 GG; vgl. *Hangebrauck*, JA 2008, 125, 127; krit. auch *Spindler*, ZHR 171 (2007), 245, 277.

[1624] Begr. RefE-MoMiG, S. 55; *Breitenstein/Meyding*, BB 2006, 1457, 1460.

[1625] Krit., ob dies die Aufgabe des Gesetzgebers sei *Schäfer*, BB 2006, Beil. 7, 5, 8, *ders.*, DStR 2006, 2085, 2088, der die Bedenken dagegen aber zurückstellt; krit. auch *Flesner*, NZG 2006, 641, 644; *Habersack*, ZHR 170 (2006), 607, 610; Mahnendes Beispiel dürfte insofern auch die Fortgeltung der Rechtsprechungsregeln zu eigenkapitalersetzenden Gesellschafterdarlehen trotz der Einführung der §§ 32 a, b GmbHG durch die GmbH-Novelle 1980 sein (hierzu etwa Baumbach/Hueck-*Hueck-Fastrich*, § 32 a Rdn 4, 90 ff.; Scholz-*K. Schmidt*, §§ 32 a, 32 b, Rdn 15, 77 ff.; *Raiser/Veil*, § 38 Rdn 8); mit dem MoMiG sollen diese Rechtsprechungsregeln jetzt ausdr. außer Kraft gesetzt werden, § 30 Abs. 1 S. 3 GmbHG RefE-MoMiG; Begr. RefE-MoMiG, S. 55, während die §§ 32a, b GmbHG rechtstechnisch in das Insolvenzrecht verlagert werden; hierzu Scholz-*K. Schmidt* §§ 32 a, b Rdn 238 ff.; *Gesmann-Nuissl*, WM 2006, 1756, 1759; *Flesner*, NZG 2006, 641, 646 f.

[1626] Siehe oben 2. Teil D. I. 1.

[1627] Siehe oben § 8 F. I.

[1628] Dass der Gesetzgeber sich mit einer Generalklausel begnügt und keine Einzelheiten des Cash Poolings regelt, ist entgegen der Stellungnahme des Deutschen Notarvereins zum RefE-MoMiG, S. 13 (www.dnotv.de), demgegenüber nachrangig.

in einen offenen Widerspruch zum BGH.[1629] Da der BGH aber die Frage nach der Reichweite des § 30 Abs. 1 GmbHG bei der Darlehensgewährung aufgeworfen hat, läge es näher, wenn das Gericht die Voraussetzungen einer zulässigen Darlehensgewährung im Cash Pool bei nächster Gelegenheit selbst konkretisiert, um verbliebene Unsicherheiten auszuräumen.[1630] Die Äußerungen des Vorsitzenden des II. Zivilsenats des BGH, *Goette*, gehen jedenfalls deutlich auf eine einschränkende Betrachtung des Urteils BGHZ 157, 72 ff., wonach eine Abkehr von der bilanziellen Betrachtungsweise nicht schon bei Feststellung der Unterbilanz vorzunehmen ist.[1631] Ähnlich hat sich auch ein anderes Mitglied des II. Zivilsenats geäußert.[1632] Hierin zeigt sich, dass der BGH eine gläubigerschützend geprägte Auslegung des GmbHG vertritt, während der Gesetzgeber – insbesondere auf Druck der Konkurrenzrechtsform der englischen Limited – Erleichterungen zulassen will. Insofern driften Rechtsprechung und Gesetzgebung auseinander. Mit Spannung zu erwarten wäre daher, wie der BGH die Neuregelung auslegen würde.[1633]

2. Tatbestandsvoraussetzungen

§ 30 Abs. 1 S. 2 GmbHG RefE-MoMiG lässt bei einem Angriff des Stammkapitals durch eine Vorleistung aufgrund eines Vertrages mit einem Gesellschafter das Verbot des § 30 Abs. 1 S. 1 GmbHG nicht gelten, wenn die Leistung im Interesse der Gesellschaft liegt. Nach gegenwärtigem Stand herrscht über zahlreiche Einzelheiten dieser Neuregelung noch Ungewissheit, so dass eine nähere Auseinandersetzung mit den einzelnen Vorgaben erforderlich erscheint.

Zweck der Ausnahmeregelung bei Vorliegen eines Gesellschaftsinteresses, das durch verschiedene Kriterien konkretisiert wird, dürfte die Aufrechterhaltung des Geschäftsverkehrs zwischen der GmbH und den Gesellschaftern sein.[1634] Eine derartige Ausnahme erkennen der Gesetzgeber und die Rechtsprechung immer wieder an: So stellen etwa normale Umsatzgeschäfte keine Umge-

---

[1629] Symptomatisch hierfür ist, dass der Vorsitzendes des II. Zivilsenats, *Goette*, eine gesetzliche Regelung für das Cash Pooling für nicht erforderlich hält, bei Seulen, VGR 10, 159, 160.

[1630] Genau entgegengesetzt Stellungnahme des Deutschen Notarvereins zum RefE-MoMiG, S. 12 (www.dnotv.de).

[1631] *Goette*, ZIP 2005, 1481, 1484; *ders.*, DStR 2006, 767, 768; *ders.*, KTS 2006, 217, 227; siehe auch *ders.*, bei Seulen, VGR 10, 159, 159 f.; *ders.*, bei Behrens, VGR 11, 51, 51 f; dass sich die Unsicherheit über dieses Urteil an dieser Frage entzündet, wurde bereits unter § 8 C. III. dargestellt; der IDW HFA sah sich aufgrund der Äußerungen *Goettes* zu einer Änderung seiner Bewertung der Auswirkungen des Urteils BGHZ 157, 72 ff. veranlasst (siehe FN-IDW 2004, 746, 746 einerseits und FN-IDW 2006, 545, 546 andererseits).

[1632] *Kurzwelly*, DAI-JAT 2006, 2, 30.

[1633] Vgl. *Bormann*, DB 2006, 2616, 2620; *Gesellensetter*, Handelsblatt v. 22.11.2006, S. 16.

[1634] *Priester*, ZIP 2006, 1557, 1559.

hung der Sacheinlagevorschriften dar.[1635] Gemäß § 52 Abs. 9 AktG werden laufende Geschäfte von den Anforderungen der Nachgründung ausgenommen.[1636] Insofern liegt § 30 Abs. 1 S. 2 GmbHG RefE-MoMiG auf einer Linie mit diesen Gedanken. Geht man allerdings davon aus, dass in dieser Regelung die vom BGH in seinem obiter dictum aufgestellten Anforderungen aufgenommen werden, hat schon der BGH auf diese allgemeinen Gedanken zurückgegriffen.

a) Unterbilanzsituation

Kreditvergaben, die aus und im Rahmen von freien Rücklagen erfolgen sind, dies stellt die Begründung zum RefE-MoMiG auch ausdrücklich klar, unproblematisch.[1637] Allerdings wurde oben gezeigt, dass § 30 Abs. 1 S. 2 GmbHG RefE-MoMiG auf der strengeren Ansicht beruht, die den Darlehensrückzahlungsanspruch unabhängig von seiner Werthaltigkeit schon bei der Ermittlung der Unterbilanz außer Betracht lassen will.[1638] Dies wird deutlich, wenn man sich die Begr. RefE-MoMiG vor Augen führt, wo es heißt: „Zu einer Leistung, die in die Unterbilanz führt, kommt man, wenn man zunächst die geschuldete, aber erst später zu bewirkende Gegenleistung bzw. den Rückzahlungsanspruch rechnerisch außer Ansatz lässt."[1639] Nach hier vertretener Auffassung kann eine Unterbilanz aber nur dadurch herbeigeführt werden, dass der Darlehensrückzahlungsanspruch nicht vollwertig ist. Im Gesetz oder in der Begründung sollte daher klargestellt werden, dass werthaltige Ansprüche bei Ermittlung der Unterbilanz zu beachten sind.[1640] Allerdings muss bezweifelt werden, dass der Gesetzgeber der strengeren Auffassung bewusst folgt.[1641] Der RefE-MoMiG hat den oben dargestellten Streit über die Reichweite der Aussagen von BGHZ 157, 72 ff. jedenfalls nicht entschieden und stiftet daher eher neue Verwirrung.

b) Vorleistung aufgrund eines Vertrages

Weiterhin müsste es zu einer Vorleistung aufgrund eines Vertrages kommen.[1642] Unter einer Vorleistung ist die einseitige Erfüllung der eigenen Vertragspflicht

[1635] Baumbach/Hueck-*Hueck/Fastrich*, § 19 Rdn 40; Hachenburg-*Ulmer*, § 5 Rdn 147a.
[1636] Siehe auch den Vergleich bei *Priester*, ZIP 2006, 1557, 1559.
[1637] Begr. RefE-MoMiG, S. 53 f.; dies war allerdings auch bislang unproblematisch, vgl. *Seibert*, ZIP 2006, 1157, 1163; zu einer solchen Lösungsmöglichkeit, um die Kapitalerhaltungsproblematik zu umgehen siehe unten § 12 B. I.
[1638] Siehe oben § 8 C. III. 3. g).
[1639] Begr. RefE-MoMiG, S. 54.
[1640] So auch *Mülbert*, WM 2006, 1977, 1982; *Altmeppen*, ZIP 2006, 1025, 1035.
[1641] *Haas/Oechsler*, NZG 2006, 806, 809; siehe auch oben § 8 C. III. 3. g); a. A. *Diers*, S. 165.
[1642] Gegen ein Vertragserfordernis bei Beherrschungs- und Gewinnabführungsvertrag aber Stellungnahme BDI und GDV zum RefE-MoMiG, S. 16 (www.bdi-online.de); *Wulfetange*, BB 2006, Beil. 7, 19, 23.

der GmbH zu verstehen.[1643] Als derartige Vorleistung können vor allem Valutaauszahlungen aufgrund eines Darlehensvertrages oder Leistungen bei Stundung der Gegenleistung zu verstehen sein.[1644] Die Formulierung ist damit zwar nicht direkt auf das Cash Pooling bezogen, dieses ist aber ohne Zweifel inbegriffen, weitergehend aber auch alle sich möglicherweise erst zukünftig entwickelnden Finanzierungsmöglichkeiten, die Kreditcharakter aufweisen.[1645] Rein begrifflich sollte zur Schaffung von Rechtssicherheit besser statt „Vorleistung" der bekanntere Begriff „Leistung" verwendet werden.[1646] Dabei ist nicht zu verkennen, dass die Vorschrift als Ausnahmetatbestand zu verstehen ist. Daher ist auch der Begriff der Vorleistung restriktiv auszulegen wie allgemein die Neuregelung keinen erweiternden Auslegungen oder gar Analogiebildungen zugänglich sein sollte.[1647]

c) Gesellschaftsinteresse

Während der BGH in seinem obiter dictum die Darlehensvergabe bei be- oder entstehender Unterbilanz davon abhängig machte, dass die Darlehensvergabe im Interesse der Gesellschaft liegt, die Darlehensbedingungen dem Drittvergleich standhalten und die Kreditwürdigkeit des Gesellschafters selbst bei Anlegung strengster Maßstäbe außerhalb jedes vernünftigen Zweifels steht oder die Rückzahlung des Darlehens durch werthaltige Sicherungen voll gewährleistet ist,[1648] will § 30 Abs. 1 S. 2 GmbHG RefE-MoMiG diesen eng gefassten Ausnahmetatbestand bewusst erweitern.[1649] Voraussetzung für eine Darlehensgewährung bei entstehender oder sich vertiefender Unterbilanz ist demnach nur noch, dass diese im Interesse der Gesellschaft liegt. Mit dem Gesellschaftsinteresse werde das Ziel des BGH, die Kapitalerhaltung der Gesellschaft zu wahren, beim Cash Pooling nicht in Frage gestellt.[1650] Die übrigen vom BGH aufgestellten Kriterien haben hingegen keinen Eingang in den Gesetzestext gefunden, sondern sind al-

---

[1643] *Leuering/Simon*, NJW-Spezial 2006, 315, 316; vgl. *Bayer/Lieder*, GmbHR 2006, 1121, 1126.

[1644] Begr. RefE-MoMiG, S. 54; *Seibert*, ZIP 2006, 1157, 1163; *Leuering/Simon*, NJW-Spezial 2006, 315, 316; *Schäfer*, BB 2006, Beil. 7, 5, 8; *Römermann*, GmbHR 2006, 673, 679; *Wessels*, ZIP 2006, 1701, 1704; *Gesmann-Nuissl*, WM 2006, 1756, 1762; einschr. *Bayer/Lieder*, GmbHR 2006, 1121, 1126.

[1645] *Gesmann-Nuissl*, WM 2006, 1756, 1762.

[1646] *Wulfetange*, BB 2006, Beil. 7, 19, 23; Stellungnahme von BDI und GDV zum RefE-MoMiG, S. 16 (www.bdi-online.de); krit. zu dem Begriff HRA-DAV, NZG 2007, 211, 215 f.; *Mülbert*, WM 2006, 1977, 1983.

[1647] Ebenso *Bayer/Lieder*, GmbHR 2006, 1121, 1126; vgl. *Lange*, NJW 2002, 2293, 2296; andernfalls droht eine Verallgemeinerung der gerade als Ausnahme konzipierten Norm.

[1648] Siehe oben § 8 E. II.

[1649] Begr. RefE-MoMiG, S. 54; *Seibert*, ZIP 2006, 1157, 1163; *Breitenstein/Meyding*, BB 2006, 1457, 1460; *Römermann*, GmbHR 2006, 673, 679; *Priester*, ZIP 2006, 1557, 1558.

[1650] Begr. RefE-MoMiG, S. 55; *Breitenstein/Meyding*, BB 2006, 1457, 1460.

lesamt „im Rahmen der Bewertung des Gesellschaftsinteresses“ zu prüfen.[1651] Damit dürfte der Gesetzgeber den Klagen aus der Wirtschaft, die Voraussetzungen des Ausnahmetatbestandes in BGHZ 15, 72 ff. seien unpräzise und nicht zu erfüllen, Rechnung tragen wollen. Gehen diese Kriterien aber in die Frage nach dem Vorliegen des Gesellschaftsinteresses ein, dürfte sich im Ergebnis nichts an den einzelnen Voraussetzungen des vom BGH aufgestellten Ausnahmetatbestandes geändert haben.[1652] Eine Erleichterung tritt aber insofern ein, als dass ein kumulatives Vorliegen der einzelnen Indizien nicht erforderlich ist.

Das Abstellen auf das Gesellschaftsinteresse führt zu der Feststellung, dass auch § 30 Abs. 1 S. 2 GmbHG RefE-MoMiG die Frage, ob die darlehensweise Überlassung von Stammkapital mit dem Grundsatz der Kapitalerhaltung vereinbar ist, gerade nicht abschließend beantwortet.[1653] Vielmehr muss der Geschäftsführer auch hier die Frage stellen, ob das Gesellschaftsinteresse zu bejahen ist. Von dem Vorliegen des Gesellschaftsinteresses hängt es aber entscheidend ab, ob die Darlehensgewährung im konkreten Einzelfall zulässig ist oder nicht. Der Geschäftsführer steht also – gerade unter dem Gesichtspunkt der Haftung nach § 43 Abs. 3 GmbHG – immer noch vor einer schwierigen Entscheidung.

aa) Indizien für das Gesellschaftsinteresse

Wie bereits im Rahmen der Voraussetzungen des Ausnahmetatbestandes ausgeführt wurde, gehört der Begriff des Gesellschaftsinteresses zu den umstrittensten des Gesellschaftsrechts.[1654] Aus diesem Grund könnte man kritisch hervorheben,

---

[1651] Begr. RefE-MoMiG, S. 54; dass die übrigen Kriterien nur besondere Ausprägungen des Gesellschaftsinteresses darstellen, hat bereits *Maier-Reimer*, VGR 10, 127, 149, herausgearbeitet.

[1652] *Burgard*, AG 2006, 527, 529; *Wessels*, ZIP 2006, 1701, 1705 f.

[1653] Scholz-*H.P. Westermann*, § 30 Rdn 75; *Grunewald*, WM 2006, 2333, 2334; *Mülbert*, WM 2006, 1977, 1983; *Bayer/Lieder*, GmbHR 2006, 1121, 1126 f.; *Gesmann-Nuissl*, WM 2006, 1756, 1762; *Wachter*, BB 2006, 1647, 1648; *K. Schmidt*, GmbHR 2007, 1, 5; *Flesner*, NZG 2006, 641, 644; *Noack/Maul/Pentz*, S:R-Pilot 2006, 12, 12; *H. Schmidt*, BKR 2007, 1, 5; statt für das Abstellen auf das Gesellschaftsinteresse für eine Berücksichtigung des Drittvergleichs Stellungnahme der Centrale für GmbH, GmbHR 2006, 978, 980 f.; für das Kriterium der betrieblichen Veranlassung *Noack/Maul/Pentz*, S:R-Pilot 2006, 12, 13; zur Bejahung des Gesellschaftsinteresses nach § 30 Abs. 1 S. 2 GmbHG RefE-MoMiG bei Darlehensgewährungen der Komplementär-GmbH einer GmbH & Co. KG an die operativ tätige KG *Werner*, GmbHR 2007, 202, 203; *Rohde*, INF 2007, 394, 396; *Priester*, EWiR § 19 GmbHG 2/06, 497, 498; *Wachter*, BB 2006, 1647, 1648; abl. *Janzen*, DB 2006, 2108, 2111; zu dieser Frage im Rahmen der Kapitalaufbringung auch OLG Jena, BB 2006, 1647 (aufgehoben durch das Urteil des BGH, BB 2008, 181 ff.) einerseits und OLG Hamm, GmbHR 2007, 201 f. (Revision beim BGH unter Az: II ZR 272/06) andererseits; ferner *Kunkel/Lanzius*, NZG 2007, 527 ff.

[1654] Hierzu oben § 8 E. II. 1.

dass der Gesetzgeber in der Neuregelung nunmehr auf einen derart unbestimmten Rechtsbegriff zurückgreift.[1655] Bei näherer Betrachtung dürfte sich der Begriff des Gesellschaftsinteresses aufgrund der Aufzählung der einzelnen Indizien hingegen auch hier als ausreichend deutlich herausstellen.[1656] Hinzu kommt noch, dass er in einem konkreten Sinne verwendet wird.

(1) Allgemeines zu den Kriterien

Der RefE-MoMiG nennt zahlreiche Indizien für das Vorliegen des Gesellschaftsinteresses. Dabei macht er deutlich, dass die genannten Indizien weder abschließend seien noch kumulativ vorzuliegen hätten.[1657] Damit wird endgültig deutlich, dass der RefE-MoMiG von dem Ausnahmetatbestand des BGH, dessen Voraussetzungen kumulativ zu erfüllen waren, ein deutliches Stück abweicht. Allerdings stellt sich dann die Frage, ob es ausreicht, wenn auch nur eines der Kriterien erfüllt ist. Nach der Begr. des RefE-MoMiG dürfte dies offenkundig genügen, was aber angesichts der enormen Bedeutung der Kapitalerhaltung abzulehnen ist. Beispielsweise würde das bloße Vorliegen des Kriteriums der kurzfristigen Kündbarkeit nicht ausreichen; um der Gesellschaft eine solche kurzfristige Kündigung zu ermöglichen, bedarf es zumindest ihrer ausreichenden Information über die Situation der anderen Konzerngesellschaften. Ferner wäre es auch nicht weiterführend, das Kriterium des Drittvergleichs für verzichtbar zu halten, zumal der Drittvergleich schon vor BGHZ 157, 72 ff. anerkanntes Kriterium bei der Darlehensvergabe war. Es erscheint daher erforderlich, dass mindestens zwei Kriterien erfüllt sind, um von einem Gesellschaftsinteresse ausgehen zu können. Außerdem stellt sich die Frage, ob nicht zumindest das Kriterium des Drittvergleichs stets vorliegen muss.[1658] Zwar dürfte es – entsprechend der Ausführungen des Ausnahmetatbestandes – keine Abstufungen hinsichtlich der Voraussetzungen geben.[1659] Der Drittvergleich war aber schon vor BGHZ 157, 72 ff. als Kriterium für eine Darlehensgewährung an Gesellschafter anerkannt. Es wäre daher widersprüchlich, nunmehr hiervon abzuweichen. Damit wird zugleich

---

1655 Im Ansatz *Noack*, DB 2006, 1475, 2482, wonach es aber keine brauchbare Alternative gäbe; deutl. *ders./Maul/Pentz*, S:R-Pilot 2006, 12, 13; *Bayer/Lieder*, GmbHR 2006, 1121, 1127, die den Begriff für ungeeignet halten.

1656 Ähnl. *Schäfer*, BB 2006, Beil. 7, 5, 8.

1657 Begr. RefE-MoMiG, S. 54; *Bayer/Lieder*, GmbHR 2006, 1121, 1126 f., halten dies für „nebulös".

1658 Für ein Vorliegen dieses Kriteriums sowie der jederzeitigen Verfügbarkeit und ausreichender Vorkehrungen für Informationen über die Solvenz der poolführenden Gesellschaft *Schäfer*, BB 2006, Beil. 7, 5, 9; gegen die Berücksichtigung einzelner Interessen auch *Wessels*, ZIP 2006, 1701, 1706, der im Stadium der Unterbilanz stets das Vorliegen von Sicherheiten fordert; vgl. *Mülbert*, WM 2006, 1977, 1983; *H. Schmidt*, BKR 2007, 1, 5.

1659 Nach dem Gewicht der einzelnen Indizien für die Bejahung des Interesses fragen auch *Bayer/Lieder*, GmbHR 2006, 1121, 1126 f.

der Auffassung entgegengetreten, die einzelnen Indizien könnten „in freier Abwägung“ Berücksichtigung finden.[1660] Mit Blick auf die Verantwortung der Feststellung des entsprechenden Gesellschaftsinteresses durch den Geschäftsführer der darlehensgewährenden GmbH müssen die Kriterien für das Vorliegen des Gesellschaftsinteresses feststehen. Eine Abwägung wäre damit nur schwer vereinbar. Insbesondere wäre damit kein höheres Maß an Rechtssicherheit gegeben als bei Zugrundelegung des vom BGH aufgestellten Ausnahmetatbestandes. Dann fragt sich aber, welchen Sinn eine solche Neuregelung haben soll, zumal diese gerade zur Beseitigung der bestehenden Unsicherheiten erfolgen soll. Die Begrifflichkeit „Abwägung“ deutet zudem daraufhin, dass Für und Wider des Interesses abzuwägen sein sollen. Es stellt sich aber die Frage, wie eine Abwägung erfolgen soll. Liegen Indizien für das Interesse der Gesellschaft vor, soll die Darlehensgewährung zulässig sein. Womit dann eine Abwägung stattfinden soll, ist nicht ersichtlich. Allenfalls ließe sich denken, dass die erfüllten und nicht erfüllten Indizien des Gesellschaftsinteresses miteinander abgewogen werden sollen. Dann gerät man aber in einen Widerspruch mit dem oben aufgestellten Grundsatz, dass die einzelnen Indizien gleichwertig sind, also nicht etwa in einem Hierarchieverhältnis zueinander stehen. Auch diese Ungereimtheit spricht damit dafür, mindestens zwei Indizien für das Vorliegen des Gesellschaftsinteresses zu verlangen. Die nicht erfüllten Indizien bleiben dann außen vor, fließen also nicht in eine Abwägung mit erfüllten Indizien ein. Eine Abwägung hat nicht stattzufinden. Gleiches gilt für eine Abwägung mit besonderen Konzerngefahren, die beim Cash Pooling auftreten können.[1661] Soll das Cash Pooling durch den Gesetzgeber auf eine sichere Grundlage gestellt werden, wäre es geradezu widersprüchlich, sowohl den Unternehmen als auch den Gerichten bei der Überprüfung weitreichende Spielräume hinsichtlich der rechtlichen Zulässigkeit dieses Konzernfinanzierungsinstruments in die Hand zu geben.[1662]

Auch die Voraussetzung des Interesses selbst ist anders zu verstehen als noch beim Ausnahmetatbestand des BGH. Während dort nämlich nicht die einzelne Darlehensgewährung, sondern die gesamte Teilnahme am Cash Pooling auf das Gesellschaftsinteresse zu bewerten war, geht es jetzt um die Bewertung der einzelnen Darlehensgewährung. Dies wird daran deutlich, dass in der Begründung das Cash Pooling als „regelmäßig auch dem Interesse von Konzern-

---

[1660] So *Seibert*, ZIP 2006, 1157, 1163; ähnl. *Schäfer*, BB 2006, Beil. 7, 5, 8, hins. der Solvenz des Rückzahlungsschuldners; für eine Abwägung wohl auch *Burgard*, AG 2006, 527, 533, der für eine Berücksichtigung spezifischer beim Cash Pooling auftretender Konzerngefahren bei der Interessenbewertung eintritt.; ferner Stellungnahme der Bundesrechtsanwaltskammer zum RefE-MoMiG, S. 4. (www.brak.de).
[1661] A. A. *Burgard*, AG 2006, 527, 533.
[1662] Entgegengesetzt *Wulfetange*, BB 2006, Beil. 7, 19, 23.

töchtern“ dienend bezeichnet wird.[1663] Soll dann aber in § 30 Abs. 1 S. 2 GmbHG RefE-MoMiG das Gesellschaftsinteresse an der Leistung im Einzelfall festgestellt werden, zeigt sich, dass es hier nicht um das Interesse an der Durchführung des Cash Pooling, sondern an der einzelnen Darlehensgewährung geht.[1664] Ob im Rahmen von Cash-Pooling-Systemen aber im Rahmen der Neuregelung auf einzelne Darlehensgewährungen abgestellt werden sollte, erscheint äußerst zweifelhaft, wenn man bedenkt, dass sie einzig und allein aufgrund der Einbindung in dieses Konzernfinanzierungssystem erfolgt. Insofern würde die Betrachtung erheblich verkürzt werden.[1665] Aus diesem Grund sollte die Feststellung des Interesses nach wie vor die gesamte Teilnahme am Cash Pooling berücksichtigen.[1666] Abgesehen davon erscheint es widersprüchlich, wenn nun die Kriterien des Ausnahmetatbestandes, die – wie dargelegt – hohe Hürden für die Darlehensvergabe an Gesellschafter darstellen, abgemildert werden. Das Regel/Ausnahmeverhältnis der Darlehensvergabe in der Unterbilanzsituation droht damit umgekehrt zu werden. Ob damit Gläubigerschutzbelangen ausreichend Rechnung getragen wird, erscheint mehr als zweifelhaft.

Fehl gehen indes Alternativvorschläge, das Interesse an der Darlehensgewährung nicht auf die darlehensgewährende Gesellschaft selbst, sondern alternativ auf das Interesse der anderen an den Cash Pool angeschlossenen Gesellschaften zu beziehen.[1667] Dann stellt sich schon die Frage, wie in einem solchen Fall die in der Begründung des RefE-MoMiG genannten Interessenindizien zu verstehen sind. Außerdem würde es in einem eklatanten Widerspruch zur Kapitalerhaltung stehen, wenn zwar das Interesse der anderen Gesellschaften, nicht aber das der darlehensgewährenden Gesellschaft gegeben wäre. Der Kapitalschutz setzt außerdem bei der einzelnen Gesellschaft an.[1668] Im Ergebnis kann es daher allein auf das Interesse der darlehensgewährenden Gesellschaft ankommen. Das Gesellschaftsinteresse muss folglich im Lichte des Gläubigerschutzes bestimmt werden und nicht etwa durch das Interesse der Gesellschafter.[1669]

Es stellt sich zuletzt die Frage, ob die in der Begründung des RefE-MoMiG genannten Indizien abschließend sein sollen. Dagegen spricht bereits,

---

1663 Begr. RefE-MoMiG, S. 53; zur Unrichtigkeit dieser pauschalen Aussage siehe oben § 8 E. II. 1.

1664 *Burgard*, AG 2006, 527, 533.

1665 Vgl. auch *Weber*, bei Behrens, VGR 11, 51, 53.

1666 Wohl auch *Flesner*, NZG 2006, 641, 644; *Noack/Maul/Pentz*, S:R-Pilot 2006, 12, 13.

1667 Stellungnahme des Deutschen Notarvereins zum RefE-MoMiG, S. 14 (www.dnotv.de); auch der dortige Vorschlag, das Interesse auf mit der Gesellschaft verbundene Unternehmen zu beziehen, mit denen ein Vertrag im Sinne des § 291 AktG besteht, zu beziehen, überzeugt nicht; § 291 Abs. 3 AktG suspendiert gerade die Kapitalerhaltungsvorschriften und ist nach weit überwiegender Auffassung auch auf den GmbH-Vertragskonzern anwendbar; siehe unten § 11 A. II.

1668 Insoweit in Bezug auf das Cash Pooling auch *K. Schmidt*, bei Seulen, VGR 10, 159, 164.

1669 Joost, VGR 11, 31, 38; offenl. *Noack/Maul/Pentz*, S:R-Pilot 2006, 12, 12 f.

dass zahlreiche Vorteile des Cash Poolings, wie etwa die Reduzierung des Verwaltungsaufwandes, nicht genannt wurden.[1670] Auch stellt sich die Frage, ob das Interesse nur im Zeitpunkt der Darlehensgewährung selbst oder aber fortwährend während der gesamten Darlehenslaufzeit – Darlehen werden im Cash Pool nicht selten längere Zeit stehen gelassen – vorliegen muss. Hier dürfte nichts anderes als beim Ausnahmetatbestand gelten.

(2) Einzelne Kriterien

Problematisiert werden hier nicht diejenigen Kriterien, die bereits beim Ausnahmetatbestand zum Ausdruck kamen und in das Gesellschaftsinteresse einfließen und im RefE-MoMiG nicht weiter erwähnt werden, also das Kriterium der Kreditwürdigkeit des Schuldners und das der Sicherheitenbestellung. Hier ist keine Änderung im Vergleich zum obiter dictum des BGH ersichtlich. Erstaunlicherweise präzisiert der RefE-MoMiG in der Begründung nur das Kriterium des Drittvergleichs, das bereits Inhalt des obiter dictums des BGH gewesen war, näher. Daraus könnte man schließen, dass dieses Kriterium vorrangig zu prüfen ist und in seiner Gewichtigkeit den anderen Kriterien vorgeht. Eine solche Sichtweise würde aber im Widerspruch zu den Ausführungen stehen, dass die genannten Indizien nicht kumulativ vorzuliegen hätten. Inhaltlich ist bei dem schon vor BGHZ 157, 72 ff. anerkannten Kriterium des Drittvergleichs darauf abzustellen, ob die Gesellschaft einem gesellschaftsfremden Dritten ein Darlehen zu den gleichen Bedingungen gewährt hätte.[1671] Als Beispiel für die Bedingungen nennt der RefE-MoMiG die angemessene Verzinsung. Ferner dürfe sich der anzustellende Drittvergleich nicht an allgemein üblichen Darlehensbedingungen orientieren, sondern müsse spezifisch auf die Situation des Gesellschafters zugeschnitten sein.[1672] Diese Ausführungen dürften nur als Klarstellung der ohnehin bisher anerkannten Grundsätze dienen. Allerdings soll es – abweichend von der Interessenprüfung beim Ausnahmetatbestand des obiter dictums des BGH – nicht auf die gesamte Teilnahme am Cash Pooling ankommen, die im Interesse der Gesellschaft liegen müsse. Speziell für das Cash Pooling müsse zudem beachtet werden, dass es sich hierbei regelmäßig um nur kurzfristig gewährte Darlehen handeln würde, bei denen „naturgemäß geringere Anforderungen an die Bonität des Darlehensnehmers gestellt werden können als bei langfri-

---

[1670] Vgl. auch Stellungnahme des Zentralen Kreditausschusses zum RefE-MoMiG, S. 8 f., (www.bankenverband.de); *Noack/Maul/Pentz*, S:R-Pilot 2006, 12, 13, kritisieren, die einzelnen Kriterien würden nur das „Wie" der Darlehensvergabe regeln, nicht aber, ob das „Ob" der Weggabe im Gesellschaftsinteresse liegt. Liegen die Kriterien vor, dürfte sich aus der Sicherung gegen Verluste ein Interesse an der Darlehensgewährung ergeben. Das „Ob" der Darlehensgewährung wird damit gleichsam durch das „Wie" bedingt.

[1671] Begr. RefE-MoMiG, S. 54 f.; gegen das Kriterium des Drittvergleichs nunmehr HRA-DAV, NZG 2007, 211, 216.

[1672] Begr. RefE-MoMiG, S. 55.

stig gewährten Darlehen.“[1673] Es mag zwar im Grundsatz zutreffend sein, dass das Insolvenzrisiko bei nur kurzfristigen Verbindlichkeiten geringer ist als bei langfristigen Verbindlichkeiten. Dabei wird indes gerade in Bezug auf das Cash Pooling übersehen, dass in der Praxis der Konzernfinanzierung Darlehen nicht selten für längere Zeit stehen gelassen werden.[1674] Aus diesem Grund ist zweifelhaft, ob sich eine Differenzierung nach der Laufzeit der Darlehensgewährungen tatsächlich durchhalten lässt.

Als weiteres Kriterium für ein Gesellschaftsinteresse nennt der RefE-MoMiG, dass die Stundung im Rahmen kaufmännisch üblicher Zahlungsziele liege.[1675] In Bezug auf das konzernweite Cash Pooling dürfte dieses Kriterium indes keine Bedeutung erlangen. Vielmehr geht es hier um die Leistung bei Stundung der Gegenleistung. Weiteres Kriterium soll die bilanzielle Vollwertigkeit des Anspruchs auf Gegenleistung oder der Darlehensrückzahlung sein, § 253 HGB.[1676] Auch dieses Kriterium war schon bislang anerkannt.[1677] Ferner nennt der RefE-MoMiG die kurzfristige Kündbarkeit der Kreditgewährung als Interessenindiz.[1678] Hierzu wird im Rahmen der Lösungsmöglichkeiten noch vertieft Stellung genommen.[1679]

Zuletzt soll es als Indiz für ein Gesellschaftsinteresse gewertet werden, wenn Vorkehrungen getroffen sind, die es dem Geschäftsführer der Tochtergesellschaft möglich machen, eine wesentliche Verschlechterung der Bonität des Schuldners frühzeitig zu erkennen.[1680] Dieses Kriterium dürfte auf Cash-Pooling-Systeme geradezu zugeschnitten sein. Erkennbar geht der Gesetzgeber damit nämlich auf Bestrebungen des Schrifttums ein, begleitend zu Cash-

---

1673 Begr. RefE-MoMiG, S. 55; zu diesem Gesichtspunkt bei der Diskussion der Anwendbarkeit von BGHZ 157, 72 ff., auf die aufsteigende Darlehensgewährung im Rahmen des Cash Poolings oben § 8 B. II. 3. a) aa).

1674 In diesem Zusammenhang auch *Rittscher*, S. 113; *Burgard*, AG 2006, 527, 533; krit. wegen der auch bei kurzfristigen Darlehen bestehenden Prognoseunsicherheiten der Bonität des Darlehensempfängers *Bayer/Lieder*, GmbHR 2006, 1121, 1127; siehe oben § 8 B. II. 3. a) aa); krit. auch *Wackerbarth*, FS Eisenhardt, 531, 541.

1675 Begr. RefE-MoMiG, S. 54.

1676 Begr. RefE-MoMiG, S. 54; krit. hierzu *Schäfer*, BB 2006, Beil. 7, 5, 8 im Zusammenhang mit dem obiter dictum des BGH.

1677 Hierzu schon oben § 8 B. II. 1. a); *Schäfer*, DStR 2006, 2085, 2089 schlägt vor, lediglich dieses Kriterium Gesetz werden zu lassen; ebenso HRA-DAV, NZG 2007, 211, 216 f.; damit wird die Rechtslage hergestellt, die vor BGHZ 157, 72 ff., bestand. Dies ist jedoch nicht mit den – zutr. – Argumenten des BGH vereinbar.

1678 Begr. RefE-MoMiG, S. 54.

1679 Hierzu unten § 12 A. IV. 1.

1680 Begr. RefE-MoMiG, S. 54; *Noack/Maul/Pentz*, S:R-Pilot 2006, 12, 13, leiten eine Beobachtungspflicht aus der allgemeinen Sorgfaltspflicht der Geschäftsführer der Tochtergesellschaft her, da eine tägliche Kreditvergabe mit einer fortwährenden Überprüfung der Kreditwürdigkeit des Darlehensnehmers einher gehen müsse.

Pooling-Systemen konzernweite Informationssysteme zu installieren, die die frühzeitige Erkennung von Krisensituationen gewährleisten und es den einzelnen Konzerngesellschaften ermöglichen, ihre Mittel rechtzeitig, also bevor die Ansprüche auf Rückzahlung wertlos sind, wieder aus dem Cash Pool abzuziehen.[1681] Ob dies aber beim Cash Pooling immer ohne weiteres möglich ist, ist eine andere Frage.[1682] Die Gefahrenlage beim Cash Pooling würde außerdem nicht hinreichend erkannt werden, wenn sich die Informationsrechte ausschließlich auf die Bonität der Muttergesellschaft oder des Cash-Pool-Führers beziehen würden. Wie bereits dargestellt wurde, kann das mit dem Cash Pooling verbundene Risiko des Dominoeffekts auch durch eine Krise einer der Konzerngesellschaften auftreten.[1683] Daher ist eine Erweiterung der Informationsrechte auch auf diese Gesellschaften angebracht. Außerdem sollte präzisiert werden, welche Vorkehrungen im Einzelfall getroffen werden müssen.[1684] Insofern ist dieses Kriterium in Bezug auf das Cash Pooling entsprechend zu präzisieren. Zu den einzelnen Informationsrechten beim Cash Pooling wird noch Stellung genommen.[1685]

bb) Ergebnis

Im Ergebnis ist festzuhalten, dass die Indizien allesamt beim Cash Pooling erfüllbar sein dürften. Dies ist auch nicht verwunderlich, wenn schon die Indizien des Ausnahmetatbestandes erfüllbar sind und der Gesetzgeber diese Kriterien nunmehr abmildern will.

3. Folgefragen des § 30 Abs. 1 S. 2 GmbHG RefE-MoMiG

Die geplante Neuregelung wirft allerdings einige Folgefragen auf, denen im folgenden nachzugehen ist.

a) Beweislast

Darlegungs- und beweisbelastet für das Vorliegen des Gesellschaftsinteresses ist der Geschäftsführer der darlehensgewährenden Gesellschaft. Hierfür spricht bereits die Formulierung des § 30 Abs. 1 S. 2 GmbHG RefE-MoMiG als Ausnahmetatbestand.[1686] Diese Verteilung der Darlegungs- und Beweislast ist aus den oben genannten Gründen auch angemessen. Sieht der Geschäftsführer das Ge-

---

[1681] Hierzu unten § 12 A. IV. 2.

[1682] Skeptisch *Wackerbarth*, FS Eisenhardt, 531, 541 f.; *Burgard*, AG 2006, 527, 533.

[1683] Oben 1. Teil § 2 C. II.; Unzutr. verkürzt daher die Darstellung bei *Schäfer*, BB 2006, Beil. 7, 4, 6.

[1684] Vgl. vgl. auch Stellungnahme des Zentralen Kreditausschusses zum RefE-MoMiG, S. 8 f. (www.bankenverband.de).

[1685] Hierzu unten § 12 A. IV. 2.

[1686] *Burgard*, AG 2006, 527, 529; vgl. *Seulen*, Finance 7/8 2006, 38, 39; für eine Beweislastumkehr bei Vorliegen mehrerer Voraussetzungen *Mülbert*, WM 2006, 1977, 1983.

sellschaftsinteresse damit als gegeben an, darf er das Darlehen ohne drohende Schadensersatzpflicht vergeben.[1687] Gerade aufgrund der Tatsache, das Vermögen, welches zur Erhaltung des Stammkapitals dient, im Austausch für schuldrechtliche Ansprüche weggegeben wird, wird man einer besonders sorgfältigen Prüfung des Gesellschaftsinteresses nicht umher kommen.[1688] Dies gilt auch aus dem Grund, dass dem Geschäftsführer bei leichtfertiger Bejahung des Gesellschaftsinteresses im Insolvenzfall oder bei einer Herbeiführung eines solchen eine Haftung gemäß § 64 Abs. 2 S. 2 GmbHG RefE-MoMiG droht. Aufgrund dieser Sanktion ist der Geschäftsführer zukünftig gut beraten, das Gesellschaftsinteresse nicht vorschnell zu bejahen.[1689]

b) Begleitende Offenlegungspflicht über die Teilnahme am Cash Pooling?

Bei Zugrundelegung eines gesetzlichen Sonderrechts für konzernweite Cash-Pooling-Systeme ist im Gegenzug für eine damit verbundene Abschwächung des gesetzlichen Gläubigerschutzsystems daran zu denken, den Gläubigern der Gesellschaftern gegenüber die Teilnahme an einem solchen Konzernfinanzierungssystem offenzulegen. *Bayer/Lieder* sprechen sich daher dafür aus, eine gesetzlich Publizitätsbestimmung für in Cash-Pooling-Systeme integrierte Konzerngesellschaften zu schaffen, wonach das geschäftsführende Organ der Gesellschaft nicht nur Bestehen und Art des Konzernfinanzierungsmodells, sondern auch Namen und Funktionen der anderen Cash-Pooling-Teilnehmer zur Eintragung in das Handelsregister anzumelden haben.[1690] Dagegen spricht allerdings schon, dass ein solches Sonderrecht – auch durch den Gesetzgeber – für Cash-Pooling-Systeme nach hier vertretener Ansicht abzulehnen ist. Im Übrigen ist ein Vergleich mit § 294 Abs. 1 S. 1 Halbs. 1 AktG, wonach der Vorstand der Gesellschaft das Bestehen und die Art des Unternehmensvertrages sowie den Namen des anderen Vertragsteils zur Eintragung in das Handelsregister anzumelden hat, zweifelhaft. Diese Vorschrift findet zwar analoge Anwendung auch im GmbH-Vertragskonzern.[1691] Entscheidend dürfte aber sein, dass die Einrichtung eines Cash-Pooling-Systems, in der es zu einer Vereinheitlichung im Finanzbereich kommt, keine solche Bedeutung struktureller und auch wirtschaftlicher Art hat, wie es bei Abschluss eines Unternehmensvertrages der Fall ist.[1692] Außerdem würde § 30 Abs. 1 S. 2 GmbHG RefE-MoMiG zu keiner umfassen-

---

[1687] *Seulen*, Finance 7/8 2006, 38, 39.

[1688] Vgl. *Seulen*, Finance 7/8 2006, 38, 39.

[1689] Ähnl. *Gesmann-Nuissl*, WM 2006, 1756, 1762.

[1690] *Bayer/Lieder*, GmbHR 2006, 1121, 1128; der Anmeldung soll die Cash-Pool-Vereinbarung beigefügt werden.

[1691] *Liebscher*, Rdn 669; siehe noch unten § 11 A. II. 5.

[1692] *Bayer/Lieder*, GmbHR 2006, 1121, 1128, wollen aufgrund dieses Unterschieds lediglich die Wirksamkeit des Cash-Pooling-Vertrages nicht entsprechend § 294 Abs. 2 AktG von der Handelsregistereintragung abhängig machen.

den Aufhebung der strengen Vermögensbindung führen, wie es bei Abschluss zumindest eines Beherrschungsvertrages der Fall wäre, bei dem in analoger Anwendung des § 291 Abs. 3 AktG nach herrschender Auffassung auch die GmbH-rechtliche Vermögensbindung der §§ 30 f. GmbHG aufgehoben wäre.[1693] Insofern bleibt der Abschluss eines Cash-Pooling-Vertrages in verschiedener Hinsicht hinter dem Abschluss eines Unternehmensvertrages zurück. Folglich erscheint auch eine dem § 294 Abs. 1 S. 1 Halbs. 1 AktG vergleichbare Publizitätsvorschrift nicht erforderlich, wenn man – entgegen der hier vertretenen Auffassung – ein gesetzliches Sonderrecht für Gesellschaften, die einem konzernweiten Cash-Pooling-System angehören, geschaffen werden sollte.

Sinn und Zweck des § 294 Abs. 1 AktG ist es außerdem zu verdeutlichen, dass die Gesellschaft dem Weisungsrecht der Muttergesellschaft aus § 308 Abs. 1 AktG unterworfen ist und damit auf das Vermögen der Gesellschaft gegen Ausgleich der Verluste gemäß § 302 Abs. 1 AktG zugegriffen werden kann.[1694] Bei Offenlegung der Teilnahme am Cash Pooling stellt sich demgegenüber die Frage, welche Auswirkungen dieses System auf potentielle Gläubiger der Gesellschaft haben soll. Die Bewertung des Cash Poolings durch potentielle Gläubiger kann sehr unterschiedlich ausfallen, da es sich hierbei um ein ambivalentes Phänomen handelt[1695]: Vor dem Hintergrund der jüngeren Sachverhalte zu „Bremer Vulkan" und Babcock Borsig könnten sie einer Einbindung einer Gesellschaft in ein konzernweites Cash-Pooling-System skeptisch gegenüberstehen. Im Vordergrund dürfte dann der Aspekt stehen, dass die Tochtergesellschaft permanent ohne eigene Liquidität dasteht und das Insolvenzrisiko des Gesamtkonzerns trägt. Andere Gläubiger sehen demgegenüber möglicherweise die Stärkung der Finanzkraft jeder einzelnen Konzerngesellschaft durch das Cash Pooling im Vordergrund und bewerten die Teilnahme einer Gesellschaft an diesem Konzerninnenfinanzierungsmodell daher als vorteilhaft. Die Auswirkungen, die eine Publizitätsvorschrift auf die Gläubiger haben könnte, können aufgrund der Ambivalenz des Phänomens Cash Poolings sehr unterschiedlich sein und sind nicht vorhersagbar. Schon aus diesem Grund sollte von einer derartigen Publizitätsvorschrift abgesehen werden.[1696]

4. Abschließende Bewertung der geplanten Regelung

Der geplanten Neuregelung ist trotz der Erfüllbarkeit der Kriterien beim Cash Pooling aus verschiedenen Gründen entgegenzutreten: Entschieden widersprochen muss zunächst den – wohl eher als Hoffnung zu bezeichnenden – Äußerungen, wonach § 30 Abs. 1 S. 2 GmbHG RefE-MoMiG das Cash Pooling wie-

---

[1693] Hierzu noch unten § 11 A. II.
[1694] *Hüffer*, § 294 Rdn 1; Emmerich/Habersack-*Emmerich*, KonzernR, § 16 VIII 1.
[1695] Siehe oben 1. Teil § 2 C. III.
[1696] Abl. *Spindler*, ZHR 171 (2007), 245, 278.

der in ähnlichem Umfang zulasse, wie es vor der Entscheidung BGHZ 157, 72 ff. der Fall war.[1697] Dagegen spricht schon, dass der Entwurf ausdrücklich diejenigen Kriterien in die Prüfung des Gesellschaftsinteresses einbeziehen will, die der BGH in seinem Ausnahmetatbestand als Voraussetzungen für die Darlehensvergabe im Stadium der Unterbilanz aufgestellt hatte. Selbst wenn man zunächst eine großzügigere Handhabung zuließe, so steht zu erwarten, dass der BGH die in BGHZ 157, 72 ff. aufgestellten Wertungen über das Merkmal des Gesellschaftsinteresses zur Geltung bringen würde.[1698]

Verbreitet ist auch die Auffassung, mit § 30 Abs. 1 S. 2 GmbHG RefE-MoMiG werde das Cash Pooling auf eine sichere gesetzliche Grundlage gestellt und mache es risikolos möglich.[1699] Sicherlich ist es für die rechtssichere Handhabung des Cash Poolings vorteilhaft, wenn die durch die Rechtsprechung des BGH hervorgerufenen Fragen nach der Reichweite des Auszahlungsverbots ausdrücklich geklärt sind.[1700] Ob die Darlehensgewährung im Rahmen des Cash Poolings darüber hinaus aber tatsächlich auch für die Unterbilanzsituation rechtssicherer geworden ist, erscheint zweifelhaft.[1701] Belastbare Mindestvoraussetzungen sind damit jedenfalls nicht geschaffen worden. Sind nämlich als Indizien unter anderem auch diejenigen Voraussetzungen heranzuziehen, die der BGH in seinem obiter dictum aufgestellt hat, dann stellt sich die Frage, ob insbesondere das Kriterium der über alle Zweifel erhabenden Kreditwürdigkeit des Darlehensnehmers, dessen Handhabbarkeit nicht ohne weiteres gegeben ist, tatsächlich zur Rechtssicherheit beiträgt.[1702] Beruhigen könnte man sich damit, dass dieses Kriterium nur eines der heranzuziehenden Indizien sein soll. Ist es

---

1697 Etwa *Seulen*, Finance 7/8 2006, 38, 39; *Gesell/Seulen*, Börsen-Zeitung v. 14.06.2006, S. 2.

1698 Skeptisch daher *Leuering/Simon*, NJW-Spezial 2006, 315, 316; *Grunewald*, WM 2006, 2333, 2334; offenl. *Wulfetange*, BB 2006, Beil. 7, 19, 23; *Flesner*, NZG 2006, 641, 644, hält es für zweifelhaft, ob der Gesetzgeber die bestehende Rechtsunsicherheit beseitigen kann, indem er diejenige Rechtsprechung kodifiziert, die erst zu der bestehenden Rechtsunsicherheit geführt hat.

1699 *Römermann*, GmbHR 2006, 673, 679; *Seulen*, Finance 7/8 2006, 38, 39; *Gesell/Seulen*, Börsen-Zeitung v. 14.06.2006, S. 2; vgl. auch *Triebel/Otte*, ZIP 2006, 1321, 1323, die aber von vornherein eine Modifizierung der Kapitalerhaltungsregeln befürworten.

1700 Zur Begrenzung auf die Unterbilanzsituation oben § 8 B. II. C. III. 4. a).

1701 Ebenso der Großteil der hierzu ergangenen Stellungnahmen: *Koch*, S. 105; *Wackerbarth*, FS Eisenhardt, 531, 539; *Spindler*, ZHR 171 (2007), 245, 268; *K. Schmidt*, GmbHR 2007, 1, 5; *Grunewald*, WM 2006, 2333, 2334; *Habersack*, ZHR 170 (2006), 607, 610; *Bormann*, DB 2006, 2616, 2621; *Bayer/Lieder*, GmbHR 2006, 1121, 1126 f.; *Gesmann-Nuissl*, WM 2006, 1756, 1762; *Wessels*, ZIP 2006, 1701, 1705 f.; *Wachter*, BB 2006, 1647, 1648; *Nave*, StC 10/2007, 38; offenl. *Mohr*, GmbHSTB 2006, 206, 208; skeptisch Stellungnahme des Zentralen Kreditausschusses zum RefE-MoMiG, S. 8 ff. (www.bankenverband.de): „inhaltsleere Generalklausel".

1702 So auch die Einschätzung von *Teichmann*, NJW 2006, 2444, 2450; HRA-DAV, NZG 2007, 211, 216; krit. auch *Flesner*, NZG 2006, 641, 644.

aber gerade dasjenige Kriterium, auf das es für das Gesellschaftsinteresse ankommt, kann nicht von vornherein pauschal die Behauptung aufgestellt werden, die Neuregelung führe zu einer rechtssicheren Handhabung des Cash Poolings. Letztlich wäre man hier auf eine Präzisierung durch die Rechtsprechung angewiesen.[1703]

Zur rechtssicheren Durchführung eines konzernweiten Cash Poolings wäre es erwägenswert, die Indizien, wann eine Darlehensgewährung im Interesse der Gesellschaft liegt, gesetzlich zu regeln.[1704] Mit den festen Regeln, wann eine aufsteigende Darlehensgewährung zulässig ist, könnte die erforderliche Rechtssicherheit geschaffen werden. Allerdings wäre hier wohl keine abschließende Aufzählung möglich. Insofern könnten die Interessen nur als Regelbeispiele dienen, was dann durch eine entsprechende Formulierung im Gesetzestext deutlich gemacht werden könnte.[1705] Letztlich erscheint aber – sofern man entgegen der hier vertretenen Auffassung eine gesetzliche Regelung für erforderlich hält – die Durchführung einer Interessenprüfung womöglich der einzig handhabbare Maßstab zu sein.[1706] Auch eine Rückkehr zur bilanziellen Betrachtungsweise durch den Gesetzgeber kommt wegen der oben aufgezeigten Notwendigkeit einer extensiven Auslegung der Kapitalerhaltungsvorschrift des § 30 Abs. 1 GmbHG nicht in Betracht.[1707] Ob die Neuregelung dem Ziel des Gesetzgebers, das Cash Pooling auf „sichere Füße" zu stellen,[1708] gerecht wird, ist im Ergebnis jedenfalls stark zu bezweifeln. Nach hier vertretener Auffassung ist zur Herstellung von Rechtssicherheit einer Klarstellung durch den BGH der Vorzug vor einer gesetzlichen Neuregelung zu geben, die – wie dargestellt – nur neue Fragen und Ungereimtheiten aufwirft.

Letztlich ist zu befürchten, dass § 30 Abs. 1 S. 2 GmbHG RefE-MoMiG Anlass zu Umgehungsversuchen des geltenden Kapitalerhaltungsrechts auch

---

[1703] *Bormann*, DB 2006, 2616, 2620; *Grunewald*, WM 2006, 2333, 2334; *Priester*, ZIP 2006, 1557, 1558 f.; *Teichmann*, NJW 2006, 2444, 2450; krit. daher auch die Bewertung von der Praxis, vgl. *Gesellensetter*, Handelsblatt v. 22.11.2006, S. 16.

[1704] Vgl. auch Stellungnahme des Zentralen Kreditausschusses zum RefE-MoMiG, S. 10 (www.bankenverband.de).

[1705] Für eine Formulierung der Interessenindizien als Regelbeispiel auch vgl. auch Stellungnahme des Zentralen Kreditausschusses zum RefE-MoMiG, S. 10 (www.bankenverband.de).

[1706] Vgl. zu einem weiteren Interessenmodell *Haas/Oechsler*, NZG 2006, 806, 811, die eine Verbindung zu §§ 130, 131 InsO herstellen; gegen ein Interessenmodell aber *Wessels*, ZIP 2006, 1701, 1706.

[1707] So auch *Bormann*, DB 2006, 2616, 2621; *Noack*, DB 2006, 1475, 1482; *ders./Maul/Pentz*, S:R-Pilot 2006, 12, 12; a. A. aber HRA-DAV, NZG 2007, 211, 216; *Drygala*, ZGR 2006, 587, 631; *Grunewald*, WM 2006, 2333, 2334; *Flesner*, NZG 2006, 641, 645, die eine solche Rückkehr fordern.

[1708] *Wulfetange*, BB 2006, Beil. 7, 19, 22.

außerhalb von Cash-Pooling-Sachverhalten sein wird.[1709] Dann stellt sich die Frage, wie die Rechtsprechung hierauf reagieren wird. Ursache für die Verkomplizierung des Rechts und der daraus folgenden Ausdehnung geltender Tatbestände gerade im Bereich der Kapitalaufbringung und -erhaltung war jedenfalls schon in der Vergangenheit der Versuch von Umgehungsmanövern.[1710] Im Übrigen werden auch durch § 30 Abs. 1 S. 2 GmbHG RefE-MoMiG die grundsätzlich mit dem Cash Pooling verbundenen Risiken des Dominoeffekts etc. nicht vermieden; insbesondere die Grenze der Existenzvernichtung ist weiterhin zu beachten. Im Ergebnis ist daher eine gesetzliche Regelung für das Cash Pooling bei der Kapitalerhaltung – ebenso wie bei der Kapitalaufbringung[1711] – abzulehnen. Die systematische Einordnung dieser Regelung in das geltende Kapitalerhaltungsrecht ist nach alledem problematisch.[1712]

III. Positives Sonderrecht durch § 30 Abs. 1 S. 2 GmbHG RegE-MoMiG?

Ähnliche Einwendungen sprechen auch gegen ein positives Sonderrecht infolge der geplanten Neuregelung durch § 30 Abs. 1 S. 2 GmbHG RegE-MoMiG. Hiernach gilt das Auszahlungsverbot des § 30 Abs. 1 S. 1 GmbHG nicht bei Leistungen, die durch einen vollwertigen Gegenleistungs- oder Rückgewähranspruch gegen den Gesellschafter gedeckt sind. Nach der Abkehr von der bilanziellen Betrachtungsweise durch BGHZ 157, 72 ff. will der Gesetzgeber ausweislich der Begründung zum RegE-MoMiG wieder zu einer bilanziellen Denkweise zurückkehren.[1713] Bereits die Abwendung von der geplanten Regelung im RefE-MoMiG zeigt deutlich, dass nach wie vor Unsicherheit darüber besteht, wie eine gesetzliche Regelung des Cash Pooling aussehen soll. Es wurde oben bereits umfassend herausgearbeitet, dass einer bilanziellen Betrachtungsweise bei der aufsteigenden Darlehensgewährung in konzernweiten Cash-Pooling-Systemen aus verschiedenen Gründen eine Absage erteilt werden muss.[1714] Ferner verfängt auch der Hinweis in der Begr. RegE-MoMiG nicht, wonach auch der Zusam-

---

[1709] Eine unlautere Gestaltung von Konzernfinanzierungssystemen befürchten *Bayer/Lieder*, GmbHR 2006, 1121, 1129; *Gehrlein*, DK 2007, 1, 5 f., der eine „Flucht" in diese Sondervorschrift befürchtet.

[1710] Zutr. *Priester*, DB 2005, 1315, 1317; *Röhricht*, bei Lieder, ZGR 2007, 241, 247 f.; zu denken ist nur an die Rechtsprechung zur verdeckten Sacheinlage, hierzu oben 2. Teil § 3 B. II.

[1711] Hierzu oben 2. Teil § 3 D. II.

[1712] Vgl. *Bayer/Lieder*, GmbHR 2006, 1121, 1129.

[1713] Begr. RegE-MoMiG, S. 94; zust. Stellungnahme des BDI zum RegE-MoMiG, S. 15. f. (www.bdi-online.de); *K. Schmidt*, GmbHR 2007, 1072, 1076; *A. Schmidt*, ZInsO 2007, 975, 977; *Kremer*, bei *Drygala/Kremer* ZIP 2007, 1289, 1292; *Nave*, StC 10/2007, 38; krit. hingegen *Hölzle*, GmbHR 2007, 729, 734; *Goette*, DRiZ 2007, 313, 314; *Drygala*, bei *Drygala/Kremer* ZIP 2007, 1289, 1292, der stattdessen auf den Drittvergleich abstellen will; zu den Konsequenzen der Neuregelung *Winter*, DStR 2007, 1484, 1486 f.

[1714] § 8 B. II. 2., 3.

menhang des § 30 GmbHG mit anderen gesellschaftsrechtlichen Schutzinstrumenten berücksichtigt werden müsse.[1715] Die Existenzvernichtung beispielsweise hat nicht nur eine andere Schutzrichtung, sondern greift auf einem abweichenden Schutzniveau ein.[1716] Letztlich droht gerade in Bezug auf das Cash Pooling bei einer bloßen bilanziellen Betrachtungsweise ein Ausplündern der abhängigen Gesellschaften, worauf bereits genannte Fälle in der Praxis hindeuten. Das Vollwertigkeits- und das Deckungsgebot sind zum Schutz hiervor nicht ausreichend.[1717] Im übrigen stellt sich auch die Frage, ob eine immer weitere Haftungsverschärfung der Geschäftsführer, auf die der RegE hier ausdrücklich Bezug nimmt, wirklich weiterführend ist. Die Verantwortlichkeit für die Vollwertigkeit trägt jedenfalls der Geschäftsführer der Tochtergesellschaft mit allen Konsequenzen der persönlichen Haftung.[1718]

Vor diesem Hintergrund ist es, selbst wenn es anders als bei der Regelung des RefE-MoMiG keine großen praktischen Anwendungsprobleme geben sollte,[1719] unverständlich, dass der Gesetzgeber nunmehr eine bilanzielle Betrachtungsweise statuieren will. Aus den genannten Gründen kann somit auch die geplante Neuregelung des § 30 Abs. 1 S. 2 GmbHG RegE-MoMiG nicht überzeugen.

G. Gesamtergebnis zur abhängigen GmbH im faktischen Konzern

Die Betrachtung hat gezeigt, dass ein Cash-Pooling-System nicht nur im Rahmen der Kapitalaufbringung, sondern auch bei der Kapitalerhaltung bei der faktisch konzernierten GmbH zahlreiche Probleme mit sich bringt. Aufsteigende Darlehensgewährungen im Stadium der ent- oder bestehenden Unterbilanz, die im Rahmen einer solchen konzernweiten Finanzierung durchgeführt werden, verstoßen gegen das Auszahlungsverbot des § 30 Abs. 1 GmbHG. Gleichwohl ist deutlich geworden, dass ein konzernweites Cash-Pooling-System bei Einhal-

---

[1715] Begr. RegE-MoMiG, S. 94; vgl. *Spindler*, ZHR 171 (2007), 245, 263 f.; *Grunewald*, WM 2006, 2333, 2334.

[1716] Oben § 8 B. II. 2. d) aa).

[1717] A. A. *Nave*, StC 10/2007, 38; Begr. RegE-MoMiG, S. 94; dass davon abgesehen der Anspruch des § 31 Abs. 1 GmbHG bei der Prüfung, ob eine Auszahlung nach § 30 Abs. 1 S. 1 GmbHG vorliegt, nicht in Ansatz gebracht werden darf, versteht sich von selbst, vgl. *Altmeppen*, ZIP 2006, 1025, 1030 f.; *Spindler*, ZHR 171 (2007), 245, 256, Fn 61.

[1718] Krit. *Goette*, Handelsblatt v. 08.06.2007, S. 5; vgl. *Drygala/Kremer*, ZIP 2007, 1289, 1295; *Hangebrauck*, JA 2008, 125, 128; *Mülbert*, Börsen-Zeitung v. 29.08.2007, S. 2; insbesondere obliegen ihm Überwachungspflichten, ob die Forderungen noch vollwertig sind; insbesondere Frühwarn- und Informationssysteme (hierzu noch unten § 12 IV. 2.) werden also keineswegs überflüssig, vgl. *Walter/Lindner*, JUVE-Handbuch 2007/2008, 224, 225.

[1719] So *Schauenburg/Tillmann*, Börsen-Zeitung v. 06.06.2007, S. 2; *Goette*, Handelsblatt v. 08.06.2007, S. 5; zu möglichen praktischen Problemen des Cash Poolings nach dem RegE-MoMiG allerdings Handelsblatt v. 21.11.2007, S. 22.

tung dieser – richtig gedeuteten – Grenzen möglich ist. Um ein Cash-Pooling-System stringenter durchzuführen, bietet sich ein Abstellen auf den Ausnahmetatbestand an, dessen Voraussetzungen allerdings nicht ohne weiteres erfüllbar sind. Keine Alternative stellt die mit zahlreichen rechtstechnischen Mängeln behaftete geplante Neuregelung des § 30 Abs. 1 S. 2 GmbH RefE-MoMiG dar. Gleiches gilt für die geplante Neuregelung des § 30 Abs. 1 S. 2 GmbHG RegE-MoMiG. Der zu Beginn aufgestellte Grundsatz, das geltende Recht müsse die Durchführung eines konzernweiten Cash-Pooling-Systems ermöglichen, wird auch durch die gegenwärtige Gesetzeslage erfüllt.

Nunmehr ist die Darlehensvergabe durch eine AG im faktischen Konzern zu beleuchten. Wenngleich das Cash Pooling meist im Zusammenhang mit Tochtergesellschaften in der Rechtsform der GmbH dargestellt wird und dies auch in der Praxis die übliche Gestaltung ist, sind in nicht unerheblichem Maße auch AGs an konzernweiten Cash-Pooling-Systemen angeschlossen.[1720] Insofern ist auch eine Betrachtung dieser Rechtsform angezeigt. Vorangestellt wird die Grenze des § 57 Abs. 1 S. 1 AktG, die allerdings – dies wird in einem zweiten Schritt untersucht – beim Cash Pooling möglicherweise durch die §§ 311 ff. AktG verdrängt wird.

A. Grundsatz: Grenze des § 57 Abs. 1 S. 1 AktG

Gemäß § 57 Abs. 1 S. 1 AktG dürfen den Aktionären die Einlagen nicht zurückgezahlt werden. Nur der Bilanzgewinn darf ausgeschüttet werden, § 57 Abs. 3 AktG.

I. Kein Verbot aus § 89 Abs. 1 AktG

Ein Verbot jeder Darlehensgewährung an Aktionäre lässt sich zunächst nicht aus dem Rechtsgedanken des § 89 Abs. 1 AktG herleiten.[1721] Dieser Norm zufolge kann die AG ihren Vorstandsmitgliedern Kredit nur aufgrund eines Beschlusses des Aufsichtsrats gewähren. Während in diesem Zusammenhang § 43a und § 30 Abs.1 GmbHG insofern deckungsgleich sind, als sie beiden Leistungen zulasten des Stammkapitals untersagen, gilt dies nicht im Verhältnis zwischen § 57 Abs. 1 S. 1 und § 89 Abs. 1 AktG. Die Norm des § 89 Abs. 1 AktG untersagt Kreditgewährungen im Rahmen des Eigenkapitalschutzes nämlich nicht generell im Sinne von Verbotstatbeständen zugunsten der Kapitalerhaltung, sondern

---

[1720] Im Aktienrecht stellt sich zudem die Frage, ob die Übernahme einer durch aufsteigende Darlehensgewährungen entstandene Cash-Pooling-Verbindlichkeit der verkauften Tochter-AG mit deren Zustimmung durch den Käufer eine verbotene Finanzierungshilfe dieser AG im Sinne des § 71 a Abs. 1 S.1 AktG darstellt. Unproblematisch dürfte das in dem Fall zu bejahen sein, in dem der Cash Pool ausschließlich zu Zwecken der Vorfinanzierung des Kaufpreises gebildet wurde, vgl. *Nuyken*, ZIP 2004, 1893, 1896. Im übrigen ist diese Frage aber äußerst umstritten; dazu LG Düsseldorf, ZIP 2006, 516 ff.; HndbKonzernfinanz-*Maier-Reimer*, § 16 Rdn 61 ff.; *Habersack*, FS Röhricht, 155 ff.; *Oechsler*, ZIP 2006, 1661 ff.; *Nuyken*, ZIP 2004, 1893 ff.; *Kerber*, DB 2004, 1027 ff.; *ders.*, NZG 2006, 50 ff.; *ders.*, ZIP 2006, 522; *ders.*, NZG 2007, 254 ff. Wendet man die in BGHZ 157, 72 ff., enthaltene Abkehr von einer bilanziellen hin zu einer materiellen Betrachtungsweise konsequent an, sprechen die besseren Gründe für eine Anwendung des § 71 a AktG; a.A. LG Düsseldorf, ZIP 2006, 516 ff. (das Berufungsurteil des OLG Düsseldorf, NZG 2007, 273 ff., geht auf diese Frage nicht ein; krit. hierzu *Kerber*, NZG 2007, 254 ff.; der BGH hat mit Beschluss vom 11.12.2007 – Az: XI 342/06, die Nichtzulassungsbeschwerde zurückgewiesen).

[1721] Unstr., GK-AktG-*Henze*, § 57 Rdn 49; *Deckart*, S. 112 f.; *Deilmann*, AG 2006, 62, 64.

stellt neben formalen Anforderungen auf einen pflichtgemäß getroffenen Aufsichtsratsbeschluss ab.[1722] Letztlich handelt es sich um eine Kompetenzregel zur Erhöhung der Binnentransparenz, die Missbräuche verhindern soll.[1723] Ist aber schon der dem insofern § 30 Abs. 1 GmbHG vergleichbare § 43 a GmbHG nicht analog auf die Darlehensgewährung an die Gesellschafter der GmbH anwendbar, muss dies erst Recht für den mit § 57 Abs. 1 S. 1 AktG nicht vergleichbaren § 89 AktG gelten.[1724] Entgegen anderer Auffassung kann aus § 89 Abs. 1 AktG, der als Sondervorschrift gegenüber § 57 Abs. 1 S. 1 AktG einzustufen ist,[1725] keinesfalls eine Konsequenz für die Grenzen der Darlehensgewährung gezogen werden. Zwar zeigt der Umstand, dass Vorstände mit Zustimmung des Aufsichtsrats zulässig sind, dass es bei § 89 Abs. 1 AktG nicht vorrangig um Kapitalerhaltung geht,[1726] doch kann daraus keinesfalls geschlossen werden, dass der Gesetzgeber im Aktienrecht Kredite nicht per se als Schmälerung des Gesellschaftsvermögens ansieht.[1727] Eine solche allgemeine Wertung kann der Spezialvorschrift des § 89 Abs. 1 AktG nicht entnommen werden und würde § 57 Abs. 1 S. 1 AktG, der sich bezüglich der Auszahlung auch auf eine Darlehensvergabe bezieht, zuwider laufen.

II. Vergleich von § 57 Abs. 1 S. 1 AktG mit § 30 Abs. 1 GmbHG

Das Gebot der Kapitalerhaltung ist bei der AG im Verbot der Einlagenrückgewähr gemäß § 57 Abs. 1 S. 1 AktG und bei der GmbH im Verbot der Auszahlung des zur Erhaltung des Stammkapitals erforderlichen Vermögens nach § 30 Abs. 1 GmbHG konkretisiert. Beiden Regelungen liegt die gleiche Interessenlage zugrunde, denn als Ausgleich für das Haftungsprivileg des § 1 Abs. 1 S. 2 AktG ist auch bei der AG die Aufbringung und Erhaltung des Kapitals erforderlich.[1728] § 57 Abs. 1 S. 1 AktG ist insoweit das Pendant zu § 30 Abs. 1 GmbHG. Die beiden Verbote haben indes eine unterschiedliche Reichweite. Gemäß § 57 Abs. 3 AktG darf unter den Aktionären vor Auflösung der AG nur der Bilanzgewinn verteilt werden.[1729] Dabei ist der Jahresüberschuss für die Errechnung des Bilanzgewinns nach § 58 Abs. 4 AktG um die Zuführungen zu einer obliga-

---

[1722] *K. Schmidt*, GesR, § 29 II 3 b; *Zeidler*, S. 102; *Reiner/Brakemeier*, BB 2005, 1458, 1462; *Deilmann*, AG 2006, 62, 64, die das Verhältnis von § 57 und § 89 AktG nach BGHZ 157, 72 ff. eingehend untersucht; unzutreffend daher *Deckart*, S. 112, der § 89 AktG als Kreditvergabeverbot bezeichnet.

[1723] *Hüffer*, § 89 Rdn 1; GK-AktG-*Henze*, § 57 Rdn 49.

[1724] *Zeidler*, S. 102.

[1725] Zutr. *Deilmann*, AG 2006, 62, 64 f.

[1726] *Hüffer*, § 89 Rdn 1: „Nicht auf Kapitalerhaltung zugeschnitten".

[1727] So aber das Fazit von *Reiner/Brakemeier*, BB 2005, 1458, 1462.

[1728] GK-AktG-*Henze*, § 57 Rdn 5; *Lutter*, FS Stiefel, 505, 505 f.; *Deckart*, S. 111; vgl. auch *Brockfeld*, S. 70 f.

[1729] § 57 Abs. 3 AktG ist eine anders gefasste Wiederholung des Verbots der Einlagenrückgewähr nach § 57 Abs. 1 S. 1 AktG, besagt als dasselbe, *Hüffer*, § 57 Rdn 22.

torisch zu bildenden gesetzlichen Rücklage (§ 150 AktG) sowie zu weiteren gemäß den Bestimmungen der Satzung zu bildenden Gewinnrücklagen nach § 58 AktG zu vermindern, bis die gesetzlichen oder satzungsmäßigen Mindestwerte der Rücklagen erreicht sind, wenn diese nicht im zulässigen Umfang wieder aufgelöst werden. Somit sind bei der AG alle Leistungen an Gesellschafter außerhalb der Verteilung des Bilanzgewinns oder bestimmter gesetzlicher Ausnahmen unzulässig, durch die das Gesellschaftsvermögen beeinträchtigt wird.[1730] Im Unterschied dazu erstreckt sich das Verbot zur Rückgewähr von Einlagen bei der GmbH gemäß § 30 Abs. 1 GmbHG nur auf das zur Erhaltung des Stammkapitals erforderliche Vermögen. § 30 Abs. 1 GmbHG und § 57 Abs. 1 S. 1 AktG unterscheiden sich also erheblich voneinander.[1731]

III. Bedeutung des § 57 Abs. 1 S. 1 AktG

Damit wird verbreitet bei der AG nicht von einer Kapitalerhaltung im engeren Sinn gesprochen, sondern von einer Bindung des gesamten Vermögens des Rechtsträgers.[1732] Vor Augen zu führen ist, dass es bei § 57 Abs. 1 S. 1 AktG nicht darauf ankommt, ob das zur Erhaltung des Grundkapitals notwendige Gesellschaftsvermögen durch eine Auszahlung angegriffen wird; es ist keine Unterbilanzsituation erforderlich, um den Kapitalschutz auszulösen.[1733] Daher ist auch eine Leistung aus den Aktiva, die die freien Rücklagen übersteigt, eine Einlagenrückgewähr, wenn es sich nicht um die Verteilung von Bilanzgewinn handelt. § 57 Abs. 1 S. 1 AktG verwirklicht das Gebot der Kapitalerhaltung und dient sowohl dem Schutz der Gesellschaftsgläubiger als auch der einzelnen Aktionäre, indem die Norm verhindert, dass die Grenze zwischen Gesellschafter- und Gesellschaftsvermögen zugunsten einzelner Aktionäre unter Verletzung des Grundsatzes der Gleichbehandlung verschoben wird.[1734]

IV. Darlehensgewährung

Bevor auf die möglichen Veränderungen durch BGHZ 157, 72 ff. eingegangen wird, sind die bislang für die AG geltenden Grundsätze in Erinnerung zu rufen. Die bisher überwiegende Ansicht, die mit der früher bei der GmbH herrschen-

---

[1730] *Hüffer*, § 57 Rdn 3, 6 zu gesetzlichen Ausnahmen; *Tielmann*, Liber amicorum Happ, 311, 312 f.; *Morsch*, NZG 2003, 97, 104; *Grothaus/Halberkamp*, GmbHR 2005, 1317, 1318; *Habersack/Schürnbrand*, NZG 2004, 689, 690.

[1731] Im einzelnen HeidelbKomm-AktG-*H. P. Westermann*, § 57 Rdn 3; GK-GmbHG-*Habersack*, § 30 Rdn 18; ferner *Kallmeyer*, DB 2007, 2755, 2755.

[1732] GK-AktG-*Henze*, § 57 Rdn 10; *Deckart*, S. 111; *Grothaus/Halberkamp*, GmbHR 2005, 1317, 1318; *Reidenbach*, WM 2004, 1417, 1421; *Hüffer*, AG 2004, 416, 417; *Müller-Michaels*, KSI 2006, 100, 102.

[1733] *Hüffer*, § 57 Rdn 3, *K. Schmidt*, GesR, § 29 II 2 a); *Deckart*, S. 111; *Grothaus/Halberkamp*, GmbHR 2005, 1317, 1318; *Reidenbach*, WM 2004, 1421, 1427; diff. *Wilhelm*, FS Flume II, 337 ff.

[1734] LG Dortmund, AG 2002, 97, 99.

den Ansicht vergleichbar ist, sah in einem Rechtsgeschäft zwischen Gesellschaft und Gesellschafter keine Einlagenrückgewähr, soweit dieses Geschäft unter marktüblichen Bedingungen abgeschlossen wurde.[1735] Als Kriterium wurde der Drittvergleich herangezogen, wobei danach gefragt wurde, ob die Gesellschaft die Leistung auch einem gesellschaftsfremden Dritten unter den gleichen Bedingungen hätte zukommen lassen.[1736] Dabei wurde auf die Aspekte der marktgerechten Verzinsung und der gesicherten Rückzahlung abgestellt. Zudem muss die Liquidität der AG gesichert sein.[1737] Ohne eine solche Garantie würde die Muttergesellschaft gegenüber einem Dritten begünstigt, dem die Gesellschaft ohne Zweifel nur aktuell nicht benötigte und jederzeit rückrufbare Mittel überlassen hätte.[1738] Außerdem sollte § 57 Abs. 1 S. 1 AktG unabhängig davon anwendbar sein, ob das Cash Pooling durch die Muttergesellschaft oder eine von ihr beherrschte Betreibergesellschaft durchgeführt wird.[1739] Insofern gilt hier nichts anders als bei der GmbH. Damit folgte für die bislang herrschende Ansicht, dass ein Darlehen nach § 57 Abs. 1 S. 1 AktG unzulässig ist, wenn es nicht angemessen verzinst und abgesichert wird und nicht die Liquidität der AG garantiert wird.

Ausweislich verschiedener Literaturnachweise hat es hieran bei konzernweiten Cash-Pooling-Systemen gefehlt, da insbesondere keine Absicherung der von der Tochter an die Mutter abgeführten Mittel stattfand.[1740] Eine Ausnahme vom Besicherungserfordernis wurde für den Fall diskutiert, in dem eine wirtschaftlich vergleichbare Kompensation dadurch geleistet wurde, dass die Muttergesellschaft die Tochtergesellschaft an vorteilhaften konzerninternen Maßnahmen teilhaben lassen sollte, wodurch diese eigene Aufwendungen ersparen sollte.[1741] Voraussetzung sollte sein, dass der Tochter die Kompensation nicht wieder jederzeit nach Belieben der Muttergesellschaft entzogen werden konnte, sondern dass für die Tochter ein rechtlich durchsetzbarer Anspruch auf Teilhabe

---

[1735] GK-AktG-*Henze*, § 57 Rdn 35; *Hüffer*, § 57 Rdn 8; *K. Schmidt*, GesR, § 29 II 2 a); *Schön*, ZHR 159 (1995), 351, 369 f.; *Bayer*, FS Lutter, 1011, 1017 f.; *Morsch*, NZG 2003, 97, 104.

[1736] OLG Hamm, ZIP 1995, 1263, 1270; LG Dortmund, AG 2002, 97, 98 f.; MK-AktG-*Bayer*, § 57 Rdn 81; GK-AktG-*Henze*, § 57 Rdn 49; *Makowski*, S. 123; *Vetter/Stadler*, Rdn 86; *Bayer*, FS Lutter, 1011, 1017 f.

[1737] MK-AktG-*Bayer*, § 57 Rdn 81; *Deckart*, S. 112; *Bayer*, FS Lutter, 1011, 1018; *Morsch*, NZG 2003, 97, 104; *Habersack/Schürnbrand*, NZG 2004, 689, 690.

[1738] HndbKonzernfinanz-*Hommelhoff/Kleindiek*, § 21 Rdn 20; MünchHndbGesR-AG-*Krieger* § 69 Rdn 56; *Deckart*, S. 112; eine Minderansicht ließ demgegenüber die Werthaltigkeit des Rückzahlungsanspruchs ausreichen, *K. Schmidt*, GesR, § 29 II 2 a).

[1739] *Vetter/Stadler*, Rdn 86; sowie allg. *Hüffer*, § 57 Rdn 15.

[1740] HndbKonzernfinanz-*U.H. Schneider*, § 25 Rdn 15; MK-AktG-*Bayer*, § 57 Rdn 82; *ders.*, FS Lutter, 1011, 1031.

[1741] MK-AktG-*Bayer*, § 57 Rdn 82; *ders.*, FS Lutter, 1011, 1019.

an der von ihr finanzierten konzerninternen Maßnahme begründet wurde.[1742] Hintergrund dieser Ausnahme war, dass unter Zugrundelegung des Drittvergleichs die Tochtergesellschaft zu diesen Bedingungen auch mit einem Dritten in gleicher Weise kooperiert hätte. Da Leistungen aus dem Vermögen der Tochtergesellschaft an die Muttergesellschaft, die der Tochtergesellschaft nur indirekt wieder zugute kommen sollten, hierfür nicht ausreichten, sollte der Hinweis auf die generellen Vorteile des konzernweiten Cash Poolings nicht ausreichen, um eine zulässige Darlehensgewährung ohne Verstoß gegen § 57 Abs. 1 S. 1 AktG anzunehmen.[1743] Hinsichtlich des Wortlauts des § 57 Abs. 1 AktG ist noch zu berücksichtigen, dass es weder auf eine gegenständliche Rückgewähr der Leistung noch darauf ankommt, ob der begünstigte Aktionär auch der Einzahlende war. Vielmehr wird – insofern besteht kein Unterschied zu § 30 Abs. 1 GmbHG – der tatsächliche Vorgang einer Vermögensverschiebung in Form einer wertmäßigen Beeinträchtigung des Gesellschaftsvermögens beschrieben.[1744] Insofern bestehen keine Bedenken, auch die Darlehensgewährung als Fall des § 57 Abs. 1 S. 1 AktG anzusehen.[1745]

1. Übertragbarkeit der Argumente aus BGHZ 157, 72 ff. auf die AG

Zu untersuchen ist, ob die in der Entscheidung BGHZ 157, 72 ff. vorgetragenen Argumente auch auf die AG übertragbar sind. Der BGH hat sich in dem Urteil BGHZ 157, 72 ff. nicht zur Rechtslage bei AG der geäußert. Dennoch ist von einer Anwendbarkeit der dort aufgestellten Grundsätze zur Darlehensgewährung auch bei der AG auszugehen, wenn die vom BGH zur Begründung seiner Ansicht aufgeführten Argumente, deren Richtigkeit bereits festgestellt wurde,[1746] auf die AG Anwendung finden. Der BGH hat die Entscheidung mit Argumenten begründet, die den Sinn und Zweck der Kapitalerhaltung des § 30 Abs. 1 GmbHG betreffen. Sowohl bei der AG als auch bei der GmbH geht die Vermögensbindung als Korrelat zum Ausschluss der persönlichen Haftung hin zum Gläubigerschutz.[1747] Von dieser Übereinstimmung der Zielsetzung der jeweiligen Kapitalerhaltungsnormen ausgehend ist die Übertragbarkeit der einzelnen Argumente auf die AG zu untersuchen:

Das Argument der Beeinträchtigung der Befriedigungsmöglichkeiten der Gesellschaftsgläubiger aufgrund des Austausches jederzeit realisierbarer Werte gegen zeitlich hinausgeschobene schuldrechtliche Ansprüche gegenüber dem

---

[1742] MK-AktG-*Bayer*, § 57 Rdn 82; *ders.*, FS Lutter, 1011, 1019.

[1743] *Bayer*, FS Lutter, 1011, 1019.

[1744] OLG Hamm, ZIP 1995, 1263, 1270; KK-*Lutter*, § 57 Rdn 5; MK-AktG-*Bayer*, § 57 Rdn 8; *Hüffer*, § 57 Rdn 2.

[1745] Anders noch *Brockfeld*, S. 49 f., der nur die endgültige Vermögensübertragung als von § 57 Abs. 1 AktG erfasst sieht.

[1746] Oben § 8 B. II. 2.

[1747] *Deckart*, S. 113; *Lutter*, FS Stiefel, 505, 505 f.

Gesellschafter ist nicht auf die GmbH beschränkt.[1748] Vielmehr kann auch bei der AG die Möglichkeit nicht ausgeschlossen werden, dass die gebundene Haftungsmasse der Gesellschaft durch Geschäfte mit den Aktionären in einzelne schuldrechtliche Forderungen aufgespalten wird, so dass sie den Gesellschaftsgläubigern nicht mehr unmittelbar als reale Vermögensmasse zur Verfügung steht. Es bestehen daher keine Zweifel daran, dass das Substanzschutzargument auf die Kapitalerhaltung in der AG übertragbar ist.

Nach dem Rangargument überspielt der Austausch von Kapital gegen bloß schuldrechtliche Ansprüche den strukturellen Nachrang der Gläubiger des Gesellschafters, da diese durch die Darlehenshingabe zum Nachteil der Gläubiger der Gesellschaft im Ergebnis einen vollstreckungs- und insolvenzrechtlich vorrangigen Zugriff auf die Vermögenswerte der Gesellschaft erhalten. Dieser Aspekt hat auch für die AG Geltung, denn auch hier führt die Weggabe von Liquidität zulasten der Gesellschaft und ihrer Gläubiger zu einem insolvenz- und vollstreckungsrechtlichen Vorteil der Gläubiger des Aktionärs auf die übertragenen Vermögenswerte.[1749]

Nach dem Umgehungsargument bestünde aufgrund einer Darlehensgewährung an Gesellschafter bei Unterbilanz die Gefahr, dass verbotenen Zahlungen aus dem Stammkapital bilanzneutral als Darlehen verschleiert werden könnten. Dies würde dem Erlass- und Stundungsverbot des sofort fälligen Erstattungsanspruchs aus § 31 GmbHG zuwider laufen. Diese Erwägungen beanspruchen auch für die AG Geltung. Aufgrund der Tatsache, dass bei der AG das gesamte Vermögen und nicht nur die Stammkapitalziffer Auszahlungsschutz genießt, dürfte bei der AG die Gefahr der Verschleierung einer unzulässigen Auszahlung durch Darlehensgewährung sogar noch größer sein als bei der GmbH.[1750]

2. Ergebnis

Die einzelnen Argumente sind auch auf die AG übertragbar.[1751] Dies ist aus systematischen Erwägungen heraus unmittelbar einleuchtend: Wenn nämlich schon bei der GmbH eine bilanzielle Betrachtungsweise der Vorgänge ausschei-

---

[1748] So auch *Deckart*, S. 114; *Tielmann*, Liber amicorum Happ, 311, 313; *Cahn*, Kapitalerhaltung im Konzern, S. 249; *ders.*, DK 2004, 235, 244; *Rainer/Brakemeier*, BB 2005, 1458, 1460.

[1749] Ebenso *Deckart*, S. 114; *Schön*, FS Röhricht, 559, 567.

[1750] Zutr. *Deckart*, S. 114.

[1751] So auch OLG Jena, ZIP 2007, 1314, 1315; Spindler/Stilz-*Cahn/Senger*, § 57 Rdn 32; Heidel-*Drinhausen*, § 57 Rdn 15; *Rittscher*, S. 114 f.; *Ruby*, JahrbUnternehmensfinanz 2005, 10, 11; *Tielmann*, Liber amicorum Happ, 311, 313; *Rümker*, FS Huber, 919, 921; *Schön*, FS Röhricht, 559, 567; *Habersack*, FS Röhricht, 155, 156 f.; *Herbst*, GLJ 2004, 1217, 1231; *Deilmann*, AG 2006, 62, 62; *Cahn*, DK 2004, 235, 244; *Haase*, INF 2005, 37, 38; *Wachter* GmbHR 2004, 1249, 1254.

det, dann muss dies bei der AG mit ihrer noch strengeren Vermögensbindung erst Recht gelten.[1752] Anders als bei der GmbH sind diese Argumente allerdings nicht bloß im Stadium der Unterbilanz anwendbar. Da es beim Kapitalschutz der AG nicht auf eine Unterbilanzsituation ankommt, ist die solchermaßen gebundene Vermögensmasse vielmehr in Bezug auf das gesamte Vermögen mit Ausnahme des Bilanzgewinns zu verstehen.[1753] Dies bedeutet zugleich, dass es auf die bislang von der herrschenden Ansicht angewandten Kriterien für eine Darlehensvergabe an Aktionäre nicht ankommt.[1754] Auch in diesem Fall ist eine Darlehensgewährung nicht zulässig, wenn sie nicht aus dem Bilanzgewinn erfolgt oder gesetzlich zugelassen ist. Dass das Urteil des BGH damit „nichts grundlegend Neues"[1755] bringt, nur eine „implizite Bestätigung"[1756] der bislang herrschenden Ansicht darstellt, kann daher nicht bestätigt werden. Vielmehr hat die Entscheidung des BGH auch für die AG Veränderungen mit sich gebracht und die Rechtslage in nicht unerheblichem Maße verschärft[1757]: Eine Darlehensgewährung ist nur im Rahmen des verteilbaren Bilanzgewinns möglich. Außerhalb dessen kommt es nicht mehr allein darauf an, ob die AG ein Darlehen zu diesen Konditionen auch Dritten gewährt hätte. Vielmehr ist eine Darlehensgewährung stets an den strengeren Voraussetzungen des Ausnahmetatbestandes zu messen.[1758]

3. Rechtsfolgen

Sofern die Voraussetzungen des Ausnahmetatbestandes nicht vorliegen, ist im Rahmen eines Cash-Pooling-Systems die Darlehensvergabe an Aktionäre aus

---

[1752] Auf einen erst-Recht-Schluss abst. auch *Bayer/Lieder*, ZGR 2005, 133, 147; in diesem Sinne auch *Seidel*, DStR 2004, 1130, 1131; vgl. *Niedernhöfer*, Handelsblatt v. 24.08.2005, S. 33.

[1753] OLG Jena, ZIP 2007, 1314, 1315 f.

[1754] Ausdr. *Grothaus/Halberkamp*, GmbHR 2005, 1317, 1318; einschr. *Müller-Michaels*, KSI 2006, 100, 104; demgegenüber will *Hüffer*, § 57 Rdn 3a, gerade bezogen auf das Cash Management weiterhin an den Anforderungen der bisher herrschenden Ansicht festhalten; ähnl. *Tielmann*, Liber amicorum Happ, 311, 314. Dies ist aber mit BGHZ 157, 72 ff., dessen Anwendbarkeit für die AG zu bejahen ist, nicht vereinbar.

[1755] *Habersack/Schürnbrand*, NZG 2004, 689, 690; vgl. *Burgard*, AG 2006, 527, 529, allerdings von vornherein vom obiter dictum ausgehend.

[1756] *Bayer/Lieder*, ZGR 2005, 133, 147; vgl. *Hüffer*, § 57 Rdn 3b.

[1757] Deutl. KK-*Koppensteiner*, § 311 Rdn 79 Fn 211; zweif. an der Aufrechterhaltung der bisherigen Voraussetzungen auch *Stein*, DZWiR 2004, 493, 496; *Reidenbach*, WM 2004, 1421, 1427.

[1758] *Deckart*, S. 111 f.; *Maier-Reimer*, VGR 10, 127, 146 f.; *Bayer/Lieder*, ZGR 2005, 133, 147; *Grothaus/Halberkamp*, GmbHR 2005, 1317, 1318; *Wessels*, ZIP 2004, 793, 796; *ders.*, ZIP 2006, 1701, 1707; *Reidenbach*, WM 2004, 1421, 1427; *Seibold*, FB 2005, 77, 80; *Seidel*, DStR 2004, 1130, 1132; *Cahn*, DK 2004, 235, 244; *Stein*, DZWiR 2004, 493, 496.

dem Bilanzgewinn außerhalb von konzernrechtlichen Gestaltungen faktisch ohne Verstoß gegen § 57 Abs. 1 S. 1 AktG nicht möglich[1759]: Es ist zwar eine Darlehensvergabe zulasten der freien Rücklagen und andere Gewinnvorträge unbedenklich, so dass die entsprechenden Beträge in den Bilanzgewinn einfließen und dann an die Aktionäre ausgeschüttet werden können. Hinsichtlich dieser Mittel können die Gläubiger der AG nicht darauf vertrauen, dass sie in der AG als Haftungsmasse oder Mindestbetriebsvermögen in der Gesellschaft verbleiben. Dennoch ist eine unterjährige Auszahlung von Beträgen aus den freien Rücklagen und dem Gewinnvortrag an die Aktionäre nicht möglich.[1760] Hierfür muss nämlich das Verfahren der Bilanzfeststellung und der Entscheidung über die Gewinnverwendung eingehalten werden. Entsprechen Auszahlungen hingegen nicht den genannten Anforderungen, verstoßen sie selbst dann gegen § 57 Abs. 1 S. 1 AktG mit der Rechtsfolge des § 62 AktG, wenn keine Schmälerung der einer Auszahlung an die Aktionäre entzogenen Haftungsmasse gegeben ist.[1761] Diese verfahrensrechtlichen Regelungen, die vor allem gewährleisten sollen, dass die Einschätzung der Vermögenslage der Gesellschaft durch die Verwaltung von einem unabhängigen Abschlussprüfer kontrolliert wird,[1762] bringt es mit sich, dass eine Darlehensauszahlung im Rahmen eines Cash Poolings, der auf einen täglichen Liquiditätsausgleich gerichtet ist, schon aus praktischen Gründen nicht möglich ist. Das Verfahren der Auszahlung von Bilanzgewinn verträgt sich nicht mit diesem gerade auf kurzfristige Liquiditätsgewährungen gerichteten Konzernfinanzierungssystem. Damit bleibt hier im Ergebnis nur die Möglichkeit, eine Darlehensvergabe an die Voraussetzungen des Ausnahmetatbestandes zu knüpfen.

Rechtsfolge einer unzulässigen Auszahlung von Gesellschaftsvermögen ist die Haftung des empfangenden Aktionärs nach § 62 Abs. 1 S. 1 AktG und die Haftung der Vorstands- und Aufsichtsratsmitglieder der AG gemäß §§ 93 Abs. 3 S. 1, 116 AktG.

4. Ausnahmen

Angesichts der sehr weitgehenden Einschränkung für die Möglichkeiten eines Cash Poolings bei der AG im faktischen Konzern stellt sich die Frage nach möglichen Ausnahmen.

[1759] Vgl. *Habersack*, FS Röhricht, 155, 156 f.; *Rehm*, FS Säcker, 305, 310; *Drygala*, ZGR 2006, 587, 630; *Deilmann*, AG 2006, 62, 63; *Wessels*, ZIP 2004, 793, 796 f.; *Thun*, Finance 7/8 2004, 72; *Herschlein/Seibold*, Börsen-Zeitung v. 22.09.2004, S. 2; vgl. auch schon *Brockfeld*, S. 65.

[1760] Zutr. *Deilmann*, AG 2006, 62, 63; *Cahn*, DK 2004, 235, 244; *Seidel*, DStR 2004, 1130, 1132.

[1761] *Cahn*, DK 2004, 235, 244.

[1762] *Cahn*, DK 2004, 235, 244.

a) Einschränkung der Vermögensbindung

Die Übertragung der Entscheidung des BGH auf die AG bringt erhebliche Einschränkungen der Darlehensgewährung der AG an die Muttergesellschaft mit sich. Außerhalb des Vertragskonzerns dürfte sich eine Darlehensgewährung ohne Verstoß gegen § 57 Abs. 1 S. 1 AktG praktisch als nicht möglich erweisen, sofern nicht die Voraussetzungen des Ausnahmetatbestandes eingreifen sollten.[1763] Es ist daher verschiedentlich die Frage aufgeworfen worden, ob eine Einschränkungen des im Sinne des § 57 Abs. 1 S. 1 AktG gebundenen Vermögens insoweit zulässig ist, als das Darlehen nicht zulasten der einer Auszahlung an die Aktionäre entzogenen Mittel, also der zur Deckung des Grundkapitals, der gesetzlichen Rücklage (§ 150 Abs. 1, 2 AktG) und der Kapitalrücklagen nach §§ 272 Abs. 2 Nr. 1 bis 3 HGB, 150 Abs. 3, 4 AktG erforderlichen Beträge, gewährt würde, mit anderen Worten eine Darlehensvergabe an Aktionäre zulasten der freien Rücklagen oder eines Gewinnvortrages auch im Aktienrecht nach Maßgabe der bislang vorherrschenden Ansicht möglich wäre.[1764] Als Argument hierfür ließe sich anführen, dass die entsprechenden Beträge gemäß § 158 AktG in den Bilanzgewinn einfließen und dann zur Ausschüttung an die Aktionäre gelangen könnten. Das bedeutet, dass sich die Gläubiger der AG nicht darauf verlassen können, dass diese Mittel als Haftungsmasse oder Mindestbetriebsvermögen in der AG verbleiben.[1765] Ferner ist darauf zu verweisen, dass sich eine weitere Schranke aus § 57 Abs. 3 AktG ergibt, wonach unter den Aktionären vor Auflösung der Gesellschaft nur der Bilanzgewinn verteilt werden darf. Zwar schützt diese Norm damit im Zusammenspiel mit § 158 AktG vor der Auflösung der AG auf Dauer dasjenige Vermögen vor Ausschüttung an die Aktionäre, das zur Deckung von Grundkapital, gesetzlichen Rücklagen (§ 150 Abs. 1, 2 AktG) und Kapitalrücklagen (§ 150 Abs. 3, 4 AktG) erforderlich ist, jedoch lässt sich argumentieren, dass das darüber hinausgehende Gesellschaftsvermögen eben nicht dauerhaft dem Zugriff der Aktionäre entzogen ist, sondern gerade im Rahmen der Ausschüttung des Bilanzgewinns unter den Aktionären

---

1763 Einschr. auch *Weber/Brügel*, DB 2004, 1923, 1927.

1764 Die Frage aufwerfend, im Ergebnis aber verneinend BGH, ZIP 2005, 1270, 1273 („EM.TV"); ferner *Hüffer*, § 57 Rdn 3a; *Rittscher*, S. 115; *Deckart*, S. 118 f.; *Cahn*, DK 2004, 235, 244; *Wessels*, ZIP 2006, 1701, 1707; *Habersack/Schürnbrand*, NZG 2004, 689, 690; *Reidenbach*, WM 2004, 1421, 1427; *Wessels*, ZIP 2004 793, 796; *Seidel*, DStR 2004, 1130, 1132; offenl. *Maier-Reimer*, VGR 10, 127, 146 ff.; *Seibold*, FB 2005, 77, 80; bejahend aber MK-AktG-*Bayer*, § 57 Rdn 24; *Schön*, FS Röhricht, 559, 567; *Henze*, NZG 2005, 115, 121; *ders.*, WM 2005, 717, 721; *Altmeppen*, ZIP 2006, 1025, 1031 f.; *Müller-Michaels*, KSI 2006, 100, 102; sympathisierend *Hentzen*, DStR 2006, 948, 948; wohl auch *Wunderlich*, BKR 2005, 387, 389; vgl. die Problematik bei der Prospekthaftung: *Fleischer*, Gutachten 64. DJT F, 73 f.; *Renzenbrink/Holzner*, BKR 2002, 434, 438 f.

1765 Vgl. *Cahn*, DK 2004, 235, 244; *Deilmann*, AG 2006, 62, 63.

verteilt werden kann.[1766] Zusätzlich argumentiert *Henze*, die Norm des § 57 Abs. 3 AktG beinhalte lediglich eine Kompetenzabgrenzung zwischen Vorstand und Aufsichtsrat einerseits und Hauptversammlung andererseits, indem die Verwaltung die Jahresbilanz feststellt und die Möglichkeit hat, einen bestimmten Betrag aus dem Jahresüberschuss in die Rücklagen einzustellen, während über die Verwendung des Bilanzgewinns die Hauptversammlung entscheiden soll. Dabei müsse der Bilanzgewinn nicht zwingend unter die Aktionäre verteilt werden. Vielmehr habe die Hauptversammlung bis zur Grenze des § 254 Abs. 1 AktG das Recht, weitere Beträge in andere Gewinnrücklagen einzustellen. Dies zeige, dass § 57 Abs. 3 AktG keine Gläubigerschutzgesichtspunkte zugrundelägen, so dass eine Kreditgewährung wie bei der GmbH in der Höhe möglich sei, in der das Gesellschaftsvermögen Grundkapitalziffer und gesetzliche Rücklagen übersteige.[1767]

Diese Ansicht übersieht aber bereits, dass das darüber hinausgehende Gesellschaftsvermögen nicht in beliebiger Art und Weise, sondern einzig und allein im Rahmen der Ausschüttung des Bilanzgewinns verteilt werden kann. Eine gemäß § 57 Abs. 3 AktG zulässige Auszahlung setzt wiederum einen wirksamen Gewinnverwendungsbeschluss der Hauptversammlung nach § 174 AktG voraus. Zumindest bezogen auf das Cash Pooling ist ein solcher Weg aber – wie aufgezeigt wurde – schon rein praktisch aufgrund der verfahrensrechtlichen Voraussetzung der Bilanzfeststellung und des Gewinnverwendungsbeschlusses von vornherein nicht möglich.[1768] Ferner ist die Indienstnahme des gesamten Gesellschaftsvermögens auch wegen der Nebenzwecke des § 57 Abs. 1 S. 1 AktG, wie etwa dem Schutz der Aktionäre vor verdeckter Gewinnausschüttung und der Wahrung der organschaftlichen Kompetenz der Hauptversammlung hinsichtlich der Gewinnverwendung, angezeigt, soweit es nicht als Befriedigungsreserve und Mindestbetriebsvermögen benötigt wird.[1769] Zuletzt ist zu berücksichtigen, dass sich die Gläubiger darauf verlassen dürfen, dass das Vermögen der AG umfassend, also nicht nur in Höhe der Stammkapitalziffer geschützt ist.[1770] Zwar können die Gläubiger den Wert des Vermögens nicht aus dem Handelsregister ablesen, wohl aber aus dem letzten Jahresabschluss der AG. Dass das dort ausgewiesene Vermögen, von engen Ausnahmen und dem Bilanzgewinn abgesehen, maßgeblich ist, gewährleistet § 57 Abs. 3 AktG, der eben doch mehr ist als eine bloße Kompetenzabgrenzung.

[1766] Vgl. *Deckart*, S. 118; *Seidel*, DStR 2004, 1130, 1132; *Altmeppen*, ZIP 2006, 1025, 1031 f.

[1767] *Henze*, NZG 2004, 115, 120 f.; *ders.*, WM 2005, 717, 721, unter Berücksichtigung von Schadensersatzverpflichtungen der AG gegenüber ihren Aktionären bei der Verletzung mitgliedschaftlicher Rechte; (hierzu *Zöllner/Winter*, ZHR 158 (1994), 59, 75 ff.; *Martens*, ZGR 1972, 254, 283 ff.).

[1768] Siehe oben § 9 A. IV. 3.

[1769] *Hüffer*, § 57 Rdn 3a; vgl. *Gottschalk*, DStR 2005, 1648, 1653.

[1770] *Deckart*, S. 119.

Soweit *Schön* argumentiert, dass in einer Darlehensgewährung, also in einer zeitlich begrenzten Kapitalnutzung gegen ein angemessenes Entgelt, keine Vermögensverschiebung zwischen der Gesellschaft und dem Gesellschafter zulasten der Mitgesellschafter, sondern nur eine Risikoverlagerung zwischen den Gruppen der Gläubiger der Gesellschaft und des Gesellschafters liege, so dass der Schutzzweck des § 57 Abs. 1 S. 1 AktG bei einer Beschränkung der Vermögensbindung nicht verletzt sei,[1771] steht dies zudem im Widerspruch zum Rangargument, dessen Geltung auch für das Aktienrecht zu bejahen ist.[1772] Gerade die Risikoverlagerung von den Gläubigern des Gesellschafters auf die Gesellschaftsgläubiger bringt es mit sich, dass ersteren ein insolvenz- und vollstreckungsrechtlicher Zugriff auf das Gesellschaftsvermögen gewährt werden würde. Mit der Durchsetzung einer effektiven Vermögensbindung aus Gläubigerschutzgesichtspunkten wäre dies nicht vereinbar. Dass eine solche Auslegung rechtspolitisch „nicht geboten" ist,[1773] kann demgegenüber nicht festgestellt werden. Im Gegenteil: Um § 57 Abs. 1 S. 1 AktG im Sinne einer strengen Vermögensbindung zur vollen Wirksamkeit gelangen zu lassen, ist keine Beschränkung der Vermögensbindung möglich. Dies würde insbesondere dem Gläubigerschutz widersprechen.[1774] Der BGH hat – wie das Urteil BGHZ 157, 72 ff. gezeigt hat – den Kapitalschutz verschärft; es kann daher nicht mit einer Anerkennung einer Lockerung des aktienrechtlichen Kapitalschutzsystems in dem genannten Sinne durch den BGH gerechnet werden, was im übrigen bereits die „EM.TV"-Entscheidung des Gerichts gezeigt hat.[1775] Dort stand das Gericht einer solchen Einschränkung der Vermögensbindung ablehnend gegenüber. Eine solche Beschränkung des gebundenen Vermögens auf das Grundkapital und den gesetzlichen Reservefonds ist daher nicht angezeigt.[1776]

b) Anwendung des Ausnahmetatbestandes

Bei einem ersten Hinsehen spricht zunächst nichts gegen die Anwendung des Ausnahmetatbestandes auch bei der AG.[1777] Im Gegenteil: Es wäre widersprüchlich, würde man die Argumente des BGH auf die AG übertragen, dann aber

---

[1771] *Schön*, FS Röhricht, 559, 567.

[1772] Siehe hierzu oben § 9 A. IV. 1.

[1773] So *Grothaus/Halberkamp*, GmbHR 2005, 1317, 1318; vgl. auch *Maier-Reimer*, VGR 10, 127, 146 f.

[1774] Demgegenüber würde aus Gläubigerschutzgesichtspunkten nach *Reidenbach*, WM 2004, 1421, 1427, eine Beschränkung der Vermögensbindung ausreichen; dies kann jedoch – wie dargestellt – nicht überzeugen.

[1775] BGH, ZIP 2005, 1270, 1273; treff. *Wessels*, ZIP 2006, 1701, 1707.

[1776] So auch *Hüffer*, § 57 Rdn 3a; *Reidenbach*, WM 2004, 1421, 1427.

[1777] Die Nichtanwendbarkeit des Ausnahmetatbestandes auf die AG wird – soweit ersichtlich – nicht vertreten; von einer selbstverständlichen Anwendbarkeit ausgehend etwa *Cahn*, DK 2004, 235, 244; *Deckart*, S. 116; *Seidel*, DStR 2004, 1130, 1132; für eine gezielte Anwendung des Ausnahmetatbestandes bei der AG *Seibold*, FB 2005, 77, 80.

nicht auch das dort aufgestellte obiter dictum. Auch ist nicht zu verkennen, dass der Ausnahmetatbestand in einigen Voraussetzungen denjenigen Bedingungen zumindest ansatzweise ähnelt, die die bisherige herrschende Ansicht bei dem Drittvergleich bei der Kreditgewährung anwenden wollte. Hinsichtlich der Anwendung des Ausnahmetatbestandes stellen sich zunächst die gleichen Probleme wie bei der GmbH. Ist die Tochtergesellschaft, die Liquidität an den Cash Pool abführt, eine AG, müsste auch hier die Teilnahme am Cash Pool – nicht die einzelne Darlehensgewährung – im Interesse dieser Gesellschaft liegen. Dies dürfte – wie auch bei der GmbH – grundsätzlich der Fall sein.[1778] Der Drittvergleich setzt auch bei der AG eine angemessene Verzinsung oder Besicherung voraus. Dies dürfte den bisherigen Voraussetzungen einer Darlehensvergabe durch die AG entsprechen. Auch diese Voraussetzung dürfte wie bei der GmbH erfüllbar sein. Kritisch zu betrachten ist hingegen auch hier die Voraussetzung der über jeden Zweifel erhabenen Kreditwürdigkeit der Muttergesellschaft.[1779] Insofern gilt nichts anderes als zur Rechtslage bei der GmbH. Eine Gewährleistung der Rückzahlung des Darlehens durch werthaltige Sicherheiten dürfte demgegenüber ebenso wie bei der GmbH zwar nicht immer unproblematisch, aber gegen Inkaufnahme der damit verbundenen Nachteile zumindest möglich sein.[1780] Allerdings sind – wie bereits festgestellt wurde – besondere Anforderungen an die zu stellenden Sicherheiten zu stellen, die weit über die nach bisheriger herrschender Ansicht zu stellenden Sicherheiten hinausgehen.[1781] Festzuhalten ist damit, dass einerseits der Ausnahmetatbestand bei der AG ebenso eingreifen kann wie bei der GmbH, andererseits der von der bislang herrschenden Ansicht aufgestellte Drittvergleich auch in diesem Zusammenhang bei weitem nicht ausreicht. Insofern gelten hinsichtlich der inhaltlichen Anforderungen des Ausnahmetatbestandes zwar keine Unterschiede im Vergleich zur Rechtslage bei der GmbH.

Bedenken sind jedoch aus folgenden Gründen angebracht: Das obiter dictum des BGH ist – dies hat die bisherige Betrachtung deutlich gemacht – als eng begrenzter, an strenge Voraussetzungen gebundener Ausnahmetatbestand vom Grundsatz des § 57 Abs. 1 S. 1 AktG zu verstehen. Im Rahmen der Rechtslage der GmbH ist dieses Konzept auch durchaus stimmig, ist doch – sofern eine

---

[1778] Demgegenüber für ein Nichtvorliegen dieser Voraussetzung außerhalb von Cash-Pool-Gestaltungen bei der AG *Bayer/Lieder*, ZGR 2005, 133, 147; hingegen für eine Erfüllung bei einer Kreditvergabe durch eine Bank in der Rechtsform der AG *Cahn*, DK 2004, 235, 244.

[1779] Ebenso *Deckart*, S. 116; *Cahn*, DK 2004, 235, 244 zur Kreditvergabe durch eine Bank in der Rechtsform der AG.

[1780] Insofern a. A. *Deckart*, S. 116; *Cahn*, DK 2004, 235, 244, allerdings bezogen auf eine Darlehensvergabe durch eine Bank in der Rechtsform einer AG außerhalb eines Cash Pools.

[1781] So auch *Seibold*, FB 2005, 77, 80.

Unterbilanzsituation nicht vorliegt – eine Darlehensgewährung im Rahmen des Cash Poolings möglich, ohne die Voraussetzungen des Ausnahmetatbestandes einzuhalten. Demgegenüber hat die Betrachtung der Rechtslage bei der faktisch konzernierten AG gezeigt, dass im praktischen Ergebnis eine Darlehensgewährung nur auf Grundlage des Ausnahmetatbestandes möglich wäre, da eine Auszahlung von Bilanzgewinn aufgrund der dabei zu beachtenden Voraussetzungen nicht mit dem Cash-Pooling-System vereinbar wäre. Würde ein Cash-Pooling-System also auf Grundlage des § 57 Abs. 1 S. 1 AktG betrieben werden, hieße dies, den Ausnahmetatbestand in diesem Rahmen gleichsam zur Regel zu machen. Dies würde aber nicht nur dem Konzept des Ausnahmetatbestandes widersprechen, sondern dürfte für die Durchführbarkeit des Cash Poolings eine geradezu unüberwindbare Hürde darstellen. Erleichterungen der Anforderungen des Ausnahmetatbestandes wegen dieser Problematik sind allerdings nicht angezeigt. Dies würde im Widerspruch zu der hier vertretenen Ablehnung von Ausnahmen stehen. Im übrigen ist die Vermögensbindung bei der AG noch strenger als bei der GmbH. Daher sind Lockerungen des Ausnahmetatbestandes nicht angezeigt. Ein Cash Pooling wäre damit in dieser Rechtsform kaum durchführbar.[1782] Vielmehr wird durch dieses Ergebnis deutlich, dass die Rechtsform der faktisch konzernierten AG für die Durchführung eines Cash Poolings nicht geeignet erscheinen würde.[1783]

c) Weitere Ausnahmen beim Cash Pooling?

Die Literatur hat im Nachgang zu BGHZ 157, 72 ff. verschiedene Ausnahmen von der Anwendbarkeit der Entscheidung in Erwägung gezogen, um deren Folgen für die AG abzumildern. Beispielsweise wurde eine Beschränkung der Anwendung auf unternehmerisch beteiligte Aktionäre angedacht, so dass eine Darlehensvergabe an Kleinaktionäre nicht von vornherein unzulässig sein sollte.[1784] Vorrangig wurde hierbei an Kreditinstitute in der Rechtsform einer AG gedacht, die bei Anwendung der Entscheidung keine Kredite mehr an Kunden gewähren könnten, die zugleich Aktionäre des Kreditinstituts wären. Dieses Ergebnis wird als „absurd" empfunden,[1785] so dass ähnlich wie bei der anerkannten Anwendung der Restriktion der im GmbH-Recht entwickelten eigenkapitalersetzenden

---

[1782] Ebenso *Tielmann*, Liber amicorum Happ, 311, 313 f.: *Reidenbach*, WM 2004, 1421, 1427; *Grothaus/Halberkamp*, GmbHR 2005, 1317, 1318; *Seibold*, FB 2005, 77, 80; *Wunderlich*, BKR 2005, 387, 389.

[1783] Zum Regime der §§ 311 ff. AktG sogleich unter § 9 B.

[1784] *Drygala*, ZGR 2006, 587, 630; *Oechsler*, ZIP 2006, 1661, 1662; *Rainer/Brakemeier*, BB 2005, 1458, 1461; *Seidel*, DStR 2004, 1130, 1132.

[1785] Besonders deutl. *Deckart*, S. 115; *Rainer/Brakemeier*, BB 2005, 1458, 1461; *Cahn*, DK 2004, 235, 244.

Gesellschafterdarlehen eine Ausnahme bei Kleinaktionären zu machen sei.[1786] Nur ein Gesellschaftsdarlehen an einen unternehmerisch beteiligten Aktionär könne als im Zusammenhang mit dessen Aktionärsstellung und damit als Verstoß gegen das Auszahlungsverbot des § 57 Abs. 1 S. 1, Abs. 3 AktG gewertet werden.[1787] Im Übrigen erscheint es auf den ersten Blick zutreffend, dass es bei einer Darlehensgewährung an einen Kleinaktionär schon an einer Leistung fehlt, die ihm gerade wegen seiner Mitgliedschaft, also causa societatis, zugewandt wird.[1788] Nur solche Leistungen will aber § 57 Abs. 1 AktG verbieten.[1789] Damit kann aber allenfalls eine Kreditgewährung einer Bank, die in der Rechtsform einer AG betrieben wird, an einen Bankkunden, der gleichzeitig Aktionär ist, außen vor bleiben.[1790] Es muss also um eine Kunde-Bank-Beziehung gehen, die aber bei einem Cash Pooling von vornherein nicht gegeben ist. Vielmehr ist bei aufsteigenden Darlehensgewährungen im Rahmen eines Cash-Pooling-Systems von Leistungen causa societatis auszugehen.[1791]

Eine solche Einschränkung widerspricht im übrigen der Vermögensbindung bei der AG, da es nach dem Substanzschutzargument darauf ankommt, dass durch eine Darlehensgewährung Vermögen in schuldrechtliche Ansprüche getauscht wird, Beteiligungshöhen aber zur Erfüllung der Ziele der Vermögensbindung überhaupt keine Rolle spielen, so dass diese Einschränkung wegen Verstoßes gegen Sinn und Zweck der Vermögensbindung daher abzulehnen ist.[1792]

Gleiches muss auch für eine Einschränkung dergestalt gelten, dass nur eine Darlehensvergabe an Aktionäre von § 57 Abs. 1 S. 1 AktG erfasst ist, die einen bestimmten Prozentsatz am Gesellschaftsvermögen halten: Auch eine solche Ausnahme verstößt gegen Sinn und Zweck der Vermögensbindung, die in der AG – wie § 57 Abs. 1 S. 1 AktG deutlich ausdrückt – umfassend ist.[1793] Abgesehen davon würden derartige Ausnahmen beim Cash Pooling ohnehin keine Rolle spielen.[1794] Das Cash Pooling ist auf eine strenge konzernweite Liquiditätsverteilung ausgelegt, die von der Muttergesellschaft oder einer von ihr beherrschten Betreibergesellschaft geleitet wird. Die Muttergesellschaft wird daher

---

[1786] Eine unternehmerische Beteiligung sei dabei im Grundsatz bei einer Beteiligung von mehr als 25 % anzunehmen, vgl. *Seidel*, DStR 2004, 1130, 1132.

[1787] *Oechsler*, ZIP 2006, 1661, 1662; *Seidel*, DStR 2004, 1130, 1131 f., der auf das Eigenkapitalersatzrecht abstellt, wogegen aber schon die unterschiedliche Interessenlage spricht, vgl. *Stein*, DZWiR 2004, 493, 496; *Cahn*, DK 2004, 235, 245.

[1788] *Deckart*, S. 117 f.; *Burgard*, AG 2006, 527, 529.

[1789] *Hüffer*, § 57 Rdn 2.

[1790] Zutr. *Deckart*, S. 117, 120; *Cahn*, DK 2004, 235, 244.

[1791] *Joost*, VGR 11, 31, 34; *Engert*, BB 2005, 1951, 1956; *Wilhelm*, DB 2006, 2729, 2732.

[1792] Ebenso abl. *Deckart*, S. 121; *Cahn*, DK 2004, 235, 244 f.; *Stein*, DZWiR 2004, 493, 496.

[1793] Ebenso *Deckart*, S. 121; *Cahn*, DK 2004, 235, 245; *Stein*, DZWiR 2004, 493, 496.

[1794] Hinzu kommt noch, dass es auch bei der GmbH offenbar nicht auf die Höhe der Beteiligung des Gesellschafters ankommen soll; jedenfalls ist dem BGH hierzu nichts zu entnehmen; zutr. daher *Stein*, DZWiR 2004, 493, 496; *Cahn*, DK 2004, 235, 245.

regelmäßig nicht eine solch geringe Beteiligung an der Tochtergesellschaft innehaben, dass von einer Anwendung der genannten Bagatellausnahmen auszugehen wäre.[1795] Zudem spricht auch eine weitere Besonderheit des Cash Poolings dagegen: Die Beteiligung der Tochtergesellschaft am Cash Pooling wird regelmäßig auf Veranlassung der Muttergesellschaft erfolgen, die den einzelnen Gesellschaften die Finanzierungsfragen abnimmt.[1796] Im Umkehrschluss ist es zumindest beim Cash Pooling nicht möglich, von einer Bagatellausnahme auszugehen.

Auch eine weitere im Schrifttum diskutierte Bagatellausnahme kann für das Cash Pooling keine Geltung beanspruchen. So sollen im Umkehrschluss zu § 15 Abs. 1 S. 1 Nr. 10 KWG Darlehen von Kreditinstituten an ihre Aktionäre, die bis zu 10 % am Kapital des Instituts beteiligt sind, an § 57 Abs. 1 AktG nicht scheitern.[1797] Da § 15 Abs. 1 S. 1 Nr. 10 KWG nämlich die Anforderungen an eine Kreditvergabe erst dann anordnet, wenn der Kreditnehmer mehr als 10 % des kreditgebenden Instituts hält, kann im Umkehrschluss davon ausgegangen werden, dass der Gesetzgeber unterhalb dieser Schwelle Kreditgewährungen für zulässig erachtet. Dagegen ist aber schon einzuwenden, dass § 15 Abs. 1 S. 1 Nr. 10 KWG bei einem Überschreiten der Beteiligungshöhe lediglich ein Erfordernis eines einstimmigen Beschlusses der Geschäftsleiter und einer ausdrücklichen Zustimmung eines Aufsichtsorgans statuiert. Dass das KWG aber die allgemeine Vorschrift des § 57 Abs. 1 S. 1 AktG für den Fall der Kreditgewährung außer Kraft setzen will und diese Anforderungen ausreichen lässt, kann nicht ernsthaft in Erwägung gezogen werden: Handelt es sich bei der AG um ein Kreditinstitut, würde das ansonsten bestehende Kreditvergabeverbot nicht gelten.[1798] Dies wäre mit dem Sinn und Zweck des umfassenden Verbots des § 57 Abs. 1 S. 1 AktG nicht vereinbar. Ein solcher gesellschaftsrechtlicher Gehalt ist § 15 Abs. 1 S. 1 Nr. 10 KWG mit Sicherheit nicht zu entnehmen.[1799] Vielmehr ist davon auszugehen, dass die Vorschrift eine zusätzliche Beschränkung zu dem ohnehin geltenden § 57 Abs. 1 S. 1 AktG darstellt.[1800] Rückschlüsse aus § 15 Abs. 1 S. 1 Nr. 10 KWG auf Ausnahmen vom Kreditvergabeverbot

[1795] Vgl. zur Erfüllung des Konzernbegriffs schon oben 1. Teil § 2 E.

[1796] Auf die Finanzierungsfolgenverantwortung der Muttergesellschaft abst. *Deckart*, S. 121.

[1797] Heidel-*Drinhausen*, § 57 Rdn 17; *Deckart*, S. 116 f.; *Cahn*, Kapitalerhaltung im Konzern, S. 249; *ders.*, DK 2004, 235, 244, die eine Anwendung der Norm im Ergebnis allerdings ablehnen.

[1798] Man könnte argumentieren, dass es des aufsichtsrechtlichen Zustimmungsbedürfnisses nicht bedürfte, wenn § 57 Abs. 1 S. 1 AktG die Kreditgewährung ohnehin ausschließen würde, vgl. *Cahn*, DK 2004, 235, 244; dabei würde man aber übersehen, dass das KWG nicht nur für AGs, sondern auch für Personenhandelsgesellschaften gilt, vgl. § 2a Abs. 1 KWG.

[1799] *Cahn*, Kapitalerhaltung im Konzern, S. 249; *ders.*, DK 2004, 235, 244.

[1800] Zutr. *Deckart*, S. 116.

sind damit nicht möglich. Zudem wurde bereits festgestellt, dass es sich bei Liquiditätsbewegungen im Rahmen eines Cash Pools nicht um Bankgeschäfte im Sinne des KWG handelt und insbesondere der Cash-Pool-Führer keiner entsprechenden Genehmigung bedarf.[1801] Dann wäre es aber widersprüchlich, wenn eine Norm aus dem KWG, dazu noch im Umkehrschluss, Anwendung finden soll.

5. Änderungen durch § 57 Abs. 1 S. 2 AktG RefE-MoMiG bzw. § 57 Abs. 1 S. 3 AktG RegE-MoMiG

Ein „Sonderrecht" positiver oder negativer Art bei der Kapitalerhaltung für konzernweite Cash-Pooling-Systeme wurde bei der GmbH abgelehnt. Aufgrund der strengeren Vermögensbindung hat dies erst Recht für die AG zu gelten. Auch hier gibt es de lege lata kein „Sonderrecht" für dieses Konzernfinanzierungssystem. Im Aktienrecht soll die Reichweite des Cash Pooling allerdings ebenso mittelbar durch eine Änderung kodifiziert werden: Nach dem § 57 Abs. 1 S. 2 AktG RefE-MoMiG, der insoweit einen Gleichlauf zur Änderung des § 30 Abs. 1 S. 2 GmbHG RefE-MoMiG herstellen soll,[1802] sind Vorleistungen der Gesellschaft aufgrund eines Vertrags mit einem Aktionär keine Rückgewähr von Einlagen, wenn die Leistung im Interesse der Gesellschaft liegt. In inhaltlicher Hinsicht dürften sich im Vergleich zur GmbH, insbesondere bezüglich der Feststellung des Gesellschaftsinteresses, keine Unterschiede ergeben. Aus den dort genannten Gründen ist einer solchen Kodifizierung konzernweiter Cash-Pooling-Systeme auch hier deutlich entgegenzutreten. Einer klarstellenden Aussage durch den BGH wäre der Vorzug vor einer gesetzlichen Regelung zu geben, die nur für neue Unklarheiten sorgen würde.[1803] Auch § 57 Abs. 1 S. 3 AktG RefE-MoMiG ist aus den schon bei § 30 Abs. 1 S. 2 GmbHG RegE-MoMiG genannten Gründen abzulehnen.[1804] Es ist zwar deutlich geworden, dass die Vermögensbindung des § 57 Abs. 1 S. 1 AktG erheblich stärker ausgeprägt ist als die des § 30 Abs. 1 GmbHG. Ein Cash Pooling im faktischen Aktienkonzern wäre nach gegenwärtiger Rechtslage nur auf Grundlage des Ausnahmetatbestandes denkbar. Vor diesem Hintergrund würde die Bereichsausnahme des § 57 Abs. 1 S. 2 AktG RefE-MoMiG bei einer faktisch konzernierten AG eine erheblich größere Bedeutung für die Zulässigkeit des Cash Poolings haben als bei der faktisch konzernierten GmbH, die – sofern nicht in einer Unterbilanzsituation – Darlehen ohne die Erfordernisse des Ausnahmetatbestandes an den Cash Pool abführen kann. Aus diesem Grund dürfte – um im Ergebnis ein „Sonderrecht" positiver Art für dieses Konzernfinanzierungsmodell zu schaffen – bei

---

[1801] Siehe oben 2. Teil § 2 B. III.

[1802] So Begr. RefE-MoMiG, S. 75; Spindler/Stilz-*Cahn/Senger*, § 57 Rdn 35; *Bayer/Lieder*, GmbHR 2006, 1121, 1122.

[1803] Für eine einschr. Rechtsprechung durch den BGH bei der AG *Tielmann*, Liber amicorum Happ, 311, 313

[1804] Hierzu oben § 8 F. III.

der faktisch konzernierten AG aus pragmatischer Sichtweise womöglich ein gesteigertes Interesse nach einer gesetzlichen Regelung zur Ermöglichung des Cash Poolings bestehen, sofern nicht ohnehin die §§ 311 ff. AktG eine Erleichterung der Durchführbarkeit gewährleisten.[1805] Dem ist jedoch entgegenzuhalten: Die Unklarheiten, die das Urteil BGHZ 157, 72 ff. hervorgerufen hat, sind insbesondere auf die Reichweite der Abkehr von der bilanziellen Betrachtungsweise bezogen. Auf diese Unklarheiten will der Gesetzgeber reagieren. Bei der AG kommt es auf eine Unterbilanzsituation hingegen nicht an. Schon vor diesem Hintergrund ist die an eine bilanzielle Betrachtungsweise anknüpfende Regelung, die in § 57 Abs. 1 S. 3 AktG RegE-MoMiG vorgesehen ist, systemfremd.[1806] Ferner sind – wie dargelegt – keine Einschränkungen von der strengen Vermögensbindung zu machen. Aus diesem Blickwinkel heraus dürfte das Erfordernis einer gesetzlichen Regelung bei der AG noch zweifelhafter sein als bei der GmbH.[1807]

6. Ergebnis

Es sind außerhalb des vom BGH aufgestellten Ausnahmetatbestandes keine weiteren Ausnahmen bei der AG möglich. Dieses Ergebnis ist auch sachgerecht: Wenn schon bei der GmbH keine Ausnahmen außerhalb des an strenge Anforderungen gebundenen Ausnahmetatbestandes möglich sind, muss dies erst Recht für die AG gelten, bei der der Vermögensschutz ohnehin strenger ist. Allerdings würde das Cash Pooling aufgrund der Neuregelung des § 57 Abs. 1 S. 2 AktG RefE-MoMiG in nicht unerheblichem Umfang zugelassen werden.

B. Spezialität der §§ 311 ff. AktG beim Cash Pooling?

Sofern zwischen der abhängigen AG und dem herrschenden Unternehmen kein Beherrschungsvertrag besteht, also faktische Abhängigkeit vorliegt, ist es dem herrschenden Unternehmen gemäß § 311 Abs. 1 AktG untersagt, seinen Einfluss dazu zu benutzen, die abhängige AG zu veranlassen, ein für sie nachteiliges Rechtsgeschäft vorzunehmen oder Maßnahmen zu ihrem Nachteil zu treffen oder zu unterlassen, es sei denn, dass die Nachteile ausgeglichen werden. Rechtsgeschäfte sind danach also zwischen dem herrschenden Unternehmen und einer abhängigen AG selbst dann zulässig, wenn sie für die abhängige Gesell-

---

[1805] Hierzu sogleich § 9 B.; in inhaltlicher Hinsicht dürfte § 57 Abs. 1 S. 2 AktG RefE-MoMiG allerdings ohnehin nur die ursprüngliche herrschende Ansicht zur Darlehensvergabe an Aktionäre klarst., *Burgard*, AG 2006, 527, 529.

[1806] Zu den Konsequenzen der Regelung *Winter*, DStR 2007, 1484, 1489; krit. auch Stellungnahme des Zentralen Kreditausschusses zum RegE-MoMiG, S. 12 (www.zentralerkreditausschuss.de).

[1807] Demgegenüber für eine solche gesetzliche Regelung für die AG *Wulfetange*, BB 2006, Beil. 7, 19, 23; nach *Habersack*, ZHR 170 (2006), 607, 610, soll die im RefE-MoMiG vorgesehene Regelung gegen Art. 15 der Kapitalrichtlinie verstoßen.

schaft nachteilig sind. Allerdings ist Voraussetzung, dass das herrschende Unternehmen die Nachteile nach näherer Maßgabe des § 311 Abs. 2 AktG ausgleicht. Dieses Ausgleichssystem dient dem Schutz der Gesellschaftsgläubiger einerseits und dem etwaiger Minderheitsgesellschafter andererseits (sog. Außenseiterschutz).[1808] Die heute ganz herrschende Ansicht geht davon aus, dass die §§ 311 ff. AktG eine Konzernleitung ohne Beherrschungsvertrag zulassen, also die Ausübung faktischer Konzernleitungsmacht dadurch nicht unterbunden, sondern nur begrenzt und in den Rechtsfolgen geregelt sein soll.[1809] Ein hiernach notwendiger, aber pflichtwidrig unterlassener Nachteilsausgleich gemäß § 311 Abs. 1 AktG hat eine Schadensersatzpflicht des herrschenden Unternehmens nach § 317 Abs. 1 AktG zur Folge, wobei über §§ 93, 116 AktG auch eine Haftung von Vorstand und Aufsichtsrat der herrschenden AG bzw. über §§ 93, 116, 318 Abs. 1 AktG der abhängigen AG eintreten kann.

I. Verhältnis von § 57 Abs. 1 AktG zu §§ 311 ff. AktG

Während die Fiktion des § 291 Abs. 3 AktG die Anwendung des § 57 Abs. 1 S. 1 AktG im Vertragskonzern ausschließt, enthalten die §§ 311 ff. AktG keine solche Bestimmung. Damit bleibt es grundsätzlich bei der Vermögensbindung zugunsten der beherrschten Tochtergesellschaft.

1. Grundsätzlicher Vorrang der §§ 311 ff. AktG

Diese Vermögensbindung wird jedoch nach weit überwiegender Auffassung gelockert, um die nach § 311 Abs. 1 AktG zulässige nachteilige Veranlassung nicht am Verbot des § 57 Abs. 1 AktG zum Scheitern zu bringen[1810]: Nach ganz herrschender Ansicht besteht eine Spezialität dergestalt, dass die §§ 311, 317 AktG den § 57 Abs. 1 S. 1 AktG verdrängen.[1811] Im wesentlichen sind dafür fol-

---

[1808] MK-AktG-*Kropff*, Vor § 311 Rdn 1; *Hüffer*, § 311 Rdn 1; *Deckart*, S. 125; *Hentzen*, ZGR 2005, 480, 507; *Habersack*, ZIP 2006, 1327, 1328; *ders./Schürnbrand*, NZG 2004, 689, 691 f.; *Henze*, WM 2005, 717, 723, sehen darin zusätzlich die Grundlage eines Organisationsrechts des einfachen faktischen Konzerns, das sich in den Rechtsfolgen einer nachteiligen Einflussnahme niederschlagen soll.

[1809] MK-AktG-*Kropff*, § 311 Rdn 28; KK-*Koppensteiner*, Vorb. § 311 Rdn 6; *Hüffer*, § 311 Rdn 6; *Deckart*, S. 125; *Grothaus/Halberkamp*, GmbHR 2005, 1317, 1318; *Habersack/Schürnbrand*, NZG 2004, 689, 691; im einzelnen ist weitergehend umstr., ob das Zulässigkeitsurteil eine Billigung oder bloße Duldung zum Ausdruck bringt; diese Frage ist für die Anwendung der §§ 311 ff. AktG aber ohne wesentliche Bedeutung.

[1810] Namentlich der konzerninterne Lieferverkehr soll nicht am Verbot des § 57 Abs. 1 S. 1 AktG scheitern, vgl. *Hüffer*, AG 2004, 416, 418.

[1811] BGHZ 141, 79, 87; OLG München, NZG 2005, 181, 183; OLG Frankfurt, AG 1996, 324, 327; OLG Hamm, ZIP 1995, 1263, 1271; OLG Stuttgart AG 1994, 411, 412; LG Düsseldorf, AG 1979, 290, 291 f.; KK-*Koppensteiner*, § 311 Rdn 161; MK-AktG-*Bayer*, § 57 Rdn 129; *Bechlivanis*, S. 285; *Bayer/Lieder*, ZGR 2005, 133, 147; bezogen auf das Cash Pooling auch HoldingHndb-*Vetter*, § 8 Rdn 28; *Rittscher*, S. 116; *Deckart*, S. 127; *Ma-*

gende Argumente vorzubringen: Die Möglichkeit, dem abhängigen Unternehmen Nachteile zuzufügen, ohne einem sofortigen Rückgewähranspruch ausgesetzt zu sein, entspricht zunächst dem Sinn und Zweck der §§ 311 ff. AktG, die eine Privilegierung des faktischen Konzerns im Sinne eines Konzernprivilegs anstreben.[1812] Einerseits kann zwar nicht davon ausgegangen werden, dass das herrschende Unternehmen im faktischen Konzern stets Aktionär des abhängigen Unternehmens und damit sowohl Adressat der Regeln über die Einlagenrückgewähr als auch der Regeln die faktische Konzernierung betreffend ist.[1813] Dies würde übersehen, dass die §§ 311 ff. AktG auch für herrschende Unternehmen gelten können, die nicht an der Gesellschaft beteiligt sind, wie beispielsweise ein aufgrund eines Gewinnabführungsvertrages herrschendes Unternehmen.[1814] Andererseits kann man daraus nicht auf verschiedene grundsätzliche Anwendungsbereiche der §§ 57 ff. AktG und der §§ 311 ff. AktG schließen.[1815] Vielmehr ist von einem grundsätzlichen Gleichlauf im faktischen Konzern auszugehen. Bezogen auf das Cash Pooling würde zur Außerkraftsetzung der Kapitalerhaltungsregeln auch kein Gewinnabführungsvertrag ausreichen, sondern es müsste ein Beherrschungsvertrag abgeschlossen werden.[1816] Zumindest bezüglich der vorliegenden Fragestellung ist damit von einem Gleichlauf der §§ 57 ff. AktG und §§ 311 ff. AktG auszugehen. Zwar wäre ein Nebeneinander beider Regelungskomplexe auf den ersten Blick somit denkbar, würden jedoch die §§ 311 ff. AktG neben den §§ 57 ff. AktG zur Anwendung kommen, wäre jede Zuwendung an das herrschende Unternehmen, welche das abhängige Unternehmen benachteiligt verbotswidrig im Sinne des § 57 Abs. 1 S. 1 AktG und würde den sofort fälligen Rückgewähranspruch aus § 62 AktG auslösen. Dies aber stünde in einem unauflösbaren Widerspruch zu § 311 Abs. 2 AktG, der bei einer Nachteilszufügung gerade einen zeitlichen Aufschub des Ausgleichs bis zum Geschäftsjahresende gestattet.[1817] Nach anderer Ansicht findet hingegen keine Verdrängung der §§ 57 ff. AktG durch die Vorschriften der §§ 311 ff.

---

kowski, S. 131 f.; *Zeidler*, S. 98; *Hentzen*, ZGR 2005, 480, 507; *Habersack/Schürnbrand*, NZG 2004, 689, 691 f.; *Pentz*, ZIP 2006, 781, 785; *Reidenbach*, WM 2004, 1421, 1427; *Hüffer*, AG 2004, 416, 418.

1812 *Deckart*, S. 126 f.; *Zeidler*, S. 98 f.; a. A. aber *Geßler*, FS Westermann, 145, 150 ff.; *Bommert*, S. 163.

1813 Entgegen KK-*Koppensteiner*, § 311 Rdn 161; *Deckart*, S. 126.

1814 *Hüffer*, § 311 Rdn 14; *Gätsch*, S. 147.

1815 So aber *Gätsch*, S. 147, und in weiterem Zusammenhang *Cahn*, Kapitalerhaltung im Konzern, S. 65.

1816 Hierzu unten § 10 B.

1817 KK-*Koppensteiner*, § 311 Rdn 161; *Hüffer*, § 311 Rdn 49; Emmerich/Habersack-*Habersack*, KonzernR, § 24 VI 1; *Makowski*, S. 132; *Deckart*, S. 126; *Schön*, ZHR 159 (1995) 351, 371.

AktG statt.[1818] Begründet wird dies unter anderem mit dem Fehlen einer § 291 Abs. 3 AktG entsprechenden Regelung, die dafür spreche, dass eine Verdrängung der Vermögensbindung im faktischen Konzern nicht stattfinden soll.[1819] Abgesehen von den genannten Erwägungen führt die herrschende Ansicht dagegen an, das Fehlen einer entsprechenden Regelung erkläre sich daraus, dass die Regelungen zum faktischen Aktienkonzern erst spät in den Gesetzesentwurf eingeführt wurden, so dass keine umfassende Abstimmung mit den Regelungen zum Vertragskonzern erfolgte.[1820] Die Gegenansicht führt weiterhin an, eine Verdrängung der §§ 57 ff. AktG durch die §§ 311 ff. AktG überzeuge aus dem Grund nicht, dass das herrschende Unternehmen sonst für von ihm nicht veranlasste Vorteilszuwendungen einer strengeren Haftung unterliege als hinsichtlich der von ihm veranlassten Vermögensverschiebungen.[1821]

Dieser Befund ist aber nur auf den ersten Blick wertungswidersprüchlich: Bei näherer Betrachtung entspricht er dem Sinn und Zweck der §§ 311 ff. AktG, die eine Privilegierungsfunktion haben, damit der Dispositionsspielraum der Konzernspitze erweitert und eine Alternative zum Vertragskonzern eröffnet wird.[1822] Wären hingegen die §§ 57 ff. AktG vorrangig oder würden sie neben den §§ 311 ff. AktG stehen, könnte wegen der strengen Vermögensbindung der §§ 57 ff. AktG keine sinnvolle Konzernführung stattfinden.[1823] Letztlich würden die §§ 311 ff. AktG damit auch leerlaufen, was nicht dem Sinn und Zweck dieser Vorschriften entsprechen kann. Bei Unterbleiben des Ausgleichs, das übersieht die Gegenansicht, ist zudem die Haftung sowohl inhaltlich als auch hinsichtlich ihrer Adressaten strenger als die nach § 62 AktG. Ist somit ein Vorrang der §§ 311 ff. AktG anzunehmen, der zur Folge hat, dass die Verpflichtung zum Nachteilsausgleich an die Stelle der Rückgewährpflicht aus § 62 AktG tritt, sind zugleich die Grenzen dieses Vorrangs zu berücksichtigen: Der Vorrang gilt nur solange, bis das herrschende Unternehmen den Nachteil, den es der abhängigen AG zugefügt hat, ausgeglichen hat, so dass der Anspruch entfällt, oder den Ausgleich verweigert und die Einflussnahme des herrschenden Unternehmens damit rechtswidrig war, so dass neben der Verpflichtung zum Schadensersatz nach §§ 317, 318 AktG auch der Rückgewährsanspruch gemäß § 62 Abs. 1 AktG

[1818] OLG Frankfurt, AG 1973, 136, 137; *Altmeppen*, Die Haftung des Managers im Konzern, S. 57 ff.; *Ehrike*, Das abhängige Konzernunternehmen in der Insolvenz, S. 81 ff.; *Gätsch*, S. 147; *Cahn*, Kapitalerhaltung im Konzern, S. 64 ff *Geßler*, FS Westermann, 145, 151 ff.; *Altmeppen*, ZIP 1996, 693, 695; *ders.*, ZIP 2006, 1025, 1032.

[1819] OLG Frankfurt, AG 1973, 136, 138.

[1820] LG Düsseldorf, AG 1979, 290, 292; *Deckart*, S. 126; *Zeidler*, S. 99; *Michalski*, AG 1980, 261, 264.

[1821] *Cahn*, Kapitalerhaltung im Konzern, S. 65 f., unter Hinweis auf *Bommert*, S. 182 f.

[1822] KK-*Koppensteiner*, § 311 Rdn 161; Pentz/Sollanek-*Pentz*, S. 39; *ders.*, ZIP 2006, 781, 785; *Habersack/Schürnbrand*, NZG 2004, 689, 692.

[1823] LG Düsseldorf, AG 1979, 290, 292; *Zeidler*, S. 99; *Michalski*, AG 1980, 261, 265.

wieder auflebt.[1824] Außerdem beschränken sich die §§ 311 ff. AktG aus sich selbst heraus: § 311 Abs. 1 AktG stellt noch aufzuzeigende Voraussetzungen bei Nachteilszufügung für einen Nachteilsausgleich auf. Können diese nicht erfüllt werden, stellt sich die Maßnahme als rechtswidrig dar, so dass das herrschende Unternehmen und dessen gesetzliche Vertreter gemäß § 317 AktG schadensersatzpflichtig sind. Ferner lebt daneben die strenge Vermögensbindung der §§ 57 ff. AktG mit dem Anspruch aus § 62 Abs. 1 AktG auf, so dass kein Vorrang der §§ 311 ff. AktG mehr besteht.[1825]

2. Vorrang beschränkt auf das freie Vermögen?

Vereinzelt ist in neuerer Zeit die Frage aufgeworfen worden, ob im Sinne eines effektiven Gläubigerschutzes der Vorrang der §§ 311 ff. AktG gegenüber den §§ 57 ff. AktG auf das freie Vermögen der AG zu beschränken ist. Danach sollen mit anderen Worten das Grundkapital sowie die gesetzliche Rücklage gemäß § 150 AktG dem Vorrang der §§ 311 ff. AktG entzogen sein. Für das Cash Pooling würde dies eine unterschiedliche Reichweite der Möglichkeiten der aufsteigenden Darlehensgewährung zur Folge haben, je nachdem, in welcher Vermögenssituation die abhängige AG sich befindet. Insbesondere *Bayer* hat sich für eine derartige Einschränkung des Vorrangs der §§ 311 ff. AktG ausgesprochen und begründet dies mit dem Argument, es könne sich nicht das Risiko verwirklichen, dass aufgrund einer nicht vorhersehbaren Entwicklung des Konzerns der Haftungsfonds durch nicht ausgeglichene konzerninterne Abflüsse verloren gehe.[1826] Der Auffassung *Bayers* ist entgegenzuhalten, dass eine Aufspaltung der weiten Kapitalbindung des § 57 Abs. 1 S. 1 AktG im Rahmen der eigenkapitalersetzenden Aktionärsdarlehen zwar vertreten wird,[1827] jedoch dort keineswegs unumstritten ist.[1828] Allein der Hinweis auf die unsichere Rechtslage bei eigen-

---

[1824] MK-AktG-*Bayer*, § 57 Rdn 129; *Deckart*, S. 127; *Tielmann*, Liber amicorum Happ, 311, 318 f.; *Bayer/Lieder*, ZGR 2005, 133, 147 f.; *Hüffer*, § 311 Rdn 49; *Henze*, WM 2005, 717, 723; *Pentz*, ZIP 2006, 781, 785; *Reidenbach*, WM 2004, 1421, 1427.

[1825] OLG München, NZG 2005, 181, 183; OLG Frankfurt, AG 1996, 324, 327; OLG Hamm, ZIP 1995, 1263, 1271; KK-*Koppensteiner*, § 311 Rdn 51; MK-AktG-*Bayer*, § 57 Rdn 129; Emmerich/Habersack-*Habersack*, KonzernR, § 24 VI 1; *Deckart*, S. 127; *Tielmann*, Liber amicorum Happ, 311, 318; *Bayer/Lieder*, ZGR 2005, 133, 147 f.; a. A. *Michalski*, AG 1980, 261, 264, der die Anwendung des § 62 AktG neben § 317 AktG für überflüssig hält; bereits die unterschiedlichen Voraussetzungen der Ansprüche sprechen jedoch hiergegen, vgl. Emmerich/Habersack-*Habersack*, Kommentar, § 311 Rdn 82 Fn 245.

[1826] MK-AktG-*Bayer*, § 57 Rdn 133; *ders.*, FS Lutter, 1011, 1030 f.; symphatisierend *Reidenbach*, WM 2004, 1421, 1428.

[1827] Hierauf weist *Bayer* stets hin, MK-AktG-*Bayer*, § 57 Rdn 133; *ders.*, FS Lutter, 1011, 1031.

[1828] Vertreten werden eine Beschränkung der Umqualifizierung in Eigenkapitalersatz in Höhe des Gesamtvermögens bis auf den Bilanzgewinn (*H.P. Westermann*, ZIP 1982, 379, 387), in Höhe des Grundkapitals (*Immenga*, ZIP 1983, 1405, 1411) und eben in Höhe des

kapitalersetzenden Aktionärsdarlehen vermag demnach nicht die Auffassung der Beschränkung des Vorrangs der §§ 311 ff. AktG auf das freie Vermögen zu stärken.

Diese Frage ist genau entgegengesetzt zu der – hier abgelehnten – Einschränkung der §§ 57 ff. AktG auf Grundkapital und Rücklagen.[1829] Dort ging es um eine Verringerung des Schutzumfangs des § 57 Abs. 1 S. 1 AktG, die zu einem geringeren Gläubigerschutz führen würde. Demgegenüber ist hier eine Ausweitung der §§ 57 ff. AktG dergestalt angesprochen, nach der die strenge Vermögensbindung dieser Normen durch §§ 311 ff. AktG in Höhe von Grundkapital und Rücklagen nicht verdrängt wird. Der Tendenz nach soll dies zu einer Ausweitung der Vermögensbindung und damit zu einer Privilegierung der Gläubiger im Vergleich zu einer Verdrängung der Vermögensbindung im vollen Umfang durch das Konzernrecht im faktischen Aktienkonzern führen.[1830] Diese Ansicht, die auf die mangelnde Ausgleichsfähigkeit nach §§ 311 ff. AktG abstellt, ist von tiefem Misstrauen der Funktionstüchtigkeit des Ausgleichssystems der §§ 311 ff. AktG geprägt. Kommt es aber zu keinem Ausgleich nach den §§ 311 ff. AktG, weil das herrschende Unternehmen zum Ausgleich nicht fähig oder willens oder der Nachteil von vornherein nicht ausgleichsfähig ist, endet der Vorrang der §§ 311 ff. AktG ohnehin und die strenge Vermögensbindung der §§ 57 ff. AktG greift wieder ein. Richtigerweise ist daher nicht von vornherein von einem Vorrang der §§ 57 ff. AktG in Höhe des Grundkapitals und der gesetzlichen Rücklage auszugehen. Vielmehr greifen die §§ 57 ff. AktG ein, wenn die Nachteile gemäß §§ 311 ff. AktG nicht ausgeglichen werden oder nicht ausgeglichen werden können. Dass mit der vorrangigen Beibehaltung des Ausgleichssystems der §§ 311 ff. AktG die Gesellschaftsgläubiger übermäßig benachteiligt werden, ist demnach zu verneinen, da bei Versagen dieses Systems die § § 57 ff. AktG eingreifen. Ein Vorrang der §§ 57 ff. AktG von vornherein in Höhe des Grundkapitals und der gesetzlichen Rücklage würde letztlich den oben festgestellten generellen Vorrang der §§ 311 ff. AktG wieder zurücknehmen und damit im Ergebnis teilweise doch negieren. Die Funktionsweise der §§ 311 ff. AktG und damit die Praktikabilität dieser Vorschriften im faktischen Konzern wäre damit nicht mehr gewährleistet. Da der Schutz der §§ 57 ff. AktG umfassend ist, muss der Schutzumfang der Vermögensbindung aber leicht zu ermitteln sein, was bei einer betragsmäßigen Differenzierung zwischen §§ 57 ff. und §§ 311 ff. AktG nicht mehr der Fall ist.[1831] Der Vorstand der abhängigen

---

Grundkapitals zuzüglich der gesetzlichen Rücklage (KK-*Lutter*, § 57 Rdn 94; siehe auch MK-AktG-*Bayer*, § 57, Rdn 210 f.); diese Frage ist alles andere als geklärt, vgl. *Hüffer*, § 57 Rdn 19.

[1829] Siehe hierzu oben § 9 A. 4. a).

[1830] *Deckart*, S. 128, mit gläubigerschützender Argumentation.

[1831] Widerspr. daher *Deckart*, der auf S. 118 f. gegen die Einschränkung der §§ 57 ff. AktG auf Grundkapital und Rücklagen einerseits als Argument die Einfachheit der Feststellung

AG benötigt außerdem Rechtssicherheit beim Leistungsaustausch mit dem herrschenden Unternehmen. Diese kann nur dann gewährleistet werden, wenn es beim grundsätzlichen Vorrang der §§ 311 ff. AktG verbleibt. Alles andere würde zudem in eine bedenkliche Nähe zu der oben aufgezeigte Widersprüchlichkeit bei einem Nebeneinander der §§ 57 ff. AktG und der §§ 311 ff. AktG gehen. Jedenfalls wäre das Verhältnis von §§ 57 ff. AktG und §§ 311 ff. AktG grundsätzlich in Frage gestellt, so dass der Vorstand der abhängigen AG nicht mehr mit der erforderlichen Rechtssicherheit vorgehen könnte. Systematisch stimmig und einzig sinnvoll ist allein, es bei dem generellen Vorrang der §§ 311 ff. AktG zu belassen und die §§ 57 ff. AktG nur dann eingreifen zu lassen, wenn dieses System versagt.

Führt man sich zudem vor Augen, dass die einzige Privilegierung des § 311 Abs. 1 AktG allein darin zu sehen ist, dass das herrschende Unternehmen die unter Verstoß gegen § 57 Abs. 1 S. 1 AktG erhaltene Vermögenszuwendung nicht, wie es § 62 AktG vorsieht, sofort zurückzugewähren hat, sondern dass der Nachteilsausgleich gemäß § 311 Abs. 2 AktG zeitverzögert erfolgen kann,[1832] kann jedenfalls keine solche Gläubigerprivilegierung festgestellt werden, die einen Vorrang der §§ 57 ff. AktG gegenüber der §§ 311 ff. AktG in Höhe des Grundkapitals und der gesetzlichen Rücklage legitimieren würde. Ein „praktisches Bedürfnis“,[1833] den Gläubiger in Höhe des Grundkapitals und der gesetzlichen Rücklagen zu schützen, indem der Vorrang der §§ 311 ff. AktG gegenüber §§ 57 ff. AktG negiert wird, besteht damit nicht. Letztendlich würde ein Vorrang der §§ 57 ff. AktG in Höhe des Grundkapitals und der gesetzlichen Rücklage auch das in den §§ 311 ff. AktG enthaltende Konzernprivileg in Frage stellen. Auch im Lichte der Rechtsprechung des BGH in BGHZ 157, 72 ff. ist ein anderes Verständnis nicht angezeigt. Diese Rechtsprechung, die sich lediglich auf die Kapitalbindung einer nicht konzernierten GmbH bezog, gibt für das Verhältnis der Vermögensbindung der §§ 57 ff. AktG zu den §§ 311 ff. AktG nichts her.[1834]

Die gleichen Gründe sprechen auch gegen einen modifizierten Vorrang der §§ 57 ff. AktG gegenüber den §§ 311 ff. AktG, der lediglich auf das Grundkapital beschränkt ist, also die Rücklagen außen vor lässt. *Deckart* führt als Argument hierfür an, für den Gläubiger der Gesellschaft sei weder die faktische

---

des geschützten Vermögens im Aktienrecht heranzieht, andererseits aber auf S. 129 dieses Argument beim Verhältnis der §§ 57 ff. zu den §§ 311 ff. AktG nicht mehr gelten lassen will.

1832 MK-AktG-*Bayer*, § 57 Rdn 130; *ders./Lieder*, ZGR 2005, 133, 148; *Reidenbach*, WM 2004, 1421, 1427; *Habersack/Schürnbrand*, NZG 2004, 689, 692.

1833 *Deckart*, S. 129.

1834 Demgegenüber will *Deckart*, S. 128, aus BGHZ 157, 72 ff., eine gläubigerschützende Tendenz entnehmen, nach der die Verdrängung der Vermögensbindung durch Konzernrecht eingeschränkt werden soll.

Konzernierung noch die Höhe der gesetzlichen Rücklage, wohl aber gemäß § 39 Abs. 1 S. 1 AktG die Höhe des Grundkapitals aus dem Handelsregister ersichtlich, so dass auch nur in Höhe des Grundkapitals im Sinne eines Vertrauensschutzes die strenge Vermögensbindung der §§ 57 ff. AktG weiterhin Geltung beanspruche.[1835] Diese Argumentation ist insoweit den gleichen Bedenken ausgesetzt. Auch aus dem Schutzzweck des § 5 Abs. 1 S. 1 AktG ergibt sich insoweit nichts anderes. Ausweislich der Gesetzesmaterialien umfasst der Schutzzweck dieser Norm sowohl den Erhalt des Grundkapitals als auch darüber hinausgehend eine umfassende Vermögensbindung.[1836] Aus diesem doppelten Schutzzweck wird geschlossen, dass das Grundkapital von beiden Schutzzwekken erfasst werde, während das übrige Vermögen nur einfach geschützt sei. Das von beiden Schutzzwecken erfasste Grundkapital werde durch das Konzernprivileg der §§ 311 ff. AktG nicht verdrängt, welches sich nur auf das einfach geschützte Vermögen beziehe.[1837] Warum aber das Konzernprivileg der §§ 311 ff. AktG nur hinsichtlich des einfach geschützten Vermögens eingreifen soll, ist nicht ersichtlich. Die §§ 311 ff. AktG setzen gerade die §§ 57 ff. AktG außer Kraft. Das bedeutet aber dann nach Sinn und Zweck des Konzernprivilegs, dass dies auch hinsichtlich des Grundkapitals gelten muss. Eine Differenzierung zwischen den Schutzzwecken des § 57 Abs. 1 S. 1 AktG scheidet demzufolge zur Feststellung der Reichweite des Privilegs der §§ 311 ff. AktG aus. Im Ergebnis ist daher festzuhalten, dass die §§ 311 ff. AktG die §§ 57 ff. AktG auch dann verdrängen, wenn der Vermögensabfluss zulasten des Grundkapitals und der gesetzlichen Rücklagen erfolgt.[1838] Einschränkungen des grundsätzlichen Vorrangs der §§ 311 ff. AktG sind damit nicht angezeigt.

Die einzige Privilegierung des § 311 Abs. 1 AktG ist – wie eben dargestellt wurde – bei genauerem Hinsehen allerdings allein darin zu sehen, dass das herrschende Unternehmen die unter Verstoß gegen § 57 Abs. 1 S. 1 AktG erhaltene Vermögenszuwendung nicht, wie es § 62 AktG vorsieht, sofort zurückzugewähren hat, sondern dass der Nachteilsausgleich gemäß § 311 Abs. 2 AktG zeitverzögert erfolgen kann. Der Ausgleich durch § 311 Abs. 1 AktG ist also zwar zeitlich nach hinten verschoben, erfolgen muss aber auf jeden Fall. Daraus folgt aber zugleich, dass die abhängige AG nur dann Leistungen an das herrschende Unternehmen vornehmen darf, wenn der Nachteilsausgleich entweder sicher oder jedenfalls mit an Sicherheit grenzender Wahrscheinlichkeit vorgenommen werden kann.[1839] Im Umkehrschluss hierzu darf der Vorstand der ab-

---

1835 *Deckart*, S. 128; vgl. auch *Müller-Michaels*, KSI 2006, 100, 104 f.

1836 Begr. RegE, BT Drucks. IV/171, S. 113.

1837 *Deckart*, S. 129; *Reidenbach*, WM 2004, 1421, 1428.

1838 Ausdr. auch *Habersack/Schürnbrand*, NZG 2004, 689, 692.

1839 MK-AktG-*Kropff*, § 311 Rdn 334; KK-*Koppensteiner*, § 311 Rdn 93; MK-AktG-*Bayer*, § 57 Rdn 130; *ders./Lieder*, ZGR 2005, 133, 148; *Reidenbach*, WM 2004, 1421, 1427; *Haase*, INF 2005, 37, 38.

hängigen AG damit keine Nachteilszufügungen durch das herrschende Unternehmen zulassen, wenn das herrschende Unternehmen nicht zum Nachteilsausgleich bereit oder fähig ist, insbesondere aber auch dann, wenn der Nachteil der der abhängigen AG zugefügt wurde, überhaupt nicht ausgleichsfähig ist.[1840] In einem solchen Fall bleibt es bei der Vermögensbindung nach §§ 57 ff. AktG. Würde man hier den Vorrang der §§ 311 ff. AktG aufrechterhalten, würde der Vermögensschutz der §§ 57 ff. AktG in Fällen zurücktreten, in denen er „gebraucht wird", nämlich bei rechtswidrigen Leitungsmaßnahmen.[1841] Geht man von einem Grundsatz der Spezialität aus, müssen die §§ 57 ff. AktG wieder eingreifen. Damit ist zugleich der Ansicht zu widersprechen, die hier wegen des Wortlauts der §§ 57 Abs. 1 S. 1, 62 Abs. 1 S. 1 AktG ein Wiederaufleben der §§ 57 ff. AktG ablehnt.[1842]

II. Voraussetzungen des Nachteilsausgleichs nach § 311 Abs. 1 AktG beim Cash Pooling

Es stellt sich die Frage, ob die mit dem Cash Pooling verbunden Gefahren im Sinne des § 311 Abs. 1 AktG ausgleichsfähig sind. Das herrschende Unternehmen darf nach § 311 Abs. 1 AktG seinen Einfluss nicht dazu benutzen, eine abhängige AG zu veranlassen, ein für sie nachteiliges Rechtsgeschäft vorzunehmen oder Maßnahmen zu ihren Nachteil zu treffen oder zu unterlassen, es sei denn, dass die Nachteile ausgeglichen werden. Bezogen auf das Cash Pooling im faktischen Aktienkonzern müssten demnach die dabei auftretenden Nachteile ausgleichsfähig sein.

Erste Voraussetzung des Nachteilsausgleichs gemäß § 311 Abs. 1 AktG ist also das Vorliegen eines Nachteils. Unter einem Nachteil in diesem Sinne ist jede Minderung, aber auch konkrete Gefährdung der Vermögens- oder Ertragslage der Gesellschaft zu verstehen, soweit sie auf die Abhängigkeit zurückzuführen ist.[1843] Außerdem sind auch solche Maßnahmen als nachteilig einzustufen, die dazu führen, dass die Gesellschaft nicht mehr eigenständig lebensfähig ist und daher ihr Fortbestand im Falle der Beendigung des Konzernverhältnisses bedroht ist.[1844] Die Feststellung des Nachteils setzt wiederum zweierlei voraus:

[1840] MK-AktG-*Bayer*, § 57 Rdn 130 f.; *Habersack/Schürnbrand*, NZG 2004, 689, 692; *Henze*, WM 2005, 717, 723; *Reidenbach*, WM 2004, 1421, 1427

[1841] OLG Frankfurt, AG 1996, 324, 327; OLG Hamm, ZIP 1995, 1263, 1271; *Hüffer*, AG 2004, 416, 418.

[1842] So *Zeidler*, S. 101; *Michalski*, AG 1980, 261, 264.

[1843] BGHZ 141, 79, 84; *Adler/Dürig/Schmaltz*, § 311 Rdn 37; KK-*Koppensteiner*, § 311 Rdn 54; MK-AktG-*Kropff*, § 311 Rdn 138; *Hüffer*, § 311 Rdn 28; Emmerich/Habersack-*Habersack*, KonzernR, § 25 II 1 a); *Habersack*, ZIP 2006, 1327, 1330; *ders./Schürnbrand*, NZG 2004, 689, 693: *Henze*, WM 2005, 717, 723.

[1844] KK-*Koppensteiner*, § 311 Rdn 45; *Hoffmann-Becking*, Probleme des Konzernrechts, 68, 78; *Hormuth*, S. 127; *Martens*, DB 1970, 865, 867.

Zunächst ist als maßgeblicher Beurteilungszeitpunkt auf den Zeitpunkt der Maßnahme abzustellen, also eine ex-ante-Sicht vorzunehmen, da es beim Vorliegen einer Minderung oder Gefährdung der Vermögens- oder Ertragslage um die Bewertung von Vor- und Nachteilen und damit auch um Risiken und Chancen geht.[1845] Ferner ist maßgeblicher Vergleichsmaßstab für die Frage der Nachteilhaftigkeit aufgrund der Abhängigkeit der Vergleich mit einer unabhängigen Gesellschaft.[1846] Dem Nachteilsbegriff wohnt somit eine Sorgfaltspflichtverletzung im Sinne des § 93 Abs. 1 S. 1 AktG inne, da ein Nachteil, der auf der Abhängigkeit beruht, nicht vorliegt, wenn ein ordentlicher und gewissenhafter Geschäftsleiter einer unabhängigen Gesellschaft sich ebenso verhalten hätte wie der Vorstand einer abhängigen AG.[1847] Bezogen auf das Cash Pooling ist folglich die Frage aufgeworfen, ob die Gewährung eines Darlehens der abhängigen AG an den Cash Pool nach diesen Voraussetzungen einen im Sinne des § 311 Abs. 1 AktG nachteiligen Charakter aufweist. Hinsichtlich des Kriteriums der Kausalität der Abhängigkeit für die Maßnahme ist darauf zu verweisen, dass ein Cash Pooling regelmäßig nur in Konzernlagen stattfindet und sich ein Vorstand einer unabhängigen AG sich folglich nicht wie ein Vorstand einer abhängigen AG verhalten hätte.[1848] Entscheidend kommt es daher darauf an, ob durch die Darlehensgewährung beim Cash Pooling die Vermögens- oder Ertragslage der abhängigen AG gemindert oder gefährdet wird. Das Programm ist damit vorgezeichnet: In dem Zusammenhang des konzernweiten Cash Poolings ist zu fragen, ob sich das mit einer ungesicherten Darlehensgewährung verbundene Risiko für die abhängige AG als nachteilig herausstellt. Bei Bejahung ist in einem zweiten Schritt die Ausgleichsfähigkeit der einzelnen Nachteile zu überprüfen.[1849] Sollte dies nicht der Fall sein, würden die §§ 57 ff. AktG wieder aufle-

---

[1845] *Adler/Dürig/Schmaltz*, § 311 Rdn 42; KK-*Koppensteiner*, § 311 Rdn 39; MK-AktG-*Kropff*, § 311 Rdn 141; *Hüffer*, § 311 Rdn 28; *Bechlivanis*, S. 214; *Deckart*, S. 130; *Hormuth*, S. 144; *Habersack*, ZIP 2006, 1327, 1330.

[1846] MK-AktG-*Kropff*, § 311 Rdn 139; KK-*Koppensteiner*, § 311 Rdn 78; *Hüffer*, § 311 Rdn 27; Emmerich/Habersack-*Habersack*, KonzernR, § 25 II 1 a); *Bechlivanis*, S. 205; *Deckart*, S. 130.

[1847] OLG Jena, ZIP 2007, 1314, 1315; *Hüffer*, § 311 Rdn 27; Emmerich/Habersack-*Habersack*, KonzernR, § 25 II 1 a); *Hüffer*, AG 2004, 416, 418; *Jula/Breitbarth*, AG 1997, 256, 260; *Habersack*, ZIP 2006, 1327, 1330.

[1848] *Deckart*, S. 132; *Henze*, WM 2005, 717, 723.

[1849] In der Literatur wird vielfach nicht deutl. zwischen Nachteilhaftigkeit und Ausgleichsfähigkeit differenziert (etwa *Schön*, ZHR 159 (1995), 351, 372); dies ist aber erforderlich, da auf der einen Seite eine nicht nachteilige Maßnahme überhaupt nicht ausgleichsfähig ist und sich auf der anderen Seite die Ausgleichsfähigkeit von nachteiligen Maßnahmen im Einzelfall unterscheiden kann.

ben. Weiterhin ist zu untersuchen, ob sich beim Cash Pooling weitere Nachteile ergeben können, die ausgeglichen werden müssten.[1850]

1. Ungesicherte Darlehensgewährung

Das abhängige Unternehmen will die mit dem Cash Pooling verbundenen Vorteile möglichst umfassend ausschöpfen. Aus diesem Grund erfolgt die aufsteigende Darlehensgewährung des abhängigen Unternehmens im Rahmen des Cash Poolings regelmäßig ohne Sicherheitenbestellung durch das herrschende Unternehmen.[1851] Dass eine Sicherheitenbestellung die Vorteile des Cash Poolings in nicht unerheblichem Umfang verringern kann, wurde im Rahmen des Ausnahmetatbestandes vom Kreditvergabeverbot bei der GmbH bereits dargestellt.[1852] Sollte sich die ungesicherte Darlehensgewährung im Rahmen einer faktisch konzernierten AG als nicht mit §§ 311 ff. AktG vereinbar erweisen, würde dies ein Cash Pooling in dieser Konzernierungsform daher faktisch unmöglich machen.

a) Nachteilhaftigkeit

Ob in einer ungesicherten Darlehensgewährung ein Nachteil im Sinne des § 311 Abs. 1 AktG liegt, kann man nach einer abstrakten oder einer konkreten Betrachtungsweise beantworten. Diese Frage war schon vor BGHZ 157, 72 ff. umstritten, wurde infolge dieser Entscheidung aber neu angefacht.

aa) Abstrakter Vermögens- und Liquiditätsschutz

Die Vergabe ungesicherter Darlehen wird von einer Ansicht per se als eine nachteilige Maßnahme angesehen.[1853] Begründet wird dies damit, dass die ab-

---

[1850] Nicht eingegangen wird auf Nachteile, die eher allgemeiner Natur sind, wie diejenigen, die sich aus Konzernumlagen ergeben können; hierzu etwa HndbKonzernfinanz-*Wiedemann/Fleischer*, § 29 Rdn 30 ff.; Emmerich/Habersack-*Habersack*, Kommentar, § 311 Rdn 4.

[1851] So auch die Einschätzung von HndbKonzernfinanz-*U.H. Schneider*, § 25 Rdn 15; Pentz/Sollanek-*Pentz*, S. 40; *Deckart*, S. 132; *Haas/Oechsler*, NZG 2006, 806, 811; *Hüffer*, AG 2004, 416, 419; *Becker*, DStR 1998 1528, 1531; *Jula/Breitbarth*, AG 1997, 256, 260; *Kerber*, DB 2005, 1835, 1835.

[1852] Siehe oben § 8 E. II. b).

[1853] Vielfach mit der Auffassung verbunden, dass die Maßnahme auch nicht ausgleichsfähig sei LG Bremen, NZG 1998, 468, 468; HndbKonzernfinanz-*Maier-Reimer*, § 16 Rdn 61 (bezogen auf die aufsteigende Sicherheitenbestellung); GK-AktG-*Henze*, § 57 Rdn 197; MK-AktG-*Bayer*, § 57 Rdn 131; *Hüffer*, § 311 Rdn 49 a; *Zeidler*, S. 71; *Schön*, ZHR 159 (1995) 351, 372; *Bayer/Lieder*, ZGR 2005, 133, 148 f.; *Hüffer*, AG 2004, 416, 419; *Jula/Breitbarth*, AG 1997, 256, 260; *Kerber*, DB 2005, 1835, 1837; *Erbacher/Thiele*, Finance 11/2004, 52, 54; wohl auch HndbKonzernfinanz-*Hommelhoff/Kleindiek*, § 21 Rdn 19 f.; *Rümker*, FS Huber, 919, 928; *Wessels*, ZIP 2004, 793, 796; *Stein*, DZWiR 2004,

hängige AG einem beliebigen Dritten keinen ungesicherten Kredit einzuräumen bereit wäre. Nach allgemeinen konzernrechtlichen Grundsätzen sei aber ein Zustand herbeizuführen, wie er bei einer Darlehensvergabe an einen konzernfremden Dritten bestünde, so dass auch hinsichtlich des Darlehensrückzahlungsanspruchs stets eine Besicherung stattzufinden habe.[1854] Der konkrete Nachteil bestehe dabei in der Gefährdung des Gesellschaftsvermögens durch Überwälzung des Insolvenzrisikos der darlehensnehmenden Gesellschaft für die Darlehenslaufzeit auf die abhängige AG.[1855] Die Nachteiligkeit der im Cash Pool regelmäßig unbesicherten Darlehensgewährung des abhängigen Unternehmens ist danach stets gegeben.

bb) Konkrete Betrachtungsweise

Es ist allerdings auch eine konkrete Betrachtungsweise denkbar, nach der eine ungesicherte Darlehensgewährung nicht per se, sondern nur bei einer konkreten Risikobeurteilung nachteilig ist.[1856] Ob ein aufsteigendes Darlehen nachteilig ist, hängt danach insbesondere von der Bonität des Cash-Pool-Führers bzw. der Muttergesellschaft ab. Nur dann, wenn bei konkreten Liquiditäts- oder Insolvenzrisiken keine werthaltigen Sicherheiten eingeräumt werden, sei Nachteiligkeit gegeben.[1857] In jedem Fall sei eine angemessene Verzinsung erforderlich, die dem Drittvergleich standhält.[1858] Dabei wird allerdings differenziert: Ist abzusehen, dass die beherrschte AG dem Cash Pool höhere Beträge entnehmen

---

493, 496; *Kerber*, DB 2004, 1027, 1030; offenl. *Cahn*, DK 2004, 235, 245; *Wessels*, ZIP 2006, 1701, 1708.

1854 *Hüffer*, AG 2004, 416, 419; *Bayer*, FS Lutter 1011, 1018; *Jula/Breitbarth*, AG 1997, 256, 260; *Kerber*, DB 2005, 1835, 1837; *Wessels*, ZIP 2004, 793, 796; *Stein*, DZWiR 2004, 493, 496.

1855 MK-AktG-*Bayer*, § 57 Rdn 81 f., 131; GK-AktG-*Henze*, § 57 Rdn 49; *Schön*, ZHR 159 (1995), 351, 372; *Bayer/Lieder*, ZGR 2005, 133, 148; *Hüffer*, AG 2004, 416, 419; *Kerber*, DB 2005, 1835, 1835 f.

1856 So KK-*Koppensteiner*, § 311 Rdn 80 f.; HeidelbKomm-AktG-*Fett*, § 311 Rdn 35 f.; Spindler/Stilz-*Cahn/Senger*, § 57 Rdn 34; MünchHndbGesR-AG-*Krieger*, § 69 Rdn 55 f.; Beck´schesHndb-AG-*Müller*, § 8 Rdn 44; Pentz/Sollanek-*Pentz*, S. 40; Emmerich/Habersack-*Habersack*, Kommentar, § 311 Rdn 47 a f.; *dies.*, KonzernR, § 25 II 2 b) aa), S. 379; *Rittscher*, S. 117; *Deckart*, S. 132 f.; *Maier-Reimer*, VGR 10, 127, 141 f.; *Habersack/Schürnbrand*, NZG 2004, 689, 692 f.; *Reidenbach*, WM 2004, 1421, 1428; *Grothaus/Halberkamp*, GmbHR 2005, 1317, 1319; *Henze*, WM 2005, 717, 723; *Wessels*, ZIP 2006, 1701, 1707 f.; *Hentzen*, ZGR 2005, 480, 513; *Pentz*, ZIP 2006, 781, 785; *Krolop/Kusak*, WiRO 2007, 109, 110; wohl auch *Hormuth*, S. 144.

1857 MK-AktG-*Kropff*, § 311 Rdn 188; Beck´schesHndb-AG-*Müller*, § 8 Rdn 44; Pentz/Sollanek-*Pentz*, S. 40; *Habersack/Schürnbrand*, NZG 2004, 689, 694; *Henze*, WM 2005, 717, 723; *Krolop/Kusak*, WiRO 2007, 109, 110.

1858 MünchHndbGesR-AG-*Krieger*, § 69 Rdn 55; Emmerich/Habersack-*Habersack*, Kommentar, § 311 Rdn 47 a; *Hentzen*, ZGR 2005, 480, 507; *Habersack/Schürnbrand*, NZG 2004, 689, 694; a. A. *Rittscher*, S. 118.

wird, als sie zuführen kann, soll dies mit einem niedrigeren als dem banküblichen Zinssatz gerechtfertigt werden können, wenn die von ihr entnommenen Kredit ebenfalls zinsgünstig gewährt werden. Wird demgegenüber prognostiziert, dass die Gesellschaft höhere Beträge in den Cash Pool einbezahlt, als sie daraus enthalten wird, muss der Vorstand auf einer angemessenen, mindestens banküblichen, am Verhalten der Banken orientierten Verzinsung bestehen.[1859] Als Ausgleich für die grundsätzliche Möglichkeit der ungesicherten aufsteigenden Darlehensgewährung will diese Ansicht bestimmte Schutzmechanismen etablieren, die mit entsprechenden Verhaltenspflichten des Vorstands der beherrschten AG korrespondieren sollen: Vor Teilnahme der beherrschten AG habe der Vorstand eine Einschätzung der mit der Einbeziehung in den Cash Pool für die Gesellschaft verbundenen Risiken vorzunehmen, indem er die damit verbundenen Vor- und Nachteile abwägt.[1860] Damit soll eine schriftliche Regelung des Cash Poolings und die Sicherstellung einer ordnungsgemäßen Buchführung über die Vorgänge im Cash Pool einhergehen.[1861] Bestünden von vornherein große Zweifel an der Bonität der Muttergesellschaft und könne das damit verbundene Risiko – etwa durch Sicherheitenbestellungen – nicht entschärft werden, müsse der Vorstand von der Teilnahme am Cash Pooling absehen.[1862] Bei geringeren Zweifeln könne die Bestellung werthaltiger Sicherheiten allerdings bereits ausreichen.[1863] Selbst eine Angleichung der Kriterien der Bonität der Muttergesellschaft oder der Sicherheiten an die Kriterien des Ausnahmetatbestandes des BGH wird in diesem Zusammenhang für möglich gehalten.[1864] Die abhängige AG muss ferner von vornherein die rechtlichen Möglichkeiten dafür schaffen, bei späterer mangelnder Bonität aus dem Cash Pool auszuscheiden.[1865] Ist dieser Zeitpunkt gekommen, muss die beherrschte AG den Vertrag kündigen.[1866] Da sich die Gesellschaft in dieser Situation kurzfristig wieder unabhängig am Markt bewegen müssen, sei eine Aufrechterhaltung eines Minimums an unmittelbaren Bankbeziehungen und Kreditlinien für die abhängige AG schon

---

[1859] MK-AktG-*Kropff*, § 311 Rdn 187; Pentz/Sollanek-*Pentz*, S. 41; *Hormuth*, S. 145.

[1860] MK-AktG-*Kropff*, § 311 Rdn 186; Pentz/Sollanek-*Pentz*, S. 40 f.

[1861] MK-AktG-*Kropff*, § 311 Rdn 189; KK-*Koppensteiner*, § 311 Rdn 81; Pentz/Sollanek-*Pentz*, S. 40.

[1862] MK-AktG-*Kropff*, § 311 Rdn 186: „existenzgefährdendes Risiko"; Pentz/Sollanek-*Pentz*, S. 40; *Hentzen*, ZGR 2005, 480, 510; *Krolop/Kusak*, WiRO 2007, 109, 112.

[1863] Pentz/Sollanek-*Pentz*, S. 41; *Rittscher*, S. 119; *Burgard*, AG 2006, 527, 532; anders *Hentzen*, ZGR 2005, 480, 511, der von einem Alternativverhältnis zwischen Kündigung und Sicherheitenbestellung ausgeht.

[1864] *Tielmann*, Liber amicorum Happ, 311, 319.

[1865] Beck´schesHndb-AG-*Müller*, § 8 Rdn 44

[1866] Pentz/Sollanek-*Pentz*, S. 40; *Maier-Reimer*, VGR 10, 127, 142.

während des Cash Poolings erforderlich.[1867] Der Vorstand der beherrschten AG müsse davon abgesehen stets sicherstellen, dass die von ihm geleitete Gesellschaft die Möglichkeit des jederzeitigen Zugriffs auf die für sie notwendige Liquidität habe.[1868] Hierfür müsse er gegebenenfalls Einschränkungen bei den an den Cash Pool abzuführenden Mitteln vornehmen.[1869] Begleitet werden soll all dies von einer laufenden Würdigung des Kreditrisikos durch das abhängige Unternehmen, wozu ein geeignetes Informationssystem einzurichten sei.[1870]

Aufgrund dieser, auf die Umstände des Einzelfalls abstellenden konkreten Betrachtungsweise, könne ein Nachteil für die beherrschte Gesellschaft bei Berücksichtigung der mit der Darlehensvergabe verbundenen Vorteile von vornherein verneint werden.[1871] Zu denken sei hier insbesondere an die mit der Zentralisierung der Finanzierung einhergehenden Kostenersparnisse, die etwa mit der Einrichtung einer spezialisierten Treasury verbunden seien.[1872] Ferner sei an die günstige Darlehensaufnahmemöglichkeit beim Cash Pool zu denken.[1873] Zur Begründung einer solchen Sichtweise lässt sich anführen, dass es unter Heranziehung des § 311 Abs. 2 AktG, der als tauglichen Anspruch für zugefügte Nachteile die Einräumung eines Rechtsanspruchs auf bestimmte Vorteile genügen lässt, wertungswidersprüchlich wäre, wenn man per se in der Hingabe eines ungesicherten Darlehens ein nachteiliges Rechtsgeschäft sehen würde.[1874] § 311 Abs. 2 AktG ist danach gerade Ausdruck dafür, dass dem abhängigen Unternehmen bis zum Ausgleich des Nachteils das Insolvenzrisiko des herrschenden Unternehmens auferlegt sein soll.[1875] Mit anderen Worten mutet das Gesetz

---

[1867] MünchHndbGesR-AG-*Krieger*, § 69 Rdn 56; HndbKonzernfinanz-*Hommelhoff/ Kleindiek*, § 21 Rdn 20; KK-*Koppensteiner*, § 311 Rdn 81; *Habersack/Schürnbrand*, NZG 2004, 689, 694.

[1868] MK-AktG-*Kropff*, § 311 Rdn 189; MünchHndbGesR-AG-*Krieger*, § 69 Rdn 56; Hndb Konzernfinanz-*Hommelhoff/Kleindiek*, § 21 Rdn 20; Pentz/Sollanek-*Pentz*, S. 41; *Habersack/Schürnbrand*, NZG 2004, 689, 694; danach soll hierauf ein Anspruch auf die notwendige Liquidität bestehen.

[1869] Pentz/Sollanek-*Pentz*, S. 41.

[1870] MünchHndbGesR-AG-*Krieger*, § 69 Rdn 55, *Hentzen*, ZGR 2005, 480, 509.

[1871] MünchHndbGesR-AG-*Krieger*, § 69 Rdn 55; KK-*Koppensteiner*, § 311 Rdn 79; Emmerich/Habersack-*Habersack*, § 311 Rdn 47 a; *Hormuth*, S. 145; *Grothaus/Halberkamp*, GmbHR 2005, 1317, 1319; *Habersack/Schürnbrand*, NZG 2004, 689, 694.

[1872] KK-*Koppensteiner*, § 311 Rdn 79.

[1873] MünchHndbGesR-AG-*Krieger*, § 69 Rdn 55; *Grothaus/Halberkamp*, GmbHR 2005, 1317, 1319.

[1874] Pentz/Sollanek-*Pentz*, S. 40; *Deckart*, S. 133; *Maier-Reimer*, VGR 10, 127, 141 f.; *Habersack/Schürnbrand*, NZG 2004, 689, 693; *Hentzen*, ZGR 2005, 480, 513; *Pentz*, ZIP 2006, 781, 785.

[1875] Pentz/Sollanek-*Pentz*, S. 40; *Deckart*, S. 133; *Habersack/Schürnbrand*, NZG 2004, 689, 693; *Reidenbach*, WM 2004, 1421, 1428; *Burgard*, AG 2006, 527, 531 f.; *Hentzen*, ZGR 2005, 480, 513, der sogar lediglich von einem „theoretischen Insolvenzrisiko" spricht; deutl. relativierend im Verhältnis zum Gesamtvolumen des zu leistenden Ausgleichs auch

dem abhängigen Unternehmen zu, sich beim Nachteilsausgleich zunächst mit einem schuldrechtlichen Anspruch zu begnügen und damit das Ausfallrisiko auf sich zu nehmen. Dieser Ansicht nach ist eine Nachteilhaftigkeit im Sinne des § 311 Abs. 1 AktG damit nur dann gegeben, wenn die Bonität des herrschenden Unternehmens zweifelhaft ist und in diesem Fall keine Sicherung stattfindet. Ist dies hingegen nicht der Fall, hat die Hingabe eines ungesicherten Darlehens schon keinen nachteiligen Charakter.

cc) Stellungnahme

Zunächst könnte man zur Bestimmung der Nachteiligkeit auf § 93 Abs. 3 Nr. 1 AktG abstellen, wonach in jeder gemäß § 57 Abs. 1 S. 1 AktG unzulässigen Einlagenrückgewähr eine zum Schadensersatz verpflichtende Sorgfaltspflichtverletzung des Vorstands liegt. Es verbietet sich aber, daraus auf das Vorliegen eines Nachteils zu schließen,[1876] da die §§ 311 ff. AktG gerade zu einer – nach hier vertretener Sichtweise – umfassenden Verdrängung der Vermögensbindung des § 57 Abs. 1 S. 1 AktG führen, so dass auch § 93 Abs. 3 Nr. 1 AktG leer läuft. Richtigerweise ist aus verschiedenen Gründen eine abstrakte Betrachtungsweise vorzuziehen, die dazu führt, dass sich die Gewährung eines unbesicherten Darlehens durch das abhängige Unternehmen stets als nachteilig erweist: Das Abstellen auf eine konkrete, vom Einzelfall abhängige Betrachtungsweise würde den Besonderheiten des Cash Poolings nicht ausreichend Rechnung tragen; eine solche Betrachtungsweise mag dann angebracht sein, wenn es um Einzelmaßnahmen geht. Beim Cash Pooling werden der abhängigen AG hingegen vollständig und systematisch sämtliche liquiden Mittel entzogen und bei Fehlen einer Besicherung ist diesem Finanzierungsinstrument, bei dem die abhängige AG fortwährend ohne eigene Liquidität dasteht, das Ausfallrisiko geradezu immanent.[1877] Das Abstellen auf eine konkrete Betrachtungsweise würde die Komplexität eines konzernweiten Cash-Pooling-Systems somit nur unzureichend berücksichtigen. Hinzu kommt noch, dass nach der konkreten Betrachtungsweise die Vorstände der abhängigen Unternehmen zahlreiche Prognosen über die zukünftige Bonität der Betreibergesellschaft, aber auch des Gesamtkonzerns erstellen müssen. Prognoseentscheidungen beinhalten stets einen Unsicherheitsfaktor.[1878] Bei größeren internationalen Konzernstrukturen ist es für die Vorstände kleinerer AGs zudem oftmals schlichtweg praktisch gar nicht möglich, sich über die Liquiditätssituation so zu informieren, dass damit

---

Engert, BB 2005, 1951, 1956 f.; dass dieses aber äußerst praxisrelevant sein kann, zeigen die Vorgänge bei Babcock Borsig; hierzu *Kerber*, DB 2005, 1835 ff.

1876 Emmerich/Habersack-*Habersack*, Kommentar, § 311 Rdn 47; *Habersack/Schürnbrand*, NZG 2004, 689, 693.

1877 *Bayer/Lieder*, ZGR 2005, 133, 149.

1878 Krit. gegenüber einer Prognoseentscheidung in diesem Zusammenhang auch *Bayer/Lieder*, ZGR 2005, 133, 149; anders *Hentzen*, ZGR 2005, 480, 484.

eine Risikobeurteilung vorgenommen werden könnte. Im übrigen stellt sich auch die Frage, ob die abhängige AG stets in der Lage sein wird, sich in ausreichendem Maße über die Liquiditätssituation informieren zu können. In jedem Fall trüge sie hier das Risiko der Informationsasymetrie, das dazu führen kann, dass die Kündigung nicht mehr rechtzeitig erfolgt und die Liquidität nicht mehr zurückerstattet wird.[1879] Letztlich würde mit dem Erfordernis, nur bei Auftreten konkrete Ausfallrisiken eine sofortige Rückzahlung oder Besicherung von Darlehen zu verlangen, unbestreitbar das Risiko der Insolvenz – genauer das Risiko des rechtzeitigen Erkennens von Anzeichen einer Insolvenz – in vollem Umfang auf die Vorstandsmitglieder der abhängigen AG verlagert. Davon abgesehen wäre es für den Vorstand einer abhängigen AG nur sehr schwer zu entscheiden, zu welchem Zeitpunkt die Bonität der Betreibergesellschaft so schlecht ist, dass er auf einer Sicherung der Darlehensgewährung bestehen muss. Letztlich kann nur durch eine abstrakte Betrachtungsweise der Schutz der abhängigen AG und ihrer Gläubiger effektiver sichergestellt werden als durch eine auf einen Einzelfall abstellende Betrachtungsweise, die mit Rechtsunsicherheiten verbunden ist.

Auch legen einige Entscheidungen eine abstrakte Sichtweise nahe: Zwar befand sich in der Entscheidung „Harpener/Omni" die Schwestergesellschaft der abhängigen AG, an die die Muttergesellschaft ein ungesicherten Darlehen weitergereicht hatte, schon zum Zeitpunkt der Darlehensgewährung in Liquiditätsschwierigkeiten, so dass das Urteil und die dort geforderte Besicherung des Darlehens nicht auf alle Fälle des Cash Poolings verallgemeinerungsfähig ist.[1880] Jedoch zeigt auch dieses Beispiel, dass es für die Vorstände abhängigen Unternehmen ein hohes Maß an Rechtsunsicherheit mit sich bringt, wenn das Erfordernis der Besicherung von der Bonität der Darlehensnehmerin abhängen soll. Aufgrund der Risiken, die bei der ungesicherten Darlehensgewährung eintreten können, erscheint es damit vorteilhafter, auf eine zuverlässige Präventivlösung abzustellen. Danach ist bei einem Cash Pooling die ungesicherte aufsteigende Darlehensgewährung stets als Nachteil im Sinne des § 311 Abs. 1 AktG einzustufen. Insbesondere für die Vorstände der abhängigen AG ist damit ein hohes Maß an Rechtssicherheit gegeben. Nicht zuletzt wird damit aber auch eine Sicherung der Gläubiger der abhängigen AG erreicht. Die Gefahrensituation der ungesicherten aufsteigenden Darlehensgewährung im faktischen Aktienkonzern erkannte das LG Bremen beim „Bremer Vulkan" im übrigen bereits zu einer Zeit, zu der die mit dem Cash Pooling verbundenen Risiken noch längst nicht ausgeleuchtet waren. Wörtlich heißt es dort: „Wäre MTV eine Aktiengesellschaft gewesen, so wären die Klagen möglicherweise ohne weiteres begründet (§ 317 Abs. 1, Abs. 3 AktG), weil der Vertrag über konzerninterne Finanzierun-

[1879] Zu dieser Gefahrensituation *Kerber*, DB 2005, 1835, 1835 f.

[1880] OLG Hamm, ZIP 1995, 1263, 1270 f.; zuvor LG Dortmund, EWiR § 93 AktG 1/94, 1049 f. (*Wittkowski*); siehe auch LG Dortmund, AG 2002, 97, 98 f.

gen und Geldanlagen, den MTV unstreitig auf Veranlassung von BVV mit dieser abgeschlossen hat, für MTV nachteilig war."[1881] Das Gericht erkennt hier also eine Nachteiligkeit aufgrund des Beitritts zum Cash Pool und der damit verbundenen ungesicherten aufsteigenden Darlehensgewährung an. Bereits diese frühe Rechtsprechung deutet darauf hin, dass eine abstrakte Betrachtungsweise vorzunehmen und nicht auf konkrete Umstände im Einzelfall abzustellen ist. Auch die laufende Würdigung des Kreditrisikos durch die Tochtergesellschaft ist nicht ausreichend. Eine „großzügigere Betrachtung"[1882] ist vor dem Hintergrund, dass das herrschende Unternehmen im Rahmen des Cash Pooling die Liquidität von den einzelnen abhängigen Unternehmen absaugt, nicht angebracht. All diese Gründe sprechen damit für eine abstrakte Betrachtungsweise.

b) Ausgleichsfähigkeit

Mit der Feststellung der generellen Nachteilhaftigkeit einer ungesicherten Darlehensgewährung der abhängigen AG im faktischen Konzern im Rahmen des Cash Pooling ist noch keine Aussage darüber getroffen, ob dieser Nachteil einem Ausgleich im Sinne des §§ 311 ff. AktG zugänglich ist. Vielmehr muss klargestellt werden, dass eben bei Bejahung eines Nachteils nach § 311 Abs. 1 AktG die Möglichkeit des Ausgleichs in Betracht kommt.[1883]

Nach einer Auffassung ist der Nachteil ausgleichsfähig, der entsteht, wenn ein aufsteigendes Darlehen ungesichert gewährt wird.[1884] Dem Ausfallrisiko sei – so einige Vertreter dieser Ansicht – durch einen entsprechenden Risikozuschlag auf den zu gewährenden Nachteilsausgleich zu entsprechen.[1885] Grundsätzlich sei den Belangen der abhängigen Gesellschaft für einen Nachteilsausgleich mit der Einräumung eines Rechtsanspruchs gemäß § 311 Abs. 2 S. 2 AktG gedient. Es sei, so einige Vertreter dieser Ansicht, eine effektive Beseitigung des Nachteils erforderlich, die lediglich durch Rückführung des Darlehens oder durch eine vollständige Besicherung, nicht aber durch Begründung eines Rechtsanspruchs auf Nachteilsausgleich erfolgen könne.[1886]

1881 LG Bremen, NZG 1998, 468, 468; im faktischen GmbH-Konzern ist § 317 Abs. 1 AktG nicht anwendbar; vgl. OLG Bremen, NZG 1999, 724, 726; siehe BGHZ 95, 330, 340.

1882 So MünchHndbGesR-AG-*Krieger*, § 69 Rdn 55.

1883 Dies wird oftmals nicht voneinander getrennt; klarst. aber *Deckart*, S. 132; *Habersack/Schürnbrand*, NZG 2004, 689, 693.

1884 *Rümker*, FS Huber, 919, 928; *Maier-Reimer*, VGR 10, 127, 142; *Schäfer*, GmbHR 2005, 133, 138; *Habersack/Schürnbrand*, NZG 2004, 689, 694; *Henze*, WM 2005, 717, 723; *Pentz*, ZIP 2006, 781, 785; *Reidenbach*, WM 2004, 1421, 1428; *Hentzen*, ZGR 2005, 480, 508 f.; *Seibold*, FB 2005, 77, 80; *Wessels*, ZIP 2004, 793, 796; *Stein*, DZWiR 2004, 493, 496.

1885 *Deckart*, S. 134; a. A. *Wessels*, ZIP 2004, 793, 796; *Stein*, DZWiR 2004, 493, 496; *Schäffler*, BB 2006, Beil. 9, 1, 5.

1886 Emmerich/Habersack-*Habersack*, Kommentar, § 311 Rdn 62 a; Emmerich/Habersack-*Habersack*, KonzernR, § 25 IV 2; *Habersack/Schürnbrand*, NZG 2004, 689, 694; vgl.

Nach einer anderen Auffassung ist die nachteilige ungesicherte Darlehensgewährung hingegen nicht ausgleichsfähig.[1887] Begründet wird dies damit, dass die darlehensnehmende Gesellschaft ihr Insolvenzrisiko für die Darlehenslaufzeit auf die abhängige Gesellschaft überwälze, dieses Risiko, das einen Nachteil darstelle, aber nicht nach § 311 Abs. 1 AktG ausgleichsfähig sei, weil die empfangende Gesellschaft durch die Einräumung eines schuldrechtlichen Anspruchs die Tochter nicht gegen ihr eigenes Insolvenzrisiko abzusichern in der Lage ist.[1888]

aa) Stellungnahme

Letztere Ansicht hat einen grundlegenden Gedanken für sich: In dem Moment, in dem die Verlustausgleichspflicht gemäß § 311 Abs. 1 AktG unter Gläubigerschutzgesichtspunkten eintritt, geht sie ins Leere, denn das herrschende Unternehmen ist im Fall seiner Insolvenz nicht in der Lage, dieses Insolvenzrisiko zugunsten der abhängigen AG auszugleichen.[1889] Mit anderen Worten haftet dem Ausgleichsanspruch also der gleiche Makel an wie dem Darlehensrückzahlungsanspruch, der auch ohne Nachteilsausgleich ohnehin gegeben ist.[1890] Hinzu kommt noch folgendes:

(1) Keine zusätzliche Sicherung durch Ausgleich

Einem Ausgleich nach § 311 Abs. 2 AktG würde ohnedies keine selbständige Bedeutung zukommen: Der Nachteilsausgleich müsste dahin gehen, dass das herrschende Unternehmen der abhängigen AG gemäß § 311 Abs. 2 S. 2 AktG ein Anspruch darauf gewährt wird, dass das Gewährte zurückgezahlt wird.[1891] Diesen Anspruch besitzt die AG aber ohnehin bereits aus § 488 Abs. 1 S. 2 BGB.[1892] Ein Ausgleich würde danach für die abhängige AG überhaupt keinen Nutzen haben. Der gläubigerschützende Nachteilsausgleich des § 311 Abs. 1 AktG versagt demnach bei einer ungesicherten aufsteigenden Darlehensgewährung, da er bei Insolvenz ins Leere greift. Dem kann auch nicht dadurch abgeholfen werden, dass man statt einer Einräumung eines Anspruchs auf Rückfüh-

---

auch KK-*Koppensteiner*, § 311 Rdn 79 Fn 211; demgegenüber für Nachteilsausgleich bis zum Geschäftsjahresende *Rümker*, FS Huber, 919, 928; *Wessels*, ZIP 2004, 793, 796; *Stein*, DZWiR 2004, 493, 496.

1887 OLG Jena, ZIP 2007, 1314, 1317; GK-AktG-*Henze*, § 57 Rdn 197; MK-AktG-*Bayer*, § 57 Rdn 131; *Schön*, ZHR 159 (1995), 351, 372; *Hüffer*, AG 2004, 416, 419; *Müller-Michaels*, KSI 2006, 100, 104.

1888 MK-AktG-*Bayer*, § 57 Rdn 131; GK-AktG-*Henze*, § 57 Rdn 197; *Schön*, ZHR 159 (1995), 351, 372

1889 GK-AktG-*Henze*, § 57 Rdn 197; *Hüffer*, § 311 Rdn 49 a; *Schön*, ZHR 159 (1995), 351, 372.

1890 Vgl. *Deckart*, S. 132.

1891 GK-AktG-*Henze*, § 57 Rdn 197; *Wessels*, ZIP 2004, 793, 796.

1892 Zutr. GK-AktG-*Henze*, § 57 Rdn 197; *Rittscher*, S. 118.

rung des vom herrschenden Unternehmen in Anspruch genommenen Kredits den Nachteilsausgleich unmittelbar auf eine Rückführung des Darlehens oder eine vollständige Besicherung richtet. Dass Sinn und Zweck des § 311 Abs. 2 AktG es gebieten, immer dann, wenn der Nachteil in der Begründung eines unangemessenen Ausfallrisiko liege, nur durch eine effektive Beseitigung des Nachteils vorgenommen werden könne, ist nicht erkennbar. Sofern der Ausgleich nicht während des Geschäftsjahres erfolgt, muss zum Ende des Geschäftsjahres bestimmt werden, wann und durch welche Vorteile der Anspruch erfolgen soll und die Gesellschaft muss einen entsprechenden Rechtsanspruch erhalten, § 311 Abs. 2 AktG. Abgesehen davon, dass sich eine solche Abweichung von § 311 Abs. 2 AktG dogmatisch nicht erklären lässt, hat diese Sichtweise auf die geschilderte Problematik keine Auswirkungen. Ist die herrschende Gesellschaft insolvent, wird sie den Nachteil ohnehin nicht ausgleichen können. Ob das abhängige Unternehmen nun aufgrund der Insolvenz einen wertlosen Anspruch auf Nachteilsausgleich hat oder der Nachteil wegen der Insolvenz nicht erfüllt werden kann, dürfte für dieses nebensächlich sein. Entscheidend ist vielmehr, dass § 311 Abs. 1 AktG auch hier bei der Insolvenz des herrschenden Unternehmens zu kurz greifen würde, da er zeitlich zu spät eingreifen würde.

Man könnte freilich die Ausgleichsfähigkeit der ungesicherten aufsteigenden Darlehensgewährung unter diesem Gesichtspunkt dadurch „retten“, dass man § 311 Abs. 2 AktG dahingehend teleologisch reduziert, ein Nachteilsausgleich müsse sofort, also mit Auftreten konkreter Ausfallrisiken, erfolgen.[1893] Hierfür ließe sich zwar anführen, dass bei Inkaufnahme der Übernahme des Insolvenzrisikos bis zum Ende des Geschäftsjahres durch die abhängige AG weder der Schutz der abhängigen AG durch Kompensation der Nachteile noch der Gläubiger und Minderheitsaktionäre gewährleistet werden könne.[1894] Auch würde ein Nachteilsausgleich erst zum Jahresende bedeuten, dass der abhängigen AG die liquiden Mittel zur Erfüllung unterjähriger Ansprüche von Gläubigern nicht zur Verfügung stünden. Der Wortlaut des § 311 Abs. 2 AktG ist aber eindeutig und lässt solche Beschränkungen nicht zu.[1895] Die „besondere Natur“ des der abhängigen AG zugefügten Nachteils,[1896] nämlich die Begründung eines konkreten Ausfallrisikos, vermag demnach keinen von § 311 Abs. 2 AktG ab-

---

[1893] Emmerich/Habersack-*Habersack*, Kommentar, § 311 Rdn 62 a; Emmerich/Habersack-*Habersack*, KonzernR, § 25 IV 2; *Rittscher*, S. 121; *Zeidler*, S. 53 f.; *Habersack/Schürnbrand*, NZG 2004, 689, 694; dem folgend *Deckart*, S. 134; wohl auch MK-AktG-*Kropff*, § 311 Rdn 188.

[1894] *Zeidler*, S. 54, 66, 72 f. der für eine teleologische Reduktion des § 311 Abs. 2 AktG allerdings lediglich bei Abführung erforderlicher Liquidität eintritt.

[1895] Auf den eindeutigen Wortlaut abst. auch *Vetter/Stadler*, Rdn 167 Fn 2.

[1896] Darauf abst. Emmerich/Habersack-*Habersack*, Kommentar, § 311 Rdn 62 a; Emmerich/Habersack-*Habersack*, KonzernR, § 25 IV 2; *Habersack/Schürnbrand*, NZG 2004, 689, 694.

weichenden Nachteilsausgleich zu rechtfertigen. Dies würde zudem die Abgrenzung zu § 62 Abs. 1 S. 1 AktG der eine sofortige Rückzahlung bei Verstoß gegen § 57 Abs. 1 S. 1 AktG vorsieht, verwischen. Privileg des § 311 Abs. 1 AktG ist gerade, dass der abhängigen AG ein Nachteil zugefügt werden darf, wenn dieser bis zum Jahresende ausgeglichen wird. Gerade dieser zeitliche Aufschub macht das Privileg aus, das mit einer teleologischen Reduktion des § 311 Abs. 2 AktG auf einen sofortigen Ausgleich letztlich negiert werden würde. Auch ist das Argument, es handle sich um einen besonderen Anwendungsfall des Rechtssatzes, dass konkrete Liquiditäts- und Insolvenzrisiken bei Bemessung oder Ausgestaltung des vom herrschenden Unternehmen nach § 311 Abs. 2 S. 2 AktG zu gewährenden Rechtsanspruchs zu berücksichtigen seien,[1897] nicht stichhaltig. Wird nämlich dieser Auffassung nach zuvor gerade kein Rechtsanspruch im Sinne des § 311 Abs. 2 S. 2 AktG auf Nachteilsausgleich gewährt, sondern soll dieser – systemfremd – sofort durch Rückführung des Darlehens erfolgen, kann nicht später bei der Frage des Zeitpunktes des Nachteilsausgleichs auf einen mit dem gemäß § 311 Abs. 2 S. 2 AktG zu gewährenden Rechtsanspruch verbundenen Rechtssatz argumentiert werden. Eine solche Argumentation wäre in sich widersprüchlich.

Auch die Auffassung, die einen Risikozuschlag auf den zu gewährenden Nachteilsausgleich verlangt, vermag nicht zu überzeugen. Dies hieße im Grundsatz nämlich, dass man jedes noch so hohe Insolvenzrisiko durch einen Risikozuschlag ausgleichen könnte. Dass dies nicht richtig sein kann, erkennt *Deckart* auch an und verneint daher die Möglichkeit eines Risikozuschlags bei einem „unangemessenen Insolvenzrisiko“.[1898] Dieses sei gegeben, wenn für den Vorstand der abhängigen AG bei Ausreichung des Darlehens erkennbar sei, dass sowohl der Darlehensrückzahlungsanspruch als auch der Nachteilsausgleich nach allgemeinen handelsbilanziellen Grundsätzen nicht vollwertig seien; in dieser Situation sei der Nachteil nicht mehr durch einen Risikozuschlag ausgleichsfähig, da der abhängigen AG nur ein weiterer, nicht vollwertiger schuldrechtlicher Anspruch gegeben werde.[1899] Hier sei von vornherein eine Sicherung erforderlich. Eine solche Abgrenzung anhand eines „unangemessenen Insolvenzrisikos“ vermag aber von vornherein nicht zu überzeugen. Auch hier würden die Vorstände wiederum in eine Prognoseentscheidung gedrängt, ob ein Risikozuschlag auf den späteren Nachteilsausgleich noch ausreichend ist, oder ob von vornherein eine Besicherung notwendig ist. Diese Sichtweise ist einer rein präventiven Sichtweise aber unterlegen. Hinzu kommt noch, dass das System von Risikozuschlägen von vornherein nicht zu überzeugen vermag. Denn dieser

---

[1897] *Habersack/Schürnbrand*, NZG 2004, 689, 694, unter Verweis auf MK-AktG-*Kropff*, § 311 Rdn 228, 329; Emmerich/Habersack-*Habersack*, Kommentar, § 311 Rdn 73, 78.

[1898] *Deckart*, S. 134 unter Verweis auf *Habersack/Schürnbrand*, NZG 2004, 689, 694.

[1899] *Deckart*, S. 134.

müsste umso höher sein, je weniger Bonität die herrschende Gesellschaft aufweisen kann. Dann ist es aber von vornherein unsicher, ob dieser überhaupt erfüllt werden kann. Außerdem stellt sich die Frage, an welchen Maßstäben sich ein Risikozuschlag zu orientieren hat. Woran ist die Höhe des Aufschlages festzumachen? Wie hat eine Abstufung zu erfolgen? Auf diese Fragen hat die Gegenansicht bislang keine Antworten gegeben. Es bleibt daher dabei, dass von vornherein jedes Darlehen zu besichern ist, ohne dass es auf einen Risikozuschlag beim späteren Nachteilsausgleich ankäme.

(2) Relevanz von BGHZ 157, 72 ff.?

Es ist allerdings daran festzuhalten, dass § 311 Abs. 2 AktG einen zeitlich gestreckten Ausgleich gestattet. Hieran vermag auch die Entscheidung BGHZ 157, 72 ff. nichts zu ändern. Während danach ein zeitlich gestreckter schuldrechtlicher Ausgleich in einer Unterbilanzsituation nicht zulässig sein soll, gestattet § 311 Abs. 2 AktG gerade einen solchen gestreckten Ausgleich, indem gemäß § 311 Abs. 2 S. 2 AktG ein Rechtsanspruch auf Nachteilsausgleich zu begründen ist. Damit stehen § 311 Abs. 2 AktG und BGHZ 157, 72 ff. in einem Widerspruch zueinander. Auch wenn man davon ausgehen kann, dass bei der Entscheidung des BGH eine solche Reichweite der Entscheidungsgründe nicht beachtet wurde, muss dieser entstehende Widerspruch aufgelöst werden, und zwar zugunsten des geltenden Rechts: Die §§ 311 ff. AktG stellen, wie oben festgestellt wurde, ein Sonderrecht der faktisch konzernierten AG dar, die die strenge Vermögensbindung grundsätzlich verdrängen. Es geht hier also um ein Konzernprivileg, indem dem herrschenden Unternehmen eine nachteilige Einflussnahme auf die abhängige AG gestattet wird, wenn die dabei entstehenden Nachteile ausgeglichen werden. § 311 Abs. 2 AktG wiederum gestattet einen zeitlich gestreckten Nachteilsausgleich. Es kann keinesfalls angenommen werden, dass der BGH rechtsfortbildend mit seiner Entscheidung, die eine nicht konzernierte GmbH betraf, auch diese Sondervorschriften des Aktienrechts beschränken oder gar in Frage stellen wollte. De lege lata bleibt es daher bei dem gestreckten Nachteilsausgleich gemäß § 311 Abs. 2 AktG, woran BGHZ 157, 72 ff. nichts zu ändern vermag.[1900]

Lediglich de lege ferenda wäre daran zu denken, dem Substanzschutzargument des BGH allgemeine Gültigkeit auch im Konzernrecht zu gewähren. Diese würde bedeuten, alle Geschäfte der abhängigen Gesellschaft mit dem herrschenden Unternehmen, denen ein Darlehenselement innewohnt, an dieser Vorgabe zu messen. Dies wiederum würde dann bedeuten, dass nachteilige

---

[1900] So auch *Deckart*, S. 133; *Grothaus/Halberkamp*, GmbHR 1317, 1319; *Hentzen*, ZGR 2005, 480, 512 f.; *Kiethe*, DStR 2005, 1573, 1575; *Habersack/Schürnbrand*, NZG 2004, 689, 694; *Henze* WM 2005, 717, 723; für eine Übertragbarkeit wohl *Wessels*, ZIP 2004, 793, 796; *Stein*, DZWiR 2004, 493, 496, *Müller-Michaels*, KSI 2006, 100, 104.

Maßnahmen zu unterbleiben hätten, wenn das gebundene Vermögen der abhängigen AG betroffen wäre und die Voraussetzungen des Ausnahmetatbestandes nicht vorliegen.[1901] Auch wenn die Entscheidung BGHZ 157, 72 ff. grundsätzlich auf alle Geschäfte mit Darlehenscharakter anzuwenden ist und dem Anspruch auf Nachteilsausgleich wegen des zeitlich gestreckten Ausgleichs ein Kreditierungselement innewohnt, muss es hier bei der gesetzlichen Regelung bleiben.[1902] Keineswegs ist also der Anspruch aus § 311 Abs. 2 AktG an den gleichen Maßgaben zu messen wie eine Darlehensgewährung.[1903] Mit einer solchen Sichtweise würde das oben herausgearbeitete Konzernprivileg, das gerade in dem zeitlich hinausgezögerten Ausgleich besteht, vollständig zunichte gemacht werden.

(3) Versagen des Systems der §§ 311 ff. AktG

Hinzu kommt noch folgendes: Die §§ 311 ff. AktG beziehen sich erkennbar auf Maßnahmen, die als Einzeleingriff in ihren nachteiligen Auswirkungen für die abhängige AG überschaubar sind, daher unproblematisch ausgleichsfähig sind, und ferner einer Prognose darüber zugänglich sind, ob der erforderliche Ausgleich tatsächlich vorgenommen wird.[1904] Daran fehlt es aber gerade beim konzernweiten Cash Pooling: Es kommt tagtäglich zu Liquiditätsabflüssen in Form von aufsteigende Darlehen von der abhängigen AG zur Betreibergesellschaft und umgekehrt. Eine Aufspaltung der tagtäglichen Liquiditätsumhäufungen in Einzeleingriffe wäre demnach in der Praxis kaum möglich.

Dass die §§ 311 ff. AktG bei ungesicherter aufsteigender Darlehensgewährung im Rahmen eines Cash Poolings keinen hinreichenden Schutz bieten, zeigt im übrigen auch der Fall Babcock Borsig.[1905] Hier hatte die abhängige HDW ohne Stellung von Sicherheiten Liquidität an das herrschende Unternehmen abgeführt. Stattdessen sicherte dieses zu, auf die Liquiditätsbedürfnisse der Tochter jederzeit Rücksicht zu nehmen und eigene Bonitätsverschlechterungen der Tochtergesellschaft mitzuteilen. Aufgrund der angespannten Liquiditätssituation des herrschenden Unternehmens mahnte der Vorstand der HDW die Besicherung sowohl der bereits transferierten als auch der zukünftigen Liquidität an und verlangte Einsichtnahme in die Liquiditäts- und Bilanzplanung des Konzerns. Da dies abgelehnt wurde, stoppte der Vorstand der abhängigen AG weitere Darlehensgewährungen und forderte das herrschende Unternehmen zur Rückzahlung der abgeführten Mittel auf, woraufhin er abgewählt und durch den Vorstandsvorsitzenden des herrschenden Unternehmens ausgewechselt wurde. Ein

---

[1901] *Burgard*, AG 2006, 527, 532.

[1902] So auch *Wessels*, ZIP 2004, 793, 796; *Stein*, DZWiR 2004, 493, 496.

[1903] Abw. *Burgard*, AG 2006, 527, 532.

[1904] *Hüffer*, AG 2004, 416, 418; vgl. auch *Wackerbarth*, DK 2005, 562, 569.

[1905] Zu diesem Sachverhalt ausf. *Kerber*, DB 2005, 1835, 1836 f.; *Piepenburg*, NZI 2004, 231 ff.; siehe auch *Burgard*, AG 2006, 527, 533.

Nachteilsausgleich erfolgte zu keiner Zeit. Mehr noch: Selbst das Risiko der ungesicherten Ausleihung der Liquidität wurde nicht einmal in einem Abhängigkeitsbericht als Nachteil erwähnt.[1906] Dieser Fall zeigt anschaulich, welche Risiken mit der ungesicherten aufsteigenden Darlehensgewährung trotz dem Einzelausgleichsystem der §§ 311 ff. AktG verbunden sind. Auf die Zusagen des herrschenden Unternehmens, Drittbedingungen einzuhalten, ist kein Verlass, da sie faktisch zu dessen Disposition stehen, und sei es, dass hierfür der Vorstand ausgetauscht wird. Das Fehlen von Sicherungsabreden stellt für das herrschende Unternehmen damit geradezu einen Anreiz dafür dar, die Liquidität nicht oder zumindest nicht fristgemäß zurückzuzahlen.[1907] In dem Fall war eine Absicherung durch eine insolvenzfeste Sicherheit zwingend erforderlich. Das herrschende Unternehmen wies aber keine gute Bonität auf und hätte hohe Kosten für eine Sicherheitenbestellung aufbringen müssen. Hierauf verzichtete das herrschende Unternehmen aber und zog stattdessen weiterhin Liquidität von der abhängigen AG ab, obwohl es von Dritten keine Liquidität ohne angemessene Absicherung hätte erlangen können. Es besteht offenkundig die Gefahr, dass mit dem Schutzsystem der §§ 311 ff. AktG dem herrschenden Unternehmen beim Cash Pooling durch eine ungesicherte Darlehensgewährung Tür und Tor geöffnet werden, Liquidität auch dann von den abhängigen Unternehmen abzuziehen, wenn sie von konzernexternen Dritten keine Liquidität mehr erlangt hätten.

Natürlich kann man gegen diese Gefahrensituation einwenden, dass im Fall Babock Borsig auch der Vorstand der abhängigen AG eine Pflichtverletzung beging, indem er keinen Nachteilsausgleich forderte und die Ausleihung im Abhängigkeitsbericht nicht als nachteilig qualifiziert hatte. Dennoch wird daran deutlich, dass das Cash Pooling im faktischen Aktienkonzern zu einem umfassenden Abzug von Liquidität durch das herrschende Unternehmen führen kann, obgleich es von Dritten keine Liquidität zur Verfügung gestellt bekommen würde. Bezogen auf das Cash Pooling weisen – dies macht der Fall Babcock Borsig deutlich – die §§ 311 ff. AktG damit erhebliche Defizite im Liquiditätsschutz im faktischen Konzern auf. Auch wenn es sich bei dieser Fallgestaltung um einen Ausnahmefall handeln mag, so kann dies nichts an dem Befund ändern, dass die §§ 311 ff. AktG hier versagen. Vielmehr muss eine Norm gerade auch bei Ausnahmesachverhalten Wirkung entfalten.[1908] Dies ist hier aber nicht der Fall. Die Funktionsfähigkeit der §§ 311 ff. AktG ist daher vor diesem Hintergrund bei einer ungesicherten aufsteigenden Darlehensgewährung nicht nur „in Frage gestellt"[1909], sondern zu negieren. Damit ist allerdings keineswegs auf

---

[1906] Zu den Anforderungen an den Abhängigkeitsbericht bei einem Cash Pooling *Zeidler*, S. 77 ff.; *Hüffer*, AG 2004, 416, 421 f.

[1907] Treff. *Kerber*, DB 2005, 1835, 1837; *Burgard*, AG 2006, 527, 533; vgl. auch *Adamek*, EFG 2005, 1501, 1502.

[1908] *Kerber*, DB 2005, 1835, 1838.

[1909] *Habersack/Schürnbrand*, NZG 2004, 689, 693.

rechtspolitischer Ebene eine Aussage über das Schutzkonzept der §§ 311 ff. AktG getroffen.[1910] Diese beziehen sich – das ist Konsens – nur auf ausgleichsfähige Nachteile. Sind die Nachteile aber nicht ausgleichsfähig, was bei einer aufsteigenden Darlehensgewährung beim Cash Pooling der Fall ist, finden die §§ 57 ff. AktG wieder Anwendung. Diese Ansicht steht auch keinesfalls in Widerspruch zum geltenden Recht,[1911] sondern wendet die §§ 311 ff. AktG und §§ 57 ff. AktG sachgerecht entsprechend ihres jeweiligen Anwendungsbereiches an. Auch wird damit das Cash Pooling nicht einem generellen Verdacht unterworfen.[1912]

Gegen die fehlende Ausgleichsfähigkeit nach § 311 Abs. 1 AktG einer ungesicherten Darlehensgewährung im Rahmen des Cash Pools lässt sich auch keinesfalls die Änderung des aktienrechtlichen Auszahlungsverbotes durch § 57 Abs. 1 S. 2 AktG RefE-MoMiG anführen. Dieser Änderung mag zwar das Bestreben des Gesetzgebers zugrunde liegen, das Cash Pooling im Konzern zu erleichtern. Entgegen anderer Auffassung verträgt sich damit aber das Versagen der §§ 311 ff. AktG bei einer ungesicherten Darlehensgewährung im Rahmen des Cash Poolings.[1913] Die Neuregelung bezieht sich lediglich auf den Kapitalschutz des § 57 Abs. 1 S. 1 AktG. Hinsichtlich §§ 311 ff. AktG enthält der RefE-MoMiG keine Regelung. Aus der – nach hier vertretener Auffassung ohnehin abzulehnenden – Neuregelung lassen sich daher keine Argumente für die Ausgleichsfähigkeit heranziehen.

bb) Ergebnis

Die ungesicherte Darlehensgewährung im Cash Pool ist somit eine nicht ausgleichsfähige und damit eine von vornherein dem Einzelausgleichssystem der §§ 311 ff. AktG entzogene Maßnahme. Bei der ungesicherten aufsteigenden Darlehensgewährung im faktischen Aktienkonzern im Rahmen des Cash Pools ist daher die strenge Vermögensbindung der §§ 57 ff. AktG anwendbar. § 57 Abs. 1 S. 1 AktG spielt damit auch im faktischen Aktienkonzern eine gewichtige Rolle,[1914] da er das Maß der zulässigen Darlehensgewährung beim Cash Pooling bestimmt. Um zur Anwendung der §§ 311 ff. AktG zu kommen, ist demnach stets eine Besicherung bei der aufsteigenden Darlehensgewährung zu fordern. Wie bereits beim Ausnahmetatbestand vom Auszahlungsverbot des § 30 Abs. 1 GmbHG diskutiert, bringen Personalsicherheiten durch andere Konzernunternehmen keine zusätzliche Sicherung mit sich. Die Sicherung liegt hier nur in

---

[1910] So aber der Vorwurf von *Hentzen*, ZGR 2005, 480, 509.

[1911] Entgegen *Hentzen*, ZGR 2005, 480, 509.

[1912] *Kerber*, scheint hingegen ein durchweg krit. Bild zur Praxis des Cash Pooling zu haben, vgl. bei Seulen, VGR 10, 159, 162.

[1913] A. A. *Wessels*, ZIP 2006, 1701, 1708.

[1914] A. A. Begr. RefE-MoMiG, S. 75; *Rittscher*, S. 122; *Seibert*, ZIP 2006, 1157, 1163, Fn 73: „erheblich geringere Rolle“ wegen der Spezialnorm des § 311 Abs. 1 AktG.

einer zusätzlichen Erklärung. Dies kann aber im Hinblick auf die speziellen Risiken, die beim Cash Pooling auftreten, nicht genügen. Gegen eine Sicherung durch eine andere Konzerngesellschaft spricht außerdem folgendes: Die abhängige AG würde, wenn sie nicht an einem Cash Pool angeschlossen wäre, ihr Liquidität bei einem Kreditinstitut anlegen. Da die abhängige AG bei einem Cash Pooling möglichst zu stellen ist, wie sie bei einer bankmäßigen Anlage stehen würde, also eine konzernexterne Schuldnerin hätte, muss gleiches für die Anlage der Liquidität im Cash Pool gelten. Auch aus diesem Grund scheidet eine persönliche Sicherung durch eine andere Konzerngesellschaft aus.[1915] Denkbar ist als persönliche Sicherung damit nur eine solche konzernexterner Art, regelmäßig durch ein Kreditinstitut.[1916] Wegen der dabei anfallenden Kosten dürfte eine solche Sicherungsart aber auch hier aus wirtschaftlicher Sicht äußerst unattraktiv sein. Hinsichtlich der dinglichen Sicherung, die grundsätzlich auch durch andere Konzerngesellschaften erfolgen kann, gilt nichts anderes als bei der Rechtslage der faktisch konzernierten GmbH. Wie dort gilt auch hier, dass eine Sicherung in aller Regel dazu führt, dass das Cash Pooling im faktischen Aktienkonzern für die beteiligten Gesellschaften wirtschaftlich unattraktiv wird.

Aber schon auf Grundlage der möglichen Nachteilsausgleichsfähigkeit ist an der Wirtschaftlichkeit zu zweifeln, wenn das herrschende Unternehmen stets einen Nachteilsausgleich vorzunehmen hat. Die ökonomischen Vorteile, die mit dem Cash Pooling verbunden sind, können aufgrund dieses Umstands leicht zunichte gemacht werden.[1917] De facto ist ein faktischer Aktienkonzern damit nicht die richtige Konzernierungsform, um ein wirtschaftlich sinnvolles Cash Pooling durchzuführen.[1918] Damit ist aber keine Aussage über sonstige konzerninterne Rechtsgeschäfte mit Kreditcharakter wie etwa die Lieferung von Waren oder die Erbringung von Dienstleistungen zu unter dem Marktpreis liegenden Konzernverrechnungspreisen getroffen.[1919] Die vorliegende Argumentation stellt vielmehr allein auf die Rechtslage beim Cash Pooling und die dabei zu berücksichtigenden Besonderheiten für die Ausgleichsfähigkeit nach § 311 Abs. 1 AktG ab. Weitergehende Aussagen auf andere Kreditierungen sind dem nicht zu entnehmen. Auch dieser Umstand verstärkt die Zweifel daran, dass der faktische Aktienkonzern die richtige Konzernierungsform für die Durchführung eines konzernweiten Cash Poolings ist.[1920]

1915 *Hüffer*, AG 2004, 416, 419.

1916 *Hüffer*, AG 2004, 416, 419; *Kerber*, DB 2005, 1835, 1838.

1917 So auch die Einschätzung von HoldingHndb-*Vetter*, § 8 Rdn 28; *ders.*, VGR 6, 69, 94; *Vetter/Stadler*, Rdn 168; *Hentzen*, ZGR 2005, 480, 514.

1918 *Wessels*, ZIP 2004, 793, 796.

1919 Der Vorwurf von *Habersack/Schürnbrand*, NZG 2004, 689, 693 f. und *Reidenbach*, WM 2004, 1421, 1428, trägt daher – zumindest auf die vorliegende Argumentation – nicht.

1920 In diese Richtung auch *Vetter/Stadler*, Rdn 168; *Wessels*, ZIP 2006, 1701, 1708.

2. „Weiche“ Nachteile und Risiken

Es kommen beim Cash Pooling noch weitere Nachteile in Betracht: Nicht unberücksichtigt bleiben dürfen nämlich auch solche Umstände, die mit der speziellen Risikosituation des Cash Pooling zusammenhängen, von vornherein nicht quantifizierbar sind und daher als „weiche“ Nachteile bezeichnet werden können. Hierzu zählen etwa eine Haftungsübernahme, die zum Entstehen eines Haftungsverbands führt, oder die Abhängigkeit vom Cash-Pool-Führer, so dass Liquidität nur von diesem bezogen werden kann.[1921] Derartige Umstände, die zu einer potentiellen Gefährdung der Vermögens- oder Ertragslage der Gesellschaft führen können, stellen sich für die abhängige AG als durchweg nachteilig dar.[1922] Allerdings sind diese Gefahrenherde abstrakt und konkretisieren sich erst im Einzelfall. Tritt allerdings eine Konkretisierung ein, ist ein Ausgleich – wie dargestellt – schon aufgrund der fehlenden Quantifizierbarkeit nicht möglich.[1923] Wie sollen die damit verbundenen Gefahren ausgeglichen werden können, wenn diesen Nachteilen ein nicht unerhebliches Gefahrenpotential immanent ist? Die Festlegung der Höhe des Nachteilsausgleichs scheidet daher aus. Es stellt sich daher die Frage, wie hiermit im Zusammenhang mit der Zulässigkeit des Cash Poolings im faktischen Aktienkonzern umzugehen ist. Man kann es bei der Feststellung der fehlenden Ausgleichsfähigkeit solcher „weicher“ Risiken belassen. Damit wird aber noch nicht deutlich, was die Folge des Eintritts eines solchen Risikos ist: das Cash Pooling ist nicht an den Normen der §§ 311 ff. AktG, sondern an den strengeren §§ 57 ff. AktG zu messen.[1924] Auch hier geht es insofern um ein Versagen der §§ 311 ff. AktG, das auf die gleichen Gründe wie bei der ungesicherten aufsteigenden Darlehensgewährung zurückzuführen ist. Das Ausgleichssystem der §§ 311 ff. AktG ist auf begrenzte Einzeleingriffe, nicht aber auf massive dauerhafte Eingriffe in Form eines Cash Poolings ausgerichtet. Das Cash Pooling bewirkt aufgrund der Art des Eingriffs nicht nur unmittelbare Nachteile, die bei der ungesicherten Darlehensgewährung auftreten können. Die Massivität der systematischen Eingriffe, die das Cash Pooling mit sich bringt, führt zu den sog. „weichen“ Nachteilen. Sind aber schon die unmittelbar mit dem Cash Pooling auftretenden Nachteile bei der ungesicherten Darlehensgewährung nicht ausgleichsfähig, dann muss dies erst recht für die mittelbar durch das Cash Pooling auftretenden „weichen“ Nachteile gelten. Können die weichen Nachteile, die zunächst lediglich abstrakte Gefahren darstellen, im Falle ihrer Verwirklichung niemals einem Ausgleich gemäß §§ 311 ff. AktG zugeführt werden, stellt sich zudem die Frage, ob man es auf die Verwirklichung der ab-

[1921] Hierzu oben 2. Teil § 2 C. II.

[1922] Vgl. *Deckart*, S. 139; *Hormuth*, S. 131; im Umkehrschluss wohl auch Emmerich/Habersack-*Habersack*, KonzernR, § 25 II 2 b).

[1923] *Deckart*, S. 139.

[1924] *Deckart*, S. 139.

strakten Gefahr ankommen lassen sollte.[1925] Aus diesem Grund wird vereinzelt vertreten, aufgrund der mit einem Cash Pooling jederzeit verbundenen enormen Gefahren, von vornherein statt den §§ 311 ff. AktG die §§ 57 ff. AktG anzuwenden.[1926] Dem kann nach dem hier gesagten nur zugestimmt werden.

Alternativ wäre es allenfalls möglich, die „weichen“ Nachteile vollumfänglich durch entsprechende Maßnahmen auszuräumen, wozu verschiedene Möglichkeiten denkbar sind: So muss die Gesellschaft über die von ihr benötigte Liquidität verfügen, um nicht von Finanzierungskrisen bei anderen Tochtergesellschaften angesteckt zu werden.[1927] Die abgeführten Mittel sind ferner angemessen zu verzinsen.[1928] Außerdem sind die mit der Zentralisierung der Finanzführung verbundenen Synergieeffekte an die abhängige Gesellschaft weiterzuleiten.[1929] Weiterhin darf die Gesellschaft nicht vollständig von eigenen Bankkontakten abgeschnitten sein.[1930] Im Ergebnis müssen also alle „weichen“ Nachteile und Risiken ausgeschlossen sein. Nur dann ist die Einbindung einer Gesellschaft in ein konzernweites Cash-Pooling-System nicht per se nachteilig und damit wegen ansonsten fehlender Ausgleichsmöglichkeit nicht an §§ 57 ff. AktG zu messen.[1931] Allerdings ist nicht zu verkennen, dass mit der Einhaltung aller genannten Voraussetzungen zur Vermeidung der Nachteilhaftigkeit gleichzeitig die wirtschaftlichen Vorteile und die Effektivität des Cash Poolings geschmälert werden würden. Selbst bei Einhaltung der genannten Kriterien würde sich zudem das aufgezeigte Problem des Besicherungserfordernisses der Darle-

---

[1925] So *Deckart*, S. 139.

[1926] MK-AktG-*Bayer*, § 57 Rdn 131; *Hüffer*, § 311 Rdn 49.

[1927] KK-*Koppensteiner*, § 311 Rdn 81; HoldingHndb-*Vetter* § 8 Rdn 27; *ders./Stadler* Rdn 227; *Liebscher*, Rdn 361; *Früh* GmbHR 2000 105, 107; Emmerich/Habersack-*Habersack*, § 311 Rdn 48; HndbKonzernfinanz-*Hommelhoff/Kleindiek*, § 21 Rdn 20; MünchHndbGesR-AG-*Krieger*, § 69 Rdn 56; MK-AktG-*Kropff*, § 311 Rdn 189; Emmerich/Habersack-*Habersack*, KonzernR, § 25 II 2 b); *Liebscher*, Rdn 360; *Hormuth*, S. 133.

[1928] KK-*Koppensteiner*, § 311 Rdn 81; MünchHndbGesR-AG-*Krieger*, § 69 Rdn 55; HndbKonzernfinanz-*Hommelhoff/Kleindiek*, § 21 Rdn 20; *Hormuth*, S. 130; *Liebscher*, Rdn 361.

[1929] Emmerich/Habersack-*Habersack*, KonzernR, § 25 II 2 b); *Liebscher*, Rdn 361; einschr. KK-*Koppensteiner*, § 311 Rdn 81.

[1930] Emmerich/Habersack-*Habersack*, § 311 Rdn 48; HndbKonzernfinanz-*Hommelhoff/Kleindiek*, § 21 Rdn 20; MünchHndbGesR-AG-*Krieger*, § 69 Rdn 56; Emmerich/Habersack-*Habersack*, KonzernR, § 25 II 2 b); *Zeidler*, S. 63 f.; *Liebscher*, Rdn 360; weniger streng KK-*Koppensteiner*, § 311 Rdn 81.

[1931] Bei Nichteinhaltung dieser Kriterien wurde früher eine qualifiziert faktische Konzernierung angenommen, etwa HndbKonzernfinanz-*Hommelhoff/Kleindiek*, § 21 Rdn 21; zur Frage, inwieweit jetzt bei Fehlen dieser Voraussetzungen eine Existenzvernichtungshaftung in Betracht kommt, siehe unten 4. Teil § 13 B. IV. 1. Nach *Schäfer*, GmbHR 2005, 133, 134, haben diese Vorschläge in der Praxis keinen Anklang gefunden.

hen stellen. Insofern zeigt auch diese Betrachtung, dass ein faktischer Aktienkonzern nicht für die Durchführung eines Cash Poolings geeignet ist.

3. Ergebnis zur AG im faktischen Konzern

Die Betrachtung der faktisch konzernierten AG hat gezeigt, dass ein Cash Pooling in dieser Konzernierungsart mit zahlreichen Problemen behaftet ist. Die für das Cash Pooling übliche aufsteigende ungesicherte Darlehensgewährung ist eine dem Einzelausgleichsystem der §§ 311 ff. AktG von vornherein entzogene Maßnahme. Weitere mit dem Cash Pooling verbundene „weiche" Nachteile und Risiken müssten von vornherein ausgeschlossen sein. Wird das Cash Pooling den aufgestellten Anforderungen nicht gerecht, ist die strenge Vermögensbindung der §§ 57 ff. AktG einschlägig. Der grundsätzlich bestehende Vorrang der §§ 311 ff. AktG ist dann aufgehoben. Auf Grundlage des § 57 Abs. 1 S. 1 AktG erweist sich ein Cash Pooling jedoch als praktisch undurchführbar. Für die Durchführung eines Cash Poolings ist die faktisch konzernierte AG damit ungeeignet. Ein Ausweichen auf andere Rechtsformen erscheint erforderlich.

§ 10 Abhängige AG im Vertragskonzern

Nunmehr zu untersuchen ist die Rechtslage einer abhängigen AG in einem Vertragskonzern.

A. Konzernprivileg, § 291 Abs. 3 AktG

Ist eine vertraglich konzernierte AG an einem Cash Pool angeschlossen, bringt die Vorschrift des § 291 Abs. 3 AktG, die als lex specialis den §§ 57 ff. AktG vorgeht, aufgrund einer Fiktion eine wesentliche Änderung mit sich: Danach gelten Leistungen der Gesellschaften an ihren Gesellschafter aufgrund eines Beherrschungs- oder Gewinnabführungsvertrages nicht als Verstoß gegen die aktienrechtliche Vermögensbindung.[1932] Dennoch ist ein Vermögensabfluss von der Tochter- an die Muttergesellschaft im Rahmen des Cash Poolings auch im Vertragskonzern nicht grenzenlos möglich. Vielmehr sind hier verschiedene Schranken zu beachten. Hierbei hat zunächst eine Differenzierung zwischen Gewinnabführungs- und Beherrschungsvertrag stattzufinden:

B. Bei isoliertem Gewinnabführungsvertrag, § 291 Abs. 1 S. 1 Alt. 2 AktG

Ein Gewinnabführungsvertrag ist gemäß § 291 Abs. 1 S. 1 AktG ein Vertrag, durch den sich eine AG oder KGaA verpflichtet, ihren ganzen Gewinn an ein anderes Unternehmen abzuführen.[1933] Dabei spricht man von isolierten Gewinnabführungsverträgen, wenn der Gewinnabführungsvertrag nicht mit einem Beherrschungsvertrag verbunden ist.[1934] Die Zulässigkeit isolierter Gewinnabführungsverträge wird verschiedentlich mit der Begründung in Abrede gestellt, ohne gleichzeitigen Abschluss eines Beherrschungsvertrages stelle die Veranlassung der abhängigen AG zur Abführung ihres gesamten Gewinns einen Verstoß gegen § 311 Abs. 1 AktG dar und sei deshalb unzulässig.[1935] Hiergegen spricht jedoch bereits der Wortlaut des Gesetzes, das in §§ 316, 324 AktG die grundsätzliche Zulässigkeit isolierter Gewinnabführungsverträge voraussetzt. Die Zulässigkeit solche Verträge ist daher weit überwiegend anerkannt.[1936]

[1932] Die in § 57 Abs. 1 S. 3 AktG RegE-MoMiG vorgesehene Regelung dürfte sich vor diesem Hintergrund als schlichtweg überflüssig darstellen.

[1933] Aufgrund der mit der Gewinnabführungspflicht verbundenen Verlustdeckungspflicht gemäß § 302 Abs. 1 AktG ist auch die Bezeichnung als Ergebnisübernahmevertrag verbreitet, vgl. *Hüffer*, § 291 Rdn 23.

[1934] Emmerich/Habersack-*Emmerich*, KonzernR, § 12 III 2; *Cahn/Simon*, DK 2003, 1, 2.

[1935] *van Venrooy*, BB 1986, 612, 614.

[1936] OLG Karlsruhe, AG 2001, 536, 537; MünchHndbGesR-AG-*Krieger*, § 71 Rdn 1; MK-AktG-*Altmeppen*, § 291 Rdn 148 f.; KK-*Koppensteiner*, § 291 Rdn 78; *Hüffer*, § 291 Rdn 24; Emmerich/Habersack-*Emmerich*, KonzernR, § 12 III 2; ausführl. *Cahn/Simon*, DK 2003, 1, 2 ff.; isolierte Gewinnabführungsverträge werden insbesondere relevant, wenn die Parteien eine Rückwirkung des Vertrages wollen, die hier – anders als beim Beherrschungsvertrag – vereinbart werden kann.

Dass ein solcher isolierter Gewinnabführungsvertrag aber eine Lösung der Vermögensbindungsproblematik bei konzernweiten Cash-Pooling-Systemen bietet, ist aus verschiedenen Gründen zweifelhaft: Zunächst ist die Vorschrift des § 291 Abs. 3 AktG in Bezug auf isolierte Gewinnabführungsverträge so zu verstehen, dass eine Freistellung nur hinsichtlich des Abführens des Gewinns erfolgt, da nur dies die in § 291 Abs. 3 AktG erwähnte vertragliche Leistung darstellt.[1937] Mitnichten ist damit also eine umfassende Suspendierung von den Kapitalerhaltungsvorschriften verbunden.[1938] Der isolierte Gewinnabführungsvertrag berechtigt also nur zur Überführung des ausgewiesenen Gewinns, nicht aber zu sonstigen Eingriffen in die Vermögensbindung.[1939] Der Ausschluss von §§ 57 ff. AktG durch § 291 Abs. 3 AktG beschränkt sich allein auf die Abführung des Gewinnes am Ende des Geschäftsjahres. Gemäß § 301 Abs. 1 AktG kann eine abhängige AG als ihren Gewinn höchstens den ohne die Gewinnabführung entstehenden Jahresüberschuss, vermindert um einen Verlustvortrag aus dem Vorjahr und um den Betrag, der nach § 300 AktG in die gesetzliche Rücklage einzustellen ist, abführen. Damit wird bei isolierten Gewinnabführungsverträgen trotz der Verlustübernahmepflicht, die auch hier Geltung beansprucht, die Kapitalerhaltung sichergestellt.[1940] Bei einem konzernweiten Cash Pooling beschränkt sich die Abführung von Liquidität aber regelmäßig nicht auf derartige Gewinne. Es kommt vielmehr zu einer fortdauernden Überweisung der gesamten überschüssigen Liquidität von der Tochter- an die Muttergesellschaft, und zwar unabhängig von der Ertragslage der einzelnen Konzerngesellschaften. Mit einer Gewinnabführung hat die Übertragung überschüssiger Liquidität nichts zu tun.[1941]

Zuletzt beruht – wie bereits dargestellt – die Privilegierung von den Kapitalerhaltungsvorschriften auf dem weitreichenden Weisungsrecht des herrschenden Unternehmens gemäß § 308 Abs. 1 AktG. Ein solches Weisungsrecht besteht aber, so der eindeutige Wortlaut des § 308 Abs. 1 AktG, bei isolierten Ge-

---

1937 HeidelbKomm-AktG-*H. P. Westermann*, § 57 Rdn 38; MK-AktG-*Altmeppen*, § 291 Rdn 144; *Tielmann*, Liber amicorum Happ, 311, 318; *Grothaus/Halberkamp*, GmbHR 2005, 1317, 1321 f.; *Pentz*, ZIP 2006, 781, 786; *Henze*, WM 2005, 717, 723; *Schilmar*, DStR 2006, 568, 573.

1938 Rowedder/Schmidt-Leithoff-*Pentz*, § 30 Rdn 75; Michalski-*Heidinger*, § 30 Rdn 161; *Pentz*, ZIP 2006, 781, 786; *Henze*, WM 2005, 717, 723.

1939 MK-AktG-*Bayer*, § 57 Rdn 122; GK-AktG-*Henze*, § 57 Rdn 188; KK-*Lutter*, § 57 Rdn 77; *Tielmann*, Liber amicorum Happ, 311, 318; *Bayer/Lieder*, ZGR 2005, 133, 150; ob sich dies durch die Klarstellung des § 30 Abs. 1 S. 2 GmbHG RegE-MoMiG, die sich auch auf den isolierten Gewinnabführungsvertrag bezieht, ändern soll, darf bezweifelt werden, vgl. *Schauenburg/Tillmann*, Börsen-Zeitung v. 08.06.2007, S. 2; die Regelung erscheint insoweit systemwidrig.

1940 *Hüffer*, § 301 Rdn 1; *Henze*, WM 2005, 717, 722 f.; *Hentzen*, ZGR 2005, 480, 516, beschränkt §§ 300 f. AktG zutr. auf den Gewinnabführungsvertrag.

1941 *Grothaus/Halberkamp*, GmbHR 2005, 1317, 1322.

winnabführungsverträgen gerade nicht.[1942] Der Abschluss eines Gewinnabführungsvertrages führt damit gerade nicht zu einer Suspendierung der §§ 57 ff. AktG und damit zu einer zulässigen Darlehensgewährung an das herrschende Unternehmen aus dem gebundenen Vermögen. Zwar werden in der Praxis oftmals Gewinnabführungsverträge und keine Beherrschungsverträge abgeschlossen, da dies für die Begründung einer steuerlichen Ergebniskonsolidierung von Gesellschaften eines Konzerns auf der Ebene der Obergesellschaft (sog. Organschaft) erforderlich, aber auch ausreichend ist.[1943] Zur Lösung der Problematik der umfassenden Vermögensbindung beim Cash Pooling bei der AG kann der Gewinnabführungsvertrag im Ergebnis nicht verwendet werden.[1944] Anderes kann aber dann gelten, wenn der Gewinnabführungsvertrag mit einem Beherrschungsvertrag zu einem Organschaftsvertrag verbunden wird. Dann müsste der Beherrschungsvertrag, um eine Erleichterung des Cash Poolings zu bewirken, zu einer umfassenden Freistellung von der strengen Vermögensbindung der §§ 57 ff. AktG führen.

C. Bei Beherrschungsvertrag, § 291 Abs. 1 S. 1 Alt. 1 AktG

Da bei einem Beherrschungsvertrag die Kapitalerhaltungsvorschriften gemäß § 291 Abs. 3 AktG außer Kraft gesetzt werden, darf die Mutter einerseits nachteilige Weisungen gemäß § 308 Abs. 1 AktG erteilen, ist andererseits aber nach § 302 Abs. 1 AktG zum Ausgleich verpflichtet. Dem herrschenden Unternehmen wird im Falle des Bestehens eines Beherrschungsvertrages im Rahmen des Konzerninteresses gemäß § 308 Abs. 1 S. 2 AktG ein Recht zu nachteiligen Weisungen zugestanden. Eine Weisung liegt dabei im Konzerninteresse, wenn sie eine wirtschaftlich günstigere Positionierung des Konzerns bewirkt.[1945] Dies dürfte beim konzernweiten Cash Pooling regelmäßig der Fall sein, da dieses gerade zu dem Zweck errichtet wird, Vorteile für den Gesamtkonzern zu realisieren.[1946] Mit diesem Weisungsrecht wird ebenso der offene wie der verdeckte Vermögensabzug von der Tochtergesellschaft gesetzlich legitimiert.[1947] Hinter dieser Freistellung vom Kapitalerhaltungsrecht steht die Erwägung, dass die

---

[1942] Emmerich/Habersack-*Emmerich*, KonzernR, § 12 I; *Hüffer*, § 291 Rdn 27; *Grothaus/Halberkamp*, GmbHR 2005, 1317, 1321; *Pentz*, ZIP 2006, 781, 786; *Henze*, WM 2005, 717, 723; a. A. *Veil*, Unternehmensverträge, S. 260 ff.

[1943] *Sinewe*, DB 2006, 1781, 1782.

[1944] So auch *Deckart*, S. 142; *Hentzen*, ZGR 2005, 480, 515 Fn 91; *Grothaus/Halberkamp*, GmbHR 2005, 1317, 1321 f., unter Auseinandersetzung mit IDW HFA, FN-IDW 2004, 746, 748; dem – ohne weitere Begründung – diametral entgegenstehend *Niemann*, NZI 2004, 397, 398.

[1945] *Jula/Breitbarth*, AG 1997, 256, 258.

[1946] HoldingHndb-*Vetter*, § 8 Rdn 31; *Deckart*, S. 142; *Jula/Breitbarth*, AG 1997, 256, 258; *Jäger*, DStR 2000, 1736, 1738.

[1947] *Bayer/Lieder*, ZGR 2005, 133, 150.

Durchführung des umfassenden Weisungsrechts nach § 308 AktG zugunsten des anderen Vertragsteils ansonsten nicht durchführbar wäre.[1948] Das Verlustausgleichsystem des § 302 Abs. 1 AktG führt bezogen auf das Cash Pooling zu folgenden Veränderungen im Vergleich zur Geltung des § 57 Abs. 1 S. 1 AktG, die mit § 302 Abs. 1 AktG substituiert wird: Die abhängige AG kann angewiesen werden, Darlehen zu nicht marktüblichen Konditionen zu gewähren. Außerdem kann die abhängige AG Kreditbesicherungen und Darlehensgewährungen aus ihrem an sich gebundenen Vermögen vornehmen. Eine Unterscheidung danach, ob eine Darlehensgewährung oder Sicherheitenbestellung aus dem gebundenen Vermögen erfolgt oder nicht, hat also nicht zu erfolgen.[1949] Diese Frage stellt sich hier aufgrund der Suspendierung der §§ 57 ff. AktG durch § 291 Abs. 3 AktG erst gar nicht.

Als Kompensation hierfür steht den Minderheitsaktionären und Gläubigern das Ausgleichsregime der §§ 300 ff. AktG offen: Das Vermögen der Konzerngesellschaft und damit mittelbar, und über § 303 AktG sogar unmittelbar, auch deren Gläubiger wird über die Verpflichtung zum Ausgleich des Jahresfehlbetrags nach § 302 Abs. 1 AktG besonders geschützt. Die Interessen der Gläubiger werden hierdurch hinreichend gewahrt: Der schuldrechtliche Anspruch auf Verlustausgleich gegen die Obergesellschaft tritt an die Stelle der Kapitalerhaltungsvorschriften und schützt im Haftungsfall die Vermögensinteressen der Gläubiger der beherrschten AG.[1950] Da durch §§ 302, 303 AktG die Gläubiger der abhängigen AG auf das Vermögen der Muttergesellschaften zugreifen können, die Haftungstrennung zwischen beiden Gesellschaften insoweit also aufgehoben ist, kann auf den Kapitalerhalt bei der Tochtergesellschaft verzichtet werden.[1951] Für das Cash Pooling bedeutet dies, dass die Muttergesellschaft die Liquidität von den einzelnen Tochtergesellschaften ohne Rücksicht auf die strengen Vorgaben der §§ 57 ff. AktG abzuziehen berechtigt ist. Die Eingriffsintensität für das Cash Pooling wird im Vertragskonzern also gesteigert. Allerdings können sich auch bei Bestehen eines Beherrschungsvertrages Grenzen für die Durchführung eines Cash Poolings im Aktienvertragskonzern ergeben.

[1948] *Pentz*, ZIP 2006, 781, 786; *Geßler*, ZHR 140 (1976), 433, 434.

[1949] Ausdr. *Altmeppen*, ZIP 2006, 1025, 1032; *Fuhrmann*, NZG 2004, 552, 554.

[1950] Andere wollen hingegen in § 302 Abs. 1 AktG nicht den Grund für die Suspendierung der Kapitalerhaltungsvorschriften nach § 291 Abs. 3 AktG sehen, MK-AG-*Altmeppen*, § 302 Rdn 8; KK-*Koppensteiner*, § 302 Rdn 9; *Pentz*, Die Rechtsstellung der Enkel-AG in einer mehrstufigen Unternehmensverbindung, S. 33 ff.; *ders.*, ZIP 2006, 781, 786 Fn 31; *Priester*, BB 2005, 2483, 2484 f.

[1951] *Lutter*, FS Stiefel, 505, 530 f.; *Schön*, ZHR 159 (1995) 351, 373; *Reidenbach*, WM 2004, 1421, 1426.

I. Voraussetzung der rechtmäßigen Weisung

Als aufgrund eines Beherrschungsvertrages erbracht ist nur eine solche Leistung anzusehen, die auf eine rechtmäßige Weisung im Sinne des § 308 Abs. 1 AktG zurückgeführt werden kann.[1952] Daher reicht es, wenn bereits vor Abschluss eines Beherrschungsvertrages ein Cash Pooling durchgeführt wurde, nicht aus, wenn das Pooling nach Abschluss des Vertrages unverändert fortgeführt wird.[1953] Erforderlich ist vielmehr eine zumindest konkludente Weisung durch die Obergesellschaft an die Konzerngesellschaften zur Beteiligung am Cash Pooling.[1954] Erst dann kann bei den aufsteigenden Darlehensgewährungen von Leistungen aufgrund eines Beherrschungsvertrages die Rede sein. Andernfalls kann die Möglichkeit nicht ausgeräumt werden, dass die erfolgten Leistungen als Verstoß gegen die Kapitalerhaltungsvorschriften zu betrachten sind.[1955]

Die Grenzen für die Zulässigkeit des Cash Poolings im Aktienvertragskonzern sind durch das System der §§ 291 ff., §§ 302 f. AktG vorgezeichnet: Der Verlustausgleichsanspruch nach § 302 Abs. 1 AktG bietet den Konzerngesellschaften eine „Überlebensgarantie".[1956] Ist eine Weisung des herrschenden Unternehmens unzulässig, greift wieder die strenge Kapitalerhaltungsvorschrift des § 57 Abs. 1 S. 1 AktG ein.[1957] Betrachtet werden hier die Grenzen der existenzbedrohenden Weisung und des Systems des Verlustausgleichs.[1958]

1. Grenze der existenzbedrohenden Weisung

Eine erste Grenze kann sich aus dem Verbot existenzbedrohender Weisungen ergeben. Eine existenzbedrohende Weisung liegt vor, wenn sie im Falle ihrer Durchführung zur Auflösung, zur Insolvenz oder zum formlosen Ausscheiden der Untergesellschaft aus dem Rechtsverkehr führen würde.[1959] Die Muttergesellschaft kann dann nach der obigen Diktion den Bestand der Tochtergesellschaft nicht garantieren.[1960] Nach ganz herrschender Auffassung ist eine solche existenzbedrohende Weisung unzulässig und von den Geschäftsleitern der be-

---

[1952] MK-AktG-*Altmeppen*, § 291 Rdn 228 f.; KK-*Koppensteiner*, § 291 Rdn 107; Emmerich/Habersack-*Emmerich*, § 291 Rdn 75; *Hüffer*, § 291 Rdn 36; *Deckart*, S. 142; *Habersack/Schürnbrand*, NZG 2004, 689, 690 *Fuhrmann*, NZG 2004, 552, 554; *Hentzen*, ZGR 2005, 480, 515; *Pentz*, ZIP 2006, 781, 786.

[1953] *Pentz*, ZIP 2006, 781, 786.

[1954] *Pentz*, ZIP 2006, 781, 786; *Spindler*, ZHR 171 (2007), 245, 260; wohl auch *Seidel*, DStR 2004, 1130, 1133.

[1955] *Pentz*, ZIP 2006, 781, 786, der unter diesem Gesichtspunkt die Dokumentation der entsprechenden Weisung empfiehlt.

[1956] *Altmeppen*, ZIP 2006, 1025, 1032.

[1957] *Eichholz*, S. 139; *Reidenbach*, WM 2004, 1421, 1426.

[1958] Zu weiteren – eher allgemeinen – Weisungsgrenzen *Pentz*, ZIP 2006, 781, 787 f.

[1959] *Hüffer*, § 308 Rdn 19; *Vetter/Stadler*, Rdn 176; *Rittscher*, S. 122.

[1960] Vgl. *Altmeppen*, ZIP 2006, 1025, 1032.

herrschten Gesellschaften nicht zu befolgen.[1961] Nur *Koppensteiner* will den einzelnen Untergesellschaften keinen konzernrechtlichen Schutz gewähren und hält daher selbst existenzvernichtende Weisungen für zulässig.[1962] Die herrschende Auffassung hat bereits für sich, dass die §§ 300 ff., 304 ff. AktG, insbesondere § 303 Abs. 1 AktG, trotz Abschlusses eines Beherrschungs- oder Gewinnabführungsvertrages, von einem Fortbestand der beherrschten Gesellschaft ausgehen.[1963] Insbesondere kann auch das Instrument des zu einem späteren Zeitpunkt fällig werdenden Verlustausgleichs nach § 302 Abs. 1 AktG eine Existenzbedrohung nicht vermeiden, wenn es unterjährig zu einer solchen unmittelbar existenzbedrohenden Weisung kommt.[1964] Daraus folgt, dass mit der Sorgfalt eines ordentlichen und gewissenhaften Geschäftsleiters im Sinne des § 309 Abs. 1 AktG solche Weisungen unvereinbar sind, durch die das abhängige Unternehmen in seiner Existenz bedroht wäre.[1965] Schon aufgrund des Gläubigerschutzes ist ein Fortbestand auch zwingend erforderlich. Daher gilt das Verbot der existenzgefährdenden Weisung auch in der Einmanngesellschaft.[1966] All dies mag aus Sicht der Obergesellschaft, die ein stringentes Cash Pooling durchsetzen will, zwar problematisch sein und zu einer Minderung der Attraktivität des Cash Poolings im Vertragskonzern führen. Obgleich aber der Konzern von der Obergesellschaft als Einheit gesehen werden mag, muss doch die rechtliche Selbständigkeit der abhängigen Konzerngesellschaften gewahrt bleiben.[1967] Daher ist die Grenze der existenzgefährdenden Weisung anzuerkennen. Im Ergebnis ist somit festzuhalten, dass die Weisung der Muttergesellschaft zur Gewährung aufsteigender Darlehen nur dann zulässig ist, wenn dadurch die Existenz der Tochtergesellschaft nicht gefährdet wird. Es ist schlechterdings kein Konzerninteresse denkbar, das die Vernichtung einzelner Konzernglieder rechtfertigen würde.[1968]

[1961] OLG Düsseldorf, AG 1990, 490, 492; *Hüffer*, § 308 Rdn 19; *Deckart*, S. 142; *Vetter/Stadler*, Rdn 176; *Grothaus/Halberkamp*, GmbHR 2005, 1317, 1321; *Kerber*, ZGR 2005, 437, 447; *Hommelhoff*, WM 1984, 1105, 1112; *Kiethe*, DStR 2005, 1573, 1575; *Seidel*, DStR 2004, 1130, 1134; *Ulrich*, BGHReport 2006, 725, 725; *Schmelz*, NZG 2006, 456, 458.

[1962] KK-*Koppensteiner*, § 308 Rdn 32, 50; enger auch *Wellkamp*, WM 1993, 2155, 2156 f.

[1963] *Hüffer*, § 308 Rdn 19; Emmerich/Habersack-*Emmerich*, KonzernR, § 23 V 4 c) aa); *Jula/Breitbarth*, AG 1997, 256, 258.

[1964] Vgl. Michalski-*Zeidler*, Syst. Darst. 4, Rdn 98 mwN.

[1965] Emmerich/Habersack-*Emmerich*, KonzernR, § 23 V 4 c) aa).

[1966] *Vetter/Stadler*, Rdn 176; *Zeidler*, S. 89; *Jula/Breitbarth*, AG 1997, 256, 259.

[1967] *Burgard*, AG 2006, 527, 533; *Schmelz*, NZG 2006, 456, 458.

[1968] KK-*Koppensteiner*, § 308 Rdn 32; *Grothaus/Halberkamp*, GmbHR 2005, 1317, 1321; *Jula/Breitbarth*, AG 1997, 256, 258.

2. Grenze des Systems des Verlustausgleichs

Eine weitere Grenze für den Liquiditätstransfer von der Tochter- an die Muttergesellschaft im Cash Pool ergibt sich aus dem System des Verlustausgleichs gemäß § 302 Abs. 1 AktG. Eine Liquiditätsübertragung ist daher dann unzulässig, wenn bereits bei Übertragung der Liquidität feststeht, dass das gewährte Darlehen nicht zurückgezahlt werden kann und das herrschende Unternehmen weder in der Lage sein wird, werthaltigen Ausgleich nach § 302 Abs. 1 AktG noch Sicherheit gemäß § 303 AktG zu leisten.[1969] In diesem Fall ist für eine Nichtbefolgung einer entsprechenden Weisung die vorherige Kündigung des Unternehmensvertrages gemäß § 297 Abs. 1 S. 2 AktG nicht erforderlich.[1970] Für die Vorstände der abhängigen Gesellschaften bedeutet all dies, dass sie sowohl die Werthaltigkeit des Darlehensanspruchs, als auch des Verlustausgleichsanspruchs im Zeitpunkt der Darlehensgewährung abzuschätzen haben.[1971]

II. Berücksichtigung von BGHZ 157, 72 ff.?

Bei diesem Ergebnis darf aber ein in der Literatur geäußerter Kritikpunkt nicht aus den Augen verloren werden: Der Untergesellschaft stehe bei Abschluss eines Beherrschungsvertrages gemäß § 302 Abs. 1 AktG lediglich ein zeitlich hinausgeschobener schuldrechtlicher Anspruch auf Verlustübernahme zu, der vergleichbar dem schuldrechtlichen Anspruch auf Darlehensrückgewähr das Risiko in sich berge, aufgrund einer später eintretenden Vermögenslosigkeit der Obergesellschaft nicht mehr beglichen werden zu können.[1972] Unter dem Gesichtspunkt des Gläubigerschutzes sei es daher nicht sinnvoll, zur Zulässigkeit von Leistungen einer abhängigen AG an einen Cash Pool einen Beherrschungsvertrag zu empfehlen, da die Gläubiger der abhängigen AG durch den Abschluss eines solchen Vertrages keine höhere Sicherheit für ihre Forderungen erlangten.[1973] Größere Befriedigungsaussichten als für den Anspruch auf Darlehens-

---

[1969] MK-AktG-*Bayer*, § 57, Rdn 125; GK-AktG-*Henze*, § 57 Rdn 190; HndbKonzernfinanz-*U.H. Schneider*, § 25 Rdn 80; *Vetter/Stadler*, Rdn 175; *Deckart*, S. 143; *Rümker*, FS Huber, 919, 927; *Bayer/Lieder*, ZGR 2005, 133, 151; *Jula/Breitbarth*, AG 1997, 256, 259; *Habersack/Schürnbrand*, NZG 2004, 689, 690; *Hentzen*, ZGR 2005, 480, 515; *Reidenbach*, WM 2004, 1421, 1426; *Schäfer*, GmbHR 2005, 133, 138; *Burgard*, AG 2006, 527, 531; *Wessels*, ZIP 2006, 1701, 1707.

[1970] *Vetter/Stadler*, Rdn 175; *Brandes*, FS Kellermann, 25, 29; a. A. KK-*Koppensteiner*, § 308 Rdn 35.

[1971] *Vetter/Stadler*, Rdn 175; *Habersack/Schürnbrand*, NZG 2004, 689, 690; die von *Hormuth*, S. 165, angestellten Bedenken hinsichtlich der Beurteilungsfähigkeit der Werthaltigkeit durch den Vorstand der abhängigen AG dürften aufgrund der Informationssysteme weitgehend aus dem Weg geräumt worden sein.

[1972] BGHZ 142, 382, 385 f.; *Cahn*, DK 2004, 235, 242 f., 245, vgl. *Autschbach*, Finance 11/2004, 48, 50 f.

[1973] *Cahn*, DK 2004, 235, 242, 245; vgl. *Tielmann*, Liber amicorum Happ, 311, 321; *Ulrich*, BGHReport 2006, 725, 725; *Autschbach*, Finance 11/2004, 48, 50 f.

rückzahlung sind danach auch nicht mit Abschluss eines Beherrschungsvertrages und dem daraus resultierenden Verlustübernahmeanspruch zu erreichen. Zwar ist es unbestreitbar, dass der Ausgleichsanspruch aus § 302 Abs. 1 AktG in gleicher Weise zeitlich hinausgezögert und damit ebenso risikobehaftet ist wie der Anspruch auf Darlehensrückzahlung.[1974] Der Verlustausgleichsanspruch ist seiner Natur nach wie ein Darlehen nichts anders als eine zeitlich hinausgeschobene Forderung. Damit stünde der Aktienvertragskonzern vordergründig in einem eklatanten Widerspruch zu der Entscheidung BGHZ 157, 72 ff., wonach das dort aufgestellte Kreditvergabeverbot unter anderem auf der Überlegung beruht, dass die Weggabe liquider Mittel gegen eine zeitlich hinausgeschobene schuldrechtliche Forderung die tatsächliche Vermögenslage der Gesellschaft verschlechtert.[1975] Nach den bisherigen Ausführungen ist gerade dies auch beim Verlustausgleichsanspruch aus § 302 Abs. 1 AktG der Fall.

Aus der genannten Kritik dürfen aber keine Fehlschlüsse geleitet werden: Zum einen folgt daraus nicht etwa, dass aufgrund dieses Modells die Gläubiger diejenigen Gefährdungen, die aufgrund der Eingriffe in die Kapitalbindung entstehen ohne Rücksicht auf die Konzernierung und die Rechtsform der Konzerngesellschaft hinzunehmen hätten, der durch BGHZ 157, 72 ff. gewählte Ansatz mithin nicht tragfähig sei. Der Gesetzgeber hat für den Vertragskonzern eine Sonderregelung getroffen, die eine Privilegierung mit sich bringt, und dies muss respektiert werden.[1976] Daraus folgt zum anderen, dass aus der Entscheidung des BGH keinerlei Schlüsse auf die Reichweite der Zulässigkeit des Cash Poolings im Vertragskonzern gezogen werden können.[1977] Die Entscheidung betraf keinen Konzernsachverhalt und hat diesbezüglich auch keine Ausführungen gemacht. Aus diesen Gründen hat BGHZ 157, 72 ff. keinerlei Auswirkungen auf den Vertragskonzern und umgekehrt haben die Regelungen über den Vertragskonzern keine Bedeutung für die Entscheidung. Es bleibt damit beim gefundenen Ergebnis, dass der Beherrschungsvertrag in den genannten Grenzen eine Loslösung von der strengen Vermögensbindung ermöglichen kann. Hierauf wird noch zurückzukommen sein.

[1974] *Habersack/Schürnbrand*, NZG 2004, 689, 691; *Bayer/Lieder*, ZGR 2005, 133, 152; *dies.*, GmbHR 2006, 1121, 1123 f.; *Verse*, ZIP 2005, 1627, 1631; *Schäfer*, GmbHR 2005, 133, 138; *Hentzen*, ZGR 2005, 480, 516; *Seidel*, DStR 2004, 1130, 1133; *Erbacher/Thiele*, Finance 11/2004, 52, 53; vor BGHZ 157, 72 ff., schon *Hormuth*, S. 164; *Brandes*, FS Kellermann, 25, 28.

[1975] Sog. Substanzschutzargument, hierzu oben § 8 B. II. 2. a).

[1976] So auch *Ulrich*, BGHReport 2006, 725, 725; *Hentzen*, ZGR 2005, 480, 516; *Bayer/Lieder*, ZGR 2005, 133, 152; *Grothaus/Halberkamp*, GmbHR 2005, 1317, 1321; *Vetter*, BB 2004, 1509, 1513; *Habersack/Schürnbrand*, NZG 2004, 689, 691.

[1977] *Rehm*, FS Säcker, 305, 311; *Fuhrmann*, NZG 2004, 552, 554; *Seibold*, FB 2005, 77, 81; *Reidenbach*, WM 2004, 1421, 1426; *Heidinger*, NotBZ 2004, 463, 466.

III. Einzelheiten zum Verlustausgleichsanspruch, § 302 Abs. 1 AktG

Hat eine in einen Vertragskonzern eingegliederte AG im Rahmen des Cash Poolings fortlaufend überschüssige Liquidität abgegeben und in geringerem Maße Liquidität aus dem Pool abgerufen, muss das herrschende Unternehmen einen Verlustausgleich nach Maßgabe des § 302 Abs. 1 AktG leisten. Die Bemessung des auszugleichenden Verlustes hat dabei so zu erfolgen, dass bei der Bewertung der Darlehensforderung der Tochtergesellschaft allgemeine Bilanzierungsgrundsätze zugrunde zu legen sind.[1978] Wie schon bei der Frage nach der Reichweite von BGHZ 157, 72 ff. im Zusammenhang mit den maßgeblichen Auszahlungszeitpunkten gilt auch hier, dass die Darlehensforderung keineswegs unabhängig von der Solvenz der Muttergesellschaft pauschal mit Null zu bewerten ist.[1979]

D. Ergebnis zum Aktienvertragskonzern

Der Abschluss eines isolierten Gewinnabführungsvertrages führt nicht zu einer Änderung der Vermögensproblematik. Für eine vereinfachte Durchführung eines konzernweiten Cash Poolings ist der Abschluss eines solchen Vertrages damit unergiebig. Einzig der Beherrschungsvertrag bietet sich zur Lösung von der strengen Vermögensbindung der §§ 57 ff. AktG an, da er eine erweiterte Zugriffsmöglichkeit der Muttergesellschaft auf das Vermögen der Tochtergesellschaft bietet.[1980] Solange die Leistungsfähigkeit der Konzernleitung und die fortwährende Zahlungsfähigkeit der Konzerntöchter gewährleistet sind, bestehen gegen das Cash Pooling im Vertragskonzern bei Abschluss eines Beherrschungsvertrages keine Bedenken.[1981] Das Cash Pooling ist damit im Vertragskonzern in den genannten Grenzen erlaubt, da das Gesetz Gläubiger und außenstehende Aktionäre vor dadurch hervorgerufenen Schädigungen bewahrt. Wird das Cash Pooling allerdings über die aufgezeigten Grenzen hinaus betrieben, findet wieder die strenge Vermögensbindung nach §§ 57 ff. AktG Anwendung.

[1978] *Hüffer*, § 302 Rdn 15; Emmerich/Habersack-*Emmerich*, KonzernR, § 20 V 3 a); *Maier-Reimer*, VGR 10, 127, 143.

[1979] *Maier-Reimer*, VGR 10, 127, 143 f., mit weiteren Hinweisen zum Verlustausgleich; zur Art und Weise des Verlustausgleichs im Cash Pool wird entsprechend der Entscheidung BGHZ 168, 285 ff., beim GmbH-Vertragskonzern Stellung genommen; für die AG gilt insofern aber nichts anderes.

[1980] HoldingHndb-*Vetter*, § 8 Rdn 31; *ders./Stadler*, Rdn 232; *Deckart*, S. 142, 151 f.; *Bayer/Lieder*, ZGR 2005, 133, 150; *Cahn*, DK 2004, 235, 241 f., 245; *Grothaus/Halberkamp*, GmbHR 2005, 1317, 1321; *Habersack/Schürnbrand*, NZG 2004, 689, 690 f.; selbstverständlich kommt auch die Verknüpfung eines Gewinnabführungsvertrages mit einem Beherrschungsvertrag zu einem Organschaftsvertrag als Lösung in Betracht; dies dürfte der regelmäßige Praxisfall sein. Lediglich ein isolierter Gewinnabführungsvertrag vermag keine Erleichterung des Cash Poolings zu bewirken.

[1981] So auch HndbKonzernfinanz-*U.H. Schneider*, § 25 Rdn 80; *Rümker*, FS Huber, 919, 927.

§ 11 Abhängige GmbH im Vertragskonzern

Wie die Betrachtung im Aktienvertragskonzern gezeigt hat, führt die Suspendierung der §§ 57 ff. AktG durch § 291 Abs. 3 AktG bei Abschluss eines Beherrschungsvertrages zu einer erleichterten Durchführung des konzernweiten Cash Poolings. Unstreitig kann die GmbH als abhängige Gesellschaft Vertragspartnerin eines Beherrschungs- oder Gewinnabführungsvertrages sein.[1982] Ein derartiger Vertrag ist schriftlich abzuschließen, bedarf der Zustimmung der Gesellschafter der Vertragsparteien und der Eintragung zumindest in das Handelsregister der abhängigen GmbH.[1983] Für eine möglicherweise erleichterte Durchführung ohne Beachtung der aus §§ 30 f. GmbHG resultierenden Grenzen auch bei der vertraglich konzernierten GmbH stellt sich aber insbesondere die Frage, ob § 291 Abs. 3 AktG auch hier zu einer Suspendierung der §§ 30 f. GmbHG führt.

A. Analoge Anwendung des § 291 Abs. 3 AktG

Die Frage der analogen Anwendung von § 291 Abs. 3 AktG auf die vertraglich konzernierte GmbH war bereits vor BGHZ 157, 72 ff. stark umstritten, ist durch diese Entscheidung aber neu angefacht worden. Die bislang herrschende Ansicht plädierte für eine Verdrängung der §§ 30 f. GmbHG durch eine entsprechende Anwendung des § 291 Abs. 3 AktG.[1984] Eine andere Auffassung sah demgegenüber keinen Grund, die Fortgeltung der §§ 30 f. GmbHG im Vertragskonzern auszuschließen.[1985] Eine vermittelnde Ansicht setzte für die Verdrängung der §§ 30 f. GmbHG durch § 291 Abs. 3 AktG die Vollwertigkeit des Verlustausgleichs aus § 302 Abs. 1 AktG voraus.[1986] Auch nach BGHZ 157, 72 ff. über-

---

1982 BGHZ 103, 1, 4; 105, 324, 330 f.; *Brandes*, FS Kellermann, 25, 32; *Simon/Leuering*, NJW-Spezial 2006, 363, 363.

1983 Zahlreiche Einzelheiten – wie etwa die Frage, ob der Abschluss eines Unternehmensvertrages der Zustimmung aller Gesellschafter bedarf oder aber mit einer qualifizierten satzungsändernden Mehrheit geschlossen werden darf – sind umstr. (siehe Emmerich-Habersack-*Emmerich*, Kommentar, § 293 Rdn 42; *Simon/Leuering*, NJW-Spezial 2006, 363, 363); hierauf kann in diesem Zusammenhang aber nicht eingegangen werden.

1984 Sog. Derogationstheorie: Rowedder/Schmidt-Leithoff-*Pentz*, § 30 Rdn 75; *Cahn*, Kapitalerhaltung im Konzern, S. 87; *Fleck*, FS 100 Jahre GmbHG, 391, 395 f.; *Schön*, ZHR 159 (1995) 351, 373;; *Vetter/Stadler*, Rdn 171; *Jula/Breitbarth*, AG 1997, 256, 263; *Jäger*, DStR 2000, 1735?, 1738; *Hommelhoff*, WM 1984, 1105, 1110; *Fischer/Gasteyer*, NZG 2003, 517, 520; *Früh*, GmbHR 2000, 105, 107; *Sonnenhol/Groß*, ZHR 159 (1995), 388, 409 f.

1985 Sog. Kumulationstheorie: OLG Hamburg, WM 1987, 1164, 1169; Hachenburg-*Goerdeler/Müller*, § 30 Rdn 72; *Sonnenschein*, Organschaft- und Konzerngesellschaftsrecht, S. 344; *Wilhelmi*, Der Grundsatz der Kapitalerhaltung, S. 154 f.; *Kühbacher*, S. 50 ff.; *Makowski*, S. 119 f.; *Hormuth*, S. 209 f.; *Peltzer*, GmbHR 1995, 15, 17; *Emmerich*, Entwicklungen im GmbH-Konzernrecht, ZGR-Sonderheft, 6/1986, 64, 80.

1986 Sog. Subsidiaritätstheorie: *Lutter*, Entwicklungen im GmbH-Konzernrecht, ZGR-Sonderheft, 6/1986, 192, 200; *ders.*, FS Stiefel, 505, 530 f.; *Oetker*, KTS 1991, 521, 539;

wiegen diejenigen Stimmen, die § 291 Abs. 3 AktG auf den GmbH-Vertragskonzern anwenden wollen, bei weitem.[1987] Allerdings wurden auch wieder Stimmen laut, die gegen die Anwendung des § 291 Abs. 3 AktG argumentierten.[1988] Dies würde wiederum bedeuten, dass – wie im faktischen GmbH-Konzern – die durch BGHZ 157, 72 ff. verschärften Grenzen von §§ 30 f. GmbHG zu beachten wären.[1989] Mit der nachfolgenden Darstellung wird versucht, ein stimmiges Ergebnis zu finden, wobei auch die Frage gestellt werden muss, welchen Einfluss BGHZ 157, 72 ff. hat. Sollte der RegE-MoMiG unverändert Gesetz werden, hätte sich der Meinungsstreit durch eine gesetzliche Klarstellung erledigt, da in § 30 Abs. 1 S. 2 GmbHG RegE-MoMiG klargestellt werden soll, dass das Auszahlungsverbot nicht bei Leistungen gilt, die zwischen den Vertragsteilen eines Beherrschungs- oder Gewinnabführungsvertrages erfolgen.

I. Bei Gewinnabführungsvertrag, § 291 Abs. 1 S. 1 Alt. 2 AktG

An der Zulässigkeit eines isolierten Gewinnabführungsvertrages bestehen – wie bereits beim Aktienvertragskonzern ausgeführt wurde – zwar keine Bedenken.[1990] Allerdings stellt sich die Frage, ob auch ein isolierter Gewinnabführungsvertrag zu einer Außerkraftsetzung der §§ 30 f. GmbHG durch eine analoge Anwendung des § 291 Abs. 3 AktG führt.[1991] Dagegen sprechen die gleichen

---

Sonnenhol/Stützle, DB 1979, 925, 927; *Reemann*, MittRhNotK 1996, 113, 132; *Meister*, WM 1980, 390, 400; *Brandes*, FS Kellermann, 25, 33.

1987 OLG München, ZIP 2006 25, 26; Scholz-*H.P. Westermann*, § 30 Rdn 51; Roth/Altmeppen-*Altmeppen*, § 30 Rdn 55; *Kuhlmann/Ahnis*, Rdn 828; *Ruby*, JahrbUnternehmensfinanz 2005, 10, 11; *Liebscher*, Rdn 734 f.; *Diem*, § 47 Rdn 11; Pentz/Sollanek-*Pentz*, S. 36 f.; *Deckart*, S. 146 f.; *Rümker*, FS Huber, 919, 927 f.; *Maier-Reimer*, VGR 10, 127, 145 f.; IDW HFA, FN-IDW 2004, 746, 747; *Beiner/Lanzius*, NZI 2004, 687, 689; *Pentz*, ZIP 2006, 781, 786; *Cahn*, DK 2004, 235, 241 f.; *Schilmar*, DStR 2006 568, 573; *ders.*, ZIP 2006, 2346, 2346; *Keller/Rödl*, BB 2005, Beil. 3, 16, 17; *Hentzen*, ZGR 2005, 480, 517 ff.; *ders.*, DStR 2006, 948, 949; *Fuhrmann*, NZG 2004, 552, 554; *Habersack/Schürnbrand*, NZG 2004, 689, 691; *Reidenbach*, WM 2004, 1421, 1426; *Wessels*, ZIP 2006, 1701, 1707; *Schäfer*, GmbHR 2005, 133, 138; *Seidel*, DStR 2004, 1130, 1133 f.; *Stein*, DZWiR 2004, 493, 495 f.; *Vetter*, BB 2004, 1509, 1513; *Henze*, WM 2005, 717, 722 f; *Seibt*, NJW-Spezial 2004, 219, 220; *Altmeppen*, ZIP 2006, 1025, 1032; *Müller-Michaels*, KSI 2006, 100, 103.

1988 Emmerich/Habersack-*Emmerich*, KonzernR, § 32 V 2; *Herbst*, GLJ 2004, 1217, 1227 f.; *Kiethe*, DStR 2005, 1573, 1577; *Wessels*, ZIP 2004, 793, 796; *Witte/Mehrbrey*, MDR 2007, 7, 9; *Dampf*, DK 2007, 157, 169 f.; wohl auch *Langner*, GmbHR 2005, 1017, 1021; krit. *Joost*, VGR 11, 31, 41.

1989 Klarst. etwa *Hentzen*, ZGR 2005, 480, 520; *Herbst*, GLJ 2004, 1217, 1228; *Schilmar*, DStR 2006, 568, 573.

1990 Hierzu oben § 10 B.

1991 Bejahend *Fleck*, FS 100 Jahre GmbHG, 391, 395 f.; wohl auch *Vetter/Stadler*, Rdn 171.

Gründe wie im Aktienvertragskonzern[1992]: So erfährt die Suspendierung der Kapitalerhaltungsvorschriften insbesondere durch die Zulassung eines Weisungsrechts ihre Legitimation; letzteres besteht jedoch bei einem isolierten Gewinnabführungsvertrag gerade nicht. Stellt außerdem § 291 Abs. 3 AktG bei Vorliegen eines isolierten Gewinnabführungsvertrages im Fiktionswege lediglich die vertragliche Leistung selbst von den Kapitalerhaltungsvorschriften der §§ 57 ff. AktG frei, lässt im übrigen aber diese unberührt, muss dies entsprechend auch für die §§ 30 f. GmbHG gelten.[1993] Weder die aufsteigende Darlehensgewährung noch die aufsteigende Sicherheitenbestellung sind bei Durchführung aber auf die Abführung des Gewinns beschränkt. Aus diesen Gründen sind – entsprechend zu Rechtslage im Aktienvertragskonzern – bei einem isolierten Gewinnabführungsvertrag trotz der Verlustübernahmepflicht die Kapitalerhaltungsregeln der §§ 30 f. GmbHG zu beachten.[1994] Für die Durchführung des Cash Poolings besteht also kein Unterschied zum faktischen GmbH-Konzern.

II. Bei Beherrschungsvertrag, § 291 Abs. 1 S. 1 Alt. 1 AktG

Sodann ist der Frage nachzugehen, ob § 291 Abs. 3 AktG die §§ 30 f. GmbHG bei Abschluss eines Beherrschungsvertrages außer Kraft setzt. Dies würde dazu führen, dass die Obergesellschaft im Rahmen des Cash Poolings ohne Rücksicht auf eine entstehende oder sich vertiefende Unterbilanz Liquidität von der Tochtergesellschaft abziehen oder sich von dieser Sicherheiten bestellen lassen könnte.

1. Analogiefähigkeit?

Die analoge Anwendung des § 291 Abs. 3 AktG auf den GmbH-Vertragskonzern setzt voraus, dass die Interessenlage bei der GmbH und bei der AG insoweit vergleichbar ist und keine speziellen Regeln des GmbHG vorrangig zu

---

[1992] Dies gilt auch für die Systemwidrigkeit der in § 30 Abs. 1 S. 2 GmbHG RegE-MoMiG vorgesehenen Suspendierung nach § 291 Abs. 3 AktG analog bei einem isolierten Gewinnabführungsvertrag; *Pentz*, S:R 7/2007, 239, 239; zust. hingegen *Winter*, DStR 2007, 1484, 1490; *Seibt*, Börsen-Zeitung v. 20.06.2007, S. 2; weitergehend *Drygala/Kremer*, ZIP 2007, 1289, 1295 f.

[1993] Pentz/Sollanek-*Pentz*, S. 37; offenl. *Rodewald/Grothaus*, Finance-Sonderbeil. 2/2006, 17.

[1994] Rowedder/Schmidt-Leithoff-*Pentz*, § 30 Rdn 75; Roth/Altmeppen-*Altmeppen*, § 30 Rdn 57; Pentz/Sollanek-*Pentz*, S. 37; *Sonnenschein*, Organschaft und Konzerngesellschaftsrecht, S. 345; *Seidel*, DStR 2004, 1130, 1133; *Habersack/Schürnbrand*, NZG 2004, 689, 691; *Reidenbach*, WM 2004, 1421, 1426; *Spindler*, ZHR 171 (2007), 245, 260; *Witte/Mehrbrey*, MDR 2007, 7, 9; diese Ansicht vertreten implizit diejenigen, die sich von vornherein beim Cash Pooling im GmbH-Vertragskonzern nur mit dem Beherrschungsvertrag beschäftigen, etwa *Hentzen*, ZGR 2005, 480, 517 f.; *Fuhrmann*, NZG 2004, 552, 554; *Grothaus/Halberkamp*, GmbHR 2005, 1317, 1321; undiff. dagegen *Rümker*, FS Huber, 919, 927 f.; *Müller-Michaels*, KSI 2006, 100, 103.

berücksichtigen sind.[1995] Zwar kann der von der herrschenden Ansicht in diesem Zusammenhang vielfach zitierten Entscheidung BGHZ 103, 1 ff. bezüglich einer vergleichbaren Interessenlage keine Bedeutung zukommen, da es dort nur allgemein von einer entsprechenden Anwendung der §§ 291 ff. AktG auf die GmbH die Rede ist.[1996] Die Gefahr von Vermögensverschiebungen, gerade auch in Bezug auf das Cash Pooling, besteht aber in beiden Gesellschaftsformen. Gegen eine vergleichbare Interessenlage bei AG und GmbH scheint indes schon auf den ersten Blick der unterschiedlich intensiv ausgerichtete Umfang der Kapitalerhaltungsvorschriften zu sprechen. § 30 Abs. 1 GmbHG verwehrt den Gesellschaftern der GmbH den Zugriff auf das Vermögen der GmbH nur, wenn das zur Deckung des Stammkapitals erforderliche Vermögen betroffen ist, wohingegen § 57 Abs. 1 AktG jede Auszahlung an die Aktionäre außerhalb der regulären Gewinnverteilung untersagt. AktG und GmbHG reagieren also in unterschiedlichem Ausmaße auf die Gefahr von Vermögensverschiebungen durch die Gesellschafter. Gerade aufgrund dieser umfassenden Vermögensbindung nach § 57 Abs. 1 AktG besteht bei der vertraglich konzernierten AG somit ein Bedürfnis, diese nach § 291 Abs. 3 AktG außer Kraft zu setzen, da andernfalls Vermögensverschiebungen zwischen den einzelnen Konzernteilen, gerade auch in Bezug auf das Cash Pooling, in weitem Umfang unmöglich sind.[1997] Demgegenüber sind solche Vermögensverschiebungen bei der GmbH ohnehin nach § 30 Abs. 1 GmbHG bis zur Höhe des Stammkapitals zulässig. Folglich besteht bei der vertraglich konzernierten GmbH auf den ersten Blick kein offensichtliches Bedürfnis, die §§ 30 f. GmbHG außer Kraft zu setzen.[1998] Die oben dargestellte Rechtslage hat gezeigt, dass die Durchführung eins Cash Pooling – selbst unter den durch BGHZ 157, 72 ff. verschärften Bedingungen – bei Zugrundelegung eines eingeschränkten Verständnisses dieser Rechtssprechung rechtssicher möglich ist.[1999]

Allerdings wäre es aus Sicht der Obergesellschaft vorteilhafter, wenn sie beim Abzug der Liquidität im Rahmen des Cash Poolings keine Rücksicht auf die Höhe des Stammkapitals nehmen und sich nur an die Grenzen des Wei-

---

[1995] Emmerich/Habersack-*Emmerich*, Vor § 291 Rdn 8 ff.; *Deckart*, S. 145; *Brandes*, FS Kellermann, 25, 33

[1996] Zit. etwa bei *Hentzen*, ZGR 2005, 480, 518; *Cahn*, DK 2004, 234, 241 f.; *Seidel*, DStR 2004, 1130, 1133; zutr. dagegen die geringe Bedeutung der Entscheidung einschätzend *Habersack/Schürnbrand*, NZG 2004, 689, 691 Fn 23; *Langner*, GmbHR 2005, 1017, 1021, Fn 34; *Bayer/Lieder*, ZGR 2005, 133, 151.

[1997] *Kühbacher*, S. 51.

[1998] *Kühbacher*, S. 51.

[1999] *Kühbacher*, S. 51; unter dem Gesichtspunkt der Rechtsunsicherheit der Reichweite des § 30 Abs. 1 GmbHG genau entgegengesetzt für ein Bedürfnis nach einer Aussetzung der Kapitalerhaltung argumentierend demgegenüber *Deckart*, S. 146.

sungsrechts halten müsste.[2000] Diesem rein praktischen Argument stehen außerdem Bedenken dogmatischer Art gegenüber: § 291 Abs. 3 AktG suspendiert die Vermögensbindung der §§ 57 ff. AktG nicht etwa nur in Höhe des über das Grundkapital hinausgehenden Vermögens, sondern – freilich innerhalb der bereits beschriebenen Grenzen – gerade auch in Höhe des gesamten Grundkapitals. Würde § 291 Abs. 3 AktG mit der Wirkung der Außerkraftsetzung von §§ 30 f. GmbHG nicht angewendet werden, hieße dies, dass bei der vertraglich konzernierten AG die Vermögensbindung vollumfänglich aufgehoben worden wäre, während bei der vertraglich konzernierten GmbH die Vermögensbindung gemäß §§ 30 f. GmbHG in Höhe des Stammkapitals bestehen bleiben würde. Unter dem Gesichtspunkt, dass – wie dargelegt –, die Kapitalbindung bei der AG im Grundsatz strenger ist als bei der GmbH, wäre dies aber wertungswidersprüchlich.[2001] Dem lässt sich auch nicht entgegenhalten, die unterschiedliche Behandlung ließe sich mit dem höheren Mindestkapital bei der AG einer Rechtfertigung zuführen.[2002] Die Schutzwürdigkeit der GmbH ist nicht deshalb höher, weil die Anforderungen an ihre wirtschaftliche Ausstattung im Verhältnis zur AG geringer sind.[2003] Diese Argumentation würde den § 30 Abs. 1 GmbHG, § 57 Abs. 1 S. 1 AktG zuwider laufen. § 57 Abs. 1 S. 1 AktG hat ein deutlich höheres Schutzniveau als § 30 Abs. 1 GmbHG. Dass dieses Schutzniveau bei einer vertraglichen Konzernierung plötzlich bei der GmbH höher sein soll, als bei der AG, lässt sich nicht schlüssig begründen. Ein strengerer Schutz bei der GmbH als bei der AG wäre wertungsmäßig nicht begründbar. Führt § 291 Abs. 3 AktG bei der AG zur Aufhebung der Vermögensbindung der §§ 57 ff. AktG, muss dies also erst Recht für die weniger strenge Vermögensbindung der §§ 30 f. GmbHG Geltung beanspruchen. Die Interessenlage ist somit mit der im Aktienrecht statuierten vergleichbar.[2004] Es bestehen auch keine vorrangigen Normen des GmbHG. Die Bestrebungen des Gesetzgebers, das aktienrechtliche Normgefüge auf den GmbH-Konzern zu übertragen, kamen nicht zum Abschluss.[2005] Diese Bestrebungen zeigen aber deutlich das Bedürfnis nach einer

---

2000 Als Ausgleich hierfür dient der Verlustausgleichsanspruch aus § 302 Abs. 1 AktG.

2001 Roth/Altmeppen-*Altmeppen*, § 30 Rdn 55; *Fleck*, FS 100 Jahre GmbHG, 391, 396; *Rittscher*, S. 124 f.; *Rümker*, FS Huber, 919, 927 f.; *Flesner*, NZG 2006, 641, 646; *Hentzen*, ZGR 2005, 480, 521; *Sonnenhol/Groß*, ZHR 159 (1995), 388, 410; *Fischer/Gasteyer*, NZG 2003, 517, 520; *Früh*, GmbHR 2000, 105, 107; *Habersack/Schürnbrand*, NZG 2004, 689, 691; *Fuhrmann*, NZG 2004, 552, 554; *Stein*, DZWiR 2004, 493, 496; *Pentz*, ZIP 2006, 781, 786; *Schilmar*, DStR 2006, 568, 573; *Seibt*, NJW-Spezial 2004, 219, 220.

2002 So die Argumentation von *Peltzer*, GmbHR 1995, 15, 17.

2003 *Hentzen*, ZGR 2005, 480, 522; zweif. aber *Langner*, GmbHR 2005, 1017, 1021, Fn 38.

2004 *Deckart*, S. 146; *Pentz*, ZIP 2006, 781, 786; *Reidenbach*, WM 2004, 1421, 1426; *Schilmar*, DStR 2006, 568, 573

2005 Eine weitgehende dem Aktienrecht entsprechende Regelung war 1973 im Regierungsentwurf zur Reform des GmbH-Rechts in den §§ 46 Abs. 1, 230 Abs. 3, 260 Abs. 2 vorgese-

Beschränkung der Kapitalerhaltungsvorschriften der GmbH im Vertragskonzern auf.[2006]

2. Gleichwertigkeit von § 302 Abs. 1 AktG und §§ 30 f. GmbHG?

Gegen eine Übertragung des § 291 Abs. 3 AktG auf die GmbH, die zu einer Suspendierung der §§ 30 f. GmbHG führen würde, ist auf den ersten Blick allerdings das im Vergleich zu § 30 Abs. 1 GmbHG hinsichtlich der Liquidität der Gesellschaft unterschiedlich hohe Schutzniveau des Verlustausgleichsanspruchs nach § 302 Abs. 1 AktG auszumachen. Während § 30 Abs. 1 GmbHG den Abzug liquider Mittel insoweit untersagt, wie das zur Erhaltung des Stammkapitals erforderliche Vermögen betroffen ist, also auf Erhalt liquider Mittel gerichtet ist und bei Verstoß dagegen gemäß § 31 GmbHG der Ausgleichsanspruch sofort geltend zu machen ist, sieht § 302 Abs. 1 AktG lediglich einen zu einem späteren Zeitpunkt auszugleichenden Verlustausgleichsanspruch vor, kann den Abzug von Liquidität selbst aber nicht verhindern.[2007] Die Auszahlungssperre des § 30 Abs. 1 GmbHG führt also dazu, dass die GmbHG die zu Unrecht entzogenen Mittel nicht erst zum Zeitpunkt des Verlustausgleichs zurückerhält und so Liquiditätsengpässe besser vermieden werden können.[2008] § 302 Abs. 1 AktG stellt unter diesem Gesichtspunkt somit keinen adäquaten Ersatz für die Kapitalerhaltungsvorschriften des GmbHG dar, da der Verlustausgleichsanspruch erst künftig fällig wird und bis zu diesem Zeitpunkt das Kreditrisiko des herrschenden Unternehmens auf die abhängige GmbHG übergewälzt wäre.

Diese Argumentation vermag allerdings nicht zu überzeugen: Schließlich ließe sie sich auch bei der vertraglich konzernierten AG gegen den Verlustübernahmeanspruch nach § 302 Abs. 1 AktG verwenden, der als Ersatz für die strenge Vermögensbindung der §§ 57 ff. AktG fungiert. Dennoch sieht das Gesetz für die AG eine Suspendierungswirkung der Vermögensbindung in § 291 Abs. 3 AktG vor. Aus diesem Grund kann das Argument auch nicht für die Rechtslage bei der GmbH herangezogen werden.[2009] Vielmehr gilt: Hält der Gesetzgeber den zeitlich gestreckten Verlustausgleichsanspruch gemäß § 302 Abs. 1 AktG für die Verdrängung der strengen Vermögensbindung der §§ 57 ff. AktG für ausreichend, muss dies erst recht bei der GmbH, die einer weniger strengen Vermögensbindung unterworfen ist, gelten.[2010] Der Verlustausgleichsanspruch gemäß § 302 Abs. 1 AktG ist ebenso wie die in § 291 Abs. 3 AktG vorgesehene

---

hen worden, BT-Drucks. 7/253, S. 211; hierzu etwa Baumbach/Hueck-*Zöllner*, SchlAnh-KonzernR, Rdn 3; *Liebscher*, Rdn 29 ff.

[2006] *Oetker*, KTS 1991, 521, 536 f.

[2007] *Kühbacher*, S. 51 f.

[2008] *Kühbacher*, S. 52; *Brandes*, FS Kellermann, 25, 33; *Peltzer*, GmbHR 1995, 15, 17.

[2009] Ebenso *Deckart*, S. 147; *Habersack/Schürnbrand*, NZG 2004, 689, 691; *Hentzen*, ZGR 2005, 480, 521; *Vetter*, BB 2004, 1509, 1513.

[2010] *Liebscher*, Rdn 735; *Hentzen*, ZGR 2005, 480, 521.

Suspendierung als Rechtsfolge der vertraglichen Konzernierung in Form eines Konzernprivilegs anzusehen.[2011] Dass ein derartiges Konzernprivileg aber nur für die AG, nicht hingegen für die GmbH gelten soll, ist auf Grund des erst-recht-Schlusses nicht einzusehen. Das Konzernprivileg gilt somit auch hier. Auf ein vergleichbares Schutzniveau des Verlustausgleiches nach § 302 Abs. 1 AktG im Verhältnis zu §§ 30 f. GmbHG kommt es nicht an. Vielmehr stellt dieses – zugegebenermaßen – unterschiedlich hohe Schutzniveau gerade das Konzernprivileg dar.

3. Widerspruch zu BGHZ 157, 72 ff.?

Allerdings lässt sich die oben genannte Argumentation, § 302 Abs. 1 AktG stelle als zeitlich hinausgezögerter Anspruch keinen adäquaten Ersatz für die §§ 30 f. GmbHG dar, noch unter einem anderen Blickwinkel betrachten: Der BGH hatte in seiner Entscheidung BGHZ 157, 72 ff. in dem von ihm aufgestellten Substanzschutzargument festgehalten, dass es für die Frage der Anwendbarkeit des § 30 Abs. 1 GmbHG aus Gläubigerschutzgesichtspunkten nicht auf die Werthaltigkeit des Rückzahlungsanspruchs ankomme.[2012] Vor diesem Hintergrund ließe sich argumentieren, dass zumindest für die Ansicht, die für die Verdrängung der §§ 30 f. GmbHG auf die Werthaltigkeit des Verlustausgleichsanspruchs abstelle, kein Raum mehr verbliebe.[2013] Dies wiederum könnte der Ansicht, die keine Verdrängung der §§ 30 f. GmbHG durch § 291 Abs.3 AktG analog zulässt, Auftrieb gegeben haben.[2014] Dabei wird aber verkannt, dass – wie bereits erwähnt – der Vertragskonzern mit seiner Suspendierungswirkung in § 291 Abs. 3 AktG und dem System der Verlustausgleichsansprüche in § 302 Abs. 1 AktG ein Konzernprivileg statuiert.[2015] § 302 Abs. 1 AktG lässt einen zeitlich gestreckten Ausgleich ausdrücklich zu. Diese Entscheidung des Gesetzgebers ist zu respektieren. Sie kann keineswegs durch die Rechtsprechung des BGH zurückgenommen werden. Allenfalls eine restriktive Gesetzesanwendung stünde offen.[2016] Die Entscheidung des BGH, insbesondere das dort aufgestellte Substanzschutzargument, kann daher nicht auf den GmbH-Vertragskonzern übertragen werden.[2017] Die Entscheidung des BGH hat damit einerseits den

---

[2011] *Bayer/Lieder*, ZGR 2005, 133, 152; *Seidel*, DStR 2004, 1130, 1133.

[2012] BGHZ 157, 72, 75 f.; hierzu oben § 8 B. II. 2. a).

[2013] So *Herbst*, GLJ 2004, 1217, 1228; *Wessels*, ZIP 2004, 793, 796; *Langner*, GmbHR 2005, 1017, 1021; *Suchanek/Herbst*, FR 2005, 665, 671; *Seidel*, DStR 2004, 1130, 1133; zweif. auch *Stein*, DZWiR 2004, 493, 495.

[2014] So argumentierend *Wessels*, ZIP 2004, 793, 796; *Langner*, GmbHR 2005, 1017, 1021; *Dampf*, DK 2007, 157, 169.

[2015] *Deckart*, S. 147; *Bayer/Lieder*, GmbHR 2006, 1121, 1123 f.

[2016] Vgl. *Bayer/Lieder*, ZGR 2005, 133, 152.

[2017] Zutr. *Rümker*, FS Huber, 919, 927; *Spindler*, ZHR 171 (2007), 245, 259; *Seibt*, NJW-Spezial 2004, 219, 220; *Schilmar*, DStR 2006, 568, 573; *Vetter*, BB 2004, 1509, 1513;

schon bisher bestehenden Streit zwar nicht entschieden,[2018] spricht andererseits aber auch nicht gegen die analoge Anwendung des § 291 Abs. 3 AktG, die zu einer Außerkraftsetzung der §§ 30 f. GmbHG und als Kompensation dafür zu einem Verlustausgleich nach § 302 Abs. 1 AktG führen würde.

4. Widerspruch zur fehlenden gesetzlichen Rücklage gemäß § 300 AktG?

In § 300 AktG ist für den Aktienvertragskonzern die Bildung einer gesetzlichen Rücklage bei der beherrschten AG vorgesehen. Demgegenüber findet § 300 AktG bei der vertraglich konzernierten GmbH unstreitig keine Anwendung.[2019] Hieraus ließe sich im Umkehrschluss eine Notwendigkeit für die Anwendung der §§ 30 f. GmbHG, verbunden mit einer Unanwendbarkeit des § 291 Abs. 3 AktG analog auch im GmbH-Vertragskonzern herstellen, um den sich aus der gesetzlichen Rücklage ergebenden Vorteil für die Gläubiger der abhängigen AG auch bei der abhängigen GmbH entsprechend herzustellen.[2020] Ist aber für die GmbH keine gesetzliche Rücklage vorgesehen, ist dafür auch keine Kompensation zu schaffen. Aus diesem Grund steht die Verdrängung der §§ 30 f. GmbHG durch § 291 Abs. 3 AktG nicht im Widerspruch zu § 300 AktG.[2021]

5. Legitimation durch Eintragung ins Handelsregister

Die bisherige Argumentation wird untermauert durch einen weiteren Aspekt: Anerkanntermaßen ist der Beherrschungsvertrag gemäß § 294 AktG analog zwingend in das Handelsregister einzutragen.[2022] Die Eintragungspflicht bei der GmbH folgt aus einer analogen Anwendung des § 54 GmbHG, da ein Beherrschungsvertrag für die abhängige GmbH organisationsrechtlichen Charakter aufweist.[2023] Durch die Eintragung werden die Gläubiger aufgrund der Publizität eines Beherrschungsvertrages darüber informiert, dass Mutter- und Tochtergesellschaft eine Haftungsgemeinschaft bilden, in der wegen der „Fusion auf Zeit“[2024] die Kapitalbindungsregeln nach § 291 Abs. 3 AktG analog aufgehoben sind und das herrschende Unternehmen Zugriff auf das Vermögen der abhängi-

---

Reidenbach, WM 2004, 1421, 1426; *Fuhrmann*, NZG 2004, 552, 55; *Hentzen*, ZGR 2005, 480, 523; *Müller-Michaels*, KSI 2006, 100, 103.

2018 *Rümker*, FS Huber, 919, 927; dies gesteht auch *Wessels*, ZIP 2004, 793, 796 ein.

2019 Roth/Altmeppen-*Altmeppen*, Anh. § 13 Rdn 86; Emmerich/Habersack-*Emmerich*, § 300 Rdn 7; Rowedder/Schmidt-Leithoff-*Koppensteiner*, Anh. Nach § 52 Rdn 112; *Liebscher*, Rdn 731; *Oetker*, KTS 1991, 521, 538; *Hentzen*, ZGR 2005, 480, 522; *Priester*, ZIP 1989, 1301, 1302.

2020 *Oetker*, KTS 1991, 521, 538; diesen Gedanken aufgreifend *Hentzen*, ZGR 2005, 480, 522.

2021 So auch GK-GmbHG-*Habersack*, § 30 Rdn 86; *ders./Schürnbrand*, NZG 2004, 689, 691; *Hentzen*, ZGR 2005, 480, 522.

2022 Die Eintragung ist Wirksamkeitsvoraussetzung des Vertrages, vgl. *Hüffer*, § 294 Rdn 1; *Hentzen*, ZGR 2005, 480, 522.

2023 BGHZ 105, 324, 342 ff.; OLG Zweibrücken, AG 1999, 328, 329; *Hüffer*, § 294 Rdn 1.

2024 Roth/Altmeppen-*Altmeppen*, § 30 Rdn 55.

gen GmbH nehmen kann. Die Gläubiger müssen im Ausgleich für diese bestehende Publizität in Kauf nehmen, dass die finanzielle Lage der Gesellschaft durch die Pflicht zur Befolgung auch nachteiliger Weisungen gemäß § 308 AktG und den zeitlich gestreckten Nachteilsausgleich gemäß § 302 Abs. 1 AktG gegenwärtig beeinträchtigt ist.[2025] Die Eintragung des Beherrschungsvertrages und die damit verbundene Publizitätswirkung bietet hierfür aber eine ausreichende Legitimationsgrundlage.[2026] Außerdem kann damit nicht zuletzt die abweichende Rechtslage im Vergleich zur faktisch konzernierten GmbH, bei der eine Beschränkung durch § 30 Abs. 1 GmbHG erfolgt, gerechtfertigt werden.[2027]

6. Beschränkung der Suspendierungswirkung des § 291 Abs. 3 AktG analog auf Werthaltigkeit des Verlustausgleichsanspruchs?

Nach den bisherigen Ausführungen, die eine Suspendierung der §§ 30 f. GmbHG durch § 291 Abs. 3 AktG analog zulassen, ist die Durchführung des Cash Pooling in weitem Umfang zulässig. Eine Einschränkung bei der Durchführung könnte sich aus dem schon vor BGHZ 157, 72 ff. gemachten Vorbehalt der Vollwertigkeit des Verlustausgleichsanspruchs aus § 302 Abs. 1 AktG ergeben. Die Frage nach der Notwendigkeit eines werthaltigen Verlustausgleichsanspruchs muss allerdings unabhängig von den in BGHZ 157, 72 ff. aufgestellten Argumenten beantwortet werden. Es lässt sich argumentieren, dass der Verlustausgleichsanspruch bei fehlender Vollwertigkeit keinen gleichwertigen Ersatz für die verdrängten §§ 30 f. GmbHG darstellt, so dass diese dann weiter Geltung beanspruchen müssen.[2028] Entscheidend könnte sein, dass – wie bereits beim Aktienvertragskonzern dargestellt wurde – eine anerkannte Weisungsgrenze des herrschenden Unternehmens für den Fall besteht, in dem der Verlustausgleichsanspruch nicht mehr vollwertig sein sollte.[2029] Bei Verstoß gegen diese Weisungsgrenze findet bei der AG § 57 Abs. 1 S. 1 AktG wieder Anwendung. Dies rechtfertigt es aber noch nicht, auch bei der vertraglich konzernierten GmbH die Grenze für eine Verdrängungswirkung der §§ 30 f. GmbHG durch § 291 Abs. 3 AktG dort zu suchen, wo der Verlustausgleichsanspruch nicht mehr vollwertig

2025 *Flesner*, NZG 2006, 641, 646; *Hentzen*, ZGR 2005, 480, 522 f.; *Bayer/Lieder*, ZGR 2005, 133, 152; *Schilmar*, DStR 2006, 568, 573 f.

2026 *Deckart*, S. 147; *Tielmann*, Liber amicorum Happ, 311, 321; *Spindler*, ZHR 171 (2007), 245, 259; *Müller-Michaels*, KSI 2006, 100, 103; *Hentzen*, ZGR 2005, 480, 522 f.; *Fuhrmann*, NZG 2004, 552, 554; *Schilmar*, DStR 2006, 568, 573 f.; *ders.*, ZIP 2006, 2346, 2346; *Bayer/Lieder*, GmbHR 2006, 1121, 1124.

2027 *Deckart*, S. 147; *Langner*, GmbHR, 2005, 1017, 1022; *Bayer/Lieder*, ZGR 2005, 133, 152.

2028 GK-GmbHG-*Habersack*, § 30 Rdn 86; Roth/Altmeppen-*Altmeppen*, § 30 Rdn 56; *Deckart*, S. 147; *Rümker*, FS Huber, 919, 928; *Habersack/Schürnbrand*, NZG 2004, 689, 691; *Schilmar*, DStR 2006, 568, 574; *Meister*, WM 1980, 390, 399 f.

2029 Hierauf abst. auch *Habersack/Schürnbrand*, NZG 2004, 689, 691.

ist. Aus dogmatischer Sicht ist vielmehr zu berücksichtigen, dass die Werthaltigkeit bereits Voraussetzung für die Rechtmäßigkeit der Weisung ist.[2030] Dann wäre es aber widersprüchlich, wenn die Werthaltigkeit zusätzliche Voraussetzung für die Anwendbarkeit des § 291 Abs. 3 AktG auf die vertraglich konzernierte GmbH ist.[2031] Richtigerweise stellt die Werthaltigkeit des Verlustausgleichsanspruchs damit keine Voraussetzung für das Eingreifen der Verdrängungswirkung des § 291 Abs. 3 AktG auf die abhängige GmbH dar, sondern ist bereits Ausdruck der Grenzen des Weisungsrechts.

7. Ergebnis

Auch bei der vertraglich konzernierten GmbH führt § 291 Abs. 3 AktG in analoger Anwendung zu einer Verdrängung der Kapitalerhaltungsvorschriften. Das Cash Pooling wird damit in einem weiteren Umfang ermöglicht. Selbstverständlich gilt auch hier Grenze der beherrschungsvertraglich zulässigen Weisung.[2032] Aus diesem Grund gilt auch hier insbesondere das Verbot der existenzgefährdenden Weisung,[2033] widrigenfalls die Vermögensbindung nach §§ 30 f. GmbHG wieder auflebt. Aus rechtsberatender Sichtweise wird darauf hingewiesen, dass aufgrund der zwar herrschenden, aber nicht höchstrichterlich bestätigten Verdrängung der §§ 30 f. GmbHG durch § 291 Abs. 3 AktG analog vorsichtshalber diese Vermögensbindungsvorschriften zu berücksichtigen seien.[2034] Die Geschäftsführer der GmbH-Tochtergesellschaften sollten daher auch bei vertraglicher Konzernierung stets auf die Einhaltung der Kapitalerhaltungsregeln dringen.[2035] Wegen der noch fehlenden richterlichen Bestätigung der auch hier vertretenen Auffassung ist daher eine klarstellende Regelung durch den Gesetzgeber in Erwägung zu ziehen, nach der die Kapitalerhaltungsvorschriften des GmbHG in entsprechender Anwendung des § 291 Abs. 3 AktG außer Kraft gesetzt sind.[2036] Im Gegensatz zu der auf das Cash Pooling bezogenen Neuregelung würde hierfür nicht nur ein tatsächliches Bedürfnis bestehen, sondern es

---

[2030] Hierzu gilt das gleiche wie im Aktienvertragskonzern; § 308 AktG ist analog auf den GmbH-Vertragskonzern anwendbar, *Liebscher*, Rdn 693.

[2031] *Hentzen*, ZGR 2005, 480, 522; gegen die Vollwertigkeit als Voraussetzung der Verdrängungswirkung auch Rowedder/Schmidt-Leithof-*Pentz*, § 30 Rdn 75; Michalski-*Heidinger*, § 30 Rdn 118.

[2032] *Pentz*, ZIP 2006, 781, 786.

[2033] *Liebscher*, Rdn 715 f.; *Schön*, ZHR 159 (1995), 351, 373; *Reidenbach*, WM 2004, 1421, 1426; *Seidel*, DStR 2004, 1130, 1134; *Beiner/Lanzius*, NZI 2004, 687, 689.

[2034] *Schilmar* DB 2004, 1411, 1413, *ders.*, DStR 2006, 568, 574; *Seibold*, FB 2005, 77, 81; *Seibt*, NJW-Spezial 2004, 219, 220; *Hentzen*, ZGR 2005, 480, 523; *Wessels*, ZIP 2004, 793, 796; *Mildner*, GmbHR 2006, R 161, 162; skeptisch auch *Langner*, GmbHR 2005, 1017, 1021.

[2035] *Schilmar* DB 2004, 1411, 1413

[2036] Vgl. den Regelungsvorschlag von *Flesner*, NZG 2006, 641, 646; nunmehr ist in § 30 Abs. 1 S. 2 GmbHG RegE-MoMiG eine solche Klarstellung vorgesehen.

würde hiermit auch kein faktisches „Sonderrecht" für derartige Konzernfinanzierungssysteme geschaffen werden.

B. Art und Weise des Verlustausgleichs nach § 302 Abs. 1 AktG im Cash Pool

Anders als die analoge Anwendung des § 291 Abs. 2 AktG, die nach hier vertretener, allerdings umstrittener Auffassung zu einer Verdrängung der Kapitalerhaltungsvorschriften der §§ 30 f. GmbHG führt, dürfte die Frage der Anwendung des Verlustausgleichsanspruchs gemäß § 302 Abs. 1 AktG auf die vertraglich konzernierte GmbH nach weit überwiegender Auffassung geklärt sein: Wegen der allgemein für zulässig erachteten Möglichkeit des Abschlusses von Unternehmensverträgen soll die Obergesellschaft im Gegenzug zur Übernahme der anfallenden Verluste des abhängigen Unternehmens gemäß § 302 Abs. 1 AktG analog verpflichtet sein.[2037] Die spezifische Ausgestaltung der Zahlungsströme zwischen der Obergesellschaft und den abhängigen Unternehmen mittels eines Cash Pools ermöglicht dabei eine besondere Möglichkeit des Verlustausgleichsanspruchs aus § 302 Abs. 1 AktG analog. Dabei ist zu berücksichtigen, dass sowohl die Gewinnabführung als auch der Verlustausgleich bei den bestehenden Beherrschungs- und Gewinnabführungsverträgen über die in das konzernweite Cash Pooling integrierte Verrechnungskonten der Gesellschaften erfolgen. Das abhängige Unternehmen gewährt der Betreibergesellschaft im Rahmen des Cash Poolings aufsteigende Darlehen, sofern es einen Liquiditätsüberschuss hat und nimmt absteigende Darlehen in Anspruch, sofern Liquiditätsbedarf besteht. Nimmt das abhängige Unternehmen mehr Liquidität in Anspruch als es abführt, läuft unterjährig auf dem Konzernverrechnungskonto ein Verrechnungskontenanspruch der Obergesellschaft gegen das abhängige Unternehmen auf. Dieser kann dann zum Jahresende mit gegenläufigen Verlustausgleichsansprüchen des abhängigen Unternehmens gegen die Obergesellschaft, sofern der Höhe nach deckungsgleich, aufgerechnet werden, wodurch ein unnötiges Hin- und Herzahlen zwischen Obergesellschaft und abhängigem Unternehmen vermieden wird.[2038] Da das Cash Pooling regelmäßig in Form eines Kontokorrents vorge-

---

[2037] BGHZ 95, 330, 345 f.; 105, 168, 182; 105, 324, 336; 116, 37, 39; BGHZ 142, 382, 385; BB 2006, 1759, 1760; OLG Jena, DB 2005, 2347, 2348; Baumbach/Hueck-*Zöllner*, SchlAnhKonzernR Rdn 105; Emmerich/Habersack-*Emmerich*, KonzernR, § 32 III 2; *Liebscher*, Rdn 736; *Brandes*, FS Kellermann, 25, 32; *Joost*, VGR 11, 31, 41; *Petersen*, GmbHR 2005, 1031, 1031; *Verse*, ZIP 2005, 162, 1627; *Schilmar*, ZIP 2006, 2346, 2346; *Priester*, BB 2005, 2483, 2486; *Rodewald*, BB 2006, 1877, 1877; *Reuter*, DB 2005, 2339, 2340; *Liebscher*, ZIP 2006, 1221, 1225 f.; a. A. nur *Bitter*, Konzernrechtliche Durchgriffshaftung, 386 ff.; *ders*., ZIP 2001, 265, 270, 274 ff.; *Ehrike*, 430 ff.; offenl. *Suchanek/Herbst*, FR 2005, 665, 671.

[2038] Zu dieser Funktionsweise *Liebscher*, Rdn 749; *ders.*, ZIP 2006, 1221, 1221; *Witt*, NZG 2006, 735, 735; *Hentzen*, AG 2006, 133, 133; *Reuter*, DB 2005, 2339, 2339; *Sassenrath*,

nommen wird, wird der Verlustübernahmeanspruch im Rahmen des Kontokorrents also nicht einzeln beglichen, sondern innerhalb einer vereinbarten Abrechnungsperiode mit gegenläufigen Forderungen der Obergesellschaft aufgerechnet.[2039] Hat das abhängige Unternehmen hingegen mehr Liquidität abgeführt als es in Anspruch genommen hat, liegt also kein Sollsaldo vor, kann in der Abwicklung der Darlehensansprüche über das Verrechnungskonto möglicherweise eine Novation des Anspruchs im Sinne einer Unterlegung mit neuem Rechtsgrund gesehen werden.[2040] In beiden Fällen wird der Verlustausgleichsanspruch nach § 302 Abs. 1 AktG analog also nicht unmittelbar in bar erfüllt. Die Zulässigkeit einer derartigen Erfüllung des Verlustausgleichsanspruchs war bis zu einer Entscheidung des OLG Jena[2041] nicht in Frage gestellt worden, ist aber hierdurch und durch das daraufhin ergangene Urteil des BGH vom 10.07.2006[2042] in starke Diskussion geraten. Vorliegend wird die Betrachtung der Erfüllung des Verlustausgleichsanspruchs je nach bestehendem Saldo aufgeteilt.

I. Bei Sollsaldo: Aufrechnung mit Darlehensforderungen

Weist das Verrechungskonto einen negativen Saldo des abhängigen Unternehmens aus, da es mehr Liquidität in Anspruch genommen hat als es abgeführt hat, findet über das Konto eine Aufrechnung der Darlehensrückzahlungsansprüche mit den Verlustausgleichsansprüchen des abhängigen Unternehmens statt. Gegen eine derartige Art der Erfüllung des Verlustausgleichsanspruchs aus § 302 Abs. 1 AktG analog kann zunächst sprechen, dass es sich hierbei nach fast unbestrittener Auffassung um einen Geldzahlungsanspruch (§ 244 BGB) handelt.[2043] Hierfür ist ins Feld zu führen, dass das abhängige Unternehmen davor zu schützen ist, von der Obergesellschaft statt Geld Vermögensgegenstände zu erhalten, deren betriebswirtschaftlicher Wert hinter dem einer Liquiditätszufuhr zurückbleibt, zumal es an einer Rechtsgrundlage für eine Ersetzungsbefugnis der Obergesellschaft fehlt.[2044] Dennoch führt diese Einordnung des Verlustaus-

---

FS Huber, 931, 932; *Kiefner*, Börsen-Zeitung v. 02.08.2006, S. 12; vgl. auch *Kummer*, jurisPR-BGHZivilR 37/2006, Anm. 2.

2039 Zur Funktionsweise des Kontokorrents in diesem Zusammenhang *Suchanek/Herbst*, FR 2005, 665, 668 f.

2040 *Hentzen*, AG 2006, 133, 133; *Suchanek/Herbst*, FR 2005, 665, 667 f.

2041 OLG Jena, DB 2005, 2347 ff.

2042 BGHZ 168, 285 ff.

2043 BGHZ 168, 285, 288; MK-AktG-*Altmeppen*, § 302 Rdn 67; KK-*Koppensteiner*, § 302 Rdn 25; *Liebscher*, Rdn 748; *ders.*, ZIP 2006, 1221, 1223; *Priester*, BB 2005, 2483, 2483; *Sinewe*, EWiR § 302 Abs. 1 AktG 1/05, 331, 332; *Verse* , ZIP 2005, 1627, 1628; krit. aber *Hentzen*, AG 2006, 133, 134 f.; *Reuter*, DB 2005, 2339, 2340; *Grunewald*, NZG 2005, 781, 782; *Neyer/Schlepper*, BB 2007, 413, 413; a. A. *Sassenrath*, FS Huber, 931, 932 ff.

2044 KK-*Koppensteiner*, § 302 Rdn 50; MK-AktG-*Altmeppen*, § 302 Rdn 67, beschränkt auf den Fall, dass das abhängige Unternehmen auf liquide Mittel angewiesen ist.

gleichsanspruchs gemäß § 302 Abs. 1 AktG analog noch nicht dazu, dass dieser Anspruch stets in bar zu erfüllen und demnach keiner Aufrechnung zugänglich ist.[2045] Vielmehr liegt darin wohl nur eine Klarstellung, dass sich die Vollstreckung nach den §§ 803 ff. ZPO richten soll und nicht auf Freistellung von Gläubigerforderungen, die Abgabe sonstiger Willenserklärungen (§ 894 ZPO) oder sonstige Leistungen geht.[2046] Tatsächlich sind gemäß § 387 BGB beiderseitige Geldforderungen der Aufrechnung zugänglich: Gegenüber Geldschulden kann bei Gleichartigkeit der Gegenforderung gemäß § 387 BGB aufgerechnet werden, sofern es sich bei dem Gegenanspruch ebenfalls um eine Geldsummen- oder Geldwertforderung handelt.[2047]

1. Ausschluss der Aufrechnung?

Ungeachtet dessen hat das OLG Jena eine Aufrechnung aufgrund einer Gleichsetzung des Anspruchs aus § 302 Abs. 1 AktG mit einem Anspruch aus § 31 Abs. 1 GmbHG, gegen den eine Aufrechnung in entsprechender Anwendung des § 19 Abs. 2 S. 2 GmbHG (Ausnahmefall zu § 387 BGB) nicht möglich sei, für unzulässig erachtet[2048] und hierfür im Schrifttum Beifall erhalten.[2049] Für konzernweite Cash-Pooling-Gestaltungen würde diese Sichtweise bedeuten, dass die Verrechnung der gegenseitigen Ansprüche über das Verrechnungskonto unzulässig und eine Barzahlung erforderlich wäre. Das OLG Jena begründet das Aufrechnungsverbot damit, dass nach § 291 Abs. 3 AktG im Vertragskonzern die Kapitalbindung aufgehoben und Korrelat dieser Aufhebung der Kapitalbindung der Verlustausgleichsanspruch nach § 302 Abs. 1 AktG sei.[2050] Aufgrund dessen sei der Verlustausgleichsanspruch wie ein Anspruch nach § 31 Abs. 1 GmbHG wegen unzulässiger Stammkapitalrückgewähr zu behandeln. Dieser Anspruch könne in entsprechender Anwendung des § 19 Abs. 2 S. 2 GmbHG nicht im Wege der Aufrechnung erfüllt, sondern müsse bar geleistet werden. Wegen der Gleichartigkeit von § 31 Abs. 1 GmbHG und § 302 Abs. 1 AktG dürfe nach § 19 Abs. 2 S. 2 GmbHG daher auch nicht gegen den Verlustausgleichsanspruch aufgerechnet werden. Auch der Wortlaut des § 302 Abs. 1 AktG lege eine Unzulässigkeit der Verrechnung nahe.[2051] Inzwischen hat der BGH dieses Urteil mit ei-

---

[2045] BGHZ 168, 285, 288.

[2046] Klarst. *Liebscher*, Rdn 748; *ders.*, ZIP 2006, 1221, 1224.

[2047] MK-BGB-*Heinrichs*, § 387 Rdn 16; Palandt-*Heinrichs*, § 387 Rdn 9; *Petersen*, GmbHR 2005, 1031, 1032, will dies nicht als Argument gelten lassen.

[2048] OLG Jena, DB 2005, 2347, 2348.

[2049] GK-AktG-*Hirte*, § 302 Rdn 63; *Petersen*, GmbHR 2005, 1031, 1033; *Lamb/Schluck-Amend*, DB 2006, 879, 881; diff. *Verse*, ZIP 2005, 1627, 1632.

[2050] OLG Jena, DB 2005, 2347, 2348.

[2051] OLG Jena, DB 2005, 2347, 2348.

ner Entscheidung vom 10.07.2006 aufgehoben und eine Aufrechnung unter bestimmten Voraussetzungen zugelassen.[2052]

2. Stellungnahme

Es stellt sich somit die Frage, inwiefern eine Aufrechnung tatsächlich zulässig ist.

a) Unergiebigkeit des Wortlauts

Entgegen der Ansicht des OLG Jena ist der Wortlaut des § 302 Abs. 1 AktG für eine Feststellung eines Aufrechnungsverbotes unergiebig.[2053] In dieser Vorschrift wird lediglich der Ausgleich des Jahresfehlbetrages verlangt. Damit wird die Art und Weise des Verlustausgleichs offen gelassen. Auch die in § 302 Abs. 1 AktG erwähnte Verrechnung von Fehlbetrag und Gewinnrücklagen ist für den Ausgleich des sonst entstehenden Fehlbetrages unergiebig, da dieser in Höhe der Verrechnung mit Gewinnrücklagen bereits nicht zur Entstehung gebracht wird, während eine Aufrechnung den Anspruch erst zum Erlöschen bringen würde.[2054] Daher würde dies sogar eher auf eine Zulässigkeit der Aufrechnung hindeuten.[2055] Jedenfalls ein Verbot der Aufrechnung gibt der Wortlaut des § 302 Abs. 1 AktG nicht her.

b) Übertragbarkeit des § 19 Abs. 2 S. 2 GmbHG auf § 302 Abs. 1 AktG analog?

Im Ergebnis gelangt das OLG Jena – über den Vergleich von § 302 Abs. 1 AktG mit § 31 Abs. 1 GmbHG – zu einer analogen Anwendung des § 19 Abs. 2 S. 2 GmbHG auf den Verlustausgleichsanspruch nach § 302 Abs. 1 AktG. Auch dies ist nicht zutreffend:

aa) Entgegenstehender Normzweck des § 302 Abs. 1 AktG

Nicht genau dargestellt wird vom Gericht schon der Normzweck des § 302 Abs. 1 AktG. Dieser liege im Kapitalerhaltungsschutz.[2056] Damit kann indes nicht ein Kapitalerhaltungsschutz gemeint sein, wie er den §§ 30 f. GmbHG zugrunde liegt[2057]; diese Normen werden nämlich – der hier vertretene Auffas-

---

2052 BGHZ 168, 285 ff.

2053 Einhellige Ansicht des Schrifttums: *Sassenrath*, FS Huber, 931, 933; *Theiselmann*, GmbHR 2006, 931, 933; *Verse*, ZIP 2005, 1627, 1629; *Hentzen*, AG 2006, 133, 136; *Liebscher*, ZIP 2006, 1221, 1223; *Reuter*, DB 2005, 2339, 2340; *Petersen*, GmbHR 2005, 1031, 1032; *Neyer/Schlepper*, BB 2007, 413, 413.

2054 *Theiselmann*, GmbHR 2006, 931, 933; *Verse*, ZIP 2005, 1627, 1629; *Hentzen*, AG 2006, 133, 136.

2055 *Liebscher*, ZIP 2006, 1221, 1223; *Reuter*, DB 2005, 2339, 2340.

2056 OLG Jena, DB 2005, 2347, 2349.

2057 BGHZ 168, 285, 289; *Hentzen*, AG 2006, 133, 136; vgl. *Cahn/Simon*, DK 2003, 1, 11 ff.; anders *Petersen*, GmbHR 2005, 1031, 1032, der aus § 302 Abs. 1 AktG die Notwendigkeit der Kapitalerhaltung herleitet.

sung nach – durch § 291 Abs. 3 AktG analog gerade außer Kraft gesetzt. § 302 Abs. 1 AktG ist damit ein eigenständiger an die Bilanz knüpfender Ansatz, der keine Verlängerung des Kapitalschutzes im Sinne der §§ 30 f. GmbHG darstellt. Richtigerweise soll § 302 Abs. 1 AktG analog also zwar die Kapitalerhaltungsvorschriften kompensieren, ist allerdings inhaltlich nicht mit ihnen vergleichbar. Dies hat schon die obige Darstellung gezeigt. Dass die Kompensationswirkung des § 302 Abs. 1 AktG nicht die gleiche Wirkung wie die Kapitalerhaltungsvorschriften der §§ 30 f. GmbHG hat, erhellt auch daraus, dass auf der einen Seite ein Verlustausgleich keineswegs auf Zahlungen beruht, die einen Verstoß gegen § 30 Abs. 1 GmbHG zum Inhalt gehabt hätten; ein nach § 302 Abs. 1 AktG auszugleichender Fehlbetrag kann vielmehr andere Ursache, wie etwa ungünstigen Marktbedingungen, haben.[2058] Auf der anderen Seite ist für den Verlustausgleich anders als bei § 30 Abs. 1 GmbHG keine Unterbilanz erforderlich. Vielmehr wird hiervon jeder während der Vertragsdauer erwirtschafteter Jahresfehlbetrag erfasst, selbst wenn am Bilanzstichtag das Stammkapital noch gedeckt ist.[2059] Demgegenüber schützen die §§ 30 f. GmbHG wiederum in gewissem Umfang auch vor der Auskehrung stiller Reserven, so dass der Verlustausgleich diesbezüglich hinter den Kapitalerhaltungsvorschriften zurückbleibt.[2060] In verschiedener Hinsicht weist § 302 Abs. 1 AktG somit ein geringeres Schutzniveau als die Kapitalerhaltungsvorschriften auf. Gerade darin ist aber das Konzernprivileg zu sehen. Damit wird zugleich deutlich, dass § 302 Abs. 1 AktG analog zwar an die Stelle der §§ 30 f. GmbHG tritt, es sich hierbei aber um ein eigenständiges konzernrechtliches Schutzinstrument handelt, das vom Kapitalerhaltungsrecht unabhängig ist. Es mag daher zwar sein, dass der Verlustausgleichsanspruch des § 302 Abs. 1 AktG kapitalschützend wirkt, dies aber nur als Reflex, nicht als Ziel der Vorschrift.[2061] Gleichwohl ist nicht zu verkennen, dass mit der Suspendierungswirkung des § 291 Abs. 3 AktG analog nicht auch der von §§ 30 f. GmbHG beabsichtigte Gläubigerschutz vollumfänglich aufgehoben ist.[2062] Vielmehr ist diesem weiterhin Rechnung zu tragen; dies wird sich noch auswirken, wenn es um die Frage der Werthaltigkeit einer Gegenforderung bei der Aufrechnung mit einem Verlustausgleichsanspruch aus § 302 Abs. 1 AktG geht.

[2058] BGHZ 168, 285, 289; *Rittscher*, S. 124; *Theiselmann*, GmbHR 2006, 931, 933; *Grunewald*, NZG 2005, *Priester*, BB 2005, 2283, 2284; *Hentzen*, AG 2006, 133, 136; *Liebscher*, ZIP 2006, 1221, 1223; *Rodewald*, BB 2006, 1877, 1877; *Witt*, NZG 2006, 735, 735 f.; *Schilmar*, ZIP 2006, 2346, 2349; *Neyer/Schlepper*, BB 2007, 413, 413.

[2059] BGHZ 168, 285, 290; *Verse*, ZIP 2005, 1627, 1631; *Schilmar*, ZIP 2006, 2346, 2349.

[2060] *Priester*, BB 2005, 2283, 2284; *Hentzen*, AG 2006, 133, 136; *Verse*, ZIP 2005, 1627, 1630; *Cahn/Simon*, DK 2003, 1, 12.

[2061] Deutl. *Priester*, BB 2005, 2283, 2284.

[2062] BGHZ 168, 285, 289; *Tielmann/Wolf*, DStR 2006, 1947, 1948.

bb) Kein Vergleich mit § 31 Abs. 1 GmbHG

Die Gleichsetzung des Anspruchs aus § 31 Abs. 1 GmbHG mit demjenigen aus § 302 Abs. 1 AktG durch das OLG Jena ist ebenfalls Bedenken ausgesetzt. Zunächst ist die Heranziehung des Tiefbau-Urteils des BGH durch das OLG Jena[2063] nicht zutreffend.[2064] In der besagten Entscheidung urteilte der BGH, dass sich der Anspruch aus § 302 Abs. 1 AktG nicht nur auf Ausgleich des Verlustes an Stammkapital richte, sondern darüber hinaus auf Ausgleich der eingetretenen Überschuldung und dies nicht anders als im Fall des § 31 Abs. 1 GmbHG sei.[2065] Dass der Anspruch aus § 302 Abs. 1 AktG auch darüber hinaus wie ein Anspruch aus § 31 Abs. 1 GmbHG zu behandeln wäre, ergibt sich aus der Entscheidung nicht.[2066] Ein Blick in den der Entscheidung zugrunde liegenden Sachverhalt zeigt zudem, dass dort kein Beherrschungs- oder Gewinnabführungsvertrag abgeschlossen, die Kapitalerhaltung also nicht nach § 291 Abs. 3 AktG analog außer Kraft gesetzt worden war. In dem Fall hatte ein herrschendes Unternehmen die Geschäfte der von ihm abhängigen GmbH dauerhaft und umfassend geleitet und der BGH zog in Erwägung, die Vorschriften über den Aktienvertragskonzern grundsätzlich entsprechend anzuwenden. Damit ging es um den Vorwurf des Missbrauchs konzernrechtlicher Leitungsmacht auf Grundlage des qualifiziert faktischen Konzerns. Demgegenüber ist der Verlustausgleichsanspruch im Vertragskonzern gerade die gesetzliche Rechtsfolge erlaubten Tuns. Hinzu kommt noch, dass die Tiefbau-Entscheidung zum qualifiziert faktischen Konzern erging und noch durch die Video-Entscheidung fortgeführt, durch die nachfolgende TBB-Entscheidung aber wieder korrigiert wurde. Mittlerweile hat durch den BGH eine Abwendung vom qualifiziert faktischen Konzern hin zu einer Existenzvernichtungshaftung stattgefunden,[2067] so dass die Frage gerechtfertigt ist, ob ein Abstellen auf die Ausführungen des BGH im Tiefbau-Urteil überhaupt noch tragfähig ist. Zumindest aber aufgrund der andersartigen Fallgestaltung ist eine Übernahme der Tiefbau-Entscheidung durch das OLG Jena nicht angezeigt.

Davon abgesehen ist ein Vergleich des § 31 Abs. 1 GmbHG mit dem Verlustausgleichanspruch aus § 302 Abs. 1 AktG dogmatischen Bedenken ausgesetzt: Zunächst enthält § 31 Abs. 1 GmbHG die Rechtsfolge für die Verletzung der Kapitalerhaltungsvorschrift des § 30 Abs. 1 GmbHG, die aber im GmbH-Vertragskonzern nach hier vertretener Auffassung gerade nicht gilt. Ferner stellt § 31 Abs. 1 GmbHG eine Sanktion für eine verbotene Auszahlung, also ein un-

---

2063 OLG Jena, DB 2005, 2347, 2348 unter Berufung auf BGHZ 107, 7 ff.

2064 Abl. auch *Hentzen*, AG 2006, 133, 136; *Liebscher*, ZIP 2006, 1221, 1227; *Reuter*, DB 2005, 2339, 2341; *Witt*, NZG 2006, 735, 736.

2065 BGHZ 107, 7 ff.

2066 Zutr. *Verse*, ZIP 2005, 1627, 1629, Fn 18.

2067 Hierzu unten 4. Teil A. II.

erlaubtes Handeln dar. Aus diesem Grund ist der Anspruch nach § 31 Abs. 4 GmbHG nicht verzichtbar. Demgegenüber legt § 302 Abs. 1 AktG die Rechtsfolge erlaubter Verhaltensweisen im Vertragskonzern fest.[2068] Der Verzicht ist zudem gemäß § 302 Abs. 3 AktG nur zeitlich limitiert untersagt. Eine Vergleichbarkeit zwischen beiden Vorschriften ist wegen der zahlreichen Unterschiede, die gerade in struktureller Hinsicht bestehen, damit fernliegend.[2069] Gegen die Vergleichbarkeit von Verlustausgleichsanspruch und unzulässiger Einlagenrückgewähr spricht allerdings nicht, dass der Verlustausgleichsanspruch im GmbH-Konzern nach einer im Schrifttum vertretenen Auffassung ohnehin nicht auf vollen Verlustausgleich, sondern lediglich auf bilanzielle Deckung des Stammkapitals beschränkt ist.[2070] Diese Auffassung ist nicht zutreffend. Die Gegenseite argumentiert mit der weniger weitreichenden Vermögensbindung des GmbHG. Wenn man aber eine vertragliche Konzernierung der GmbH mit einer Suspendierung der §§ 30 f. GmbHG durch § 291 Abs. 3 AktG analog und die entsprechende Anwendung des § 302 Abs. 1 AktG zulässt, muss dies in der Konsequenz als Entsprechung zur Möglichkeit des herrschenden Unternehmens, auf die Gesellschaft nachteilig einzuwirken, eine Verpflichtung zum Verlustausgleich auf den vollen Jahresfehlbetrag bedeuten. Mit einer Auffüllung lediglich in Höhe des Stammkapitals wäre somit dem Gläubigerschutz nicht Genüge getan. Der Verlustausgleich ist daher in voller Höhe des Jahresfehlbetrages zu leisten.[2071] Darin liegt auch kein Widerspruch zur unverbundenen GmbH.[2072] Bedenkt man ferner, dass § 302 Abs. 3 AktG nur zeitlich beschränkte Verbotsfälle enthält, wäre es wertungswidersprüchlich, wenn man über das Aufrechnungsverbot des § 19 Abs. 2 S. 2 GmbHG ein zeitlich nicht beschränktes und damit erheblich schärferes Verbot statuieren würde, obgleich es gesetzlich nicht im unmittelbaren Zusammenhang mit § 302 Abs. 1 AktG geregelt wäre.[2073]

Auch die Übernahme der Rechtsprechung des BGH durch das OLG Jena, wonach § 19 Abs. 2 S. 2 GmbHG auf § 31 Abs. 1 GmbHG anwendbar sei,[2074]

[2068] *Liebscher*, ZIP 2006, 1221, 1227; *Hentzen*, AG 2006, 133, 136; *Priester*, BB 2005, 2483, 2487; a. A. *Petersen*, GmbHR 2005, 1031, 1032, wonach § 24 GmbHG noch näher liege.

[2069] Abl. auch *Hentzen*, AG 2006, 133, 137; *Schilmar*, ZIP 2006, 2346, 2349; *Priester*, BB 2005, 2483, 2487; *Liebscher*, ZIP 2006, 1221, 1227; *Neyer/Schlepper*, BB 2007, 413, 414; die Unterschiede aufzeigend auch *Sassenrath*, FS Huber, 931, 935 f.

[2070] So Roth/Altmeppen-*Altmeppen*, Anh. § 13 Rdn 75; Rowedder/Schmidt-Leithoff-*Koppensteiner*, Anh. § 52 Rdn 112; *Liebscher*, Rdn 738; *ders.*, ZIP 2006, 1221, 1224.

[2071] So MünchHndbGesR-GmbH-*Decher*, § 70 Rdn 28; Hachenburg-*Ulmer*, Anh. § 77 Rdn 208; Baumbach/Hueck-*Zöllner*, SchlAnhKonzernR, Rdn 107; Emmerich/Habersack-*Emmerich*, KonzernR, § 32 III 2.

[2072] So aber *Liebscher*, Rdn 738.

[2073] *Liebscher*, ZIP 2006, 1221, 1223; vgl. *Verse*, ZIP 2005, 1627, 1629.

[2074] OLG Jena, DB 2005, 2347, 2348 unter Bezugnahme auf BGHZ 146, 105 ff.

erscheint angreifbar, ist doch diese Analogie keineswegs unumstritten,[2075] wenngleich der BGH die Annahme einer Analogie in neueren Entscheidungen, unter anderem in BGHZ 157, 72 ff., wiederholt hat.[2076] Der BGH zieht für die Analogie den engen funktionalen Zusammenhang zwischen Kapitalaufbringung und -erhaltung heran und beruft sich zudem auf das Fehlen anderslautender Gründe aus der Historie der Gesetzgebung.[2077] Diese Sichtweise ist aber keineswegs zweifelsfrei: Der Wortlaut des § 31 Abs. 4 GmbHG verweist nicht auf § 19 Abs. 2 GmbHG. Bereits die Gesetzgebungsgeschichte zeigt, dass sowohl § 19 als auch § 31 GmbHG, der nur ein Erlassverbot enthält, mehrfach geändert wurden, ohne dass die Anforderungen gleichgesetzt wurden. Insbesondere war im Rahmen des § 31 Abs. 1 GmbHG ein Aufrechnungsverbot vorgesehen worden, das später aber bewusst nicht verwirklicht wurde.[2078] Eine Regelungslücke hinsichtlich der Aufrechnung liegt damit zwar vor, aber dennoch ist diese Planwidrigkeit nicht eindeutig.[2079] Auch lässt sich der enge funktionale Zusammenhang zwischen Kapitalaufbringung und -erhaltung aufgrund der zahlreichen bestehenden Unterschiede[2080] mit guten Gründen in Zweifel ziehen.[2081] Allein das Abstellen auf den gemeinsamen Zweck beider Normen, das Stammkapital (wieder-) aufzubringen, rechtfertigt die analoge Anwendung zumindest nicht. Im Ergebnis kann die Frage der analogen Anwendung des § 19 Abs. 2 S. 2 GmbHG auf § 31 GmbHG aber in dem hier gegebenen Zusammenhang offen bleiben, da selbst im Falle einer solchen Analogie zumindest der Schluss von § 31 GmbHG auf § 302 Abs. 1 AktG analog, wie aufgezeigt wurde, nicht trägt.[2082]

2075 Dagegen Michalski-*Heidinger*, § 31 Rdn 74; *Sassenrath*, FS Huber, 931, 941 ff.; *Hentzen*, AG 2006, 133, 137; *Lange*, NJW 2002, 2293, 2296; zweif. *Priester*, BB 2005, 2483, 2487; *Reuter*, DB 2005, 2339, 2341; offenl. *Liebscher*, ZIP 2006, 1221, 1227; *Schilmar*, ZIP 2006, 2346, 2349; *Neyer/Schlepper*, BB 2007, 413, 414; dafür Lutter/Hommelhoff-*Lutter/Hommelhoff*, § 31 Rdn 23; Roth/Altmeppen-*Altmeppen*, § 31 Rdn 13 ff.; Scholz-*H.P. Westermann*, § 31 Rdn 32; *Goette*, Kapitalaufbringung und Kapitalschutz in der GmbH, S. 79; *Deckart*, S. 43; *Ulmer*, FS 100 Jahre GmbHG, 363, 381 f.; *Stimpel*, FS 100 Jahre GmbHG, 335, 350 f.; *Gehrlein*, BB 2006, 910, 910 f.; *Kort*, ZGR 2001, 615, 632.

2076 BGHZ 157, 72, 77; 168, 285, 289; BGH, BB 2006, 907, 909.

2077 BGHZ 146, 105, 107 f.; hierzu auch *Deckart*, S. 43.

2078 Zur Gesetzgebungsgeschichte ausf. *Sassenrath*, FS Huber, 931, 942 f.

2079 So auch *Reuter*, DB 2005, 2339, 2341; *Hentzen*, AG 2006, 133, 137; für fehlende Planwidrigkeit *Sassenrath*, FS Huber, 931, 943 f.; für Planwidrigkeit dagegen *Goette*, Kapitalaufbringung und Kapitalschutz in der GmbH, S. 79; *Benecke*, ZIP 2000, 1969, 1973; zweif. *Kort*, ZGR 2001, 615, 632.

2080 Hierzu bereits oben 2. Teil § 7 C.

2081 Dagegen etwa *Sassenrath*, FS Huber, 931, 943 f.; zweif. *Reuter*, DB 2005, 2339, 2341

2082 Ferner würde ein Vergleich des § 302 Abs. 1 AktG analog mit § 31 Abs. 1 GmbHG auch zu Friktionen mit der Rechtslage bei abhängigen Gesellschaften führen, die den Regeln der Kapitalaufbringung und -erhaltung nicht unterliegen, etwa Personengesellschaften; hierzu *Liebscher*, Rdn 1156; *ders.*, ZIP 2006, 1221, 1225; *Grunewald*, NZG 2005, 781, 785.

cc) Widersprüche bei der Anwendbarkeit des § 19 Abs. 2 S. 2 GmbHG

Die Anwendbarkeit des Aufrechnungsverbotes des § 19 Abs. 2 S. 2 GmbHG würde noch zu weiteren Widersprüchen führen. So gilt dieses Aufrechnungsverbot gerade nicht absolut. Vielmehr kann die Einlageschuld mit einer Gegenforderung verrechnet werden, wenn das Verfahren zur Sacheinlage eingehalten wird. § 19 Abs. 2 S. 2 GmbHG soll also gewährleisten, dass die Sacheinlagevorschriften, vor allem diejenigen über die Werthaltigkeitsprüfung von Sacheinlagen, nicht umgangen werden. Eine Saldierung mit Forderungen würde gerade eine Sacheinlage darstellen. Mit § 19 Abs. 2 S. 2 GmbHG soll die Verrechnung also nicht generell verhindert, sondern lediglich dem Verfahren der Sacheinlage unterworfen werden.[2083] Dieses Verfahren stünde für die Leistung des Verlustausgleichsanspruchs aber nicht zur Verfügung, so dass bei analoger Anwendung des § 19 Abs. 2 S. 2 GmbHG die der Muttergesellschaft zustehende Forderung niemals zur Tilgung des Verlustausgleichsanspruchs genutzt werden könnte. Anders als in seinem eigentlichen Anwendungsbereich würde das Aufrechnungsverbot des § 19 Abs. 2 S. 2 GmbHG hier also absolut wirken.[2084] Dies wäre indes wertungswidersprüchlich, zumal § 302 Abs. 1 AktG ohnehin aufgrund des zeitlich hinausgeschobenen Ausgleichs einen schwächeren Schutz genießt als die Kapitalerhaltung.[2085] Eine analoge Anwendung des § 19 Abs. 2 S. 2 GmbHG auf den Verlustausgleichsanspruch würde damit weit über die Zielsetzung des § 302 Abs. 1 AktG hinausgehen, der die abhängige Gesellschaft nur in die Lage versetzen soll, die Forderungen ihrer Gläubiger befriedigen zu können.[2086]

Folge des Aufrechnungsverbotes wäre damit, dass die Tochtergesellschaft die offene Verbindlichkeit leisten und die Muttergesellschaft ihrerseits den Verlustausgleich in bar erbringen müsste. Die Ansicht des OLG Jena kann hier allerdings so weit führen, dass die Muttergesellschaft nicht zwingend von ihrer Verpflichtung befreit wird.[2087] Behandelt man nämlich § 302 Abs. 1 AktG nach dieser Auffassung konsequent wie eine Bareinlageverpflichtung, müsste man das Aufrechnungsverbot wie im unmittelbaren Anwendungsbereich des § 19 Abs. 2 S. 2 GmbHG dadurch absichern, dass man ein Hin- und Herzahlen des Verlustausgleichsbetrages zwischen Mutter- und Tochtergesellschaft ver-

[2083] *Liebscher*, Rdn 749; *ders.*, ZIP 2006, 1221, 1227; *Kiefner*, Börsen-Zeitung v. 02.08.2006, S. 12.

[2084] *Liebscher*, Rdn 749; *ders.*, ZIP 2006, 1221, 1227 f.; *Grunewald*, NZG 2005, 781, 783; *Hentzen*, AG 2006, 133, 137; *Neyer/Schlepper*, BB 2007, 413, 414.

[2085] *Liebscher*, Rdn 749; *ders.*, ZIP 2006, 1221, 1228.

[2086] *Rodewald*, BB 2006, 1877, 1877.

[2087] Die Frage aufw. *Grunewald*, NZG 2005, 781, 783.

sagt.[2088] Dies wiederum würde es erforderlich machen, den Verlustausgleichsbetrag der Tochtergesellschaft bar auszuzahlen und dort für einen – nach hier vertretener Auffassung nicht zweifelsfrei feststellbaren[2089] – Zeitraum zu belassen.[2090] Erst danach könnte der Betrag für die Begleichung von Gegenforderungen der Muttergesellschaft verwendet werden. Ist dies aber von vornherein abgesprochen, würde der Zeitablauf allein die Absprache, die zu einer unwirksamen Leistung führen würde, nicht heilen. Entsprechend der bei der Kapitalaufbringung einer in einen Cash Pool integrierten Gesellschaft diskutierten Lage wird hier bereits erwogen, ob nicht auch der Verlustausgleichsbetrag auf ein Sonderkonto gezahlt und damit die operativen Kosten der Gesellschaft beglichen werden könnten.[2091] Wie wenig einleuchtend dieses Procedere ist, wird deutlich, wenn man sich vor Augen hält, dass die unterjährige Liquiditätszufuhr über einen Cash Pool lediglich dazu dient, den Tochterverlust vorzufinanzieren.[2092] Bei Zahlung von einem Sonderkonto wäre insofern zweifelhaft, ob damit auch die Muttergesellschaft befriedigt werden könnte. Wegen dieser Problematik würde es nahe liegen, dass der Muttergesellschaft der Verlustausgleichsbetrag auch hierüber nicht mittelbar zurückfließen dürfte. Damit würde man allerdings in den Bereich einer – richtigerweise abzulehnenden[2093] – Liquiditätsausstattungspflicht gelangen.

dd) Ergebnis

Das Aufrechnungsverbots des § 19 Abs. 2 S. 2 GmbHG lässt sich auf § 302 Abs. 1 AktG über den „Umweg" des Vergleiches von § 302 Abs. 1 AktG mit § 31 Abs. 1 GmbHG nicht übertragen.

c) Wertungswiderspruch zum Verzicht?

Vielfach wird für die generelle Zulässigkeit der Aufrechnung ins Feld geführt, die herrschende Gesellschaft könne durch einen Verzicht der eigenen Forderungen gegen das abhängige Unternehmen vor dem Bilanzstichtag den Jahresfehl-

---

2088 *Sassenrath*, FS Huber, 931, 938; *Liebscher*, Rdn 749; *ders.*, ZIP 2006, 1221, 1228; *Grunewald*, NZG 2005, 781, 783; *Schilmar*, ZIP 2006, 2346, 2350; *Reuter*, DB 2005, 2339, 2341; *Kiefner*, Börsen-Zeitung v. 02.08.2006, S. 12.

2089 Siehe oben 2. Teil § 5 B. III. 1 a) bb).

2090 *Liebscher*, Rdn 749; *ders.*, ZIP 2006, 1221, 1228; *Grunewald*, NZG 2005, 781, 783 lässt die Lösung des Problems offen.

2091 So *Lamb/Schluck-Amend*, DB 2006, 879, 881; zu den Problemen, die diese Auffassung mit sich bringt, siehe oben 2. Teil § 5 B. III. 2 a) bb).

2092 Von *Liebscher*, Rdn 749; *ders.*, ZIP 2006, 1221, 1228, als argumentum ad absurdum bezeichnet.

2093 Hierzu unten 4. Teil § 14 A. IV.

betrag schon nicht zur Entstehung kommen lassen.[2094] Dies beruhe darauf, dass der Verzicht bilanziell durch Ausbuchung der Forderung in dem für den Verlustausgleichsanspruch maßgeblichen Jahresabschluss zu berücksichtigen sei.[2095] Hierbei würde es sich auch nicht um einen nach § 302 Abs. 3 AktG unzulässigen Verzicht der abhängigen Gesellschaft auf einen Verlustausgleichsanspruch aus § 302 Abs. 1 AktG handeln.[2096] Auf dem ersten Blick erscheint es tatsächlich widersprüchlich, wenn vor dem Bilanzstichtag ein Verzicht des herrschenden Unternehmens auf die Forderungen möglich ist, nach diesem Stichtag aber eine Aufrechnung mit derselben Forderung ausgeschlossen sein soll.[2097] Dennoch hat der BGH sich dieser Argumentation nicht angeschlossen, da der Anspruch aus § 302 Abs. 1 AktG mit dem Bilanzstichtag entstehe und auch fällig sei und ein späterer Wegfall von Verbindlichkeiten der Gesellschaft durch Erlass oder Drittgläubigerbefriedigung seitens der herrschenden Gesellschaft das für den Verlustausgleich maßgebliche Vorjahresergebnis nach dem bilanzrechtlichen Stichtagsprinzip nicht berühre.[2098] Bei Zugrundelegung dieser Betrachtungsweise erscheint die Gegenauffassung jedenfalls nicht derart zwingend, dass dieses Argument ohne weiteres für eine Aufrechnung herangezogen werden kann.

d) Unstimmigkeiten beim Cash Pooling

Abgesehen davon würde der generelle Ausschluss einer Aufrechnung des Verlustausgleichsanspruchs mit den Gegenforderungen der Muttergesellschaft gerade in Bezug auf das konzernweite Cash Pooling nicht zu überwindende Unstimmigkeiten mit sich bringen. Wie bereits dargestellt wurde, erfolgt die Aufrechnung des Verlustausgleichsanspruchs mit den aus dem Cash Pooling stammenden Darlehensrückzahlungsansprüchen über das Verrechnungskonto des Cash Pools. Aus wirtschaftlicher Sichtweise werden damit die bei der abhängigen GmbH entstehenden Verluste durch eine laufende Liquiditätszufuhr über die Darlehensgewährung im Rahmen des Cash Poolings vorfinanziert, sofern die Verluste liquiditätswirksam sind.[2099] Wäre nun eine Aufrechnung dieser Darlehensrückgewähransprüche mit dem Verlustausgleichsanspruch des abhängigen Unternehmens generell nicht möglich, würde dies bei wirtschaftlicher Betrachtung bedeuten, dass das herrschende Unternehmen die Verluste stets doppelt,

---

[2094] *Liebscher*, Rdn 749; *ders.*, ZIP 2006, 1221, 1226; *Hentzen*, AG 2006, 133, 139 f.; *Priester*, BB 2005, 2483, 2484; vgl. die Diskussion zur Möglichkeit eines Verzichts schon beim Vollwertigkeitsgebot im Rahmen der Kapitalaufbringung.

[2095] *Liebscher*, Rdn 749; *ders.*, ZIP 2006, 1221, 1226; *Hentzen*, AG 2006, 133, 140.

[2096] *Liebscher*, Rdn 749; *ders.*, ZIP 2006, 1221, 1226.

[2097] So *Liebscher*, Rdn 749; *ders.*, ZIP 2006, 1221, 1226.

[2098] BGHZ 168, 285, 290 f.

[2099] Vgl. BGHZ 168, 285, 292; *Liebscher*, Rdn 749; *ders.*, ZIP 2006, 1221, 1227; *Hentzen*, AG 2006, 133, 140; *Reuter*, DB 2005, 2339, 2343; *Witt*, NZG 2006, 735, 737.

einmal durch die Liquiditätszufuhr über den Cash Pool und einmal durch den in bar erfolgenden Verlustausgleich, finanzieren müsste.[2100] Dies wäre aus Sichtweise des herrschenden Unternehmens nicht nur „nicht sachgerecht"[2101], sondern beinahe „katastrophal"[2102] und würde einem aus wirtschaftlicher Sichtweise sinnvollen Verhalten wie die im Rahmen des Cash Poolings erfolgende Liquiditätszufuhr durch das herrschende Unternehmen entgegenstehen. Ohne eine Konzernfinanzierung über das Cash-Pooling-System wäre das abhängige Unternehmen dazu gezwungen gewesen, die Verluste bei einem Kreditinstitut zwischenzufinanzieren und hätte dann die aufgrund des Verlustausgleichsanspruchs nach § 302 Abs. 1 AktG analog erhaltenen Mittel zur Rückführung der Zwischenfinanzierung verwenden müssen.[2103] Mit einer Liquiditätszufuhr mittels Darlehensgewährung über den Cash Pool unterstützt sie – zumal keine Liquiditätsausstattungspflicht besteht – also das abhängige Unternehmen mehr, als sie nach der gesetzlichen Lage verpflichtet wäre.[2104] Das herrschende Unternehmen könnte sich jedenfalls dazu gezwungen sehen, die absteigende Darlehensgewährung vertraglich zu beschränken. Da auch keine Liquiditätsausstattungspflicht des herrschenden Unternehmens besteht,[2105] würde die Liquiditätsversorgung des abhängigen Unternehmens bei einer fehlenden Aufrechnungsmöglichkeit mit späteren Verlustausgleichsansprüchen aufgrund zu erwartender Reaktionen des herrschenden Unternehmens erheblich eingeschränkt werden. Zu beachten ist auch, dass mit der Liquiditätszufuhr über den Cash Pool unter Umständen die Schaffung nicht unerheblicher Werte finanziert wird.[2106] Letztendlich würde die generelle Versagung der Aufrechnung damit auch den Interessen der Tochtergesellschaft nicht gerecht werden. Dies wiederum entspricht nicht dem Zweck des Verlustausgleichs des § 302 Abs. 1 AktG, die abhängige Gesellschaft und deren Gläubiger vor einer Schmälerung des Vermögens der Gesellschaft zu bewahren.[2107] Ob allerdings die Möglichkeit der Aufrechnung im Cash Pool eingeschränkt ist, ist wiederum eine andere Frage, zu der noch ausgeführt wird. Im Grundsatz muss jedenfalls eine Aufrechnung möglich sein.

[2100] *Liebscher*, Rdn 749; *ders.*, ZIP 2006, 1221, 1227; *Reuter*, DB 2005, 2339, 2343; *Rodewald*, BB 2006, 1877, 1877 f.; *Sinewe*, DB 2006, 1781, 1782; *Suchanek/Herbst*, FR 2005, 665, 675; *Kiefner*, Börsen-Zeitung v. 02.08.2006, S. 12.

[2101] So *Liebscher*, Rdn 749; *ders.*, ZIP 2006, 1221, 1227.

[2102] Diese Äußerung zur Rechtsfolge der verdeckten Sacheinlage soll nach *Reuter*, DB 2005, 2339, 2339, auch in diesem Zusammenhang gelten.

[2103] *Reuter*, DB 2005, 2339, 2343 f.

[2104] *Liebscher*, Rdn 749; *ders.*, ZIP 2006, 1221, 1227; Reuter, DB 2005, 2339, 2343; *Suchanek/Herbst*, FR 2005, 665, 675.

[2105] Hierzu unten 4. Teil § 13 A. IV.

[2106] Zutr. *Liebscher*, ZIP 2006, 1221, 1227, der die Entwicklung neuer Produkte als Beispiel erwähnt.

[2107] *Kiefner*, Börsen-Zeitung v. 02.08.2006, S. 12.

e) Keine Schutzlücken

Die Zulassung der Aufrechnung gegen den Verlustausgleichsanspruch würde auch keine Schutzlücken für die Gläubiger des abhängigen Unternehmens mit sich bringen.[2108] Zum einen gilt das Verzichtsverbot des § 302 Abs. 3 AktG. Ferner besteht gemäß § 303 AktG ein Anspruch auf Sicherheitsleistung bei Beendigung des Unternehmensvertrages. § 303 AktG findet ebenfalls analoge Anwendung auf den GmbH-Vertragskonzern.[2109] Sofern es auf die Werthaltigkeit des Anspruchs ankommen sollte,[2110] könnte diese Frage einer Klärung im Rahmen einer Zahlungsklage des beherrschten Unternehmens gegen das herrschende Unternehmen wegen fehlender Erfüllung des Verlustausgleichsanspruchs zugeführt werden.[2111]

f) Vereinbarkeit mit dem Steuerrecht

Die Zulassung eines Aufrechnungsverbotes entsprechend der „Grundsätze" des OLG Jena würde letztlich auch zu Unstimmigkeiten mit dem Steuerrecht führen. GmbH-rechtliche Unternehmensverträge erhalten aus steuerrechtlichen Gründen, nämlich zur Anerkennung der steuerlichen Organschaft,[2112] eine Regelung, in der § 302 Abs. 1 AktG für entsprechend anwendbar erklärt und durch die eine volle Verlustausgleichspflicht begründet wird, § 14 S. 2 Nr. 2 KStG.[2113] Aus steuerrechtlicher Sicht ist von den Finanzverwaltungen eine Verrechnung des Verlustausgleichsanspruchs mit Gegenforderungen als tatsächliche Durchführung der Verlustübernahme, welche wiederum zwingende Voraussetzung für die Anerkennung der Organschaft ist, anerkannt worden.[2114] Würde ein damit steuerrechtlich anerkanntes Instrumentarium nunmehr gesellschaftsrechtlich nicht mehr gestattet sein, würde der Grundsatz der Einheitlichkeit der Rechtsordnung

---

2108 So auch *Liebscher*, Rdn 749; *ders.*, ZIP 2006, 1221, 1228 f.; *Grunewald*, NZG 2005, 781, 783; ähnl. BGHZ 168, 285, 292.

2109 BGHZ 95, 330, 346; 116, 37, 39; *Liebscher*, Rdn 755; Emmerich/Habersack-*Emmerich*, KonzernR, § 32 III 2.

2110 Hierzu unten § 11 B. 3.

2111 *Liebscher*, Rdn 749; *ders.*, ZIP 2006, 1221, 1229.

2112 Damit wird für Steuerzwecke die Konsolidierung von Gewinnen und Verlusten der Vertragspartner möglich.

2113 Hierzu *Liebscher*, Rdn 1078; *Sinewe*, EWiR § 302 Abs. 1 AktG 1/05, 331, 322; *ders.*, DB 2006, 1781, 1782.

2114 Darauf hinw. *Priester*, BB 2005, 2483, 2486; *Liebscher*, ZIP 2006, 1221, 1224 f.; *Sinewe*, DB 2006, 1781, 1782; *Kiefner*, Börsen-Zeitung v. 02.08.2006, S. 12; *Tielmann/Wolf*, DStR 2006, 1947, 1947; vorsichtig aber *Suchanek/Herbst*, FR 2005, 665, 674; vgl. den Praxishinweis bei OLG Jena, NJW-Spezial 2005, 367, 368; siehe jetzt BMF-Schreiben vom 25.08.2006, Az: IV B 7-S 2770 12/06, DK 2006, 61.

erheblich in Frage gestellt werden.[2115] Eine Aufrechnung erweist sich nach den genannten Gründen als zulässig.

3. Werthaltigkeitserfordernis des gegenläufigen Anspruchs?

Mit der grundsätzlichen Zulässigkeit der Aufrechnung ist allerdings noch nicht die Frage geklärt, ob der Anspruch der Muttergesellschaft gegen das abhängige Unternehmen für die Aufrechnung vollwertig sein muss oder ob dies gerade keine Voraussetzung ist. Eine gegen die Gesellschaft bestehende Gläubigerforderung ist nicht vollwertig, wenn ihr Vermögen nicht ausreicht, um alle fälligen Forderungen ihrer Gläubiger unter Einschluss der zur Aufrechnung gestellten Forderung zu befriedigen.[2116] Vollwertigkeit einer Forderung ist im Umkehrschluss daraus daher dann anzunehmen, wenn das abhängige Unternehmen im Zeitpunkt der Aufrechnung zahlungsfähig ist.[2117] Für das Cash Pooling hat die Frage nach der Werthaltigkeit der Forderungen der Muttergesellschaft eine nicht unerhebliche Bedeutung: Wie bereits dargestellt wurde, kommt das Szenario der Aufrechnung von Verlustausgleichsanspruch mit Darlehensrückforderungsansprüchen der Muttergesellschaft dann in Betracht, wenn das abhängige Unternehmen mehr Liquidität vom Cash Pool angefordert als es in Anspruch genommen hat. Nicht selten kann es vorkommen, dass es sich hierbei um eine chronisch defizitäre Gesellschaft handelt. In diesem Zuge dürften an der Werthaltigkeit der Rückzahlungsansprüche der Muttergesellschaft aber regelmäßig Zweifel bestehen, wenn nicht die Liquidität des abhängigen Unternehmens anderweitig gesichert wird. Insofern wäre die Zulässigkeit der Aufrechnung von der Frage der Werthaltigkeit der Rückzahlungsansprüche abhängig.

a) Bilanzbezogene Betrachtungsweise

Gegen das Erfordernis der Vollwertigkeit lässt sich mit einem bilanzbezogenen Ansatz anführen, dass die Darlehensrückzahlungsforderung des herrschenden Unternehmens bis zur Aufrechnung unabhängig von ihrer Werthaltigkeit in der Bilanz des abhängigen Unternehmens mit dem vollen Wert zu passivieren ist (§ 253 Abs. 1 S. 2 HGB).[2118] In der gesamten bei dem abhängigen Unternehmen bilanzierten Höhe wird die Gegenforderung der Muttergesellschaft in die Ermittlung des Verlustausgleichs eingebunden. Wird mit dieser Forderung aufgerechnet, führt dies zum Erlöschen der Verbindlichkeit und des Verlustausgleichsan-

---

[2115] *Liebscher*, ZIP 2006, 1221, 1224 f.; allerdings hat das FG Köln, DK 2005, 614 ff., abgelehnt, dass nach § 17 S. 2 Nr. 2 KStG die Verlustübernahme entsprechend § 302 Abs. 1 AktG ausdr. im Ergebnisabführungsvertrag geregelt sein muss; dem folgend *Crezelius*, DAI-JAT 2006, 102, 122; dagegen aber wiederum BFH, DStR 2006, 1224 ff.; hierzu *Sinewe*, EWiR § 302 Abs. 1 AktG 2/06, 579 f.

[2116] BGHZ 125, 141, 145; 168, 285, 291.

[2117] *Sinewe*, DB 2006, 1781, 1781; *Theiselmann*, GmbHR 2006, 931, 933.

[2118] *Hentzen*, AG 2006, 133, 138.

spruchs in der Höhe, in der sie sich entsprechen, so dass die Aufrechnung aufgrund ihrer Ergebnisneutralität keinerlei Auswirkungen auf das von § 302 Abs. 1 AktG geschützte bilanzielle Eigenkapital des abhängigen Unternehmens zeitigt.[2119] Da der Verlustausgleichsanspruch des § 302 Abs. 1 AktG also seinem Schutzzweck nach lediglich auf die bilanzielle Neutralisierung der Tochterverluste zielt,[2120] die durch die Aufrechnung ohne weiteres erreicht wird, erscheint es plausibel, es nicht auf die Werthaltigkeit der Darlehensrückforderungen ankommen zu lassen. Für das Cash Pooling würde dies bedeuten, dass die Verrechnung der Ansprüche ohne Rücksicht auf die Werthaltigkeit der Darlehensrückzahlungsansprüche möglich wäre. Das „Damoklesschwert"[2121] der Doppelzahlung einerseits oder des Ausfalls der Darlehensrückzahlungsansprüche wäre damit von vornherein entschärft.

b) Tatsächliche Betrachtungsweise

Der BGH ist dieser Auffassung indes nicht gefolgt.[2122] Allein mit dem Hinweis auf die Ergebnisneutralität der Aufrechnung lasse sich das Erfordernis der Werthaltigkeit nicht entkräften, da auch eine Barzahlung auf den Anspruch aus § 302 Abs. 1 AktG bilanzielle Ergebnisneutralität aufweise.[2123] Es bestehe allerdings der Unterschied, dass bei einer Barzahlung die Tochtergesellschaft im Austausch für ihren durch Erfüllung erloschenen Verlustausgleichsanspruch einen vollwertigen Gegenwert erhalte. Dies sei bei der Aufrechnung mit nicht werthaltigen Forderungen nicht der Fall. Wegen der Ergebnisneutralität der Aufrechnung werde dies nicht durch einen nachfolgenden Verlustausgleich zum Geschäftsjahresende kompensiert. Das herrschende Unternehmen verschaffe sich zum Nachteil des abhängigen Unternehmens und deren übrigen Gläubigern eine volle Befriedigung für eine nicht werthaltige Forderung gegen Wegfall der Ausgleichsforderung nach § 302 Abs. 1 AktG. Der Gegenwert stünde anderenfalls allen anderen Gläubigern der Tochtergesellschaft zu anteiliger Befriedigung zur Verfügung. Sowohl im Hinblick auf den Gläubigerschutz als auch auf die Ausgleichsfunktion für die außer Kraft gesetzten Kapitalerhaltungsvorschriften könne ein Verzicht auf die Werthaltigkeit der Ansprüche der Muttergesellschaft damit nicht hingenommen werden. Hiermit geht eine Ansicht im Schrifttum

---

2119 So *Liebscher*, Rdn 749; *Sassenrath*, FS Huber, 931, 946 f.; *Hentzen*, AG 2006, 133, 138; *Rodewald*, BB 2006, 1877, 1877 f.; *Sinewe*, DB 2006, 1781, 1781 f.; *ders.*, EWiR § 302 Abs. 1 AktG 1/05, 332, 333; *Aschenbeck*, BGHReport 2006, 1246, 1247; *Liebscher*, ZIP 2006, 1221, 1228; *Schilmar*, ZIP 2006, 2346, 2349 f.; *Kiefner*, Börsen-Zeitung v. 02.08.2006, S. 12.

2120 *Liebscher*, Rdn 749; *Hentzen*, AG 2006, 133, 138; *Liebscher*, ZIP 2006, 1221, 1228; *Kiefner*, Börsen-Zeitung v. 02.08.2006, S. 12.

2121 Vgl. die Bezeichnung bei *Sinewe*, DB 2006, 1781, 1782.

2122 BGHZ 168, 285, 291.

2123 BGHZ 168, 285, 291, unter Hinweis auf *Reuter*, DB 2005, 2339, 2340.

überein, die ebenfalls für die Vollwertigkeit der Forderung des herrschenden Unternehmens gegen die Tochter, die zur Aufrechnung herangezogen werden soll, eintritt.[2124]

c) Stellungnahme

Letzterer Auffassung ist zu folgen: Wie im Rahmen der Kapitalerhaltung bei § 30 Abs. 1 GmbHG, so ist auch hier einer rein bilanziellen Betrachtungsweise eine Absage zu erteilen. Die ansonsten bestehende Gefahr der Aufrechnung mit nicht werthaltigen Forderungen würde den von § 302 Abs. 1 AktG verfolgten Zweck des Schutzes der Gläubiger der Gesellschaft nicht erfüllen.[2125] Wie bereits dargelegt wurde, kann in der Suspendierungswirkung des § 291 Abs. 3 AktG nicht auch eine vollständige Preisgabe des von §§ 30 f. GmbHG intendierten Gläubigerschutzes gesehen werden. Außerdem dient auch § 302 Abs. 1 AktG selbst dem Schutz der Gläubiger des abhängigen Unternehmens. Es liegt damit zumindest auf der Linie von BGHZ 157, 72 ff., eine Abkehr von einer bilanziellen Betrachtungsweise immer dann zuzulassen, wenn Gläubigerschutzgesichtspunkte dies erfordern.[2126] Genau dies ist auch hier der Fall: Wie der BGH zutreffend festgestellt hat, würden die Gläubiger der Gesellschaft benachteiligt, wenn sich die Muttergesellschaft Befriedigung für eine nicht voll werthaltige Forderung gegen Wegfall des gegen sie gerichteten Verlustausgleichsanspruchs aus § 302 Abs. 1 AktG verschaffen könnte. Eine reine bilanzielle Betrachtungsweise würde beim Gläubigerschutz zu kurz greifen und diesem nicht gerecht werden. Aus diesen Erwägungen heraus ist eine tatsächliche Betrachtungsweise, die auf die Werthaltigkeit abstellt und damit im Einzelfall für einen ausreichenden Gläubigerschutz sorgen kann, der Vorzug zu geben. Nur bei Werthaltigkeit der Forderungen der Muttergesellschaft führt die Aufrechnung zu einem vollwertigen Zufluss von Kapital. Letztlich versagt ein bilanzbezogener Ansatz wie schon im Rahmen der Darlehensgewährung im Rahmen des § 30 Abs. 1 GmbHG auch hier. Der durch §§ 302, 303 AktG bezweckte Schutz für die beherrschte Gesellschaft und deren Gläubiger kann damit nur durch das Werthaltigkeitskriterium aufrecht erhalten werden. Gerade bei dauerhaft defizitären Tochtergesellschaften dürfte das Kriterium der Werthaltigkeit nicht erfüllt sein

---

[2124] *Hüffer*, § 302 Rdn 15; *Reuter*, DB 2005, 2339, 2342 f.; *Priester*, BB 2005, 2483, 2485 f.; *Theiselmann*, GmbHR 2006, 931, 933; *Petersen*, GmbHR 2006, 1246, 1247; *Bayer/Lieder*, GmbHR 2006, 1121, 1124; *Suchanek*, FR 2006, 872, 872; *Witt*, NZG 2006, 735, 736; *Tielmann/Wolf*, DStR 2006, 1947, 1950, die dies allerdings bereits aus § 302 Abs. 3 AktG herleiten.

[2125] *Witt*, NZG 2006, 735, 736; *Reuter*, DB 2005, 2339, 2342 f.

[2126] Dass BGHZ 157, 72 ff., hier keine unmittelbaren Auswirkungen zeitigen kann, wurde oben unter § 11 A. II. 3. dargestellt; in diesem Zusammenhang auf BGHZ 157, 72 ff., abst. allerdings auch *Witt*, NZG 2006, 735, 736; *Sinewe*, DB 2006, 1781, 1781; *Tielmann/Wolf*, DStR 2006, 1947, 1950.

und eine Aufrechnung daher ausscheiden.[2127] Beweisbelastet für das Vorliegen der Werthaltigkeit der Gegenforderung ist nach allgemeinen Grundsätzen in Übereinstimmung mit dem BGH das herrschende Unternehmen,[2128] wofür die notwendigen Voraussetzungen geschaffen werden müssen.[2129]

d) Besonderheiten beim Cash Pooling

Es stellt sich allerdings die Frage, ob diese Betrachtungsweise auch beim konzernweiten Cash Pooling aufgrund der damit verbundenen Besonderheiten Geltung beansprucht.

aa) Herstellung der Werthaltigkeit der Gegenforderung im Cash Pool

Wie bereits dargestellt wurde, finanziert das herrschende Unternehmen über die Liquiditätsversorgung des Cash Pools unterjährig die Verluste des abhängigen Unternehmens. Könnte das herrschende Unternehmen dann die Darlehensrückzahlungsansprüche nicht mit dem Verlustausgleichsanspruch des abhängigen Unternehmens mangels Werthaltigkeit der Forderungen gegen das abhängige Unternehmen aufrechnen, würde es bei wirtschaftlicher Betrachtungsweise zu einer Doppelzahlung kommen. Aus diesem Grund wird gefordert, vom Erfordernis der Werthaltigkeit eine Ausnahme beim Cash Pooling zuzulassen.[2130] Die Frage der Aufrechnung, die für das herrschende Unternehmen gravierende Folgen haben kann, würde also von der Werthaltigkeit der Forderungen gegen das abhängige Unternehmen und damit im Ergebnis von dessen Liquiditätslage abhängen. Derartige Zufälligkeiten sind aus Sicht des herrschenden Unternehmens nicht zufriedenstellend.[2131]

Bevor der Frage einer Ausnahme vom Werthaltigkeitserfordernis beim Cash Pooling nachgegangen wird, ist zu untersuchen, ob das Werthaltigkeitserfordernis im Rahmen des Cash Poolings nicht aufgrund der damit verbundenen Besonderheiten sichergestellt werden könnte. Bejahendenfalls wäre eine Ausnahme vom Werthaltigkeitserfordernis beim Cash Pooling nicht erforderlich. Das Erfordernis der Werthaltigkeit der Forderungen der Muttergesellschaft könnte dadurch erfüllt werden, dass diese die Liquidität des abhängigen Unternehmens sicherzustellen verpflichtet ist.[2132] Wie bereits festgestellt wurde, ist eine Verpflichtung zur positiven Liquiditätsausstattung des abhängigen Unter-

---

2127 *Petersen*, GmbHR 2006, 1246, 1248; *Sinewe*, DB 2006, 1781, 1782.

2128 BGHZ 168, 285, 291; zust. *Lenz*, EWiR § 302 Abs. 1 AktG 1/06, 577, 578; *Tielmann/Wolf*, DStR 2006, 1947, 1950; *Petersen*, GmbHR 2006, 1246, 1248.

2129 Hierzu im einzelnen *Sinewe*, DB 2006, 1781, 1781 f.

2130 *Reuter*, DB 2005, 2339, 2343 f.

2131 *Rodewald*, BB 2006, 1877, 1878.

2132 So *Theiselmann*, GmbHR 2006, 931, 933, allerdings offenl., wie dies geschehen soll; vgl. *Rittscher*, S. 124.

nehmens durch das herrschende Unternehmen nicht unumstritten. Richtigerweise ist eine solche Verpflichtung abzulehnen.[2133]

Alternativ ist daran zu denken, das herrschende Unternehmen zur Zahlung von Abschlagszahlungen auf die zukünftigen Verlustausgleichsansprüche zu verpflichten.[2134] Die absteigenden Darlehen an die Tochtergesellschaft müssten insoweit mit einer eindeutigen Tilgungsbestimmung hinsichtlich des zukünftigen Verlustausgleichsanspruchs aus § 302 Abs. 1 AktG versehen werden.[2135] Ohne eine Tilgungsbestimmung bestehe die Gefahr, dass die auf einen Verlustausgleich in Anspruch genommene Muttergesellschaft die von ihr erbrachten Leistungen nachträglich nach Belieben der einen oder anderen Verbindlichkeit zuordnet.[2136] Unter dieser Voraussetzung wäre die Gefahr einer Doppelzahlung von vornherein gebannt. Für die Zulässigkeit einer solchen Ausgestaltung des Cash Pools, wonach die absteigenden Liquiditätsströme dann statt als Darlehen jeweils als Abschlagszahlungen auszugestalten sind, spricht in wirtschaftlicher Hinsicht, dass die vertraglich konzernierte GmbH mit der Liquidität gerade das erhält, was sie erhalten soll, nämlich Liquidität, und zwar sogar zu einem früheren Zeitpunkt, zu dem tatsächlicher Bedarf besteht.[2137] Gegen die Verpflichtung zu Abschlagszahlungen lassen sich aber unterschiedliche Bedenken erheben.[2138] Dies beginnt bereits damit, dass unterjährige Abschlagszahlungen auf den Verlustausgleich dem Wortlaut des § 302 Abs. 2 AktG widersprechen, der gerade einen Jahresverlust zugrunde legt. Der Verlustausgleichsanspruch ist mit dem

---

[2133] Hierzu noch unten 4. Teil § 14 A. IV.

[2134] Für die Zulässigkeit solcher Abschlagszahlungen BGHZ 168, 285, 292; Heidel-*Schubert*, § 302 Rdn 15; Emmerich/Habersack-*Emmerich*, Kommentar, § 302 Rdn 41; MK-AktG-*Altmeppen*, § 302 Rdn 71; Emmerich/Habersack-*Emmerich*, KonzernR, § 20 V 5 b); *Kleindiek*, Strukturvielfalt im Personengsellschaft-Konzern, S. 162 ff.; *Suchanek/Herbst*, FR 2005, 665, 675; *Kleindiek*, ZGR 2001, 479, 492 ff.; *Altmeppen*, DB 1999, 2453, 2456; *Priester*, ZIP 1989, 1301, 1307 f.; *Krieger*, NZG 2005, 787, 789; *Tielmann/Wolf*, DStR 2006, 1947, 1949; *Schilmar*, ZIP 2006, 2346, 2347; *Wolf*, ZIP 2006, 1885, 1889; *Veil*, Unternehmensverträge, S. 120; in Bezug auf die hier in Frage stehende Situation *Reuter*, DB 2005, 2339, 2344; *Sinewe*, DB 2006, 1782, 1782; *Rodewald*, BB 2006, 1877, 1877 f.; offenl. *Röhricht*, VGR 3, 3, 19.

[2135] BGHZ 168, 285, 292; *Rittscher*, S. 124; *Reuter*, DB 2005, 2339, 2344; *Sinewe*, DB 2006, 1782, 1782; *Aschenbeck*, BGHReport 2006, 1246, 1247; *Rodewald*, BB 2006, 1877, 1877 f.; *Lenz*, EWiR § 302 Abs. 1 AktG 1/06 577, 578; *Schilmar*, ZIP 2006, 2346, 2350 f.; *Suchanek*, FR 2006, 872, 874; *Tielmann/Wolf*, DStR 2006, 1947, 1951, mit dem Hinweis darauf, dass derartige Zweckbestimmungen im Cash Pool bisher nicht erfolgten.

[2136] BGHZ 168, 285, 292.

[2137] Plastisch *Reuter*, DB 2005, 2339, 2344.

[2138] Dagegen auch GK-AktG-*Hirte*, § 302 Rdn 62; KK-*Koppensteiner*, § 302 Rdn 57; MünchHndb-GesR-AG-*Krieger*, § 70 Rdn 60; MünchHndbGesR-GmbH-*Decher*, § 70 Rdn 29; HndbKonzernfinanz-*Krieger*, § 4 Rdn 48; *Liebscher*, Rdn 742; *Wiedemann/Hirte*, FG 50 Jahre BGH, Bd II, 2000, 337, 383; *Lwowski/Groeschke*, WM 1994, 613, 615; *Zeidler*, NZG 1999, 692, 695.

Jahresabschluss und daher mit einer entsprechenden Rechungsperiode verknüpft.[2139] Im Laufe des Jahres ist es indes nicht sicher, ob und in welcher Höhe ein Jahresfehlbetrag entstehen wird. Die Höhe der gezahlten Abschläge wäre insoweit mit Unsicherheiten belastet. Ferner ist zu berücksichtigen, dass *Priester*, auf den diese Ansicht maßgeblich zurückgeht, eine Verpflichtung zu Abschlagszahlungen nur für die Fälle für erforderlich hält, in denen dies sowohl zur Bewahrung der Existenz der Tochtergesellschaft erforderlich ist als auch ein Verlustausgleich bereits erkennbar ist.[2140] Hieraus eine generelle Verpflichtung zu Abschlagszahlungen herzuleiten, wäre daher nicht gerechtfertigt. Zwar könnte man argumentieren, das abhängige Unternehmen stehe im Cash Pool permanent ohne Liquidität dar und jede Zahlung diene der Wahrung der Existenz des abhängigen Unternehmens. Damit würden aber nicht nur die Grenzen der von *Priester* eindeutig als Ausnahme konzipierten Abschlagszahlungspflicht überdehnt werden. Vielmehr ist auch auf das Rechtsinstitut der Existenzvernichtungshaftung hinzuweisen. Auch wenn damit kein einem Anspruch auf unterjährige Abschlagszahlungen auf den Verlustausgleich vergleichbarer Schutz gewährleistet wird, ist doch erkennbar, dass es aus dem Gesichtspunkt der Existenzwahrung keines Anspruchs auf einen unterjährigen Verlustausgleich bedarf.[2141] Denjenigen Stimmen, die zur Begründung einer derartigen Verpflichtung maßgeblich auf die Bewahrung der Existenz des abhängigen Unternehmens abstellen,[2142] ist damit die Grundlage entzogen. Es bleibt daher dabei, dass die Muttergesellschaft aufgrund des Cash Poolings nicht dazu verpflichtet ist, der Tochtergesellschaft etwas zu gewähren, was diese auch ohne die Einbindung in dieses System nicht hätte.[2143]

2139 Insoweit auch *Priester*, ZIP 1989, 1301, 1307; umstr. ist allerdings, wann der Verlustausgleichsanspruch entsteht und fällig ist: Nach BGHZ 142, 382, 385 f.; Michalski-*Zeidler*, Syst. Darst. 4 Rdn 116; MK-AktG-*Altmeppen*, § 302 Rd 70; Emmerich/Habersack-*Emmerich*, Kommentar, § 302 Rdn 40; *Hüffer*, § 302 Rdn 15; *Spindler/Klöhn*, NZG 2005, 584, 585 f.; *Schilmar*, ZIP 2006, 2346, 2347, entsteht der Verlustausgleichsanspruch und wird fällig mit dem Bilanzstichtag; OLG Schleswig, AG 1988, 382, 385; KK-*Koppensteiner*, § 302 Rdn 52 f.; MünchHndbGesR-AG-*Krieger*, § 70 Rdn 60; *ders.*, NZG 2005, 787, 791; *Lwowski/Groeschke*, WM 1994, 613, 614, wollen demgegenüber hinsichtlich des Entstehens auf den Bilanzstichtag, bezüglich der Fälligkeit aber auf die Feststellung des Jahresabschlusses abstellen. Dagegen spricht aber schon, dass das herrschende Unternehmen durch eine Verzögerung der Bilanzfeststellung den Verlustausgleich nach Belieben hinausschieben könnte.

2140 *Priester*, ZIP 1989, 1301, 1307 f.; ähnl. Emmerich/Habersack-*Emmerich*, KonzernR, § 20 V 5 b); oftmals findet sich diese Einschränkung aber nicht; sehr weitgehend etwa *Kleindiek*, ZGR 2001, 479, 492 ff.

2141 Ebenso GK-AktG-*Hirte*, § 302 Rdn 62; *Liebscher*, Rdn 742; vgl. *Zeidler*, NZG 1999, 692, 695.

2142 Emmerich/Habersack-*Emmerich*, Kommentar, § 302 Rdn 41.

2143 Vgl. *Matschernus*, S. 239; *Burgard*, VGR 6, 45, 64; *Vetter*, VGR 6, 69, 87.

Klarstellend sei angeführt, dass die Muttergesellschaft unabhängig von der Problematik der Zulässigkeit von Abschlagszahlungen in der Lage ist, eine Tilgungsbestimmung auf bestehende Verlustausgleichsansprüche zu treffen.[2144] Insofern besteht ein Gleichlauf mit der Rechtslage bei der Kapitalaufbringung und bei dem Anspruch aus § 31 Abs. 1 GmbHG. Eine Abschlagszahlung auf erst zukünftig entstehende Verlustausgleichsansprüche ist demgegenüber nicht möglich. Folglich scheidet auch eine entsprechende Tilgungsbestimmung aus. Ohne eine Tilgungsbestimmung auf bereits bestehende Verlustausgleichsansprüche würde sich im Cash Pool überdies dasselbe Problem ergeben, dass sich schon bei den bereits genannten Ansprüchen auf Einlageleistung und aus § 31 Abs. 1 GmbHG stellt. Werden die Zahlungsströme im Cash Pool nicht mit einer entsprechenden Tilgungsbestimmung versehen, ist eine Zuordnung von vornherein nicht möglich. Eine Tilgungsbestimmung auf den bereits bestehenden Verlustausgleichsanspruch ist insoweit zwingend erforderlich.[2145] Abgesehen davon ist es mehr als fragwürdig, dass durch derartige Abschlagszahlungen Doppelzahlungen im Cash Pool zuverlässig verhindert werden könnten. Der unterjährigen Abschlagszahlung müssten, damit eine Verrechnung stattfinden kann, werthaltige Gegenforderungen gegenüber stehen, wobei maßgeblicher Zeitpunkt für die Bestimmung der Werthaltigkeit der Gegenforderung insoweit der Aufrechnungszeitpunkt ist.[2146] Die Rückzahlungsansprüche müssten daher zu diesem Zeitpunkt werthaltig sein, was aber bei einer chronisch defizitären Gesellschaft nicht der Fall ist, so dass auch hier eine Aufrechnung ausscheidet.[2147]

bb) Ausnahme vom Werthaltigkeitserfordernis im Cash Pool

Da somit durch ein Cash-Pooling-System keine Möglichkeit besteht, die Werthaltigkeit der Gegenforderung herzustellen, stellt sich die Frage, ob angesichts der Gefahr von Doppelzahlungen nicht im Cash Pool eine Ausnahme zu machen ist. Die Gefahr von Doppelzahlungen kann dadurch entkräftet werden, dass die Muttergesellschaft die Werthaltigkeit der Ansprüche gegen die Tochtergesellschaft herstellt. Dies geht allerdings über das bloße Cash Pooling, das im Rahmen bestimmter Dispositionsrahmen stattfindet, hinaus. Ist sie dazu nicht in der Lage, kann sie – sofern die Werthaltigkeit der Gegenforderung nicht gegeben ist – aus den genannten Gläubigerschutzgesichtspunkten nicht aufrechnen. Dass sie in diesem Fall unter Umständen zu Doppelzahlungen verpflichtet sein kann, ist unter diesen Umständen hinzunehmen. Der alleinige Hinweis darauf, dass das herrschende Unternehmen mit der aus dem Cash Pooling folgenden Liquiditäts-

---

2144 BGHZ 168, 285, 292.

2145 Ebenso in diesem Zusammenhang *Tielmann/Wolf*, DStR 2006, 1947, 1951.

2146 *Reuter*, DB 2005, 2339, 2343; *Theiselmann*, GmbHR 2006, 931, 933; a. A. *Rodewald*, BB 2006, 1877, 1877, der stattdessen auf den Zeitpunkt der Entstehung der Gegenforderung abstellen will.

2147 *Rodewald*, BB 2006, 1877, 1878.

zufuhr an die abhängigen Unternehmen über ihre eigentlichen Pflichten hinaus handle,[2148] verkürzt den Blick auf einen einzelnen Aspekt des Cash Poolings. Vielmehr ist das konzernweite Cash Pooling aufgrund der damit verbundenen Vorteile auch und gerade im Interesse der Muttergesellschaft. Damit ist auch im Cash Pool keine Ausnahme von dem Werthaltigkeitserfordernis zu machen. Alles andere würde zu einem „Sonderrecht“ positiver Art im Cash Pool führen. Ein solches „Sonderrecht“ ist aber gerade abzulehnen. Da somit gerade bei chronisch defizitären Gesellschaften das Gebot der Vollwertigkeit nicht hergestellt wird und eine Aufrechnung des Verlustausgleichanspruchs im Cash Pool nicht möglich ist, dürfte dies ein deutliches Zeichen dafür sein, derartige Gesellschaften aus dem Cash Pool herauszunehmen.

e) Ergebnis

Es besteht die Notwendigkeit der Werthaltigkeit der Forderungen des herrschenden gegen das abhängige Unternehmen. Hiervon muss im Cash Pool entgegen anderslautender Stimmen keine Ausnahme gemacht werden.

II. Bei Habensaldo: Novation?

Anders als bei einem Sollsaldo des abhängigen Unternehmens stellt sich bei einem Habensaldo mangels Ansprüchen des herrschenden Unternehmens aus dem Cash Pool nicht die Frage nach der Aufrechnung mit dem Verlustausgleichsanspruch. Vielmehr ist hier zu klären, ob der Verlustausgleichsanspruch aus § 302 Abs. 1 AktG analog in ein Darlehensverhältnis umgewandelt wird, statt des Anspruchs aus § 302 Abs. 1 AktG analog als eine Forderung gegen das herrschende Unternehmen im Kontokorrentverhältnis gewährt wird.[2149]

Hierbei würde es sich um eine Novation, auch Schuldumschaffung genannt, handeln. Diese liegt vor, wenn die Parteien eines Vertrages die Aufhebung des Schuldverhältnisses derart mit der Begründung eines neuen Schuldverhältnisses verknüpfen, dass das neue an die Stelle des alten tritt.[2150] Dadurch wird ein überflüssiger Umweg der Aus- und Rückzahlung vermieden. Natürlich müsste die Forderung auch hier werthaltig sein.[2151] Für das Cash Pooling würde die Novation bedeuten, dass statt des Verlustausgleichsanspruchs aus § 302 Abs. 1 AktG analog eine Darlehensrückzahlungsforderung aus dem Cash Pool begründet wird. Als problematisch könnte sich die Novation des Verlustausgleichsanspruchs in einen Darlehensrückgewähranspruch erweisen, wenn es sich

---

2148 *Reuter*, DB 2005, 2339, 2344 f.

2149 *Hentzen*, AG 2006, 133, 139; vgl. den Praxishinweis bei OLG Jena, NJW-Spezial 2005, 367, 368.

2150 MK-BGB-*Emmerich*, § 311 Rdn 30 f.; Erman-*Kindl*, § 311 Rdn 10; Prütting/Wegen/Weinreich-*Pfeiffer*, § 364 Rdn 11; Palandt-*Heinrichs*, § 311 Rdn 8.

2151 Dies wird selbst von diejenigen gefordert, die bei der Aufrechnung die Vollwertigkeit der Gegenforderung nicht für erforderlich halten, *Hentzen*, AG 2006, 133, 139.

hierbei um eine Stundung handeln würde. Eine Stundung des Verlustausgleichsanspruchs aus § 302 Abs. 1 AktG wird weit überwiegend als unzulässig angesehen.[2152] Dem ist zuzustimmen: Bereits der zwingende Charakter des § 302 Abs. 1 AktG, aber auch die von dieser Norm geschützten Gläubigerinteressen sprechen gegen eine Stundung des Anspruchs aus § 302 Abs. 1 AktG. Dies wird auch in § 302 Abs. 3 AktG deutlich, wonach die Gesellschaft auf den Verlustausgleichsanspruch für drei Jahre nicht verzichten und sich nicht darüber vergleichen darf. Dass nach hier vertretener Auffassung eine Aufrechnung zulässig, eine Stundung aber unzulässig ist, ist im übrigen mit dem Schutzzweck des § 302 Abs. 1 AktG vereinbar: Bei einer Aufrechnung werden dem abhängigen Unternehmen keine liquiden Mittel entzogen, die für eine Begleichung der Forderung der Muttergesellschaft erforderlich gewesen wären. Bei wirtschaftlicher Betrachtungsweise kommt es also zu einem Mittelzufluss. Dies ist bei einer Stundung indes nicht der Fall.

Nach überwiegender und zutreffender Auffassung entsteht der Verlustausgleichsanspruch und wird fällig mit dem Bilanzstichtag.[2153] Zwar sind im Rahmen des Cash Poolings die Darlehensrückzahlungsansprüche täglich fällig. Regelmäßig werden die Darlehen aber dennoch für einen längeren Zeitraum stehen gelassen. Aus diesem Grund weist die Novation des Verlustausgleichsanspruchs in einen Darlehensrückzahlungsanspruch zumindest in diesem Fall eine stundungsähnliche Wirkung auf und ist daher in wirtschaftlicher Hinsicht einer Stundung gleichzusetzen.[2154] Führt auf der anderen Seite aber die Novation zu keiner zeitlichen Verzögerung, weil der Anspruch sofort erfüllt wird, liegt zwar keine Stundung vor. Allerdings wird es von vornherein nur sehr schwer überschaubar sein, ob und wie lange eine Forderung im Cash Pool stehen gelassen wird. Aus Gläubigerschutzgesichtspunkten ist es daher geboten, aufgrund des drohenden Stehenlassens der Forderung eine Novation nicht zuzulassen.[2155] Vielmehr ist der Verlustausgleichsanspruch aus § 302 Abs. 1 AktG in dieser Konstellation tatsächlich zu erfüllen.

Bestätigt wird dieses Ergebnis noch durch folgenden Umstand: In der Literatur ist anerkannt, dass die Mittel des Verlustausgleichs nicht in Form von Darlehen an das herrschende Unternehmen zurückgewährt werden dürfen, da

---

[2152] HndbKonzernfinanz-*Krieger*, § 4 Rdn 48; GK-AktG-*Hirte*, § 302 Rdn 63; KK-*Koppensteiner*, § 302 Rdn 54; MK-AktG-*Altmeppen*, § 302 Rdn 67; Emmerich/Habersack-*Emmerich*, Kommentar, § 302 Rdn 40 f.; Liebscher, Rdn 752; a. A. GK-AktG-*Würdinger*, 3. Aufl., § 302 Rdn 14; zweif. *Hentzen*, AG 2006, 133, 139.

[2153] Hierzu oben § 11 B. I. 3. d) aa).

[2154] *Hentzen*, AG 2006, 133, 139; hierzu bereits oben § 11 B. I. 3. d) aa).

[2155] A. A. *Hentzen*, AG 2006, 133, 139, der für eine grundsätzliche Zulässigkeit der Novation eintritt; wohl auch *Neyer/Schlepper*, BB 2007, 413, 417.

dies in wirtschaftlicher Hinsicht einer unzulässigen Stundung gleichstehe.[2156] Dies ist nicht auf eine Betrachtung des Verlustausgleichsanspruchs aus § 302 Abs. 1 AktG als Bareinlagepflicht zurückzuführen; eine derartige Betrachtung ist abzulehnen.[2157] Vielmehr beruht dies auf dem Stundungsverbot. Ist also die Rückgewähr des Verlustausgleichsanspruchs an das herrschende Unternehmen im Austausch für eine Darlehensrückzahlungsforderung unzulässig, muss dies erst Recht für den Fall gelten, in dem der Verlustausgleichsanspruch von vornherein gegen eine Darlehensrückzahlungsforderung ausgetauscht werden soll. Auch dieses Ergebnis steht bei wirtschaftlicher Betrachtungsweise einer unzulässigen Stundung gleich. Der einzige Unterschied besteht darin, dass es in der ersten Konstellation zu einem kurzfristigen Mittelzufluss bei dem abhängigen Unternehmen gekommen ist, während dies bei der zweiten Konstellation, welche die Novation betraf, von vornherein nicht der Fall war. Eine Novation scheidet damit aus. Vielmehr ist der Verlustausgleich tatsächlich zu erbringen. Auch im Cash Pool kann hiervon keine Ausnahme gemacht werden.

III. Ergebnis

Die Aufrechnung des Verlustausgleichsanspruchs aus § 302 Abs. 1 AktG analog mit Gegenansprüchen der Muttergesellschaft im Cash Pool ist entgegen der Entscheidung des OLG Jena und in Übereinstimmung mit dem BGH zulässig. Aus Gläubigerschutzgesichtspunkten ist allerdings die Werthaltigkeit der Gegenforderung vorauszusetzen. Hiervon ist auch im Cash Pool keine Ausnahme zu machen. Die Muttergesellschaft wäre möglicherweise zu Doppelzahlungen verpflichtet, da sie über die Liquiditätszufuhr im Cash Pool den Verlust der Tochtergesellschaften vorfinanziert. Chronisch defizitäre Tochtergesellschaften sollten daher aus dem Cash Pooling herausgenommen werden. Besteht ein positiver Saldo, ist eine Novation des Verlustausgleichsanspruchs in einen Darlehensrückgewähranspruchs wegen Verstoßes gegen das Stundungsverbot unzulässig. Der Verlustausgleich ist in dieser Konstellation tatsächlich zu erbringen.

[2156] GK-AktG-*Hirte*, § 302 Rdn 63; KK-*Koppensteiner*, § 302 Rdn 56; Emmerich/Habersack-*Emmerich*, § 302 Rdn 40a; MünchHndbGesR-AG-*Krieger*, § 70 Rdn 60.

[2157] Hierzu oben § 11 B. I. 2. cc).

§ 12 Lösungsmöglichkeiten zur Vereinbarkeit mit dem Kapitalerhaltungssystem beim Cash Pooling

Das Urteil BGHZ 157, 72 ff. hat in Wissenschaft und Praxis eine lebhafte Diskussion über die Reichweite der Kapitalerhaltung bei konzernweiten Cash-Pooling-Systemen hervorgerufen. Aufgrund der dabei bestehenden Unsicherheiten sind zahlreiche Vorschläge zur Umgehung der Kapitalerhaltungsproblematik gemacht worden. Da nach hier vertretener Auffassung auch mit der geplanten Neuregelung des § 30 Abs. 1 S. 2 GmbHG RefE-MoMiG die Durchführung des Cash Poolings zumindest im Stadium der Unterbilanz der abhängigen Gesellschaft bei Anwendung des Ausnahmetatbestandes nicht ohne ein gewisses Maß an Rechtsunsicherheit möglich ist, ist die Diskussion über Lösungsmöglichkeiten nach wie vor aktuell. Da die Darstellung gezeigt hat, dass sich ein Cash Pooling in der faktisch konzernierten AG als undurchführbar erweisen dürfte und auch die Neuregelung des § 57 Abs. 1 S. 2 AktG RefE-MoMiG problematisch ist, ist die Betrachtung im wesentlichen auf Lösungsmöglichkeiten bei der faktisch konzernierten GmbH beschränkt.

Die Erleichterung der Durchführung des konzernweiten Cash Pooling ist auf zwei Arten denkbar: Entweder wird eine Gestaltung gewählt, bei der die Kapitalerhaltungsvorschriften keine Rolle spielen, oder deren Einhaltung wird „auf sichere Füße" gestellt. Auf beiden Wegen könnten Verstöße gegen die Kapitalerhaltungsvorschriften vermieden werden, so dass das konzernweite Cash Pooling rechtssicher durchgeführt werden könnte.

Bei der Entwicklung von Lösungsmöglichkeiten muss allerdings solchen Modellen eine Absage erteilt werden, die zwar einerseits keine Kollision mit den Kapitalerhaltungsregeln befürchten lassen, andererseits aber die Vorteile des Cash Poolings vollständig zunichte machen würden. Überzeugen können daher nur solche Lösungsmöglichkeiten, die einerseits Verstöße gegen die Kapitalerhaltungsvorschriften zuverlässig vermeiden, andererseits aber die Erhaltung der Vorteile des Cash Poolings möglichst weitgehend gewährleisten.[2158] Auch muss den Konzernen ein möglichst großer Handlungsspielraum bei der Durchführung des Cash Poolings belassen werden. Die einzelnen Lösungsmöglichkeiten müssen sich dabei nicht ausschließen, sondern können auch miteinander kombiniert werden. Zu denken ist an folgende Möglichkeiten:

A. Modifikationen des Cash-Pooling-Systems

In Betracht zu ziehen sind zunächst solche Lösungsszenarien, bei denen das bisher bestehende Cash-Pooling-System selbst verändert wird.

[2158] Ähnl. die Prämisse von *Hentzen*, ZGR 2005, 480, 525.

I. „Extremlösungen"

Nicht ernstlich diskutiert werden können allerdings „Extremlösungen" sowohl in die Richtung, das Urteil BGHZ 157, 72 ff. beim Cash Pooling schlicht zu ignorieren, als auch konzernweite Cash-Pooling-Systeme nicht mehr durchzuführen.[2159] Die Entscheidung BGHZ 157, 72 ff. muss einerseits auch bei Cash-Pooling-Systemen beachtet werden, andererseits aber haben diese Systeme in der deutschen Konzernpraxis eine erhebliche Bedeutung. Wegen der mit dem Cash Pooling verbundenen betriebswirtschaftlichen Vorteile ist eine vollständige Aufgabe dieses Instruments von vornherein ausgeschlossen. Die Verfügbarkeit freier Liquidität zu möglichst geringen Kosten ist für Konzerne von enormer Wichtigkeit.[2160] Die Einstellung dieser Systeme würde die damit verbundenen zahlreichen Vorteile zunichte machen. Lediglich wegen bestehender durch BGHZ 157, 72 ff. hervorgerufener Unsicherheiten auf das Cash Pooling zu verzichten, wäre daher ein viel zu weitgehender, unverhältnismäßiger Schritt.[2161]

II. Ausschluss liquiditätsschwacher Gesellschaften vom Cash Pooling

Verwandt zu der Argumentation, besonders liquiditätsschwache Gesellschaften von vornherein nicht in den Cash Pool einzugliedern,[2162] ist zu erwägen, liquiditätsschwache Gesellschaften nachträglich aus dem Cash Pool herauszunehmen.[2163] Damit könnte von vornherein vermieden werden, dass von diesen Gesellschaften gegen § 30 Abs. 1 GmbHG verstoßende Auszahlungen im Rahmen des Cash Poolings durch aufsteigende Darlehensgewährungen vorgenommen werden. Ebenso wie nur die Einbeziehung von Konten in den Cash Pool aus wirtschaftlicher Sicht sinnvoll ist, die einen gewissen Umsatz aufweisen, erscheint es erforderlich, auch nur solchen Gesellschaften die Teilnahme am Cash Pooling zu ermöglichen, die ein gewisses Maß an Liquidität aufweisen können. Im Umkehrschluss hierzu ist daher die Herausnahme besonders liquiditätsschwacher Gesellschaften aus dem Cash Pool angebracht. Die Kennzahlen der Liquiditätsgrenzen für die Einbeziehung in den Cash Pool müssen im Cash-Pooling-Vertrag von vornherein festgelegt werden.

[2159] Als Lösungsmöglichkeit lediglich von *Böcker*, ZGR 2006, 213, 220 f., erwogen, im Ergebnis aber abl.; die Frage lediglich aufw. *Engert*, BB 2005, 1951, 1957; *Werner*, BKR 2006, 211, 214.

[2160] *Grothaus/Halberkamp*, GmbHR 2005, 1317, 1323; *Autschbach*, Finance 11/2004, 48, 52.

[2161] Im Ergebnis auch *Böcker*, ZGR 2006, 213, 221; vgl. *Thun*, Finance 7/8 2005, 72; krit. *Rehm*, FS Säcker, 305, 314, der ein schwindendes Interesse an einer zentralen Konzernfinanzierung befürchtet.

[2162] Scholz-*H.P. Westermann*, § 30 Rdn 55; *Altmeppen*, ZIP 2006, 1025, 1031.

[2163] *Liebscher*, Rdn 368; *Seibold*, FB 2005, 77, 83; *Drygala/Kremer*, ZIP 2007, 1289, 1290; *Ulrich*, BGHReport 2006, 725, 725; *ders.*, GmbHR 2007, 1289, 1295; *Rittscher*, S. 43 f., mit Einzelheiten zur Kündigung.

III. Einsatz ausländischer Gesellschaftsformen beim Cash Pooling

Zur Vereinbarkeit mit der Kapitalerhaltungsproblematik beim Cash Pooling kommt der Einsatz solcher ausländischen Gesellschaftsformen in Betracht, die keinen oder weniger strengen Kapitalerhaltungsvorschriften unterliegen.[2164] Mehrere Entscheidungen des EuGH haben dazu geführt, dass eine in einem EU-Staat gegründete Gesellschaft aufgrund der Niederlassungsfreiheit gemäß Art. 43, 48 EG ihren Verwaltungssitz nach Deutschland verlegen kann und dennoch wesentlich dem Gesellschaftsrecht der Ursprungrechtsordnung unterliegt.[2165] Zu nennen ist vorrangig die englische Limited, aber auch andere europäische Gesellschaftsformen wie etwa die spanische Sociedad Limitada Nuova Empresa die französische Société à responsabilité limitée weisen keine der deutschen GmbH oder AG vergleichbar strenge Kapitalbindung auf. In Betracht kommt der Einsatz einer Gesellschaft ausländischer Rechtsform sowohl als Betreibergesellschaft des Cash Pools als auch als Konzerngesellschaft.

1. Ausländische Betreibergesellschaft

Zur Vereinbarkeit der durch BGHZ 157, 72 ff. verschärften Kapitalbindung ist die Neugründung von Cash-Pool-Führern in anderen europäischen Staaten zu erwägen, deren Sitz dann ins deutsche Inland verlegt wird.[2166] Für die Lösung der Kapitalerhaltungsproblematik bei aufsteigenden Darlehen im Rahmen des Cash Poolings ist diese Möglichkeit aber unergiebig. Schließlich geht es hier um die Kapitalerhaltung bei den einzelnen Konzerngesellschaften. Selbst wenn die Betreibergesellschaft im Ausland angesiedelt werden sollte, ändert dies nichts daran, das die einzelnen Konzerngesellschaften den deutschen Kapitalerhal-

---

[2164] Siehe etwa *Deckart*, S. 152 f.; *Korts*, S. 40; *Joost*, VGR 11, 31, 42; *Rümker*, FS Huber, 919, 926; *Stein*, DZWiR 2004, 493, 499; *Cahn*, DK 2004, 235, 242; *H.P. Westermann*, ZIP 2005, 1849, 1857; *Grothaus/Halberkamp*, GmbHR 2005, 1317, 1319 f.; *Erbacher/Thiele*, Finance 11/2004, 52, 54; *Niedernhöfer*, Handelsblatt v. 24.08.2005, S. 33; *Hilgard*, CD-D Wirtschaft 3/06, 16, 18; nur am Rande sei die Diskussion erwähnt, neue Rechtsformen in das deutsche Recht einzuführen (etwa eine Unternehmensgründungsgesellschaft oder eine Personengesellschaft mbH), vgl. etwa *Priester*, VGR 11, 1, 8 ff.; *Wulfetange*, BB 2006, Beil. 7, 19, 23; *Lutter*, VGR 11, 211, 219 ff.; *ders.*, BB 2006, Beil. 7, 2 ff.; *Römermann*, GmbHR 2006, 673, 581; auch eine solche Gesellschaft könnte sich möglicherweise an einem Cash Pooling beteiligten; mangels gegenwärtiger gesetzlicher Grundlage und der erst beginnenden Diskussion in diesem Bereich kann eine solche Gesellschaft jedenfalls gegenwärtig noch nicht im Rahmen eines Cash Poolings eingesetzt werden; abl. hierzu Scholz-*H.P. Westermann*, Einl. Rdn 180.

[2165] EuGH, Slg. I-1459 (Centros); Slg. 2002 I-9919 (Überseering); Slg. 2003 I-10155 (Inspire Art); siehe auch die Folgeurteile BGHZ 164, 148 ff.; BGH, ZIP 2005, 805 ff.

[2166] *Maier-Reimer*, VGR 10, 127, 154, auf Grundlage des von ihm vertretenen Sicherheitenmodells, hierzu oben § 8 E. II. 4. c) aa); *Niedernhöfer*, Handelsblatt v. 24.08.2005, S. 33; nach *Maier-Reimer*, bei Seulen, VGR 10, 159, 165 könnte auch eine englische Limited das vom BGH im obiter dictum aufgestellte Solvenzkriterium erfüllen.

tungsvorschriften unterliegen würden, so das aufsteigende Darlehensgewährungen an den Cash Pool an § 30 Abs. 1 GmbHG zu messen wären.[2167]

2. Ausländische Konzerngesellschaften

Eher zu diskutieren ist der Einsatz ausländischer Rechtsformen bei den am Cash Pool angeschlossenen Gesellschaften, was entweder durch Neugründung oder aber durch Umwandlung bestehender Gesellschaften geschehen solle.[2168] Nach vereinzelter Ansicht sollen zwar die Kapitalerhaltungsvorschriften des GmbH-Rechts auch auf ausländische Kapitalgesellschaften Anwendung finden.[2169] Mit der Niederlassungsfreiheit dürfte dies jedoch nicht vereinbar sein.[2170] Im Ergebnis könnte die Durchführung eines Cash Pools mit Gesellschaften, die keinen oder geringeren Kapitalerhaltungsvorschriften unterliegen, damit auf den ersten Blick erleichtert werden. Bei näherem Hinsehen dürfte sich jedoch eine solche Lösungsmöglichkeit als unpraktikabel erweisen: Die Umwandlung bereits bestehender AGs und GmbHs beispielsweise in Limiteds, um das Cash Pooling zu erleichtern, dürfte sich als zu aufwendig und kompliziert erweisen.[2171] Ausdrücklich hat der außerdem EuGH lediglich die Gründung neuer Gesellschaften erleichtert, so dass zwar eine Neugründung einer ausländischen Gesellschaft mit anschließender Sitzverlegung nach Deutschland denkbar wäre. Allerdings bestehen derzeit noch zahlreiche Unsicherheiten über die Reichweite der Niederlassungsfreiheit.[2172] Auch sind die mit dem Einsatz einer Limited verbundenen Nachteile nicht zu unterschätzen.[2173] Selbst wenn die Anwendung der deutschen Kapitalerhaltungsvorschriften gegen die Niederlassungsfreiheit verstoßen dürfte, ist die Reichweite der Anwendbarkeit deutschen Rechts auf ausländische Kapitalgesellschaften noch ungeklärt.[2174] Bei Annahme der Unanwendbarkeit deutschen Rechts bei der Anwendung einer englischen Gesellschaftsform dürfen wiederum die von der englischen Rechtsprechung entwickelten Maßnahmen nicht unberücksichtigt bleiben, die ähnlich dem deutschen Kapitalerhaltungssystem die Gesellschaft vor einer Schädigung durch Gesellschafter oder Ge-

---

[2167] Insoweit auch *Maier-Reimer*, bei Seulen, VGR 10, 159, 165; *Grothaus/Halberkamp*, GmbHR 2005, 1317, 1320; *Zimmer*, NJW 2003, 3585, 3588 f.; *Hilgard*, CH-D Wirtschaft 3/06, 16, 18.

[2168] Etwa *Korts*, S. 40; *Erbacher/Thiele*, Finance 11/2004, 52, 54.

[2169] *Altmeppen*, NJW 2004, 97, 102 f.

[2170] *Deckart*, S. 152; *Goette*, KTS 2006, 217, 236 f.; *Hirsch/Britain*, NZG 2003, 1100, 1102; *Stein*, DZWiR 2004, 493, 499.

[2171] *Grothaus/Halberkamp*, GmbHR 2005, 1317, 1320.

[2172] Hierzu *Rümker*, FS Huber, 919, 926.

[2173] Hierzu *Lutter*, VGR 11, 211, 216.

[2174] Für eine Umgehung der Kapitalerhaltungsproblematik mit der Limited aber *Lutter*, VGR 11, 211, 216 f.; hierzu *Goette*, ZIP 2006, 541 ff.

schäftsführung schützen.[2175] Ferner kommt nach zutreffender Auffassung auch auf eine Kapitalgesellschaft ausländischer Rechtsform zumindest die Rechtsfigur des existenzvernichtenden Eingriffs zur Anwendung.[2176] Dies ist auch sachgerecht, da ein konzernweites Cash Pooling die einzelnen Gesellschaften nicht zum „Spielball" der Muttergesellschaft machen darf. Es wäre wegen der zumindest derzeit noch bestehenden Unsicherheiten über die Reichweite der Anerkennung ausländischer Gesellschaftsformen nicht weiterführend, die Rechtsunsicherheiten, die BGHZ 157, 72 ff. für die Reichweite der Kapitalerhaltung in Bezug auf das Cash Pooling hervorgerufen hat, durch weitere Rechtsunsicherheiten hinsichtlich der Reichweite der Anwendbarkeit ausländischen Rechts auf ausländische Gesellschaftsformen noch zu verstärken.[2177] Im Ergebnis ist daher auch die Umstellung des Cash Poolings auf ausländische Kapitalgesellschaften nicht geeignet, der Kapitalerhaltungsproblematik zuverlässig aus dem Wege zu gehen.[2178]

IV. Kündigungsrechte

Oft wird zur Lösung der Kapitalerhaltungsproblematik die vertragliche Einräumung eines der Konzerngesellschaft zustehenden fristlosen Kündigungsrechts des Cash-Pooling-Vertrages, zumindest aber des einzelnen Darlehens bei Eintritt einer Unterbilanz erwogen.[2179] Vereinzelt wird ein Kündigungsrecht auch bei Entfallen der Voraussetzungen des Ausnahmetatbestandes des BGH in Betracht gezogen.[2180] Dies ließe sich jetzt dahin weiterentwickeln, einen Kündigungs-

---

[2175] Hierauf hinw. *Grothaus/Halberkamp*, GmbHR 2005, 1317, 1319; zum englischen Schutzsystem *Joost*, VGR 11, 31, 42; *Happ/Holler*, DStR 2004, 730, 733; *Just*, BC 2006, 25, 26 f.; dieses ist sogar strenger als bei der GmbH, da eine Ausschüttung insoweit nur aus Gewinnen möglich ist.

[2176] *Korts*, S. 40; *Rümker*, FS Huber, 919, 926; *Hirte*, EWS 2002, 573, 574; *Altmeppen*, NJW 2004, 97, 101; *Zimmer*, NJW 2003, 3585, 3588; *Goette*, DStR 2005, 197, 200 f.; *ders.*, ZIP 2005, 1481, 1482; a. A. *Lutter*, VGR 11, 211, 216.

[2177] Ähnl. *Deckart*, S. 153.

[2178] Abl. auch *Deckart*, S. 153; wohl auch *Rümker*, FS Huber, 919, 926; für eine solche Lösung aber *Korts*, S. 40; Cahn, DK 2004, 235, 242; *Stein*, DZWiR 2004, 493, 499; *Erbacher/Thiele*, Finance 11/2004, 52, 54.

[2179] *Deckart*, S. 157 ff.; *Makowski*, S. 165 f.; *Römermann/Schröder*, Corporate Governance, 113, 122; IDW HFA, FN-IDW, 746, 746; *Wunderlich*, BKR 2005, 387, 388; *Seibt*, NJW-Spezial 2004, 219, 219; *Hentzen*, ZGR 2005, 480, 502; *ders.*, DStR 2006, 948, 956; *Wessels*, ZIP 2006, 1701, 1707; *Schilmar*, DB 2004, 1411, 1414; *Langner*, GmbHR 2005, 1017, 1023; *Jehn*, Stbg 2004, 473; *Ulrich*, BGHReport 2006, 725, 725; *Seibold*, FB 2005, 77, 83; *Hilgard*, CH-D Wirtschaft 3/06, 16, 17; *Autschbach*, Finance 11/2004, 48, 50; *Erbacher/Thiele*, Finance 11/2004, 52, 54; *Herschlein/Seibold*, Börsen-Zeitung v. 22.09.2004, S. 2.

[2180] *Deckart*, S. 159; nach *Hentzen*, bei Seulen, VGR 10, 159, 161, sind Kündigungsrechte bereits im obiter dictum des BGH angedeutet; dies ist jedoch zu bezweifeln; zum Wegfall der Voraussetzungen des Ausnahmetatbestandes *Rittscher*, S. 108.

grund bei Entfallen der Voraussetzungen des § 30 Abs. 1 S. 2 GmbHG RefE-MoMiG anzunehmen. In der Begründung zu dieser Vorschrift wird die kurzfristige Kündbarkeit von Kreditgewährungen ausdrücklich als Kriterium für das Gesellschaftsinteresse erwähnt.[2181] Mit einer derartigen Festlegung von Kündigungsrechten wird erreicht, dass die Gesellschaft ihr gegen § 30 Abs. 1 GmbHG verstoßendes Darlehen aus dem Cash Pool zurückerhält und sie keine weitere Liquidität mehr an den Cash Pool abzuführen hat.[2182] Damit die Rückzahlung des Darlehens gesichert ist, soll eine derartige Kündigungsmöglichkeit in gleicher Weise bestehen, wenn die Muttergesellschaft in die Krise gerät, bei Anzeichen für deren Zahlungsunfähigkeit, bei einer wesentlichen Überziehung des Zentralkontos durch andere Gesellschaften und bei einer Insolvenz eines anderen Konzernunternehmens.[2183] Bereits aus diesen vielgestaltigen Kündigungsmöglichkeiten wird deutlich, dass die gesetzlichen Kündigungsrechte nach §§ 490 Abs. 1, 314 BGB zur Bewältigung der Problematik nicht ohne weiteres ausreichend sind.[2184] Ein großer Vorteil der vertraglichen Fixierung gegenüber den gesetzlichen Bestimmungen dürfte überdies darin liegen, dass mit einer Auflistung vertraglicher Kündigungsrechte zwischen allen am Cash Pooling beteiligten Gesellschaften Klarheit über die Kündigungsmöglichkeiten besteht, was bei einem Abstellen auf die gesetzlichen Kündigungsrechte, insbesondere den wichtigen Grund im Sinne des § 314 BGB, nicht immer der Fall wäre.[2185]

1. Abgestuftes System

Zuzustimmen ist zunächst, dass Kündigungsgründe im Cash-Pooling-Vertrag enthalten sein müssen, damit anhand der aufgezählten Fallgruppen des wichtigen Kündigungsgrundes für alle Beteiligten zweifelsfrei eine Kündigung stattfinden kann.[2186] Im übrigen aber sieht sich diese Ansicht zahlreichen Bedenken ausgesetzt und erscheint in dieser Form nur auf den ersten Blick überzeugend. So ist in Bezug auf den vorgeschlagenen Kündigungsgrund, der an das Entfallen der Voraussetzungen des Ausnahmetatbestandes anknüpft, daran zu denken, die Obergesellschaft vertraglich dazu zu verpflichten, die Voraussetzungen des Ausnahmetatbestandes, beispielsweise durch eine Verbesserung der werthalti-

---

2181 Hierzu oben § 8 F. II. 2. c) aa) (2).

2182 *Seibold*, FB 2005, 77, 83.

2183 *Rümker*, FS Huber, 919, 924; *Langner*, GmbHR 2005, 1017, 1023; *Seibold*, FB 2005, 77, 83; *Hilgard*, CH-D Wirtschaft 3/06, 16, 17; *Autschbach*, Finance 11/2004, 48, 50; *Erbacher/Thiele*, Finance 11/2004, 52, 54; *Biegel/Eilmann*, Börsen-Zeitung v. 03.08.2006, S. 2; *Herschlein/Seibold*, Börsen-Zeitung v. 22.09.2004, S. 2.

2184 *Vetter/Stadler*, Rdn 195; *Rittscher*, S. 32; verkürzt daher *Habersack/Schürnbrand*, BB 2006, 288, 289.

2185 *Vetter/Stadler*, Rdn 195; *Deckart*, S. 157; *Rümker*, FS Huber, 919, 929; hierzu schon oben § 8 C. IV. 2.

2186 Ähnl. *Deckart*, S. 157.

gen Besicherung, wieder herzustellen. Beispielsweise wäre es denkbar, für eine ausreichende Besicherung durch Änderung der Besicherungsart zu sorgen. In dieser Zeit muss die Konzerngesellschaft bis zur Wiederherstellung der Voraussetzungen des Ausnahmetatbestandes vertraglich zur Aussetzung aufsteigender Darlehensgewährungen berechtigt sein.[2187] Dies gilt auch die Wiederherstellung der Voraussetzungen des § 30 Abs. 1 S. 2 GmbHG RefE-MoMiG. Nichts anders dürfte im Übrigen für das Vorliegen der übrigen genannten Kündigungsgründe der Fall sein. Auch hier sollten die Konzerngesellschaften die Muttergesellschaft zuerst zur Wiederherstellung der jeweiligen ursprünglichen Voraussetzungen verpflichten und die Zahlungen an den Cash Pool in diesem Zeitraum aussetzen.

Natürlich darf nicht verkannt werden, dass der Muttergesellschaft die Beseitigung nicht immer möglich ist. Bei Unterschreiten dieser Voraussetzungen ohne weiteres eine Kündigung des Darlehens oder gar des gesamten Cash Poolings unabhängig von der Art und Weise der Krise zu fordern, wäre indes zu weitgehend. Auch für die Rückforderung bereits abgeführter Darlehen wäre eine Kündigung nicht erforderlich. Gelangt die Tochtergesellschaft in das Stadium der Unterbilanz, ist ohnehin bereits § 31 Abs. 1 GmbHG einschlägig. Gelangt die Muttergesellschaft in eine Krise, wäre vor einer Kündigung des Darlehens daran zu denken, den Betrag in Höhe des ausgereichten Darlehens aus dem laufenden Cash Pooling herauszuhalten und auf ein Sonderkonto außerhalb des Cash Poolings zu übertragen. Die Verpflichtung zur aufsteigenden Darlehensgewährung, die bei einer Rückgewährung auf das Unterkonto bestehen würde, wäre damit durchbrochen, ohne dass es der Kündigung des Cash-Pooling-Vertrages bedürfte. Bessert sich dann die Liquiditätslage im Konzern, kann der Betrag wieder an den Cash Pool zurückfließen. Manifestiert sich hingegen die Krisensituation, muss der Betrag abgezogen werden. Die Werthaltigkeit des Rückzahlungsanspruchs wäre dann gesichert.

Nicht unberücksichtigt bleiben dürfen auch die Folgen einer Kündigung: Schon die Kündigung eines Darlehens würde zu einer Rückführungsverpflichtung an die Konzerngesellschaft führen, was der Muttergesellschaft im Regelfall wohl möglich wäre. Kommen aber im gleichen Maße auch Kündigungsrechte des gesamten Cash Poolings in Betracht – und eine Vielzahl der Vertreter dieser Ansicht geht von einem Gleichlauf der Kündigung sowohl des Darlehens als auch des gesamten Cash Poolings aus[2188] – erscheint eine derartige Kündigung

---

[2187] Vgl. zu einer solchen Möglichkeit *Wessels*, ZIP 2006, 1701, 1706; *Schilmar*, DB 2004, 1411, 1414; *Rodewald/Grothaus*, Finance-Sonderbeil. 2/2006, 17; siehe auch *Sieger/Hasselbach*, BB 1999, 645, 648.

[2188] *Deckart*, S. 157; nicht selten ist ohne jegliche Differenzierung sogar nur von der Kündigung der gesamten Cash-Pool-Vereinbarung die Rede: *Rümker*, FS Huber, 919, 924; *Römermann/Schröder*, Corporate Governance, 113, 122; *Schilmar*, DB 2004, 1411, 1414; *Seibold*, FB 2005, 77, 83; *Autschbach*, Finance 11/2004, 48, 50; *Hilgard*, CH-D Wirtschaft 3/06, 16, 17; *Herschlein/Seibold*, Börsen-Zeitung v. 22.09.2004, S. 2.

wegen der weitreichenden Folgen unverhältnismäßig: Auf der einen Seite können die Gründe, die hier für eine Kündigung genannt werden, nur vorübergehender Natur sein und entweder von selbst oder durch entsprechende Maßnahmen der Muttergesellschaft beseitigt werden. So kann eine Krisensituation durch eine Liquiditätszufuhr einer Konzerngesellschaft, die durch hohen Gewinn ein großes Maß an überschüssiger Liquidität aufweisen kann, möglicherweise so schnell beendet werden wie sie gekommen ist. Würde man ohne Differenzierung nach der Erheblichkeit der Krise den Konzerngesellschaften ein Kündigungsrecht des gesamten Cash Poolings gewähren, wäre dies eine Überreaktion.[2189] Nicht übersehen werden darf in diesem Zusammenhang nämlich, dass mit der Kündigung eines Cash-Pool-Teilnehmers und dem damit verbundenen Abzug von Liquidität aus dem Cash Pool – sofern die Gesellschaft Liquidität abgeführt hatte – die Krise des Gesamtkonzerns verschärft wird. Aus einem kleineren Liquiditätsengpass könnte sich aufgrund sofortiger Kündigungsmöglichkeiten, die nicht auf die Erheblichkeit einer Krise Rücksicht nehmen, damit eine existentielle Krise für den gesamten Konzern entwickeln. Das wäre aber nicht Sinne einer ordnungsgemäßen Konzernfinanzierung. Auf der anderen Seite muss den Konzerngesellschaften bei einer nicht unerheblichen Krise selbstverständlich die Möglichkeit zur Kündigung des Cash-Pooling-Vertrages zustehen, damit sie nicht in den Insolvenzstrudel gerissen werden.

Letztlich würde das Instrumentarium des Cash Poolings bei einem sofortigen Kündigungsrecht der gesamten Vereinbarung in seiner Funktionsfähigkeit erheblich in Frage gestellt. Auf der anderen Seite würde die kündigende Konzerngesellschaft auf Dauer aus dem Cash Pool ausscheiden und durch die damit verbundene Verringerung der potentiell zur Verfügung stehenden Liquidität die Krise des Konzerns noch beschleunigen.[2190] Ferner stellt sich dann auch das Problem, wie die Konzerngesellschaft nach der Kündigung des Cash Poolings ihre Liquidität sichert. Bislang war sie auf die Liquiditätsversorgung durch den Cash Pool angewiesen, nun müsste sie eigenständige Bankkontakte knüpfen. Wegen dieser Problematiken einer Kündigung der gesamten Cash-Pooling-Vereinbarung sollte sie nur als ultima ratio in Betracht kommen. Vielmehr gilt folgendes:

Das Cash Pooling verpflichtet die Tochtergesellschaft zur Abführung überschüssiger Liquidität. Bei einer Unterbilanzsituation ist es daher zuerst ausreichend, dieses Automatismus zu suspendieren. Letztlich geht es also um einen schmalen Grad, der beschritten werden muss: Auf der einen Seite muss sichergestellt werden, dass die Tochtergesellschaft die bereits ausgereichte Liquidität

---

[2189] Vgl. insoweit auch BGHZ 149, 10, 19: „(…) nicht nur um einen vorübergehenden Liquiditätsmangel handelt (…)".

[2190] Zu dieser Problematik der Kündigung noch ausf. im Rahmen der Existenzvernichtung unten 4. Teil § 14 C. IV.

zurückerhält, ihre Rückzahlungsansprüche also noch werthaltig sind. Hierfür wäre ein zu langes Abwarten abträglich. Auf der anderen Seite ist aber zu berücksichtigen, dass eine Kündigung nicht selten eine Überreaktion darstellt. Auf eine Krisensituation ist daher differenzierend zu reagieren. Vorgeschaltet werden müssen folglich zunächst andere Wege, mit denen der Cash-Pooling-Mechanismus unterbrochen werden kann, so dass sich in einer Abstufung folgendes Bild bei Eintritt einer der oben genannten Gründe ergibt:

- Verpflichtung der Muttergesellschaft, die Ursachen zu beseitigen (beispielsweise, die Voraussetzungen des Ausnahmetatbestandes wiederherzustellen).

- Damit sollte eine Aussetzung der aufsteigenden Darlehensgewährung bis zur Beseitigung der Ursachen einhergehen.[2191] Bei einer Unterbilanzsituation der Tochtergesellschaft sind die gegen § 30 Abs. 1 GmbHG verstoßenden Darlehen von dieser gemäß § 31 Abs. 1 GmbHG zurückzufordern. Bei einer Krisensituation der Muttergesellschaft würde es sich anbieten, einen Betrag in Höhe der ausgereichten Darlehen auf ein Sonderkonto zu verlagern, bis die Krisensituation behoben ist. Ist dies nicht der Fall, muss das Darlehen abgezogen werden. Andernfalls fließt der Betrag wieder in den Cash Pool ein. Die Werthaltigkeit des Rückzahlungsanspruchs der Tochtergesellschaft wird damit hergestellt.

- Ist die Muttergesellschaft nicht zur Beseitigung bereit oder wegen der Ernsthaftigkeit der Krise dazu nicht in der Lage, ist die Konzerngesellschaft zur Kündigung des Darlehensvertrages berechtigt.

- Als ultima ratio, etwa wenn die Krisensituation dauerhafter Natur ist, kommt die Kündigung der gesamten Cash-Pooling-Vereinbarung in Betracht. Zuvor sollte die Konzerngesellschaft aber sichergestellt haben, dass sie sich bei Ausscheiden aus dem Cash Pool Liquidität durch eigenständige Bankkontakte verschaffen kann.

Darüber hinausgehend noch Kündigungsrechte bei einer vertraglich konzernierten GmbH oder AG zu statuieren, bei denen gemäß § 291 Abs. 3 AktG (bei der GmbH analog) die Kapitalbindung ohnehin außer Kraft gesetzt ist und lediglich die oben genannten Weisungsgrenzen bestehen, erscheint nicht angebracht. So ist eine existenzvernichtende Weisung ohnehin unzulässig. Ein Be-

---

[2191] Vgl. *Kleindiek*, Strukturvielfalt, S. 174; Poolmodelle deutscher Großbanken weisen derartige Suspendierungsrechte auf, vgl. auch *Rodewald/Grothaus*, Finance-Sonderbeil. 2/2006, 17.

dürfnis für eine Kündigung in einem Fall einer solchen Weisung ist daher nicht gegeben.[2192] Klargestellt sei noch, dass in der Zeit, in der die Muttergesellschaft zur Abwendung der Krisensituation verpflichtet ist, auf Seiten der Tochtergesellschaft kein „Stehenlassen" des Darlehens angenommen werden kann. Erst wenn sie ab dem Zeitpunkt, ab dem sie nach hier vertretener Auffassung den Darlehensvertrag kündigen kann, hiervon nicht gebraucht macht, kommt ein „Stehenlassen" in Betracht.

2. Flankierendes Frühwarnsystem und Informationsrechte

Mit der Forderung nach fristlosen Kündigungsrechten wird vielfach das Erfordernis der Einrichtung eines Frühwarn- und Informationssystems erkannt.[2193] Auch die Begründung zu § 30 Abs. 1 S. 2 GmbHG RefE-MoMiG nennt das Ergreifen von Vorkehrungen, die es dem Geschäftsführer der Tochtergesellschaft ermöglichen, wesentliche Verschlechterungen der Bonität des Schuldners frühzeitig erkennen zu können, als Kriterium für das Vorliegen des Gesellschaftsinteresses.[2194] Gleich ob man der Ansicht der fristlosen Kündigung des Cash-Pooling-Vertrages folgt oder aber nach hier vertretener Auffassung ein abgestuftes System vorzuziehen ist, liegt das Erfordernis derartiger Informationsrechte auf der Hand: Nur bei ausreichender Information über die Lage des Gesamtkonzerns, aber auch der Muttergesellschaft sowie der einzelnen Konzerngesellschaften ist die darlehensgewährende Gesellschaft überhaupt in der Lage, auf Verschlechterungen zu reagieren.[2195] Mit den erforderlichen Informationen wird die Konzerngesellschaft in die Lage versetzt, selbst zu beurteilen, welche Maßnah-

---

2192 A. A. *Deckart*, S. 160.

2193 *Deckart*, S. 161; *Rümker*, FS Huber, 919, 925; *Maier-Reimer*, VGR 10, 127, 154; *Römermann/Schröder*, Corporate Governance, 113, 123; *Bormann*, DB 2006, 2616, 2620 f.; *Wunderlich*, BKR 2005, 387, 388; *Hentzen*, ZGR 2005, 480, 500 f.; *Langner*, GmbHR 2005, 1017, 1023; *Ulrich*, BGHReport 2006, 725, 725; *Seibold*, FB 2005, 77, 83; *Autschbach*, Finance 11/2004, 48, 50; *Hilgard*, CH-D Wirtschaft 3/06, 16, 17; *Erbacher/Thiele*, Finance 11/2004, 52, 54; *Niedernhöfer*, Handelsblatt v. 24.08.2005, 33; *Biegel/Eilmann*, Börsen-Zeitung v. 03.08.2005, S. 2; vgl. *Gesellensetter*, Handelsblatt v. 22.11.2006, S. 16; vgl. auch *Schäfer*, BB 2006, Beil. 7, 5, 8; die Einrichtung eines Konzernberichtssystems, das die Gefährdung von Darlehensrückzahlungen rechtzeitig anzeigt, hatte bereits das LG Dortmund in einer Entscheidung aus dem Jahre 1993 als Möglichkeit der Einhaltung der Grundsätze ordnungsgemäßer Konzernfinanzierung angesehen, hierzu *Wittowski*, EWiR § 93 AktG 1/94, 1049, 1050; krit. gegenüber derartigen Frühwarnsystemen *Thomas*, ZInsO 2007, 77, 78 f.

2194 Siehe oben § 8 F. II. 2. c) aa) (2).

2195 *Deckart*, S. 161; *Bormann*, DB 2006, 2616, 2621; *Hilgard*, CH-D Wirtschaft, 16, 17, Fn 29.

men getroffen werden müssen.[2196] Damit bleibt die Teilnahme am Cash Pooling für die einzelnen Gesellschaften kontrollierbar.

Folgende Informationen sind aus kapitalerhaltungsrechtlicher Sicht erforderlich: Zunächst sind die Geschäftsleiter der einzelnen am Cash Pooling teilnehmenden Gesellschaften über die bilanzielle Lage der anderen Poolteilnehmer zu informieren.[2197] Dabei kann auch die Information hilfreich sein, welche Gesellschaften Liquidität an den Cash Pool abgeführt und welche Liquidität in Anspruch genommen haben.[2198] Gleiches gilt für die Vermögens- und Ertragslage der Muttergesellschaft und des Konzerns insgesamt. In Bezug auf die Voraussetzungen des Ausnahmetatbestandes, insbesondere hinsichtlich des Kriteriums der über alle Zweifel erhabenden Kreditwürdigkeit der Muttergesellschaft sind – sofern das Cash Pooling im Konzern auf dieser Grundlage betrieben wird – zudem weitere Informationen an die Konzerngesellschaften weiterzuleiten.[2199] Da es nach hier vertretener Auffassung für die Einhaltung dieses Kriteriums darauf ankommt, ob Dritte ohne Sicherheitenbestellung keinen Risikozuschlag auf Kredite an die Muttergesellschaft gewährt hätten, müssen die Konzerngesellschaften einen Einblick in die Finanzierungskonditionen des Gesamtkonzerns und des Cash Pools erhalten.[2200] Zuletzt müssen auch Warnsignale wie etwa drohende Vermögensverschlechterungen weitergeleitet werden.[2201] Da von den Geschäftsleitern der abhängigen Gesellschaften eine kritische und eigenverantwortliche Prüfung nicht vorausgesetzt werden kann, muss die Überwachung durch eine halbjährliche Bestätigung durch einen Wirtschaftsprüfer verbessert werden, wonach die Rückzahlung der an den Cash Pool abgeführten Darlehen nicht gefährdet sei.[2202] Wegen der jederzeit möglichen Veränderung dieser Kriterien reicht die einmalige Weitergabe der Informationen nicht aus. Vielmehr sind die Gesellschaften in regelmäßigen Abständen, etwa monatlich, mit den maßgeblichen Informationen zu versorgen.[2203] Bei plötzlich auftretenden Ereignissen sind in gewissem Maße aber auch ad-hoc Mitteilungen erforderlich.[2204]

2196 *Rümker*, FS Huber, 919, 925; *Römermann/Schröder*, Corporate Governance, 113, 123; *Langner*, GmbHR 2005, 1017, 1023; *Autschbach*, Finance 11/2004, 48, 50.

2197 *Deckart*, S. 161; *Maier-Reimer*, VGR 10, 127, 154; *Erbacher/Thiele*, Finance 11/2004, 52, 54; *Biegel/Eilmann*, Börsen-Zeitung v. 03.08.2005, S. 2; *Hilgard*, CH-D Wirtschaft 3/06, 16, 17.

2198 *Rümker*, FS Huber, 919, 925; *Maier-Reimer*, VGR 10, 127, 154; *Autschbach*, Finance 11/2004, 48, 50.

2199 Hierzu *Hentzen*, ZGR 2005, 480, 500 f.; *Niedernhöfer*, Handelsblatt v. 24.08.2005, S. 33.

2200 *Deckart*, S. 161; *Biegel/Eilmann*, Börsen-Zeitung v. 03.08.2005, S. 2; *Hilgard*, CH-D Wirtschaft 3/06, 16, 17.

2201 *Deckart*, S. 161; *Biegel/Eilmann*, Börsen-Zeitung v. 03.08.2005, S. 2.

2202 *Semler*, bei Seulen, VGR 10, 159, 164.

2203 *Hentzen*, ZGR 2005, 480, 501.

2204 *Deckart*, S. 162.

Selbstredend ist mit der Einrichtung derartiger Frühwarn- und Informationssysteme ein zusätzlicher Aufwand verbunden.[2205] Jede einzelne Gesellschaft wäre zur Überprüfung der Einhaltung der Kriterien aufgefordert. Gemindert werden könnte der Aufwand durch eine zentrale Meldestelle im Konzern, die die relevanten Informationen sammelt und auswertet.[2206] Sie könnte den einzelnen Gesellschaften sowohl die Abgabe der Meldungen als auch die Einhaltung der Anforderungen bestätigen oder deren Nichteinhaltung mitteilen. Gegen eine solche Zwischenschaltung einer Meldezentrale spricht aber, dass den Konzerngesellschaften die Möglichkeit zur selbständigen Beurteilung der Liquiditätssituation im Konzern möglicherweise erschwert wird, wenn die Informationen über eine Meldestelle „gefiltert" werden.[2207] Es spricht nichts dagegen, wenn über eine Meldestelle die Informationen gesammelt und in Form eines regelmäßigen Finanzberichts verteilt werden. Nicht mehr gerechtfertigt werden kann aber eine zentrale Auswertung der Informationen durch die Meldestelle. Dies muss in der Verantwortung der Konzerngesellschaften bleiben. Ein damit verbundener Aufwand für die Geschäftsleiter der Konzerngesellschaften ist aufgrund der Bedeutung der selbständigen Beurteilung der Liquiditätssituation zu rechtfertigen. Auch hier ist zu berücksichtigen, dass der Konzern aus Gesellschaften besteht, die für sich einem eigenständigen Kapitalerhaltungsschutz unterliegen. Die Muttergesellschaft darf die von den Konzerngesellschaften an den Cash Pool abgeführte Liquidität nicht als eigene, die Tochter diese Mittel nicht als Mittel des Konzerns ansehen.[2208]

3. Vereinbarkeit mit Geheimhaltungspflichten

Die geschilderten Informationssysteme können allerdings nur unter der Voraussetzung bestehen, dass sie nicht in Konflikt mit gesetzlichen Geheimhaltungspflichten geraten. Hierzu wird vertieft bei den Informationspflichten im Rahmen der Existenzvernichtungshaftung Stellung genommen.[2209] Insoweit sind bezogen auf die Kapitalerhaltung keine Unterschiede festzustellen. Bezogen auf die Kapitalerhaltung könnte allerdings die Weiterleitung von Informationen über andere Konzerngesellschaften problematisch sein. Der BGH hat in der „Bremer Vulkan"-Entscheidung weitgehende Informationsrechte anerkannt.[2210] Diese wurden von der Literatur auch zu Informationsrechten über die Liquiditätslage der an

---

[2205] Krit. daher *Niedernhöfer*, Handelsblatt v. 24.08.2005, S. 33.

[2206] Siehe *Maier-Reimer*, VGR 10, 127, 154 f., der diese Aufgabe dem Abschlussprüfer auferlegen will.

[2207] Krit. gegenüber einem Ermessensspielraum der Mutter- oder Betreibergesellschaft hinsichtlich der Informationsverteilung auch *Deckart*, S. 163.

[2208] *Vetter/Stadler*, Rdn 241; vgl. auch *Burgard*, AG 2006, 527, 533.

[2209] Siehe unten 4. Teil § 14 C. V.

[2210] BGHZ 149, 10, 18 f.

den Cash Pool angeschlossenen Gesellschaften präzisiert.[2211] Zweifelhaft ist aber, ob die im Rahmen der Existenzvernichtungshaftung entwickelten derart weitgehenden Informationsrechte über die bilanzielle Situation von Schwestergesellschaften auch auf den Bereich der Kapitalerhaltung anzuwenden sind. Insofern stellt sich die Frage nach der Notwendigkeit derart weitgehender Informationen. Dagegen könnte bei einer strengen Betrachtungsweise die speziell auf die Existenzgefährdung ausgerichtete Situation sprechen, in der so weitgehende Informationsrechte zur Sicherung der Existenz erforderlich sind, während im Rahmen der Kapitalerhaltung die Gefahrenlage nicht derart dramatisch ist. Richtigerweise kann es aber keinen Unterschied machen, ob die Kapitalerhaltung oder der Existenzschutz betroffen ist. Mit dem Cash Pooling ist eine weitgehende Einwirkungsmöglichkeit der Muttergesellschaft auf die einzelnen Konzerngesellschaften verbunden. Im Umkehrschluss bedarf es einer effektiven Durchsetzung der Kapitalerhaltungsregeln, sofern diese nicht im Vertragskonzern außer Kraft gesetzt sind. Hierzu gehört aber auch, dass jede Konzerngesellschaft über die finanzielle Situation der anderen Konzerngesellschaften informiert ist. Würden die Informationspflichten erst im Bereich der drohenden Existenzvernichtung, nicht aber schon im Bereich der Kapitalerhaltung greifen, würden sie zudem auch im Bereich der Existenzvernichtung ihrer Effektivität beraubt: Die Rechtsprechung des BGH zur Informationspflichten im Bereich der Existenzvernichtung soll vor einer drohenden Illiquidität des Gesamtkonzerns schützen. Dann ist es aber auch erforderlich, möglichst weitgehende Informationen im Vorfeld einer solchen Illiquidität in Umlauf zu bringen, um eine derartige Situation von vornherein nicht zur Entstehung gelangen zu lassen.[2212] Diese Gründe führen dazu, dass auch ohne eine Existenzgefährdung schon im Stadium der Kapitalerhaltung weitreichende Informationen bei Durchführung eines konzernweiten Cash Poolings sowohl über die Muttergesellschaft und den Gesamtkonzern als auch über die finanzielle Situation der anderen an den Cash Pool angeschlossenen Gesellschaften des Konzerns in Umlauf zu bringen sind. Im Ergebnis lässt sich mit diesem aufgezeigten System das Risiko verbotener Auszahlungen zuverlässig ausschließen.[2213]

V. Verrechnungsabreden

Zu erwägen ist ferner die Einfügung von Verrechnungsabreden in den Cash-Pooling-Vertrag. Hiernach soll die Gewährung von Liquidität an die Konzerngesellschaft zunächst stets auf etwaige Rückerstattungsansprüche der Konzerngesellschaft gemäß § 31 Abs. 1 GmbHG geleistet werden und nur, sofern derartige

---

[2211] Hierzu unten im Rahmen der Existenzvernichtungshaftung; entgegen *Deckart*, S. 162, ergibt sich dies nicht unmittelbar aus der „Bremer Vulkan"-Entscheidung.

[2212] Vgl. *Deckart*, S. 163.

[2213] Demgegenüber von einer Fehleranfälligkeit ausgehend *Wunderlich*, BKR 2005, 387, 388.

Ansprüche nicht bestehen, die Gewährung eines neuen Darlehens darstellen.[2214] Zunächst könnte damit die Aufsummierung von Rückzahlungsansprüchen aus § 31 Abs. 1 GmbHG vermieden werden.[2215] Ferner könnte damit argumentiert werden, dass selbst bei einem Verstoß gegen § 30 Abs. 1 GmbHG durch eine aufsteigende Darlehensgewährung die nachfolgende Inanspruchnahme von Mitteln aus dem Cash Pool durch die Konzerngesellschaft deren Anspruch aus § 31 Abs. 1 GmbHG erfüllen würde.[2216] Dies setzt allerdings – wie oben ausgeführt[2217] – eine eindeutige Tilgungsbestimmung hinsichtlich des Anspruchs aus § 31 Abs. 1 GmbHG voraus. Eine Zahlung unter einer Tilgungsbestimmung hinsichtlich eines vermeintlichen Darlehensrückgewähranspruch tilgt hingegen nach hier vertretener Auffassung wegen der Problematik der Zuordnung beim Cash Pooling nicht zugleich auch bestehende Ansprüche aus § 31 Abs. 1 GmbHG. Insofern gilt nichts anderes als beim Anspruch auf Einlageleistung im Rahmen der Kapitalaufbringung. Eine weitere Verrechnungsabrede soll dahin gehen, dass im Falle einer finanziellen Krise des Konzerns die Mittel des Pools – im Rahmen der insolvenzrechtlichen Möglichkeiten[2218] – vorrangig zur Rückzahlung der aus zur Kapitalerhaltung erforderlichem Vermögen gewährten Darlehen zu verwenden sein sollen.[2219] In praktischer Hinsicht ist allerdings zu bedenken, dass aufgrund des Dominoeffekts nicht selten alle am Cash Pool angeschlossenen Gesellschaften in die Krise geraten, so dass der durch eine derartige Klausel geregelte Entscheidungsspielraum im Ernstfall oftmals überhaupt nicht besteht.[2220]

VI. Liquiditätsvorhalteverpflichtungen der Muttergesellschaft

Als weitere Möglichkeit kommt die Vorhaltung von Liquiditätsreserven durch die Muttergesellschaft zur jederzeitigen Rückzahlungsmöglichkeit der abgeführ-

---

2214 HoldingHndb-*Vetter*, § 8 Rdn 42; *Vetter/Stadler*, Rdn 215; *Vetter*, VGR 6, 69, 102 f.; *Sieger/Hasselbach*, BB 1999, 646, 648; genau entgegengesetzt der Vorschlag von *Seibold*, FB 2005, 77, 83, der aber zur Lösung der Kapitalerhaltungsproblematik unergiebig sein dürfte.

2215 Diese Problematik stellt sich freilich vorrangig im Zusammenhang mit kapitalersetzenden Darlehen; hierzu HoldingHndb-*Vetter*, § 8 Rdn 15; *ders./Stadler*, Rdn 56 ff.; *Vetter*, VGR 6, 69, 82 f.

2216 *Vetter/Stadler*, Rdn 215.

2217 Hierzu oben § 8 D. I. 4.

2218 Freilich ist zu berücksichtigen, dass ein Konzerninsolvenzrecht nicht besteht, so dass die Insolvenzverfahren einzelner Konzernglieder formal getrennt voneinander ablaufen, hierzu *Liebscher*, Rdn 1026.

2219 HoldingHndb-*Vetter*, § 8 Rdn 42; *Vetter/Stadler*, Rdn 216; *Vetter*, VGR 6, 69, 103; *Sieger/Hasselbach*, BB 1999, 645, 648.

2220 So auch HoldingHndb-*Vetter*, § 8 Rdn 42; *Vetter/Stadler*, Rdn 216.

ten Liquidität an den Cash Pool in Betracht.[2221] Derartige Liquiditätsreserven der Muttergesellschaft könnten etwa durch liquide Mittel, kurzfristig realisierbare Wertpapiere oder ungezogene Kreditlinien nachgewiesen werden. In Frage steht aber, in welcher Höhe Liquidität vorgehalten werden müsste. Da in einer Krisensituation des Konzerns mit einer Rückforderung der ausgereichten Darlehen durch sämtliche Poolteilnehmer gerechnet werden muss, ist daran zu denken, die von der Muttergesellschaft vorzuhaltende Liquidität an die Summe der von den an dem Cash Pool angeschlossenen Gesellschaften ausgereichten Darlehensbeträgen anzupassen.[2222] Eine derart weitgehende Liquiditätsdeckung würde jedoch das gesamte Cash-Pooling-System ad absurdum führen.[2223] Statt einer Darlehensgewährung über den Cash Pool durch die Konzerngesellschaften könnte von vornherein die anderweitig vorzuhaltende Liquidität genutzt werden. Allenfalls kann eine bestimmte Grunddeckung von der Muttergesellschaft verlangt werden, damit nicht bei jeder kleineren Krise der bereits mehrfach angesprochene Dominoeffekt eintritt.[2224] Inwiefern dann aber eine derartige Grunddeckung, deren Höhe je nach Umfang der an den Cash Pool gewährten Darlehen variieren müsste, überhaupt in praktischer Hinsicht durchführbar ist und zudem die Kapitalerhaltungsproblematik beseitigen kann, ist zweifelhaft. Ob es allerdings aufgrund der Anforderungen des Existenzschutzes derartiger Liquiditätsvorhalteverpflichtungen bedarf, wird noch zu untersuchen sein.

VII. Besicherungen

Auch außerhalb der Besicherungsmöglichkeit im Rahmen des Ausnahmetatbestandes kann zur Vermeidung eines Verstoßes gegen die Kapitalerhaltungsvorschriften an eine Besicherung aufsteigender Darlehensgewährungen gedacht werden.[2225] Speziell zur Lösung der Kapitalerhaltungsproblematik käme möglicherweise eine Garantie einer konzernexternen Bank in Höhe des Stammkapitals der darlehensgewährenden Gesellschaft in Betracht.[2226] Gegen eine derart starre Besicherung in Höhe des Stammkapitals sind nicht nur die noch bei der Sonderkontenlösung zu erhebenden Bedenken einschlägig.[2227] Die zur Auffüllung des Stammkapitals erforderliche Liquidität kann aufgrund der Bemessungsmethode weit über den Nominalbetrag des Stammkapitals hinausgehen. Eine Unterbilanz ließe sich daher mit einer starren Besicherung in Höhe des Stammkapitals nicht

---

[2221] *Vetter/Stadler*, Rdn 242; *Rümker*, FS Huber, 919, 925; *Biegel/Eilmann*, Börsen-Zeitung v. 03.08.2005, S. 2; vgl. zur schweizerischen Rechtslage *Blum*, NZZ v. 15.11.2005, S. 25.

[2222] So *Rümker*, FS Huber, 919, 925.

[2223] Abl. auch *Hentzen*, ZGR 2005, 480, 500, Fn 56.

[2224] So auch *Vetter/Stadler*, Rdn 242; *Vetter*, VGR 6, 69, 106; *Hentzen*, ZGR 2005, 480, 500.

[2225] HoldingHndb-*Vetter*, § 8 Rdn 43; *Liebscher*, Rdn 368; *Vetter/Stadler*, Rdn 222; *Vetter*, VGR 6, 69, 102.

[2226] So *Liebscher*, Rdn 368.

[2227] Hierzu unten § 12 B. VI.

erreichen. Bei einer variablen Besicherung, die sich je nach der für die Auffüllung des Stammkapitals erforderlichen Liquidität ändert, stellt sich die Frage nach der Praktikabilität. Als problematisch erweisen sich zudem auch hier wiederum die mit einer konzernexternen Sicherung verbundenen Kosten. Angesichts anderer zur Verfügung stehender Schutzmechanismen ist eine Besicherung damit kein gangbarer Weg.

VIII. Begrenzung des Haftungsverbundes

Wie im Rahmen der Darstellung der Kapitalerhaltung im Zusammenhang mit aufsteigenden Sicherheitenbestellungen festgestellt wurde, kann eine Mithaftung für den Debetsaldo auf dem Zielkonto bei einer Bank erhebliche Auswirkungen haben. Daher sollte in Sicherungsverträgen in Form einer Limitation Clause geklärt sein, dass eine Inanspruchnahme der Garantie oder Sicherheit für einen Betrag, der den an die Tochter weitergeleiteten Darlehensbetrag übersteigt, nicht möglich ist.[2228] Bei einer Beschränkung der Sicherheit in Höhe der an die Konzerngesellschaft gewährten Darlehen sichert die Gesellschaft bei wirtschaftlicher Betrachtungsweise den ihr selbst gewährten Kredit ab,[2229] so dass kein Konflikt mit den Kapitalerhaltungsvorschriften zu befürchten ist.[2230] Eine solche Minimierung wird auch für die Vermeidung eines existenzvernichtenden Eingriffs Bedeutung erlangen.[2231]

IX. Alternativen zum physischen Cash Pooling

Zu überlegen ist auch eine Umstellung des physischen Cash Poolings auf ein virtuelles Cash Pooling oder ein Target Balancing.

1. Virtuelles Cash Pooling

Vielfach diskutiert wird die Umstellung des in der Praxis weit überwiegend vorgenommenen physischen Cash Poolings auf ein virtuelles System.[2232] Da es bei

---

[2228] HoldingHndb-*Vetter*, § 8 Rdn 38; *ders./Stadler*, Rdn 227; *Deckart*, S. 165; *Vetter*, VGR 6, 69, 103; ausführl. *Bender*, BB 2005, 1492, 1494 f.

[2229] Im wirtschaftlichen Ergebnis ist dies mit einer direkten Kreditaufnahme der Tochtergesellschaft vergleichbar; Michalski-*Heidinger*, § 30 Rdn 58; HndbKonzernfinanz-*Maier-Reimer*, § 16 Rdn 20; *Maier-Reimer*, FS Rowedder, 245, 255; *Kühbacher*, S. 59; *Vetter/Stadler*, Rdn 83; *Schön*, ZHR 159 (1995), 351, 368; *Fischer/Gasteyer*, NZG 2003, 517, 518; *Oetker*, KTS 1991, 521, 527; *Reemann*, MittRhNotK 1996, 113, 132; *Früh*, GmbHR 2000, 105, 107; *Bender*, BB 2005, 1492, 1495.

[2230] HoldingHndb-*Vetter*, § 8 Rdn 46.

[2231] Siehe noch unten 4. Teil § 14 A. VIII.

[2232] *Liebscher*, Rdn 370; *Rittscher*, S. 130; *Deckart*, S. 149; *Joost*, VGR 11, 31, 40 f.; *Grothaus/Halberkamp*, GmbHR 2005, 1317, 1322 f.; *Wunderlich*, BKR 2005, 387, 389; *Krause*, JR 2006, 51, 56; *Hentzen*, ZGR 2005, 480, 525; *Reidenbach*, WM 2004, 1421, 1429; *Seibold*, FB 2005, 77, 83; 525; *Langner*, GmbHR 2005, 1017, 1022; *Burgard*, AG 2006, 527, 533; *Autschbach*, Finance 11/2004, 48, 52; *Erbacher/Thiele*, Finance 11/2004,

einem virtuellen Cash Pooling zu keinem tatsächlichen Transfer von Liquidität kommt, die Zusammenführung der Salden vielmehr nur „virtuell" simuliert werden, bleiben die Salden der Unterkonten der am Cash Pooling teilnehmenden Gesellschaften unverändert, so dass die Kapitalerhaltungsvorschriften hinsichtlich einer Darlehensgewährung nicht betroffen wären. Nicht selten wird daher die Umstellung auf ein virtuelles Cash Pooling zur Vereinbarkeit mit der Kapitalerhaltungsproblematik empfohlen.[2233] Dagegen sind aber Bedenken angebracht: Wegen des beim virtuellen Cash Poolings fehlenden Ausgleichs der Positiv- und Negativsalden der einzelnen Konzerngesellschaften besteht ein höheres Kreditausfallrisiko der Bank, bei der der Cash Pool angelegt ist, da dieses in Höhe der Summe aller Sollsalden besteht und nicht saldiert ist.[2234] Dies schlägt sich in niedrigeren Zinsvorteilen nieder. Der mit der Einrichtung eines Cash Pools bezweckte Zinsvorteil ist also hierbei nicht vollumfänglich realisierbar.[2235] Wegen des erhöhten Ausfallrisikos wird das Kreditinstitut zudem regelmäßig auf Besicherung durch die Konzerngesellschaften bestehen. Aus diesem Grund kommt es zumindest hinsichtlich der Sicherheitenbestellung ebenfalls zur Problematik der Kapitalerhaltung.[2236] Zuletzt ist auch zu bedenken, dass mit einem virtuellen Cash Pooling die Steuerung von Liquidität, die bei einem physischen Cash Pooling möglich ist, nicht vorgenommen werden kann.[2237] Im Ergebnis ist die Umstellung auf ein virtuelles Cash-Pooling-System zur Vereinbarkeit mit der Kapitalerhaltungsproblematik daher nicht zu empfehlen.[2238]

2. Target Balancing

Eine weitere Möglichkeit zur Vereinbarkeit des Cash Poolings mit den Kapitalerhaltungsregeln kann in der Umstellung des regelmäßig praktizierten physischen Cash Poolings auf ein Target Balancing zu sehen sein.[2239] Bei einem solchen Konzernfinanzierungsmodell wird die abzuführende Liquidität von einem

---

52, 54; *Herschlein/Seibold*, Börsen-Zeitung v. 22.09.2004, S. 2; *Becker*, Börsen-Zeitung v. 08.02.2006, S. 2.

2233 *Joost*, VGR 11, 31, 41; *Reidenbach*, WM 2004, 1421, 1429; *Schäfer*, GmbHR 2005, 133, 134, Fn 6; *Erbacher/Thiele*, Finance 11/2004, 52, 54; *Niedernhöfer*, Handelsblatt v. 24.08.2005, S. 33.

2234 *Wunderlich*, BKR 2005, 387, 389; *Krause*, JR 2006, 51, 56; *Autschbach*, Finance 11/2004, 48, 52; zu diesen Nachteilen schon oben 1. Teil § 2 A. II.

2235 *Deckart*, S. 149; *Seidel*, DStR 2004, 1130, 1135; *Hentzen*, ZGR 2005, 480, 525; *Autschbach*, Finance 11/2004, 48, 52; *Langner*, GmbHR 2005, 1017, 1022.

2236 *Rittscher*, S. 130; *Altmeppen*, ZIP 2006, 1025, 1034; *Hentzen*, ZGR 2005, 480, 525; *Krause*, JR 2006, 51, 56; *Seidel*, DStR 2004, 1130, 1135; *Seibold*, FB 2005, 77, 83; *Grothaus/Halberkamp*, GmbHR 2005, 1317, 1323; *Burgard*, AG 2006, 527, 533.

2237 *Langner*, GmbHR 2005, 1017, 1022; *Seibold*, FB 2005, 77, 83.

2238 Abl. auch *Deckart*, S. 149; *Hentzen*, ZGR 2005, 480, 525; *Autschbach*, Finance 11/2004, 48, 52.

2239 Diskutiert von *Liebscher*, Rdn 369; *Krause*, JR 2006, 51, 56.

Sockelbetrag aus bestimmt. Wird dieser fixe Mindestbetrag, der bei der Gesellschaft verbleibt, auf den Betrag des Stammkapitals festgesetzt, ist auf den ersten Blick kein Verstoß gegen das Auszahlungsverbot des § 30 Abs. 1 GmbHG möglich. Bei genauerer Betrachtung sieht sich diese Lösung jedoch ähnlichen Einwänden wie eine Sonderkontenlösung ausgesetzt.[2240] Zunächst kann das Eintreten der Unterbilanz nicht durch die „Zementierung" eines starren Sockelbetrages in Höhe des Stammkapitals vermieden werden, wenn man an die Fälle der Überschuldung denkt. Ähnlich wie bei der Sonderkontenlösung, bei der in Höhe des Stammkapitals ein Sonderkonto außerhalb des Cash Pools angelegt wird, stellt sich zudem auch hier das Problem, dass der Liquiditätsbedarf, der zur Deckung des gebunden Vermögens erforderlich wäre, im Cash Pool täglich schwankt.[2241] Auch die Einplanung eines Sicherheitspolsters dürfte hier nicht ausreichen,[2242] denn die Höhe einer solchen Sicherheitsreserve ist einerseits ungewiss und würde andererseits wegen der Bindung liquider Mittel die wirtschaftliche Attraktivität des Cash Poolings beeinträchtigen.[2243] Ob ein Betrag in Höhe des Stammkapitals damit auf einem Sonderkonto außerhalb des Cash Pools „eingefroren" wird oder als Sockelbetrag bei der Gesellschaft verbleibt, ist im Ergebnis belanglos. In beiden Fällen wird die Gefahr eines Verstoßes gegen die Kapitalerhaltung nicht wirksam ausgeschlossen, so dass derartige Lösungsmodelle ausscheiden müssen.

X. Verwendungsbeschränkungen abgeführter Liquidität

Es stellt sich die Frage, ob an den Cash Pool abgeführte Liquidität ebenfalls Verwendungsbeschränkungen unterliegen sollte, um die jederzeitige Verfügbarkeit liquider Mittel sicherzustellen. So könnte – unabhängig von der Trennung lang- und kurzfristig benötigter Mittel – etwa bestimmt werden, dass die an den Cash Pool abgeführte Liquidität, die anderen Konzerngesellschaften zur Verfügung gestellt wird, nicht für besonders risikoreiche Geschäfte verwendet werden darf. Mit einem derart weitreichenden Schutz der abgeführten Liquidität würde allerdings § 30 Abs. 1 GmbHG tatsächlich primär zu einem Liquiditätsschutz führen. Die Vorschrift des § 30 Abs. 1 GmbHG ist aber gerade nicht darauf ausgerichtet, sondern schützt die Liquidität allenfalls als Reflex mit.[2244] Es muss aber hierfür ausreichen, dass die Rückzahlbarkeit an den Cash Pool abgeführter Mittel zum Schutz vor Verstößen gegen § 30 Abs. 1 GmbHG und zur Sicherung des Rückzahlungsanspruchs des § 31 Abs. 1 GmbHG bei etwaigen Verstößen insgesamt gesichert ist. Hierfür sind aber keine konkreten Verwendungsbeschränkungen hinsichtlich der an den Cash Pool abgeführten Liquidität erforder-

---

2240 Hierzu unten § 12 B. VI.

2241 Krit. daher auch *Krause*, JR 2006, 51, 56.

2242 So aber *Liebscher*, Rdn 369.

2243 *Krause*, JR 2006, 51, 56.

2244 Siehe oben § 8 B. II. 2. a) aa) (2).

lich. Eines so weitgehenden Schutzes bedarf es zur Sicherung des Gläubigerschutzes nicht und er wäre mit dem Zweck des § 30 Abs. 1 GmbHG auch nicht vereinbar.[2245]

B. Heraushalten von Liquidität aus dem Cash Pool

Zu denken ist ferner daran, vorhandene Liquidität der am Cash Pooling teilnehmenden Gesellschaften in verschiedener Hinsicht von der Abführung an den Cash Pool auszunehmen. Hierfür kommen in Betracht:

I. Zahlungen nur aus freiem Vermögen

Als Lösung zur Vermeidung von Verstößen gegen die Kapitalerhaltung würde sich die Gewährung von Darlehen nur mit demjenigen Teil der Liquidität, der durch Rücklagen oder Gewinnvorträge gedeckt ist, anbieten.[2246] § 30 Abs. 1 S. 2 GmbHG RefE-MoMiG stellt daher im Zusammenhang mit der Begründung klar, dass Leistungen aus und im Rahmen der freien Rücklagen hinsichtlich der Kapitalerhaltungsregeln unproblematisch sind.[2247] Für die Durchführung eines konzernweiten Cash Poolings wäre eine solche Einschränkung sicherlich nicht förderlich. Hierfür müsste die Geschäftsführung der darlehensgewährenden Gesellschaft täglich eine Bilanz aufstellen, um festzustellen, ob Darlehensgewährungen aus dem freien Vermögen noch möglich sind, was nicht praktikabel wäre,[2248] da eine derartige Kontrolle einen solchen Aufwand erfordern würde, der den wirtschaftlichen Nutzen des Cash Pooling weitgehende zunichte machen würde.[2249] An dem Erfordernis, Sonderbilanzen aufzustellen, um die Vereinbarkeit mit § 30 Abs. 1 GmbHG zu gewährleisten, führt im Ergebnis aber kein Weg vorbei, wenn man nicht die Kapitalerhaltungsvorschriften durch Abschluss eines

---

[2245] Abl. auch BDI, Schreiben v. 22.09.2005 an das BMJ, mit weiteren Argumenten (www.bdi-online.de)

[2246] *Diers*, S. 143; *Müller-Michaels*, KSI 2006, 100, 105; *Werner*, BKR 2006, 211, 214; *Henze*, WM 2005, 717, 719; *Langner*, GmbHR 2005, 1017, 1022; *Seibold*, FB 2005, 77, 82; *Erbacher/Thiele*, Finance 11/2004, 52, 54; *Biegel/Eilmann*, Börsen-Zeitung v. 03.08.2005, S. 2; *Hilgard*, CH-D Wirtschaft 3/06, 16, 17; *Brems/Tillmann*, Börsen-Zeitung v. 25.01.2006, S. 2; vgl. zum schweizerischen Recht *Blum*, AJP 2005, 705, 713 f.

[2247] Begr. RefE-MoMiG, S. 53 f.

[2248] *Seibold*, FB 2005, 77, 82; *Cahn*, DK 2004, 235, 242; *Biegel/Eilmann*, Börsen-Zeitung v. 03.08.2005, S. 2; zweif. auch *Habersack/Schürnbrand*, NZG 2004, 689, 695; *Hilgard*, CH-D Wirtschaft 3/06, 16, 17 Fn 27; *Lamb/Schluck-Amend*, Börsen-Zeitung v. 14.01.2006, S. 10; vgl. IDW HFA, FN-IDW, 746, 746; *Seibt*, NJW-Spezial 2004, 219, 219 f.; entgegen *Schäfer*, BB 2006, Beil. 7, 5, 8, ist die Frage, ob die Gesellschaft über ausreichend Vermögen im Wert ihrer Stammkapitalziffer verfügt, damit aber stets feststellbar.

[2249] *Cahn*, DK 2004, 235, 236; *Drygala/Kremer*, ZIP 2007, 1289, 1290; krit. auch *Ruby*, JahrbUnternehmensfinanz 2005, 10, 11; *Manz/Mayer*, INF 2006, 833, 836; *Mülbert*, WM 2006, 1977, 1983; *Lamb/Schluck-Amend*, Börsen-Zeitung v. 14.01.2006, S. 10.

Beherrschungsvertrages außer Kraft setzt. Ist § 30 Abs. 1 GmbHG aber anwendbar, müssen Sonderbilanzen zur Feststellung, ob ein Darlehen gegen das Auszahlungsverbot verstößt, aufgestellt werden. Allerdings überzeugt auch nicht die Argumentation, die Geschäftsführer hätten ohnehin bei Leistungen an Gesellschafter jeweils die Vermögenssituation der Gesellschaft hinsichtlich des Auszahlungsverbotes des § 30 Abs. 1 GmbHG nach den bilanziellen Regeln zu beurteilen. Das Cash Pooling ist auf einen täglichen, automatischen Liquiditätsausgleich gerichtet. Damit sind sonstige Leistungen an Gesellschafter nicht ohne weiteres vergleichbar.[2250] Es geht hier also um die mit dem Cash Pooling verbundene hohe Quantität der Aufstellung von Bilanzen.

Dieses Erfordernis könnte man allerdings dadurch abmildern, dass die Liquidität nicht täglich, sondern nur zu bestimmten periodischen Stichtagen an den Cash Pool abzuführen wäre, zu denen dann jeweils anhand einer Bilanz der Umfang der an den Cash Pool abzuführenden Mittel ermittelt wird.[2251] Gegen eine derartige Lösung spricht aber, dass dabei Liquidität bis zum jeweils nächsten Stichtag ungenutzt bei der Konzerngesellschaft verbleiben würde. Selbst wenn diese die Liquidität vorübergehend konzernextern außerhalb des Cash Pools anlegen würde, wären die Zinsen auf dem Zentralkonto regelmäßig höher als auf einem Konto der einzelnen Konzerngesellschaft. Der mit dem Cash Pooling beabsichtigte Zinsvorteil könnte daher nicht im ganzen Umfang zur Geltung kommen. Der Cash Pool ist gerade auf einen möglichst zügigen Saldenausgleich ausgerichtet, mit dem sich die Abführung von Liquidität nur zu bestimmten periodischen Stichtagen nicht vertragen würde. Aber selbst bei Zugrundelegung einer derartigen Möglichkeit ist zu berücksichtigen, dass das beim Cash Pool einzusetzende Kapital erheblich reduziert wird, wodurch die Größenvorteile des Cash Poolings nicht mehr vollumfänglich ausgenutzt werden können.[2252] Wie oben angesprochen, sind bestimmte Finanzierungsvorteile erst ab einer bestimmten Größenordnung des Finanzvolumens zu erreichen. Ferner ist die Betreibergesellschaft des Cash Pools wegen der geringeren zur Verfügung stehenden Liquidität eher dazu gezwungen, kostenverursachende Kredite konzernextern aufzunehmen. Die Beschränkung der aufsteigenden Darlehensgewährung auf Rücklagen und freie Gewinnvorträge würde daher zwar Verstöße gegen die Kapitalerhaltungsvorschriften vermeiden, jedoch würden zugleich die wirtschaftlichen Vorteile des Cash Poolings erheblich gemindert werden. Nach der oben aufgestellten Prämisse, dass nur eine Lösung überzeugen kann, die sowohl eine Vereinbarkeit der Kapitalerhaltungsproblematik bietet als auch die Vorteile

---

2250 A. A. *Joost*, VGR 11, 31, 40; relativierend *Spindler*, ZHR 171 (2007), 245, 262.

2251 So der Vorschlag von *Seibold*, FB 2005, 77, 82.

2252 *Vetter*, BB 2004, 1509, 1516; *Langner*, GmbHR 2005, 1017, 1022; *Hilgard*, CH-D Wirtschaft 3/06, 16, 17.

des Cash Poolings möglichst umfassend aufrecht erhält, vermag dieser Weg daher wegen der mangelnden Praktikabilität nicht zu überzeugen.

II. Kapitalschutzbestimmungen

Zu überlegen ist als Lösungsmöglichkeit zur Sicherstellung der Einhaltung der Kapitalerhaltungsregeln, das Stamm- oder Grundkapital der Konzerngesellschaft dadurch zu schützen, dass der zur Deckung des Stammkapitals erforderliche Mindestbetrag der Liquidität jeweils dem täglichen Cash Sweep entzogen wird.[2253] Anders als beim Target Balancing wird also kein starrer Sockelbetrag festgelegt, sondern das zur Erhaltung des Stammkapitals erforderliche Vermögen wird täglich neu ermittelt.[2254] Zwar ist eine derartige Vertragsklausel letztlich wegen der gesetzlichen Kapitalerhaltungsregeln deklaratorischer Natur, dennoch bietet sie nicht zu unterschätzende Vorteile: Zum einen kann sich der Geschäftsleiter der Konzerngesellschaft in der Krise auf die entsprechenden Rechte bzw. Pflichten berufen. Zum anderen wird die Frage, inwiefern auch eine Betreibergesellschaft, die nicht an der Konzerngesellschaft beteiligt ist, an die §§ 30 f. GmbHG gebunden ist, schon qua Vertrag entschieden.[2255]

In Vertragskonzernen, in denen die Kapitalerhaltungsgrundsätze nach § 291 Abs. 3 AktG (bei der GmbH analog) außer Kraft gesetzt sind, bedarf es einer derartigen Kapitalschutzbestimmung selbstredend nicht. Aber auch bei der faktisch konzernierten AG, bei der nach hier vertretener Auffassung die §§ 57 ff. AktG und nicht die §§ 311 ff. AktG gelten, sofern nicht hohe Anforderungen erfüllt werden, ist diese Bestimmung unergiebig, da hier ohnehin das gesamte Vermögen der gesetzlichen Bindung unterliegt.[2256] Sofern aber bei der GmbH ein gewisses Maß an freiem Vermögen vorhanden ist, das an den Cash Pool abgeführt werden kann, ist eine derartige Kapitalschutzbestimmung durchaus erwägenswert. Letztlich sagt diese Klausel aber eben nichts anderes aus, als das, was in den §§ 30 f. GmbHG ohnehin enthalten ist. Insbesondere ist der Geschäftsleiter der Konzerngesellschaft trotz dieser Kapitalschutzbestimmungen nicht von der Prüfung befreit, ob tatsächlich keine unzulässige Auszahlung vorliegt.[2257] Der zusätzliche Gewinn an Rechtssicherheit dürfte sich über die oben genannten Vorteile hinaus daher in Grenzen halten. Gleiches gilt für Fälligkeitsvereinbarungen, wonach das Darlehen als sofort fällig gestellt vereinbart wird, wenn der Liquiditätstransfer zu einer Unterbilanz bei der Gesellschaft führt. Ein derartiger schuldrechtlicher Rückzahlungsanspruch ist angesichts des dann

---

[2253] HoldingHndb-*Vetter*, § 8 Rdn 41; *ders./Stadler*, Rdn 209 ff.; *Vetter*, VGR 6, 69, 100; *Rümker*, FS Huber, 919, 924; *Schilmar*, DB 2004, 1411, 1414; *Autschbach*, Finance 11/2004, 48, 50; *Erbacher/Thiele*, Finance 11/2004, 52, 54.

[2254] Vgl. schon oben § 12 B. I.

[2255] *Vetter/Stadler*, Rdn 209

[2256] *Rümker*, FS Huber, 919, 925.

[2257] *Vetter/Stadler*, Rdn 212.

schon entstandenen Rückzahlungsanspruchs aus § 31 Abs. 1 GmbHG ebenfalls deklaratorischer Natur.[2258] Im Ergebnis würden derartige Kapitalschutzbestimmungen daher nicht zu einem erheblich höheren Maß an Rechtssicherheit führen. Aufgrund der Unsicherheiten einer fortlaufenden Ermittlung einer Unterbilanz – etwa aufgrund eines nicht zweifelsfreien Wertberichtigungs- oder Rückstellungsbedarfs – ist als weitere Vorsichtsmaßnahme daran zu denken, einen gewissen Sicherheitsabstand zur Verbotsschwelle einzuhalten.[2259] Gleichwohl ist nicht zu verkennen, dass damit die an den Cash Pool abfließenden Mittel noch weitergehend verringert werden. Die mit dem Cash Pooling erzielbaren Vorteile werden dadurch noch weiter reduziert.[2260]

III. Beibehaltung von Liquiditätsreserven

Beim Cash Pooling stehen die Tochtergesellschaften regelmäßig ohne eigene Liquidität da. Ein weiterer Vorschlag des Schrifttums geht daher dahin, den Tochtergesellschaften eine Liquiditätsreserve zu belassen.[2261] Zweck dieses Vorschlags ist die Sicherung der benötigten Liquidität der Gesellschaften auch bei einer Krise des Konzerns, in der aus dem Cash Pool keine Darlehensgewährungen erfolgen können. Zur Vermeidung eines Dominoeffekts soll daher eine Liquiditätsreserve bei den Konzerngesellschaften angelegt werden, auf die diese im Krisenfall zurückgreifen können. Auch gegen eine derartige Lösung, die man hier alternativ, aber auch kumulativ zu einer Liquiditätsvorhalteverpflichtung der Muttergesellschaft in Betracht ziehen könnte, sind aber Bedenken anzumelden. Der Entzug liquider Mittel aus dem täglichen Sweep vermindert – dies wurde bereits mehrfach dargestellt – die mit dem Cash Pooling verbundenen Vorteile. Je geringer die dem Cash Pool zur Verfügung gestellten Mittel sind, desto geringer ist der mit dem Cash Pooling verbundene Synergieeffekt. Zwar könnte man hier im Zusammenhang mit einer Einbezahlung einer Liquiditätsreserve auf einem Sonderkonto einen virtuellen Cash Pool der Liquiditätsreserven aller am Pooling beteiligten Gesellschaften bilden und damit – freilich in geringerem Umfang – bestimmte Bündelungsvorteile in Anspruch nehmen.[2262] Die Frage, die sich auch hier stellt, ist nämlich die nach der Höhe des Liquiditätspuf-

---

2258 Ebenso *Böcker*, ZGR 2006, 213, 221; *Langner/Mentgen*, GmbHR 2004, 1121, 1123.

2259 *Wessels*, ZIP 2006, 1701, 1706.

2260 Aus diesem Grund krit. gegenüber einer Sicherheitsmarge *Krause*, JR 2006, 51, 56.

2261 HoldingHndb-*Vetter*, § 8 Rdn 48 f.; *Vetter/Stadler*, Rdn 218; *Vetter*, VGR 6, 69, 100 f., *Seibold*, FB 2005, 77, 83; allerdings jeweils unter dem Gesichtspunkt der Existenzvernichtungshaftung; in Bezug auf die Kapitalerhaltung *Makowski*, S. 235; *Deckart*, S. 165, der den Betrag auf einem Sonderkonto verorten will; *Sinewe*, DB 2006, 1781, 1781; *Hentzen*, ZGR 2005, 480, 502; *Herschlein/Seibold*, Börsen-Zeitung v. 22.09.2004, S. 2; vgl. *Hey*, EWiR § 69 AO 1/05, 851, 852.

2262 So der Vorschlag von *Deckart*, S. 165; *Herschlein/Seibold*, Börsen-Zeitung v. 22.09.2004, S. 2.

fers.[2263] Damit eine derartige Lösung bei Eintritt eines Krisenfalls effektiv wäre, müsste die Liquiditätsreserve hoch bemessen werden, und zwar in Höhe des kurzfristigen Liquiditätsbedarfs.[2264] Ähnlich wie eine hohe Liquiditätsvorhalteverpflichtung der Muttergesellschaft sind aber auch hier ähnliche Bedenken angebracht. Auf der anderen Seite können geringere Liquiditätsreserven die Aufrechterhaltung der Liquidität in der Krise des Konzerns nicht zuverlässig verhindern. Zur Lösung der Kapitalerhaltungsproblematik muss daher auch dieser Lösungsweg ausscheiden.

Denkbar wäre es allerdings auch, die Bildung einer Sonderrücklage aus freien Rücklagen in Höhe des Darlehensrückzahlungsanspruchs zu verlangen, was das Gesetz zur Sicherung des Stammkapitals beispielsweise für den Erwerb eigener Aktien nach § 33 Abs. 2 GmbHG iVm § 272 Abs. 4 HGB vorschreibt.[2265] Demgegenüber ist eine derartige Rücklage für Darlehensrückzahlungsansprüche gegen Gesellschafter im Gesetz gerade nicht vorgesehen. Möglich wäre damit allenfalls eine Analogie zu diesen Vorschriften. Das Vorliegen deren Voraussetzungen, insbesondere einer planwidrigen Regelungslücke, erscheint jedoch zweifelhaft.[2266] Gerade die Tatsache, dass eine Sonderrücklage nicht vorgesehen ist, deutet darauf hin, dass die Möglichkeit eine Darlehensgewährung an Gesellschafter nicht nur aus freien Rücklagen gegeben sein soll. Alles andere würde mangels jeglicher Grundlage im Gesetz zu einem erheblichen Verlust an Rechtssicherheit führen. Auch die Vergleichbarkeit der Interessenlage ist zweifelhaft, da es bei § 33 Abs. 2 GmbHG um den Rückerwerb eigener Anteile und damit um die endgültige Einlagenrückgewähr geht, während mit der Darlehensgewährung eine Überlassung von Liquidität auf Zeit überlassen ist.[2267] Insofern kommt auch eine solche Sonderrücklage nicht in Betracht.

IV. Steuerungsmöglichkeiten

Ähnlich zu dem obigen Lösungsvorschlag im Rahmen der Kapitalaufbringung, der Tochtergesellschaft umfassende Steuerungsmöglichkeiten in die Hand zu geben, nach denen sie selbst über den Umfang der abzuführenden Mittel

---

2263 Unscharf daher *Hentzen*, ZGR 2005, 480, 502: „angemessener Liquiditätspuffer".

2264 Skeptisch dagegen auch *Makowski*, S. 235.

2265 *Schön*, ZHR 159 (1995), 351, 363, verlangt eine gesetzliche Rücklage in Höhe sämtlicher den Gesellschaftern gewährten Darlehensbeträge und Kreditsicherheiten; diese solle nicht für Auszahlungen zur Verfügung stehen und ähnelt damit der für eigene Anteile zu bildenden Rücklage gemäß § 33 Abs. 2 GmbHG iVm 272 Abs. 3 HGB; vgl. auch *Maier-Reimer*, VGR 10, 127, 139.

2266 Abl. auch HoldingHndb-*Vetter*, § 8 Rdn 8; *ders.*, BB 2004, 1509, 1515; *Deckart*, S. 103; *Koch*, S. 88; *Spindler*, ZHR 171 (2007), 245, 253 f.; *Helmreich*, GmbHR 2004, 457, 461 f.; *Engert*, BB 2005, 1951, 1955; vgl. *Rittscher*, S. 98; zur Funktionsteilung zwischen § 30 Abs. 1 und § 33 Abs. 2 GmbHG auch *Bloching/Kettinger*, GmbHR 2005, 1098 ff.; *dies.*, BB 2006, 172 ff.

2267 Zutr. *Deckart*, S. 103.

bestimmen kann,[2268] ist auch im Rahmen der Kapitalerhaltung daran zu denken, der Tochtergesellschaft die Entscheidungsmöglichkeit über den Umfang der aufsteigenden Darlehensgewährungen zu belassen. Sie kann dann jeweils im Einzelfall, sofern sie über überschüssige Liquidität verfügt, entscheiden, ob und in welchem Umfang sie diese an den Cash Pool abführt. Wegen des hierbei fehlenden Automatismusses der aufsteigenden Darlehensgewährung wäre die Tochtergesellschaft vor einem Abzug der Liquidität über das Auszahlungsverbot des § 30 Abs. 1 GmbHG möglicherweise besser geschützt. Wie im Rahmen der Kapitalaufbringung vermag eine solche Lösung aber auch bei der Kapitalerhaltung nicht zu überzeugen. Eigenständige Steuerungsmöglichkeiten der Tochtergesellschaft über den Umfang der Liquiditätsabführungen widersprechen der zentralen Leitung bei dieser Art der Konzernfinanzierung. Die Muttergesellschaft ist auf eine möglichst umfassende Abführung von Liquidität an den Cash Pool angewiesen. Diese Lösung ist daher abzulehnen.

V. Trennung langfristig und kurzfristig benötigter bzw. nicht benötigter Liquidität

Zu überlegen ist ferner, bei der Durchführung eines konzernweiten Cash Poolings eine Trennung kurzfristig und langfristig benötigter Liquidität vorzunehmen: Während erstere über den Cash Pool abgewickelt werden sollten, soll dies hinsichtlich langfristig benötigter oder nicht benötigter Liquidität nicht gelten. Derartige Zahlungsströme könnten vielmehr außerhalb des Cash Pools auf der Grundlage von separaten längerfristigen Darlehensverträgen abgewickelt werden.[2269] Die Gefahren für die Kapitalerhaltung, die das Cash Pooling wegen des täglichen Liquiditätsabzugs mit sich bringt, könnten dadurch reduziert werden. Der Cash Pool ist regelmäßig auf einen kurzfristigen Liquiditätsausgleich ausgerichtet und muss als Instrument eines kurzfristigen Finanzmanagements angesehen werden.[2270] Aus diesem Grund sind auch die Verzinsungen hierauf ausgerichtet. Bei der Inanspruchnahme langfristig benötigter Liquidität durch eine Konzerngesellschaft über den Cash Pool wären aber die Tagesgeldkonditionen ungünstiger als ein angemessener Zinssatz bei längerfristigen Darlehen, der sich an den Marktzinsen zu orientieren hätte. Umgekehrt würden die Konzerngesellschaften bei langfristig nicht benötigter Liquidität höhere Zinsen erhalten als bei der Abführung von Liquidität an den Cash Pool.

Als problematisch erweist sich allerdings zunächst die Abgrenzung von kurzfristig und langfristig nicht benötigter Liquidität.[2271] Hier müsste der Cash-Pooling-Vertrag eine ausdrückliche Regelung vorsehen, dass Liquidität die für

---

[2268] Hierzu oben 2. Teil § 5 B. III 2.

[2269] HoldingHndb-*Vetter*, § 8 Rdn 44; *ders./Stadler*, Rdn 217; *Vetter*, VGR 6, 69, 100; vgl. hierzu auch BDI, Schreiben v. 22.09.2005 an das BMJ (www.bdi-online.de).

[2270] HoldingHnd-*Vetter*, § 8 Rdn 55.

[2271] Krit. *Rittscher*, S. 47 f.

länger als beispielsweise ein Jahre benötigt bzw. nicht benötigt wird, weder an den Cash Pool fließen noch aus ihm abgezogen werden darf. Vorteilhaft ist an einer derartigen Trennung in jedem Fall, dass die Konzerngesellschaft hinsichtlich längerfristig benötigter Liquidität nicht vom Schicksal des Cash Poolings abhängig wäre.[2272] Längerfristig gewährte Liquidität kann die Konzerngesellschaft bis zum Ende der Laufzeit nutzen, während ihr diese Liquidität nicht aus dem Cash Pool zur Verfügung gestellt worden wäre, wenn im Cash Pool aufgrund einer Krisensituation der Muttergesellschaft oder anderer Konzerngesellschaften keine ausreichenden Mittel mehr vorhanden wären.[2273] Mit einer derartigen Trennung von kurzfristig und langfristig benötigter Liquidität wird die Betreibergesellschaft des Cash Pools dazu gebracht, für eine langfristige Dekkung eines solchen Liquiditätsbedarfs zu sorgen. Das ansonsten bestehende Risiko, solchermaßen langfristig benötigte Liquidität mit von den Cash-Pool-Teilnehmern kurzfristig zur Verfügung gestellter Liquidität auszufüllen, wird damit vermieden.[2274] Würde hingegen auch langfristig benötigte Liquidität mit nur kurzfristig zur Verfügung gestellter Liquidität ausgeglichen werden, würde der Cash Pool über kurz oder lang lahmgelegt werden. An den Cash Pool soll nur kurzfristig verfügbare Liquidität durch die Konzerngesellschaften abgegeben werden. Umgekehrt soll nur kurzfristig benötigte Liquidität aus dem Cash Pool angefordert werden. Er darf nicht zur Finanzierung langfristig benötigter Liquidität mit kurzfristig zur Verfügung gestellter Liquidität „missbraucht“ werden. Mit einer solchen Trennung der Liquidität muss es dann vereinbar sein, dass die Summe der Beträge, die über den Cash Pool abgewickelt werden, geringer ist, als wenn sämtliche Liquiditätsströme hierüber laufen würden. Hält man sich den genannten Zweck des konzernweiten Cash Poolings vor Augen, ist die Heraushaltung langfristig benötigter Liquidität aus dem Cash Pooling einer Abwicklung sämtlicher Zahlungsströme über den Cash Pool vorzuziehen.

VI. Sonderkonten in Höhe des Stammkapitals

Ähnlich zur – hier abgelehnten[2275] – Lösungsmöglichkeit der Einrichtung eines Sonderkontos außerhalb des Cash Pools zur Bewältigung der ordnungsgemäßen Kapitalaufbringung oder -erhöhung ist auch im Rahmen der Vereinbarkeit mit der Kapitalerhaltungsproblematik die Einrichtung eines Sonderkontos zu diskutieren.[2276] Auf einem solchen Konto, das außerhalb des Cash Pools anzulegen

---

[2272] *Vetter/Stadler*, Rdn 217; hierauf abst. auch *Liebscher*, Rdn 360.

[2273] Die Gefahrenlage durch Änderung der Kreditwürdigkeit des Gesellschafters bei Gewährung langfristiger Darlehen wird auch in der Begr. RefE-MoMiG, S. 53, vergegenwärtigt.

[2274] HoldingHndb-*Vetter*, § 8 Rdn 44; *ders./Stadler*, Rdn 217.

[2275] Siehe oben 2. Teil § 5 B. III.

[2276] *Jäger*, § 45 Rdn 13; *Deckart*, S. 149 f.; *Joost*, VGR 11, 31, 40; *Wunderlich*, BKR 2005, 387, 389; *Stein*, DZWiR 2004, 493, 497; *Morsch*, NZG 2003, 97, 106; *Henze*, WM 2005,

sei, sei Liquidität in Höhe der Stammkapitalziffer einzuzahlen. Damit würde bei der Darlehensgewährung im Rahmen des Cash Poolings die ständige Überwachung der Einhaltung des Auszahlungsverbotes des § 30 Abs. 1 GmbHG entfallen.[2277] Wie schon im Rahmen der Kapitalaufbringung und -erhöhung kann auch im Rahmen der Lösungsmöglichkeiten zur Vereinbarkeit mit der Kapitalerhaltung eine Sonderkontenlösung nicht überzeugen. Zunächst werden die wirtschaftlichen Vorteile des Cash Poolings geschmälert, wenn fortwährend eine Reserve vorzuhalten ist.[2278] Die Vermeidung eines Verstoßes gegen das Auszahlungsverbot nach § 30 Abs. 1 GmbHG lässt sich außerdem nicht durch die „Versteinerung" eines Betrages in Höhe der Stammkapitalziffer auf einem Sonderkonto erreichen. Ob eine Unterbilanz vorliegt und damit gegen § 30 Abs. 1 GmbHG verstoßen wird, kann nicht mit Blick auf die Stammkapitalziffer, sondern nur mit einem Vergleich des Reinvermögens der Gesellschaft mit dem bilanziellen Stammkapital erkannt werden.[2279] Deckt das Reinvermögen das bilanzielle Stammkapital nicht, liegt eine Unterbilanz vor.[2280] Dass eine Sonderkontenlösung nicht die Gefahr des Verstoßes gegen § 30 Abs. 1 GmbHG zu umgehen geeignet ist, wird im Stadium der Überschuldung deutlich.[2281] Hierbei übersteigen die bestehenden Verbindlichkeiten das Vermögen der Gesellschaft, § 19 Abs. 2 InsO. Das Eigenkapital der Gesellschaft ist vollumfänglich nicht gedeckt.[2282] Ist die Gesellschaft solchermaßen überschuldet, benötigt sie zur Auffüllung des Reinvermögens bis hin zur Höhe des Stammkapitals einen Betrag, der über die Stammkapitalziffer hinausgeht.[2283] Auch hier tritt damit eine Unterbilanz ein, selbst wenn auf einem Sonderkonto ein Betrag in Höhe der Stammkapital bestehen sollte.[2284] Die Einstellung eines Betrages in Höhe des Stammkapitals auf einem Sonderkonto ist daher nicht dazu geeignet, den Eintritt einer Unterbilanz zu verhindern. Das starre Heraushalten eines solchen feststehenden Betrages verträgt sich folglich nicht mit den jeweiligen sich ändernden Bilanzsituationen.

Aus den gleichen Gründen muss auch der Vorschlag scheitern, eine Bankgarantie in Höhe des Stammkapitals der am Cash Pooling teilnehmenden

---

717, 719; *Jäger*, DStR 2000, 1736, 1737; *Niedernhöfer*, Handelsblatt v. 24.08.2005, S. 33.

2277 *Stein*, DZWiR 2004, 493, 497.

2278 *Wunderlich*, BKR 2005, 387, 389.

2279 Baumbach/Hueck-*Hueck/Fastrich*, § 30 Rdn 10; *Rittscher*, S. 110; *Deckart*, S. 150; *Morsch*, NZG 2003, 97, 106.

2280 Baumbach/Hueck-*Hueck/Fastrich*, § 30 Rdn 13; *Morsch*, NZG 2003, 97,106

2281 *Deckart*, S. 150 siehe auch *Joost*, VGR 11, 31, 40.

2282 Baumbach/Hueck-*Hueck/Fastrich*, § 30 Rdn 13.

2283 *Deckart*, S. 150.

2284 *Morsch*, NZG 2003, 97, 106; ähnl. *Joost*, VGR 11, 31, 40.

Gesellschaft stellen zu lassen.[2285] Es wäre dann daran zu denken, einen darüber hinausgehenden Betrag auf dem Sonderkonto zu belassen, um auch im Fall der Überschuldung eine Unterbilanz zu verhindern. Abgesehen davon, dass die Höhe dieses einzustellenden Betrages aber wegen des täglichen Liquiditätsausgleichs variieren müsste und daher doch eine fortlaufende Überwachung erforderlich sein würde,[2286] würde Liquidität aus dem konzernweiten Liquiditätsausgleich im Rahmen des Cash Poolings herausgenommen werden, was die Wirtschaftlichkeit dieses Instruments beeinträchtigen würde. Es ist allgemein anerkannt, dass das Heraushalten liquider Mittel aus dem Cash Pool die mit diesem Instrument verbundenen Vorteile erheblich verringern kann und daher nach Möglichkeit zu vermeiden ist. Ferner würde sich auch hier die Frage stellen, für welchen Zeitraum der Betrag auf einem Sonderkonto außerhalb des Cash Pools verbleiben müsste.[2287] Sowohl für GmbHs, die ein hohes Stammkapital aufweisen, als auch für AGs, deren gesamtes Vermögen der Bindung des § 57 Abs. 1 S. 1 AktG unterliegt, ist eine Sonderkontenregelung zudem von vornherein nicht praktikabel.[2288] Im Ergebnis ist die Einrichtung eines Sonderkontos in Höhe des Nominalbetrages des Stammkapitals abzulehnen.[2289]

C. Änderung der Konzernstruktur

In einem weiteren Schritt ist zu überlegen, ob die Konzernstruktur nicht verändert werden kann.

I. Verschmelzungen von Gesellschaften

Als Lösungsmöglichkeit kommt hier die Verschmelzung von Gesellschaften in Betracht, allerdings unter unterschiedlichen Prämissen.

1. Verschmelzung zum Zwecke der Kapitalherabsetzung

Wie noch aufzuzeigen ist, scheidet eine ordentliche Kapitalherabsetzung zumindest zur kurzfristigen Freisetzung von Liquidität zur Abführung an den Cash Pool wegen des damit verbundenen Sperrjahres aus.[2290] Um eine kurzfristige Senkung der Stammkapitalziffer einer GmbH ohne ein Sperrjahr zu erreichen, ist die Downstream-Verschmelzung einer GmbH auf eine andere Gesellschaft in

[2285] So *Liebscher*, Rdn 368.
[2286] Vgl. *Liebscher*, Rdn 369; *Deckart*, S. 150.
[2287] Hierzu ausdr. *Jäger*, DStR 2000, 1736, 1737, auf den die Sonderkontenlösung im Rahmen der Kapitalerhaltung zurückgeht. Er verlangt, das Sonderkonto dauerhaft aus dem Cash Pool herauszuhalten. Nach Bedarf könnten aber eines oder mehrere der Sonderkonten aufgelöst und dem Cash Pool zugeführt werden.
[2288] *Stein*, DZWiR 2004, 493, 497; *Morsch*, NZG 2003, 97, 106.
[2289] So auch *Deckart*, S. 150; *Morsch*, NZG 2003, 97, 106.
[2290] Hierzu unten § 12 E. I.

Erwägung zu ziehen.[2291] Sofern diese Gesellschaft eine niedrigere Stammkapitalziffer aufweise, sei dadurch eine „faktische“ Kapitalherabsetzung ohne Einhaltung eines Sperrjahres denkbar. Als Gesellschaft, mit der eine Verschmelzung vorgenommen werden soll, kommen sowohl eine bereits bestehende Gesellschaft mit geringerem Stammkapital als auch eine hierfür gegründete Tochtergesellschaft in Betracht. Gegen das Szenario der Gründung einer Tochtergesellschaft ist aber der damit verbundene hohe Aufwand anzuführen. Auch ist bei einer solchen „faktischen“ Kapitalherabsetzung das Problem der Kapitalerhaltung lediglich entschärft, aber dennoch weiterhin zu beachten.

2. Verschmelzung liquiditätsstarker und -schwacher Gesellschaften miteinander

Eher für eine Vermeidung von möglichen Verstößen gegen die Kapitalerhaltung geeignet als die Verschmelzung zur Kapitalherabsetzung dürfte daher die Verschmelzung von liquiditätsstarken und -schwachen Gesellschaften miteinander sein.[2292] Dieser Lösungsweg weist zwei Vorteile auf: Zum einen wird dadurch ein Ausgleich von überschüssiger und benötigter Liquidität bereits innerhalb einer Gesellschaft und somit aus Sicht des Auszahlungsverbotes des § 30 Abs. 1 GmbHG in unbedenklicher Weise vorgenommen. Zum anderen wird durch die damit verbundene Verringerung der Anzahl der in den Cash Pool eingegliederten Gesellschaften die Häufigkeit der zu überwachenden Liquiditätsströme an den Cash Pool reduziert. Allerdings stehen diesen Vorteilen mit der Verschmelzung verbundene nicht unerhebliche Nachteile gegenüber: Mit der Verschmelzung liquiditätsstarker und -schwacher Gesellschaften miteinander, die zu einem Ausgleich der Liquidität schon innerhalb der Gesellschaft führt, werden die Liquiditätsströme verringert, was zwar einerseits den Überwachungsaufwand vermindert, einerseits aber auch dazu führt, dass im Cash Pool weniger Liquidität vorhanden sein dürfte.[2293] Bei einer derartigen Lösung würden – bildlich gesprochen – jeweils zwei Gesellschaften schon einen „Vor-Cash-Pool“ bilden und nur ein daraus entstehender überschüssiger Saldo würde noch an den Cash Pool abgeführt werden. Die Vorteile, die mit dem Cash Pooling verbunden sind, lassen sich aber nur mit einer bestimmten Größenordnung der Liquiditätsvolumina erreichen. Aus diesem Grund erscheint die mit dieser Lösung zwangsläufig verbundene geringere Abführung von Liquidität an den Cash Pool nicht unproblematisch. Der Cash Pool setzt für sein Funktionieren eine ge-

---

[2291] *Liebscher*, Rdn 368 Fn 103; *Grothaus/Halberkamp*, GmbHR 2005, 1317, 1323; *Rodewald/Grothaus*, Finance Sonderbeil. 2/2006, 17; *Hilgard*, CH-D Wirtschaft 3/06, 16, 18, Fn 30; allg. als Lösungsmöglichkeit genannt bei *Ruby*, JahrbUnternehmensfinanz 2005, 10, 11.

[2292] So der Vorschlag von *Deckart*, S. 150 f.; *Seibold*, FB 2005, 77, 82; *Herschlein/Seibold*, Börsen-Zeitung v. 22.09.2004, S. 2; vgl. *Krause*, JR 2006, 51, 55, dort als „große Lösung“ bezeichnet.

[2293] *Deckart*, S. 151.

wisse Gesellschaftsstruktur liquiditätsstarker und -schwacher Gesellschaften voraus, die in einer gewissen Größenordnung an den Cash Pool angeschlossen werden müssen. Diese Struktur würde durch eine Verschmelzung ins Ungleichgewicht gebracht werden. Oftmals erscheint eine Verschmelzung von Gesellschaften, wenn diese etwa operativ in unterschiedlichen Geschäftsfeldern sind, praktisch nicht gangbar zu sein.[2294]

Nimmt man ohnehin liquiditätsschwache Gesellschaften von vornherein aus dem Cash Pool heraus, ist eine Verschmelzung oft gar nicht möglich. Eine Vereinbarkeit mit den Kapitalerhaltungsvorschriften wäre zudem mit dieser Lösung nicht zu bewerkstelligen, da die Anzahl der aufsteigenden Darlehensgewährungen zwar abnehmen würde, die vorgenommenen Ausreichungen aber nach wie vor an § 30 Abs. 1 GmbHG zu messen wären. Letztlich ist die rechtliche Selbständigkeit von Konzerngesellschaften oftmals auch vor dem Hintergrund sinnvoll, dass damit die Haftungsrisiken – etwa bei besonders risikoreichen Geschäften – auf eine Gesellschaft beschränkt werden können; dies wäre bei einer Verschmelzung nicht im gleichen Umfang möglich.[2295] Bedenkt man zudem die Möglichkeit vertraglicher Konzernierungen dürften für derartige Verschmelzungen auch Notwendigkeitszweifel bestehen. Das Bedürfnis nach Gläubigerschutz dürfte jedenfalls nicht soweit gehen, dass sich der Haftungsverbund hier in einer nach außen erkennbaren Gesellschaftsstruktur abbilden müsste.[2296] Im Ergebnis überwiegen daher die Nachteile einer solchen Verschmelzungslösung, so dass auch diese Möglichkeit nicht in Betracht zu ziehen ist.[2297]

II. Abschluss von Beherrschungsverträgen

Wie dargestellt wurde, besteht bei der faktisch konzernierten GmbH das Erfordernis, Darlehensgewährungen der GmbH an den Cash Pool an der Kapitalerhaltungsvorschrift des § 30 Abs. 1 GmbHG zu messen. Bei der faktisch konzernierten AG, für die im Rahmen der ungesicherten Darlehensgewährung die §§ 311 ff. AktG nach hier vertretener Auffassung nicht gelten, besteht ein noch strengerer Schutz nach § 57 Abs. 1 S. 1 AktG. Vor diesem Hintergrund wird vielfach der Abschluss von Beherrschungsverträgen[2298] zur Vereinbarkeit mit

---

[2294] *Krause*, JR 2006, 51, 55.

[2295] *Krause*, JR 2006, 51, 55; dies wird von *Deckart*, S. 151 positiv gewertet.

[2296] So aber *Deckart*, S. 151 unter Verweis auf *Makowski*, S. 30.

[2297] Demgegenüber sieht *Deckart*, S. 151, die Entscheidung BGHZ 157, 72 ff., gerade als Anlass für derartige Verschmelzungsvorgänge an.

[2298] Natürlich auch in der Kombination mit Gewinnabführungsverträgen; lediglich isolierte Gewinnabführungsverträge sind zur Außerkraftsetzung der Kapitalerhaltungsregeln nicht geeignet; hinzuweisen ist darauf, dass der Abschluss von Unternehmensverträgen strafrechtliche Risiken im Zusammenhang mit existenzvernichtenden Eingriffen nicht verhindern kann, vgl. *Krause*, JR 2006, 51, 55.

der Kapitalerhaltungsproblematik erwogen.[2299] Da bei einer vertraglich konzernierten GmbH der Kapitalschutz der §§ 30 f. GmbHG nach überwiegend und auch hier vertretener Auffassung gemäß § 291 Abs. 3 AktG analog außer Kraft gesetzt ist, dies aber noch nicht höchstrichterlich bestätigt worden ist,[2300] wird dies vielfach nur für die AG erwogen. Tochtergesellschaften in der Rechtsform einer GmbH sollen hingegen zuerst in eine AG umgewandelt werden, bevor mit ihnen ein Beherrschungsvertrag geschlossen werden soll.[2301] Ob eine derartige Umwandlung aber angesichts der Aufwendigkeit der Maßnahme eine praktikable Lösungsmöglichkeit ist, erscheint zweifelhaft.[2302] Sollte zudem der BGH entsprechend der weit überwiegenden Ansicht im Schrifttum die analoge Anwendung des § 291 Abs. 3 AktG für den GmbH-Vertragskonzern absegnen, würde für eine Umwandlung kein Bedürfnis bestehen.

Sollte der Abschluss eines Beherrschungsvertrages nicht in Betracht kommen, wäre wegen der bei der AG im Verhältnis zur GmbH strengeren Kapitalbindung daran zu denken, insofern genau umgekehrt zum obigen Vorschlag, die AG in eine GmbH umzuwandeln.[2303] Dagegen sprechen jedoch zum einen die Aufwendigkeit der Maßnahme und zum anderen die Tatsache, dass die Gesellschaft dann immer noch der Kapitalerhaltung des GmbH-Rechts unterliegt. Im Ergebnis bietet sich der Abschluss von Beherrschungsverträgen ansonsten aber zweifelsohne an. Freilich müssen wegen des Verbotes existenzvernichtender Weisungen bei einem beherrschungsvertraglichen Regime die Existenz-

---

[2299] *Ruby*, JahrbUnternehmensfinanz 2005, 10, 11; *Liebscher*, Rdn 368; *Diers*, S. 143; *Deckart*, S. 151 f.; *Koch*, S. 100; *Tielmann*, Liber amicorum Happ, 311, 321; *Rehm*, FS Säcker, 305, 312; *Joost*, VGR 11, 31, 41; *Rümker*, FS Huber, 919, 926 f.; *Vetter*, VGR 6, 69, 104; *Bayer/Lieder*, ZGR 2005, 133, 152; *Böcker*, ZGR 2006, 213, 222; *Reidenbach*, WM 2004, 1421, 1426; *Keller/Rödl*, BB 2005, Beil. 3, 16, 17; *Krause*, JR 2006, 51, 55; *Hentzen*, ZGR 2005, 480, 526; *Ulrich*, GmbHR 2007, 1289, 1295; *Fuhrmann*, NZG 2004, 552, 554; *Seibold*, FB 2005, 77, 82; *Müller-Michaels*, KSI 2006, 100, 105; *Krolop/Kusak*, WiRO 2007, 109, 113; *Biegel/Eilmann*, Börsen-Zeitung v. 03.08.2005, S. 2; *Herschlein/Seibold*, Börsen-Zeitung v. 22.09.2004, S. 2; *Rodewald/Grothaus*, Finance Sonderbeil. 2/2006, 17; *Becker*, Börsen-Zeitung v. 08.02.2006, S. 2; *Autschbach*, Finance 11/2004, 48, 50; *Schauenburg/Tillmann*, Börsen-Zeitung v. 06.06.2007, S. 2; *Erbacher/Thiele*, Finance 11/2004, 52, 54; *Hilgard*, CH-D Wirtschaft 3/06, 16, 18; nur für die AG: *Vetter/Stadler*, Rdn 232; abl. *Burgard*, AG 2006, 527, 531; *Cahn*, DK 2004, 235, 245, der aber von einem unzutr. Verständnis des Konzernprivilegs ausgeht.

[2300] Krit., dass der BGH dies in der Entscheidung BB 2006, 1759 ff., hat dahinstehen lassen *Sinewe*, DB 2006, 1781, 1781.

[2301] *Deckart*, S. 151; *Seibold*, FB 2005, 77, 82; *Langner*, GmbHR 2005, 1017, 1022; *Erbacher/Thiele*, Finance 11/2004, 52, 54; *Niedernhöfer*, Handelsblatt v. 24.08.2005, S. 33; allg. *Ruby*, JahrbUnternehmensfinanz 2005, 10, 11.

[2302] Krit. gegenüber einer Umgehung durch Rechtsformwahl in diesem Zusammenhang auch *Wackerbarth*, DK 2005, 562, 568.

[2303] *Vetter/Stadler*, Rdn 231; *Vetter*, VGR 6, 69, 104, allerdings aus der Zeit vor BGHZ 157, 72 ff.

schutzvorkehrungen eingehalten werden. Dem Abschluss eines Beherrschungsvertrages als Lösungsmöglichkeit wird auch unter dem Aspekt der Aufrechnungsmöglichkeit keine Grenze gesetzt.[2304] Auch nach der geplanten Neuregelung des § 30 Abs. 1 S. 2 GmbHG RefE-MoMiG dürfte die „Flucht" in den Vertragskonzern nach wie vor zur Vereinbarkeit mit der Kapitalerhaltungsproblematik attraktiv sein, zumal mit der gesetzlichen Regelung – wie aufgezeigt wurde – nicht unbedingt ein Mehr an Rechtssicherheit erwartet werden kann. Dass dann eine Verlustübernahmeverpflichtung eintritt, ist zu verschmerzen, wenn man sich bei einem negativen Saldo die grundsätzliche Möglichkeit der Verrechnung in Erinnerung ruft.

III. Vermeidung einer Konzernstruktur

Anhand der bisherigen Darstellung dürfte deutlich geworden sein, dass die Probleme der Kapitalerhaltung beim Cash Pooling darin bestehen, dass dieses Konzernfinanzierungsinstrument einerseits zu einer engen Verknüpfung der Finanzführung der einzelnen Gesellschaften führt, diese auf der anderen Seite aber rechtlich selbständig sind. Beim Cash Pooling tritt also ein Konflikt zwischen dieser Selbständigkeit und der straffen Finanzführung zutage. Dieser kann dadurch vermieden werden, dass von vornherein keine Konzernstruktur geschaffen wird, sondern stattdessen bloße Niederlassungen gegründet werden und somit eine Betriebseinheit besteht. Im Falle ausländischer Tochtergesellschaften würde sich die Gründung einer SE anbieten.[2305] Liquiditätsströme innerhalb der Gesellschaft sind dann nicht an den Kapitalerhaltungsvorschriften zu messen. Freilich sind Konzernstrukturen aber aufgrund von damit verbundenen Steuerprivilegien motiviert.[2306] Außerdem liegt der Vorteil der Konzernierung gerade in der Haftungsseparierung. Somit ist das Absehen von einer Konzernstruktur wegen der Durchführung eines Cash Poolings ein unverhältnismäßiger Schritt.

D. Gezieltes Abstellen auf den Ausnahmetatbestand

Ferner würde noch die Möglichkeit bleiben, die Darlehensgewährung im Rahmen des Cash Poolings im Unterbilanzstadium gezielt auf den Ausnahmetatbestand zu stützen.[2307] Rechtssicher handhabbar ist dies, wenn die genannten Voraussetzungen des Ausnahmetatbestandes vorliegen, also insbesondere das jeweils letzte Kriterium der über jeden Zweifel erhabenen Bonität oder der Sicherheitenbestellung erfüllt werden kann. Dies dürfte in einem finanzstarken Konzern denkbar sein. Im übrigen ist aber nicht zu verkennen, dass der Aus-

---

[2304] Skeptisch *Mildner*, GmbHR 2006, R 161, 161.

[2305] Explizit in Bezug auf das Cash Pooling *Manz/Mayer*, INF 2006, 833, 836.

[2306] Hierzu etwa *Liebscher*, Rdn 1076 ff.; Emmerich/Habersack-*Habersack*, KonzernR, § 1 IV.

[2307] *Ruby*, JahrbUnternehmensfinanz 2005, 10, 11; *Ulrich*, BGHReport 2006, 725, 725; *ders.*, GmbHR 2007, 1289, 1295; *Biegel/Eilmann*, Börsen-Zeitung v. 03.08.2005, S. 2.

nahmetatbestand gegenwärtig wegen seiner Kriterien nicht ohne weiteres handhabbar ist. Insofern wäre eine schnellstmögliche Klarstellung durch den BGH wünschenswert.

E. Kapitalherabsetzungsmöglichkeiten

In einem letzten Schritt ist daran zu denken, das Stammkapital in verschiedener Hinsicht herabzusetzen.

I. Kapitalherabsetzungen bei den Tochtergesellschaften

Nach der Entscheidung BGHZ 157, 72 ff. sind auch im Cash Pool Darlehensgewährungen im Grundsatz wegen eines Verstoßes gegen § 30 Abs. 1 GmbHG unzulässig, wenn dadurch eine Unterbilanz hervorgerufen oder verstärkt wird. Es wird daher deutlich, dass Gesellschaften mit hohen Stammkapitalziffern gegenüber solchen mit niedrigen Stammkapitalziffern im Nachteil sind, da sie überschüssige Liquidität nur in einem geringeren Umfang an den Cash Pool abführen können als solche mit einem niedrigen Stammkapital.[2308] Um die solchermaßen bestehende Bindung von Barmitteln bei Gesellschaften mit hoher Stammkapitalziffer zu reduzieren und kurzfristig ansonsten gebundene Mittel freizusetzen, ist daher an eine ordentliche Kapitalherabsetzung gemäß § 58 Abs. 1 GmbHG zu denken.[2309] Der Zeitpunkt der Entstehung der Unterbilanz könnte damit zumindest hinausgeschoben werden. Hier steht aber einerseits die einjährige Sperrfrist gemäß § 58 Abs. 1 Nr. 3 GmbHG im Wege. Eine ordnungsgemäße Kapitalherabsetzung erscheint als Lösung daher nicht praktikabel.[2310] Außerdem ist auch bei einer Kapitalherabsetzung die Kapitalerhaltungsproblematik nicht umgangen worden, sondern nur entschärft. Für eine Vereinbarkeit mit der Kapitalerhaltungsproblematik erscheint eine Kapitalherabsetzung damit nicht ausreichend. Aus dem gleichen Grund kann die Ausstattung der am Cash Pool teilnehmenden Gesellschaften mit einem möglichst geringen Stamm- bzw. Grundkapital zwar den Zeitpunkt der Entstehung der Unterbilanz hinausschieben und es kann mehr Liquidität an den Cash Pool abgeführt werden,[2311] ändert aber nichts an der Notwendigkeit der Einhaltung der Kapitalerhaltungsvorschriften. Auch die Ausstattung mit einem geringen Stamm- oder Grundkapital kann daher die Kapitalerhaltungsproblematik nicht abschließend lösen.

[2308] *Korts*, S. 40; *Grothaus/Halberkamp*, GmbHR 2005, 1317, 1323; *Drygala*, ZGR 2006, 587, 631; *Rodewald/Grothaus*, Finance Sonderbeil. 2/2006, 17.

[2309] *Grothaus/Halberkamp*, GmbHR 2005, 1317, 1323; *Rodewald/Grothaus*, Finance Sonderbeil. 2/2006, 17; *Hilgard*, CH-D Wirtschaft 3/06, 16, 18.

[2310] So auch *Grothaus/Halberkamp*, GmbHR 2005, 1317, 1323; *Rodewald/Grothaus*, Finance Sonderbeil. 2/2006, 17.

[2311] Für eine derartige Ausstattung daher *Müller-Michaels*, KSI 2006, 100, 105; *Erbacher/Thiele*, Finance 11/2004, 52, 54.

II. Herabsetzung des Mindestkapitals durch den Gesetzgeber

Aus diesem Grund ist auch die geplante Herabsetzung des Mindestkapitals durch den Gesetzgeber für eine Vereinbarkeit mit der Kapitalerhaltungsproblematik beim Cash Pooling nicht geeignet. Gemäß § 5 Abs. 1 GmbHG RefE-MoMiG bzw. RegE-MoMiG soll das Mindeststammkapital von bisher 25.000 Euro auf 10.000 Euro gesenkt werden.[2312] Damit wird die Abführung von Liquidität – insbesondere im Zusammenhang mit § 30 Abs. 1 S. 2 GmbHG RefE-MoMiG bzw. RegE-MoMiG – in stärkerem Zusammenhang möglich sein als vorher. Liegen aber dessen Voraussetzungen nicht vor, bleibt es bei der Grenze des § 30 Abs. 1 S. 1 GmbHG. Aus Sicht der Geschäftsführer der Gesellschaften würde auch bei Herabsetzung des Mindestkapitals nicht die Verpflichtung entfallen, sich vor etwaigen Darlehensausreichungen über die Vermögenssituation der Gesellschaft zu informieren.[2313] Insofern müssten hier die Zahlungsströme in gleicher Intensität überwacht werden. Eine weitgehende Lösung der Kapitalerhaltungsproblematik beim Cash Pooling würde durch den Gesetzgeber nur dann erfolgen, wenn er das Mindestkapital – wie vielfach gefordert[2314] – abschaffen würde. Hiervon kann aber nach der genannten geplanten Herabsetzung des Mindestkapitals und der insoweit eindeutigen Begründung des RefE-MoMiG nicht ausgegangen werden.[2315] Bei näherem Hinsehen würde aber auch mit einer Abschaffung des Mindestkapitals die Problematik der Kapitalerhaltung beim Cash Pooling nicht vollumfänglich gelöst werden können.[2316] Schließlich würde selbst bei einem Grundkapital in Höhe von null Euro die Auszahlungssperre des § 30 Abs. 1 GmbHG gelten, allerdings würde die Grenze der unzulässigen Auszahlung nicht schon bei einer Unterbilanz, sondern erst bei einer Überschuldung eingreifen.[2317] Im Ergebnis hätten die Geschäftsführer aber auch hier die Vermögenslage der Gesellschaft vor einer Darlehensauszahlung an den Cash Pool zu überprüfen. Mit der Herabsetzung des Mindestkapitals durch den Gesetzgeber ist damit die zuverlässige Vermeidung von Verstößen gegen Kapitalerhaltungsvorschriften ebenfalls nicht zu erreichen.

[2312] Diese Herabsetzung war bereits im Juni 2005 von der BReg in einem MindestkapG beschlossen worden (BT-Drucks. 15/619), das aber in der 15. Wahlperiode nicht mehr Gesetz geworden ist; krit. zu einer solchen Herabsetzung *Priester*, ZIP 2005, 921, 921 f.; *Bormann*, GmbHR 2006, 1021, 1022; hierzu schon oben 2. Teil § 3 A.

[2313] Ähnl. *Deckart*, S. 155.

[2314] *Triebel/Otte*, ZIP 2006, 311, 313; *dies.*, ZIP 2006, 1321, 1322; *Fuhrmann*, NZG 2004, 552, 555; zur Diskussion beispielhaft *Schluck-Amend*, VGR 11, 25 ff.

[2315] Begr. RefE-MoMiG, S. 38.

[2316] Hiervon ausgehend aber *Fuhrmann*, NZG 2004, 552, 555; *Bayer/Lieder*, ZGR 2005, 133, 153; *Wunderlich*, BKR 2005, 387, 389.

[2317] *Cahn*, DK 2004, 235, 242.

F. Ergebnis zu den Lösungsmöglichkeiten

Die Betrachtung der verschiedenen Lösungsmodelle zur Bewältigung der Kapitalerhaltungsproblematik hat gezeigt, dass eine Vielzahl von Möglichkeiten, die derzeit diskutiert werden, nichts zur Lösung der Kapitalerhaltungsproblematik beiträgt. Im Rahmen der möglichen Modifikationen des praktizierten Cash Poolings sind insbesondere die dargestellten Extremlösungen, aber auch der Einsatz ausländischer Gesellschaftsformen sowie die Umstellung des Cash Poolings auf ein virtuelles System oder auf ein Target Balancing nicht zur Lösung geeignet. Gleiches gilt für Verwendungsbeschränkungen, Besicherungen und Liquiditätsvorhalteverpflichtungen. Zur Lösung besser geeignet scheint zunächst die Herausnahme besonders liquiditätsschwacher Gesellschaften aus dem System. In jedem Fall sollte ein abgestuftes System der Suspendierungs- und Kündigungsrechte etabliert werden, das mit den notwendigen Informationsrechten kombiniert werden muss. Vorteilhaft wäre auch das Verwenden ausdrücklicher Verrechungsabreden für die Liquiditätsflüsse im Cash Pooling.

Hinsichtlich der Lösungsmöglichkeiten des Heraushaltens von Liquidität aus dem Cash Pool ist zunächst der Möglichkeit, Zahlungen nur aus freiem Vermögen ebenso die Praktikabilität abzusprechen wie der Beibehaltung von Liquiditätsreserven, besonderen Steuerungsmöglichkeiten über den Umfang der abzuführenden Liquidität als auch einer Sonderkontenlösung. Zur Lösung besser geeignet scheint hingegen die Möglichkeit, von vornherein einen Betrag in Höhe des zu deckenden Stamm- oder Grundkapitals vom Sweeping auszunehmen. Von vornherein sollte auch eine Trennung von kurz- und langfristig benötigter Liquidität vorgenommen werden. Dass aufgrund dieser Lösungsmöglichkeiten der jeweils an den Cash Pool abzuführende Betrag geringer ausfällt, ist hinzunehmen. Einer Änderung der Konzernstruktur dergestalt, dass Gesellschaften miteinander verschmolzen werden ist ebenso eine Absage zu erteilen wie einer Vermeidung oder Aufhebung einer Konzernstruktur. Als besonders geeignet stellt sich zur Vereinbarkeit mit der Kapitalerhaltungsvorschriften allerdings der Abschluss eines Beherrschungsvertrages heraus, da diese Vorschriften über § 291 Abs. 3 AktG (nach hier vertretener Auffassung bei der GmbH in analoger Anwendung) suspendiert sind. Möglich erscheint auch ein gezieltes Abstellen auf den Ausnahmetatbestand. Dessen Kriterien müssen allerdings mit Sicherheit vorliegen. Zuletzt scheiden auch die genannten Möglichkeiten der Kapitalherabsetzung aus, da das Problem der Kapitalerhaltung allenfalls verringert, aber weder ausgeschlossen noch ausreichend sichergestellt wird. Welcher Weg im Ergebnis eingeschlagen wird, bleibt am Ende von Zweckmäßigkeitsüberlegungen bestimmt. Konzerne, die ein Cash-Pooling-System unterhalten, sollten sich in jedem Fall über die Vielfältigkeit der Möglichkeiten bewusst werden, in denen ein Cash-Pooling-System nach der gegenwärtigen Rechtslage in wirtschaftlich sinnvoller Weise durchgeführt werden kann, ohne dass es einer Neuregelung durch § 30 Abs. 1 S. 2 GmbHG RefE-MoMiG bedarf. Es empfiehlt sich im Ergebnis die schriftliche Fixierung der vereinbarten Lösungsmöglichkeit im Cash-Pooling-Vertrag, damit den Beteiligten bei Eintritt einer bestimmten Situation ein rechtssicheres Handeln gewährt wird.[2318]

Bedenken gegen derartige Schutzvorkehrungen, die sich gegen den damit verbundenen Aufwand erheben,[2319] ist entgegenzuhalten, dass eine Vielzahl der Mechanismen, etwa die Installation eines Frühwarn- und Informationssystems bei Durchführung eines konzernweiten Cash Poolings, schon durch die „Bremer Vulkan"-Entscheidung angezeigt war. Insofern ist es zwar einerseits anzuerkennen, dass die Entscheidung BGHZ 157, 72 ff. die Vorkehrungen und Verhaltensmaßstäbe teilweise über die Grundsätze der „Bremer Vulkan"-Entscheidung in BGHZ 149, 10 ff. ausgedehnt und insoweit verschärft hat.[2320] Da die Sicherungssysteme aber bereits angesichts letzterer Entscheidung etabliert werden sollten, wird der durch BGHZ 157, 72 ff. verbundene administrative Mehraufwand relativiert.[2321]

2318 *Makowksi*, S. 233.

2319 Hierzu *Niedernhöfer*, Handelsblatt v. 24.08.2005, S .33.

2320 *Rümker*, FS Huber, 919, 929; *Reidenbach*, WM 2004, 1421, 1425.

2321 Ebenso *Reidenbach*, WM 2004, 1421, 1425.

4. Teil: Existenzschutz

§ 13 Darstellung des Haftungskonzepts und Bedeutung für das Cash Pooling

Bereits mehrfach wurde im Rahmen der Arbeit auf das Haftungskonzept wegen existenzvernichtender Eingriffe eingegangen. Ausgangspunkt dieser Haftung ist die „Bremer Vulkan"-Entscheidung des BGH, der ein Cash-Pooling-Verhalt zugrunde lag.[2322] Eine Tochtergesellschaft hatte im Rahmen eines Cash Poolings liquide Mittel an die Muttergesellschaft abgeführt und diese aufgrund einer Krise des Konzerns nicht zurückerhalten, so dass sie insolvent wurde. Schon aus diesem Grund ist eine Betrachtung der Existenzvernichtungshaftung unter dem Blickwinkel der Bedeutung für konzernweite Cash-Pooling-Systeme erforderlich.

A. Ursprüngliches Haftungskonzept: qualifiziert faktischer Konzern

Mit diesem Urteil, dem inzwischen weitere Entscheidungen nachgefolgt sind,[2323] wurde eine Abkehr vom bisherigen Haftungskonzept des qualifiziert faktischen Konzerns hin zu einer Haftung wegen existenzvernichtender Eingriffe vollzogen. Das Haftungskonzept der Existenzvernichtungshaftung ist dennoch nicht ohne einen kurzen Rückblick auf die bisherige Rechtsfigur des qualifiziert faktischen Konzerns und dessen Bedeutung für das Cash Pooling zu verstehen: Seit Beginn der 1970er Jahre entwickelten Rechtsprechung und Lehre aufgrund des Unbehagens gegenüber unkontrollierter Machtausübung durch ein herrschendes Unternehmen im Verhältnis zu seiner abhängigen Gesellschaft einen konzernrechtlichen Haftungsansatz: Nachdem das aktienrechtliche Konzernrecht im AktG 1965 verabschiedet worden war, unterbreitete der Arbeitskreis GmbH-Reform 1972 einen Gesetzesvorschlag für ein GmbH-Konzernrecht.[2324] Da das Gesetzesvorhaben jedoch scheiterte – es blieb bei einem Regierungsentwurf einer GmbH-Novelle 1971/1973[2325] mit Vorschlägen zum Recht der verbundenen Unternehmen – wurden die Vorschläge in der Literatur und seit Mitte der 1980er Jahre auch in der Rechtsprechung zum sog. qualifizierten faktischen Konzern aufgegriffen.[2326] Die Haftung im qualifiziert faktischen blieb Konzern eines der Hauptdiskussionsgebiete im Gesellschaftsrecht der 90er Jahre. Ob die zuletzt

---

[2322] BGHZ 149, 10 ff.

[2323] BGHZ 150, 61 ff.; 151, 181 ff.; BGH, ZIP 2004, 2138 ff.; ZIP 2005, 117 ff.; ZIP 2005, 250 ff.; GmbHR 2005, 1425 ff.; vorbereitet worden war dieser Richtungswechsel durch einen Festschriftenbeitrag von *Röhricht*, dem damaligen Vorsitzenden des II. Zivilsenats des BGH, FS BGH, 83 ff.

[2324] *Hueck/Lutter/Mertens*, *u. a.* Arbeitskreis GmbH-Reform, S. 47 ff.

[2325] BT-Drs. VI/30088 und VII/253.

[2326] BGHZ 65, 15 ff. („ITT"); BGHZ 95, 330 ff. („Autokran"); BGHZ 108, 7 ff. („Tiefbau"); BGHZ 115, 187 ff. („Video"); BGHZ 122, 123, 130 f. („TBB").

ergangene „TBB"-Entscheidung, die überwiegend auf Zustimmung gestoßen war,[2327] überhaupt noch eine Konzernlage voraussetzte, oder ob mit dem Urteil der Übergang zu einer reinen Missbrauchshaftung begründet war, war Gegenstand kontroverser Beurteilung.[2328]

I. Qualifiziert faktische Konzernierung durch konzernweites Cash Pooling

Welcher Bedeutung der qualifizierte faktische Konzern für das Cash Pooling hatte, wurde unterschiedlich beurteilt: Vereinzelte Stimmen in der Literatur gingen davon aus, dass ein qualifiziert faktischer Konzern bei zentraler Konzernfinanzierung und einem straff organisiertem Cash Pooling regelmäßig vorliegen würde.[2329] Die herrschende Ansicht stimmte dem in dieser Allgemeinheit nicht zu und sah als zur Begründung eines qualifiziert faktischen Konzerns verschiedene Umstände als ausreichend an: Zunächst sollte die ausschließliche Abhängigkeit der Konzerngesellschaft von der Liquiditätsversorgung durch die Betreibergesellschaft einen qualifiziert faktischen Konzern begründen.[2330] Weiterhin wurde dies bei einem Entzug von Liquidität der Konzerngesellschaft durch das herrschende Unternehmen bejaht, die von der Konzerngesellschaft entweder für betriebsnotwendige Investitionen oder zum Ergreifen von Geschäftschancen benötigt wurde.[2331] Auch die Übernahme der gesamtschuldnerischen Haftung für Verbindlichkeiten auf dem Zielkonto der Betreibergesellschaft sollte einen qualifiziert faktischen Konzern begründen.[2332] Zuletzt wurde ein qualifiziert faktischer Konzern bei einer Ausgliederung oder Zentralisierung von zentralen Unternehmensfunktionen angenommen, wobei der Bereich der Finanzierung oftmals als eine solche zentrale Unternehmensfunktion eingestuft wurde.[2333] Die Annahme eines qualifiziert faktischen Konzerns in diesen Fällen war allerdings Bedenken ausgesetzt, da die optimale Ausnutzung der Konzernliquidität im legi-

---

[2327] *Hommelhoff*, ZGR 1994, 395, 396; *Kölling*, NZG 2000, 8, 10; *Kübler*, NJW 1993, 1204, 1205; *Schmidt*, ZIP 1993, 549, 551.

[2328] Hierzu einerseits *Michalski/Zeidler*, NJW 1996, 224, 225; *Krieger*, ZGR 1994, 375, 377 f.; *Ziegenhain*, ZIP 1994, 1003, 1007; andererseits *Bitter/Bitter*, BB 1996, 2153, 2156; *K. Schmidt*, AG 1994, 189, 195; *Kübler*, NJW 1993, 1204, 1205; *Versteegen*, DB 1993, 1225, 1226; *Bauder*, BB 1993, 1103, 1104 f.

[2329] *Bayer*, FS Lutter, 1011, 1030; *Lutter*, AG 1990, 179, 182 f.; diff. *Decher*, DB 1989, 965, 970 f.; *Hommelhoff*, Der qualifizierte faktische GmbH-Konzern, 245, 253; *Hoffmann-Becking*, Probleme des Konzernrechts, 68, 80 ff.

[2330] *Makowski*, 72 ff.; *Oser*, Wpg 1994, 312, 315; *Drygala*, GmbHR 1993, 317, 325; *Ensthaler/Kreher*, BB 1995, 1422, 1428.

[2331] MünchHndbGesR-GmbH-*Krieger*, § 69 Rdn 56; *Becker*, DStR 1998, 1528, 1530 f.; *Oser*, Wpg 1994, 312, 315; *Drygala*, GmbHR 1993, 317, 325; *Ensthaler/Kreher*, BB 1995, 1422, 1428; *Krieger*, ZGR 1994, 375, 386.

[2332] *Drygala*, GmbHR 1993, 317, 325 f.; *Kowalski*, GmbHR 1993, 253, 256.

[2333] Hachenburg-*Ulmer*, Anh § 77 Rdn 137; *Makowski*, 72 f.; *Kleindiek*, GmbHR 1992, 574, 576; *Krieger*, ZGR 1994, 375, 386; *Ensthaler/Kreher*, BB 1995, 1422, 1428.

timen Konzerninteresse erfolge und daher nur schwerlich als ein objektiver Missbrauch der Stellung als herrschendes Unternehmen zu qualifizieren sei, so dass Entzug von Liquidität im Rahmen des Cash Pools gerade nicht objektiv missbräuchlich im Sinne des Tatbestandes des qualifiziert faktischen Konzerns sei.[2334]

Selbst bei unterstellter objektiver missbräuchlicher Ausübung der Leitungsmacht im Rahmen eines Cash-Pooling-Systems, die dazu führt, dass die Eigeninteressen der abhängigen Gesellschaft nicht in ausreichendem Maß gewahrt bleiben, wäre für die Begründung eines qualifiziert faktischen Konzerns kumulativ erforderlich gewesen, dass sich die der beherrschten Gesellschaft zugefügten Nachteile mangels Isolierbarkeit nicht durch Einzelausgleichsmaßnahmen kompensieren lassen.[2335] Ein qualifiziert faktischer Konzern lag daher vor, wenn es etwa im Rahmen der Übernahme einer gesamtschuldnerischen Haftung für Verbindlichkeiten auf dem Zielkonto der Betreibergesellschaft des Cash Pools nicht zu einer ordnungsgemäßen Bildung entsprechender Rückstellungen für die eingegangen Verpflichtungen kam und mangels einer korrekten Verbuchung kein Einzelausgleich möglich war, da der auszugleichende Schaden nicht exakt ermittelt werden konnte.[2336] Bei ordnungsgemäßer Verbuchung ließen sich demgegenüber möglicherweise zugefügte Nachteile im Wege des Einzelausgleichs kompensieren. Für das Vorliegen eines qualifiziert faktischen Konzerns bei einem Cash-Pooling-System hatte die zeitnahe ordnungsgemäße Dokumentation der Zahlungsströme im Cash Pool daher eine erhebliche Bedeutung.[2337] Nur wenn die im Rahmen des Cash Pooling vorgenommenen Zahlungsströme und etwaige Liquiditäts- bzw. Investitionsanfragen durch die einzelnen Konzerngesellschaften und die entsprechenden Entscheidungen der Betreibergesellschaft nicht ordnungsgemäß und nicht nachvollziehbar dokumentiert wurden, war eine qualifiziert faktische Konzernierung demnach möglich.[2338] Sofern aber die einzelnen Vorgänge sauber dokumentiert werden, war

---

[2334] HndbKonzernfinanz-*U. H. Schneider*, § 25 Rdn 74; *Hoffmann-Becking*, Probleme des Konzernrechts, 68, 80 f.; *Krieger*, Der qualifizierte faktische Konzern, 41, 55.

[2335] Dieses Erfordernis des kumulativen Vorliegens der einzelnen Voraussetzungen übersieht *Reidenbach*, WM 2004, 1421, 1428, wenn er trotz möglichen Einzelausgleichs bei einem Verstoß gegen die Eigenbelange der abhängigen Gesellschaft bei einem konzernweiten Cash Pooling zu einem qualifiziert faktischen Konzern kommen will.

[2336] BGHZ 122, 123, 132; *Zeidler*, S. 63; *Drygala*, GmbHR 1993, 317, 325 f.; *Kowalski*, GmbHR 1993, 253, 256; für eine Einzelausgleichfähigkeit aber *Vetter/Stadler*, Rdn 128; *Krieger*, ZGR 1994, 375, 385.

[2337] HndbKonzernfinanz-*Hommelhoff/Kleindiek*, § 21 Rdn 21; *Ränsch*, FG Döser, 557, 565; *Ensthaler/Kreher*, BB 1995, 1422, 1428; *Becker*, DStR 1998, 1528, 1531; *Jula/Breitbarth*, AG 1997, 256, 261; *Krieger*, ZGR 1994, 375, 384 f.; *Zeidler*, S. 56; *Hormuth*, S. 219 f.; vgl. *Kuhlmann/Ahnis*, Rdn 409.

[2338] Emmerich/Habersack-*Habersack*, Kommentar, Anh. § 317 Rdn 18; *Vetter/Stadler*, Rdn 128; um eine qualifizierte Abhängigkeitslage zu vermeiden, wird empfohlen, dass jedwedas Risiko eines qualifiziert faktischen Konzerns bei einem Cash Pool beherrschbar. Da die einzelnen Transfervorgänge des Cash Poolings auch im „Bremer Vulkan“-Fall buchhalterisch als ausgrenzbare Einzelmaßnahmen hinreichend dokumentiert worden waren, lehnte das OLG Bremen eine Haftung wegen qualifiziert faktischer Konzernierung ab.[2339]

II. Verbleibende Relevanz des Haftungskonzepts wegen qualifiziert faktischer Konzernierung

Obgleich der BGH die Rechtsfigur der qualifiziert faktischen Konzernierung durch das Haftungskonzept der Existenzvernichtungshaftung ersetzt hat, wird die Anwendung der Rechtsfigur derzeit wenn auch weniger im GmbH-Recht,[2340] so doch zumindest im Aktienrecht, vielfach erwogen.[2341] Aufgrund der strukturellen Unterschiede zwischen der AG und der GmbH solle dieser Lösung die Aufgabe des konzernrechtlichen Haftungsmodells für die GmbH nicht entgegenstehen.[2342] Demnach würden die genannten Umstände beim Cash Pooling für eine Haftung wegen qualifiziert faktischer Konzernierung nach wie vor Bedeutung erlangen. Richtigerweise ist die zur GmbH erfolgte Rechtsprechung des BGH zur Existenzvernichtungshaftung aber auch auf die AG zu übertragen.[2343]

---

de Störungen und Stockungen bei der Liquiditätsversorgung der abhängigen Gesellschaft dokumentiert werden soll, *Hommelhoff*, Der qualifiziert faktische GmbH-Konzern, 245, 253.

2339 OLG Bremen, NZG 1999, 724, 725 als Vorinstanz zu BGHZ 149, 10 ff.

2340 Bei besonderen Fallgestaltungen an dieser Rechtsfigur als Haftungskonzept festhalten wollen Scholz-*Emmerich*, Anh. § 13 Rdn 120 ff.; Baumbach/Hueck-*Zöllner*, SchlAnh-KonzernR Rdn 133 ff.; *K. Schmidt*, GesR, § 39 III 3; *ders.*, NJW 2001, 3577, 3578, 3580 f., für Fälle „extremer Organisations- und Vermögensvermischung á la Fertighaus“, *Eberl-Borges*, Jura 2002, 761, 762; *Cahn*, ZIP 2001, 2159, 2160, für die mehrgliedrige GmbH; ferner Achilles/Ensthaler/Schmidt-*Ensthaler*, Anh § 13 Rdn 16; *Wilhelmi*, DZWiR 2003, 45, 48; *Schaub*, DNotZ 2002, 468, 470 f.; *Mülbert*, DStR 2001, 1937, 1946 f.; *Wilhelm*, Rdn 509, hält in den Fällen BGH, ZIP 2005, 117 ff.; ZIP 2005, 250 ff., die Anwendung des qualifiziert faktischen Konzerns für geeigneter; *Röhricht*, VGR 5, 3, 23, hält angesichts des klaren Wortlauts der BGH-Entscheidungen die Weigerung des Schrifttums der Kenntnisnahme des Paradigmenwechsels für unverständlich; er versteht die Rechtsprechung des BGH als „radikale Absage“ an ein Recht des faktischen GmbH-Konzerns nach dem Muster aktienrechtlicher Regeln.

2341 GK-*Hirte*, § 302 Rdn 101; MK-AG-*Kropff*, Anh § 317 Rdn 46 ff.; Emmerich/Habersack-*Habersack*, Kommentar, Anh § 317 Rdn 5; *ders.*, KonzernR § 28 II 1.; *K. Schmidt*, GesR, § 31 IV 4 a; *Raiser/Veil*, § 53 Rdn 60; *Ransiek*, FS Kohlmann, 207, 209 Fn 13; *Cahn*, ZIP 2001, 2159, 2160; *Eberl-Borges*, Jura 2002, 761, 764; *dies.*, WM 2003, 105, 105; *Schürnbrand*, ZHR 169 (2005), 35, 57 f.

2342 *Jäger*, § 41 Rdn 33; Emmerich/Habersack-*Habersack*, Kommentar, Anh § 317 Rdn 5; *Cahn*, ZIP 2001, 2159, 2160; *Eberl-Borges*, WM 2003, 105, 105.

2343 Etwa Beck'schesHndb-AG-*Liebscher*, § 14 Rdn 97; HoldingHndb-*Lutter/Trölitzsch*, § 7 Rdn 60; MünchAnwHndb-AktienR-*Knoll*, § 52 Rdn 29 f.; KK-*Koppensteiner*, Anh § 318

Der BGH hat die Grundsätze der Existenzvernichtungshaftung in seinen Entscheidungen auf die für das Recht der Kapitalgesellschaften grundlegende Voraussetzung gestützt, dass das Gesellschaftsvermögen, das zur Erfüllung der im Namen der Gesellschaft eingegangenen Verbindlichkeiten benötigt wird, in der Gesellschaft zum Zwecke der Befriedigung der Gläubiger verbleiben müsse.[2344] Es geht also um einen Bestandsschutz im Interesse der Gläubiger.[2345] Diese nicht an die GmbH gebundene Begründung der Existenzvernichtungshaftung deutet darauf hin, dass der BGH von einer Verallgemeinerung seiner Judikatur ausgeht. Da die Existenzvernichtungshaftung nach den Erwägungen des BGH damit nicht im Zusammenhang mit dem Bestandsschutz des Stammkapitals oder gar mit der Erhaltung einer bestimmten Stammkapitalziffer steht, sondern eine nicht bestimmungsgemäße Verwendung faktisch vorhandenen Vermögens vermeiden bzw. kompensieren soll, wird nicht ohne Grund bereits eine Anwendung der Existenzvernichtungshaftung auf den eingetragenen Verein befürwortet.[2346] Soweit die Beteiligten ihre Pflichten mit der Folge unbeachtet lassen, dass auch bei der AG die Voraussetzungen der Existenzvernichtung gegeben sind, kann es auch keinen Unterschied machen, dass der Geschäftsführer einer GmbH weisungsgebunden ist, der Vorstand einer AG hingegen nicht.[2347] Zudem kann der Gläubigerschutz bei der AG nicht hinter dem Standard der GmbH zurückbleiben. Auch die Hervorhebung der strukturellen Unterschiede zwischen GmbH und AG mag für sich genommen eine Haftungsverschärfung bei der GmbH rechtfertigen, trägt allerdings nicht den Umkehrschluss, dass bei der AG die Rechtslage unverändert bleiben soll. All dies spricht – zuletzt auch im Interesse einer systematischen Betrachtungsweise – für eine Übernahme des Haftungskonzepts wegen Existenzvernichtung auch bei der AG. Die Haftung wegen qualifiziert faktischer Konzernierung ist daher vollumfänglich aufzugeben.

Zweifelhaft ist allerdings, ob die im Regelfall fehlende Verursachung eines qualifiziert faktischen Konzerns durch ein Cash Pooling nach dem obigen

---

Rdn 73; Palandt-*Heinrichs*, Vor § 21 Rdn 12 e; *Hüffer*, § 1 Rdn 25, § 302 Rdn 9; *Wilhelm*, Rdn 495, Fn 645; *Rittscher*, S. 157; *Henze*, AG 2004, 405, 415; *ders.*, WM 2005, 717, 726; wohl auch *Wackerbarth*, DK 2005, 562, 568.

2344 BGHZ 150, 181, 186 f.; BGH, ZIP 2005, 117, 118; ZIP 2005, 250, 251.

2345 OLG Dresden, ZIP 2005, 1680, 1690; *Grunewald*, FS Raiser, 99, 106; *Raiser*, FS Ulmer, 493, 500; *Lutter/Banerjea*, ZGR 2003, 402, 413.

2346 OLG Dresden, ZIP 2005, 1680, 1690 (anders jetzt aber BGH, Urteil v. 10.12.2007 – Az: II ZR 239/05); *Grunewald*, 2.A.64; *dies.*, FS Raiser, 99, 105 f.; nach Palandt-*Heinrichs*, Vor § 21 Rdn 12e, soll die Existenzvernichtungshaftung auf alle juristischen Personen anwendbar sein; zur Übertragbarkeit der Existenzvernichtungshaftung auf die GmbH & Co. KG *Hesselmann/Tillmann/Mueller-Thuns*, § 12 Rdn 54, und Binz/Sorg/Mayer-*Schiessl*, § 6 Rdn 58; welche Auswirkungen die neue Rechtsprechung zur Durchgriffshaftung bei existenzvernichtendem Eingriff auf das Konzernrecht der Personengesellschaften haben wird, ist noch nicht abzusehen, vgl. insoweit *Baumbach/Hopt*, § 105 Rdn 104.

2347 Ebenso KK-*Koppensteiner*, Anh § 318 Rdn 73.

Maßstab dazu führt, dass dann auch kein existenzvernichtender Eingriff anzunehmen ist.[2348] Dagegen ist einzuwenden, dass bei den Rechtsinstituten unterschiedliche Ansatzpunkte eine Rolle spielen: Während es beim qualifiziert faktischen Konzern um die generelle Einzelausgleichsfähigkeit ging, berücksichtigt der BGH nunmehr nur noch eine Ausgleichsfähigkeit nach § 30 Abs. 1 GmbHG. Zudem kam es für die Einzelausgleichsfähigkeit beim qualifiziert faktischen Konzern entscheidend auf die Dokumentation der Einflussnahmen an. Für die Frage, wann bei einem Cash Pool ein existenzvernichtender Eingriff vorliegt, kann die Diskussion der Entstehung eines qualifiziert faktischen Konzerns zwar erste Anhaltspunkte bieten,[2349] aber dennoch nicht zu einer Vernachlässigung der Prüfung der Tatbestandsvoraussetzungen der Existenzvernichtungshaftung führen. Von vornherein dort einen existenzvernichtenden Eingriff abzulehnen, wo beim Cash Pooling kein qualifiziert faktischer Konzern gegeben war, ist aufgrund der unterschiedlichen Tatbestandsmerkmale der Haftungskonzepte nicht angezeigt. Die Rechtsfigur des qualifiziert faktischen Konzerns hat daher auch für das Cash Pooling keine Bedeutung mehr.

B. Neues Haftungskonzept: Existenzvernichtungshaftung

In der „Bremer Vulkan"-Entscheidung[2350] hat der BGH die Rechtsfigur des qualifiziert faktischen Konzerns aufgegeben und durch die Existenzvernichtungshaftung ersetzt.

I. Gründe für ein neues Haftungskonzept

Es gibt verschiedene Gründe dafür, dass der BGH das Haftungskonzept des qualifiziert faktischen Konzerns aufgegeben hat. Die Unmöglichkeit des Einzelausgleichs, mit der die Notwendigkeit der Rechtsfigur des qualifiziert faktischen Konzerns begründet wurde, stellt zunächst kein spezifisch konzernrechtliches Problem dar, da es nicht notwendigerweise auf Konzernlagen begrenzt ist, sondern auch für die unverbundene Gesellschaften von erheblicher Bedeutung ist.[2351] Dieses allgemeine kapitalgesellschaftsrechtliche Problem sollte daher auch nach allgemeinen Grundsätzen gelöst werden. Auf eine Unternehmensver-

---

2348 So *Hüffer*, AG 2004, 416, 417.

2349 In diese Richtung auch *Vetter/Stadler*, Rdn 129, die in Rdn 190, ausdr. die unterschiedlichen Tatbestandsvoraussetzungen herausstellen; demgegenüber will *Heidinger*, NotBZ 2004, 463, 465, offenbar auch für die Existenzvernichtungshaftung auf eine mangelnde Individualisierbarkeit einzelner Eingriffe abstellen, was aber eine Vermischung der Voraussetzungen von Existenzvernichtung und qualifiziert faktischer Konzernierung darstellen würde.

2350 Vorinstanzen: LG Bremen, NZG 1998, 468 ff.; OLG Bremen, NZG 1999, 724 ff.

2351 *Wilhelmi*, DZWiR 2003, 45, 47.

bindung kommt es daher nicht mehr an.[2352] Als weiterer Grund für ein neues Haftungskonzept ist anzuführen, dass sich die für die Begründung des qualifiziert faktischen Konzerns im GmbH-Konzernrecht analog herangezogenen Normen des aktienrechtlichen Vertragskonzernrechts als nicht analogiefähig erwiesen.[2353] Dies beruht auf der unterschiedlichen gesetzlichen Wertung im Vertragskonzernecht des Aktienrechts im Vergleich zum GmbH-Recht. Während das Vertragskonzernrecht des Aktienrechts eine an die Leitungsmacht des Unternehmensgesellschafters (§ 291 AktG) anknüpfende Globalhaftung (§ 302 AktG) enthält und damit vom Prinzip ausgeht, dass Herrschaft mit Haftung gleichzusetzen ist, baut das GmbHG nicht auf einer eigenverantwortlichen Leitung der Gesellschaft im Sinne des § 76 AktG auf, sondern erkennt eine Haftungstrennung zwischen Gesellschaft und Gesellschafter trotz direkter Leitungs- und Weisungsmacht der Gesellschafter an.[2354] Es treffen damit zwei nicht miteinander kompatible Wertentscheidungen des Gesetzgebers aufeinander.

II. Bedarf für die Rechtsfortbildung

Die Existenzvernichtungshaftung beruht nicht auf Gesetzesrecht, sondern stellt richterliche Rechtsfortbildung dar. Daher stellt sich die Frage nach der Notwendigkeit des Haftungskonzepts der Existenzvernichtung. Diese kann sich insbesondere daraus ergeben, dass sich das Gläubigerschutzsystem des GmbHG als lückenhaft erweist. Schon vor der „Bremer Vulkan“-Entscheidung war anerkannt, dass das Gläubigerschutzsystem des GmbHG Lücken aufweist.[2355] Diese Regelungslücke darf heute als weitgehend unbestritten gelten.[2356] Das GmbH-rechtliche Auszahlungsverbot des § 30 Abs. 1 GmbHG ist nach hier vertretener Auffassung auch nach der Entscheidung BGHZ 157, 72 ff. im Grundsatz bilanziell orientiert und kann daher manche, die Gesellschaft schädigenden Maßnahmen mangels Bilanzwirksamkeit nicht erfassen.[2357] Die bilanzielle Behandlung einiger anderer Maßnahmen wiederum bildet die damit verbundene Schädigung der Gesellschaft nicht vollumfänglich ab. Insbesondere konzernintegrative Maßnahmen, der Entzug von Geschäftschancen und betriebsnotwendiger Liquidität

---

[2352] Keßler-*Keßler*, A 229; Roth/Altmeppen, Anh § 13 Rdn 144; *Röhricht*, VGR 6, 3, 24; *Lutter/Banerjea*, ZGR 2003, 402, 406; *Simon/Leuering*, NJW-Spezial 2005, 267, 267.

[2353] So *Diem*, § 44 Rdn 85; *Eisenhardt*, Rdn 885; *Wilhelmi*, DZWiR 2003, 45, 47; *H.P. Westermann*, NZG 2002, 1129, 1132; *Benecke*, BB 2003, 1190, 1191; *Simon/Leuering*, NJW-Spezial 2005, 267, 267; *Bitter*, WM 2001, 2133, 2134; *ders.*, ZIP 2001, 265, 271.

[2354] Emmerich/Habersack-*Habersack*, KonzernR, § 31 I 1; *Bitter*, WM 2001, 2133, 2134; *Benecke*, BB 2003, 1190, 1191; *H.P. Westermann*, NZG 2002, 1129, 1132.

[2355] Diese Lücken zeigte insbesondere *Röhricht*, FS BGH 83, 92 ff. auf; zuletzt *Zöllner*, FS Konzen, 999, 1012 f.

[2356] Die Lückenhaftigkeit bezw. allerdings *Ehricke*, AcP 199 (1999), 258 ff.

[2357] Vgl. *Koppensteiner*, FS Honsell, 607, 612; *Rubner*, DStR 2005, 1694, 1694; *Keßler*, GmbHR 2005, 257, 259; *Schön*, ZHR 168 (2004), 268, 285 f.

sowie die Veranlassung zur Vornahme riskanter und verlustträchtiger Geschäfte werden im allgemeinen nicht umfasst.[2358] Entziehen also die Gesellschafter einer GmbH Vermögen, ohne dadurch unmittelbar eine Unterbilanz im Sinne des § 30 Abs. 1 GmbHG herbeizuführen oder zu vertiefen, bleibt dieses Handeln nach dem GmbHG auch dann sanktionslos, wenn der Eingriff so gravierende Nachteile für die GmbH mit sich bringt, dass diese über kurz oder lang zur Insolvenz der Gesellschaft führen.[2359] Weiterhin können die Rechtsfolgen verbotener Stammkapitalauszahlungen ausschließlich den §§ 30 f. GmbHG entnommen werden, während Schadensersatzansprüche zur Kompensation weitergehender Schäden ausgeschlossen sind.[2360] Somit gehen etwaige Folgeschäden in der Insolvenz der Gesellschaft wirtschaftlich zu Lasten der Gläubiger.

Es stellt sich allerdings die Frage nach der für die richterliche Rechtsfortbildung erforderlichen Planwidrigkeit der Regelungslücke. Gegen die Planwidrigkeit lässt sich mit einer Ansicht[2361] wie folgt argumentieren: Wer sich mit einer GmbH einlasse, wisse stets, dass er im Ernstfall nur auf das publizierte Stammkapital zurückgreifen könne. Die Lückenhaftigkeit des Gläubigerschutzsystems sei daher gerade vom Gesetzgeber gewollt und damit plangemäß. Dem ist allerdings folgendes entgegenzuhalten: Der BGH hält das Kapitalerhaltungsrecht dort für unzureichend, wo es die Respektierung der Zweckbindung des Gesellschaftsvermögens zur vorrangigen Befriedigung der Gesellschaftsgläubiger nicht gewährleistet. Das System der auf das Gesellschaftsvermögen beschränkten Haftung beruhe auf der unausgesprochenen, für das Recht der Kapitalgesellschaften jedoch grundlegenden Voraussetzung, dass das Gesellschaftsvermögen, das zur Erfüllung der im Namen der Gesellschaft eingegangenen Verbindlichkeiten benötigt wird, in der Gesellschaft zum Zwecke der Befriedigung ihrer Gläubiger verbleiben muss und damit der Dispositionsbefugnis der Gesellschafter entzogen ist.[2362] Der Gesellschafter, der diese den Kern des Prinzips der Kapitalgesellschaft bildende Regel unbeachtet lässt, handelt unter Missbrauch der für die Rechtsfigur der beschränkt auf ihr Vermögen haftenden Kapitalgesellschaft grundlegenden Regel. Er verhält sich dann im Grundsatz nicht anders als der Gesellschafter einer Personengesellschaft, der aber wegen seiner ohnehin

---

[2358] Emmerich/Habersack-*Habersack*, KonzernR, § 31 I 1; *Vetter*, ZIP 2003, 601, 601; *Haas*, WM 2003, 1929, 1934; *Bruns*, WM 2003, 815, 819; *Lutter/Banerjea*, ZGR 2003, 402, 415.

[2359] *Rittscher*, S. 145; *Henze*, NZG 2003, 649, 652; *Simon/Leuering*, NJW-Spezial 2005, 267, 267.

[2360] *Veil*, VGR 10, 103, 107; *Bitter*, WM 2001, 2133, 2136; *Rubner*, DStR 2005, 1694, 1694; *Mülbert*, DStR 2001, 1937, 1939; *Simon/Leuering*, NJW-Spezial 2005, 267, 267; *Keßler*, GmbHR 2002, 945, 949, sog. Dominoschäden.

[2361] *Möller*, S. 144 ff.; *Rubner*, S. 156 ff.; *ders.*, DStR 2005, 1694 ff.; *Römermann/Schröder*, GmbHR 2001, 1015, 1018 f.; *Nassall*, ZIP 2003, 969 ff.; *Wackerbarth*, ZIP 2005, 877 ff.

[2362] BGHZ 151, 181, 186; GK-GmbHG-*Raiser*, § 13 Rdn 135; *Eisenhardt*, Rdn 770c.

bestehenden vollen persönlichen Haftung für die Schulden der Gesellschaft berechtigt ist, deren Vermögen jederzeit wieder an sich zu ziehen. Der Gesellschafter muss dann unter Rückkehr zu dem allgemeinen Fundamentalprinzip der Zivilrechtsordnung für die Schulden haften, die er allein oder zusammen mit anderen macht.[2363]

Der Gesellschafter ist seinen Gläubigern gegenüber außerdem nicht verpflichtet, das Gesellschaftsunternehmen fortzuführen.[2364] Es steht ihm ferner frei, den Geschäftsbetrieb einzustellen oder eine sich ihm bietende Geschäftschance nicht zu nutzen. Er ist auch nicht verpflichtet, die Ertragskraft des Gesellschaftsunternehmens durch Investitionen zu erhalten oder wiederherzustellen.[2365] Im Zusammenhang mit dem „Marktaustritt" einer GmbH ist aber zu bedenken, dass dieser nach den gesetzlichen Vorgaben entweder in Form eines Insolvenzverfahrens oder aber des gesellschaftsrechtlichen Liquidationsverfahrens (§§ 60 ff. GmbHG) erfolgen muss. Beide Verfahren schützen die Gläubigerinteressen durch eine entsprechende Zweckbindung des Gesellschaftsvermögens, denn Auszahlungen aus dem Gesellschaftsvermögen an die Gesellschafter dürfen unabhängig von der Stammkapitalgrenze nur erfolgen, wenn die Gläubiger vollständig befriedigt werden oder die Befriedigung sichergestellt wird (§ 73 GmbHG). In Fällen, in denen die Gesellschaft aufgrund einer entsprechenden Einflussnahme des Gesellschafters auf einem dritten Wege „kalt" liquidiert wird, ist es erforderlich, die Interessen der Gläubiger durch eine Einstandspflicht des Gesellschafters für die Schulden der Gesellschaft zu schützen.[2366] Es kann es nicht ausreichen, dass ein Gläubigerschutz auf dem Weg der insolvenzrechtlichen oder gesellschaftsrechtlichen Abwicklung der Gesellschaft erfolgt, nicht aber im Fall der „Liquidation auf kaltem Wege". Die gesetzlichen Vorschriften würden dadurch nicht nur umgangen, sondern es würde mangels Haftungsrisikos sogar ein Anreiz für die Gesellschafter zur Umgehung geschaffen werden.[2367] Aus diesen Gründen ist davon auszugehen, dass die Lücke des Gesetzes hinsichtlich einer Haftung der Gesellschafter für existenzvernichtende Eingriffe nicht dem Willen des Gesetzgebers entspricht, mithin planwidrig ist.[2368] Daher erscheint es erforderlich, im Einklang mit der Rechtsprechung des BGH die be-

---

2363 *Röhricht*, VGR 8, 3, 27; *ders.*, ZIP 2005, 505, 513 f.; *Eisenhardt*, Rdn 770e, vergleicht die Rechtslage damit, dass die GmbH quasi wieder in den Zustand zurückfiele, in dem sie sich vor der Eintragung in das Handelsregister befunden hatte.

2364 BGHZ 151, 181, 186; BGH, ZIP 2005, 117, 118.

2365 BGH, ZIP 2005, 117, 118.

2366 BGHZ 151, 181, 187; BGH, ZIP 2005, 117, 118; *Vetter/Stadler*, Rdn 130; *Kurth*, FS Korn, 825, 835 f.; *Haas*, NZI 2005, 237, 239.

2367 Vgl. *Emmerich/Habersack*, KonzernR, § 31 I 2; *Röhricht*, FS BGH, 83, 102; *Kuntz*, NZI 2005, 424, 431.

2368 Ebenso *Wahl*, S. 45; *Drenckhan*, S. 271; *Röhricht*, FS BGH, 83, 97 ff.; *ders.*, VGR 6, 3, 26; *Lutter/Banerjea*, ZGR 2003, 402, 408.

stehende Regelungslücke durch das Institut der Existenzvernichtungshaftung zu schließen.

III. Rechtsdogmatische Einordnung der Existenzvernichtungshaftung

Daran anschließend stellt sich die Frage, wie die Existenzvernichtungshaftung rechtsdogmatisch einzuordnen ist. Der BGH hat die dogmatische Grundlage für die Existenzvernichtungshaftung zunächst offen gelassen. Die Literatur hat daher vielfältige Ansätze zur dogmatischen Begründung dieses Haftungskonzepts entwickelt, ohne dass sich insoweit schon ein deutlich überwiegendes Meinungsbild herausgebildet hat.[2369] Unterteilt werden können die Ansichten in Binnenhaftungsmodelle, bei denen ein Anspruch nur innerhalb der Gesellschaft besteht,[2370] und in Außenhaftungsmodelle, bei denen die Gläubiger ihre Ansprüche direkt gegen die Gesellschafter geltend machen können:

1. Binnenhaftungsmodelle

Auf eine Binnenhaftung stellt sowohl die Ansicht ab, die eine Haftung wegen Verletzung der Treuepflicht annimmt, als auch diejenige, die eine analoge Anwendung des § 43 Abs. 3 GmbHG iVm § 93 Abs. 5 S. 2 und 3 AktG fordert. Neuerdings stellt der BGH das Haftungsmodell als schadensersatzrechtliche Innenhaftung auf die Grundlage des § 826 BGB.[2371]

a) Treuepflicht

Diese Ansicht leitet die Haftung des Gesellschafters gegenüber der GmbH aus einem Verstoß gegen die Pflichten aus der Sonderverbindung zur GmbH, also der Treuepflicht ab, die auch den Einmanngesellschafter verpflichten soll, nicht den Bestand der Gesellschaft zu gefährden oder gar seine GmbH auf „kaltem" Wege zu liquidieren.[2372] Gegen die rechtsdogmatische Einordnung der Existenzvernichtungshaftung mit Hilfe der Treuepflicht spricht jedoch, dass sich diese

---

[2369] Dargestellt werden hier nur die derzeit am häufigsten vertretenen Meinungen. Außen vor bleiben daher der Ansatz von *Burgard*, VGR 6, 45, 69; *ders.*, ZIP 2002, 827, 837; *ders.*, WuB II C. § 13 GmbHG 1.02, 149, 153 f., § 117 AktG analog anzuwenden sowie der Ansatz von *Schön*, ZHR 168 (2004), 268, 274 ff., der einen „Einheitstatbestand" der Existenzvernichtungshaftung ablehnt und je nach Fallgruppe unterschiedliche Haftungsnormen heranzieht.

[2370] Obgleich natürlich hier eine Pfändung des Anspruchs durch den Gläubiger der Regelfall sein wird, da die GmbH regelmäßig den Anspruch gegenüber dem Gesellschafter nicht geltend machen wird.

[2371] Hierzu wird unter VI. 2. näher ausgeführt.

[2372] *K. Schmidt*, GesR, § 37 III 7; *ders.*, NJW 2001, 3577, 3580; *Mülbert*, DStR 2001, 1937, 1946; *Eberl-Borges*, Jura 2002, 761, 765; *Ulmer*, ZIP 2001, 2021, 2026 f.

Argumentation als zirkulär erweist.[2373] Die Treuepflicht des Einmanngesellschafters wird damit begründet, dass sie im Gläubigerinteresse anzuerkennen sei, um dann aus einer dadurch geschaffenen Pflicht die für wünschenswert gehaltenen Ansprüche der Gläubiger abzuleiten. Tatsächlich ist es aber nicht ohne weiteres erkennbar, dass eine derartige Pflicht besteht.[2374] Jedenfalls ist nicht ohne weiteres ersichtlich, dass es einen Rechtssatz des Inhalts, die Gesellschaft nicht durch ex ante ruinös erscheinende Finanzierungen und Strategien in die Insolvenz zu treiben, gibt.[2375] Es ist zudem problematisch, für die Existenzvernichtungshaftung an die Pflichten des Gesellschafters aus der Sonderverbindung zur GmbH anzuknüpfen, da diese primär zugunsten der GmbH und nur sekundär zugunsten der Gläubiger bestehen.[2376] Im übrigen sind die Gläubigerinteressen nicht auf einen Fortbestand der GmbH als solches, sondern lediglich auf die Befriedigung ihrer Forderungen gerichtet.[2377] Als dogmatische Grundlage für die Existenzvernichtungshaftung ist dieser Ansicht folglich untauglich.

b) Haftung für „gröblich" sorgfaltwidriges Verhalten, § 43 Abs. 3 GmbHG iVm § 93 Abs. 5 S. 2, 3 AktG analog

Diese von *Altmeppen* vertretene Ansicht von der unverzichtbaren Gesellschafterhaftung für „gröblich" sorgfaltswidriges Verhalten beruht auf der Sorgfaltshaftung, bedient sich jedoch eines anderen Haftungsmaßstabs, und zwar desjenigen aus § 93 Abs. 5 S. 2, 3 AktG, die iVm § 43 Abs. 3 GmbHG analog für die Haftung des sich an der Leitung der GmbH beteiligenden Mehrheits- oder Alleingesellschafters einer GmbH fruchtbar gemacht werden sollen.[2378] Nach den analog herangezogenen Vorschriften ist der Anspruch der GmbH wegen pflichtwidriger Geschäftsführung unverzichtbar, soweit das Aktivum zur Gläubigerbefriedigung benötigt wird und auf einem Verhalten beruht, das sich als „gröbliche" Pflichtverletzung darstellt. Als „gröblich" sorgfaltswidrig erweist sich dabei ein Verstoß gegen den Mindeststandard ordnungsgemäßen unterneh-

---

[2373] Diesen Kritikpunkt hat *Altmeppen* mehrfach herausgearbeitet in Roth/Altmeppen-*Altmeppen*, § 13 Rdn 77 sowie *ders.*, ZIP 2001, 1837, 1842; *ders.*, ZIP 2002, 961, 965; *ders.*, NJW 2002, 321, 322 f.

[2374] Der BGH hat derartige Treuepflichten in der Einmanngesellschaft bislang nicht anerkannt, BGHZ 95, 330, 340; 119, 257, 262; 122, 333, 336; 142, 92, 95; abl. auch Baumbach/Hueck-*Zöllner*, SchlAnhKonzernR, Rdn 112 f.; *Bitter*, WM 2001, 2133, 2136; *Römermann/Schröder*, GmbHR 2001, 1017, 1018; *Roth*, NZG 2003, 1081, 1081; *Rubner*, S. 128 ff.; *ders.*, DStR 2005, 1694, 1696 f.

[2375] *Bork*, KTS 2006, 39, 46; vgl. auch LG Bremen, NZG 1998, 468, 470.

[2376] So auch OLG Jena, GmbHR 2002, 112, 114; *Wahl*, S. 97; *Lutter/Banerjea*, ZGR 2003, 402, 412 f.

[2377] *Rubner*, S. 128 f.; *Bitter*, WM 2001, 2133, 2136.

[2378] *Altmeppen*, ZIP 2001, 1837, 1844; *ders.*, NJW 2002, 321, 323 f.; *ders.*, ZIP 2002, 961, 966 f.; *ders.*, ZIP 2002, 1553, 1562; *ders.*, ZIP 2005, 119, 120; *ders.*, NJW 2007, 2657, 2659 f.

merischen Verhaltens, dessen Einhaltung auch vom Gesellschafter erwartet werden muss, soweit er mit Gesellschaftsvermögen umgeht, das zur Gläubigerbefriedigung benötigt wird.[2379] In eine Außenhaftung soll dieses Konzept nur im Fall der Vermögensvermischung aufgrund einer Beweislastumkehr zu Lasten des Gesellschafters umschlagen.[2380] Dies sei hier erforderlich, weil der Gesellschafter aufgrund der Vermutung der entsprechenden Höhe des Schadens, den er verursacht hat, bis zur restlosen Gläubigerbefriedigung hafte.[2381] Gegen diesen Ansatz spricht, dass nicht ersichtlich ist, wie im Fall der Vermögensvermischung eine Beweislastumkehr zu einer Außenhaftung führen soll. Dieser Auffassung folgend ist zwischen Rückerstattungsansprüchen aus § 31 GmbHG und Ansprüchen aus „gröblich" sorgfaltswidriger Geschäftsführung nach § 43 Abs. 3 GmbHG iVm § 93 Abs. 5 S. 2,3 AktG analog zu unterscheiden. Beide stellen Innenhaftungsansprüche dar. Warum nur deshalb, weil nicht sicher ist, welcher der beiden Innenhaftungsansprüche einschlägig ist, die Haftung in eine Außenhaftung umschlagen soll, ist unklar.[2382] Ferner ist erklärungsbedürftig, weshalb im Rechtsverhältnis zwischen Gläubiger und GmbH Beweisprobleme dazu führen sollen, dass Beweislast und Haftung nun die an diesem Rechtsverhältnis überhaupt nicht beteiligten Gesellschafter treffen sollen. Auch dieses Konzept stellt sich damit zur Herleitung der dogmatischen Grundlage als untauglich dar.

2. Außenhaftungsmodelle

Eine direkte Haftung der Gesellschafter gegenüber den Gläubigern der GmbH begründen das Modell der deliktischen Haftung, das Sorgfaltshaftungsmodell sowie die Lehre der Durchgriffshaftung.

a) Deliktische Haftung

Diese Ansicht will die Existenzvernichtungshaftung deliktisch über § 826 BGB oder § 823 Abs. 2 BGB iVm einer Schutzgesetzverletzung begründen.[2383] Als Schutzgesetz dränge sich das Bankrottdelikt nach §§ 283 Abs. 1 Nr. 5-7, 283 b StGB auf. Im Falle des Verstoßes gegen die Vermögensbindung soll das verletzte Schutzgesetz in § 73 Abs. 1 GmbHG zu sehen sein.[2384] An diesem Ansatz ist zwar vorteilhaft, dass Geschäftsführer und Gesellschafter grundsätzlich nach den gleichen Vorschriften haften würden. Gegen diese Ansicht ist jedoch

---

2379 Roth/Altmeppen-*Altmeppen*, § 13 Rdn 82.

2380 Roth/Altmeppen-*Altmeppen*, § 13 Rdn 89; *ders.*, ZIP 2005, 119, 120; *ders.*, ZIP 2002, 1553, 1559; zust. *Schröder*, GmbHR 2005, 227, 228.

2381 *Altmeppen*, ZIP 2005, 119, 120; *ders.*, ZIP 2002, 1553, 1559.

2382 Ebenso *Lutter/Banerjea*, ZGR 2003, 402, 410.

2383 Emmerich/Habersack-*Habersack*, KonzernR, § 31 II 1; *Veil*, VGR 10, 103, 16 f.; *Haas*, WM 2003, 1929, 1940; *H.P. Westermann*, NZG 2002, 1129, 1131; *ders.*, GmbHR 2005, 1, 15.

2384 Emmerich/Habersack-*Habersack*, KonzernR, § 31 II 1; *Haas*, WM 2003, 1929, 1940.

zunächst einzuwenden, dass sich das Problem der Existenzvernichtung nicht hinreichend mit den hier angebotenen Missbrauchstatbeständen lösen lässt. So ist der Rückgriff auf die Generalklausel des § 826 BGB nur dann möglich, wenn sich feststellen lässt, dass das Verhalten der Gesellschafter gegen das Anstandsgefühl der beteiligten Verkehrskreise verstößt und sich zudem die Gesellschafter nicht nur leichtfertig über diese Verhaltensanforderungen hinwegsetzen. Dies wird in der Regel mit Schwierigkeiten verbunden sein.[2385] Die Schutzgesetze der §§ 283 Abs. 1 Nr. 5-7, 283 b StGB beziehen sich auf eine Verletzung von Buchführungspflichten. Dass eine solche Verletzung zu einer Existenzvernichtung der Gesellschaft führen kann, erscheint zweifelhaft. Da § 73 Abs. 1 GmbHG Anwendung auf das bereits beschlossene Liquidationsverfahren findet, kommt hier allenfalls eine analoge Anwendung der Norm in Betracht. Für eine Analogie könnte zwar sprechen, dass der Entzug von Gesellschaftsvermögen durch die Gesellschafter einer vorgezogenen Ausschüttung entspricht, jedoch vermag der Hinweis auf eine vergleichbare Interessenlage die auf dem ausdrücklichen Wortlaut des § 73 GmbHG beruhende fehlende Analogiefähigkeit nicht zu entkräften.[2386] Auch dieses Haftungskonzept ist daher abzulehnen.

b) Sorgfaltshaftung

Eine weitere Auffassung erkennt eine Sorgfaltshaftung des beherrschenden Gesellschafters oder des Alleingesellschafters einer GmbH gegenüber der Gesellschaft an, soweit er sich an der organschaftlichen Leitung der GmbH beteiligt.[2387] Grundlage dieser Lehre ist die Einsicht, dass der beherrschende Gesellschafter oder der Alleingesellschafter aufgrund seiner Mitgliedschaft zu seiner GmbH in einer rechtlichen Beziehung steht und bei einer Pflichtverletzung der fremdbezogenen Machtausübung haften muss. Für den Anspruch der GmbH gegen den Gesellschafter kommen danach die §§ 280, 311 Abs. 2 Nr. 3, 241 Abs. 2 BGB in Betracht, wobei dieser Anspruch von den Gesellschaftsgläubigern aufgrund einer analogen Anwendung der §§ 62 Abs. 2, 93 Abs. 5, 117 Abs. 5, 309 Abs. 4, 310 Abs. 4, 317 Abs. 4 und 318 Abs. 4 AktG geltend gemacht werden könne.[2388] Zunächst ist gegen diese Ansicht anzuführen, dass es als schwer begreifbarer Umweg erscheint, wollte man einen Gesellschafter wegen eines Verhaltens, das ihm in dieser Eigenschaft untersagt ist, nicht als sol-

---

[2385] Vgl. *Bork*, KTS 2006, 39, 45; demgegenüber optimistischer *Priester*, bei Streiber, VGR 10, 123, 123.

[2386] Vgl. *Wahl*, S. 99; *Bruns*, WM 2003, 815, 817; a.A. *Kurth*, FS Korn, 825, 835 f.; offenl. *Bork*, KTS 2006, 39, 46.

[2387] *Wilhelm*, Rdn 509; *ders.*, NJW 2003, 175, 178 f.; *Burgard*, VGR 6, 45, 58 f.; *ders.*, ZIP 2002, 827, 830; *Mansdörfer/Timmerbeil*, WM 2004, 362, 364.

[2388] *Wilhelm*, Rdn 512; *ders.*, NJW 2003, 175, 178 f; *Burgard*, ZIP 2002, 827, 830; *Mansdörfer/Timmerbeil*, WM 2004, 362, 364.

chen, sondern über eine Organstellung nach § 43 GmbHG haftbar machen.[2389] Zudem bindet diese Lehre den Gesellschafter ohne weiteres an den Sorgfaltsmaßstab des ordentlichen Geschäftführers nach § 43 Abs. 1 GmbHG, obwohl die gewöhnliche Geschäftsführerhaftung – soweit es nicht um den Sonderfall der Einlagenrückgewähr geht – disponibel, mithin verzichtbar ist, § 43 Abs. 3 GmbHG. Die Sorgfaltshaftung geht dann ins Leere, weil der beherrschende Gesellschafter oder Alleingesellschafter sich regelmäßig von der Sorgfaltshaftung freizeichnen wird, wenn und soweit dies nach § 43 Abs. 3 GmbHG gestattet ist.[2390] Die Sorgfaltshaftung eines Gesellschafters hinsichtlich ihrer Disponibilität kann auch nicht strenger sein als diejenige eines Fremdgeschäftsführers.[2391] Eine disponible Haftung ist aber für Fälle der Existenzvernichtungshaftung nicht akzeptabel. Im Ergebnis fehlt es damit an einer für eine Analogie erforderlichen vergleichbaren Interessenlage, so dass auch diese Ansicht abzulehnen ist.

c) Durchgriffshaftung

Nachdem der BGH in der „Bremer Vulkan“-Entscheidung die dogmatische Grundlage für die Existenzvernichtungshaftung offen gelassen hatte, hat er in der „KBV“-Entscheidung die Haftung dahingehend präzisiert, dass es sich um eine Durchgriffshaftung wegen Rechtsmissbrauchs bzw. wegen Missachtung der angemessenen Rücksichtnahme auf die Erhaltung der Fähigkeit der Gesellschaft zur Bedienung ihrer Verbindlichkeiten handeln soll.[2392] Diesem Ansatz folgt eine herrschende Auffassung im Schrifttum und stützt den Anspruch auf eine analoge Anwendung des § 128 HGB.[2393] Auch die instanzgerichtliche Rechtsprechung geht von einer Durchgriffshaftung aus.[2394] Letztlich sollen nach dieser Auffassung Fälle erfasst werden, in denen der Gesellschafter sich in missbräuchlicher Weise der Rechtsform der GmbH bedient, die dem Gesellschafter eine auf

---

[2389] Ebenso *Wahl*, S. 93; *Ulmer*, ZIP 2001, 2021, 2025; *H.P. Westermann*, NZG 2002, 1129, 1134; *Wilhelmi*, DZWiR 2003, 45, 51; *Haas*, WM 2003, 1929, 1939.

[2390] So auch Roth/Altmeppen-*Altmeppen*, § 13 Rdn 87, unter Verweis auf BGH, NJW 2000, 1571, 1571; *Römermann/Schröder*, GmbHR 2001, 1015, 1018; *Fischer/Gasteyer*, NZG 2003, 517, 522.

[2391] Vgl. Roth/Altmeppen-*Altmeppen*, § 13 Rdn 87; *ders.*, NJW 2002, 321, 323 f.; *ders.*, ZIP 2001, 1837, 1844.

[2392] BGHZ 151, 181, 186 f.

[2393] *Hüffer*, § 1 Rdn 24; *Liebscher*, Rdn 499; *Vetter/Stadler*, Rdn 137; *Matschernus*, S. 114; *Wahl*, S. 99 f.; *Koppensteiner*, FS Honsell, 605, 615; *Raiser*, FS Ulmer, 493, 504 f.; *Bitter*, WM 2001, 2133, 2139; *Hoffmann*, NZG 2002, 268, 271 *Keßler*, GmbHR 2001, 1095, 1100; *Bayer/Lieder*, WM 2006, 999, 999; *Bork*, KTS 2006, 39, 47; *Diem*, ZIP 2003, 1283, 1284; *Heidinger*, DNotZ 2005, 97, 115; *Hölzle*, ZIP 2003, 1376, 1381; *Esters*, GmbHR 2004, 105, 109; *Emmerich*, AG 2004, 423, 424; *Vetter*, ZIP 2003, 601, 603.

[2394] OLG Rostock, DZWiR 2004, 249, 250; OLG Jena, GmbHR 2002, 112, 115; OLG Dresden, Urteil vom 09.08.2005 – Az: 2 U 897/04 (insofern in ZIP 2005 1680, 1690 nicht abgedr.).

die Einlage beschränkte Haftung verschafft, den Gläubigern jedoch das unternehmerische Risiko in einer vom Zweck der Rechtsform des Unternehmensträgers nicht mehr gedeckten Weise überbürdet. In einem solchen Fall sei eine teleologische Reduktion des § 13 Abs. 2 GmbHG gerechtfertigt.[2395]

Für diese Ansicht spricht, dass bei Wegfall des Haftungsprivilegs des § 13 Abs. 2 GmbHG das allgemeine Prinzip der Personengesellschaft zum Tragen kommen muss, dass die persönliche Haftung der Gesellschafter „Grundlage ihres Kredits" ist.[2396] Der BGH hat daher in einer Entscheidung zur Durchgriffshaftung auf die Norm des § 128 HGB abgestellt.[2397] Dem Konzept der Durchgriffshaftung ist auch aus anderen Gründen zu folgen: Unabdingbare Voraussetzung für die Inanspruchnahme des Haftungsprivilegs des § 13 Abs. 2 GmbHG ist die Respektierung der Zweckbindung des Gesellschaftsvermögens zur vorrangigen Befriedigung der Gesellschaftsgläubiger während der Lebensdauer der GmbH.[2398] Daraus folgt, dass Zugriffe der Gesellschafter auf das Gesellschaftsvermögen, welche die aufgrund dieser Zweckbindung gebotene angemessene Rücksichtnahme auf die Erhaltung der Fähigkeit der Gesellschaft zur Bedienung ihrer Verbindlichkeiten vermissen lassen, zum Verlust dieses Haftungsprivilegs führen müssen. Das Haftungsprivileg des § 13 Abs. 2 GmbHG kann schließlich nur unter der Prämisse tragfähig sein, dass die Gesellschafter die Risiken ihrer unternehmerischen Tätigkeit nicht einseitig auf Dritte, insbesondere die Gläubiger der Gesellschaft, verlagern.[2399] Für die Analogie zu § 128 HGB – und damit gegen das Vorliegen eines eigenständigen gesellschaftsrechtlichen Anspruchs[2400] – spricht zuletzt, dass sie auch eine analoge Anwendung des § 129 HGB ermöglicht, so dass Gesellschafter den Gläubigern auch Einwendungen der Gesellschaft entgegenhalten können.

Gegen diese Ansicht der Durchgriffshaftung wird kritisch angemerkt, dass der Gesellschafter nach dem Willen der Rechtsprechung nicht primär und unmittelbar neben der Gesellschaft für deren Verbindlichkeiten einstehen solle.[2401] Vielmehr wolle der BGH den Gesellschaftsgläubigern nur das konkret auf die nachteilige Einflussnahme zurückgehende Risiko abnehmen, wenn von der Gesellschaft keine Befriedigung mehr zu erlangen sei. Hierzu ist anzumerken, dass der BGH aufgrund der überschießenden Tendenz der persönlichen Haftung der

---

[2395] BGHZ 151, 181, 187; BGH, ZIP 2005, 117, 118; Palandt-*Heinrichs*, § 242 Rdn 71, vor § 21 Rdn 12 ff., möchte den Durchgriff aus § 242 BGB herleiten.

[2396] Ebenso *Jawansky*, DB 2003, 2757, 2758; allg. *Baumbach/Hopt*, § 128 Rdn 1.

[2397] BGHZ 95, 330, 332.

[2398] BGHZ 151, 181, 181.; *K. Schmidt*, § 37 I 2; Scholz-*H.P. Westermann*, § 30 Rdn 1; Michalski-*Heidinger*, § 30 Rdn 1; *Lieder*, DZWiR 2005, 309, 316.

[2399] *Lieder*, DZWiR 2005, 309, 316.

[2400] Hierfür BAG, NZA 2003, 213, 215; *Raiser*, FS Ulmer, 493, 505; *Görner/Kling*, GmbHR 2004, 778, 779; wohl auch *Mohr*, GmbHSTB 2003, 52, 56.

[2401] *Haas*, NZI 2005, 239, 240; *ders.*, WM 2003, 1929, 1937.

Gesellschafter nunmehr – nach entsprechenden Forderungen[2402] – anerkannt hat, dass die Haftung bei Nachweis eines konkreten Schadens der Gesellschaft seitens der Gesellschafter auf diesen Schaden beschränkt ist.[2403] Den erhobenen Bedenken gegen die analoge Anwendung des § 128 HGB kann mithin durch einen Abgleich der Interessenlage hinreichend Rechnung getragen werden. Zudem ist die persönliche Inanspruchnahme eines Gesellschafters der GmbH ungeachtet der übrigen Voraussetzungen nur für den Fall gerechtfertigt, dass das Gesellschaftsvermögen nicht zur vollständigen Befriedigung der Gesellschaftsverbindlichkeiten ausreicht. Diese – noch aufzuzeigende – Voraussetzung hat der BGH in seinen Entscheidungen ausdrücklich genannt.[2404] Der Einwand, dieser Ansatz könne nicht begründen, dass die Gesellschaftsgläubiger zunächst auf die Befriedigung ihrer Verbindlichkeiten aus dem GmbH-Vermögen verwiesen werden, vermag daher nicht zu überzeugen. Dieses Haftungsmodell erweist sich somit trotz der genannten Haftungsausweitung als vorteilhaft, da damit gerade die akzessorische Natur der Gesellschafterhaftung verdeutlicht wird.

3. Ergebnis

Bei der Existenzvernichtungshaftung handelt es sich um ein Außenhaftungsmodell in Form der Durchgriffshaftung.

IV. Tatbestandsvoraussetzungen

Nunmehr sind die einzelnen Tatbestandsvoraussetzungen der Haftung wegen Existenzvernichtungshaftung aufzuzeigen.

1. Eingriff durch das Cash Pooling

Die Existenzvernichtungshaftung setzt eine Handlungsweise voraus, die gegen den Normzweck des § 13 Abs. 2 GmbHG verstößt. Ein Eingriff, der eine existenzvernichtende Bedeutung haben kann, ist beileibe nicht nur im Rahmen des Cash Poolings denkbar, sondern auf vielfältige Weisen.[2405] Betrachtet werden sollen hier indes allein diejenigen Fallgruppen, die bei einem Cash Pooling Bedeutung erlangen können. Ohne Frage bedarf dies, um dem Haftungstatbestand eine Kontur zu geben, der Konkretisierung. Bei der Feststellung, welche Handlungen als Eingriffe im Sinne der Existenzvernichtungshaftung im Rahmen eines konzernweiten Cash Poolings zu werten sind, muss daher darauf abgestellt werden, ob in der konkreten Handlungsweise eine Außerachtlassung der Bin-

---

[2402] Lutter/Hommelhoff-*Lutter/Hommelhoff*, § 13 Rdn 20; *Vetter*, ZIP 2003, 601, 612; *Röhricht*, VGR 6, 3, 29; dagegen aber *Hölzle*, ZIP 2003, 1376, 1382.

[2403] BGH, ZIP 2005, 117, 118; ZIP 2005, 250, 252.

[2404] BGHZ 151, 181, 187; BGH, ZIP 2005, 117, 118; ZIP 2005, 250, 252.

[2405] Siehe die Fallgruppenaufzählungen bei Baumbach/Hueck-*Hueck/Fastrich*, § 13 Rdn 20; Emmerich/Habersack-*Habersack*, Anh. § 318 Rdn 37; *Liebscher*, Rdn 511; *Matschernus*, S. 194 ff.; *Bruns*, WM 2003, 815, 819; *Henze*, NZG 2003, 649, 658.

dung des Gesellschaftsvermögens zur vorrangigen Befriedigung der Gesellschaftsgläubiger liegt. Bereits die Ausgangsentscheidung zur Existenzvernichtungshaftung „Bremer Vulkan“ hat klargestellt, dass die Integration der abhängigen GmbH in einen konzernübergreifenden Finanzverbund mittels eines konzernweiten Cash Poolings geeignet ist, aufgrund des hiermit verbundenen Ressourcentransfers im Sinne des Eingriffs durch Liquiditätsentzug einen Haftungsdurchgriff aufgrund der Existenzvernichtungshaftung zu eröffnen.[2406] Andererseits kann nicht die bloße Einführung eines Cash-Pooling-Systems in einem finanzstarken Konzernverbund zu einer Existenzvernichtungshaftung führen. Daher stellt sich die Frage, in welchen Situationen des Cash Poolings eine Haftung wegen existenzvernichtender Eingriffe in Betracht kommt. Aus den unterschiedlichen Eingriffsmöglichkeiten, die im Rahmen eines konzernweiten Cash-Pooling-Systems in Betracht kommen, leitet sich dann das Verhaltenskonzept der beteiligten Gesellschaften zur Vermeidung existenzvernichtender Eingriffe ab.

a) Einbeziehung in ein Cash-Pooling-System bei Krise anderer Konzerngesellschaften

Einen existenzvernichtenden Eingriff kann bereits die Einbeziehung von Tochtergesellschaften, etwa durch eine Weisung der Muttergesellschaft zur Teilnahme am Cash Pool, darstellen.[2407] Ein solcher Fall dürfte vor allem dann vorliegen, wenn das konzernweite Cash Pooling dazu dienen soll, den Konzern oder Konzerngesellschaften mittels des Cash Poolings zu sanieren; das Cash Pooling ist in einer solchen Gestaltung gerade Ausdruck von Liquiditätsengpässen. Im Gegensatz zu der Aufnahme von Krediten bei Banken ist es aufgrund der Ausgestaltung des Systems selbst dann möglich, Kredit zu erlangen, wenn die Bonität der Muttergesellschaft oder des Konzerns zweifelhaft ist. Auf diese Gefahrenlage ist bereits im Rahmen der Kapitalerhaltung bei der faktisch konzernierten AG aufmerksam gemacht worden.[2408] Für einen existenzvernichtenden Eingriff ist in dieser Fallgestaltung erforderlich, dass bereits zu dem Zeitpunkt der Weisung ex ante objektiv wahrscheinlich ist, dass die gewährten Darlehen nicht zurückgezahlt werden können und dies letztlich zur Insolvenz der abhängigen

---

[2406] BGHZ 149, 10 ff.; Dass ein Cash Pooling Anknüpfungspunkt für eine Existenzvernichtungshaftung sein kann, ist auch in der Literatur unbestr.: Scholz-*Emmerich*, § 13 Rdn 113; HoldingHndb-*Vetter*, § 8 Rdn 18; *Hüffer*, § 1 Rdn 25; *Bruns*, WM 2003, 815, 819 „drakonisches Cash-Management“; siehe bereits *Burgard*, WM 1993, 925, 928 f.

[2407] Pentz/Sollanek-*Pentz*, S. 49; *Matschernus*, S. 237; *Schäfer*, GmbHR 2005, 133, 134; wohl auch Baumbach/Hueck-*Hueck/Fastrich*, § 13 Rdn 18; *Henze*, NZG 2003, 649, 658; *Weber/Brügel*, DB 2004, 1923, 1926; die Einbeziehung erfolgt regelmäßig auf Weisung der Muttergesellschaft, hierzu etwa *Makowski*, S. 90 ff.; *Hormuth*, S. 153 ff.

[2408] Siehe oben 3. Teil § 9 B. II. 2. b) cc).

Gesellschaft führt.[2409] Dabei ist es irrelevant, ob dies darauf beruht, dass sich die Muttergesellschaft selbst in einer wirtschaftlichen Krise befindet, oder die einzelnen Tochtergesellschaften insolvenzgefährdet sind. Entscheidend kommt es darauf an, dass wegen der kritischen Lage der übrigen am Cash Pool beteiligten Unternehmen eine unvertretbar hohe Gefährdung der darlehensgewährenden Tochtergesellschaft begründet wird.[2410]

b) Bei aufsteigenden Gesellschafterdarlehen

Die Einbeziehung der Tochtergesellschaften in den Cash Pool verpflichtet diese dazu, die verfügbare Liquidität an den Cash-Pool-Führer abzuführen. Ein existenzvernichtender Eingriff ist hierbei in verschiedenen Konstellationen denkbar:

aa) Spätere Krisensituation anderer Konzerngesellschaften oder der Muttergesellschaft

Zwar kann eine typische Situation für die Implementierung eines Cash Pools nicht festgestellt werden,[2411] jedoch wird es Fälle geben, in denen zum Zeitpunkt der Einbeziehung in den Cash Pool keine oder nur eine unbedeutende wirtschaftliche Krise des herrschenden Unternehmens oder anderer Konzerngesellschaften vorliegt, so dass in einer entsprechenden Eingliederung in den Cash Pool keine haftungsbegründende Verhaltensweise gesehen werden kann.[2412] Die Installierung eines Cash Pools unter Einbeziehung der Tochtergesellschaften stellt sich dann gerade nicht als missbräuchlich dar. Gerät das herrschende Unternehmen oder andere Konzerngesellschaften dann nach der Weisung in die wirtschaftliche Krise, muss zwischen dem Einbringen weiterer Finanzmittel und der Rückzahlung bereits gewährter Darlehen differenziert werden.

(1) Zu gewährende Darlehen

An einer existenzvernichtenden Verhaltensweise könnte es in der Fallgruppe zu gewährender Darlehen fehlen, wenn man bedenkt, dass sich die Einflussnahme der Muttergesellschaft auf die Weisung zur Teilnahme am Cash Pooling beschränkte. Jedoch ist zu beachten, dass sich der Inhalt einer Weisung regelmäßig nicht lediglich auf den Beitritt zum Cash Pool bezieht, sondern auch auf die einzelnen Liquiditätsübertragungen, welche aufgrund der aufsteigenden Darlehen dem Cash Pool zugeführt werden. Würde die Weisung lediglich auf die Teilnahme am Cash Pool beschränkt sein, käme allenfalls die Vereinbarung einzelvertraglicher Darlehensverhältnisse bei Liquiditätsbedarf in Betracht. Abgesehen davon, dass diese Handhabung des Cash Pools mit einem erhöhten Aufwand

---

[2409] Keßler-*Keßler*, A 244; *Matschernus*, S. 237.
[2410] Baumbach/Hueck-*Hueck/Fastrich*, § 13 Rdn 18, 20.
[2411] Siehe oben 1. Teil § 2 D. I.
[2412] Baumbach/Hueck-*Hueck/Fastrich*, § 13 Rdn 18; *Matschernus*, S. 237.

verbunden ist, würde dies nichts an einer Einflussnahme der Muttergesellschaft ändern: Die existenzvernichtende Handlungsweise müsste dann in dem Abschluss des einzelnen Darlehensvertrages gesehen werden. Ist damit im Zeitpunkt der jeweiligen Gewährung des Darlehens der Rückzahlungsanspruch aus der Sicht eines vernünftigen Kaufmanns der Rückzahlungsanspruch uneinbringlich und hat dies letztlich eine überwiegende Insolvenzwahrscheinlichkeit der Tochtergesellschaft zur Folge, ist die mangelnde Rücksichtnahme auf die Zweckbindung des Vermögens im Sinne des Eingriffstatbestandes zu bejahen.[2413] Dass es für die Feststellung existenzvernichtender Handlungsweisen beim Cash Pooling nicht zwingend auf die Weisung zum Beitritt ankommt, verdeutlicht zudem der 2. Leitsatz der „Bremer Vulkan"-Entscheidung, wonach den Alleingesellschafter die Pflicht treffe, bei Dispositionen über das Vermögen der abhängigen GmbH auf ihr Eigeninteresse an der Aufrechterhaltung ihrer Fähigkeit, ihren Verbindlichkeiten nachzukommen, angemessene Rücksicht nehmen muss und ihre Existenz nicht gefährden darf.[2414] Aus dem Abstellen auf die einzelnen Dispositionen folgt, dass für die Feststellung existenzvernichtender Eingriffe nicht auf die ursprüngliche Weisung abzustellen ist, sondern der Zeitpunkt der einzelnen Darlehensgewährungen im Rahmen des Cash Pools ebenfalls von Relevanz ist.[2415] Letztlich lag gerade der „Bremer Vulkan"-Entscheidung eine derartige Fallgestaltung zugrunde, in der die Tochtergesellschaft Darlehen an den Cash Pool zu einem Zeitpunkt gewährte, zu dem sich die Muttergesellschaft bereits in einer Krisensituation befand.[2416]

(2) Bereits gewährte Darlehen

Als problematisch für die Feststellung eines existenzvernichtenden Eingriffs im Rahmen des Cash Poolings kann sich vordergründig folgende Situation darstellen: Weder zum Zeitpunkt der Weisung noch zum Zeitpunkt der Darlehensgewährung sind Anhaltspunkte für die Uneinbringlichkeit des Rückzahlungsanspruchs aus dem Darlehensverhältnis gegeben und damit aus kaufmännischer Sicht auch keine daraus resultierende Insolvenz der abhängigen Gesellschaft überwiegend wahrscheinlich. Zu einem späteren Zeitpunkt, zu dem das aufsteigende Darlehen der Tochtergesellschaft zum Cash-Pool-Führer im Rahmen des Cash Pools bereits geleistet wurde, gerät die Muttergesellschaft oder eine andere Konzerngesellschaft in eine wirtschaftliche Krise, wodurch infolge der Wertlosigkeit des Rückzahlungsanspruchs – hervorgerufen durch die Zahlungsunfähigkeit oder Zahlungsunwilligkeit der Betreibergesellschaft – die darlehensgewährende Tochtergesellschaft insolvent wird. Es stellt sich die Frage, ob auch in ei-

[2413] Vgl. MünchHndbGesR-GmbH-*Decher*, § 69 Rdn 14; *Drygala*, GmbHR 1993, 317, 325; *Kowalski*, GmbHR 1993, 253, 256; *Krieger*, ZGR 1994, 375, 386.
[2414] BGHZ 149, 10, 10.
[2415] *Matschernus*, S. 237; vgl. auch Scholz-*Emmerich*, § 13 Rdn 113.
[2416] Vgl. zum Sachverhalt BGHZ 149, 10, 13 f.

ner solchen Verhaltensweise ein existenzvernichtender Eingriff zu sehen ist. Dagegen könnte der oben erwähnte zweite Leitsatz der „Bremer Vulkan"-Entscheidung sprechen, der auf schädliche Dispositionen über das Vermögen abstellt: Sowohl zum Zeitpunkt der Weisung als auch der jeweiligen Darlehensgewährung liegt keine wirtschaftliche Krise der Konzernmutter vor, so dass man argumentieren könnte, es fehle an einer unangemessenen Rücksichtnahme. Bei dieser Interpretation der „Bremer Vulkan"-Entscheidung würden jedoch zum einen große Schutzlücken im Rahmen des Haftungskonzepts wegen existenzvernichtender Eingriffe entstehen. Zum anderen würde eine derartige Betrachtungsweise weitere wesentliche Erwägungen, die der BGH in der „Bremer Vulkan"-Entscheidung angestellt hat, außer Betracht lassen. Danach ergibt sich für den Gesellschafter das Gebot, bei einem konzernweiten Cash Pooling nicht nur jederzeit die zur Deckung des Stammkapitals erforderlichen Mittel vorzuhalten, sondern auch die Liquidität der abhängigen Gesellschaft sicherzustellen und sie überdies über eine drohende Insolvenz aufzuklären.[2417] Mit diesen Ausführungen ist es unverträglich, für die Feststellung des existenzvernichtenden Eingriffs auf den Zeitpunkt der Weisung oder Darlehensgewährung abzustellen und Fallkonstellationen, bei denen die Bonität der Muttergesellschaft bei der Darlehensgewährung nicht zweifelhaft ist, sich jedoch zu einem späteren Zeitpunkt verschlechtert, außer Betracht zu lassen.[2418] Daher kann auch in diesen Fallkonstellationen ein existenzvernichtender Eingriff gesehen werden.[2419]

bb) Aktuelle Krisensituation bei der kreditgewährenden Gesellschaft

Weiter zu betrachten sind Fälle, in denen sich die Gebergesellschaft im Zeitpunkt der Darlehensgewährung in einer Krisensituation befindet. Ein existenzvernichtender Eingriff könnte darin zu erblicken sein, dass die Muttergesellschaft bei der Tochtergesellschaft im Rahmen des Cash Poolings Liquidität abzieht, obwohl die Tochtergesellschaft sich bereits zu diesem Zeitpunkt in einer Unterbilanzsituation befindet.[2420] Solange der Anspruch aus §§ 30, 31 GmbHG einbringlich ist, wird man aufgrund dieses Verhaltens zwar eine mangelnde Rücksichtnahme auf die Belange der Tochtergesellschaft und damit einen tatbestandsmäßigen existenzvernichtenden Eingriff sehen können, jedoch wird hier

[2417] BGHZ 149, 10, 18 f.

[2418] So auch *Matschernus*, S. 238.

[2419] Auf diese Situation abst. auch Scholz-*H.P. Westermann*, § 30 Rdn 55; Scholz-*Emmerich*, § 13 Rdn 118; *Jäger*, § 45 Rdn 7; *Maier-Reimer*, VGR 10, 127, 156 f.; *Burgard*, VGR 6, 45, 65.

[2420] *Herschlein/Seibold*, Börsen-Zeitung v. 22.09.2004, S. 2; vgl. zur Weisungsgrenze im Vertragskonzern auch Emmerich/Habersack-*Emmerich*, KonzernR, § 23 V 4 c) aa); *Vetter/Stadler*, Rdn 176; *Deckart*, S. 142 f.; *Schön*, ZHR 159 (1995), 351, 373; *Jula/Breitbarth*, AG 1997, 256, 258; *Kerber*, ZGR 2005, 437, 447; *Reidenbach*, WM 2004, 1421, 1426.

regelmäßig im Grundsatz ein Ausgleich durch die §§ 30, 31 GmbHG vorrangig sein.[2421] Gleichwohl greift in dieser Fallgruppe eine Existenzvernichtungshaftung für diejenigen Schäden ein, die hiervon nicht erfasst sind.

Davon ausgehend, dass ein existenzvernichtender Eingriff durch ein Unterlassen möglich ist,[2422] stellt sich ferner die Frage, ob eine existenzvernichtende Eingriffsweise darin zu sehen ist, dass einer sich in einer Krisensituation befindenden Tochtergesellschaft durch die Muttergesellschaft keine zusätzlichen finanziellen Mittel zur Verfügung gestellt werden. Dies kann nur dann bejaht werden, wenn die Muttergesellschaft eine positive Verantwortung zur angemessenen Liquiditätsausstattung der Tochtergesellschaften trifft, wozu im Rahmen der die Muttergesellschaft treffenden Verpflichtungen noch vertieft Stellung genommen wird.[2423]

cc) Spätere Krisensituation der kreditgewährenden Gesellschaft

Auch im Fall einer späteren Krisensituation der Gebergesellschaft kommt ein existenzvernichtender Eingriff in verschiedener Hinsicht in Betracht. Ein existenzvernichtender Eingriff liegt zunächst in der Situation vor, in der eine Gebergesellschaft Darlehen an den Cash Pool abgeführt hat, die Muttergesellschaft sich nunmehr in der Krise der Gebergesellschaft aber weigert, die gewährten Darlehen zurückzuzahlen oder hierzu schlichtweg nicht in der Lage ist.[2424]

Eine Haftung wegen existenzvernichtender Eingriffe ist ferner denkbar, wenn es zu einem Mittelabfluss im Rahmen aufsteigender Darlehen von der Tochter- an die Muttergesellschaft kommt und nicht andere Konzerngesellschaften, sondern die darlehensgewährende Tochtergesellschaft selbst zu einem späteren Zeitpunkt in die Krise gerät. Wird der Tochtergesellschaft die für die Aufrechterhaltung der Ertragskraft, beispielsweise für die Vornahme von Investitionen, benötigte Liquidität entzogen, die ihr zu einem späteren Zeitpunkt wieder zur Verfügung gestellt wird, kann dies selbst dann einen existenzvernichtenden Eingriff darstellen, wenn die dann wieder zurückfließende Liquidität zu diesem Zeitpunkt nicht mehr zum Ausgleich der aufgrund des früheren Ressourcentransfers bereits aufgelaufenen oder gerade auflaufenden Verluste nicht mehr ausreicht.[2425] Obgleich ursprünglich nur Mittel aus freiem Vermögen gestellt

---

[2421] Zum Insolvenzgrund der Zahlungsunfähigkeit bei der Tochtergesellschaft durch einen Liquiditätsabzug durch die Muttergesellschaft *Böcker*, GmbHR 2004, 1257, 1257.

[2422] So die h. M.: BGH, ZIP 2005, 117, 119; *Lutter/Banerjea*, ZGR 2003, 402, 416; *Lieder*, DZWiR 2005, 309, 312; *Schmidt*, NJW 2001, 3577, 3580; *Roth*, NZG 2003, 1081, 1083; *Schröder*, GmbHR 2005, 227, 228; *Drygala*, GmbHR 2003, 729, 731; a. A.: OLG Dresden, ZIP 2005, 1680, 1690; *Wahl*, S. 115 f.; *Haas*, WM 2003, 1929, 1936; *Schröder*, GmbHR 2007, 934, 935.

[2423] Hierzu unten § 14 A. IV.

[2424] *Vetter/Stadler*, Rdn 237; *Vetter*, VGR 6, 69, 105.

[2425] *Vetter/Stadler*, Rdn 144; vgl. auch *Maier-Reimer*, VGR 10, 127, 156.

wurden, ist es also denkbar, dass sich hieraus ein existenzvernichtender Eingriff ergibt. Im Zeitpunkt des Mittelabflusses im Rahmen des Cash Poolings muss dafür erkennbar sein, dass die abhängige GmbH in einem absehbaren Zeitraum die abgeflossenen Mittel zur Erfüllung ihrer Verbindlichkeiten gegenüber den Gesellschaftsgläubigern benötigen wird.[2426]

c) Bei absteigenden Darlehen

Auch im Fall absteigender Darlehen aus dem Cash Pool von der Muttergesellschaft zur Tochtergesellschaft sind existenzvernichtende Verhaltensweisen möglich. Die absteigenden Gesellschafterdarlehen können bei der Tochter als Eigenkapital verhaftet sein und durch den Abzug dieser Mittel kann diese Gesellschaft insolvent werden.[2427] Findet der Abzug dieser Mittel jedoch statt, um deren Verhaftung als Eigenkapitalersatz zu vermeiden, dann kann dieses Verhalten selbst dann keine existenzvernichtende Handlungsweise darstellen, wenn die Gesellschaft dadurch zahlungsunfähig wird.[2428] Ist das absteigende Darlehen hingegen bereits kapitalersetzend geworden und wird nach diesem Zeitpunkt abgezogen, was zur Insolvenz der Tochtergesellschaft führt, kann hierin ebenfalls ein existenzvernichtender Eingriff gesehen werden.[2429] Diese Haftungsrisiken können für die Muttergesellschaft insbesondere dann nachteilig sein, wenn sie sich die absteigenden Darlehen aufgrund ihres eigenkapitalersetzenden Charakters nicht zurückgewähren lassen darf, obwohl sie die Mittel zur Deckung des Stammkapitals oder des Liquiditätsbedarfs einer anderen darlehensgewährenden Gesellschaft benötigt. Die Muttergesellschaft befindet sich dann in einem Konflikt: Einerseits darf sie die Mittel nicht abziehen, da sie ansonsten die Insolvenz dieser Tochtergesellschaft verursachen würde, andererseits benötigt sie die Mittel, damit eine andere Tochtergesellschaft nicht insolvent wird. Es ist dadurch die Frage aufgeworfen, wie dieser Konflikt zu lösen ist: Auszugehen ist davon, dass die gleichwertigen Interessen der Gläubiger aller betroffenen Tochtergesellschaften so gut wie möglich zum Ausgleich gebracht werden müssen.[2430] Daraus folgt, dass vorrangig eine Insolvenz zu vermeiden ist, solange Aussicht auf Sanierung besteht. Allerdings ist dann die Pflichtwidrigkeit des Verhaltens im Falle des Abzugs durch die Muttergesellschaft nicht zwangsläufig beseitigt.[2431]

[2426] Keßler-*Keßler*, A 244; *Wahl*, S. 190; *Decher*, ZInsO 2002, 113, 114; *Drygala*, GmbHR 2003, 729, 733 f.; *Weber/Brügel*, DB 2004, 1923, 1926.

[2427] HoldingHndb-*Vetter*, § 8 Rdn 18; *Burgard*, VGR 6 45, 65.

[2428] *Vetter/Stadler*, Rdn 155; *Vetter*, VGR 6 69, 88; *Burgard*, VGR 6, 45, 65.

[2429] *Vetter/Stadler*, Rdn 145.

[2430] *Burgard*, VGR 6, 45, 66; *Cahn*, Kapitalerhaltung im Konzern, 243 f.

[2431] *Burgard*, VGR 6, 45, 66;

d) Bei der Herstellung eines Haftungsverbundes

Auch durch die Herstellung eines Haftungsverbundes kann ein existenzvernichtender Eingriff in verschiedener Hinsicht in Betracht kommen.

aa) Gesamschuldnerische Mithaftung

Eine existenzvernichtende Handlungsweise der Muttergesellschaft gegenüber der Tochtergesellschaft kann in der Übernahme einer unbeschränkten oder zumindest über die eigene Darlehensinanspruchnahme hinausgehende gesamtschuldnerischen Mithaftung der Tochtergesellschaft für das Zielkonto des Cash-Pool-Führers liegen.[2432] Hierdurch wird ein Haftungsverbund begründet, der bei einer durch die wirtschaftliche Schieflage einer anderen Konzerntochter ausgelösten Krise des Konzerns auch die mithaftende Tochtergesellschaft mit in die Insolvenz ziehen kann. Die Konzerntochter ist einem für sie unkontrollierbaren Haftungsrisiko ausgesetzt und hat weder Einfluss auf das Eintreten der Inanspruchnahme aus der Mithaftung, noch kann sie ihre Inanspruchnahme verhindern.[2433]

bb) Sicherheitengewährung

Neben der Vereinbarung einer gesamtschuldnerischen Haftung der Tochtergesellschaften ist auch die Gewährung von Sicherheiten für eine Kreditgewährung an den Cash-Pool-Führer für einen existenzvernichtenden Eingriff relevant.[2434] Es soll zwar bereits an einer Nachteilszufügung fehlen, wenn der Gesellschafter bei Stellung der Sicherheit davon ausgehen durfte, dass es nicht zur Inanspruchnahme oder jedenfalls nicht zur Existenzvernichtung kommt.[2435] Abgesehen davon, dass diese Auffassung keineswegs zweifelfrei ist,[2436] sind die Anforderun-

---

[2432] BGHZ 122, 123, 129 für einen Fall außerhalb des Cash Poolings; Holding-Hndb-*Vetter*, § 8 Rdn 18; MünchHndb-GesR-GmbH-*Decher*, § 69 Rdn 14; *Liebscher*, Rdn 517; *Vetter/Stadler*, Rdn 147; *Wahl*, S. 105 f.

[2433] Wird dann die Tochter in Anspruch genommen, ist der Erstattungsanspruch gegen die Muttergesellschaft regelmäßig uneinbringlich; *Burgard*, VGR 6, 45, 66.

[2434] Keßler-*Keßler*, A 244; Roth/Altmeppen-*Altmeppen*, § 13 Rdn 92; *Wahl*, S. 105 f.; *Kuhlmann/Ahnis*, Rdn 409; *Matschernus*, S. 250; *Rittscher*, S. 159; *Kurth*, FS Korn, 825, 837; *Bender*, BB 2005, 1492, 1493; *Fischer/Gasteyer*, NZG 2003, 517, 523; *Weitnauer*, ZIP 2005, 790, 794; *Freitag*, WM 2003, 805, 807 ff.; *Schrell/Kirchner*, BB 2003, 1451, 1455; a.A. *Schulz/Israel*, NZG 2005, 329 ff. *Diem*, § 44 Rdn 92, will zwischen dinglichen und persönlichen Sicherheiten abgrenzen.

[2435] Emmerich/Habersack-*Habersack*, KonzernR, § 31 II 3 a); *Diem*, § 44 Rdn 95 f.; *Weber/Brügel*, DB 2004, 1923, 1926; *Diem*, ZIP 2003, 1283, 1286; *Schrell/Kirchner*, BB 2003, 1451, 1454; *Esters*, GmbHR 2004, 105, 108.

[2436] Die Übertragung der Grundsätze bei der Kapitalerhaltung (so *Diem*, § 44 Rdn 97; *ders.*, ZIP 2003, 1283, 1286) scheidet schon aus dem Grund aus, dass bei der Existenzvernichtungshaftung nicht auf eine bilanzielle Betrachtung, sondern auf eine Betrachtung der

gen an eine diesbezügliche Prognose so hoch, dass von vornherein besser entsprechende vertragliche Gestaltungen in den Cash-Pool-Verträgen, mit denen die Sicherheiten auf den Betrag beschränkt werden, welchen die Tochtergesellschaft selbst in Anspruch genommen hat, gewählt werden sollten.[2437] Eine drohende Haftung wegen existenzvernichtender Eingriffe könnte damit zuverlässig ausgeschlossen werden.

Dies gilt auch für eine andere Fallgruppe bei einer Sicherheitengewährung im Rahmen eines Cash-Pooling-Verbundes, bei der nicht auf die Wahrscheinlichkeit der Inanspruchnahme abzustellen ist: Gemeint sind Fälle, in denen die Tochtergesellschaft für die Muttergesellschaft gegenüber einem Dritten eine Sicherheit bestellt und die über den Cash Pool erhaltene Liquidität weitaus geringer ist als die gestellte Sicherheit. Die Muttergesellschaft erhält aufgrund der Bündelung der Liquidität im Cash Pool für das extern aufgenommene Darlehen, das von der Tochtergesellschaft besichert wird, verbesserte Zinskonditionen, das mit der Besicherung einhergehende Risiko der Inanspruchnahme wird hingegen einseitig auf die Gläubiger der Tochtergesellschaft übergewälzt. In einem solchen Missverhältnis zwischen gewährter Sicherheit und erhaltener Liquidität kann sich damit ebenfalls ein existenzvernichtender Eingriff manifestieren, sofern die Tochtergesellschaft infolge der Inanspruchnahme der Sicherheit in Insolvenzgefahr gerät.[2438] Auch hier hilft nur eine Beschränkung der Sicherheit in dem eben dargestellten Sinne.

e) Bei fehlenden eigenständigen Bankkontakten

Ein existenzvernichtender Eingriff durch die Muttergesellschaft könnte ferner darin gesehen werden, dass den Tochtergesellschaften regelmäßig jegliche eigenen externen Bankkontakte und Kreditlinien untersagt werden und sie zur ausschließlichen Beschaffung ihrer benötigten Liquidität über die Betreibergesellschaft verpflichtet werden. In der wirtschaftlichen Krise des Cash-Pool-Führers kann dies bedeuten, dass die an sich kreditwürdigen Tochtergesellschaften aufgrund fehlender externer Kreditlinien durch den Dominoeffekt ebenfalls in die Insolvenz gestürzt werden. Damit wäre ein existenzvernichtender Eingriff unter dem Gesichtspunkt der Auslagerung zentraler Unternehmensfunktionen gegeben.[2439] *Vetter/Stadler* negieren allerdings eine Relevanz dieser Eingriffsmög-

---

konkreten Vermögenssituation abzustellen ist; abl. auch *Bender*, BB 2005, 1492, 1493; *Freitag*, WM 2003, 805, 810 f.; *Schäffler*, BB 2006, Beil. 9, 1, 5.

2437 Pentz/Sollanek-*Pentz*, S. 55; Emmerich/Habersack-*Habersack*, KonzernR, § 31 II 3 a); *Diem*, § 44 Rdn 95 ff.; *ders.*, ZIP 2003 1283, 1286; *Wessels*, ZIP 2004, 793, 795 f.

2438 Vgl. Scholz-*Emmerich*, § 13 Rdn 115; Roth/Altmeppen-*Altmeppen*, § 13 Rdn 92; Emmerich/Habersack-*Habersack*, Anh. § 318 Rdn 37; *Liebscher*, Rdn 516; *Drygala*, GmbHR 2003, 729, 735; *Henze*, NZG 2003, 649, 658; *Vetter*, ZIP 2003, 601, 601.

2439 *Vetter/Stadler*, Rdn 146; *Vetter*, VGR 6, 69, 88; wohl auch Emmerich/Habersack-*Habersack*, Kommentar, § 311 Rdn 48; *Burgard*, bei Schmolke, VGR 6, 109, 110.

lichkeit mit dem Hinweis darauf, dass auch für die Tochtergesellschaft ungünstige Konditionen kaum zu ihrer Existenzgefährdung führen könnten.[2440] Dabei gehen sie allerdings einerseits von der Annahme aus, die Tochtergesellschaft könne und dürfe eigenständige Bankkontakte in derartigen Fällen wieder aufbauen[2441] und andererseits, dass die Konzerngesellschaft kurzfristig Kredit zur Verfügung gestellt bekäme, wenn sie über geeignetes, unbelastetes Vermögen verfüge, das den Banken kurzfristig als Sicherheit zur Verfügung gestellt werden könnte.[2442] Jedenfalls für den Fall, dass eigene Bankkontakte vertraglich untersagt werden, oder aber sich beispielsweise mangels Sicherheiten kein Kreditgeber finden lässt, ist dies aber nur ein schwacher Trost. Die Annahme eines existenzvernichtenden Einriffs liegt zumindest in diesen Fällen nahe. Abgesehen davon stellt sich die Frage, ob das Vorliegen eines existenzvernichtenden Eingriffs überhaupt von dem Verhalten der Geschäftsführer der Tochtergesellschaft, die einen Kreditgeber finden, abhängig gemacht werden darf. Unter diesem Gesichtspunkt wird noch zu diskutieren sein, ob nicht die Pflicht des herrschenden Unternehmens besteht, den Tochtergesellschaften von vornherein ein Mindestmaß an eigenständigen Bankkontakten für den Fall der Krise der Muttergesellschaft zu gewährleisten.[2443]

f) „Aschenputtel"-Situationen

Ferner kann ein existenzvernichtender Eingriff auch darin liegen, dass der Gesellschaft bereits durch ihre Satzung, vor allem durch die Ausgestaltung ihres Zwecks und ihres Unternehmensgegenstandes, die Fähigkeit vorenthalten wird, als Haftungsträger für die gewöhnlichen Geschäftsverbindlichkeiten zu dienen.[2444] Erforderlich ist dabei, dass die Gesellschaft angesichts der ihr zugewiesenen Risiken von Anfang an die Fähigkeit genommen wird, die gewöhnlichen Geschäftsrisiken zu bestehen und sich dieses Risiko schließlich verwirklicht.[2445] Im Zuge des konzernweiten Cash Poolings wäre an eine solche Fallgruppe zu denken, wenn eine Konzerngesellschaft eine rein dienende Funktion einnehmen und als „cash cow" herhalten muss, also fortwährend lediglich in den Cash Pool einzahlt, diesen aber nie in Anspruch nimmt. Eine solche Situation setzt beim

---

2440 *Vetter/Stadler*, Rdn 146.

2441 *Vetter/Stadler*, Rdn 146, 110; auch *Vetter* und *Burgard*, bei Schmolke, VGR 6, 109, 110 f., die davon ausgehen, dass sich Bankkontakte aufgrund der Konkurrenzsituation unter den Kreditinstituten jederzeit wiederherstellen ließen.

2442 *Vetter*, VGR 6, 69, 101 f.

2443 Hierzu unten § 14 A. IX.

2444 Gemeint sind hier Fälle sog. „Aschenputtel"-Situationen; dazu Keßler-*Keßler*, A 244; Emmerich/Habersack-*Habersack*, Kommentar, Anh § 318 Rdn 37; *Liebscher*, Rdn 515; *Matschernus*, S. 255 ff.; *Bruns*, WM 2003, 815, 819; *Henze*, NZG 2003, 649, 658; *Ulmer*, ZIP 2001, 2021, 2028; *Luttermann*, BB 2001, 2433, 2436.

2445 Keßler-*Keßler*, A 244; Emmerich/Habersack-*Habersack*, Kommentar, Anh § 318 Rdn 37.

Cash Pooling jedoch voraus, dass bei der Gesellschaft überschüssige Liquidität vorhanden ist, sie also wirtschaftlich gut aufgestellt ist. Diese Konstellation ist insofern nicht mit sog. „Aschenputtelgesellschaften" vergleichbar.

g) „Waschkorblage"

Kein Fall der Existenzvernichtung, sondern der Durchgriffshaftung wegen Vermögensvermischung ist nach einer Ansicht eine sog. „Waschkorblage".[2446] Bei dieser liegt eine derart unzureichende Buchführung vor, dass die Beachtung der Kapitalerhaltungsvorschriften nicht mehr kontrolliert werden kann.[2447] Anderer Ansicht nach kann bei derartigen undurchsichtigen Geschäftsverhältnissen eine Haftung wegen Existenzvernichtung in Betracht kommen.[2448] Hierfür spricht, dass auch eine solche Maßnahme die Gesellschaft ruinieren und den Gläubigern schaden kann, indem die Gläubigerbefriedigung aufgrund der undurchsichtigen Verhältnisse unmöglich gemacht wird. Würde man nur solche Zugriffe als existenzvernichtende Eingriffe einstufen, die eine direkte Entnahme aus dem Gesellschaftsvermögen darstellen, würden diese stets auch unter § 31 Abs. 1 GmbHG fallen. Bezogen auf das Cash Pooling dürfte eine derartige Haftung aber ausscheiden, wenn man die mit dem Cash Pooling verbundene Dokumentation der Liquiditätsströme in Erinnerung ruft.[2449]

h) Materielle Unterkapitalisierung

Gegenstand eines weiteren ungeklärten Feldes ist die Frage, ob die materielle Unterkapitalisierung eine Fallgruppe der Existenzvernichtungshaftung darstellt. Eine Haftung wegen materielle Unterkapitalisierung kommt dann in Betracht, wenn der Gesellschaft über das unzureichende Stammkapital hinaus weder Eigen- noch Fremdkapital zugeführt wird.[2450] Nach einer Ansicht ist die Existenzvernichtungshaftung ungeeignet, Fälle der materiellen Unterkapitalisierung zu sanktionieren; diese müssten unter Zuhilfenahme von § 826 BGB gelöst werden.[2451] Anderer Ansicht nach werde die vom BGH geforderte Schuldendeckungsfähigkeit der Gesellschaft aufs Spiel gesetzt, wird eine materiell unterkapi-

---

[2446] *Wahl*, S. 193; *Ulmer*, JZ 2002, 1049, 1051; *Burgard*, WuB II C. § 13 GmbHG 1.02, 149, 153.

[2447] *Röhricht*, FS BGH, 83, 89; *Burgard*, WuB II C. § 13 GmbHG 1.02, 149, 153.

[2448] GK-GmbHG-*Raiser*, § 13 Rdn 146; MünchHndbGesR-GmbH-*Decher*, § 69 Rdn 21; *Eckhold*, S. 294; *Raiser*, FS Ulmer, 493, 503; *Henze*, NZG 2003, 649, 658; *Mülbert*, DStR 2001, 1937, 1946.

[2449] Hierzu oben zur Ablehnung eines qualifiziert faktischen Konzerns durch Cash Pooling § 13 A. I.

[2450] Baumbach/Hueck-*Hueck/Fastrich*, § 5 Rdn 6; GK-GmbHG-*Raiser*, § 13 Rdn 153; *Raiser/Veil*, § 29 Rdn 39; *Michalski/de Vries*, NZG 1999, 181, 182; *Altmeppen*, ZIP 2001, 1837, 1846; *Wellkamp*, DStR 2003, 210, 210 f.

[2451] *Schön*, ZHR 168 (2004), 268, 290; *Haas*, WM 2003, 1929, 1937 f.; *ders.*, NZI 2005, 239, 240; *Philipp/Weber*, DB 2006, 142, 145; zweif. *Barta*, GmbHR 2005, 657, 662.

talisierte GmbH am Markt tätig, so dass auch in diesen Fällen eine Existenzvernichtungshaftung in Betracht komme.[2452] Vermittelnd wird vertreten, dass in extremen Ausnahmefällen eine Unterkapitalisierung für sich gesehen in die Insolvenz der Gesellschaft führen müsse und dann eine Existenzvernichtung darstelle.[2453] Gegen das Eingreifen der Existenzvernichtungshaftung spricht zwar, dass es auf den ersten Blick an einem tatbestandsmäßigen Eingriff fehlt, wenn die Gesellschafter weder Vermögen noch Geschäftschancen der Gesellschaft abziehen und keine Risikogeschäfte betreiben. Jedoch liegt auch in der Aufnahme oder Fortführung einer Geschäftstätigkeit[2454] und der Übernahme von Verpflichtungen, deren Dimensionen und Risiken außer Verhältnis zum Eigenkapital der Gesellschaft stehen, eine Spekulation zulasten der Gesellschaftsgläubiger. Ferner wäre es inkonsequent, den Fall der Ressourcenverwehrung, also die materielle Unterkapitalisierung, anders zu bewerten als den Fall des Ressourcenabzugs, wie er beispielsweise der „KBV"-Entscheidung[2455] zugrunde lag. Daher ist es vorzugswürdig, auch Fälle der materiellen Unterkapitalisierung von der Existenzvernichtungshaftung zu erfassen, so dass die materielle Unterkapitalisierung nunmehr als Fallgruppe der Existenzvernichtungshaftung aufzufassen ist.[2456] Diese Fallgruppe beruht zwar nicht auf den Besonderheiten des Cash Poolings, kann jedoch bei einer solchen Konzernfinanzierungsart nicht von vornherein ausgeschlossen werden, insbesondere wenn man bedenkt, dass der Konzerngesellschaft über das Cash Pooling nichts zugeführt werden muss, was es nicht auch ohne das Cash Pooling hätte.

i) Ergebnis zu den Eingriffen

Die Betrachtung der Fallgruppen, die den Haftungstatbestand konturieren soll, hat gezeigt, dass existenzvernichtende Eingriffe bei einem konzernweiten Cash Pooling in verschiedener Hinsicht denkbar sind: Nicht nur im Rahmen einer aufsteigenden Darlehensgewährung, sondern auch bei absteigenden Darlehen, bei der Mithaftung der Tochtergesellschaften und aufgrund fehlender eigenständiger Bankkontakte kommen existenzvernichtende Verhaltensweisen in Betracht. Nicht ausgeschlossen werden kann auch eine Haftung in der Fallgruppe der ma-

---

2452 *Möller*, S. 136; *Matschernus*, S. 261; *Eckhold*, S. 294; *Altmeppen*, ZIP 2001, 1837, 1846; *Bitter*, WM 2001, 2133, 2139 f.; *K. Schmidt*, NJW 2001, 3577, 3580; *Lutter/Banerjea*, ZGR 2003, 402, 419 f.; *Wiedemann*, ZGR 2003, 283, 295 f.; *Ulmer*, JZ 2002, 1049, 1049; *Burgard*, WuB II C. § 13 GmbHG 1.02, 149, 153; *Hölzle*, ZIP 2004, 1729, 1733.

2453 MünchHndbGesR-GmbH-*Decher*, § 69 Rdn 16.

2454 Zutr. weisen GK-GmbHG-*Raiser*, § 13 Rdn 146; *Raiser/Veil*, § 29 Rdn 36, darauf hin, dass nicht eine bloße mangelhafte Kapitalausstattung die Haftung auslöst, sondern erst die Aufnahme oder Fortsetzung der Geschäftstätigkeit.

2455 BGHZ 151, 181 ff.

2456 Siehe insofern GK-GmbHG-*Raiser*, § 13 Rdn 164; *Liebscher*, Rdn 518.

teriellen Unterkapitalisierung. Beim Cash Pooling nicht einschlägig sind hingegen die Fallgruppen der „Aschenputtel"-Situationen und der „Waschkorblage".

2. Qualität des Eingriffs

Der BGH fordert für einen haftungsrelevanten Zugriff, dass der Gesellschafter dem Gesellschaftsvermögen zielgerichtet und unter Zugrundelegung betriebsfremder Zwecke Vermögenswerte entzieht.[2457] Es kann sich dabei um Eingriffe sowohl faktischer als auch rechtlicher Natur handeln.[2458] Abzugrenzen ist der Eingriff nach der Rechtsprechung des BGH hinsichtlich seiner Intensität von bloßen unternehmerischen Fehlleistungen, sog. Managementfehlern. Bislang hatte eine Lehrmeinung in Abgrenzung zu einer schlechten, aber noch zulässigen Leitung darauf abgestellt, ob der Eingriff über das operative Tagesgeschäft hinausgeht oder nicht, so dass nur im ersteren Fall eine Haftung in Betracht zu ziehen ist.[2459] Der BGH ist diesem Ansatz zu Recht nicht gefolgt: Die Vernichtung der Rechtsperson kann sich nur qualitativ, nicht aber quantitativ von einem Managementfehler unterscheiden. So schlagen unternehmerische Unzulänglichkeiten nicht etwa in einen existenzvernichtenden Eingriff um, nur weil er sich bei der Durchführung einer bedeutsamen Maßnahme und nicht etwa im Tagesgeschäft ereignet.[2460] Haftungsrelevante Eingriffe sind damit auch bei alltäglichen Geschäften möglich, sofern sie nur final und betriebsfremd erfolgen.[2461]

2457 BGH, ZIP 2005, 250, 251; OLG München, GmbHR 2005, 1486, 1489; zust. Roth/Altmeppen-*Altmeppen*, § 13 Rdn 92; *Veil*, VGR 10, 103, 118; *Roth*, LMK 2005, 57, 58; *Bayer/Lieder*, WuB II C. § 13 GmbHG 3.05, 370, 371; dagegen ist es nach ganz herrschender Auffassung nicht erforderlich, dass dem Gesellschafter, einer ihm nahestehenden Person oder einem verbundenen Unternehmen persönliche Vermögensvorteile infolge des Vermögenseingriffs zugeflossen sind, *Liebscher*, Rdn 510; *Diem*, ZIP 2003, 1283, 1284; *Keßler*, GmbHR 2002, 945, 950; *Haas*, WM 2003, 1929, 1936; *Wiedemann*, ZGR 2003, 283, 294; *Lieder*, DZWiR 2005, 309, 315; auch das Merkmal der Rücksichtslosigkeit ist irrelevant, da regelmäßig jeder existenzvernichtende Eingriff diese Rücksicht vermissen lassen wird, *Raiser*, FS Ulmer, 493, 503; *Bruns*, WM 2003, 815, 821; a. A. *Kurth*, FS Korn, 825, 84; *Wellkamp*, DStR 2003, 210, 211.

2458 *Lieder*, DZWiR 2005, 309, 311; *Schröder*, GmbHR 2005, 1489, 1490; *Keßler*, GmbHR 2005 257, 260.

2459 GK-GmbHG-*Raiser*, § 13 Rdn 150; *Raiser/Veil*, § 29 Rdn 37; *Diem*, § 44 Rdn 99; *Lutter/Banerjea*, ZGR 2003, 402, 415; *K. Schmidt*, NJW 2001, 3577, 3580; *Roth*, NZG 2003, 1081, 1082.

2460 Ebenso OLG Dresden, Urteil vom 09.08.2005 – Az: 2 U 897/04 (insofern nicht in ZIP 2005, 1680, 1690 abgedr.).

2461 So auch *Gehrlein*, BB 2005, 613, 614; *Lieder*, DZWiR 2005, 309, 312; *Haas*, NZI 2005, 239, 239; das OLG München, GmbHR 2005, 1486, 1489, hat einen existenzvernichtenden Eingriff im Fall der Unternehmenssanierung unter Zufuhr von Eigenkapital verneint und darauf hingewiesen, es komme nicht darauf an, ob der Sanierungsversuch geglückt oder fehlgeschlagen sei und ob das unternehmerische Konzept einer Sanierung sich letztlich als tragfähig und zielführend erwiesen habe.

Bezogen auf das Cash Pooling dürfte sich aus diesem Tatbestandsmerkmal ohnehin nur eine geringe Einschränkung ergeben; die mit dem Cash Pooling verbundenen Eingriffe dürften in aller Regel nicht eine bloße Nachlässigkeit darstellen,[2462] sondern die Gesellschaft gezielt beeinträchtigen.

3. Insolvenz als Eingriffsfolge?

Nach einer im Schrifttum vertretenen Ansicht ist aus Gründen eines wirksamen Gläubigerschutzes die Insolvenzreife, also das (alsbaldige) Vorliegen eines Eröffnungsgrundes gemäß §§ 17 ff. InsO, für die Eröffnung der Existenzvernichtungshaftung ausreichend.[2463] Eine andere Auffassung fordert hingegen den tatsächlichen Eintritt der Insolvenz, also die Eröffnung des Insolvenzverfahrens, als Voraussetzung der Haftung wegen Existenzvernichtung, da vorher kein Bedürfnis für den Haftungstatbestand bestehe.[2464] Jedenfalls für die Fälle, in denen es mit Sicherheit bzw. unmittelbar zu einer Existenzvernichtung kommt, muss die Insolvenzgefahr ausreichend sein. Denn auch dann ist es zumindest unwahrscheinlich, dass die Befriedigung bereits durch das Gesellschaftsvermögen sichergestellt wird. Es ist dann nur noch eine Frage der Zeit, bis die Gesellschaft ihren Verbindlichkeiten selbst nicht mehr nachkommen kann, so dass eine Gesellschafterhaftung zur Befriedigung der Gläubiger regelmäßig erforderlich sein wird. Die Eröffnung des Insolvenzverfahrens begründet daher weder für sich betrachtet den Vorwurf eines Rechtsmissbrauchs noch stellt sie eine objektive Bedingung für die Haftung der Gesellschafter dar. Auch bei einem geringen Restvermögen, das gegenüber den Forderungen der Gläubiger nicht ins Gewicht fällt, greift die Existenzvernichtungshaftung mithin ein. In die andere Richtung gehend genügt aber eine bloße Insolvenzvertiefung, da die bereits geschmälerte Befriedigungsquote der Gläubiger durch eine Verkürzung der Masse weiter verschlechtert wird.[2465]

[2462] Wie etwa beim Anwachsenlassen einer Forderung in BGH, ZIP 2005, 250 ff.

[2463] GK-GmbHG-*Raiser*, § 13 Rdn 143; *Diem*, § 44 Rdn 104; *K. Schmidt*, GesR, § 39 III 2 c); *Bitter*, WM 2001, 2133, 2141; *Mödl*, JuS 2003, 14, 16; *Bruns*, WM 2003, 815, 818; *Emmerich*, AG 2004, 423, 426; *Benecke*, BB 2003, 1190, 1194; *Henze*, NZG 2003, 649, 658; *Drygala*, GmbHR 2003, 729, 733 f.; *Burgard*, ZIP 2002, 827, 830; *Haas*, WM 2003, 1929, 1937.

[2464] OLG Jena, GmbHR 2002, 112, 115; GmbHHndb-*Kallmeyer*, I Rdn 2880.3; *Raiser/Veil*, § 29 Rdn 33; *Liebscher*, Rdn 520; *Matschernus*, S. 151; *Veil*, VGR 10, 103, 118; *Schön*, ZHR 168 (2004), 268, 287; *Röhricht*, ZIP 2005, 505, 514; *Nassall*, ZIP 2003, 969, 972; *Dauner-Lieb*, DStR 2006, 2034, 2037; *Schaub*, DNotZ 2002, 468, 470; *Ulmer*, ZIP 2001, 2021, 2023.

[2465] Holding-Hndb-*Lutter/Trölitzsch*, § 7 Rdn 68; Keßler-*Keßler*, A 242; *Wahl*, S. 120 f.; *Weller*, S. 168; *Görner/Kling*, GmbHR 2004, 778, 780; *Lutter/Banerjea*, ZGR 2003, 402, 418; *Roth*, LMK 2004, 223, 224; zweif. *Wackerbarth*, ZIP 2005, 877, 881; in dem der Entscheidung BGHZ 151, 181 ff., zugrunde liegenden Sachverhalt erfolgte der Vermögensentzug erst als Reaktion auf die Unfähigkeit der Gesellschaft, Leasing- und Mietfor-

4. Kausalität

Der Eingriff muss kausal für die Insolvenzgefahr der Gesellschaft sein bzw. eine bereits bestehende Insolvenz vertiefen.[2466] Bei entsprechender Intensität des Eingriffs wird für diese Folge der Beweis des ersten Anscheins sprechen.[2467] Zudem ist auch Mitursächlichkeit ausreichend.[2468] Aufgrund der hohen Voraussetzungen, die an den Eingriff zu stellen sind, reicht es jedoch nicht aus, dass der Eingriff eine bloß untergeordnete Mitursache für die Insolvenzreife der GmbH ist. Würde jeder unbedeutende Eingriff des Gesellschafters in das Vermögen, der im rechtstechnischen Sinne als Mitursache die Kausalität begründet, zu einer Haftung für existenzvernichtende Eingriffe führen, wäre das Haftungsprivileg des § 13 Abs. 2 GmbHG praktisch außer Kraft gesetzt. Der Eingriff muss daher so erheblich sein, dass er die wesentliche Ursache für die Insolvenz bzw. Insolvenzreife der GmbH ist.[2469] Die dargestellten Eingriffsmöglichkeiten durch ein konzernweites Cash Pooling dürften im Regelfall nicht bloß untergeordnete Ursachen für die Insolvenzreife der Tochtergesellschaft darstellen. Nicht nachzuweisen hat der Gläubiger allerdings die Kausalität zwischen dem Eingriff und dem bei ihm eingetretenen Schaden.[2470] Da die Existenzvernichtungshaftung gerade nicht quantifizierbare Eingriff sanktionieren soll, wäre dies regelmäßig auch gar nicht möglich. Zudem handelt es sich nach dem hier vertretenen Haftungskonzept nicht um einen Schadensersatzanspruch der Gläubiger gegen die Gesellschafter, sondern um einen genuin gesellschaftsrechtlichen Anspruch aus § 128 HGB analog wegen Wegfall des Haftungsprivilegs aus § 13 Abs. 2 GmbHG. Für eine haftungsausfüllende Kausalität ist bei einem derartigen gesellschaftsrechtlichen Haftungsanspruch kein Raum.[2471]

5. Verschuldenserfordernis?

Gegenstand einer lebhaften Auseinandersetzung im Rahmen der Haftungsvoraussetzungen der Existenzvernichtungshaftung ist das Erfordernis eines Verschuldens. Eine Ansicht geht im Unterschied zur überholten Haftung im qualifi-

---

derungen eines Gesellschafters nachzukommen, so dass die Gesellschaft bereits zum Zeitpunkt des Eingriffs zahlungsunfähig und damit insolvent war.

[2466] Keßler-*Keßler*, A 240; Roth/Altmeppen-*Altmeppen*, § 13 Rdn 92; *Liebscher*, Rdn 522; *Benecke*, BB 2003, 1190, 1194; *Görner/Kling*, GmbHR 2004, 778, 780; *Haas*, WM 2003, 1929, 1936; *Geyrhalter/Zirngibl*, DStR 2004, 1266, 1266; *Lutter/Banerjea*, ZGR 2003, 402, 418 f.; *Simon/Leuering*, NJW-Spezial 2005, 267, 267; *Bender*, GmbHR 2002, 552, 554 f.

[2467] *Benecke*, BB 2003, 1190, 1195; *Bruns*, WM 2003, 815, 820.

[2468] *Bruns*, WM 2003, 815, 820; *ders.*, NZG 2004, 409, 411.

[2469] So auch *Kurth*, FS Korn, 825, 843; in Bezug auf das Cash Pooling auch *Rittscher*, S. 151.

[2470] OLG Rostock, ZIP 2004, 118, 121; *Hölzle*, ZIP 2004, 1729, 1733; *ders.*, ZIP 2003, 1376, 1378; krit. *Geyrhalter/Zirngibl*, DStR 2004, 1266, 1266.

[2471] So auch *Hölzle*, ZIP 2004, 1729, 1734.

ziert faktischen Konzern von einer verschuldensabhängigen Handelndenhaftung aus.[2472] Nach einer anderen Meinung geht es hingegen um eine verschuldensunabhängige, rein objektive Haftung.[2473] Für ein Verschulden spricht zuerst, dass Schadensersatz ohne Verschulden nur gesetzlich als Gefährdungshaftung begründbar ist und eine Haftung ohne subjektive Erfordernisse mit dem Verschuldensprinzip des Zivilrechts nur schwerlich in Einklang zu bringen wäre.[2474] Subjektive Voraussetzung der Existenzvernichtungshaftung ist damit, dass der Eingriff als solcher geplant war oder zumindest bewusst erfolgte und die Zahlungsunfähigkeit der GmbH sowie die daraus resultierenden Verluste für die Gläubiger fahrlässig in Kauf genommen wurden. Zwar liegt es auf der Grundlage des hier vertretenen Ausgangspunktes einer teleologischen Reduktion des § 13 Abs. 2 GmbHG wohl zunächst näher, einen rein objektiven Missbrauch der Rechtsform der GmbH ausreichen zu lassen. Aus dogmatischer Sicht spricht für ein Verschuldenskriterium aber, dass das Hinweggehen über den Haftungsschirm der juristischen Person durch einen bloß objektiv gegebenen existenzvernichtenden Eingriff des Gesellschafters, der ihm nicht zugleich auch subjektiv vorwerfbar ist, nicht zu legitimieren ist. Die teleologische Reduktion des § 13 Abs. 2 GmbHG muss auf echte Ausnahmefälle begrenzt werden.

6. Darlegungs- und Beweislast

Damit der Tatbestand der Existenzvernichtungshaftung nicht leer läuft, müssen dem Gesellschaftsgläubiger Erleichterungen hinsichtlich der Darlegungs- und Beweislast zu teil werden. Die Darlegungs- und Beweislast wird daher im Prozess zugunsten des Gesellschaftsgläubigers herabgesetzt und die Anforderungen an den Vortrag des Gesellschafters werden insoweit verschärft, weil dieser im Gegensatz zum Kläger die maßgebenden Tatsachen kennt und ihm die Darlegung des Sachverhalts zumutbar ist. Der klagende Gesellschaftsgläubiger muss daher wenigstens Indizien dafür vortragen, die für das Vorliegen eines existenz-

---

[2472] Roth/Altmeppen-*Altmeppen*, § 13 Rdn 95; *Weller*, S. 170 f.; *Röhricht*, VGR 5, 3, 15; *Zöllner*, FS Konzen, 999, 1018 f.; *Altmeppen*, ZIP 2002, 1553, 1559; *Benecke*, BB 2003, 1190, 1194; *Dauner-Lieb*, DStR 2006, 2034, 2040; *Döser*, AG 2003, 406, 414; *Hölzle*, ZIP 2004, 1729, 1735; *Ulmer*, ZIP 2001, 2021, 2028; *H.P. Westermann*, NZG 2002, 1129, 1137.

[2473] OLG Rostock, DZWiR 2004, 249, 251; GK-GmbHG-*Raiser*, § 13 Rdn 152; KK-*Koppensteiner*, Anh § 318 Rdn 92; Keßler-*Keßler*, A 240; Emmerich/Habersack-*Habersack*, Kommentar Anh § 318 Rdn 38; *Diem*, § 44 Rdn 101; *Liebscher*, Rdn 523; *Matschernus*, S. 176 f.; *Raiser*, FS Ulmer, 493, 503 f.; nunmehr auch *Ulmer*, JZ 2002, 1049, 1050; *Ungan*, ZVglRWiss 104 (2005), 355, 372; *Eisner*, NZI 2005, 180, 181; *Bruns*, NZG 2004, 409, 410; *ders.*, WM 2003, 815, 822; *Lutter/Banerjea*, ZGR 2003, 402, 416; *Diem*, ZIP 2003, 1283, 1284; *Vetter*, ZIP 2003, 601, 602; *Bitter*, WM 2001, 2133, 2139; *Bork*, KTS 2006, 39, 49.

[2474] Ebenso *Wackerbarth*, ZIP 2005, 877, 883.

vernichtenden Eingriffs sprechen.[2475] Bezogen auf das Cash Pooling könnte ein derartiges Indiz zwar nicht allein in der Einbindung in ein derartiges System bestehen. Erster Anhaltspunkt kann aber etwa sein, dass das abhängige Unternehmen sämtliche Liquidität an den Cash Pool abführen musste, ohne dass insoweit Beschränkungen in dem Cash-Pooling-Vertrag verankert sind. Hat der Gesellschaftsgläubiger solche Indizien vorgetragen, muss der Gesellschafter durch die Aufklärung des tatsächlichen Geschehens, die durch den Vortrag des Klägers begründete Vermutung, er habe in existenzvernichtender Weise auf den Bestand der GmbH eingewirkt, schlüssig widerlegen.[2476] Der Gesellschafter muss also darlegen und beweisen, dass die seitens des Klägers vorgetragenen Eingriffe ausgeglichen wurden oder in keinem ursächlichen Zusammenhang zur Insolvenz der Gesellschaft stehen.[2477] Dies bedingt im Ergebnis die Offenlegung der Liquiditätsströme zwischen der Muttergesellschaft und den Tochtergesellschaften.[2478] Eine umfassende und vollständige Dokumentation sämtlicher Transaktionen innerhalb des Unternehmensverbundes ist notwendig und daher beim Cash Pooling schon aus diesem Grund aus Sicht der Muttergesellschaft zwingend erforderlich.[2479] Die Undurchsichtigkeit der Zahlungsströme innerhalb des durch die gesellschafsrechtliche Verflechtung begründeten Verbundes schlägt hier nämlich zu ihren Lasten aus.[2480]

2475 LAG Köln, ZIP 2003, 1893, 1896; Keßler-*Keßler*, A 245; *Kurth*, FS Korn, 825, 850; *Drygala*, GmbHR 2003, 729, 737; *Bruns*, WM 2003, 815, 820; *Lieder*, DZWiR 2004, 252, 254; zur Darlegungs- und Beweislast kann nach fast einhelliger Ansicht weiterhin auf die zum qualifiziert faktischen Konzern entwickelten Grundsätze (entwickelt in der „TBB"-Entscheidung BGHZ 122, 123, 132 f.) zurückgegriffen werden, Lutter/Hommel-hoff-*Lutter/Hommelhoff*, § 13 Rdn 25; *Raiser/Veil*, § 29 Rdn 36; Emmerich/Habersack-*Habersack*, Kommentar, Anh § 318 Rdn 39; *Leibner/Nettersheim*, ZInsO 2004, 810, 810; *Bruns*, WM 2003, 815, 820; *Vetter*, ZIP 2003, 601, 611; a. A. OLG Celle, ZInsO 2004, 808, 808.

2476 LAG Köln, ZIP 2003, 1893, 1896; Keßler-*Keßler*, A 246; *ders.*, GmbHR 2002, 945, 951; *ders.*, GmbHR 2005, 257, 263.

2477 Keßler-*Keßler*, A 246; *Diem*, § 44 Rdn 106; *Drygala*, GmbHR 2003, 729, 737; *Hölzle*, ZIP 2003, 1897, 1898.

2478 Keßler-*Keßler*, A 246; *ders.*, GmbHR 2001, 1095, 1100; *ders.*, GmbHR 2002, 945, 950 f.; *Vetter*, ZIP 2003, 601, 611.

2479 Keßler-*Keßler*, A 246; *Kurth*, FS Korn, 825, 851; *Lieder*, DZWiR 2005, 309, 315.

2480 Keßler-*Keßler*, A 246; *Leibner/Nettersheim*, ZInsO 2004, 810, 810; *Wilhelmi*, EWIR § 13 GmbHG 1/05, 221, 222.

V. Rechtsfolgen

Zu klären ist, welche Rechtsfolgen ein existenzvernichtender Eingriff auslöst.

1. Haftungsumfang

Die Haftung wegen existenzvernichtender Eingriffe ist nach weit überwiegender Auffassung in der Literatur unbeschränkt.[2481] Sie kann daher ohne weiteres über die Höhe des abgezogenen Vermögens und damit auch über den Umfang eines Rückgewähranspruchs nach § 31 Abs. 1 GmbHG hinausgehen.[2482] Auch der BGH hat inzwischen eine Haftung wegen vermuteten Umfangs der Gläubigerschädigung in Höhe der gesamten Überschuldung bis zur restlosen Gläubigerbefriedigung bejaht.[2483] Für das Cash Pooling bedeutet dies, dass sich die Haftung auf alle Nachteile erstreckt, die durch den existenzvernichtenden Eingriff verursacht werden, so dass die Haftung hier nicht auf die Summe der Darlehen beschränkt wurde, die der Betreibergesellschaft gewährt wurden.[2484] Zu bedenken ist allerdings, dass die Haftung der Muttergesellschaft auf Beseitigung der Überschuldung gerichtet ist, sofern der Anspruch vom Insolvenzverwalter geltend gemacht wird.[2485] Einer darüber hinausgehenden Stammkapitalauffüllung bedarf es nicht, weil der Anspruch aus Existenzvernichtung darauf abzielt, der GmbH die Befriedigung ihrer Gläubiger zu ermöglichen, nicht aber, ihr unter Wiederauffüllung der Kapitalgrundlage die Fortsetzung ihrer Geschäftstätigkeit zu ermöglichen.[2486] Machen hingegen die Gläubiger – insbesondere im Fall der mas-

---

[2481] MünchHndbGesR-GmbHG-*Decher*, § 69 Rdn 27; *Diem*, § 44 Rdn 125; *Bayer*, FS Röhricht, 25, 30 f.; *Kurth*, FS Korn, 825, 845; *Diem*, ZIP 2003, 1283, 1284; *Ulmer*, ZIP 2001, 2021, 2028; *ders.*, JZ 2002, 1049, 1051; *Lutter/Banerjea*, ZGR 2003, 402, 430; *Altmeppen*, ZIP 2002, 1553, 1559; *ders.*, ZIP 2005, 119, 120; *Hoffmann*, NZG 2002, 68, 71; *Henze*, NZG 2003, 649, 657; *Lieder*, DZWiR 2004, 252, 254; *ders.*, DZWiR 2005, 309, 314 f.

[2482] *Bayer*, FS Röhricht, 25, 30 f.

[2483] BGH, ZIP 2005, 117, 118; wohl auch schon BGHZ 151, 181, 187 f.

[2484] *Seibold*, FB 2005, 77, 79; in der Literatur diskutierten Modellen der Haftungsbeschränkung (etwa *Bruns*, WM 2003, 815, 822; *ders.*, NZG 2004, 409, 411; *Wilhelm*, Rdn 496, Fn 648; *Henze*, NZG 2003, 649, 657; *ders.*, AG 2004, 405, 414; *Hölzle*, ZIP 2003, 1376, 1382) ist nicht zu folgen; allein erwägenswert ist der Nachweis des Gesellschafters, dass der Gesellschaft im Vergleich zu der Vermögenslage bei einem redlichen Verhalten nur ein begrenzter und dann in diesem Umfang auszugleichender Nachteil entstanden ist, BGH, ZIP 2005, 117, 118; ZIP 2005, 250, 252; *Veil*, VGR 10, 103, 115 f.; *Altmeppen*, ZIP 2005, 119, 120; *Gehrlein*, BB 2005, 613, 614; *Große-Wilde*, GmbHSTB 2005, 71, 71; *Haas*, NZI 2005, 239, 240; *Bork*, KTS 2006, 39, 50; *Simon/Leuering*, NJW-Spezial 2005, 267, 268.

[2485] HoldingHndb-*Lutter/Trölitzsch*, § 7 Rdn 70; GmbHHndb-*Kallmeyer*, I Rdn 2880.6; MünchHndbGesR-GmbHG-*Decher*, § 69 Rdn 26; *Ulmer*, ZIP 2001, 2021, 2028.

[2486] MünchHndbGesR-GmbH-*Decher*, § 69 Rdn 26; *Ulmer*, ZIP 2001, 2021, 2028.

selosen Insolvenz – den Anspruch unmittelbar gegenüber den Gesellschaftern geltend, so ist dieser auf den jeweiligen Ausfall des Gläubigers gerichtet.[2487]

2. Haftungsadressaten

Es stellt sich nunmehr die Frage nach den in Betracht kommenden Haftungsadressaten.

a) Muttergesellschaft

Der Anspruch aus existenzvernichtendem Eingriff nach § 128 HGB analog ist zunächst gegen diejenigen Gesellschafter gerichtet, die existenzvernichtend in die Gesellschaft eingreifen.[2488] Unproblematisch ist daher eine Haftung der Muttergesellschaft zu bejahen, wenn sie selbst den Cash Pool führt und in diesem Rahmen in die Existenz einer Tochtergesellschaft eingreift. Als problematisch könnte sich demgegenüber die Haftung der Muttergesellschaft darstellen, wenn der Cash Pool von einer mit ihr nicht identischen Betreibergesellschaft geführt wird und die Muttergesellschaft nur mittelbar an den einzelnen Gesellschaften beteiligt ist. Der BGH lässt auch mittelbar Beteiligte wegen Existenzvernichtung haften, wenn sie – etwa über eine zwischengeschaltete Holding – einen beherrschenden Einfluss auf die GmbH ausüben können.[2489] Er führt zur Begründung die Rechtsprechung des Gerichts zur Kapitalaufbringung und -erhaltung an, bei der seit langem anerkannt sei, dass derjenige, der nur über einen Mittel- oder Strohmann an einer Gesellschaft beteiligt ist, genauso wie der unmittelbare Gesellschafter für die Aufbringung und Erhaltung des Stammkapitals einzustehen habe.[2490] Entscheidend ist hier, welchem Rechtsträger der schädigende Eingriff im Rahmen einer an Sinn und Zweck des Haftungstatbestandes orientierten Kausalitätsbetrachtung zuzurechnen ist: Es muss verhindert werden, dass im Rahmen gestufter Unternehmensbeteiligungen die aus der Existenzvernichtung fließende Einstandspflicht im Ergebnis einer weitgehend vermögenslosen Gesellschaft zugewiesen wird.[2491] Daher ist dem BGH in dieser Erweiterung zuzustimmen. Im Rahmen des Cash Poolings muss sich die nur mittelbar beteiligte

---

2487 GmbHHndb-*Kallmeyer*, I Rdn 2880.6; MünchHndbGesR-GmbH-*Decher*, § 69 Rdn 26; *Altmeppen*, ZIP 2001, 1837, 1846; *Ulmer*, ZIP 2001, 2021, 2028.

2488 GmbHHndb-*Kallmeyer*, I Rdn 2880.4; Lutter/Hommelhoff-*Lutter/Hommelhoff*, § 13 Rdn 20; *Liebscher*, Rdn 543; *Kurth*, FS Korn, 825, 847.

2489 BGH, ZIP 2005, 117, 118; ZIP 2005, 250, 251; zuvor bereits OLG Rostock, DZWiR 2004, 249, 252; OLG Dresden, ZIP 2005, 1680, 1690; krit. *Geyrhalter/Zirngibl*, DStR 2004, 1266; zust. hingegen *Bähr/Hoos*, EWiR § 13 GmbHG 1/04, 231, 232.

2490 BGHZ 31, 258, 118; 107, 110 ff.

2491 Keßler-*Keßler*, A 251; Emmerich/Habersack-*Habersack*, KonzernR, § 31 II 2; *Diem*, § 44 Rdn 85; *Eisenhardt*, Rdn 770 g; *Altmeppen*, ZIP 2005, 119, 120; *Emmerich*, AG 2004, 423, 428; *Kessler*, GmbHR 2005, 257, 264 f.; *Lieder*, DZWiR 2004, 252, 253; *Haas*, NZI 2005, 239, 240; *Mellert*, BGHReport 2005, 438, 438; *Müller*, WuB II C. § 13 GmbHG 2.05, 289, 290; *Wilhelmi*, EWIR § 13 GmbHG 1/05, 221, 222.

Konzernspitze also darüber im Klaren sein, dass es nicht nur für die Existenzvernichtung der Tochtergesellschaft, sondern auch jeder einzelnen Enkelgesellschaft in Anspruch genommen werden kann.[2492]

b) Betreibergesellschaft des Cash Pools

Das Cash Pooling wird nicht selten von einer von der Muttergesellschaft beherrschten Betreibergesellschaft durchgeführt, die eine Schwestergesellschaft der am Cash Pooling beteiligten Gesellschaften ist. Insofern stellt sich die Frage, ob auch eine solche Gesellschaft wegen existenzvernichtender Eingriffe haftet. Während der BGH eine Haftung der Schwestergesellschaft wegen Existenzvernichtung für zweifelhaft hält,[2493] wird sie im Schrifttum angenommen, wenn der Haftungsdurchgriff gegen den beherrschenden Gesellschafter scheitert und Vermögenswerte, die der insolventen Gesellschaft zugestanden hätten, durch die Muttergesellschaft auf die Schwester verlagert worden sind.[2494] Ferner wird eine Haftung für möglich gehalten, wenn die Schwestergesellschaft aufgrund beherrschenden Einflusses den existenzvernichtenden Eingriff veranlasst.[2495] Diese Ansicht kann nicht überzeugen.[2496] Bei der Existenzvernichtungshaftung handelt es sich nicht um eine Strukturhaftung, sondern um eine Verhaltenshaftung, die an bestimmte Verhaltensweisen der Gesellschafter anknüpft. Bereits aus diesem Grund fehlt es in der ersten vorgeschlagenen Haftungsvariante an einem existenzvernichtenden Eingriff, da die begünstigte Schwestergesellschaft nicht handelt. Der Haftungsanspruch wegen Existenzvernichtung kann stets nur denjenigen Rechtsträger treffen, der durch sein Verhalten eine Verminderung des Haftungsfonds herbeigeführt hat; dies ist hier die Muttergesellschaft. Aber auch im zweiten Beispielsfall ist eine Haftung der Schwestergesellschaft zweifelhaft, denn sie ist weder mittelbar noch unmittelbar mit Risikokapital an ihrer Schwester beteiligt und damit keine Gesellschafterin der geschädigten GmbH. Der gesellschaftsrechtliche Einfluss auf die geschädigte GmbH wird fernerhin von der Mutter, nicht von der Schwester ausgehen. Andernfalls würde eine Risikoverlagerung zulasten der Gläubiger der begünstigten Schwestergesellschaft drohen,

---

[2492] *Vetter/Stadler*, Rdn 149; *Burgard*, VGR 6, 45, 61 f.

[2493] BGH, ZIP 2004, 2138, 2139 f.; fehlgehend ist daher die Ansicht von *Emmerich*, JuS 2005, 180, 182 und *Wackerbarth*, ZIP 2005, 877, 883, die Haftung aus existenzvernichtendem Eingriff werde mit dieser Entscheidung auf Schwestergesellschaften erstreckt.

[2494] GK-GmbHG-*Raiser*, § 13 Rdn 167.; *Liebscher*, Rdn 549; *Raiser/Veil*, § 29 Rdn 48; *Raiser*, FS Ulmer, 493, 503.

[2495] GK-GmbHG-*Raiser*, § 13 Rdn 167; *Raiser/Veil*, § 29 Rdn 48; Emmerich/Habersack-*Habersack*, Kommentar, Anh § 318 Rdn 38; *Kurth*, FS Korn, 825, 848; *Raiser*, FS Ulmer, 493, 505.

[2496] So auch KK-*Koppensteiner*, Anh § 318 Rdn 102; *Matschernus*, S. 311 ff.; *Wahl*, S. 137; Roth/Altmeppen-*Altmeppen*, § 13 Rdn 97; *Winter*, S. 228; *Vetter*, ZIP 2003, 601, 608 f.; *Simon/Leuering*, NJW-Spezial 2005, 267, 268; *Lieder*, DZWiR 2005, 309, 318; *Wackerbarth*, ZIP 2005, 877, 879.

obwohl die Gläubiger beider Gesellschaften grundsätzlich gleich schutzwürdig sind. Eine derartige horizontale Risikoverlagerung sollte deswegen auf die Grenzen des § 826 BGB beschränkt bleiben. Ebenso wie eine Haftung aus § 31 Abs. 1 GmbHG[2497] scheitert damit auch eine Haftung der Betreibergesellschaft selbst, die von der Muttergesellschaft beherrscht wird, aus existenzvernichtendem Eingriff.

c) Geschäftsführerhaftung

In Frage steht die Haftung von Geschäftsführern der Tochtergesellschaften wegen existenzernichtender Eingriffe. Nach einer Ansicht lässt sich mit der Rechtsprechung zum existenzvernichtenden Eingriff aufgrund der Unterschiede der Pflichtenkreise von Gesellschafter und Geschäftsführer keine Geschäftsführerhaftung begründen.[2498] Ganz herrschend wird aber vertreten, dass auch Geschäftsführer für existenzvernichtende Eingriffe in das Gesellschaftsvermögen zur Rechenschaft gezogen werden können.[2499] Nach § 43 Abs. 3 S. 1 GmbHG trifft den Geschäftsführer die Pflicht, gegen § 30 Abs. 1 GmbHG verstoßende Auszahlungen aus dem Gesellschaftsvermögen nicht zuzulassen. Bei Verstößen macht er sich insoweit gegenüber der Gesellschaft nach § 43 Abs. 2, 3 GmbHG schadensersatzpflichtig. Grundsätzlich hat der Geschäftsführer nach § 37 Abs. 1 GmbHG die Weisungen der Gesellschafter zu befolgen. Im Umkehrschluss zu § 43 Abs. 3 S. 3 GmbHG haftet er bei Befolgung von Weisungen nicht. Eine existenzvernichtende Weisung ist aber rechtswidrig und nichtig und begründet daher weder eine Folgepflicht noch kann sie den Geschäftsführer von seinen Sorgfaltspflichten befreien.[2500] Es ist nicht einzusehen, warum Entsprechendes nicht auch bei den ebenfalls im Gläubigerinteresse aufgestellten und für die Gläubiger nicht weniger wichtigen Grundsätzen zum existenzvernichtenden Eingriff gilt. Außerhalb des Insolvenzverfahrens der GmbH kann der Gläubiger daher sowohl den Geschäftsführer – nach Pfändung des gegen diesen gerichteten Anspruchs der GmbH[2501] – als auch die Gesellschafter gleichrangig, nicht aber den Geschäftsführer vorrangig,[2502] in Anspruch nehmen. Wird der Gläubiger

---

[2497] Hierzu oben § 8 D. I. 1. b).

[2498] *Hoffmann*, NZG 2002, 58, 74; *Bruns*, NZG 2004, 409, 410.

[2499] Palandt-*Heinrichs*, Vor § 21 Rdn 12d; Michalski-*Haas*, § 43 Rdn 220; Lutter/Hommelhoff-Hommelhoff/Kleindiek, § 43 Rdn 22; *Heckschen/Heidinger*, § 10 Rdn 67; *Diem*, § 44 Rdn 127 f.; *Liebscher*, Rdn 550; *Wiedemann*, ZGR 2003, 283, 291; *Lutter/Banerjea*, ZIP 2003, 2177 ff.; *Vetter*, ZIP 2003, 601, 610 f.; *Görner/Kling*, GmbHR 2004, 778, 781.

[2500] HoldingHndb-*Vetter*, § 8 Rdn 17; *Kurth*, FS Korn, 825, 849; *Weber/Brügel*, DB 2004, 1923, 1927; *Vetter*, ZIP 2003, 601, 610; *Görner/Kling*, GmbHR 2004, 778, 781; *Ebert*, GmbHR 2003, 444, 446; a.A. *Altmeppen*, ZIP 2002, 1837, 1844 f.

[2501] *Lutter/Banerjea*, ZIP 2003, 2177, 2180, alternativ wird teilw. auch ein direktes Anspruchsverfolgungsrecht nach § 62 Abs. 2, 93 Abs. 5, 117 Abs. 5, 309 Abs. 4, 310 Abs. 4, 317 Abs. 4, 318 Abs. 4 AktG analog konstruiert.

[2502] So jedoch *Wilhelm*, Rdn 514.

durch den Geschäftsführer befriedigt, gilt dies als Leistung der Gesellschaft und befreit entsprechend § 422 BGB auch die Gesellschafter von ihrer Haftung. Im Innenverhältnis zu den Gesellschaftern der GmbH kann der Geschäftsführer, jedenfalls wenn er keine Leistungen der GmbH erhalten hat, allerdings regelmäßig Freistellung durch die Gesellschafter verlangen.[2503] Stets ist zu beachten, dass die Haftung des Geschäftsführers – anders als die der Gesellschafter – auf die Höhe des Existenzvernichtungsschadens beschränkt ist.[2504]

Allerdings dürfte sich die Haftung wegen existenzvernichtender Handlungsweisen durch den RefE-MoMiG gerade für die Geschäftsführer verschärfen. Gemäß § 64 Abs. 2 S. 3 GmbHG RefE-MoMiG soll den Geschäftsführer eine Ersatzpflicht gegenüber der Gesellschaft auch dann treffen, wenn er durch Zahlungen an die Gesellschafter die Zahlungsunfähigkeit der Gesellschaft herbeiführt. Bislang konnte der Geschäftsführer nur bei Zahlungen haftbar gemacht werden, die nach Eintritt von Zahlungsunfähigkeit oder nach Feststellung der Überschuldung geleistet wurden. Zahlungen, die eine Zahlungsunfähigkeit erst herbeiführten, waren bislang nicht erfasst.[2505] Es tritt also insofern eine Haftungsverschärfung ein, als die Geschäftsführerhaftung auch Zahlungen an die Gesellschafter erfasst, die das Stammkapital nicht berühren.[2506] Schon wegen des unterschiedlichen Adressatenkreises ist mit dieser Regelung aber keine abschließende Kodifizierung der Existenzvernichtungshaftung verbunden, wenngleich hierdurch ein Teilbereich dieser Haftung erfasst wird.[2507]

Der RegE MoMiG hat § 64 Abs. 2 S. 3 GmbHG jetzt dahingehend präzisiert, dass nur solche Leistungen erfasst sind, die ohne weiteres Hinzutreten von Kausalbeiträgen zur Insolvenz führen.[2508]

3. Anspruchsberechtigung

Zu fragen ist, wer hinsichtlich der Geltendmachung des Anspruchs aus Existenzvernichtung aktivlegitimiert ist. Mit Eröffnung des Insolvenzverfahrens über das Vermögen der Gesellschaft geht die Befugnis zur Geltendmachung des Anspruchs entsprechend § 93 InsO auf den Insolvenzverwalter über.[2509] Die

---

[2503] *Heckschen/Heidinger*, § 10 Rdn 69; *Kurth*, FS Korn, 825, 849; *Lutter/Banerjea*, ZIP 2003, 2177, 2179; *Weber/Brügel*, DB 2004, 1923, 1927 f.

[2504] *Lutter/Banerjea*, ZIP 2003, 2177, 2180.

[2505] *Seibert*, ZIP 2006, 1157, 1167; *Greulich/Bunnemann*, NZG 2006, 681, 681.

[2506] Siehe auch *Greulich/Bunnemann*, NZG 2006, 681, 682; *Gesmann-Nuissl*, WM 2006, 1756, 1763; *Leuering/Simon*, NJW-Spezial 2006, 315, 316; abl. *Poertzgen*, NZI 2007, 15, 16.

[2507] Begr. RefE-MoMiG, S. 64; *Römermann*, GmbHR 2006, 673, 680 f.; *Greulich/Bunnemann*, NZG 2006, 681, 681.

[2508] Hierzu *Hangebrauck*, JA 2008, 125, 128.

[2509] BGH, GmbHR 2005, 1425, 1428 f.; BAG, GmbHR 2005, 987, 989; LAG Köln, ZIP 2003, 1893, 1896; OLG Dresden, ZIP 2005, 1680, 1682; *Liebscher*, Rdn 540; *Weller*, S. 178; *Veil*, VGR 10, 103, 117; *Schröder*, GmbHR 2005, 990, 990; *Lutter/Banerjea*, ZGR 2003,

Anwendung dieser Norm ergibt sich als denknotwendige Folge des hier vertretenen Haftungskonzepts. Aufgrund der analogen Anwendung des § 128 HGB ist der Gesellschafter einer GmbH mit einem Gesellschafter einer „Gesellschaft ohne Rechtspersönlichkeit" im Sinne des § 93 InsO in funktionaler Hinsicht gleichgestellt.[2510] Die Norm des § 93 InsO bezweckt zum einen, ein „Windhundrennen" zwischen den Gläubigern zu vermeiden und damit zum anderen eine gleichmäßige Gläubigerbefriedigung zu erreichen. Aus diesen Gründen ist es gerechtfertigt, den Anspruch innerhalb eines Insolvenzverfahrens vom Insolvenzverwalter durchsetzen zu lassen, so dass die Gläubiger der Gesellschaft während der Dauer des Insolvenzverfahrens nicht isoliert den Anspruch geltend machen können.[2511] Dass die Haftung wegen Existenzvernichtung aufgrund der Sperrwirkung des § 93 InsO damit faktisch zu einer Innenhaftung wird, ist vor dem Hintergrund der Vermeidung eines „Windhundrennens" und der Gewährleistung einer gleichmäßigen Gläubigerbefriedigung hinzunehmen und steht keinesfalls im Widerspruch zu dem hier vertretenen Haftungskonzept; vielmehr ist die Anwendung des § 93 InsO – wie gerade gezeigt wurde – notwendige Folge der Anwendung des § 128 HGB. Außerhalb des Insolvenzverfahrens, also etwa, wenn das Insolvenzgericht das Insolvenzverfahren mangels Masse nicht eröffnet oder das Insolvenzverfahren ohne Durchsetzung der Haftung eingestellt wurde, können die Gesellschaftsgläubiger ihren unbegrenzten Anspruch unmittelbar gegen den Gesellschafter bzw. die oben genannten Nichtgesellschafter geltend machen.[2512] Anders ist dies nach der geänderten Rechtsprechung des BGH im Rahmen der „Trihotel"-Entscheidung: Da es sich nunmehr um eine reine Innenhaftung handelt, können die Gläubiger erst aufgrund eines Titels gegen die Gesellschaft nach Pfändung und Überweisung der Gesellschaftsansprüche gegen Gesellschafter vorgehen.[2513]

402, 430; *Decher*, ZInsO 2002, 113, 115; *Janert*, MDR 2003, 724, 726; *H.P. Westermann*, NZG 2002, 1129, 1137; *Bork*, KTS 2006, 39, 55; *Bayer/Lieder*, WM 2006, 999, 999 f.; *Kurth*, FS Korn, 825, 846; *Henze*, WM 2006, 1653, 1659; krit. *Nassall*, ZIP 2003, 967, 972.

2510 Offenl. *Bork*, KTS 2006, 39, 57.

2511 *Bayer/Lieder*, WM 2006, 999, 1000.

2512 BGHZ 151, 181, 187; GmbHHndb-*Kallmeyer*, I Rdn 2880.5; Lutter/Hommelhoff-*Lutter/Hommelhoff*, § 13 Rdn 22; *Liebscher*, Rdn 539; *Kurth*, FS Korn, 825, 846; *Emmerich*, AG 2004, 423, 428; *Freitag*, WM 2003, 805, 808; für eine Anspruchsinhaberschaft der GmbH, gestützt auf eine Treuepflichtverletzung im Innenverhältnis *Ulmer*, ZIP 2001, 2021, 2027; *K. Schmidt*, NJW 2001, 3577, 3581.

2513 BGH, GmbHR 2007, 927, 932; *Theiselmann*, GmbHR 2007, 904, 907; *Paefgen*, DB 2007, 1907, 1910.

VI. Verhältnis der Existenzvernichtungshaftung zu anderen Haftungsgrundlagen

Derzeit noch vergleichsweise ungesichert ist das Verhältnis der Existenzvernichtungshaftung zu anderen Haftungsansprüchen.

1. §§ 30, 31 GmbHG

Zunächst ist das Verhältnis der Existenzvernichtungshaftung zur Kapitalerhaltung zu untersuchen. Insbesondere ist in diesem Zusammenhang relevant, welche Auswirkungen die Entscheidung BGHZ 157, 72 ff. zeitigt. Auch durch den RefE-MoMiG ist das „Grundsatzproblem" drohender existenzvernichtender Eingriffe nicht gelöst. Weder ermöglicht der RefE-MoMiG derartige Eingriffe noch vermindert er die Gefährdung durch existenzvernichtende Eingriffe. So ist selbst auf Grundlage der Durchführung eines Cash Poolings auf § 30 Abs. 1 S. 2 GmbHG RefE-MoMiG die Grenze der Existenzvernichtung zu beachten. Entsprechendes gilt für die Regelung nach dem RegE-MoMiG.

a) Subsidiarität oder Anspruchskonkurrenz?

Wie bereits oben festgestellt wurde, soll die Existenzvernichtungshaftung die Kapitalerhaltungsregeln der §§ 30 f. GmbHG in den Fällen ergänzen, in denen diese aufgrund der Art des schädigenden Eingriffs nicht für den gebotenen Schutz der Gläubiger sorgen können. Für die Existenzvernichtungshaftung ist daher erforderlich, dass sich der der GmbH zugefügte Nachteil nicht im Wege des Ausgleichs gemäß §§ 30, 31 GmbHG kompensieren lässt.[2514] Die persönliche Haftung des Gesellschafters knüpft an den gänzlichen oder teilweisen Ausfall des Gläubigers mit seiner gegen die GmbH gerichteten Forderung und damit an die Zahlungsunfähigkeit oder Überschuldung der Gesellschaft an. Wird daher die Fähigkeit der Gesellschaft zur Erfüllung ihrer Verbindlichkeiten nach § 31 Abs. 1 GmbHG[2515] wiederhergestellt, ist für die Gesellschafterhaftung wegen Existenzvernichtung trotz gegebenen Eingriffs kein Raum.[2516] Anwendungsfelder für die Existenzvernichtungshaftung bestehen damit dort, wo ein Ausgleich gemäß §§ 30 f. GmbHG entweder nicht möglich oder zur Behebung der zuge-

---

[2514] BGHZ 151, 181, 187; BGH, ZIP 2005, 117, 118; ZIP 2005, 250, 252; Holding-Hndb-*Lutter/Trölitzsch*, § 7 Rdn 68; *Diem*, § 44 Rdn 108 f.; *ders.*, ZIP 2003, 1283, 1285; *Drygala*, GmbHR 2003, 729, 736; *Müller*, WuB II C. § 13 GmbHG 2.05, 289, 290.

[2515] Der BGH lässt nicht jegliche Einzelausgleichmaßnahme genügen, sondern nimmt eine Beschränkung auf den Ausgleich nach § 31 GmbHG vor. Insbesondere müssen Direktansprüche der Gläubiger gegen einen Gesellschafter bei der Frage, ob die §§ 30, 31 GmbHG versagen, von vornherein außer Betracht bleiben, vgl. *Möller*, S. 130; *Mülbert*, DStR 2001, 1937, 1946.

[2516] Holding-Hndb-*Lutter/Trölitzsch*, § 7 Rdn 68; Emmerich/Habersack-*Habersack*, KonzernR, § 31 II 3 b; *Liebscher*, Rdn 528; *Wahl*, S. 127; *Drygala*, GmbHR 2003, 729, 736 f.

fügten Nachteile nicht genügend ist.[2517] Hat sich der existenzvernichtende Eingriff dahingehend ausgewirkt, dass die Gesellschaft insolvent geworden ist, so scheidet ein Einzelausgleich regelmäßig deshalb aus, wenn eine Rückführung der entnommenen finanziellen Mittel nicht ausreicht, um die inzwischen eingetretene Überschuldung auszugleichen.[2518] Zudem erschöpft sich die unberechtigte Entnahme nicht stets im Vermögensabfluss, sondern kann zum Zusammenbruch der Gesellschaft geführt haben, so dass sich der Gläubigerschaden nicht oder nicht vollständig durch Erfüllung der sich aus § 31 Abs. 1 GmbHG ergebenden Pflichten ausgleichen lässt.[2519] In den genannten Fallgruppen ist der Anwendungsbereich der Existenzvernichtungshaftung ungeachtet anderer bestehender und durchsetzbarer Erstattungsansprüche eröffnet.[2520]

Diese vom BGH angenommene Subsidiarität der Regeln zum existenzvernichtenden Eingriff gegenüber den §§ 30 f. GmbHG wird in der Literatur kritisiert.[2521] Existenzvernichtungshaftung und die §§ 30 f. GmbHG lägen zum einen bei ein- und demselben Gläubiger nicht in Anspruchskonkurrenz vor[2522] und knüpften zum anderen an unterschiedliche Gefahren an. Spiegelbildlich zu den Insolvenzgründen Überschuldung und Zahlungsunfähigkeit bezweckten die §§ 30, 31 GmbHG den Schutz der GmbH vor einer durch die Gesellschaft herbeigeführten Unterbilanz bzw. Überschuldung, die Regeln zum existenzvernichtenden Eingriff den Schutz vor einer gesellschafterverursachten Zahlungsunfähigkeit. Daher handelte es sich um parallele, sich einander ergänzende Rechtsinstitute, die durchaus in Anspruchskonkurrenz zueinander stehen könnten.[2523] Das gemäß § 31 GmbHG an die Gesellschaft Gezahlte soll dann im Rahmen der

---

[2517] Der diesbezüglich zu erbringende Beweis obliegt nach den oben dargestellten Grundsätzen dem Gesellschafter, nicht dem Gesellschaftsgläubiger, vgl. *Diem* § 44 Rdn 112; *Altmeppen*, ZIP 2002, 1553, 1559; *Vetter*, ZIP 2003, 601, 611.

[2518] *Diem*, § 44 Rdn 110; MünchHndbGesR-GmbHG-*Decher*, § 69 Rdn 20; *Wahl*, S. 127; *Drygala*, GmbHR 2003, 729, 736; *Kurth*, FS Korn, 825, 840.

[2519] Sog. Dominoschäden, hierzu *Veil*, VGR 10, 103, 107; *Schön*, ZHR 168 (2004), 268, 288.

[2520] *Diem*, § 44 Rdn 107; *Raiser/Veil*, § 29 Rdn 34; Emmerich/Habersack-*Habersack*, KonzernR, § 31 II 3 d; *Henze*, AG 2004, 405, 413; *Mohr*, GmbHSTB 2003, 52, 55; *Bayer/Lieder*, WuB II C. § 13 GmbHG 3.05, 369, 371; *Böckmann*, ZIP 2005, 2186, 2186.

[2521] *Vetter/Stadler*, Rdn 136; *Rittscher*, S. 155; *Weller*, S. 171 f.; *Kurth*, FS Korn, 825, 843 f.; *Diem*, ZIP 2003, 1283, 1285; *Bruns*, WM 2003, 815, 821 f.; *Ulmer*, JZ 2002, 1049, 1052; *Haas*, WM 2003, 1929, 1936; *Henze*, AG 2004, 405, 413; *Vetter*, ZIP 2003, 601, 606.; dass sich die Abgrenzung zwischen Existenzvernichtungshaftung und §§ 30, 31 GmbHG als mitunter problematisch erweist, gesteht auch *Röhricht* ein, bei Nitsch, VGR 6, 37, 40 ff.

[2522] Dieser Einwand, wonach die Existenzvernichtungshaftung als Außenhaftung konzipiert ist, während der Anspruch nach § 31 GmbHG der Gesellschaft zusteht, relativiert sich zumindest im Insolvenzverfahren aufgrund der analogen Anwendung des § 93 InsO; Anspruchsgegner ist ohnehin in beiden Fällen der Gesellschafter.

[2523] *Drenckhan*, S. 291; *Weller*, S. 171 f.; *Kurth*, FS Korn, 825, 843 f.; *Diem*, ZIP 2003, 1283, 1285; *Bruns*, WM 2003, 815, 821 f.; *Haas*, WM 2003, 1929, 1936;

Haftung wegen Existenzvernichtung angerechnet werden.[2524] Als Kompromisslösung wird vorgeschlagen, eine Haftung wegen Existenzvernichtung komme zum Zuge, wenn die Gesellschaft infolge des Eingriffs insolvent wird bzw. Insolvenzreife gegeben ist oder wenn sie wegen Masselosigkeit gelöscht wird, wenn die Gesellschafter sich weigern, ihren Verpflichtungen aus § 31 Abs. 1 GmbHG nachzukommen oder wenn wegen der Fülle der Eingriffe für die Gläubiger eine Verweisung auf den Einzelausgleich nach § 31 Abs. 1 GmbHG schlicht unzumutbar ist.[2525] Vorzugswürdig erscheint es, von einer Existenzvernichtungshaftung vorrangig in den Fällen auszugehen, die nicht über §§ 30, 31 GmbHG erfasst werden. Die grundsätzliche Subsidiarität der Gesellschafterhaftung wegen Existenzvernichtung ist dabei aus ihrer Begründung abzuleiten: Eines Existenzsschutzes bedarf es im geltenden Recht des Kapitalschutzes nur soweit, wie die §§ 30, 31 GmbHG Schutzdefizite aufweisen.[2526] Im Hinblick auf den Stellenwert, den die juristische Eigenständigkeit der GmbH und die Haftungsprivilegierung einnehmen, erscheint eine Abstufung unentbehrlich.[2527] Die rechtliche Verselbständigung der GmbH als juristische Person darf daher nicht leichtfertig negiert werden, wie es bei einer Anspruchskonkurrenz der Fall wäre. Voraussetzung einer Haftungsdurchbrechung – und damit einer Abweichung vom Haftungsprivileg des § 13 Abs. 2 GmbHG – muss stets sein, dass andernfalls berechtigte Gläubigerinteressen schutzlos gestellt blieben. Dies ist aber bei einer Anspruchskonkurrenz nicht der Fall, so dass für ein derartiges Verhältnis der Existenzvernichtungshaftung zu §§ 30, 31 GmbHG kein Bedürfnis besteht. In den übrigen Fällen, in denen sowohl die Voraussetzungen der Existenzvernichtungshaftung als auch die der §§ 30 f. GmbHG gegeben sind, erscheint es allerdings – da andernfalls berechtigte Gläubigerinteressen schutzlos gestellt blieben – sinnvoll, nicht auf eine strikte Subsidiarität abzustellen, sondern eine Inanspruchnahme wegen existenzvernichtender Eingriffe entsprechend dem oben genannten Vorschlag schon dann zuzulassen, wenn die Inanspruchnahme nach § 31 Abs. 1 GmbHG[2528] entweder aussichtslos oder aber dem Gesellschaftsgläubiger unzumutbar ist. Da der BGH die Haftung wegen existenz-

---

[2524] *Heckschen/Heidinger*, § 10 Rdn 42; *Vetter*, ZIP 2003, 601, 605 f.

[2525] KK-*Koppensteiner*, Anh § 318 Rdn 80; *Weller*, S. 172; *Burgard*, VGR 6, 45, 54 f.; *ders.*, WuB II C. § 13 GmbHG 1.03, 73, 75; *Emmerich*, AG 2004, 423, 428; *Henze*, AG 2004, 405, 413; *Lutter/Banerjea*, ZGR 2003, 402, 426; *Eisner*, NZI 2005, 180, 181.

[2526] Vgl. Emmerich/Habersack-*Habersack*, KonzernR, § 31 II 3 d; *Wahl*, S. 133; *Bayer*, FS Röhricht, 3, 7; *Henze*, AG 2004, 405, 413.

[2527] In diesem Sinne und mit teilw. verfassungsrechtlicher Begründung *Lieder*, DZWiR 2005, 309, 314; *Keßler*, GmbHR 2005, 257, 263.

[2528] Der Gläubiger kann einen Titel gegen die Gesellschaft erwirken, den Erstattungsanspruch nach § 31 Abs. 1 GmbHG pfänden und sich zur Einziehung überweisen lassen; hat der Gesellschafter den Anspruch nach § 31 Abs. 1 GmbHG erfüllt, kann der Gläubiger seinen Anspruch bei der Gesellschaft verfolgen, *Vetter*, ZIP 2003, 601, 606; *Henze*, AG 2004, 405, 413.

vernichtenden Eingriffs jüngst auf § 826 BGB gestützt hat, ist dieser Auffassung nach eine Subsidiarität nicht gegeben; vielmehr besteht eine Anspruchsgrundlagenkonkurrenz, soweit beide Ansprüche sich überschneiden.[2529]

b) Erfüllung oder Bestehen des Anspruchs aus § 31 Abs. 1 GmbHG?

Im Übrigen ist umstritten, ob der Wiedereinlageanspruch des § 31 Abs. 1 GmbHG bereits erfüllt sein muss, um die Haftung wegen Existenzvernichtung zu beseitigen. Nach einer Ansicht könne sich der Gesellschafter seiner persönlichen Außenhaftung nicht mit dem Hinweis auf eine eventuelle Rückerstattung der entzogenen Rechtspositionen entledigen, so dass die tatsächliche Erfüllung notwendig sei.[2530] Die Gegenauffassung hebt den subsidiären Charakter des Haftungskonzepts hervor und betont, dass es allein auf die Fähigkeit der GmbH ankomme, ihre Forderungen zu bedienen, wofür schon das Bestehen eines liquiden, also nicht bestrittenen, rechtzeitig vorgebrachten und auch durchsetzbaren Rückgewähranspruchs ausreichend sei.[2531] Für letztere Ansicht sprechen einmal die von BGH gewählten Formulierungen[2532] und zudem die nach der hier vertretenen Ansicht grundsätzlich erforderliche Subsidiarität. Deren Prüfung wäre überflüssig, würde man die Erfüllung des Rückgewähranspruchs des § 31 Abs. 1 GmbHG verlangen, da in diesem Fall die erfolgten Zahlungen bereits als Ausgleich der zugefügten Nachteile anzusehen und bei der Fähigkeit zur Bedienung der Gesellschaftsverbindlichkeiten zu berücksichtigen wären. Sofern aber deutlich wird, dass der Anspruch aus § 31 Abs. 1 GmbHG nicht liquide ist, vermag auch das Bestehen eines solchen Anspruchs eine Haftung wegen existenzvernichtenden Eingriffs nicht zu vermeiden.[2533]

c) Bedarf für die Existenzvernichtungshaftung nach der extensiven Interpretation des § 30 Abs. 1 GmbHG durch BGHZ 157, 72 ff.

Aufgrund des durch die Rechtsprechung des BGH in BGHZ 157, 72 ff. verschärften Schutzes des Gesellschaftsvermögens gemäß § 30 Abs. 1 GmbHG stellt sich die Frage, ob es bezüglich des Cash Poolings überhaupt noch des Haftungskonzepts der Existenzvernichtungshaftung bedarf. Diese Fragestellung ist genau umgekehrt zu der Frage nach der Notwendigkeit der extensiven Interpre-

---

[2529] BGH, GmbHR 2007, 927, 932.

[2530] *Liebscher*, Rdn 532; *Rittscher*, S. 155; *Röhricht*, VGR 6, 3, 29.

[2531] HoldingHndb-*Lutter-Trölitzsch*, § 7 Rdn 69; Lutter/Hommelhoff-*Lutter/Hommelhoff*, § 13 Rdn 19; Emmerich/Habersack-*Habersack*, KonzernR, § 31 II 3 d; *Lieder*, DZWiR 2005, 309, 314; *Lutter/Banerjea*, ZGR 2003, 402, 427; *Müller*, WuB II C. § 13 GmbHG 2.05, 289, 290.

[2532] Nach BGH, ZIP 2005, 117, 118, setzt die Existenzvernichtungshaftung voraus, „dass die dem Gesellschaftsvermögen entzogenen Vermögenswerte nicht nach den Regeln der §§ 30 f. GmbHG ausgeglichen werden *können*" (Hervorhebung des Verf.).

[2533] Emmerich/Habersack-*Habersack*, KonzernR, § 31 II 3 d; *Lieder*, DZWiR 2005, 309, 314.

tation des § 30 Abs. 1 GmbHG durch BGHZ 157, 72 ff. trotz des Bestehens des Rechtsinstituts der Existenzvernichtungshaftung.[2534] Ebenso wie dort trotz der Existenzvernichtungshaftung die Notwendigkeit für eine extensive Interpretation des § 30 Abs. 1 GmbHG bejaht wurde, bestehen hier umgekehrt trotz der extensiven Interpretation durch BGHZ 157, 72 ff. keine Bedenken an einer Relevanz der Existenzvernichtungshaftung. Beide Institute unterscheiden sich nämlich darin, dass § 30 Abs. 1 GmbHG nur bei ent- oder bestehender Unterbilanz eingreift, während die Existenzvernichtungshaftung auch dann zur Anwendung kommen kann, wenn Mittel zwar aus dem freien Vermögen gewährt werden, aber der Abzug den tatsächlichen finanziellen Bedürfnissen der Gesellschaft nicht ausreichend Rechnung trägt und daher ihren Fortbestand gefährdet.[2535] Aufgrund der Existenzvernichtungshaftung dürfen Gesellschaften also nicht generell zur Übertragung ihrer Liquidität in Form von aufsteigenden Darlehen an die Betreibergesellschaft des Cash Pools bis hin zur Grenze des § 30 Abs. 1 GmbHG verpflichtet werden.

Dies beruht auf unterschiedlichen Anknüpfungspunkten der Rechtsinstitute: Während die Existenzvernichtungshaftung vorrangig auf die Erhaltung der Zahlungsfähigkeit der GmbH im Interesse der Gesellschaftsgläubiger gerichtet ist, sollen die Kapitalerhaltungsregeln verhindern, dass das Stammkapital in seiner Funktion als Kreditgrundlage und Haftungsstock der Gesellschaft dem Gläubigerzugriff entzogen ist.[2536] Bezugnehmend auf das Cash Pooling kann sich eine Existenzgefährdung für die abhängige GmbH auch dann ergeben, wenn sie Darlehen an die Betreibergesellschaft zwar aus freiem Vermögen abführt, die Liquidität aber wegen eines Liquiditätsengpasses im Konzern nicht zu dem Zeitpunkt und in der Höhe zurückerhält, zu der sie diese benötigt.[2537] Außerdem ist die Existenzgefährdung auf eine konkrete Liquiditätsgefahr gerichtet, während das Ausschüttungsverbot des § 30 Abs. 1 GmbHG schon die bloß abstrakte Gefährdung erfasst.[2538] Auch nach BGHZ 157, 72 ff. behält die Existenzvernichtungshaftung damit einen eigenständigen Anwendungsbereich[2539] und stellt bezogen auf das Cash Pooling eine eigenständige, zusätzliche Grenze dar,[2540] wenngleich nicht zu verkennen ist, dass der Anwendungsbereich der

2534 Hierzu oben 3. Teil § 8 B II. 2. d) aa).

2535 *Maier-Reimer*, VGR 10, 127, 156 f.; *Habersack/Schürnbrand*, NZG 2004, 689, 695; *Beiner/Lanzius*, NZI 2004, 687, 689.

2536 *Barnert*, WuB II C. § 30 Abs. 1 GmbHG 1.05, 157, 160; siehe oben 2. Teil § 7 C.

2537 *Liebscher*, Rdn 512; *Maier-Reimer*, VGR 10, 127, 156 f.; vgl. *Helmreich*, GmbHR 2004, 457, 460; *Habersack/Schürnbrand*, NZG 2004, 689, 695.

2538 *Schäfer*, GmbHR 2005, 133, 137.

2539 So auch *Zöllner*, FS Konzen, 999, 1011 f.; *Lux*, MDR 2004, 342, 342; *Börner*, BGHReport 2004, 534, 535; *Barnert*, WuB II C. § 30 Abs. 1 GmbHG 1.05, 157, 160.

2540 *Reidenbach*, WM 2004, 1421, 1425 f.; *Wessels*, ZIP 2006, 1701, 170; die Bedeutung in Abrede stellend aber *Maier-Reimer*, VGR 10, 127, 157.

Existenzvernichtungshaftung wegen der Erweiterung des § 30 Abs. 1 GmbHG durch BGHZ 157, 72 ff. eher geringer werden wird.[2541] Es werden aber nach wie vor Fälle relevant, in denen die Stammkapitalziffer nicht berührt wird, oder aber der mit dem Eingriff verbundene Schaden über den Kapitalabfluss hinaus wirkt.[2542] Es sei nochmals daran erinnert, dass § 30 Abs. 1 GmbHG nach hier vertretener Auffassung auch nach der Entscheidung BGHZ 157, 72 ff. im Grundsatz bilanziell orientiert ist und daher manche, die Gesellschaft schädigenden Maßnahmen mangels Bilanzwirksamkeit nicht erfassen kann.

2. § 826 BGB

Bislang weitgehend ungeklärt ist das Verhältnis der Existenzvernichtungshaftung zu der Anspruchsgrundlage wegen vorsätzlicher sittenwidriger Schädigung § 826 BGB.[2543] Unter Zugrundelegung eines funktionalen Verständnisses des deliktsrechtlichen Sittenwidrigkeitskonzepts wird vorgeschlagen, sämtliche Fälle existenzvernichtender Eingriffe auf § 826 BGB zu stützen.[2544] Teilweise wird daher von den Vertretern dieser Auffassung gefolgert, die Rechtsfigur der Existenzvernichtungshaftung sei neben § 826 BGB, der die einschlägigen Fälle erfassen würde, überflüssig.[2545] Es stellt sich allerdings die Frage, ob das Deliktsrecht überhaupt der richtige Ort für die Lösung derartiger gesellschaftsrechtlicher Probleme ist. Die Feststellung der Sittenwidrigkeit ist jedenfalls nur unter Heranziehung der speziellen Wertungen des GmbHG möglich. Daher erscheint die Dienstbarmachung des allgemeinsten aller Deliktstatbestände – § 826 BGB ist als deliktischer Auffangtatbestand konzipiert – als unnötiger Umweg.[2546] Die Tatbestandsmerkmale des § 826 BGB sind oftmals zu allgemein, um die spezifischen gesellschaftsrechtlichen Zusammenhänge angemessen erfassen zu kön-

---

2541 So auch *Matschernus*, S. 235; *Böcker*, ZGR 2006, 213, 217; *Helmreich*, GmbHR 2004, 457, 460; *Vetter*, VGR 6, 69, 96 f.

2542 Siehe GK-GmbHG-*Habersack*, § 30 Rdn 15; Scholz-*Emmerich*, § 13 Rdn 135; *Matschernus*, S. 235; *Veil*, VGR 10, 103, 106 f.; *Vetter*, VGR 6, 69, 97.

2543 Gleiches gilt auch für das Verhältnis zu § 823 Abs. 2 BGB iVm § 266 StGB, das allerdings selten angesprochen wird; siehe aber Emmerich/Habersack-*Habersack*, KonzernR, § 31 III 3.

2544 *Dauner-Lieb*, DStR 2006, 2034, 2041; *Veil*, VGR 10, 103, 117 ff., der davon ausgeht, dass es in besonderem Maße verwerflich sei, ohne Rücksicht auf die Fähigkeit der Gesellschaft, ihre Schulden zu erfüllen, die Schutzdefizite des gesetzlichen Gläubigerschutzes auszunutzen und Maßnahmen zu ergreifen, die sich notwendig zulasten der Gläubiger auswirken; dieser Auffassung folgt jetzt der BGH, GmbHR 2007, 927 ff.

2545 MK-BGB-*Wagner*, § 826 Rdn 101; *Ungan*, ZVglRWiss 104 (2005), 355, 374; *Jaecks/Schönborn*, RIW 2003, 254, 260 f.; *Wackerbarth*, ZIP 2005, 877, 886; *Schröder*, GmbHR 2005, 227, 228; *Wilhelmi*, DZWiR 2003, 45, 55 f.; *Freitag*, WM 2003, 805, 807; *Heidenhain*, LMK 2003, 7, 8; *Mansdörfer/Timmerbeil*, WM 2004, 362, 364 f.

2546 Ebenso *Koppensteiner*, FS Honsell, 607, 613; *Zöllner*, FS Konzen, 999, 1015; *Röhricht*, VGR 6, 3, 29; *Lieder*, DZWiR 2005, 309, 317.

nen, so dass offen bleibt, ob beim Cash Pooling jeder existenzvernichtende Eingriff zugleich das Tatbestandsmerkmal der sittenwidrigen Schädigung erfüllt.[2547] Auch wenn dies der Fall sein sollte, ist der existenzvernichtende Eingriff als eigener Tatbestand keineswegs entbehrlich. Der Haftung wegen Existenzvernichtung kann damit nur der Anspruch aus § 31 Abs. 1 GmbHG, nicht aber derjenige aus § 826 BGB entgegengehalten werden.

Gleichwohl stützt der BGH seit seiner „Trihotel"-Entscheidung das Haftungskonzept zum existenzvernichtenden Eingriff wegen der Schwierigkeiten, die sich aus der analogen Anwendung des § 128 HGB ergeben, jetzt auf § 826 BGB.[2548] Dies ist in der Literatur auf großen Anklang gestoßen.[2549]

C. Ergebnis

Die Existenzvernichtungshaftung, die das Haftungskonzept des qualifiziert faktischen Konzerns vollumfänglich abgelöst hat, beruht in dogmatischer Hinsicht auf einem Außenhaftungsmodell in Form der Durchgriffshaftung und führt im Grundsatz zu einer unbeschränkten Haftung. Die Betrachtung hat gezeigt, dass bei einem Cash Pooling ein existenzvernichtender Eingriff in verschiedener Hinsicht in Betracht kommt.[2550] Dies gilt auch nach der Ausweitung des Anwendungsbereiches des § 30 Abs. 1 GmbHG durch BGHZ 157, 72 ff. Die Haftung § 826 BGB macht eine Haftung wegen existenzvernichtender Eingriffe keinesfalls entbehrlich.

[2547] So wohl *Vetter/Stadler*, Rdn 161; *Röhricht*, VGR 6, 3, 29; *Burg*, GmbHR 2004, 1379, 1380; diff. im Zusammenhang mit dem MoMiG *Schröder*, GmbHR 2007, 934, 935; *Theiselmann*, GmbHR 2007, 904, 905.

[2548] BGH, GmbHR 2007, 927 ff.

[2549] Etwa *Schröder*, GmbHR 2007, 934, 936; *Paefgen*, DB 2007, 1907, 1912; *Weller*, ZIP 2007, 1681, 1683; *Vetter*, BB 2007, 1965, 1965; *Nassall*, jurisPR-BGHZivilR 36/2007 Anm. 1; krit. *Schanze*, NZG 2007, 681, 684 f.; *Wilhelm*, EWiR § 826 BGB 3/07, 557, 558.

[2550] In tatsächlicher Hinsicht ist darauf hinzuweisen, dass eine Haftung der am Cash Pooling beteiligten Gesellschaften wegen existenzvernichtender Eingriffe nur selten in Betracht kommen wird, da infolge des Dominoeffekts die Krise einer Konzerngesellschaft oft auf den gesamten Konzern durchschlägt, so dass auch die Muttergesellschaft insolvent wird, *Vetter/Stadler*, Rdn 148; *Vetter*, VGR 6, 69, 97; *Wahl*, S. 190.

§ 14 Pflichtenprogramm und Vorkehrungen zur Haftungsvermeidung beim Cash Pooling

Die bisherige Darstellung hat deutlich gemacht, dass ein Cash Pooling auf vielfältige Weise zu einem existenzvernichtenden Eingriff führen kann. Ohne besondere Vorkehrungen dürfte die Existenzvernichtungshaftung beim Cash Pooling letztendlich stets im Raum stehen, das es hierbei im Interesse der Muttergesellschaft ist, die einzelnen Tochtergesellschaften wie rechtlich unselbständige Einheiten zu führen. Zur Vermeidung der Haftung wegen existenzvernichtender Eingriffe ist daher zu diskutieren, welches Pflichtenprogramm den an einem Cash Pooling beteiligten Gesellschaften aufzuerlegen ist. Ferner ist zu überlegen, welche weiteren Vorkehrungen von ihnen getroffen werden müssen, um eine Haftung wegen existenzvernichtender Eingriffe zu verhindern. Hinzuweisen ist dabei darauf, dass die Pflichten und Vorkehrungen bereits bei der Implementierung des Cash Pools von allen beteiligten Gesellschaften bedacht werden müssen, auch wenn sie erst bei einem eingerichteten Cash Pool zu unterschiedlichen Zeitpunkten unmittelbar Geltung entfalten.[2551] Können die Pflichten, die ein existenzgefährdendes Risiko verhindern, allerdings von vornherein nicht erfüllt werden, scheidet eine Beteiligung der betroffenen Tochtergesellschaft bzw. die Einführung eines Cash Poolings im Konzern aus.[2552] Die einzelnen Pflichten, soweit sie tatsächlich bestehen, können sowohl den Gesamtkonzern, also Muttergesellschaft und alle Tochtergesellschaften insgesamt, oder jeweils nur Konzernleitung oder Tochtergesellschaften treffen.

Es empfiehlt sich in jedem Fall eine vertragliche Fixierung der einzelnen Pflichten.[2553] Da die geschäftsführenden Organe vor dem Beitritt zu einem Cash-Pooling-System die Vor- und Nachteile einer solchen Teilnahme abwägen müssen, ist zudem Voraussetzung, dass die vertraglichen Fixierungen des Cash-Pooling-Systems nicht nachträglich einseitig durch die Muttergesellschaft abgeändert werden können.[2554] Die einzelnen Pflichten und Vorkehrungen überschneiden sich teilweise mit den bereits bei der Kapitalerhaltung aufgestellten Lösungsmöglichkeiten zur Sicherstellung der Kapitalerhaltungsvorschriften. Sie gehen jedoch nicht selten in verschiedener Hinsicht hierüber hinaus. Daher ist eine Betrachtung des Pflichten- und Vorkehrungsprogramms angezeigt.

[2551] *Ammelung/Kaeser*, DStR 2003, 655, 659; zu den besonderen Anforderungen, die aufgrund der Einbeziehung von zweckbezogenen Mitteln, wie etwa staatlicher Subventionen, bestehen, wird in diesem Zusammenhang nicht weiter Stellung genommen (zu „Bremer Vulkan" LG Bremen, NZG 1998, 468, 469; OLG Bremen, NZG 1999, 724, 726 f. BGHZ 149, 10, 22 ff.; BGHSt 49, 147, 153 ff.) Um möglichen Risiken gerade auch strafrechtlicher Art zu vermeiden, bietet es sich an, solche Beträge außerhalb des Cash Pools zu belassen, vgl. *Hilgard*, CH-D Wirtschaft, 03/06, 16, 17.

[2552] *Ammelung/Kaeser*, DStR 2003, 655, 659.

[2553] So auch HoldingHndb-*Vetter*, § 8 Rdn 32; *ders./Stadler*, Rdn 189.

[2554] HoldingHndb-*Vetter*, § 8 Rdn 33.

A. Pflichtenkreis und Vorsichtsmaßnahmen der Muttergesellschaft

Zunächst zu untersuchen ist, welche Pflichten der Muttergesellschaft aufzuerlegen sind und welche zusätzlichen Maßnahmen durchgeführt werden können, um eine Haftung wegen existenzvernichtender Eingriffe zu vermeiden.

I. Keine Einbeziehung bei Krise der Muttergesellschaft oder anderer Konzerngesellschaften

Wie oben dargestellt wurde, kann bereits die Einbeziehung der Tochtergesellschaft in ein konzernweites Cash Pooling einen existenzvernichtenden Eingriff darstellen, wenn es bereits zu dem Zeitpunkt der Einbeziehung ex ante objektiv wahrscheinlich ist, dass die gewährten Darlehen nicht zurückgezahlt werden können.[2555] Für den Vertragskonzern ergibt sich das bereits daraus, dass existenzvernichtende Weisungen unzulässig sind. Um eine Haftung wegen existenzvernichtender Eingriffe zu vermeiden, ist die Geschäftsführung der Muttergesellschaft daher verpflichtet, sowohl den erstmaligen Aufbau eines konzernweiten Cash Poolings bzw. die Aufnahme von Konzerngesellschaften in einen bereits betriebenen Cash Pool zu unterlassen, wenn die Muttergesellschaft oder andere Konzerngesellschaften sich in der Krise befinden.[2556]

II. Konzernweite, mehrstufige Vermögensbetreuungspflicht beim Cash Pooling

Der BGH hat in der „Bremer Vulkan"-Entscheidung verschiedene Verpflichtungen aufgestellt und eine delikts- und strafrechtlich begründete Vermögensbetreuungspflicht des herrschenden Unternehmens im Sinne der § 823 Abs. 2 BGB, § 266 Abs. 1 Alt. 2 StGB[2557] angenommen, die die Pflicht der Unterlassung existenzvernichtender Eingriffe beinhalte.[2558] Damit wird im Rahmen eines Cash Poolings eine Verpflichtung der Geschäftsleitung der Konzernmutter be-

---

[2555] Siehe oben § 13 B. IV. 1. a).

[2556] *Jäger*, DStR 2000, 1736, 1740.

[2557] Für eine strafrechtliche Bewertung der Vorgänge beim Cash Pooling scheitert bei der Untreue der Missbrauchstatbestand des § 266 Abs. 1 Alt. 1 StGB von vornherein aus. Dieser setzt die Rechtsmacht des Täters voraus, über fremdes Vermögen zu verfügen oder einen anderen zu verpflichten. Bestraft wird danach derjenige, der von dieser Rechtsmacht zum Nachteil des Rechtsträgers Gebrauch macht. Die Muttergesellschaft oder die von ihr abhängige Betreibergesellschaft verfügt nicht in diesem Sinne über das Vermögen der Muttergesellschaft. Zwar sind die Tochtergesellschaften aufgrund der vertraglichen Vereinbarungen dazu verpflichtet, überschüssige Liquidität in den Cash Pool einzuspeisen. Diese Vereinbarung führt also nur zu einer Verpflichtung der Tochtergesellschaften, ihrerseits Verfügungen vorzunehmen. Eine Verfügung über das Vermögen der Tochtergesellschaft seitens der Muttergesellschaft, die für den Missbrauchstatbestand erforderlich wäre, liegt damit nicht vor (so schon das erstinstanzliche Urteil zu „Bremer Vulkan" LG Bremen, NZG 1998, 468, 469).

[2558] BGHZ 149, 10, 17 f.

gründet, für das Vermögen der einzelnen abhängigen Tochtergesellschaften in hinreichendem Maße Sorge zu tragen.[2559] Insbesondere muss die Geschäftsleitung darauf achten, dass die Fähigkeit der jeweiligen Tochtergesellschaften, ihren Verbindlichkeiten nachzukommen, nicht gefährdet wird.[2560] Die Bedeutung dieser Vermögensbetreuungspflicht ist auch aus zivilrechtlicher Sicht nicht zu unterschätzen: Die Verletzung der Vermögensbetreuungspflicht kann gemäß § 823 Abs. 2 BGB, § 266 Abs. 1 Alt. 2 StGB Schadensersatzansprüche der Tochtergesellschaften zur Folge haben,[2561] und zwar sowohl gegenüber den Organmitgliedern der den Cash Pool führenden Muttergesellschaft (über § 14 Abs. 1 Nr. 1 StGB) als auch gegenüber der Muttergesellschaft selbst.

1. Dogmatische Begründung der Vermögensbetreuungspflicht

Allerdings stellt sich die Frage, ob bei Durchführung eines konzernweiten Cash Poolings eine derartige Vermögensbetreuungspflicht, die für die Muttergesellschaft weitreichende Folgen haben könnte, tatsächlich besteht. Bezogen auf das Cash Pooling müsste die Muttergesellschaft eine Verpflichtung treffen, das Vermögen der an den Cash Pool angeschlossenen Tochtergesellschaften zu betreuen.[2562] Infolge dieser konzernweiten, mehrstufigen Vermögenspflicht im Rahmen eines konzernweiten Cash Poolings wäre das geschäftsführende Organ der Muttergesellschaft nicht nur gegenüber dieser Gesellschaft, sondern gegenüber allen in den Konzern eingegliederten und am Cash Pooling teilnehmenden Gesellschaften in dem oben genannten Sinne verantwortlich.[2563] Dies hat eine Erweiterung der Tätigkeiten der Geschäftsleitungsorgane zur Folge, die mit ei-

---

[2559] *Vetter/Stadler*, Rdn 151; *Wilken*, DB 2001, 2383, 2384; *Haase*, INF 2005, 37, 38; *Reidenbach*, WM 2004, 1421, 1425.

[2560] BGHZ 149, 10, 10 f. (2. Leitsatz); entsprechende vertragliche Regelungen, die gewährleisten, dass der Tochtergesellschaften die Mittel zur Existenzsicherung und zur Begleichung der fälligen Verbindlichkeiten erforderlich sind, verbleiben, werden vielfach empfohlen, HndbKonzernfinanz-*Hommelhoff/Kleindiek*, § 21 Rdn 20; HndbKonzernfinanz-*Wehlen*, § 23 Rdn 76; Emmerich/Habersack-*Habersack*, Kommentar § 311 Rdn 48; *Vetter/Stadler*, Rdn 213.

[2561] In diesem Zusammenhang ist im strafrechtlichen Schrifttum umstritten, ob BGHZ 157, 72 ff., den Maßstab des für die Strafbarkeit nach § 266 Abs. 1 Alt. 2 StGB erforderlichen Vermögensnachteils so verändert, dass sich die Vermögenslage der Gesellschaft trotz etwaiger Werthaltigkeit der Rückzahlungsansprüche nach einer Darlehensgewährung an den Gesellschafter schlechter darstellt als vor der Darlehensgewährung und jede Vorleistung in einem Vertragsverhältnis, die nicht ausreichend gesichert ist, strafwürdig wäre. Dagegen spricht, dass das Strafrecht nicht an eine Unterbilanzsituation anknüpft und der zivilrechtliche Ansatz – wie dargelegt – auf eine Prävention von zukünftigem Missbrauch gerichtet ist; abl. daher zurecht *Ransiek*, wistra 2005, 121, 123; *Krause*, JR 2006, 51, 54 f; a. A. *Wattenberg*, StV 2005, 523, 526; diese Problematik zeigt einmal mehr die Reichweite der Bedeutung von BGHZ 157, 72 ff., auf.

[2562] *Fleischer*, NJW 2004, 2867, 2868.

[2563] *Wilken*, DB 2001, 2383, 2384; *Morsch*, NZG 2003, 97, 105; *Haase*, INF 2005, 37, 37 f.

nem enormen Aufwand verbunden wäre. Insbesondere ist es zwingend erforderlich, dass sich das geschäftsleitende Organ die Finanz- und Liquiditätsplanung der einzelnen Konzerngesellschaften nicht nur vorlegen, sondern auch prüfen muss, um sich überhaupt einen Überblick über die Situation der einzelnen Tochtergesellschaften verschaffen zu können.[2564]

Gegen ein derartiges Konzept mehrstufiger Vermögensbetreuungspflichten der Muttergesellschaft gegenüber den einzelnen Töchtergesellschaften haben sich aus zivilrechtlicher Sichtweise *Römermann/Schröder* ausgesprochen, die davon ausgehen, dass das herrschende Unternehmen keine über die Einhaltung des Auszahlungsverbots des § 30 Abs. 1 GmbHG hinausgehenden Vermögensbetreuungspflichten gegenüber den abhängigen Gesellschaften treffe.[2565] Sie begründen dies mit ihrer ablehnenden Haltung gegenüber der Rechtsprechung des BGH zum existenzvernichtenden Eingriff. Die Gesellschafter treffe danach mangels spezieller Rechtsgrundlagen keine Pflicht, die Existenz der GmbH zu wahren. Hieraus folge auch, dass die Muttergesellschaft keine Vermögensbetreuungspflicht gegenüber den abhängigen Gesellschaften treffe.[2566] Nach der hier vertretenen Sichtweise ist das Haftungskonzept wegen existenzvernichtender Eingriffe hingegen nicht wegen einer fehlenden Regelungslücke überflüssig, sondern ergänzt §§ 30 f. GmbHG. Vor diesem Hintergrund kann die Argumentation von *Römermann/Schröder* nicht überzeugen. Damit ist allerdings noch keine positive Entscheidung über das Bestehen einer Vermögensbetreuungspflicht der Muttergesellschaft gegenüber den Tochtergesellschaften bei einem Cash Pooling gefallen.

Der II. Zivilsenat des BGH hatte eine Vermögensbetreuungspflicht in der „Bremer Vulkan"-Entscheidung schlicht mit der Stellung als beherrschendes Unternehmen gegenüber der beherrschten Gesellschaft begründet.[2567] Diese Stellung versetze die Muttergesellschaft in die Lage, auf die beherrschten Unternehmen und deren Geschäftsführung unbeschränkt Einfluss zu nehmen.[2568] Sie treffe daher – so der BGH – die begrenzte Pflicht, das Vermögen der Tochtergesellschaften insoweit zu betreuen, als sie bei ihren Dispositionen über Vermögenswerte der Tochtergesellschaften durch angemessene Rücksichtnahme auf deren Eigeninteresse an der Aufrechterhaltung ihrer Fähigkeit, ihren

---

[2564] Weniger streng dagegen *Wilken*, DB 2001, 2383, 2384; *Haase*, INF 2005, 37, 37 f.

[2565] *Römermann/Schröder*, Corporate Governance, 113, 122; *dies.*, GmbHR 2001, 1015, 1019; krit. auch Rowedder/Schmidt-Leithoff-*Pentz*, § 30 Rdn 50.

[2566] *Römermann/Schröder*, Corporate Governance, 113, 122; *dies.*, GmbHR 2001, 1015, 1019, mit dem Hinweis darauf, dass die strafrechtlichen Pflichten insoweit den zivilrechtlichen zu folgen hätten.

[2567] BGHZ 149, 10, 17.

[2568] BGHZ 149, 10, 17.

Verbindlichkeiten nachzukommen, darauf zu achten hat, dass sie die Existenz der Tochtergesellschaften nicht gefährdet.[2569]

Der 5. Strafsenat des BGH bejaht zwar in seiner Entscheidung zu den Geschehnissen um „Bremer Vulkan“ in Übereinstimmung mit dem II. Zivilsenat die Pflicht des Alleingesellschafters zur Wahrung der Vermögensinteressen der GmbH, begründet anders als dieser jedoch die Vermögensbetreuungspflicht nicht mit der Pflicht zur angemessenen Rücksichtnahme auf die wirtschaftlichen Eigenbelange der Gesellschaft. Der 5. Strafsenat wirft vielmehr die Frage auf, ob die Pflicht, das Eigeninteresse der GmbH zu berücksichtigen, nicht lediglich als Schranke der eigenen Dispositionsbefugnis der Gesellschafter aufzufassen sei.[2570] In dieser Formulierung ist eine Tendenz angelegt, dass der 5. Strafsenat die Vermögensbetreuungspflicht nicht aus den gleichen Gründen wie der II. Zivilsenat herleiten will,[2571] was letztlich auch durch die Begründung einer Vermögensbetreuungspflicht aus einem anderen Gesichtspunkt durch den 5. Strafsenat in dieser Entscheidung bestätigt wird: Der 5. Strafsenat bejaht eine Vermögensbetreuungspflicht des herrschenden Unternehmens, da sich bei einem Cash Pooling die Gelder der abhängigen Unternehmen in der ausschließlichen Einflusssphäre des Konzerns befänden.[2572] Die Muttergesellschaft, die als Alleingesellschafterin über die Gelder nur in den durch das Eigeninteresse der abhängigen GmbH gesteckten Schranken verfügen dürfte, sei damit gehalten, eine andauernde Sicherung der Gelder zu gewährleisten.[2573] Es muss daher angenommen werden, dass der 5. Strafsenat des BGH eine Vermögensbetreuungspflicht allein darauf stützt, dass bereits die Art der Geschäftsbesorgung in Form eines Cash Poolings eine gesteigerte Pflichtenbindung begründet.[2574]

Die strafrechtliche Seite soll hier nicht weiter vertieft werden; für die in diesem Zusammenhang relevante Frage des Bestehens einer Vermögensbetreuungspflicht beim Cash Pooling sei nur folgendes ausgeführt: Eine Betrachtung, die lediglich auf die einzelnen Darlehensgewährungen und nicht auf die Gesamtheit der Teilnahme der Tochtergesellschaften abstellt, erscheint als zu kurz

---

2569 BGHZ 149, 10, 17, unter Verweis auf BGH, NJW 1989, 112 ff.

2570 BGHSt 49, 147, 160; siehe auch *Kramer*, WM 2004, 305, 306.

2571 So auch das Verständnis von *Beiner/Lanzius*, NZI 2004, 687, 688, während *Burgard*, WuB II C. § 13 GmbHG 1.05, 101, 102, das Urteil dahingehend deutet, das Gericht erkenne die Pflicht des Alleingesellschafters, der Gesellschaft das zur Begleichung ihrer Verbindlichkeiten erforderliche Kapital zu belassen, als Schranke der Dispositionsbefugnis an. Eine derart weitgehende Aussage ist BGHSt 49 147, 160, aber gerade nicht zu entnehmen.

2572 BGHSt 49, 147, 160.

2573 BGHSt 49, 147, 160.

2574 So auch das Verständnis bei *Beiner/Lanzius*, NZI 2004, 687, 688; *Schünemann*, § 309 AktG 1965 Nr. 1 902, 903; ähnl. Achenbach/Ransiek-*Seier*, Kap. V 2 Rdn 312; *Ransiek*, FS Kohlmann, 207, 220 Fn 59; *Tiedemann*, JZ 2005, 45, 46.

gegriffen.[2575] Schließlich erfolgen über den Cash Pool sämtliche Liquiditätstransfers der einzelnen Tochtergesellschaften. Der Finanzbereich der einzelnen Gesellschaften wurde vollständig an die Betreibergesellschaft des Cash Pools abgegeben. Gerade zu diesem Zweck werden unter Umständen besondere Gesellschaften errichtet. Mit dem Abfluss der Gelder an den Cash Pool haben die Tochtergesellschaften keine Möglichkeit mehr, ihr Vermögen selbst zu verwalten; dieser Möglichkeit haben sie sich durch den Beitritt zum Cash Pool begeben.[2576] Vielmehr ist es der Funktionsweise eines Cash-Pooling-Systems geradezu immanent, das Vermögen der einzelnen Konzerngesellschaften zentral zu verwalten. Hierauf sind die einzelnen Tochtergesellschaften wiederum zwingend angewiesen, so dass die Verwaltung der Liquidität auch in ihrem Interesse erfolgt.[2577] Die Betrachtung darf also nicht bei den einzelnen Darlehen stehen bleiben, sondern erfordert eine Beachtung der gesamten Teilnahme am Cash Pooling. Zudem geht die Funktion der Betreibergesellschaft des Cash Pools über die einer bloßen Darlehensnehmerin weit hinaus. Sie hat eine Koordinierungsfunktion der gesamten Liquiditätsströme jeder einzelnen Tochtergesellschaft inne, kraft derer sie überschüssige Liquidität „einzusammeln" und an kreditbedürftige Gesellschaften zu verteilen verpflichtet ist. Sie hat damit eine sehr weitgehende Verantwortung im Finanzbereich für sämtliche in das Cash-Pooling-System eingebundene Gesellschaften.[2578] Sowohl das Abstellen auf die gesamte Teilnahme am Cash Pooling als auch die besondere Funktion der Betreibergesellschaft lassen es zu, eine Vermögensbetreuungspflicht aus diesen Besonderheiten dieses Konzernfinanzierungsmodells abzuleiten. In Übereinstimmung mit dem 5. Strafsenat des BGH folgt die Vermögensbetreuungspflicht also aus den Besonderheiten des Cash Poolings.[2579]

Demgegenüber kann die Begründung des II. Zivilsenats nicht überzeugen: Bereits aus den der „Bremer Vulkan"-Entscheidung nachfolgenden Urteilen des II. Zivilsenats wird deutlich, dass es sich dabei um einen Missbrauchsschutz der GmbH vor ungerechtfertigen Zugriffen auf ihr Vermögen durch ihre Gesell-

---

[2575] Siehe schon oben beim Ausnahmetatbestand § 8 B. E. II. 1.; In der strafrechtlichen Rechtsprechung war bislang anerkannt, dass die Hingabe eines Darlehens keine Vermögensbetreuungspflicht des Darlehensnehmers gegenüber dem Darlehensgeber begründet, BGH, GA 1977, 18, 19; NStZ 1984, 118, 119; NStZ 1986, 361, 362; BGH, bei Dallinger, MDR 1969, 532, 533 f.; BGH, bei Holtz, MDR 1976, 986, 987; OLG Köln, NJW 1988, 3219, 3220; ferner Schönke/Schröder-*Lenckner/Perron*, § 266 Rdn 26.

[2576] *Beiner/Lanzius*, NZI 2004, 687, 689.

[2577] Ebenso *Schünemann*, § 309 AktG 1965 Nr. 1, 902, 902; abl. *Ransiek*, wistra 2005, 121, 124.

[2578] Vgl. *Pfeiffer*, JA 2005, 95, 96.

[2579] Demgegenüber Vermögensbetreuungspflichten der Muttergesellschaft beim Cash Pooling abl. MK-StGB-*Dierlamm*, § 266 Rdn 237; *Burgard*, WuB II C. § 13 GmbHG 1.05, 101, 103; *Kramer*, WM 2004, 305, 309; krit. Rowedder/Schmidt-Leithoff-*Pentz*, § 30 Rdn 50; *Beckemper*, GmbHR 2005, 592, 594 f.; unkl. *Seibold*, FB 2005, 77, 78 f.

schafter handelt. Das Eigeninteresse der GmbH kann daher im Umkehrschluss nur als Begrenzung des Handlungsspielraums der Muttergesellschaft, nicht aber als substantieller Inhalt des Verhältnisses der Muttergesellschaft gegenüber den abhängigen Gesellschaften aufgefasst werden. Der Begriff der nachteiligen Weisungen zeigt nur allzu deutlich, dass dem Verhältnis zwischen herrschender und beherrschter Gesellschaft Interessengegensätze immanent sind.[2580] Dies spricht dafür, aus dem begrenzten Eigeninteresse der abhängigen GmbH keine strafrechtliche Vermögensbetreuungspflicht der Muttergesellschaft aufgrund der beherrschenden Stellung abzuleiten. Ist die Pflicht zur angemessenen Rücksichtnahme also bloße Schranke der Dispositionsbefugnis, ist sie damit gerade nicht wesentlicher Bestandteil eines durch fremdnützige Vermögensfürsorge geprägten Verhältnisses, sondern stellt lediglich eine bloße Nebenpflicht dar.[2581] Damit bleibt es dabei, dass nach hier vertretener Ansicht eine Vermögensbetreuungspflicht aus den Besonderheiten des Cash Poolings abzuleiten ist. Es stellt sich daran anschließend die Frage, welche Pflichten hieraus für das Cash Pooling folgen.

2. Erste Stufe: Gewährleistung der Deckung des Stammkapitals

Soweit es zu aufsteigenden Darlehen von der Tochtergesellschaft zum Cash Pool gekommen ist, bedeutet dies in einer Konkretisierung der Vermögensbetreuungspflicht auf der ersten Stufe, dass das herrschende Unternehmen jederzeit die zur Deckung des Stammkapitals der darlehensgewährenden Tochtergesellschaft erforderlichen Mittel bereit zu halten hat.[2582] Es ist daher jederzeit einen Betrag vorhalten, der das Ergebnis der Substraktion der Aktiva der Tochtergesellschaft abzüglich ihrer Verbindlichkeiten bis zum festgesetzten Stammkapital auffüllt.[2583] Es stellt sich für die Muttergesellschaft die Frage, wie diese Verpflichtung zu erfüllen ist. Neben einer Sonderkontenlösung, die allerdings den bereits genannten Bedenken ausgesetzt ist,[2584] ist daran zu denken, dass ein Betrag in dieser Höhe vom täglichen Sweeping ausgenommen ist, also von vornherein bei der Tochtergesellschaft verbleiben würde. Derartige Beschränkungen bei der aufsteigenden Darlehensgewährung sind schon im Rahmen der Kapitalerhaltung diskutiert worden. Insofern ist auf die dortigen Ausführungen zu verweisen.[2585] Allerdings folgt aus dieser Pflicht nur, dass die zur Deckung des Stammkapitals der Tochtergesellschaft erforderlichen Mittel vorzuhalten sind. Eine Verpflichtung, dass dies bei der Tochtergesellschaft geschehen muss, folgt

---

2580 Vgl. *Kramer*, WM 2004, 305, 308 f.

2581 In diese Richtung auch Achenbach/Ransiek-*Seier*, Kap. V 2 Rdn 280; *Kramer*, WM 2004, 305, 307.

2582 BGHZ 149, 10, 19.

2583 *Korts* S. 30; *Busch* S. 185; *Burgard*, VGR 6, 45, 63; *Morsch*, NZG 2003, 97, 105.

2584 Hierzu oben 3. Teil § 12 B. VI.

2585 Hierzu oben 3. Teil § 12 B. II.

daraus indes nicht.[2586] Insofern ist es nicht zwingend, der Tochtergesellschaft die notwendige Liquidität von vornherein zu belassen. Folgt man allerdings der oben genannten Lösungsmöglichkeit im Rahmen der Kapitalerhaltung und nimmt ohnehin einen Betrag in Höhe des zur Deckung Stammkapitals erforderlichen Vermögens vom Sweeping aus, sind mit diesem Erfordernis keine darüber hinausgehenden Verpflichtungen verbunden.[2587]

3. Zweite Stufe: Sicherstellung der notwendigen Liquidität

In einer zweiten Stufe hat die Muttergesellschaft das Vermögen der Tochtergesellschaft insoweit zu betreuen, als sie bei ihren Dispositionen über Vermögenswerte der Tochtergesellschaft durch angemessene Rücksichtnahme auf deren Eigeninteresse an der Aufrechterhaltung ihrer Fähigkeit, ihren Verbindlichkeiten nachzukommen, darauf zu achten, dass sie die Existenz der Tochtergesellschaft nicht gefährdet.[2588] Anders gewendet muss die Muttergesellschaft sicherstellen, dass die Tochtergesellschaft über die notwendige Liquidität verfügt, um nicht zahlungsunfähig zu werden.[2589] Diese Anforderung geht über diejenigen hinaus, die durch BGHZ 157, 72 ff. aufgestellt worden sind.[2590] Eine solche Verpflichtung ergibt sich auch im Umkehrschluss zu der vom BGH aufgestellten Verpflichtung der Muttergesellschaft, bei Dispositionen über Vermögenswerte der Tochtergesellschaft durch angemessene Rücksichtnahme auf deren Eigeninteresse an der Aufrechterhaltung ihrer Fähigkeit, ihren Verbindlichkeiten nachzukommen, darauf zu achten, dass sie die Existenz der Tochtergesellschaft nicht gefährdet.[2591]

Auch hier stellt sich die Frage, wie die Muttergesellschaft dieser Verpflichtung nachkommen kann. *Vetter/Stadler* halten es für erforderlich, dass die Kennzeichnung der Mittel, die zur Existenzsicherung der Tochtergesellschaft erforderlich sind, vertraglich möglichst weitgehend präzisiert wird.[2592] Da die Grenze der Existenzsicherung aber von den durch die Tochtergesellschaft jeweils eingegangenen Verbindlichkeiten abhängt und somit fortlaufend zu ändern wäre, müsste eine vertragliche Regelung dementsprechend ständig geändert

---

2586 *Wessels*, ZIP 2006, 1701, 1709.

2587 Vgl. insoweit auch *Korts*, S. 30; *Wessels*, ZIP 2006, 1701, 1709.

2588 BGHZ 149, 10, 19.

2589 Pentz/Sollanek-*Pentz*, S. 52; *Rittscher*, S. 42; *Korts* S. 31; *Rümker*, FS Huber, 919, 928 f.; *K. Schmidt* JFfSt 2002/2003 257, 261; *Haarmann* WpG-Sonderheft 2003 75, 79; *Burgard*, AG 2006, 527, 533; *Henze* BB 2005 165, 174; *Wessels*, ZIP 2004, 793, 795; *Henze*, WM 2005, 717, 726; *Altmeppen*, ZIP 2006, 1025, 1028; auf die Nähe dieser Verpflichtung zum Solvenztest hinweisend etwa *Liebscher*, Rdn 513; *Drygala*, GmbHR 2003, 729, 734; *Wessels*, ZIP 2006, 1701, 1708.

2590 Vgl. *Korts*, S. 31.

2591 BGHZ 149, 10, 10 f. (2. Leitsatz).

2592 *Vetter/Stadler*, Rdn 213.

werden. An einer Feststellung im Einzelfall führt daher kein Weg vorbei. Weiterhin stellt sich die Frage, ob ein Betrag, der zur Existenzsicherung der Tochtergesellschaft erforderlich ist, von vornherein bei dieser verbleiben muss. Im Zusammenhang mit der ersten Stufe der Vermögensbetreuungspflicht wurde aufgezeigt, dass dies nicht erforderlich ist, wenngleich dies im Zusammenhang mit der Sicherstellung der Vereinbarkeit mit den Kapitalerhaltungsregeln praktisch nicht selten der Fall sein dürfte. Ganz generell ist zu berücksichtigen, dass jedwede Abzugsbeschränkung von Liquidität die wirtschaftliche Attraktivität des Cash Poolings vermindern würde. Insofern geht es hier um eine Zeitfrage: Hält man das Verbleiben der entsprechenden Liquidität bei der Tochtergesellschaft für erforderlich, ergibt sich daraus die Möglichkeit, dass diese sofort ihre Verpflichtungen nachkommen könnte. Eine so weitgehende Verpflichtung, die sich einer positiven Liquiditätsverantwortung sehr stark nähern würde, kann der zweiten Stufe Vermögensbetreuungspflicht aber nicht entnommen werden.[2593] Vielmehr dürfte es ausreichend sein, wenn die Muttergesellschaft der Tochtergesellschaft die Liquidität dann zur Verfügung stellt, wenn sie tatsächlich zur Gläubigerbefriedigung benötigt wird.[2594] Insofern ist an die bereits im Rahmen der Kapitalerhaltung genannten Probleme der Besicherung anzuknüpfen. Wird aber eigentlich verteilungsfähiges Vermögen von vornherein zur Befriedigung von Gläubigern benötigt, muss es bei der Tochtergesellschaft verbleiben.[2595]

Weiterhin stellt sich die Frage, wie die Muttergesellschaft feststellen kann, in welcher Höhe ein Betrag von ihr zur Gewährleistung der Existenz der Tochtergesellschaft vorzuhalten ist. Es ist daran zu denken, die Höhe der zurückzuhaltenden Liquidität an dem Finanzbedarf der Tochtergesellschaft in der Vergangenheit auszurichten und diesen regelmäßig für die Zukunft zu überprüfen.[2596] Im Falle von Neugründungen müssten insoweit Erfahrungswerte herangezogen werden. Dennoch ist nicht zu verkennen, dass diese Einschätzung mit zahlreichen Unsicherheiten belastet ist. Im Zweifel muss die Muttergesellschaft vorsichtig kalkulieren. Dennoch genügt die Muttergesellschaft ihren aus dieser Stufe folgenden Verpflichtungen, wenn sie die planmäßige Erfüllung der Verbindlichkeiten der Tochtergesellschaft gewährleistet und einen hierfür entsprechenden Betrag zur Verfügung stellt, wenn die Tochtergesellschaft ihre Gläubiger zu befriedigen hat.

[2593] Vgl. *Wessels*, ZIP 2006, 1701, 1708.

[2594] Ebenso *Drygala*, GmbHR 2003, 729, 734; wohl auch *Vetter/Stadler*, Rdn 143, 213; Eine Gewährleistung der Rückzahlung soll auch durch eine ausreichende Besicherung in Betracht kommen, BGHSt 49, 147, 161; *Krause*, JR 2006, 51, 56 f.; krit. *Weyand*, INF 2005, 198, 199.

[2595] *Korts*, S. 31; vgl. *Vetter/Stadler*, Rdn 143; *Hilgard*, CH-D Wirtschaft, 03/06, 16, 17

[2596] *Henze*, BB 2005, 165, 174; vgl. *Drygala*, GmbHR 2003, 729, 734; vgl. schon *Kowalski*, GmbHR 1993, 255, 256.

III. Aufklärungspflichten der Konzernleitung

Weiterhin ist die Muttergesellschaft, bei der der Cash Pool zentralisiert ist, nach dem „Bremer Vulkan"-Urteil des II. Zivilsenats des BGH dazu verpflichtet, die geschäftsführenden Organe der Tochtergesellschaften darauf hinzuweisen, dass der Gesamtkonzern zur gegenwärtigen und/oder zukünftigen Abdeckung der von den einzelnen Tochtergesellschaften geforderten Liquiditätsmitteln nicht mehr in der Lage ist, um ihnen auf diese Weise einen rechtzeitigen Abzug der Mittel aus dem Cash Pool ermöglichen zu können.[2597] Sobald sich daher abzeichnet, dass der Konzern, insbesondere aber die für die wechselseitigen Ansprüche aus dem Cash Pooling einstandspflichtige Konzernmutter nicht mehr zur Deckung des bei der ihre Finanzmittel einspeisenden Konzerngesellschaft erforderlichen Stammkapitals sowie weiterer unmittelbar erforderlicher Liquiditätsmittel in der Lage ist, muss ein entsprechender Hinweis erfolgen.[2598] Diese Aufklärungspflicht der Muttergesellschaft ist darauf zurückzuführen, dass die geschäftsführenden Organe der Tochtergesellschaften nur dann verlässlich über ihr Vorgehen entscheiden können, wenn ihnen Informationen über den Zustand der Muttergesellschaft zur Verfügung gestellt werden. Kommen die Organe der Muttergesellschaft dieser Aufklärungspflicht nicht nach, droht eine Strafbarkeit wegen Betrug durch Unterlassen aus §§ 263 Abs. 1, 13, 14 StGB und daneben eine zivilrechtliche Haftung nach § 823 Abs. 2 BGB iVm den genannten Normen.

1. Begründung der Aufklärungspflicht

Der II. Zivilsenat des BGH begründet die Aufklärungspflicht der Muttergesellschaft gegenüber der Tochtergesellschaft in seiner „Bremer Vulkan"-Entscheidung ausschließlich mit dem besonderen Vertrauensverhältnis, das aufgrund des Cash-Pool-Vertrages begründet worden sei.[2599] Würde man allerdings auf die einzelnen Darlehensbeziehungen im Rahmen des Cash Poolings abstellen, würde man zu einem anderen Ergebnis kommen: Darlehensbeziehungen verpflichten den Darlehensnehmer gegenüber dem Darlehensgeber nicht zu einer Aufklärungspflicht im Sinne des § 263 Abs. 1 StGB bezüglich nachträglicher Vermögensverschlechterungen.[2600] Allerdings spricht insofern auch hier viel dafür, nicht auf einzelne Darlehensgewährungen abzustellen, da diese ja

---

[2597] BGHZ 149, 10, 18 f.;

[2598] *Jäger*, § 45 Rdn 8; Pentz/Sollanek-*Pentz*, S. 52; *Koch*, S. 125; *Korts*, S. 33; *Wessels*, ZIP 2006, 1701, 1709; *Haarmann*, WpG-Sonderheft 2003, 75, 79; *Wilken*, DB 2001, 2383, 2385; *Vetter*, VGR 6, 45, 62; *Morsch*, NZG 2003, 97, 105; *Reidenbach*, WM 2004, 1421, 1425; *Noack/Maul/Pentz*, S:R-Pilot 2006, 12, 13, einschr. *Busch* S. 186.

[2599] BGHZ 149, 10, 18 f.

[2600] BGH, StV 1984, 511, 512; wistra 1988, 262, 262; wistra 1992, 25, 26; MK-StGB-*Hefendehl*, § 263 Rdn 173; Schönke/Schröder-*Cramer/Perron*, § 263 Rdn 22; *Tröndle/Fischer*, § 263 Rdn 26.

gerade aufgrund der Einbindung in das Cash-Pooling-System erfolgen. Vielmehr ist auch hier auf die Gesamtheit der Teilnahme am Cash Pool abzustellen, aufgrund derer die Tochtergesellschaft ihre Liquidität an den Cash Pool abführt.

Gegen eine derartige Aufklärungspflicht des herrschenden Unternehmens gegenüber den am Cash Pool teilnehmenden Gesellschaften haben sich wiederum *Römermann/Schröder* ausgesprochen. Die Geschäftsführer der abhängigen Gesellschaft selbst seien dazu verpflichtet, sich über den Verbleib des Geldes und die Einhaltung der Kapitalerhaltungsvorschriften laufend zu informieren.[2601] Auch wenn nicht übersehen werden darf, dass selbstverständlich die Geschäftsführer der Tochtergesellschaften Verpflichtungen treffen, die mit den hier genannten Verpflichtungen des herrschenden Unternehmens korrespondieren, kann das Risiko existenzvernichtender Eingriffe auf effektive Weise nur durch eine mit den Pflichten der Geschäftsführer der Tochtergesellschaft einhergehenden Aufklärungspflicht durch die herrschende Gesellschaft vermieden werden. Bei richtigem Verständnis bestehen die Aufklärungs- und Informationspflichten damit wechselseitig.[2602] Die Beschränkung des Pflichtenkreises auf die Tochtergesellschaften würde aber den aus dem Cash Pooling möglicherweise resultierenden Gefahren nicht gerecht werden. Aus diesem Grund ist eine Aufklärungspflicht der Muttergesellschaft bei einem konzernweiten Cash-Pooling-System zu bejahen.

2. Maßgeblicher Zeitpunkt

Bei der Feststellung des maßgeblichen Zeitpunktes für das Eingreifen der Aufklärungspflicht ist folgendes Problem gegeben: Auf der einen Seite besteht regelmäßig die Gefahr, dass die Muttergesellschaft die Krise nicht wahrhaben will oder zu verschleiern versucht. Die Aufklärungspflicht der Muttergesellschaft sollte daher möglichst frühzeitig einsetzen, damit die Geschäftsführer der Tochtergesellschaften noch ausreichend Zeit haben, von den ihnen zustehenden Handlungsmöglichkeiten, insbesondere der Abzugspflicht, Gebrauch zu machen.[2603] *Korts* will aus diesem Grund eine Aufklärungspflicht schon bei „ersten Anzeichen" einer wirtschaftlichen Krise statuieren.[2604] Auf der anderen Seite führt die Aufklärung über die Krise aber dazu, dass es zu einem Abzug der Mittel der Tochtergesellschaften aus dem Cash Pool kommt, so dass die Illiquidität des Konzerns dadurch noch weiter beschleunigt wird. Aus diesem Grund muss ein Ausgleich zwischen den gegenläufigen Interessen der Mutter- und der Toch-

---

2601 *Römermann/Schröder*, GmbHR 2001, 1015, 1019; für „zu viel verlangt" hält eine solche Aufklärungspflicht auch *Kropff*, bei Schmolke, VGR 6, 109, 110; dem widersp. *Röhricht*, bei Schmolke, VGR 6, 109, 111.

2602 *Schäfer*, GmbHR 2005, 133, 134.

2603 Vgl. BGHZ 149, 10, 19.

2604 *Korts*, S. 33.

tergesellschaft bei der Bestimmung des Zeitpunktes für den Aufklärungszeitpunkt erfolgen.

Hierfür bietet sich folgender Maßstab an: Die Feststellung der drohenden Zahlungsunfähigkeit gemäß § 18 Abs. 2 InsO, die vorliegt, wenn der Schuldner voraussichtlich nicht in der Lage sein wird, die bestehenden Zahlungspflichten im Zeitpunkt der Fälligkeit zu erfüllen, setzt eine Prognose unter Einbeziehung aller noch nicht fälliger Geldverbindlichkeiten und unter Berücksichtigung der zu erwartenden Zahlungseingänge voraus.[2605] Dabei sind auch künftige im Prognosezeitraum entstehende Verbindlichkeiten und Forderungen in einen aufzustellenden Finanzplan einzubeziehen, dessen Planungshorizont nach ganz herrschender Ansicht auf maximal zwei Jahre beschränkt ist, da eine Prognose praktisch nur für das laufende und das nächste Geschäftsjahr möglich ist.[2606] Anhand einer solchen Prognose können die geschäftsführenden Organe zuverlässig feststellen, ob sie die im Rahmen des Cash Poolings anfallenden Verbindlichkeiten begleichen können oder ob dies aufgrund einer Krisensituation nicht mehr möglich ist. Sowohl den Interessen der Muttergesellschaft als auch den Tochtergesellschaften scheint mit diesem Maßstab ausreichend Rechnung getragen zu werden. Aus diesem Grund ist es sinnvoll, für das Auslösen der Aufklärungspflicht der Muttergesellschaft auf den Zeitpunkt der drohenden Zahlungsunfähigkeit nach § 18 Abs. 2 InsO abzustellen.[2607]

IV. Positive Liquiditätsverantwortung des herrschenden Unternehmens

In der Diskussion stand bereits vor der „Bremer Vulkan"-Entscheidung, ob das herrschende Unternehmen bei einem konzernweiten Cash-Pooling-System eine besondere Finanzierungsverantwortung für eine ausreichende Liquiditätsausstattung der einzelnen Konzerngesellschaften trifft. Die Diskussion, ist durch die „Bremer Vulkan"-Entscheidung des BGH wieder verstärkt in das Blickfeld gerückt. Dabei ist allerdings zunächst zu betonen, dass aus den Vermögensbetreuungspflichten der Muttergesellschaft keine solche positive Liquiditätsverantwortung entsteht. Vielmehr ist – das hat die bisherige Betrachtung gezeigt – damit nur die Sicherung der notwendigen Liquidität erforderlich, damit die Tochtergesellschaften nicht zahlungsunfähig werden.

Im Vertragskonzern weisen die §§ 300 ff. AktG keinen voll wirksamen Schutz gegen eine ernstliche Gefährdung ihrer Lebensfähigkeit auf, etwa durch

---

[2605] Dieser Insolvenzgrund unterscheidet sich von der eingetretenen Zahlungsunfähigkeit im Sinne des § 17 Abs. 2 S. 1 InsO darin, dass nicht lediglich auf die gegenwärtig fälligen Zahlungspflichten und dementsprechend kurzfristig verfügbaren Zahlungsmittel abzustellen ist. Vielmehr müssen alle Begriffselemente auf einen künftigen Zeitraum bezogen werden, vgl. *Wilken*, DB 2001, 2383, 2385.

[2606] Baumbach/Hueck-*Schulze-Osterloh*, § 64 Rdn 11; *Wilken*, DB 2001, 2383, 2385, Fn 17.

[2607] *Wilken*, DB 2001, 2383, 2385; *Haase*, INF 2005, 37, 37 f.

Entzug oder Vorenthaltung erforderlicher Liquidität.[2608] Aus diesem Grund wird von einem Teil der Literatur bei einem Cash Pooling für den Vertragskonzern eine positive Verpflichtung des herrschenden Unternehmens bejaht, dafür zur sorgen, dass der abhängigen Gesellschaft die zur Erfüllung ihrer Aufgaben erforderlichen Mittel verbleiben bzw. im zugeführt werden.[2609] Danach müsse die Konzernspitze dazu fähig sein, sowohl den aktuellen als auch den zukünftigen Liquiditätsbedarf jeder einzelnen Konzerntochter zeitgerecht abzudecken.[2610] Sei dies nicht sichergestellt, dürfe die Konzernspitze im Rahmen des Cash Poolings keine Liquidität von der Tochtergesellschaft absaugen und die Geschäftsleitung der Tochtergesellschaft müsse sich einem entgegenstehenden Verhalten der Muttergesellschaft widersetzen.[2611] Werde dennoch Liquidität abgezogen, erwachse ein sofort fälliger Erstattungsanspruch für die Tochtergesellschaft.[2612] Unter Heranziehung der Grundsätze ordnungsgemäßer Konzerngeschäftsführung wurde überdies vertreten, dass das herrschende Unternehmen in einem faktischen Konzern die Finanzierung nur in dem Umfang zentralisieren dürfe, wie das beherrschte Konzernunternehmen bei einer Krise im Konzern nicht zahlungsunfähig werde, so dass bei einer zentralen Konzernfinanzierung das herrschende Unternehmen in der Folge auch die Liquidität der einzelnen Konzernunternehmen sicherzustellen habe.[2613] Derartige besondere Pflichten zur Liquiditätsausstattung werden von einem anderen Teil hingegen abgelehnt.[2614] Auch die Rechtsprechung hat entschieden, dass es neben dem alljährlichen Verlustausgleich keine allgemeine Pflicht gebe, die abhängige Gesellschaft mit Liquidität

---

2608 *Vetter/Stadler*, Rdn 177; *Makowski*, S. 176; *Eichholz*, S. 95 f.; *Jula/Breitbarth*, AG 1997, 257, 261; *Priester*, ZIP 1989, 1301, 1301 f.

2609 *Kleindiek*, Strukturvielfalt, S. 173 ff.; *Geßler*, ZHR 140 (1976), 433, 439; *Eichholz*, S. 105 f.; *Müller-Bullinger*, S. 110 f.; *Faßbender*, S. 144; *U. H. Schneider*, ZGR 1984, 497, 534 f.

2610 *Jula/Breitbarth*, AG 1997, 257, 262; *Eichholz*, 105 f.; *Hommelhoff*, WM 1984, 1105, 1113; *Becker*, DStR 1998, 1528, 1530; *Jäger*, DStR 2000, 1736, 1740.

2611 *Jula/Breitbarth*, AG 1997, 257, 262; *Hommelhoff*, WM 1984, 1105, 1113.

2612 *Jula/Breitbarth*, AG 1997, 257, 262; *Hommelhoff*, WM 1984, 1105, 1113; *Becker*, DStR 1998, 1528, 1530.

2613 *U. H. Schneider*, ZGR 1984, 497, 534 f.; nunmehr eine solche Pflicht zur Liquiditätsversorgung im faktischen Konzern bezw. aber HndbKonzernFinanz-*ders.*, § 25 Rdn 45; diff. *Jula/Breitbarth*, AG 1997, 256, 262; vgl. auch OLG Bremen, NZG 1999, 724, 724 f.

2614 Zum Vertragskonzern: KK-*Koppensteiner*, § 302 Rdn 8; *Vetter/Stadler*, Rdn 178, 214; *Zeidler*, S. 50; *Makowski*, S. 187; *Priester*, ZIP 1989, 1301, 1304 f.; *ders.*, BB 2005, 2483, 2485; *Scheffler*, FS Goerdeler, 469, 476; *Rümker*, ZGR 1988, 494, 499 f.; *Liebscher*, ZIP 2006, 1221, 1222; *Hentzen*, AG 2006, 133, 140 f.; *Ensthaler/Kreher*, BB 1996, 385, 388; *Lwowski/Groeschke*, WM 1994, 613, 615. Zum faktischen Konzern: KK-*Koppensteiner*, § 311 Rdn 103; MünchHndb-AG-*Krieger*, § 69 Rdn 56; *Vetter/Stadler*, Rdn 154; *Rittscher*, S. 163 f.; *Hormuth*, S. 187; *Limmer*, S. 240 f.; *Rümker*, ZGR 1988, 494, 498 f.; Emmerich/Habersack-*Habersack*, Kommentar, § 311 Rdn 48, Fn 135.

zu versorgen.[2615] Als Argument gegen eine derartige positive Liquiditätsverantwortung im Vertragskonzern kann zunächst die mangelnde Praktikabilität geltend gemacht werden. Insbesondere lässt sich eine Grenze der Liquiditätsausstattung in der Praxis nur schwer bestimmen. Ferner wird von den Befürwortern einer positiven Liquiditätsverantwortung durch Formulierungen wie „aktueller und absehbarer künftiger Liquiditätsbedarf“[2616] der Eindruck erweckt, es gäbe einen vorgegebenen Liquiditätsbedarf der einzelnen Tochtergesellschaften. Tatsächlich werden vom Weisungsrecht des herrschenden Unternehmens aber auch Einschränkungen der Geschäftstätigkeit und damit des Liquiditätsbedarfs einer Tochtergesellschaft im Interesse anderer Konzerngesellschaften abgedeckt. Der Umfang des von den abhängigen Unternehmen benötigten Liquiditätsbedarfs ist mithin vom Weisungsrecht des herrschenden Unternehmens abhängig. Es geht daher nicht an, die angemessene Liquiditätsausstattung im Vergleich mit einer unabhängigen Gesellschaft zu messen. Ist aber die einzelne Gesellschaft in den Konzern eingebunden und damit dessen Gesamtinteresse unterworfen, kann die Angemessenheit der Liquiditätsausstattung nicht objektiv bestimmt werden.

Im Ergebnis bedeutet dies, dass die herrschende Gesellschaft zwar die Existenz der beherrschten Gesellschaft als solche, nicht jedoch die Existenz im bisherigen Umfang sichern muss.[2617] Mit dem Verbot existenzvernichtender Eingriff korrespondiert also keineswegs eine positive Liquiditätsverpflichtung der Muttergesellschaft zu einer angemessenen Liquiditätsausstattung der Tochtergesellschaften. Dies folgt außerdem aus einem erst-Recht-Schluss: Besteht nach hier vertretener Auffassung nicht einmal eine Verpflichtung zur Leistung von Abschlagszahlungen,[2618] kann erst Recht keine Verpflichtung zu einer positiven Liquiditätsverantwortung bestehen. Im übrigen ist von diesen Grundsätzen auch nicht aufgrund der Besonderheiten des Cash Poolings eine Ausnahme zu machen. Zwar ist nicht zu verkennen, dass die Muttergesellschaft aufgrund entsprechender vertraglicher Verpflichtungen verpflichtet ist, an die Tochtergesellschaften Liquidität zu gewähren. Allerdings besteht eine solche Verpflichtung nur im Rahmen der vereinbarten Dispositionsgrenzen. Die Tochtergesellschaft hat keinen Anspruch auf Gewährleistung einer unbegrenzten Liquidität. Weder führt der Cash Pool also faktisch zu einer positiven Liquiditätsverantwortung des herrschenden Unternehmens noch ist aufgrund eines solchen Konzernfinanzierungssystems eine Verpflichtung dazu gegeben.[2619] Letzteres würde einem

---

[2615] BGHZ 105, 168, 184; ebenso die Vorinstanz OLG Hamburg, WM 1987, 1163, 1169; allerdings einen Fall betr., in dem die Konzernfinanzierung nicht zentral organisiert war; für eine Liquiditätsverantwortung hingegen das erstinstanzliche Urteil LG Hamburg, ZIP 1987, 232, 238.

[2616] *Hommelhoff*, WM 1984, 1105, 1113.

[2617] So auch *Vetter/Stadler*, Rdn 178; *Hentzen*, AG 2006, 133, 140 f.

[2618] Hierzu oben 3. Teil § 11 B. I. 3. d) aa).

[2619] Zwischen faktischem Zwang und Rechtspflicht diff. *Priester*, ZIP 1989, 1301, 1305.

„Sonderrecht" negativer Art gleichkommen, welches aber für Cash-Pooling-Systeme gerade nicht besteht.

Damit ist zugleich die Frage beantwortet, ob eine existenzvernichtende Verhaltensweise darin gesehen werden kann, dass die Muttergesellschaft einer sich in einer Krisensituation befindlichen Tochtergesellschaft keine zusätzlichen Mittel zur Verfügung stellt.[2620] Dies ist zu verneinen. Gerät die Tochtergesellschaft wegen der allgemeinen Marktentwicklung oder aus sonstigen Gründen in einen Liquiditätsengpass, der im Vertragskonzern auch nicht mit der Verlustausgleichspflicht behoben werden kann, besteht keine weitere Verpflichtung, die Tochtergesellschaft zu unterstützen.[2621] Ein existenzvernichtender Eingriff kann folglich in der Verweigerung zusätzlicher Mittel selbst dann nicht gesehen werden, wenn dies zur Insolvenz der Tochtergesellschaft führt. Das System ist also lediglich auf das Verbot existenzvernichtender Eingriffe, nicht jedoch auf die Verhinderung von Liquiditätsengpässen bei der Tochtergesellschaft gerichtet.

V. Liquiditätsplanung

Die mehrstufige Vermögensbetreuungspflicht des herrschenden Unternehmens zielt allerdings darauf ab, die Rückzahlung der ausgereichten Darlehen an die GmbH zu gewährleisten. Auch wenn keine positive Liquiditätsverantwortung des herrschenden Unternehmens festgestellt werden kann, erscheint es für die Erfüllung des Konzepts der mehrstufigen Vermögensbetreuungspflicht, das der BGH in der „Bremer Vulkan"-Entscheidung aufgestellt hat, erforderlich, dass die Muttergesellschaft eine umfassende Liquiditätsplanung betreibt.[2622] Ohne dass sich der BGH bislang hierzu geäußert hat, wird vielfach erwogen, die Muttergesellschaft treffe die Pflicht zur Aufstellung einer aktuellen und umfassenden Liquiditätsplanung.[2623] Diese müsse an dem tatsächlichen Finanzbedarf der

---

[2620] Ob ein existenzvernichtender Eingriff auch durch ein Unterlassen möglich ist, ist umstr.; dafür: BGH, ZIP 2005, 117, 119; *Lutter/Banerjea*, ZGR 2003, 402, 416; *Lieder*, DZWiR 2005, 309, 312; *K. Schmidt*, NJW 2001, 3577, 3580; *Roth*, NZG 2003, 1081, 1083; *Schröder*, GmbHR 2005, 227, 228; dagegen: OLG Dresden, ZIP 2005, 1680, 1690; *Wahl*, S. 115 f.; *Haas*, WM 2003, 1929, 1936. In Fällen, in denen ein Unterlassen einem Eingriff durch aktives Tun entspricht und insbesondere die gleichen Schädigungsfolgen herbeiführen kann, wäre es eine nicht gerechtfertigte Privilegierung, den Gesellschafter nicht wegen einer Existenzvernichtung haften zu lassen.

[2621] *Liebscher*, Rdn 742; *ders.*, ZIP 2006, 1221, 1222.

[2622] *Matschernus*, S. 240; *Rümker*, FS Huber, 919, 929; *Beiner/Lanzius*, NZI 2004, 687, 690; *Fleischer*, DB 2005, 759, 764, bezeichnet diese Pflicht als „konzernweite Finanzverantwortung", was aber sprachlich an eine positive Liquiditätsverantwortung erinnert, die gerade abzulehnen ist.

[2623] Keßler-*Keßler*, Rdn A 244; HoldingHndb-*Vetter*, § 8 Rdn 37; *Vetter/Stadler*, Rdn 16, 200; *Burgard*, VGR 6, 45, 65; *Beiner/Lanzius*, NZI 2004, 687, 690; *Haarmann*, WpG-Sonderheft 2003, 75, 79; *Reidenbach*, WM 2004, 1421, 1425; *Wilken*, DB 2001, 2383, 2385; *Fleischer*, DB 2005, 759, 764; *Römermann/Schröder*, GmbHR 2001, 1015, 1020;

einzelnen am Cash Pooling beteiligten Tochtergesellschaften ausgerichtet sein und bei Abweichungen, die aufgrund entsprechender Überwachungen der Umsetzung der Liquiditätspläne möglich sei, zeitnah aktualisiert werden.[2624] In diesem Zusammenhang treffe die Muttergesellschaft auch die Pflicht, sich zeitnah über die Umsetzung der Liquiditätsplanung zu informieren.[2625] Ferner müsse die Konzernführung die Liquiditätslage in allen Konzernunternehmen fortwährend beobachten.[2626] Diese Verpflichtung folge unmittelbar aus der von der Rechtsprechung aufgestellten Vermögensbetreuungspflicht bzw. beinhaltet diese geradezu. Um die konzernweite mehrstufige Vermögensbetreuungspflicht einhalten zu können, reicht eine einmalige Aufstellung von Liquiditätsplänen, etwa bei der Implementierung des Cash Pools im Konzern, nicht aus. Ein konzernweites Cash-Pooling-System ist nur dann funktionsfähig, wenn die Betreibergesellschaft Kenntnis über den zukünftigen Liquiditätsbedarf der an den Cash Pool angeschlossenen Konzerngesellschaften hat. Der Literatur, die über die vom BGH unmittelbar aufgestellten Erfordernisse noch hinausgeht, ist damit zuzustimmen.

Um zukünftige Krisen abwenden und entsprechend planen zu können, muss der Cash-Pool-Führer somit von der zukünftig im Konzern zur Verfügung stehenden Liquidität einerseits und der in demselben Zeitraum von den Konzerngesellschaften benötigten Liquidität andererseits Kenntnis haben, um das finanzielle Gleichgewicht aufrecht erhalten zu können. Dies ermöglicht es der Betreibergesellschaft, rechtzeitig etwaige Liquiditätslöcher zu entdecken und, soweit keine ausreichenden Reserven vorhanden sind, mit externer Kreditaufnahme zu schließen. Letztlich kann die Muttergesellschaft, die entweder den Cash-Pool-Führer selbst darstellt oder der zumindest von ihr abhängig ist, mit der Liquiditätsplanung konsequent und effektiv ihre mehrstufige Vermögensbetreuungspflicht einhalten. Die Notwendigkeit einer Liquiditätsplanung ergibt sich zudem auch daraus, dass die bei der Darlehensgewährung durch einen externen Kreditgeber gegebene Kontrolle, der sowohl von der Wirtschaftlichkeit der Investitionen als auch von der Bonität des Kreditnehmers überzeugt werden muss, wegfällt.[2627]

Morsch, NZG 2003, 97, 106; *Preußner/Becker*, NZG 2002, 846, 847; *Haase*, INF 2005, 37, 37 f.; auf eine unzureichende Finanzplanung hatte bereits das OLG Bremen, NZG 1999, 724, 727, abgest.

2624 *Vetter/Stadler*, Rdn 200; *Beiner/Lanzius*, NZI 2004, 687, 690; *Haarmann*, WpG-Sonderheft 2003, 75, 79; *Reidenbach*, WM 2004, 1421, 1425; *Wilken*, DB 2001, 2383, 2385.

2625 *Haarmann*, WpG-Sonderheft 2003, 75, 79; *Reidenbach*, WM 2004, 1421, 1425; *Wilken*, DB 2001, 2383, 2385.

2626 *Fleischer*, DB 2005, 759, 764.

2627 HndbKonzernfinanz-*Wehlen*, § 23 Rdn 78; *Vetter/Stadler*, Rdn 234.

Der zu veranschlagende Planungszeitraum bei der Liquiditätsplanung ist allerdings zweifelhaft: *Keßler* will hier die für die Fortführungsprognose des § 19 Abs. 2 S. 2 InsO geltenden Grundsätze anwenden und einen Planungshorizont von 12 Monaten anwenden, bei einem Stichtag innerhalb eines Geschäftsjahres jedoch mindestens bis zum Ende des nachfolgenden Geschäftsjahres.[2628] Er begründet dies damit, die Muttergesellschaft müsse lediglich die mittelfristige Zahlungsfähigkeit der abhängigen Gesellschaft sicherstellen. Eine solch starrer Planungszeitraum ist jedoch abzulehnen: Die Einzelheiten der Liquiditätsplanung, etwa der Zeitraum, für den geplant wird und die Intervalle, in denen die Planung aktualisiert wird, müssen vielmehr vom Einzelfall abhängig gemacht werden.[2629] In konservativen Branchen mit zuverlässigen Prognosemöglichkeiten kann in eine weitere Zukunft geplant werden und muss weniger häufig die Planung aktualisiert werden als in schnelllebigen Bereichen, in denen Gewinne und Verluste nur sehr schwer vorhergesagt werden können. Besteht der Konzern aus Tochtergesellschaften mit Geschäftsfeldern in beiden Bereichen, muss die Muttergesellschaft ihre Liquiditätsplanung entsprechend anpassen.

Vetter/Stadler erwägen die Möglichkeit einer Liquiditätsplanung durch die einzelnen Tochtergesellschaften, die ihre Planungsergebnisse an die Muttergesellschaft weiterreichen.[2630] Zwar ist davon auszugehen, dass eine Verlässlichkeit der Liquiditätspläne der einzelnen Konzerngesellschaften eher zu erreichen ist, wenn sie von den einzelnen Unternehmen und nicht zentral von der Muttergesellschaft erstellt wird, da die einzelnen Konzerngesellschaften regelmäßig über detailliertere Kenntnisse verfügen als die Muttergesellschaft.[2631] Eine derartige Liquiditätsplanung durch die einzelnen Konzerngesellschaften ist jedoch unter dem Gesichtspunkt der Effektivität in Bezug auf die Einhaltung der mehrstufigen Vermögensbetreuungspflicht Bedenken ausgesetzt. Die Muttergesellschaft wird mit den erwarteten Liquiditätsbedürfnissen der einzelnen Konzerngesellschaften konfrontiert, ohne ein Gesamtbild über den konzernweiten Liquiditätseinsatz zu haben. Gerade dieser soll jedoch durch das konzernweite Cash Pooling koordiniert werden. Aus diesem Grund ist es von Vorteil, wenn die Muttergesellschaft die Liquiditätsplanung eigenständig vornimmt und die Tochtergesellschaften ihr lediglich die für diese Planung erforderlichen Informa-

---

[2628] Keßler-*Keßler*, Rdn A 244; zur Fortführungsprognose auch *Rümker*, FS Huber, 919, 929; *Wessels*, ZIP 2004, 793, 796; *ders.*, ZIP 2006, 1701, 1709 (aus Sicht der Tochtergesellschaft).

[2629] HndbKonzernfinanz-*Wehlen*, § 23 Rdn 16 mit Beispielen aus einzelnen Branchen; *Vetter/Stadler*, Rdn 200.

[2630] *Vetter/Stadler*, Rdn 200; wohl auch *Morsch*, NZG 2003, 97, 106.

[2631] HndbKonzernfinanz-*Wehlen*, § 23 Rdn 18, mit dem Hinweis auf verschiedene Folgen, die aus einer Ungenauigkeit der Liquiditätsplanung resultieren können.

tionen[2632] zur Verfügung stellen.[2633] Allerdings ist die Muttergesellschaft hierbei auf eine ausreichende Informationsversorgung durch die einzelnen Tochtergesellschaften angewiesen, die ihre Erkenntnisse rechtzeitig zur Verfügung stellen müssen. Gerade bei einer erstmaligen Implementierung eines Cash Pools oder bei der Eingliederung von Tochtergesellschaften in ein solches System ist wohl regelmäßig eine erhebliche Umstellung in der Arbeitsweise der betroffenen Tochtergesellschaften erforderlich, um den Anforderungen, die hier mit der Eingliederung in einen Cash Pool verbunden sind, gerecht zu werden.[2634] Abgesehen davon ist es auch für die Muttergesellschaft bei größeren Konzernen mit einer Vielzahl an Tochtergesellschaften mit erheblichem Aufwand verbunden, die für die Liquiditätsplanung erforderlichen Informationen zusammenzustellen.[2635]

VI. Informationspflichten

Für die an den Cash Pool angeschlossenen Tochtergesellschaften kann sich das Cash Pooling trotz des bislang erarbeiteten Pflichtenprogramms der Muttergesellschaft als risikoreich darstellen. Selbst wenn damit ein Pflichtenprogramm der Tochtergesellschaften dergestalt korrespondiert, dass diese die Darlehen rechtzeitig kündigen und verhindern können, dass die Muttergesellschaft trotz bestehender Kreditunwürdigkeit bei den Tochtergesellschaften Kredite abruft und dadurch eine Refinanzierung der Muttergesellschaft stattfindet, ist die Geschäftsführung der Tochtergesellschaft regelmäßig nicht in der Lage, sich ein Bild von der finanziellen Situation der kreditnehmenden Muttergesellschaft zu

---

[2632] Die Tochtergesellschaften müssen ihren in dem in Frage stehenden Zeitraum voraussichtlich benötigten Liquiditätsbedarf anmelden; *Vetter/Stadler*, Rdn 192, wollen die Tochtergesellschaft darüber hinaus auch zur Darlegung der geplanten Investitionen und der geplanten operativen und strategischen Fortentwicklung des Geschäfts verpflichten. Dem dürfte nur insoweit zuzustimmen sein, wie die Offenbarung dieser Umstände für die Planung des zukünftigen Liquiditätsbedarfs erforderlich ist. Nur die Liquiditätsplanzahlen sind zu offenbaren. In keinem Fall darf dies dazu führen, dass die Tochtergesellschaft umfassend Rechenschaft ablegen muss. Aus diesem Grund überzeugt auch die Ansicht von *Vetter/Stadler*, Rdn 16, nicht, die Tochtergesellschaften müssten ihren Liquiditätsbedarf nicht nur anmelden, sondern auch begründen.

[2633] So auch *Vetter/Stadler*, Rdn 200, allerdings nur für den „häufigen" Fall, in dem die Liquiditätsplanung über die Stabilisierung des Cash Pooling hinaus das Ziel verfolgt, den konzernweiten Liquiditätseinsatz zu koordinieren. Gerade zu Koordinierung des Einsatzes von Liquidität im Rahmen eines Cash Pools wird jedoch eine Liquiditätsplanung erstellt, vgl. HndbKonzernfinanz-*Wehlen*, § 23 Rdn 16.

[2634] Zu den einzelnen Problemen HndbKonzernfinanz-*Wehlen*, § 23 Rdn 17.

[2635] Krit. zur Praktikabilität der Liquiditätsplanung daher auch HndbKonzernfinanz-*Wehlen*, § 23 Rdn 78; *Morsch*, NZG 2003, 97, 106.

machen.[2636] Daher kann sie die der Tochtergesellschaft im Grundsatz beim Cash Pooling zustehenden Rechte nicht rechtzeitig geltend machen und gerät damit in den durch die Krise der Muttergesellschaft verursachten „Insolvenzstrudel".[2637] Aus diesem Grund bedarf es als Bestandteil eines infolge des Cash Pooling erforderlichen konzernweiten Finanzberichtswesens eines frühzeitigen Informationsaustausches zwischen Mutter- und Tochtergesellschaften.[2638] Je früher die Informationen zur Kenntnis gelangen und Krisen damit erkannt werden, desto wahrscheinlicher ist es, dass zugunsten der Tochtergesellschaft noch ausreichende Handlungsmöglichkeiten bestehen.[2639]

Das Frühwarnsystem soll es der darlehensgewährenden Gesellschaft sowohl ermöglichen, das Anlagerisiko hinsichtlich gewährter Darlehen besser abzuschätzen als auch, das Darlehen bei einer Gefährdung des Rückzahlungsanspruchs rechtzeitig kündigen zu können.[2640] Das Frühwarnsystem mit seinen Informationspflichten ist damit gleichsam als Ausgleich für das Risiko zu verstehen, dass die Tochtergesellschaften aufgrund des Cash-Pool-Vertrages dazu verpflichtet sind, ihre überschüssige Liquidität an den Cash Pool abzugeben und damit ihre gesamte Liquiditätsversorgung an die Betreibergesellschaft delegieren, obwohl sie zu diesem Zeitpunkt nicht absehen können, ob ihr Rückzahlungsanspruch vollwertig sein wird, da sie die zukünftige finanzielle Entwicklung des Gesamtkonzerns nicht überblicken können.[2641] Die Informationspflichten, die anhand eines solchen Frühwarnsystems bestehen, sind dabei nicht etwa alternativ zu einer Aufklärungspflicht der Muttergesellschaft über eine existenzgefährdende Lage zu verstehen. Vielmehr sollen sie einen zusätzlichen Schutz der Tochtergesellschaft bieten und bestehen daher kumulativ zur Aufklärungspflicht.[2642] Funktioniert das Frühwarnsystem allerdings effektiv, so dass die geschäftsführenden Organe der Tochtergesellschaften eine Krise frühzeitig erken-

---

2636 Pentz/Sollanek-*Pentz*, S. 53; *Rittscher*, S. 45; *Adamek*, EFG 2005, 1501, 1502; *Habersack/Schürnbarnd*, BB 2006, 288, 289; *Jäger*, DStR 2000, 1736, 1741.

2637 *Adamek*, EFG 2005, 1501, 1501; *Jäger*, DStR 2000, 1736, 1741.

2638 *Matschernus*, S. 241; *Burgard*, VGR 6, 45, 65; *Makowski*, S. 27 f., 231 ff.; *Hilgard*, CH-D Wirtschaft 3/06, 16, 17; *Wessels*, ZIP 2006, 1701, 1709; für eine verbesserte Kommunikation der am Cash Pool beteiligten Gesellschaften (insbesondere Offenlegung aller wesentlichen Dokumente und Informationen), allerdings im Zusammenhang mit der Gewährleistung einer ordnungsgemäßen Kapitalaufbringung *Sieger/Hasselbach*, BB 1999, 645, 648.

2639 *Vetter/Stadler*, Rdn 235; *Römermann/Schröder*, Corporate Governance, 113, 123.

2640 Übereinstimmend zu diesem Zweck der Informationspflichten *Jäger*, § 45 Rdn 8; HoldingHndb-*Vetter*, § 8 Rdn 36; *ders./Stadler*, Rdn 194; *Vetter*, VGR 6 69, 98; *Röhricht*, bei Schmolke, VGR 6, 109, 111.

2641 Vgl. auch *Vetter/Stadler*, Rdn 194 zur Rechtfertigung eines Frühwarnsystems; *Makowski*, S. 232.

2642 Unzutr. daher das Verständnis von *Kropff*, bei Schmolke, VGR 6, 109, 110, der offenbar von einem Alternativverhältnis der Pflichten ausgeht.

nen und selbst darüber entscheiden können, ob sie die gewährten Darlehen wieder abziehen, wird die „Unzumutbarkeit“ der Aufklärungspflicht[2643] durch die geschäftsführenden Organe der Muttergesellschaft über eine Liquiditätskrise abgemindert.[2644] Die Informationspflicht ist insofern einer Aufklärungspflicht vorgeschaltet. Folge einer Informationspflicht ist, dass die Tochtergesellschaft frühzeitig selbständig Anzeichen für eine Krise erkennen kann. Ist dies aber nicht der Fall, muss zu einem späteren Zeitpunkt die Muttergesellschaft alle am Cash Pool beteiligten Tochtergesellschaften über eine solche Krise in Kenntnis setzen.

Sämtlichen am Cash Pooling beteiligten Konzerngesellschaften muss die Muttergesellschaft Auskunfts- und Informationsrechte einräumen, kraft derer sie selbst in der Lage sind, die Geschäfts-, Finanz- und Liquiditätssituation der beteiligten Gesellschaften einzuschätzen und ihrer Beteiligung am Cash Pooling kündigen zu können.[2645] Die Einräumung von Informationsrechten muss also nicht nur zugunsten der Muttergesellschaft, sondern auch zugunsten der Tochtergesellschaften erfolgen.[2646] Zur Erfüllung der Informationsverpflichtung der Muttergesellschaft werden insbesondere die Informationsversorgung über die finanzielle Lage sowohl der anderen an den Cash Pool angeschlossenen Gesellschaften als auch des Gesamtverbundes genannt.[2647] Zudem soll die Muttergesellschaft zu Ad hoc-Mitteilungen im Falle des Auftretens außergewöhnlicher Risikosituationen verpflichtet sein. Genannt werden hier bezogen auf den Gesamtkonzern als eine Ad hoc-Mitteilung auslösende Umstände, das Auftreten außergewöhnlicher Risikosituationen wie Ausfall einer größeren Forderung, Unterschreiten von Ertrags- oder Cashflow-Kennzahlen, zur erwartende gravierende Planverfehlungen und das Drohen eines wichtigen Passivprozesses.[2648] Hinsichtlich solcher Risikosituationen bezogen auf andere Konzerngesellschaften werden die Überschreitung des einer Konzerngesellschaft eingeräumten Dispositionsrahmens, der Zahlungsverzug einzelner Konzerngesellschaften ab einer

---

[2643] Vgl. *Kropff*, bei Schmolke, VGR 6, 109, 110.

[2644] Für ein solches Verhältnis von Aufklärungs- und Informationspflicht auch *Röhricht*, bei Schmolke, VGR 6, 109, 111.

[2645] *Rittscher*, S. 45; *Wunderlich*, BKR 2005, 387, 388 Fn 15; *Hilgard*, CH-D Wirtschaft 3/06, 16, 17; *Kropff*, bei Schmolke, VGR 6, 109, 110; *Henze*, WM 2005, 717, 726; *Jäger*, § 45 Rdn 8, Fn 28; *ders.*, DStR 2000, 1736, 1741.

[2646] HoldingHndb-*Vetter*, § 8 Rdn 37; *ders./Stadler*, Rdn 196; *Vetter*, VGR 6, 69, 98 f., verweisen in diesem Zusammenhang auf BGHZ 149, 10, 18 ff., wonach der BGH die Bedeutung einer aktiven Informationsverschaffung zugunsten der an das Cash Pooling angeschlossenen Konzerngesellschaften in dieser Entscheidung durch den Hinweis auf eine Strafbarkeit nach § 263 StGB wegen Betrugs durch Unterlassen ausdr. hervorgehoben habe.

[2647] HoldingHndb-*Vetter*, § 8 Rdn 37; *ders./Stadler*, Rdn 196; *Vetter*, VGR 6, 69, 99; *Henze*, WM 2005, 717, 726; *Wunderlich*, BKR 2005, 387, 388, Fn 15.

[2648] HoldingHndb-*Vetter*, § 8 Rdn 37; *ders./Stadler*, Rdn 196; *Vetter*, VGR 6, 69, 99.

bestimmten Größenordnung, ein erkennbar werdender Wertberichtigungsbedarf im Hinblick auf Darlehensforderungen und sonstige wirtschaftliche und finanzielle Risikosituationen bei beteiligten Konzerngesellschaften genannt.[2649] Die Muttergesellschaft treffe hinsichtlich des Vorliegens solcher mitteilungspflichtiger Ereignisse eine Überprüfungspflicht.[2650]

Dazu ist folgendes anzumerken: Gerade bezüglich der Verpflichtung der Muttergesellschaft zu Ad hoc-Mitteilungen ist zu berücksichtigen, dass solche Informationen dazu führen können, dass sich eine Tochtergesellschaft dazu entschließt, den Cash Pool wegen einer vermuteten Liquiditätskrise des Konzerns zu kündigen.[2651] Die Bekanntgabe der Krise bewirkt dann, dass die kreditgewährenden Gesellschaften ihre Darlehen einfordern und die Abführung weiterer Mittel verweigern. Dies wiederum kann zu einer Liquiditätskrise des Gesamtkonzerns führen, wenn die kündigende Gesellschaft regelmäßig zu denjenigen Gesellschaften gehörte, die überschüssige Liquidität in den Cash Pool eingezahlt hatte. Dadurch können nämlich wiederum weitere Gesellschaften, die dringend Liquidität benötigen, in die Krise geraten. Derartigen Ad hoc-Mitteilungen kommt also eine nicht zu unterschätzende Bedeutung für den gesamten Cash Pool zu. Aus diesem Grund ist zwar einerseits das berechtigte Informationsbedürfnis der an den Cash Pool angeschlossenen Tochtergesellschaften zu berücksichtigen. Andererseits darf aber nicht jeder Umstand, der – wenn auch nur theoretisch – zu einer Beeinträchtigung der konzernweiten Liquidität führen kann, Anlass für eine Ad hoc-Mitteilung sein. Vielmehr erscheint es vorteilhaft, eine Verpflichtung zur Abgabe von Ad hoc-Mitteilungen nur in solchen Fällen aufzustellen, in denen die Muttergesellschaft nicht in der Lage ist, die aus diesem Umstand für den Cash Pool resultierenden Gefahren abzudecken.[2652] Dies dürfte beispielsweise regelmäßig der Fall sein, solange das auf dem Master Account zur Verfügung stehende Kreditlimit noch nicht überschritten wurde bzw. eine Überschreitung unwahrscheinlich ist. Mit der Verpflichtung zu Ad hoc-Mitteilungen sollte also aufgrund der Sensibilität solcher Informationen, die den Zusammenbruch des Cash-Pooling-Systems zur Folge haben können, Vorsicht geboten sein.

VII. Verpflichtungen aufgrund spezifischer Zusicherungen

Um dem Umstand Rechnung zu tragen, dass die einzelnen Konzerngesellschaften zur Auswertung von Informationen über andere Konzerngesellschaften, die ihnen durch die Betreibergesellschaft zur Verfügung gestellt werden, oftmals nicht ausreichend kompetent sind und hierfür auch keine Ressourcen haben,

---

2649 HoldingHndb-*Vetter*, § 8 Rdn 38; *ders./Stadler*, Rdn 199.

2650 HoldingHndb-*Vetter*, § 8 Rdn 38; *ders./Stadler*, Rdn 199.

2651 Die selbständige Entscheidung betonend *Kropff*, bei Schmolke, VGR 6, 109, 110.

2652 In diese Richtung auch HoldingHndb-*Vetter*, § 8 Rdn 38, allerdings nur bezüglich Ad hoc-Mitteilungen die Finanzlage der anderen Konzerngesellschaften betreffend.

wird die Einrichtung von spezifischen Zusicherungen bei einem Cash Pooling hinsichtlich der wirtschaftlichen und finanziellen Situation der Konzerngesellschaften als sinnvoll erachtet.[2653] So sollen sich die Zusicherungen des Cash-Pool-Führers gegenüber den teilnehmenden Gesellschaften auf die Einhaltung einer bestimmten Eigenkapitalquote der Betreibergesellschaft selbst oder des gesamten Konzerns, den absoluten Betrag der bei externen Kreditinstituten aufgenommenen Darlehen, das Vorhalten einer Mindestreservekreditlinie bei Banken oder einen Maximalbetrag der von den Konzerngesellschaften insgesamt beziehungsweise an einzelne Konzerngesellschaften gewährten Darlehen beziehen.[2654] Ferner soll die Vergabe von Darlehen durch den Cash-Pool-Führer an die Konzerngesellschaften von vornherein von bestimmten Auflagen und Vorlagen abhängig sein: Außer einer Festlegung von Maximalbeträgen für die einzelnen Konzerngesellschaften soll die Betreibergesellschaft keine Darlehen gegenüber solchen Gesellschaften gewähren, die keine bestimmte Mindestsolidarität gewährleisten, deren Stammkapital nicht mehr gedeckt ist oder bei denen Insolvenzgründe entweder bereits bestehen oder zumindest zu befürchten sind.[2655] Unter dem Gesichtspunkt, dass derartige Zusicherungen regelmäßig auch bei Kreditverträgen mit externen Kreditgebern stattfinden und sich die Darlehensgewährung im Rahmen des Cash Pools an den Verhältnissen wie bei der Darlehensgewährung dritter Kreditgeber ausrichten sollen, erscheinen derartige Zusicherungen durchaus sinnvoll. Allerdings stellt sich bei der Implementierung derartiger Zusicherungen die Frage, in welchem Verhältnis sie zu den anderen Verpflichtungen der Muttergesellschaft stehen sollen. Da derartige vertragliche Zusicherungen möglicherweise nicht jedes Anzeichen einer Krise von vornherein erfassen können und der Muttergesellschaft zudem Vermögensbetreuungspflichten verbleiben, die zu einer Überwachung des konzernweiten Cash Pools führen, können derartige Zusicherungen nicht das übrige Pflichtenprogramm der Muttergesellschaft, insbesondere die Informationspflichten, ersetzen. Vielmehr können sie lediglich eine Ergänzung in Form einer zusätzlichen Absicherung darstellen.

VIII. Begrenzung des Haftungsverbundes

Zur Verhinderung der Haftung wegen existenzvernichtender Eingriffe sind – wie auch zur Vermeidung eines Verstoßes gegen die Kapitalerhaltungsvorschriften[2656] – Begrenzungen des Haftungsverbundes denkbar. Bei einer unbeschränkten gesamtschuldnerischen Haftung wäre die Tochtergesellschaft einem unkal-

---

[2653] HoldingHndb-*Vetter*, § 8 Rdn 38; *ders./Stadler*, Rdn 206; *Vetter*, VGR 6, 69, 99; vgl. *Makowski*, S. 232.

[2654] HoldingHndb-*Vetter*, § 8 Rdn 38; *ders./Stadler*, Rdn 206; *Vetter*, VGR 6, 69, 99; ferner bereits *Hormuth*, S. 94.

[2655] HoldingHndb-*Vetter*, § 8 Rdn 39; *ders./Stadler*, Rdn 207; *Vetter*, VGR 6 69, 99.

[2656] Hierzu schon oben 3. Teil § 12 A. VIII.

kulierbaren Haftungsrisiko ausgesetzt. Gleiches gilt für eine unbeschränkte Sicherheitenbestellung für eine externe Kreditaufnahme der Muttergesellschaft. Sollte sie in Anspruch genommen werden, ist der Erstattungsanspruch gegenüber der Muttergesellschaft in der Regel wertlos. Die Sicherheit wird ja gerade für den Fall bestellt, in dem der Hauptschuldner nicht mehr in der Lage ist, seinen Verpflichtungen gegenüber dem Dritten nachzukommen.[2657] Das Kreditinstitut verwertet die Sicherheit daher nur, wenn die darlehensnehmende Muttergesellschaft zuvor erklärt hat, keine Mittel zur Befriedigung der ausstehenden Verbindlichkeiten zu haben. Um eine Haftung wegen Existenzvernichtung aufgrund einer Mithaftung der Tochtergesellschaften zu verhindern, sollte die Mithaftung der Tochtergesellschaften daher von vornherein auf denjenigen Betrag beschränkt werden, den sie selbst als absteigende Gesellschafterdarlehen empfangen haben.[2658] Auf Seiten der Muttergesellschaft ist also bei der Mithaftung der Tochtergesellschaften stets zu prüfen, inwieweit diese Darlehen in Anspruch genommen haben.

IX. Einräumung eines Mindestmaßes finanzieller Eigenständigkeit

Um von vornherein dem Vorwurf eines existenzvernichtenden Eingriffs zu entgehen, wird verschiedentlich empfohlen, die Muttergesellschaft solle der Tochtergesellschaft ein Mindestmaß an frei verfügbaren Mittel belassen, die nicht in den Cash Pool einbezogen werden.[2659] Es werden hierzu aus betriebswirtschaftlicher Sichtweise Schwellenwerte definiert, bis zu denen ein Liquiditätsabzug aus der Tochtergesellschaft zulässig sein soll. Zudem wird in diesem Zusammenhang oftmals darauf hingewiesen, dass die Tochtergesellschaften ihre Liquiditätsversorgung ausschließlich über den Cash Pool abwickeln und daher von der Solvenz des Cash-Pool-Führers abhängig seien. Um den damit verbundenen Risiken zu entgehen, wird vorgeschlagen, der Tochtergesellschaft müssten in einem gewissen Umfang direkte Bankkontakte mitsamt eingeräumter Kreditlinien zur Verfügung stehen.[2660] Gegen derartige Gewährleistungen finanzieller Eigenständigkeit in Form der Beibehaltung eines bestimmten Maßes an eigenstän-

---

2657 HndbKonzernfinanz-*Maier-Reimer*, § 16 Rdn 27; *Vetter/Stadler*, Rdn 82; *Weitnauer*, ZIP 2005, 790, 791; *Steinbeck*, WM 1999, 885, 888.

2658 HndbKonzernfinanz-*Merkel*, § 17 Rdn 46; HndbKonzernfinanz-*Maier-Reimer*, § 16 Rdn 20; Pentz/Sollanek-*Pentz*, S. 55; HoldingHndb-*Vetter*, § 8 Rdn 46; *ders./Stadler*, Rdn 83, 227; *Rittscher*, S. 49; *Deckart*, S. 165; *Vetter*, VGR 6, 69, 103; *Burgard*, VGR 6, 45, 66.

2659 Pentz/Sollanek-*Pentz*, S. 54; *Matschernus*, S. 241; *Burgard*, VGR 6, 45, 67; *Vetter*, VGR 6, 69, 101; *Hommelhoff*, Der qualifiziert faktische GmbH-Konzern, 245, 253; *Herschlein/Seibold*, Börsen-Zeitung v. 22.09.2004, S. 2; *Wessels*, ZIP 2006, 1701, 1709.

2660 HndbKonzernfinanz-*Hommelhoff/Kleindiek*, § 21 Rdn 20; Pentz/Sollanek-*Pentz*, S. 54; Emmerich/Habersack-*Habersack*, Kommentar § 311 Rdn 48; MünchHndb-AG-*Krieger*, § 69 Rdn 56; MK-AG-*Kropff*, § 311 Rdn 185; *Liebscher*, Rdn 360; *Krieger*, Der qualifiziert faktische GmbH-Konzern, 41, 55; *Kropff*, bei Schmolke, VGR 6, 109, 110.

diger Mittel oder Bankkontakte sind die gleichen Bedenken wie bei der Kapitalerhaltung zu äußern: Eine solche Aufweichung des Cash-Pooling-Systems vermindert die Vorteile des Cash Pools, die umso größer sind, je konsequenter das System verfolgt werde.[2661] In welchem Maß etwa die Mittel den Tochtergesellschaften belassen werden sollen, kann nicht zuverlässig festgestellt werden. Die von der Betriebswirtschaft vorgeschlagenen Kriterien sind Schwankungen ausgesetzt und können dazu führen, dass sich die Höhe derjenigen Mittel, die der Tochtergesellschaft als eigene zur Verfügung stehen müssen, ständig ändern kann.[2662] Hier wären daher je nach der Veränderung zusätzliche Liquiditätstransfers erforderlich, die für die Betreibergesellschaft einen enormen zusätzlichen Aufwand bedeuten würden. Zudem ist es mehr als fraglich, ob mit Kreditinstituten auch hinsichtlich derjenigen Mittel, die nicht in den physischen Cash Pool einbezogen werden, wie *Burgard* es annimmt,[2663] durch besondere Zinsvereinbarungen Sonderkonditionen vereinbart werden können. Mangels Einbeziehung in den Cash Pool entstehen bezüglich dieser Mittel ja gerade keine Verbundeffekte.

Auch die Aufrechterhaltung eigenständiger Bankkontakte durch die Tochtergesellschaft führt zu keiner weiteren Verminderung der Haftungsrisiken für die Muttergesellschaft. Bei einem effektiven Cash-Pooling-System ist die Muttergesellschaft nicht nur in der Lage, die im Konzern vorhandene Liquidität an die kreditbedürftige Gesellschaft zu verteilen. Die Betreibergesellschaft fungiert hier gerade als konzerninternes Bankhaus. Sollte die im Konzern vorhandene Liquidität aber nicht ausreichen, so ist zu bedenken, dass der Betreibergesellschaft auf dem Master Account ein Kreditrahmen durch das dieses Konto führende Kreditinstitut eingeräumt ist. Insofern erfolgt auch die Kreditaufnahme zentral durch den Cash-Pool-Führer zu regelmäßig günstigeren Konditionen als bei einer Kreditaufnahme durch jede einzelne Konzerngesellschaft. Dadurch ist die Betreibergesellschaft zudem in der Lage, auch unerwarteten Liquiditätsbedarf zu befriedigen, ohne dass der die Liquiditätsversorgung der Tochtergesellschaften gefährdet wird. Bei einem funktionierenden, zweckmäßig ausgestatteten Cash-Pooling-System erweisen sich eigenständige Bankkontakte der Tochtergesellschaften zusätzlich zu denen der Betreibergesellschaft damit als überflüssig. Auch wenn bei Beendigung des Cash Poolings die Aufnahme eigenständiger Bankkontakte durch die Tochtergesellschaften mangels zur Verfügung stehenden Sicherungsmöglichkeiten nach der hier vertretenen Auffassung nicht ohne weiteres möglich ist, erscheint die Aufrechterhaltung eigenständiger Bankkontakte damit nicht zwingend erforderlich, um Haftungsrisiken zu vermeiden.

[2661] HndbKonzernfinanz-*Wehlen*, § 23 Rdn 81; HoldingHndb-*Vetter*, § 8 Rdn 48; *ders./Stadler*, Rdn 218; *Rittscher*, S. 47; *Loyal*, S. 29; *Vetter*, VGR 6, 69, 101; vgl. *Hey*, EWiR § 69 AO 1/05, 851, 852.

[2662] Hierzu Pentz/Sollanek-*Pentz*, S. 54.

[2663] *Burgard*, VGR 6, 45, 67.

X. Folgen bei Nichtbeachtung des Pflichtenkreises

Der der Muttergesellschaft im Rahmen des Cash Poolings auferlegte Pflichtenkreis ist umfassend und mit einem erheblichen Arbeitsaufwand verbunden. Allerdings sind diese Pflichten für ein funktionierendes Cash-Pooling-System nach der hier vertretenen Auffassung erforderlich, um die Haftungsrisiken für die Muttergesellschaft gering zu halten. Zwar stellt nicht jede einzelne Pflicht eine unmittelbare Voraussetzung dafür dar, dass keine Haftung wegen Existenzvernichtung eintritt. Auch ist nicht zu verkennen, dass die Erfüllung dieser Pflichten erhebliche Kosten verursachen kann, was wiederum die wirtschaftliche Attraktivität des Cash Poolings vermindert. Dennoch ist zu berücksichtigen, dass die Erfüllung des Pflichtenkreises auch dafür von Wichtigkeit ist, dass die Tochtergesellschaften die ihnen im Rahmen des Cash Poolings zustehenden Rechte und Pflichten geltend machen können. Trifft die Tochtergesellschaft etwa eine Abzugspflicht bei Gefährdung des Rückzahlungsanspruchs infolge einer der Krise des Konzerns, setzt die Ausübung dieser Pflicht eine frühzeitige Information durch die Muttergesellschaft voraus.

Langner kritisiert in diesem Zusammenhang, dass die Einrichtung und Durchführung des Frühwarnsystems, das diese Informationspflichten beinhaltet, keine Kontrolle unterliege.[2664] Zur Steigerung der Effektivität des Pflichtenprogramms der Muttergesellschaft bietet es sich daher an, dass die Tochtergesellschaft vor einer Einbeziehung in den Cash Pool die Einrichtung eines derartigen Pflichtenprogramms bei der Muttergesellschaft überprüfen muss. Führt dies zu dem Ergebnis, dass das Pflichtenprogramm nicht vollständig ist oder in der Vergangenheit gegenüber anderen, in den Cash Pool eingebundenen Gesellschaften nicht eingehalten wurde, muss die Tochtergesellschaft – komplementär ihrer Ausschließung bei Nichteinhaltung des ihr obliegenden Pflichtenkreises – das Recht haben, einer Einbeziehung in den Cash Pool zu widersprechen. Eine Ausnahme vom Weisungsrecht ist bei existenzgefährdenden Weisungen anerkannt.[2665] Unternimmt die Muttergesellschaft von vornherein nichts, um das Risiko einer Existenzgefährdung der Tochtergesellschaft durch die Ausgestaltung eines entsprechenden Pflichtenprogramms von vornherein zu minimieren, ist die Tochtergesellschaft von vornherein einer Existenzgefährdung ausgesetzt. Daher kann Weisung in einem solchen Fall widersprochen werden.

Werden die der Muttergesellschaft obliegenden Pflichten nicht ordnungsgemäß ausgeführt, kommt es also beispielsweise zu keiner rechtzeitigen Informationsversorgung, die zu einem Abzug der Mittel bei einer Krise des Konzerns führen können, begeht die Muttergesellschaft eine Pflichtverletzung der ihr obliegenden, im Cash-Pool-Vertrag festzuhaltenden Informationspflicht. Entsprechende vertragliche Schadensersatzansprüche sind aber zumindest dann weitge-

---

[2664] *Langner*, GmbHR 2005, 1017, 1020, Fn 25.
[2665] Siehe oben 3 Teil § 10 C. I. 1.

hend wertlos, wenn die Muttergesellschaft über die Krise des Gesamtkonzerns nicht oder nicht rechtzeitig informiert hat, so dass es zu keinem Abzug der an den Cash Pool übertragenen Mittel gekommen ist.[2666] Etwas anderes gilt nur dann, wenn die Muttergesellschaft nicht über die Krise einer anderen Tochtergesellschaft informiert hat und dies noch nicht zur Insolvenz des Gesamtkonzerns geführt hat. Allerdings wird diese Pflichtverletzung regelmäßig erst dann zu einem Schaden der kreditgewährenden Tochtergesellschaft führen, wenn diese die Mittel nicht mehr aus dem Cash Pool zurückerhält. Diese Situation ist jedoch regelmäßig gleichbedeutend mit der Krise des Konzerns. Wegen dieses drohenden Dilemmas ist die Einrichtung des Pflichtenkonzepts bei einem konzernweiten Cash Pooling aus Sicht der Tochtergesellschaften umso bedeutsamer; Sie sollten nicht an einem Cash Pooling teilnehmen, ohne sich zu vergewissern, dass die Muttergesellschaft umfassende Vorkehrungen zur Einhaltung der ihr obliegenden Verpflichtungen getroffen hat.

XI. Ergebnis zum Pflichtenkreis und zu den Vorsichtsmaßnahmen der Muttergesellschaft

Die Betrachtung hat gezeigt, dass den geschäftsführenden Organen der Muttergesellschaft bei Durchführung eines konzernweiten Cash Poolings eine umfassende Pflichtenbindung trifft, die verschiedene Verpflichtungen auf unterschiedlichen Ebenen zur Folge hat und teilweise mit strafrechtlichen Sanktionen unterlegt ist. Angesichts dieses Pflichtenkonzepts, das für die geschäftsführenden Organe der Muttergesellschaft nicht unerhebliche Konsequenzen haben kann, stellt sich die Frage nach Abstufungen dieses Pflichtensystems. Es ist daran zu denken, die Pflichtenbindung danach zu differenzieren, in welcher Größenordnung Mittel in den Cash Pool eingebracht wurden. Je höher die eingelegten Mittel sind, desto intensiver könnte die Pflichtenbindung ausgestaltet sein.[2667] Dieser Abstufung ist aber eine Absage zu erteilen. Für die Pflichtenbindung kann die Höhe der abgeführten Mittel kein Maßstab sein. Das hier vertretene Pflichtenkonzept ist keiner Differenzierung hinsichtlich der Größenordnung der Mittel zugänglich und wäre schlechterdings auch nicht haltbar. Für kleinere Konzerngesellschaften, die einen niedrigen Betrag an den Cash Pool abführen, kann der Ausfall mit den Forderungen in gleicher Weise existenzgefährdend sein wie der Ausfall mit größeren Forderungen von größeren Gesellschaften. Eine Abstufung der Intensität der Pflichtenbindung hinsichtlich der Größenordnung der Abführungen ist damit nicht angezeigt.

[2666] Vgl. die Einschätzung von *Langner*, GmbHR 2005, 1017, 1020, Fn 25.
[2667] So der Vorschlag von *Maier-Reimer*, VGR 10, 127, 157.

B. Pflichtenkreis und Vorsichtsmaßnahmen der Schwestergesellschaft

Den Cash Pool führen nicht selten Betreibergesellschaften, die lediglich in der Seitenlinie mit den einzelnen Konzerngesellschaften verbunden sind. Es ist daher die Frage aufzuwerfen, ob das oben genannte Pflichtenprogramm des herrschenden Unternehmens in derartigen Fällen auch der den Cash Pool betreibenden Schwestergesellschaft obliegt. Dies ist mit dem Hinweis darauf bejaht worden, dass die Betreibergesellschaft in einem wichtigen Bereich die Ausübung von Leitungsmacht über die am Cash Pooling beteiligten Konzernunternehmen übernehme und dann den an die Ausübung von Leitungsmacht geknüpften Treupflichten unterliege.[2668] Demgegenüber verneint *Burgard* eine Übertragung des Pflichtenprogramms des herrschenden Unternehmens auf die Schwestergesellschaft mit der Argumentation, dass die einzelnen Pflichten ihre Grundlage einerseits in der konzernrechtlichen Sonderverbindung zwischen Mutter und Enkelin sowie andererseits in der Veranlassung der Enkelin zur Abführung ihrer Liquidität hätten.[2669] Letztere Veranlassung werde regelmäßig von der Mutter und nicht von der Betreibergesellschaft ausgehen.[2670] Abgesehen davon, dass nach der hier vertretenen Ansicht eine Haftung wegen existenzvernichtender Eingriffe durch die Schwestergesellschaft mit diesem Haftungsmodell aufgrund einer fehlenden Einwirkung durch die Schwestergesellschaft unvereinbar ist, spricht gegen die Übertragung des Pflichtenprogramms auf die Schwestergesellschaft, dass sämtliche Einwirkungen von der Schwestergesellschaft auf die Tochtergesellschaft durch Weisungen der Muttergesellschaft erfolgen. Die Übertragung des Cash Pools an die Schwestergesellschaft führt also nicht auch zu einer Übertragung der mit dem Cash Pool verbundenen Pflichten des herrschenden Unternehmens. Dies bedeutet in tatsächlicher Hinsicht zwar nicht, dass die einzelnen Pflichten auch durch die Betreibergesellschaft durchgeführt werden könnten. Derartige faktische Verlagerungen dürfen aber im Ergebnis nicht dazu führen, dass sich die Organe der Muttergesellschaft ihrer Pflichten entledigen können.

C. Pflichtenkreis und Vorsichtsmaßnahmen der Tochtergesellschaft

Nunmehr sind die einzelnen aus dem Existenzschutz folgenden Pflichten der Tochtergesellschaft bei einem Cash Pool darzustellen, wobei der Pflichtenkreis in zeitlicher Reihenfolge von der geplanten Einbeziehung einer Tochtergesellschaft in einen Cash Pool bis zu deren Pflichten bei der Teilnahme an einem konzernweiten Cash Pool reichen kann. Es wäre also ein Trugschluss zu glauben, die geschäftsführenden Organe der Tochtergesellschaft würden bei Durch-

---

[2668] *Vetter/Stadler*, Rdn 152.

[2669] *Burgard*, VGR 6, 45, 63; wohl abl. auch *U. H. Schneider*, bei Schmolke, VGR 6, 109, 113.

[2670] *Burgard*, VGR 6, 45, 63.

führung eines Cash Poolings keine Pflichten treffen. Das Gegenteil ist der Fall: Auch sie unterliegen einer umfassenden Pflichtenbindung. Die einzelnen Pflichten sind nicht selten komplementär zu denen der Muttergesellschaft ausgestaltet und zeigen deutlich, dass das Cash Pooling auf eine doppelte Sicherung der Existenz der Tochtergesellschaft sowohl durch Pflichten der Muttergesellschaft als auch der Tochtergesellschaft selbst angelegt ist.

I. Widersetzungspflicht bei Weisung zum Cash-Pool-Beitritt

Der Pflichtenkreis beginnt bereits zum Zeitpunkt einer Weisung durch die Muttergesellschaft zum Beitritt zum konzernweiten Cash Pooling. Der BGH betont in der „Bremer Vulkan"-Entscheidung, dass möglicherweise eine Weisungsgebundenheit der Geschäftsführer der Tochtergesellschaft hinsichtlich des Beitritts zum Cash-Pooling-System des Konzernverbundes besteht, ohne dies jedoch abschließend zu entscheiden.[2671] Die Vorinstanz OLG Bremen hatte eine derartige Weisungsgebundenheit ausdrücklich bejaht.[2672] Einer derartigen Verpflichtung ist in Fällen, in denen die Unternehmensgruppe ausreichend liquide ist, zuzustimmen.[2673] Zweifelhaft erscheint diese Weisungsgebundenheit jedoch in den Fällen, in denen der Konzernverbund bereits zum Zeitpunkt der Weisung eine zweifelhafte, nicht transparente oder nicht mehr vorhandene Bonität besitzt. Die Einbindung insbesondere von liquiden Tochtergesellschaften in das Cash Pooling würde dazu führen, dass ein ernstzunehmendes Liquiditätsrisiko bei der Tochter, bei der sämtliche Liquidität abgesaugt würde, entstünde. Das FG Bremen sieht allerdings in dem Beitritt der abhängigen GmbH zu einem Cash-Pooling-System auf Weisung der Muttergesellschaft keine schuldhafte Pflichtverletzung des Geschäftsführers der Tochtergesellschaft und begründet dies damit, dass die Beitrittshandlung sowohl in der freien unternehmerischen Entscheidungsbefugnis als auch in der Funktion des hier wegen nicht abgeführter Lohnsteuer verklagten Organs als Geschäftsführungsorgan der GmbH begründet war.[2674] Dem kann indes nur zugestimmt werden, wenn die Muttergesellschaft zu diesem Zeitpunkt über ausreichend Liquidität verfügt. Ist in diesem Zeitpunkt jedoch bereits ersichtlich, dass der gesamte Konzernverbund „am Tropf" hängt, ist der Beitritt zu dem konzernweiten Cash-Pooling-System pflichtwidrig;[2675] die Geschäftsführer trifft dann eine Widersetzungspflicht zum Cash-Pooling-Beitritt. Dies ergibt sich schon daraus, dass existenzvernichtende Weisungen nicht befolgt werden dürfen.

[2671] BGHZ 149, 10, 19 f.

[2672] OLG Bremen, NZG 1999, 724, 726.

[2673] Vgl. *Henze*, BB 2005, 165, 174.

[2674] FG Bremen, EFG 2005, 1497, 1498.

[2675] *Greulich/Bunnemann*, NZG 2006, 681, 686; *Adamek*, EFG 2005, 1501, 1502; *U. H. Schneider*, ZGR 1984, 497, 534; *W. Müller*, EWiR § 823 BGB 4/99, 1057, 1058.

Weiterhin ist die Frage aufgeworfen, ob der Beitritt zu einem Cash-Pooling-System auch dann pflichtwidrig ist, wenn sich der Geschäftsführer jeglicher Kontrollmöglichkeiten über die Barmittel seiner abhängigen Tochtergesellschaft begibt und damit nicht mehr feststellen kann, ab welchem Zeitpunkt er zur Sicherung des Vermögens der abhängigen Gesellschaft die Vereinbarung zu kündigen und Kredite zurückzufordern hat.[2676] Bei einer solchen Fallgestaltung, ist die Tochtergesellschaft von vornherein dem Wohl und Wehe der Muttergesellschaft ausgesetzt, ohne bei deren Krise innerhalb kürzester Zeit in angemessener Weise reagieren zu können. Auch in einem solchen Fall muss das Ermessen des Geschäftsführers daher dahingehend reduziert sein, dass der Abschluss der Vereinbarung über den Beitritt zum konzernweiten Cash Pooling pflichtwidrig ist. Aus diesem Grund trifft die geschäftsführenden Organe der abhängigen Gesellschaften auch in derartigen Fällen eine Widersetzungspflicht, dem Cash Pool beizutreten.[2677]

II. Widersetzungspflicht bei Einbringung von Mitteln

Der BGH betont in der Bremer Vulkan-Entscheidung, dass möglicherweise eine Weisungsgebundenheit der Tochtergesellschaft im Rahmen des Beitritts zu einem Cash Pool, nicht aber während eines eingerichteten Cash Pools bestehe.[2678] Vielmehr obliegt, wie sich aus den Ausführungen des BGH ergibt,[2679] auch der Geschäftsleitung jeder abhängigen Konzerngesellschaft bei einem Cash Pooling die Pflicht zur Prüfung der drohenden Illiquidität des Gesamtkonzerns.[2680] Liegt eine derartige Situation des Gesamtkonzerns vor, trifft die Geschäftsleitung der Tochtergesellschaft die Verpflichtung, keine weiteren Finanzmittel in den Cash Pool einzubringen.[2681] Die Geschäftsführer der Tochtergesellschaften müssen sich insoweit also anders lautenden Weisungen der Muttergesellschaft, die gesamte freie Liquidität in den Cash Pool zu geben, widersetzen.[2682] Insofern besteht diese Pflicht – das machen die Ausführungen des BGH deutlich – komplementär zu der Aufklärungspflicht der Muttergesellschaft. Für den Geschäftsführer der Tochtergesellschaft bedeutet all dies, dass er im Fall der wirtschaftli-

---

2676 Die Pflichtwidrigkeit in einem solchen Fall bejahend *Adamek*, EFG 2005, 1501, 1502.

2677 Vgl. *Vetter/Stadler*, Rdn 175 zur Rechtslage im Vertragskonzern; MüchKomm-AG-*Altmeppen*, § 302 Rdn 38; *Brandes*, FS Kellermann, 25, 29 ff.

2678 BGHZ 149, 10, 19 f.

2679 BGHZ 149, 10, 19 f.

2680 *Greulich/Bunnemann*, NZG 2006, 681, 686; *Haarmann*, WpG-Sonderheft 2003, 75, 79; *Wilken*, DB 2001, 2383, 2385; *Morsch*, NZG 2003, 97, 105.

2681 *Hormuth*, S. 164 f.; *Brandes*, FS Kellermann, 25, 31; *Joost*, VGR 11, 31, 40; *Greulich/Bunnemann*, NZG 2006, 681, 686; *Wessels*, ZIP 2004, 793, 796; *Wilken*, DB 2001, 2383, 2385; *Morsch*, NZG 2003, 97, 105; *Berndt*, Der Syndikus 32 (2003), 43, 43 f.

2682 *Schäfer*, GmbHR 2005, 133, 134; *Goette*, DStR 2001, 1857, 1857; *Morsch*, NZG 2003, 97, 105; *Kerber*, ZGR 2005, 437, 442.

chen Krise jede neue Anweisung des herrschenden Unternehmens und die laufenden Vereinbarungen im Rahmen des Cash Pools laufend auf ihre wirtschaftlichen Folgen hin untersuchen muss.

Für die Geschäftsleitung der Tochtergesellschaft stellt sich aber die Frage, ab welchem Zeitpunkt keine Zahlungen mehr an den Cash Pool geleistet werden dürfen. Zur Feststellung des Zeitpunktes der Widersetzungspflicht wird teilweise auf eine Fortführungsprognose im Sinne des Insolvenzgrundes der Überschuldung nach § 19 Abs. 2 S. 2 InsO abgestellt.[2683] Solange die Fortführungsprognose positiv sei, müssten die Geschäftsführer der Tochter ihre Mittel an den Cash Pool abführen und dort belassen.[2684] Positiv soll die Fortführungsprognose sein, wenn es überwiegend wahrscheinlich ist, dass die Gesellschaft mittelfristig über die erforderliche Liquidität verfügen wird um ihre fälligen Verbindlichkeiten decken zu können.[2685] Bezogen auf das Cash Pooling müsse also festgestellt werden, ob die Rückzahlung der aufsteigenden Darlehen innerhalb eines Prognosezeitraums, der bis zum Ende des Folgegeschäftsjahres anzusetzen sei, gesichert erscheine. Umgekehrt müsse es zu einer Widersetzung der Abfuhr an Liquidität an den Cash Pool kommen, falls die Fortführungsprognose negativ werde. Da die Widersetzungspflicht aber auf die Aufklärungspflicht der Konzernleitung bezogen ist, erscheint es indes vorteilhafter, auch hier als Anküpfungspunkt den Insolvenzgrund der drohenden Zahlungsunfähigkeit gemäß § 18 Abs. 2 InsO zu wählen.[2686]

Nicht unberücksichtigt bleiben dürfen in diesem Zusammenhang zudem Strafbarkeitsrisiken des geschäftsführenden Organs der Tochtergesellschaft: Durch den Untreuetatbestand des § 266 Abs. 1 Alt. 2 StGB wird die GmbH gegen Untreuehandlungen ihres Geschäftsführers geschützt. Zwar gilt die Zustimmung der Gesellschafter zu einer Handlung des Geschäftsführers grundsätzlich als tatbestandsausschließend.[2687] Bei einem Einverständnis des Vermögensinhabers ist also bereits die Vermögensbetreuungspflicht nicht verletzt.[2688] Dies ist jedoch nicht in solchen Fällen anzunehmen, in denen die Zustimmung der Gesellschafter der GmbH gegenüber treuwidrig und damit wirkungslos ist.[2689] Eine

---

[2683] *Rümker*, FS Huber, 919, 929; *Wessels*, ZIP 2004, 794, 796; *ders.*, ZIP 2006, 1701, 1709.

[2684] *Rümker*, FS Huber, 919, 929; *Wessels*, ZIP 2004, 794, 795 f.; *ders.*, ZIP 2006, 1701, 1709 mit Hinweisen zur Feststellung einer positiven Fortführungsprognose.

[2685] Baumbach/Hueck-*Schulze-Osterloh*, § 64 Rdn 12; *Rümker*, FS Huber, 919, 929; *Wessels*, ZIP 2004, 794, 796.

[2686] Ebenso *Wilken*, DB 2001, 2383, 2384 f.

[2687] HoldingHndb-*Vetter*, § 8 Rdn 22; *Vetter/Stadler*, Rdn 156; *Vetter*, VGR 6 69, 89.

[2688] BGHSt 3, 23, 25; BGHSt 50, 331 ff.

[2689] *Vetter/Stadler*, Rdn 156; *Weyand*, INF 2005, 198, 199 f.; die strenge Gesellschaftertheorie negiert im Zusammenhang mit § 266 StGB demgegenüber eine Einschränkung der Dispositionsfreiheit der Gesellschafter über das Vermögen der GmbH, *Schramm*, S. 127; *Kasiske*, wistra 2005, 81, 85.

derartige Treuwidrigkeit wird bei einer Zustimmung zu einer Beeinträchtigung des Stammkapitals entgegen § 30 Abs. 1 GmbHG angenommen.[2690] Inzwischen hat insoweit eine Annäherung der strafrechtlichen Sichtweise an die „Bremer Vulkan"-Entscheidung des II. Zivilsenats des BGH stattgefunden, als eine Treuwidrigkeit nunmehr außerhalb des Vermögensabflusses unter Verstoß gegen § 30 Abs. 1 GmbH für solche Zustimmungen zu nachteiligen Maßnahmen gilt, die eine konkrete Existenzgefährdung für die Gesellschaft begründen.[2691] Teilweise wird als Beispiel hierfür die starke Beeinträchtigung der betriebsnotwendigen Liquidität, die bei Durchführung eines konzernweiten Cash Poolings möglich ist, ausdrücklich genannt.[2692] In diesem Bereich ist demzufolge die Vermögensbetreuungspflicht gegenüber der GmbH von der Zustimmung der Gesellschafter unabhängig. Geht man davon aus, dass eine existenzvernichtende Weisung der Muttergesellschaft nichtig ist, vom Geschäftsführer der abhängigen Gesellschaft also nicht befolgt werden darf, verletzen die Geschäftsführer ihre der abhängigen GmbH gegenüber obliegende Vermögensbetreuungspflicht, wenn sie gleichwohl auf Veranlassung der Muttergesellschaft die existenzgefährdende Maßnahme durchführen, indem sie Liquidität an den Cash Pool abführen.

III. Überwachungspflicht

Die von den Geschäftsführern der Tochtergesellschaften einzuhaltende Sorgfaltspflicht konkretisiert sich nach der Einbeziehung in einen Cash Pool zu einer permanenten Überwachungspflicht gegenüber dem Cash-Pool-Führer hinsichtlich der Einhaltung der vertraglichen Inhalte.[2693] Hieran wird deutlich, dass die Tochtergesellschaft nicht lediglich auf Zusicherungen der Muttergesellschaft, die vertraglichen Anforderungen einzuhalten, vertrauen darf.[2694] In dem der Entscheidung des FG Bremen zugrunde liegenden Sachverhalt, der ebenfalls die Geschehnisse um den „Bremer Vulkan" betraf, war den Geschäftsführern die

---

[2690] BGHSt 35, 333, 336; 49, 147, 158; BGH, NJW 1997, 66, 68 f.; MK-StGB-*Dierlamm*, § 266 Rdn 137; Kindhäuser/Neumann/Paeffgen-*Kindhäuser*, § 266 Rdn 71; LK-*Schünemann*, § 266 Rdn 125; Hachenburg-*Kohlmann*, Vor § 82 Rdn 183 ff.; *Vetter/Stadler*, Rdn 156.

[2691] BGHSt 49, 147, 158; BGHZ 142, 92, 96; *Vetter/Stadler*, Rdn 156; *Zieschang*, FS Kohlmann, 351, 358 f.; *Zeidler*, NZG 2000, 307, 309; dieses Kriterium sah das LG Bremen, NZG 1998, 468, 470, im „Bremer Vulkan" nicht als erfüllt an; abl. MK-StGB-*Dierlamm*, § 266 Rdn 137; *Busch*, 157 ff.

[2692] HoldingHndb-*Vetter*, § 8 Rdn 22; *Vetter/Stadler*, Rdn 156; *Deckart*, S. 32; *Zeidler*, NZG 2000, 307, 309.

[2693] FG Bremen, EFG 2005, 1497, 1500, betr. den Fall, in dem die Geschäftsführer einer an den Cash Pool des „Bremer Vulkan"-Verbundes angeschlossenen Tochtergesellschaft ihrer Verpflichtung zur Lohnsteuerzahlung nicht nachgekommen waren; *Jäger*, DStR 2000, 1736, 1741; *Haarmann*, WpG-Sonderheft 2003, 75, 79; *Adamek*, EFG 2005, 1501, 1502.

[2694] FG Bremen, EFG 2005, 1497, 1500.

Überwachung der Einhaltung der vertraglichen Bindungen nicht möglich, da sie auch die Abführung von Lohnsteuern an den Cash Pool delegiert hatte und die Entscheidung der Abführung damit allein dem Cash-Pool-Führer oblag.[2695] Hieraus folgt, dass die Geschäftsführer nicht nur ihre Überwachungspflicht selbst auszuüben haben, sondern gewissermaßen vorgeschaltet dazu verpflichtet sind, sich eine ausreichende Überwachung selbst zu ermöglichen. In einem gewissen Maße ist daher zwar eine Delegation von Verpflichtungen, die im Rahmen des Cash Poolings entstehen, möglich, jedoch führt dies nicht dazu, dass damit auch die Überwachungspflichten vertraglich delegiert werden können.[2696] Die Geschäftsführer müssen also stets zur vollständigen Überwachung in der Lage sein.

IV. Abzugspflicht

Hat die Muttergesellschaft ihrer Aufklärungspflicht entsprechend die Tochtergesellschaften über die Gefährdung der Rückzahlung des Darlehens informiert, um ihnen auf diese Weise einen rechtzeitigen Abzug der Mittel aus dem Cash Pool zu ermöglichen, trifft die Tochtergesellschaft die Pflicht zum tatsächlichen Abzug.[2697] Eine solche Abzugspflicht besteht darüber hinaus aber auch, wenn die Tochtergesellschaften aufgrund der ihr selbst obliegenden Überwachungsverpflichtung Kenntnis von der Krise der Muttergesellschaft haben.[2698] Ziehen die verantwortlichen Organmitglieder der darlehensgewährenden Gesellschaften dann aber bei einer entsprechenden Mitteilung oder durch die Überwachungspflicht erkannten Krise die Mittel nicht ab, handeln sie ihrerseits pflichtwidrig im Sinne des § 43 Abs. 3 GmbHG und dürfen Weisungen der Muttergesellschaft, die Mittel auch bei sich anbahnender Illiquidität des Konzernverbundes zu belassen, nicht befolgen.[2699] Während die Vorinstanz OLG Bremen noch davon ausgegangen war, dass die Geschäftsführung der Tochtergesellschaft den Abzug der Mittel aufgrund der Weisungsgebundenheit im Verhältnis zur Muttergesellschaft selbst in Kenntnis des drohenden Verlusts unterlassen hätte,[2700] erkennt der BGH in der „Bremer Vulkan“-Entscheidung keine Weisungsgebun-

---

[2695] FG Bremen, EFG 2005, 1497, 1500.

[2696] Ebenso FG Bremen, EFG 2005, 1497, 1500.

[2697] BGHZ 149, 10, 20; *Burgard*, VGR 6, 46, 64; *Korts*, S. 31; *Wessels*, ZIP 2004, 793, 796; *Wilken*, DB 2001, 2383, 2385; *ders.*, FAZ v. 19.09.2001, S. 30; *Morsch*, NZG 2003, 97, 105; *Wessels*, ZIP 2006, 1701, 1709; eine Bereitschaft zu konsequenten Entscheidungen herausst. daher *Vetter/Stadler*, Rdn 236; *Vetter*, VGR 6, 69, 105.

[2698] *Haarmann*, WpG-Sonderheft 2003, 75, 79; zutr. weist *Wessels*, ZIP 2006, 1701, 1708, darauf hin, dass derartige Abzugspflichten erst in einer Krisensituation eingreifen und nicht schon dann, wenn die Bonität der Konzernmutter einwandfrei ist.

[2699] BGHZ 149, 10, 19 f.; *Burgard*, VGR 6, 46, 64; *Korts*, S. 31; *Doralt*, bei Schmolke, VGR 6, 109, 111, hält es für unwahrscheinlich, dass die Organe der Tochtergesellschaft gegenüber dem Mehrheitsgesellschafter „den Aufstand proben“.

[2700] OLG Bremen, NZG 1999, 724, 726.

denheit bezüglich des Belassens der Mittel bei sich anbahnender Illiquidität des Konzernverbundes an.[2701]

Die Grundlage dieser Abzugs- bzw. Rückforderungspflicht ist noch weitgehend ungeklärt. Verschiedentlich wird hier die Pflicht der Gesellschafter auf die Rücksichtnahme der fortdauernden Liquidationsfähigkeit der abhängigen Gesellschaft betont, die dazu führe, dass der Gesellschaft ein außerordentliches Kündigungsrecht für die Darlehensverträge zuzugestehen sei, soweit sie abgeflossene oder noch auszureichende Liquidität zum Überleben benötigt.[2702] Eine entsprechende ausdrückliche vertragliche Regelung wird daher vielfach empfohlen.[2703] Dies wird allerdings nicht nur bezüglich des Abzugs der ausgereichten Darlehen sondern auch hinsichtlich des Cash-Pooling-Vertrages insgesamt vertreten.[2704] Sollte sich die Muttergesellschaft in einer finanziellen Krisensituation befinden, ist allerdings eine Gleichstufigkeit eines außerordentlichen Kündigungsrechts, wie sie vielfach angenommen wird, sowohl des Darlehens als auch des gesamten Cash-Pooling-Vertrages abzulehnen. Eine Kündigung des ausgereichten Darlehens erscheint bei einer Krisensituation aufgrund der oben genannten Grundssätze zwar begründbar.[2705] Die Kündigung des gesamten Cash-Pooling-Vertrages ohne jegliche Differenzierung erscheint jedoch bei einer Krisensituation der Muttergesellschaft übertrieben, sofern diese Lage von vornherein nur vorübergehender Natur ist.[2706] Schon hier sei außerdem angemerkt, dass der Abzug der Liquidität die Krise der Muttergesellschaft noch beschleunigt und eine Kündigung des gesamten Cash Pools diesen Effekt noch vergrößern würde. Daher sollte die außerordentliche Kündigung des gesamten Cash-Pooling-Vertrages nur als ultima ratio bei einer nachhaltigen Krise der Muttergesellschaft in Betracht kommen.[2707]

2701 BGHZ 149, 10, 19 f.

2702 *Matschernus*, S. 240 f.; *Rittscher*, S. 44; *Vetter/Stadler*, Rdn 213; *Rümker*, FS Huber, 919, 929; *Schäfer*, GmbHR 2005, 133, 134; *Wessels*, ZIP 2004, 794, 796; *Kerber*, ZGR 2005, 437, 442; *Zeidler*, NZG 2000, 309, 309; *Henze*, WM 2005, 717, 716; *Wessels*, ZIP 2006, 1701, 1709.

2703 *Matschernus*, S. 240 f.; *Vetter/Stadler*, Rdn 195; *Rümker*, FS Huber, 919, 929; *Vetter*, VGR 6, 69, 98; *Zeidler*, NZG 2000, 309, 309; *Wessels*, ZIP 2004, 794, 796; *Hilgard*, CH-D Wirtschaft 3/06, 16, 17.

2704 *Matschernus*, S. 241; *Vetter/Stadler*, Rdn 195, die empfehlen, wichtige Kündigungsgründe möglichst präzise in die Cash-Pool-Vereinbarung aufzunehmen; *Vetter*, VGR 6 69, 98; undiff. *Hilgard*, CH-D Wirtschaft 3/06, 16, 17.

2705 *Vetter/Stadler*, Rdn 195, verweisen darauf, dass die Kündigung bei kurzfristigen Darlehen unproblematisch sei, da diese häufig tagtäglich kündbar seien. Ohne eine besondere Abrede ist eine solche Kündigungsmöglichkeit jedoch nicht gegeben.

2706 Hinsichtlich der Art der Krise diff. auch BGHZ 149, 10, 19: „...und es sich dabei nicht nur um einen vorübergehenden Liquiditätsmangel handelte...".

2707 Für die Kündigung des Cash-Pooling-Vertrages nur im äußersten Fall auch *Jäger*, DStR 2000, 1736, 1741; vgl. auch oben § 12 A. IV. 1.

Als problematisch an einer Abzugspflicht im genannten Sinne ist allerdings zu bewerten, dass diese die Illiquidität des Gesamtkonzerns in erheblichem Maße weiter beschleunigt.[2708] Würde nicht sofort sämtliche den abhängigen Gesellschaften zustehende Liquidität entzogen werden, könnten etwaige Krisen möglicherweise überbrückt werden. Dies kann die geschäftsführenden Organe der Tochtergesellschaft in eine Konfliktsituation bringen: Einerseits sind sie zum Abzug der Mittel verpflichtet, um sich selbst nicht schadensersatzpflichtig zu machen, andererseits kann der Abzug der Mittel die Krise des Gesamtkonzerns verschärfen und damit im Rahmen des Dominoeffekts auch zur Krise der eigenen Tochtergesellschaft führen, die durch die Hinweispflicht der Konzernmutter eigentlich geschützt werden sollte. Zur Lösung dieses Konfliktes wird vorgeschlagen, die Pflicht der Organmitglieder der Tochtergesellschaften zum Abzug der aufsteigenden Darlehen bei Aussicht auf Sanierung des Konzerns auf diejenigen Mittel zu beschränken, die zur Bedienung der Verbindlichkeiten der Gesellschaft erforderlich sind.[2709] Dies bedeutet einerseits, dass bei negativer Prognose einer erfolgreichen Solvenz die Mittel in voller Höhe abzuziehen sind, andererseits aber auch, dass das Problem nicht gelöst wird, wenn die Tochtergesellschaft einerseits den als Darlehen zur Verfügung gestellten Betrag in gesamter Höhe zur Bedienung ihrer Verbindlichkeiten benötigt, andererseits aber der Konzern – bei positiver Sanierungsaussicht – ohne diese Mittel insolvent werden würde und dies die Tochtergesellschaft aufgrund des Dominoeffekts mit in den Abgrund reißen würde. Zieht die Tochtergesellschaft die Mittel also in voller Höhe ab, wird sie durch die Krise des Konzerns insolvent, zieht sie die Mittel nur in geringerem Umfang ab, der zwar zur Rettung des Konzerns führt, aber nicht mehr zur Bedienung ihrer Verbindlichkeiten ausreicht, führt dies ebenfalls zur Insolvenz der Tochtergesellschaft. Die geschäftsführenden Organe der Tochtergesellschaft sind also vor die Frage gestellt, die eigene Gesellschaft zu „opfern“, um damit die Insolvenz des Gesamtkonzerns abzuwenden, oder aber – wenn man von der oben genannten Pflicht zum Abzug ausgeht – die eigene Gesellschaft vorerst zu retten, was aber zur Krise des Konzerns und nachträglich bei späteren Liquiditätsbedarf damit ebenfalls zur Insolvenz der Tochtergesellschaft führen kann. Die Muttergesellschaft wird aber ohnehin mit Sicherheit nicht die Mittel an die Tochtergesellschaft zurückführen, wenn hierdurch die Existenz des Konzerns gefährdet werden würde.[2710] Hierbei wird sie möglicherweise sogar eine Haftung wegen existenzvernichtenden Eingriffs in Kauf nehmen. Dass in der Verweigerung der Rückzahlung von gewährten

---

[2708] Zutr. von *Vetter/Stadler*, Rdn 238; *Vetter*, VGR 6, 69, 105; *Haarmann*, WpG-Sonderheft 2003, 75, 79, erkannt.

[2709] *Burgard*, VGR 6, 46, 64; siehe auch *Wessels*, ZIP 2004, 794, 796: Rückforderung im „fortführungsnötigen Umfang“; vgl. auch *ders.*, ZIP 2006, 1701, 1709.

[2710] Vgl. *Heckschen*, NotBZ 2006, 381, 386.

Darlehen ein existenzvernichtender Eingriff liegen kann, wurde bereits mehrfach angesprochen.

V. Informationspflichten

Um ihren Pflichten nachzukommen, ist die Muttergesellschaft auf eine ausreichende Informationsversorgung durch die einzelnen Tochtergesellschaften angewiesen. Die Pflicht zur Liquiditätsplanung impliziert, dass die Muttergesellschaft sich fortlaufend die erforderlichen Informationen über die Liquiditätsplanzahlen der Tochtergesellschaften beschaffen kann und die Tochtergesellschaften zu einer entsprechenden Informationspolitik verpflicht sind.[2711] Der BGH geht in der „Bremer Vulkan"-Entscheidung stillschweigend von derartigen Möglichkeiten aus. Einem solchen Informationsaustausch zwischen Mutter- und Tochtergesellschaft können allerdings Schranken gesetzt sein.

1. Gesetzliche Schranken

Diese Schranken divergieren je nachdem, ob es sich bei der abhängigen Konzerngesellschaft um eine GmbH oder AG handelt.

a) GmbH

Ist die Tochtergesellschaft eine GmbH, ist die Pflicht zur Weitergabe der für die Aufrechterhaltung ein Cash Pooling erforderlichen Liquiditätskennzahlen unproblematisch.[2712] § 51 a Abs. 1 GmbHG gewährt dem Gesellschafter einer GmbH ein jederzeitiges umfassendes Auskunftsrecht über die Angelegenheiten der Gesellschaft. Daher ist auch Art und Umfang der Teilnahme an einem Cash Pool als eine die vermögensmäßigen Interessen betreffende Angelegenheit Gegenstand des Informationsrechts.[2713] Außerdem hat er das Recht, Einsicht in die Bücher und Schriften der Gesellschaft zu nehmen. Hiervon sind die Liquiditätskennzahlen erfasst. Eine Verweigerung der Auskunft oder Einsicht ist gemäß § 51 a Abs. 2 GmbHG nur möglich, wenn zu besorgen ist, dass der Gesellschafter die Informationen zu gesellschaftsfremden Zwecken verwenden und dadurch der Gesellschaft oder einem verbundenen Unternehmen einen nicht unerheblichen Nachteil zufügen wird. Die Liquiditätskennzahlen, welche die Muttergesellschaft zur Liquiditätsplanung im Cash Pool benötigt, sollen gerade zur Stabilisierung der Finanzierung im Gesamtkonzern verwendet werden und damit letztlich auch der Tochtergesellschaft zugute kommen. Nicht zuletzt ist die Verweigerung auch von einem Beschluss der Gesellschafter abhängig, wobei

---

[2711] *Wessels*, ZIP 2006, 1701, 1709.

[2712] So auch die allg. Einschätzung: *Vetter/Stadler*, Rdn 202; *Wilken*, DB 2001, 2383, 2385; *Morsch*, NZG 2003, 97, 106; *Haase*, INF 2005, 37, 37 f.

[2713] Näher hierzu *Makowski*, S. 238 ff.; ebenso *Deckart*, S. 162; *Wilken*, DB 2001, 2383, 2385.

der Betroffene bei der Abstimmung aber nicht stimmberechtigt ist.[2714] Es kann damit festgehalten werden, dass eine Informationspflicht der abhängigen GmbH gegenüber der Muttergesellschaft besteht.[2715]

b) AG

Ist die abhängige Gesellschaft eine AG, so sind als Grenzen eines ungehinderten Informationsflusses sowohl die organschaftliche Verschwiegenheitspflicht des § 93 Abs. 1 S. 2 AktG, wonach die Vorstandsmitglieder über vertrauliche Angaben und Geheimnisse der AG Stillschweigen zu bewahren haben, als auch das Nachauskunftsrecht des § 131 Abs. 4 AktG zu beachten, was bei einem Vorhandensein von Minderheitsgesellschaftern Probleme mit sich bringen kann. Zwar ist das Cash Pooling auf eine einheitliche Finanzführung durch die Muttergesellschaft ausgerichtet, so dass im Grundsatz keine Minderheitsgesellschafter vorhanden sind. Ist dies ausnahmsweise der Fall, würde die Weitergabe von Liquiditätsplanzahlen an die Muttergesellschaft ein allgemeines Auskunftsrecht außenstehender Aktionäre gemäß § 131 Abs. 4 AktG nach sich ziehen, so dass auf Seiten der Vorstandsmitglieder der abhängigen Gesellschaft Hemmnisse bestehen würden, diejenigen Informationen an die Muttergesellschaft weiterzugeben, die diese für ihre konzernweite Liquiditätsplanung benötigt.[2716] Diese Grenzen sind für den Vertragskonzern und für den faktischen Konzern getrennt zu betrachten:

Ist die abhängige AG in einen Vertragskonzern eingegliedert, so ist die Informationsübermittlung durch deren Vorstandsmitglieder an die Muttergesellschaft anerkannt, soweit dies zum Zweck der einheitlichen Leitung der beherrschten Gesellschaft dient.[2717] Dem ist zuzustimmen: Das im Gesetz verankerte Weisungsrecht der Muttergesellschaft nach § 308 Abs. 1 AktG kann nur sinnvoll ausgeübt werden, wenn eine sachgerechte Informationsversorgung stattfindet. Zudem ist das herrschende Unternehmen gemäß §§ 302, 322 AktG für das wirtschaftliche Risiko in der beherrschten Gesellschaft verantwortlich. Daher ist es auf die zur Ausübung risikomindernder Maßnahmen auf eine Informationsversorgung durch die abhängigen Gesellschaften angewiesen. Hat eine Informationsversorgung der Muttergesellschaft durch die abhängige Gesellschaft stattgefunden, ist im Vertragskonzern unbestritten, dass dies keine erweiterte Auskunftspflicht gegenüber den Minderheitsaktionären der abhängigen Gesellschaft gemäß § 131 Abs. 4 AktG nach sich zieht.[2718] Auskünfte, welche die ab-

---

[2714] Baumbach/Hueck-*Zöllner*, § 51 a Rdn 38; Roth/Altmeppen-*Roth*, § 51 a Rdn 31.

[2715] Dies dürfte auch gegenüber Schwestergesellschaften gelten, obgleich § 51 a GmbHG hierauf nicht bezogen ist, vgl. *Deckart*, S. 162.

[2716] *Wilken*, DB 2001 2383, 2386; vgl. *Deckart*, S. 164.

[2717] GK-AG-*Decher*, § 131 Rdn 347; MK-AG-*Kubis*, § 131 Rdn 141; *Fleischer*, DB 2005, 759, 765.

[2718] *Fleischer*, DB 2005, 759, 765; *Habersack/Verse*, AG 2003, 300, 305.

hängige AG dem herrschenden Unternehmen gewährt, seien als leitungsbezogen anzusehen und nicht durch die Aktionärseigenschaft des herrschenden Unternehmens veranlasst.[2719] Die Aktionärseigenschaft ist hier durch die Eigenschaft als herrschendes Unternehmen überlagert. Rechtliche Beschränkungen bei der Auskunftsverpflichtung der abhängigen Gesellschaft gegenüber der Muttergesellschaft hinsichtlich derjenigen Informationen, die diese für ein stabiles Cash Pooling benötigt, sind demnach nicht zu besorgen.

Auch im faktischen Konzern könnte die Weitergabe von Informationen an die Muttergesellschaft an den Schranken der § 93 Abs. 1 S. 2 und § 131 Abs. 4 AktG scheitern.[2720] Ob die Weitergabe von Informationen an ein herrschendes Unternehmen ein Fall der § 93 Abs. 1 S. 2 und 131 Abs. 4 AktG darstellt, ist streitig: Einer Ansicht nach ist dies zu bejahen. Sofern das herrschende Unternehmen den Abhängigkeitsbericht erhalten hat, könnten danach alle außenstehenden Aktionäre verlangen, dass auch ihnen die im Abhängigkeitsbericht enthaltenen Informationen zur Kenntnis gelangen.[2721] Zur Begründung führt diese Meinung an, die Leitungsmöglichkeit beruhe im faktischen Konzern allein auf der Aktionärseigenschaft des herrschenden Unternehmens, so dass § 131 Abs. 3 AktG bereits nach seinem Wortlaut Anwendung finde.[2722] Eine als herrschend einzuordnende Auffassung nimmt hingegen auch im faktischen Konzern die Übermittlung von Informationen vom abhängigen zum herrschenden Unternehmen, die für eine sachgemäße Konzernleitung erforderlich sind, vom Anwendungsbereich der §§ 93 Abs. 1 S. 2, 131 Abs. 4 AktG aus.[2723] Die besseren Argumente streiten für letztere Ansicht. Die herrschende Gesellschaft muss von der beherrschten Gesellschaft die für eine ordnungsgemäße Konzernleitung erforderlichen Informationen erhalten können, ohne mit dem Risiko der Offenlegung von internen Informationen auch gegenüber außenstehenden Aktionären belastet zu sein. Ebenso wie im Vertragskonzern ist der Wortlaut des § 131 Abs. 4 AktG zu beachten, wonach es auf die Aktionärseigenschaft ankommt. Die Muttergesellschaft ist zwar einerseits Aktionärin, führt andererseits aber auch unmittelbar oder mittelbar über eine von ihr beherrschte Betreibergesell-

---

[2719] LG München I, AG 1999, 138, 1139; MK-AG-*Kubis*, § 131 Rdn 141; KK-*Zöllner*, § 131 Rdn 66, *Hüffer*, § 131 Rdn 38; *Fleischer*, DB 2005, 759, 765.

[2720] Teilw. wird bereits die Möglichkeit der Informationsweitergabe von unternehmensgruppeninternen Rechtsgeschäften abgelehnt, da diese schon Gegenstand des Abhängigkeitsberichts seien, MünchHndbGesR-AG-*Semler*, § 37 Rdn 14; dagegen aber die h. M. KK-*Koppensteiner*, § 312 Rdn 4; KK-*Zöllner*, § 131 Rdn 30; *Makowski*, S. 237.

[2721] KK-*Koppensteiner*, § 312 Rdn 5; *Kort*, ZGR 1987, 46, 60; *U. H. Schneider*, FS Lutter, 1193, 1201 f.; wohl auch *Schünemann*, LM § 309 AktG 1965 Nr. 1, 902, 904.

[2722] *U. H. Schneider*, FS Lutter, 1193, 1201.

[2723] GK-AktG-*Decher*, § 131 Rdn 348; *Hüffer*, § 131 Rdn 38; MK-AG-*Kropff*, § 311 Rdn 306; *Fleischer*, DB 2005, 759, 765; *Habersack/Verse*, AG 2003, 300, 306; *Menke*, NZG 2004, 697, 700; bei bloßer Abhängigkeit oder Mehrheitsbeteiligung soll § 131 Abs. 4 AktG hingegen zur Anwendung kommen.

schaft den Cash Pool durch. Insofern kommt ihr einer Doppelfunktion zu.[2724] Die oben genannten Informationen sollen ihr dann auch nicht aufgrund ihrer Eigenschaft als Aktionärin, sondern aufgrund ihrer Eigenschaft als Cash-Pool-Führerin gewährt werden. Auch hier werden ihr die Informationen damit nicht im Sinne des § 131 Abs. 4 AktG in ihrer Eigenschaft als Aktionärin gewährt.

2. Unabhängige horizontale Informationspflichten zwischen den beherrschten Unternehmen

Neben dem bei einem Cash Pool erforderlichen Informationsfluss von der Mutter- zur Tochtergesellschaft und in die umgekehrte Richtung stellt sich die Frage, inwieweit im Rahmen eines durch einen Cash Pool erforderlich gewordenes konzernweiten Finanzberichtswesens auch die einzelnen Tochtergesellschaften untereinander zu einer gegenseitigen Informationsversorgung verpflichtet sind. Vereinzelt wird erwogen, die geschäftsführenden Organe sowohl der Muttergesellschaft als auch der darlehensgewährenden Tochtergesellschaft sollten sich über die wirtschaftliche Situation derjenigen Gesellschaft, an die das Darlehen im Rahmen des Cash Pools ausgereicht wurde, analog zur Informationspflicht aus § 18 KWG informieren.[2725] Nach § 18 Abs. 1 S. 1 KWG darf ein Kreditinstitut einen Kredit von insgesamt mehr als EUR 250.000 nur gewähren, wenn es sich von dem Kreditnehmer die wirtschaftlichen Verhältnisse, insbesondere durch Vorlage der Jahresabschlüsse, offenlegen lässt. Die analoge Anwendung dieser Vorschrift erscheint in diesem Zusammenhang aber in verschiedener Hinsicht bedenklich: Es ist es für die darlehensgewährende Tochtergesellschaft nicht ohne weiteres ersichtlich, an welche Tochtergesellschaft die Mittel über den Cash Pool zur Verfügung gestellt werden. Zwar wäre es denkbar, dass die Muttergesellschaft der Tochtergesellschaft die hierfür erforderlichen Informationen zur Verfügung stellt, so dass diese sich direkt bei derjenigen Gesellschaft, die die als Darlehen zur Verfügung gestellten Mittel erhalten hat, über deren finanzielle Situation informieren kann. Dieses Interesse steht allerdings in einem Widerspruch zu dem Interesse der Muttergesellschaft, den einzelnen abhängigen Tochtergesellschaften keine unbeschränkten Angaben über die finanzielle Situation der anderen Tochtergesellschaften zur Verfügung zu stellen.[2726]

Erwogen wird zwar, dass sich die Tochtergesellschaften die an den Cash Pool angeschlossenen sind, gegenseitig monatliche Übersichten über die Liquiditätssituation zur Verfügung stellen, damit diese sich ein Bild über die potenzielle Gefährdung der eigenen Liquidität machen können.[2727] Auch wird vorge-

---

[2724] Hierzu MK-AktG-*Kubis*, § 131 Rdn 130 ff.; *Deckart*, S. 164.

[2725] *Berndt*, Der Syndikus 32 (2003), 43, 43 f.

[2726] Zu diesem Interessenkonflikt HoldingHndb-*Vetter*, § 8 Rdn 38; *ders./Stadler*, Rdn 197 ff.

[2727] *Hey*, EWiR § 69 AO 1/05, 851, 852, mit dem Hinweis darauf, dass "moderne" Cash-Pooling-Verträge dies ohnehin vorsähen; *Vetter/Stadler*, Rdn 198, halten hingegen den

schlagen, die Tochtergesellschaften müssten dazu verpflichtet werden, Veränderungen im Credit Rating mitzuteilen, wenn sie in die Bewertung der Kreditwürdigkeit durch entsprechende Rating-Agenturen einbezogen seien.[2728] All diese Informationsaustauschmodelle zwischen den einzelnen Tochtergesellschaften erweisen sich jedoch als überflüssig, wenn man sich den Pflichtenkreis der Muttergesellschaft vor Augen führt: Diese ist dazu verpflichtet, die Konzerngesellschaften nicht nur über die Finanzsituation des Gesamtkonzerns, sondern auch über wesentliche Veränderungen der Finanzsituation bei den einzelnen Tochtergesellschaften in Form von Ad hoc-Mitteilungen aufzuklären. Aufgrund dieser Verpflichtung werden die Tochtergesellschaften ausreichend geschützt, wenn sie die Informationen nicht direkt von den einzelnen Tochtergesellschaften, sondern durch entsprechende Mitteilungen der Muttergesellschaft erhalten.[2729] Abgesehen davon würde es gerade in größeren Konzernen mit einer Vielzahl an einen Cash Pool angeschlossenen Tochtergesellschaften auch zu einem erheblichen Arbeitsaufwand kommen, wenn die einzelnen Tochtergesellschaften sich nicht nur gegenseitig die erforderlichen Informationen über die eigene finanzielle Situation zur Verfügung stellen, sondern auch die entsprechenden Informationen aller anderen Tochtergesellschaften auswerten müssten. Hiermit wären gerade kleinere Tochtergesellschaften überfordert. Der Muttergesellschaft kommt daher insofern eine gewisse Ordnungsfunktion zu, indem sie die Informationen der einzelnen Tochtergesellschaften zentral sammelt und auswertet und nur die für die Aufrechterhaltung der konzernweiten Liquidität im Cash Pool relevanten Informationen an die einzelnen Tochtergesellschaften weiterleitet. Horizontale Informationspflichten zwischen den einzelnen Tochtergesellschaften sind aus diesen Gründen abzulehnen.

VI. Ergebnis zum Pflichtenkreis der Tochtergesellschaften

Auch die Tochtergesellschaften treffen beim Cash Pooling zahlreiche Verpflichtungen, deren Einhaltung teilweise strafrechtlich untermauert ist.

D. Ergebnis

Die Darstellung der Pflichtenprogramme der am Cash Pooling beteiligten Gesellschaften hat aufgezeigt, dass mit der Implementierung eines Cash-Pooling-Systems die Aufstellung zahlreicher Pflichten einhergeht. Es zeigt sich zudem, dass die Pflichten die bestehenden betriebswirtschaftlichen Vorteile beschränken. Umgekehrt ist das Cash Pooling umso vorteilhafter für den Gesamtkonzern, je aggressiver es durchgeführt wird. Allerdings sind dann eben auch die rechtlichen Risiken besonders hoch. Richtigerweise müssen die Geschäftsführer der

---

Austausch von Jahresabschlüssen und nicht testierten Zwischenberichten für möglich, stehen einer Übermittlung monatlicher Berichte aber eher skeptisch gegenüber.

2728 *Vetter/Stadler*, Rdn 198.

2729 In diese Richtung auch HoldingHndb-*Vetter*, § 8 Rdn 38; *ders./Stadler*, Rdn 198.

beteiligten Gesellschaften, insbesondere der Muttergesellschaft, daher bei der Art und Weise der Durchführung eines Cash-Pooling-Systems stets zwischen den rechtlichen und den wirtschaftlichen Vorteilen abwägen.[2730]

[2730] HoldingHndb-*Vetter*, § 8 Rdn 50; *ders./Stadler*, Rdn 242; *Vetter*, VGR 6, 69, 106.

5. Teil: Zusammenfassung der wesentlichen Ergebnisse

Zum 1. Teil:

1. Das Cash Pooling, das einen Unterfall des Cash Managements darstellt, dient dem Liquiditätsausgleich in der Form, dass überschüssige Liquidität im Konzern an liquiditätsbedürftige Gesellschaften verteilt wird.

2. Mit dem Cash Pooling sind vielfältige potentielle Vorteile verbunden. Allerdings kann das Cash Pooling auch zahlreiche nicht zu unterschätzende Nachteile mit sich bringen, die in bestimmten Situationen überwiegen können. Dies ist bei der folgenden Betrachtung der Kapitalaufbringung, Kapitalerhaltung und dem Existenzschutz im Cash Pool zu berücksichtigen und zwingt zu einer differenzierten Betrachtung der Vorgänge.

3. Das Rechtsverhältnis zwischen den einzelnen Konzerngesellschaften und der Betreibergesellschaft ist durch einen schriftlichen Vertrag auszugestalten. Da dies bereits aus dem allgemeinen Sorgfaltsmaßstab folgt, bedarf es keiner entsprechenden gesetzlichen Regelung.

4. Die einzelnen Liquiditätsströme sind zivilrechtlich nicht als unregelmäßige Verwahrung, Auftrag oder Vertrag sui generis, sondern als Darlehen einzustufen. Beim Cash Pooling handelt es sich daher um ein System wechselseitiger Darlehensverträge: Sowohl die aufsteigenden Zahlungen der einzelnen Gesellschaften an die Betreibergesellschaft als auch die absteigenden Zahlungen an die Gesellschaften durch den Cash-Pool-Führer sind jeweils als Gewährung bzw. Tilgung von Darlehen anzusehen.

Zum 2. Teil:

1. Die Leistung einer Bareinlage an eine in ein Cash-Pooling-System einbezogenen Gesellschaft führt dazu, dass keine ordnungsgemäße Kapitalmaßnahme stattfindet, da der Betrag aufgrund des Cash-Pooling-Automatismusses an die Muttergesellschaft oder an die von ihr beherrschte Betreibergesellschaft zurückfließt. Der Vorgang ist allerdings differenziert zu betrachten: Bei positivem Saldo zugunsten der Tochtergesellschaft ist der Tatbestand der verdeckten Sacheinlage nicht erfüllt. Da die Forderung einer Gesellschaft gegen ihren Gesellschafter nach ganz herrschender Ansicht kein tauglicher Einlagegegenstand einer Sacheinlage ist, kommt in diesen Fällen mangels Einlagefähigkeit der Forderung auch keine Umgehung der Sacheinlagevorschriften in Betracht. Hier fehlt es allerdings an der freien Verfügbarkeit; bei negativem Saldo liegt hingegen zusätzlich eine verdeckte Sacheinlage vor: im Ergebnis wurde eine Forderung der Muttergesellschaft gegenüber der Tochtergesellschaft vermeintlich getilgt.

2. Neben der offen gebliebenen Einlageforderung bestehen nach einer wirtschaftlichen Gesamtbetrachtung des Vorgangs keinerlei Bereicherungsansprüche; dies gilt auch für die Konstellation der verdeckten Sacheinlage.

3. „Sonderrechte“ für konzernweite Cash-Pooling-Systeme auf der Grundlage des geltenden Rechts sind nicht anzuerkennen: Ein „Sonderrecht“ positiver Art in Form einer teleologischen Reduktion wäre nicht mit dem Kapitalaufbringungsrecht in Einklang zu bringen. Auch eine Verschärfung des geltenden Rechts für diese Konzernfinanzierungsform aufgrund der damit verbundenen Gefahren im Wege einer teleologischen Extension ist nicht angezeigt.

4. Eine Ausstrahlungswirkung des § 30 Abs. 1 S. 2 GmbHG RefE-MoMiG auf die Kapitalaufbringung ist abzulehnen: Eine Interessenprüfung nach den dortigen Maßstäben wäre weder sachgerecht noch mit dem geltenden Kapitalaufbringungsrecht in Einklang zu bringen. Die Kapitalaufbringung bei einer Gesellschaft, die an einen Cash Pool angeschlossen ist, hat nach allgemeinen Grundsätzen zu erfolgen.

5. Zur Ermöglichung einer ordnungsgemäßen Kapitalaufbringung oder -erhöhung können weder die Besonderheiten des Cash Poolings genutzt werden noch bietet sich die Kapitalaufbringung außerhalb des Cash Pools an. Bei einer Sonderkontenlösung stellt sich neben dem Problem der zeitlichen Unbestimmtheit das Vorhandensein einer schädlichen Absprache des Rückflusses. Die vielfach propagierte Begleichung von Forderungen gegenüber Dritten mit den Mitteln des Einlagebetrages vom Sonderkonto aus führt infolge der mittelbaren Entlastungswirkung der Unterkonten um diese Beträge zu einem schädlichen Rückfluss an die Muttergesellschaft.

6. Eine ordnungsgemäße Kapitalaufbringung oder -erhöhung kann auf dem Wege der Sacheinlageleistung vorgenommen werden. Im Cash Pool bietet sich als Einlagegegenstand eine Darlehensforderung der Muttergesellschaft gegenüber der Tochtergesellschaft an. Der Cash Pool ist jedoch täglichen Schwankungen ausgesetzt, so dass der Bestand einer solchen Forderung nicht gewährleistet ist. Zur Lösung wäre ein „Anhalten“ des Cash Pools ungeeignet. Vielmehr sollte die Muttergesellschaft der Tochtergesellschaft vorab ein Darlehen auf ein Sonderkonto außerhalb des Cash Pools gewähren. Die so entstandene Darlehensforderung wird als Sacheinlage eingebracht. Die Darlehensvaluta kann anschließend wieder an den Cash Pool zurückfließen.

7. Würde auch eine Darlehensforderung der Tochtergesellschaft gegenüber der Muttergesellschaft als Sacheinlage in Betracht kommen, wäre der Einlagevor-

gang erleichtert. Der Lehrsatz der herrschenden Auffassung, eine Forderung gegenüber dem Inferenten sei nicht einlagefähig, erweist sich aber als richtig.

8. Ist die Kapitalmaßnahme fehlgeschlagen, sind Heilungsmaßnahmen zu ergreifen. Hierfür ist die bloße Inanspruchnahme des Cash Pools durch die Tochtergesellschaft nicht ausreichend, da aufgrund des Cash-Pooling-Automatismusses zum einen eine Zuordnung des Betrages zur Einlageschuld unmöglich ist und zum anderen die fortwährende Verpflichtung zur Abführung dieser Mittel besteht. Eine ausdrückliche Tilgungsbestimmung der Liquiditätsströme auf die Einlageschuld ist nur bei einem positiven Saldo weiterführend; bei einem negativen Saldo scheidet diese Möglichkeit aus.

9. Bei einem negativen Saldo bietet sich zur Heilung die Umwandlung der Bar- in eine Sacheinlage an. Bei einem positiven Saldo ist diese Lösung mangels tauglichen Einlagegegenstandes hingegen nicht möglich. Es kommt ferner die Neuvornahme der Einlageleistung in Betracht. Auch hier ist der Vorgang aber als Sacheinlageleistung zu gestalten. Sowohl Einlageleistung als auch Heilung können damit nur im Wege der Sacheinlage erfolgen.

10. Der Übergang von der Kapitalaufbringung auf die Kapitalerhaltung, der für das Cash Pooling wegen des weniger strengen Maßstabes der Kapitalerhaltung eine große Bedeutung hat, wird durch die „Trennlinie“ der freien Verfügbarkeit markiert. Zwischen Kapitalaufbringung und -erhaltung bestehen zahlreiche Unterschiede, die eine sorgsame Prüfung bei der Übertragung von Wertungen auf das jeweils andere Regime erforderlich machen.

Zum 3. Teil:

1. Da die analoge Anwendung des § 43 a GmbHG auf aufsteigende Darlehen an Gesellschafter ausscheidet, ist Grenze der Kapitalerhaltung bei der faktisch konzernierten GmbH allein das Auszahlungsverbot des § 30 Abs. 1 GmbHG. Der Abkehr von der bilanziellen Betrachtungsweise durch die Entscheidung BGHZ 157, 72 ff., die zu einer Einschränkung der Darlehensvergabe führt, ist zuzustimmen. Substanzschutz-, Rang- und Umgehungsargument machen eine Abkehr von der bilanziellen Betrachtungsweise erforderlich.

2. Die einzelnen Argumente treffen auch auf die Rechtslage im Cash Pool zu. Da auch andere Besonderheiten des Cash Poolings zu keiner anderen Beurteilung führen, ist die Entscheidung BGHZ 157, 72 ff. auf derartige Konzernfinanzierungssysteme anwendbar.

3. Stille Reserven sind auch nach BGHZ 157, 72 ff. nicht bei Ermittlung der Unterbilanz zu berücksichtigen. Die Entscheidung hat insofern zu keiner Veränderung der Sichtweise geführt.

4. Die Situationen, in denen eine Darlehensgewährung zu einem Verstoß gegen § 30 Abs. 1 GmbHG führt, sind in Bezug auf die bereits bestehende Unterbilanz und die durch die Darlehensgewährung infolge mangelnder Werthaltigkeit des Rückzahlungsanspruchs entstehende Unterbilanz geklärt. Streitig ist allerdings, ob bei einer Darlehensgewährung außerhalb der Unterbilanzsituation auch werthaltige Rückzahlungsansprüche pauschal mit null zu bewerten sind, so dass eine Darlehensgewährung nur aus dem ungebundenen Vermögen möglich wäre. Nach hier vertretener Ansicht gebietet die Entscheidung BGHZ 157, 72 ff. keine so weitgehende Abkehr von der bilanziellen Betrachtungsweise; bei Ermittlung der Unterbilanz sind werthaltige Ansprüche zu berücksichtigen. Folglich ist eine Darlehensgewährung bis zum Stadium der Unterbilanz zulässig. Diese Betrachtungsweise führt dazu, dass ein Cash Pooling bei der faktisch konzernierten GmbH nach wie vor in erheblichem Umfang möglich ist. Für die im Rahmen des Cash Poolings oftmals erfolgende Sicherheitenbestellung bedeutet diese Sichtweise, dass nicht per se auf den Zeitpunkt der Bestellung der Sicherheit abgestellt werden kann.

5. Auch das „Stehenlassen" von Darlehen bei nachträglichem Eintritt der Unterbilanz bei der Tochtergesellschaft kann einen Verstoß gegen das Auszahlungsverbot des § 30 Abs. 1 GmbHG darstellen, wenn die Tochtergesellschaft nicht von den ihr zur Verfügung stehenden Kündigungsmöglichkeiten Gebrauch macht.

6. Schuldner des Anspruchs aus § 31 Abs. 1 GmbHG kann nur die Muttergesellschaft, nicht aber die von ihr beherrschte Betreibergesellschaft sein. Werden die Liquiditätsflüsse mit einer ausdrücklichen Tilgungsbestimmung versehen, führt dies zu einem Erlöschen des Anspruchs aus § 31 Abs. 1 GmbHG. Mangels Zuordnung zur offenen Schuld gilt dies hingegen nicht, wenn fälschlicherweise eine Darlehensschuld getilgt werden soll.

7. Das obiter dictum zu BGHZ 157, 72 ff. manifestiert einen Ausnahmetatbestand, dessen eng auszulegende Voraussetzungen kumulativ vorliegen müssen. Das Kriterium des Gesellschaftsinteresses bezieht sich auf die gesamte Teilnahme am Cash Pooling. Der Drittvergleich ist auf die Konditionen der Darlehensverzinsung bezogen, die sich wiederum an der Bonität der Betreibergesellschaft ausrichten. Die Feststellung des Kriteriums der außer Zweifel stehenden Kreditwürdigkeit bestimmt sich richtigerweise danach, ob der Betreibergesellschaft von Dritten Kredite ohne Risikoaufschlag gewährt werden würden. Die

alternativ mögliche Besicherung der Rückzahlungsansprüche ist im Regelfall nur durch konzernexterne Dritte möglich; die hierbei anfallenden Kosten mindern die mit dem Cash Pooling verbundenen Vorteile allerdings nicht unerheblich.

8. „Sonderrechte" positiver oder negativer Art sind auch bei der Kapitalerhaltung auf Grundlage des geltenden Rechts abzulehnen. Der geplanten Neuregelung des § 30 Abs. 1 S. 2 GmbHG RefE-MoMiG ist ebenfalls eine Absage zu erteilen. Mit dem Kriterium des Gesellschaftsinteresses kann kein höheres Maß an Rechtssicherheit erzeugt werden, wenn hiermit wiederum auf die Kriterien des Ausnahmetatbestandes abgestellt werden soll. Bei Zugrundelegung einer einschränkenden Abkehr von der bilanziellen Betrachtungsweise erst im Stadium der Unterbilanz und nicht bereits bei deren Ermittlung ist ein Bedürfnis an einer gesetzlichen Regelung zweifelhaft. Einer Klarstellung durch den BGH ist der Vorzug zu geben.

9. Eine gesetzliche Offenlegungsvorschrift über die Teilnahme einer Gesellschaft an einem Cash-Pooling-System nach dem Vorbild des § 294 Abs. 1 S. 1 Halbs. 1 AktG ist aufgrund der Ambivalenz des Phänomens Cash Pooling und der mangelnden Vergleichbarkeit mit dem Abschluss eines Beherrschungsvertrages nicht einzuführen.

10. Bei der faktisch konzernierten AG ist die Argumentation aus BGHZ 157, 72 ff. auf den Kapitalerhalt nach § 57 Abs. 1 S. 1 AktG übertragbar. Aufgrund der verfahrensrechtlichen Vorgaben der Bilanzfeststellung und Gewinnausschüttung erweist sich eine Darlehensgewährung im Rahmen des Cash Poolings als praktisch unmöglich. Ausnahmen von der strengen Vermögensbindung sind außerhalb des obiter dictums nicht angezeigt. Die Neuregelung des § 57 Abs. 1 S. 2 AktG RefE-MoMiG würde die Darlehensgewährung in großem Umfang zulassen, ist allerdings erheblichen Bedenken ausgesetzt.

11. Die Anwendung der §§ 311 ff. AktG, die richtigerweise zu einer vollständigen Verdrängung der §§ 57 ff. AktG führt, ist im Rahmen eines konzernweiten Cash Poolings problematisch. Die regelmäßige ungesicherte Darlehensgewährung stellt einen nicht ausgleichsfähigen Nachteil dar, so dass die strenge Vermögensbindung der §§ 57 ff. AktG wieder aufleben würde. Auch die mit dem Cash Pooling entstehenden sog. „weichen" Nachteile und Risiken sind nicht ausgleichsfähig und nur durch verschiedene Maßnahmen abwendbar, die sich auf die Wirtschaftlichkeit des Cash Poolings negativ auswirken. Aus diesen Gründen dürfte sich ein Cash Pooling im faktischen Aktienkonzern als kaum durchführbar erweisen.

12. Im Aktienvertragskonzern ermöglicht der Abschluss eines Beherrschungsvertrages im Sinne des § 291 Abs. 1 Alt. 1 AktG aufgrund der Suspendierungswirkung der Vermögensbindung durch § 291 Abs. 3 AktG die Durchführung eines konzernweiten Cash Poolings. Einzuhalten sind lediglich verschiedene Weisungsgrenzen. Auch BGHZ 157, 72 ff. ändert an dieser Betrachtung nichts; der zeitlich hinausgeschobene Verlustausgleich nach § 302 Abs. 1 AktG stellt insofern ein Konzernprivileg dar.

13. Nach hier vertretener Ansicht führt § 291 Abs. 3 AktG bei der vertraglich konzernierten GmbH in analoger Anwendung zu einer Aufhebung des § 30 Abs. 1 GmbHG.

14. Der Verlustausgleichsanspruch nach § 302 Abs. 1 AktG kann im Cash Pool mit gegenläufigen Forderungen der Muttergesellschaft aufgerechnet werden, sofern der Anspruch der Muttergesellschaft werthaltig ist. Die Werthaltigkeit der Ansprüche kann nicht durch die Muttergesellschaft hergestellt werden; eine Verpflichtung zu unterjährigen Abschlagszahlungen besteht nicht. Im Falle eines positiven Saldos der Tochtergesellschaft ist eine Novation des Verlustausgleichsanspruchs wegen der damit verbundenen Stundungswirkung nicht möglich.

15. Ein Verstoß gegen die Kapitalerhaltungsvorschriften kann beim Cash Pooling durch verschiedene Gestaltungsmöglichkeiten vermieden werden. Besonders kapitalschwache Gesellschaften sollten nicht am Cash Pooling teilnehmen. Es sollten Kündigungs- und Informationsrechte etabliert werden, wobei die Kündigung nach einem abgestuften System zu erfolgen hat. Wichtig sind außerdem ausdrückliche Verwendungsabreden für die Liquiditätsflüsse. Überdies bietet es sich an, von vornherein einen Betrag in Höhe des zu deckenden Stamm- oder Grundkapitals vom Sweeping auszunehmen. Langfristig benötigte oder nicht benötigte Liquidität sollte nicht über den Cash Pool fließen. Besonders geeignet dürfte der Abschluss von Beherrschungsverträgen sein. Nicht ausgeschlossen ist auch ein gezieltes Abstellen auf den Ausnahmetatbestand, sofern dessen Voraussetzungen zweifelsfrei vorliegen.

Zum 4. Teil:

1. Die Existenzvernichtungshaftung, die die Rechtsfigur des qualifiziert faktischen Konzerns richtiger Ansicht nach vollumfänglich abgelöst hat, ist als Außenhaftung in Form der Durchgriffshaftung analog § 128 HGB einzuordnen.

2. Die Eingriffsweisen, die beim Cash Pooling zu einem existenzvernichtenden Eingriff führen können, sind vielfältig und beziehen sich nicht nur auf Darle-

hensgewährungen, sondern auch auf weitere mit dem Cash Pooling verbundene Besonderheiten, etwa die Herstellung eines Haftungsverbundes.

3. Eine Haftung wegen existenzvernichtender Eingriffe kommt nur für die Muttergesellschaft in Betracht. Die beherrschte Betreibergesellschaft des Cash Pools haftet hingegen nicht. Die Haftung von Geschäftsführern der Tochtergesellschaften bei existenzvernichtenden Eingriffen dürfte sich durch § 64 Abs. 2 S. 3 GmbHG RefE-MoMiG verschärfen.

4. Die Existenzvernichtungshaftung steht in einem Subsidiaritätsverhältnis zu den §§ 30 f. GmbHG. Auch nach der Ausweitung der Reichweite des § 30 Abs. 1 GmbHG durch die Abkehr von der bilanziellen Betrachtungsweise besitzt die Existenzvernichtungshaftung aufgrund andersartiger Anknüpfungspunkte einen eigenständigen Anwendungsbereich. Die Anwendung des § 826 BGB macht die Existenzvernichtungshaftung ebenfalls nicht entbehrlich. Der „Trihotel"-Entscheidung des BGH wird nicht gefolgt.

5. Zur Abwendung existenzvernichtender Eingriffe trifft die Muttergesellschaft eine strafrechtlich untermauerte, mehrstufige Vermögensbetreuungspflicht gegenüber den Tochtergesellschaften, die aus deren Teilnahme am Cash Pooling und der besonderen Funktion der Betreibergesellschaft als konzerninternes Bankinstitut herrührt. Auf der ersten Stufe hat sie die Deckung des Stammkapitals zu gewährleisten, auf der zweiten Stufe muss sich darüber hinaus die notwendige Liquidität sicherstellen.

6. Die Muttergesellschaft hat die geschäftsführenden Organe der Tochtergesellschaften darauf hinzuweisen, dass der Gesamtkonzern zur gegenwärtigen und/oder zukünftigen Abdeckung der von den einzelnen Tochtergesellschaften geforderten Liquiditätsmittel nicht mehr in der Lage ist. Dies soll den Tochtergesellschaften einen rechtzeitigen Abzug der Mittel aus dem Cash Pool ermöglichen. Auch diese Verpflichtung, deren Verletzung zu einem Betrug durch Unterlassen führt, beruht auf den mit dem Cash Pooling verbundenen Besonderheiten.

7. Die Muttergesellschaft trifft zwar keine positive Liquiditätsverantwortung gegenüber den Tochtergesellschaften, sie ist jedoch schon aufgrund ihrer Vermögensbetreuungspflicht zu einer umfassenden Liquiditätsplanung verpflichtet. Außerdem ist ein Informations- und Frühwarnsystem aufzubauen. Besondere Zusicherungen der Muttergesellschaft können das bestehende Pflichtenprogramm zwar ergänzen, nicht aber substituieren. Während die Beschränkung des Haftungsverbundes auch hier sinnvoll ist, erscheinen sonstige Maßnahmen zur Einräumung eines Mindestmaßes finanzieller Eigenständigkeit nicht zwingend zur Haftungsvermeidung erforderlich. Ohne dass die Einhaltung der Pflichten

der Muttergesellschaft von dieser sichergestellt ist, sollte die Tochtergesellschaft nicht an einem Cash Pooling teilnehmen. Der Pflichtenkreis obliegt allerdings nicht der beherrschten Betreibergesellschaft.

8. Auch die Tochtergesellschaft trifft zur Vermeidung existenzvernichtender Eingriffe ein umfassender Pflichtenkatalog. Dies beginnt bei der Widersetzungspflicht zur Teilnahme am Cash Pooling und zur nachfolgenden Einbringung überschüssiger Liquidität, wenn sich der Gesamtkonzern in einer Krise befindet. Die Tochtergesellschaft hat den Cash Pool permanent zu überwachen und ist bei einer entsprechenden Mitteilung der Muttergesellschaft über die Krise des Konzerns zu einem Abzug ausgereichter Darlehen verpflichtet. Außerdem hat die Tochtergesellschaft Informationspflichten über ihre Liquiditätssituation gegenüber der Muttergesellschaft, nicht aber unmittelbar gegenüber anderen Konzerngesellschaften.

Gesamtergebnis: Die Betrachtung hat also insgesamt gezeigt, dass das konzernweite Cash Pooling keinem generellen Verdikt durch den BGH oder durch den Gesetzgeber unterworfen ist. Gleichwohl unterliegt dieses Konzernfinanzierungsinstrument speziellen Problemen bei der Kapitalaufbringung und -erhaltung sowie beim Existenzschutz. Diese Probleme sind allesamt durch entsprechende Gestaltungen beherrschbar, die das Cash Pooling zwar in wirtschaftlicher Hinsicht weniger attraktiv machen, für einen wirksamen Gläubigerschutz aber erforderlich sind. Spezieller gesetzlicher Regelungen zur Ermöglichung des Cash Pooling bedarf es daher nicht. Vielmehr ist das Cash Pooling mit dem herkömmlichen Gesetzes- und Richterrecht in Einklang zu bringen.

Literaturverzeichnis

Abolins, Karlis, Cash-Management-Systeme für Unternehmen, DB 1985, 64 ff.

Achenbach, Hans /Ransiek, Andreas Handbuch des Wirtschaftsstrafrechts, Heidelberg, 2004

Achilles, Wilhelm-Albrecht/Ensthaler, Jürgen/Schmidt, Burkhard, Kommentar zum GmbH-Gesetz, 1. Aufl., Neuwied, 2005 (zit.: Achilles/Ensthaler/Schmidt-Bearbeiter)

Adamek, Richard, Anmerkung zum Urteil des FG Bremen vom 07. Juli 2005 – Az: 1 K 429/02 (3), EFG 2005, 1501 f.

Adler, Hans/Dürig/Schmaltz, Kurt, Rechnungslegung und Prüfung der Aktiengesellschaft, 4. Aufl., Stuttgart, 1980 ff.

Altmeppen, Holger, Abschied vom „Durchgriff" im Kapitalgesellschaftsrecht, NJW 2007, 2657 ff.

Anmerkung zum Urteil des BGH vom 13.12.2004 – Az: II ZR 206/02, ZIP 2005, 119 ff.

Anmerkung zum Urteil des BGH vom 29.05.2000 – Az: II ZR 118/98, NZG 2000, 887 f.

Ausfall- und Verhaltenshaftung des Mitgesellschafters in der GmbH, ZIP 2002, 961 ff.

Die Grenzen der Zulässigkeit des Cash Pooling, ZIP 2006, 1025 ff.

Die Haftung des Managers im Konzern, München, 1998

„Dritte" als Adressaten der Kapitalerhaltungs- und Kapitalersatzregeln in der GmbH, Festschrift für Bruno Kropff zum 72. Geburtstag, Düsseldorf, 1997, 642 ff.

Existenzvernichtungshaftung und Scheinauslandsgesellschaften, Festschrift für Volker Röhricht zum 65. Geburtstag, Köln, 2005, 3 ff.

Gesellschafterhaftung und „Konzernhaftung" bei der GmbH, NJW 2002, 312 ff.

Grundlegend Neues zum „qualifiziert faktischen" Konzern und zum Gläubigerschutz in der Einmann-GmbH, ZIP 2001, 1837 ff.

Schutz vor „europäischen" Kapitalgesellschaften, NJW 2004, 97 ff.

Zur Entstehung, Fälligkeit und Höhe des Verlustausgleichsanspruchs nach § 302 AktG, DB 1999, 2453 ff.

Zur Entwicklung eines neuen Gläubigerschutzkonzeptes in der GmbH, ZIP 2002, 1553 ff.

Zur Vermögensbindung in der faktisch abhängigen AG, ZIP 1996, 693 ff.

Altmeppen, Holger/Roth, Kommentar zum Gesetz betreffend die Gesellschaften mit beschränkter Haftung (GmbHG), 5. Aufl., München, 2005

Ammelung, Ulrich/Kaeser, Christian, Cash-Management-Systeme in Konzernen, DStR 2003, 655 ff.

Aschenbeck, Tanja, Anmerkung zum Urteil des BGH vom 10.07.2006 – Az: II ZR 238/04, BGHReport 2006, 1246 f.
Autenrieth, Karlheinz, Verschleierte Sachgründung und Haftung des Steuerberaters, DStZ 1988, 252 ff.
Autschbach, Heike, CASH-POOL – Baden verboten!, Finance 11/2004, 48 ff.

Bäcker, Roland, Cash-Management-Risiken, GmbH-Stpr 2006, 201 ff.
Bähr, Biner/Hoos, Jan-Philipp, Anmerkung zu BGH, Urteil vom 24.11.2003 – Az: II ZR 171/01, GmbHR 2004, 304 f.
Anmerkung zum Urteil des OLG Rostock vom 10.12.2003 – Az: 6 U 56/03, EWiR § 13 GmbHG 1/04, 231 f.
Bälz, Ulrich, Verbundene Unternehmen, AG 1992, 277 ff.
Bamberger, Heinz Georg/Roth, Herbert (Hrsg.), Kommentar zum Bürgerlichen Gesetzbuch, München, 2005
Barnert, Rainer, Verdeckte Vermögensverlagerungen im Aktienrecht (Diss.), Köln, 1989
Barnert, Thomas, Anmerkung zu BGH, Urteil vom 24.11.2003 – II ZR 171/01, WuB II C. § 30 GmbHG 1.05, 157 ff.
Barta, Sebastian, Das Kapitalsystem von GmbH und AG - Inhalt und Zweck der Regelungen über Stamm- bzw. Grundkapital, GmbHR 2005, 657 ff.
Barth, Peter/Gelsen, Hermann, Die Sicherheitsleistung der GmbH für Kredite, die Dritte den Gesellschaftern der GmbH gewährt haben, DB 1981, 2265 ff.
Bartholl, Carsten, Diskussionsbericht, ZHR 159 (1995), 418 ff.
Barz, Birgit, Anmerkung zum Urteil des LG Flensburg vom 17.07.2001 – Az: 2 O 396/00, GmbHR 2001, 864 f.
Bastuck, Burkhard, Kreditbesicherung im Konzern, WM 2000, 1091 ff.
Bauder, Wolfgang, Anmerkung zum Urteil des BGH vom 29.03.1993 – Az: II ZR 265/91, BB 1993, 1103 ff.
Baumbach, Adolf/Hopt, Klaus, Handelsgesetzbuch, 32. Aufl., München, 2005
Baumbach, Adolf/Hueck, Alfred GmbH-Gesetz, 18. Aufl., München, 2006 (zit.: Baumbach/Hueck-Bearbeiter)
Bayer, Walter, Die Gesamtverantwortung der Gesellschafter für das Stammkapital und die Existenz der GmbH, Festschrift für Volker Röhricht zum 65. Geburtstag, Köln, 2005, 25 ff.
Moderner Kapitalschutz, ZGR 2007, 220 ff.
Neue und neueste Entwicklungen zur verdeckten GmbH-Sacheinlage, ZIP 1998, 1985 ff.
Unwirksame Leistung auf die Stammeinlage und nachträgliche Erfüllung, GmbHR 2004, 445 ff.
Zentrale Konzernfinanzierung, Cash Management und Kapitalerhaltung, Festschrift für Marcus Lutter zum 70. Geburtstag, Köln, 2000, 1011 ff.

Bayer, Walter/Graff, Simone, Anmerkungen zu den Urteilen des BGH vom 21.11.2005 Az: II ZR 140/04 und vom 09.01.2006 – Az: II ZR 72/05, WuB II A. § 54 AktG 1.06, 271 ff.

Anmerkung zum Urteil des BGH vom 12.06.2006 – Az: II ZR 334/04, WuB II C. § 55 GmbHG 1.07, 17 ff.

Bayer, Walter/Lieder, Jan, Anmerkung zum Urteil des BGH vom 13.12.2004 – Az: II ZR 256/02, WuB II C. § 13 GmbHG 3.05, 369 ff.

Darlehen der GmbH an Gesellschafter und Sicherheiten aus dem GmbH-Vermögen für Gesellschafterverbindlichkeiten, ZGR 2005, 133 ff.

Der Entwurf des „MoMiG" und die Auswirkungen auf das Cash-Pooling, GmbHR 2006, 1121 ff.

Kapitalaufbringung im Cash-Pool, GmbHR 2006, 449 ff.

Zur Abwicklung der Haftung wegen existenzvernichtenden Eingriffs und der Ersatzpflicht aus § 826 BGB in der Insolvenz, WM 2006, 999 ff.

Bechlivanis, Achilleys, Vermögensbindung bei der unabhängigen und der einfach faktisch konzernierten Aktiengesellschaft (Diss.), Heidelberg, 2004

Beckemper, Katharina, Untreuestrafbarkeit des GmbH-Gesellschafters bei einverständlicher Vermögensverschiebung, GmbHR 2005, 592 ff.

Becker, Ralph, Cash-Management in der Unternehmenskrise, DStR 1998, 1528 ff.

Becker, Ulrich, Heilung verdeckter Sacheinlagen bei der GmbH, RNotZ 2005, 569 ff.

Becker, Walther, Cash-Pool-System birgt neue Risiken für Private-Equity-Investoren, Börsen-Zeitung vom 08.02.2006, 2

Behrens, Frithjof, Bericht über die Diskussion des Referats Joost, Die GmbH-Reform in der Diskussion, 2006, VGR 11, 51 ff.

Beiner, Torsten/Lanzius, Tim, Anmerkung zum Urteil des BGH vom 13.05.2004 – Az: 5 StR 73/03, NZI 2004, 688 ff.

Bender, Gregor, Anmerkung zum Urteil des BGH vom 25.02.2002 – Az: II ZR 196/00, GmbHR 2002, 552 ff.

Bender, Hans-Udo, Das Ende klassischer Konzernfinanzierungen durch die jüngere BGH-Rechtsprechung, BB 2005, 1492 ff.

Benecke, Martina, Der Erstattungsanspruch nach § 31 Abs. 1 GmbHG bei anderweitig aufgefülltem Stammkapital, ZIP 2000, 1969 ff.

Existenzvernichtender Eingriff statt qualifiziert faktischer Konzern: Die neue Rechtsprechung des BGH zur Haftung von GmbH-Gesellschaftern, BB 2003, 1190 ff.

Berg, Hans-Georg, Rechtsdogmatische Fragen zu § 30 Abs. 1 GmbHG (Diss.), Berlin, 1995

Berg, Hans-Georg/Schmich, Rolf, Kreditgewährung unter Verstoß gegen § 30 GmbHG als verdeckte Gewinnausschüttung?, FR 2005, 190 ff.

Berndt, Markus, Strafrechtliche Risiken des Cash-Pooling, Der Syndikus 32 (2003), 43 ff.
Binz, Mark/Sorg, Martin/Mayer, Gerd, Die GmbH & Co. KG, 10. Aufl., München, 2005
Bitter, Georg, Das „TBB"-Urteil und das immer noch vergessene GmbH-Vertragskonzernrecht, ZIP 2001, 265 ff.
Der Anfang vom Ende des „qualifiziert faktischen GmbH-Konzerns", WM 2001, 2133 ff.
Konzernrechtliche Durchgriffshaftung bei Personengesellschaften (Diss.), Köln, 2000
Bitter, Walter/Bitter, Georg, Alles klar im qualifiziert faktischen Konzern? Oder: Die Ausweitung der BGH-Rechtsprechung durch das BAG, BB 1996, 2153 ff.
Bloching, Micha/Kettinger, Alexander, Kapitalerhaltung oder Kapitalquelle? – Eine Analyse des § 33 Abs. 2 GmbHG im Licht der aktuellen Rechtsprechung zum Kapitalschutz, BB 2006, 172 ff.
Stellt die BGH-Entscheidung vom 24.11.2003 das Kapitalschutzsystem der GmbH wieder auf die Füße? GmbHR 2005, 1098 ff.
Blöse, Jochen, Anmerkung zum Urteil des BGH vom 25.02.2002 – Az: II ZR 196/00, EWiR § 13 GmbHG 1/02, 679 f.
Anmerkung zum Urteil des LG Kassel, Urteil vom 11.09.2001 – 12 O 3104/00, EWiR § 43 GmbHG 1/02, 435 f.
Anmerkung zum Urteil des OLG München vom 24.11.2005 – Az: 23 U 4380/05, GmbHR 2006, 146 ff.
Cash-Management-Systeme als Problem des Eigenkapitalersatzes, GmbHR 2002, 675 ff.
Blum, Oliver, Cash Pooling: gesellschaftsrechtliche Aspekte, AJP 2005, 705 ff.
Fallstricke des Cash-Pooling, Neue Zürcher Zeitung vom 15.11.2005, 27
Böcker, Philipp, §§ 30, 31 GmbHG im Wandel, ZGR 2006, 213 ff.
Insolvenz im GmbH-Konzern (I), GmbHR 2004, 1257 ff.
Böckmann, Tobias, Die „Freigabe" der von § 93 InsO erfassten Ansprüche wegen Existenzvernichtungshaftung durch den Insolvenzverwalter, ZIP 2005, 2186 ff.
Bödecker, Annette, Anmerkung zum Urteil des BGH vom 12.02.2007 – Az: II ZR 272/05, Handelsblatt vom 18.04.2007, 18
Boettger, Ulrich, Strategien für das Cash-Management unter Berücksichtigung der Verhältnisse bei internationalen Konzernen (Diss.), Wiesbaden, 1994
Böhnke, Jochen, Die Realisation persönlicher Cash Management Systeme auf der Basis neuer Informations- und Kommunikationstechnologien (Diss.), Hannover, 1987
Bonn, Rainer, Status Quo und Entwicklungstendenzen im betrieblichen Cash Management, FB 2007, 73 ff.

Boos, Karl-Heinz/Fischer, Reinfrid/Schulte-Mattler,Hermann Kreditwesengesetz, 2. Aufl., München, 2004

Bork, Reinhard, Die Geltendmachung der Existenzvernichtungshaftung in der Insolvenz, KTS 2006, 39 ff.

(Nichts) Neues zur verdeckten Sacheinlage bei der Barkapitalerhöhung im GmbH-Recht?, NZG 2007, 375 ff.

Bormann, Michael, Anmerkung zum Urteil des BGH vom 12.06.2006 – Az: II ZR 33/04, GmbHR 2006, 984 f.

Anmerkung zum Urteil des BGH vom 12.02.2007 – Az: II ZR 272/05, GmbHR 2007, 435 ff.

Der Entwurf des „MoMiG" und die Auswirkungen auf die Kapitalaufbringung, GmbHR 2006, 1021 ff.

Die Kapitalaufbringung nach dem Regierungsentwurf des MoMiG, GmbHR 2007, 894 ff.

Kapitalerhaltung bei Aktiengesellschaft und GmbH nach dem Referentenentwurf zum MoMiG, DB 2006, 2616 ff.

Bormann, Michael/Halaczinsky, Markus, Vorratsgesellschaft und Kapitalaufbringung – oder „Wer schlecht zahlt, zahlt doppelt", GmbHR 2000, 1022 ff.

Börner, Andreas, Anmerkung zu BGH-Urteil vom 24.11.2003 – II ZR 171/01, BGHReport 2004, 534 f.

Bosch, Nikolaus, Organisationsverschulden in Unternehmen (Diss.), Baden-Baden, 2002

Boujong, Karlheinz, Das GmbH-Recht in den Jahren 2000 bis 2002, NZG 2003, 497 ff.

Brandes, Helmut, Grundsätze der Kapitalerhaltung im Vertragskonzern, Festschrift für Alfred Kellermann zum 70. Geburtstag, Berlin, 1991, 25 ff.

Brandner, Hans Erich, Verdeckte Sacheinlage – eine Aufgabe für den Gesetzgeber, Festschrift für Karlheinz Boujong zum 65. Geburtstag, München, 1996, 36 ff.

Brauer, Ulrich/Manger, Robert, Anmerkung zum Urteil des BGH vom 18.03.2002 – Az: II ZR 11/01, GmbHR 2002, 548 f.

Breitenstein, Jürgen/Meyding, Bernhard, Der Regierungsentwurf zum MoMiG: Die Deregulierung des GmbH-Rechts schreitet voran, BB 2007, 1457 ff.

GmbH-Reform: Die „neue" GmbH als wettbewerbsfähige Alternative oder nur „GmbH light"?, BB 2006, 1457 ff.

Brems, Michael/Tillmann, Tobias, BGH schränkt Cash-Pool-System ein, Börsen-Zeitung vom 25.01.2006, 2

Brinkmeier, Thomas, Darlehen an Gesellschafter als verbotene Ausschüttung, GmbHSTB 2005, 89

Brockfeld, Eckart, Darlehen der AG und der GmbH an ihre Gesellschafter (Diss.), Rheinfelden, 1987

Bruns, Patrick, Anmerkung zum Urteil des BGH vom 13.12.2004 – Az: II ZR 206/02, DB 2005, 330 f.
Existenz- und Gläubigerschutz in der GmbH – das Vulkan-Konzept, WM 2003, 815 ff.
Zur Reichweite der Haftung wegen existenzvernichtenden Eingriffs, NZG 2004, 409 ff.
Büchel, Helmut, Kapitalaufbringung, insbesondere Regelung der verdeckten Sacheinlage nach dem Regierungsentwurf des MoMiG, GmbHR 2007, 1065 ff.
Bunke, Caspar/Lommatzsch, Jutta, Schwerpunktbereichsklausur – Wirtschaftsrecht und Unternehmensrecht: Die Haftung des GmbH-Geschäftsführers, JuS 2006, 1097 ff.
Bunnemann, Jan, Anwendung der Grundsätze der „verdeckten Sacheinlage" bei einer Sachkapitalerhöhung, NZG 2005, 955 ff.
Burg, Michael, Existenzvernichtungsschutz in der Private Limited Company?, GmbHR 2004, 1379 ff.
Burgard, Ulrich, Anmerkung zum Urteil des BGH vom 13.05.2004 – Az: 5 StR 73/03, WuB II C. § 13 1.05, 101 ff.
Anmerkung zum Urteil des BGH vom 17.09.2001 – Az: II ZR 178/99, WuB II C. § 13 GmbHG 1.02, 149 ff.
Anmerkung zum Urteil des BGH vom 24.06.2002 – Az: II ZR 300/00, WuB II C. § 13 GmbHG 1.03, 73 ff.
Cash Pooling und Existenzgefährdung, Gesellschaftsrecht in der Diskussion 2002, 2003, VGR 6, 45 ff.
Die Förder- und Treuepflicht des Alleingesellschafters einer GmbH, ZIP 2002, 827 ff.
Die Tatbestandsmerkmale des qualifiziert faktischen GmbH-Konzerns und ihre Konkretisierung nach „TBB", WM 1993, 925 ff.
Garantie- und Verschuldenshaftung von Mitgesellschaftern einer GmbH, NZG 2002, 606 ff.
Rechtsfragen der Konzernfinanzierung, AG 2006, 527 ff.
Bürgers, Tobias/Körber Torsten (Hrsg.), Heidelberger Kommentar zum Aktiengesetz, 2008 (zit.: HeidelbKomm-AktG-Bearbeiter)
Busch, Dirk, Konzernuntreue (Diss.), Frankfurt/M., 2004
Büschgen, Hans, In-house banking, WM 1995, 733 ff.
Buth, Andrea K./Hermanns, Michael, Restrukturierung, Sanierung, Insolvenz, 2. Aufl., München, 2004
Butzke, Volker, Die Bedeutung anderweitiger Auffüllung des Stammkapitals für Einlage- oder Erstattungsansprüche der GmbH gegen ihre Gesellschafter, ZHR 154 (1990), 357 ff.

Cahn, Andreas, Das richterrechtliche Verbot der Kreditvergabe an Gesellschafter und seine Folgen, DK 2004, 235 ff.
Die Ausfallhaftung des GmbH-Geschäftsführers, ZGR 2003, 298 ff.
Kapitalaufbringung im Cash Pool, ZHR 166 (2002), 278 ff.
Kapitalerhaltung im Konzern (Habil.), Tübingen, 1998
Verlustübernahme und Einzelausgleich im qualifizierten faktischen Konzern, ZIP 2001, 2159 ff.

Cahn, Andreas/Simon, Stefan, Isolierte Gewinnabführungsverträge, DK 2003, 1 ff.

Canaris, Claus-Wilhelm, Die Rückgewähr von Gesellschaftereinlagen durch Zuwendungen an Dritte, Festschrift für Robert Fischer, Berlin, 1979, 31 ff.

Centrale für GmbH, Stellungnahme der Centrale für GmbH Dr. Otto Schmidt vom 01.09.2006 zum Referentenentwurf eines Gesetzes zur Modernisierung des GmbH-Rechts und zur Bekämpfung von Missbräuchen (MoMiG) nach dem Stand vom 29.05.2006, GmbHR 2006, 978 ff.

Centrale für GmbH (Hrsg.), GmbH-Handbuch, Köln, 2000 ff. (zit. GmbHHndb-Bearbeiter)

Cranshaw, Friedrich, Anmerkung zum Urteil des OLG München vom 06.10.2005 – Az: 23 U 2381/05, jurisPR-InsR 4/2006 Anm. 1
Voraussetzungen der Anfechtung von Leistungen im Rahmen eines Cash-Pool´s, jurisPR-InsR 10/2005 vom 01.09.2005, Anm. 1

Crezelius, Georg, Aktuelle Schnittstellen zwischen Gesellschaftsrecht und Steuerrecht, DAI-JAT 2006, 102 ff.
Zu den Rechtsfolgen verdeckter Sacheinlagen im GmbH-Recht, DB 1990, 2458 ff.

Dampf, Peter, Die Gewährung von upstream-Sicherheiten im Konzern, DK 2007, 157 ff.

Dauner-Lieb, Barbara, Die Existenzvernichtungshaftung – Schluss der Debatte?, DStR 2006, 2034 ff.

Decher, Christian, Konzernhaftung im Lichte von Bremer Vulkan, ZInsO 2002, 113 ff.
Neues zum qualifizierten faktischen Konzern, DB 1989, 965 ff.

Deilmann, Barbara, Kreditgewährung an Vorstands-Aktionäre, AG 2006, 62 ff.

Dentz, Markus, Unsere kleine Mittelstandsbank, Finance 02/2003, 72 f.

Diem, Andreas, Akquisitionsfinanzierungen, 1. Aufl., München, 2005
Besicherung von Gesellschafterverbindlichkeiten als existenzvernichtender Eingriff des Gesellschafters?, ZIP 2003, 1283 ff.

Diers, Philipp, Konzerninnenfinanzierung durch Darlehen zwischen Rechtsprechung des Bundesgerichtshofs und Reform des GmbHG (Diss.), Münster, 2007

Doll, Rainer, Cash-Pooling birgt Chancen und Risiken, Handelsblatt vom 27.06.2007, S. 16

Döser, Wulf, Anmerkung zum Urteil des BGH vom 02.12.2002 - Az: II ZR 101/02, LMK 2003, 64 f.

Anmerkung zum Urteil des BGH vom 07.07.2003 – Az: II ZR 235/01, LMK 2003, 188 f.

Der faktische Konzern – Ein Nachruf, AG 2003, 406 ff.

Drenckhan, Helke, Gläubigerschutz in der Krise der GmbH (Diss.), Baden-Baden, 2006

Drygala, Tim, Abschied vom qualifiziert faktischen Konzern – oder Konzernrecht für alle?, GmbHR 2003, 729 ff.

Stammkapital heute – Zum veränderten Verständnis vom System des festen Kapitals und seine Konsequenzen, ZGR 2006, 587 ff.

Verhaltenshaftung im faktischen GmbH-Konzern, GmbHR 1993, 325 ff.

Zweifelsfragen im Regierungsentwurf zum MoMiG, NZG 2007, 561 ff.

Drygala, Tim/Kremer, Thomas, Alles neu macht der Mai- Zur Neuregelung der Kapitalerhaltungsvorschriften im Regierungsentwurf zum MoMiG, ZIP 2007, 1289 ff.

Ebbing, Frank, Anmerkung zum Urteil des BGH vom 17.09.2001 – Az: II ZR 275/99, WuB II C. § 30 GmbHG 2.02, 247 ff.

Eberl-Borges, Christina, Die Haftung des herrschenden Unternehmens für Schulden einer konzernabhängigen Personengesellschaft, WM 2003, 105 ff.

Die Konzernhaftung im Kapitalgesellschaftskonzernrecht, Jura 2002, 761 ff.

Ebert, Sabine, Folgepflicht und Haftung des GmbH-Geschäftsführers beim Erhalt und bei der Ausführung von Weisungen, GmbHR 2003, 444 ff.

Eckhold, Thomas, Materielle Unterkapitalisierung (Diss.), Bochum, 2001

Ehrike, Ulrich, Das abhängige Konzernunternehmen in der Insolvenz (Diss.), Tübingen, 1998

Zur Begründbarkeit der Durchgriffshaftung in der GmbH, AcP 199 (1999), 258 ff.

Eichholz, Rainer, Das Recht konzerninterner Darlehen (Diss.), Berlin, 1993

Eidenmüller, Horst, Die GmbH im Wettbewerb der Rechtsformen, ZGR 2007, 168 ff.

Eidenmüller, Horst/Engert, Andreas, Die angemessene Höhe des Grundkapitals der Aktiengesellschaft, AG 2005, 97 ff.

Eilmann, Götz, Anmerkung zum Urteil des BGH vom 16.01.2006 – Az: II ZR 76/04, LMK 2006, 178884

Einsele, Dorothee, Verdeckte Sacheinlage, Grundsatz der Kapitalaufbringung und Kapitalerhaltung, NJW 1996, 2681 ff.

Eisenhardt, Ulrich, Gesellschaftsrecht, 12. Aufl., München, 2005

Eisner, Helmut, Anmerkung zum Urteil des BGH vom 13.05.2004 – Az: 5 StR 73/03, EWiR § 266 StGB 1/04, 723 f.
Anmerkung zum Urteil des BGH vom 20.09.2004 – Az: II ZR 302/02, NZI 2005, 180 f.

Ekkenga, Jens/Weinbrenner, Christoph/Schütz, Katja, Einflusswege und Einflussfolgen im faktischen Unternehmensverbund – Ergebnisse einer empirischen Untersuchung, DK 2005, 261 ff.

Emde, Raimond, Anmerkung zum Urteil des BGH vom 09.01.2006 – Az: II ZR 72/05, GmbHR 2006, 308 ff.
Anmerkung zum Urteil des OLG Schleswig vom 27.01.2005 – Az: 5 U 22/04, GmbHR 2005, 361 ff.
Vorratsgesellschaft und Kapitalaufbringung – Oder: Wer gezahlt hat, hat gezahlt, GmbHR 2000, 1193 f.
Vorratsgesellschaft und verschleierte Sacheinlage, GmbHR 2003, 1034 ff.

Emmerich, Volker, Anmerkung zum Urteil des BGH vom 20.09.2004 – Az: II ZR 302/02, JuS 2005, 180 ff.
Anmerkung zum Urteil des OLG Oldenburg vom 10.02.2000 – Az: 8 U 187/99, NZG 2000, 558 f.
Anmerkungen zu der Vulkan-Doktrin, AG 2004, 423 ff.
Bestandsschutz im GmbH-Vertragskonzern, in: Entwicklungen zum GmbH-Konzernrecht, ZGR 1986, Sonderheft 6, 64 ff.

Emmerich, Volker/Habersack, Mathias, Aktien- und GmbH-Konzernrecht, 4. Aufl., München, 2005 (zit.: Emmerich/Habersack-Bearbeiter, Kommentar)
Konzernrecht, 8. Aufl., München, 2005 (zit.: Emmerich/Habersack-Bearbeiter, KonzernR)

Engert, Andreas, Kreditgewährung an GmbH-Gesellschafter und bilanzorientierter Kapitalschutz, BB 2005, 1951 ff.
Solvenzanforderungen als gesetzliche Ausschüttungssperre bei Kapitalgesellschaften, ZHR 170 (2006), 296 ff.

Ensthaler, Jürgen/Kreher, Markus, Haftungspotentiale unterschiedlicher Finanzierungsformen im Zusammenhang mit qualifizierten faktischen GmbH-Konzernen, BB 1996, 385 ff.
Verlustausgleichspflicht im qualifizierten faktischen GmbH-Konzern, BB 1995, 1422 ff.

Erbacher, Peter/Thiele, Rüdiger, BGH begrenzt interne Darlehensvergabe, Finance 11/2004, 52 ff.

Essmann, Bernard, Die Bankbeziehungen im Cash Management der Unternehmen (Diss.), Bern, 1996

Esters, Florian, Die GmbH als taugliches Objekt von Konzernfinanzierungen und LBOs nach „Bremer Vulkan“ und „KBV“?, GmbHR 2004, 105 ff.

Ettinger, Jochen/Reiff, Gunter, Heilungsmöglichkeiten der fehlerhaften Kapitalaufbringung bei der Vorrats-GmbH, GmbHR 2005, 324 ff.

Fastrich, Lorenz, Optimierung des Gläubigerschutzes bei der GmbH – Praktikabilität und Effizienz, DStR 2006, 656 ff.

Faßbender, Karl-Josef, Cash Pooling und Kapitalersatzrecht im Konzern (Diss.), Berlin, 2004

Fischer, Nicole/Gasteyer, Thomas, Grenzen der Sicherheitenbestellung bei der GmbH, NZG 2003, 517 ff.

Fleck, Hans-Joachim, Der Grundsatz der Kapitalerhaltung – seine Auswirkungen und seine Grenzen, Festschrift 100 Jahre GmbHG, Köln, 1992, 391 ff.

Fleischer, Holger, Das Mannesmann-Urteil des Bundesgerichtshofs: Eine aktienrechtliche Nachlese, DB 2006, 542 ff.

Empfiehlt es sich, im Interesse des Anlegerschutzes und zur Förderung des Finanzplatzes Deutschland das Kapitalmarkt- und Börsenrecht neu zu regeln? Gutachten F für den 64. Deutschen Juristentag, München, 2002

Konzernleitung und Leitungssorgfalt der Vorstandsmitglieder im Unternehmensverbund, DB 2005, 759 ff.

Konzernuntreue zwischen Straf- und Gesellschaftsrecht: Das Bremer Vulkan-Urteil, NJW 2004, 2867 ff.

Flesner, Patrick, Die GmbH-Reform (MoMiG) aus Sicht der Akquisitions- und Restrukturierungspraxis, NZG 2006, 641 ff.

Flitsch, Michael/Schellenberger, Michael, Anmerkung zum Urteil des BGH vom 16.01.2006, Az: II ZR 76/04, BB 2006, 850 f.

Freitag, Robert, Finanzverfassung und Finanzierung von GmbH und AG nach dem Regierungsentwurf des MoMiG, WM 2007, 1681 ff.

§§ 30, 31 GmbHG, „Bremer Vulkan-Urteil" und „Limitation Language", WM 2003, 805 ff.

Freitag, Robert/Riemenschneider, Markus, Die Unternehmergesellschaft – „GmbH light" als Konkurrenz für die Limited?, ZIP 2007, 1485 ff.

Frey, Kaspar, Einlagen in Kapitalgesellschaften (Diss.), Köln, 1989

Früh, Andreas, Kreditsicherung und Mithaftung bei Krediten an Konzernunternehmen, GmbHR 2000, 105 ff.

Fuhrmann, Lambertus, Kreditgewährung an Gesellschafter, Ende des konzernweiten Cash-Managements?, NZG 2004, 552 ff.

Gabrysch, Nicolas, Anmerkung zum Urteil des BGH vom 09.01.2006 – Az: II ZR 72/05, BGHReport 2006, 508 f.

BGH konkretisiert Kapitalaufbringungsvorschriften, Financial Times Deutschland vom 24.01.2006, 33

Ganske, Joachim, Das Zweite gesellschaftsrechtliche Koordinierungsgesetz vom 13. Dezember 1978, DB 1978, 2461 ff.

Gätsch, Andreas, Gläubigerschutz im qualifizierten faktischen GmbH-Konzern (Diss.), Berlin, 1997

Gehb, Jürgen/Heckelmann, Martin, Gesellschaftsrechtsreform im Doppelpack – Gründerinteressen dürfen hinter dem Gläubigerschutz nicht zurücktreten, GmbHR 2006, R 349 f.

Gehrlein, Markus, Anmerkung zum Urteil des BGH vom 16.01.2006 – Az: II ZR 65/04, BB 2006, 910 f.

Der aktuelle Stand des neuen GmbH-Rechts, DK 2007, 771 ff.

Einverständliche verdeckte Gewinnentnahmen der Gesellschafter als Untreue (§ 266 StGB) zu Lasten der GmbH, NJW 2000, 1089 ff.

Erfüllung der Stammeinlage durch reale Leistungsbewirkung, NZG 2006, 374 f.

GmbH-Recht in der Praxis, Frankfurt/Main, 2005

Haftung wegen existenzvernichtenden Eingriffs im Einzelfall, BB 2005, 613 ff.

Kein Sonderrecht für Cash-Pool-Zahlungssysteme bei Begleichung der GmbH-Stammeinlage, MDR 2006, 789 f.

Rechtsprechungsübersicht zum GmbH-Recht in den Jahren 2001-2004: Eigenkapitalersatz, Veräußerung des Geschäftsanteils, Gesellschafterbeschluss sowie Rechtsstellung und Haftung des GmbH-Geschäftsführers, BB 2004, 2585 ff.

Schwerpunkte der aktuellen BGH-Rechtsprechung zum GmbH-Recht, DK 2007, 1 ff.

Geißler, Markus, Ordnungsgemäße Aufbringung der Bareinlagen bei der GmbH-Gründung, GmbHR 2004, 1181 ff

Gesell, Harald, Verdeckte Sacheinlage & Co. im Lichte des MoMiG, BB 2007, 2241 ff.

Gesell, Harald/Seulen, Günter, Mehr Sicherheit bei der Kapitalerhaltung, Börsen-Zeitung vom 14.06.2006, 2

Gesellensetter, C. Ein Pool für alle Fälle – Restriktive Rechtsprechung zum Cash Pooling, Handelsblatt vom 22.11.2006, 16

Gesmann-Nuissl, Dagmar, Quo vadis GmbH?, WM 2006, 1756 ff.

Geßler, Ernst, Bestandsschutz der beherrschten Gesellschaft im Vertragskonzern?, ZHR 140 (1976), 433 ff.

Die Umwandlung von Krediten in haftendes Kapital, Festschrift für Philipp Möhring zum 75. Geburtstag, München, 1975, 173 ff.

Leitungsmacht und Verantwortlichkeit im faktischen Konzern, Festschrift für Harry Westermann zum 65. Geburtstag, Karlsruhe, 1974, 145 ff.

Geyrhalter, Volker/Zirngibl, Nikolas, Anmerkung zum Urteil des OLG Rostock vom 10.12.2003 – Az: 6 U 56/03, DStR 2004, 1266

Giegerich, Udo/Hilb, Thomas, Die eBank als Vollendung eines zentralen Treasury, FB 2001, 541 ff.

Glahs, Heike, Anmerkung zum Urteil des OLG Hamm vom 23.10.1996 – Az: 8 U 63/96, WiB 1997, 643

Goette, Wulf, Aktuelle Rechtsprechung des II. Zivilsenats zum Gesellschafts- und Insolvenzrecht, ZInsO 2007, 1177 ff.

Aktuelle Rechtsprechung zu GmbH-Kapitalschutz und Organhaftung, DStR 2003, 887 ff.

Anmerkung zum Beschluss des BGH vom 12.07.1999 – Az: II ZR 111/98, DStR 1999, 1451 f.

Anmerkung zum Urteil des BGH vom 17.09.2001 – Az: II ZR 178/99, DStR 2001, 1857

Anmerkung zum Urteil des BGH vom 29.07.2004 – Az: II ZR 65/03, DStR 2005, 206 f.

Anmerkung zum Urteil des BGH vom 21.11.2005 – Az: II ZR 140/04, DStR 2006, 106

Anmerkung zum Urteil des BGH vom 16.01.2006 – Az: II ZR 76/04, DStR 2006, 767 f.

Anmerkung zum Urteil des BGH vom 26.03.2007 – Az: II ZR 307/05, DStR 2007, 773 ff.

Anmerkung zum Urteil des BGH vom 18.06.2007 – Az: II ZR 86/06, DStR 2007, 1878

Aus der neueren Rechtsprechung des BGH zum GmbH-Recht, ZIP 2005, 1481 ff.

Das neue GmbH-Recht nach dem MoMiG, DRiZ 2007, 313 f.

Gesellschaftsrecht und Insolvenzrecht – Aktuelle Rechtsprechung des II. Zivilsenats, KTS 2006, 217 ff.

Kapitalaufbringung und Kapitalschutz in der GmbH, München, 2004 (zit.: Kapitalaufbringung und Kapitalschutz in der GmbH)

Wo steht der BGH nach „Centros“ und „Inspire Art“?, DStR 2005, 197 ff.

Zu den Folgen der Anerkennung ausländischer Gesellschaften mit tatsächlichem Sitz im Inland für die Haftung ihrer Gesellschafter und Organe, ZIP 2006, 541 ff.

Zur jüngeren Rechtsprechung des II. Zivilsenats zum Gesellschaftsrecht, DStR 2006, 139 ff.

Görden, Ludwig, Anmerkung zum Urteil des BGH vom 16.01.2006 – Az: II ZR 76/04, GmbHSTB 2006, 129 f.

Görner, André/Kling, Michael, Die Ausfallhaftung des GmbH-Gesellschafters (II) Ausgewählte Fragen zum Anwendungsbereich im Rahmen der Kapitalaufbringung und -erhaltung, GmbHR 2004, 778 ff.

Gottschalk, Eckart, Die deliktische Haftung für fehlerhafte Ad-hoc-Mitteilungen – Zugleich eine Besprechung der BGH-Entscheidung vom 09.05.2005 – EM.TV, DStR 2005, 1648 ff.

Götze, Thomas, Grenzen der Konzernfinanzierung nach dem Kreditwesengesetz, WM 2005, 727 ff.

Greulich, Sven/Bunnemann, Jan, Geschäftsführerhaftung für zur Zahlungsunfähigkeit führende Zahlungen an die Gesellschafter nach § 64 II 3 GmbHG-RefE – Solvenztest im deutschen Recht?, NZG 2006, 681 ff.

Grigoleit, Hans Christoph, Gesellschafterhaftung für interne Einflussnahme im Recht der GmbH (Habil.), München, 2006

Groß, Wolfgang/Sonnenhol, Jürgen, Besicherung von Krediten an Konzernunternehmen, GmbHR 1995, 561 ff.

Große-Wilde, Franz, Anmerkung zum Urteil des BGH vom 21.11.2005 – Az: II ZR 1404/04, GmbHSTB 2006, 5

Durchgriffshaftung auf GmbH-Gesellschafter (I) und (II), GmbHSTB 2005, 71

Grothaus, Achim/Halberkamp, Thomas, Probleme des Cash-Poolings nach der neuen Rechtsprechung des BGH zur Stammkapitalrückgewähr, GmbHR 2005, 1317 ff.

Grunewald, Barbara, Cash-Pooling und Sacheinlagen: Was bringt das MoMiG, was könnte es bringen?, WM 2006, 2333 ff.

Die Haftung der Mitglieder bei Einflussnahmen auf abhängige eingetragene Vereine, Festschrift für Thomas Raiser zum 70. Geburtstag, Berlin, 2005, 99 ff.

Gesellschaftsrecht, 6. Aufl., Tübingen, 2005

Rechtsfolgen verdeckter Sacheinlagen, Festschrift für Heinz Rowedder zum 75. Geburtstag, München, 1994, 111 ff.

Gundlach, Ulf/Frenzel, Volkhard/Schirrmeister, André, Blick ins Insolvenzrecht, DStR 2005, 1147 ff.

Haarmann, Wilhelm, Gesellschafts- und Zivilrecht bei Holdingstrukturen, WpG-Sonderheft 2003, 75 ff.

Haas, Ulrich, Anmerkung zum Urteil des BGH vom 13.12.2004 – Az: II ZR 206/02, NZI 2005, 239 f.

Die Gesellschafterhaftung wegen „Existenzvernichtung", WM 2003, 1929 ff.

Kapitalerhaltung, Insolvenzanfechtung, Schadensersatz und Existenzvernichtung – wann wächst zusammen, was zusammengehört?, ZIP 2006, 1373 ff.

Mindestkapital und Gläubigerschutz in der GmbH, DStR 2006, 993 ff.

Haas, Ulrich/Oechsler, Jürgen, Missbrauch, Cash Pool und gutgläubiger Erwerb nach dem MoMiG, NZG 2006, 806 ff.

Haase, Florian, Möglichkeiten und Grenzen von Cash-Management-Systemen in verbundenen Unternehmen, INF 2005, 37 ff.

Habersack, Mathias, Das MoMiG ante portas – Nachlese zum 66. DJT, ZHR 170 (2006), 607 ff.

Die finanzielle Unterstützung des Aktienerwerbs – Überlegungen zu Zweck und Anwendungsbereich des § 71 a Abs. 1 S. 1 AktG, Festschrift für Volker Röhricht zum 65. Geburtstag, Köln, 2005, 155 ff.

Die UMTS-Auktion – ein Lehrstück des Aktienkonzernrechts, ZIP 2006, 1327 ff.

Rechtsfragen des Emittenten-Ratings, ZHR 169 (2005), 185 ff.

Habersack, Mathias/Schürnbrand, Jan, Anmerkung zum Urteil des OLG München vom 24.11.2005 – Az: 23 U 3480/05, BB 2006, 288 f.

Cash Management und Sicherheitenbestellung bei AG und GmbH im Lichte des richterrechtlichen Verbots der Kreditvergabe an Gesellschafter, NZG 2004, 689 ff.

Habersack, Mathias/Verse, Dirk, Zum Auskunftsrecht des Aktionärs im faktischen Konzern, AG 2003, 300 ff.

Hachenburg, Max (Hrsg.), Gesetz betreffend die Gesellschaften mit beschränkter Haftung (GmbHG), 8. Aufl., Band 1, Berlin 1992; Band 2, Berlin, 1997 (zit.: Hachenburg-Bearbeiter)

Hägele, Matthias, Beeinflussen das richterrechtliche Verbot der Kreditvergabe an Gesellschafter und die Rechtsfolge der Nichtigkeit des dinglichen Erfüllungsgeschäfts bei der verdeckten Sacheinlage die Heilung derselben?, GmbHR 2005, 91 ff.

Hahn, Volker, Zum Spannungsverhältnis von Kapitalerhaltung und Cash Pool im Konzern, Der Konzern 2004, 641 ff.

Hangebrauck, Ralf, Anmerkung zum Urteil des BGH vom 16.01.2006 – Az: II ZR 76/04, WuB II C. § 19 GmbHG 2.06, 479 f.

Die Reform des GmbH-Rechts, JA 2008, 125 ff.

Hannemann, Hans, Zur Bewertung von Forderungen als Sacheinlagen bei Kapitalgesellschaften, DB 1995, 2055 f.

Happ, Wilhelm, Aktienrecht, 3. Aufl., 2007

Happ, Wilhelm/Holler, Lorenz, „Limited" statt GmbH? – Risiken und Kosten werden gern verschwiegen, DStR 2004, 730 ff.

Hasselbach, Kai, Anmerkung zum Beschluss des BGH vom 12.07.1999 – Az: II ZR 111/98, EWiR § 19 GmbHG 3/99, 1123 ff.

Hauschka, Christoph, Von Compliance zu Best Practice, ZRP 2006, 258 ff.

Heckschen, Heribert, MoMiG – Ein Überblick über den aktuellen Diskussionsstand, NotBZ 2006, 381 ff.

Satzungsgestaltung unter besonderer Berücksichtigung der aktuellen Rechtsprechung und Gesetzgebung, DAI-JAT 2006, 192 ff.

Heckschen, Heribert/Heidinger, Andreas, Die GmbH in der Gestaltungspraxis, 1. Aufl., Köln u. a., 2005

Heidel, Thomas (Hrsg.), Aktienrecht und Kapitalmarktrecht, 2. Aufl., Baden-Baden, 2007

Heidenhain, Martin, Anmerkung zu BGH, Urteil vom 24.11.2003 – II ZR 171/01, LMK 2004, 68 f.

Anmerkung zum Urteil des BGH vom 24.06.2002 – II ZR 300/00 LMK 2003, 7 f.
Katastrophale Rechtsfolgen verdeckter Sacheinlagen, GmbHR 2006, 455 ff.

Heidinger, Andreas, Der Kapitalschutz der GmbH auf dem Prüfstand, DNotZ 2005, 97 ff.
Haftung wegen Darlehensgewährung an Gesellschafter, NotBZ 2004, 463 ff.

Heinsius, Theodor, Kapitalerhöhung bei der Aktiengesellschaft gegen Geldeinlagen und Gutschrift der Einlagen auf einem Konto der Gesellschaft bei der Emissionsbank, Festschrift für Hans-Joachim Fleck, Berlin, 1988, 89 ff.

Hellwig, Hans-Jürgen, Kapitalerhöhungen im Cash-Pool, Festschrift für Martin Pelzer zum 70. Geburtstag, Köln, 2001, 163 ff.

Helmreich, Kilian, Die Gewährung von Darlehen durch die GmbH in der Situation der Unterbilanz an ihre Gesellschafter nach der aktuellen Rechtsprechung des BGH, GmbHR 2004, 457 ff.

Hentzen, Matthias, Die Abgrenzung von Kapitalaufbringung und Kapitalerhaltung im Cash-Pool, DStR 2006, 948 ff.
Konzerninnenfinanzierung nach BGHZ 157, 72, ZGR 2005, 480 ff.
Zulässigkeit der Verrechnung des Verlustausgleichsanspruchs aus § 302 Abs. 1 AktG im Cash Pool, AG 2006, 133 ff.

Henze, Hartwig, Aktienrecht – höchstrichterliche Rechtsprechung, 5. Aufl., Köln, 2002
Anmerkung zum Urteil des BGH vom 25.02.2002 – Az: II ZR 196/00, BB 2002, 1011 f.
Aspekte des Insolvenzrechts an der Schnittstelle zum Gesellschaftsrecht, WM 2006, 1653 ff.
Die Rechtsprechung des BGH zu den Kapitalaufbringungsgrundsätzen im GmbH- und Aktienrecht, DB 2001, 1469 ff.
Erfordernis der wertgleichen Deckung bei Kapitalerhöhung mit Bareinlagen?, BB 2002, 955 ff.
Gesichtspunkte des Kapitalerhaltungsgebotes und seiner Ergänzung im Kapitalgesellschaftsrecht in der Rechtsprechung des BGH, NZG 2003, 649 ff.
Konzernfinanzierung und Besicherung, WM 2005, 717 ff.
Neuere Rechtsprechung zu Rechtsstellung und Aufgaben des Aufsichtsrats, BB 2005, 165 ff.
Reichweite und Grenzen des aktienrechtlichen Grundsatzes der Vermögensbindung Ergänzung durch die Rechtsprechung zum Existenz vernichtenden Eingriff?, AG 2004, 405 ff.
Vermögensbindungsprinzip und Anlegerschutz, NZG 2005, 115 ff.
Zur Problematik der „verdeckten (verschleierten) Sacheinlage“ im Aktien- und GmbH-Recht ZHR 154 (1990), 105 ff.

Herbst, Jochen, Management Buy-Out, Cash Pooling, Up-Stream Loans and Guarantees in German Group Companies: Old Concepts – New Developments, GLJ 2004, 1217 ff.

Herold, Kai, Zentrales Cash-Management internationaler Konzerne – Strukturen, Technologienutzung und Performancebeurteilung (Diss.), Hallstadt, 1994

Hesselmann, Malte/Tillmann, Bert/Mueller-Thuns, Thomas, Handbuch der GmbH & Co. KG, 19. Aufl., Köln, 2005

Hey, Friedrich, Anmerkung zum Urteil des FG Bremen vom 07. Juli 2005 – Az: 1 K 429/02 (3), EWiR § 69 AO 1/05 851 f.

Hilgard, Mark, Cash Pooling unter Beteiligung deutscher und Schweizer Unternehmen, CH-D Wirtschaft 3/06, 16 ff.

Hilgendorf, Eric, Scheinargumente in der Abtreibungsdiskussion – am Beispiel des Erlanger Schwangerschaftsfalls, NJW 1996, 758 ff.

Hirsch, Alexander/Britain, Richard, Artfully Inspired – werden deutsche Gesellschaften englisch?, NZG 2003, 1100 ff.

Hirte, Heribert, Anmerkung zum Urteil des EuGH vom 05.11.2001 – RS C-208/00, EWS 2002, 573 f.

Diskussionsbericht, ZGR 1984, 538 ff.

Kapitalgesellschaftsrecht, 5. Aufl., Köln, 2006

Hoffmann, Jochen, Das GmbH-Konzernrecht nach dem „Bremer Vulkan"-Urteil, NZG 2002, 68 ff.

Hoffmann, Wolf-Dieter, Sind wertlose Forderungen gegen Kapitalgesellschaften zum Nennwert einlagefähig?, BB 1992, 575 ff.

Hoffmann-Becking, Michael, Der qualifiziert faktische AG-Konzern, Probleme des Konzernrechts, 68 ff.

Gesetz zur „kleinen AG" – unwesentliche Randkorrekturen oder grundlegende Reformen, ZIP 1995, 1 ff.

Hoffmann-Becking, Michael (Hrsg.), Münchener Handbuch des Gesellschaftsrechts, Band 4: Aktiengesellschaft, 2. Aufl., München, 1999 (zit.: Münch HndbGesR-AG-Bearbeiter)

Hölzle, Gerrit, Anmerkung zum Urteil des LAG Köln vom 20.06.2003 – Az: 4 Sa 128/03, ZIP 2003, 1897 f.

Existenzvernichtungshaftung, „Klimapflege" und Insolvenzanfechtung, ZIP 2003, 1376 ff.

Gesellschafterfremdfinanzierung und Kapitalerhaltung im Regierungsentwurf des MoMiG, GmbHR 2007, 729 ff.

Materielle Unterkapitalisierung und Existenzvernichtungshaftung – Das Phantom der Fallgruppe der Durchgriffshaftung, ZIP 2004, 1729 ff.

Hommelhoff, Peter, Die qualifizierte faktische Unternehmensverbindung: ihre Tatbestandsmerkmale nach dem TBB-Urteil und deren rechtsdogmatisches Fundament, ZGR 1994, 395 ff.

Eigenkapital-Ersatz im Konzern und in Beteiligungsverhältnissen, WM 1984, 1105 ff.

Vorkehr und qualifizierte Abhängigkeits- und Konzernlagen, Der qualifizierte faktische GmbH-Konzern, 245 ff.

Hoos, Jan-Philipp/Kleinschmidt, Andreas, Anmerkung zum Urteil des BGH vom 16.01.2006 – Az: II ZR 76/04, EWiR § 5 GmbHG 1/06, 523 f.

Höpfner, Alexander, Anmerkung zu BGH, Urteil vom 15.07.2004 – Az: IX ZR 224/03, NZI 2004, 586 f.

Hopt, Klaus/Wiedemann, Herbert (Hrsg.), Großkommentar zum Aktiengesetz, 4. Aufl., Berlin, 2003 ff. (zit.: GK-AktG-Bearbeiter)

Hormuth, Mark, Recht und Praxis des konzernweiten Cash Managements (Diss.), Berlin, 1998

Hueck, Götz/Lutter, Marcus/Mertens, Hans-Joachim u. a., Kapital- und Haftungsfragen bei der GmbH: Gründung von Einmann-GmbH; Konzernrecht der GmbH; Arbeitnehmerbeteiligung an einer GmbH – Arbeitskreis GmbH-Reform, Heidelberg, 1972

Hüffer, Uwe, Aktiengesetz, 6. Aufl., München, 2004

Harmonisierung des aktienrechtlichen Kapitalschutzes, NJW 1979, 1065 ff.

Probleme des Cash Managements im faktischen Aktienkonzern, AG 2004, 416 ff.

IDW HFA, Kreditgewährung an Gesellschafter einer GmbH – Auswirkungen des BGH-Urteils vom 24.11.2003 auf die Abschlussprüfung, FN-IDW 2004, 746 ff.

Neue Bewertung der Auswirkungen des BGH-Urteils vom 24.11.2003 auf die Abschlussprüfung bei Kreditgewährung an Gesellschafter einer GmbH, FN-IDW 2006, 545 ff.

Immenga Ulrich, Kapitalersetzende Aktionärsdarlehen als Haftkapital?, ZIP 1983, 1405 ff.

Bestandsschutz der beherrschten Gesellschaft im Vertragskonzern, ZHR 140 (1976), 301 ff.

Jäckle, Joachim, Cash Management in einem multinationalen Unternehmen, FB 2000, 82 ff.

Jaecks, Jörg/Schönborn, Ansgar, Die Europäische Aktiengesellschaft, das Internationale und das deutsche Konzernrecht, RIW 2003, 254 ff.

Jäger, Axel, Aktienrecht, 1. Aufl., München, 2004

Kapitalaufbringung und Haftungsrisiken in Cash-Management-Systemen von GmbH-Konzernen, DStR 2000, 1653 ff.; 1736 ff.

Janert, Ingo, Durchgriffshaftung im GmbH-Konzern – Ein Überblick über die neue BGH-Rechtsprechung, MDR 2003, 724 ff.

Janzen, Dietmar, Kreditvergaben der GmbH & Co. KG an ihre Gesellschafter nach der neueren Rechtsprechung des BGH, DB 2006, 2108 ff.

Jauernig, Othmar, Bürgerliches Gesetzbuch, 11. Aufl., München, 2004 (zit.: Jauernig-Bearbeiter)

Jawansky, Martin, Die Geltendmachung von Ansprüchen aus existenzvernichtendem Eingriff gegen GmbH-Gesellschafter durch den Insolvenzverwalter, DB 2003, 2757 ff.

Jehn, Alexander, Gefahr der Geschäftsführerhaftung durch Darlehensausreichung von Tochtergesellschaften an ihre Muttergesellschaft bei bestehender Unterbilanz, Die Steuerberatung 2004, 473

Jetter, Thomas, Cash-Management-Systeme (Diss.), Wiesbaden, 1988

Joecks, Wolfgang/Miebach, Klaus (Hrsg.), Münchener Kommentar zum StGB, Band 4, München, 2006

Johlke, Horst/Bormann, Michael, Kapitalaufbringung und verdeckte Sacheinlage in der Vorrats-GmbH, ZInsO 2000, 486 ff.

Joost, Detlev, Der Eigenkapitalschutz vor neuen Herausforderungen – Cash-Pool-Systeme, International Financial Reporting Standards, Solvency Test, Die GmbH-Reform in der Diskussion, 2006, VGR 11, 31 ff.

Grundlagen und Rechtsfolgen der Kapitalerhaltungsregeln in der GmbH, ZHR 148 (1984), 27 ff.

Unternehmergesellschaft, Unterbilanz und Verlustanzeige, ZIP 2007, 2242 ff.

Joussen, Peter, Konzernverrechnungsklauseln, ZIP 1982, 279 ff.

Jula, Rocco, Die Bildung besonderer Konzernorgane (Diss.), Berlin, 1995

Jula, Rocco/Breitbarth, Carmen, Liquiditätsausgleich im Konzern durch konzerninterne Darlehen, AG 1997, 256 ff.

Jungmann, Carsten, Solvenztest versus Kapitalschutzregeln, ZGR 2006, 638 ff.

Just, Clemens, Company Law Review: Vereinfachungen für den Leveraged Buy Out in Sicht?, BKR 2004, 3 ff.

GmbH versus Limited – Praxisempfehlungen, BC 2006, 25 ff.

Kallmeyer, Harald, Kapitalaufbringung und Kapitalerhaltung nach dem MoMiG: Änderungen für die GmbH-Beratungspraxis, DB 2007, 2755 ff.

Kamanabrou, Sudabeh, Der Vorbehalt wertgleicher Deckung bei Kapitalerhöhungen durch Bareinlage in der AG und der GmbH, NZG 2002, 702 ff.

Kasiske, Peter, Existenzgefährdende Eingriffe in das GmbH-Vermögen mit Zustimmung der Gesellschafter als Untreue, wistra 2005, 81 ff.

Keil, Tilo, Anmerkung zum Urteil des BGH vom 07.07.2003 – Az: II ZR 235/01, DZWiR 2004, 160 f.

Keller, Bernd/Rödl, Bernd, Neuere BGH-Rechtsprechung zur Kapitalerhaltung in der GmbH und ihre Auswirkung auf die Jahresabschlussprüfung, BB 2005, Beil. 3, 16 ff.

Kerber, Markus, Cash-Management im faktischen Aktienkonzern: Aktienrechtliche Defizite des Liquiditätsschutzes, DB 2005, 1835 ff.

Das Urteil des OLG Düsseldorf vom 28.9.2006 in Sachen „Babcock Borsig/HDW“: Die Klärung der tatbestandlichen Reichweite von § 71 a AktG wird bewusst vermieden, NZG 2007, 254 ff.

Die aktienrechtlichen Grenzen der finanziellen Unterstützung des Aktienerwerbs im Buy-out-Verfahren, DB 2004, 1027 ff.

Die Beurteilung von Cash-Pool-Verträgen im Lichter höchstrichterlicher Rechtsprechung, ZGR 2005, 437 ff.

Die Übernahme von Gesellschaften mit beschränkter Haftung im Buy-Out-Verfahren, WM 1989, 473 ff.

Unternehmenserwerb im Wege der Schuldübernahme und nachfolgender Verschmelzung, NZG 2006, 50 ff.

Keßler, Jürgen, Die Durchgriffshaftung der GmbH-Gesellschafter wegen „existenzgefährdender“ Eingriffe – Zur dogmatischen Konzeption des Gläubigerschutzes in der GmbH, GmbHR 2002, 945 ff.

Handbuch des GmbH-Konzerns, Herne, 2004

Kapitalerhaltung und normativer Gläubigerschutz in der Einpersonen-GmbH – zum „beiläufigen“ Ende des „qualifiziert faktischen“ GmbH-Konzerns, GmbHR 2001, 1095 ff.

Unternehmensstilllegung, Managementversagen und Haftungsdurchgriff – Zur dogmatischen Grundstruktur des existenzvernichtenden Eingriffs, GmbHR 2005, 257 ff.

Kiefner, Alexander, Mehr Rechtssicherheit für Cash-Pooling, Börsen-Zeitung vom 02.08.2006, 2

Kiethe, Kurt, Haftungs- und Ausfallrisiken beim Cash Pooling, DStR 2005, 1573 ff.

Kindhäuser, Urs/Neumann, Ulfrid/Paeffgen, Hans-Ullrich, Strafgesetzbuch, Band 2, Baden-Baden, 2005

Kindler, Peter, Grundkurs Handels- und Gesellschaftsrecht, München, 2006

Kleindiek, Detlef, Anmerkung zum Urteil des KG vom 11.01.2000 – Az: 14 U 7683/97, NZG 2000, 483 ff.

Haftung, freie Beweiswürdigung und Beweiserleichterung im qualifizierten faktischen GmbH-Konzern, GmbHR 1992, 574 ff.

Perspektiven des Kapitalschutzes – Themen und Meinungen in der nationalen Diskussion, BB 2007, Beil. 5, 2 ff.

Strukturvielfalt im Personengesellschaftskonzern (Diss.), Köln, 1991

Entstehung und Fälligkeit des Verlustausgleichsanspruchs im Vertragskonzern, ZGR 2001, 479 ff.

Kleinschmidt, Andreas/Hoos, Jan-Philipp, Anmerkung zum Urteil des OLG München vom 06.10.2005 – Az: 23 U 2381/05, EWiR § 56 GmbHG 2/05, 885 f.

Knobbe-Keuk, Brigitte, „Umwandlung“ eines Personenunternehmens in eine GmbH und verschleierte Sachgründung, ZIP 1986, 885 ff.

Koch, Angela, Die Abkehr von der „bilanziellen Betrachtungsweise“ und ihre Auswirkungen auf die Existenzvernichtungshaftung (Diss.), Mainz, 2007

Kölling, Lars, Der qualifizierte faktische GmbH-Konzern, NZG 2000, 8 ff.

Kollmann, Andreas, Das Konzernprivileg der 6. KWG-Novelle, WM 1998, 1569 ff.

Koppensteiner, Hans-Georg, „Existenzvernichtung“ der GmbH durch ihren einzigen Gesellschafter, Festschrift für Heinrich Honsell zum 60. Geburtstag, Zürich, 2002, 607 ff.

GmbH-rechtliche Probleme des Management Buy-Out, ZHR 155 (1991), 97 ff.

Kort, Michael, Das Informationsrecht des Gesellschafters der Konzernobergesellschaft, ZGR 1987, 46 ff.

Das Verhältnis von Auszahlungsverbot (§ 30 Abs. 1 GmbHG) und Erstattungspflicht (§ 30 GmbHG), ZGR 2001, 615 ff.

Korts, Sebastian, Cash Pooling, 1. Aufl., Heidelberg, 2005

Kowalski, André, „TBB“ – Rückkehr zu „Autokran“?, GmbHR 1993, 255 ff.

Kraft, Alfons, Probleme im Zusammenhang mit der Leistung von Einlagen bei Gründung einer Aktiengesellschaft, Gedächtnisschrift für Dietrich Schultz, Köln, 1987, 193 ff.

Kramer, Bernhard, Strafbewehrte Vermögensbetreuungspflicht des Alleingesellschafters und seiner Organe zu Gunsten der abhängigen GmbH?, WM 2004, 305 ff.

Krause, Daniel, Konzerninternes Cash Management – der Fall Bremer Vulkan, JR 2006, 51 ff.

Krebs, Karsten/Wagner, Jens, Der Leistungszeitpunkt von Sacheinlagen nach § 36 a Abs. 2 AktG, AG 1998, 467 ff.

Krieger, Gerd, Der Tatbestand des qualifizierten faktischen Konzerns, Der qualifiziert faktische GmbH-Konzern, 41 ff.

Kann die Praxis mit TBB leben?, ZGR 1994, 375 ff.

Verlustausgleich und Jahresabschluss, NZG 2005, 787 ff.

Krolop, Kaspar, Deregulierung bei der Sacheinlage durch Regulierung der Gesellschafteraufrechnung, GmbHR 2007, 117 ff.

Krolop, Kaspar/Kusak, Barbara, Vorgaben des tschechischen Gesellschaftsrechts für das Finanzmanagement im Konzern – Teil II, WiRO 2007, 109 ff.

Krolop, Kaspar/Pleister, Christian, Die entdeckte verdeckte Sacheinlage – Rücktritt vom „Versuch“ ohne Beteiligung der Hauptversammlung, AG 2006, 650 ff.

Kropff, Bruno, Der GmbH-Beherrschungsvertrag: Voraussetzung für den Vorrang von Konzerninteressen, Festschrift für Johannes Semler zum 70. Geburtstag, Berlin, 1993, 516 ff.

Kropff, Bruno/Semler, Johannes (Hrsg.), Münchener Kommentar zum Aktiengesetz, Band 1, 2. Aufl., München, 2000; Band 2, München, 2002; Band 8, München, 2000

Kübler, Bruno, Konzern und Insolvenz, ZGR 1984, 560 ff.

Kübler, Friedrich, Anmerkung zum Urteil des BGH vom 29.03.1993 – Az: II ZR 265/91, NJW 1993, 1204 f.

Haftungstrennung und Gläubigerschutz im Recht der Kapitalgesellschaften, Festschrift für Theodor Heinsius zum 65. Geburtstag, Berlin, 1991, 397 ff

Kübler, Friedrich/Assmann, Heinz-Dieter, Gesellschaftsrecht, 6. Aufl., Heidelberg, 2006

Kummer, Joachim, Anmerkung zum Urteil des BGH vom 10.07.2006 – Az: II ZR 238/04, jurisPR-BGHZivilR 37/2006, Anm. 2

Anmerkung zum Urteil des BGH vom 16.01.2006 – Az: II ZR 75/04, jurisPR-BGHZivilR 27/2006 Anm. 4

Kuhlmann, Jens/Ahnis, Erik, Konzern- und Umwandlungsrecht, 2. Aufl., Heidelberg, 2007

Kunkel, Carsten/Lanzius, Tim, Zum Verhältnis der Darlehensgewährung der Komplementär-GmbH an ihre KG und Leistung der Stammeinlage, NZG 2007, 527 ff.

Kuntz, Thilo, Die Insolvenz der Limited mit deutschem Verwaltungssitz - EU-Kapitalgesellschaften in Deutschland nach „Inspire Art", NZI 2005, 424 ff.

Kurth, Thomas, Zur Haftung für existenzvernichtende Eingriffe, Gestaltung und Abwehr im Steuerrecht - Festschrift für Klaus Korn zum 65. Geburtstag, Berlin, 2005, 825 ff.

Zur Heilung der verdeckten Sacheinlage, NJW 2003, 3180 f.

Kurzwelly, Jens-Peter, Aktuelle BGH-Rechtsprechung zum Kapitalgesellschaftsrecht, DAI-JAT 2006, 2 ff.

Lamb, Jochen/Schluck-Amend, Alexandra, Hoffnung auf Klärung beim Cash-Pooling, Börsen-Zeitung vom 14.01.2006, 10

Kapitalaufbringung im Rahmen des Cash Poolings, DB 2006, 879 ff.

Lange, Oliver, Das Verbot der Aufrechnung gegen den Erstattungsanspruch aus § 31 Abs. 1 GmbHG, NJW 2002, 2293 ff.

Langenbucher, Katja, Zur Rechtsfolge der verdeckten Sacheinlage bei der GmbH, DStR 2003, 1038 ff.

Langner, Olaf, Anmerkung zum Urteil des BGH vom 16.01.2006 – Az: II ZR 76/04, GmbHR 2006, 480 ff.

Cash Pooling Systeme auf dem Prüfstand der BGH-Rechtsprechung zum Ausschüttungsverbot gemäß § 30 GmbHG, GmbHR 2005, 1017 ff.

Verdeckte Sacheinlagen bei der GmbH - Die unendliche Geschichte des richtigen Einbringungsgegenstands, GmbHR 2004, 298 ff.

Langner, Olaf/Mentgen, Judith, Aufsteigende Darlehen im physischen Cash Pooling und die neue Rechtsprechung des BGH, GmbHR 2004, 1121 ff.

Larenz, Karl/Canaris, Claus-Wilhelm, Methoden der Rechtswissenschaft, 4. Aufl., Berlin, 1995

Laufersweiler, Jochen/Karzel, Tonia, Anmerkung zum Urteil des BGH vom 12.02.2007 – Az: II ZR 272/05, BB 2007, 1408

Leibner, Wolfgang/Nettersheim, Karsten, Anmerkung zum Urteil des OLG Celle vom 18.02.2004 – Az 9 U 182/03, ZInsO 2004, 810

Lenz, Susanne, Anmerkung zum Urteil des BGH vom 10.07.2006 – Az: II ZR 238/04, EWiR § 302 AktG 1/06, 577 f.

Leuering, Dieter/Simon, Stefan, Der Referentenentwurf zur GmbH-Reform, NJW-Spezial 2006, 315 f.

Liebscher, Thomas, Die Erfüllung des Verlustausgleichsanspruchs nach § 302 AktG, ZIP 2006, 1221 ff.

GmbH-Konzernrecht, München, 2006

Lieder, Jan, Anmerkung zum Urteil des OLG Rostock vom 10.12.2003 – Az: 6 U 56/03, DZWiR 2004, 252 ff.

Das neue GmbH-Recht – Zweites Symposium des Instituts für Notarrecht an der Friedrich-Schiller-Universität am 20.4.2007 in Jena, DNotZ 2007, 412 ff.

Zur Haftung wegen existenzvernichtenden Eingriffs, DZWiR 2005, 309 ff.

Limmer, Peter, Die Haftungsverfassung des faktischen GmbH-Konzerns: haftungsrechtliche Konsequenzen von Konzernleitung und –organisation (Diss.), Köln, 1992

Löbbe, Marc, Bericht über die Diskussion des Referats Röhricht, Gesellschaftsrecht in der Diskussion 2004, 2005, 29 ff

Loyal, Carl, Die Bedeutung des Electronic Bankings für das Cash Management im multinationalen Konzern (Diss.), Göttingen, 1992

Lutter, Marcus, Das System des deutschen GmbH-Konzernrechts, in: Entwicklungen zum GmbH-Konzernrecht, ZGR 1986, Sonderheft 6, 192 ff.

Der qualifizierte faktische Konzern, AG 1990, 179 ff.

Perspektiven einer GmbH-Reform, Die GmbH-Reform in der Diskussion, 2006, VGR 11, 211 ff.

Verdeckte Leistungen und Kapitalschutz, Festschrift für Ernst C. Stiefel zum 80. Geburtstag, München, 1987, 505 ff.

Lutter, Marcus (Hrsg.), Holding-Handbuch, 4. Aufl., Köln, 2004 (zit.: HoldingHndb-Bearbeiter)

Lutter, Marcus/Banerjea, Nirmal Robert, Die Haftung des Geschäftsführers für existenzvernichtende Eingriffe, ZIP 2003, 2177 ff.

Die Haftung wegen Existenzvernichtung, ZGR 2003, 402 ff.

Lutter, Marcus/Hommelhoff, Peter, Kommentar zum GmbH-Gesetz, 16. Aufl., Köln, 2004 (zit.: Lutter/Hommelhoff-Bearbeiter)

Lutter, Marcus/Scheffler, Eberhard/Schneider, Uwe H. (Hrsg.), Handbuch der Konzernfinanzierung, Köln, 1998 (zit.: HndbKonzernfinanz-Bearbeiter)

Lutter, Marcus/Wahlers, Henning, Der Buyout: Amerikanische Fälle und die Regeln des deutschen Rechts, AG 1989, 1 ff.

Luttermann, Claus, Unternehmensfinanzierung, Geschäftsleiterpflicht und Haftkapital bei Kapitalgesellschaften, BB 2001, 2433 ff.

Lux, Jochen, Anmerkung zu BGH, Urteil vom 24.11.2003 – II ZR 171/01, MDR 2004, 342 f.

Lwowski, Hans-Jürge/Groeschke, Peer, Die Konzernhaftung der §§ 302, 303 AktG als atypische Sicherheit?, WM 1994, 613 ff.

Maier-Reimer, Georg, Mittelbare Sacheinlagen, Festschrift für Rudolf Nirk zum 70. Geburtstag, München, 1992, 639 ff.

Kreditsicherung und Kapitalersatz in der GmbH, Festschrift für Heinz Rowedder zum 75. Geburtstag, München, 1994, 245 ff.

Rechtsfragen des Cash Management, Gesellschaftsrecht in der Diskussion 2005, 2006, VGR 10, 127 ff.

Maier-Reimer, Georg/Seulen, Günter, Riskante Zahlungen aus dem Konzern, FAZ vom 08.06.2005, 27

Makowski, Valerie, Cash Management in Unternehmensgruppen (Diss.), Berlin, 2000

Mansdörfer, Marco/Timmerbeil, Sven, Zurechnung und Haftungsdurchgriff im Konzern, WM 2004, 362 ff.

Manz, Gerhard/Mayer, Barbara, Die Europäische Aktiengesellschaft (SE): eine Gesellschaftsform (auch) für den Mittelstand, INF 2006, 833 ff.

Martens, Klaus-Peter, Das Konzernrecht nach dem Referentenentwurf eines GmbH-Gesetzes (II), DB 1970, 865 ff.

Der Ausschluss des Bezugsrechts, ZIP 1992, 1677 ff.

Die Anzeigepflicht des Verlustes des Garantiekapitals nach dem AktG und dem GmbHG, ZGR 1972, 254 ff.

Marx, Philip, Der Solvenztest zur Regulierung von Ausschüttungen im amerikanischen Recht, DZWiR 2006, 401 ff.

Matschernus, Gunnar, Die Durchgriffshaftung wegen Existenzvernichtung in der GmbH (Diss.), Baden-Baden, 2006

Mayer, Dieter, Der Leistungszeitpunkt bei Sacheinlageleistungen im Aktienrecht, ZHR 154 (1990), 535 ff.

Ein Beitrag zur „Entschleierung" der verschleierten Sacheinlage im Recht der GmbH, NJW 1990, 2593 ff.

Kapitalaufbringungsrisiken bei der GmbH im Rahmen eines sog. Cash-Pooling und Heilungsmöglichkeiten, Festschrift für Hans-Joachim Priester zum 70. Geburtstag, Köln, 2007, 445 ff.
Kapitalaufbringungsrisiken beim sog. Cash-Pooling und Heilungsmöglichkeiten, DAI-JAT 2006, 128 ff.

Meilicke, Wienand, Die Kapitalaufbringungsvorschriften als Sanierungsbremse – Ist die deutsche Interpretation des § 27 Abs. 2 AktG richtlinienkonform? (Teil I), DB 1989, 1067 ff.; (Teil II), DB 1989, 1119 ff.

Meister, Burkhardt, Die Sicherheitsleistung der GmbH für Gesellschafterverbindlichkeiten, WM 1980, 390 ff.

Mellert, Christofer, Anmerkung zum Urteil des BGH vom 13.12.2004 – Az: II ZR 206/02, BGH Report 2005, 438 f.

Menke, Thomas, Befugnis einer börsennotierten Aktiengesellschaft zur bevorzugten Information eines Aktionärspools, NZG 2004, 697 ff.

Messer, Herbert, Kreditbesicherung im Konzern, ZHR 159 (1995), 375 ff.

Mettenheim von, Christoph, Anmerkung zu BGH, Urteil vom 24. 11. 2003 – II ZR 171/01, jurisPR-BGHZivilR 6/2004, Anm. 6

Michalski, Lutz/de Vries, Kolja, Eigenkapitalersatz, Unterkapitalisierung und Finanzplankredite, NZG 1999, 181 ff.

Michalski, Lutz, Ungeklärte Fragen bei der Einlagenrückgewähr im Aktienrecht, AG 1980, 261 ff.

Michalski, Lutz (Hrsg.), Kommentar zum Gesetz betreffend die Gesellschaften mit beschränkter Haftung (GmbH-Gesetz), 1. Aufl., München, 2002 (zit.: Michalski-Bearbeiter)

Michalski, Lutz/Zeidler, Finn, Die Ausgleichshaftung im qualifiziert faktischen Konzern - eine Analyse für die Praxis, NJW 1996, 224 ff.

Micheler, Eva, Gläubigerschutz im englischen Gesellschaftsrecht, ZGR 2004, 324 ff.

Mildner, Martin, Cash-Management – und kein Ende in Sicht, GmbHR 2006, R 161 f.
Kein Sonderrecht für die GmbH im Konzern, FAZ vom. 25.01.2006, 23
Keine Sonderregelungen für Cash-Pool-Systeme im Recht der GmbH-Kapitalaufbringung, Finance, Heft 4, 2006, 36

Mitglieder des Bundesgerichtshofs (Hrsg.), Das Bürgerliche Gesetzbuch mit besonderer Berücksichtigung der Rechtsprechung des Reichsgerichts und des Bundesgerichtshofs, 17. Aufl., Berlin, 1974 ff. (zit.: RGRK-Bearbeiter)

Mödl, Robert, Pflichten des einzigen Gesellschafters gegenüber „seiner" GmbH – BGHZ 149, 10, JuS 2003, 14 ff.

Mohr, Randolf, Das neue Konzept zum Gläubigerschutz bei der GmbH, GmbHSTB 2003, 52 ff.
Der Entwurf zur Reform des GmbH-Rechts, GmbHSTB 2006, 206 ff.

Möller, Christian, Die materiell unterkapitalisierte GmbH: eine Untersuchung unter Berücksichtigung der Rechtsprechung zum existenzvernichtenden Eingriff und aus rechtsvergleichender Sicht (Diss.), München, 2005

Morsch, Stephan, Probleme der Kapitalaufbringung und der Kapitalerhaltung im Cash-Pool, NZG 2003, 97 ff.

Mucke, Jörg, Negativerklärungen (Negative Pledge Clauses) als Instrument der Kreditsicherung, inhaltliche Anforderungen des deutschen Rechts, WM 2006, 1804 ff.

Mülbert, Peter O., Abschied von der „TBB"-Haftungsregel für den qualifiziert-faktischen GmbH-Konzern, DStR 2001, 1937 ff.

GmbH-Reform bringt höhere Haftungsrisiken, Börsen-Zeitung vom 29.08.2007, 2

Neuordnung des Kapitalrechts, WM 2006, 1977 ff.

Sicherheiten einer Kapitalgesellschaft für Verbindlichkeiten ihres Gesellschafters, ZGR 1995, 578 ff.

Zukunft der Kapitalaufbringung/Kapitalerhaltung, DK 2004, 151 ff.

Das „Magische Dreieck" der Barkapitalaufbringung, ZHR 154 (1990), 145 ff.

Mülbert, Peter O./Tauber, Carsten, Anmerkung zum Urteil des BGH vom 07.07.2003 – Az: II ZR 235/01, WuB II C. § 19 GmbHG 1.04, 109 ff.

Müller, Hans-Friedrich, Anmerkung zum Urteil des BGH vom 13.12.2004 – Az: II ZR 206/02, WuB II C. § 13 GmbHG 2.05, 289 f.

Müller, Klaus, Anmerkung zum Urteil des BGH vom 17.09.2001 – Az: II ZR 275/99, GmbHR 2001, 1115 f.

Darlehensgewährung der GmbH an ihren Gesellschafter, BB 1998, 1804 ff.

Die Vergabe von Darlehen an Gesellschafter wird schwieriger, FAZ vom 03.03.2004, 25

Zentrale Konzernfinanzierung muss Stammkapital bewahren, FAZ vom 13.02.2002, 24

Müller, Welf, Anmerkung zum Urteil des OLG Bremen vom 18.05.1999 – Az: 3 U 2/98, EWiR § 823 BGB 4/99, 1057 f.

Müller, Welf/Beckmann, Klaus (Hrsg.), Beck'sches Handbuch AG, 1. Aufl., München, 2004 (zit.: Beck'schesHndb-AG-Bearbeiter)

Müller, Welf/Hense, Burkhard (Hrsg.), Beck'sches Handbuch der GmbH, München, 1999 (zit.: Beck'schesHndb-GmbH-Bearbeiter)

Müller-Bullinger, Alexandra, Rechtsfragen des Cash Mangement (Diss.), Stuttgart, 1999

Müller-Michaels, Olaf, Cash-Pools: Eine juristische Gratwanderung, KSI 2006, 100 ff.

Naraschewski, Alexander, Anmerkung zum Urteil des BGH vom 09.01.2006 – Az: II ZR 72/05, EWiR § 19 GmbHG 1/06, 307 f.

Nassall, Wendt, Anmerkung zum Urteil des BGH vom 16.07.2007 – Az: II ZR 3/04, jurisPR-BGHZivilR 36/2007 Anm. 1
Der existenzvernichtende Eingriff in die GmbH: Einwendungen aus verfassungs- und insolvenzrechtlicher Sicht, ZIP 2003, 969 ff.
Nave, José A. Campos, Cash Pooling als konzerninternes Finanzierungsinstrument, StC 10/2007, 38
Nedvidek, Jürgen, Cash Management optimiert Kreditbedarf, Handelsblatt Journal Mittelstand vom 11.04.2005, 3
Neyer, Wolfgang/Schlepper, Lisa, Zivilrechtliches Verbot der Aufrechnung gegen den Verlustausgleichsanspruch – Gefahr für die Anerkennung einer ertragsteuerlichen Organschaft, BB 2007, 413 ff.
Niedenhöfer, Diana, Wenn Konzerne um die Kohle kämpfen, Handelsblatt Nr. 163 vom 24.08.2005, 33
Niemann, Katia, Anmerkung zum Urteil des BGH vom 24.11.2003 – II ZR 171/01, NZI 2004, 397 ff.
Nitsch, Andreas, Bericht über die Diskussion des Referats Röhricht, Gesellschaftsrecht in der Diskussion 2002, 2003, VGR 6, 37 ff.
Noack, Ulrich, Der Regierungsentwurf des MoMiG – Die Reform des GmbH-Rechts geht in die Endrunde, DB 2007, 1395 ff.
Reform des deutschen Kapitalgesellschaftsrechts: Das Gesetz zur Modernisierung des GmbH-Rechts und zur Bekämpfung von Missbräuchen, DB 2006, 1475 ff.
Noack, Ulrich/Maul, Silja/Pentz, Andreas, Cash Pooling: Genügen die Regelungen des Gesetzentwurfs zur GmbH-Reform?, S:R-Pilot 2006, 12 f.
Nölkel, Dieter, Besonderheiten bei der Durchführung von MBOs in den neuen Bundesländern, DStR 1994, 761 ff.
Nuyken, Alexander, Finanzielle Unterstützung bei Private-Equity-Transaktionen – Fallstudien zu § 71 a AktG, ZIP 2004, 1893 ff.

Oechsler, Jürgen, Anmerkung zum Urteil des BGH vom 16.01.2006 – Az: ZR 76/04, JA 2007, 67 f.
Das Finanzierungsverbot des § 71 a Abs. 1 S. 1 bei Erwerb eigener Aktien – Schutzzweck und praktische Anwendung, ZIP 2006, 1661 ff.
Oetker, Hartmut, Rückzahlungsverbot (§ 30 I GmbHG) und Sicherheitsleistungen konzernabhängiger GmbH´s für Verbindlichkeiten anderer Konzerngesellschaften – am Beispiel der Bürgschaft, KTS 1991, 521 ff.
Oho, Wolfgang/Eberbach, Christian, Konzernfinanzierung durch Cash-Pooling, DB 2001, 825 ff.
Oppenländer, Frank, Anmerkung zum Beschluss des LG Stuttgart vom 04.03.2004 – Az: 32 T 1/04 KfH, GmbHR 2004, 667 f.
Oser, Peter, Bilanzrechtliche Implikationen qualifiziert faktischer Konzernierung im Spiegel des „TBB“-Urteils des BGH, WpG 1994, 312 ff.

Paefgen, Walter, Existenzvernichtungshaftung nach Gesellschaftsdeliktsecht, DB 2007, 1907 ff.

Palandt, Otto, Bürgerliches Gesetzbuch, 67. Aufl., München, 2008 (zit.: Palandt-Bearbeiter)

Pausenberger, Ehrenfried/Völker, Harald, Praxis des internationalen Finanzmanagement, Wiesbaden, 1985

Pawlowski, Hans-Martin, Methodenlehre für Juristen, 3. Aufl., Heidelberg, 1999

Pellens, Bernhard/Jödicke, Dirk/Richard, Marc, Solvenztests als Alternative zur bilanziellen Kapitalerhaltung, DB 2005, 1393 ff.

Peltzer, Martin, Besicherte Darlehen von Dritten an Konzerngesellschaften und Kapitalerhaltungsvorschriften, GmbHR 1995, 15 ff.

Probleme bei der Kreditgewährung der Kapitalgesellschaft an ihre Leitungspersonen, Festschrift für Heinz Rowedder zum 75. Geburtstag, München, 1994, 325 ff.

Peltzer, Martin/Bell, Martin, Besicherung von Gesellschafterkrediten mit dem GmbH-Vermögen?, ZIP 1993, 1757 ff.

Pentz, Andreas, Anmerkung zum Urteil des BGH vom 12.02.2007 – Az: II ZR 272/05, BGHReport 2007, 456 f.

Aufweichungen des Kapitalschutzrechts, S:R 7/2007, 239 f.

Die Rechtsstellung der Enkel-AG in einer mehrstufigen Unternehmensverbindung (Diss.), Frankfurt, 1994

Einzelfragen zu Cash Management und Kapitalerhaltung, ZIP 2006, 781 ff.

Neues zur verdeckten Sacheinlage, ZIP 2003, 2093 ff.

Pentz, Andreas/Priester, Hans-Joachim/Schwanna, André, Bar- und Sachkapitalaufbringung bei Gründung und Kapitalerhöhung, ZGR-Sonderheft 17, 42 ff

Pentz, Andreas/Sollanek, Achim, Cash-Pooling im Konzern, Düsseldorf, 2005

Petersen, Jens, Aufrechnungsverbot gegenüber Verlustausgleichsanspruch im GmbH-Konzern, GmbHR 2005, 1031 ff.

Werthaltigkeit und Einredefreiheit als Parameter des Schutzes der abhängigen Gesellschaft, GmbHR 2006, 1246 ff.

Pfeiffer, Gero, Besprechung von BGH, Urteil vom 13.05.2004 – Az: 5 StR 73/03, JA 2005, 95 f.

Philipp, Christoph/Weber, Thomas, Materielle Unterkapitalisierung als Durchgriffshaftung im Lichte der jüngeren BGH-Rechtsprechung zur Existenzvernichtung, DB 2006, 142 ff.

Piepenburg, Horst, Faktisches Konzerninsolvenzrecht am Beispiel Babcock Borsig, NZI 2004, 231 ff.

Poertzgen, Christoph, Die künftige Insolvenzverschleppungshaftung nach dem MoMiG, NZI 2007, 15 ff.

Priester, Hans-Joachim, Die deutsche GmbH nach „Inspire Art", Die GmbH im europäischen Vergleich, Berlin, 2006, 161 ff.

„GmbH light“ – ein Holzweg!, ZIP 2005, 921 ff.
Anmerkung zum Urteil des BGH vom 07.07.2003 – Az: II ZR 235/01 EWiR § 5 GmbHG 1/03, 1243 f.
Anmerkung zum Urteil des OLG Jena vom 28.06.2006 – Az: 6 U 717/05, EWiR § 19 GmbHG 2/06, 497 f.
Die deutsche GmbH nach “Inspire Art” – brauchen wir eine neue? DB 2005, 1315 ff.
Die Heilung verdeckter Sacheinlagen im Recht der GmbH, DB 1990, 1753 ff.
Die Verwendung von Gesellschafterforderungen zur Kapitalerhöhung bei der GmbH, DB 1976, 1801 ff.
Kapitalaufbringung, Festschrift 100 Jahre GmbHG, Köln, 1992, 159 ff.
Kapitalaufbringung bei korrespondierenden Zahlungsvorgängen, ZIP 1991, 345 ff.
Kapitalaufbringung beim Cash-Pool – Kurswechsel durch das MoMiG?, ZIP 2006, 1557 ff.
Kapitalaufbringung nach Gutdünken?, ZIP 2008, 55 f.
Liquiditätsausstattung in der abhängigen Gesellschaft und unterjährige Verlustdeckung bei Unternehmensverträgen, ZIP 1989, 1301 ff.
Mindestkapital und Sacheinlageregeln, Die GmbH-Reform in der Diskussion, 2006, VGR 11, 1 ff.
Verlustausgleich nach § 302 AktG – zwingend in Geld?, BB 2005, 2483 ff.

Priester, Hans-Joachim/Mayer, Dieter (Hrsg.), Münchener Handbuch des Gesellschaftsrechts, Band 3, Gesellschaft mit beschränkter Haftung, 2. Aufl., München, 2003 (zit.: MünchHndbGesR-GmbH-Bearbeiter)

Primozic, Frank, Cash-Pooling versus Forderungsverkauf?, NZI 2005, 358 ff.

Prütting, Hanns/Weges, Gerhard/Weinreich, Gerd, BGB Kommentar, 2. Aufl., Neuwied 2007 (zit.: Prütting/Weges/Weinreich-Bearbeiter)

Raiser, Thomas, Die Haftung einer Schwestergesellschaft für die Schulden einer anderen Schwester nach dem Urteil „Bremer Vulkan“ des BGH, Festschrift für Peter Ulmer zum 70. Geburtstag, Berlin, 2003, 493 ff.

Raiser, Thomas/Veil, Rüdiger, Recht der Kapitalgesellschaften, 4. Aufl., München, 2006

Ränsch, Ulrich, Rechtliche und steuerliche Fragen der Implementierung eines konzerninternen Cash-Pooling-Systems, The International Lawyer, Freundesgabe für Wulf H. Döser, Baden-Baden, 1999, 557 ff.

Ransiek, Andreas, Untreue im GmbH-Konzern, Festschrift für Günther Kohlmann zum 70. Geburtstag, Köln, 2003, 207 ff.
Untreue zum Nachteil einer abhängigen GmbH – „Bremer Vulkan“ wistra 2005, 121 ff.

Rauhut, Tilman, Diskussionsbericht zu dem Referat Schön, ZHR 168 (2004), 298 ff.

Rebmann, Kurt/Säcker, Franz Jürgen/Rixecker, Roland (Hrsg.), Münchener Kommentar zum BGB, 4. Aufl., Band 4, München, 2005; Band 5, 4. Aufl., München, 2004 (zit.: MK-BGB-Bearbeiter)

Reemann, Jörg, Sicherheitsleistungen der GmbH für Verbindlichkeiten ihrer Gesellschafter und das Auszahlungsverbot des § 30 Abs. 1 GmbHG, MittRhNotK 1996, 113 ff.

Rehm, Christian, Cash Pooling und Kapitalschutz im Konzern, Festbeigabe für Franz Jürgen Säcker zum 65. Geburtstag, Berlin, 2006, 305 ff.

Reidenbach, Dirk, Cash Pooling und Kapitalerhalt nach neuer höchstrichterlicher Rechtsprechung, WM 2004, 1421 ff.

Reiner, Günter/Brakemeier, Sabine, Darlehen der GmbH an ihre Gesellschafter als verbotene Einlagenrückgewähr?, BB 2005, 1458 ff.

Rendels, Dietmar, Ist die Aufrechnungsbefugnis kraft einer Konzern-Netting-Abrede insolvenzfest?, ZIP 2003, 1583 ff.

Renzenbrink, Ulf/Holzner, Nelson, Das Verhältnis von Kapitalerhaltung und Ad-Hoc-Haftung, BKR 2002, 434 ff.

Reuter, Alexander, Keine Erfüllung des Verlustausgleichsanspruchs aus § 302 AktG durch Aufrechnung, DB 2005, 2339 ff.

Reuter, Axel, Das Problem der Vollwertigkeit von Gesellschafterforderungen im Zusammenhang mit deren Verwendung zur Kapitalerhöhung bei Gesellschaften mit beschränkter Haftung, BB 1978, 1195 f.

Rittscher, Hauke, Cash-Management-Systeme in der Insolvenz (Diss.), Baden-Baden, 2005

Rodewald, Jörg, Anmerkung zum Urteil des BGH vom 10.07.2006 – Az: II ZR 238/04, BB 2006, 1877 f.

Rodewald, Jörg/Grothaus, Achim, Schätze unter der Lupe, Finance-Sonderbeil. 2/2006, 17

Rohde, Andreas, Darlehen der Komplementär-GmbH an die KG als Problem der Kapitalaufbringung, INF 2007, 394 ff.

Röhricht, Volker, Die aktuelle höchstrichterliche Rechtsprechung zum Gesellschaftsrecht, Gesellschaftsrecht in der Diskussion 2001, 2002, VGR 6, 3 ff.

Die aktuelle höchstrichterliche Rechtsprechung zum Gesellschaftsrecht, Gesellschaftsrecht in der Diskussion 2000, 2001, VGR 3, 3 ff.

Die GmbH im Spannungsfeld zwischen wirtschaftlicher Dispositionsfreiheit ihrer Gesellschafter und Gläubigerschutz, Festschrift 50 Jahre Bundesgerichtshof, Köln, 2000, 83 ff.

Insolvenzrechtliche Aspekte im Gesellschaftsrecht, ZIP 2005, 505 ff.

Römermann, Volker, Der Entwurf des „MoMiG“ – die deutsche Antwort auf die Limited, GmbHR 2006, 673 ff.

Römermann, Volker/Schröder, Henning, Aufgabe des qualifiziert faktischen GmbH-Konzerns, GmbHR 2001, 1015 ff.

Haftungsrisiken beim sog. Cash Pooling, Corporate Governance, Tagungsband der 1. Hannoveraner Unternehmensrechtstage, Köln, 2004, 113 ff.

Roth, Günther, Anmerkung zum Urteil des BGH vom 13.12.2004 – Az: II ZR 206/02, LMK 2005, 57 f.

Anmerkung zum Urteil des BGH vom 20.09.2004 – II ZR 302/02, LMK 2004, 223 f.

Die wertgleiche Deckung als Eintragungsvoraussetzung, ZHR 167 (2003), 89 ff.

Gläubigerschutz durch Existenzschutz, NZG 2003, 1081 ff.

Rowedder, Heinz/Schmidt-Leithoff, Christian (Hrsg.), Gesetz betreffend die Gesellschaften mit beschränkter Haftung (GmbHG), 4. Aufl., München, 2002 (zit.: Rowedder/Schmidt-Leithoff-Bearbeiter)

Rubner, Daniel, Abschied von der Existenzvernichtungshaftung, DStR 2005, 1694 ff.

„Solvat socius" statt „caveat creditor"? – zur Haftung des GmbH-Gesellschafters wegen sog. existenzvernichtenden Eingriffs (Diss.) Baden-Baden, 2005

Ruby, Peter, Drahtseilakt – Chancen und Risiken beim Cash-Pooling, Jahrbuch Unternehmensfinanzierung 2005, 10 f.

Rümker, Dietrich, „Gestaltungsfragen des Cash Pooling und die Rechtsprechung des BGH", Festschrift für Ulrich Huber zum 70. Geburtstag, Tübingen, 2006, 919 ff.

Überlegungen zur gesellschafterlichen Finanzierungsverantwortung, ZGR 1988, 494 ff.

Saenger, Ingo/Koch, Raphael, Kreditgewährung an Gesellschafter aus gebundenem Vermögen als verbotene Auszahlung auch bei vollwertigem Rückzahlungsanspruch, NZG 2004, 271 ff.

Sassenrath, Gerd Philipp, Die Erfüllung der Verlustausgleichspflicht aus einem Unternehmensvertrag, Festschrift für Ulrich Huber zum 70. Geburtstag, Tübingen, 2006, 931 ff.

Schäfer, Carsten, Darlehensgewährung an Gesellschafter als verbotene Ausschüttung i.S.v. § 30 GmbHG – Todesstoß für das konzernweite Cash Pooling?, GmbHR 2005, 133 ff.

Probleme des Cash-Poolings bei Kapitalaufbringung und -erhaltung – Welche Lösung bringt das MoMiG?, BB 2006, Beil. 7, 5 ff.

Reform des GmbHG durch das MoMiG – viel Lärm um nichts?, DStR 2006, 2085 ff.

Schäffler, Frank, Finanzierung von LBO-Transaktionen: Die Grenzen der Nutzung des Vermögens der Zielgesellschaft, BB 2006, Beil. 9, 1 ff.

Schanze, Erich, Gesellschafterhaftung für unlautere Einflussnahme nach § 826 BGB: Die Trihotel-Doktrin des BGH, NZG 2007, 681 ff.

Schaub, Bernhard, Anmerkung zum Urteil des BGH vom 17.09.2001 – Az: II ZR 178/99, DNotZ 2002, 468 ff.

Schauenburg, Christoph/Tillmann, Tobias, GmbH-Recht erneuert Regeln zur Kapitalerhaltung, Börsen-Zeitung vom 06.06.2007, S. 2

Scheffler, Eberhard, Konzernmanagement, 2. Aufl., München, 2005

Konzernleitung aus betriebswirtschaftlicher Sicht, DB 1985, 2005 ff.

Zur Problematik der Konzernleitung, Festschrift für Reinhard Goerdeler zum 65. Geburtstag, Düsseldorf, 1987, 469 ff.

Schilmar, Boris, Kapitalerhaltung versus Konzernfinanzierung? – Cash Pooling und Upstream-Besicherung im Lichte der neuesten BGH-Rechtsprechung, DB 2004, 1411 ff.

Kapitalschutz beim Cash Management – Zugleich eine Anmerkung zum Urteil des OLG München vom 24.11.2005, DStR 2006, 568 ff.

Verlustausgleich im GmbH-Vertragskonzern, ZIP 2006, 2346 ff.

Schluck-Amend, Alexandra, Bericht über die Diskussion des Referats Priester, Die GmbH-Reform in der Diskussion, 2006, VGR 11, 25 ff.

Schmalz, Dieter, Methodenlehre, 4. Aufl., Baden-Baden, 1998

Schmelz, Christoph, Cash-Management, quo vadis?, NZG 2006, 456 ff.

Schmidt, Andreas, MoMiG aus insolvenzrechtlicher Sicht – ein Überblick über die Änderungen im GmbHG, ZInsO 2007, 975 ff.

Schmidt, Holger, Die Reform des GmbH-Rechts – Auswirkungen auf das Bankgeschäft, BKR 2007, 1 ff.

Schmidt, Karsten, „Konzernhaftung" nach dem TBB-Urteil – Versuch einer Orientierung, ZIP 1993, 549 ff.

Barkapitalaufbringung und „freie Verfügung" bei der Aktiengesellschaft und der GmbH, AG 1986, 106 ff.

Die wundersame Karriere des Unternehmensbegriffs im Recht der Konzernhaftung, AG 1994, 189 ff.

Gesellschafterhaftung und „Konzernhaftung" bei der GmbH, NJW 2001, 3577 ff.

Gesellschaftsrecht, 4. Aufl., Köln u. a., 2002

GmbH-Reform, Solvenzgewährleistungen und Insolvenzpraxis, GmbHR 2007, 1 ff.

Obligatorische Nutzungsrechte als Sacheinlage? ZHR 154 (1990), 237 ff.

Reform der Kapitalsicherung und Haftung in der Krise nach dem Regierungsentwurf des MoMiG, GmbHR 2007, 1072 ff.

Schmolke, Ulrich, Bericht über die Diskussion der Referate Burgard und Vetter, Gesellschaftsrecht in der Diskussion 2002, 2003, VGR 6, 109 ff.

Schneider, Uwe H., „Kapitalmindernde Darlehen" der GmbH an ihre Gesellschafter, Festschrift für Georg Döllerer, 1988, 537 ff.

Die Vertretung der GmbH bei Rechtsgeschäften mit ihren Konzernunternehmen, BB 1986, 201 ff.

Kredite der GmbH an ihre Geschäftsführer, GmbHR 1982, 197 ff.
Anmerkung zum Urteil des BGH vom 29. März 1993 – Az: II ZR 265/91, WuB II C. § 13 GmbHG 1.93, 579 ff.
Das Recht der Konzernfinanzierung, ZGR 1984, 497 ff.
Der Auskunftsanspruch des Aktionärs im Konzern, Festschrift für Marcus Lutter zum 70. Geburtstag, Köln, 2000
Die mittelbare verdeckte Gewinnausschüttung bei verbundenen Unternehmen, JbFStR 1984/85, 497 ff.
Mittelbare verdeckte Gewinnausschüttungen im GmbH-Konzern, ZGR 1985, 279 ff.
Schnetzer, Michael/Alexander, Svatopluk, Intercompany Clearing und In-House Banking für Corporates, FB 2001, 97 ff.
Scholz, Franz (Hrsg.), Kommentar zum GmbH-Gesetz, 10. Aufl., Band I, Köln, 2006; Band II, 10. Aufl., Köln, 2007 (zit.: Scholz-Bearbeiter)
Schön, Wolfgang, Die Zukunft der Kapitalaufbringung/-erhaltung, DK 2004, 162 ff.
Kreditbesicherung durch abhängige Kapitalgesellschaften, ZHR 159 (1995), 351 ff.
Vermögensbindung und Kapitalschutz in der AG – Versuch einer Differenzierung, Festschrift für Volker Röhricht zum 65. Geburtstag, Köln, 2005, 559 ff.
Zur „Existenzvernichtung" der juristischen Person, ZHR 168 (2004), 268 ff.
Schöne, Torsten/Stolze, Jenny-Katrin, Anmerkung zu BGH, Urteil vom 24.11.2003 – II ZR 171/01, EWiR 2004, 911 f.
Schönke, Adolf/Schröder, Horst, Strafgesetzbuch, 27. Aufl., München, 2006 (zit.: Schönke/Schröder-Bearbeiter)
Schramm, Edward, Untreue und Konsens (Diss.), Berlin, 2005
Schrell, Thomas/Kirchner, Andreas Fremdfinanzierte Unternehmenskäufe nach der KBV-Entscheidung des BGH: Sicherheitenpakte als existenzvernichtender Eingriff?, BB 2003, 1451 ff.
Schröder, Henning, Anmerkung zum Urteil des BAG vom 14.12.2004 – Az: 1 AZR 504/03, GmbHR 2005, 990 f.
Anmerkung zum Urteil des BGH vom 13.12.2004 – Az: II ZR 206/02, GmbHR 2005, 227 ff.
Anmerkung zum Urteil des BGH vom 16.07.2007 – Az: II ZR 3/04, GmbHR 2007, 934 ff.
Anmerkung zum Urteil des OLG München vom 06.07.2005 – Az: 7 U 2230/05, GmbHR 2005, 1489 f.
Schulz, Thomas/Israel, Alexander, Kein existenzvernichtender Eingriff durch typische Finanzierung beim Leveraged Buy-out, NZG 2005, 329 ff.
Schünemann, Bernd, Anmerkung zum Urteil des BGH vom 17.09.2001 – Az: II ZR 178/99, LM H. 5/2002 § 309 AktG 1965 Nr. 1 Bl. 901 ff.

Schüppen, Matthias/Schaub, Bernhard (Hrsg.), Münchener Anwaltshandbuch Aktienrecht, 1. Aufl., München, 2005 (zit.: MünchAnwHndb-Bearbeiter)

Schulze-Osterloh, Joachim, Bilanzielle Voraussetzungen und bilanzielle Folgen unzulässiger Darlehensgewährung an GmbH-Gesellschafter, Festschrift für Ulrich Eisenhardt zum 70. Geburtstag, München, 2007, 505 ff.

Schürnbrand, Jan, »Verdeckte« und »atypische« Beherrschungsverträge im Aktien- und GmbH-Recht, ZHR 169 (2005), 35 ff.

Schwerdtfeger, Jörg, Konzerne können durch Gemeinschaftskonten Zinsen sparen, FAZ vom 17.07.2000, 22

Seibert, Ulrich, Der Regierungsentwurf des MoMiG und die haftungsbeschränkte Unternehmergesellschaft, GmbHR 2007, 673 ff.

GmbH-Reform: Der Referentenentwurf eines Gesetzes zur Modernisierung des GmbH-Rechts und zur Bekämpfung von Missbräuchen – MoMiG, ZIP 2006, 1157 ff.

Seibold, Marc, Haftungsrisiken beim konzernweiten Cash Pooling, FB 2005, 77 ff.

Seibt, Christoph, Rechtssicherheit für Leverage-Transaktionen, Börsenzeitung v. 20.06.2007, S. 2

Zentrales Cash Management im GmbH-Konzern, NJW-Spezial 2004, 219 f.

Seidel, Wolfgang, Cash-Pooling nur noch im Vertragskonzern, DStR 2004, 1130 ff.

Sernetz, Herbert/Haas, Ulrich, Kapitalaufbringung und -erhaltung in der GmbH, 1. Aufl., Köln, 2003

Servatius, Wolfgang, Die besondere Zweckbindung des Stammkapitals bei Drittgeschäften mit Gesellschaftern, DStR 2004, 1176 ff.

Über die Beständigkeit des Erstattungsanspruchs wegen Verletzung des Stammkapitals, GmbHR 2000, 1028 ff.

Seulen, Günter, Bericht über die Diskussion des Referats Maier-Reimer, Gesellschaftsrecht in der Diskussion 2005, 2006, 159 ff.

Das Geld fließt wieder flussaufwärts, Finance 7/8 2006, 38 f.

Sieger, Jürgen/Hasselbach, Kai, Die Kapitalerhöhung im „Schütt – aus – hol-zurück“ Verfahren bei der GmbH, GmbHR 1999, 205 ff.

Konzernfinanzierung durch Cash Pools und Kapitalerhöhung, BB 1999, 645 ff.

Sieger, Jürgen/Wirtz, Johannes, Cash-Pool: Fehlgeschlagene Kapitalmaßnahmen und Heilung im Recht der GmbH, ZIP 2005, 2277 ff.

Siegler, Fabian, Voreinzahlungen auf aktienrechtliche Barkapitalerhöhungen in der Beratungspraxis nach dem 18.3.2002, NZG 2003, 1143 ff.

Simon, Stefan, Anmerkung zum Urteil des BGH vom 21.11.2005 – Az: II ZR 140/04, LMK 2006, 164950

Simon, Stefan/Leuering, Dieter, Beherrschungs- und Gewinnabführungsverträge im GmbH-Recht, NJW-Spezial 2006, 363 f.

Der existenzvernichtende Eingriff – eine Bestandsaufnahme, NJW-Spezial 2005, 267 f.

Kapitalaufbringung und Darlehensgewährung im GmbH-Recht, NJW-Spezial 2005, 219 f.

Sinewe, Patrick, Anmerkung zum Urteil des BFH vom 22.02.2006 – Az: I R 74/05, EWiR § 302 AktG 2/06, 579 f.

Anmerkung zum Urteil des BGH vom 10.07.2006 – Az: II ZR 238/04, DB 2006, 1781 f.

Anmerkung zum Urteil des OLG Jena vom 21.09.2004 – Az: 8 U 1187/03, EWiR § 302 AktG 1/05, 331 f.

Sonnenhol, Jürgen/Groß, Wolfgang, Besicherung von Krediten Dritter an Konzernunternehmen, ZHR 159 (1995), 389 ff.

Sonnenhol, Jürgen/Stützle, Rudolf, Auswirkungen des Verbots der Einlagenrückgewähr auf Nichtgesellschafter, WM 1983, 2 ff.

Bestellung von Sicherheiten durch eine GmbH und der Grundsatz der Erhaltung des Stammkapitals (§ 30 GmbHG), DB 1979, 925 ff

Sonnenschein, Jürgen, Organschaft und Konzerngesellschaftsrecht (Habil.), 1. Aufl., Baden-Baden, 1976

Sotiropoulos, Georgios, Fragen der Darlehensgewährung der GmbH an ihre Gesellschafter, insbesondere im Gründungs- und Liquidationsstadium, GmbHR 1996, 653 ff.

Kredite und Kreditsicherheiten der GmbH zugunsten ihrer Gesellschafter und nahestehender Dritter (Diss.), Hamburg, 1996

Spindler, Gerald, Konzernfinanzierung, ZHR 171 (2007), 245 ff.

Zur Haftung aus unrichtiger Bankbestätigung im GmbH-Recht, ZGR 1997, 537 ff.

Spindler, Gerald/Klöhn, Lars, Verlustausgleichspflicht und Jahresfehlbetrag (§ 302 AktG), NZG 2005, 584 ff.

Spindler, Gerald/Stilz, Eberhard, Kommentar zum Aktiengesetz, München, 2007

Steffek, Felix, Bericht über die Diskussion des Referats Lutter, Die GmbH-Reform in der Diskussion, 2006, VGR 11, 223 ff.

Stein, Michael, Anmerkung zum Urteil des BGH vom 16.01.2006 – Az: II ZR 76/04, DZWiR 2006, 251 f.

Kapitalerhaltung bei GmbH und AG, DZWIR 2004, 493 ff.

Steinbeck, Anja, Besicherung von Gesellschafterverbindlichkeiten durch die GmbH, WM 1999, 885 ff.

Stephan, Klaus-Dieter, Anmerkung zum Urteil des BGH vom 09.01.2006 – Az: II ZR 72/05, BB 2006, 626 f.

Stimpel, Walter, Zum Auszahlungsverbot des § 30 Abs. 1 GmbHG, Festschrift 100 Jahre GmbHG, Köln, 1992, 335 ff.

Streiber, Florian, Bericht über die Diskussion des Referats Veil, Gesellschaftsrecht in der Diskussion 2005, 2006, VGR 10, 123 ff.

Sturz-Happe, Anne, Externe Ratingagenturen – Marktregulierung durch Basel II, WM 2004, 115 ff.

Suchanek, Markus, BGH stützt Organschaften: Aufrechnung gegen den Verlustausgleich aus § 302 AktG zulässig, FR 2006, 872 ff.

Suchanek, Markus/Herbst, Christian, Die tatsächliche Durchführung von Gewinnabführungsverträgen im Sinne des § 14 Abs. 1 S. 1 Nr. 3 KStG, FR 2005, 665 ff.

Teichmann, Christoph, Reform des Gläubigerschutzes im Kapitalgesellschaftsrecht, NJW 2006, 2444 ff.

Tettinger, Wolfgang, Anmerkung zum Urteil des OLG Schleswig vom 27.05.2004 – Az: 5 U 132/03, § 19 GmbHG 1/04 EWiR, 757 f.

Theiselmann, Rüdiger, Anmerkung zum Urteil des BGH vom 10.07.2006 – Az: II ZR 238/04, GmbHR 2006, 931 ff.

Die Existenzvernichtungshaftung im Wandel, GmbHR 2007, 904 ff.

Thomas, Martin, Cash-Pool: Frühwarnsystem und Insolvenzanfechtung, ZInsO 2007, 77 ff.

Thun, Andreas, Konzerninterne Finanzierungen und Cash-Pooling werden erschwert, Finance 7/8 2004, 72

Tiedemann, Klaus, Anmerkung zum Urteil des BGH vom 13.05.2004 – Az: 5 StR 73/03, JZ 2005, 45 ff.

Tielmann, Jörgen, Zur Zulässigkeit von aufsteigenden Gesellschafterdarlehen einer Aktiengesellschaft, Liber amicorum Wilhelm Happ zum 70. Geburtstag, Köln, 2006, 311 ff.

Tielmann, Jörgen/Wolf, Christian Ulrich, Die Erfüllung von Verlustausgleichsansprüchen im Vertragskonzern, DStR 2006, 1947 ff.

Tillmann, Tobias, Anmerkung zum Urteil des BGH vom 21.11.2005 – Az: II ZR 140/04, EWiR § 54 AktG 1/06, 33 f.

Timme, Michael, Erfüllung von GmbH-Stammeinlagepflichten bei Vorratsgründungen, MDR 2006, 665 ff.

Triebel, Volker/Otte, Sabine, Reform des GmbH-Rechts: MoMiG – ein vernünftiger Schritt zur Stärkung der GmbH im Wettbewerb oder Kompromiss auf halber Strecke?, ZIP 2006, 1321 ff.

20 Vorschläge für eine GmbH-Reform: Welche Lektion kann der deutsche Gesetzgeber vom englischen lernen?, ZIP 2006, 311 ff.

Tröndle, Herbert/Fischer, Thomas, Strafgesetzbuch und Nebengesetze, 53. Aufl., München, 2006

Ulmer, Peter, Anmerkung zum Urteil des BGH vom 24.06.2002 – II ZR 300/00, JZ 2002, 1049 ff.

Der „Federstrich des Gesetzgebers“ und die Anforderungen an die Rechtsdogmatik, ZIP 2008, 45 ff.

Der Gläubigerschutz im faktischen GmbH-Konzern beim Fehlen von Minderheitsgesellschaftern, ZHR 148 (1984) 391 ff.

Gesellschafterhaftung gegenüber der GmbH bei Vorteilsgewährung unter Verstoß gegen § 30 Abs. 1 GmbHG, Festschrift 100 Jahre GmbHG, Köln, 1992, 363 ff.

Gesellschafterpflicht zur Erhaltung des satzungsmäßigen Haftungsfonds der GmbH, ZGR 1985, 598 ff.

Verlustübernahmepflicht des herrschenden Unternehmens als konzernspezifischer Kapitalerhaltungsschutz, AG 1986, 123 ff.

Vom Umgang mit rechtsfortbildenden BGH-Urteilen, ZHR 169 (2005), 1 ff.

Von „TBB“ zu „Bremer Vulkan“ – Revolution oder Evolution?, ZIP 2001, 2021 ff.

Ulmer, Peter/Habersack, Mathias/Winter, Martin (Hrsg.), Großkommentar zum Gesetz betreffend die Gesellschaften mit beschränkter Haftung (GmbHG), Band 1 (Einleitung, §§ 1 bis 28); Band 2 (§§ 29 bis 52), Tübingen, 2006 (zit.: GK-GmbHG-Bearbeiter)

Ulrich, Stephan, Anmerkung zum Urteil des BGH vom 16.01.2006, Az: II ZR 76/04, BGHReport 2006, 725

Durchbrechung der Haftungsbeschränkung im GmbH-Unternehmensverbund und ihre Grenzen, GmbHR 2007, 1289 ff.

Ungan, Philipp, Gläubigerschutz nach dem EuGH-Urteil in „Inspire Art“ – Möglichkeiten einer Sonderanknüpfung für die Durchgriffshaftung in der Insolvenz, ZVglRWiss 104 (2005), 355 ff.

van Venrooy, Gerd, Isolierte Unternehmensverträge nach § 291 AktG? BB 1986, 612 ff.

Veil, Rüdiger, Die Reform des Rechts der Kapitalaufbringung durch den RegE MoMiG, ZIP 2007, 1241 ff.

Existenzvernichtungshaftung, Gesellschaftsrecht in der Diskussion 2005, 2006,VGR 10, 103 ff.

Unternehmensverträge (Habil.), Tübingen, 2003

Verse, Dirk, Aufrechnung gegen Verlustausgleichsansprüche im Vertragskonzern, ZIP 2005, 1627 ff.

Vetter, Jochen, Darlehen der GmbH an ihren Gesellschafter und Erhaltung des Stammkapitals, BB 2004, 1509 ff.

Die neue dogmatische Grundlage des BGH zur Existenzvernichtungshaftung, BB 2007, 1965 ff.

Rechtliche Grenzen und praktische Ausgestaltung von Cash Management-Systemen, Gesellschaftsrecht in der Diskussion 2002, 2003, VGR 6, 69 ff.

Rechtsfolgen existenzvernichtender Eingriffe, ZIP 2003, 601 ff.

Vetter, Jochen/Schwandtner, Christian, Kapitalerhöhung im Cash Pool, DK 2006, 407 ff.

Vetter, Jochen/Stadler, Christoph, Haftungsrisiken beim konzernweiten Cash Pooling, Köln, 2003

von Gerkan, Hartwin/Hommelhoff, Peter, Kapitalersatz im Gesellschafts- und Insolvenzrecht, 5. Aufl., Köln, 1997

Wachter, Thomas, Anmerkung zum Urteil des OLG Jena vom 28.06.2006 – Az: 6 U 717/05, BB 2006, 1647 f.

Kreditvergabe und Kapitalschutz bei der GmbH & Co. KG, GmbHR 2004, 1249 ff.

Wackerbarth, Ulrich, Die Abschaffung des Konzernrechts, DK 2005, 562 ff.

Novemberentscheidung und GmbH-Reform oder die schwierige Frage nach dem „Wie viel?", Festschrift für Ulrich Eisenhardt zum 70. Geburtstag, München, 2007, 531 ff.

Existenzvernichtungshaftung 2005: Unternehmerische Entscheidungen auf dem Prüfstand, ZIP 2005, 877 ff.

Wahl, Axel, Die Haftung der GmbH-Gesellschafter wegen Existenzvernichtung (Diss.), Frankfurt am Main, 2005

Die Haftung für „existenzvernichtende Eingriffe" in der instanzgerichtlichen Rechtsprechung, GmbHR 2004, 994 ff.

Walter, Karl Maria/Lindner, Andreas, Quo vadis Cash Pooling?, JUVE Handbuch 2007/2008, 224 f.

Wand, Peter, Anmerkung zu BGH, Urteil vom 14.03.2005, Az: II ZR 5/03, BB 2005, 1017 f.

Wattenberg, Andreas, Zentrales Cash-Management als Untreuetatbestand im Konzernverbund, StV 2005, 523 ff.

Weber, Robert, Anmerkung zum Urteil des OLG München vom 06.07.2005 – Az: 7 U 2230/05, WuB II C. § 30 GmbHG 2.06, 143 f.

Weber, Robert/Brügel, Florian, Die Haftung des Managements in der Unternehmenskrise: Insolvenz, Kapitalerhaltung und existenzvernichtender Eingriff, DB 2004, 1923 ff.

Weitnauer, Wolfgang, Die Akquisitionsfinanzierung auf dem Prüfstand der Kapitalerhaltungsregeln, ZIP 2005, 790 ff.

Die verdeckte Sacheinlage: Ein Schreckgespenst verliert an Schrecken, NZG 2006, 298 ff.

Wellensiek, Jobst, Bericht des Konkursverwalters der NEFF Werke GmbH, Bretten, ZIP 1982, 1370 ff.

Risiken und Beteiligung in (durch) Insolvenzverfahren der Muttergesellschaft, ZIP 1984, 541 ff.

Weller, Marc-Philippe, Die Neuausrichtung der Existenzvernichtungshaftung durch den BGH und ihre Implikationen für die Praxis, ZIP 2007, 1681 ff.

Europäische Rechtsformwahlfreiheit und Gesellschafterhaftung (Diss.), Köln, 2004

Wellkamp, Ludger, Der Durchgriff auf den GmbH-Gesellschafter, DStR 2003, 210 f.

Die Haftung von Geschäftsleitern im Konzern, WM 1993, 2155 ff.

Wenzel, Frank, Die Vereinbarkeit von Sicherheitenbestellungen mit gesellschaftsrechtlichen Kapitalerhaltungsvorschriften, WiB 1996, 10 ff.

Werner, Rüdiger, Aktuelle Probleme beim Einsatz von Vorratsgesellschaften, DStR 2005, 525 ff.

Anmerkung zum Urteil des BGH vom 21.11.2005 – Az: II ZR 1404/04, GmbHR 2006, 45 f.

Anmerkung zum Urteil des OLG Hamburg vom 19.11.2004 – Az: 11 U 45/04, GmbHR 2005, 167 f.

Anmerkung zum Urteil des OLG Jena vom 28.06.2006 – Az: 6 U 717/05, GmbHR 2006, 942 f.

Anmerkung zum Urteil des OLG Hamm vom 31.10.2006 – Az: 27 U 81/06, GmbHR 2007, 202 f.

Werner, Stefan, Anmerkung zum Urteil des BGH vom 16.01.2006, Az: II ZR 76/04, BKR 2006, 211 ff.

Wertenbruch, Johannes, Rechtsfolgen und Heilung einer (mittelbar) verdeckten Sacheinlage, NZG 2003, 1107 ff.

Wessels, Peter, Aufsteigende Finanzierungshilfen in GmbH und AG, ZIP 2004, 793 ff.

Cash Pooling und Upstream-Sicherheiten – Gestaltungspraxis im Lichte aktueller BGH-Rechtsprechung und anstehender GmbH-Novelle, ZIP 2006, 1701 ff.

Westermann, Harm Peter, Auf dem Weg zum Wettbewerb der Gesellschaftsrechtsordnungen: die Kapitalbindung im Recht der GmbH, ZIP 2005, 1849 ff.

Banken als Kreditgeber und Gesellschafter, ZIP 1982, 379 ff.

Haftungsrisiken eines „beherrschenden" GmbH-Gesellschafters, NZG 2002, 1129 ff.

Westermann, Harm Peter (Hrsg.), Erman, Bürgerliches Gesetzbuch, Band 1, 11. Aufl., Köln, 2004 (Erman-Bearbeiter)

Weyand, Raimund, Strafrechtliche Gefahren bei Cash-Management-Systemen, INF 2005, 198 ff.

Wiedemann, Herbert, Reflexionen zur Durchgriffshaftung, ZGR 2003, 283 ff.

Wiedemann, Herbert/Hirte, Heribert, Konzernrecht, 50 Jahre Bundesgerichtshof, Festgabe aus der Wissenschaft, München, 2000, 337 ff.

Wiedmann, Harald, Bilanzrecht, 2. Aufl., München, 2003

Wilhelm, Jan, Anmerkung zum Urteil des BGH vom 13.12.2004 – Az: II ZR 206/02, LMK 2005, 56 f.

Anmerkung zum Urteil des BGH vom 16.07.2007 – II ZR 3/04, EWiR § 826 BGB 3/07, 557 f.

Cash-Pooling, Garantiekapital der GmbH und die GmbH-Reform, DB 2006, 2729 ff.

Die Vermögensbindung bei der Aktiengesellschaft und der GmbH und das Problem der Unterkapitalisierung, Festschrift für Werner Flume zum 70. Geburtstag, Köln, 1978, II, 337 ff.

Kapitalaufbringung und Handlungsfreiheit der Gesellschaft nach Aktien- und GmbH-Recht, ZHR 152 (1988), 333 ff.

Kapitalgesellschaftsrecht, 2. Aufl., Berlin, 2005

Umgehungsverbote im Recht der Kapitalaufbringung, ZHR 167 (2003), 520 ff.

„Unternehmergesellschaft (haftungsbeschränkt)“ – Der neue § 5a GmbHG in dem RegE zum MoMiG

Zurück zur Durchgriffshaftung – das „KBV“-Urteil des II. Zivilsenats des BGH vom 24.6.2002, NJW 2003, 175 ff.

Wilhelmi, Rüdiger, Anmerkung zum Urteil des BGH vom 13.12.2004 – Az: II ZR 206/02, EWiR § 13 GmbHG 1/05, 221 f.

Der Grundsatz der Kapitalerhaltung im System des GmbH-Rechts (Diss.), Baden-Baden, 2001

Die „neue“ Existenzvernichtungshaftung der Gesellschafter der GmbH, DZWiR 2003, 45 ff.

Wilken, Oliver, Cash-Management und qualifiziert faktische Konzernierung, DB 2001, 2383 ff.

Früheren Vulkan-Managern droht private Haftung, FAZ vom 19.09.2001, 30

Winnefeld, Robert, Bilanz-Handbuch, 4. Aufl., München, 2006

Winter, Michael, Der BGH und das Cash Pooling: Alles nur ein Missverständnis?, NJW-Spezial 2006, 267 ff.

Horizontale Haftung im Konzern (Diss.), 2005, Köln

Upstream-Finanzierung nach dem MoMiG-Regierungsentwurf – Rückkehr zum bilanziellen Denken, DStR 2007, 1484 ff.

Wirsch, Stefan, Die Legalisierung verdeckter Sacheinlagen – Das Ende der präventiven Wertkontrolle?, GmbHR 2007, 736 ff.

Witt, Carl-Heinz, Anmerkung zum Urteil des BGH vom 07.07.2003 – Az: II ZR 235/01, JZ 2004 202 ff.

Aufrechnung gegen Verlustausgleichsanspruch im GmbH-Vertragskonzern, NZG 2006, 735 ff.

Witte, Jürgen Johannes/Mehrbrey Kim Lars, Zulässigkeit aufsteigender Darlehen im GmbH-Konzern – Zwischenbilanz der aktuellen Rechtsprechung, MDR 2007, 7 ff.

Wittig, Arne, Anmerkung zum Urteil des BGH vom 19.03.1998 – Az: IX ZR 22/97, WuB I F 4. – 4.98, 873 ff.

Wittkowski, Dirk, Anmerkung zum Urteil des LG Dortmund vom 02.12.1993 – Az: 2 O 50/92, EWiR § 93 AktG 1/94, 1049 f.

Wolf, Christian Ulrich, Schuldrechtliche Verlustdeckungszusagen, ZIP 2006, 1885 ff.

Wulfetange, Jan, Die Reform des GmbH-Rechts: Schneller und einfacher gründen, wettbewerbsfähiger in Europa werden, BB 2006, Beil. 7, 19 ff.

Wunderlich, Nils-Christian, Warnpflichten der Bank beim Cash-Management, BKR 2005, 387 ff.

Zeidler, Finn, Anmerkung zum Urteil des BGH vom 20.07.1999 – Az: 1 StR 668/98, NZG 2000, 309

Ausgewählte Probleme des GmbH-Vertragskonzernrechts, NZG 1999, 692 ff.

Zentrales Cashmanagement in faktischen Aktienkonzernen, Köln, 1999

Zerwas, Herbert/Hanten, Mathias, Abgrenzungsprobleme und Ausnahmen bei Handelsaktivitäten nach der Sechsten KWG-Novelle, ZBB 2000, 44 ff.

Ziegenhain, Hans-Jörg, Der qualifizierte faktische Konzern in der Rechtsprechung des BAG zur betrieblichen Altersversorgung, ZIP 1994, 1003 ff.

Zieschang, Frank, Strafbarkeit des Geschäftsführers einer GmbH wegen Untreue trotz Zustimmung sämtlicher Gesellschafter?, Festschrift für Günther Kohlmann zum 70. Geburtstag, Köln, 2003, 351 ff.

Zöllner, Wolfgang, Gläubigerschutz durch Gesellschafterhaftung bei der GmbH, Festschrift für Horst Konzen zum 70. Geburtstag, Tübingen, 2006, 999 ff.

Zöllner, Wolfgang/Noack, Ulrich (Hrsg.), Kölner Kommentar zum Aktiengesetz, 3. Aufl., Köln, 2004 ff. (zit.: KK-Bearbeiter)

Zöllner, Wolfgang/Winter, Martin, Folgen der Nichtigerkärung durchgeführter Kapitalerhöhungsbeschlüsse, ZHR 158 (1994), 59 ff.

FSC
www.fsc.org
MIX
Papier | Fördert gute Waldnutzung
FSC® C083411

Kolibri 360 GmbH
Ferdinand-Jühlke-Straße 7
99095 Erfurt, Deutschland
produktsicherheit@kolibri360.de

Druck:
CPI Druckdienstleistungen GmbH
im Auftrag der
Kolibri 360 GmbH
Ferdinand-Jühlke-Str. 7
99095 Erfurt